汇集十年精华
展现裁判思维
促进适法统一

《中国法院年度案例集成丛书》

主　　编　胡田野　国家法官学院副院长

副 主 编　刘　畅　最高人民法院司法案例研究院规划部主任

　　　　　　李晓果　最高人民法院司法案例研究院研究部副主任

主编助理　赵文轩　最高人民法院司法案例研究院规划部编辑

编审人员（按姓氏笔画为序）

王晓梅	王　锐	王蓓蓓	王　曦	朱志磊	朱建伟
朱　琳	刘　畅	安慧中	李迎昌	李明桓	李　彦
李　洋	李晓果	李　婧	李　谦	李想成	张智颖
陈佳艺	周丽华	赵文轩	荣学磊	胡田野	胡　岩
姜子佳	姜　丹	费嘉荣	徐万佳	唐世银	唐墨华
唐鑫鑫	梁　欣	程　瑛	焦明静	童启鑫	熊　燕
潘园园					

本书编审人员　程　瑛

中国法院年度案例集成丛书

道路交通纠纷

裁判规则理解与适用

国家法官学院
最高人民法院司法案例研究院
—— 编 ——

中国法制出版社
CHINA LEGAL PUBLISHING HOUSE

《中国法院年度案例集成丛书》通讯编辑名单

序

党的十八大以来，以习近平同志为核心的党中央高度重视依法治国，明确提出全面依法治国，坚持在法治轨道上推进国家治理体系和治理能力现代化。党的二十大报告指出，要坚持走中国特色社会主义法治道路，建设中国特色社会主义法治体系、建设社会主义法治国家，围绕保障和促进社会公平正义，坚持依法治国、依法执政、依法行政共同推进，坚持法治国家、法治政府、法治社会一体建设，全面推进科学立法、严格执法、公正司法、全民守法，全面推进国家各方面工作法治化。人民法院始终坚持以习近平新时代中国特色社会主义思想为指导，深入贯彻落实习近平法治思想，把加强案例指导和研究作为助力推进全面依法治国的重要途径，通过制定司法解释、发布指导性案例、提炼裁判要旨、推行类案检索等系列举措，深入推进法律适用统一，不断提升司法质量、效率和公信力，努力让人民群众在每一个司法案件中感受到公平正义。

“中国法院年度案例丛书”是国家法官学院于2012年开始编辑出版的一套大型案例丛书，每年年初定期出版。截至2022年，已经连续出版11年。2020年起，丛书由国家法官学院和最高人民法院司法案例研究院共同编著。丛书编辑始终坚持以习近平新时代中国特色社会主义思想为指导，深入贯彻落实习近平法治思想，深化成果运用，认真总结案例积累的审判执行经验做法，积极回应人民群众多元司法需求，记录我国司法审判执行工作发展进程，助力丰富司法审判理论，构建中国法治话语体系。该丛书案例涵盖人民法院刑事、民事、商事、行政、知产、环资和执行各业务领域，按照业务领域和案由层级设计分册及纲目，目前汇编案例合计1.2万余篇。丛书严格遵循案例选编要求，突出争议焦点、裁判规则和法律适用分析，追求“好读有用”，已经形成品牌效应。为总结十余年的案例编选和研究经验，在全国各级人民法院的大力支持下，国家法官学院与最高人民法院司法案例研究院经全面梳理丛书的1.2万余篇案例，以新法新规为依据，对于其中“判得好且写得好”的案例进行再次深度加工，编辑出版“中国法院年度案例集成丛书”。

“中国法院年度案例集成丛书”坚决贯彻落实党的二十大报告关于坚持全面依法治国，推进法治中国建设的部署要求，深度挖掘优秀案例在完善裁判规则体系、促进统一法律适用、促进民法典等新法新规正确实施和应用法学研究等方面的法治价值、学术价值和时代价值，探索体系化提炼和编纂裁判规则的新思路，发挥司法案例的规范、指导、评价、引领作用，展现新时代我国法治建设成就，大力弘扬社会主义核心价值观，助推全民法治意识和法治素养提升。

“中国法院年度案例集成丛书”共15个分册：《物权纠纷裁判规则理解与适用》《合同纠纷裁判规则理解与适用》《借款担保纠纷裁判规则理解与适用》《人格权纠纷裁判规则理解与适用》《婚姻家庭与继承纠纷裁判规则理解与适用》《侵权纠纷裁判规则

理解与适用》《道路交通纠纷裁判规则理解与适用》《保险纠纷裁判规则理解与适用》《劳动纠纷裁判规则理解与适用》《公司纠纷裁判规则理解与适用》《金融纠纷裁判规则理解与适用》《知识产权纠纷裁判规则理解与适用》《行政纠纷裁判规则理解与适用》《刑事案例裁判规则理解与适用》《执行纠纷裁判规则理解与适用》。丛书在编辑工作中坚持以下原则：一是突出裁判规则价值。以历年“中国法院年度案例丛书”采用的1.2万余篇案例为精选基础，优中选优，提供给读者十余年积累的多类型、多视角的疑难新型典型性案例，概览人民法院的类型化裁判规则。二是方便读者检索。为体现以读者为本的理念，丛书分卷细化，每卷根据最新的案由、法律适用问题分类编排案例，以裁判规则、裁判思路或案件焦点的核心内容作为主标题，让读者一目了然，迅速找到目标案例。三是注重案例分析的实用性。根据最新的法律法规以及司法解释对原“法官后语”进行完善，高度提炼案例对理解和适用新法新规的参考价值，为新型疑难法律适用问题提供解决方案，为司法工作提供借鉴，为法学研究提供启迪。

中国法制出版社始终全力支持“中国法院年度案例集成丛书”的出版，给了作者和编辑们巨大的鼓励。该丛书还提供了数据库增值服务，内附精美书签，扫描其中二维码，即可免费查阅往年同类案例数据库。我们在此谨表谢忱，并希望通过共同努力，臻于至善，真正探索出一条编辑案例书籍、挖掘案例价值的新路，不断增强丛书案例的代表性、时代性、权威性，丰富案例类型，细化裁判规则，提升分析质量，以更好服务于社会主义法治国家建设、服务于司法审判执行工作、服务于学习研究法律的广大读者。

“中国法院年度案例集成丛书”既是法官、检察官、律师等法律工作者的办案参考和司法人员培训的实用教材，也是社会大众学法用法的经典案例读本，同时是教学科研机构案例研究的良好素材。当然，我们难以一步到位实现初衷，该丛书还存在各种不足甚至错误，欢迎读者批评指正。我们愿听取各方建议，不断拓宽司法案例研究领域，有效发挥类案裁判规则功能，立足新发展阶段，实现中国特色司法案例研究事业的高质量发展。

国家法官学院

最高人民法院司法案例研究院

2023年2月

目 录

Contents

一、交通事故中的主体问题

二、交通事故损害赔偿

三、交通事故损害赔偿程序

四、交通事故保险理赔

一、交通事故中的主体问题

001 多车连撞交通事故赔偿义务主体的确定

——田某诉夏某等机动车交通事故责任案

【案件基本信息】

1. 裁判书字号

吉林省长岭县人民法院（2020）吉 0722 民初 1864 号民事判决书

2. 案由：机动车交通事故责任纠纷

3. 当事人

原告：田某

被告：夏某、范某、李某、张某、王某、财险通化支公司、甲财险吉林分公司、财险松原支公司、乙财险吉林分公司、财险长春支公司

【基本案情】

2020 年 5 月 15 日，范某驾驶吉 JBM×××号小型轿车沿公路自东向西行驶，行至事故发生地超车时，驶入道路南侧，同自西向东行驶的夏某驾驶的吉 ARG×××号小型普通客车相撞后，范某驾驶的吉 JBM×××号小型轿车又同自西向东行驶的张某驾驶的吉 JH2×××/JG×××号重型半挂牵引车相撞，后吉 JH2×××/JG×××号重型半挂牵引车驶入道路北侧，又同自东向西行驶的田某驾驶的吉 JG××××号小型轿车相撞，致四车损坏，范某、夏某、田某受伤的交

通事故。长岭县公安局交通警察大队长公交认字（2020）第8000037号道路交通事故认定书认定，范某其“有会车可能超车”“超速”是导致此次事故的主要原因，夏某“超速”是导致此次事故的次要原因，张某驾驶的牵引车“制动不良”是导致此次事故的次要原因，田某无导致此次事故的过错行为。责任一（范某与夏某相撞）：范某承担事故主要责任，夏某承担事故次要责任。责任二（范某、张某、田某三车连撞）：范某承担事故主要责任，张某承担事故次要责任，田某无责任。事故发生后，田某受伤后在长岭县人民医院治疗花费医疗费2445元。田某的车辆损坏后在汽修公司维修花费维修费17566元、拖车费共计3460元，其中2260元系从事故发生地到长岭的拖车费用，1200元系从长岭将事故车辆拖到长春维修的拖车费用。

另查，范某驾驶的吉JBM×××号车辆登记在其妻子李某名下，该车在财险通化支公司投保了机动车责任强制保险。夏某驾驶其所有的吉ARG×××号车辆在财险长春支公司投保了机动车责任强制保险，在乙财险吉林分公司投保了机动车商业第三者责任保险50万元不计免赔。张某系王某的雇用司机，其驾驶的吉JH2×××/JG×××号挂车在甲财险吉林分公司投保了机动车责任强制保险，在财险松原支公司投保了机动车商业第三者责任保险100万元不计免赔。事故均发生保险期限内。

【案件焦点】

1. 未直接发生碰撞的车辆是否为赔偿义务主体；2. 赔偿数额的确定。

【法院裁判要旨】①

吉林省长岭县人民法院依照《中华人民共和国侵权责任法》第六条、第十六条、第十九条、第二十二条、第二十六条、第四十九条，《中华人民共和国道路交通安全法》第七十六条，《最高人民法院关于审理道路交通事故损害赔偿案件适用法律若干问题的解释》第十五条、第十六条、第二十二条，《最高人民法院关于审理人身损害赔偿案件适用法律若干问题的解释》第三条，《中华人民共和国民事诉讼法》第一百四十四条之规定，作出如下判决：

一、财险通化支公司在交强险限额内赔偿原告田某经济损失共计 1458 元（医疗费限额内赔偿原告田某医药费 815 元；在财产损失赔偿限额内赔偿田某车辆修理费、拖车费合计 19826 元中的 643 元）；

二、财险长春支公司在交强险限额内赔偿原告田某经济损失共计 1443 元（医疗费限额内赔偿原告田某医药费 815 元；在财产损失赔偿限额内赔偿田某车辆修理费、拖车费合计 19826 元中的 628 元）；

三、甲财险吉林分公司在交强险限额内赔偿原告田某经济损失共计 1675 元（医疗费限额内赔偿原告田某医药费 815 元；在财产损失赔偿限额内赔偿田某车辆修理费、拖车费合计 19826 元中的 860 元）；

四、范某赔偿原告田某剩余财产损失共计 17695（19826-643-628-860）元的 60%即 10617 元；

① 本书【法院裁判要旨】适用的法律法规等条文均为案件裁判当时有效，下文不再对此进行提示。

五、财险松原支公司在商业第三者责任险限额内赔偿原告田某剩余财产损失共计 17695 元的 20%即 3539 元；

六、乙财险吉林分公司在商业第三者责任险限额内赔偿田某剩余财产损失共计 17695 元的 20%即 3539 元。

上述款项限判决生效后立即给付。

判决后，双方当事人均未上诉，本判决现已生效。

【法官后语】①

根据《最高人民法院关于审理人身损害赔偿案件适用法律若干问题的解释》（2003 年）第三条的规定，二人以上共同故意或者共同过失致人损害，或者虽无共同故意、共同过失，但其侵害行为直接结合发生同一损害后果的，构成共同侵权，应当依照《中华人民共和国民法通则》第一百三十条（《中华人民共和国民法典》第一千一百七十一条和第一千一百七十二条）规定承担连带责任。二人以上没有共同故意或者共同过失，但其分别实施的数个行为间接结合发生同一损害后果的，应当根据过失大小或者原因力比例各自承担相应的赔偿责任。结合全案证据，法院认为范某“有会车可能超车”“超速”应承担此次事故的主要责任，夏某“超速”承担此次事故的次要责任，张某“制动不良”承担事故的次要责任，田某无责任。

在机动车道路交通事故中，多车连撞，造成人伤、车损的案件越来越多。针对此类案件，各侵权人如何承担责任，成为此类案件审判的难点。有的观点包括保险公司的个别观点认为，多车连撞，适用《中华人民共和国侵权责任法》第八条（《中华人民共和国民

① 本书【法官后语】对此类法律问题涉及的法律法规等内容进行了时效性更新，下文不再对此进行提示。

法典》第一千一百六十八条）的规定，由数个机动车责任主体承担连带责任。或者认为，没有直接发生碰撞的机动车责任主体不应该承担赔偿责任。交警部门作出的事故认定，只是根据双方在事故中的违法行为应承担多大的事故责任进行了划分，但不能区分各侵权人的过错和原因力，所以不能与民事责任的承担相同，不能仅凭责任事故认定书确定受害人按份承担责任的比例。

笔者认为，无共同故意的各侵害人，都直接或间接地造成受害人经济损失，故无意思联络共同侵权行为人之间的责任承担份额仍可以根据各自过失大小或者原因力比例确定。本案中，夏某驾驶的车辆虽未直接与田某驾驶的车辆发生碰撞，但范某和夏某分别驾驶的车辆合力与张某驾驶的车辆发生碰撞，张某驾驶的车辆又与田某驾驶的车辆相撞，造成田某人伤及车辆损失的后果，因此田某的后果系由范某、夏某、张某侵权所致，故此三人及其投保的保险公司是赔偿义务主体，而不因为夏某与范某未与田某发生直接碰撞而免除赔偿责任。

编写人：吉林省长岭县人民法院　马丽敏

002　雇员使用雇主所有的机动车在交通事故中的责任认定

——徐某等诉潘某、尤某机动车交通事故责任案

【案件基本信息】

1. 裁判书字号

江苏省无锡市惠山区人民法院（2020）苏 0206 民初 3897 号民事判决书

2. 案由：机动车交通事故责任纠纷

3. 当事人

原告：徐某、黄某1、黄某2

被告：潘某、尤某

【基本案情】

2019年5月10日19时50分许，黄某3未依法取得机动车驾驶证却驾驶未经公安机关交通管理部门登记而悬挂苏B28×××号牌的二轮摩托车，车上乘坐未戴安全头盔的徐某，沿无锡市惠山区惠山大道西侧非机动车道以22.2—27.5km/h的车速由南往北逆向行驶时，遇潘某未戴安全头盔、持B2型机动车驾驶证驾驶未定期进行安全技术检验的号牌为苏B1K×××的普通二轮摩托车，车上乘坐未戴安全头盔的万某，沿惠山大道西侧非机动车道以55.0—66.3km/h的车速由北往南对向行驶，结果发生碰撞，造成车辆损坏，黄某3、潘某、万某、徐某四人不同程度受伤，黄某3经送医院抢救无效于当日死亡的交通事故。经无锡市公安局交通警察支队惠山大队出具道路交通事故认定书认定：黄某3负事故主要责任，潘某负事故次要责任；万某、徐某不负事故责任。苏B1K×××号普通二轮摩托车登记在尤某名下，该车辆并未投保交强险。

另查明，徐某系黄某3之妻，黄某1、黄某2系黄某3之子，尤某与潘某系雇佣关系。庭审中，潘某陈述涉案车辆系尤某提供给所有工人使用的，主要用于上班以及下班时间买菜购物，车钥匙系尤某放在工人的住处，告知工人可以使用。事故发生时，潘某是驾驶车辆去买菜。尤某陈述，其并未将未经过年审的车辆交给潘某使用，其知道没有摩托车驾驶证是无法驾驶摩托车的，潘某他们有B2驾照，有无摩托车驾驶证其不清楚，车子因其住处放不下，故放在其为工人租赁的房间门口，钥匙放在房间里，具体放在哪里记不清了。

徐某、黄某1、黄某2主张的各项损失认定为：医疗费2914.13元、交通费1000元、丧葬费49334.5元、死亡赔偿金472141.44元、精神损害抚慰金50000元，合计575390.07元。又查明，黄某3驾驶的二轮摩托车上乘坐人徐某也在本次交通事故中受伤，徐某不要求在本案中预留交强险份额。

【案件焦点】

雇主尤某将自己的摩托车及车钥匙放在工人处，工人潘某在使用摩托车过程中发生交通事故，是否系履行职务行为。

【法院裁判要旨】

江苏省无锡市惠山区人民法院经审理认为：机动车发生交通事故造成人身伤亡、财产损失的，由保险公司在机动车第三者责任强制保险责任限额范围内予以赔偿；不足的部分，机动车之间发生交通事故的，由有过错的一方承担赔偿责任；双方都有过错的，按照各自过错的比例分担责任。本案中，因黄某3、潘某对事故发生分别负主次责任，故黄某3一方应当对其损失自行承担70%的责任，潘某一方承担30%的赔偿责任。未经允许驾驶他人机动车发生交通事故造成损害，当事人依照《中华人民共和国侵权责任法》的规定请求由机动车驾驶人承担赔偿责任的，人民法院应予支持。机动车所有人或者管理人有过错的，应承担相应的赔偿责任，但具有《中华人民共和国侵权责任法》第五十二条规定情形的除外。本案中，尤某将未定期进行安全技术检验，也未投保交强险的二轮摩托车停放在其为潘某租赁的房屋门口，并且将车钥匙放在房间里，并未尽到对车辆安全保管的注意义务，存在一定过错，法院依法认定尤某应承担10%的赔偿责任。因此对于本案中原告主张的损失，原告一方自行承担70%的责任，潘某、尤某一方承担30%的责任，其中潘某承担20%的赔偿责任，尤某承担10%的赔偿责任。

因苏B1K×××号普通二轮摩托车并未投保交强险，尤某系该车辆的车主，作为投保义务人，应当与侵权人潘某在交强险责任限额范围内承担连带赔偿责任。对于超出交强险限额部分，原告认为尤某系车主和雇主，故应当对超出交强险限额部分承担40%的连带赔偿责任。法院认为，潘某系驾驶机动车在下班时间去买菜的路上发生交通事故，并非在从事雇佣活动中致人损害，故原告要求尤某作为雇主对超出交强险限额部分的损失承担连带责任的主张，于法无据，法院不予支持。对于潘某辩称尤某系潘某的雇主，潘某作为雇员，在从事雇佣活动中致人损害的，应由雇主即尤某承担赔偿责任的抗辩意见，亦于法无据，法院不予采信。

江苏省无锡市惠山区人民法院依照《中华人民共和国侵权责任法》第十六条，《中华人民共和国道路交通安全法》第七十六条，《最高人民法院关于审理道路交通事故损害赔偿案件适用法律若干问题的解释》第二条、第十九条，《最高人民法院关于审理人身损害赔偿案件适用法律若干问题的解释》第九条、第十七条、第十八条、第十九条、第二十二条、第二十七条、第二十九条，判决如下：

一、潘某于本判决生效之日起十日内赔偿徐某、黄某1、黄某2各项损失205409元；

二、尤某于本判决生效之日起十日内赔偿徐某、黄某1、黄某2各项损失46248元；

三、尤某对本判决主文第一项确定的债务在112914元范围内承担连带赔偿责任；

四、驳回徐某、黄某1、黄某2的其他诉讼请求。

判决后，双方当事人均未上诉，本判决现已生效。

【法官后语】

依据《中华人民共和国民法典》第一千一百九十二条之规定，个人之间形成劳务关系，提供劳务一方因劳务造成他人损害的，由接受劳务一方承担侵权责任。从法条可知，雇员必须是因劳务造成他人损害，才由雇主承担侵权责任。雇员在履行职务过程中，使用雇主的车辆是常见现象，但发生交通事故后，往往会存在争议，雇员是否在履行职务行为是争议的焦点。确定雇员是否在履行职务行为，应综合调查雇主陈述、雇员陈述、事故发生地点、时间、事发时车辆挂载物品等，然后才能确定雇主所有车辆在事故发生时是否系雇员履行职务行为。

本案中，案涉摩托车及车钥匙系雇主尤某主动放于工人住宿处，对于车辆也未及时进行年检，投保机动车交强险，并未尽到对车辆安全保管的注意义务，雇主尤某应承担部分赔偿责任。雇员潘某陈述系履行职务行为，其仅陈述雇主尤某将车子交给工人上下班使用，事故发生时，其系履行职务行为，雇主尤某应承担雇主责任。然而，雇主尤某陈述车子是因其住处放不下，故放在其为工人租赁的房间门口，钥匙放在房间里，具体放在哪里记不清了，其并未主动允许工人可以自行使用，其主观上不存在允许工人将其摩托车作为工作车辆使用。另根据雇员潘某自己陈述，其是下班后驾驶该车辆去买菜，该时间段明显系非工作时间，同时驾驶的目的也并非履行职务，所以没有支持潘某要求雇主承担连带责任的主张。

为了节约运营成本，现在很多公司均存在雇主将自己所有的车辆交与员工使用，或者让员工将自己的私家车用于公务，给予适当补贴，这都是典型的“私车公用”。私车公用虽然可以节约公司的运营成本，但是也带来了很多争议，如车辆未购置足额商业险，车辆未及时年检，保险公司拒赔，员工是否系在履行职务等问题，就会给公司与员工之间造成极大的矛盾。公司与员工之间应明确履行职务的事项，必要时可以签署私家车使用协议，对于私车公用的范畴予以明确。对于不合理的使用私家车的要求，员工也应坚决拒绝。对于跑外勤较多的公司，应自行购置车辆，并配备专职驾驶员，减少交通意外所带来的额外损失。

编写人：江苏省无锡市惠山区人民法院　陆鑫升

003　挂车方在交通事故中的赔偿责任认定

——甘某诉财险日照支公司等机动车交通事故责任案

【案件基本信息】

1. 裁判书字号

安徽省滁州市中级人民法院（2020）皖 11 民终 1059 号民事判决书

2. 案由：机动车交通事故责任纠纷

3. 当事人

原告（被上诉人）：甘某

被告（上诉人）：财险日照支公司

被告（被上诉人）：沈某、运输公司

【基本案情】

2019 年 5 月 11 日 12 时 31 分，沈 1 驾驶车牌号为鲁 Q88×××/鲁 Q111×××挂重型集装箱半挂车逆行时与雷某驾驶车牌号为鄂 LD0×××小型汽车发生交通事故，事故造成雷某受伤，两车损坏，路灯、电线杆、绿化损坏。交警部门认定，沈某负全部责任，雷某无责任。被告沈某驾驶的车牌号为鲁 Q88×××/鲁 Q111×××挂重型集装箱半挂车，登记车主为被告运输公司，车牌号为鲁 Q88×××的牵引车在被告财险日照支公司投保商业三者险 50 万元不计免赔，本起事故发生在保险期间内。被告财险日照支公司要求提供肇事车辆挂车的投保信息，否则商业三者险拒赔。

【案件焦点】

1. 挂车与牵引车连接使用发生交通事故后，挂车方是否应当作为独立的民事赔偿主体承担赔偿责任；2. 挂车为规避风险，是否需要投保商业三者险。

【法院裁判要旨】

安徽省定远县人民法院经审理认为：牵引车方的商业三者险的承保公司要求提供挂车的投保信息于法无据，不构成商业三者险拒赔理由。

安徽省定远县人民法院依照《中华人民共和国民事诉讼法》第一百四十四条，《中华人民共和国侵权责任法》第十五条、第十六条、第二十二条、第四十八条，《中华人民共和国道路交通安全法》第七十六条第一款第一项，《中华人民共和国保险法》第六十五条、第六十六条，《机动车交通事故责任强制保险条例》第二十一条第一款,《最高人民法院关于审理人身损害赔偿案件适用法律若干问题的解释》第八条、第十七条、第十九条、第二十条、第二十一条、第二十二条、第二十三条、第二十四条,《最高人民法院关于审理道路交通事故损害赔偿案件适用法律若干问题的解释》第十六条、第二十七条的规定,判决如下:

一、被告财险日照支公司于判决生效之日起十日内赔偿原告甘某各项损失 89294 元;

二、驳回原告甘某的其他诉讼请求。

财险日照支公司不服一审判决,提出上诉。

安徽省滁州市中级人民法院经审理同意一审的裁判意见,判决如下:

驳回上诉,维持原判。

【法官后语】

1. 挂车所有人没有投保交强险的法律义务。《机动车交通事故责任强制保险条例》第四十二条规定:挂车不投保机动车交通事故责任强制保险。发生道路交通事故造成人身伤亡、财产损失的,由牵引车投保的保险公司在机动车交通事故责任强制保险责任限额范围内予以赔偿;不足的部分,由牵引车方和挂车方依照法律规定承担赔偿责任。由此可见,挂车没有购买交强险的义务,挂车所有人或使用人不承担交强险的赔偿责任。

2. 从属性角度来分析,挂车只是具有使用价值的载货工具。挂车不具有动力装置,不属于机动车,只有在牵引车的牵引控制下才能上路,两车连接在一起作业,应视为一个整体,因此,挂车具有"可移动的集装箱"属性。由于挂车本身并无驾驶员,不能上路行驶，挂车使用权交由牵引车使用人实际控制，类似于车辆使用人和所有权人分离时发生交通事故情形，依法应当由实际侵权人承担赔偿责任。

3. 关于挂车所有人承担责任问题。为了弥补交强险赔偿不足的部分，通常情况下，牵引车作为机动车，所有人为了降低交通事故赔偿风险，会选择购买商业三者险，而不足的赔偿部分，挂车与牵引车如何“依照法律规定承担赔偿责任”，挂车所有人承担什么样的责任（共同、按份或连带），实务中认识有分歧。对于挂车是否需要投保商业三者险规避交通事故风险，笔者认为挂车所有人有自主选择权。但是基于当牵引车保险不足以赔付时，由牵引车方和挂车方依照法律规定承担赔偿责任的规定，笔者建议从规避风险的角度考虑，挂车应该投保商业三者险。

编写人：安徽省滁州市定远县人民法院　高恒星

004 被鉴定为机动车的电动车不应在交强险范围内先行赔付

——曹某1等诉财险梅河口支公司、董某机动车交通事故责任案

【案件基本信息】

1. 裁判书字号

吉林省梅河口市人民法院（2020）吉0581民初2172号民事判决书

2. 案由：机动车交通事故责任纠纷

3. 当事人

原告：曹某1、王某、曹某2

被告：财险梅河口支公司、董某

【基本案情】

2020年9月1日15时49分许，曹某无证醉酒驾驶吉EU5×××号牌二轮摩托车，沿梅海南线由西向东行驶至某村委会前路段超越前方同向向左转弯时，与同方向前方左转弯的董某驾驶的梅河口（保）A01×××号牌三轮摩托车发生碰撞，致曹某和董某受伤，车辆损坏。曹某伤后入住中心医院住院治疗4天，于2020年9月5日经抢救无效死亡。此次事故经公安局交通管理大队认定，曹某承担事故主要责任，董某承担事故次要责任。另查明，董某驾驶的三轮摩托车，经交警部门责任认定鉴定为机动车，该车在财险梅河口支公司投保了非机动车第三者责任保险，第三者责任限额中人身伤亡赔偿限额为40000元，医疗责任限额8000元，财产损失限额2000元，免赔额100元。曹某1、王某、曹某2为曹某的第一顺序法定继承人。因双方就赔偿事宜协商未果，原告起诉至法院，要求被告赔偿因曹某死亡的各项损失。损失合计781929.50元，由被告先行在交强险范围内赔偿120000元，超出交强险的损失，由被告承担30%的赔偿责任合计198578.85元，诉讼费由被告承担。

【案件焦点】

电动车被鉴定为机动车，电动车车主是否应在交强险范围内先行赔付。

【法院裁判要旨】

吉林省梅河口市人民法院经审理认为：交警部门对肇事电动车属于机动车的认定，系从行政管理角度作出的，但是保险企业对该类车辆不予办理交强险，因此导致无法投保交强险的后果，并非投保义务人主观意愿所致，所以在该种情况下要求投保义务人承担交强险的赔偿责任，属于加重其责任，不应予以支持。

吉林省梅河口市人民法院依照相关法律，作出如下判决：

一、被告财险梅河口支公司在保险责任限额内赔偿原告曹某1、王某、曹某2各项损失47900元，于本判决生效后立即给付；

二、被告董某赔偿原告曹某1、王某、曹某2各项损失186186.90元，于本判决生效后立即给付；

三、驳回原告曹某1、王某、曹某2的其他诉讼请求。

判决后，双方当事人均未上诉，本判决现已生效。

【法官后语】

《中华人民共和国道路交通安全法》第七十六条规定，机动车发生交通事故造成人身伤亡、财产损失的，由保险公司在机动车第三者责任强制保险责任限额范围内予以赔偿，不足部分，按照过错责任予以赔偿。交强险是强制保险，并且在保额范围内采用无过错赔偿原则，立法目的是转移赔偿风险，使受害方获得及时有效的赔付，减轻赔偿义务人的经济负担。2021年1月1日开始施行的《最高人民法院关于审理道路交通事故损害赔偿案件适用法律若干问题的解释》第十六条第一款对未投保交强险情形作出了规定："未依法投保交强险的机动车发生交通事故造成损害，当事人请求投保义务人在交强险责任限额范围内予以赔偿的，人民法院应予支持。"根据上述解释规定，交强险是一种强制性义务，在一方未投保交强险时，一般都判令肇事方先在交强险范围内承担全部责任，是对未投保交强险一方违法行为的一种判罚。但现实生活中，人们为了方便出行，电动车种类及使用数量越来越多，而电动车发生交通事故的情形也越来越多。本案中电动车虽被鉴定为机动车，但系交警部门从行政管理角度所作出的认定。实践中，保险企业不为该类所谓“机动车”办理交强险，所以导致无法投保交强险的后果并非投保义务人的主观意愿所致。法律不能强人所难，如要求电动车方在交强险范围内先行承担责任，势必会加重其责任，有违公平性，不符合民事归责原则，故不应由被鉴定为机动车的电动车方在交强险范围内先行承担赔偿义务。

编写人：吉林省梅河口市人民法院　汤文慧

005　无证驾驶者好意同乘在机动车交通事故中的责任认定

——占某诉财险某支公司等机动车交通事故责任案

【案件基本信息】

1. 裁判书字号

浙江省丽水市中级人民法院（2020）浙11民终1199号民事判决书

2. 案由：机动车交通事故责任纠纷

3. 当事人

原告（被上诉人）：占某

被告（上诉人）：财险某支公司

被告（被上诉人）：应某1、应某、陈某、赵某、运输公司

【基本案情】

应某1、袁某、林某、占某四人系朋友，陈某、应某系应某1之监护人。被告运输公司系豫P2C×××号重型仓栅式货车车辆行驶证登记的所有人，赵某系案涉车辆实际车主，被告财险某支公司系案涉车辆交强险、商业险的承保单位。被告应某1驾驶的普通二轮摩托车未投保交强险，车主无法查清。2018年4月9日凌晨，应某1驾驶无号牌普通二轮摩托车搭乘林某、袁某、占某从温州往青田方向行驶，当日3时59分途经温寿线（G330）41km+693m路段左转弯时与赵某驾驶的从义乌往温州市永嘉县瓯北行驶的豫P2C×××号重型仓栅式货车发生碰撞，造成应某1、林某、袁某、占某四人受伤及两车受损的道路交通事故。经青田县公安局交通警察大队认定，该事故中应某1负主要责任，赵某负次要责任，林某、袁某、占某均无责任。事故发生后，占某被送至人民医院住院治疗，前后住院两次并出院；青田县交通事故社会救助基金管理中心为占某垫付医疗费64601.92元，该款项通过银行转账方式汇入人民医院账户。被告应某1、陈某叙述称该交通事故系因聚众斗殴引起的，两者之间存在因果关系，且系林某和占某叫应某1开车去温州找袁某，否则就不会发生交通事故。被告应某1另叙述称其搭乘三人之行为属于好意同乘，应当减轻其赔偿责任。被告财险某支公司叙述称事故驾驶员赵某存在超载行为，根据保险合同条款约定，投保车辆存在超载行为时要对商业险部分扣除10%的绝对免赔率，并提供投保声明确认函一份用以证明在签订保险合同时，保险公司已尽到说明义务。

【案件焦点】

1. 驾驶者未取得驾驶证且共同搭乘人员超出荷载人数，其是否可以根据好意同乘的有关规定减轻赔偿责任；2. 因实施违法犯罪行为，在往返途中发生交通事故，驾驶者是否可以免除赔偿责任；3. 对于投保人签署的《投保声明确认函》，保险公司对其中的免责条款是否应负提示说明义务。

【法院裁判要旨】

浙江省丽水市青田县人民法院经审理认为：搭乘人员林某、袁某、占某虽为未成年人，但是其应有相应的识别能力。在明知应某1未成年、不可能持有摩托车驾驶证且共同搭乘超过普通二轮摩托车的荷载人数的情形下，仍自甘风险搭乘该摩托车，对损害的发生存在过失。且本案中并无证据证明搭乘人员在乘坐摩托车时有佩戴头盔，此亦与搭乘人员的头部损伤存在相当因果关系。故法院认为，搭乘人员因未尽安全注意义务，对自身损害的发生和扩大均存在过错，依法应减轻侵权人的赔偿责任。聚众斗殴虽系交通事故之肇因，但两者之间并无法律上的因果关系，无证驾驶明显属于重大过失，不满足好意同乘减责之构成要件，故应某1等人的抗辩理由均不能成立。《投保声明确认函》于2018年8月1日出具，但车辆的交强险、商业险系于2018年3月投保，并且文义存有歧义，财险某支公司未证明其在投保时已履行了明确说明义务，故认定相关免责条款不发生效力。

在审理过程中，应某1、林某、袁某、占某四人均同意豫P2C×××号车辆所投保的交强险的理赔款由四人平分。根据过失大小及原因力比例，法院酌定因原告自身过失，侵权人的损害赔偿责任应缩减20%；剩余80%的赔偿责任中，由赵某承担32%，由应某1承担48%。遂判决：

一、被告应某1连带赔偿原告占某经济损失144402.35元，该款项从应某1本人财产中支付，不足部分由被告陈某、应某赔偿；

二、被告财险某支公司在交强险、商业三者险范围内赔偿原告占某经济损失126268.23元（精神损害抚慰金在交强险责任限额范围内优先赔偿）；

三、驳回原告占某的其他诉讼请求。

宣判后，财险某支公司不服一审判决，提出上诉。

浙江省丽水市中级人民法院经审理后认为，一审未扣除10%的绝对免赔率并无不当，判决如下：

驳回上诉，维持原判。

【法官后语】

好意同乘即通常所说的“搭顺风车”，属于情谊行为的一种，是善意施惠行为，其实质是助人为乐，是善良风俗的延续。好意同乘虽无设立法律关系的意思表示，但在搭乘中发生交通事故则成立侵权之债。在好意同乘致害中，由于好意人过错和搭乘人员自身过失等因素的介入，导致双方责任承担不同于一般道路交通事故的认定和处理，如何认定双方的责任承担，关乎公序良俗的维持。

根据《中华人民共和国民法典》第一千二百一十七条之规定：“非营运机动车发生交通事故造成无偿搭乘人损害，属于该机动车一方责任的，应当减轻其赔偿责任，但是机动车使用人有故意或者重大过失的除外。”好意同乘虽然不是民事法律行为，不依当事人的意思表示产生权利义务关系，但其作为事实行为，仍依据法律规定在当事人之间产生一定的权利义务关系。机动车运行自身存在一定的风险，驾驶人同意搭乘人乘坐其驾驶的机动车，就对搭乘人的人身及财产安全产生保护之责，如其疏于保护义务，造成搭乘人人身或财产损害，即构成侵权。但是，在好意同乘致害中，如果好意人对事故发生具有故意或者重大过失的，则阻却好意同乘减责事由的适用。本案中，事故是由于应某1无证驾驶机动车、共同搭乘超过机动车荷载人数、在借道通行时未让本车道内的车辆先行等一系列违规行为所导致的，其无证驾驶显然属于重大过失，故不应以此减轻其责任。

考虑好意人过错的同时，也应当考虑搭乘人员是否存在过错。若同乘人明知驾驶人酒驾、无证驾驶、疲劳驾驶、对驾驶人危险行为未加阻止等，搭乘人员知悉车辆之危险性仍然同乘，且危险性是搭乘人员作为“理性人”应当预见的，则构成“自甘冒险行为”，但并不因此排除好意人责任，而是适用过失相抵规则予以减轻，可减轻好意人之赔偿责任。该规则平衡保护双方利益，合理分配责任负担，避免将一方造成的损害后果转嫁给对方，更符合法律公平正义的基本要求。

好意同乘法定减轻与过失相抵规则是彼此独立的责任减轻事由，一方面，好意人可基于双重理由而获责任减轻；另一方面，即使好意同乘减责事由不成立也不妨碍过失相抵规则的适用。

编写人：浙江省丽水市青田县人民法院　陈若蓉

006 无法确定是否发生接触的交通事故中的责任认定

——雷某诉曾某等机动车交通事故责任案

【案件基本信息】

1. 裁判书字号

江苏省无锡市中级人民法院（2021）苏02民终692号民事判决书

2. 案由：机动车交通事故责任纠纷

3. 当事人

原告（被上诉人）：雷某

被告（上诉人）：曾某、财险南阳支公司

被告：运输公司

【基本案情】

2019年8月19日13时45分许，雷某1驾驶后刹车性能差、未经公安机关交通管理部门登记的电动自行车，沿锡沙老线南侧非机动车道由东往西逆向行驶时，遇曾某驾驶灯光不合格（无前、后、左、右转向灯；无左、右制动灯）车牌号码为豫PZ6×××号的重型自卸货车由南往北驶上锡沙老线，结果导致雷某1驾驶电动自行车倒地，造成雷某1受伤，车辆损坏。无锡市公安局交通警察支队锡山大队对该事故作出事故证明。经调查，因无法判定事发时重型自卸货车与电动自行车驾驶人是否发生碰撞，也无法判定重型自卸货车进入非机动车道时对电动自行车的影响程度，根据《道路交通事故处理程序规定》第六十七条之规定，出具道路交通证明，载明上述事实。

事故发生后，雷某1即被送至医院住院治疗，于同年9月13日出院，后一直在无锡暂住地休养，后于2020年1月初回河南老家，同月19日因病情恶化在送医途中猝死。

豫PZ6×××号车辆登记在运输公司名下，财险南阳支公司为豫PZ6×××号车辆承保了交强险和限额为1000000元的商业三者险及不计免赔，事故发生在保险有效期内。

原告雷某系死者雷某1的第一顺序法定继承人。

事故发生后，无锡市公安局交通警察支队锡山大队委托司法鉴定所对本起事故痕迹及豫PZ6×××号重型自卸货车与电动自行车驾驶员雷某1是否发生碰撞进行鉴定，结论分别为：电动自行车向右侧倒地可以成立，豫PZ6×××号重型自卸货车整车与电动自行车整车对应部位，未见明显对应的硬质刮擦痕迹；不确定事发时，豫PZ6×××重型自卸货车有无与电动自行车驾驶员雷某1发生碰撞。在雷某1死亡后，无锡市公安局交通警察支队锡山大队委托司法鉴定所进行法医鉴定，鉴定意见为：雷某1自身罹患严重肝脏病变——重度肝硬化肝脂肪变性伴胸水（350mL）、腹水（500mL），食管胃底静脉曲张、肝性脑病，肝脏功能衰竭是其死亡的根本、主要原因；2019年8月19日车祸损伤较轻（为非致命伤），但不排除伤后用药（在肝脏解毒、代谢）有加重肝脏负担，加快肝硬化、肝功能衰竭病情进展的促进作用，与其死亡之间有间接关联，为次要参与度。

【案件焦点】

在无法确定雷某1驾驶的电动车与曾某驾驶的货车是否发生接

触和碰撞的情况下，雷某1倒地受伤后死亡的交通事故中双方责任如何认定。

【法院裁判要旨】

江苏省无锡市锡山区人民法院经审理认为：虽然司法鉴定所对双方是否发生碰撞和痕迹鉴定意见为还不能确定，但明确了电动自行车向右侧倒地可以成立，结合雷某1正值中年，具有正常掌握驾驶电动自行车的能力，一般情况下车辆不会轻易倒地，同时肇事车辆无前、后、左、右转向灯，无左、右制动灯，且系重型货车，虽然鉴定意见为豫PZ6×××号重型自卸货车与电动自行车整车对应部位，未见明显对应的硬质刮擦痕迹，但不能排除两者存在轻微接触的可能，故雷某1受伤与本次事故存在直接的因果关系，不属于意外事故。因本起事故无法查明责任，但鉴于雷某1驾驶后刹车效能差、未经公安机关交通管理部门登记的电动自行车，且系逆向行驶，而曾某驾驶的车辆灯光不合格，故法院对本起事故认定双方系同等责任。依照《中华人民共和国侵权责任法》第四十八条，《中华人民共和国道路交通安全法》第七十六条，《最高人民法院关于审理人身损害赔偿案件适用法律若干问题的解释》第十七条第三款、第二十二条、第二十四条、第二十九条，《中华人民共和国民事诉讼法》第六十四条、第一百四十四条之规定，判决如下：

一、财险南阳支公司尚应赔偿雷某各项损失合计340154.75元，于本判决生效后十日内付清；

二、驳回雷某的其他诉讼请求。

雷某和财险南阳支公司不服一审判决，提出上诉，江苏省无锡市中级人民法院经审理后确认一审判决认定事实清楚，适用法律正确，应予维持。依据《中华人民共和国民事诉讼法》第一百七十条第一款第一项之规定，判决如下：

驳回上诉，维持原判。

【法官后语】

一、在无法确定是否发生接触的交通事故中认定双方责任的前提是先确认侵权行为与损害后果之间是否存在法律上的因果关系，无因果关系则无侵权责任

机动车道路交通事故责任，是指机动车在道路上运行时，因不当驾驶活动或意外事件直接或者间接致人人身损害、财产损害所产生的侵权责任。无论是过错责任侵权还是无过错责任侵权，都要求加害人的加害行为与受害人的损害之间有因果关系。因此，在无法确定是否发生接触、碰撞情况下的交通事故中如何认定双方责任的关键就在于因果关系的确认。

侵权法上的因果关系，是指加害行为与损害结果之间引起与被引起的关系，如两者之间无因果关系，则侵权责任不成立。在原则上，采用“相当因果关系理论”判断是否具有因果关系，即只有同时符合“1. 加害行为须为损害的条件；2. 加害行为具有引起损害结果的相当性”这两点时，才能认定加害行为与损害后果之间存在因果关系。

二、无法确定是否发生接触的交通事故中侵权行为与损害后果间因果关系认定过程中的考量因素及具体适用

根据上述理论，在无法确定是否发生接触、碰撞情况下的交通事故中认定因果关系时，首先要考虑两者之间是否存在条件关系，在认定甲车行为是否属于乙车（人）损害后果的条件时，可采用剔

除法或替代法：即在观念中假设，若无甲车行为，损害仍会发生，则行为与损害无条件关系，因果关系不成立；若无甲车行为，损害不会发生，则行为与损害有条件关系。其次要考虑甲车行为是否具有相当性，若甲车碰撞到了乙车（人），则自然相当性足以造成乙车（人）遭受损害，但若无发生接触和碰撞，则需慎重考虑是否相当性得足以引起乙车（人）遭受损害。因此，法院应当从事故发生的时间、地点、天气状况、路况、车速、车辆状况、车辆与行人的可视情况、是否存在超载、超速等违法行为综合确定车辆对周围是否构成危险，同时还需结合当事人是否存在特殊体质等特殊情况来认定因果关系。比如，当事人患有高血压、心脏病等，突然听到喇叭声巨响，受到惊吓导致车辆失控而倒地。

具体到本案中，雷某1驾驶电动车在锡沙老线上由东往西行驶，遇曾某驾驶重型自卸货车由南往北驶上锡沙老线，结果导致雷某1驾驶电动自行车倒地，造成雷某1受伤。雷某1作为成年人，一般情况下具有掌控驾驶电动自行车的能力，在路面并不湿滑的情况下不会倒地，正是因为曾某驾驶的系重型自卸货车，与电动自行车相比更具有天然的危险性和威慑性，同时该货车无前、后、左、右转向灯，驶上雷某1所在的老锡沙线时突然出现在雷某1的可视范围内，足以引起雷某1受到惊吓而紧急避让，从而导致向右倒地。因此曾某驾驶货车的行为是雷某1向右倒地的条件，也具有足够相当性，两者之间存在因果关系，故曾某构成侵权。

三、确认因果关系存在之后再根据双方过错认定各自应负的具体责任比例

根据《中华人民共和国道路交通安全法》第七十六条第一款第二项规定：机动车与非机动车驾驶人、行人之间发生交通事故，非

机动车驾驶人、行人没有过错的，由机动车一方承担赔偿责任；有证据证明非机动车驾驶人、行人有过错的，根据过错程度适当减轻机动车一方的赔偿责任；机动车一方没有过错的，承担不超过百分之十的赔偿责任。

本案中，雷某1存在驾驶后刹车性能差、未经公安机关交通管理部门登记的电动自行车及逆向行驶的违规违法行为，自身存在过错，应根据过错程度适当减轻曾某一方的责任，法院据此认定对本起事故双方承担同等责任。

编写人：江苏省无锡市锡山区人民法院　包维磊　周伟良

007　从车上摔落的车上人员不转化为第三者

——王某诉祝某等机动车交通事故责任案

【案件基本信息】

1. 裁判书字号

浙江省台州市中级人民法院（2021）浙10民终618号民事判决书

2. 案由：机动车交通事故责任纠纷

3. 当事人

原告（被上诉人）：王某

被告（上诉人）：祝某、物流服务公司、物流公司

被告（被上诉人）：财险蚌埠分公司

【基本案情】

2020年10月3日，祝某驾驶皖AD6×××号重型半挂牵引车牵引皖CP×××挂号重型自卸半挂车在车厢内未留有安全位置的情况下负载王某、王2，自南往北沿临海市杜桥镇杜南大道行驶至某村路段时，王某从皖CP×××挂号重型自卸半挂车上掉落受伤。交警部门认定，祝某应承担此事故的全部责任，王某无责任。皖AD6×××号重型半挂牵引车登记所有人为物流服务公司，在财险蚌埠分公司投保交强险、商业险；皖CP×××挂号重型自卸半挂车登记所有人为物流公司，在财险蚌埠分公司投保商业险，事故发生在保险期限内。原告就本次交通事故造成的经济损失要求肇事司机及其车辆挂靠公司与保险公司承担赔偿责任。

【案件焦点】

伤者王某在本次交通事故中属于本车车上人员还是第三者。

【法院裁判要旨】

浙江省临海市人民法院经审理认为：交强险、第三者责任险适用于被保险机动车发生道路交通事故造成本车人员、被保险人以外的受害人人身伤亡、财产损失的情形。车上人员与第三者身份相对固定，本案中王某从肇事车辆车厢处掉落受伤，当属本车人员，不符合交强险、第三者责任险理赔情形。一审判决：

一、祝某、物流服务公司、物流公司于本判决发生法律效力之日起十日内赔偿王某经济损失56207.84元；

二、驳回王某其他的诉讼请求。

祝某、物流服务公司、物流公司不服一审判决，提起上诉。

浙江省台州市中级人民法院认为，事故发生时王某在车厢内，且属于违法搭乘，不属于第三者责任险和车上人员责任险的赔偿范围，故保险公司不应承担保险责任。

二审判决：驳回上诉，维持原判。

【法官后语】

《中国保险行业协会机动车辆商业保险示范条款》（以下简称《条款》）第四条规定：本保险合同中的车上人员是指发生意外事故的瞬间，在被保险机动车车体内或车体上的人员，包括正在上下车的人员。换言之，第三者即为事故瞬间位于车体外的人员。

就概念论，通过时间和空间的两层限定，本车车上人员与第三者泾渭分明。然而交通事故有其复杂性，因车辆碰撞而使车上人员置身车下的情形并不鲜见，此时伤者身份如何认定，本案案情当属典型，可资借鉴。

一、身份界定的时间标准

（一）身份转化时间节点

司法实务中存在“身份转化论”的观点，即第三者和车上人员均为特定条件下的临时身份，可因时空的变化而转变。该观点一定程度上忽视了身份的相对固定性，应当认识到，转化并不是全时的，《条款》将时间节点限定在了“事故发生瞬间”，事故发生前上下车固然会发生身份转变，但之后所处空间的变化则在所不问。

（二）“瞬间”如何定义

“事故发生时”虽然很短暂，但仍然是一个过程，人员受伤通常就发生于其中，“瞬间”应当截取哪一点或哪一段？

基于通常理解，“瞬间”首先应当是点而非段，一起交通事故可能有碰撞、受伤乃至多次碰撞等过程，但意外发生的瞬间必然是其中最早的时点，即使过程再短，也领先后续环节“逻辑上的一秒钟”，这也是因果关系推导的当然结果；此外，“意外事故发生瞬间”并不等同于具象化的实害结果，其可以是车辆突遭碰撞之时，也可能是车辆出现失控之时，个案案情有所不同。准确定义当为发生损害之虞，也即风险产生之时。

具体至本案，通过因果关系推导，交通事故的经过应为“急刹车（风险产生）—甩出车厢—摔落受伤（实害结果）”，虽然王某受伤时的空间位置是在车外，但时间节点已经是在“意外事故发生瞬间”之后，故不能因该空间转化而认定王某为交通事故第三者。

二、身份界定的空间标准

本案车内外空间判别较为明确，但实践中，事故可能发生在身体部分位于车外之时，典型如上下车的情形，此时车体空间的判定较为模糊。

通常而言，进入车体开始于单脚准备登车，离开车体则完成于双脚完全着陆，何时可称作车体内，《条款》本身未予明确。实务中可参考双脚位置及身体重心综合判断，当双脚离地且身体重心进入车内时，可认定为车上人员，而单脚着地且身体重心位于车外时，可认定为第三者，理由如下：

其一，作为格式条款，在理解上产生争议时，应当采取不利于格式条款提供方的解释，认定为第三者赔付相较更多，此时对车体内的范围界定不宜过宽。

其二，在立法目的上，之所以将本车人员排除在强制保险适用范围之外，是因为本车人员与机动车被视作一个整体，相较于车下人员其处于交通参与者的强者地位，保护程度因此有别。仅单脚登车时，其与普通第三者对机动车危险的控制力并无实质差异，而当双脚离地且身体重心进入车内时，人的位置及行动与车同频，此时方可将其与机动车视作一体。

综上，无论是单一事故还是多车连撞，均应坚持身份的相对固定性，通过因果关系推导比对风险产生瞬间与位置变化的先后顺序。对于车内空间的认定，标准则不宜过宽，可参考双脚位置及身体重心综合判断。

编写人：浙江省临海市人民法院 徐昊阳 金亚萍

008 从事雇佣活动的认定标准

——陈某诉李某 1、李某 2 机动车交通事故责任案

【案件基本信息】

1. 裁判书字号

广西壮族自治区北海市中级人民法院（2020）桂 05 民终 1285 号民事判决书

2. 案由：机动车交通事故责任纠纷

3. 当事人

原告（上诉人）：陈某

被告（被上诉人）：李某 1、李某 2

【基本案情】

2019 年 6 月 26 日，李某 1 与陈某在某荔枝基地挖完果树后，李某 1 驾驶无号牌三轮载货摩托车载运果树和搭乘陈某前往合浦县

公馆镇，在合浦县公馆镇至曲樟道路某村路段发生交通事故，造成陈某受伤。2019 年 8 月 14 日，合浦县公安局交通管理大队作出的《道路交通事故认定书》认定李某 1 承担本案交通事故的全部责任，李某 1 对陈某造成的损失应承担赔偿责任。陈某因事故造成的损失合计 189964. 54 元。其中，医疗费 207725. 4 元，扣减李某 1 已支付的 81900 元，余款 125825. 4 元、误工费 22169. 56 元、护理费 22169. 56 元、住院伙食补助费 16800 元、住宿费 3000 元。李某 2 与李某 1 是雇主与雇员的关系，陈某认为李某 1、李某 2 对其因交通事故造成的经济损失应承担共同赔偿责任，故向法院提起诉讼，请求判令被告李某 1、李某 2 共同赔偿原告陈某因交通事故造成的各项损失 200604. 69 元。

【案件焦点】

1. 关于交通事故责任认定的问题；2. 关于赔偿责任分配的问题。

【法院裁判要旨】

根据《最高人民法院关于审理人身损害赔偿案件适用法律若干问题的解释》和《2019 年广西壮族自治区道路交通事故人身损害赔偿项目计算标准》的规定，陈某的各项合理损失合计 189964. 54 元。其中，医疗费 207725. 4 元，扣减李某 1 已支付的 81900 元，余款 125825. 4 元、误工费 22169. 56 元、护理费 22169. 56 元、住院伙食补助费 16800 元、住宿费 3000 元。

广西壮族自治区合浦县人民法院依照《中华人民共和国侵权责任法》第六条、第十六条、第四十八条，《中华人民共和国道路交通安全法》第七十六条，《最高人民法院关于审理人身损害赔偿案件适用法律若干问题的解释》第十七条、第十九条、第二十条、第二十一条、第二十三条，《中华人民共和国民事诉讼法》第六十四条第一款、第一百四十二条的规定，作出如下判决：

一、李某1赔偿陈某医疗费、误工费、护理费、住院伙食补助费、住宿费共计189964.54元；

二、驳回陈某的其他诉讼请求。

陈某不服一审判决，提出上诉。广西壮族自治区北海市中级人民法院经审理认为：李某2与李某1虽是雇主与雇员的关系，但李某1的工作是对果场进行日常的经营管理，即在涉案果场范围内的劳务工作才视为从事雇佣活动，本案为机动车交通事故责任纠纷，发生事故的地点是合浦县公馆镇至曲樟道路某村路段，并非李某2承包的果场范围内，是由于李某1的过错导致，属于李某1的个人行为，应由李某1对陈某遭受的损失承担赔偿责任，故陈某主张雇员在从事雇佣活动中致人损害，应由李某1、李某2共同承担赔偿责任，没有事实依据，法院不予支持。

广西壮族自治区北海市中级人民法院依照《中华人民共和国民事诉讼法》第一百七十条第一款第一项、第一百七十五条之规定，作出如下判决：

驳回上诉，维持原判。

【法官后语】

在本案中关于交通事故责任认定的问题，是被告李某1搭乘原告行至合浦县公馆镇至曲樟道路某村路段时，被告李某1驾车向右侧翻倒在南侧路外，导致交通事故发生，经交通管理部门作出事故责任认定，被告李某1负事故的全部责任，原告不负事故责任，原、被告双方对此均无异议。

关于雇员在从事雇佣活动中致人损害赔偿认定的问题本案双方均有争议。是否属于雇员在从事雇佣活动中致人损害赔偿事实首先应明确以下两个概念及界定标准：

1. 双方之间是否存在雇佣关系。应当注意的是，本项所涉及的雇佣关系，是除了劳动法调整的劳动关系之外的狭义的雇佣关系。认定雇佣关系一般有下列四项标准：(1) 双方是否存在雇佣合同（口头的或书面的）；(2) 雇员有无报酬；(3) 雇员是否提供劳务；(4) 雇员是否受雇主的监督。即核心标准是看雇员是否以提供劳务为内容，以及是否受雇主控制、指挥和监督。总之，对雇佣关系的认定以事实上雇佣关系的存在为标准，与当事人间是否成立书面约定无关，而且雇员也并非仅限于雇佣合同所称之雇员，凡客观上被他人使用并为之提供劳务而受其监督者均为雇员。

2. 是否从事雇佣活动。从事雇佣活动，是指从事雇主授权或者指示范围内的生产经营活动或者其他劳务活动。其中，雇员的行为超出授权范围，但其表现形式是与履行职务有内在联系的，也应当认定为“从事雇佣活动”（从雇员执行职务的外表看，行为在客观上表现为与雇主指示办理案件的要求相一致）。因此，雇员的行为是否为从事雇佣活动的行为，应当从行为人的主观意思和行为的客观性质两个方面加以判断。一般来说，雇员主观上认为是从事雇佣活动的行为，而且在客观上又不悖于情理，就可认定该行为是从事雇佣活动的行为。“从事雇佣活动”通常包括：(1) 雇员依据雇主的指示在自己职权范围内行为；(2) 为了完成职权范围内的事务所为的辅助行为；(3) 为了雇主之利益的合理行为（也可能是超越职权的行为），此等行为应当具有客观上的合理性。将第三种行为纳入雇员从事雇佣活动的行为，主要是为了保护受害人的利益，使其较为容易得到补偿。受雇人在从事雇佣活动中，以从事雇佣活动为方法，故意致害他人，以达到个人不法目的，虽然其内在动机是出于个人的私利，但其行为与雇佣活动有内在的关联，因此也认定为从事雇佣活动的行为。

在本案中，被告李某2与被告李某1虽是雇主与雇员的关系，但李某1的工作是对果场进行日常的经营管理，即在涉案果场范围内的劳务工作才视为从事雇佣活动。本案发生事故的地点是合浦县公馆镇至曲樟道路某村路段，并非李某1承包的果场范围内。被告李某1未经被告李某2的同意，私自偷挖果树到其女儿家种植，属于李某1的个人行为而不是果场管理的职务行为。因此，本案为机动车交通事故责任纠纷，是由于李某1的过错导致的，属于李某1的个人行为，应由李某1对上诉人遭受的损失承担赔偿责任，对原告主张的雇员在从事雇佣活动中致人损害，应由雇主与雇员共同承担赔偿责任，于法无据，法院不予支持。

编写人：广西壮族自治区合浦县人民法院 秦宏宽 侯彩妮

009 “超标”二轮电动车被认定为机动车后是否适用交强险赔偿规则

——武某1诉邓某等机动车交通事故责任案

【案件基本信息】

1. 裁判书字号

北京市第一中级人民法院（2020）京01民终1429号民事判决书

2. 案由：机动车交通事故责任纠纷

3. 当事人

原告（被上诉人）：武某1

被告（被上诉人）：邓某、孔某、武某2

被告（上诉人）：财险北京分公司

【基本案情】

2018年5月1日16时24分，在北京市海淀区东北旺西路T100××号路灯杆处，邓某驾驶车牌号为京×××小型轿车由南向东右转弯过程中，适有孔某驾驶摩托车（无号牌）后乘李某，武某2驾驶摩托车后乘武某1，武丙驾驶电动自行车（无号牌），先后由东向南左转弯通过路口，邓某所驾小型轿车左前部与孔某驾驶的摩托车左侧相撞，后小型轿车左前部又与武某2所驾摩托车左侧相撞，小型轿车失控后左前部又与武丙所驾电动自行车左侧相撞，造成孔某、李某、武某2、武某1、武丙受伤，四车损坏。经交警认定，邓某、孔某、武某2对此次事故承担同等责任，武丙、李某、武某1无责任。另查，邓某所驾车辆在财险北京分公司投保交强险及商业三者险50万元，不计免赔。孔某、武某2所驾摩托车未投保交强险。

当日，武某1被送到抢救中心入院治疗，其伤情被诊断为左胫腓骨开放粉碎性骨折等，并于当月13日接受手术，后于当月28日出院。此后又于同年7月9日至10日、7月19日至27日，两次在抢救中心住院治疗。武某1因就诊所产生医疗费的总数为227823.34元，其中86667元由邓某垫付。

【案件焦点】

孔某、武某2未投保交强险，其是否应在交强险限额内承担赔偿责任。

【法院裁判要旨】

北京市海淀区人民法院经审理认为：交管部门所制作的交通事故认定书，法院经审查确认其具有相应的证明力，根据该认定结果，邓某、孔某、武某2应对此次事故承担同等责任。因邓某所驾车辆投保了交强险及商业三者险，故对于武某1的具体损失，应先由财险北京分公司在交强险责任限额范围内予以赔偿；不足部分由承保商业三者险的财险北京分公司根据保险合同予以赔偿；仍有不足的则由侵权人按责任予以赔偿。

北京市海淀区人民法院依照《中华人民共和国侵权责任法》第十六条，《最高人民法院关于审理道路交通事故损害赔偿案件适用法律若干问题的解释》第十六条、第二十七条，《最高人民法院关于审理人身损害赔偿案件适用法律若干问题的解释》第十九条，《中华人民共和国民事诉讼法》第六十四条第一款、第一百四十四条，《最高人民法院关于适用〈中华人民共和国民事诉讼法〉的解释》第九十条的规定，判决如下：

一、财险北京分公司在机动车第三者责任强制保险赔偿限额内，赔偿武某1医疗费一万元，本判决生效后七日内履行；

二、财险北京分公司在机动车第三者责任商业保险范围内，赔偿武某1医疗费43718.78元，本判决生效后七日内履行；

三、孔某、武某2各赔偿武某1医疗费43718.78元，本判决生效后七日内履行；

四、财险北京分公司，在机动车第三者责任商业保险范围内，向邓某支付其所垫付的医疗费28889元，本判决生效后七日内履行。

财险北京分公司不服原审判决，提起上诉。北京市第一中级人民法院经审理认为：本案争议核心问题是孔某未投保交强险，其是否应在交强险限额内承担赔偿责任。《最高人民法院关于审理道路交通事故损害赔偿案件适用法律若干问题的解释》第十九条第一款规定："未依法投保交强险的机动车发生交通事故造成损害，当事人请求投保义务人在交强险责任限额范围内予以赔偿的，人民法院应予支持。"《机动车交通事故责任强制保险条例》第十一条规定："投保人投保时，应当向保险公司如实告知重要事项。重要事项包括机动车的种类、厂牌型号、识别代码、牌照号码、使用性质和机动车所有人或者管理人的姓名（名称）、性别、年龄、住所、身份证或者驾驶证号码（组织机构代码）、续保前该机动车发生事故的情况以及保监会规定的其他事项。"本案中，孔某骑行的车辆虽经鉴定为"摩托车"，属于机动车，但该车辆不具备取得申领机动车号牌及行驶证的条件，孔某对于该车辆未投保交强险主观上不存在过错，客观上也无法对该车辆投保交强险。上述司法解释规定的投保义务人在交强险责任限额范围内承担赔偿责任，应以其未履行投保交强险的法定义务为前提。孔某的车辆客观上不具备投保交强险的条件，孔某未投保交强险不属于未履行法定投保义务，其与可投保而未投保交强险有本质上的区别，故一审法院未认定孔某在交强险限额范围内承担赔偿责任并无不妥。财险北京分公司就此提出的上诉理由，法院不予采纳。

综上，财险北京分公司的上诉请求不能成立，应予驳回；一审判决认定事实清楚，适用法律正确，应予维持。依据《中华人民共和国民事诉讼法》第一百七十条第一款第一项的规定，判决如下：

驳回上诉，维持原判。

【法官后语】

本案核心争议是电动车被认定为机动车且未投保交强险，电动车一方是否应在交强险限额内承担赔偿责任的问题。现实生活中，“超标”电动车上路行驶的情况十分普遍，这些电动车往往都没有投保交强险。“超标”电动车经交通管理部门技术鉴定为机动车后，如何正确理解和适用《最高人民法院关于审理道路交通事故损害赔偿案件适用法律若干问题的解释》（法释〔2012〕19号）（已失效，以下简称《道交解释》）第十九条第一款中“未依法投保交强险的机动车发生交通事故造成损害，当事人请求投保义务人在交强险责任限额范围内予以赔偿的，人民法院应予支持”的规定成为该案中难点。

一、现实中电动车的行政管理与交强险投保现状

根据新颁布的GB 17761—2018《电动自行车安全技术规范》（以下简称新标准），电动自行车应当符合“具有脚踏骑行能力、电驱动或/和电助动功能，最高设计车速不超过25km/h，整车质量小于或等于55kg，蓄电池电压小于或等于48V，额定连续输出功率小于或等于400W”要求，新标准颁布后，大量在用电动车均面临不合规问题。一方面，超标电动车无法纳入电动自行车的监管范围；另一方面，超标电动车也不属于公安交通管理部门的机动车管理序列，超标电动车并未被强制要求上牌、发放行驶证，实际上，公安交通管理部门对此类电动车一般不予办理登记挂牌。无牌照的电动车是

无法购买交强险的，即使公安交通管理部门对电动车登记后发放号牌，但根据《机动车交通事故责任强制保险条例》第十一条的规定："投保人投保时，应当向保险公司如实告知重要事项。重要事项包括机动车的种类、厂牌型号、识别代码、牌照号码、使用性质和机动车所有人或者管理人的姓名（名称）、性别、年龄、住所、身份证或者驾驶证号码（组织机构代码）、续保前该机动车发生事故的情况以及保监会规定的其他事项"，由于电动车无一般机动车的车辆识别代码和发动机号码，作为交强险保险人的财险北京分公司无法确认电动车的唯一性，也不向电动车所有人销售交强险。总之，由于目前我国对电动车的相关管理制度尚不完善，超标电动车所有人投保交强险不具有现实可能性。

二、未投保交强险的电动车被鉴定为机动车后不宜在交强险限额范围内承担赔偿责任

本案中，公安部门对孔某事发时骑行的无号牌白色二轮车辆进行鉴定，结论为机动车。财险北京分公司认为，据《道交解释》第十九条规定，孔某为机动车所有人，同时也是交强险投保义务人，现孔某未投保交强险，财险北京分公司要求孔某在交强险责任限额范围内予以赔偿，法院应当予以支持。但是，我国交强险是强制购买，根本目的是缓解肇事者无力赔偿、机动车肇事后逃逸等导致的受害人赔偿问题，《道交解释》第十九条之所以如此规定，是因为任何规避交强险投保的行为都不应得到法律的积极评价，在法律上体现为由投保义务人个人在交强险责任限额范围内赔偿他人损失。上述司法解释规定的投保义务人在交强险责任限额范围内承担赔偿责任，应以其未履行投保交强险的法定义务为前提。如前所述，基于当前现状，本案车辆不具备取得申领机动车号牌

及行驶证的条件，法律亦不应苛责客观上无法购买交强险的电动车所有人在交强险责任限额范围内赔偿损失，孔某对于该车辆未投保交强险主观上不存在过错，客观上也无法对该车辆投保交强险。因此，孔某不属于未履行“依法投保交强险”的义务，财险北京分公司要求孔某在交强险责任限额范围内承担相应赔偿责任，不应得到支持。

三、处理过渡期内的电动车交强险赔付应把握行政管理职能与民事司法裁判的关系

根据《市场监管总局、工业和信息化部、公安部关于加强电动自行车国家标准实施监督的意见》，对新标准实施前在用的既不符合旧标准也不符合新标准的电动自行车，设置过渡期，发放临时号牌。未按地方规定领取临时号牌以及过渡期满后仍上路通行的，公安机关要严格依法处罚。有观点认为，新标准施行后，既不符合标准也未领取临时号牌的电动车上路不具有合法性，如发生交通事故理应在交强险责任限额范围内承担相应的赔偿责任。笔者认为，该类行政管理规定旨在加快淘汰在用不符合新标准的车辆，在涉及交强险赔付时，不构成其应当承担交强险责任限额范围内赔付责任的违法性基础。为了避免类似情况发生，有赖于相关部门完善电动车管理制度，在生产管理、销售监管、登记使用等方面建立长效机制。考虑车主是否未履行投保交强险的法定义务，应主要考察车主对于未投保交强险主观上是否存在过错，如因机动车行政管理上的原因导致客观上无法对车辆投保交强险，法律不应苛责车主承担交强险责任限额内的赔付责任。笔者认为，注意把握行政管理职能与民事司法裁判的关联性及区别性可以最大限度实现法律效果和社会效果的统一。

四、《中华人民共和国民法典》施行后新旧法律及司法解释的衔接和更新问题

原《最高人民法院关于审理道路交通事故损害赔偿案件适用法律若干问题的解释》(法释〔2012〕19号)第十九条规定，未依法投保交强险的机动车发生交通事故造成损害，当事人请求投保义务人在交强险责任限额范围内予以赔偿的，人民法院应予支持。该条现为《最高人民法院关于审理道路交通事故损害赔偿案件适用法律若干问题的解释》(2020年修正)第十六条规定，法条内容表述并无变化。原《最高人民法院关于审理道路交通事故损害赔偿案件适用法律若干问题的解释》第二十七条规定，已经体现在《最高人民法院关于审理道路交通事故损害赔偿案件适用法律若干问题的解释》(2020年修正)第二十四条，法条内容并无变化。原《最高人民法院关于审理道路交通事故损害赔偿案件适用法律若干问题的解释》第十六条规定，现已经由《最高人民法院关于审理道路交通事故损害赔偿案件适用法律若干问题的解释》(2020年修正)第十三条和《中华人民共和国民法典》第一千二百一十三条，共同确定侵权人和保险公司的赔偿责任。

原《中华人民共和国侵权责任法》第十六条，已经体现在《中华人民共和国民法典》第一千一百七十九条，原《最高人民法院关于审理人身损害赔偿案件适用法律若干问题的解释》第十九条，现已经体现在《最高人民法院关于审理人身损害赔偿案件适用法律若干问题的解释》(2022年修正)第六条，法条内容并无变化。

编写人：北京市第一中级人民法院　陈伟　陈大林

010 交通事故中负全责的外卖骑手赔偿责任的认定

——史某诉贾某等机动车交通事故责任案

【案件基本信息】

1. 裁判书字号

北京市西城区人民法院（2019）京 0102 民初 1143 号民事判决书

2. 案由：机动车交通事故责任纠纷

3. 当事人

原告：史某

被告：贾某、人力资源公司、科技公司、财险北京分公司、财险南京分公司

【基本案情】

2019 年 5 月 22 日 13 时 32 分，北京市朝阳区朝阳路高碑店北路北口至兴隆西街北口段兴隆西街北口，贾某驾驶车牌号为京 BZ6××× 的轻便两轮摩托车由东向西行驶，史某由北向南步行，在人行道上发生交通事故，造成车辆接触部位损坏，史某受伤。经北京市公安局公安交通管理局朝阳交通支队双桥大队认定，由贾某负事故全部责任。

事故发生后，史某被送至民航总医院就诊，共计住院 5 天。于 2019 年 5 月 27 日转入北京积水潭医院继续住院治疗，共计住院 16 天，两次住院共计 21 天。医疗费数额共计 229055.66 元。经鉴定史某右膝关节功能部分丧失，构成十级伤残，右踝关节功能部

分丧失，构成十级伤残，累计伤残赔偿指数为15%，误工期180日，护理期90日，营养期90日，原告支付鉴定费3150元。原告系非农业户口，定残之日原告年龄为67周岁。

事故当日，贾某最后一笔订单的完成时间为2019年5月22日13时15分26秒，其驾驶的二轮轻便摩托车在财险北京分公司投保有机动车交通事故责任强制保险，事故发生在保险期限内。

贾某在某众包平台注册成为众包员，与人力资源公司建立劳务关系并签订《劳务协议》。科技公司系某众包平台经营者，科技公司与人力资源公司签订《平台服务协议》。事故当日，人力资源公司已为贾某在财险南京分公司投保某骑手保障组合产品保险，保费由贾某自行缴纳，每天第一单扣除3元作为当日保费，保险期间为2019年5月22日11时起至2019年5月23日2时，保障项目包括意外身故、残疾给付、个人综合责任、意外医疗费用补偿。史某要求赔偿损失，贾某等不同意其诉讼请求。

【案件焦点】

1. 事故发生时骑手是否从事职务行为；2. 骑手与某平台科技公司、人力资源公司之间的关系；3. 骑手保险（在本案中为某骑手保障组合产品保险）的性质，是否在机动车交通事故责任纠纷中一并处理保险纠纷。

【法院裁判要旨】

根据双方当事人陈述及相关证据，北京市西城区人民法院经审理认为：机动车发生交通事故造成人身伤亡、财产损失的，由保险公司在机动车交通事故责任强制保险及商业第三者责任保险限额内予以赔偿。不属于保险公司赔付部分，由当事人依法赔偿。史某与贾某发生交通事故，经交管部门认定，由贾某负事故全部责任，双方当事人均无异议，法院对该事实予以确认。对于史某的合理损失，应由贾某承担赔偿责任。

事故发生时骑手贾某虽然并未在接单取餐或送餐过程中，但本案事故发生时间和事发前骑手最后一笔订单结束时间间隔不足 20 分钟，考虑到骑手送餐后需要时间返回交通工具处，亦需要时间等待新订单，其送餐后原地不动等待不符合常理，故其送餐结束后返回路途中或等待新订单的期间亦应视为其劳务期间的延续，应视为其工作期间，属于工作行为。

科技公司系某外卖的平台管理者，其与人力资源公司签订有《平台管理协议》，协议约定：众包员是指申请注册众包平台，自愿与人力资源公司形成劳务关系并签署劳务协议，通过众包平台自主选择用户发布的配送服务信息，代表劳务服务公司完成配送任务事项，并在配送任务事项完成后获得相应报酬的完全民事行为能力人；可提供劳务的人员注册众包平台并确认劳务协议，即视为该劳务人员与人力资源公司达成劳务协议，成为众包员，后续可为人力资源公司完成用户发布的劳务需求，人力资源公司对众包员进行管理和劳务报酬的结算和发放，并就众包员执行劳务相关的行为承担责任。上述协议对众包骑手的定义、劳务协议的签署、众包骑手劳务报酬的发放和结算、骑手保险等内容均有明确的约定，故骑手与科技公司之间并不存在劳动或劳务关系。

骑手虽为自行下载某 App① 并按照操作要求注册成为众包骑手，但在注册过程中需与人力资源公司签订线上《劳务协议》，该协议明

① App 是英文 Application 的简称，指智能手机的第三方应用程序，下文不再对此进行提示。

确约定，“劳务公司是指与众包员签署劳务协议，形成劳务关系并向众包员发放劳务报酬的人力资源公司”，再结合《平台管理协议》相关规定，可以认定骑手与人力资源公司之间为劳务关系，故骑手承担的责任应由人力资源公司承担。

人力资源公司虽为贾某在财险南京分公司购买了骑手保障组合产品保险，其中包括个人综合责任险保险金额 25 万元，人身伤害限额 20 万元，财产损失限额 5 万元。但该项保险并非我国《道路交通安全法》中规定的交强险或商业三者险，并不适用先行赔付的相关法律规定，在性质上应属于保险合同纠纷，在法律适用上应选择保险合同规定的相关条款，与本案纠纷并不属于同一法律关系，因此不适宜一并处理，可另案主张。

判决如下：

一、本判决生效后十五日内，被告财险北京分公司在机动车交通事故责任强制保险规定的责任限额内，赔偿原告史某医疗费 3400 元、住院伙食补助费 2100 元、营养费 4500 元、护理费 14300 元、残疾辅助器具费 4805 元、交通费 1500 元、精神损害抚慰金 10000 元、残疾赔偿金 79395 元、财产损失 500 元，以上共计 120500 元；

二、本判决生效后三十日内，被告人力资源公司赔偿原告史某医疗费 225616.66 元、残疾赔偿金 64610.55 元、鉴定费 3150 元，以上共计 293377.21 元；

三、驳回原告史某的其他诉讼请求。

判决后，双方当事人均未上诉，本判决现已生效。

【法官后语】

在互联网高速发展的新时代下，“互联网+美食=外卖”模式应运而生，这种便捷的服务改变了人们的生活方式，外卖骑手不仅可以送美食，还可以帮买药、跑腿代购，“点外卖”成了我们生活中不可或缺的一部分。且想成为一名“骑手”亦相当简单，只需要一部智能手机+交通工具即可。现实中，为避免送餐超时被扣钱，骑手往往在马路上快速穿梭，导致交通事故频发。外卖骑手作为一种新兴职业，有别于传统的劳动或劳务关系，因为他们工作场所不固定，没有相应的考勤制度，是否接单、何时接单有一定的灵活性，发生交通事故后如何赔偿，由谁来赔偿成为亟待解决的问题。

一、骑手发生交通事故后，首先要明确发生交通事故时骑手是工作行为还是个人行为

《中华人民共和国民法典》第一千一百九十一条规定，用人单位的工作人员因执行工作任务造成他人损害的，由用人单位承担侵权责任。用人单位承担侵权责任后，可以向有故意或者重大过失的工作人员追偿。劳务派遣期间，被派遣的工作人员因执行工作任务造成他人损害的，由接受劳务派遣的用工单位承担侵权责任；劳务派遣单位有过错的，承担相应的责任。外卖骑手对外是以外卖公司的名义接单、送餐，工作时亦身着外卖公司统一的制服，交通工具后亦放置标有快递公司标志的置物篮，如确在接单、送餐过程中发生交通事故，明显属于履行送餐职责的工作行为，应由用人单位承担赔偿责任。

难点在于，骑手在接单、送餐过程之外发生交通事故如何认定。因外卖骑手为自助接单方式，平台或外包公司并未规定接单数量，骑手可能在结束一单后继续接单，也存在赶不上时间不接单的情况，此时则应视案件情况具体问题具体分析。在本案中，事故发生时间为2019年5月22日13时32分，骑手在事发前最后一笔订单结束时间为2019年5月22日13时15分26秒，间隔不足20分钟，考虑到

骑手在送单结束后需要时间返回到交通工具旁，亦需要时间等待新订单，其送餐后原地不动等待新订单不符合常理，故其送餐结束后返回路途中或等待新订单的期间亦应视为其劳务期间的延续，应视为其工作期间，属于工作行为。比如，发生交通事故时间与事故前最后一单结束时间间隔过长，则不宜认定为履行送单职责的行为，不宜认定由用人单位承担赔偿责任。

二、在确定是履行职务行为后，则要明确具体用人单位，也即由谁来实际承担赔偿责任的问题

现实生活中，往往会存在平台管理者和外包单位两家公司，有的案件还会有转包情况。不论涉及多少公司，首先要审查的是平台管理方与外包公司之间是否有书面协议，协议对双方的权利义务如何约定，特别是对众包员也即骑手如何约定，如何招募骑手，由谁招募等，以此判断平台管理者是否需要承担相应责任。另外，还要审查外包公司与骑手之间是否签订有书面协议，特别是对薪酬、奖惩等事项的约定。外包公司往往会以不约束骑手工作量、工作时间、对骑手不存在管理行为等事由进行抗辩，因此如何确定实际用人单位，还要综合考虑对骑手的管理、薪酬、福利、奖惩、保险等多方面因素。

在本案中，某App的平台管理者为科技公司，骑手自行下载某App并按照操作要求注册成为众包骑手，但在注册过程中需与人力资源公司签订线上《劳务协议》后，才能继续进行下一步操作，在该劳务协议中明确约定，劳务公司是指与众包员签署劳务协议，形成劳务关系并向众包员发放劳务报酬的人力资源公司，且人力资源公司亦为骑手投保有骑手险，再结合科技公司与人力资源公司签订的《平台管理协议》相关规定，可以综合认定骑手与人力资源公司之间为劳务关系，故骑手承担的责任应由人力资源公司承担。

三、骑手保险的性质如何，当事人主张一并处理的能否直接赔付

实践中对此问题争议较多，个人认为，该类骑手保险属于人身、财产综合保险，属于保险合同法范畴，在法律适用上应选择保险合同规定的相关条款，并不适用先行赔付的相关法律规定，因此不适宜一并处理，可另案主张。

在实践中，因外卖骑手与配送平台之间用工模式不同，各方需要承担责任的方式也有所不同。但在此仍需提醒外卖骑手，骑行送餐时应遵守交通法规，谨慎行驶，对他人和自己的生命安全负责。同时各配送平台或外包公司也应规范用工，加强对骑手的管理培训及安全知识教育，切实担负起用人单位的职责，构建更加科学合理的管理方式和更加完善的运行模式。

编写人：北京市西城区人民法院　张园园

011 注册骑手网络配送途中致损的各方责任分担

——刘某诉古某等机动车交通事故责任案

【案件基本信息】

1. 裁判书字号

广东省梅州市梅县区人民法院（2020）粤 1403 民初 2151 号民事判决书

2. 案由：机动车交通事故责任纠纷

3. 当事人

原告：刘某

被告：古某、人力资源公司、网络科技公司

【基本案情】

2020年4月18日，被告古某驾驶无号牌普通二轮摩托车，从梅县区扶外路往梅江区学院大道方向行驶，19时30分左右行驶至沿江北路沿江半岛中段时，追尾碰撞由原告刘某骑行的自行车，造成刘某受伤及自行车损坏的交通事故。对该事故调查处理后，梅州市公安局梅县区分局交通警察大队作出《道路交通事故认定书》，认定古某负事故全部责任；刘某无责任。原、被告对事故认定无异议。本次事故中肇事车辆即被告古某驾驶的无号牌普通二轮摩托车系古某本人所有，该车未投保机动车交通事故责任强制险和机动车第三者商业责任险。原告在事故发生后，即被送至医院住院治疗。经委托鉴定，刘某构成十级伤残。

被告人力资源公司于2015年8月11日注册成立，经营范围包含发布求职、招聘等业务。被告网络科技公司于2018年12月25日注册成立，经营范围包含国内货运代理等。被告网络科技公司系某骑手App的运营方，负责某同城快递在广东省与云南省的业务，被告人力资源公司承包了被告网络科技公司的相关业务，进行线下推广、招募骑手等。被告古某系被告人力资源公司招募的骑手，其在被告人力资源公司的梅州地区负责人的指引下，今年3月在上述App中进行了相关的注册登记后开始接单，其工资报酬是通过接单的数量进行发放的，以件计酬，平台从寄件费用中扣除部分服务费用，其余费用均会返还给骑手。被告古某未与上述两家公司签订劳动合同，自备运输车辆，自由接单。

【案件焦点】

1. 关于骑手与配送软件平台的法律关系如何界定；2. 骑手在网络配送途中致人损害，赔偿责任应如何承担。

【法院裁判要旨】

广东省梅州市梅县区人民法院经审理认为：劳动关系，是指用人单位招用劳动者为其成员，劳动者在用人单位的管理、指挥与监督下提供有报酬的劳动而产生的权利义务关系。古某通过配送软件某骑手 App，可自行选择是否接单，工作具有较大的自主性；工资报酬通过接单的数量进行发放，以件计酬，与其劳务付出具有对价性，没有底薪、多送多得的报酬给付方式不同于一般意义上的工资，不受最低工资标准限制。古某与人力资源公司、网络科技公司之间从属性不强，不存在人身依附性，亦无建立劳动关系的合意，不具备劳动关系的其他主要特征，不构成劳动关系。古某以自己的车辆自行在网络科技公司运营的平台接单后完成配送工作，并以此在该平台计算报酬，应构成承揽关系。

至于责任承担的问题。古某作为直接的侵权人应依法承担赔偿责任。古某在某骑手 App 注册登记成为骑手时，网络科技公司并未对其驾驶用于派件机动车的车辆登记情况、投保情况等进行实质审查；人力资源公司作为网络科技公司的商业合作伙伴，承包了其相关业务，进行线下推广和骑手招聘等工作，亦未对古某提供用于派件车辆的行驶证、投保情况、车况等进行审查或管理。两公司未提交证据证明其已经履行上述审慎管理的义务，其疏于管理的行为必然会导致招募的骑手存在一定的道路安全隐患。古某驾驶的系无号牌普通二轮摩托车且未投保相关车辆保险，存在明显的道路安全隐患。综合各方的过错程度，由古某承担 50%的侵权责任，人力资源公司与网络科技公司共同承担 50%的侵权责任。在本案审理过程中，人力资源公司提出愿意代替网络科技公司履行相应的赔偿义务，原告明确同意，双方自愿达成的调解协议，不违反法律规定，予以确认。

原告在此次事故中的合理合法损失费用共计 169357.88 元。根据本案的实际情况、原告诉请和相关法律规定，由被告古某赔偿原告刘某因本次交通事故造成的各项损失合计 169357.88 元×50%－5100 元（已赔付）= 79578.94 元；被告人力资源公司赔偿原告刘某因本次交通事故造成的各项损失合计 84678.94 元。

综上，依照《中华人民共和国侵权责任法》第二条、第三条、第六条、第十六条、第四十八条，《中华人民共和国道路交通安全法》第七十六条，《最高人民法院关于审理人身损害赔偿案件适用法律若干问题的解释》第十七条、第十八条、第十九条、第二十条、第二十一条、第二十二条、第二十三条、第二十四条、第二十五条、第三十条，《最高人民法院关于审理道路交通事故损害赔偿案件适用法律若干问题的解释》第十六条，《中华人民共和国民事诉讼法》第六十四条之规定，判决如下：

一、被告古某应于判决生效后十日内赔偿原告刘某因本次交通事故造成的各项损失 79578.94 元；

二、被告人力资源公司应于判决生效后十日内赔偿原告刘某因本次交通事故造成的各项损失 84678.94 元；

三、驳回原告刘某的其他诉讼请求。

判决后，双方当事人均未上诉，本判决现已生效。

【法官后语】

近年来，在“互联网+”环境下，共享经济引领“网约”“派单”等新模式蓬勃发展，吸纳了大批“快递骑手”“外卖小哥”等物流行业的劳动力就业创业，普遍带有个体性、临时性、兼职性的职业特点。当注册骑手在网络配送途中发生交通事故致人损害，争议焦点在于骑手与配送软件平台的法律关系如何界定，不同法律关系下的赔偿责任主体及承担方式亦不同。

当骑手与平台或代理商缔结的是劳动关系，骑手在履行职务过程中发生交通事故致人损害时，根据《中华人民共和国侵权责任法》第三十四条第一款的规定，应由用人单位即平台或代理商承担赔偿责任。而骑手与平台形成的是承揽关系时，骑手在网络配送过程中发生交通事故致人损害，根据原《最高人民法院关于审理人身损害赔偿案件适用法律若干问题的解释》（法释〔2003〕20号，以下简称《人身损害赔偿司法解释》）第十条的规定，骑手在完成工作过程中对第三人造成损害，平台不承担赔偿责任，但平台对定作、指示或者选任有过失的，应当承担相应的赔偿责任。本案处理时，在责任分配方面认定平台、承包方基于选任过失与骑手承担同等责任，一方面有利于促使经营企业完善注册准入程序、加强相关环节的审查；另一方面也有利于促使平台、承包方、骑手提升自己的注意义务和安全意识。

值得注意的是，本案诉讼发生在《中华人民共和国民法典》实施之前，为了后续类案处理时能衔接《中华人民共和国民法典》的规定，笔者对法律适用问题进行了相关梳理。《中华人民共和国侵权责任法》第三十四条第一款仅规定了用人单位的替代责任，即由非行为人对行为人的侵权行为承担责任，针对的是与受害人之间的外部求偿关系，未明确用人单位与工作人员之间的内部求偿关系。《中华人民共和国民法典》侵权责任编则增加了用人单位追偿权的规定，用人单位承担侵权责任后，可以向有故意或者重大过失的工作人员追偿。关于承揽人在完成承揽事项中致人损害的侵权责任，在《中华人民共和国民法典》颁布之前的法律中未作规定，审判实践中都是适用原《人身损害赔偿司法解释》第十条，本案处理时适用的就是该规定。但原《人身损害赔偿司法解释》现已失效，新修订的《最高人民法院关于审理人身损害赔偿案件适用法律若干问题的解释》删除了这条规定，该内容主要被《中华人民共和国民法典》侵权责任编所吸收，具体规定在第一千一百九十三条。《中华人民共和国民法典》在吸收既有立法和司法经验、保持法的稳定性基础上，为了适应时代发展的需要，对侵权责任制度作了必要的补充和完善，使侵权责任制度更加公平、合理。

共享经济下，作为运营涉快递业务的配送平台、线下骑手招募承包方为规避法律责任、降低成本，往往用宽松、低门槛的管理模式招募更多的人员加入，而个人通过注册即可加入成为快递骑手，这种新型的就业模式存在相当大的随意性和灵活性。因此，在处理快递骑手网络配送途中致人损害案件时，司法裁判在民事主体间分配权利义务时，需在法律关系基础上，综合考量并合理进行责任分配，切实发挥司法裁判的引导作用，促使企业加强审查管理，实现司法公平正义。

编写人：广东省梅州市梅县区人民法院　叶欢　林小凤

012 买受人持车辆出卖人交付的伪造交强险保单在交通事故中是否承担交强险赔偿责任

——邱某诉刘某等机动车交通事故责任案

【案件基本信息】

1. 裁判书字号

黑龙江省七台河市中级人民法院（2020）黑 09 民终 3 号民事判决书

2. 案由：机动车交通事故责任纠纷

3. 当事人

原告（被上诉人）：邱某

被告（上诉人）：杨某

被告（被上诉人）：刘某、财险枣庄分公司

【基本案情】

2018 年 10 月 18 日 20 时许，邱某驾驶黑 K06×××号小型轿车在七台河市新兴区新建街与宝泰隆路交叉口处与刘某驾驶的黑 KR5×××号小型轿车发生交通事故，造成邱某受伤及双方车辆受损。此事故经交警部门责任认定刘某应承担主要责任，邱某承担次要责任。邱某因该事故受伤住院治疗 55 天，花费医疗费 12499.54 元、检查费 1530.14 元、120 急救费 429.70 元、修车费 17310.00 元、拖车费 500.00 元、鉴定费 3000.00 元、鉴定交通费 296.00 元。邱某伤后经伤残能力鉴定构成十级伤残，护理期限为四个月、误工期为六个月、营养期为 90 天。邱某伤前月工资为

2800.00 元，护理员月工资为 4000.00 元。刘某因此次事故受伤花费医疗费 1455.92 元。邱某起诉至法院，请求被告承担相应的赔偿责任。另查明，刘某所有的牌照为黑 KR5×××的小型轿车系刘某于 2018 年 2 月 5 日从杨某处以 20000.00 元的价格购买，购买时该车辆未投保交强险。刘某当庭提供的财险枣庄分公司的交强险保单系伪造。

【案件焦点】

肇事车辆交强险保单系伪造的情况下，发生交通事故后由谁在交强险责任限额内承担赔偿责任。

【法院裁判要旨】

黑龙江省七台河市新兴区人民法院经审理认为：本案系机动车交通事故责任纠纷，邱某主张损失首先由财险枣庄分公司在交强险限额内承担责任，超出部分由刘某按责任比例予以承担，理应予以支持。但刘某当庭出示的交强险保单涉嫌伪造非有效保单，其驾驶车辆未在财险枣庄分公司投保，故财险枣庄分公司无须承担责任。刘某驾驶的车辆系 2018 年 2 月 5 日在杨某处购买，并且合同中约定附带保险，但经查询该车辆上一次系在财险北京分公司投保交强险，保险期限截至 2018 年 2 月 1 日。刘某购买车辆时该车辆交强险已经超期，当时车辆所有人即杨某未按法律规定投保交强险，且在交易车辆过程中未如实告知该车辆已无交强险，故杨某应在交强险责任限额内赔偿邱某损失，超出部分由刘某按照 70%责任比例予以赔偿。

黑龙江省七台河市新兴区人民法院依据《中华人民共和国侵权责任法》第四十八条，《最高人民法院关于审理人身损害赔偿案件适用法律若干问题的解释》第十七条、第十九条、第二十一条、第二十三条、第二十四条、第二十五条的规定，作出如下判决：

一、刘某于本判决生效后三日内赔偿邱某 18825.79 元；

二、杨某于本判决生效后三日内赔偿邱某 106478.00 元；

三、驳回邱某其他诉讼请求。

杨某不服一审判决，提起上诉，要求改判其不承担赔偿责任。黑龙江省七台河市中级人民法院经审理认为：刘某提供的交强险保单中的保险责任期间为 2017 年 12 月 26 日至 2018 年 12 月 25 日，车辆买卖及事故发生均处于该交强险保单的保险责任期间，双方当事人对该交强险保单系伪造的事实均无异议，故财险枣庄分公司在本案中不应承担交强险理赔责任。本案争议的焦点为在肇事车辆交强险保单系伪造的情况下，发生交通事故后由谁在交强险责任限额内承担赔偿责任。本案中，勃利县公安局交警大队车辆档案中案涉车辆交强险保单的保险责任期间为 2017 年 2 月 2 日至 2018 年 2 月 1 日，杨某与刘某买卖案涉车辆的时间为 2018 年 2 月 5 日，此时交警部门存档的交强险保单中的保险责任期间已过期，案涉车辆处于脱保状态。杨某主张已将车辆交强险到期的事实告知刘某，刘某对此不予认可，杨某对其该项主张未提供相应的证据予以证明，而双方在机动车买卖合同中约定杨某向刘某交付的车辆手续中包含保险单，且合同中未注明该保险单已过期。杨某从事二手车经营，案涉车辆买卖合同系由其提供的格式合同，在交强险已经过期的情况下，双方在买卖车辆时无交接必要，且合同中应注明无保险，而不应注明有保险。案涉车辆由杨某从山东省购买后直接出售给刘某，伪造的交强险保单中承保人为财险枣庄分公司，车辆的来源地与伪造的交强险保单中承保交强险的保险公司经营地点相同。综合以上事实，法院对刘某主张案涉伪造的交强险保单系购车时由杨某提供的事实予以确认。因杨某出售车辆时提供伪造的交强险保单，导致案涉车辆实际未投保交强险，刘某对此不知情，无法履行购买交强险的法定义务，刘某对案涉车辆未投保交强险无过错，不应承担赔偿责任。杨某存在过错，应在交强险责任限额内承担赔偿责任。

黑龙江省七台河市中级人民法院依照《中华人民共和国民事诉讼法》第一百七十条第一款第一项之规定，作出如下判决：

驳回上诉，维持原判。

【法官后语】

交强险设立的目的是保障机动车道路交通事故受害人能够得到及时的医疗救治和经济救助，促进道路交通安全。交强险属于强制性保险，在我国境内道路上行驶的机动车的所有人或者管理人都必须按照规定投保交强险。根据《最高人民法院关于审理道路交通事故损害赔偿案件适用法律若干问题的解释》第十六条第一款的规定，未依法投保交强险的机动车发生交通事故造成损害，当事人请求投保义务人在交强险责任限额范围内予以赔偿的，人民法院应予支持。即未依法投保交强险的车辆发生交通事故，对第三者造成损害，应由投保义务人在交强险的责任限额内承担责任，不足部分再依各方过错划分责任。

本案中，肇事车辆系二手车，出卖人系肇事车辆的原所有人，负有投保交强险的义务，但其在交强险已过期的情况下未为车辆续保，而是将车辆出卖。在车辆交易时，出卖人未告知买受人交强险已过期的事实，且向买受人提供伪造的交强险保单，致使买受人因不知情而未购买交强险，车辆在肇事时处于脱保状态，受害人无法通过交强险得到赔偿。出卖人因未履行投保交强险的义务、伪造交强险保单、未向买受人告知实情，出卖人存在过错，故在车辆肇事时无交强险的情况下，应由出卖人在交强险限额内承担赔偿责任。

近几年，一些社会人员在代理车主办理交强险业务时，未到正规的具有交强险经营资质的保险公司购买保险，而是通过非法途径交付消费者虚假交强险保单，导致车辆出险后无法理赔的事件时有发生。因此，广大车主应通过正规渠道进行投保以避免上当受骗，车辆过户要及时到保险公司办理保险变更手续；在确认购买保险前，要认真阅读投保提示，在未全面了解所购保险的具体内容前，切勿在保单等相关资料上随便签名，在购买车辆保险后，及时拨打所投保保险公司的全国统一对外服务电话或通过其官方网站相关查询系统等方式，确认保险单相关信息的真实性。

机动车加速了不同地区之间的交流，为人们的生活提供了很大便利，广大车主在享受汽车带来的舒适和方便的同时，也要安全驾驶、文明行车、履行投保义务，同时也要积极防范不法分子从事非法行为，保护自身和他人的合法权益。

编写人：黑龙江省七台河市中级人民法院　董树全　解涵

013 机动车上乘客行为导致第三人损害的，对超出交强险责任限额的部分，保险公司在商业三者险内如何承担赔偿责任

——陈某鑫诉彭某业等机动车交通事故责任案

【案件基本信息】

1. 裁判书字号

广西壮族自治区贵港市中级人民法院（2019）桂08民终1475号民事判决书

2. 案由：机动车交通事故责任纠纷

3. 当事人

原告（被上诉人）：陈某鑫

被告（上诉人）：彭某业

被告（被上诉人）：财险公司

被告：覃某足、黄某旗

【基本案情】

2018年2月8日，覃某足驾驶黄某旗所有的桂RK××××号小型轿车载彭某业（坐副驾驶座）由贵港市往桂平市方向行驶，至省道304线166km+300m处，覃某足驾车停在其行向右侧路边，坐在副驾驶座上的彭某业打开副驾驶座车门时，适遇陈某现驾驶二轮摩托车（载陈某鑫）由覃某足车后方右侧驶来向桂平市方向行驶，陈某现发现后因避让不及，致使陈某现所驾车辆左侧与彭某业打开的副驾驶座车门发生碰撞，造成陈某现、陈某鑫受伤的

道路交通事故。事故发生后，经桂平市公安局交通警察大队处理作道路交通事故认定书，认定彭某业负本次事故的主要责任，覃某足、陈某现负本次事故的次要责任，陈某鑫不负本次事故的责任。陈某鑫受伤后先后在中医医院住院、人民医院住院治疗119天，诊断为：左侧胫腓骨下段开放性骨折，左侧第2跖骨开放性骨折等。后经其自行委托鉴定，鉴定意见为：评定陈某鑫致残程度等级为八级，误工期为365日，护理期为150日、营养期为117日。因保险公司重新申请对其伤残等级进行鉴定，经重新鉴定，鉴定意见：陈某鑫的伤残评定为八级。

桂RK××××号车在保险公司投保有交强险和50万元商业险(不计免赔)，事故发生在保险期间。交强险责任限额为：死亡伤残赔偿限额110000元、医疗费用赔偿限额10000元、财产损失赔偿限额2000元。商业三者险限额为500000元。

陈某鑫依法提起诉讼，请求判令赔偿医疗费、残疾赔偿金、精神损害抚慰金等各项费用合计476655.25元。由保险公司在交强险范围和商业三者险范围内赔偿；仍有不足的，由彭某业承担70%赔偿责任，覃某足、黄某旗承担20%赔偿责任。

【案件焦点】

1. 对于陈某鑫因交通事故发生的损害后果，侵权人彭某业、覃某足、黄某旗应对其承担何种性质的责任；2. 因车上乘客过错造成的损害，是由保险公司赔偿还是由乘客赔偿。

【法院裁判要旨】

广西壮族自治区桂平市人民法院经审理认为：综合本次事故发生的原因力大小，陈某现、覃某足、彭某业的过错程度，彭某业负本次事故的主要责任，陈某现与覃某足负本次事故的次要责任，陈某鑫不负本次事故的责任。由于覃某足驾驶机动车在道路行驶，在路边停车没有紧靠道路右侧，是造成事故的次要原因，应在次要责任中承担20%的民事责任；陈某现未依法取得机动车驾驶证、驾驶未定期进行安全技术检验的机动车在道路上行驶，是造成本次事故的次要原因，应在次要责任中承担20%的民事责任。彭某业乘坐由覃某足驾驶停在路边的车辆，彭某业在开关车门时妨碍了其他车辆通行，是造成本次事故的主要原因，应承担60%的民事责任。黄某旗出借给覃某足的车辆符合上道路驾驶条件，且覃某足具备驾驶资格，黄某旗不应承担本次事故民事责任。

桂RK××××号车在保险公司投保有交强险，故保险公司应在交强险限额先予以赔偿陈某鑫的损失，不足部分，保险公司应按覃某足承担的20%比例在商业险范围内赔偿。彭某业乘坐副驾驶座开门时未注意避让后来车辆，是造成本次事故的主要原因，其侵权行为造成被侵权人的损失，在交强险限额外，由彭某业按其承担的60%赔偿给陈某鑫。彭某业认为其承担部分责任也应由保险公司赔偿，但根据《中华人民共和国侵权责任法》第十二条“二人以上分别实施侵权行为造成同一损害，能够确定责任大小的，各自承担相应的责任；难以确定责任大小的，平均承担赔偿责任”的规定，以及《中国保险行业协会机动车综合商业保险示范条款》第二十二条：保险期间内，被保险人或其允许的驾驶人在使用被保险机动车过程中发生意外事故，致使第三人遭受人身伤亡或财产直接损毁，依法应当对第三者承担的损害赔偿责任，且不属于免除保险人责任的范围，保险人依照本保险合同的约定，对于超过机动车交通责任强制保险各分项赔偿限额的部分负责赔偿。覃某足驾驶车辆在停车后，彭某业乘坐副驾驶座下车时未尽到注意安全义务，导致本次事故的发生，依照上述规定，覃某足与彭某业的各自的侵权责任大小已明确，且彭某业并非属于机动车商业保险条款约定的被保险人或其允许的驾驶人在使用被保险机动车过程中发生意外事故的相应人员，所以对彭某业的侵权行为应由其在交强险限额外按责任比例承担赔偿义务。

一审法院对各赔偿项目进行核定后，依照《中华人民共和国侵权责任法》第六条、第十二条、第十六条，《中华人民共和国保险法》第六十五条、第六十六条，《中华人民共和国道路交通安全法》第七十六条，《最高人民法院关于确定民事侵权精神损害赔偿责任若干问题的解释》第八条、第九条、第十条，《最高人民法院关于审理人身损害赔偿案件适用法律若干问题的解释》第十七条、第十八条、第十九条、第二十一条、第二十二条、第二十三条、第二十四条、第二十五条、第二十六条，《最高人民法院关于审理道路交通事故损害赔偿案件适用法律若干问题的解释》第十四条、第十六条，《中华人民共和国民事诉讼法》第六十四条第一款的规定，作出如下判决：一、被告财险公司应当在承保桂 RK××××号小型轿车的机动车第三者责任强制保险责任限额范围内赔偿经济损失 110000 元给原告陈某鑫；

二、被告财险公司应当在承保桂 RK××××号小型轿车的第三者责任商业保险责任限额范围内赔偿经济损失 51252.73 元给原告陈某鑫；

三、被告彭某业应赔偿经济损失 153758.2 元给原告陈某鑫；

四、原告陈某鑫应返还 12550 元给被告覃某足；

五、驳回原告陈某鑫的其他诉讼请求。

被告彭某业不服一审判决，提出上诉。广西壮族自治区贵港市中级人民法院经审理认为：虽然交警部门认定彭某业对事故承担主要责任，但交通事故责任并不等同于民事责任，交通事故是因违反交通管理法规而承担的责任，民事责任是因违反民事法律法规或者依照合同约定而承担的责任。本案保险公司应否在商业险限额内承担责任，属于依照合同约定承担责任，只要出现合同约定保险公司应当承担赔偿责任的情形，保险公司就应当承担责任。《中国保险行业协会机动车综合商业保险示范条款》第二十二条：保险期间内，被保险人或其允许的驾驶人在使用被保险机动车过程中发生意外事故，致使第三人遭受人身伤亡或财产直接损毁，依法应当对第三者承担的损害赔偿责任，且不属于免除保险人责任的范围，保险人依照本保险合同的约定，对于超过机动车交通责任强制保险各分项赔偿限额的部分负责赔偿。本案事故虽然是由于彭某业打开副驾驶的车门造成的，但该车门属于桂 RK××××号小型轿车的一部分，仍应认定为该车属于事故车辆，彭某业的责任仍应认定属于该保险车辆的责任。而覃某足是投保人黄某旗允许驾驶桂 RK××××号小型轿车的合法驾驶人，虽然当时该车是靠边停车，但属于临时停车，也应认定为正在使用的车辆，即本案事故是覃某足在使用桂 RK××××号小型轿车过程中发生的事故，对造成第三人的损失，保险公司应当依照上述保险条款在商业险限额内承担赔偿责任。原判确定彭某业承担 60%责任，覃某足承担 20%，陈某现承担 20%正确，法院予以维持。但彭某业与覃某足对外是一个整体，都代表车方，因此，保险公司应当对此二人承担的责任在商业险限额内承担赔偿责任，商业险赔偿不足部分才由此二人按上述比例分担。而本案的商业险限额是 50 万元，扣除交强险应当赔偿部分，商业险已足以赔偿，因此，彭某业无须再赔偿。综上所述，彭某业上诉人请求其应承担赔偿部分由保险公司赔偿的理由成立，法院予以支持。原判由于认定上诉人的责任不是事故车辆的责任错误，导致判决错误，法院予以纠正。

广西壮族自治区贵港市中级人民法院依照《中华人民共和国民事诉讼法》第一百七十一条第一款第二项的规定，作出如下判决：

一、维持桂平市人民法院（2018）桂 0881 民初 3334 号民事判决的第一、四、五项；

二、撤销桂平市人民法院（2018）桂 0881 民初 3334 号民事判决的第三项；

三、变更桂平市人民法院（2018）桂 0881 民初 3334 号民事判决的第二项为被告财险公司应当在承保桂 RK××××号小型轿车的第三者责任商业保险责任限额范围内赔偿经济损失 205010.93 元给原告陈某鑫。

【法官后语】

本案的争议问题在于保险公司在交强险责任限额内先行赔付后，就不足部分，是由承保商业险的保险公司全额赔偿，还是由负有责任的乘车人与保险公司按份承担赔偿责任。

不论是机动车第三者责任强制保险（交强险），还是第三者责任商业保险（商业三者险），都属于责任保险的范畴。责任保险则是指当被保险人依法对第三者承担民事赔偿责任时，由保险人对被保险人承担补偿责任或者直接对第三人承担赔偿责任的保险。分言之，交强险是指由保险公司对被保险机动车发生道路交通事故造成本车人员、被保险人以外的受害人的人身伤亡、财产损失，在责任限额内予以赔偿的强制性责任保险，商业三者险则是指保险期间内，被保险人或其允许的驾驶人在使用被保险机动车过程中发生意外事故，致使第三者遭受人身伤亡或财产直接损毁，依法应当对第三者承担的损害赔偿责任，且不属于免除保险人责任的范围，保险人依照本保险合同的约定，对于超过机动车交通事故责任强制保险各分项限额的部分负责赔偿。从文义上看，尽管都是第三者责任保险，但交强险和商业三者险的区别显而易见：前者的承保范围是“被保险机动车发生道路交通事故”，后者的承保范围则是“被保险人或其允许的驾驶人在使用被保险机动车过程中发生意外事故”，且要“依照保险合同约定”。实际上，这种区别的背后涉及对交强险功能定位和商业三者险赔偿规则的理解。我国现行法更为强调交强险的基本保障功能，更为重视交强险对受害人损失的填补功能，采纳的是基本保障模式，即在交强险责任限额内，保险公司的赔偿责任与被保险人的侵权责任相互脱钩。而商业三者险，保险公司承担责任的基础是保险合同，作为签订合同的当事人，保险公司只需要承担合同内约定的义务。从赔偿顺序而言，同时投保交强险和商业三者险的机动车发生交通事故造成损害，交强险在其限额内先行予以赔付之后，承保商业三者险的保险公司不是就其余损害无条件在责任限额内进行赔偿，而是首先要确定侵权责任的性质，明确加害人基于侵权行为所应承担的责任范围，在此基础和范围内才涉及不足部分由商业险保险公司赔偿的问题。简言之，交强险限额内不考虑侵权责任中的过错问题，商业三者险部分则要考量双方过错、责任性质、责任比例等具体问题。

具体到本案中，第一，根据上述交强险限额内不考虑侵权责任中的过错问题的原则，原审法院在交强险限额内不考量驾驶员覃某足、乘客彭某业的过错和所应承担的侵权责任，只明确系机动车发生交通事故造成人身伤亡、财产损失，即判决保险公司在交强险责任限额内予以赔偿，这无疑是正确的。第二，也是本案的争议焦点所在，对于超出交强险责任限额的损失部分，作为乘客的过错方是否需要承担按份赔偿责任？显然，一审法院认为应当由有过错的乘客按份赔偿，二审法院认为应当由保险公司在商业三者险范围内赔偿。对本案侵权责任的性质，一审、二审法院均认可，陈某鑫受伤系因覃某足驾驶小型轿车停止驾驶后、乘客彭某业开车门时所导致，对于陈某鑫的损害后果，驾驶员覃某足和乘客彭某业应承担的责任是按份责任，而非连带责任。故本案的关键就在于商业三者险保险合同中如何约定。本案商业三者险保险合同第一款对保险公司所承保的责任主体作了明确的界定：被保险人或其允许的合法驾驶人。对照而言，驾驶员覃某足显然属于该界定范围，其侵权责任按约定由保险公司承保；乘客彭某业是否属于该界定范围？二审法院认为本案事故虽然是由于彭某业打开副驾驶的车门造成的，但该车门属于桂RK××××号小型轿车的一部分，仍应认定为该车属于事故车辆，彭某业的责任仍应认定属于该保险车辆的责任。虽然当时该车是靠边停车，但属于临时停车，也应认定为正在使用的车辆，即本案事故是覃某足在使用桂RK××××号小型轿车过程中发生的事故，对第三人造成的损失。彭某业与覃某足对外是一个整体，都代表车方，因此，保险公司应当对此二人承担的责任在商业险限额内承担赔偿责任，商业险赔偿不足部分才由此二人按上述比例分担。二审法院遂作出上述改判。

本案涉及对保险合同条款的解释问题。对保险合同的解释，首先应当遵循合同法关于普通合同的解释方法，一般合同解释原则和规则不能解决时，再适用保险法的特别解释原则。但是，保险法特别明确了一项偏向于保护投保人的解释原则，即疑义利益解释原则：采用保险人提供的格式条款订立的保险合同，保险人与投保人、被保险人或者受益人对合同条款有争议的，应当按照通常理解予以解释。对合同条款有两种以上解释的，人民法院或者仲裁机构应当作出有利于被保险人和受益人的解释。就本案商业险保险合同关于责任主体的约定条款而言，应作出有利于被保险人和受益人的解释。

编写人：广西壮族自治区桂平市人民法院　梁海莉

014 下车过程中被车门挤压后受伤的受害人不应认定为车外的“第三者”，而应认定为“车上人员”

——郝某英诉公汽公司、财险公司机动车交通事故责任案

【案件基本信息】

1. 裁判书字号

山东省淄博市中级人民法院（2019）鲁03民终2949号民事判决书

2. 案由：机动车交通事故责任纠纷

3. 当事人

原告（被上诉人）：郝某英

被告（上诉人）：财险公司

被告（被上诉人）：公汽公司

【基本案情】

2018年7月16日，范某波驾驶公汽公司的鲁C×××××号客车行驶至某路段，下车过程中，因其操作不当致使车门将原告的右脚夹住，致原告受伤，造成道路交通事故。经交警部门认定，郝某英交通方式为“步行”，范某波负事故全部责任。涉案客车在财险公司投保交强险和商业三者险50万元及不计免赔。郝某英起诉要求财险公司在交强险及商业险范围内优先赔付，超出部分由公汽公司承担赔偿责任。

郝某英受伤后，公汽公司为其支付医疗费42000元，郝某英同意将该部分医疗费连同本案一并处理。

【案件焦点】

原告在事故发生时属于“车上人员”还是车外的“第三者”。

【法院裁判要旨】

山东省淄博市张店区人民法院经审理认为：根据交通事故认定书认定，肇事司机范某波承担事故全部责任。本案的争议焦点为郝某英对于涉案肇事车辆是否属于机动车交通事故责任强制保险的适用对象以及商业三者险中的“第三者”。第一，交警部门认定“交通方式：步行”的郝某英受伤，造成交通事故，并未认定郝某英是在车上受伤；第二，郝某英是在下车过程中，右脚（后脚）是被车门夹住，拖倒致伤，则郝某英的右脚以常理应造成挤压伤等伤情，但通过住院病历可知，医院对郝某英的主要诊断为右足碾压伤，其他诊断为右足皮肤碾压撕脱伤等（几处受伤均在右足）。故郝某英在发生事故时，其身份已经完成了从“车上人员”到“第三者”的转化。综上，应由财险公司对于郝某英的损失在交强险和商业三者险范围内承担赔偿责任。范某波在事发时系履行职务行为，不足部分应当由公汽公司承担。据此，一审判决：

一、财险公司在交强险范围内赔偿郝某英医疗费10000元、残疾赔偿金35594.1元、护理费10800元、精神损害抚慰金2000元、交通费670元；

二、财险公司在商业险范围内赔偿郝某英医疗费82351.19元、住院伙食补助费2010元、后续治疗费10000元、鉴定费2080元；

三、公汽公司赔偿郝某英复印费50元；

四、公汽公司为郝某英垫付的医疗费42000元，应从上述赔偿款中予以扣减；

五、驳回郝某英的其他诉讼请求。

财险公司不服一审判决，提起上诉。山东省淄博市中级人民法院经审理认为：受害人郝某英系在下车过程中，左脚已经踏地，右脚尚未离开车体时，涉案车辆即关闭车门将郝某英右脚夹住，致使发生本案交通事故。该事实有郝某英的陈述、相关就诊资料等在卷作证，公汽公司在二审期间也对该项事实予以认可。至于本案交通事故发生时受害人郝某英是否属于“车上人员”，“车上人员”与“车下人员”的区分应当以是否脱离车体为准。本案交通事故发生时，受害人一脚尚在车上，并没有完全脱离车体，因此，受害人应当属于“车上人员”，公汽公司主张受害人应属于车下人员即第三者，与事实不符，对其该项主张，不予支持。根据《机动车交通事故责任强制保险条例》第三条的规定，保险赔偿对象为机动车发生交通事故造成本车人员、被保险人以外的受害人的人身伤害、财产损失；涉案交强险保险条款第五条明确约定：交强险合同中的受害人不包括被保险机动车本车车上人员；涉案第三者商业保险条款第三条约定：本保险合同中的第三者不包括被保险机动车本车车上人员，第四条约定：本保险合同中的车上人员包括正在上下车的人员。对于上述条款，公汽公司虽辩称不知晓及财险公司没有以显著方式予以提示告知，但其在涉案相关车辆投保单上均签章认可收到条款全文并完全理解其真实含义和法律后果，且双方多年来签订了大量同类保险合同，公汽公司应当知悉相关合同内容，其应当对其合同的签署行为承担相应的法律责任。涉案车辆保险合同系当事人即公汽公司与财险公司的真实意思表示，并不违反法律的强制性规定，双方应守约执行，公汽公司应据此承担对受害人郝某英的赔偿责任。财险公司的上诉主张成立，依法予以支持。关于郝某英的伤害赔偿范围及数额，二审中各方当事人均未提出异议，依法维持一审的有关认定。综上，一审法院认定事实正确，但适用法律不当，依法予以改判。据此，二审判决：

一、撤销一审判决；

二、公汽公司赔偿郝某英医疗费 92351.19 元、残疾赔偿金 35594.1 元、护理费 10800 元、精神损害抚慰金 2000 元、交通费 670 元、住院伙食补助费 2010 元、后续治疗费 10000 元、鉴定费 2080 元、复印费 50 元；公汽公司为郝某英垫付的医疗费 42000 元，应从上述赔偿款中予以扣减；

三、驳回郝某英的其他诉讼请求。

【法官后语】

本案的争议焦点无疑是原告郝某英在事故发生时属于“车上人员”还是车外的“第三者”。因此本案所反映出的核心问题就在于，在机动车交通事故责任纠纷案件中，受害人是在下车过程中因驾驶员不当操作致使车门夹住受害人右脚而受伤的，其应当认定为“车上人员”还是应认定为车外的“第三者”。而对这一问题的正确界定是认定受害人能否通过第三者责任险（包括交强险和商业三者险）获得赔偿的关键。

在一般情形下的机动车交通事故责任纠纷案件中，受害人系“车上人员”还是车外的“第三者”是比较容易区分的，如受害人如果自始至终都处于车上，则其显然应为车上人员而非第三者；再如，受害人自始至终都在肇事车辆之外的情形也是显而易见的。然而，现实中交通事故具有复杂性和不确定性，如本案中受害人在下车过程中因驾驶员不当操作致使车门夹住受害人右脚而受伤的情形就时有发生。对于此情形下受害人应认定为“车上人员”还是“第三者”，原、被告双方往往存在较大争议。本案即是如此。本案中，财险公司作为承保涉案车辆交强险的保险公司，其在一、二审中始终坚持抗辩认为事故发生时原告系车上人员，不属于第三者，其因此不应承担赔偿责任。而公汽公司则主张原告当时已经踏地，应当属于车下人员，交通事故责任认定书也认定其为“行人”，属于“第三者”。一审法院虽然认定原告在发生事故时属于第三者并判决财险公司承担赔偿责任，但二审法院经过审理后最终认定原告在发生事故时并非属于事故车辆之外的“第三者”，其应属于事故车辆的“车上人员”，故财险公司应依法在交强险及商业三者险保险责任范围内免除赔偿责任。应当说本案二审法院对这一问题的认定是正确的。正如本案所反映出的那样，在司法实践中认定受害人属于“车上人员”还是属于“第三者”，二审法院采取的基本思路或者说原则就是必须以受害人在交通事故发生时是否身处事故车辆之上为依据进行判断，在车上即属于“车上人员”，否则为“第三者”，即

“车上人员”与“车下人员”的区分应当以是否脱离车体为准。这样进行判断的原因在于，机动车作为一种交通工具，系为人们的出行提供便利，任何人都不可能永久地置身其中，这就决定了机动车保险合同中所涉及的“车上人员”和“第三者”均为在特定的时间、空间情形下的临时性身份，而非永久和固定不变的身份；二者都是相对概念而非绝对概念，可以因特定时空条件的变化而相互转化。而以受害人在交通事故发生时是否身处事故车辆之上为依据进行判断，可以说最大限度地尊重了客观实际，符合公平正义的司法原则。

当然，对于本案中这种受害人在下车过程中因驾驶员操作不当致使车门夹住受害人右脚而受伤的情形，在依据上述的“以受害人在交通事故发生时是否身处事故车辆之上”原则来确定受害人是属于“车上人员”还是属于“第三者”时，还应坚持“近因原则”。近因原则是判断保险事故与保险标的损失之间的因果关系并确定保险赔偿责任的基本原则。所谓“近因”，是指引起保险事故发生的直接、最有效或者起决定作用的原因，而保险理赔须遵循近因原则，司法实践中近因原则也已成为判断保险人应否承担保险责任的一个重要标准。在本案这种情形下坚持遵循近因原则进行判断，其实就是根据受害人在引发事故的“近因”出现时所处的空间位置（“近因”出现时受害人是否身处事故车辆之上）来进行判断。这需要首先确定事故的近因是什么，然后再确定近因发生时受害人所在的空间位置，就可判断出受害人到底是属于“车上人员”还是属于车外的“第三者”。具体到本案，本案系因涉案车辆驾驶员操作不当致使车门夹住受害人右脚引发的交通事故。在原告下车过程中，因驾驶员突然关闭车门的不当操作，在受害人一脚尚在车上而并没有完全脱离车体的情况下，造成车门夹住受害人右脚并致其受伤。其中驾驶员突然关闭车门的不当操作系最先发生，这一事件直接引发了之后的原告右脚被车门夹住而最终受伤这一连串事件。这些前后发生的事件不仅存在连续性的因果关系，而且无任何逻辑中断，亦无其他外因介入，因此驾驶员的不当操作即突然关闭车门这一根源性事件是造成事故从而导致原告受伤的近因。根据近因原则，驾驶员操作不当突然关闭车门这一近因出现时原告并未完成下车动作，就原告当时所处的空间位置而言其并未脱离车辆，即原告相对于车辆而言仍在车内，应属于事故车辆的车上人员，而不是车辆之外的第三者。故根据《机动车交通事故责任强制保险条例》第三条的规定以及涉案交强险和商业三者险保险条款的约定，保险公司应当在交强险及商业三者险保险责任范围内免除赔偿责任。

编写人：山东省淄博市中级人民法院　荣明潇

山东省淄博市张店区人民法院　刘晓辉

015 某顺风车 App 平台与车主、乘客之间法律关系的认定问题及其处理意见

——罗某诉肖某等机动车交通事故责任案

【案件基本信息】

1. 裁判书字号

湖南省高级人民法院（2020）湘民申 302 号民事裁定书

2. 案由：机动车交通事故责任纠纷

3. 当事人

原告（被上诉人、再审被申请人）：罗某

被告（上诉人）：甲科技公司

被告（上诉人、再审申请人）：乙科技公司

被告（被上诉人、再审被申请人）：肖某 、胡某平、水泥公司、保险公司

【基本案情】

益阳市赫山区人民法院经审理查明，2017年10月28日13时10分，原告罗某发出顺风车订单，拼车价为51.7元。13时25分，被告肖某以车牌号为湘H×××××号的名义接下该顺风车订单，实际驾驶车辆为湘H9××××小型普通客车。15时30分许，被告肖某驾驶并搭载原告罗某的湘H9××××小型普通客车，由西往东行驶至G××××长张高速公路39公里500米处时，前方发生拥堵，因未保持安全车距，与骑跨在超车道和行车道之间的被告胡某平驾驶的湘J5××××/湘J2×××挂重型半挂车组发生追尾相撞，造成两车不同程度受损、湘H9××××小型普通客车驾驶员被告肖某及原告罗某受伤的交通事故。14时34分，被告肖某因行驶过程中发生交通事故，无法完成订单，便自行取消订单。而原告罗某的订单状态显示“中止”。2017年11月19日，湖南省高速公路交通警察局益阳支队朝阳大队作出道路交通事故认定书，认定被告肖某驾驶机动车在高速公路通行，未按照规定保持行车间距的，其行为应负事故的主要责任，被告胡某平驾驶机动车在高速公路上骑、轧行车道分界线的，其行为应负事故的次要责任，原告罗某无责任。事故发生后，原告罗某在中心医院、医专附属医院、湘雅二医院、省人民医院、县人民医院治疗，共住院46天，用去医药费及检查费165811元。原告罗某在美容医院公司、大药房公司等药

店购买外购药品6047元。原告罗某在母婴坊购买护垫、卫生纸用去4482元。故原告罗某共住院46天，用去医药费及检查费176340元。原告罗某购买残疾器具用去568元。2018年5月7日，原告罗某委托司法鉴定所进行鉴定。2018年5月18日，经司法鉴定所鉴定，被鉴定人罗某损伤程度构成九级、十级、十级伤残，护理90日，营养120日，用去鉴定费1200元。2018年7月18日，律师事务所委托司法鉴定所进行鉴定。2018年7月25日，中心医院出具医学鉴定书，被鉴定人罗某腹部皮肤瘢痕治疗费20000元左右。2018年8月8日，司法鉴定所出具鉴定意见书，被鉴定人罗某后续治疗费可参照中心医院医学会诊意见或按实际有效合理医疗费用计算，用去鉴定费及检查费2446元。事故发生后，被告肖某垫付原告赔偿款118900元。被告水泥公司垫付原告赔偿款10000元。

另查明，原告罗某系城镇户籍，原告罗某的被扶养人为：父罗某芬，系农村户籍，育有3个子女；母李某枚，系农村户籍，育有3个子女；子张某程，系城镇户籍。被告胡某平驾驶的湘J5××××/湘J2×××挂重型半挂车组的登记车主为被告水泥公司，被告胡某平系被告冀东公司聘请的雇员，被告胡某平的驾驶证准驾车型为A2，湘J5××××/湘J2×××挂重型半挂车组在被告保险公司投保了交强险及1000000元商业三责险，且购买不计免赔率险，无绝对免赔额，事故发生在保险期限内。

另又查明，被告甲科技公司系某顺风车App平台设计者，被告乙科技公司系该App平台的运营商，为用户提供顺风车信息服务，被告甲科技公司持有被告乙科技公司100%的股份。2017年4月16日，被告肖某被认证为某顺风车车主，注册车辆为湘H×××××

号车辆。

已查明：1. 涉案订单取消在交通事故发生后。交通事故发生时间为 2017 年 10 月 28 日 13 时 40 分许；订单取消时间为 2017 年 10 月 28 日 14 时 34 分。2. 乙科技公司在微信公众号上向社会承诺为乘客及司机购买保险，提供安全保障、先行垫付医药费、丧葬费及承担保险不覆盖部分的理赔责任等。3. 根据当事人陈述及订单显示：乙科技公司按 10%费率收取费用。

【案件焦点】

某顺风车 App 平台的设计者、运营商与车主、乘客之间法律关系的认定以及赔偿责任的处理。

【法院裁判要旨】

湖南省益阳市赫山区人民法院经审理认为：肖某驾驶搭乘罗某的湘 H9××××小型普通客车与胡某平驾驶的湘 J5××××/湘 J2×××挂重型半挂车组相撞，发生致使湘 H9××××小型普通客车上的乘客罗某受伤的交通事故。罗某依法享有向侵权人要求赔偿损失的权利。公安交警部门作出的交通事故认定书合法有效，可以作为本案认定事故发生的事实及划分责任的依据采信。综合本案过错程度，其责任比例以胡某平承担 30%，肖某一方承担 70%为宜。胡某平驾驶的湘 J5××××/湘 J2×××挂重型半挂车组在中华保险监澧县支公司投保了交强险及 100 万元商业三责险。依据《最高人民法院关于审理道路交通事故损害赔偿案件适用法律若干问题的解释》第十六条之规定，保险公司应在机动车交通事故责任强制保险责任限额内对罗某先行赔偿，不足部分的损失按照事故责任，由承保商业险的保险公司依据保险合同按责承担 30%的赔偿责任，仍不足的损失，由胡某平承担30%的赔偿责任。本案中，胡某平系水泥公司的雇员，依据《最高人民法院关于审理人身损害赔偿案件适用法律若干问题的解释》第九条的规定，胡某平在从事雇员活动中致罗某受伤的，应由水泥公司承担赔偿责任。

甲科技公司创立某顺风车App平台，乙科技公司系该App平台的运营商，甲科技公司持有乙科技公司100%的股份。肖某通过乙科技公司的形式审核，被认证为某顺风车App平台车主，按约定缴纳管理费用。罗某通过手机微信中的某顺风车App平台发送合乘需求的订单。再通过某顺风车App平台的系统配置由肖某接收该订单，故罗某与甲科技公司、乙科技公司、肖某之间客运合同关系成立，甲科技公司、乙科技公司、肖某有将乘客罗某安全送达目的地的义务，且甲科技公司与乙科技公司掌握着交易价格制定、订单分配模式、利益分享比例、补贴发放规则等多项涉及经营核心的内容，故甲科技公司与乙科技公司辩称只是为顺风车与乘客提供居间服务的主张，无事实与法律依据，应不予支持。肖某擅自变更运营车辆的行为，不改变罗某继续通过某顺风车App平台支付车资，亦不影响罗某与甲科技公司、乙科技公司、肖某之间客运合同的履行，故对乙科技公司辩称订单已取消，其公司不承担责任的主张，应不予支持。故肖某一方承担罗某的损失，甲科技公司、乙科技公司、肖某承担连带赔偿责任。依据《中华人民共和国侵权责任法》第十四条的规定，连带责任人根据各自责任大小确定相应的赔偿数额。结合甲科技公司、乙科技公司、肖某之间的责任大小，以肖某承担42%，甲科技公司、乙科技公司承担28%为宜。因保险公司对医保外用药的核减明细及依据未提交证据予以证实，对其主张不予支持。罗某的损失：罗某住院46天，共用去医疗费用176340元，住院伙食补助费2300元，残疾辅助器具费568元，后续治疗费20000元，鉴定费3646元，有医药费发票、残疾辅助器具费票据、鉴定意见书及鉴定费发票予以证实，应予以认定。罗某系城镇户籍，故其残疾赔偿金可按照上一年度城镇居民人均可支配收入依法计算为149371元。护理费可依据居民服务业行业标准依法计算为11807元。误工期计算至定残前一日为201天，故其误工费依据上一年度城镇居民人均可支配收入标准依法计算为18695元。被扶养人生活费依据被扶养人户籍性质依法计算为49151元。营养费酌情认定为2000元，交通费酌情认定为2000元。此次交通事故造成罗某的伤情构成九级、十级、十级伤残，给罗某精神上带来了痛苦，其精神损害抚慰金酌情认定为12000元。据此，依据《中华人民共和国侵权责任法》第六条、第十四条、第十六条、第二十二条，《中华人民共和国合同法》第二百九十三条，《最高人民法院关于审理道路交通事故损害赔偿案件适用法律若干问题的解释》第十六条之规定，判决：

一、保险公司在交强险责任限额内赔偿罗某医疗费项下损失10000元，残疾赔偿金项下损失110000元，合计120000元；

二、保险公司在商业第三者责任险范围内赔偿罗某损失98363元；

三、肖某、甲科技公司、乙科技公司连带赔偿罗某损失229514元（内部按责划分，肖某赔偿罗某损失137709元，扣减已支付的118900元，还应赔偿18809元，甲科技公司、乙科技公司赔偿罗某损失91805元）；

四、水泥公司不承担本案的民事赔偿责任（已支付10000元）；

五、胡某平不承担本案的民事赔偿责任。

湖南省益阳市中级人民法院认为，将罗某在案涉交通事故中的损失认定为 447877 元，因各方当事人均未提出异议，法院予以确认。本案的争议焦点：甲科技公司、乙科技公司在本案中是否应当承担赔偿责任？

《中华人民共和国合同法》第三百零二条规定：承运人应对运输过程中旅客的伤亡承担赔偿责任，但伤亡是旅客自身健康原因造成的或者承运人证明伤亡是乘客故意、重大过失造成的除外。本案中，乙科技公司为顺风车运营商。罗某通过手机微信中的某顺风车 App 平台发送合乘需求的订单，再通过某顺风车 App 平台的系统配置，由顺风车司机肖某接收该订单，乘客罗某无权选择司机，司机肖某也无权选择乘客，到达目的地后由乘客罗某向某顺风车 App 平台支付车费，再由乙科技公司与司机按比例分成。因此，罗某与肖某、乙科技公司之间客运合同关系成立。因案涉顺风车发生交通事故，不能将乘客罗某安全送达目的地，且对罗某造成伤害。根据上述法律规定，肖某、乙科技公司应当对罗某的损失承担相应的赔偿责任。乙科技公司上诉所提乙科技公司不是运输合同的相对方，不是本案承运人，乙科技公司与乘客罗某系居间合同关系，不是本案的适格主体的上诉理由不能成立，法院不予采信。同时，乙科技公司微信公众号上承诺对乘客的损失承担赔偿责任，故一审法院依据《中华人民共和国侵权责任法》及《中华人民共和国合同法》的有关规定，结合肖某、乙科技公司之间的责任大小，酌情认定乙科技公司承担 28%并无不当，二审应予维持。乙科技公司按 10%的费率标准收取费用，故乙科技公司上诉所提顺风车不具营利性的上诉理由不能成立，法院不予采信。

根据二审查明的事实，司机肖某的订单取消时间在交通事故发生之后，故乙科技公司上诉所提是司机肖某与乘客罗某线下达成合乘合意，系肖某的个人行为，与乙科技公司无关联的上诉理由不能成立，法院不予采信。

甲科技公司虽然是某顺风车 App 平台的开发商，并持有乙科技公司 100%的股份，但一审判决由甲科技公司承担赔偿责任依据不足，二审应予纠正。上诉人甲科技公司所提其在本案中不应承担赔偿责任的上诉理由成立，法院予以支持。

肖某、保险公司、胡某平、水泥公司未对一审判决提起上诉，应视为对一审判决的认可，二审应予维持。

综上所述，乙科技公司的上诉理由不能成立，法院不予支持；甲科技公司的上诉理由成立，法院予以支持。原审认定事实清楚，但适用法律有误。依照《中华人民共和国侵权责任法》第六条、第十四条、第十六条、第二十二条，《中华人民共和国合同法》第二百九十三条、第三百零二条，《最高人民法院关于审理道路交通事故损害赔偿案件适用法律若干问题的解释》第十六条，《中华人民共和国民事诉讼法》第一百四十四条、第一百七十条第一款第二项之规定，判决如下：

一、维持湖南省益阳市赫山区人民法院（2018）湘 0903 民初 3018 号民事判决第一、二、四、五项；

二、变更湖南省益阳市赫山区人民法院（2018）湘 0903 民初 3018 号民事判决第三项为：肖某、乙科技公司连带赔偿罗某损失 229514 元（内部按责划分，肖某赔偿罗某损失 137709 元，扣减已支付的 118900 元，还应赔偿 18809 元，乙科技公司赔偿罗某损失 91805 元）；

三、甲科技公司在本案中不承担责任。

湖南省高级人民法院认为，乙科技公司的再审申请不符合《中华人民共和国民事诉讼法》第二百条规定的情形。依照《中华人民共和国民事诉讼法》第二百零四条第一款，《最高人民法院关于适用〈中华人民共和国民事诉讼法〉的解释》第三百九十五条第二款之规定，裁定如下：

驳回乙科技公司的再审申请。

【法官后语】

随着移动互联网的迅速发展和快速普及，全球范围内越来越多的消费者开始接受分享经济，通过共享来解决其在工作、衣食住行等各方面的需求。乙科技公司为了满足消费者在不同场景下的多样化出行需求，在拥有打车业务之后，又推出了顺风车、快车、出租车、专车、巴士、代驾等产品，逐渐从提供个人出行服务发展为提供公共出行服务。虽然用户激增、资本看热，但网约车行业在发展的过程中也出现许多法律问题与纠纷。

该案例就涉及某顺风车 App 平台的设计者、运营商与车主、乘客之间法律关系的认定及其处理问题。

网约车是网络预约出租汽车的简称。为更好地满足社会公众多样化出行需求，促进出租汽车行业和互联网融合发展，规范网络预约出租汽车经营服务行为，保障运营安全和乘客合法权益，国家7部委联合发布《网络预约出租汽车经营服务管理暂行办法》。该办法第十六条、第十七条均明确有“网约车平台公司承担承运人责任，应当保证运营安全，保障乘客合法权益”“网约车平台公司应当保证提供服务车辆具备合法营运资质，技术状况良好，安全性能可靠，具有营运车辆相关保险，保证线上提供服务的车辆与线下实际提供服务的车辆一致，并将车辆相关信息向服务所在地出租汽车行政主管部门报备”等规定。该办法是部门规章，网约车平台公司与驾驶员的行为均应受到该办法的规范。

乙科技公司作为网约车平台的运营者，在运营业务中，其与车主及乘客之间是否只是居间合同关系（中介合同关系），是其明确责权问题的重点。何为居间合同？依据《中华人民共和国合同法》第四百二十四条的规定，居间合同是指居间人向委托人报告订立合同的机会或者提供订立合同的媒介服务，委托人支付报酬的合同。在居间合同关系中，居间人仅提供订立合同的机会或者提供订立合同的媒介服务，并不承担对合同的履行主体、履行过程、履行结果等进行审查监督的义务或职责（该法条现沿革为《中华人民共和国民法典》第九百六十一条之规定，中介合同是中介人向委托人报告订立合同的机会或者提供订立合同的媒介服务，委托人支付报酬的合同）。

首先，乙科技公司对平台匹配成功的订单是按路程远近收取相应的服务费，受理用户的投诉并进行调查，在争议解决前暂停向车主支付相关合乘费用。故对其签约的车辆均有明确的审查管理义务，对车主及合乘乘客也进行一定的管理。其次，从查明的事实来看，乙科技公司作为顺风车运营商，其通过乙科技公司公众号发布了《乙科技公司安全管理工作指引》《乙科技公司投入数亿元提升安全保障》，承诺为乘客及司机购买巨额保险，提供安全保障，先行垫付医药费、丧葬费及承担保险不覆盖部分的理赔责任。因此，乘客通过网约车平台预约车辆，对于普通乘客而言，内心所信赖的是网约车出行平台，是与网约车平台签约的车辆，而不是任意的车辆。最后，以“运行支配+运行利益”的二元说作为判断机动车交通事故责任主体的一般标准，网约车出行平台作为运行支配和运行利益的归属，毫无疑问，宜认定为责任主体，对外承担责任。因此，根据权利义务一致原则以及社会责任理论，对于民众信赖、具有使用度较高的一个服务平台，就其社会功能而言，也应当承担一定的社会责任和社会义务。

本案中，肖某通过乙科技公司的审核成为某顺风车 App 平台车主后，除按约定交纳管理费用外，其交易价格的制定、订单的分配模式、利益分享比例、补贴发放规则等多项涉及经营核心的内容均由乙科技公司掌握。此外，乘客也是通过某顺风车 App 平台发送合乘需求的订单，通过某顺风车 App 平台的系统配置，由顺风车司机接收该订单，到达目的地后由乘客向某顺风车 App 平台支付车费，由乙科技公司与司机按比例分成。这表明，乙科技公司在顺风车运营中并非只是提供居间服务，而是在整个客运合同的履行过程中承担主要的支配及控制地位。故乙科技公司与被申请人罗某、肖某之间并非居间合同关系（中介合同关系）而是属于客运合同关系，应当承担承运人责任，保障乘客的合法权益。

编写人：湖南省益阳市赫山区人民法院　彭波

016　高速公路管理公司对突发事故的安全管理和保障义务范围

——自动化公司诉高速公路公司等机动车交通事故责任案

【案件基本信息】

1. 裁判书字号

四川省成都市中级人民法院（2019）川 01 民终 16497 号民事判决书

2. 案由：机动车交通事故责任纠纷

3. 当事人

原告（上诉人）：自动化公司

被告（被上诉人）：胡某超、财险公司、高速公路公司

【基本案情】

2018年9月9日晚，李某鹏驾驶川AQ××××号小型轿车沿成彭高速由彭州往成都方向行驶。21时10分许，车行至成彭高速11km+700m路段，与道路上一轮胎发生碰撞，致川AQ××××号小型轿车受损停在快车道内。21时27分许，胡某超驾驶川A×××××号小型轿车（搭载张某雨、沈某如）同向行驶至该地与停留在快车道内的川AQ××××号小型轿车发生碰撞，造成胡某超、张某雨、沈某如受伤，两车受损。掉落轮胎的车辆逃逸，此逃逸案尚未侦破。成都市公安局新都区分局交通警察大队于2018年10月23日作出《道路交通事故证明书》，证明此次事故发生经过。成都市公安局新都区分局交通警察大队已查明：在第一次事故中，无证据证明李某鹏存在过错，确定李某鹏无责任。未查明：在第一次事故发生后，李某鹏是否按照规定设置警示标志依据现有证据无法确定。故公安机关交通管理部门不能根据李某鹏、胡某超的行为对发生交通事故所起的作用以及过错程度，确定李某鹏、胡某超的责任。

李某鹏于2018年9月10日在交警部门所作笔录中陈述："2018年9月9日晚上，我驾车从绵竹市出发沿成绵复线、成彭高速往成都方向行驶，21时10分许，我行驶到成彭高速11km+700m处时，我恍惚觉得有一个轮胎从我车子前面飞过来，我立即

踩刹车，然后我就感觉撞到了什么东西，我车子的气囊就弹出来了（驾驶位置和副驾驶位置的安全气囊都弹出来了），然后我车子就失控横着停放在高速道路的中间。”

李某鹏驾驶的川 AQ××××号小型轿车系自动化公司所有，李某鹏系借用该车发生本次事故的，自动化公司出具书面意见称李某鹏在本案中应承担的责任由其公司承担。事故发生后，该车被拖往维修地发生拖车费 400 元。财险公司对自动化公司所有的车定损为 84600 元，庭审中，各被告对该定损金额无异议。

高速公路公司系本案交通事故出事路段的经营管理公司。通过高速公路公司提交的路政队巡查日志、养护巡查表、收费系统截图等证据，可以认定该公司的路政巡查车辆已经对事发路段进行了每 2 小时一次的巡查，同时该公司也安排外包公司每天对路面及时清扫、清障。

【案件焦点】

作为本案交通事故出事路段经营管理公司的高速公路公司是否应承担责任。

【法院裁判要旨】

关于高速公路公司是否应承担责任的问题。四川省成都市新都区人民法院一审认为，高速公路公司作为案涉路段的经营管理者，对此路段负有安全管理和保障责任，但该安全管理和保障责任应以合理为其限度。同时，一审法院认为，成彭高速公路在案件中已尽到合理范围内的安全保障义务，理由有以下几个方面：一、李某鹏于 2018 年 9 月 10 日在接受新都区交通警察大队询问时陈述“我行驶到成彭高速 11km+700m 处时，我恍惚觉得有一个轮胎从我车子前面飞过来，我立即踩刹车，然后我就感觉撞到了什么东西”，李某鹏虽并未直接看到轮胎从具体的哪辆车上掉下来，但通过其陈述可知，其遇到轮胎时，轮胎应当是处于运动状态（轮胎掉落后一般会在高速公路上继续翻滚移动），否则其不可能会感觉轮胎“从车子前面飞过来”。前述事实说明，李某鹏遇到的轮胎系刚掉落不久的可能性较大。二、本案中，李某鹏所遇车辆轮胎掉落的根本原因是车辆所有人疏于定期维护检修，且轮胎掉落后一般会在高速公路上继续翻滚移动，而车辆轮胎的掉落（何时、何地点、以何种方式掉落）以及掉落后轮胎的运行轨迹均是高速公路公司所不能预见和控制的，因此高速公路公司对此情形无法采取合理措施加以防范和避免（甚至将巡查、清扫的频率增加到每小时 2 次或者更频繁都无法避免），对于其无法防范和避免的事故，高速公路公司不应被认定为未尽安全保障义务。三、高速公路公司作为案涉路段的经营者管理者，已经对事发路段进行了每 2 小时一次的巡查，同时该公司也安排了外包公司每天对路面及时清扫、清障，其已尽到必要的安全管理和保障义务。不能苛求高速公路公司随时巡查、保洁、清障。况且，自动化公司并未举证证明本次事故的发生系高速公路公司疏于巡查、保洁、清障导致轮胎长时间停留路面影响通行而造成。

综上，自动化公司请求高速公路公司承担未尽安全保障义务的责任，无事实和法律依据，一审法院不予支持，高速公路公司在本案中不承担责任。判决驳回自动化公司对高速公路公司的诉讼请求。

二审法院裁判理由与一审法院一致，判决：

驳回上诉，维持原判。

【法官后语】

《最高人民法院关于审理道路交通事故损害赔偿案件适用法律若干问题的解释》第七条第一款规定："因道路管理维护缺陷导致机动车发生交通事故造成损害，当事人请求道路管理者承担相应赔偿责任的，人民法院应予支持，但道路管理者能够证明已按照法律、法规、规章的规定，或者按照国家标准、行业标准、地方标准的要求尽到安全防护、警示等管理维护义务的除外。"故需认定本案能否适用《最高人民法院关于审理道路交通事故损害赔偿案件适用法律若干问题的解释》第七条第一款的规定。

一、被告高速公路公司系本案事发路段的道路管理者，系本案适格被告

本案事故发生在高速公路上，属于经营性公路。经营性公路的道路管理者，为公路经营企业。公路经营企业，是指受让公路收费权和投资建设公路的国内外经济组织依法成立开发、经营公路的企业。本案被告高速公路公司系本案事发路段的道路管理者，系本案适格被告。

二、本案的归责原则为过错推定原则，但高速公路管理公司通过举证能证明其无过错

道路管理者对于因道路管理维护缺陷而导致机动车发生交通事故造成损害的，应推定道路管理者具有过错，道路管理者不能证明其没有过错的，应该承担相应的赔偿责任。但过错推定责任本质上是一种过错责任，道路管理者只应为其过错承担责任。在过错责任原则中，过错是确定行为人是否承担侵权责任的核心要件，也是人民法院审理侵权案件主要考虑的因素。

本案中，第一，《公路安全保护条例》第四十四条规定，公路管

理机构、公路经营企业应当加强公路养护，保证公路经常处于良好状态。第四十七条规定，公路管理机构、公路经营企业应当按照国务院交通运输主管部门的规定对公路进行巡查，并制作巡查记录；发现公路坍塌、坑槽、隆起等损毁的，应当及时设置警示标志，并采取措施修复。高速公路公司作为案涉路段的经营者管理者，通过举证已经证实，其公司对事发路段进行了每2小时一次的巡查，同时该公司也安排了外包公司每天对路面及时清扫、清障，其已尽到必要的安全管理和保障义务。不能苛求高速公路公司随时巡查、保洁、清障。第二，从受损车辆驾驶员对事故发生经过的描述看，可以确定事发时掉落的轮胎处于运动状态，进一步可以推论轮胎系刚掉落不久的可能性较大。故从此角度来说，若认定轮胎尚处于刚掉落后的运行状态，故高速公路公司对车辆轮胎的掉落（何时、何地点、以何种方式掉落）以及掉落后轮胎的运行轨迹均不能预见和控制、无法采取合理措施加以防范和避免（甚至将巡查、清扫的频率增加到每小时2次或者更频繁都无法避免），故本案所遇车辆轮胎掉落的根本原因是车辆所有人疏于定期维护检修，不属于因道路管理维护缺陷导致机动车发生交通事故造成损害的情形。第三，自动化公司并未举证证明本次事故的发生系高速公路公司疏于巡查、保洁、清障导致轮胎长时间停留路面影响通行而造成。因此本案可以适用《最高人民法院关于审理道路交通事故损害赔偿案件适用法律若干问题的解释》第七条第一款的规定，认定高速公路公司不承担未尽安全保障义务的责任。

编写人：四川省成都市新都区人民法院　蒋园园

017 工伤赔偿不足以弥补受害人损失的，不足部分应由用人单位承担

——张某某诉投资公司等机动车交通事故案

【案件基本信息】

1. 裁判书字号

北京市高级人民法院（2019）京民再163号民事判决书

2. 案由：机动车交通事故纠纷

3. 当事人

原告（上诉人、再审申请人）：张某某

被告（被上诉人、再审被申请人）：卫生管理公司、投资公司、甲保险公司

被告：张某、刘某某、城管中心、镇政府、乙保险公司

【基本案情】

2016年，张某驾驶小型轿车（内乘李某某、黄某某、郭某某、张某某）由东向西行驶，适有刘某某驾驶的重型特殊结构货车由北向南行驶，小型轿车右侧与重型特殊结构货车前部相撞，发生交通事故，造成车辆损坏，并导致张某、张某某受伤，郭某某当场死亡，李某某、黄某某重伤经送医院抢救无效死亡。经勘验、调查，交通管理局出具《道路交通事故认定书》，认定张某驾驶机动车通行时未按规定让行，与本次事故发生有因果关系，张某对本次事故的发生负主要责任；刘某某驾驶机动车未确保安全行驶，与本次事故发生有因果关系，刘某某对本次事故的发生负次

要责任，李某某、黄某某、郭某某、张某某均无责任。事故发生后，张某某于2016年1月21日至2016年2月7日在急诊抢救中心住院治疗17天。

另查，针对张某的本次交通肇事行为，法院作出刑事判决，认定张某犯交通肇事罪，判处有期徒刑三年，缓刑五年。再查，张某驾驶的肇事车辆登记在其本人名下，在甲保险公司投保有车上责任险（乘客）10000元/座×4座（含不计免赔），事故发生在保险期内。张某及李某某、黄某某、郭某某、张某某均系投资公司之职员。事故发生后，投资公司就李某某、黄某某、郭某某、张某某因该次事故遭受侵害向工伤审核单位进行工伤申报。经核实，工伤审核单位已分别作出认定工伤决定书，认定李某某、黄某某、郭某某因本次交通事故导致的死亡，张某某因该次事故受伤均为工伤。此外，刘某某驾驶的肇事车辆登记在镇政府名下，在乙保险公司分别投保有交强险及含不计免赔限额为50万元的商业第三者责任保险各一份，事故发生在保险期内，城管中心系涉案肇事车辆的相关保险合同的被保险人。肇事司机即刘某某系卫生管理公司雇员，事发时系履行职务行为。事故发生后，卫生管理公司垫付10万元，投资公司垫付5万元。

原告张某某起诉法院请求：1. 判令八被告赔偿原告张某某医疗费、残疾赔偿金、护理费、精神损害抚慰金等各项损失共计人民币610270.78元；2. 本案诉讼费由被告负担。

法院经核算，张某某的合理损失数额为医疗费137923.76元（未扣除被告投资公司垫付之费用）、残疾赔偿金439186元（含被扶养人生活费69173元）、营养费5400元、护理费14400元、住院伙食补助费1700元、鉴定费2250元、交通费1000元、其他费用750元（含餐费、住宿费等）以上各项损失共计602609.76元。

【案件焦点】

1. 张某的行为是否为职务行为；2. 用人单位投资公司是否还应当承担赔偿责任；3. 本次事故中其他相关主体的责任应如何认定。

【法院裁判要旨】

北京市通州区人民法院经审理认为，行为人因过错侵害他人民事权益，应当承担侵权责任。当事人对自己提出的主张，有责任提供证据。用人单位的工作人员因执行工作任务造成他人损害的，由用人单位承担侵权责任。依法应当参加工伤保险统筹的用人单位的劳动者，因工伤事故遭受人身损害，应按《工伤保险条例》的规定处理。

第一，张某之行为认定。

根据查明之事实，投资公司认可张某及其所驾驶机动车内的乘员李某某、黄某某、郭某某、张某某均系投资公司之员工，因该次事故死亡的李某某、黄某某、郭某某及因该次事故受伤的张某某四人均已经被认定为工伤，且投资公司对于上述人员的工伤认定持积极配合之态度，对该结果亦予以认可。法院认为，张某事发时虽然系驾驶登记在个人名下的私家车，搭载公司同事前往公司年会会场，参加公司年会，但该行为应当被认定为履行职务行为。需要指出的是，是否属于履行职务行为不应唯事发地点、事发时间、作用工具论，而应当综合该行为的产生是否属于公司委派，是否为了公司利益。结合当前的实际情况及本案的具体特点，将委派方式及公司利益等不宜做限缩性解释或从严界定。故根据《中华人民共和国侵权责任法》之规定，对于张某在该交通肇事中的驾驶机动车行为，认定为履行投资公司派发的职务行为为宜，其由此导致的侵权责任应当由投资公司承担。

第二，投资公司是否应当在本案中承担赔偿责任。

关于投资公司是否应当在本案中承担赔偿责任的问题。根据《最高人民法院关于审理人身损害赔偿案件适用法律若干问题的解释》第三条第一款之规定，依法应当参加工伤保险统筹的用人单位的劳动者，因工伤事故遭受人身损害，劳动者或者其近亲属向人民法院起诉请求用人单位承担民事赔偿责任的，告知其按《工伤保险条例》的规定处理。本案中，李某某、黄某某、郭某某、张某某及肇事司机张某均系投资公司之员工，事发时张某系履行职务行为，李某某、黄某某、郭某某、张某某因此受到伤害且均已经被认定为工伤，故李某某、黄某某、郭某某、张某某与投资公司之间的纠纷应当按照《工伤保险条例》的规定进行处理。现被侵权人向法院就相关损失提起民事诉讼，以机动车交通事故责任纠纷为案由，要求投资公司、张某承担赔偿责任，缺乏法律依据。

此外，工伤保险系用工单位遵循国家政策、法规为单位员工缴纳的保险，亦属于公司的社会责任与法律义务的统一。在单位员工被认定工伤，确定享受工伤待遇的情况下，要求用工单位再行双倍赔偿，与国家倡导建立、健全保险制度及要求企业为员工购买保险之精神背道而驰；用工单位在负担保险费用的基础上再行赔偿，对用工单位而言亦显失公平。

第三，本次事故中其他相关主体的责任。

本案中，刘某某系卫生管理公司之雇员，事发时其驾驶涉案肇事机动车的行为系履行职务行为，故刘某某因本次事故导致的赔偿责任应由卫生管理公司承担。镇政府、城管中心虽然分别为刘某某所驾驶的肇事车辆的登记车主及涉案车辆保险合同的被保险人，但是涉案车辆的实际使用人系卫生管理公司，镇政府、城管中心对涉案肇事车辆并无直接使用、管理权限，与肇事司机刘某某亦不存在雇佣关系或其他关系，且对本次事故的发生亦无过错，故镇政府、城管中心不应就本次事故导致的损失承担赔偿责任。

综上，投资公司职员张某与卫生管理公司之雇员刘某某均在履行职务行为时，分别驾驶机动车发生碰撞，造成交通事故，法院综合双方当事人过错，确定张某应负担的责任比例为70%，该比例对应之损失由投资公司负担；刘某某应负担的责任比例为30%，该比例对应之损失由卫生管理公司负担。

另，因刘某某驾驶的机动车在乙保险公司分别投保有交强险及商业三者险且事故发生于保险期内，故乙保险公司应在保险范围内就该起事故伤者及死者的损失承担相应的赔偿责任，不足或超出保险理赔部分由卫生管理公司承担。交强险每名受害者分配限额为30000元，按照责任比例分担后，卫生管理公司应承担30%的损失即201782.93元。

本案案由为机动车交通事故责任纠纷，属于侵权之诉。甲保险公司系张某所驾驶车辆的车上人员险险种承保的保险公司，所承保的保险属于商业险。该次事故的伤者与甲保险公司之间不属于侵权纠纷，不应当在机动车交通事故责任纠纷案由下处理，综合本案的实际情况，本案亦不宜就此一并处理。双方当事人就诉争事故导致的赔偿事宜，能够协商的，可以自行给付；协商不成的，双方当事人应当另案处理。

北京市通州区人民法院判决：

一、乙保险公司在机动车交通事故责任强制保险赔偿限额内赔偿张某某医疗费、残疾赔偿金（含被扶养人生活费）、营养费、护理费、住院伙食补助费、交通费等各项损失共计 30000 元，于判决生效之日起七日内执行清；

二、乙保险公司在商业第三者责任保险赔偿限额内赔偿张某某医疗费、残疾赔偿金（含被扶养人生活费）、营养费、护理费、住院伙食补助费、交通费等各项损失共计 65000 元，于判决生效之日起七日内执行清；

三、除已经支付的 100000 元费用外，卫生管理公司再赔偿张某某鉴定费、其他费用损失、护理费、住院伙食补助费、交通费等各项损失共计人民币 6782.93 元，于判决生效之日起七日内执行清；

四、驳回张某某的其他诉讼请求。

张某某不服一审判决，提起上诉。主张交通事故赔偿和工伤赔偿数额之间的差额为 188606.83 元。对于该差额，扣除投资公司已垫付的 5 万元，剩余 138606.83 元应当由投资公司和甲保险公司承担赔偿责任。

二审期间，张某某提交京东劳人仲字〔2018〕第 531 号调解书、工伤职工待遇核准表、建设银行交易信息，证明张某某在工伤认定之后获得了一次性伤残补助金、一次性工伤医疗补助金、一次性伤残就业补助金共计 240220 元，张某某以此计算与交通事故应赔偿的差额为 188606.83 元。

北京市高级人民法院经审理认为，关于在张某某按照《工伤保险条例》获得相关赔偿之后，能否再向投资公司主张所谓交通事故赔偿与工伤赔偿的差额问题。法院二审认为，根据《最高人民法院关于审理人身损害赔偿案件适用法律若干问题的解释》第三条之规定，依法应当参加工伤保险统筹的用人单位的劳动者，因工伤事故遭受人身损害，劳动者或者其近亲属向人民法院起诉请求用人单位承担民事赔偿责任的，告知其按《工伤保险条例》的规定处理。因用人单位以外的第三人侵权造成劳动者人身损害，赔偿权利人请求第三人承担民事赔偿责任的，人民法院应予支持。本案中，投资公司依法缴纳了工伤保险，并协助办理了张某某的工伤认定，张某某亦依法获得了工伤保险赔偿。现张某某以机动车交通事故责任纠纷为由提起民事诉讼，再要求投资公司承担侵权责任，缺乏法律依据。

关于车上人员责任险是否应当在机动车交通事故责任纠纷案件中一并处理的问题。因本案系机动车交通事故责任纠纷，属于侵权之诉，而车上人员责任险系商业险中的险种之一，属于合同之诉。车上人员责任险的赔偿需根据保险人与被保险人之间的商业险合同予以处理，不宜在机动车交通事故责任纠纷案件中一并审理。关于该部分的赔偿问题，应由双方另案处理。

综上，北京市高级人民法院二审判决：

驳回上诉，维持原判。

二审判决后，张某某向北京市高级人民法院申请再审，北京市高级人民法院作出再审裁定，提审本案。

北京市高级人民法院再审认为，关于投资公司是否应当承担相应人身损害赔偿责任的问题。北京市高级人民法院再审认为，行为人因过错侵害他人民事权益，应当承担侵权责任。本案中，张某驾驶的肇事车辆与刘某某驾驶的肇事车辆相撞导致张某某受伤，理应由张某和刘某某承担相应的赔偿责任。同时，《中华人民共和国侵权责任法》第三十四条规定：用人单位的工作人员因执行工作任务造成他人损害的，由用人单位承担侵权责任。用人单位承担的赔偿责任是一种替代责任。根据查明的事实，张某与刘某某均在履行职务行为时发生了本案的交通事故，故应由投资公司与卫生管理公司按照相应的责任比例承担赔偿责任。其中由刘某某承担并转而由卫生管理公司替代承担的部分，一、二审法院判决正确，再审予以维持。

张某某系搭载同事车辆前往公司年会会场，在参加公司年会的途中受伤，故张某某受伤属于工伤，应当依照《工伤保险条例》的规定向工伤保险机构请求工伤保险赔偿。对于用人单位投资公司而言，其主要责任在于按时缴纳工伤保险费，并及时向工伤保险机构提出申请。本案中，由于张某某与张某二者属于同一单位，故工伤保险赔偿和人身损害赔偿具有一定的重合，但工伤赔偿是单位职工的一种保险待遇，是为尽快解决赔偿而设，并不当然免除侵权人的侵权责任，对于工伤保险赔偿不足以弥补受害人损失的，不足部分仍应由侵权人承担赔偿责任。本案中，应由张某在其应当承担的责任比例中予以补足，并因其职务行为进而由其单位投资公司替代承担。张某某的各项损失共计 602609.76 元，扣除卫生管理公司承担的 201782.93 元，工伤保险赔偿的 240220 元，投资公司已支付的 5 万元以及保险公司承担的部分，剩余部分由投资公司负担。

关于甲保险公司是否应承担相应赔偿责任的问题。再审认为，责任保险是指以被保险人对第三者依法应负的赔偿责任为保险标的的保险。保险人以被保险人对第三人承担赔偿责任作为赔偿前提。交强险、商业第三者责任保险以及车上责任险，均属于责任保险的范围。责任保险区别于其他险种的最大特点在于最终的保护对象并非被保险人，而是受害之第三人。本案中，肇事车辆在甲保险公司处投保有车上责任险（乘客），涉诉事故发生在保险期限内属于保险事故，且在一审时，甲保险公司明确同意在车上责任险（乘客）限额内按照70%的比例承担赔偿责任。故甲保险公司应当按照保险合同的约定在车上责任险（乘客）限额内予以赔付。张某投保的车上人员责任险每座的限额是10000元，而张某在此次事故中的责任是70%，故被告甲保险公司在车上人员责任险（乘客）限额内赔付张某某各类损失7000元。

综上，北京市高级人民法院依照《中华人民共和国民事诉讼法》第二百零七条第一款、第一百七十条第一款第二项之规定，判决如下：

一、撤销二审民事判决及一审民事判决第四项；

二、维持一审民事判决第一、二、三项；

三、投资公司于本判决生效后10日内赔偿张某某各项损失共计人民币103606.83元；

四、甲保险公司北京分公司于本判决生效后10日内在车上责任险限额内赔偿张某某各项损失共计人民币7000元；

五、驳回张某某的其他诉讼请求。

【法官后语】

本案涉及的典型问题主要是工伤赔偿不足以弥补受害人损失的，用人单位投资公司是否应当承担赔偿责任？

本案存在两个法律关系，一个是交通事故人身损害赔偿法律关系；另一个是工伤赔偿法律关系。

《最高人民法院关于审理人身损害赔偿案的司法解释》（2022修正）第三条第二款规定：因用人单位以外的第三人侵权造成劳动者人身损害，赔偿权利人请求第三人承担民事赔偿责任的，人民法院应予支持。根据该条规定，如果用人单位以外的第三人为侵权人的，由于第三人侵权赔偿与工伤赔偿机制目前在法律上是并行不悖的，故从学理上理解，受害人有可能得到双份赔偿。

本案的特殊之处在于侵权人不是用人单位之外的人，而是本单位的员工，第三人侵权赔偿的责任承担人与工伤赔偿的承担人正好指向同一单位，这样就存在工伤保险赔偿与人身损害赔偿如何衔接的问题。笔者认为：对于侵权人与受害人为同单位员工的，工伤保险赔偿不足以弥补受害人损失的，不足部分应当由用人单位承担，这是符合法律原则且更为公平合理的。理由如下：

首先，行为人因过错侵害他人民事权益，应当承担侵权责任。本案中，张某驾驶的肇事车辆与刘某某驾驶的肇事车辆相撞导致张某某受伤，理应由张某和刘某某承担相应的赔偿责任。同时，《中华人民共和国民法典》第一千一百九十一条第一款规定："用人单位的工作人员因执行工作任务造成他人损害的，由用人单位承担侵权责任。"因此应由投资公司承担交通事故损害赔偿。

其次，从工伤赔偿来看，《工伤保险条例》第二条规定："中华人民共和国境内的企业、事业单位、社会团体、民办非企业单位、基金会、律师事务所、会计师事务所等组织和有雇工的个体工商户(以下称用人单位)应当依照本条例规定参加工伤保险，为本单位全部职工或者雇工（以下称职工）缴纳工伤保险费。"第十七条规定："职工发生事故伤害或者按照职业病防治法规定被诊断、鉴定为职业病，所在单位应当自事故伤害发生之日或者被诊断、鉴定为职业病之日起30日内，向统筹地区社会保险行政部门提出工伤认定申请……"根据条例的规定可以看出，对于用人单位而言，其主要责任在于按时缴纳工伤保险费，并及时向工伤保险机构提出申请。对于受害人张某某来说，无论侵权人是不是本单位员工，他都能享受工伤保险待遇。同时《工伤保险条例》第一条规定："为了保障因工作遭受事故伤害或者患职业病的职工获得医疗救治和经济补偿，促进工伤预防和职业康复，分散用人单位的工伤风险，制定本条例。"根据该条规定可以看出，工伤保险的目的主要是保障职工的合法权益、分散公司风险。工伤赔偿是单位为职工的保险待遇，为尽快解决赔偿而设，在工伤赔偿能够覆盖的范围免除赔偿责任，对受害人来说是公平的。按照一、二审的观点，如果没有工伤赔偿，受害人直接按照人身损害赔偿起诉能够得到全部赔偿，而走了工伤赔偿反而不能获得全额赔偿，工伤保险非但没有保护职工的权益，反而损害了其获得赔偿的权益，确实有悖于法律的原则。此外，用人单位以外的人侵权的，除医疗费外受害人可以获得双份赔偿，而本单位人侵权的，受害人连差额都得不到赔偿，显然对受害人不公平。

最后，从立法例来看，我国的法律有关于用人单位弥补受害人损失的先例。比如，《中华人民共和国安全生产法》（2021 年修订）第五十六条第二款规定："因生产安全事故受到损害的从业人员，除依法享有工伤社会保险外，依照有关民事法律尚有获得赔偿的权利的，有权提出赔偿要求。"同时，《中华人民共和国职业病防治法》第五十八条规定："职业病病人除依法享有工伤保险外，依照有关民事法律，尚有获得赔偿的权利的，有权向用人单位提出赔偿要求。"

综上，在目前工伤保险赔偿数额较低，不能弥补损害人损失的情况下，由用人单位在工伤赔偿的人身损害赔偿的差额范围内赔偿，并不会导致用人单位双份赔偿，而且对受害人也比较公平。

编写人：北京市高级人民法院　陶志蓉

018 醉酒驾驶致人损害时宴会组织者未尽注意义务的应承担部分赔偿责任

——胡某龙诉王某宏等机动车交通事故案

【案件基本信息】

1. 裁判书字号

安徽省岳西县人民法院（2019）皖0828民初2281号民事判决书

2. 案由：机动车交通事故责任纠纷

3. 当事人

原告：胡某龙

被告：王某宏、刘某娥、余某胜、人保公司

【基本案情】

2018年11月25日20时，王某宏驾驶摩托车（后载妻子刘某娥），碰撞行人胡某龙，造成胡某龙受伤的交通事故。交通警察大队认定，王某宏醉酒后（98.24mg/100ml）驾车上道路行驶，遇行人横过道路未避让，是本次事故发生的原因，应承担全部责任，胡某龙、刘某娥无责任。事故发生前，王某宏与刘某娥在其女婿余某胜家吃晚饭，王某宏一个人饮酒。饭后王某宏要骑车回家，余某胜有过劝其不要走的行为及送其回家的提议，但王某宏说其头脑是清醒的，坚持要走，余某胜遂听任王某宏骑车带刘某娥离开，途中发生事故。肇事车辆投保了交强险。胡某龙所受损失共计1363936.05元，人保公司已支付100000元，王某宏已垫付81320元。

【案件焦点】

刘某娥、余某胜是否应与王某宏承担连带赔偿责任。

【法院裁判要旨】

安徽省岳西县人民法院经审理认为，胡某龙在交通事故中受伤，其相应损失应获得赔偿。

本案争议焦点是：刘某娥、余某胜是否应与王某宏承担连带赔偿责任。刘某娥是该车的共同所有人，对王某宏回家需要骑车仍喝酒的行为未予劝阻，对王某宏醉酒驾车未予劝止，并乘坐该车辆，对事故的发生存在一定过错，依法应对胡某龙所受伤害承担相应的赔偿责任。余某胜为家庭聚餐的组织者，对喝酒后的王某宏有义务采取相应的措施防止其受伤或伤害他人。余某胜对王某宏醉酒驾车行为未有效劝阻或另行安排代驾等保护措施，听任王某宏醉酒驾车，终致胡某龙受伤。余某胜未善尽义务的行为与胡某龙受伤之间存在相当因果关系，故应对胡某龙承担适当赔偿责任。但余某胜招待岳丈喝酒乃人之常情，其对王某宏酒后驾车也进行了适当劝阻，过错相对较小。法院根据王某宏、余某胜、刘某娥的过错及原因力大小，酌情确定胡某龙所受伤害造成的损失由王某宏承担75%，余某胜承担5%，刘某娥承担20%。王某宏、余某胜、刘某娥之间不构成共同侵权，胡某龙主张余某胜、刘某娥与王某宏承担连带责任，依据不足。

安徽省岳西县人民法院依照《中华人民共和国侵权责任法》第六条、第十六条、第二十二条、第四十八条，《中华人民共和国道路交通安全法》第七十六条，《机动车交通事故责任强制保险条例》第二十一条第一款、第二十二条、第二十三条第一款，《最高人民法院关于审理道路交通事故损害赔偿案件若干问题的解释》第一条、

第十八条，《中华人民共和国民事诉讼法》第一百四十二条之规定，作出如下判决：

胡某龙因交通事故造成的损失合计 1363936.05 元，由人保公司在交强险限额内垫付赔偿 120000 元（已付 100000 元），由余某胜赔偿 68196.80 元，由王某宏赔偿 940591.4 元（已付 81320 元），由刘某娥赔偿 235147.85 元，上述未付赔偿款均于判决生效后十五天内支付。

判决后，双方当事人均未上诉，本判决现已生效。

【法官后语】

一、醉酒者驾车致人损害时宴饮活动招待方（组织者）、参与者应当承担损害赔偿法律责任

（一）宴饮活动组织者的安全注意义务

宴饮活动通常是基于人情往来的情谊活动，是事实行为，不是法律行为。但该事实行为因有外部人员参与，存在外部性，故而宴饮活动的组织、进行必然伴生相关的法律义务，其中最主要的就是合理、适度的安全注意义务。例如，对食品安全、设施安全、活动过程安全等的注意义务，对参与者一定程度的照拂义务（如适当控制参与者饮酒数量，既要让宾主尽欢，又要不发生过量饮酒引发人身危险）等。

（二）宴饮活动参与者的安全注意义务

受邀参与者通常对于宴饮活动组织者、其他参与者不负法律上的义务，但基于活动的外部性，有关安全的注意义务也同样存在。如对自己在宴饮活动中的行为加以注意、控制，不故意加害人，不恶意劝酒，谨慎注意他人身体、酒量状况劝酒避免致他人醉酒甚至伤亡等。

在此要特别提及的是，共同参与者中有夫妻等家庭成员关系的，

基于亲属相互扶助法定义务，除一般参与者的注意义务外，还应对其他家庭成员过量饮酒等可能带来人身危险的不恰当行为负有劝止的义务。

（三）宴饮活动组织者、参与者先前行为带来的义务暨不适当履行该义务应按过错原则承担法律责任

宴饮活动组织者未妥当控制好来宾饮酒数量，导致某来宾饮酒过量时，就因该先前行为产生了新的法律义务，即对该来宾负有更高的安全保障义务。醉酒者提出自行驾车的，组织者理应采取坚决措施有效阻止。如未尽该义务，放任醉酒者驾车，导致其侵害他人，则应承担侵权责任。

参与者如在宴饮活动中不当劝酒致人醉酒，或与醉酒者有特定关系（如本案例中的夫妻关系），则对醉酒者负有较高的安全注意义务。其未有效劝阻听任醉酒者驾车，发生伤人事故，该参与者的不作为同样也构成了侵权。其理由与组织者情况相类似。

（四）组织者、参与者的不作为与醉酒者驾车致人损害行为是累积的数人侵权，应按过错和原因力大小承担按份责任，其不构成共同侵权，也不符合补充责任成立条件

组织者、参与者如能有效阻止醉酒者驾车，就能从根本上避免损害后果发生，未能阻止醉酒者驾车，就开启了损害结果发生的流程。正是组织者、参与者和醉酒者各自行为前后相继、互为媒介，相互结合成一个动态的、演进的、完整的行为过程，才导致损害结果发生。所以，他们之间符合累积的多人侵权形态。其间，组织者、参与者的不作为在该侵权行为开端阶段发生作用，但其主体的过错及行为的原因力在整个侵权行为中相对较轻；醉酒者醉酒驾车，主观上是其自主决定，客观上是其实施具体致害行为，其过错及原因

力在整个侵权行为中，相对较重。依照有关法律，应以过错及原因力大小来确定各主体相应的按份赔偿责任。

宴饮活动组织者、参与者、醉酒驾车者之间不成立共同侵权。组织者、参与者对醉酒者驾车可能发生的损害后果，应当且可以预见的是抽象的危险发生可能性。醉酒者驾车过程中，面对可能引发交通事故发生的客观情况时（如遭遇横过马路的行人），应当且可以预见的是可能发生具体的危险结果，该危险结果是否发生，驾车人的认识因素（及时准确发现并正确进行判断）、意志因素（是否采取规避危险的措施、采取何种措施等）、行动因素（快速准确实施意图采取的措施）起到关键作用。显然后者与前者的认识内容、范围并不相同，前后主体之间更谈不上意思联络。因此，组织者、参与者与醉酒者缺失共同侵权的主观意思共同性构成条件。

宴饮活动组织者、参与者对醉酒者驾车致人损害所承担的责任不符合补充责任的成立条件。有论者认为，《中华人民共和国侵权责任法》规定，在第三人侵权场合，群众性活动组织者未尽安全保障义务的，应承担相应的补充责任，该规则可资参照。从表象上看，两类案型确有相似之处。比如，群众性活动组织者未尽安全保障义务，宴饮活动组织者、参与者未尽安全注意义务；有第三人侵权的因素存在等。但两者之间的差距也至为明显。宴饮活动组织者、参与者未尽安全注意义务是先前行为，即其未能妥善控制受邀者饮酒数量，参与者饮酒过量，人身处于一定的危险状态，造成这一状态主要是醉酒人自身责任，但宴饮活动组织者、参与者未尽安全注意义务的先前行为也有作用。基于该先前行为，宴饮活动组织者、参与者产生了新的更高程度的安全保障义务，即对醉酒人的照拂、控制其不自伤或伤人的义务。宴饮活动组织者、参与者不适当履行该次生义务，听任醉酒者从事驾车危险行为，开启了整个侵权行为的流程。宴饮活动组织者、参与者与直接侵权人的行为在事件发展过程上是前后相继演进的，在时空上是分阶段的，在作用机理上是互相依存互为媒介的，最终形成的是一完整的综合行为。所以应当作为一个整体进行评价。群众性活动组织者未尽安全保障义务与第三人侵权是相对独立的，当然第三人实施侵权往往利用了群众性活动安全保障上已经存在的漏洞这一条件，但该条件对第三人是否实施侵权行为并不发生开启流程的决定性作用，在时空上不是分阶段而是重合或者包容的，在过程上不是演进的而是各自独立存在的，没有结合成一个整体行为，因此两者之间可以而且应当分开进行评价。两类案型不具同质性，补充责任规则对本案案型不能参照适用。

二、夫妻共同财产所有人之一对于另一共同所有人醉酒驾车负有过错且属双方共同利用该车出行情形下致人损害的应互负连带赔偿责任

首先，本案中，妻子与丈夫共同到女婿家做客，对丈夫晚饭后需骑车回家心知肚明，却对丈夫晚餐饮酒未予劝止，且在丈夫醉酒后驾车回家不加阻拦，甚至乘坐该车一同回家，过错十分明显。其作为宴饮活动参与者，理应承担与其过错相适应的损害赔偿责任。

其次，妻子明知丈夫已醉酒，听任其驾车且同乘，作为夫妻共同财产所有人之一，管理过错明显。依照机动车所有人对瑕疵使用人使用车辆有过错的应承担相应赔偿责任的规则，其也应当承担与其过错相适应的损害赔偿责任。

最后，丈夫驾车，妻子同乘，是双方共同使用该车通行的行为，在此过程中发生交通事故致人损害，依法应负的侵权损害赔偿之债，

符合夫妻关系存续期间为共同生活所负债务的夫妻共同债务的本质，因此，妻子与丈夫应就此互负连带赔偿责任。

编写人：安徽省岳西县人民法院　储爱武

019　快递加盟商经营活动中侵权法律责任分析

——易某文诉杜某德等机动车交通事故责任案

【案件基本信息】

1. 裁判书字号

江苏省常州市中级人民法院（2018）苏04民终4446号民事判决书

2. 案由：机动车交通事故责任纠纷

3. 当事人

原告（被上诉人）：易某文

被告（被上诉人）：杜某德、保险公司

被告（上诉人）：速递公司

【基本案情】

2017年3月26日15时53分左右，在常州市武进区洛阳镇232省道新科西路路口，杜某德饮酒后（经检测：血液酒精含量为27.7mg/100ml）持C1证驾驶小型普通客车沿新科西路由东向西行驶至上述路口，绿灯向西通行时，恰遇易某文持E证驾驶二轮摩托车沿232省道由北向南行驶至事发路口，违反交通信号灯继续通行，两车相撞，致车辆不同程度损坏，易某文受伤，发生事故。经常州市公安局武进分局交通警察大队认定，杜某德承担事故次要责任，易某文承担事故主要责任。事故后易某文被送往医院住院治疗。原告之伤经武进法院委托司法鉴定所鉴定，易某文持续性植物生存状态评定为一级伤残；误工期，护理期自受伤之日至定残前一日、营养期180日为宜，需要完全依赖护理。

杜某德驾驶的汽车登记所有人为其本人，事故发生时在从事快递业务。该车在保险公司处投保了交强险，事故发生在保险期限内。事故后保险公司垫付10000元。

同时，在2016年6月20日，速递公司与杜某德签订《加盟承包协议》一份，主要载明：双方经协商一致同意由速递公司授予杜某德友谊小留区域内速递的经营资格，杜某德承包并负责该区域内的日常经营活动，速递公司收取一定的加盟费及管理费用……杜某德支付给速递公司加盟费15000元及押金20000元，日常经营过程中需缴纳的其他管理费用按照速递公司审核通过的项目和标准支付……杜某德在本协议约定的承包区域内自主经营、自负盈亏、独立承担法律责任、速递公司不参与杜某德的经营活动……在经营过程中产生的一系列纠纷，如使用交通工具引发的纠纷、工作人员的人身纠纷和劳动纠纷（包括杜某德自身）、与客户之间的业务纠纷等均由杜某德自行独立负责，必要时速递公司给予相应的协助……本协议有效期为一年，自2016年6月20日至2017年6月19日……

现原告起诉，请求法院判令：三被告杜某德、速递公司、保险公司赔偿原告医疗费、营养费、护理费、误工费、残疾赔偿金、交通费等各项损失共计人民币670553.9元。

【案件焦点】

如何认定《加盟承包协议》的效力及确定赔偿责任。

【法院裁判要旨】

江苏省常州市武进区人民法院经审理认为：杜某德与速递公司签订了《加盟承包协议》，该协议系双方的内部约定，对外并无约束力，快递行业准入具有一定的要求，根据《中华人民共和国邮政法》第五十三条第四款的规定："申请人凭快递业务经营许可证向工商行政管理部门依法办理登记后，方可经营快递业务"，《快递市场管理办法》第九条规定："国家对快递业务实行经营许可制度。经营快递业务，应当依照《中华人民共和国邮政法》的规定，向邮政管理部门提出申请，取得快递业务经营许可；未经许可，任何单位和个人不得经营快递业务。"第十四条规定："以加盟方式经营快递业务的，被加盟人与加盟人均应当取得快递业务经营许可，加盟不得超越被加盟人的经营许可范围……" 上述规定明确了快递行业的准入标准，现本案中杜某德以速递公司的名义对外从事快递业务，其未有任何经营许可，根据双方的协议，速递公司向杜某德收取加盟费及相应的管理费用，从中获利，故双方的法律关系本质上系挂靠关系，系杜某德借用速递公司的经营资质对外从事快递业务，该行为违反了国家的相关法律规定，故对于杜某德应承担的责任，由速递公司承担连带清偿责任。

江苏省常州市武进区人民法院依照《中华人民共和国侵权责任法》第十六条，《中华人民共和国道路交通安全法》第七十六条，《中华人民共和国保险法》第六十五条，《中华人民共和国邮政法》第五十三条，《中华人民共和国民事诉讼法》第六十四条，《机动车交通事故责任强制保险条例》第二十一条、第二十三条,《最高人民法院关于审理道路交通事故损害赔偿案件适用法律若干问题的解释》第十六条,《快递市场管理办法》第九条、第十四条的规定,判决如下:

一、保险公司于本判决生效之日起十日内在交强险限额内赔偿易某文医疗费、营养费、住院伙食补助费、护理费、残疾赔偿金、误工费、交通费等计 120000 元,扣除其已经垫付的 10000 元,尚需支付 110000 元;

二、杜某德于本判决生效之日起十日内赔偿易某文医疗费、营养费、住院伙食补助费、护理费、残疾赔偿金、误工费、交通费等共计 378552.8 元,速递公司对该款承担连带清偿责任;

三、驳回易某文的其他诉讼请求。

速递公司不服一审判决,向江苏省常州市中级人民法院提起上诉。

江苏省常州市中级人民法院依照《中华人民共和国民事诉讼法》第一百七十条第一款第一项之规定判决:

驳回上诉,维持原判。

【法官后语】

一、快递经营者、快递公司之间加盟承包法律关系的认定

随着人们生活水平的提高,快递业务与人们的日常生活越来越紧密,因为快递业务的迅猛发展,各大快递公司为扩大市场,往往采用网点加盟,甚至层层外包的方式,该方式的准入门槛较低,快递公司为了盈利,往往疏于审查加盟商的相关资质,对下属的网点疏于管理甚至难以管理。快递网点一般利润较低,而网点增加,势必会导致快递车辆的增加,竞争激烈,网点需要通过大量派件走量的方式赚取利润,也导致了快递车辆交通事故率增加,一旦发生交

通事故，受害人理赔往往得不到解决，有些快递车系机动车，可以通过投保相应的汽车保险来解决理赔问题，而大部分快递车属于超标电动车，严格意义上讲车辆性能属于机动车范畴，此类车辆未有保险，交通隐患较大，发生事故后，如造成严重后果的，因加盟商的准入门槛较低，大部分未有赔偿能力。实践中，受害人在向加盟商要求赔偿未果后，在找到该加盟商所属的快递公司时，快递公司经常以双方系加盟承包关系并且有书面协议，双方各自引起的纠纷由各自独立承担法律后果为由，对受害人的损失不予赔偿，由此导致双方矛盾加剧，进入诉讼程序，产生诉累，因此厘清加盟商与快递公司之间的关系至关重要。

根据《中华人民共和国邮政法》的规定，“申请人凭快递业务经营许可证向工商行政管理部门依法办理登记后，方可经营快递业务”，《快递市场管理办法》规定，“以加盟方式经营快递业务的，被加盟人与加盟人均应当取得快递业务经营许可，加盟不得超越被加盟人的经营许可范围”。通过上述规定，结合实践，快递公司均是取得经营快递业务许可的正规公司，经济实力较强，除少数快递公司以直营的方式经营快递业务外，大部分快递公司均是发展下属加盟商，其中加盟商大部分未取得邮政部门的经营许可，仅是依靠与快递公司签订加盟承包协议，缴纳加盟费、管理费等费用后，借用快递公司的名义对外营业，该经营行为并不符合《中华人民共和国邮政法》及《快递市场管理办法》的相关规定，系加盟商借用快递公司的资质对外经营，双方虽签订加盟承包协议，但快递公司并无权授予加盟商快递业务经营许可，双方实质系挂靠关系。因此加盟商在经营业务期间发生交通事故，造成受害人损失，需按照挂靠法律关系，由快递公司承担连带清偿责任。

二、关于快递公司加盟模式的风险思考

实践中，快递公司与加盟方成立符合法律规定的加盟承包经营关系，需要加盟方向邮政部门依法申请经营许可并办理相关工商登记。同时，快递公司在对加盟方进行资格审查时，应当对经营者的经济实力、商业信誉等进行严格审查，履行审查义务，确保在发生重大损失时加盟方有足够的赔偿能力，同时由加盟方缴纳一定数量的保证金，不能为了快速扩大规模而降低行业的准入门槛，让一批没有资质条件的加盟商进入快递行业，导致行业恶性竞争，大打价格战，降低了服务质量，引发一系列不利法律后果。只有严格按照国家法律法规的规定执行，提高行业准入门槛，才能在一定程度上减少法律风险。

三、法条变化

因《中华人民共和国民法典》自2021年1月1日起实施，《中华人民共和国侵权责任法》已废止，判决中依据的《中华人民共和国侵权责任法》第十六条现应适用《中华人民共和国民法典》第一千一百七十九条。

编写人：江苏省常州市武进区人民法院　冯磊

020　肇事车辆名为“委托挂牌”实为挂靠经营的认定

——仓储公司诉运输公司等机动车交通事故责任案

【案件基本信息】

1. 裁判书字号

山东省淄博市中级人民法院（2018）鲁03民终3485号民事判决书

2. 案由：机动车交通事故责任纠纷

3. 诉讼双方

原告（被上诉人）：仓储公司

被告（上诉人）：人保财险公司

被告（被上诉人）：运输公司、张某

【基本案情】

2017年2月26日，王某驾驶超载的鲁QS5×××号重型仓栅式货车沿临淄区辛河路由北向南行驶至鑫泰石化东门路段，因未分道通行，撞至前方因故障停在非机动车道内（未按规定设置警告标志）的杨某金驾驶的皖S2R×××（皖SK×××挂）号重型半挂车后部，致王某受伤，皖S2R×××（皖SK×××挂）号所载货物泄漏，两车损坏，造成道路交通事故。王某经医院抢救无效当日死亡。经交警认定王某负事故的主要责任，杨某金负事故的次要责任。皖S2R×××（皖SK×××挂）号车辆的实际车主系仓储公司。经法院委托鉴定，皖S2R×××（皖SK×××挂）号车辆损失44604元、维修期间12天停运损失12290元、货物损失108304元、鉴定费7500元。肇事车辆鲁QS5×××号重型仓栅式货车实际车主为张某，车辆登记在运输公司名下，并以运输公司的名义于2016年5月16日在人保财险公司投保交强险一份、商业三者险50万，交通事故发生在保险期间内。商业三者险合同约定对停运损失、诉讼费保险公司不予承担，违反安全装载规定的实行10%的绝对免赔率。附加不计免赔率险中约定因违反安全装载规定而增加的应当由被保险人自行承担的免赔金额，保险人不负责赔偿。商业保险条款免赔部分使用加粗、加黑的字体，运输公司和张某在投保单加粗、加黑的投保人声明处盖章、签字。

仓储公司起诉要求人保财险公司在交强险限额内赔偿 2000 元后，其余损失按 80%的责任比例计款 136558.4 元在商业险范围内承担赔偿责任；要求张某在交强险和商业险范围外承担赔偿责任；要求运输公司对张某承担连带赔偿责任。

【案件焦点】

实际车主张某和登记车主运输公司是否存在车辆挂靠经营关系。

【法院裁判要旨】

山东省淄博市临淄区人民法院经审理认为：运输公司提交的委托挂牌协议虽真实，但运输公司作为独立的法人单位，车辆挂靠管理为其经营范围之一，张某分期付款买车与售车单位形成买卖合同关系，与运输公司没有直接的关联性。货物运输必须办理货物运输经营证，张某个人作为货车车辆的实际车主，其如果不是登记在运输公司名下并办理了运输公司的道路运输许可证，即无权上路行驶运营。售车单位和运输公司虽有合作关系，分期付款须挂靠运输公司名下，不需要交挂靠费。保险费由车主交，保险返点给运输公司，所有挂靠的车都是以运输公司的名义对外宣传。即分期付款的车辆可以挂靠于不同的运输公司名下并且不用缴纳车辆挂靠费，运输公司所得收益也就是对车辆保险管理的收益。运输公司主张代为保留车辆所有权无法律和合同依据。涉案车辆符合车辆挂靠的形式和实质规定，张某与运输公司之间名为“委托挂牌”，实为挂靠关系。本案交通事故给仓储公司造成的具体损失共计 172698 元。因仓储公司负事故的主要责任，张某负事故的次要责任，该事故给仓储公司造成的损失，应当由人保财险公司在交强险范围内予以赔偿，不足部分由人保财险公司在商业三者险范围内按照70%的责任比例赔偿，仍有不足的由张某承担70%的赔偿责任，车辆挂靠单位运输公司承担连带责任。仓储公司自行承担30%的责任。人保财险公司对涉案商业三者险和附加险免责条款履行了提示和明确说明义务，该免责条款发生法律效力。因肇事车辆鲁QS5×××号重型仓栅式货车存在超载现象，依据保险合同约定，应当免除保险公司10%的赔偿责任。停运损失和诉讼费，人保财险公司免赔。鉴定费为处理交通事故赔偿和保险理赔必然发生的费用和直接损失，人保财险公司应按责任比例予以赔偿。据此，山东省淄博市临淄区人民法院判决：

一、人保财险公司在机动车交强险责任限额内赔偿仓储公司因此次事故造成的车辆损失费2000元；

二、人保财险公司在商业三者责任保险限额内赔偿仓储公司因此次事故造成的车辆损失费42604元、货物损失108304元、鉴定费7500元，以上共计158408元的70%的90%计款99797.04元；

三、张某赔偿仓储公司因此次事故造成的停运损失12290元的70%为8603元、商业三者险10%免赔款为11088.56元（158408元的70%的10%），以上共计19691.56元；

四、运输公司对上述第三项承担连带清偿责任；

五、驳回仓储公司的其他诉讼请求。

宣判后，人保财险公司不服，提起上诉。山东省淄博市中级人民法院经审理同意一审裁判意见，判决：

驳回上诉，维持原判。

【法官后语】

货运中个人出资购买车辆然后挂靠于具有货物运输经营权的企

业名下进行货物运输经营的情况较为常见。《最高人民法院关于审理道路交通事故损害赔偿案件适用法律若干问题的解释》第三条明确规定："以挂靠形式从事道路运输经营活动的机动车发生交通事故造成损害，属于该机动车一方责任，当事人请求由挂靠人和被挂靠人承担连带责任的，人民法院应予支持。"① 因此，对于车辆挂靠经营情形下发生交通事故造成损害的，被挂靠人对于挂靠人的赔偿应承担连带责任。通常情形下的车辆挂靠一般较为容易识别和查明，但本案则出现"委托挂牌"的情形，即登记车主运输公司主张其与实际车主张某之间只是委托挂牌关系，而非挂靠经营关系。实际车主张某对此则主张双方之间名为"委托挂牌"但实为挂靠经营。对此问题不应简单地只从委托挂牌协议这一表面材料加以认定，而应结合其他证据深入分析双方是否符合车辆挂靠经营的特征从而认定双方的实质关系。车辆挂靠经营的主要特征是挂靠人为了满足车辆运输经营管理上的需要，将自己出资购买的机动车登记于某个具有运输经营权的企业名下，由该企业为挂靠车主代办各种法律手续，并以该企业的名义对外进行运输经营。从形式上看是挂靠人将自己出资购买的机动车登记于被挂靠人名下，从实质上看则是挂靠人以被挂靠人的企业的名义对外进行运输经营，这是挂靠的最终目的。

所以，对于车辆是否构成挂靠经营的审查，最终落脚点应在于挂靠人以被挂靠人名义进行运输经营。只要符合这一本质特征，则双方之间无论以什么名义描述其关系，都应认定为挂靠经营。本案即是如

---

① 该条已被2020年12月修正后的《最高人民法院关于审理道路交通事故损害赔偿案件适用法律若干问题的解释》删除，其内容被吸收为《中华人民共和国民法典》第一千二百一十一条："以挂靠形式从事道路运输经营活动的机动车，发生交通事故造成损害，属于该机动车一方责任的，由挂靠人和被挂靠人承担连带责任。"

此。对于运输公司和张某之间关系性质的争议，法院在认定时并未仅凭该委托挂牌协议进行表面性判断，而是综合全案证据来分析双方是否符合车辆挂靠经营的实质特征。从车辆出资来看，涉案肇事车辆实际系张某出资购买；从经营方式来看，张某按约定交付相关费用，由运输公司代办法律手续，其以运输公司名义进行对外经营，但是其自负盈亏；从经营资格来看，张某个人作为实际车主，如果不是登记在运输公司名下并办理运输公司的道路运输许可证，其无权上路进行货运经营，更不可能实现其所谓的自负盈亏；从运输公司的经营范围看，其经营范围包含车辆挂靠管理。故涉案肇事车辆符合车辆挂靠的形式和实质规定，运输公司依法应当对张某向仓储公司的赔偿承担连带责任。

编写人：山东省淄博市中级人民法院　荣明潇

山东省淄博市临淄区人民法院　刘海红

021　“系列”出借的机动车肇事，“首借”出借人的过错认定

——江某等诉杨某等机动车交通事故责任案

【案件基本信息】

1. 裁判书字号

广西壮族自治区桂林市中级人民法院（2018）桂 03 民终 2619 号民事判决书

2. 案由：机动车交通事故责任纠纷

3. 当事人

原告（被上诉人）：江某、陈某贵、王某凤、陈某

被告（上诉人）：秦某强

被告：人保公司、杨某、秦某强、汽车租赁公司、彭某亮、陈某方、唐某良

【基本案情】

汽车租赁公司从事汽车租赁业务，秦某强系该公司的法定代表人。唐某良因需回湖南，便与杨某和彭某亮联系借车事宜。2017年7月4日，无驾驶资格的彭某亮找到秦某强借车，秦某强同意后，在未办理任何手续的情况下，彭某亮将秦某强所有的桂C×××××小型轿车开走。次日早上，彭某亮将该车交由唐某良使用。7月7日下午，唐某良返回桂林，将桂C×××××小型轿车交给杨某驾驶，杨某接到彭某亮，16时56分左右，杨某驾车沿桂林市叠彩区由南往北方向行驶，与受害人陈某全驾驶的电动自行车相撞，造成两车不同程度受损、陈某全受伤的道路交通事故。事故发生后，彭某亮拨打120电话，救护车到达现场后，杨某与唐某良护送陈某全到医院抢救，彭某亮留在事故现场处理报保险等事宜。杨某、彭某亮均无机动车驾驶证，二人商量后找到陈某方，陈某方与唐某良到达事故现场，彭某亮用陈某方的机动车驾驶证报了保险，并将陈某方的机动车驾驶证交由交警处理。当晚，杨某、彭某亮、陈某方等人一起商量由陈某方承认其系发生交通事故小轿车的驾驶人。后受害人陈某全经抢救无效死亡。经过交警部门调查，认定杨某承担此次道路交通事故的全部责任，陈某全不承担此次道路交通事故的责任。涉案车辆所有人为秦某强，在人保公司投保了交强险和商业第三者责任保险。案发后，秦某强与彭某亮补签了一份租车合同，出租人为汽车租赁公司，租车人为

彭某亮和陈某方，但实际上陈某方并未参与租车行为。

陈某贵、王某凤夫妻生育二子，即陈某全、陈某涛；江某系陈某全的妻子，陈某系其二人之子。

【案件焦点】

车辆所有人秦某强对于事故的发生有无过错，是否应承担赔偿责任。

【法院裁判要旨】

广西壮族自治区桂林市雁山区人民法院经审理认为：1. 关于汽车租赁公司、陈某方的责任问题。本案的租借车辆民事行为中，租借桂 C×××××小型轿车的双方民事主体为秦某强和彭某亮，没有充分有效证据证明彭某亮向汽车租赁公司租借车辆；陈某方包庇他人犯罪，但对本案交通事故的发生没有过错，且江某等放弃对汽车租赁公司、陈某方的主张，明确表示不要求其承担责任。江某等的行为符合法律规定，予以认定。2. 关于秦某强的责任问题。秦某强作为桂 C×××××小型轿车的所有人，对车辆管理不善，从事车辆租赁活动中，在未审核清楚彭某亮是否具有驾驶资格的情形下长期将车辆租借给彭某亮使用，放任彭某亮无证驾驶，为发生道路交通事故埋下隐患。根据《中华人民共和国侵权责任法》第四十九条“因租赁、借用等情形机动车所有人与使用人不是同一人时，发生交通事故后属于该机动车一方责任的，由保险公司在机动车强制保险责任限额范围内予以赔偿。不足部分，由机动车使用人承担赔偿责任；机动车所有人对损害的发生有过错的，承担相应的赔偿责任”的规定，秦某强存在过错，应当承担相应的赔偿责任；根据过错程度，法院酌情认定秦某强对江某等的损失承担 10%的赔偿责任。秦某强辩称其作为车辆所有人和汽车租赁公司作为出租人，对杨某的机动车肇事行为造成江某等的损失没有过错，无须承担赔偿责任，不予采纳。3. 关于杨某、彭某亮、唐某良的责任问题。彭某亮、唐某良在唐某良使用车辆后，未对车辆进行有效管理，将车交由无机动车驾驶证的杨某，放任杨某驾驶，导致本案交通事故发生，造成陈某全死亡。杨某在发生交通事故护送受害人到医院抢救后，本应回到事故现场如实向交通警察陈述事故情况，但却虚构事实，找人顶替责任；杨某明知自己没有机动车驾驶证，仍驾驶车辆，杨某虽然对交通事故承担全责有异议，但没有证据显示陈某全存在过错，故对杨某的辩称不予采信；彭某亮提出交通事故与其无关，不应该承担赔偿责任；唐某良认为交通事故与其无关，车是从杨某手里借到的，二人的辩称没有事实证据和法律依据，不予采纳。《最高人民法院关于审理道路交通事故损害赔偿案件适用法律若干问题的解释》第一条及第一款第二项规定：“机动车发生交通事故造成损害，机动车所有人或者管理人有下列情形之一，人民法院应当认定其对损害的发生有过错，并适用侵权责任法第四十九条的规定确定其相应的赔偿责任……（二）知道或者应当知道驾驶人无驾驶资格或者未取得相应驾驶资格的……”彭某亮、唐某良对本案交通事故发生有重大过错，对杨某侵权行为造成江某等的损害，应当与杨某一道，依法承担相应的赔偿责任。根据彭某亮、唐某良、杨某的过错程度，法院认定杨某承担50%的赔偿责任，彭某亮、唐某良各分别承担20%的赔偿责任。江某等主张人保公司赔偿不足部分由杨某、秦某强、彭某亮、唐某良共同赔偿并相互承担连带责任，没有法律依据，法院不予支持。

江某等的全部损失为1097095.08元。其中，医疗费损失99579.48

元；其他损失 997515. 60 元（误工费 730. 10 元+丧葬费 30120 元+死亡赔偿金 566480 元+被扶养人生活费 345360 元+ 办理丧葬事宜的交通费、住宿费 4825. 50 元+精神损害抚慰金 50000 元)。《机动车交通事故责任强制保险条例》第二十三条第一款规定:“机动车交通事故责任强制保险在全国范围内实行统一的责任限额。责任限额分为死亡伤残赔偿限额、医疗费用赔偿限额、财产损失赔偿限额以及被保险人在道路交通事故中无责任的赔偿限额。”《机动车交通事故责任强制保险条款》第八条明确责任限额为：死亡伤残赔偿限额 180000 元、医疗费用赔偿限额 18000 元、财产损失赔偿限额 2000 元。江某等医疗费损失 99579. 48 元，交强险医疗费用赔偿限额为 10000 元，故人保公司赔偿江某等医疗费损失 10000 元，超出部分医疗费损失 89579. 48 元，由秦某强、杨某、彭某亮、唐某良按责任比例承担；江某等其他损失 997515. 60 元，交强险责任赔偿限额内为 110000 元，故人保公司赔偿江某等其他损失 110000 元，超出交强险责任赔偿限额部分的其他损失 887515. 60 元，由秦某强、杨某、彭某亮、唐某良按责任比例承担。江某等的全部损失为 977095. 08 元（医疗费损失 89579. 48 元+其他损失 887515. 60 元)；杨某承担 50%即 488547. 55 元，秦某强承担 10%即 97709. 51 元，彭某亮承担 20%即 195419. 01 元，唐某良承担 20%即 195419. 01 元。

广西壮族自治区桂林市雁山区人民法院依照《中华人民共和国侵权责任法》第四十九条，《中华人民共和国道路交通安全法》第七十六条，《最高人民法院关于审理人身损害赔偿案件适用法律若干问题的解释》第十九条、第二十八条，《最高人民法院关于审理道路交通事故损害赔偿案件适用法律若干问题的解释》第一条、第十六条、第十八条的规定，作出如下判决：

一、人保公司赔偿江某、陈某贵、王某凤、陈某损失 120000 元（其中：医疗费损失 10000 元，精神损害抚慰金 50000 元，其他损失 60000 元）；

二、杨某赔偿江某、陈某贵、王某凤、陈某损失 488547.55 元；

三、秦某强赔偿江某、陈某贵、王某凤、陈某损失 97709.51 元；

四、彭某亮、唐某良各赔偿江某、陈某贵、王某凤、陈某损失 195419.01 元；

五、驳回江某、陈某贵、王某凤、陈某的其他诉讼请求。

秦某强不服一审判决，提起上诉。

广西壮族自治区桂林市中级人民法院经审理认为：秦某强作为车辆所有人，对借车人彭某亮是否具有驾驶资格未尽到注意审查义务，并放任彭某亮驾车离开。彭某亮将车交由唐某良使用后，在唐某良使用完毕，唐某良让杨某驾车搭乘其去接彭某亮时，彭某亮作为借车人、唐某良作为车辆使用人亦未尽到注意审查义务，导致杨某无证驾驶发生交通事故，秦某强对本案的发生存在过错，应当承担赔偿责任。原判根据秦某强在本案中的过错程度，判其承担 10%的责任并无不当。

广西壮族自治区桂林市中级人民法院依照《中华人民共和国民事诉讼法》第一百七十四条、第一百四十四条、第一百七十条第一款第一项的规定，作出如下判决：

驳回上诉，维持原判。

【法官后语】

日常生活中，经常遇到熟人或通过熟人借车的情况。车辆借出后如果发生交通事故，机动车所有人或管理人是否应当承担赔偿责任，就取决于其对损害的发生有无过错。

《最高人民法院关于审理道路交通事故损害赔偿案件适用法律若干问题的解释》第一条规定："机动车发生交通事故造成损害，机动车所有人或者管理人有下列情形之一，人民法院应当认定其对损害的发生有过错，并适用侵权责任法第四十九条的规定确定其相应的赔偿责任：(一) 知道或者应当知道机动车存在缺陷，且该缺陷是交通事故发生原因之一的；(二) 知道或者应当知道驾驶人无驾驶资格或者未取得相应驾驶资格的；(三) 知道或者应当知道驾驶人因饮酒、服用国家管制的精神药品或者麻醉药品，或者患有妨碍安全驾驶机动车的疾病等依法不能驾驶机动车的；(四) 其它应当认定机动车所有人或者管理人有过错的。"本案中，机动车所有人秦某强将车辆出借给不具备驾驶资格的彭某亮，彭某亮将汽车开走后又转借给他人使用，他人使用的过程中发生了交通事故，也就是说，发生事故时的驾驶人并非无驾驶资格的借车人彭某亮，那么，机动车所有人秦某强对本案事故的发生是否有过错？是否应当承担赔偿责任？

《中华人民共和国民法典》第一千二百零九条规定机动车所有人依据过错承担相应的责任。主要理由在于，在租赁、借用等基于所有人或者管理人意思转移机动车的占有、使用的情形下，虽然机动车所有人或者管理人不是机动车运行的实际控制人，但其在出租、出借时可以对使用人、驾驶人加以选择，因此，所有人或者管理人应当预见到机动车由他人驾驶可能会产生危险，在此情况下，所有人或者管理人负有必要的注意义务，如机动车的车况、使用人是否具备必要的驾驶能力等。从危险开启和危险来源的角度看，如果所有人或者管理人没有尽到必要的注意义务，则显然在一定程度上构成危险的来源。具体到本案中，车辆所有人秦某强在将汽车出借给彭某亮时，未审查其是否具有驾驶资格就同意彭某亮将车辆开走，彭某亮将车交由唐某良使用后，在唐某良使用完毕，唐某良让杨某驾车搭乘其去接彭某亮时，彭某亮作为借车人、唐某良作为车辆使用人亦未尽到注意审查义务，导致杨某无证驾驶发生交通事故。秦某强作为车辆所有人，出借车辆时未尽到善良管理人的注意义务，将车出借给无驾驶资格的人，为发生道路交通事故埋下隐患，这种行为应当禁止。所以，本案认定秦某强有过错，对发生的事故承担审查不严的责任。秦某强作为从事汽车租赁业务的专业人员，将车借给无证人员驾驶，就该行为而言，有严重过错，但因本案是由一系列的出借行为导致的，秦某强作为“首借”的出借人，其出借对方彭某亮并非事故的肇事者，故其对该事故的发生，过错程度较轻，本案酌定其承担10%的赔偿责任。

机动车所有人在出借车辆时，应确保车辆车况符合安全行驶的要求，确保车辆处于检验有效期内并依法投保，并认真、谨慎地对借用人的驾驶资格进行合理审查，避免承担不必要的赔偿责任。

编写人：广西壮族自治区桂林市雁山区人民法院　郭建华　农玉慧

022 信号灯未按规定进行设置对交通事故的发生构成过错的，管理部门应当承担赔偿责任

——李某华等诉陈某君等机动车交通事故责任案

【案件基本信息】

1. 裁判书字号

四川省成都市中级人民法院（2018）川01民终14945号民事判决书

2. 案由：机动车交通事故责任纠纷案

3. 当事人

原告（上诉人）：李某华、李某文、李某、李某莉、李某炎、李某春

被告（被上诉人）：陈某君、保险公司、交通局

被告：温某华、张某

【基本案情】

2017年9月9日18时44分，张某驾驶川AE2×××小型轿车搭乘李某方、李某莉、罗某杰、李某、张某仪沿驿都西路机动车道从龙泉方向往成都方向行驶至驿都西路喜树街路口，遇直行信号灯为绿灯、左转信号灯为红灯时从第一车道进入左转弯待转区内等待。18时46分许，陈某君驾驶川A69×××小型轿车沿驿都西路最右侧机动车道（公交专用道）从成都方向往龙泉方向行驶至驿都西路喜树街路口，遇直行信号灯为绿灯时从第五车道进入路口直行，与相对方向由张某驾驶的车辆相撞，致张某、李某方、李某莉、罗某杰、张某仪受伤，两车受损。事发后李某方被送往医院抢救，因伤势过重，其家属于2017年9月25日为其办理了出院手续，准备将其接回合江家中，回顾途中李某方死亡。2017年12月5日，成都市公安局龙泉驿区分局交通警察大队出具道路交通事故认定书，认定陈某君、张某承担同等责任，李某方、李某莉、罗某杰、张某仪无责。川A69×××号车系温某华所有，在保险公司投保了交强险及不计免赔限额50万元的商业第三者责任险，事故发生在保险期内。事发后，陈某君垫付张某110.5元，垫付李某方12500元，垫付李某莉5000元，另垫付了李某检查费1052元（该

费用不在本案中处理)。保险公司未垫付费用。

另，李某方与郑某明系夫妻关系，郑某明于2014年去世。李某方生前与郑某明生育了李某华、李某文、李某、李某莉、李某炎、李某春六子女。

【案件焦点】

信号灯的维护管理部门是否应当承担责任，如需承担责任，应承担何种责任。

【法院裁判要旨】

四川省成都市龙泉驿区人民法院经审理认为，事发路口为“T”字路口，龙泉往成都方向为一组竖形三孔圆柱形信号灯、一组竖形三孔箭头信号灯和一个掉头信号灯组成。成都往龙泉方向为一组竖形三孔圆柱形信号灯和一个掉头信号灯控制。根据现场天网监控视频，事发时成都往龙泉方向的直行信号灯为绿灯，龙泉往成都方向的信号灯因视频摄制方向原因无法直接看清左转箭头信号灯是否为绿灯，但根据天网视频事发时左转弯往喜树街方向车流行进的速度以及张某事发前一直在左转弯待转区内等待之后缓慢起步的过程，结合交警队对张某的询问笔录及交警队作出的事故现场勘查笔录，能够确认事发时往喜树街方向的左转箭头信号灯为绿灯。故对事发时左转信号灯与相对方向直行信号灯绿灯同亮14秒，予以确认。根据《道路交通信号灯设置与安装规范》第4.3.1规定，“在设置有方向指示信号灯的路口，方向指示信号灯所指挥的交通流与其他交通流的通行权不应冲突”。另根据《道路交通信号灯设置与安装规范》第6.1.2规定，事发路口的信号灯设置属于常规情况下的信号灯设置，根据常规组合2，竖向安装：机动车信号灯中红灯亮，左转方向指示信号灯的绿灯亮表示：左转方向可通行，直行禁行，右转弯的车辆在不妨碍被放行的车辆、行人通行的情况下，可以通行，方向指示信号灯的绿色发光单元不得与机动车信号灯的绿色发光单元同亮。根据上述规定，交通局并未按照规范设置交通信号灯，导致方向指示信号灯所指挥的交通流与机动车信号灯控制的交通流的通行权相冲突的情况。根据《道路交通信号灯设置与安装规范》，该标准的 4. 3. 1、6. 1. 2 均为国家强制性标准。《最高人民法院关于审理道路交通事故损害赔偿案件适用法律若干问题的解释》第九条规定，因道路管理维护缺陷导致机动车发生交通事故造成损害，当事人请求道路管理者承担相应赔偿责任的，人民法院应予支持，但道路管理者能够证明已按照法律、法规、规章、国家标准、行业标准或者地方标准尽到安全防护、警示等管理维护义务的除外。交通局作为交通信号灯的管理部门，未按《道路交通信号灯设置与安装规范》进行设置，与本次交通事故的发生具有因果关系，对本次交通事故造成的损害后果存在过错。张某驾驶川 AE2×××车超过核定载人数量，违反了道路交通安全法第四十九条“机动车载人不得超过核定的人数，客运机动车不得违反规定载货”的规定；同时张某左转弯未让直行车辆，违反了《道路交通安全法实施条例》第三十八条第一款第一项“机动车信号灯和非机动车信号灯表示：（一）绿灯亮时，准许车辆通行，但转弯的车辆不得妨碍被放行的直行车辆、行人通行”的规定。张某辩称方向指示信号灯不同于机动车信号灯，不能将机动车信号灯扩大解释为交通信号灯，事发路口不存在适用转弯让直行的条件。法院认为，事发路口机动车在左转时是通过方向信号灯控制，此处的方向信号灯在指引机动车行驶时与机动车信号灯并无区别，故转弯让直行仍然适用。故张某对本次交通事故存在过错，对其不承担责任的意见不予采纳。通过现场视频可以确认陈某君驾驶川A69×××事发前在公交专用道内行驶，并从第五车道进入路口直行。其行为违反了《道路交通安全法》第三十七条“道路划设专用车道的，在专用车道内，只准许规定的车辆通行，其他车辆不得进入专用车道内行驶”的规定，同时也违反了《道路交通安全法实施条例》第五十一条第一项“机动车通过有交通信号灯控制的交叉路口，应当按照下列规定通行：（一）在划有导向车道的路口，按所需行进方向驶入导向车道”的规定，对本次交通事故的发生也存在过错。温某华虽系川A69×××号车车主，但无证据证明，温某华在车辆管理上存在过错，故温某华不承担责任。本次交通事故的发生虽有交通信号灯“同亮14秒”因素的介入，但主要原因仍是交通参与人即陈某君、张某未尽到安全驾驶、谨慎驾驶所致。综合各方当事人的过错对本次交通事故的原因力大小，应由交通局承担10%、陈某君承担45%、张某承担45%的责任为宜。川A69×××号车在保险公司处投保了交强险及不计免赔限额50万元的商业第三者责任险，事故发生在保险期内。因本次事故致多人受伤，故对李某华、李某文、李某、李某莉、李某炎、李某春的损失，交强险部分在本案及（2018）川0112民初1461号、1464号、1466号案中根据损失大小进行分配，超出交强险的部分，由交通局承担10%，张某承担45%，剩余45%由陈某君承担。陈某君承担的部分先由保险公司在商业险内承担45%，不足部分，由陈某君承担。

四川省成都市龙泉驿区人民法院依照《中华人民共和国侵权责任法》第二条、第六条、第二十六条、第四十八条，《中华人民共和国道路交通安全法》第三十七条、第四十九条、第七十六条，《最高人民法院关于审理道路交通事故损害赔偿案件适用法律若干问题的解释》第九条，《最高人民法院关于审理人身损害赔偿案件适用法律若干问题的解释》第十七条、第十八条、第十九条、第二十条、第二十一条、第二十二条、第二十三条、第二十四条、第二十七条、第二十九条、第三十五条，《中华人民共和国民事诉讼法》第一百四十二条、第一百六十三条的规定，判决如下：

一、保险公司于本判决生效后 20 日内赔偿李某华、李某文、李某、李某莉、李某炎、李某春 188954.66 元；

二、张某于本判决生效后 20 日内赔偿李某华、李某文、李某、李某莉、李某炎、李某春 111769.26 元；

三、保险公司于本判决生效后20日内支付陈某君 1698.56 元；

四、交通局于本判决生效后 20 日内赔偿李某华、李某文、李某、李某莉、李某炎、李某春 24837.62 元；

五、驳回李某华、李某文、李某、李某莉、李某炎、李某春的其他诉讼请求。

李某华、李某文、李某、李某莉、李某炎、李某春不服一审判决，提起上诉。

四川省成都市中级人民法院经审理认为，本案二审的争议焦点为一审认定事故责任比例是否得当的问题。首先，在左转信号灯由红灯转为绿灯时，张某驾驶车辆获取了左转通行权，但此时相对方向的直行信号灯一直为绿灯状态，陈某君所驾驶车辆在本道上亦享有直行通行权。但张某驾驶的转弯车辆拟改变其行车轨迹，进入相对方向车道，必然会阻断直行车辆的通行，因此转弯车辆在会车时应尽到更多注意义务避让直行车辆。故李某华、李某文、李某、李某莉、李某炎、李某春关于本案中张某驾驶的转弯车辆不应让行直行车辆的上诉意见，不予采纳。其次，根据《四川省〈中华人民共和国道路交通安全法〉实施办法》第四十二条第二项，“机动车前排不得乘坐未满十二周岁的未成年人，后排搭载学龄前儿童的，按规定使用专用座椅”之规定，机动车搭乘学龄前儿童时需更为谨慎，而机动车是否超载的衡量标准为驾驶车辆所核定的搭载人数。在道路行驶中，机动车超载存在交通安全隐患。故李某华、李某文、李某、李某莉、李某炎、李某春关于张某驾驶车辆的超载行为不应作为责任承担依据的上诉理由，不予采纳。案涉交通事故发生后，成都市公安局龙泉驿区分局交通警察大队出具《道路交通事故认定书》，载明张某所驾驶机动车载人超过车辆核定人数，以及违反车辆转弯不得妨碍直行车辆的规定；陈某君存在驾驶机动车未按所需行进方向驶入导向车道的违法行为，并认定张某、陈某君在本次事故负同等责任。根据《最高人民法院关于审理道路交通事故损害赔偿案件适用法律若干问题的解释》第二十七条“公安机关交通管理部门制作的交通事故认定书，人民法院应依法审查并确认其相应的证明力，但有相反证据推翻的除外”的规定，成都市公安局龙泉驿区分局交通警察大队作为交通管理职能部门，根据交通事故现场勘验、调查情况，结合相关鉴定意见制作《道路交通事故认定书》，载明交通事故的基本事实、成因和当事人的责任。李某华、李某文、李某、李某莉、李某炎、李某春未提交证据证明上述《道路交通事故认定书》存在程序违法或明显依据不足等情形，不能就此推翻上述《道路交通事故认定书》的结论。一审依法审查并采信事故认定书效力，据此认定由张某、陈某君对事故损失承担同等责任并无不当。同时，事故发生时事故路口左转信号灯与相对方向直行信号灯绿灯发光单元同亮 14 秒。交通局作为交通信号设施维护管理的职能部门，未合理设置交通信号灯周期时间，导致方向指示信号灯所指挥的交通流与机动车信号灯控制的交通流的通行权产生冲突，对本次事故损害后果的发生存在一定过错。但从因果关系角度来看，本次事故损害后果发生的直接原因系交通参与者张某、陈某君未安全谨慎驾驶，未合理避让所导致。故一审参酌各方当事人的过错程度以及事故损害后果发生的原因力比例，认定事故损失由交通局承担10%的责任，由陈某君、张某各自承担45%的责任并无不当。故李某华、李某文、李某、李某莉、李某炎、李某春关于张某不应在本次事故承担责任的上诉请求，不予支持。

四川省成都市中级人民法院依照《中华人民共和国民事诉讼法》第一百七十条第一款第一项规定，判决如下：

驳回上诉，维持原判。

【法官后语】

道路交通信号灯作为一种指挥交通运行的重要工具，目前在城市道路上得到广泛使用，通常适用于十字、丁字等交叉路口，由道路交通信号控制机控制，指导车辆和行人安全有序地通行。对于加强道路交通管理、减少交通事故发生，提高道路使用效率、改善交通状况意义重大。从本案的裁判可以看出，道路交通信号灯参与交通运行，可能涉及以下法律问题：

1. 道路交通事故责任案件中的赔偿主体不仅限于直接参与方，其他参与方存在过错的亦可能承担赔偿责任。

交警在作出交通事故责任认定时，通常考虑的仅是交通事故的直接参与方，但交通事故的发生，有时不仅仅是事故双方的行为所致，而是有第三方行为的参与共同导致。在道路交通事故损害赔偿案件审理中，如果能够认定第三方的行为是造成事故的原因之一的，应根据过错或过错推定责任原则认定第三方的赔偿责任，即在民事案件中，涉及的赔偿责任主体不仅仅限于交通的直接参与方，其他参与道路交通管理、服务或者实施了影响交通行为的第三方对交通事故的发生存在过错的，应当依法认定其为责任主体。《最高人民法院关于审理道路交通事故损害赔偿案件适用法律若干问题的解释》在“关于主体责任的认定”中，对于道路交通事故损害赔偿案件中可能涉及的非直接参与方承担赔偿责任的情形作了较为详尽的规定，其中对于道路管理维护缺陷、在道路堆放倾倒物品妨碍通行以及未按规定设计施工等与交通安全休戚相关的情形都有描述。

2. 交通信号设施维护管理的职能部门未按《道路交通信号灯设置与安装规范》进行设置，违反国家强制性标准，对交通事故的发生存在过错，应当承担赔偿责任。

道路交通信号灯要实现有效引导交通的功能，其维护和管理者必须遵循一定的设置与安装规范，对此，国家、地方或者行业均设有相应的国家标准、地方标准、行业标准等，其中不乏强制性标准，如果未按照上述标准进行设置，一旦发生交通事故，则可能存在承担赔偿责任的风险。

本案中，事故发生时事故路口左转信号灯与相对方向直行信号灯绿灯发光单元同亮14秒。交通局作为交通信号设施维护管理的职能部门，对交通信号灯周期时间的设置不合理，违反了《道路交通信号灯设置与安装规范》，该规范的4.3.1、6.1.2条均为国家强制性标准，故其在交通管理上构成过错。由此导致方向指示信号灯所指挥的交通流与机动车信号灯控制的交通流的通行权存在冲突，是造成本案交通事故的原因之一，与本次事故损害后果的发生存在因果关系。

根据《最高人民法院关于审理道路交通事故损害赔偿案件适用

法律若干问题的解释》第九条“因道路管理维护缺陷导致机动车发生交通事故造成损害，当事人请求道路管理者承担相应赔偿责任的，人民法院应予支持，但道路管理者能够证明已按照法律、法规、规章、国家标准、行业标准或者地方标准尽到安全防护、警示等管理维护义务的除外”之规定，交通局虽不是道路路面的直接管理者，但作为道路设施（交通信号灯）的维护管理部门，违反上述规定并导致发生交通事故，应当承担赔偿责任。

3. 共同因果关系下，交通事故损害的发生主要是由于交通运行参与者本身的行为造成的，交通信号灯的指示作用仅是次要辅助原因，因此交通信号设施维护管理的职能部门仅承担与其过错和原因力相适应的赔偿责任。

本案交通事故的发生系交通运行参与者的驾驶行为与交通信号灯的管理部门未按规定设置信号灯共同作用的结果，属于因共同因果关系承担按份责任的分别侵权。根据《中华人民共和国民法典》第一千二百零九条的规定，“二人以上分别实施侵权行为造成同一损害，能够确定责任大小的，各自承担相应的责任；难以确定责任大小的，平均承担赔偿责任”。

本案中，在左转信号灯由红灯转为绿灯时，张某驾驶车辆获取了左转通行权，但此时相对方向的直行信号灯一直为绿灯状态，陈某君所驾驶车辆在本道上亦享有直行通行权。通行权的冲突虽然对通行造成了障碍，但依据转弯让直行的交通通行规则，转弯车辆拟改变其行车轨迹，进入相对方向车道，必然会阻断直行车辆的直行，因此转弯车辆在会车时应尽到更多注意义务避让直行车辆，由此则可避免交通事故的发生。故交通事故损害后果发生的主要原因系交通参与者未安全谨慎驾驶，未合理避让所导致。在通行权冲突的情况下，更能体现出道路交通通行规则（如转弯让直行）的意义，类似于本案事发时，驾驶人员有遵守交通规则的义务，客观上也有回避危险的能力，故交通信号灯的指示虽具有引导作用，但原则上属于次要原因，因此确定其责任时仅承担与其过错和原因力相适应的赔偿责任。

编写人：四川省成都市龙泉驿区人民法院　赵敏

023 因道路缺陷致交通事故，建设方、养护方、驾驶人需按份担责

——叶某诉交通局等机动车交通事故责任案

【案件基本信息】

1. 裁判书字号

北京市第三中级人民法院（2018）京03民终8486号民事判决书

2. 案由：机动车交通事故责任纠纷

3. 当事人

原告（上诉人）：叶某

被告（上诉人）：发展集团、刘某

被告（被上诉人）：交通局

【基本案情】

2015年1月9日19时15分，刘某驾驶小型轿车，叶某坐于副驾驶位，在北京市通州区通燕高速白庙综合检查站进京口，由东向西行驶时撞缓冲带隔离墩后仰翻，叶某（32岁，事故发生时

怀有身孕）受伤致急性完全性截瘫并长期住院，因事故进行人流手术，伤残等级一级，完全护理依赖。事故同时导致车辆及隔离墩损坏。交通事故认定书认定："刘某负全部责任，叶某无责任"，同时认定，刘某并无违法驾驶行为。发展集团为涉案道路养护单位，交通局为涉案道路建设单位。

叶某以公共道路妨碍通行损害责任纠纷起诉，要求交通局与首发公司对其损失 4688134.78 元（包括医疗费等 11 项损失）承担全部连带赔偿责任，刘某在案件审理过程中被追加为被告，但叶某坚持不追究刘某责任。庭审过程中，经法院示明，本案案由更改为机动车交通事故责任纠纷。

事故路段原系由东向西通燕高速，因进京检查站的设立，交通局作为建设方在通燕高速上设置横向隔离墩，将车流导入检查站。事故路段无照明设施，原有高速路面标线未清除或更改，右转无右转弯导向箭头，未设置反光标识或爆闪灯警示灯。涉案道路及检查站竣工投入使用多年，无"竣工验收鉴定书"。经鉴定，事故路段交通工程安全设施不符合设计文件和相关标准规范的要求。涉案道路已经投入使用多年，发展集团作为管理检查养护方，对该涉案路段未向建设单位提出风险提示或整改方案。

交通局认为检查站系合法建设，并出具了相关规划及合法批示文件，己方无责，应由刘某承担全部责任。发展集团认为涉案检查站相关设施、实际施工都由交通局负责，与己方无关，且隔离设施等问题不是此次事故的直接原因，应由刘某担责。刘某认为己方系合法驾驶，并无过错，不应担责。

【案件焦点】

1. 刘某、交通局、发展集团在此次交通事故中应否承担赔偿责任；2. 担责主体责任如何划分，是否承担连带责任。

【法院裁判要旨】

北京市通州区人民法院经审理认为：未按照法律、法规、规章或者国家标准、行业标准、地方标准的强制性规定设计、施工，致使道路存在缺陷并造成交通事故，建设单位与施工单位应该承担相应的赔偿责任。如在养护过程中导致的道路缺陷，养护单位应当承担相应的赔偿责任。本案事发路段检查站的建设单位为交通局。经鉴定，该事故路段交通工程安全设施不符合设计文件和相关标准规范的要求，且相关设施投入使用至今，没有国家规定应该办理的竣工验收鉴定书等合法手续。故建设单位交通局与本次事故的发生有因果关系，应对此次事故承担相应的赔偿责任。

关于发展集团的责任认定，该路段对于检查站的存在，发展集团应设置相关标识标线并进行维护，但经鉴定事故现场各类标识标线等均存在问题，是造成事故的原因之一，发展集团应该承担与其过错相应的责任。但对于叶某要求交通局和发展集团承担连带责任的诉讼请求，于法无据，不予支持。

交通事故认定书是公安机关处理交通事故，作出行政决定所依据的主要证据，虽然可以在民事诉讼中作为证据使用，但由于交通事故认定结论的依据是相应行政法规，运用的规则原则具有特殊性，与民事诉讼中关于侵权行为认定的法律依据、归责原则有所区别，交通事故责任不完全等同于民事法律赔偿责任，因此，交通事故认定书不是民事侵权损害赔偿案件责任分配的唯一依据。故虽然刘某是此次事故的司机，且交通事故认定书上写明刘某为全部责任，叶某无责任。但目前没有证据证明刘某在行驶过程中有任何违法行为，所以关于发展集团和交通局认为刘某负全部责任的主张，不予采纳。但刘某作为司机，即使没有违反交通规则的行为，也有注意道路情况，安全驾驶的义务，故对于该次事故仍负有主要责任。在道路安全设施存在缺陷的情况下，经综合评判，法院认为刘某对本次事故负有80%的责任，发展集团及交通局在本次事故中各承担10%的责任。

北京市通州区人民法院判决如下：

一、发展集团于本判决生效之日起七日内赔偿叶某医疗费、护理费、住院伙食补助费、营养费、交通费、康复费、残疾赔偿金、残疾辅助器具费、精神损害抚慰金合计258622.24元；

二、交通局于本判决生效之日起七日内赔偿叶某医疗费、护理费、住院伙食补助费、营养费、交通费、康复费、残疾赔偿金、残疾辅助器具费、精神损害抚慰金合计258622.24元；

三、驳回叶某的其他诉讼请求。

一审后，叶某、发展集团、刘某提起上诉。

北京市第三中级人民法院认为，关于交通局的责任承担。交通局系涉案路段的建设单位，但涉案路段并未经过竣工验收为合格路段，该路段南端隔离墩与路面无连接（隔离墩未与路面连接，不属于护栏种类之一，不符合设计文件和《公路交通安全设施设计规范》的要求），接近检查站入口路段未设置减速标线，部分路段车道边缘白实线和车行道分界线磨损严重，白天和夜间视认性均较差，临近右转弯时，路面设置的右转弯导向箭头标线磨损严重，视认性较差；道路南侧隔离墩未设置轮廓标，最终鉴定涉案路段交通工程安全设施不符合设计文件和相关标准规范的要求。再有，涉案路段原有的路面标线并未清除更改，极易引起误导，右转亦无右转弯导向箭头，夜间既未设置照明设施，亦未设置反光标识或爆闪警示灯，夜间行车极易造成重大安全隐患，因此，交通局建设的路段存在重大安全缺陷，其作为涉案路段的建设单位对涉案交通事故的发生应承担不可推卸的责任。

关于发展集团的责任承担。发展集团系高速公路的管理检查养护方，应对整条高速路段承担安全保障义务，确保道路安全畅通。现发展集团对明显存在安全隐患的缺陷路段未向建设单位提出任何风险提示或整改方案，未尽管理养护职责和合理注意义务，未尽到安全保障义务，未能保证涉案路段处于良好的技术和安全状态，致使涉案交通事故未能避免，其作为全程高速公路的管养单位亦应承担相应的责任。

关于刘某的责任。刘某夜间行车应当注意道路情况，确保行车安全，但其在夜间行车未能倍加小心，临近检查站仍未注意到前方设置隔离墩应当右转而依然直行，未尽到小心注意义务，未能确保安全驾驶，导致交通事故的发生，其作为司机亦应对涉案事故的发生承担相应的责任。

综上，交通局与发展集团作为高速公路路段的建设方和管养方，其本应承担不同于普通公路的加倍的责任和义务，应极力在交通工程安全设施上避免事故的发生，但其均对此持放任态度，未能消除存在的重大安全缺陷和隐患，未能尽到应承担的相应义务，最终导致本案交通事故的发生，其作为高速公路路段的建设提供方和管养方应承担的责任和过错大于刘某应承担的责任和过错，应当对此承担主要的过错责任。刘某作为司机在夜间行车未能尽到小心注意义务，未能确保安全驾驶，应当承担次要的责任。法院确定交通局、发展集团应承担60%的主要责任，刘某应承担40%的次要责任。

关于交通局与发展集团的内部责任划分比例。交通局系涉案路段的建设方，其建设提供的路段存在重大安全隐患和缺陷，其亦不能证明将涉案路段交接给发展集团，其存在的过错系导致涉案事故发生的根本原因，故其应承担60%责任中的主要责任即整体责任40%的责任，发展集团作为涉案路段的管养方，应对整条高速公路承担安全保障义务，其对明显存在安全隐患的缺陷路段未向建设单位提出任何风险提示或整改方案，过错责任应小于建设方交通局的过错责任，应就此承担60%责任中的次要责任即整体责任20%的责任。

关于刘某的赔偿责任问题，因叶某并未要求刘某承担赔偿责任，法院对此不持异议。

北京市第三中级人民法院判决如下：

一、撤销北京市通州区人民法院（2016）京0112民初984号民事判决第三项；

二、变更北京市通州区人民法院（2016）京0112民初984号民事判决第一项为：发展集团于本判决生效之日起七日内赔偿叶某医疗费、护理费、住院伙食补助费、营养费、交通费、康复费、残疾赔偿金、残疾辅助器具费、精神损害抚慰金合计517244.48元；

三、变更北京市通州区人民法院（2016）京0112民初984号民事判决第二项为：交通局于本判决生效之日起七日内赔偿叶某医疗费、护理费、住院伙食补助费、营养费、交通费、康复费、残疾赔偿金、残疾辅助器具费、精神损害抚慰金合计1034488.94元；

四、驳回叶某的其他诉讼请求。

【法官后语】

本案是一起典型的多因一果交通事故案件，后果严重，难点在于多因一果情况下的责任主体认定及责任划分。

此类案件在审理过程中主要需要考虑以下两个方面因素：

第一，道路建设方（或施工方）、养护方（或管理方）、驾驶人是否为赔偿责任主体如何认定。

待定赔偿责任主体可能有多方：驾驶人、建设单位、施工单位、管理方、养护方、被侵权人。这些主体可能会有重合，如建设单位可能和后来的管理方是同一主体，施工单位也可能和养护方是同一主体，因案而异。首先，要确定判断侵权主体的先后顺序。驾驶人与事故发生的联系最为紧密，故应首先确定司机是否应承担赔偿责任。其次，道路缺陷导致的交通事故，应先确定道路本身是否存在缺陷，即建设方和施工单位是否应该担责。再次，管理方、养护方的责任认定是建立在判断道路是否存在缺陷前提下的，所以养护方与事故的责任应在建设方等被确认是否有责任后进行判断。最后，判断被侵权人是否有故意或重大过失，如有，就可能减轻或免除其他主体的赔偿责任。

1. 驾驶人责任。驾驶人的赔偿责任适用过错责任。应特别注意的是，在此类道路可能存在缺陷、管理可能存在问题的情况下，不能简单地以交通事故责任认定书来判断驾驶人责任。因为公安部门进行事故责任认定的过程，与法院民事侵权责任认定所考虑的因素不同，交通事故认定书一般只对驾驶人及车辆、伤者是否违反交通规则方面进行考量，并不考虑其他方面因素。故此类案件的分析，要注意避开处理交通事故的惯性思维。但交通事故认定书中，认定的驾驶人或车辆的违法情况，可以作为驾驶人过错的认定证据。如在本案中，刘某系事故车辆司机，交通事故认定书虽载明其承担事故全部责任，但刘某在事故发生时没有交通违法行为，即驾驶符合规范。但从交通事故相关法律维护道路交通安全、对被侵权人有效赔偿的立法精神出发，司机作为机动车驾驶人，应具有高度的安全驾驶意识，能够合理处理道路突发情况。

涉案路段位于北京东进京检查站，由于日常进京车流量极大，车辆通常需要排队进入，故道路交通事故率不高，道路缺陷未显现。涉案事故发生在车辆较少的冬夜，驾驶人刘某不熟悉道路特征，导致恶性事故。由上述事实可知，道路不存在必然发生事故的缺陷情形（如在道路中突然出现无标识施工坑）。所以认定刘某在驾驶过程中没有尽到安全驾驶义务，存在过错，与事故发生存在因果关系。如果道路存在重大缺陷，如出现没有标识的施工坑等，驾驶人没有交通违法行为的情况下，即使具有高度安全驾驶意识，依然无法避免事故发生，则虽公安机关认定了驾驶人责任，但在民事责任认定中，因道路缺陷阻却其他一般过失事由，驾驶人可以不承担责任。

2. 建设单位或施工单位责任。道路设计缺陷，建设单位或施工单位的赔偿责任适用无过错责任。[①]《最高人民法院关于审理道路交通事故损害赔偿案件适用法律若干问题的解释》（2020年修正，以下简称《道交解释》）第八条规定："未按照法律、法规、规章或者国家标准、行业标准、地方标准的强制性规定设计、施工，致使道路存在缺陷并造成交通事故，当事人请求建设单位与施工单位承担相应赔偿责任的，人民法院应予支持。"有观点认为道路缺陷致损，应适用国家赔偿。但道路缺陷致损案件，通常如本案事故，属

---

① 最高人民法院研究室编：《合同、侵权司法解释理解与适用》，法律出版社2014年版，第614页。

于多因一果，存在多个侵权主体应承担赔偿义务，且通过民事赔偿，将道路建设单位作为与被侵权人平等主体进行处理，不会对被侵权人的权益造成侵害。故《道交解释》该条规定明确，出现道路缺陷致损，适用民事赔偿。

该条规定实际明确了道路缺陷导致交通事故对于建设单位及施工单位适用无过错责任。本案中，涉案道路原为自西向东入京高速的一部分，后交通局作为建设方，经过合法审批设立了隔离墩及检查站。故对于交通局而言，虽建设手续合法，但只要涉案路段设计存在缺陷，无论其如何举证，其作为建设方都必须担责。在此类案件审理中，除非道路存在普通人即能够判断的缺陷，否则道路缺陷需要通过专业鉴定来进行判断。本案中道路经鉴定，涉案道路存在设计缺陷及不按图纸施工情况，故案件可以直接认定交通局与本案损害后果存在因果关系，应为担责主体。而交通局始终没有提供该高速公路合法竣工验收文件，应认定交通局有过错，过错的认定加重了交通局应承担的责任比例。

3. 道路的管理维护方（管理者、养护单位）。道路的管理维护方（管理者、养护单位）的赔偿责任适用过错推定责任。根据《道交解释》第七条第一款规定，因道路管理维护缺陷导致机动车发生交通事故造成损害，当事人请求道路管理者承担相应赔偿责任的，人民法院应予支持。但道路管理者能够证明已经依照法律、法规、规章的规定，或者按照国家标准、行业标准、地方标准的要求尽到安全防护、警示等管理维护义务的除外。道路的管理维护者无法证明已经按照法律法规等尽到安全防护、警示义务，即需要承担责任。比如，本案中已经确定道路存在明显缺陷，如标识不清晰、夜间无照明或警示灯等情况，发展集团作为道路养护方应证明己方已经就相关缺陷向建设方提出过相关安全建议或采取过其他有效措施。但发展集团未能就其“尽责”有效举证，故其与本次事故存在因果关系。此类案件中，对于道路缺陷，虽普通人无法明确辨别，但作为专业的管理方或养护单位，应该具有该方面的专业知识，所以如果没有就相关缺陷采取有效措施，需要承担相应的责任。

4. 被侵权人。被侵权人如有重大过失或故意，可以减轻或免除被侵权人责任。具体法律依据是《中华人民共和国民法典》（以下简称《民法典》）第一千一百七十三条：被侵权人对同一损害的发生或者扩大有过错的，可以减轻侵权人的责任。及第一千一百七十四条：损害是因受害人故意造成的，行为人不承担责任。此处，需要注意好意同乘另有特别规定。

无故意或重大过失的好意同乘可减轻驾驶人责任。根据《民法典》第一千二百一十七条的规定：非营运机动车发生交通事故造成无偿搭乘人损害，属于该机动车一方责任的，应当减轻其赔偿责任，但是机动车使用人有故意或者重大过失的除外。该条款是《民法典》新增条款，本案中，由于叶某不向刘某主张赔偿责任，所以没有涉及刘某最终的赔偿金额，而仅仅进行了责任划分。《民法典》生效后，在同类案件中，如乘车伤者主张驾驶人赔偿，需要考虑好意同乘能否减轻驾驶人责任问题。在我国提倡建立和谐社会环境下，好意同乘是人与人之间互帮互助建立和谐人际关系的表现，如果发生在好意同乘中的侵权责任必须全面赔偿，则不符合我国社会伦理价值观，也不利于鼓励他人助人为乐。① 比如，在本案中，叶某免费乘

---

① 最高人民法院民法典贯彻实施工作领导小组主编：《中华人民共和国民法典侵权责任编理解与适用》，人民法院出版社 2020 年版，第 408 页。

坐驾驶人刘某驾驶车辆，虽刘某应承担40%赔偿责任，但考虑到好意同乘的情况，应在40%责任相对于数额的基础上酌情降低进行赔偿。

第二，从法律效果与社会效果的统一出发，各方责任比例如何认定。

此类案件中，责任主体的认定和责任大小的划分，不仅涉及谁来赔偿、如何赔偿问题，更涉及判决结果是否具有预防交通事故发生，规范道路建设方、施工方、管理方等规范设计、规范施工的作用。公共道路属于直接涉及民生的工程，公共道路规范涉及和施工直接影响民众安全。而高速公路的驾车危险性原本高于普通路段，高速公路道路的规范性设计和施工就显得更为重要。所以建设方等，其本应有更高的安全注意义务，一旦道路存在设计等缺陷，应该承担比例较高的赔偿责任。

道路养护或管理方对于道路缺陷而言，虽道路缺陷本身不是由养护单位或管理单位造成的，但是在管理和养护的过程中，应该发现道路存在缺陷可能导致问题，而采取措施修复缺陷，或提醒有权主体进行修复，所以一旦发生事故，道路养护或管理方就应承担相应的责任。如本案中，明显的道路缺陷导致了恶性事故，交通局和发展集团承担主要责任，可以警示相关单位对该问题引起重视，本案赔偿数额巨大，有利于被侵权人得到有效赔偿。判决交通局和发展集团承担主要责任，司机承担次要责任，更能够达到法律效果和社会效果的统一，更有利于高速公路的道路安全。

同时，关于各方是否承担连带责任。连带责任由法律规定或当事人约定。在此类道路缺陷导致的交通事故中，不存在当事人约定的情形，故需要直接参考法律规定。根据《民法典》第一千一百六十八条的规定，二人以上共同实施侵权行为，造成他人损害的，应当承担连带责任。除非案件中各主体间存在符合一千一百六十八条的情况，否则由于并无法律对道路缺陷导致损害责任各方需承担连带责任，所以各方应承担的责任原则上应为按份责任，按照各方责任比例承担相应的赔偿义务。

在本案审理过程中，有关部门对涉案检查站路段进行了整改，不仅设置了路灯，重画标线，增加警示牌，还按照国家标准设置了隔离带，明显提升了该路段的安全性，说明此类案件的处理和裁判能够对防止出现类似事故起到较好的社会效果。

编写人：北京市通州区人民法院　刘析鹭

024　多车连环撞交通事故责任的认定

——马某新、贾某芝诉张某骁等机动车交通事故责任案

【案件基本信息】

1. 裁判书字号

北京市第二中级人民法院（2018）京 02 民终 5652 号民事判决书

2. 案由：机动车交通事故责任纠纷

3. 当事人

原告（被上诉人）：马某新、贾某芝

被告（上诉人）：服务区

被告（被上诉人）：张某骁、刘某龙、甲保险公司、张甲、乙保险公司、张乙、丙保险公司、孙某、丁保险公司

【基本案情】

2017年2月2日5时15分许，张乙驾驶车牌号为辽A43×××的车辆行驶至京哈高速北京方向120KM+10M处时，与在第二车道的孙某驾驶的车牌号为吉BTU×××的车辆追尾相撞。随后刘某龙驾驶车牌号为冀FA3×××车辆行至该处，与张乙车辆尾随相撞，致使张乙车辆又与孙某车辆相撞，后张乙车辆停于中间车道。5时24分许，张甲驾驶车牌号为冀B3D×××车辆行至该处，与张乙车辆相撞，后张甲车辆又与同向护栏相剐撞。5时33分许，马某柏驾驶车牌号为冀RS3×××车行至该处，又与张乙车辆相撞。5时36分许，张某骁驾驶车牌号为冀BJ2×××车辆行驶至该处，与马某柏车辆相撞，致使马某柏车辆又与张乙车辆相剐撞，随后张某骁车辆与同向护栏相剐撞。本次交通事故造成冀RS3×××车驾驶员马某柏死亡，乘车人方某东、韩某丽、方某明（后死亡，已另案起诉）、方某栋受伤；辽A43×××车驾驶员张乙，乘车人王某、高某兰、张某衿受伤；吉BTU×××车乘车人赵某兰、薛某、孙某禹受伤；冀FA3×××车乘车人李某娜受伤；冀BJ2×××车驾驶员张某骁、乘车人何某受伤；车辆及部分路产受损。事发时高速路下有浓烟飘至高速路面上，能见度低，道路通行情况正常。

2017年3月10日，交警大队出具冀公交认字〔2017〕第00002号道路交通事故认定书，认定：张乙、孙某事故中，张乙驾驶机动车未按操作规范确保安全驾驶，由张乙承担全部责任，孙某不承担责任；刘某龙、张乙、孙某事故中，刘某龙驾驶机动车未按操作规范确保安全驾驶，由刘某龙承担全部责任，张乙、孙某不承担责任；张甲、刘某龙、张乙、孙某事故中，张甲驾驶机动车未按操作规范确保安全驾驶，刘某龙、张乙、孙某驾驶机动车在高速公路上发生事故后未按规定设置警告标志，由张甲承担同等责任，由刘某龙、张乙、孙某共同承担同等责任；马某柏、张甲、刘某龙、张乙、孙某事故中，马某柏驾驶机动车未按操作规范确保安全驾驶，张甲、刘某龙、张乙、孙某驾驶机动车在高速公路上发生事故后未按规定设置警告标志，由马某柏承担同等责任，由张甲、刘某龙、张乙、孙某共同承担同等责任；张某骁、马某柏、张甲、刘某龙、张乙、孙某事故中，张某骁驾驶机动车未按操作规范确保安全驾驶，马某柏、张甲、刘某龙、张乙、孙某驾驶机动车在高速公路上发生事故后未按规定设置警告标志，由张某骁承担同等责任，由马某柏、张甲、刘某龙、张乙、孙某共同承担同等责任；薛某、孙某禹、赵某兰、高某兰、王某、张某衿、李某娜、方某明、方某东、韩某丽、方某栋、何某无违法行为，不承担责任。

2017 年 4 月 5 日，河北省公安厅高速公路交通警察总队唐山支队出具冀公高交唐复字〔2017〕第 002 号道路交通事故认定复核结论，维持交警大队作出的道路交通事故认定。

经历此次交通事故的在场人员在询问笔录中均表示事发时车辆突然进入浓烟区，视线受阻后发生车辆撞击情况。服务区门卫王某文在 2017 年 2 月 4 日的询问笔录中称服务区北区小门外的垃圾场由服务区管理，当天发生火灾时其在家未上班；服务区负责人唐某元在同日的询问笔录中称该垃圾场平时由王某文看管。

马某新、贾某芝是马某柏的父母。

【案件焦点】

1. 马某柏的死亡后果发生于哪次撞击；2. 本次交通事故各方责任如何认定及划分。

【法院裁判要旨】

北京市西城区人民法院认为：针对焦点一，根据司法鉴定意见书，马某柏车辆前部与张乙车辆右侧前部发生碰撞后，其车辆左前部再次与张某骁车辆左前部及张乙车辆左侧后部发生碰撞。故马某柏车辆确存在多次撞击，而其死亡应与第4、5次撞击均存在因果关系。

针对焦点二，公安交通管理部门作出的责任认定主要是基于每次碰撞的责任分析，未能考虑到驾驶人以外的因素。而引发此次交通事故的原因在于服务区管理的垃圾存放点自燃，后烟雾飘至高速公路致能见度降低，严重影响到高速公路的安全通行。服务区作为管理者，未尽到必要的管理及注意义务，对于本次事故的发生存在严重过错，应承担本次事故的主要责任。

本次事故第4、5次撞击与马某柏的死亡均存在因果关系，因目前无法区分两次撞击的责任大小，故认定其分别承担同等责任。根据各方当事人在马某柏死亡后果中的责任程度，酌定由服务区承担60%责任，孙某承担4.5%责任，张甲承担4.5%责任，刘某龙承担4.5%责任，张乙承担4.5%责任，张某骁承担10%责任。因马某柏自身亦存在过错，对此亦应承担12%责任。本次交通事故亦造成方某明死亡及多人受伤，故酌定马某新、贾某芝的各项合理损失由各保险公司在交强险内使用40%的赔偿限额，不足部分，由服务区及各责任方按照责任比例进行赔偿。

北京市西城区人民法院依照《中华人民共和国道路交通安全法》第七十六条,《中华人民共和国侵权责任法》第六条第一款、第十二条、第十六条、第二十六条,《最高人民法院关于审理道路交通事故损害赔偿案件适用法律若干问题的解释》第十六条、第二十一条第一款、第二十二条,《最高人民法院关于审理人身损害赔偿案件适用法律若干问题的解释》第十七条、第十八条、第十九条、第二十条、第二十二条、第二十七条、第二十八条、第二十九条,《中华人民共和国民事诉讼法》第六十四条第一款、第六十五条第一款、第一百四十四条的规定，判决如下：

一、本判决生效之日起十五日内，甲保险公司在车牌号为冀 BJ2×××机动车在第三者责任强制保险限额内赔偿马某新、贾某芝医疗费 23.56 元、交通费 400 元、死亡赔偿金（含被扶养人生活费）22352.80 元、丧葬费 9247.20 元、精神损害抚慰金 12000 元，合计 44023.56 元；

二、本判决生效之日起十五日内，甲保险公司在车牌号为冀 BJ2×××机动车在第三者责任商业保险限额内赔偿马某新、贾某芝死亡赔偿金（含被扶养人生活费）128877.60 元；

三、本判决生效之日起十五日内，甲保险公司在车牌号为冀 FA3×××机动车在第三者责任强制保险限额内赔偿马某新、贾某芝医疗费 23.56 元、交通费 400 元、死亡赔偿金（含被扶养人生活费）22352.80 元、丧葬费 9247.20 元、精神损害抚慰金 12000 元，合计 44023.56 元；

四、本判决生效之日起十五日内，甲保险公司在车牌号为冀 FA3×××机动车在第三者责任商业保险限额内赔偿马某新、贾某芝死亡赔偿金（含被扶养人生活费）57994.92 元；

五、本判决生效之日起十五日内，乙保险公司在机动车第三者责任强制保险限额内赔偿马某新、贾某芝医疗费 23.56 元、交通费 400 元、死亡赔偿金（含被扶养人生活费）22352.80 元、丧葬费 9247.20 元、精神损害抚慰金 12000 元，合计 44023.56 元；

六、本判决生效之日起十五日内，乙保险公司在机动车第三者责任商业保险限额内赔偿马某新、贾某芝死亡赔偿金（含被扶养人生活费）57994.92 元；

七、本判决生效之日起十五日内，丙保险公司在机动车第三者责任强制保险限额内赔偿马某新、贾某芝医疗费 23.56 元、交通费 400 元、死亡赔偿金（含被扶养人生活费）22352.80 元、丧葬费 9247.20 元、精神损害抚慰金 12000 元，合计 44023.56 元；

八、本判决生效之日起十五日内，丙保险公司在机动车第三者责任商业保险限额内赔偿马某新、贾某芝死亡赔偿金（含被扶养人生活费）57994.92 元；

九、本判决生效之日起十五日内，丁保险公司在机动车第三者责任强制保险限额内赔偿马某新、贾某芝医疗费 23.56 元、交通费 400 元、死亡赔偿金（含被扶养人生活费）22352.80 元、丧葬费 9247.20 元、精神损害抚慰金 12000 元，合计 44023.56 元；

十、本判决生效之日起十五日内，丁保险公司在机动车第三者责任商业保险限额内赔偿马某新、贾某芝死亡赔偿金（含被扶养人生活费）57994.92 元；

十一、本判决生效之日起十五日内，服务区赔偿马某新、贾某芝死亡赔偿金（含被扶养人生活费）773265.60 元；

十二、驳回马某新、贾某芝其他诉讼请求。

服务区不服一审判决，提起上诉。北京市第二中级人民法院同意一审法院裁判意见。

北京市第二中级人民法院依照《中华人民共和国民事诉讼法》第一百七十条第一款第一项的规定，判决如下：

驳回上诉，维持原判。

【法官后语】

本案处理重点在于对交通事故认定书效力及多车连环撞击责任的认定。

关于交通事故认定书效力问题，根据《最高人民法院关于审理道路交通事故损害赔偿案件适用法律若干问题的解释》第二十七条的规定：公安机关交通管理部门制作的交通事故认定书，人民法院应依法审查并确认其相应的证明力，但有相反证据推翻的除外。本案中，法院经调查认为，对于此次交通事故，各车驾驶人均未尽到安全驾驶义务，是事故发生的一方面原因，对此应承担相应责任；服务区所管理的垃圾存放点自燃则是事故发生的另一原因，且可以认定为事故发生的主要原因。交管部门作出的事故认定书是基于对车辆驾驶人这一主体在每次撞击中责任的分析和判断，有其合理性。但本案的特殊性在于，“高速浓烟”这一驾驶人责任以外的因素对于道路的正常通行产生了更为严重的影响，而交通事故责任认定并未考虑到这一因素，存在一定的局限性。民事审判如若机械适用事故认定书来认定及分配责任将失之偏颇，故法院根据事故现场照片、询问笔录、行车记录仪等材料进行综合判断，认定由服务区承担事故的主要责任，其他驾驶人则根据交通事故认定书确定的责任比例承担次要责任。

关于多车连环撞击责任的认定问题，本次交通事故中，马谋柏等人分别驾驶的6辆车共计发生5次撞击，第4、5次撞击与马某柏的死亡均存在因果关系。目前并无法区分两次撞击的责任大小。根据《中华人民共和国民法典》第一千二百零九条的规定：二人以上分别实施侵权行为造成同一损害，能够确认责任大小的，各自承担相应的责任；难以确定责任大小的，平均承担赔偿责任。故在此种情况下，法院认定第4、5次撞击因分别承担同等责任。最终，法院根据各方当事人在马某柏死亡后果中的责任程度，酌定由服务区承担60%责任，孙某承担4.5%责任，张某承担4.5%责任，刘某龙承担4.5%责任，张某承担4.5%责任，张某骁承担10%责任。因马某柏自身亦存在过错，对此亦应承担12%责任。本次交通事故亦造成方某明死亡及多人受伤，故法院酌定马某新、贾某芝的各项合理损失由各保险公司在交强险内使用40%的赔偿限额，不足部分，由服务区及各责任方按照责任比例进行赔偿。

本次交通事故造成2人死亡、10余人受伤、6车受损及部分路产受损的严重后果。目前因本次交通事故所引发的其他赔偿案件仍在诉讼过程中。本案带来了极大的警示教育意义。第一，作为法官，在处理此类相对比较复杂的交通事故时，应当尽可能地调取事故相关材料，最大限度还原事故原貌，以便作出合理的责任认定。第二，作为驾驶人，在驾驶车辆出行尤其是长途出行、夜间出行时，应提前了解车况、路况，合理规划出行时间及路线，保持限速内行驶，路况不明时保持低速行驶。目前，某些导航软件已推出路况提醒等功能，且驾驶人在途中发现事故、拥堵、施工、封路等情况时也可以在软件中及时上报以提醒其他驾驶人多加注意。驾驶人在出行时应充分利用这些技术手段提高出行效率。在不慎发生交通事故后，驾驶人需及时摆放相关警示标志，以提醒其他车辆注意避让。第三，司法实践中，道路遗撒、物品自燃所引发的交通事故时有发生，现各级法院在道路管理单位或者相关服务部门应否承担责任的认定规则上已基本达成共识。故相关部门在日常工作中应尽到必要的管理与注意义务，保障道路正常通行。

编写人：北京市西城区人民法院　刘敏

025　上班途中驾驶公车肇事认定为职务侵权行为的司法判断标准

——吴某兰诉侯某兴、行政执法局机动车交通事故责任案

【案件基本信息】

1. 裁判书字号

浙江省温州市中级人民法院（2018）浙03民终4275号民事判决书

2. 案由：机动车交通事故责任纠纷

3. 当事人

原告（上诉人）：吴某兰

被告（上诉人）：侯某兴

被告（被上诉人）：行政执法局

【基本案情】

2016年10月1日5时20分许，侯某兴未依法取得驾驶证驾驶无号牌三轮电动车（属机动车范畴）上班，从永中驶往瑶溪街道方向，途经瑶溪街道龙永路217号前地段，碰撞同向前方行人吴某兰，造成吴某兰受重伤及车辆损坏的道路交通事故。道路交通

事故认定书认定侯某兴未依法取得驾驶证，但是夜间驾驶前照灯失效且制动不符合技术标准的无号牌轻便正三轮摩托车，行经事故地段未及时注意前方行人动态，以致造成事故，是造成此次事故的直接原因，且肇事后驾驶车辆逃离现场，故侯某兴应承担事故的全部责任；无证据证明吴某兰在事故中存在明显过错行为，故吴某兰无事故责任。肇事无号牌三轮电动车的所有人为行政执法局，侯某兴系行政执法局聘用的环卫工人。本次事故造成吴某兰九级、十级伤残，各项损失共计240300.4元。

吴某兰起诉请求判令侯某兴、行政执法局共同承担赔偿责任。

【案件焦点】

1. 侯某兴是否属于因执行工作任务造成他人损害，行政执法局是否应当承担用人单位的责任；2. 侯某兴是否应当承担赔偿责任。

【法院裁判要旨】

浙江省温州市龙湾区人民法院认为，虽然侯某兴是在上班途中发生的交通事故，但该情形并不属于因执行工作任务造成他人损害，侯某兴要求由其用人单位行政执法局承担责任，缺乏法律依据。涉案无号牌三轮电动车虽属机动车范畴，但该类车辆在客观上不能投保交强险，故行政执法局作为车辆所有人无须在相当于交强险责任限额范围内先行承担赔偿责任，行政执法局将车辆交给侯某兴使用时并不存在安全隐患，而三轮电动车是否属于机动车范畴已超出普通车辆购买人的认知标准，龙湾区行政执法局将车辆交给侯某兴使用亦不存在过错，故本案中龙湾区行政执法局无须对吴某兰的损失承担赔偿责任。本案属机动车与行人之间发生的交通事故，因肇事车辆并未投保，而侯某兴承担事故的全部责任，故本次交通事故造成的损失应由侯某兴承担全部赔偿责任。

本案交通事故造成吴某兰各项损失共计 240300.4 元，扣除龙湾区行政执法局已经垫付的 80000 元（龙湾区综合行政执法局可另行向侯某兴主张返还该 80000 元），侯某兴实际还需要赔付 160300.4 元。判决如下：

一、侯某兴于判决生效之日起十日内赔付吴某兰 160300.4 元；

二、驳回吴某兰的其他诉讼请求。

侯某兴不服一审判决，提起上诉。浙江省温州市中级人民法院认为：根据《中华人民共和国侵权责任法》第三十四条第一款的规定，用人单位的工作人员因执行工作任务造成他人损害的，由用人单位承担侵权责任。判断工作人员的侵权行为是否属于执行职务范围，除一般原则外，还须考虑其他特殊因素，如行为的内容，行为的时间、地点、场合，行为之名义，行为的受益人以及是否与用人单位意志有关联，等等。本案事故发生在侯某兴驾驶单位清洁车上班途中，虽尚未开始正式清扫工作，但根据本案特殊情况，仍应当视为在执行工作任务，理由如下：（一）侯某兴驾驶单位清洁车上下班的行为，系授权的工作延伸范畴。作为环卫工人，其工作有特殊性，必须驾驶单位清洁车至固定公共场所工作。单位允许环卫工人驾驶清洁车从住所直接到清扫场所上下班，系工作特殊性所决定，属于单位统一的安排。（二）环卫工人驾驶清洁车直接从住所到工作场所的行为，提高了工作效率，减轻了单位负担，用人单位系该行为的受益方。若不作此安排，用人单位则必须根据环卫工人的不同出勤时间（出勤时间比普通上班时间早），安排人员在单位值勤，还必须提供固定场所停放车辆，无疑会大大增加成本支出。综上所述，用人单位为提高工作效率，同意侯某兴驾驶具有一定危险性的清洁车从工作地点直接上下班，应当视为工作任务的延伸，属于执行工作任务范畴。因此，行政执法局作为用人单位应当承担赔偿责任。至于侯某兴的责任问题，因其系行政执法局的工作人员，《中华人民共和国侵权责任法》第三十五条对其责任并无规定，其对外承担责任的依据不足。但在对内关系上，行政执法局可以基于侯某兴的重大过失，另案主张内部追偿。综上，二审法院判决如下：

一、维持温州市龙湾区人民法院（2018）浙0303民初2308号民事判决第二项；

二、撤销温州市龙湾区人民法院（2018）浙0303民初2308号民事判决第一项以及诉讼费承担部分；

三、行政执法局于本判决生效之日起十日内赔付吴某兰160300.4元。

【法官后语】

根据《中华人民共和国民法典》第一千一百九十一条第一款规定，“用人单位的工作人员因执行工作任务造成他人损害的”是用人单位承担侵权责任的前提条件和核心要素。工作人员上班途中驾驶公车肇事是否属于该条规定的“因执行工作任务对他人造成损害”，如何理解“因执行工作任务”成为该条适用的关键和难点。

1. “因执行工作任务”的理解

现实生活中，由于各行各业工作形式多样、内容丰富、用人单位授权方式灵活等客观情况较为复杂，认定工作人员行为是否为执行职务行为需要结合具体情况综合分析，而不能简单地以工作地点、工作时间来认定。工作人员上班途中驾驶公车肇事是否属于职务侵权行为，可以结合行为是否与职务存在内在关联性、是否与用人单位意志相关联、用人单位是否受益等因素综合判断。

(1) 是否与职务具有内在的关联性

通常情况下，工作人员行为的外在表象可以直接证明是否属于执行工作任务，但也存在例外情形。即有时可能不在工作地点、不在工作时间，但其行为与职务存在内在密切关联性，系为了处理单位事务必需的先行行为，或者在实施必需的工作准备，或者其行为性质与内容符合单位工作目的等，也应确定为执行职务行为。本案中，环卫工人驾驶清洁车（劳动工具）直接前往工作地点，系为了到达指定工作地点开展工作，该行为与其职务存在内在关联性。

(2) 是否属于用人单位同意或者默认的行为，是否与单位意志相关联

在侵权法领域对于工作人员超越职权范围的行为是否可以认定为职务行为，实务中一直存在较大争议。笔者认为，对此应当根据具体情况加以区分，若该超越职权行为系用人单位明确限制或明文禁止的行为，如用人单位禁止公车私用，而员工违反规定私自驾车肇事等，一般很难认定为执行职务行为。若工作人员的行为虽然超越了职权范围，但其行为系为了执行职务，与单位意志相关联，仍可视为执行职务行为。因此，行为与用人单位意志是否存在关联性，可作为判断职务行为的重要参考因素。本案中，虽然没有直接的证据证明环卫工人驾驶清洁车上班系单位授权行为，但用人单位对此并未反对，应视为其默许，并未超出用人单位授意范围。

(3) 用人单位是否从中受益

根据法理学上“补偿理论”中有关“受其利者受其害”的原则，雇用他人为自己获得经济利益的人应公平地为在经营过程中导致的损失承担相应的责任，如果受益者确实系用人单位，由用人单

位承担相应责任，更公平合理。在本案中，环卫工人驾驶公车上班的行为使用人单位从中获益，如提高了工作效率，大大节约了管理成本。用人单位作为该行为的受益人，应当对该行为致人损害的后果承担相应的责任。

2. 用人单位的追偿权

用人单位在履行侵权赔偿责任之后，若能够举证证明侵权行为是由于该工作人员故意或者重大过失造成的，有权向具有故意或者重大过失的工作人员进行追偿。当然，用人单位向工作人员追偿系全部追偿或部分追偿，应当根据个案的具体情况加以分析。结合双方的经济实力、具体行为实施人的过错程度以及用人单位是否存在监督管理过失等情况，综合评判用人单位与工作人员内部责任比例。

编写人：浙江省温州市中级人民法院　陈宇　王蕾

026　道路交通限速标志无法辨认，驾驶人超速行驶的处理

——张某、赵某霞诉罗某、王某存机动车交通事故责任案

【案件基本信息】

1. 裁判书字号

新疆生产建设兵团第八师中级人民法院（2018）08 兵民终 437 号民事判决书

2. 案由：机动车交通事故责任纠纷

3. 当事人

原告（被上诉人）：张某、赵某霞

被告（上诉人）：罗某、王某存

【基本案情】

张某与赵某霞系夫妻关系，生有一子张某某（2016年12月14日出生）。2017年3月2日上午，王某存驾驶自己的新JG2×××号小型轿车，经王某存同意，赵某霞携带张某某搭乘其车辆，并坐在副驾驶室后的座位上。王某存驾驶车辆由西向东行驶，道路右侧有一时速标识牌标注时速为80公里。12时40分许，王某存驾车沿古新线由西向东行驶至32KM+800M路段时，与对向行驶至此路段的由罗某驾驶的新CE2×××号轻型普通货车相撞，造成王某存驾驶的新JG2×××号车上的乘车人张某某受伤、经抢救无效当场死亡，罗某及其车上乘车人黄某华受伤、两车受损的交通事故。此事故经石河子市公安局交警支队莫索湾大队作出事故认定书认定：罗某与王某存对此次交通事故负同等责任。罗某的新CE2×××号车在财保公司投保有交强险，事故发生在保险期内，该保险公司已在交强险死亡、伤残限额内向张某、赵某霞赔付110000元。罗某、王某存分别给付两原告丧葬费10000元。

另，罗某驾驶的新CE2×××号车辆碰撞时的时速为38公里。事发地点道路设置悬挂有时速为60公里的时速标识牌被洪水冲倒，埋入地下，无法辨认。2017年11月，该路段新设置了时速为60公里的标识牌。

【案件焦点】

王某存在事发路段行驶时，是否按照超速行驶认定。

【法院裁判要旨】

新疆维吾尔自治区石河子市人民法院认为：在交通事故发生前王某存驾驶机动车进入古新线时仅看到时速为80公里的时速标识

牌，在之后行驶过程中无法看到道路右侧被洪水冲倒埋入地下时速为60公里的道路标识牌，故王某存根据其行驶道路上可视的时速标识行驶，并没有超过该行驶速度，故罗某辩称王某存驾驶车辆在交通事故发生时超速行驶的理由不能成立，不予采信。虽然罗某、王某存承担事故的同等责任已经交警部门认定，但该认定并不是对其发生交通事故时过错责任划分的唯一依据，而是根据道路交通事故认定书认定的事实，结合其他相关证据进行各自的过错划分。关于罗某、王某存的过错划分问题，王某存驾驶机动车虽然没有超速行驶，但其在明知其车辆上搭乘了赵某霞及赵某霞出生仅满两个月的婴儿张某某，在驾驶机动车行驶过程中应具有高度注意义务，在行驶过程中遇来车时应当谨慎驾驶，降低行驶速度，与来车方向保持安全距离，以确保被搭乘人的安全，但王某存并没有尽到上述义务，违反道路交通管理法规，高速行驶，且遇来车逆向行驶，导致交通事故的发生，造成两原告之子死亡，根据交通事故发生的原因力大小及造成交通事故的成因，王某存的行为具有过错，应当对张某某的死亡负55%的责任。罗某驾驶机动车逆向行驶，致使此次事故的发生，其行为具有一定的过错，应当对张某某的死亡负35%的责任。因赵某霞携带张某某系免费搭乘，与王某存属好意同乘关系，赵某霞乘车行驶过程中在未确保孩子安全的情况下给孩子喂奶，其作为张某某的监护人没有对张某某尽到监护义务，其行为也具有一定的过错，应当对张某某的死亡负10%的责任。

两原告的各项损失确认为689780.81元。减去财保公司石河子分公司已赔付的110000元，剩余部分579780.81元，罗某承担202923.28元（579780.81元×35%），扣减罗某已付10000元，罗某应当赔偿张某、赵某霞192923.28元，王某存应当赔偿308879.45元

(579780.81 元×55%-10000 元)。依照《中华人民共和国民法总则》第二十六条,《中华人民共和国侵权责任法》第六条、第四十八条,《中华人民共和国道路交通安全法》第七十六条第一款第二项,《最高人民法院关于审理人身损害赔偿案件适用法律若干问题的解释》第十七条第三款、第十八条、第二十七条、第二十九条,《最高人民法院关于确定民事侵权精神损害赔偿责任若干问题的解释》第十条,《中华人民共和国民事诉讼法》第六十四条第一款,《最高人民法院关于适用〈中华人民共和国民事诉讼法〉的解释》第九十条的规定,判决如下:

一、罗某于本判决生效之日起五日内赔偿张某、赵某霞各项损失 202923.28 元;

二、王某存于本判决生效之日起五日内赔偿张某、赵某霞各项损失 308879.45 元;

三、驳回张某、赵某霞的其他诉讼请求。

王某存、罗某均提起上诉。新疆生产建设兵团第八师中级人民法院经审理,同意一审裁判意见,判决:

驳回上诉,维持原判。

【法官后语】

1. 关于公安交警部门认定王某存没有超速是否正确

根据《中华人民共和国道路交通安全法》第四十二条规定:机动车上道路行驶,不得超过限速标志标明的最高时速。在没有限速标志的路段,应当保持安全车速。夜间行驶或者在容易发生危险的路段行驶,以及遇有沙尘、冰雹、雨、雪、雾、结冰等气象条件时,应当降低行驶速度。根据该条规定,机动车在上道路行驶过程中,不得超过道路上设置的限速标志标明的最高时速。“限速标志”，是交通标志中禁令标志的一种，为法律所禁止超越的时速标志，表示该标志前方路段内，机动车行驶速度不得超过限速标志所标明的时速。该数值即是路段内机动车行驶过程中的最高时速。所谓“时速”，是以机动车行驶时每小时通过千米数为计量单位进行计量。一般情况下，限速标志设在需要限制机动车辆行驶速度路段的起点。需要说明的是，限速标志标明最高时速，并不是要求机动车在该路段必须以最高时速行驶，或者不论在什么情况下都可以按最高时速行驶，只有在确保安全、畅通的条件下，机动车才允许按规定的最高时速行驶，并且不得超过这个最高时速。对于没有限速标志、标线的路段，应当保持安全车速。所谓安全车速，《中华人民共和国道路交通安全法实施条例》第四十五条规定：机动车在道路上行驶不得超过限速标志、标线标明的速度。在没有限速标志、标线的道路上，机动车不得超过下列最高行驶速度：(一）没有道路中心线的道路，城市道路为每小时30公里，公路为每小时40公里；(二）同方向只有1条机动车道的道路，城市道路为每小时50公里，公路为每小时70公里。本案中，王某存驾驶机动车由西向东行驶，道路右侧的时速标示为80公里，王某存在此后行驶过程中对相应路段设有60公里/小时限速标志的标志牌被洪水冲倒、掩埋的情况并不知情，其误以为该路段的车速仍应为80公里/小时。交通事故发生时，经过鉴定其实际车速为77公里/小时，公安交警部门作出事故认定书时考虑到王某存行驶的路段中设有60公里/小时的限速标识在被洪水冲倒掩埋后没有及时恢复原位的实际情况，作出王某存没有超速的认定，符合客观实际情况，也不违反法律规定，应为正确的认定。

2. 关于王某存与罗某、赵某霞过错责任的认定

公安交警部门道路交通事故认定书中，将王某存与罗某划分的责任为同等责任，赵某霞无责任，但此仅为道路交通事故中的违法责任，并不是民事赔偿中的各自的过错责任。本案在审理过程中，在认定各方的民事责任时，充分考虑到各方在道路交通事故中的过错程度及原因力等情况。根据《中华人民共和国道路交通安全法实施条例》第四十六条的规定，驾驶机动车上道路行驶至有冰雪路面时，应当降低行驶速度至30公里/小时及以下，但王某存与罗某在相向行驶至冰雪路面的路段处时，均没有按照上述规定将车辆的行驶速度降至30公里/小时以下，在发生道路交通交通事故时，王某存驾驶车辆的行驶速度为77公里/小时，罗某驾驶车辆的行驶速度为38公里/小时，双方在会车时也均没有保持避免发生道路交通事故的安全距离，且王某存驾驶的车辆上还搭乘赵某霞及其尚在哺乳期的儿子，因此，王某存在驾驶车辆时应当尽到更高的安全义务，对于交通事故的发生，王某存的过错程度应大于罗某的过错程度，结合双方过错对道路交通事故发生的原因力，考虑到赵某霞为好意同乘，王某存系好意施惠行为，且事发时，赵某霞在乘坐车辆时应当将婴儿放置在确保安全的位置，但其不但没有这样做，还在车辆行驶的过程中进行哺乳，也是造成张某某死亡的原因之一，因此，赵某霞的行为也具有一定的过错，可以减轻机动车驾驶人王某存的过错责任。因此，法院对当事各方的过错比例以及造成该起交通事故的原因力进行了客观分析，最终确定王某存应承担55%的过错责任，罗某应承担为35%的过错责任，赵某霞应承担10%的过错责任。上述认定符合现行《中华人民共和国民法典》的相关规定。

编写人：新疆维吾尔自治区石河子市人民法院　杜世成

027 交通事故未被交警部门处理，有过错仍应担责

——许某新等诉黄某恒机动车交通事故责任案

【案件基本信息】

1. 裁判书字号

广西壮族自治区南宁市中级人民法院（2018）桂01民终3872号民事判决书

2. 案由：机动车交通事故责任纠纷

3. 当事人

原告（被上诉人）：许某新、梁某飞、梁某波、梁某丹

被告（上诉人）：黄某恒

【基本案情】

2003年8月27日，黄某恒驾驶无号牌两轮摩托车搭载黄某宁从丁当街返回某村某屯，梁某金驾驶太阳90C两轮摩托车往丁当街方向行驶，当日晚22时许，双方行驶至丁当街至某村5Km路段时由于双方均未按操作规范安全驾驶，致使两车发生碰撞，造成梁某金脑挫伤、蛛网膜下腔出血、颅骨骨折等，事故发生后梁某金被送往人民医院治疗，于2003年9月3日又转到医科大学第一附医院治疗，当天经抢救无效死亡。梁某金住院抢救期间有护理人员1人，支付医疗费共计13786.49元。

另，黄某恒驾驶的无号牌两轮摩托车是其本人所有。受害人梁某金于1952年5月15日出生，生前是教师。许某新系梁某金的妻子、梁某飞系梁某金长子、梁某波系梁某金次子、梁某丹系梁某金的女儿。

【案件焦点】

黄某恒对受害人的死亡是否有过错，应如何承担赔偿责任。

【法院裁判要旨】

广西壮族自治区隆安县人民法院经审理认为，受害人梁某金未按操作规范安全驾驶机动车，致使车辆与黄某恒驾驶的无号牌两轮摩托车相碰撞是造成交通事故的原因；黄某恒未按操作规范安全驾驶机动车，也是造成交通事故的原因，梁某金、黄某恒的交通行为过错作用相当，应负事故的同等责任。黄某恒因交通行为有过错，致使梁某金受伤经抢救无效死亡，依照《中华人民共和国民法通则》第一百零六条第二款的规定，应当承担民事责任，赔偿许某新、梁某飞、梁某波、梁某丹的损失。许某新、梁某飞、梁某波、梁某丹请求黄某恒赔偿损失的理由成立，予以支持。许某新、梁某飞、梁某波、梁某丹称黄某恒驾驶无号牌两轮摩托车强行超越他人车辆后撞向受害人驾驶的机动车，是造成交通事故的原因，黄某恒应负事故的全部责任，赔偿许某新、梁某飞、梁某波、梁某丹的全部损失，但是不能确认因黄某恒驾驶无号牌两轮摩托车强行超车而碰撞受害人车辆的事实。受害人在事故发生后即被送往医院抢救，直到2003年9月3日经抢救无效死亡。因此黄某恒辩称许某新、梁某飞、梁某波、梁某丹没有及时将受害人转院治疗，造成受害人死亡后果，有过错，黄某恒不承担赔偿责任的理由不成立。

受害人梁某金事故发生前是教师，因此应以城镇居民标准计算，医疗费、住院伙食补助费、死亡赔偿金、丧葬费、误工费、交通费、护理费等损失共计613755.27元。由黄某恒赔偿其中的50%即306877.64元。此外，梁某金因交通事故死亡，许某新、梁某飞、梁某波、梁某丹精神上受到严重打击，确定许某新、梁某飞、梁某波、梁某丹精神损害抚慰金为15000元，由黄某恒赔偿，即黄某恒赔偿许某新、梁某飞、梁某波、梁某丹损失共计321877.64元(306877.64元+15000元)。黄某恒已赔偿许某新、梁某飞、梁某波、梁某丹300元，还应赔偿321577.64元。

广西壮族自治区隆安县人民法院依照《中华人民共和国民法通则》第一百零六条第二款、第一百一十九条，《最高人民法院关于审理人身损害赔偿案件适用法律若干问题的解释》第十七条、第十八条、第十九条、第二十一条、第二十二条、第二十三条、第二十七条、第二十九条的规定，作出如下判决：

黄某恒赔偿许某新、梁某飞、梁某波、梁某丹321877.64元，扣除黄某恒已赔偿的300元，还应赔偿321577.64元。

黄某恒不服一审判决，提出上诉。南宁市中级人民法院经审理认为，本案二审的争议焦点为黄某恒应否承担本次交通事故50%的责任。黄某恒提出梁某金车速过快在转弯时占用了对向车道，是交通事故发生的起因，梁某金不佩戴安全头盔，其亲属怠于转院抢救，是造成梁某金死亡的重要原因，因交警到现场处理时，事故现场已变动，而事故现场方位图仅有其中一辆事故摩托车的情况及地面油污情况，无法判断两车相碰的具体地点。因此，黄某恒上诉主张不应承担赔偿责任的理由不成立，法院不予支持。关于黄某恒主张一审判决违反法定程序的问题。本案事故发生后，隆安县公安局交警大队虽出警处理，但在次日即以事发路段不属于道路，在该路段发生的交通事故不属于道路交通事故为由，出具了《不予受理通知书》。因此，一审法院依法受理许某新、梁某飞、梁某波、梁某丹就本案事故提起的民事赔偿诉讼，程序合法。综上所述，黄某恒的上诉请求不能成立，应予驳回；一审判决认定事实清楚，适用法律正确，应予维持。

广西壮族自治区南宁市中级人民法院依照《中华人民共和国民事诉讼法》第一百七十条第一款第一项的规定，作出如下判决：

驳回上诉，维持原判。

【法官后语】

本案双方当事人之间发生了机动车交通事故责任关系。侵权人主张，交通事故发生后应由交警部门处理并作出责任认定，后再由法院进行立案受理。那么本案的交通事故是否要经过交警部门责任认定的前置程序呢？笔者认为，没有必要，理由有如下几点：

1. 法律没有规定，交通事故责任认定是交通事故民事诉讼的前置程序。《中华人民共和国道路交通安全法》第七十三条规定："公安机关交通管理部门应当根据交通事故现场勘验、检查、调查情况和有关的检验、鉴定结论，及时制作交通事故认定书，作为处理交通事故的证据。交通事故认定书应当载明交通事故的基本事实、成因和当事人的责任，并送达当事人。"第七十四条规定，对交通事故损害赔偿的争议，当事人可以请求公安机关交通管理部门调解，也可以直接向人民法院提起民事诉讼。从上述规定可以看到，法律规定公安机关交通管理部门即交警部门是处理道路交通事故的专业部门，其针对交通事故作出的认定，只是一种民事诉讼的证据，且并未规定这种认定是民事诉讼的前置程序，因此交通事故责任纠纷不是必须有交警部门的认定书，法院才能受理。

2. 交通事故认定书不是认定民事责任的必须。首先，交通事故认定书是一种书面证据，它虽然是行政机关作出的结论，但是一方提出异议并提出足以反驳的相反证据的，交通事故认定将不予采信；其次，公安机关交通管理部门不能作出处理的交通事故案件，受害人就损害赔偿可以通过民事诉讼途径救济。本案公安机关交通管理部门出具了《不予受理通知书》，原告因其家属在交通事故中致死向法院起诉，请求侵权人赔偿损失，法院应当依法受理。《中华人民共和国道路交通安全法》第七十六条规定："机动车发生交通事故造成人身伤亡、财产损失的，由保险公司在机动车第三者责任强制保险责任限额范围内予以赔偿；不足的部分，按照下列规定承担赔偿责任：（一）机动车之间发生交通事故的，由有过错的一方承担赔偿责任；双方都有过错的，按照各自过错的比例分担责任……"本案是机动车之间发生交通事故，而无投保机动车第三者责任强制保险的情形，因此没有保险公司赔偿，应根据双方对事故发生的过错程度分担赔偿责任。而根据道路交通事故现场图、现场照片、证人证言等，法院认定双方过错程度相当，故判决黄某恒承担原告方损失的50%的赔偿责任。

编写人：广西壮族自治区隆安县人民法院　黄加平

028 闯黄灯车辆与驾驶证被暂扣者所驾车辆发生碰撞，如何认定驾驶者的过错

——郑某诉何某斯等机动车交通事故责任案

【案件基本信息】

1. 裁判书字号

浙江省金华市中级人民法院（2018）浙07民终393号民事判决书

2. 案由：机动车交通事故责任纠纷

3. 当事人

原告（被上诉人）：郑某

被告（上诉人）：保险公司

被告（被上诉人）：何某斯、何某华

【基本案情】

2016 年 7 月 4 日，方某飚驾驶登记在其妻郑某名下的 A 车自北向南行驶至有交通信号灯控制的交叉路口，与自东向西行驶的何某斯驾驶的 B 车（车主为何某华）发生碰撞，造成两车车损的交通事故。事发时，A 车在绿灯亮时进入路口，B 车在黄灯亮时进入路口。保险公司对 B 车承保交强险和商业险。事故发生后，方某飚与何某斯达成口头和解协议，由方某飚承担事故全部责任，并以修理费押金的方式支付何某斯 3 万元。双方均未报案，和解后自行撤离现场。事故现场监控视频录像显示：何某斯在驶过交叉路口中心后车速略有放缓；方某飚驾驶车辆以较快速度进入交叉路口，未采取制动措施，导致车头撞击何某斯驾驶的车辆右侧前半部位。事后，交警部门出具《道路交通事故证明》，载明：“方某飚驾驶证状态违法未处理超分、停止使用。何某斯驾驶证状态正常。”方某飚因于“驾驶证被暂扣”期间驾驶车辆，被公安交管部门行政罚款。郑某请求判令：1. 撤销方某飚与何某斯之间口头和解协议；2. 何某斯赔偿车辆损失共计 32. 52 万元。

【案件焦点】

闯黄灯车辆与驾驶证被暂扣的司机所驾车辆在交叉路口发生碰撞，应当如何认定机动车驾驶者的过错。

【法院裁判要旨】

浙江省义乌市人民法院认为，方某飚因担心其在驾驶证暂扣期间驾驶车辆被交警部门查获会被拘留且误以为车损不大而达成赔偿协议，事后发现车损约30余万元，构成重大误解。根据交警部门出具的事故证明，结合查明的案情，确定何某斯对涉案交通事故承担50%的责任，作出判决：

一、撤销2016年7月4日郑某与何某斯达成的交通事故赔偿协议；

二、保险公司在交强险及商业三者险责任限额内赔偿郑某146825.5元；

三、驳回郑某的其他诉讼请求。

判决后，保险公司提起上诉。浙江省金华市中级人民法院认为：对于口头赔偿协议的撤销，认同一审法院观点。关于交通事故责任认定，方某飚在驾驶证被暂扣期间驾驶机动车辆，其行为属于违反《中华人民共和国道路交通安全法》的违法行为，但由于该违法行为与损害之间没有法律上的因果关系，不作为确定本案民事赔偿责任的依据。何某斯驾驶车辆在黄灯亮起之后进入受信号灯控制的交叉路口，其驾驶行为不属于违法行为。但何某斯与方某飚均存在违反《中华人民共和国道路交通安全法》第二十二条“安全驾驶”的规定，双方均未尽安全驾驶义务，具有过错。何某斯在黄灯亮起期间进入交叉路口，负有比绿灯进入的车辆更高的回避事故发生的注意义务，应当注意而没有注意到其他方向等待绿灯通行的车辆进入情况，并在进入路口后期车速略有放缓，致事故发生，存在较大过错。方某飚在绿灯启动初期进入交叉路口，应当注意而没有注意到其他方向车辆驶离情形，并在与何某斯驾驶车辆距离接近时未能及时采取制动措施，而以较快速度撞击何某斯驾驶车辆，也存在较大的过错。鉴于难以区分何某斯、方某飚的驾驶行为对发生交通事故所起的作用以及两人的过错程度相当，一审法院确定双方对涉案交通事故负同等责任并无不当。判决如下：

驳回上诉，维持原判。

【法官后语】

1.“闯黄灯”与“驾驶证被暂扣”行政违法性分析

在黄灯亮起期间，驾驶车辆进入设有信号灯的交叉路口，称之为“闯黄灯”。从《中华人民共和国道路交通安全法》第二十六条确立的“红灯表示禁止通行，绿灯表示准许通行，黄灯表示警示”的通行规则的文义解读来看，黄灯只是“表示警示”，并无禁止之意，可以认为“闯黄灯”不应当认定为行政违法行为。在“驾驶证被暂扣”期间驾驶车辆，是一种“失驾”行为。所谓“失驾”，主要是指当事人由于各种原因造成驾驶证被暂扣、注销、吊销，导致不具备合法驾驶机动车的资格。在《中华人民共和国道路交通安全法》上，证件暂扣期驾驶机动车的行为，是严重违反《中华人民共和国道路交通安全法》的行为。但是，该违法性与损害结果之间没有法律上的因果关系，因此不足以成为承担全部或部分民事责任的理由。

2. 闯黄灯车辆与驾驶证被暂扣的司机所驾车辆相撞时民事责任确定

（1）交通行政违法与事故赔偿责任的关系

认定是否构成交通事故赔偿责任时，所要求的过错应是导致事故发生的过错。方某飙在驾驶证被暂扣期间驾车，是违反《中华人民共和国道路交通安全法》的行为，但不是造成涉案事故的原因。故其该行政违法行为不构成事故赔偿责任的过错。

（2）交通事故行政责任与民事责任竞合时的处置规则

交通事故行政责任与民事责任之间存在法律规范依据、责任标准、责任主体以及程序要求等多个方面的不同，两者不能混同。当民事主体的同一行为引发民事责任、行政责任甚至刑事责任时，产生责任聚合。关于责任聚合的处置，《中华人民共和国民法典》第一百八十七条规定："民事主体因同一行为应当承担民事责任、行政责任和刑事责任的，承担行政责任或者刑事责任不影响承担民事责任……"由于民事责任、行政责任和刑事责任性质和功能不同，各有其发生依据和适用范围，应贯彻"并行不悖"的原则。

（3）交叉路口驾驶者过错的认定

在设有红绿灯的交叉路口，按照信号灯行驶是最基本的安全注意义务，但不是全部注意义务。在交叉路口，不当的行驶路线、行驶速度以及不当采取制动措施等都可能导致事故的发生，尤其是保持车距、控制车速特别重要。关于车距、车速，《中华人民共和国道路交通安全法》第四十三条规定，"同车道行驶的机动车，后车应当与前车保持足以采取紧急制动措施的安全距离"，上述规定对于设定交叉路口的过错认定规则具有借鉴意义。由于交叉路口的特殊性，应当针对"驶入""驶出"交叉路口分别设置注意义务规则或过错认定标准。对于驶入交叉路口的车辆，要求启动时不能太快（以避免主动碰撞）；对于驶离交叉路口的车辆，驶离时不能太慢（以避免被动碰撞）。总之，进入交叉路口车辆的"谨慎驾驶义务"，不仅包括车速不能太快，也包括车速不能太慢。"驶入时过快""驶离时过慢"均属于违反"保持安全车速义务"的行为。

编写人：浙江省金华市中级人民法院　应秀良

029 提供驾驶劳务的出租属于执行工作任务

——郑某铭诉苏某等机动车交通事故责任案

【案件基本信息】

1. 裁判书字号

北京市第三中级人民法院（2017）京03民终第4015号民事判决书

2. 案由：机动车交通事故责任纠纷

3. 当事人

原告（被上诉人）：郑某铭

被告（上诉人）：苏某、运道服务中心

被告（被上诉人）：孙某睿、乔某、朱某芳、通信公司、顾问公司

【基本案情】

2015年9月21日6时35分许，孙某星驾驶车号为京EY0×××小轿车与郑某铭驾驶的中型普通客车发生交通事故，造成郑某铭受伤、孙某星死亡，两车损坏。因无法查清全部事故事实，交通队未进行责任划分。经查，孙某星所驾车辆未投保交强险。

孙某星与顾问公司签订有劳动合同，并派遣到运道服务中心。运道服务中心与通信公司之间存在服务协议，运道服务中心向通信公司提供车辆租赁和司机服务（包括非指定司机和指定司机），租期为2014年3月1日至2017年2月28日，租用车辆为京P9C×××，指定司机为孙某星，用车人为通信公司高管张某。事发前一日，孙某星受指示第二天早上送张某开会，事发当天孙某星在由其

住所去张某住所途中驾车发生交通事故。车号京EY0×××小轿车注册所有人为生物医学工程研究所，张某丈夫苏某因与该研究所合作项目取得对该机动车的占有、支配或收益，在该研究所被吊销后，苏某仍然对该机动车进行占有，并将该车交由孙某星使用。

郑某铭起诉要求被告方赔偿各项损失共计人民币972054.67元并负担诉讼费。孙某星之近亲属乔某、孙某睿、朱某芳认为孙某星系履行职务行为，应当由单位承担赔偿责任。顾问公司认为，孙某星并非履行职务，该公司亦无过错，不同意承担赔偿责任。

运道服务中心认为，通信公司将孙某星劳动关系以劳务派遣的形式挂靠在运道服务中心，孙某星驾驶未投保交强险的他人车辆发生交通事故，不是执行租车合同和劳动合同中的工作任务，不构成职务行为。

通信公司认为，孙某星驾驶其借用的车辆在上班途中发生交通事故，不构成职务行为；通信公司与运道服务中心是车辆租赁及司机服务的合同关系，孙某星为通信公司提供司机服务，是运道服务中心履行合同义务的具体体现，故孙某星与通信公司之间不存在劳动、劳务派遣或雇佣关系，即便孙某星属于履行职务行为过程中发生的交通事故，也是履行运道服务中心的工作任务。

【案件焦点】

孙某星是否属于执行工作任务及为谁执行工作。

【法院裁判要旨】

北京市顺义区人民法院经审理认为：首先，通信公司与运道服务中心之间为车辆租赁和提供司机服务的合同关系，孙某星系顾问公司司机，派驻运道服务中心并为通信公司提供指定司机服务，因此运道服务中心为接受派遣的用工单位，顾问公司为劳务派遣单位。通信公司为接受车辆租赁和司机服务的合同相对方，孙某星接受指示提供司机服务是履行双方合同内容的具体表现，通信公司不是孙某星的雇佣单位。其次，虽然事发时孙某星尚未开始驾驶运道服务中心提供的租赁车辆，但其已经处于为提供司机服务做准备工作阶段，故孙某星作为提供指定司机服务的司机，在接到指示并赶往接送途中发生事故造成他人损害属于执行职务时造成他人损害。综上，事发时孙某星属于履行职务，运道服务中心作为用工单位应承担赔偿责任。顾问公司作为劳务派遣单位在本案中无过错，不应承担赔偿责任。苏某作为车辆管理人负有投保交强险的义务，因其未依法为车辆投保交强险，根据相关法律规定应当与侵权人在交强险责任限额范围内承担连带责任。

北京市顺义区人民法院依照《中华人民共和国侵权责任法》第六条、第十六条、第二十二条、第三十四条、第四十八条，《中华人民共和国道路交通安全法》第七十六条，《最高人民法院关于审理道路交通事故损害赔偿案件适用法律若干问题的解释》第十五条、第十九条的规定，作出如下判决：

一、运道服务中心、苏某在相当于交强险范围内连带赔偿郑某铭医疗费用赔偿金10000元、死亡伤残赔偿金110000元、财产损失赔偿金2000元，以上共计122000元，于本判决生效之日起七日内执行；

二、运道服务中心赔偿郑某铭各项损失共计353129.2元，于本判决生效之日起七日内执行；

三、驳回郑某铭的其他诉讼请求。

苏某及运道服务中心不服一审判决，提出上诉。北京市第三中级人民法院经审理认为：通信公司为接受车辆租赁和司机服务的合同相对方，不是孙某星的雇佣单位。虽然孙某星事发时尚未开始驾驶运道服务中心提供的租赁车辆，但其是为了提供特约司机服务而前往工作地点，且其工作方式也是根据通信公司高管张某的指示完成接送工作，其前往工作地点的行为亦应当视为履行职务的行为，运道服务中心作为接受劳务派遣的用工单位应当对孙某星执行职务时造成的他人损害承担赔偿责任。苏某系涉案车辆的实际所有人及控制人，是投保义务人，其未依法投保交强险，根据相关法律规定应当与侵权人在交强险责任限额范围内承担连带责任。

北京市第三中级人民法院依照《中华人民共和国民事诉讼法》第一百七十条第一款第一项之规定，作出如下判决：

驳回上诉，维持原判。

【法官后语】

在现代社会，用工关系是社会生活中的重要关系，因而用工责任也是广泛存在的责任形态。关于用工责任，区分为单位用工和个人用工。在单位用工中，判定被用工者行为是否属于执行职务一直以来是审判实践的难点。

本案涉及的是车辆租赁中司机职务行为的判定问题。现实中，汽车租赁在从事租车经营活动时，往往也会存在提供驾驶劳务的服务项目。出租人不仅出租机动车，也提供驾驶劳务。在提供驾驶劳务的情况下，机动车管理人和使用人在实质中并未发生分离，司机的使用行为都在机动车管理人的意志范围之内，所以机动车管理人仍然控制着机动车的使用权，机动车的运行支配地位和运行利益仍然属于机动车管理人，机动车管理人应当作为责任主体。本案中，通信公司与运道服务中心之间为车辆租赁和提供司机服务的合同关系，孙某星系顾问公司司机，派驻运道服务中心并为通信公司提供指定司机服务。此时，机动车使用人或控制权人仍为运道服务中心，而不是租赁关系的相对方通信公司，更不是“顾客”即该公司高管张某。

对于这种提供司机服务的出租情况，司机提供服务时无须坐班，无固定办公场所，出行时间、地点的安排通常是由顾客决定的，这种随时、便捷、灵活的服务方式，给司法实践中认定何时属于履行职务带来挑战。正如本案中，孙某星是属于上班途中发生的交通事故，还是属于上班过程中发生的交通事故，当事人看法不一。笔者认为：首先，孙某星为完成开车接人的工作任务，必须从住处到高管所住之处，该行为与其工作任务密切相关，是孙某星为完成工作任务客观上必须进行的行为，不属于超出其工作职责范围的其他不相关的个人行为；其次，孙某星是在事发前一日接受高管指派接送任务后，从自己住处前往高管住处途中发生的交通事故，孙某星的工作场所并不仅仅限于公司所配车辆这一狭小空间，而是包括工作时间内来往多个工作场所之间的合理区域，故孙某星在工作时间、工作场所致他人损害，属于因执行工作任务造成他人损害，运道服务中心作为用工单位应当承担侵权责任。

此外，随着“互联网+”概念的深化，网络平台运营模式大量涌现。网络平台的人事管理若即若离，从业者报酬的获取方式灵活多样，从业者劳动的业务范畴含混不清。这种新型用工形态的特殊性，对法官如何判断职务行为、认定用工责任提出挑战，导致司法实践出现困惑，冲突裁判时有发生。笔者认为，只要当事人之间形成了事实上提供劳务的关系，性质上又不属于承揽，不是独立地以自己的名义对外行为，都可以认定构成用工关系。对用工关系的判断，考虑被用工者的行为是否体现了用工者的意志和利益也是较为重要的。针对网络平台用工自由有余而安全不足的现状，司法裁判规则应引导实现网络平台用工向安全状态回稳，注重自由与安全价值之间的平衡。

编写人：北京市顺义区人民法院　李永芝

030　是乐于助人还是侵权行为，法官自由心证的运用

——张某英诉来某机动车交通事故责任案

【案件基本信息】

1. 裁判书字号

北京市第二中级人民法院（2016）京02民终字第2382号民事判决书

2. 案由：机动车交通事故责任纠纷

3. 当事人

原告（被上诉人）：张某英

被告（上诉人）：来某

【基本案情】

2015年5月19日，在综合市场内，来某在支车过程中，车辆失控，导致张某英倒地受伤。事故发生后，来某将张某英送到医院。樊家村派出所先受理了此事，并于2015年5月25日将此事件移交给丰台交通支队丰北大队处理。事故经交通管理部门查证：来某驾驶非机动车未确保安全发生交通事故，是发生事故的原因，有现场路况图、现场路况勘查笔录、当事人及证人笔录、监控录像为证，故确定来某负全部责任，张某英无责任。张某英要求来某

支付医疗费 51526.26 元、护理费 26481.6 元、营养费 9000 元、残疾赔偿金 43910 元、鉴定费 4350 元、精神损害抚慰金 20000 元、交通费 465 元。

【案件焦点】

侵权人对于交通事故发生情况不予认可，主张本人为助人为乐行为，法院在缺乏直接证据证明侵权人侵权的情况下，应如何认定法律事实。

【法院裁判要旨】

北京市丰台区人民法院经审理认为：当事人对自己提出的诉讼请求所依据的事实有责任提供证据加以证明，没有证据或者证据不足以证明当事人主张的，由负有举证责任的当事人承担不利后果。事故经交通管理部门查证，来某在支车过程中，车辆失控，导致张某英倒地受伤。来某驾驶非机动车未确保安全发生交通事故，是发生事故的原因，有现场路况图、现场路况勘查笔录、当事人及证人笔录、监控录像为证，故确定来某负全部责任，张某英无责任。来某对责任认定不予认可，但是其未能提供充足的证据证明其主张，法院对来某的辩解意见不予采信。张某英主张来某承担赔偿责任，于法有据，法院予以支持。

北京市丰台区人民法院依照《中华人民共和国民法通则》第一百一十九条，《中华人民共和国侵权责任法》第十六条之规定，作出如下判决：

一、被告来某于本判决生效后十日内赔偿原告张某英医疗费 50893.26 元、营养费 5400 元、精神损害抚慰金 10000 元、残疾赔偿金 20226 元、护理费 10800 元、鉴定费 4350 元、交通费 300 元；

二、驳回原告张某英的其他诉讼请求；

三、驳回被告来某的反诉请求。

被告来某持原审起诉意见提起上诉。北京市第二中级人民法院经审理认为：本案的争议的焦点系来某是否应当为张某英的损害后果承担侵权责任。本案事故经交通管理部门查证并作出《交通事故认定书》：来某驾驶非机动车未确保安全发生交通事故，是发生事故的原因并确定来某应当承担事故全责。来某虽对该认定书有异议，但并未依法提出申请复核，且并未提供确实充分的相反证据，故法院对该《交通事故认定书》的证据效力予以确认。驾驶人应当安全驾驶，确保自身以及路人的安全。众所周知，在行人较为密集的综合市场内，其所驾驶车辆在瞬时发生速度以及加速度的改变，极易导致他人的损伤。结合《交通事故认定书》以及来某在二审中关于车辆“突然往前窜”“可能贴了老人一下”的自认，足以认定来某的车辆在事故发生时出现了暂时失控的状态，并导致了张某英受伤。来某虽提供了证人，但该证据的证明力不足以推翻以上认定。故原审法院判决来某对张某英的损害结果承担侵权责任，有法律和事实依据，并无不当。来某的上诉请求缺乏事实依据，法院不予支持。故原审法院判决认定事实清楚、适用法律正确，法院予以维持。

北京市第二中级人民法院根据《中华人民共和国民事诉讼法》第一百七十条第一款第一项之规定，作出如下判决：

驳回上诉，维持原判。

【法官后语】

发生交通事故后，在双方对交通事故成因及责任认定方面存在争议时，一般都是通过交通管理部门勘验现场认定事故责任。但是因为交通管理部门的认定系事后作出，会有与客观事实不符的可能，因此法院在审理双方对事故发生成因存在争议时，不能因存在交通事故责任认定而直接认定被告就是侵权人。本案被告即主张其系助人为乐，对于原告主张的侵权行为不予认可。应当如何认定双方责任，主要有两种观点：

第一种观点认为，不应认定被告承担侵权责任。根据现有证据无法确定被告驾驶机动车碰撞到原告。交通管理部门认定车辆失控导致原告倒地受伤，但是根据监控录像没有双方碰撞的情况发生，原告受伤在人多车多的市场中，可能有各种因素发生，交通管理部门的认定是一种事后主观性较强的判断。原告没有完成其举证责任。

第二种观点认为，根据现有证据可以认定被告系侵权人，被告主张其为助人为乐的行为，但是报警的情况反映他存在驾驶问题，未能保证他人的安全，虽然没有碰撞的发生，但是其车辆失控的行为也对他人安全通行造成了影响，符合侵权责任中的因果关系。

《中华人民共和国民法典》第一百八十四条规定，因自愿实施紧急救助行为造成受助人损害的，救助人不承担民事责任。助人为乐的行为是社会应当积极倡导和弘扬的行为，法律亦应当对此进行积极的正面评价。对于如何区分助人为乐还是侵权行为，笔者认为应当注意以下几点：

一、对于客观事实与法律事实的认识。事实是客观存在的，人们要认识事实就需要通过自己的主观理性。人对于事实的认识能力是有限的，依据有限的证据认定的事实不可能总是符合事实真相。法律适用的首要步骤就是认定法律事实，法律事实是进行裁判活动的逻辑起点。法律事实是法官依法认定的事实。法律事实虽然很难与客观事实完全一致，但总是以发现客观事实为目标的，并且通常能贴近客观事实。

二、对于证据规则的运用。举证责任制度要解决的是事实真伪不明时如何裁决，即确定不利后果的归属问题。民事纠纷中常常无法做到如刑事案件一样排除所有的合理怀疑，法官要根据双方现有证据进行裁判，高度盖然性则是法官要常常适用的标准。“盖然性占优势”的标准在比较双方所提供的证据进而确认某一事实时，不是简单地比较双方所提供的证据在数量上的多少，或者证据的表面形式是否丰富，而是比较双方所提供的证据在质上的证明力。故法官运用自由心证成了一项很重要的能力。心证为相对真实，而非绝对真实，心证有强弱，在程度上存在差异，因此产生相应的盖然性。法官要根据占有的证据材料，通过分析证据之间的内在联系，从而达到对于“法律真实”的内心确信。

三、注意交通事故的特性。交通事故常常是在一瞬间发生的，因此查证交通事故发生前及交通事故发生后的事实也是可以帮助法官认定法律事实的重要方法之一。当事人的行走路线、驾驶车辆时的精神状态、发生事故后的第一反应、事故现场的客观环境等常常会对事故认定起到重要作用。

根据本案双方的陈诉及法院查明的事实，一审及二审法院的判决结果是正确的。

编写人：北京市丰台区人民法院　李志峰

031 无意思联络的数人侵权赔偿责任的确定及交强险的分配

——王某诉丁某等机动车交通事故责任案

【案件基本信息】

1. 裁判书字号

江苏省南通市中级人民法院（2016）苏06民终字第2209号民事判决书

2. 案由：机动车交通事故责任纠纷

3. 当事人

原告（被上诉人）：王某

被告（被上诉人）：丁某、唐某、甲保险公司

被告（上诉人）：乙保险公司

第三人：丙保险公司

【基本案情】

2014年12月10日17时10分左右，被告丁某驾驶小型普通客车刮擦原告王某驾驶的电动自行车，致原告王某受伤，两车损坏。事故发生后，被告丁某靠右停车，下车搀扶原告王某时，被告唐某驾驶的小型轿车又碰撞丁某、王某及电动自行车，致王某、丁某受伤，小型轿车及电动自行车损坏。2015年1月22日，如皋市公安局交巡警察大队作出道路交通事故认定书，认定丁某、王某分别负第一起事故主要责任、次要责任；唐某、丁某分别负第二起事故主要责任、次要责任，王某无第二起事故责任。事发时，丁某、唐某驾驶的车辆分别由乙保险公司、甲保险公司承保交强险

和商业三者险。事故发生在保险合同有效期间内。

原告王某起诉要求四被告连带赔偿其因本起事故造成的损失合计为427693.42元。

另查，王某因两起事故造成的损失合计为484126.62元，丁某因第二起事故造成的损失合计为264888.96元，其中交强险限额内的损失为96592元。在丁某交通事故纠纷一案中，法院酌定甲保险公司的交强险优先由丁某享有，剩余23408元由王某享有。

【案件焦点】

1. 四被告对王某超出交强险的损失是承担连带责任，还是按份责任；2. 甲保险公司和乙保险公司的交强险应如何分配。

【法院裁判要旨】

江苏省如皋市人民法院经审理认为：二人以上分别实施侵权行为造成同一损害，能够确定责任大小的，各自承担相应的责任。王某的伤系由两起事故共同造成，虽然难以具体区分两起事故对王某造成的损伤程度，但根据案外人王某某的陈述及被告丁某的伤情，应能判定第二起事故对原告王某的损害较大，第一起事故不足以造成原告王某的全部损害，故王某主张四被告承担连带责任，被告甲保险公司辩称应在损失对半的基础上承担责任，均缺乏事实依据。两起事故中，丁某作为小型普通客车的驾驶员分别承担事故的主要、次要责任，且事发时唐某、丁某驾驶的车辆分别由甲保险公司、乙保险公司承保交强险和商业三者险，故原告王某的损失应先由被告甲保险公司在一个交强险范围内、被告乙保险公司在两个交强险范围内进行赔偿；超出交强险范围的损失，考虑到丁某、唐某及王某过错大小，以及两起事故对王某造成损害的大小，酌定由被告甲保险公司、被告乙保险公司在商业三者险范围内分别按55%、40%的责任进行赔偿，其余损失由原告自行承担。据此，如皋市人民法院判决如下：

一、被告甲保险公司在交强险和商业三者险责任限额范围内赔偿原告王某各项损失计73327.12元；

二、被告乙保险公司在交强险和商业三者险责任限额范围内赔偿原告王某各项损失计313449.27元；

三、被告甲保险公司返还被告唐某垫付款40000元；

四、被告甲保险公司返还第三人丙保险公司垫付款35158.2元。

上述第一项至第四项义务，均于本判决发生法律效力后立即履行。

五、驳回原告王某的其他诉讼请求。

乙保险公司不服提起上诉。江苏省南通市中级人民法院经审理认为：本案中丁某驾车碰撞王某的交通事故与唐某驾车碰撞王某及丁某的交通事故属两起交通事故。因为两起事故发生的时间和空间、造成的后果不同，造成两起事故的主要原因和责任人亦不同。如皋市交警部门在事故认定书中关于两起事故的认定符合本案事实，上诉人的上诉主张不成立。因丁某系两起交通事故的责任人，故其保险公司也即本案上诉人需在两个交强险赔偿限额内进行赔偿。上诉人仅根据丁某在第二起交通事故中其承担次要责任的情况，即认为其在两起事故中总赔偿数额过高的主张并无充分的事实和法律依据。因在丁某交通事故案中，法院已确定甲保险公司交强险伤残限额110000元中的23408元由王某享有，一审法院在此基础上对于王某在交强险限额外的损失进一步根据责任人的责任比例确定赔偿数额并无不当。综上所述，上诉人乙保险公司的上诉请求不能成立，应予驳回；一审判决认定事实清楚，适用法律正确，应予维持。据此，判决维持原判。

【法官后语】

本案系道路交通事故引发的人身损害赔偿纠纷，焦点是各方的赔偿责任如何确定及两家保险公司的交强险如何分配。

1. 明确无意思联络的数人侵权的类型

无意思联络的数人侵权，根据数人行为与损害结果之间的因果关系形式，区分为三种类型：共同危险行为、并发侵权行为、竞合侵权行为，其中竞合侵权行为根据原因力是否可分，又分为累积型（原因力不可分）和竞合型（原因力可分）。《中华人民共和国民法典》第一千二百零九条关于无意思联络人侵权在竞合（累积）因果关系的情形下如何承担责任的规定，明确行为人各自承担分别责任。

本案中，丁某驾车碰撞王某的侵权行为在先，唐某驾车碰撞丁某和王某的侵权行为发生在后，两人的侵权行为偶然结合导致了王某受伤的损害后果。虽然无法具体区分两起事故分别对王某造成的损害程度，但能判定唐某的侵权行为对王某的损害较大。因此，本案侵权行为类型应为竞合因果关系型无意思联络数人侵权。

2. 赔偿责任大小的确定

对一般侵权行为而言，损害赔偿债务份额的确定，有两个基本的考虑因素。首先是过错，因为过错乃是确定损害赔偿责任的法理依据。其次是原因力的大小。本案中，唐某承担第二起事故的主要责任，且其侵权行为对王某的损害较大，丁某虽在第一起事故中承担主要责任，但第一起事故对王某的损害相对较小，故综合判断各方在两起事故中的过错大小及各加害行为对损害结果发生的原因力大小，酌定唐某对王某的损失承担55%的赔偿责任，丁某承担40%的赔偿责任。

3. 交强险的分配

本案中，丁某与唐某驾驶的机动车分别在乙保险公司、甲保险公司投保了交强险和商业三者险，依照《最高人民法院关于审理道路交通事故损害赔偿案件适用法律若干问题的解释》第十六条的规定，王某的损失应先由乙保险公司、甲保险公司在交强险限额内赔偿。因丁某系乙保险公司承保车辆的被保险人，故其损失只能由甲保险公司进行赔偿。第二起事故造成丁某、王某两人受伤的损害后果，王某的损失虽然大些，但其享有乙保险公司两个交强险，以及两家保险公司赔偿比例合计为95%的商业三者险赔偿，因此，从最大限度地弥补受害人的损失角度出发，确定甲保险公司的交强险由丁某优先享有。如此，既保护了受害各方的合法权益，又不致过分加重侵权人负担，平衡了双方的利益，有效化解了矛盾。

编写人：江苏省如皋市人民法院　李斯武　冒丽

032　无证据表明车辆是否与行人发生碰撞时的责任认定

——文某艳等诉李某清、财保公司机动车交通事故责任案

【案件基本信息】

1. 裁判书字号

江西省萍乡市中级人民法院（2017）赣03民终字第147号民事判决书

2. 案由：机动车交通事故责任纠纷

3. 当事人

原告（上诉人）：文某艳、文某海、文某勇

被告（被上诉人）：李某清

被告（上诉人）：财保公司

【基本案情】

2016年3月1日13时46分许，李某清驾驶车牌号为赣J7××××的小型轿车从本市文昌路沿文祥路往虎形巷方向行驶，途经山下小学路段时，与同向步行的邬某兰相遇，在接近行人时李某清鸣笛，邬某兰因避让车辆摔倒在地，与地面凸起部分相撞，致脑后枕部受伤创口流血，救护车来到现场，约一小时后伤者被送至萍乡市中医院救治，经诊断，伤者右侧顶骨多发骨折、左侧额颞顶及右侧顶叶硬膜下血肿、右侧颞叶硬膜外血肿蛛网膜下腔出血、右侧颞顶部头皮挫裂伤，脑疝形成，经医院抢救无效于次日15时死亡。死者家属花费的抢救医疗费共计3442.8元。2016年3月17日，萍乡市交警直属大队作出第0001号道路交通事故证明，认为李某清驾车在临近行人邬某兰时鸣笛，邬因避让车辆倒地受伤，经对车辆痕迹及碰撞检验，无法确认该车与行人邬某兰是否接触，以现有证据无法对事故责任进行认定。死者家属即本案一审原告不服该0001号道路交通事故证明，向萍乡市交警支队申请复核，该支队于2016年4月18日作出第014号道路交通事故认定复核结论书，维持第0001号道路交通事故证明的意见。2016年11月23日，萍乡市安源区公安司法鉴定中心对尸检过程作出书面说明，认为从法医学分析符合交通事故损伤特征，是否为交通事故应以交警大队调查取证为主。

另查明，赣 J7××××号车系被告李某清所有，该车在被告财保公司投保了交强险和商业三者险（限额 20 万元，不计免赔），保险期限自 2016 年 1 月 30 日起至 2017 年 1 月 29 日，事故发生在保险期内。

又查明，邬某兰生前系农业家庭户口，有三个儿子，即文某艳、文某海、文某勇。在处理善后的过程中，李某清付给一审原告共计 17000 元。

【案件焦点】

无证据表明车辆是否与行人发生碰撞时的责任认定。

【法院裁判要旨】

法院生效裁判认为：因交警部门未对本次事故作出交通事故责任认定书，人民法院应根据事故发生时，事故各方造成危险局面的成因、危害回避能力的大小、造成损害后果的原因等具体情况，判定各方的民事赔偿责任。本案中，根据交警部门出具的《道路交通事故证明》，李某清驾驶小型轿车行经山下小学路段时，遇行人邬某兰在前方同向行走；该路段宽 6 米，系水泥路面，无道路交通标志标线，路表干燥。事发现场照片显示，道路一侧停有两辆机动车，事发时通行路面非常狭窄，且为斜坡。在当时情况下，邬某兰带孙女并排行走在前，李某清驾车行驶在后。机动车驾驶人李某清在通过该狭窄下坡路段时，应礼让行人，确保车前行人安全，尽到谨慎、安全驾驶的义务。而邬某兰作为行人，应享有先通过该狭窄路段的权利，且对自身安全亦负有一定的注意义务。根据李某清在于 2016 年 3 月 2 日交警部门所作的询问笔录中陈述，其在发现邬某兰时相隔 6 米左右，于是鸣了一下笛，“然后带着刹车往下溜”；李某清在于2016年3月12日在交警部门所作的询问笔录中陈述，其在相隔邬某兰6—7米距离时开始鸣笛，鸣笛后，其仍然驾车保持匀速前进，直到在其看到邬某兰倒地后停车。现场照片显示，车辆停止时，邬某兰的右脚紧挨车辆的右前轮。参照《江西省道路交通事故责任认定规则》（赣公字［2015］184号）第十一条规定："交通事故当事人有下列情形之一的，可以认定当事人的过错行为对发生交通事故所起作用较大：（一）侵犯对方通行权或先行权的；（二）与对方临时突然改变通行状态，造成对方难以避让的；（三）主动逼近对方，造成对方难以及时发觉或难以被动避让的；（四）明知危及交通安全的险情出现后，仍然冒险或强行通行的。"李某清驾车发现邬某兰时，在鸣笛后仍然驾车朝邬某兰逼近，客观上造成了危险的局面，直至车辆停止时，车辆的右前轮已紧挨倒地的邬某兰右脚，虽无证据表明李某清所驾车辆是否与邬某兰发生碰撞，但邬某兰作为行人，其对于危险的回避能力明显弱于驾驶机动车的李某清，其摔倒在地亦是因避让车辆所造成。本案情形符合上列第一项、第三项规定的情形。故法院认定被上诉人李某清的行为对发生本次事故所起的作用较大，应承担主要民事赔偿责任。死者邬某兰作为成年人，具有完全民事行为能力，对自身安全负有一定的注意义务。其在本次事故发生时将近八十周岁，在无证据证明发生碰撞的情况下，在避让车辆时未尽到对自身安全的一定注意义务，不慎摔倒在地，造成了后脑与地面凸起部分相撞，致脑后枕部受伤创口流血，经医院抢救无效于次日死亡，这一倒地后如此严重的后果与其年龄、反应能力、当时路面有凸起物等客观因素亦存在一定关系。故邬某兰自身应承担本次事故的次要责任。结合事故双方造成危险局面的成因、危害回避能力的大小、造成损害后果的原因等具体情况，法院认定由李某清承担本次交通事故所造成损失的70%民事赔偿责任，邬某兰自行承担30%的责任。文某艳、文某海、文某勇在本案中应获得的各项合理赔偿费用共计126087.3元，该款应由财保公司在交强险责任限额范围内赔付113442.8元，剩余12644.5元由财保公司依法律规定与保险合同约定在商业三者险责任限额范围内承担70%计8851.15元。故财保公司在交强险及商业三者险责任限额范围内共计赔付113442.8元+8851.15元=122293.95元。其余费用文某艳、文某海、文某勇自理。

江西省萍乡市安源区法院作出（2016）赣0302民初字第882号民事判决：

一、财保公司在交强险和商业三者险范围内赔偿文某艳、文某海、文某勇交通事故各项损失共计115971.7元；

二、文某艳、文某海、文某勇返还给李某清17000元；

三、驳回文某艳、文某海、文某勇的其他诉讼请求。

宣判后，文某艳、文某海、文某勇、财保公司提出上诉。

江西省萍乡市中级人民法院作出（2017）赣03民终字第147号判决：

一、维持江西省萍乡市安源区人民法院（2016）赣0323民初字第882号民事判决第二项、第三项；

二、撤销江西省萍乡市安源区人民法院（2016）赣0323民初字第882号民事判决第一项；

三、财保公司在交强险和商业三者险责任限额范围内赔偿文某艳、文某海、文某勇各项损失共计122293.95元。

【法官后语】

案件的焦点问题为交警部门对本次事故未作出交通事故责任认定，故对于本案的责任划分存在较大争议。

第一种意见认为，根据《中华人民共和国道路交通安全法》第一百一十九条第五项“‘交通事故’，是指车辆在道路上因过错或者意外造成的人身伤亡或者财产损失的事件”之规定，可知车辆是否与受害人发生“直接接触”，并不是构成交通事故的必要条件，也不是承担责任的前提条件。本案事故之所以发生，是因为被告李某清鸣笛使邬某兰为避让车辆而摔倒在地致其受伤，因此，被告鸣笛行为与邬某兰摔倒在地于次日死亡之间存在一定的因果关系，所以本案属于交通事故。邬某兰在道路上带着孙女步行时听到汽车喇叭声，在没有证据证明车辆实际接触其身体的情况下，对车辆鸣笛作出反应，在避让过程中自己摔倒受伤导致死亡，应对本次交通事故承担主要责任。李某清在接近老人时应该预见到鸣笛可能会对对方产生刺激，进而可能造成不良后果，而李某清疏忽大意没有预见，或者过于自信认为不会产生不良后果，从而导致本次事故的发生，因此李某清驾驶机动车的鸣笛行为存在一定的过错，应对本次交通事故承担次要责任。

第二种意见认为李某清驾驶小型轿车行经山下小学路段时，遇行人邬某兰在前方同向行走。该路段宽6米，系水泥路面，无道路交通标志标线，路表干燥，道路一侧停有两辆机动车，事发时通行路面非常狭窄，且为斜坡。机动车驾驶人李某清应礼让行人，确保车前行人安全，尽到谨慎、安全驾驶的义务。邬某兰作为行人，应享有先通过该狭窄路段的权利，且对自身安全亦负有一定的注意义务。李某清驾车发现邬某兰时，在鸣笛后仍然驾车朝邬某兰逼近，客观上造成了危险的局面，直至车辆停止时，车辆的右前轮已紧挨倒地的邬某兰右脚，虽无证据表明李某清所驾车辆是否与邬某兰发生碰撞，但邬某兰作为行人，其对于危险的回避能力明显弱于驾驶机动车的李某清，其摔倒在地亦是因避让车辆所造成。故被上诉人李某清的行为对发生本次事故所起的作用较大，应承担主要民事赔偿责任。死者邬某兰作为成年人，具有完全民事行为能力，对自身安全负有一定的注意义务，故应承担本次事故的次要责任。结合事故双方造成危险局面的成因、危害回避能力的大小、造成损害后果的原因等具体情况，被上诉人李某清承担本次交通事故所造成损失的70%民事赔偿责任，邬某兰自行承担30%的责任。

本案一审判决采纳了第一种意见，二审判决采纳了第二种意见。笔者同意第二种意见。

编写人：江西省萍乡市安源区人民法院　罗绍辉

033 交警部门在未得到法律授权的情形下无权向交通事故侵权方主张赔偿

——交警队诉巩某成、财保公司机动车交通事故责任案

【案件基本信息】

1. 裁判书字号

山东省淄博市中级人民法院（2016）鲁03民终字第1711号民事裁定书

2. 案由：机动车交通事故责任纠纷

3. 当事人

原告（上诉人）：交警队

被告（被上诉人）：巩某成、财险公司

【基本案情】

2014年9月28日，被告巩某成驾驶车牌号为鲁C9××××的小型轿车顺省道沂台路由北向南行至南麻镇某村路段，注意观察路面不够，未确保安全行驶，将横过道路的行人（无名氏）剐倒，造成无名氏受伤后送医院抢救无效死亡的重大交通事故。经交警部门认定巩某成与无名氏分别承担事故的同等责任。巩某成驾驶的鲁C9××××号小型轿车在被告财险公司投保第三者责任保险。交警队为维护无名氏继承人合法权益提起诉讼，请求判令被告赔付死亡赔偿金、被扶养人生活费、精神损害抚慰金等共计726412.65元。

【案件焦点】

在受害人身份不明的情况下，交警队能否以自己的名义起诉交通事故侵权方要求赔偿。

【法院裁判要旨】

山东省沂源县人民法院经审理认为：向侵权人主张死亡赔偿金、被扶养人生活费、精神损害抚慰金系被侵权死亡人近亲属的权利，交警队在未得到法律授权的情形下无权向侵权人主张赔偿。因此交警队的起诉不符合法律规定，应予以驳回。据此，一审依照《中华人民共和国侵权责任法》（以下简称《侵权责任法》）第十八条，《最高人民法院关于审理道路交通事故损害赔偿案件适用法律若干问题的解释》（以下简称《交通事故损害赔偿司法解释》）第二十六条，《中华人民共和国民事诉讼法》（以下简称《民事诉讼法》）第一百一十九条之规定，裁定驳回交警队的起诉。

交警队不服一审裁定，提起上诉。

山东省淄博市中级人民法院经审理认为：《交通事故损害赔偿司法解释》第二十六条第一款规定，被侵权人因道路交通事故死亡，无近亲属或者近亲属不明，未经法律授权的机关或者有关组织向人民法院起诉主张死亡赔偿金的，人民法院不予受理。交警队在本案中主张权利的依据为上述司法解释颁布之前出台的地方性法规，其并未得到法律授权，原审裁定以主体不适格为由驳回其起诉符合法律规定，应予维持。二审依照《中华人民共和国民事诉讼法》第一百六十九条、第一百七十条第一款第一项、第一百七十一条、第一百七十五条之规定，裁定：

驳回上诉，维持原裁定。

【法官后语】

本案涉及的主要问题在于，在交通事故受害人系无名死者的情况下，交警部门在未得到法律授权的情形下是否有权向机动车交通事故侵权方主张赔偿。

在交通事故发生后，受害人因事故死亡的，根据《侵权责任法》和《最高人民法院关于审理人身损害赔偿案件适用法律若干问题的解释》（以下简称《人身损害赔偿司法解释》）的相关规定，有权要求侵权方承担侵权赔偿责任的主体应是受害人的近亲属。[①] 但实践中也确实存在此类情况，即交通事故受害人因交通事故死亡，而受害人本人的身份不明，其近亲属情况也不明。在出现这种死者系“无名氏”的情形下确实会产生一个问题，就是由谁作为原告主体向交通事故的侵权方主张死亡赔偿金等损害赔偿费用。本案中，交警队作为原告向法院起诉主张交通事故的损害赔偿费用，但本案中一、二审法院经审理后均认为，根据《交通事故损害赔偿司法解释》第二十六条第一款的规定，被侵权人因道路交通事故死亡，无近亲属或者近亲属不明，未经法律授权的机关或者有关组织向人民法院起诉主张死亡赔偿金的，人民法院不予受理。[②] 因此交警队作为原告主体并不适格，故而驳回其起诉。

应当说本案一、二审法院对这一问题的认定是正确的。对此，

---

① 《侵权责任法》第十八条规定：被侵权人死亡的，其近亲属有权请求侵权人承担侵权责任。《人身损害赔偿司法解释》第一条规定：“因生命、健康、身体遭受侵害，赔偿权利人起诉请求赔偿义务人赔偿财产损失和精神损害的，人民法院应予受理。本条所称‘赔偿权利人’，是指因侵权行为或者其他致害原因直接遭受人身损害的受害人、依法由受害人承担扶养义务的被扶养人以及死亡受害人的近亲属。本条所称‘赔偿义务人’，是指因自己或者他人的侵权行为以及其他致害原因依法应当承担民事责任的自然人、法人或者其他组织。”《侵权责任法》在2021年1月1日《中华人民共和国民法典》正式施行后已经废止。《人身损害赔偿司法解释》第一条在2020年修正时有所修改。《侵权责任法》第十八条的上述内容现规定于《中华人民共和国民法典》第一千一百八十一条：“被侵权人死亡的，其近亲属有权请求侵权人承担侵权责任。”《人身损害赔偿司法解释》第一条内容现为：“因生命、身体、健康遭受侵害，赔偿权利人起诉请求赔偿义务人赔偿物质损害和精神损害的，人民法院应予受理。本条所称‘赔偿权利人’，是指因侵权行为或者其他致害原因直接遭受人身损害的受害人以及死亡受害人的近亲属。本条所称‘赔偿义务人’，是指因自己或者他人的侵权行为以及其他致害原因依法应当承担民事责任的自然人、法人或者非法人组织。”

② 该规定现为《交通事故损害赔偿司法解释》（2020年修正）第二十三条第一款：“被侵权人因道路交通事故死亡，无近亲属或者近亲属不明，未经法律授权的机关或者有关组织向人民法院起诉主张死亡赔偿金的，人民法院不予受理。”

具体则可以从以下两方面加以理解。第一，从侵权法理论来看，损害赔偿的请求权主体即赔偿权利人为其权益受到侵害之人，包括直接受害人和间接受害人。直接受害人主要是指因侵权行为导致其人身、财产权益受损害之人，也是侵权行为所直接指向的对象。而间接受害人是指侵权行为直接指向的对象以外因法律关系或者社会关系的媒介作用受到损害的人。间接受害人所受“损害”，是一种以计算上的差额为表现形式的单纯的经济利益损失和反射性精神损害。在侵权行为导致受害人死亡的情况下，间接受害人即指受害人的近亲属，该损害赔偿是对受害人近亲属因受害人死亡导致的生活资源减少和丧失的赔偿。[①] 这也是《侵权责任法》和《人身损害赔偿司法解释》规定受害人死亡时其近亲属为赔偿权利人的理论依据。第二，从《民事诉讼法》的规定来看，该法第一百一十九条对于提起民事诉讼的条件作出了明确的规定：“起诉必须符合下列条件：（一）原告是与本案有直接利害关系的公民、法人和其他组织……”[②] 根据这一规定，民事诉讼中适格的原告主体应当是与案件有直接利害关系者。这种利害关系首先应该是一种法律上的利益关系，也就是说是一种法律上的权利义务关系；其次这种利益关系还应该是与争议的案件以及与自己有直接的关联，只有具备这种“有利害关系”的人才是正当当事人。[③] 而本案中交警队与无名死者的交通事故损害赔偿费用这一诉讼标的之间并无法律上的利益关系，显然不属于《民事诉讼

---

① 姜强：《侵权行为导致身份不明的受害人死亡，民政部门等行政部门或其他机构是否有权提起民事诉讼》，载最高人民法院民事审判第一庭编：《民事审判指导与参考》（总第46辑），人民法院出版社2011年版，第115页。

② 该条规定现为《民事诉讼法》（2021年修正）第一百二十二条：“起诉必须符合下列条件：（一）原告是与本案有直接利害关系的公民、法人和其他组织……”

③ 李龙：《民事诉讼当事人适格刍议》，载《现代法学》2000年第4期。

法》所规定的"与案件有直接利害关系"。而且其对于无名死者的实体权利义务或财产也不具有直接的管理权或处分权，且亦不像公益诉讼那样由法律明确规定赋予其职责或公益上的原告主体资格。因此其从法律上来讲不是交通事故损害赔偿民事案件中适格的原告诉讼主体。尽管其在上诉中主张根据地方性法规的规定其有权起诉，但其主张权利的这些依据系《交通事故损害赔偿司法解释》颁布之前出台的地方性法规，即使地方性法规对其进行了授权，但这并非法律授权。交警部门要想在交通事故损害赔偿民事案件中成为适格原告，依法应当像公益诉讼的主体那样得到法律的授权。在其未得到法律授权的情况下，人民法院不能根据地方性法规的规定来确认其为适格的原告诉讼主体。

编写人：山东省淄博市中级人民法院 荣明潇

034 肇事车辆系家庭共有财产情形下的赔偿责任主体应如何认定

——钱某毅诉周某玉等机动车交通事故责任案

【案件基本信息】

1. 裁判书字号

山东省淄博市中级人民法院（2016）鲁03民终字第542号民事判决书

2. 案由：机动车交通事故责任纠纷

3. 当事人

原告（被上诉人）：钱某毅

被告（上诉人）：周某玉、张某通

被告（被上诉人）：甲保险公司

被告：马某、张某华、运输公司、乙保险公司

【基本案情】

2015年8月11日，马某驾驶鲁E8××××（鲁E××××挂）号重型集装箱半挂车与孙某驾驶的所有权人为钱某毅的鲁CG××××号小型轿车等多车发生碰撞，致使多人伤亡和财产受损，造成较大的道路交通事故。交警认定马某承担事故全部责任，事故中其他人员无责任。鲁CG××××号小型轿车的损失经鉴定为14203元，钱某毅为车损鉴定支出价格鉴证费为300元。

事故发生当日，张某通在交警部门接受调查称："我买了一辆大货车，车号是鲁E8××××，挂车号是鲁E××××挂，车主是我，我挂靠在运输公司"；"马某与我（张某通）是雇佣关系，我雇的马某给我开车，运送货物。"庭审中马某陈述："该车的实际车主应该是张某华的儿子，具体叫什么名字我不清楚，就叫小张，就是小张雇的我。"张某华、周某玉、张某通本人均未到庭，经法院向马某出示以上三人身份证复印件，马某辨认出其雇主并陈述，"是张某通雇用的我"。事故发生后，张某华之女张某敬受其父张某华委托办理该案相关事宜，其向法院提交的户籍显示张某华、周某玉、张某通三人系一个家庭户，户主是张某华，其与张某通系父子关系，周某玉与张某通系夫妻关系。张某通外出打工，其与马某在潍坊港认识，马某所运输的货物亦从该港口运出。

2014年6月20日，张某华与李某春签订车辆转让协议一份，

约定李某春将鲁E2××××（鲁E××××挂）车辆转让给张某华。2015年4月15日，张某华与王某签订二手汽车转让协议书一份，约定王某将鲁E8××××号车辆转让给张某华。肇事车辆鲁E8××××（鲁E××××挂）号重型集装箱半挂车登记于运输公司名下并挂靠在该公司运营。运输公司于2014年6月27日、2015年4月16日分别与周某玉和张某华签订货运车辆代理经营合同各一份。鲁E8××××号车在乙保险公司投保了交强险及商业三者险（责任限额为1000000元且特别约定了不计免赔条款），鲁E××××挂号车在甲保险公司投保了商业三者险（责任限额为50000元且特别约定了不计免赔条款），本案交通事故发生在保险期间内。

甲保险公司提供投保人运输公司签章的保险合同一份，在该合同中第六项系特别约定："本保单鲁E××××挂挂车为鲁E2××××主车的无动力挂车，未经保险人同意，附挂在其他车辆发生交通事故造成损失时，保险人不负赔偿责任。"该保险合同成立时间是2015年3月12日，生效时间是2015年3月14日。

事故发生后，事故所涉当事人就本案交强险和商业三者险分配达成一致意见，钱某毅自愿放弃优先使用本案的交强险，并在商业三者险5600元限额内优先受偿，其余各方均无异议。

钱某毅起诉要求赔偿损失14503元。

【案件焦点】

肇事车辆系家庭共有财产情形下的赔偿责任主体应如何认定。

【法院裁判要旨】

山东省淄博市博山区人民法院经审理认为：马某驾驶机动车发生交通事故并承担本次事故的全部责任，因钱某毅自愿放弃参与分配交强险份额，肇事车辆鲁 E8××××（鲁 E××××挂）在乙保险公司投保商业三者险且本案事故发生在保险期间内，故对于钱某毅的各项损失，乙保险公司应当在商业三者险内承担赔偿责任。张某华购买肇事车辆并以肇事车辆鲁 E8××××的所有权人身份处理该车辆的相关事务；根据交警部门对张某通制作的调查笔录以及马某的庭审陈述，能够证明张某通雇用马某作为肇事车辆的驾驶员；周某玉系张某通之妻，以涉事鲁 E××××挂车车主的身份与运输公司签订挂靠合同，且其二人与张某华同户。据此，能够认定肇事车辆鲁 E8××××（鲁 E××××挂）号重型集装箱半挂车系张某华、周某玉、张某通的家庭共同财产，三人共同享有该车辆的运行支配和运行利益。因此，超出保险部分的损失应由该三人共同承担赔偿责任。马某作为肇事车辆的驾驶员，在本次事故中承担全部责任，能够认定其负有重大过失，故其应承担连带赔偿责任。运输公司作为肇事车辆的挂靠单位，其亦应承担连带赔偿责任。事故发生时，鲁 E××××挂车附挂在鲁 E8××××号主车上，运输公司未提供证据证明其已经或委托他人在更换主车时取得甲保险公司同意，故甲保险公司在本案中不负赔偿责任。故对钱某毅的损失，乙保险公司应当在商业三者险限额内赔偿车辆损失 5600 元，剩余车辆损失 8603 元、价格鉴证费 300 元，由张某华、周某玉、张某通共同赔偿，马某、运输公司承担连带责任。据此，一审判决：

一、乙保险公司在机动车第三者责任保险责任限额内赔偿钱某毅车辆损失 5600 元；

二、张某华、周某玉、张某通赔偿钱某毅车辆损失、价格鉴证费共计 8903 元；

三、马某、运输公司对张某华、周某玉、张某通的上述赔偿义务承担连带责任；

四、甲保险公司不承担本案的民事赔偿责任。

周某玉、张某通不服一审判决，提起上诉。山东省淄博市中级人民法院经审理认为，事故发生后，张某通在交警部门陈述其雇用马某驾驶涉案车辆运送货物，庭审中马某也陈述其受张某通雇用，张某通与其联系，通知装货地点和运送地点，据此能够认定张某通亦参与车辆运营。周某玉作为家庭成员之一，其以涉案鲁 E××××挂号车主身份与运输公司签订挂靠协议，对外应承担挂靠车辆带来的利益与风险。结合张某华、张某通、周某玉的身份关系，原审判决认定事故车辆系家庭共同财产，家庭成员共同享有车辆运行利益并无不当。据此二审判决：

驳回上诉，维持原判。

【法官后语】

本案涉及的主要问题在于，肇事车辆系家庭共有财产情形下的赔偿责任主体应如何认定。

本案中的交通事故是一起造成多人伤亡和多车损坏的较为重大的道路交通事故，其从责任认定上也非常明确，即经交警认定由涉案车辆鲁 E8××××（鲁 E××××挂）号重型集装箱半挂车的驾驶员马某承担事故的全部责任。从事故赔偿责任的认定而言，首先由保险公司在交强险和商业三者险范围内承担赔偿责任；其次马某作为雇员和肇事车辆的驾驶员，在本次事故中承担全部责任，能够认定其负有重大过失，故其应当承担连带赔偿责任；运输公司作为涉案车辆鲁 E8××××（鲁 E××××挂）号重型集装箱半挂车的挂靠单位，其亦应当承担连带赔偿责任。而本案在责任认定问题上的最大争议就在于对马某的雇主也就是车辆所有人的认定上，张某通和周某玉夫妻二人主张张某通之父张某华才是涉案肇事车辆的实际所有人，张某华本人在本案中也主张其是涉案肇事车辆的实际所有人。但本案经过审理，一、二审法院均认定涉案肇事车辆系张某华、张某通和周某玉三人家庭共有财产，该车辆系家庭共同运营，故应由张某华、张某通和周某玉在保险公司赔偿范围之外承担赔偿责任。由此可见，要想对本案中谁为涉案肇事车辆所有人作出正确认定，其关键就在于对涉案肇事车辆是否构成家庭共有财产的认定。

从家庭共有财产的概念来看，“家庭共有财产是属于家庭财产中的一个类型。它是指在家庭中，全部或部分家庭成员共同所有的财产”①。家庭共有财产从性质上来说为共同共有。② 其显著特点就是它是家庭成员共同劳动、共同创造的财产，这是其与夫妻共同财产的一个最大区别。在夫妻婚姻关系存续期间，任何一方的个人所得都会自然成为夫妻共同财产的一部分，但是家庭共有财产则必须要求其共有人参与到该项财产的创造中去。共有人之间的关系更类似于一种合伙关系。家庭成员相当于合伙人。所以是否由家庭成员共同劳动、共同创造是认定某项财产是否构成家庭共有财产的基本条件。③ 本案即是如此。本案中，虽然张某华提供的证据能够证明其购买涉案肇事车辆并以肇事车辆鲁 E8××××号车辆的所有权人身份处理该车辆的相关事务，但这并不意味着涉案肇事车辆系其个人所有。因为根据交警部门对张某通制作的调查笔录以及马某的庭审陈述，能够证明张某

---

① 杨立新:《共有权研究》，高等教育出版社 2003 年版，第 249 页。

② 池骋:《家庭财产共有制度的民法体系性思考》，载《福建法学》2016 年第 1 期。

③ 贾云飞:《浅论家庭共有财产的认定》，载《湖南公安高等专科学校学报》2010 年第 1 期。

通雇用马某作为肇事车辆的驾驶员；周某玉系张某通之妻，以涉事鲁E××××挂车车主的身份与运输公司签订挂靠合同。而且更为关键的是，从身份关系情况来看，周某玉、张某通二人与张某华系在同一个家庭户上，户主是张某华，其与张某通系父子关系，周某玉与张某通系夫妻关系。据此，能够认定肇事车辆鲁E8××××（鲁E××××挂）号重型集装箱半挂车系张某华、周某玉、张某通的家庭共有财产，三人共同运营涉案肇事车辆，也因此共同享有该车辆的运行支配和运行利益，对外亦应共同承担民事责任。因此，本案中保险赔偿以外部分的损失，依法应当由张某华、周某玉和张某通三人共同承担赔偿责任。一、二审法院对于这一问题的认定无疑是正确的。

编写人：山东省淄博市中级人民法院　荣明潇　郭鹏

035　被挂靠人对车辆转让但未变更挂靠合同发生交通事故仍承担连带责任

——熊某涵诉王某华等机动车交通事故责任案

【案件基本信息】

1. 裁判书字号

重庆市第二中级人民法院（2015）渝二中法民终字第00657号民事判决书

2. 案由：机动车交通事故责任纠纷

3. 当事人

原告（被上诉人）：熊某涵

被告（被上诉人）：王某华、谭某康、谭某华

被告（上诉人）：物流公司

【基本案情】

渝 GB××××号中型自卸货车属于被告王某华所有，被告王某华与被告物流公司签订车辆挂靠合同，合同约定物流公司对渝 GB××××号中型自卸货车进行管理、代办保险等事项，王某华向公司交纳营运费用。2013 年 6 月 20 日，王某华将该车以 42000 元的价格转让给被告谭某康，并将该转让事宜通知了物流公司，物流公司表示同意。同年 8 月 5 日，谭某康又将该车以 37000 元的价格卖给被告谭某华，车辆买卖协议签订后车辆即交付给谭某华。2013 年 11 月 8 日，谭某华驾驶该车发生交通事故致原告熊某涵（发生事故时仅 3 周岁）身体多部位构成伤残。发生本次事故时，车辆登记车主仍为物流公司，实际车主为谭某华，交通事故强制责任保险终止日期为 2013 年 9 月 14 日，发生事故时（2013 年 11 月 8 日）该车辆已过交通事故强制责任保险期间。原告诉至法院要求四被告连带赔偿原告各项损失共计 28 万余元。

【案件焦点】

被告物流公司是否应当承担责任，应当承担何种责任。

【法院裁判要旨】

重庆市万州区人民法院经审理认为：谭某华系渝 GB××××号中型自卸货车的实际所有人、管理人、支配人，其既是投保义务人亦是侵权人。该自卸货车登记在物流公司名下，作为登记车主、被挂靠人，物流公司有代办保险的义务，其应为投保义务人。但二者均

未给车辆及时续保导致车辆脱保，具有共同过错。被挂靠人不得以挂靠协议约定的保费负担方式主张免除其交强险的投保义务，且挂靠关系是内部关系，挂靠人与被挂靠人之间的合同约定具有相对性，不能对抗第三人。因此物流公司与被告谭某华应承担连带赔偿责任。因王某华和谭某康在本案中既不实际支配车辆也不从车辆运行中获益，因此不承担责任。

重庆市万州区人民法院依照相关法律之规定，作出如下判决：

一、被告谭某华赔偿原告熊某涵医疗费、残疾赔偿金等各项损失 228968.04 元；

二、被告物流公司对上述第一项承担连带赔偿责任。

物流公司提起上诉。重庆市第二中级人民法院经审理认为：物流公司认可与谭建华签订的挂靠合同，王某华将车辆出售给他人时物流公司表示知情且同意，也认可未经法律程序解除挂靠合同。因此应该承担对车辆的管理义务，但是疏于管理，也未办理车辆变更登记，当车辆保险期限到期时，也未通知车辆所有人缴纳保费，更未按照约定统一办理保险手续。车辆实际所有人和物流公司均有义务为车辆投保，由于双方共同过错，导致车辆脱保，二被告应承担连带责任。重庆市第二中级人民法院依照《中华人民共和国民事诉讼法》第一百七十条第一款第一项之规定，判决如下：

驳回上诉，维持原判。

【法官后语】

本案处理的重点是，挂靠人将车辆转让给他人，但挂靠人与被挂靠人（登记车主）之间的挂靠合同未变更，发生交通事故致人损害，被挂靠人仍应与实际车主承担连带赔偿责任。

一、物流公司应承担责任的法理分析

1. 运行支配理论。从运行支配理论考量，在车辆挂靠关系中，挂靠人作为实际车主，独立经营，在经营方面当然对车辆有完全的运行支配权。被挂靠人虽然仅是登记车主、名义车主，不得无故干涉挂靠人的合法经营权，一般情况下无权支配车辆的运行，但被挂靠人并非对车辆完全失控，其对车辆仍有管理和监督权，以保障车辆的安全生产经营活动，被挂靠人负责对驾驶人员的安全教育及组织车辆的审验、保险、安全检查等工作，发现车辆存在安全隐患时有权要求挂靠人停止营运，发现车辆交强险即将过期时要及时办理保险手续，否则便是其失职。在实践中也证明这一点，被挂靠人与挂靠人签订的挂靠协议中一般都规定挂靠车辆要接受被挂靠人的安全监督、管理，所以被挂靠人对挂靠车辆具有运行支配权。

2. 运行利益理论。从运行利益理论考量。个人机动车挂靠在被挂靠人处，被挂靠人收取管理费的，则应当认为被挂靠人是运行利益归属者，而且既然收取挂靠管理费，就应当对挂靠的车辆进行安全监督、投保、管理，机动车运输经营活动属于一种高度危险活动，开启这种危险并从这种危险活动中获取利益的主体应当承担相应的责任。

所以，被挂靠人物流公司既支配着车辆，又从车辆的运行中获取利益，应当承担责任。

二、物流公司应与谭某华承担连带责任

1. 法律依据

《中华人民共和国民法典》第一千二百一十条规定："当事人之间已经以买卖或者其他方式转让并交付机动车但是未办理登记，发生交通事故造成损害，属于该机动车一方责任的，由受让人承担赔偿责任。”第一千二百一十一条规定：“以挂靠形式从事道路运输经营活动的机动车，发生交通事故造成损害，属于该机动车一方责任的，由挂靠人和被挂靠人承担连带责任。”本案中实际车主是谭某华，挂靠合同的权利义务已经发生了概括转移，从原本物流公司与王某华之间的权利义务转移到物流公司与谭某华之间权利义务关系。并且，王某华在转让车辆时就已经告知了物流公司，该公司对转让行为表示知情并同意。所以新的被挂靠人和挂靠人为物流公司与谭某华，仍然适用以上司法解释的规定，由二者承担连带责任。

2. 法理依据

（1）物流公司与谭某华构成共同侵权。挂靠关系中发生交通事故承担责任也只能由共同过失行为造成。在本案车辆挂靠经营中，谭某华与物流公司具有共同过错。被挂靠人物流公司对于挂靠车辆及其实际车主谭某华有一定的管理义务，特别是对挂靠车辆的安全运营负有监督管理职责。另外，挂靠车辆应当参加第三者强制责任保险，根据《中华人民共和国道路交通安全法》第十七条的规定：“国家实行机动车第三者责任强制保险制度，设立道路交通事故社会救助基金。具体办法由国务院规定。”因此，所有机动车都必须参加第三者强制责任保险。物流公司未尽监管义务和疏于管理致使该车脱保，谭某华同样作为车辆实际支配人负有投保义务，被挂靠人的过错行为与实际车主谭某华的过错结合，导致损害结果的发生，两者构成共同侵权行为，应承担连带责任。

（2）物流公司承担连带责任符合立法目的。《中华人民共和国民法典》及最高人民法院的相关司法解释关于机动车交通事故责任主体和连带责任的规定，更为注重给予违法行为的否定性评价和相应的制裁，同时尽可能地救济弱者一方即受害者的权益。受害人不必因为共同侵权行为人中的一人或者数人难以确定，或由于共同侵权行为人中的一人或数人没有足够的赔偿能力，而妨碍其应获得的全部赔偿数额。即使事故车辆所有权转移，未办理挂靠合同变更登记，被挂靠人仍应当承担连带责任，完全符合立法之目的。本案中受害人熊某涵发生事故时只有3周岁，因交通事故造成其身体多处部位伤残，给其心理上留下了永远无法磨灭的阴影。另外，法律在制定中，让被挂靠人承担更多的责任和义务，能够使其更加严格地审查挂靠人的资格，提高对挂靠车辆的选择标准，及时为机动车续保，以减少不必要的事故发生。并且，被挂靠人在日常管理中，由于承担连带责任肯定会加强对挂靠车辆的检查和管理，确保车辆安全运营，从而有利于减少交通事故发生率。

编写人：重庆市万州区人民法院　艾朝辉

036 上车过程中被机动车车门挤压后跌落地面而受伤的受害人不应认定为“车上人员”，而应认定为车外的“第三者”

——许某宇诉保险公司等机动车交通事故责任案

【案件基本信息】

1. 裁判书字号

山东省淄博市中级人民法院（2015）淄民三终字第640号民事判决书

2. 案由：机动车交通事故责任纠纷

3. 当事人

原告（被上诉人）：许某宇

被告（上诉人）：保险公司

被告（被上诉人）：汽车出租公司、位某明

【基本案情】

2015 年 4 月 19 日，原告许某宇在火车站广场准备乘坐位某明驾驶的鲁 M××××× 号客车。在上车过程中，因位某明关闭车门不慎将原告的腿夹住，致其摔倒受伤，造成道路交通事故。交警部门认定位某明在行车时未等门关好，造成原告受伤负事故全部责任，原告无责任。原告受伤后于同日到医院门诊治疗，诊断为尾椎脱位，医生建议休息 3 个月，卧床休息 4 周，3 个月内避免剧烈活动。治疗期间的医疗费由位某明支付。事故发生后，原告支付部分交通费。原告受伤之前在某婚纱礼服会馆工作。鲁 M××××× 号客车登记所有人为汽车出租公司，位某明系该客车驾驶员。该车在保险公司投保交强险及商业三者险。其中交强险医疗费用赔偿限额 10000 元、死亡伤残赔偿限额 11 万元、财产损失赔偿限额 2000 元。保险期间自 2014 年 6 月 24 日起至 2015 年 6 月 23 日；商业三者险赔偿限额为 100 万元，附加不计免赔率险。保险期间自 2014 年 11 月 25 日至 2015 年 11 月 24 日。原告起诉要求保险公司在交强险范围内承担赔偿责任，不足部分由被告汽车出租公司和位某明承担连带赔偿责任。

【案件焦点】

原告在事故发生时属于车上人员还是车外的第三者，保险公司应否在交强险范围内承担赔偿责任。

【法院裁判要旨】

山东省淄博市周村区人民法院经审理认为：被保险机动车发生道路交通事故造成本车人员、被保险人以外的受害人人身伤亡、财产损失的，由保险公司依法在交强险限额范围内予以赔偿；不足部分由其在商业三者险限额范围内按照侵权人应承担的责任比例根据保险合同予以赔偿；仍不足的，由侵权人按照过错比例予以赔偿。许某宇是在乘车过程中被客车车门挤压后跌落地面而受伤，其受伤时的空间位置相对于车辆而言系在车外，其与该肇事车辆形成相对第三者的关系。许某宇受伤部位虽系人体与地面撞击所致，但亦与要乘坐的车辆有直接关系，故许某宇应作为交强险及商业三者险的赔付对象。保险公司主张许某宇系车上人员故其不应赔偿的辩解意见，证据不足，不予采信。结合事故的经过及交警部门作出的事故责任认定，确定位某明承担全部赔偿责任。汽车出租公司作为肇事车辆的登记所有人，未能证明其不存在过错，故应对位某明赔偿份额承担连带赔偿责任。许某宇各项损失共计 7143.62 元，由保险公司在死亡伤残限额内赔偿许某宇误工费 4803.62 元、护理费 2240 元、交通费 100 元。汽车出租公司、位某明在本案中不再承担民事赔偿责任。据此，一审判决保险公司在交强险限额内支付许某宇护理费、误工费、交通费共计人民币 7143.62 元。

保险公司不服一审判决，提起上诉。山东省淄博市中级人民法院经审理认为：许某宇系在上车过程中被车门挤压后跌落地面致伤。从事故发生的原因力分析，车门挤压是造成许某宇受伤的直接原因，故本次事故应定性为机动车交通事故，且许某宇受伤前并未完成上车动作，不属于事故车辆的车上人员。原审判决认定事实清楚，适用法律正确，审判程序合法，应予维持。据此二审判决：

驳回上诉，维持原判。

【法官后语】

本案最主要的争议焦点无疑是原告许某宇在事故发生时是否属于“车上人员”。因此本案所反映出的核心问题就在于，在机动车交通事故责任纠纷案件中，受害人在上车过程中被机动车车门挤压后跌落地面而受伤的，其应当认定为“车上人员”还是应当认定为车外的“第三者”。而对这一问题的正确界定是认定受害人能否通过第三者责任险（包括交强险和商业三者险）获得赔偿的关键。

在一般情形下的机动车交通事故责任纠纷案件中，受害人系“车上人员”还是车外的“第三者”是比较容易区分的。例如，受害人如果自始至终都处于车上，则其显然应为车上人员而非第三者。再如，受害人自始至终都在肇事车辆之外的情形也是显而易见的。然而现实中交通事故具有复杂性和不确定性，如本案中受害人在上车过程中被机动车车门挤压后跌落地面而受伤的情形就时有发生。对于此情形下受害人应认定为“车上人员”还是“第三者”，原、被告双方往往存在较大争议。本案即是如此。本案中，作为承保涉案车辆交强险的保险公司，其在一、二审中始终坚持抗辩认为原告属于车上人员，因此其不应承担赔偿责任。然而本案一、二审法院均未采纳这一观点，而是认定原告在发生事故时并非属于事故车辆的“车上人员”，其属于事故车辆之外的“第三者”，故保险公司应依法在交强险限额内对原告进行赔偿。应当说本案中法院对这一问题的认定是正确的。正如本案所反映出的那样，在司法实践中认定受害人属于“车上人员”还是属于“第三者”，法院采取的基本思路就是必须以受害人在交通事故发生时是否身处事故车辆之上为依据进行判断，在车上即属于“车上人员”，否则为“第三者”。这样进行判断的原因在于，机动车作为一种交通工具，系为人们的出行提供便利，任何人都不可能永久地置身其中，这就决定了机动车保险合同中所涉及的“车上人员”和“第三者”均为在特定的时间空间情形下的临时性身份，而非永久和固定不变的身份；二者都是相对概念而非绝对概念，可以因特定时空条件的变化而相互转化。可以说这样做最大限度地尊重了客观实际，符合公平正义的司法原则。

当然，对于本案中这种在上车过程中被机动车车门挤压后跌落地面而受伤的情形，在依据上述的“以受害人在交通事故发生时是否身处事故车辆之上”原则来确定受害人是属于“车上人员”还是属于“第三者”时，还应坚持“近因原则”。近因原则是判断保险事故与保险标的损失之间的因果关系并确定保险赔偿责任的基本原则。所谓“近因”，是指引起保险事故发生的直接、最有效或者起决定作用的原因，而保险理赔须遵循近因原则，在司法实践中近因原则也已成为判断保险人应否承担保险责任的一个重要标准。具体到本案，在原告上车过程中，因驾驶员位某明观察情况不够，突然关闭车门，导致原告的腿被车门夹住，车门挤压又导致原告摔倒受伤。其中，驾驶员位某明观察情况不够而突然关闭车门系最先发生，这一事件直接引发了之后原告的腿被车门夹住、车门挤压又导致原告跌落地面受伤这一连串事件，这些前后发生的事件不仅存在连续性的因果关系，而且无任何逻辑中断，亦无其他外因介入，因此驾驶员位某明观察情况不够而突然关闭车门这一根源性事件是造成事故从而导致原告受伤的近因。根据近因原则，驾驶员位某明观察情况不够而突然关闭车门时原告并未完成上车动作，原告当时所处的空间位置相对于车辆而言系在车外，亦即其并未进入车辆的车体内，不属于事故车辆的车上人员，其与肇事车辆形成“相对第三者”的关系。这完全符合《中华人民共和国道路交通安全法》和《机动车交通事故责任强制保险条例》中所说的“第三者”情形，应认定其为被保险车辆以外的人员，保险公司应当在交强险即机动车第三者责任强制保险限额范围内承担保险责任。

编写人：山东省淄博市中级人民法院　荣明潇

山东省淄博市张店区人民法院　刘晓辉

037 超期驾驶证的驾驶资格认定

——甲保险公司诉何某等机动车交通事故责任案

【案件基本信息】

1. 裁判书字号

福建省福州市中级人民法院（2015）榕民终字第3808号民事判决书

2. 案由：机动车交通事故责任纠纷

3. 当事人

原告（被上诉人）：甲保险公司

被告（被上诉人）：张某、何某

被告（上诉人）：乙保险公司

【基本案情】

2013年9月1日，被告何某驾驶被告张某所有的闽ANB×××轿车从福清往海口方向行驶过程中，于海口镇政府路段碰撞案外人陈某娇所有停放在路边的闽A××××R小车，造成两车受损的交通事故。本起事故经福清市公安局海口边防派出所民警现场勘查后认定，闽ANB×××车的驾驶人即被告何某负本事故的全部责任。事故发生后，经被告乙保险公司定损，闽A××××R车辆损失金额为20000元（案外人陈某娇实际支付了维修费23545元），案外人陈某娇支付了施救费300元。案外人陈某娇所有的闽A××××R车在原告甲保险公司投保车辆损失保险并约定了不计免赔率。后案外人陈某娇向原告甲保险公司索赔本次事故车辆损失赔偿款，原告甲保险公司于2014年3月5日向案外人陈某娇支付了车损险理赔款20300元（车损20000元及施救费300元），案外人陈某娇在收到赔偿款后向原告出具权益转让书，将已取得赔偿款部分保险标的一切权益转让给原告甲保险公司。肇事车辆闽ANB×××轿车在被告乙保险公司投保机动车交通事故责任强制保险以及保额为1000000元并约定不计免赔率的第三者责任险，保险期间均为2012年9月6日零时起至2013年9月5日24时止，本起事故发生在保险期间内。事故发生时，被告何某持准驾车型为C1的机动车驾驶证，驾驶证的起始日期为2007年6月21日，有效日期为6年，驾驶证副页注明“请于2013年6月21日前九十日内换领新驾驶证”，事故发生时被告何某尚未申请换领新驾驶证，事故发生后，被告何某向被告乙保险公司报案称驾驶人为被告张某，被告乙保险公司事后调查发现被告何某报案时陈述的驾驶人存在顶替情况，遂与被告何某交涉，被告何某同意注销本起赔案（放弃本案保险索赔的权利）。

【案件焦点】

被告何某持有超期的驾驶证是否有驾驶资格。

【法院裁判要旨】

福建省福清市人民法院生效裁判认为：被告乙保险公司以被告何某肇事时驾驶证已经过期依据保险合同的约定保险人不负责赔偿以及被告何某事后放弃向被告乙保险公司关于本起事故保险索赔的权利为由，主张本案应当由被告何某自行承担赔偿责任，法院认为，首先，被告何某在发生交通事故时持有驾驶证是不存在争议的，驾驶证是公安机关交通管理部门对符合规定的驾驶许可条件的人颁发的，根据《中华人民共和国机动车驾驶证申领和使用规定》第五十七条的规定，机动车驾驶人应当于机动车驾驶证有效期满前九十日内，向机动车驾驶证核发地车辆管理所申请换证；第七十七条的规定又明确了机动车驾驶人超过机动车驾驶证有效期一年以上未换证的，车辆管理所应当注销其机动车驾驶证。从上述条文中可以看出，机动车驾驶证在超过有效期限一年以内未换证的，主管部门仍保留该驾驶人的驾驶资格。因此，只要驾驶证未被注销，就应当认定驾驶人具有驾驶资格，虽然被告何某在交通事故发生时所持有的驾驶证超过有效期限两个多月未申请换证，但其行为属于违反行政规章的行为，公安机关交通管理部门可以依据相关规定对其作出相应的行政处罚，不能以此认定被告何某不具备驾驶资格。而即使第三者责任保险的合同对上述情形作出了保险人不负责赔偿的约定，因第三者责任保险合同是根据保险人提供的格式条款来订立的，被告乙保险公司也无法提供其对保险合同中有关免除保险人责任条款的概念、内容及其法律后果以书面或口头形式向投保人作出常人能够理解的解释说明的证据来证明免责条款是产生效力的。其次，至于被告何某放弃向被告乙保险公司关于本起事故保险索赔的权利，亦不能成为被告乙保险公司拒绝对原告作出赔偿的抗辩理由，责任保险是指以被保险人对第三者依法应负的赔偿责任为保险标的的保险，赔付的对象是第三者而不是被保险人，根据《中华人民共和国保险法》第六十五条的规定，责任保险的被保险人给第三者造成损害，被保险人未向该第三者赔偿的，保险人不得向被保险人赔偿保险金，从该规定来看，被告何某未对给案外人陈某娇造成的损害进行赔偿，并未取得向被告乙保险公司主张赔偿的权利，因此就不具有放弃本起事故保险索赔权利的权利，而即使其具有该权利，其行为也损害了第三者的利益，也不能成为被告乙保险公司拒绝赔偿的理由。因此，被告乙保险公司应在机动车交通事故责任强制保险以及第三者责任保险责任限额内承担相应的赔偿责任。综上，被告乙保险公司应首先在机动车交通事故责任强制保险责任限额内先行赔偿原告甲保险公司 2000 元，原告的其他损失 18300 元，根据事故责任认定，全部由被告何某承担，因肇事车辆在被告乙保险公司投保了保额为 1000000 元并约定不计免赔率的第三者责任险，依据保险合同的约定，被告何某应当承担的上述赔偿责任全部由被告乙保险公司承担。原告甲保险公司要求三被告赔偿其自垫付 20300 元赔付款之日起的利息，缺乏法律依据，法院不予支持。因原告的损失已经全部由被告乙保险公司赔偿，故被告何某、张某无须再承担赔偿责任。

福建省福清市人民法院依照《中华人民共和国侵权责任法》第

六条、第十五条第一款第六项、第四十八条，《中华人民共和国道路交通安全法》第七十六条第一款第一项，《中华人民共和国合同法》第四十四条、第六十条、第七十九条、第八十一条，《中华人民共和国保险法》第十七条、第六十五条，《中华人民共和国民事诉讼法》第六十四条、第七十五条，《最高人民法院关于适用〈中华人民共和国保险法〉若干问题的解释（二）》第十一条之规定，判决如下：

一、被告乙保险公司应在机动车交通事故责任强制保险责任限额内赔偿原告甲保险公司损失 2000 元，在第三者责任险责任限额内赔偿原告甲保险公司损失 18300 元，共计 20300 元，于本判决发生法律效力之日起十日内付清；

二、驳回原告甲保险公司的其他诉讼请求。

被告乙保险公司不服原审判决，提起上诉。

福建省福州市中级人民法院审理认为：本案交通事故导致案外人陈某娇车辆损坏并为此支付 20300 元维修费的事实清楚，现案外人陈某娇已将其向侵权人索赔的权利转让给了被上诉人甲保险公司，故被上诉人甲保险公司依法享有向侵权人主张赔偿的权利。由于肇事车辆在上诉人处投保了机动车交通事故责任强制保险以及保额为 100 万元的不计免赔率的第三者责任险，因此，发生在有效保险期间的本起交通事故给受害人造成的损失，应由上诉人在保险责任限额内承担赔偿责任。上诉人提出事故发生时被上诉人何某编造虚假的事故原因（谎称驾驶人是被上诉人张某），后被上诉人何某已放弃向上诉人索赔，因此，上诉人不需要承担本案的赔偿责任。但由于被上诉人何某在本案交通事故中未先行对受害人进行赔偿，其尚未取得保险法所规定的放弃向保险人索赔的权利，故上诉人主张其无须承担本案赔偿责任，法院不予支持。至于上诉人乙保险公司与被上诉人何某之间的索赔问题，可依保险合同另行处理。综上，上诉人上诉理由不成立，原判正确，应予维持。依照《中华人民共和国民事诉讼法》第一百七十条第一款第一项之规定，判决如下：

驳回上诉，维持原判。

【法官后语】

对于合法取得驾驶证后因超期未年检是否属于无驾驶资格的问题，司法实践中存在争议。驾驶证超期是否属于“不具有有效驾驶资格”之一免责情形，主要有以下两种观点：第一种观点持肯定意见，认为属无证驾驶。驾驶证是一种许可证明，具有一定的时效性，发证部门核发证件时明确在证件上载明有效期限，证明驾照取得人在指定期限内具有驾驶资格，时效过期则证件失去证明力，失去证明力的证件即可按无证处理，故可将持有超过有效期限驾驶证的驾驶行为认定为无证驾驶。第二种观点持否定意见，认为驾驶证是证明掌握了交通法规知识和驾驶技术的人员具有驾驶资格的证件，不能把驾驶证与驾驶资格两者概念混同，驾驶证过期并不等同驾驶资格被取消，驾驶证是形式要件，而驾驶资格是实质要件。故保险公司应当承担本次事故财产损失的赔偿责任。对上述争议笔者持后者观点，理由如下：1. 概念比较上，驾驶证和驾驶资格的内涵和外延虽有交叉但是并不完全等同。机动车驾驶证是指依法允许学习驾驶机动车的人员，经过学习、掌握了交通法规知识和驾驶技术后，经管理部门考试合格，核发许可驾驶某类机动车的法律凭证。驾驶资格则指的是为从事机动车驾驶活动而必须具备的先决条件。驾驶证的丢失并不意味着驾驶资格的丧失，驾驶证过期也并不必然导致驾驶资格的丧失。机动车驾驶证的有效期并不是指机动车驾驶人驾驶资格的有效期，机动车驾驶证超过有效期，也并不必然导致机动车驾驶证持证人丧失驾驶资格的法律后果。2. 认定主体上，行政行为具有公定力，保险公司与驾驶人员同样作为被管理者无权自行认定驾驶证无效。虽然本起事故发生后被告乙保险公司以被告何某驾驶证过期为由自行认定被告何某丧失驾驶资格，但是根据《机动车驾驶证申领和使用规定》（2021 年 12 月 4 日修订）第六十三条的规定，机动车驾驶人应当于机动车驾驶证有效期满前九十日内，向机动车驾驶证核发地车辆管理所申请换证；第七十九条规定又明确了机动车驾驶人超过机动车驾驶证有效期一年以上未换证的，车辆管理所应当注销其机动车驾驶证。从上述条文可以看出，机动车驾驶证在超过有效期限一年以内未换证的，主管部门仍保留该驾驶人的驾驶资格。因此，只要驾驶证未被注销，就应当认定驾驶人具有驾驶资格，本案中虽然被告何某在交通事故发生时所持有的驾驶证超过有效期限两个多月未申请换证，但其行为属于违反行政规章的行为，公安机关交通管理部门可以依据相关规定对其作出相应的行政处罚，不能以此认定被告何某不具备驾驶资格。3. 从行政部门对超期换证作出的行为来看，驾驶人在所持驾驶证已经超过原证认定的有效期但未被注销的情况下补办了换证手续，主管部门补发的驾驶证上载明的有效期是从原证有效期的截止日期次日起算，可见行政主管部门追认了驾驶人待证期间的驾驶资格。

编写人：福建省福清市人民法院　叶秀清　林逸群

038 无刑事责任能力人肇事，监护人是否承担连带赔偿责任

——赵某云诉杨某钢等机动车交通事故责任案

【案件基本信息】

1. 裁判书字号

北京市第二中级人民法院（2015）二中民终字第13437号民事判决书

2. 案由：机动车交通事故责任纠纷

3. 当事人

原告（被上诉人）：赵某云

被告（被上诉人）：杨某钢、杨某明

被告（上诉人）：保险公司

【基本案情】

2014年7月14日，杨某钢在没有取得驾驶资格的情况下，于长途汽车站门口，趁车主刘某江不备，将刘某江的轿车私自开走，将车前的王某焕、赵某云撞伤，后被民警抓获。赵某云于电力医院就医治疗，诊断为右髋外伤、软组织挫伤、右耻骨支骨折。赵某云在治疗过程中支付医疗费4889.58元。2015年1月30日，科学技术鉴定研究所作出《法医学鉴定意见书》，鉴定意见：杨某钢被诊断为躁狂症发作；2014年7月14日案发时其处于疾病期，评定为无刑事责任能力。

另查，杨某钢驾驶的机动车在保险公司投保了交强险。杨某明系杨某钢之父。

【案件焦点】

当肇事人被认定为无刑事责任能力人时，其监护人是否应承担赔偿责任。

【法院裁判要旨】

北京市丰台区人民法院经审理认为，杨某钢在没有取得驾驶资格的情况下驾驶机动车将赵某云撞伤。事故已经北京市公安局丰台分局侦查并进行了认定。杨某钢被诊断为躁狂症发作，2014 年 7 月 14 日案发时其处于疾病期，评定为无刑事责任能力。杨某明系杨某钢之父。赵某云主张杨某钢、杨某明承担连带赔偿责任，于法有据，法院予以支持。赵某云主张车主刘某江承担责任，但未能提供充足的证据证明刘某江对于事故发生存在过错，故法院不予支持。因杨某钢驾驶的机动车在保险公司投保了交强险，故保险公司应当在交强险限额内对赵某云承担赔偿责任，超出交强险部分由杨某钢、杨某明承担赔偿责任。赵某云主张的医疗费，法院根据相关票据予以确定。关于营养费、护理费，法院根据赵某云伤情及医疗机构诊断情况予以酌定。关于交通费，法院根据赵某云的就医时间、次数予以酌定。关于精神损害抚慰金，法院根据赵某云的伤情、年龄及交通事故发生情况予以酌定。

北京市丰台区人民法院依照《中华人民共和国民法通则》第一百一十九条，《中华人民共和国道路交通安全法》第七十六条，《中华人民共和国民事诉讼法》第一百四十四条之规定，判决如下：

一、被告保险公司于本判决生效后十日内赔偿原告赵某云医疗费 4889.58 元；

二、被告保险公司于本判决生效后十日内赔偿原告赵某云营养费 1000 元；

三、被告保险公司于本判决生效后十日内赔偿原告赵某云护理费 7200 元；

四、被告保险公司于本判决生效后十日内赔偿原告赵某云交通费 500 元；

五、被告保险公司于本判决生效后十日内赔偿原告赵某云精神损害抚慰金 2000 元；

六、驳回原告赵某云的其他诉讼请求。

保险公司不服一审判决，提起上诉。

北京市第二中级人民法院经审理认为：确认一审法院认定的事实和证据。上述事实，有双方当事人陈述、医疗费票据、刑事侦查案卷及相关材料在案予以证明。认为：本案争议的焦点系原判对赵某云获得赔偿是否承担责任的问题。

根据查明的事实，赵某云被杨某钢驾车撞伤，赵某云因受伤所造成的经济损失理应获得赔偿。因杨某钢在发生撞车事件时处于躁狂症发作状态，已被有关部门评定为无刑事责任能力，故其应承担的赔偿责任应由其法定监护人杨某明一并承担。鉴于肇事车辆在保险公司投保有交强险，故依照交通法律规定，上述损失应首先在交强险范围内进行赔偿。

诉讼中，保险公司主张依照交强险条例的规定，该分公司仅应对医疗费承担垫付责任，不应再承担其他赔偿责任。针对上述问题，《最高人民法院关于审理道路交通事故损害赔偿案件适用法律若干问题的解释》第十八条中明确规定：驾驶人未取得驾驶资格或未取得相应驾驶资格的，当事人请求保险公司在交强险责任限额范围内予以赔偿，人民法院应予以支持。故现赵某云要求保险公司在交强险范围内承担合理的赔偿责任理由充分，应予支持。

至于保险公司主张赵某云的营养费与护理费缺少医嘱，不应予以认定的问题，法院认为赵某云因此次受伤造成骨折，骨折受伤的恢复期需要较长时间，此期间所发生必要的营养费与护理费应属合理损失范畴，特别是本案受害人赵某云系年迈老人，更需要营养与照顾，故对于保险公司的上述主张法院不予采信。同理，赵某云在年事已高的情况下发生此事故，必然会给其身体与精神带来不利影响，故原审法院酌情确定一定比例的精神抚慰金，并对其交通费损失予以一定赔偿无明显不当，为此法院对保险公司不同意支付上述费用亦不予支持。

至于保险公司主张赵某云的损失应由杨某钢与杨某明予以承担的问题，因涉及保险公司主张追偿权，且与本案非属同一法律关系，法院不予涉及。综上所述，原判正确，应予维持。

北京市第二中级人民法院依据《中华人民共和国民事诉讼法》第一百七十条第一款第一项之规定，判决如下：

驳回上诉，维持原判。

【法官后语】

本案处理重点在于无刑事责任能力人驾驶机动车发生交通事故致人损害的赔偿问题。

首先，本案中的监护人是否应当承担赔偿责任。本案的肇事司机杨某钢经鉴定机构鉴定为无刑事责任能力人，其在躁狂症发作期间趁车主刘某江不备，将车私自开走，将王某焕、赵某云撞伤。至于赔偿责任如何分担，根据《中华人民共和国民法典》第一千一百八十八条的规定：无民事行为能力人、限制民事行为能力人造成他人损害的，由监护人承担侵权责任。监护人尽到监护职责的，可以减轻其侵权责任。有财产的无民事行为能力人、限制民事行为能力人造成他人损害的，从本人财产中支付赔偿费用；不足部分，由监护人赔偿。显然，本案中杨某钢的监护人杨某明没有尽到监护责任，应当承担赔偿责任。

其次，本案中的车辆所有人是否应当承担赔偿责任。本案中，根据刑事卷宗和民事庭审记录均可认定杨某钢由于躁狂症发作，趁车主刘某江不备，将车私自开走，将王某焕、赵某云撞伤。由于侵权行为法的基本原则是自己责任原则，即每个人只应对自己的行为所造成的损害后果负责，侵权行为人要能够转移责任，或者他人必须替侵权行为人造成的损害后果负责，都需要有法律上的明文规定。针对交通事故中驾驶员与车辆所有人的责任承担，驾驶员系交通事故的直接侵权行为人，如果没有其转移责任的法律规定，自然应当承担侵权责任，而对于车辆所有人是否须为驾驶员的行为承担责任，需要从实际出发，审查车辆所有人对交通事故发生是否有过错以及车辆所有人与实际使用人之间的关系，确定其相应的责任。本案中杨某钢未经车辆所有人刘某江的允许，趁其不备，擅自驾驶车辆所有人的车辆发生道路交通事故，属于已经超出所有人意志外原因，导致车辆被他人控制，车辆所有人已丧失了对车辆的管理和支配权，且依据现有证据不能证明车辆所有人刘某江存在管理上的瑕疵，则所有人刘某江不应承担赔偿责任。

最后，保险公司是否应当在保险限额内承担赔偿责任。《最高人民法院关于审理道路交通事故赔偿案件适用法律若干问题的解释》第十八条中明确规定，驾驶人未取得驾驶资格或未取得相应驾驶资格的，当事人请求保险公司在交强险责任限额内予以赔偿，人民法院应予以支持。故现赵某云要求保险公司在交强险范围内承担合理的赔偿责任理由充分，应予支持。针对保险公司认为赵某云的损失应由杨某钢与杨某明予以承担问题，因此主张追偿权，笔者认为不当，从法律关系来看，追偿权属于合同之债，道路交通事故损害赔偿纠纷属于侵权之债，两者非属同一法律关系；从权利基础看，追偿权是在保险公司实际赔偿受害人之后才享有的，同一诉讼中保险公司尚未赔偿受害人，因此不享有追偿权；从诉讼地位上看，保险公司在侵权之诉中的诉讼地位应当是被告，其对致害人提出追偿，就会形成被告人对被告人的诉讼请求，使得法律关系混淆不清。综上，应驳回保险公司的追偿诉讼请求。

编写人：北京市丰台区人民法院　尚全跃

039 交通事故案件中“车上人员”与“第三者”的身份认定问题

——赖某梅等诉甲保险公司等机动车交通事故责任案

【案件基本信息】

1. 裁判书字号

广东省广州市中级人民法院（2014）穗中法民一终字第 5039 号民事判决书

2. 案由：机动车交通事故责任纠纷

3. 当事人

原告（被上诉人）：赖某梅等

被告：王某坤、运输公司、甲保险公司、交通服务公司

被告（上诉人）：乙保险公司

【基本案情】

2013年2月22日4时25分，被告王某坤驾驶粤AH××××号牌重型厢式货车沿广园快速路由东往西行驶至珠吉立交桥时，遇受害人蔡某伟驾驶粤A×××××号牌中型专项作业车停在东向西第一条机动车道内作业，蔡某伟正处于作业车车头前方的路面上，粤AH××××号牌车与粤A×××××号牌车发生碰撞，造成粤A×××××号牌车推前碰撞蔡某伟至水泥护墙处停下，蔡某伟当场死亡。

事故后，交警部门作出责任认定，因被告王某坤超速驾驶且没有按照操作规范安全驾驶，是造成事故的主要原因，承担本次事故的主要责任；蔡某伟驾驶车辆作业未按照安全标准作业，未在来车方向设置警示标志也是造成事故的原因之一，承担本次事故的次要责任。粤AH××××号牌车向被告甲保险公司投保了机动车交通事故责任强制保险（以下简称交强险）和50万元的第三者责任保险（以下简称商业险，有购买不计免赔），本次事故发生在保险期限内；粤A×××××号牌车向被告乙保险公司投保了交强险和20万元的商业险，本次事故发生在保险期限内。

原告向法院起诉要求：被告乙保险公司及被告甲保险公司在各自交强险和商业险赔偿限额内赔偿原告丧葬费、死亡赔偿金、被抚养人生活费、交通费、处理事故人员住宿费、伙食费、误工费、精神损害抚慰金共计1111670.71元，超出保险赔偿限额的由其余被告赔偿。

【案件焦点】

受害人的身份问题如何界定，其在自己驾驶的作业车所购买交强险的法律关系中究竟是属于“车上人员”还是“第三者”。

【法院裁判要旨】

广州市天河区人民法院经审理认为：机动车辆是一种交通工具，任何人都不可能永久地置身于机动车辆之上，故机动车辆保险合同所涉及的“第三者”和“车上人员”均为在特定时空条件下的临时身份，二者可以随特定时空条件的变化而转化。该案中，受害人蔡某伟虽然系粤A×××××号牌车驾驶员，但在事故发生时已离开粤A×××××号牌车在车前方作业，即在事故发生时已置身粤A×××××号牌车之外，其身份属于“第三者”，同时基于交强险系不分责任比例承担责任，故被告乙保险公司应在粤A×××××号牌车交强险范围内承担保险赔偿责任，另被告甲保险公司亦应在粤AH××××号牌车交强险范围内承担保险赔偿责任。超出交强险的赔偿部分，基于被告王某坤承担事故的主要责任，故超出部分的70%损失本应由被告王某坤和运输公司负责赔偿，但基于粤AH××××号牌车已经在被告甲保险公司购买了50万元的商业险，故该70%的损失由被告甲保险公司在商业险范围负责赔偿。至于原告还要求被告乙保险公司在商业险范围对其承担赔偿的问题，由于商业险赔偿的前提是基于承保人一方的过错行为而导致损害而通过保险责任的方式去代替承责，而本案中死者蔡某伟作为粤A×××××号牌车之前的驾驶员，由于其自身之前的驾驶等行为对事故发生亦有过错，故其应就本次事故自行承担超出交强险范围的30%损失部分，其要求被告乙保险公司在商业第三者责任险范围内赔偿法院不予支持。

广州市天河区人民法院依据《中华人民共和国民法通则》第一百一十七条第二款、第三款、第一百一十九条、第一百三十四条第七项，《中华人民共和国道路交通安全法》第七十六条第一款、《最高人民法院关于审理人身损害赔偿案件适用法律若干问题的解释》

第十七条、第十八条、第二十五条、第二十七条、第二十八条、第二十九条，《中华人民共和国民事诉讼法》第六十四条第一款之规定，作出如下判决：

被告甲保险公司在交强险和商业险赔偿范围内本赔偿原告赖某梅等61万元、被告乙保险公司在交强险赔偿范围内赔偿原告赖某梅11万元，其余被告无须再赔偿。

一审宣判后，被告乙保险公司提起上诉，广州市中级人民法院经审理后认为：关于蔡某伟是否属于交强险“第三者”的问题，应以发生事故时即受害人遭受损害时受害人身体所处的位置为依据，结合受害人因事故所损害的原因来加以分析，在该案中，蔡某伟在下车作业之前是驾驶员身份，属于“车上人员”，但是在车辆停止以后其下车作业时发生了交通事故，王某坤超速驾驶的车辆碰撞到该作业车，导致作业车推前碰撞蔡某伟致其当场死亡，因此，事故发生时受害人蔡某伟已经离开车辆，不属于“车上人员”，应当认定为“第三者”，被告乙保险公司主张蔡某伟系“车上人员”依据不足，不予支持。

广州市中级人民法院依据《中华人民共和国民事诉讼法》第一百七十条第一款第一项的规定，作出如下判决：

驳回上诉，维持原判。

【法官后语】

一审、二审最终认定受害人的身份不属于“车上人员”而属于“第三者”主要是基于以下几个方面进行分析。

第一，从时空角度进行分析。交强险中的“车上人员”及“第三者”是一个针对保险车辆而言的相对概念，并不是一个绝对概念，不能做机械化、绝对化的理解。现实生活中，由于保险车辆属于机动车交通工具，任何人都不能永久地置身于保险车辆当中，“车上人员”及“第三者”应视为在一定时空条件下的临时性身份，这两种身份随着时空条件的变化而存在转化的情形，这种特定时空主要是看交通事故发生时这一特定的时间内受害人所处的位置。

第二，从近因原则进行分析。如果对上述时空转化进行进一步的判断，在适用上仍然存在一定问题，如“交通事故发生时这一特定的时间”如何理解？这一特定时间是指交通事故产生最后损害结果的时间，还是指从交通事故发生的危险出现到最后损害发生的这一过程，常常难以判断，所以二审时，除了基于时空变化界定受害人的身份以外，还结合了保险近因原则进行判断（二审判决中论述的“结合受害人因事故所损害的原因来加以分析”）。近因通常是指导致损失的最直接、起决定作用的原因，保险赔偿案件中通常根据近因原则判断保险事故与保险标的的损失是否存在直接的因果关系，从而确定保险赔偿责任，该原则也是认定保险责任的一项基本原则。该案中，受害人致死的原因是被告王某坤超速驾驶的车辆碰撞到粤A×××××号牌车，导致粤A×××××号牌车推前碰撞蔡某伟致其当场死亡，可见粤A×××××号牌车和王某坤驾驶的车辆碰撞是造成蔡某伟死亡的近因。

第三，从法律解释的角度分析，虽然交强险的保险条款是有说明本车车上人员、被保险人不属于赔偿范围，但该案中，对于受害人是否属于本车车上人员，原、被告双方都存在不同的解释和理解，而根据《中华人民共和国民法典》的相关规定，“对格式条款有两种以上解释的，应当作出不利于提供格式条款一方的解释”，同时

《中华人民共和国保险法》亦有相关规定，对于保险合同之条款，保险人与投保人、被保险人或者受益人有争议时，人民法院或者仲裁机关应作有利于被保险人和受益人的解释，故本案中，基于上述法律解释，应作出有利于受害人一方的解释，即认定受害者蔡某伟属第三者而非车上人员。

第四，从立法目的和公平角度分析，交强险是一种具有社会公益性的保险险种，法律设定交强险的目的也是让因交通事故受到人身伤害时的受害人能够从保险人处及时获得赔偿，避免因机动车所有人或驾驶员赔偿能力不足导致受害人权益得不到保障的情形发生。因此对于交通事故引发的重大人身伤害案件，应当侧重于对受害者的保护，在不违反法律法规的前提下给予受害者较为充分的补偿和保障，从而减少社会矛盾，实现社会公平正义，故从上述角度出发，在本案中认定受害人为“第三者”也是合法合理的。

编写人：广东省广州市天河区人民法院　余洪

040　交通事故中不能分清责任的，道路管理维护方承担举证责任

——崔某红等诉通信公司道路交通事故损害赔偿案

【案件基本信息】

1. 裁判书字号

北京市第一中级人民法院（2010）一中民终字第13691号民事判决书

2. 案由：道路交通事故人身损害赔偿纠纷

3. 当事人

原告（被上诉人）：崔某红、崔某荣、崔某龙

被告（上诉人）：通信公司

【基本案情】

2009年11月17日3时许，在北京市海淀区马连洼北路T20030号灯杆处，崔某富驾驶其长女崔某红之夫张某飞名下的某轿车由西南向东行驶，车底部与通信公司所有并管理的涉案路面井盖（井盖正面铸有“通信公司”的字样）接触，轿车侧翻，造成崔某富受伤，车辆损坏。

2009年11月18日，崔某富经急诊抢救中心抢救无效死亡。王凤芝、崔某红、崔某荣、崔某龙为崔某富向急诊抢救中心支付医疗费17796.10元。

2010年1月11日，海淀支队做出道路交通事故证明：海淀支队调查交通事故得到的事实为崔某富体内未检出酒精。经鉴定，轿车位于其轮胎挫印起点处的行驶速度低于67公里/小时。人工检验结论为，制动系工作有效，转向系有效，左、右侧前照大灯近光灯及左前转向灯工作状态无法检验，其他照明、信号装置工作状态有效。轿车底部痕迹符合与路面井盖接触形成。崔某富具有合法的驾驶资格，其驾驶的轿车已按规定定期检验。经鉴定，崔某富符合颅脑损伤死亡。其驾车行驶中车辆侧翻发生事故，但经调查，无法查清崔某富发生侧翻事故的原因。

【案件焦点】

1. 井盖问题是否是造成事故的主要原因；2. 如果无法通过科学方法做出鉴定，能否通过举证责任，确定责任承担。

【法院裁判要旨】

北京市海淀区人民法院认为：崔某富驾驶的轿车正常行驶时，轿车底部与通信公司所有并管理的涉案路面井盖接触，使轿车侧翻，造成崔某富受伤，车辆损坏。案发的次日，崔某富经急诊抢救中心抢救无效死亡。

受害人崔某富系因通信公司所有并管理的路面井盖即“其他设施”所致之损害，其对此的因果关系举证已经完毕，法院认定“道路交通事故证明”之证据真实、合法、有效，应当予以采信。通信公司对涉案路面的井盖没有进行及时、有效的维护、保养，未能尽到管理层面的注意义务。通信公司仅提交了其自行记录的工作日志等证据材料，不能免除其应当负有的民事责任。通信公司对崔某富人身伤亡应当承担民事责任，赔偿崔某富合理的损失费用。

根据《中华人民共和国民事诉讼法》第六十四条，《中华人民共和国民法通则》第一百一十九条、第一百二十六条之规定，判决如下：

通信公司于本判决生效后七日内赔偿王凤芝、崔某红、崔某荣、崔某龙，崔某富的医疗费人民币 17796.1 元、死亡赔偿金人民币 534560 元、尸体检验费人民币 7100 元、丧葬费人民币 8541 元、被扶养人（崔某富的母亲王凤芝）的生活费人民币 13717 元、精神抚慰金人民币 60000 元，共计人民币 641714.1 元。

判决后，通信公司不服原审法院判决，提起上诉。

二审法院经审理后驳回上诉，维持原判。

【法官后语】

本案能明确的事故事实是：1. 车底部与井盖接触。经检验，轿车底部痕迹符合与路面井盖接触形成。2. 涉案路面井盖属通信公司所有并管理（井盖正面铸有“通信公司”的字样）。3. 轿车侧翻，造成崔某富受伤，车辆损坏。4. 崔某富具有合法的驾驶资格，体内未检出酒精。5. 轿车已按规定定期检验。人工检验结论为：制动系工作有效，转向系有效，左、右侧前照大灯近光灯及左前转向灯工作状态无法检验，其他照明、信号装置工作状态有效。位于其轮胎挫印起点处的行驶速度低于67公里/小时。6. 经调查，无法查清崔某富发生侧翻事故的原因。7. 事发时，路面井盖的井口已经损坏。8. 通信公司主张对方未系安全带，但原告等不认可。联通公司亦无相关证据。

从上述事实可以看到，从科学分析的角度无法查清事故的原因。还可以得出以下结论：首先驾驶司机是有资质的，且在事发当天没有超速驾驶也没有酒后驾车。其次，车辆本身没有任何问题，经检查各项均合格。

在司法实践中经常遇到一些科学无法明确得出结论的问题，这是正常的。虽然从理论上说，日常生活中的事，都能够用现代科学去分析，并得出相应的结论，但在实践中，往往由于证据的缺失，导致缺乏最主要的数据，而根本无法进行科学鉴定。因此，民法所要求的因果关系，只是相当因果关系，而不是绝对的直接因果关系。其标准的公式是“若无此事，则无此结果；若有此事，则通常会有此结果”。法律的目标是尽可能公平地解决问题。法律本身就是人们制定的解决各种问题的规则而已。而在过去，科技并不发达，人们为了解决问题就想出了各种问题的归责原则。归责原则的意义就在于在问题扑朔迷离之时，把举证的责任派生给那一方。法谚有云：举证之所在，败诉之所在。

《中华人民共和国民法通则》（现已失效）第一百二十六条的规

定:“建筑物或者其他设施以及建筑物上的搁置物、悬挂物发生倒塌、脱落、坠落造成他人损害的,它的所有人或者管理人应当承担民事责任,但能够证明自己没有过错的除外。”《最高人民法院关于审理人身损害赔偿案件适用法律若干问题的解释》(2003 年版,现已失效,以下简称《人身损害赔偿司法解释》)第十六条规定:“下列情形,适用民法通则第一百二十六条的规定,由所有人或者管理人承担赔偿责任,但能够证明自己没有过错的除外:(一)道路、桥梁、隧道等人工建造的构筑物因维护、管理瑕疵致人损害的……”由上述法律规定可知,构筑物的责任属于过错推定责任。应当由构筑物的所有人或者管理人对于自己没有过错承担举证责任。比如,其不能证明自己没有过错,则应承担赔偿责任。这作为比较经典的理论没有什么可争议的。本案可思考之处在于,二审法院明确提出所有人或者管理人应当承担的举证责任其范围为何?“这一举证责任既包括举证证明其日常维护保养已经妥善尽到职责,也包括在事故的因果关系判断上与其无关。”在一般情况下,理论与实务界比较明确的就是对于过错的举证。举证责任倒置往往只是要举证证明自己无过错,即完成了举证义务。确实,法律也并没有规定因果关系的问题。但是,只要想一下过错责任的举证就能明白了。过错责任通行的几个构成要件包括:损害、侵权行为、损害与侵权行为之间的因果关系、过错,有些观点还包括违法性。也就是说,权利人不仅要举证证明对方实施了侵权行为,而且必须举证证明侵权行为与其自身损害后果之间的因果关系问题。如此举一反三,自然可以得出结论:举证责任倒置,不仅要求举证证明自己无过错,而且要证明行为与损害后果之间没有因果关系。

本案,通信公司作为井盖的所有人,负有维护保养的义务。井盖脱离井口的事实已经可以不证自明地说明所有人没有尽到自己的维护保养义务。尽管其提供了多位证人证言以及相关的公司规章制度，但均无法排除这一既有的事实。关于因果关系，是本案的另一焦点问题。依据“道路交通事故证明”“事故案卷”“北京市外来人口死亡医学证明书”“尸体检验鉴定书”“痕迹鉴定意见书”几项证据，能够证明崔某富的人身伤亡与上诉人所有、管理的涉案井盖存在基础层面的因果关系。按照一般社会经验的法则判断，事故发生系井盖与崔某富驾驶的轿车底部接触所致。此时，上诉人同样不能清楚证明井盖并非事故发生的原因。因此，上诉人应当承担举证不能责任。

本案生效之时《中华人民共和国侵权责任法》尚未实施。之后十余年，中国立法发生很大的变化。但是涉及本案，从侵权法因果关系的基本原理，到构筑物侵权的举证责任倒置，并没有发生变化。

2010年7月1日起实施的《中华人民共和国侵权责任法》吸收了2003年《人身损害赔偿司法解释》第十六条的规定，并对窨井的情况专门作出规定。该法第九十一条第二款：“窨井等地下设施造成他人损害，管理人不能证明尽到管理职责的，应当承担侵权责任。”之后，《中华人民共和国民法典》的第一千二百五十八条依然沿用该条规定，内容无任何变化。此外，鉴于法律已经对这种情况作出明确的规定，目前处理道交案件主要依据的两个司法解释《最高人民法院关于审理道路交通事故损害赔偿案件适用法律若干问题的解释》《人身损害赔偿司法解释》，亦没有再对这种情况作出其他解释。

编写人：北京市第一中级人民法院　谷岳

041 “二次碰撞”交通事故的民事赔偿责任认定

——金某才、焦某妹诉王某等机动车交通事故责任案

【案件基本信息】

1. 裁判书字号

江苏省常州市中级人民法院（2013）常民终字第234号民事判决书

2. 案由：机动车交通事故责任纠纷

3. 当事人

原告（被上诉人）：金某才、焦某妹

被告（被上诉人）：王某、吴某仲、黄某卫、徐某、甲保险公司

被告（上诉人）：乙保险公司

【基本案情】

金某华系金某才之父、焦某妹之子。2012年6月17日20时10分左右，王某驾驶苏D9Y7××小型普通客车沿苏239省道由南往北行驶，行至该省道94km+550m处，为避让行人错将油门当刹车而撞到前方由西向东步行横过机动车道的金某华，被撞倒在地的金某华又被徐某雇用的朱某平驾驶的由北往南行驶至上述地点的苏DLB8××重型自卸货车碾压，之后，黄某卫雇用的吴某仲驾驶苏DLB2××重型自卸货车由北往南行驶至上述地点时碾压到已与金某华身体分离的左侧小腿。整个事故造成金某华死亡，小型普通客车损坏。经交警部门调查，本起道路交通事故成因无法查证，故制作事故证明书。

【案件焦点】

在交警部门和法医学鉴定都无法确定受害人在哪次事故中死亡的情况下，该由哪方主体承担事故责任。

【法院裁判要旨】

江苏省溧阳市人民法院经审理认为：根据交警部门调查作出的事故证明，在第一次事故中，金某华横穿马路应承担事故的次要责任，王某为避让行人错将油门当刹车而撞到前方由西向东步行横过机动车道的金某华，其应承担事故的主要责任。在第二次事故中，徐某雇用的驾驶员朱某平疏于观察，驾车碾压到倒地的金某华，徐某应承担该次事故的主要责任，王某承担该次事故的次要责任，金某华在本次事故中不承担责任。由于无法证实是撞倒行为还是碾压行为导致的金某华死亡，故上述两行为人应对金某华的死亡承担连带赔偿责任。可以排除吴某仲与金某华的死亡存在因果关系，但其碾压到与金某华身体分离的左侧小腿，也造成了原告的精神损害，故在事故中存在过错，其车险所在保险公司即乙保险公司应按照交强险的规定承担赔偿责任，至于超限额部分的损失，吴某仲、黄某卫不承担责任。

江苏省溧阳市人民法院依照《中华人民共和国民法通则》第九十八条，《中华人民共和国道路交通安全法》第七十六条第一款，《中华人民共和国侵权责任法》第六条、第十六条，《中华人民共和国民事诉讼法》第一百三十条及有关民事政策的规定，作出如下判决：

一、甲保险公司、乙保险公司按照交强险的规定各赔偿金某才、焦某妹上述各项损失中的110000元、220000元（其中包括精神损害抚慰金），于本判决生效之日起十日内付清；

二、王某赔偿金某才、焦某妹上述各项损失中的116542元，于本判决生效之日起十日内付清；

三、徐某赔偿金某才、焦某妹上述损失中的73254元，于本判决生效之日起十日内付清；

四、王某和徐某对赔偿金某才、焦某妹的上述损失共同承担连带责任；

五、驳回金某才、焦某妹的其他诉讼请求。

乙保险公司认为一审交通事故责任认定不清，适用法律和诉讼程序错误提起上诉。江苏省常州市中级人民法院认为：一、关于本案是否遗漏必要的诉讼主体问题。根据《最高人民法院关于审理道路交通事故损害赔偿案件适用法律若干问题的解释》第三条之规定，以挂靠形式从事道路运输经营活动的机动车发生交通事故造成损害，属于该机动车一方责任，当事人请求由挂靠人和被挂靠人承担连带责任的，人民法院应予支持。根据《中华人民共和国侵权责任法》第十三条之规定，法律规定承担连带责任的，被侵权人有权请求部分或者全部连带责任人承担责任。所以本案中金某才、焦某妹有权选择由徐某承担赔偿责任，乙保险公司的该部分上诉请求无法律依据，法院不予采纳。二、关于事故责任认定的问题。原审法院根据本案事故的起因、结果并结合事故各方当事人的过错程度，对损害事实及责任分担作出的认定并无不当，乙保险公司提出的上诉意见缺乏相应的证据予以支持，法院不予采纳。三、关于吴某仲的行为与金某华死亡无因果关系，乙保险公司是否应在交强险限额内承担赔偿责任的问题。原审法院在查明事实的基础上，充分考虑本案金某华的死亡对其家属所造成的精神损害，本着人道主义精神，认定乙保险公司应在交强险限额内进行赔偿并无不当，对乙保险公司的该部分上诉意见，法院亦不予采纳。综上，原审法院适用法律正确，判决结果并无不当，法院应予维持。

江苏省常州市中级人民法院依照《中华人民共和国民事诉讼法》第一百七十条第一款第一项之规定，作出如下判决：

驳回上诉，维持原判。

【法官后语】

本案属于道路交通事故中典型的“二次碰撞”情形，而其又存在一定的特殊性，即死者因交通事故死亡后其已与身体分离的左侧小腿又遭到了第三辆机动车的碾压。所以，本案主要存在两个争议焦点：一是在无法确定金某华是死于第一次事故还是第二次事故的情况下，应由哪方主体承担赔偿责任；二是吴某仲碾压到的是已与死者分离的肢体，其驾驶车辆投保的乙保险公司是否应当在交强险限额内承担赔偿责任。

1. 关于第一个争议焦点。交警部门调查后认为本起道路交通事故的成因无法查证，只出具了道路交通事故证明，也就是说，无法确定是王某的撞击还是徐某雇用的驾驶员朱某平的碾压造成了金某华的死亡。故而王某、徐某以及二人车辆所投保的保险公司甲保险公司和乙保险公司都提出了抗辩，认为自身无须承担赔偿责任。根据《中华人民共和国民法典》第一千一百七十一条的规定：“二人以上分别实施侵权行为造成同一损害，每个人的侵权行为都足以造成全部损害的，行为人承担连带责任。”本案中，公安机关出具的尸检报告没有排除被害人是因为苏D9Y7××小型普通客车碰撞而死亡的可能性，也没有排除被害人是因为苏DLB8××重型自卸货车碾压而死亡的可能性，而这两次伤害又均足以造成被害人死亡结果，因此，认定王某和徐某承担连带责任并无不当。

2. 关于第二个争议焦点。根据交警部门的查证，吴某仲碾压的是已与死者身体分离的左侧小腿，因此，一、二审法院都认可吴某仲的行为与金某华的死亡无因果关系。但是，两级法院又都一致判决苏DLB2××投保的保险公司乙保险公司需要在交强险限额内承担赔偿责任，这主要是基于以下两点原因：第一，吴某仲确实碾压了死者金某华已与身体分离的肢体，对吴某仲来说，在事故发生之时他并不清楚受害人金某华有没有死亡，在此情况下他没有尽到必要的注意义务，其本身就存在一定的过失；第二，虽然金某华死亡给其家人带来的痛楚不是由吴某仲造成的，但是吴某仲的碾压直接导致了死者的尸体受到更大程度的破坏。由于尸体承载着人格利益，对尸体的加重伤害，必然加重死者亲属的精神痛苦。两级法院出于善良风俗和人道主义精神判决保险公司在交强险限额内承担赔偿责任也是合理的。

编写人：江苏省溧阳市人民法院　蒋园圆

042　公车私用发生交通事故情形下单位的责任认定

——宋某海诉刘某程、商贸公司机动车交通事故责任案

【案件基本信息】

1. 裁判书字号

山东省淄博市中级人民法院（2013）淄民三终字第 321 号民事判决书

2. 案由：机动车交通事故责任纠纷

3. 当事人

原告（被上诉人）：宋某海

被告：刘某程

被告（上诉人）：商贸公司

【基本案情】

刘某程系商贸公司的业务员兼驾驶员。2012年1月29日上午，因商贸公司所有的鲁C1R1××号汽车出现故障，刘某程向公司后勤部领导请示修车，领导同意后为刘某程开具了车辆出门证，遂刘某程驾车外出。同日下午，刘某程在驾驶该车接其朋友的过程中与宋某海驾驶的电动二轮车相撞，致宋某海受伤。经交警部门认定刘某程负事故全部责任，宋某海无事故责任。宋某海因交通事故造成各项损失合计1191252.33元。事故发生后刘某程已支付40000元。因事故车辆在保险公司投保交强险及商业险，该公司已支付宋某海商业险200000元。宋某海起诉要求刘某程、商贸公司和保险公司赔偿损失。高青县人民法院先行作出的已生效的（2012）高民初字第303-1号民事判决书判决保险公司在交强险赔偿限额内赔偿宋某海经济损失120000元。

【案件焦点】

在公车私用发生交通事故的情形下，单位的责任应如何认定。

【法院裁判要旨】

山东省高青县人民法院经审理认为：用人单位的工作人员在执行工作任务中造成他人损害的，由用人单位承担侵权责任。判断是否属于“执行工作任务”除一般原则外，还须考虑行为的内容、时间、地点、名义、受益人以及是否与用人单位意志有关联等。刘某程在上班时间、因用人单位车辆出现故障、为了用人单位利益、经领导批准而驾车外出修车，从外在表现形式看其行为是“执行工作任务”，其因公外出虽在办理个人事务过程中发生事故，对外仍应由用人单位承担赔偿责任。至于用人单位是否采取有效措施管理其人员和车辆，属于其内部管理问题，不能对抗受害人的诉讼请求。依照《中华人民共和国侵权责任法》第六条、第十五条、第十六条、第二十二条、第三十四条之规定，判决如下：

商贸公司赔偿宋某海医疗费、伤残赔偿金、鉴定费、护理费、住院伙食补助费、交通费合计 831252.33 元，于判决生效之日起十日内付清。

商贸公司不服一审判决，提起上诉。山东省淄博市中级人民法院经审理认为：单位工作人员驾驶单位车辆公车私用，是单位内部管理的问题，对外表现则为单位的公务行为，发生交通事故后，对于受害人的损失，应当先由该单位承担赔偿责任，单位不能以此对抗受害人。单位承担赔偿责任后，可以向违反单位管理规定的驾驶人追偿。原审判决商贸公司承担赔偿责任正确。依照《中华人民共和国民事诉讼法》第一百四十四条、第一百六十九条、第一百七十条第一款第一项、第一百七十四条、第一百七十五条之规定，判决如下：

驳回上诉，维持原判。

【法官后语】

本案主要涉及公车私用发生交通事故情形下单位的责任认定问题。

公车私用，是指单位工作人员未经其所在单位批准或允许，擅自使用其所在单位的公车去办理个人事务。正常情况下，单位的公车只能用于执行单位公务即公车公用，此时发生交通事故，由于使用人使用车辆系职务行为，故应依照《中华人民共和国侵权责任法》

第三十四条第一款[1]的规定由单位在车辆保险赔偿范围之外直接对受害人承担交通事故的赔偿责任。但实践中由于单位在管理上的疏漏，往往会出现公车私用的情况，此时发生交通事故，对于单位的责任认定法律并未直接规定。本案在处理上实际采用了“外形理论”，即虽然刘某程因公外出后是在办理个人事务时发生事故，但从外在表现形式来看其行为系执行工作任务。至于用人单位商贸公司是否采取了有效措施来管理其人员和车辆，亦即刘某程是否擅自使用公车属于单位和使用人之间的内部关系问题，不能以此对抗受害人，因此对外仍应由商贸公司承担赔偿责任。

应当注意的是，适用“外形理论”处理公车私用问题具有一定的条件限制，其核心正如本案所表现出的那样，就是单位人员因从事单位批准或允许的公务活动而使用车辆时，其行为虽然超出了批准或允许的范围，但其外在表现形式仍是履行职务或者与履行职务有内在联系，而非单位人员孤立的个人行为。如果公车私用的情节并不符合这一条件限制，则不能适用上述“外形理论”。虽然实践中公车私用的具体情节各异，但是总结归纳起来常见的公车私用主要分为三种情况，其中对于单位的责任认定也因情况的不同而有所区别。

第一种情况诸如本案，即单位工作人员使用公车办理个人事务具有公务“外形”。此时发生交通事故应当适用《中华人民共和国侵权责任法》第三十四条第一款和第四十八条[2]规定，由单位在车

---

① 该规定现为《中华人民共和国民法典》第一千一百九十一条第一款：“用人单位的工作人员因执行工作任务造成他人损害的，由用人单位承担侵权责任。用人单位承担侵权责任后，可以向有故意或者重大过失的工作人员追偿。”

② 该条规定现为《中华人民共和国民法典》第一千二百零八条：“机动车发生交通事故造成损害的，依照道路交通安全法律和本法的有关规定承担赔偿责任。”

辆保险赔偿范围之外对受害人直接承担赔偿责任。

第二种情况则是单位工作人员由于工作原因而具有对公车控制的便利，其在不具有公务“外形”的情况下使用公车办理个人事务。例如，某些单位的司机在日常工作中和下班后均掌握公车钥匙，由于单位管理不严，司机可以在非工作时间将公车开回家停放并可借机用公车去办理个人事务。此种公车私用已不像第一种情况那样具有公务“外形”，纯粹是因单位管理不严而造成其工作人员对公车的“非工作性支配”。这种情况下发生交通事故就不能根据“外形理论”让单位直接承担赔偿责任，而应适用《最高人民法院关于审理道路交通事故损害赔偿案件适用法律若干问题的解释》（以下简称《解释》）第二条①的规定，认定单位工作人员为未经允许使用他人（单位）机动车发生交通事故，由单位工作人员在车辆保险赔偿范围之外直接对受害人承担赔偿责任；单位对此存在过错的，承担相应的赔偿责任。其中应注意的是：(1)“未经允许”不仅包括单位工作人员利用单位管理疏漏实现对公车的“非工作性支配”而不为单位其他人员所知的情形，还应包括其领导默认甚至允许的情形。这是因为公车从性质上来看是为了单位的公务利益而由单位购买和使用，系单位公有财产，这种公有性和公益性决定了公车在性质上不应具有私用性，这种“公”的性质同时也不会因为单位领导允许和默认某一工作人员对公车实现“非工作性支配”而改变。(2)单位承担的“相应的赔偿责任”的内容虽无明确规定，但从《中华人民

① 该条规定现为《中华人民共和国民法典》第一千二百零九条：“因租赁、借用等情形机动车所有人、管理人与使用人不是同一人时，发生交通事故造成损害，属于该机动车一方责任的，由机动车使用人承担赔偿责任；机动车所有人、管理人对损害的发生有过错的，承担相应的赔偿责任。”

共和国侵权责任法》和《最高人民法院关于审理人身损害赔偿案件适用法律若干问题的解释》的规定来看，其显然不应是法定情形下才可适用的连带责任和补充责任，而应是根据过错程度来承担的按份责任。在确定单位的过错程度时，则主要应从单位对其人员和公车的管理上予以考虑。即根据单位在管理上的疏漏程度及其对发生交通事故的影响，公平合理地确定其应当承担的责任份额。

第三种情况则是公车被单位工作人员私自出借。通常表现为单位领导或对公车具有控制便利的工作人员如司机等未经单位同意私自将公车借与他人使用。这种出借基于单位人员个人的私益，即因私出借，而非因公务需要以单位名义进行的因公出借。这种情况与第二种情况在性质上相同，其区别只是单位工作人员因私出借公车的情形下自己不直接支配和使用车辆而已。故，此时借用人驾驶“借来”的公车实际上仍应定性为“未经允许驾驶他人车辆”，其驾驶“借来”的公车发生交通事故，依然应当适用《解释》第二条的规定，由“借用”公车（实际系“未经允许驾驶他人机动车”）的驾驶人承担赔偿责任份额。

编写人：山东省淄博市中级人民法院　荣明潇　胡晓梅

043 道路交通事故发生后，案外人非故意原因移动车辆的，能否成为交通事故损害赔偿的主体

——袁某华、白某贵诉保险公司机动车交通事故责任案

【案件基本信息】

1. 裁判书字号

新疆生产建设兵团第八师中级人民法院（2013）兵八民一终字

第 135 号民事判决书

2. 案由：机动车交通事故责任纠纷

3. 当事人

原告（被上诉人）：袁某华、白某贵

被告（被上诉人）：保险公司、苏某龙、马某元

被告（上诉人）：运输公司

【基本案情】

白某贵、袁某华系夫妻关系，育有一子袁某某（2005 年 12 月 27 日出生）。苏某龙的车辆在保险公司投保有交强险，且挂靠在运输公司名下，交通事故发生在投保及挂靠期限内。2012 年 7 月 21 日 13 时 29 分许，苏某龙驾驶新 C083××号重型货车沿 S115 线由东向西行驶至 129 公里+800 米处时，与横过马路的行人袁某某相接触，造成袁某某受伤，后经抢救无效死亡，其间，苏某龙支付抢救费用 1327.61 元。2012 年 8 月 22 日，石河子市公安局交通警察支队郊区大队出具道路交通事故证明一份："交通事故发生后，新 C08××号车辆上的乘车人马某元将车辆移动，致使道路交通事故的成因无法认定，因此无法确定道路交通事故的责任。"现袁某华、白某贵要求保险公司、苏某龙、马某元、运输公司赔偿死亡赔偿金 332500 元、误工费 15671 元、丧葬费 16000 元、就餐费 2715 元、交通费 50000 元、住宿费 9000 元、尸体处理费 3600 元、精神损失费 50000 元。

袁某华在湖南长沙打工，为办理丧葬事宜花费交通费 50000 元、就餐费 2715 元。

另查明：交通事故发生前，白某贵与袁某某租住于石河子市

东城街道办事处某村83栋平房，且居住已满一年，白某贵无固定职业。新疆生产建设兵团2011年度职工平均工资为31343元、城镇居民可支配性收入为16625元。

审理过程中，保险公司、苏某龙、马某元、运输公司对袁某华、白某贵主张的死亡赔偿金，认为应当按照兵团农牧工标准计算；对于丧葬费，认为应当按照新疆生产建设兵团2011年度职工平均工资计算6个月计算；对于尸体处理费、就餐费，认为已经包括在丧葬费中，不同意赔偿；对交通费、住宿费、精神损害抚慰金，认为过高。

【案件焦点】

1. 马某元在本案中是否承担赔偿责任；2. 袁某某的死亡赔偿金能否适用城镇标准计算。

【法院裁判要旨】

新疆维吾尔自治区石河子市人民法院经审理认为：作为袁某某的近亲属，袁某华、白某贵有权要求赔偿。机动车发生交通事故造成人身伤亡、财产损失的，由保险公司在机动车第三者责任强制保险限额内予以赔偿。苏某龙驾驶机动车在行经没有交通信号的道路时，遇行人横过道路，在没有避让和采取制动措施的情况下，造成交通事故的发生，其行为具有重大过错。交通事故发生后，乘车人马某元在没有保护好现场的情况下移动车辆，致使此交通事故责任无法认定，故苏某龙应当对此次交通事故负全部责任；至于苏某龙与马某元交通事故责任应如何划分的问题，不属于法院审查的范围，因此袁某华、白某贵要求马某元在本案中承担赔偿责任的请求，依法不能成立。挂靠经营的机动车发生道路交通事故造成损害的，由挂靠人和被挂靠单位对超出机动车交通事故责任强制保险限额之外的损害承担连带赔偿责任。故对苏某龙的车辆给袁某华、白某贵造成的损失，作为挂靠公司的运输公司应当在苏某龙赔偿责任限额范围内负连带赔偿责任。

袁某某的死亡赔偿金为 332500 元（16625 元/年×20 年）；丧葬费确定为 15671.5 元（31343 元/年÷2）；袁某华、白某贵及其亲属办理丧葬事宜而产生的误工费为 3434.85 元（31343 元/年÷365 天×10 天×4 人）；袁某华、白某贵亲属为袁某某丧葬事宜而产生的住宿费为 3060 元（170 元/天×6 天×3 人）；袁某华、白某贵及其亲属为处理袁某某的丧葬事宜从内地来石河子市而花费的交通费为 6000 元；袁某华、白某贵主张精神损害抚慰金为 30000 元。以上各项，合计 390666.35 元，保险公司在机动车交通事故责任强制保险限额内赔偿 120000 元，剩余 270666.35 元，由苏某龙负担，苏某龙已经给付的 18000 元，应当予以扣除。苏某龙实际赔偿原告的各项损失为 252666.35 元（270666.35 元-18000 元）。

综上所述，依照《中华人民共和国民法通则》《中华人民共和国道路交通安全法》《最高人民法院关于审理人身损害赔偿案件若干问题的解释》《最高人民法院关于确定民事侵权精神损害赔偿责任若干问题的解释》《中华人民共和国民事诉讼法》之相关规定，判决如下：

一、被保险公司赔偿袁某华、白某贵各项损失 120000 元，于本判决生效之日起十五日内给付；

二、苏某龙赔偿袁某华、白某贵各项损失 252666.35 元，于本判决生效之日起十五日内给付；

三、运输公司在苏某龙赔偿范围内负连带赔偿责任；

四、驳回袁某华、白某贵要求马某元在本案中承担赔偿责任的诉讼请求；

五、驳回袁某华、白某贵的其他诉讼请求。

运输公司不服一审判决，提起上诉。第八师中级人民法院经审理认为：根据运输公司的上诉请求、理由和袁某华、白某贵和苏某龙的答辩意见，本案的争议焦点为：（1）本案案由如何确定；（2）马某元应否承担交通事故赔偿责任；（3）运输公司与苏某龙系服务关系还是挂靠关系；（4）本案的赔偿责任应如何承担。

关于焦点一。本案是因交通事故造成受害人死亡引发的损害赔偿案件，原审认定案由为机动车交通事故责任纠纷，符合《民事案件案由规定》的规定。运输公司提出本案存在交通事故、马某元移动车辆和医院抢救不及时等多种原因造成受害人死亡的情形，但并未提供相应证据证实。其关于“一审确定案由有误，应以生命健康权确定案由，确定为健康权纠纷”的相关上诉理由，均不能成立。

关于焦点二。运输公司称“马某元移动事故车辆，造成事故责任和受害人死亡原因无法认定，也应负赔偿责任”。法院认为：马某元移动车辆只是造成交警部门对事故责任难以认定，其本人并不是交通事故的肇事者，与受害人的死亡没有任何的因果关系，不能成为侵权责任主体；受害人的死亡原因原审已经查明，且袁某华、白某贵也未提出异议。故对运输公司的此项上诉理由，法院不予采纳。

关于焦点三。根据查明的事实，肇事车辆的登记车主为运输公司，实际车主为苏某龙，双方之间的关系符合《最高人民法院关于审理道路交通事故损害赔偿案件适用法律若干问题的解释》第三条的规定，属于挂靠关系。运输公司关于双方之间系服务关系的上诉理由不能成立，法院不予采纳。

关于焦点四。苏某龙驾驶机动车在行经没有交通信号的道路时，遇行人横过道路，没有采取积极有效的避让措施，造成交通事故，应当承担赔偿责任；受害人袁某某作为学龄前儿童在道路上通行，没有监护人带领，对事故的发生也有一定责任，应当减轻苏某龙的赔偿责任；马某元移动肇事车辆的行为与本起交通事故没有因果关系，不应承担赔偿责任。原审认定苏某龙承担全部赔偿责任不当，法院予以纠正。根据本案的实际情况，法院认定由苏某龙承担除交强险赔偿限额以外的70%的赔偿责任，运输公司作为挂靠单位应与苏某龙承担连带责任。保险公司对原审判决其承担各项损失120000元未提起上诉，应视为认可该项判决，法院无异议。另外，苏某龙自行花费车辆鉴定费1200元、痕迹鉴定费1600元、病理法医鉴定费2200元和停尸费3000元，合计8000元，应由其承担70%，即5600元，其余2400元由袁某华、白某贵负担。此外，运输公司关于“本案应先刑后民，追究苏某龙的刑事责任”的上诉理由，事实和法律依据不足，法院不予采纳。原审对丧葬费、死亡赔偿金、误工费、交通费、住宿费和精神损害抚慰金等有关损失数额认定合法、合理，应予确认。

综上所述，原审判决认定事实清楚，但适用法律不当，应予部分改判。根据《中华人民共和国民法通则》第一百一十九条、第一百三十一条，《中华人民共和国道路交通安全法》第七十六条第一款第二项，《最高人民法院关于审理人身损害赔偿案件若干问题的解释》第十七条、第十八条第一款、第二十七条、第二十九条，《最高人民法院关于确定民事侵权精神损害赔偿责任若干问题的解释》第八条第二款、第十条第一款，《最高人民法院关于审理人身损害赔偿案件若干问题的解释》第四条，《最高人民法院关于审理道路交通事故损害赔偿案件适用法律若干问题的解释》第三条和《中华人民共和国民事诉讼法》第六十四条第一款、第一百四十四条、第一百七十条第一款第一项、第二项之规定，缺席判决如下：

一、维持石河子市人民法院（2012）石民初字第 3014 号民事判决第一项、第四项、第五项；

二、撤销石河子市人民法院（2012）石民初字第 3014 号民事判决第二项、第三项；

三、苏某龙赔偿袁某华、白某贵各项损失 169066.45 元［（390666.35 元-120000 元）×70%-18000 元（已付赔偿款）-2400 元（已付 30%的各项鉴定费及停尸费）］；

四、运输公司与苏某龙承担连带赔偿责任（此项及于诉讼费的负担）。

【法官后语】

1. 道路交通事故发生后，案外人非故意原因移动车辆的，不能成为交通事故赔偿的主体

《中华人民共和国道路交通安全法》第七十条第一款规定："在道路上发生交通事故，车辆驾驶人应当立即停车，保护现场；造成人身伤亡的，车辆驾驶人应当立即抢救受伤人员，并迅速报告执勤的交通警察或者公安机关交通管理部门。因抢救受伤人员变动现场的，应当标明位置。乘车人、过往车辆驾驶人、过往行人应当予以协助。"从本案的情况来看，驾驶员苏某龙在交通事故发生后，首先想到救治受伤人员袁某某，乘车人马某元在交通事故发生后移动车辆非苏某龙的意愿，也是苏某龙没有预见到的，同时也不是故意破坏现场，毁灭证据，苏某龙对于移动车辆与马某元既没有共同的故意，又没有共同过失，且马某元并不是为了毁灭证据，使肇事者苏

某龙逃避法律追究等而故意移动车辆。故本案中，袁某华、白某贵要求移动车辆人马某元承担责任的理由是不能成立的。

2. 无民事行为能力人的监护人没有尽到监护职责造成无民事行为能力人受害的，可以减轻侵害人的民事责任

《中华人民共和国民法典》第二十条规定，不满八周岁的未成年人为无民事行为能力人，由其法定代理人代理实施民事法律行为。从本案的情况来看，交通事故发生时，袁某某已满6周岁，受害人袁某某作为无民事行为能力人，对交通事故的发生确有一定的过错，因袁某某为无民事行为能力人，这种过错应归责于其作为监护人的袁某华、白某贵没有尽到监护职责，故袁某华、白某贵作为袁某某的父母，对袁某某横过马路时应当尽到其监护职责，其对袁某某独自横过道路发生道路交通事故致害行为具有未履行监护职责的过错，故袁某华、白某贵应当对交通事故造成袁某某死亡的结果自行负担一定的过错责任，这种责任的自负是对苏某龙赔偿责任的减轻，故二审法院判决苏某龙负有70%的责任，袁某某自行负担30%的责任是正确的。

编写人：新疆维吾尔自治区石河子市人民法院　杜世成

044　事故发生后终止挂靠关系的不影响连带责任的认定

——余某飞诉运输公司、尚某军机动车交通事故责任案

【案件基本信息】

1. 裁判书字号

北京市第二中级人民法院（2013）二中民终字第06755号民事判决书

2. 案由：机动车交通事故责任纠纷

3. 当事人

原告（上诉人）：余某飞

被告（被上诉人）：运输公司

被告（被上诉人）：尚某军

【基本案情】

2011年12月24日，在轻轨站，尚某军驾驶自有的小货车由西向东行驶，适有马某某驾驶余某飞所有的小客车由东向西行驶，尚某军驾驶的货车前部与京P6E6××左侧后部相撞后越过中心护栏左前部与京BK31××左侧后部相撞后，又与马某某驾驶的轿车前部相撞，两车受损，无人受伤。此次事故经北京市公安局公安交通管理局通州交通支队潞河大队认定，尚某军负此次事故的全部责任，马某某无责任。事发后，余某飞的车辆送至汽车服务公司修理，余某飞支付修车费175150元。另，肇事车辆挂靠在运输公司名下，但未交纳任何费用，事发时，该车并未投保交强险。经法院核实，余某飞的合理损失为：修车费175150元，拖车费1010元。

另查，运输公司曾以挂靠经营合同纠纷为由将尚某军起诉至北京市怀柔区人民法院，2012年6月15日，北京市怀柔区人民法院就该案作出（2012）怀民初字第03081号民事判决书，判决：一、确认运输公司与尚某军于2010年10月9日签订的自由组合协议书终止；二、尚某军于判决生效后十日内给付运输公司挂靠费2125元、车船使用税192元；三、尚某军于判决生效后立即协助运输公司办理车辆的过户手续，过户费由尚某军承担。该判决现已生效。

【案件焦点】

运输公司对于余某飞的相关损失是否应当与尚某军承担连带责任。

【法院裁判要旨】

北京市通州区人民法院经审理认为：根据我国民事诉讼法的规定，当事人有答辩并对对方当事人提交的证据进行质证的权利，尚某军经法院合法传唤，无正当理由拒不出庭应诉，视为其放弃了答辩和质证的权利。公民的人身权利受法律保护。尚某军驾驶货车与马某某驾驶的小客车发生交通事故，造成车辆损坏，尚某军负担此次事故的全部责任，马某某无责任，故尚某军应当赔偿余某飞的合理损失。关于余某飞主张运输公司赔偿损失的诉讼请求，运输公司系肇事车辆的挂靠单位，但该运输公司并未收取尚某军的任何费用，且并未实际参与车辆的运营管理和利益分配，故法院不予支持。现余某飞要求赔偿修车费、拖车费的诉讼请求，理由正当、证据充分，法院予以支持。

北京市通州区人民法院依照《中华人民共和国民法通则》第五条、《中华人民共和国民事诉讼法》第一百三十条之规定，作出如下判决：

一、本判决生效后七日内，尚某军赔偿余某飞修车费、拖车费共计人民币 176160 元；

二、驳回余某飞的其他诉讼请求。

余某飞持原审起诉意见提起上诉。北京市第二中级人民法院经审理认为：根据《最高人民法院关于审理道路交通事故损害赔偿案件适用法律若干问题的解释》第三条的规定，以挂靠形式从事道路运输经营活动的机动车发生交通事故造成损害，属于该机动车一方责任，当事人请求由挂靠人和被挂靠人承担连带责任的，人民法院应予支持。本案中，交通事故发生于2011年12月24日，肇事车辆系挂靠于运输公司名下从事运输经营，尚某军与该运输公司之间的挂靠合同于2012年6月才被终止，且相关生效裁判文书业已判令尚某军向运输公司支付2011年1月至2012年6月的挂靠费2125元。故余某飞要求运输公司对于其相关损失承担连带赔偿责任的上诉请求合法有据，依法应予支持。虽然运输公司以肇事车辆的支配和控制权均归实际车主尚某军享有，且以尚某军并未实际支付任何挂靠费等为由进行抗辩，但是尚某军正是挂靠在运输公司名下才可以正常从事道路运输经营活动，运输公司允许他人挂靠即应对挂靠人进行相应的安全教育及其他应有的管理，而现有证据并不足以证明其已经对挂靠人尽到了相应的管理责任，且相关生效裁判文书已经判令尚某军依据挂靠合同约定向运输公司支付挂靠费用，故法院对于运输公司的抗辩意见不予采纳。综上，一审判决在认定尚某军与运输公司之间就肇事车辆存在挂靠关系的情况下，未判令运输公司承担连带责任，属于适用法律错误，应予纠正。

北京市第二中级人民法院依照《中华人民共和国道路交通安全法》第七十六条、《最高人民法院关于审理道路交通事故损害赔偿案件适用法律若干问题的解释》第三条、《中华人民共和国民事诉讼法》第一百七十条第一款第二项之规定，作出如下判决：

一、撤销北京市通州区人民法院（2012）通民初字第05468号民事判决的第二项；

二、变更北京市通州区人民法院（2012）通民初字第05468号民事判决第一项为：本判决生效后七日内，尚某军与运输公司连带赔偿余某飞修车费、拖车费共计人民币176160元。

【法官后语】

机动车挂靠，主要是为了满足车辆运输经营管理上的需要，个人将自己出资购买的机动车挂靠于某个具有运输经营权的公司，向该公司交纳或不交纳一定的管理费用，由该公司为挂靠车主代办各种法律手续，并以该公司名义对外进行运输经营。

挂靠情形在实践中大量存在，挂靠车辆发生交通事故造成损害时，被挂靠人是否需要承担责任以及如何承担责任，在司法实践中也曾存在较大争议，有补充责任说、连带责任说以及以从挂靠车辆的运营中取得了利益为承担责任的前提等几种观点，《最高人民法院关于审理道路交通事故损害赔偿案件适用法律若干问题的解释》出台以后，已经明确统一适用连带责任。之所以让被挂靠人承担连带责任，主要是基于对挂靠行为的违法性、风险的开启与控制、受害人的保护等因素的考虑。因为运输行业本身具有高度危险性，道路运输经营的市场准入因此也比较严格，需要得到行政许可方能从业，而挂靠实质上是具有道路运输经营许可证的被挂靠人向不具备道路运输经营资格的挂靠人非法转让、出租道路运输经营许可证的行为。

（一）确定被挂靠人连带责任应注意的问题

1. 被挂靠人承担连带责任的适用条件

根据《最高人民法院关于审理道路交通事故损害赔偿案件适用法律若干问题的解释》第三条的规定：以挂靠形式从事道路运输经营活动的机动车发生交通事故造成损害，属于该机动车一方责任，当事人请求由挂靠人和被挂靠人承担连带责任的，人民法院应予支持。据此，被挂靠人承担连带责任的适用，主要考虑两个条件：（1）存在挂靠形式，不管有无挂靠合同，亦不管有偿与否；（2）系从事道路运输经营权的挂靠。即只要能确定系“以挂靠形式从事道路运输经营活动的机动车”，即应认定挂靠人与被挂靠人承担连带责任，不论是有偿挂靠还是无偿挂靠。

2. 关于挂靠关系的认定

所谓挂靠关系的认定，是指事故发生时，肇事机动车是否以被挂靠人的名义从事道路运输经营活动，即事故发生时，双方是否存在挂靠关系。本案的特殊之处在于被挂靠人运输公司不仅以其未从肇事车辆的运营中获取任何实际利益为由进行抗辩，而且主张其已经与挂靠人尚某军解除了挂靠关系。但事故发生时，尚某军正是挂靠在运输公司名下才得以从事道路运输经营活动，况且相关生效裁判文书判令的是终止挂靠关系而非解除，双方的挂靠关系在交通事故发生以后终止，并不影响连带责任的认定。

（二）关于变相挂靠关系的处理

事实上，随着《最高人民法院关于审理道路交通事故损害赔偿案件适用法律若干问题的解释》的正式实施，当前实践中的变相挂靠问题越来越突出，主要表现为以下几种方式：

1. “购车担保”方式。被挂靠单位为个人购买车辆作保证人，同时称为了避免单位自身利益受损而要求个人将车辆登记在单位名下作为反担保，实际车主为个人，双方约定仅是反担保关系，一切事故责任均由个人自行承担，个人则以单位名义实际从事道路运输经营。

2. “车辆买卖”方式。被挂靠单位与个人签订车辆买卖合同，约定个人以分期付款的方式向单位购车，但车辆仍然登记在单位名下，个人作为实际车主对外承担一切事故责任；同时，个人以单位名义实际从事道路运输经营，甚至有的从事单位指定的道路运输经营。

3. “车辆租赁”方式。被挂靠单位与个人签订车辆租赁合同，约定单位将车辆出租给个人使用，一切事故责任均由个人承担，单位只是收取租金。但实际上，车辆并非个人自用，而是以单位名义从事道路运输。

4. 其他名义车主方式。被挂靠单位与个人签订协议解除之前的挂靠合同，约定单位只是名义车主，为个人代办各种车辆税费，但个人从事道路运输经营时使用的仍是单位的运营资质。

如前所述，被挂靠人与挂靠人共同承担连带责任，主要是基于对挂靠行为的违法性、风险的开启与控制、受害人的保护等因素的考虑。无论其双方采用何种形式，只要能确定“交通事故发生时，挂靠人实际以被挂靠单位的名义或使用被挂靠单位的运营资质从事道路运输经营”，即可认定挂靠关系存在并承担连带责任。

编写人：北京市第二中级人民法院　张在民

045 司机下班后醉酒肇事，单位是否应担责

——胡某诉某某担保公司等机动车交通事故责任案

【案件基本信息】

1. 裁判书字号

北京市第一中级人民法院（2012）一中民终字第9887号民事判决书

2. 案由：机动车交通事故责任纠纷

3. 当事人

原告（被上诉人）：胡某

被告（上诉人）：某某担保公司

被告（被上诉人）：刘某、某某保险公司

【基本案情】

2012年2月14日19时50分许，刘某醉酒后驾驶小型普通客车由南向北行驶至北京市昌平区昌赤路1km+400m公里处时，小型普通客车前部右侧将行人谷某撞出，造成谷某死亡，车辆损坏。经北京市公安局公安交通管理局昌平交通支队认定，刘某负事故的全部责任。谷某出生于1962年12月26日，为农业家庭户口。在（2012）昌刑初字第482号案件中，刘某妹妹刘甲已与胡某等四人（谷某的配偶、子女、父亲）达成协议，双方约定刘甲赔偿胡某等20万元（丧葬费、存尸费3万元，被抚养人生活费2万元，精神损失费10万元，死亡赔偿金5万元）并已实际支付，双方还约定在刘甲给付上述赔偿款项后胡某等仍然享有民事诉讼的权利。

另查，刘某所驾车辆的登记所有人为某某担保公司，刘某系该担保公司的司机。事故发生于非工作时间，刘某当时也并非在执行工作任务，其醉酒原因也是出于个人事务。某某担保公司未执行严格的驾驶员管理和车辆使用制度，允许司机将车辆存放于个人家中。本案肇事车辆于事故发生时在被告保险公司投保了机动车交通事故责任强制险。

【案件焦点】

刘某作为担保公司的司机，于非工作时间、非执行工作任务、因私事醉酒肇事，担保公司作为车辆的所有人和管理者是否应承担赔偿责任。

【法院裁判要旨】

北京市昌平区人民法院经审理认为：本案肇事车辆虽在被告保险公司投保交强险，且事故发生于保险期间内，但驾驶人刘某醉酒驾驶车辆发生交通事故，所以除垫付一定抢救费用外，保险公司不负责垫付和赔偿其他损失和费用。刘某醉酒驾驶车辆发生交通事故，且负事故全部责任，故对于胡某等的合理经济损失，应由刘某承担相应的赔偿责任。某某担保公司作为车辆的所有人，未执行严格的驾驶员管理和车辆使用制度，将车辆任由醉酒的司机使用，故某某担保公司对于胡某等的合理经济损失亦应承担一定的赔偿责任。对于胡某等要求死亡赔偿金 244720 元、诉前财产保全申请费 1020 元的诉讼请求，理由正当，故应予以支持。对于交通费的数额，依据法律的有关规定以及本案的具体情况酌情予以认定。判决如下：

一、刘某赔偿胡某等四人 172004 元，于本判决生效后十日内履行；

二、某某担保公司赔偿胡某等 73716 元，于本判决生效后十日内履行；

三、驳回胡某等的其他诉讼请求。

某某担保公司不服一审判决，提起上诉，北京市第一中级人民法院判决：

驳回上诉，维持原判。

【法官后语】

本案中，有观点认为，刘某是否构成职务行为是单位应否担责的关键；也有观点认为，单位担责的关键是作为所有人和管理者是否已经履行了相应的义务。下文将对上述观点逐一进行分析。

1. 刘某是否构成职务行为

职务行为通常是指工作人员行使职务的行为，是履行职责的行为，与工作人员的个人行为相对应。早在 2003 年，《最高人民法院关于审理人身损害赔偿案件适用法律若干问题的解释》中第八条第一款就对“职务侵权行为”进行了界定，即法人或者其他组织的法定代表人、负责人以及工作人员，在执行职务中致人损害的，由该法人或者其他组织承担民事责任；上述人员实施与职务无关的行为致人损害的，应当由行为人承担赔偿责任。《中华人民共和国民法典》第一千一百九十一条规定，用人单位的工作人员因执行工作任务造成他人损害的，由用人单位承担侵权责任。用人单位承担侵权责任后，可以向有故意或者重大过失的工作人员追偿。由此可见，“职务行为”是法人或者其他组织承担替代责任的决定性因素。

本案中，事故发生于非工作时间，刘某当时也并非在执行工作任务，其醉酒原因也是出于个人事务。由此可见，刘某并不满足职务行为的构成要件，也正因如此，担保公司抗辩不应承担赔偿责任。但是，职务行为只是单位担责的充分条件，而不是必要条件，也就是说，如果刘某构成职务行为，则担保公司应该承担赔偿责任，刘某不构成职务行为，担保公司也不一定不承担责任。

2. 车辆所有人或管理者责任

《最高人民法院关于审理道路交通事故损害赔偿案件适用法律若干问题的解释》(2020年修正) 第一条规定：“机动车发生交通事故造成损害，机动车所有人或者管理人有下列情形之一，人民法院应当认定其对损害的发生有过错，并适用《中华人民共和国民法典》第一千二百零九条的规定确定其相应的赔偿责任：(一) 知道或者应当知道机动车存在缺陷，且该缺陷是交通事故发生原因之一的；(二) 知道或者应当知道驾驶人无驾驶资格或者未取得相应驾驶资格的；(三) 知道或者应当知道驾驶人因饮酒、服用国家管制的精神药品或者麻醉药品，或者患有妨碍安全驾驶机动车的疾病等依法不能驾驶机动车的；(四) 其它应当认定机动车所有人或者管理人有过错的。”

本案中，刘某是担保公司的司机，担保公司作为车辆的所有人和管理人，未执行严格的驾驶员管理和车辆使用制度，任由醉酒的司机使用车辆，应当认定其对损害的发生有过错，所以担保公司应承担一定的损害赔偿责任。至于责任份额，综合考虑刘某对于事故发生的直接和主要作用，判决担保公司承担30%的赔偿责任。

判决担保公司承担一定的赔偿责任，对于降低交通事故风险将发挥积极作用。作为高速运输工具的机动车，本身就具有高度危险性，对其使用必须尽到高度注意义务。担保公司作为用人单位，对于司机刘某和自有车辆都能够也应该予以管理。建立并执行严格的驾驶员管理和车辆使用制度，是担保公司作为用人单位和车辆所有人应该履行的义务。

综上所述，虽然司机刘某下班后醉酒肇事，不构成职务行为，但单位作为车辆的所有人和管理者，因未执行严格的驾驶员管理和车辆使用制度，任由醉酒的司机使用车辆，故也应承担一定的赔偿责任。

编写人：北京市昌平区人民法院　董晶晶　梁伟伟

046 占用公路的行为对道路交通事故的发生产生影响后是否应当承担赔偿责任

——龚某述诉水泥公司道路交通事故人身损害赔偿案

【案件基本信息】

1. 裁判书字号

重庆市第二中级人民法院（2011）渝二中法民终字第920号民事判决书

2. 案由：道路交通事故人身损害赔偿纠纷

3. 当事人

原告（被上诉人）：龚某述

被告（上诉人）：水泥公司

【基本案情】

水泥公司紧靠公路建有厂房及仓库，因没有装运水泥的场地，经常占用公路装运水泥，未设警示标志。2009年4月6日10时30分，龚某述持证驾驶A牌号客车从大进向开县行驶，当车行至水泥公司时，因刹车失灵，操作不当，加之水泥公司占用公路装运水泥，在无法避让的情况下，与同向行驶的刘某驾驶的B牌号货车追尾，又与相对行驶的王波驾驶的C牌号货车相刮擦，造成三车部分损坏及驾驶员龚某述，乘坐人祝某发、刘某力、李某秀、唐某、龚某才、祝某春受伤的事故。事故发生后，经交警部门事故责任认定，龚某述承担事故的全部责任。2009年6月9日交警部门交通事故调解书确认，龚某述医疗等费用为9480.56元；祝某华医疗等费用为9086.23元；刘某力医疗等费用为8003.70元；祝某春医疗等费用为10129.56元；李某秀医疗等费用为6115.30元；唐某医疗等费用为6889.86元；龚某财医疗等费用为7488.46元。C牌号车损失600元。龚某述与伤者协商后已分别赔偿了祝某春6383元、刘某力6383元、祝某华6384元、唐某4040元、李某秀4246元、龚某财5371元。2009年11月19日开县交通管理大队四中队给水泥公司的通知，认为该公司装运水泥的车辆占道，占用A牌号车辆正常行驶道路，应予以受损失的A牌号车一定的经济补偿。龚某述认为水泥公司装运水泥车辆占用公路致使车辆制动失灵无路通行且无法避让发生交通事故，应予赔偿。水泥公司称自己不是事故责任人，不应承担赔偿责任。

【案件焦点】

水泥公司占用公路的行为对行驶该道路上车辆发生的交通事故是否有所影响，对此所产生的经济损失是否应当承担一定的赔偿责任。

【法院裁判要旨】

开县人民法院经审理认为：关于民事责任，造成本次交通事故的主要原因是A牌号客车刹车失灵，龚某述操作不当所致，其应当承担主要责任。水泥公司占用公路装运水泥，应当预见占用公路可能对交通安全造成危险，没有设任何警示标志。A牌号客车刹车失灵时，因该车前有B牌号车，对向行驶有C牌号车，右侧因水泥公司装运水泥车占道，对龚某述采取其他紧急措施减轻损害后果的发生有一定影响，应当承担一定责任；关于赔偿范围，龚某述与其他伤者协商后支付的赔偿费用，小于其他伤者实际应赔偿的费用。其他伤者的赔偿费用以实际支付的金额作为赔偿依据。龚某述本人的费用9480.56元作为赔偿范围。C牌号车损失600元，保险公司已赔偿，不属于赔偿范围。龚某述主张的A牌号车的损失，证据不足不予支持。龚某述追索垫付的赔偿费用，对保险公司赔偿的财产损失600元不予扣除，应当扣除保险公司已赔偿的非财产损失8755.49元。

开县人民法院依照《中华人民共和国民法通则》第一百一十九条、第一百三十一条，《中华人民共和国道路交通安全法》第三十一条，《最高人民法院关于审理人身损害赔偿案件适用法律若干问题的解释》第十七条、第十九条、第二十一条、第二十二条、第二十三条之规定，判决如下：

一、原告龚某述的医疗费 2401.78 元，护理费 960 元，住院伙食补助 384 元，误工费 5374.78 元，住宿费 160 元，交通费 200 元，合计 9480.56 元；原告龚某述垫付祝某春赔偿费用 6383 元，刘某力赔偿费用 6383 元，祝某华赔偿费用 6384 元，唐某赔偿费用 4040 元，李某秀赔偿费用 4246 元，龚某财赔偿费用 5371 元。以上合计 42287.56 元，扣除保险公司已赔付的 8755.49 元，余额 33532.07 元，由被告水泥公司赔偿 5029.81 元，限本判决生效后五日内付清；

二、驳回原告龚某述的其他诉讼请求。

水泥公司不服提起上诉。重庆市第二中级人民法院经审理认为：龚某述驾驶的 A 牌号客车刹车失灵时，该车前有 B 牌号车，对向行驶有 C 牌号车，因右侧有在水泥公司装运水泥的车辆占道及水泥公司占道装运水泥，对龚某述操作刹车失灵的车辆采取紧急措施有一定的影响，故装运水泥的车辆和水泥公司对本案所涉交通事故的发生均有一定的责任。对本案所涉交通事故的发生，主要系龚某述操作不当所致，故其应承担主要责任。虽然开县公安局交警大队作出事故责任认定龚某述承担事故的全部责任，但 2009 年 11 月 19 日，开县交通管理大队四中队给水泥公司发出通知：你公司装运水泥的车辆占道，占用 A 牌号车辆正常行驶道路，应予以受损失的 A 牌号车一定的经济补偿。因此，原判未采信交警部门的交通事故责任认定书是正确的。龚某述在一审中放弃装运水泥的车辆承担赔偿责任，只请求水泥公司承担赔偿责任，并不违反规定。原判根据水泥公司对本案所涉交通事故应当承担的责任，判决其对龚某述的损失承担 15%的赔偿责任并无不当。水泥公司称不应当承担赔偿责任的上诉理由不能成立，不予支持。

重庆市第二中级人民法院依照《中华人民共和国民事诉讼法》

第一百五十三条第一款第一项之规定，判决如下：

驳回上诉，维持原判。

【法官后语】

1. 占用公用道路的行为实质上就是公共侵扰的侵权行为

公共侵扰是对于公众权利的一种不合理的干涉，典型的例子就是堵塞道路和航道、空气污染和水污染。公共侵扰行为所侵害的客体具有不确定性，表现形式不一，核心在于其行为可能造成公众中任何人的损害，侵害不特定人的人身损害或者财产损害。救济方式有禁令和诉讼赔偿。我国目前的禁令方式主要是承担公共职能的行政机关以行政法规、细则、文件形式明确；而《中华人民共和国民法典》没有规定侵扰这一类别，因此诉讼赔偿以造成的损害事由确定诉由为宜；如果一个公共侵扰行为造成了危害公共安全的严重后果，发生重大安全事件，导致重大人员伤亡与财产损失的则构成了危害公共安全罪。

2. 侵扰行为人在合理预见并能预防损害限度内承担责任，具体案件应分析因果关系和各方当事人的过错程度

现代侵扰法以结果为导向的发展特点使法律制度更关注客观利益得失，以构成实质损害为要件，不注重对行为人主观过错的判断，以行为人合理预见为限度，符合普通人的普通生活标准。侵扰侵权行为中被告的主观意图不起决定作用，侵扰可以发生于故意行为或粗心的行为或过失的行为，也可以产生于既无故意又无过失的行为，被告的侵扰行为违反了自己的公共安全的注意义务造成损害后果即负责任。主观意图在一定情况下起参考作用。

水泥公司装运水泥的车辆占用公共道路，妨碍了在此道路上通

行的其他车辆正常行驶的权利，对道路安全构成了隐患。开县交通管理大队四中队给水泥公司发出通知：你公司装运水泥的车辆占道，占用A牌号车辆正常行驶道路，应予已受损失的A牌号车一定的经济补偿。此通知确认了水泥公司的占用道路的行为违反了相关的行政法规，实为公共侵扰的侵权行为。水泥公司以自己不知情为由进行抗辩，但因占道行为客观上影响了龚某述的避险操作，造成道路交通事故的发生，损害了他人的人身健康和财产权益，水泥公司应当预见占用公路可能对交通安全造成危险，且没有设置任何警示标志，故应承担一定的赔偿责任。而事故发生的主要原因是A牌号客车刹车失灵，龚某述操作不当所致，故其应承担主要责任。考虑到水泥公司的占道行为对事故的发生的影响程度，一、二审判决龚某述承担85%、水泥公司承担15%的责任比例划分是恰当的。

行为人的行为对公共权利存在重大干扰构成公共侵扰类侵权时，应在其合理预见并能够预防损害限度内承担民事责任，具体案件应分析因果关系和各方当事人的过错责任。

编写人：重庆市第二中级人民法院　鄢勇　张艳敏

二、交通事故损害赔偿

047 被扶养人的生活费应在裁判中明确

——任某友、张某兰诉混凝土公司、财险北京分公司机动车交通事故责任案

【案件基本信息】

1. 裁判书字号

北京市密云区人民法院（2020）民初6810号民事判决书

2. 案由：机动车交通事故责任纠纷

3. 当事人

原告：任某友、张某兰

被告：混凝土公司、财险北京分公司

【基本案情】

原告任某友、张某兰系任某宝之父母。

2020年5月16日，在北京市密云区密关路王庄桥北，任某宝驾驶车牌号为京N52×××的小型轿车（内乘张某双）由北向南行驶，褚某松驾驶车牌号为京ADH×××的重型特殊结构货车由南向北行驶，小型轿车前部与重型特殊结构货车左前部接触，造成两车损坏，致任某宝、张某双受伤。事故发生后，任某宝先后被送往北京市密云区医院、航空总医院进行治疗，累计住院12天，经抢救无效后于2020年5月28日死亡，原告方支出医疗费175839.34元。此次事故，经北京市公安局密云分局《道路交通事故认定书》认定任某宝负主要责任，褚某松负次要责任。

另查明：车牌号为京ADH×××的车辆在被告财险北京分公司投保了机动车交通事故责任强制保险及100万元的商业三者险。被告混凝土公司认可事故发生时的车辆驾驶员褚某松正在执行驾驶工作任务。

因任某宝死亡造成的损失赔偿问题，各方协商未果，原告任某友、张某兰诉至法院，请求判令被告赔偿原告医疗费177751.32元、住院伙食补助费1200元、营养费600元、护理费2040元、误工费6000元、丧葬费63553.5元、死亡赔偿金1476980元、被扶养人生活费880802元、精神损害抚慰金100000元、尸体鉴定费2000元、家属处理丧葬事宜误工费10000元、施救费1700元、交通费8000元、财产损失5000元，要求被告在交强险外承担40%的赔偿责任。

【案件焦点】

任某友、张某兰已于早年离婚，被扶养人生活费计入死亡赔偿金后，是否合并给付。

【法院裁判要旨】

北京市密云区人民法院经审理认为：机动车驾驶人应当自觉遵守《中华人民共和国道路交通安全法》的规定，注意交通安全。行为人因过错侵害他人民事权益的，应当承担侵权责任。被侵权人对损害的发生也有过错的，可以减轻侵权人的责任。

本案中，根据交通事故认定书载明的事故原因及责任认定内容，法院认定“任某宝驾驶机动车超速且未靠右通行”为主要责任，过错责任比例为70%，“褚某松驾驶机件不符合技术标准”为次要责任，过错责任比例为30%。褚某松在执行工作任务过程中，因过错造成他人损害的，应由用人单位即混凝土公司承担侵权责任。褚某松所驾肇事车辆为混凝土公司所有，该车辆在财险北京分公司投保了交强险及100万元商业三者险，故对于原告方的合理损失，应先由财险北京分公司在机动车交通事故责任强制保险限额内全额赔偿，不足部分，由财险北京分公司在商业第三者责任保险限额内，按照混凝土公司在本次事故中的过错责任比例，承担30%的赔偿责任。

法院对原告方因此次交通事故产生的死亡赔偿金损失予以认定如下：法院按照受诉法院上一年度即2019年北京市居民人均可支配收入66756元标准，结合任某宝的年龄，按赔偿20年计算，合计1335120元；关于被扶养人生活费，被扶养人系无劳动能力又无其他生活来源的人，经查，任某友系退休职工，有固定收入来源，故对其主张被扶养人生活费的请求，法院不予支持；张某兰无固定工作，现已61周岁，劳动能力有限，故对张某兰主张被扶养人生活费的请求，法院予以支持，将参照2019年北京市人均消费支出43038元，结合其年龄，按赔偿19年，除以其子女人数予以计算，合并计入死亡赔偿金一项中，但考虑死亡赔偿金中的被扶养人生活费具有人身专属属性，而任某友、张某兰已于1999年离婚，故法院酌定由赔偿义务人单独给付张某兰此项费用；其他损失略述。

对于原告方的以上损失，首先由财险北京分公司在机动车强制保险限额内全额赔偿；超出部分，再由财险北京分公司在机动车第三者责任保险限额内承担30%乘以90%（免责10%）的赔偿责任，财险北京分公司免除10%部分的赔偿责任，由混凝土公司承担。

判决如下：

一、被告财险北京市分公司在机动车交通事故责任强制保险限额内给付原告任某友、张某兰医疗费、误工费、交通费、死亡赔偿金、精神损害抚慰金、财产损失合计121700元；

二、被告财险北京市分公司在机动车交通事故第三者责任保险限额内给付原告任某友、张某兰医疗费、护理费、死亡赔偿金、丧葬费、尸体鉴定费合计407634元；

三、被告财险北京市分公司在机动车交通事故第三者责任保险限额内给付原告张某兰死亡赔偿金110392.5元。

判决后，双方当事人均未上诉，本判决现已生效。

【法官后语】

被扶养人生活费，是指加害人非法剥夺他人生命权，或者侵害他人健康权致其劳动能力丧失，造成受害人生前或丧失劳动能力以前扶养的人扶养来源的丧失，应依法向其赔偿必要的费用。2020年修正的《最高人民法院关于审理人身损害赔偿案件适用法律若干问题的解释》第十六条明确要求被扶养人生活费计入残疾赔偿金或者死亡赔偿金。

关于死亡赔偿金的性质，我国立法及司法解释均采纳“继承丧失说”，即受害人因人身损害死亡，家庭可以预期的其未来收入因此减少或丧失，使家庭成员在财产上蒙受消极损失，这种未来收入的构成，既包括受害人用于个人的消费支出，也包括其扶养人因此丧失的扶养费的损失。

虽然被扶养人生活费被合并计入死亡赔偿金或伤残赔偿金中，但被扶养人生活费仍保有独立的、较强的人身依附属性，主要体现在以下几个方面：一是主张主体具有特定性，需是由受害人依法应当承担扶养义务的人，包括未成年人和丧失劳动能力又无其他生活来源的近亲属，从扩大解释上，还应包括依靠受害人扶养的近亲属以外的其他人；二是赔偿用途的固定性，需是用于被扶养人的合理的生活消费、教育支出及医疗支出，用以保障被扶养人的基础生活之必要，不包括精神损害赔偿及提升生活品质方面的支出；三是赔偿费用的专有性，该笔费用应为被扶养人享有，在诉讼中主张赔偿权利的其他近亲属，不得参与分配。

尽管被扶养人生活费具有人身依附属性，但此前，在法院审理的人身损害赔偿案件中，大多没有单独列出赔偿项目。在受害人致残的情况下，往往是受害人作为原告自己提起诉讼，将被扶养人生活费作为诉讼请求之一予以提出；在受害人死亡的情况下，通常提起赔偿诉讼的主体为受害人的配偶、子女、父母，对子女、父母需要扶养的诉讼请求，也混同合并在全部赔偿项目的诉讼请求中。而法院目前的判决，也是将被扶养人生活费计入伤残赔偿金或死亡赔偿金中直接确定最终赔偿数额，且大多数判决后并没有附带赔偿清单，导致赔偿费用的分配规则变得模糊，无法体现被扶养人生活费设立的价值初衷。另外，在受害人死亡的赔偿案件中，很多受害人配偶将来还会组建新的家庭，从而使得赔偿金丧失了共有的基础和协商分配的空间，容易引发其他赔偿金分配诉讼，不利于一次性化解矛盾。

针对以上问题，笔者建议对被扶养人生活费一项，在判决主文中单独列项裁判，或在裁判文书后附带赔偿清单，以明确伤残赔偿金或死亡赔偿金中被扶养人生活费的权利人及数额。比如，在受害人致残且存在需要扶养人的情况下，列明赔偿义务人赔偿受害人伤残赔偿金共计×元（含被扶养人某某的伤残赔偿金×元）；在受害人死亡且存在需要扶养人的情况下，直接单独列项明确由赔偿义务人直接赔付给需要扶养的原告。

本案中，任某友、张某兰系交通事故中死亡的受害人任某宝之父母。任某友系退休职工，有固定收入来源，不属于无劳动能力又无其他生活来源的人，故没有支持其被扶养人生活费请求；张某兰无固定工作，现已61周岁，劳动能力有限，符合被抚养人条件，可以支持其被扶养人生活费请求；但任某友、张某兰已于1999年离婚，对于赔偿财产不具有共有基础，且死亡赔偿金中的被扶养人生活费具有人身专属性，故法院酌定由赔偿义务人单独给付张某兰此项费用，并在裁判主文中予以单独裁判。

编写人：北京市密云区人民法院　史金杰

048　被扶养人在未达特定条件时仍可支持赔偿生活费

——秦某生、周某格诉高某孝等机动车交通事故责任案

【案件基本信息】

1. 裁判书字号

北京市第三中级人民法院（2021）京03民终1192号民事判决书

2. 案由：机动车交通事故责任纠纷

3. 当事人

原告（被上诉人）：秦某生、周某格

被告（上诉人）：高某孝

被告：建筑公司、财险济宁分公司、姚某龙

【基本案情】

2019年4月5日2时1分，在设有施工围挡的红绿灯路口处，高某孝醉酒驾驶小客车撞击正闯红灯的行人秦某意及姚某龙，导致

秦某意死亡。经交管部门认定：高某孝承担事故主要责任；秦某意、姚某龙、建筑公司分别承担事故次要责任。后经复核维持上述道路交通事故认定。高某孝受刑事处罚。事发后，死者秦某意的父亲秦某生、母亲周某格提起诉讼，主张包括被扶养人生活费在内的各项损失。

案件审理过程中，二原告为证明其本人均丧失劳动能力，向法庭提交了所居住地村委会出具的证明，内容为："我村村民秦某生，男，汉族，现年54岁，因患高血压、心脏病，常年吃药，无劳动能力。其妻子周某格是残疾人，更无劳动能力等。"

【案件焦点】

被扶养人在劳动能力认定时未满法定退休年龄且未达到特定伤残等级时是否可支持被扶养人生活费。

【法院裁判要旨】

北京市通州区人民法院经审理认为：醉酒驾驶机动车发生交通事故导致第三人人身损害，当事人请求财险济宁分公司在交强险责任限额范围内予以赔偿，人民法院应予支持。被扶养人生活费是受害人未来收入损失的一部分，在被扶养人未达特定年龄、未达特定伤残等级时，收入来源未符合当地脱贫或收入统计方案和规定时，亦应结合多方证据、综合各类因素对被扶养人生活费予以认定。对于死亡赔偿金及被扶养人生活费计算的依据和标准，虽然原告提交的劳动合同书与其提交的工作证明、收入证明中的入职时间有矛盾，但是结合村委会证明、银行交易明细等综合判断，法院认定秦某意的经常居住地及主要收入来源地为城镇，按照城镇居民标准予以计算。判决如下：

一、被告财险济宁分公司赔偿原告秦某生、周某格死亡赔偿金110 000元，于本判决生效之日起七日内执行清；

二、除已赔付的182 000元外，被告高某孝赔偿原告秦某生、周某格死亡赔偿金、被扶养人生活费、丧葬费、交通费、住宿费共计1 212 367.70元，于本判决生效之日起七日内执行清；

三、被告建筑公司赔偿原告秦某生、周某格死亡赔偿金、被扶养人生活费、丧葬费、交通费、住宿费共计298 793.08元，于本判决生效之日起七日内执行清；

四、驳回原告秦某生、周某格的其他诉讼请求。

高某孝以秦某生、周某格未满足民政部发布的《特困人员认定办法》认定条件及不在当地贫困监测对象名单为由，上诉主张不应赔付被扶养人生活费。

北京市第三中级人民法院经审理认为，被扶养人生活费赔偿的并非被扶养人的实际生活需要，而是因受害人伤残或死亡后导致的受害人个人收入中用于家庭成员生活消费需要的减少部分。被扶养人生活费自始至终都是受害人未来收入损失的一部分。死亡赔偿金加上被扶养人生活费就等于受害人的全部收入损失。根据《中华人民共和国老年人权益保障法》第十四条的规定，子女对老年父母有赡养义务。对父母的此项义务不取决于父母是否丧失劳动能力。本案中，村委会出具的证明、残疾证等证据可以证明秦某生、周某格老无所养、老无所依，符合《最高人民法院关于审理道路交通事故损害赔偿案件适用法律若干问题的解释》第二十八条规定的情形。高某孝的该项主张，没有事实和法律依据，二审法院不予采信。判决如下：

驳回上诉，维持原判。

【法官后语】

本案的争议焦点为秦某生及周某格作为被扶养人，其在不满足一般审判实务中所掌握的年龄限制、伤残等级、收入来源等通常标准时，被扶养人生活费能否得以支持。本文从被扶养人生活费的性质认定、适用情形及举证责任三方面分述如下。

一、被扶养人生活费的认定

根据《最高人民法院关于审理人身损害赔偿案件适用法律若干问题的解释》的规定，被扶养人是指受害人依法应当承担扶养义务的未成年人或者丧失劳动能力又无其他生活来源的成年近亲属。

被扶养人生活费根据扶养人丧失劳动能力的程度，按照受诉法院所在地上一年度城镇居民人均消费性支出和农村居民人均年生活消费支出的标准计算。被扶养人为未成年人的，计算至十八周岁；被扶养人无劳动能力又无其他生活来源的，计算二十年。但六十周岁以上的，年龄每增加一岁减少一年；七十五周岁以上的，按五年计算。

关于被扶养人生活费，审判实践中有两种不同观点：第一种观点认为，被扶养人系需求一方，应根据被扶养人的身份及居住地确定适用标准；第二种观点则认为，被扶养人的生活费用源自受害人，故应以受害人的身份及居住地确定适用标准。通说认为，被扶养人生活费的来源依据是受害人伤残或死亡后导致的被扶养人期待利益的损失，其属于受害人死亡或伤残后个人收入中用于家庭共同消费或者家庭积累部分的减少范畴，故而是与受害人的实际情况相关联。在本案中，被扶养人生活费的认定也基于上述理论以受害人为基础核心，而非就被扶养人基本情况进行严苛要求。

二、被扶养人生活费适用的前提条件

《最高人民法院关于审理人身损害赔偿案件适用法律若干问题的解释》规定被扶养人系丧失劳动能力又无其他生活来源的成年近亲属，也即成年人若主张被扶养人生活费应满足丧失劳动能力且无其他生活来源，这两个条件须同时满足。如何认定无劳动能力，在审判实践中一般参考法定退休年龄，认定男60周岁以上，女55周岁以上即不具备劳动能力，但该标准并非法律明文限制规定，具体到案件中需要结合事实情况具体分析。本案中，虽然二原告均未达到上述年龄，但在其居住地村委会出具的证明中显示二人中一个身患疾病，另一个则肢体残疾，均无劳动能力，被告未提出证据予以推翻上述村委会证明情形下，法院不能罔顾当事人实际身体情况而苛求二人必须达到特定年龄才能认定其应得生活费。关于另一个必要条件——无其他生活来源，不能仅凭当地特困人员或脱贫人员名单等非直接证据反向推定当事人必然有其余收入。对于法律条文中规定的上述两个前提条件的适用，立法目的在于规范法官自由裁量权和更有利于保护真正受害的弱势群体，在司法中当一方当事人提出的证据对于满足上述两个条件有高度盖然性时，法院亦应予以确定。

三、举证责任的分配方式

在过错归责原则下，过错的举证责任在受害人一方，受害人需要对行为人具有主观过错承担证明责任。在过错明确的前提下，谁主张谁举证涵盖于各诉求中。对于被扶养人生活费的举证责任自然归于诉讼发起人，但是需要证明到何种程度，作为民事案件，民事诉讼中证明标准为高度盖然性，在当事人提供相应能够认定既无劳动能力又无其他生活来源的证明材料时，结合以受害人实际情况为核心的思维逻辑，法院不应对该部分举证标准做过高要求。

综上，本案中，秦某生、周某格在已经提供经常居住地村委会出具的证明材料及残疾证的前提下，结合受害人的实际生活情况，来认定被告需赔偿被扶养人生活费并无不妥，一审、二审法院的判决是正确的。在司法审判实践中，许多涉及被扶养人生活费的认定案件中，往往会出现仅有一份居委会、村委会等经常居住地出具无劳动能力和其他生活来源的证明材料，对方当事人往往会以证据不足或真实性存疑为由予以否认，审判人员也会对仅此一份证据心存疑虑，但是如果认定了被扶养人生活费的性质实质上系因受害人伤残或死亡后导致的受害人个人收入中用于家庭成员生活消费需要的减少部分，就会减少审判人员内心的不确定性。

编写人：北京市通州区人民法院　杨宇　崔艳丽

049　宠物犬发生交通事故赔偿问题

——穆某诉贾某、财险北京分公司机动车交通事故责任案

【案件基本信息】

1. 裁判书字号

北京市密云区人民法院（2020）京 0118 民初 6340 号民事判决书

2. 案由：机动车交通事故责任纠纷

3. 当事人

原告：穆某

被告：贾某、财险北京分公司

【基本案情】

2020年8月2日11时，在某小区内，被告贾某驾驶小型轿车由西向东行驶时，小型轿车右前轮与穆某养的史宾格狗身体接触，造成狗受伤。事故发生后，北京市公安局密云分局交通支队密云镇中队出具了交通事故认定书，未认定责任。经核实，原告穆某为给狗治伤支付医疗费21510.9元。另查明，事发之时，事故车辆在被告保险公司处投保有交强险及商业三者险30万元，含不计免赔。

【案件焦点】

1. 宠物犬发生交通事故应如何进行责任划分；2. 宠物犬发生交通事故应如何进行赔偿。

【法院裁判要旨】

北京市密云区人民法院经审理认为：侵害他人财产的，财产损失按照损失发生时的市场价格或者其他方式计算。同时投保机动车第三者责任强制保险和第三者责任商业保险的机动车发生交通事故造成损害，当事人同时起诉侵权人和保险公司的，人民法院应当按照下列规则确定赔偿责任：（一）先由承保交强险的保险公司在责任限额范围内予以赔偿；（二）不足部分，由承保商业三者险的保险公司根据保险合同予以赔偿。本次事故中，交管部门出具的事故证明中列明涉案事故车辆致宠物犬受伤。被告贾某驾驶的事故车辆在被告财险北京分公司投保机动车交通事故责任强制保险和商业三者险，事故发生在保险期限内。原告穆某因宠物犬受伤产生的相关费用属于财产损失范畴，被告财险北京分公司有义务在保险限额内承担赔偿责任。被告贾某作为车辆驾驶人，驾车在小区内行驶时应负注意义务，由于未能对随后出现的涉案犬只及时避让，故应当对此次事故承担主要责任。犬是具有较强攻击性的动物，为此《北京市养犬管理规定》中规定，携犬出户时，应当对犬束犬链，由成年人牵领，携犬人应当携带养犬登记证。本案中，原告穆某饲养的犬只在车库门口趴卧，无人牵领，导致被告贾某驾驶的车辆与犬只相撞，对损害后果的发生原告穆某亦存在一定过错，故对此次事故应承担次要责任。对原告穆某合法合理的损失，法院依法予以支持。原告穆某主张的医疗费根据医疗费票据，结合涉案犬只伤情等相关证据确定。

北京市密云区人民法院依据《中华人民共和国侵权责任法》第十九条、《中华人民共和国道路交通安全法》第七十六条、《最高人民法院关于审理道路交通事故损害赔偿案件适用法律若干问题的解释》第十六条之规定，判决如下：

一、被告财险北京分公司在交强险限额内赔偿原告穆某财产损失费 2000 元，于本判决生效之日起七日内执行清；

二、被告财险北京分公司在商业三者险限额内赔偿原告穆某财产损失费共计 15608. 72 元，于本判决生效之日起七日内执行清；

三、驳回原告穆某的其他诉讼请求。

判决后，双方当事人均未上诉，本判决现已生效。

【法官后语】

依照《中华人民共和国道路交通安全法》的规定，交通事故是指车辆在道路上因过错或者意外造成人身伤亡或者财产损失的事件。就机动车撞到宠物而言，一般会造成狗被撞伤、撞亡，或者是造成车辆零件受损脱落。宠物犬作为饲养者的个人财产，被撞后属于财产损失。因此机动车与宠物犬发生相撞引发的事故应符合交通事故的构成要素。

一、宠物犬发生交通事故后该如何分责

宠物犬发生交通事故后，由于发生地点没有监控、事发时宠物主人未在场等原因，交警并未在交通事故责任认定书中列明双方的责任，由于双方无法达成赔偿意见，起诉到法院后该如何对事故双方的责任进行划分，笔者认为应从法律上把握好以下几个方面。

首先，饲养者饲养的宠物犬是否符合当地的养犬管理规定中禁养烈犬的规定。如果该饲养者饲养的宠物犬为国家禁止饲养的烈犬，那么其对于事故的发生要承担一定的责任。

新修订的《中华人民共和国动物防疫法》明确规定："携带犬只出户的，应当按照规定佩戴犬牌并采取系犬绳等措施。"从立法上明文规定了遛狗应该系狗绳。所以，宠物犬在发生交通事故时，如果是因为饲养者的原因没有系狗绳，那么其对事故的发生就要承担一定的责任。

其次，作为机动车一方驾驶人，驾驶车辆行驶时应负有注意义务，如果因驾驶人车速过快或者没有认真观察路面情况，未能对随后出现的涉案犬只及时避让，作为机动车一方，驾驶人应当对事故承担一定的责任。

二、宠物在交通事故中受伤应如何赔偿

在宠物犬发生事故后，关于赔偿问题涉及以下几个方面。

首先是谁来赔的问题，发生机动车事故的，由保险公司在保险范围内进行赔偿。同时投保机动车第三者责任强制保险和第三者责任商业保险的机动车发生交通事故造成损害，当事人同时起诉侵权人和保险公司的，人民法院应当按照下列规则确定赔偿责任：(1) 先由承保交强险的保险公司在责任限额范围内予以赔偿；(2) 不足部分，由承保商业三者险的保险公司根据保险合同予以赔偿。在保险用尽的情况下由侵权人进行赔偿。

其次是赔偿哪些项目的问题。因犬只受伤发生的医疗费用应属于财产损失范围，另外，对饲养者带狗去宠物医院看病所花费的合理交通费也应予赔偿。对于饲养者所主张的误工费、精神损失费和营养费等不宜支持。

编写人：北京市密云区人民法院　高天刘云

050　第三人侵权与工伤事故竞合时民事赔偿范围的认定标准

——吕某诉夏某诚、财险济南分公司机动车交通事故责任案

【案件基本信息】

1. 裁判书字号

山东省济南市中级人民法院（2020）鲁 01 民终 9624 号民事判决书

2. 案由：机动车交通事故责任纠纷

3. 当事人

原告（上诉人）：吕某

被告（被上诉人）：夏某诚、财险济南分公司

【基本案情】

2018 年 9 月 2 日 16 时 10 分许，夏某诚将鲁××××号小型轿车停放在润滑保养中心洗车工位上后下车离开，洗车工吕某、张某对车辆进行清洗作业时，鲁××××号小型轿车发生移动，吕某发现后赶到车尾部推车阻挡，车辆继续滑移至经三路上，鲁××××号小

型轿车与吕某及王某同停放在经三路南侧的电动二轮车相撞，造成车辆损坏，吕某受伤的道路交通事故。2018年9月13日，济南市公安局交通警察支队槐荫区大队出具《道路交通事故证明》。

诉讼中，吕某就其伤残等级等事项申请进行司法鉴定。司法鉴定所出具《司法鉴定意见书》。吕某支付鉴定费18860元。

另查明，鲁××××号车辆的所有人为夏某诚，该车辆在财险济南分公司投保有交强险和100万元的商业三者险，并投保有不计免赔险，事故发生在保险期限内。2019年1月4日，社会保障事业局向吕某支付工伤保险待遇147190.69元，其中医疗费为146650.69元、住院伙食补助费为540元；2019年3月1日，社会保障事业局向吕某支付工伤保险待遇15072.85元，其中医疗费为14512.85元、住院伙食补助费为560元；2019年3月15日，社会保障事业局向吕某支付工伤保险待遇47507.59元，其中医疗费为46067.59元、住院伙食补助费为1440元。

吕某起诉至法院，请求：判令财险济南分公司、夏某诚赔偿医疗费290859.08元、住院伙食补助费32100元，后续治疗费27000元、营养费18250元、残疾赔偿金363850.8元、精神损害抚慰金20000元、误工费41499.36元、护理费101014元、交通费8000元、残疾辅助器具费705元、鉴定费18860元、财产损失2000元、住宿费168元、复印费149.5元，上述费用由财险济南分公司在交强险和商业险限额内优先承担赔偿责任，超出保险限额部分由夏某诚承担赔偿责任。

【案件焦点】

1. 夏某诚、吕某对案涉事故的发生是否具有过错及承担责任主体、赔偿责任比例问题；2. 侵权与工伤的竞合，吕某对于工伤保险基金已支付医疗费部分能否再向侵权人主张赔偿及赔偿范围。

【法院裁判要旨】

山东省济南市槐荫区人民法院经审理认为：夏某诚在将机动车停驶时未按照操作规范采取相应的制动措施，致使车辆后溜发生事故，其具有过错，且与损害后果存在因果关系，夏某诚应承担相应的赔偿责任。吕某未尽到必要检查和审慎注意义务，自身亦具有一定的过错。综合考虑双方过错等情况，夏某诚承担70%的赔偿责任，吕某自担30%的责任。

本案属于侵权与工伤事故竞合，吕某对于部分损失可以要求双重赔偿，对于工伤保险基金支付医疗费部分不能获得双重赔偿，扣减该部分后剩余医疗费由责任主体按责任比例承担。对于夏某诚承担责任的部分由财险济南分公司依法承担保险责任。

山东省济南市槐荫区人民法院依照《中华人民共和国侵权责任法》第十六条、第四十八条，《中华人民共和国保险法》第十七条、第六十六条，《最高人民法院关于审理人身损害赔偿案件适用法律若干问题的解释》第十七条、第二十六条之规定，作出如下判决：

一、财险济南分公司于判决生效之日起十日内在机动车第三者责任强制保险责任限额内赔偿吕某精神损害抚慰金4000元、残疾赔偿金106000元；

二、财险济南分公司于判决生效之日起十日内在商业第三者责任保险责任限额内赔偿吕某医疗费49979.55元、住院伙食补助费

20692元、后续治疗费18900元、营养费12775元、残疾赔偿金180495.56元、误工费16211.9元、护理费43753.9元、交通费3500元、残疾辅助器具费493.5元、鉴定费13202元、住宿费117.6元、复印费104.7元；

三、驳回吕某的其他诉讼请求。

吕某不服一审判决，提起上诉。山东省济南市中级人民法院经审理认为：除一审法院关于吕某应获赔付的医疗费数额计算有误，予以纠正外，二审法院同意一审法院的裁判意见。

山东省济南市中级人民法院依照《中华人民共和国民事诉讼法》第一百七十条第一款第二项之规定，作出如下判决：

变更原审判决第二项为：财险济南分公司于判决生效之日起十日内在商业第三者责任保险责任限额内赔偿吕某医疗费54146.75元；维持原审判决的其他判项。

【法官后语】

工伤保险待遇属于公法领域的补偿，适用保障型部分补偿原则，具有福利性质或社会保障功能。而人身损害赔偿则属于私法领域的赔偿，适用填补型全部赔偿原则。二者既不能混用，也不能相互替代，但二者应相互协调、相互配合。在现行法律体系下，工伤保险待遇赔偿与人身损害赔偿应按如下规则进行协调，并由此确定民事诉讼的赔偿范围：

一、受害者启动救济程序及选择救济方式，应“双线并行”

受害者诉请工伤保险待遇给付与诉请民事侵权损害赔偿，没有先后顺序，可同时启动两种救济程序，用人单位和工伤保险经办机构不能要求工伤职工必须先向侵害人索赔后才能申请工伤保险待遇。

社会保险作为一种社会性风险分担机制，是社会保障制度的核心，而侵权责任是行为人因自己侵害他人权益所应承担的责任，两者在立法目的、价值取向、保护范围、适用条件等方面均有明显不同，原则上不存在冲突。在程序上，设计民事侵权赔偿与工伤保险待遇双向就高补差的程序过于复杂，实务中缺乏可操作性，难以切实保障职工权益。《最高人民法院关于审理工伤保险行政案件若干问题的规定》第八条及《最高人民法院关于审理人身损害赔偿案件适用法律若干问题的解释》① 第三条对上述两种救济程序及途径如何协调作出明确规定，两条线可同时进行。

二、民事侵权赔偿诉讼中应根据“有限双赔”规则确定赔偿范围

第三人侵权与工伤事故竞合时，职工既可请求侵权人赔偿损害，也可依法请求工伤保险待遇给付。工伤保险给付是单位缴纳工伤保险后，作为单位职工应该享有的福利和保险赔付，实行无过错责任原则，只要发生工伤，就应享有此待遇。而向第三人请求损害赔偿是基于第三人的侵权行为而发生的，其适用过错责任原则，实行过错相抵。两者请求权基础不同，归责原则和权利保护范围不一样。社会保险制度是对受害人的一种基本社会保障，没有分散侵权人侵权责任的功能，第三人的侵权责任不能因为受害人获得社会保险的给付而减轻或免除。

但在现行法律体系下，从《中华人民共和国社会保险法》第四十二条、《最高人民法院关于审理工伤保险行政案件若干问题的规

① 《最高人民法院关于审理人身损害赔偿案件适用法律若干问题的解释》已于2021年1月1日进行了修订，本文援引的是新修订版的第三条，该条规定与现已失效的上述司法解释第十二条规定一致，修订前后该条法律规定适用没有变化。

定》第八条规定来看，除工伤医疗费用外，法律不禁止工伤职工享受工伤保险待遇后再获得民事赔偿，即医疗费部分不能双重赔偿，除医疗费部分，剩余部分可兼得，属于有限双重赔偿。

适用有限双重赔偿规则确定赔偿范围，也是基于对审判实务及现实情况的考量。现实情况中，民事赔偿受诸多因素，如诉讼成本支出、承担举证责任及过错相抵规则限制等诉讼风险、侵权人赔偿能力和执行到位等限制，实际获全赔率低。同时，工伤保险待遇具有社会保障性和福利性质，故适用有限双重赔偿规则更能体现公平。

编写人：山东省济南市中级人民法院　王立强

051　定残日后的误工费不应再单独计算

——田某诉财险北京分公司、闻某快机动车交通事故责任案

【案件基本信息】

1. 裁判书字号

北京市第一中级人民法院（2020）京01民终4386号民事判决书

2. 案由：机动车交通事故责任纠纷

3. 当事人

原告（被上诉人）：田某

被告（上诉人）：财险北京分公司、闻某快

【基本案情】

2019 年 4 月 4 日 23 时 15 分，在北京市海淀区西三环中路航天桥下北掉头口，宗某骑电动自行车由北向南在机动车道内逆向行驶，闻某快驾驶车牌号为京 Q89×××的小型轿车由北向南行驶，田某乘坐电动自行车静止，发生交通事故，造成车辆接触部位损坏，致宗某、田某受伤。事故经北京市公安局公安交通管理局海淀交通支队公主坟大队出具道路交通事故认定书（简易程序）认定宗某负主要责任，闻某快负次要责任，田某无责任。

事故发生次日，田某被送至医院治疗 12 日，共花费医疗费 79389.78 元。

事故发生后，经田某申请，司法鉴定所对田某伤残等级、误工期、护理期、营养期进行鉴定。该鉴定机构于 2019 年 7 月 16 日出具司法鉴定意见书，鉴定意见：1. 被鉴定人田某的伤残等级为人体损伤致残程度二个十级伤残，综合赔偿指数为 15%；2. 被鉴定人田某的误工期 270 日，护理期 120 日，营养期 90 日。田某共支付鉴定费 4350 元。田某支付营养费 2000 元、交通费 300 元，田某住院期间请护工护理 12 天，出院后请护工护理 108 天，共计支付护理费 13800 元（有票据），田某另主张曾以现金方式支付护理费，但无证据证明。田某主张按城镇标准计算残疾赔偿金数额为 203970 元，主张精神损害抚慰金数额为 10000 元。

田某属农村集体户，自 2016 年 10 月至今一直外出务工，未在本村务农居住，其主要收入及生活来源均来自城镇。田某主张每月劳动报酬为 4500 元（现金支付），对此提供了案外第三人出具的证明。田某主张误工费，称按照每月 4500 元标准计算 270 日。

财险北京分公司已将交强险医疗费用赔偿限额内的10000元给付闻某快，闻某快向田某支付了7000元。

田某诉讼请求：判令财险北京分公司就医疗费79389.78元、住院伙食补助费1200元、营养费4500元、护理费15960元、残疾赔偿金203970元、精神损害抚慰金10000元、鉴定费4350元、误工费40500元、交通费1000元的总和先在交强险的赔偿限额中承担赔偿责任，超出部分由闻某快、财险北京分公司承担30%的赔偿责任。

【案件焦点】

经鉴定的误工期的结束日期在定残日后，定残日后的误工费是否还需计算。

【法院裁判要旨】

北京市海淀区人民法院经审理认为：机动车发生交通事故造成人身伤亡、财产损失的，由财险北京分公司在机动车第三者责任强制保险责任限额范围内予以赔偿；不足的部分，按照下列规定承担赔偿责任：（一）机动车之间发生交通事故的，由有过错的一方承担责任；双方都有过错的，按照各自过错的比例分担责任。（二）机动车与非机动车驾驶人、行人之间发生交通事故，非机动车驾驶人、行人没有过错的，由机动车一方承担赔偿责任；有证据证明非机动车驾驶人、行人有过错的，根据过错程度适当减轻机动车一方的赔偿责任；机动车一方没有过错的，承担不超过10%的赔偿责任。

此次事故经认定闻某快负次要责任，故就田某的损失，应由财险北京分公司在交强险限额内先行赔偿，赔偿后仍有不足的部分，由闻某快承担30%的赔偿责任。因闻某快的车辆在财险北京分公司投保有第三者责任商业保险，故应由财险北京分公司在第三者责任商业保险限额内先行负担，超出部分由闻某快实际负担。田某主张的医疗费数额、住院伙食补助费数额、营养费数额、护理费数额、交通费数额、残疾赔偿金数额均无不当。田某主张按照每月 4500 元的标准计算误工损失，但提供的证据存在瑕疵，数额过高，一审法院予以酌定，田某主张的精神抚慰金数额过高，一审法院予以酌定。因财险北京分公司已经将交强险限额内 10000 元医疗费支付给闻某快，故闻某快应将相应金额支付给田某。综上所述，该院依据《中华人民共和国侵权责任法》第十六条、第四十八条，《中华人民共和国道路交通安全法》第七十六条，《中华人民共和国合同法》第八条之规定，判决如下：

一、保险公司于判决生效后七日内在交强险限额内赔偿田某精神损害抚慰金 7500 元，护理费、误工费、残疾赔偿金、交通费 102500 元，以上共计 110000 元；

二、财险北京分公司于判决生效后七日内在第三者责任商业保险限额内赔偿田某医疗费、住院伙食补助费、营养费 21428.93 元，护理费、误工费、残疾赔偿金、交通费 44121 元，以上共计 65549.93 元；

三、闻某快于判决生效后七日内赔偿田某医疗费、住院伙食补助费、营养费 10000 元，鉴定费 1305 元，以上共计 11305 元（已支付 7000 元，实际执行 4305 元）；

四、驳回田某的其他诉讼请求。

财险北京分公司不服一审判决中关于误工费的判项，提起上诉。财险北京分公司主张一审法院判决财险北京分公司赔偿田某 270 日的误工费不当，误工期为 270 日已超过定残前一日 167 天，重复计算了误工费。

北京市第一中级人民法院经审理认为：自定残日起受害人的误工费损失已经包含于伤残赔偿金之中，故不应重复计算，财险北京分公司该上诉理由成立，法院予以采信。一审判决认定事实清楚，但适用法律部分有误，处理结果部分有误，法院予以纠正（一并将商业险及闻某快赔偿的分项数额明确）。依照《中华人民共和国民事诉讼法》第一百七十条第一款第三项之规定，判决如下：

一、维持北京市海淀区人民法院民事判决第一项；

二、撤销北京市海淀区人民法院民事判决第二项、第三项、第四项；

三、财险北京分公司于本判决生效后十日内在第三者责任商业保险限额内赔偿田某医疗费 20468.93 元、住院伙食补助费 360 元、营养费 600 元、残疾赔偿金 38276.01 元，以上共计 59704.94 元；

四、闻某快于本判决生效后十日内赔偿田某医疗费 10000 元、鉴定费 1305 元，以上共计 11305 元（已支付 7000 元，实际执行 4305 元）；

五、驳回田某的其他诉讼请求。

【法官后语】

案涉交通事故发生于2019 年4 月4 日23 时15 分，2019 年7 月16 日经鉴定机构鉴定，确定田某的误工期为 270 日，为两个十级伤残，伤残赔偿指数为 15%。在定残日即 2019 年 7 月 16 日时，田某的误工期仅经过了 103 天，定残日后的误工费即剩余误工期内的误工费是否还应计算的问题，实际涉及对误工费、伤残赔偿金的性质的理解。

一、关于误工费的性质

误工费属于受害人遭受人身侵害本应获得却因侵权人侵害行为

无法得到或者无法完整得到的利益。在学理上可以归为期待利益或消极损失的范畴。误工费是受害人实际发生的损失，可以根据受害人的具体情况和特点等因素量化计算。依据受害人是否具有固定收入的不同，计算方法亦有所区别。受害人有固定收入的，应当以受害人发生损害前后，收入减少的差额作为赔偿标准。受害人无固定收入的，无法确切计算其误工损失的算术差额，只能从社会公平、公正以及妥当性的角度出发，为受害人确定一个相对固定的标准。

需要指出的是，如果侵害有劳动能力，但无收入的人（主要包括家庭主妇、无业人员两类），亦应对其进行误工费的赔偿。就家庭主妇而言，其虽无收入，但其所承担的家务对其他家庭成员的正常收入而言，无疑具有支持和保障作用，其受害后，整个家庭的收入和开支势必会受到影响。对于无业人员而言，其虽暂时无收入，但仍有机会就业并获得收入，因侵权人侵权行为所导致的损害结果，这种利益获得的可能性在一定时期内将无法实现。因此，对具有劳动能力的但无收入人员进行误工费的赔偿，符合公平的价值观念。

本案中，田某原本有正常劳动能力，虽然无固定收入，但是在受诉法院所在地的城镇生活，因此应当对其进行误工费的赔偿。二审中，各方对一审法院酌情确定的每月误工费数额并无异议，仅对误工期的长短存在争议。

二、残疾赔偿金的性质

残疾赔偿金是对公民健康权受到侵害导致其全部或部分丧失劳动能力的赔偿。当前，我国有关法律、法规以及相关法学理论中对残疾赔偿金多采用“劳动能力丧失说”，即根据受害人的残疾等级抽象评定其劳动能力丧失程度，进行定型化赔偿（以受诉法院所在地上一年度城镇居民人均可支配收入或农村居民人均纯收入作为标准），以此作为评价受害人期待利益损失的主要参考依据。司法实践中，通常以“劳动能力丧失说”作为评价收入减少程度的标准和参数，但是在特殊情况下，亦要考虑受害人的收入丧失情况。受害人虽被确认丧失劳动能力或者确定残疾等级，但实际收入没有减少或减少幅度与劳动能力丧失程度鉴定等级、伤残等级评定存在较大等差的，可以由人民法院根据具体情况酌情进行调整。

三、误工费计算至定残前一日，定残日后的误工费不应再计算

从误工费以及残疾赔偿金的性质及含义来看，都属于丧失劳动力导致的期待利益赔偿，性质上具有一致性。在定残日后，受害人确定地丧失或部分丧失劳动能力，其劳动力价值全部丧失或将降低，伤残赔偿金系对受害人因劳动能力丧失而无法实现的劳动能力的价值赔偿。误工费系受害人因暂时受侵害无法提供劳动，所导致的收入差额损失或者可能无法取得的收入损失。在受害人确定地丧失全部或部分劳动能力后，因误工所导致的收入差额损失，显然已经包含于伤残赔偿金之中。因此，在定残日后，误工费即包含于残疾赔偿金之中，不应再单独计算。一审法院在计算误工费时，仅考虑了鉴定机构确定的误工期，未注意到鉴定机构确定的误工期超过了定残日，存在错误。《最高人民法院关于审理人身损害赔偿案件适用法律若干问题的解释》① 虽然明确规定了误工时间根据受害人接受治疗的医疗机构出具的证明确定，但同时明确若受害人因伤致残持续误工的，误工时间可以计算至定残日前一天。故，一审法院在定残

---

① 2020年修正的《最高人民法院关于审理人身损害赔偿案件适用法律若干问题的解释》第七条第二款以及2003年《最高人民法院关于审理人身损害赔偿案件适用法律若干问题的解释》第二十条第二款均规定，误工时间根据受害人接受治疗的医疗机构出具的证明确定。受害人因伤致残持续误工的，误工时间可以计算至定残日前一天。

日后，在计算残疾赔偿的同时，另行计算误工费不符合法律规定，二审法院予以纠正。

编写人：北京市第一中级人民法院 梁睿

052 工伤待遇与侵权损害赔偿竞合时赔偿标准的认定

——李某宝诉崔某浩等机动车交通事故责任案

【案件基本信息】

1. 裁判书字号

北京市第三中级人民法院（2021）京03民终379号民事判决书

2. 案由：机动车交通事故责任纠纷

3. 当事人

原告（被上诉人）：李某宝

被告（上诉人）：崔某浩、运输公司、财险北京分公司、寇某威、承德运输公司、财险承德支公司

【基本案情】

2018年12月5日14时00分，在北京市怀柔区京承高速（出京方向）48km+800m处，崔某浩驾驶轻型厢式货车（京MAR×××）由西向东行驶，撞到因发生故障停在应急车道内的（京A5×××警）车左后部，同时将在车前检查故障车的李某宝撞到路边沟内。崔某浩驾驶的车辆失控后又撞到由西向东行驶的寇某威驾驶的大型普通客车（冀HU6×××）车前部。此次事故造成李某宝受伤，三车及公路护栏损坏。事故经北京市公安局怀柔分局交通支队出具的京公怀（交）认字（2018）第039-1号道路交通事故认定

书认定“事故由崔某浩承担全部责任，李某宝、寇某威不承担责任”，并认为“崔某浩驾驶轻型厢式货车未确保安全的违法行为，与本起道路交通事故的发生有因果关系，是事故发生的完全原因；李某宝驾驶机动车发生故障后停在应急车道内，未按规定使用灯光、设置故障车警告标志的行为，与本起道路交通事故的发生没有因果关系，不是事故发生的原因”。肇事车辆在财险北京分公司投保了交强险和商业第三者险附加不计免赔 50 万元，事故发生在保险期限内，被保险人及车辆所有人为运输公司，崔某浩为该公司员工，发生交通事故时崔某浩系在工作期间从事职务行为。寇某威驾驶的车辆在财险承德支公司投保了交强险。

李某宝受伤后，被送至医院救治，先后住院 3 次，实际住院天数 161 天，共支出医疗费 184003.8 元（含救护车费用 221 元）、住院期间护理费 33200 元、辅助器具费 3000 元，其中运输公司垫付了 103657 元。就损失赔偿问题，李某宝诉至法院。案件受理后，李某宝申请对人体伤残情况以及误工期、护理期、营养期进行鉴定。中天司法鉴定中心 2019 年 12 月 9 日出具鉴定意见书，认定李某宝“脑叶部分切除术后的伤残等级为九级，右侧多发肋骨骨折的伤残等级为十级，腰 2 椎体压缩性骨折的伤残等级为十级、右胫骨平台骨折后遗创伤性关节炎的伤残等级为十级。赔偿指数为 30%。被鉴定人李某宝的误工期评定至伤残评定前一日，护理期评定为 180 日，营养期评定为 180 日”。李某宝支付鉴定费 3350 元。

关于误工费，李某宝提交了工伤证及工资表，称其主张的误工损失，系其误工期间应发工资的总额。工资表显示，其所在单位并未扣发其工资。

【案件焦点】

因交通事故导致工伤，被侵权人是否能依据相关规定适用双重受偿原则。

【法院裁判要旨】

北京市密云区人民法院经审理认为：用人单位的工作人员因执行工作任务造成他人损害的，由用人单位承担侵权责任。崔某浩作为运输公司员工，工作期间驾驶公司的机动车辆违反交通规则，造成交通事故，运输公司作为崔某浩的用人单位，应就其因交通事故所造成的损失承担侵权责任，故对原告要求崔某浩承担侵权责任的诉讼请求法院不予支持，对其要求运输公司承担侵权责任的诉讼请求予以支持；依据交通部门对本次事故事实的陈述，原告确实存在停车后未设置故障车警告标志等不当行为，但其不当行为与本起道路交通事故的发生没有直接因果关系，不是事故发生的原因，且运输公司提交的证据尚不能推翻交通事故认定书所认定的结果，故本次事故崔某浩承担全部责任，运输公司亦应承担本案的全部侵权赔偿责任。机动车发生交通事故造成损害，由承保交强险的保险公司在责任限额范围内予以赔偿；不足部分，由承保商业三者险的保险公司根据保险合同予以赔偿；仍有不足部分，由当事人按照过错程度承担。崔某浩驾驶的肇事车辆在财险北京分公司投保了交强险和商业第三者责任险，且该交通事故发生在保险期限内，故财险北京分公司应在其责任限额内对原告因本次交通事故造成的经济损失承担理赔责任。寇某威驾驶的无责车辆在财险承德支公司投保了交强险，财险承德支公司亦同意在无责范围内承担赔偿责任，法院不持异议并予以确认。

侵害他人造成人身损害的，应当赔偿医疗费、护理费、交通费等为治疗和康复支出的合理费用，以及因误工减少的收入，造成残疾的，还应当赔偿残疾生活辅助器具费和残疾赔偿金。本案系侵权责任纠纷，关于被侵权人的误工损失，其有固定收入的，应按照实际减少的收入计算；依据原告提交的证据，无法证明其实际收入的减少，故对原告要求支付其误工费的诉讼请求，法院不予支持。

北京市密云区人民法院依照《中华人民共和国侵权责任法》第六条、第十六条、第二十二条、第三十四条、第四十八条，《中华人民共和国保险法》第六十五条，《最高人民法院关于审理道路交通事故损害赔偿案件适用法律若干问题的解释》第十六条、第二十七条，《最高人民法院关于审理人身损害赔偿案件适用法律若干问题的解释》第十七条、第十九条、第二十条、第二十一条、第二十二条、第二十三条、第二十四条、第二十五条、第二十六条、第二十八条，《中华人民共和国民事诉讼法》第六十四条之规定，作出如下判决：

一、被告财险北京分公司于本判决生效之日起七日内在交强险限额范围内给付原告李某宝医疗费 10000 元、精神损害抚慰金 15000 元、残疾赔偿金 95000 元；

二、被告财险承德支公司于本判决生效之日起七日内在交强险限额范围内给付原告李某宝医疗费 1000 元、残疾赔偿金 11000 元；

三、被告财险北京分公司于本判决生效之日起七日内在机动车第三者责任商业保险限额范围内给付原告李某宝医疗费 173003. 8 元、住院伙食补助费 16100 元、营养费 9000 元、护理费 36050 元、交通费 7500 元、残疾赔偿金 255346. 2 元、辅助器具费 3000 元；

四、被告运输公司赔偿原告李某宝残疾赔偿金 95655. 2 元（已折抵支付）；

五、驳回原告李某宝的其他诉讼请求。

李某宝不服一审裁决提起上诉。北京市第三中级人民法院经审理认为：被侵权人有权获得工伤保险待遇或者其他社会保险待遇的，侵权人的侵权责任不因受害人获得社会保险而减轻或者免除，本案中李某宝所称其已获得工伤保险待遇，并不影响侵权人应当依法向李某宝承担的侵权责任。侵权责任纠纷中被侵权人的误工损失是指被侵权人因侵权人的侵权行为所导致的实际收入的减少，被侵权人有固定收入的，误工费按照实际减少的收入计算。李某宝在本案中主张误工损失，应当就其因涉案事故造成实际收入减少的情况予以举证，但就李某宝在本案中提交的证据，并不足以证明其实际收入的减少，一审法院对李某宝要求支付其误工费的诉讼请求不予支持，并无不当，法院予以维持。判决如下：

驳回上诉，维持原判。

【法官后语】

因用人单位以外的第三人侵权造成劳动者人身损害构成工伤的，是基于同一损害事实，涉及两个方面的法律关系，即建立在劳动关系基础上的工伤保险赔偿法律关系和建立在侵权损害基础上的人身损害赔偿法律关系。这两类请求权的权利基础和归责原则不同，属于不同性质的请求权，前者属公法领域，基于社保法律关系发生，后者属私法领域，基于民事法律关系发生，不宜径行替代。司法实践中，劳动者可以基于这两个法律关系分别向不同的义务人主张权利，即可双重受偿。

一、双赔的法律规定及法理基础

首先，基于工伤事故的发生，劳动者与用人单位之间形成工伤保险赔偿关系。国家设置工伤保险制度，目的是保障因工作遭受事故伤害或者患职业病的职工获得医疗救治和经济补偿。根据《工伤保险条例》的规定，用人单位应当为本单位全体职工缴纳工伤保险费，因工伤事故受到人身损害的职工有权获得工伤保险赔偿、享受工伤待遇。因此，只要客观上存在工伤事故，就会在受伤职工和用人单位之间产生工伤保险赔偿关系，确认该法律关系成立与否，无须考察工伤事故发生的原因，即使工伤事故系因用人单位以外的第三人侵权所致，或者是由于受伤职工本人的过失所致，都不影响受伤职工向用人单位主张工伤保险赔偿。《最高人民法院关于审理工伤保险行政案件若干问题的规定》（法释〔2014〕9号）第八条第三款规定："职工因第三人的原因导致工伤，社会保险经办机构以职工或者其近亲属已经对第三人提起民事诉讼为由，拒绝支付工伤保险待遇的，人民法院不予支持，但第三人已经支付的医疗费用除外。"

其次，基于侵权事实的存在，受伤职工作为被侵权人，与侵权人之间形成侵权之债的法律关系，有权向侵权人主张人身损害赔偿。侵权之债成立与否，与被侵权人是否获得工伤保险赔偿无关，即使用人单位已经给予受伤职工工伤保险赔偿，也不能免除侵权人的赔偿责任。《最高人民法院第八次全国法院民事商事审判工作会议（民事部分）纪要》第九条规定：被侵权人有权获得工伤保险待遇或者其他社会保险待遇的，侵权人的侵权责任不因受害人获得社会保险而减轻或者免除。

二、双赔项目

《工伤保险条例》规定了由工伤保险基金支付的项目，包括职工住院治疗工伤的伙食补助费，经医疗机构出具证明、报经办机构同意，工伤职工到统筹地区以外就医的交通费、食宿费，工伤职工到签订服务协议的医疗机构进行工伤康复的费用，以及矫形器、假肢等辅助器具费用，同时该条例规定"职工因工作遭受事故伤害或者患职业病需要暂停工作接受工伤医疗的，在停工留薪期内，原工资福利待遇不变，由所在单位按月支付”。

《中华人民共和国民法典》侵权责任编规定，因他人过错造成损害的，被侵权人可以获得的赔偿项目包括“医疗费、护理费、交通费等为治疗和康复支出的合理费用，以及因误工减少的收入。造成残疾的，还应当赔偿残疾生活辅助具费和残疾赔偿金”。

根据上述法律、法规可以看出，存在重合的赔偿项目有很多，但目前的法律及相关会议纪要仅规定了工伤保险机构或用人单位可就已经先行支付的医疗费向侵权人追偿，也就是明确了医疗费不能双赔，而并未就其他存在重复的项目的赔偿规则进行明确。但全部兼得会违背“不应获得意外利益”的原则，加重用人单位负担、浪费社会资源。因此在审判实践中，基本已经达成共识的赔偿原则是：

(1) 属于发生的医疗费、康复费、辅助器具配置更换费等实际需要票据的费用项目，只能按实际发生金额给付，已按相关事故伤害处理规定获得相应赔付的，不能重复给付；若其赔付金额低于工伤保险规定的标准水平的，属参保职工的，应当由工伤保险基金补足差额至规定标准。

(2) 属于住院伙食补助费、就医交通住宿费、停工留薪期工资和护理费项目，已按相关事故伤害处理规定获得相应赔付的，不能重复给付；若其赔付金额低于工伤保险规定的标准水平的，应当由用人单位补足差额至规定标准。

(3) 属于赔偿性的待遇项目，只要工伤保险法律法规对赔偿待遇项目没有作出竞合规定的，应依法按规定赔偿相应的待遇项目，如工伤保险中的一次性伤残补助金、一次性伤残就业补助金、丧葬补助金、抚恤金，人身侵权赔偿中的残疾赔偿金、精神损害抚慰金、营养费、丧葬费、被扶养人生活费等。

三、本案停薪留职期间工资和误工损失的认定

虽然相关规定明确了被侵权职工在获得了工伤保险赔偿后，不应减轻侵权人的赔偿责任，但侵权法律关系中适用的赔偿原则不能改变。不减轻侵权人的赔偿责任，从文义解释上看，即首先不应减少侵权人因侵权行为对他人造成损害后产生的赔偿项目，其次不应减轻相应的赔偿标准，最后与工伤保险赔偿项目名称及该名称下的内容不同的侵权项下赔偿项目及内容不同时，不能相互折抵。但在遵循上述原则的情况下，应当适用民事侵权领域的相关法律规定，包括《最高人民法院关于审理人身损害赔偿案件适用法律若干问题的解释》（以下简称解释）中关于各项损失赔偿标准认定的适用规则（该解释的第十一条第三款、第十二条，明确排除了该解释不适用于劳动关系项下因工伤事故造成人身损害起诉用人单位赔偿的情形）[①]。具体到本案中的误工损失判断标准，解释第二十条[②]就认定误工损失赔偿具体数额规定：误工费根据受害人的误工时间和收入状况确定。误工时间根据受害人接受治疗的医疗机构出具的证明确定。受害人因伤致残持续误工的，误工时间可以计算至定残日前一天。受害人有固定收入的，误工费按照实际减少的收入计算。本案原告系公职人员，有固定收入，故其误工费具体数额的认定标准，应当按照实际减少的收入计算，即原告需要举证证明其所在单位因本次交通事故的发生而扣除其工资的具体数额。但根据原告的陈述

---

① 《最高人民法院关于审理人身损害赔偿案件适用法律若干问题的解释》（2022 修正）为第三条，内容一致。

② 《最高人民法院关于审理人身损害赔偿案件适用法律若干问题的解释》（2022 修正）为第七条，内容一致。

及主张标准，其在此期间的工资并无减少情形，故其举证不足，应承担不利的后果，对其主张赔偿误工费损失的诉讼请求不予支持。

劳动关系下的工伤保险待遇赔偿标准、赔偿项目与侵权行为下的人身损害赔偿标准、赔偿项目均存在不同，适用的规则系不同领域，在同一行为导致适用规则竞合后因法律规定出现“双赔”的情况是因为社会保险制度是对受害人的一种基本社会保障，其目的是将用人单位的安全生产经营风险转嫁给全体投保人承担，及时保护劳动者权利，赔偿范围限于物质损失，其没有分散侵权人侵权责任的功能，故第三人的侵权责任不能因为受害人获得社会保险的给付而减轻或免除，但其赔偿项目及赔偿标准、方法的认定，也应当遵循侵权责任领域的相关裁判规则。

编写人：北京市密云区人民法院　王宁

053　侵权人赔偿工伤受害人损失的认定

——崔某霞诉黄某、李某芝机动车交通事故责任案

【案件基本信息】

1. 裁判书字号

新疆维吾尔自治区石河子市人民法院（2020）兵9001民初223号民事判决书

2. 案由：机动车交通事故责任纠纷

3. 当事人

原告：崔某霞

被告：黄某、李某芝

【基本案情】

2009年8月5日6时5分许，黄某驾驶无号牌（挪用新C××号牌）普通两轮摩托车，沿石河子市东一路由南向北行驶时，与沿东一路东侧机动车道由北向南行驶至此路段处的崔某霞驾驶的自行车发生碰撞，造成崔某霞、黄某摔倒受伤的道路交通事故。事故发生后，黄某弃车逃离现场。经石河子市公安局交通警察支队城区大队认定，黄某驾驶无号牌机动车，并挪用其他车辆牌照上道路行驶，且发生事故后弃车逃逸，负事故的主要责任，崔某霞驾驶自行车不在非机动车道内行驶，负事故的次要责任。

原告崔某霞于同日入住医院治疗，并行右股骨骨折内固定术。至2009年8月29日，原告住院24天。出院诊断“右股骨反粗隆间骨折”。

2011年6月8日，原告以右股骨骨折术后骨不连2年为主诉入住医院治疗，住院22天，花费住院费52333.30元。

2013年3月4日至13日，原告入住医院治疗，住院9天，花费住院费6304.62元。

2018年9月13日至26日，原告以股骨头坏死、内固定装置取出术入住医院治疗，行人工髋关节置换术+股骨骨折内固定术，住院14天，花费住院费71744.57元。

以上三次住院，合计45天，花费住院费合计130382.49元，全部以原告工伤为由在社会保险管理局予以报销。

2018年10月17日，原告在医院门诊检查，花费262.40元。

2019年7月25日，原告委托司法鉴定中心对其伤残程度分级、误工期、护理期、营养期进行鉴定。2019年8月5日，司法鉴定中心作出司法鉴定意见书。鉴定意见：被鉴定人崔某霞右股骨布隆间骨折内固定术后长期骨不连，股骨头缺血性坏死后行右人工髋关节置换术，按人体损伤致残程度分级鉴定为九级伤残；误工期为270天，护理期为180天，营养期为180天。原告为此花费鉴定费1580元。

另查明：1. 2019年度城镇居民人均可支配性收入为40724元。2. 被告黄某驾驶的车辆在交通事故发生时未购买交强险。3. 原告系劳务派遣公司职工，交通事故发生时原告在履行劳务派遣公司职务。2011年4月8日，原告就此次交通事故受伤被认定为工伤。4. 现原告已达到退休年龄，退休金为2000元/月。

【案件焦点】

1. 崔某霞因交通事故被认定为工伤后，其因交通事故产生的各项费用，黄某该如何赔偿；2. 黄某驾驶的车辆未购买机动车交通事故责任强制保险，其应否在机动车交通事故责任强制保险限额内承担赔偿责任。

【法院裁判要旨】

新疆维吾尔自治区石河子市人民法院经审理认为：自然人的生命、健康权受法律保护。根据法院作出的民事调解书确定的内容，原告与被告就过错责任比例原告自负30%的责任，被告黄某自负70%的责任，法院无异议。

因用人单位以外的第三人侵权造成劳动者人身损害，构成工伤的，赔偿权利人在获得用人单位赔偿后，仍有权请求第三人承担赔偿责任，现原告要求被告黄某赔偿其因交通事故造成的损失，于法有据，法院予以支持。因原告主张的住院费全部由石河子市社会保险管理局给予工伤保险报销，故原告要求被告支付住院费的诉讼请求，法院不予支持。

新疆维吾尔自治区石河子市人民法院依照《中华人民共和国侵权责任法》第三条、第六条第一款，《中华人民共和国道路交通安全法》第七十六条第一款、第二款，《最高人民法院关于审理人身损害赔偿案件适用法律若干问题的解释》第十七条、第十八条第一款、第十九条、第二十一条、第二十二条、第二十四条、第二十五条，《最高人民法院关于确定民事侵权精神损害赔偿责任若干问题的解释》第十条，《最高人民法院关于审理道路交通事故损害赔偿案件适用法律若干问题的解释》第十九条之规定，判决如下：

一、被告黄某于本判决生效之日起十日内赔偿并给付原告崔某霞损失 226365.87 元；

二、驳回原告崔某霞要求被告李某芝在本案中承担责任的诉讼请求。

判决后，双方当事人均未上诉，本判决现已生效。

【法官后语】

本案是一起受害人骑自行车上下班途中发生交通事故，被认定为工伤的特殊案件。

一、关于受害人发生交通事故受伤与受害人又被认定为工伤享受工伤保险待遇问题的法律依据

新颁布的《最高人民法院关于审理人身损害赔偿案件适用法律若干问题的解释》（以下简称《人损解释》）第三条第一款、第二款规定：依法应当参加工伤保险统筹的用人单位的劳动者，因工伤

事故遭受人身损害，劳动者或者其近亲属向人民法院起诉请求用人单位承担民事赔偿责任的，告知其按《工伤保险条例》的规定处理。因用人单位以外的第三人侵权造成劳动者人身损害，赔偿权利人请求第三人承担民事赔偿责任的，人民法院应予支持。《工伤保险条例》第十四条规定：职工有下列情形之一的，应当认定为工伤……（六）在上下班途中，受到非本人主要责任的交通事故或者城市轨道交通、客运轮渡、火车事故伤害的……职工被认定为工伤的享受相应的工伤保险待遇。

二、关于侵权行为造成被侵权人人身损害和工伤保险条例的赔偿项目问题

根据《中华人民共和国民法典》及《人损解释》的规定，侵权人因侵权行为造成被侵权人损害的，由侵权人根据各自的过错程度承担相应的赔偿责任。侵权人应当赔偿的损失一般包括医疗费、住院伙食补助费、营养费、护理费、误工费、残疾赔偿金、精神损害抚慰金、交通费、医疗辅助器具费、残疾辅助器具费、被扶养人生活费和其他合理的费用；造成受害人死亡的，赔偿权利人还可以要求侵权人赔偿死亡赔偿金、丧葬费。根据现有的劳动法律规定，当劳动者因工作原因负伤或者上下班途中发生非本人主要责任的交通事故致人身损害的，应认定为工伤。用人单位应当对受伤害的劳动者承担无过错责任，依照工伤保险条例确定的赔偿项目赔偿。赔偿项目一般为医疗费、伤者住院期间的伙食补助费、生活护理费、工伤期间的工资、交通食宿费、辅助器具费、一次性伤残补助金、伤残津贴、一次性工伤医疗补助金、一次性伤残就业补助金；造成死亡的，其近亲属还可以要求赔偿丧葬补助金、一次性伤亡补助金、供养亲属抚恤金等费用。从上述情况来看，因侵权和因工负伤造成人身损害的赔偿项

目并不完全相同。

三、关于工伤保险赔偿与交通事故赔偿项目竞合情况下的处理

根据《最高人民法院第八次全国法院民事商事审判工作会议(民事部分)纪要》的规定，受害人获得工伤保险待遇的，侵权人的侵权责任不能因受害人获得工伤社会保险而减轻或者免除。由此可知，受害人因道路交通事故遭受人身损害又被认定为工伤的，属于劳动者遭受工伤与第三者伤害竞合（含道路交通伤害）时，可以获得工伤保险和第三者侵权赔偿责任的双重赔偿，即工伤保险赔偿和道路交通责任赔偿可以兼得。其主要原因是人身损害赔偿和工伤保险赔偿的法律依据不完全相同。人身损害赔偿适用于《中华人民共和国民法典》及《人损解释》的规定，而工伤保险赔偿则主要适用于劳动法及《工伤保险条例》等。根据《人损解释》第三条的规定，参加工伤保险统筹的劳动者，因工伤事故遭受人身损害，按《工伤保险条例》处理。劳动者遭受用人单位以外的第三人侵权造成劳动者人身损害的，赔偿权利人有权请求第三人承担民事赔偿责任。因此，当劳动者造成道路交通事故损害又被认定为工伤时，其可以依据《中华人民共和国民法典》及《人损解释》获得道路交通事故损害赔偿，同时，也可以根据《工伤保险条例》的规定享受工伤保险待遇。另外，人身损害区别于财产损害的特殊性，即人的生命和身体是无法确定其价值的，无法用经济利益来衡量，金钱上的给付仅仅是对伤者或其家属物质上和精神上的一种补偿，而财产损害却是以经济价值来衡量确定标准的，为此，财产保险合同中保险公司在给付保险金后享有追偿权的规定在人身保险合同中并不适用，保险公司不享有追偿权，因此，伤者就同时享有社会保险金请求权和人身损害赔偿请求权的双重权利。因此，受害人因道路交通事故遭

受人身损害，又被认定为工伤的，除直接支付的医疗费不能双重赔偿外，其他与人身有关的费用是均可以获得赔偿的。

编写人：新疆维吾尔自治区石河子市人民法院　杜世成　邓文娟

054 交通事故受害人治疗中又遭遇医疗损害时赔偿问题的处理

——王某某诉于某某等机动车交通事故责任案

【案件基本信息】

1. 裁判书字号

北京市顺义区人民法院（2019）京 0113 民初 19574 号民事判决书

2. 案由：机动车交通事故责任纠纷

3. 当事人

原告：王某某

被告：于某某、咨询公司、财险北京分公司

第三人：顺义某医院

【基本案情】

2017 年 3 月 6 日，王某某驾驶挂靠在咨询公司名下的货车与于某某驾驶的货车发生交通事故，造成王某某受伤。交管部门认定该事故中王某某负次要责任，于某某负主要责任。于某某所驾车辆在财险北京分公司投保了交强险和 20 万元商业三者险。于某某垫付 5000 元，财险北京分公司赔付车辆损失 33500 元。

事故后，王某某被送至顺义某医院住院治疗，诊断为肠系膜血管破裂、回肠破裂等，行剖腹探查术。因术后伤口疼痛，王某某于2018年1月15日在北京某医院住院治疗11天，诊断为小肠腹壁瘘，行开腹右半结肠切除术。

2018年7月3日，王某某以医疗损害责任纠纷为由将顺义某医院诉至法院，审理中双方和解，顺义某医院赔付王某某医疗费、精神损害抚慰金、鉴定费72823.56元。2019年6月10日，经王某某自行委托鉴定，王某某外伤构成九级伤残。王某某支付鉴定费4350元。

2019年7月5日，王某某诉至法院，请求判令于某某、咨询公司及财险北京分公司赔偿各项损失共367887元。于某某认为王某某目前伤情系交通事故和顺义某医院诊疗过错共同导致，申请对顺义某医院诊疗行为是否有过错，王某某伤情与顺义某医院诊疗行为和交通事故之间的因果关系及参与度进行鉴定。经鉴定，顺义某医院对王某某诊疗行为存在过错，因果关系参与度建议为轻微与次要责任之间；交通事故因果关系参与度建议为主要责任。

【案件焦点】

王某某的伤残情况是否由交通事故及医疗损害共同所致，在医疗损害已处理的情况下，应如何确定财险北京分公司、于某某的赔偿责任。

【法院裁判要旨】

北京市顺义区人民法院经审理认为：二人以上分别实施侵权行为造成同一损害，能够确定责任大小的，各自承担相应的责任；难以确定责任大小的，平均承担赔偿责任。本案王某某因事故受伤，经医院治疗后构成伤残。经鉴定，顺义某医院诊疗行为有过错，因果关系参与度为轻微与次要责任之间，交通事故因果关系参与度为主要责任。故王某某人身损害由交通事故及医院诊疗过失共同所致，法院综合各方过错程度酌定顺义某医院责任比例为25%，交通事故责任比例为75%。鉴于顺义某医院已与王某某就赔偿事宜达成和解，故本案对医院应赔付部分不予处理。王某某因交通事故所致75%人身损害及因交通事故所致财产损失，先由财险北京分公司在交强险限额内赔偿，不足部分，按照70%比例在商业三者险范围内赔付，仍有不足的，由于某某赔付。咨询公司作为被挂靠方，应与于某某承担连带责任。

北京市顺义区人民法院依照《中华人民共和国侵权责任法》第十二条、第十六条，《中华人民共和国道路交通安全法》第七十六条，《最高人民法院关于审理道路交通事故损害赔偿案件适用法律若干问题的解释》第三条、第十六条，《最高人民法院关于审理人身损害赔偿案件适用法律若干问题的解释》第十九条、第二十条、第二十一条、第二十五条，《中华人民共和国民事诉讼法》第一百四十四条之规定，作出如下判决：

一、财险北京分公司在交强险范围内赔偿医疗费用赔偿金10000元、死亡伤残赔偿金110000元，在商业三者险范围内赔偿153202.04元，以上共计273202.04元（其中支付给王某某270485.19元，支付给于某某2716.85元），于本判决生效之日起七日内执行；

二、于某某、咨询公司连带赔偿王某某鉴定费2283.75元（已执行，从于某某先行垫付款中直接抵扣）；

三、驳回王某某的其他诉讼请求。

判决后，双方当事人均未上诉，本判决现已生效。

【法官后语】

当事人发生交通事故后被送至医院治疗，在治疗期间又发生医疗损害，导致交通事故损害与医疗损害并存的案件并不鲜见。司法实践中，受害人考虑到医疗损害赔偿诉讼周期长、鉴定程序复杂，或因未想到医院存在过错，往往先行起诉交通事故肇事方要求赔偿，再行起诉医院，出现了获赔大于损失的情况。同时，在交通事故案件中，肇事方也常以受害人的损害后果可能由产品缺陷或医疗过错行为等其他原因造成的进行抗辩。部分受害人考虑到自身在交通事故中亦有过错，选择起诉医院索赔后，再行起诉肇事方，该情况下若医疗纠纷以调解结案，未认定医院过错责任大小，实际赔偿金额与判决认定的赔偿金额存在出入，在计算交通事故损失赔偿额时就无法确定，也无法认定交通事故侵权人对最终损害后果应承担责任的大小。

如何保障受害人、肇事方、医院及财险北京分公司（变更为车辆保险公司）各方权益，妥善解决纠纷，成为此类案件的难点。笔者认为，要处理好这个问题，应把握以下要点：

一是要认清责任性质。首先要明确交通事故与医疗损害的关系。交通事故是受害人遭受侵害的起因，但并不必然引起医疗损害的发生，故二者之间并不存在侵权法上的因果关系。因医疗损害所致损失，不能要求肇事方承担，因交通事故所致损失，也不能要求医院承担。其次确定两种侵权行为与受害人损害后果之间的关系。受害人先后遭受两起事故或损害，进而导致人身伤害，在性质上可能是多因一果或多因多果，应厘清各个行为与损害之间的因果关系，由各过错方按过错程度分别承担赔偿责任，在责任的性质上应当属于按份责任。

二是在程序上要树立合并处理的理念。尽管一案中合并处理两起事故可能导致案件处理难度加大，法律关系更加复杂，但便于当事人维护自己的合法权益，更符合司法价值追求。因此，在有证据表明交通事故受害人的损害后果可能由交通事故、产品缺陷或医疗过错行为多个原因造成时，应释明是否追加机动车生产者、销售者或医疗机构作为共同被告参加诉讼，申请追加的，应当追加为共同被告，不申请追加的，仍应追加作为第三人参加诉讼。同时，在难以判断交通事故、医疗过错责任比例时，应释明启动司法鉴定程序，明确医院在治疗过程中有无医源性过错，该过错与受害人损害结果之间是否存在因果关系及参与度。

三是要注意赔偿顺序。应先由医院对医疗损害产生的损失，依其过错程度承担责任。对于交通事故造成的损失，先由财险北京分公司（变更为车辆保险公司）在交强险和商业三者险范围内先行赔偿，仍有不足部分，由肇事方按责任比例赔偿。

本案为交通事故与医疗损害共同导致受害人伤残的案件。该案根据肇事方申请追加医院作为第三人参与诉讼，通过鉴定明确了交通事故与医疗损害各自的损伤参与度，依据损伤参与度确定了侵权人的责任比例。同时，本案注意到受害人的损失包括人身损害与财产损失，对于人身损害存在交通事故与医疗损害竞合情形，而财产损失均是交通事故所致，医院对此无须赔偿。

编写人：北京市顺义区人民法院　李永芝

055 快递公司与员工签订涉交通事故协议书的效力认定

——张某诉物流公司、张某华机动车交通事故责任案

【案件基本信息】

1. 裁判书字号

北京市第一中级人民法院（2020）京01民终5691号民事判决书

2. 案由：机动车交通事故责任纠纷

3. 当事人

原告（被上诉人）：张某

被告（上诉人）：物流公司、张某华

【基本案情】

2018年11月16日，张某华驾驶轻便正三轮摩托车与张某驾驶的电动自行车相撞，事故造成张某受伤，两车损坏。北京市公安局公安交通管理局昌平交通支队马池口大队认定张某华承担事故全部责任，张某无责任。

事故发生后，张某为治疗共支出医疗费89780.82元，其中张某华垫付47000元、物流公司垫付20000元。司法鉴定中心出具《司法鉴定意见书》，评定张某的损伤构成十级伤残，赔偿指数为10%；张某伤后误工期120~270日，护理期60~120日，营养期30~90日。张某支付鉴定费用3150元。

张某提交的社保缴费信息、工资卡银行交易流水等证据显示其在本案交通事故发生前持续稳定地从城镇取得收入。张某的母亲陈某玲（1958年11月25日出生）因年事已高、体弱多病，需

二子女一同赡养。张某与丈夫刘某生共同育有一女张某红（2009年9月7日出生）。物流公司系张某华的用人单位，张某华发生事故时驾车是履行职务行为。物流公司举证《协议书》复印件一份，内容系张某华与物流公司就交通事故赔偿问题的相关约定，落款日期为2019年4月11日。

法院认定张某主张的诉讼请求中合理的损失合计346410.02元。

【案件焦点】

1. 赔偿金额的计算标准是否过高；2. 法院是否应当采纳物流公司与张某华之间的协议书。

【法院裁判要旨】

北京市昌平区人民法院经审理认为：行为人因过错侵害他人民事权益，应当承担侵权责任。用人单位的工作人员因执行工作任务造成他人损害的，由用人单位承担侵权责任。张某的损失，物流公司还应赔偿剩余的各项损失共计279410.02元。《协议书》与本案无关，不予采信，二被告可另案处理。

北京市昌平区人民法院依据《中华人民共和国侵权责任法》第六条、第十六条、第三十四条、第四十八条，《中华人民共和国民事诉讼法》第六十四条规定，判决如下：

一、物流公司于本判决生效之日起十日内赔偿张某各项损失共计279410.02元；

二、驳回张某的其他诉讼请求。

北京市第一中级人民法院认为，根据物流公司的上诉理由，本案的争议焦点如下：

一、一审判决中赔偿金额的计算标准是否过高

首先，关于误工期、营养期、护理期的时长认定问题。《司法鉴定意见书》评定张某的损伤构成十级伤残，赔偿指数为10%。一审法院参照鉴定结果并考虑张某的伤情恢复情况，认定误工期为195日，护理期为90日，营养期为60日，并无不当。

其次，关于交通费、财产损失的数额。根据交通事故造成的财产损坏情况，张某就医、鉴定行程等情况，一审法院酌定财产损失500元、交通费400元，并无不当。

二、一审法院是否应当采纳物流公司与张某华之间的协议书

物流公司与张某华之间关于涉案交通事故的《协议书》，仅对物流公司和张某华具有法律约束力，与本案没有法律上的关联性，此项纠纷双方可另行解决。

北京市第一中级人民法院依照《中华人民共和国民事诉讼法》第一百七十条第一款第一项之规定，判决如下：

驳回上诉，维持原判。

【法官后语】

近年来，电子商务快速发展，带动物流、快递行业蓬勃兴起，人们越来越习惯于网上购物，故快递就成为商家和消费者之间的运输媒介。快递行业之间的竞争也是异常激烈的，快递公司为了占领市场，取得客户的信任，往往在快递时限方面作出越来越快的承诺。快递员为了赶时间、尽快送达货物，有时会出现违反交通规则的情况，因快递员违反交通规则引发的交通事故不在少数。快递公司为了降低成本、转移风险、减轻责任，可能与快递员签订交通事故责任分担协议书，事先约定，如果发生交通事故需要承担责任时，快

递公司和快递员分别承担一定份额的赔偿责任。在案件中如何认定快递公司和快递员之间责任分担协议书的效力成为此类案件的争议焦点。

首先，《中华人民共和国侵权责任法》第三十四条①第一款规定，用人单位的工作人员因执行工作任务造成他人损害的，由用人单位承担侵权责任。快递员驾驶快递车辆造成交通事故时，如果事故发生在快递员接收、运输、投递快递的过程中，那么快递员作为快递公司的员工，属于执行快递公司的工作任务，在此时间段内，造成他人损害的，由快递公司承担侵权责任，快递公司应当按照相关法律规定，先行赔偿受害人的损失。

其次，快递公司和快递员之间的协议一般不具有对外效力。一般而言，合同仅对当事人产生法律约束力，不能对抗第三人。快递公司和快递员之间的协议内容不能约束交通事故中的受害人。《中华人民共和国民法典》对此有明确规定，《中华人民共和国民法典》第四百六十五条第二款规定："依法成立的合同，仅对当事人具有法律约束力……"与《中华人民共和国合同法》相比，增加了"仅"字，目的就是要突出合同的相对性原理。一般情况下，合同仅在签订合同的主体之间发生法律效力。快递公司和快递员之间的责任分担协议，并不能对交通事故中的被侵权人产生约束力。快递公司不能以内部的责任分担协议对抗被侵权人的赔偿请求。

最后，快递公司和快递员之间的协议内部效力问题。合同的效力问题，需要结合合同的主体、主体的意思表示、法律的强制性规定、格式条款等因素，予以综合评判，较为复杂。同时，快递公司

---

① 对应现行《中华人民共和国民法典》第一千一百九十一条。

和快递员之间的协议引发的纠纷属于合同纠纷，与因交通事故引发的侵权责任纠纷不属于同一法律关系，因本案解决的主要问题是交通事故中被侵权人的损害赔偿问题，并非快递公司和快递员之间的责任分担问题，所以，快递公司和快递员之间的责任分担事项不适合在本案中合并处理，需要另行解决。经过争议解决机构的认定后，如果双方签订的协议合法有效，快递公司可以根据协议约定的比例向快递员追偿；如果协议无效，只有在快递员存在故意或重大过失时，快递公司才能取得向快递员追偿的权利。

编写人：北京市第一中级人民法院　胡保峰

056　网约车停运损失属于间接损失应由侵权人赔偿

——张某祥诉周某机动车交通事故责任案

【案件基本信息】

1. 裁判书字号

北京市西城区人民法院（2020）京0102民初15176号民事判决书

2. 案由：机动车交通事故责任纠纷

3. 当事人

原告：张某祥

被告：周某

【基本案情】

张某祥系出租汽车公司的网约车司机，租赁公司车牌号为×××的车辆开展网约车运营服务，运营服务方式为一人一车，车辆月租金为8200元/月。因网约车运营的特殊性，张某祥的工资为向公司交纳车辆月租金后的剩余营业收入。

2019 年 12 月 18 日 20 时 16 分，周某驾驶车牌号为×××的小客车与张某祥驾驶车牌号为×××的网约车在西城区发生追尾，事故造成张某祥车辆受损。经交管部门认定，周某负此次交通事故的全部责任。2019 年 12 月 19 日至 2019 年 12 月 25 日车辆维修期间，张某祥产生车辆月租金损失（承包金损失）和误工损失。双方就承包金损失和误工费无法达成一致，故起诉至法院。

【案件焦点】

网约车司机因车辆受损而产生的停运损失的赔偿主体及赔偿标准应如何确定。

【法院裁判要旨】

北京市西城区人民法院经审理认为：机动车发生交通事故造成人身伤亡、财产损失的，先由保险公司在机动车第三者责任强制保险责任限额范围内予以赔偿；不足部分，由保险公司在商业三者险限额内予以赔偿，仍有不足的，由交通事故侵权责任人依法赔偿。

根据《中华人民共和国道路交通安全法》第七十六条的规定，道路交通事故中被侵权人的损失包括人身伤亡和财产损失两个方面。损失分为两类，一为直接损失，二为间接损失。所谓直接损失，即指现有财产或者现有财产价值之减损，间接损失作为直接损失的对应概念即指可得利益之减少。财产损失保险赔偿责任限额中的“财产损失”，应作狭义理解，仅指交通事故当时车辆或者人的衣物所遭受的直接损失。因车辆损坏停运而造成网约车司机承包金及误工费损失的，由于该项损失并不直接源自交通事故，因而属于间接损失，保险公司不予赔付。根据《最高人民法院关于审理道路交通事故损害赔偿案件适用法律若干问题的解释》第十五条的规定，因道路交通事故造成依法从事货物运输、旅客运输等经营性活动的车辆，因无法从事相应经营活动所产生的合理停运损失，当事人请求侵权人赔偿的，人民法院应予支持。本案中的网约车司机因车辆停运而产生的停运损失，虽然属于间接损失，不应由保险公司赔付，但依然属于因交通事故而产生的合理损失，依法应由侵权责任人周某赔偿。

北京市西城区人民法院依照《中华人民共和国道路交通安全法》第七十六条，《中华人民共和国侵权责任法》第六条之规定，作出如下判决：

本判决生效之日起三日内，被告周某赔偿原告张某祥承包金和误工费损失 3080 元。

判决后，双方当事人均未上诉，本判决现已生效。

【法官后语】

随着网络技术的发展与普及，高效便利的网约车渐渐取代久等不来的出租车，成为人们日常出行的首选，这一消费需求也大大刺激了各类网约车的涌现。网约车一旦发生交通事故，势必影响车辆运营，影响司机营运收入，那么网约车司机是否有权主张车辆维修期间产生的车辆停运损失，向谁主张该项损失，如何计算该项损失呢？

本案的争议焦点就在于网约车司机因车辆受损而产生的停运损失的赔偿主体及赔偿标准应如何确定。

第一，关于网约车停运损失的赔偿主体。原告主张由侵权人赔偿，被告辩称停运损失系财产损失，应由保险公司赔偿。法院认为，车辆停运损失是指车辆在道路交通事故中遭受损害后造成的损失。如果被侵权人是将被损车辆用于货物运输、旅客运输等经营性活动，那么在被损车辆修复期间，被侵权人因无法从事相应经营活动，由此产生的车辆承包金损失、误工费等就是停运损失。因为车辆停运并非人身受损而系因车辆受损所致，此时因车辆损坏停运而造成的停运损失，属于间接损失，保险公司不予赔付。综上，合理的停运损失可以向实际侵权人请求赔偿，但请求保险公司赔偿停运损失的，人民法院不予支持。

另外，还需要注意的是，并非所有营运车辆主张的停运损失均能得到法院的支持，只有依法运营且具备相关运营资质的车辆的停运损失才受法律保护。结合《北京市网络预约出租汽车经营服务管理实施细则》的相关规定，北京网约车主张停运损失须同时具备《网络预约出租汽车驾驶员证》以及《网络预约出租汽车运输证》。综上，只有车、人、证均符合相应规定，取得交通部门的网约车营运资格，才可以合法从事旅客运输活动，此时因交通事故导致车辆损坏致使无法从事经营活动，产生的合理停运损失才受法律保护。

第二，关于网约车停运损失的赔偿标准。网约车在车辆维修期间产生的停运损失包含车辆承包金损失及误工损失。车辆承包金即“份钱”，是司机每月必须交纳的费用，且该费用实际来源于司机的工作收入。司法实践中应查明司机每月应向公司交纳的车辆承包金数额，按照交纳个人所得税情况倒推出司机月工资收入情况（部分网约出租车的司机每月可获得燃油补贴和岗位补贴，计算时应当相应扣减)，然后根据车辆维修时间计算出上述两项损失即停运损失。一般由网约车司机即原告举证证明上述损失。如果原告仅能举证证明其具有营运能力和营运收入，但该收入不能充分反映运营利润、运营成本，法院可以综合考量网约车司机的收入情况、其本人关于运营成本的陈述等，然后参照受诉法院所在地上年度城镇私营单位交通运输、仓储和邮政人员平均工资合理确定停运损失。

法的价值之一是平等，平等也是社会主义核心价值观的重要内容。一方面，广大的网约车主所从事的网约车业务经营活动与其他主体所从事的经营活动在受到不法侵害时均应受到法律的保护，对于停运期间未能获得的损失法律应当提供保护，这是形式平等的体现。另一方面，网约车业务不同于其他的经营业务，在其无法举证证明实际损失时，按照城镇私营单位交通运输、仓储和邮政人员平均工资支持网约车主的停运损失，充分考虑了其所从事营运活动的性质、内容，体现的是实质平等。基于此，支持网约车的停运损失是社会主义核心价值观中平等保护内容的具体体现。

编写人：北京市西城区人民法院　赵宁

057　挂靠从事道路运输经营活动产生的停运损失不属于赔偿范围

——耿某喜诉李某东、财险菏泽分公司机动车交通事故责任案

【案件基本信息】

1. 裁判书字号

广东省高级人民法院（2020）粤民再362号民事判决书

2. 案由：机动车交通事故责任纠纷

3. 当事人

原告（被上诉人、再审被申请人）：耿某喜

被告（上诉人、再审申请人）：李某东

被告（被上诉人）：财险菏泽分公司

【基本案情】

2018年7月10日15时20分许，李某东驾驶鲁RB0×××重型半挂牵引车/鲁RR×××挂重型低平板半挂车沿乐广高速公路自北向南方向行驶至49km处时，因未保持安全距离，与郭某磊驾驶的冀D03×××轻型仓栅式货车发生追尾碰撞，致使冀D03×××轻型仓栅式货车侧翻碰撞上尹某生驾驶的粤AAY×××重型作业车，造成三车车辆与货物受损及郭某磊受伤的交通事故。本次交通事故经韶关市公安局交通警察支队高速公路三大队认定：李某东负全部责任，郭某磊、尹某生不负责任。

郭某磊驾驶车辆冀D03×××的实际车主为耿某喜，其挂靠在运输公司名下从事运输行业。李某东驾驶的鲁RB0×××重型半挂牵引车/鲁RR×××挂重型低平板半挂车的实际车主均为李某东，分别挂靠在交通公司、集装箱运输公司名下从事道路货物运输。鲁RB0×××重型半挂牵引车已在财险菏泽分公司投保交强险和责任限额150万元的商业三者险（不计免赔）。

耿某喜一审起诉请求李某东及财险菏泽分公司赔偿：1. 处理事故人员的交通费6556元、误工费3860元、食宿费8820元、工人工资1838元。2. 车辆损失101610元。3. 停运损失按260元/日计算至判决确定的履行之日。4. 鉴定费用5800元。

根据耿某喜申请，经一审法院委托评估，冀D03×××轻型仓栅式货车每月停运损失为7800元。

【案件焦点】

耿某喜主张的停运损失是否属于赔偿范围。

【法院裁判要旨】

广东省乐昌市人民法院经审理认为：对耿某喜的车辆损失等直接财产损失，应由财险菏泽分公司承担赔偿责任。根据涉案商业险保险合同的约定，保险人就停运损失等间接损失不承担商业险赔偿责任。李某东应赔偿耿某喜停运损失（从 2018 年 7 月 10 日起按 260 元/天计算至本判决确定的履行之日）及停运损失鉴定费 780 元。一审法院依照《中华人民共和国侵权责任法》第二条、第六条、第十五条、第四十八条、第五十三条，《最高人民法院关于审理道路交通事故损害赔偿案件适用法律若干问题的解释》第十五条第一项、第十六条，《中华人民共和国保险法》第十七条之规定，判决如下：

一、财险菏泽分公司在交强险限额内赔偿耿某喜 2000 元，在商业三者险范围内赔偿耿某喜 106081.37 元；

二、李某东赔偿耿某喜停运损失（从 2018 年 7 月 10 日起按 260 元/天计算至本判决确定的履行之日）及鉴定费 780 元。上述第一项、第二项于判决生效之日起五日内付清；

三、冀 D03×××轻型仓栅式货车的残值（价值 5276 元）归财险菏泽分公司所有；

四、驳回耿某喜的其他诉讼请求。

李某东不服一审判决，提起上诉。

广东省韶关市中级人民法院经审理认为：耿某喜的车辆为经营性用车，因事故必然产生停运经济损失。一审法院委托评估营运损失程序合法，鉴定意见应作为证据采信。二审法院判决如下：

驳回上诉，维持原判。

李某东向广东省高级人民法院申请再审。该院裁定提审本案，经提审审理认为，作为可预期利益受法律保护的停运损失应当以依法经营为前提。耿某喜以使用万安公司道路运输经营许可证的方式挂靠从事道路运输经营活动，违反道路运输经营许可的有关规定，不属于依法营运的范畴，其主张的停运损失不具有合法性。再审改判李某东无须赔偿耿某喜主张的车辆停运损失。

【法官后语】

一、人民法院应当主动审查交通事故中损失赔偿项目的合法性

停运损失是因交通事故导致受害人遭受的间接性财产损失，是受害人因不能正常使用车辆丧失的可预期利益。《最高人民法院关于审理道路交通事故损害赔偿案件适用法律若干问题的解释》第十五条规定，因道路交通事故造成下列财产损失，当事人请求侵权人赔偿的，人民法院应予支持……（三）依法从事货物运输、旅客运输等经营性活动的车辆，因无法从事相应经营活动所产生的合理停运损失。据此，作为可预期利益受法律保护的停运损失应当以依法经营为前提。侵权人主张受害方车辆为全损车辆，不存在修复费用和修复时间，未就停运损失合法性提出异议。但交通事故中损失赔偿项目的合法性涉及交通运输管理公共秩序以及社会公共利益，在赔偿义务人抗辩不应赔偿营运损失时，即使其未就合法性问题提出异议，人民法院仍应对赔偿项目的合法性予以主动审查。

二、挂靠经营的运输车辆产生的停运损失不具有合法性

基于道路运输经营活动的高度危险性，《中华人民共和国道路运输条例》对道路运输经营的申请人，围绕车辆状况、驾驶人员资质、安全管理等方面设置了准入条件，对此项经营行为实施严格的行政许可制度，以规范交通运输秩序、保障人民生命财产安全。该条例第三十三条规定，“道路运输车辆应当随车携带车辆营运证，不得转

让、出租”。第六十三条规定，“违反本条例的规定，未取得道路运输经营许可，擅自从事道路运输经营的，由县级以上道路运输管理机构责令停止经营；有违法所得的，没收违法所得，处违法所得2倍以上10倍以下的罚款；没有违法所得或者违法所得不足2万元的，处3万元以上10万元以下的罚款；构成犯罪的，依法追究刑事责任”。耿某喜以使用公司道路运输经营许可证的方式挂靠从事道路运输经营活动，其性质与转让、出租许可证的行为相同，均是实际运营人与经行政主管部门审核具备资质的主体相分离，规避道路运输经营许可制度，不属于依法营运的范畴，由此取得的并非合法的经营收入，不属于应予赔偿的损失范围。

编写人：广东省高级人民法院　郭尔绚

058　醉酒驾驶共享汽车之责

——陈某莉诉杨某五等机动车交通事故责任案

【案件基本信息】

1. 裁判书字号

广东省汕头市中级人民法院（2019）粤05民终261号民事判决书

2. 案由：机动车交通事故责任纠纷

3 当事人

原告（上诉人）：陈某莉

被告（被上诉人）：杨某五、投资公司、汽车公司、财险汕头分公司

【基本案情】

2017 年 9 月 3 日，被告杨某五在共享汽车 App 上通过阅读、同意共享汽车用户协议并上传本人驾驶证及手持驾驶证拍照等操作，经平台审核通过后注册成为该平台的用户。2018 年 1 月 21 日，被告杨某五酒后通过共享汽车 App 开启该平台的共享汽车，并驾驶该车与原告陈某莉驾驶的电动两轮摩托车碰撞，造成原告陈某莉受伤。交警部门于同月 26 日分析后认定，杨某五醉酒驾驶机动车违法上路行驶，对路面情况注意不够，遇情况未能及时采取有效措施，是造成本事故的主要原因，负事故的主要责任。经查，被告杨某五驾驶的共享汽车的登记所有人为被告投资公司，被告汽车公司系该车管理人及共享汽车 App 的运营者，被告保险公司系该车的交强险及商业三者险的保险人。共享汽车 App 注册时用户协议第 4.3.10 条约定“用户租用车辆期间严禁酒驾、醉驾、毒驾或其他违法用车行为，因用户违法驾驶所造成的一切损失与法律责任均由用户自行承担”。被告汽车公司所运营的共享汽车车身张贴有“严禁饮酒、醉酒驾驶”的提示。

【案件焦点】

投资公司、汽车公司分别作为肇事车辆的所有人及运营者，在本次交通事故中是否存在过错责任。

【法院裁判要旨】

广东省汕头市金平区人民法院审理后认为：被告保险公司应在交强险责任限额内向原告赔偿，赔偿的款项可依法向被告杨某五追偿。共享汽车不是网约车，被告杨某五使用共享汽车，与被告汽车公司之间形成车辆租赁合同关系，被告汽车公司作为共享汽车的出租方，已履行了审核被告杨某五驾驶资格的义务，对平台用户在注册时已提示驾驶员严禁醉酒驾驶等违法用车行为，在该车车身也张贴了严禁饮酒、醉酒驾驶的提示，且对事故当天被告杨某五醉酒驾驶的情况并不知情；而被告投资公司作为共享汽车的所有人，对被告杨某五醉酒驾驶的情况也不知情，故被告投资公司及汽车公司在本次事故中不存在过错。依法判决如下：

一、财险汕头分公司于本判决生效之日起七日内向陈某莉支付保险赔偿金 110000 元；

二、杨某五于本判决生效之日起七日内赔偿陈某莉损失 933605.68 元；

三、驳回陈某莉的其他诉讼请求。

广东省汕头市中级人民法院经二审后认为：被告投资公司提供车辆给被告汽车公司，将管理、使用权让渡给了汽车公司，汽车公司提供共享汽车网络出租，杨某五通过注册成为共享汽车 App 用户租用汽车，与汽车公司形成汽车租赁合同关系。杨某五作为承租人具有相应驾驶资格，汽车公司提供符合安全驾驶标准的车辆，审核杨某五的身份情况和机动车驾驶资格，在用户协议中明确约定用户违法驾驶所造成的一切损失与法律责任均由用户自行承担，应认定汽车公司已尽到规范管理和用户审验的义务。共享汽车网络租赁双方并非面对面交接车辆，本案没有证据证明汽车公司知道或者应当知道杨某五醉酒驾驶。以当前网络汽车管理技术和能力，出租人对承租人用车后是否醉酒驾驶难以预见和进行有效监管，当前法律法规对此也没有明确规定，故不应苛责出租方承担超出现行法律规定和现有技术水平之外的审查义务。故二审判决如下：

驳回上诉，维持原判。

【法官后语】

本案的特殊性在于肇事车辆为共享汽车，与网约车不同，共享汽车用户获得的是车辆的使用权，通过自主驾驶，设计路线，到达想去的目的地，用户与平台所建立的是租赁合同关系。这种租赁形式的特殊之处在于手续更为便捷、合同的成立及履行等都通过互联网实现，双方并未当面交接车辆。本案中，被告投资公司作为肇事车辆的所有权人，已将该车的管理权、使用权让渡给被告汽车公司，由被告汽车公司对车辆进行日常维护，并授权被告汽车公司通过共享汽车平台出租车辆，故被告汽车公司既是肇事车辆的管理人，也是出租人。作为共享汽车的管理者，汽车公司负有规范管理的义务，有责任做好车辆日常的维护，保障汽车本身良好的驾驶性能，消除可能危及驾驶的安全隐患；作为汽车的出租方，汽车公司负有对用户驾驶资质的审验义务。汽车公司平台要求用户在注册时上传本人有效的身份证及驾驶证照片，以证实自身拥有驾驶资质，并拍摄本人手持驾驶证的照片，以证实是其本人进行的注册操作。本案中被告杨某五具备驾驶资格，所承租的车辆也符合安全驾驶标准，故汽车公司已尽到基本的规范管理和用户审验义务。被告杨某五登录已经审验通过的注册账户，通过手机一键开动共享汽车，手续简单而方便，作为远在网络一端的平台，对于用户在驾驶车辆当时的身体、精神状况并不知情。另外，目前我国法律或者行业规范并未明确共享汽车平台必须监控用户在开动汽车当时是否处于醉酒的状态以及对此应尽的责任。而驾驶员是否醉酒，需要通过各项身体指标才能检测出来，并不能通过简单的管理手段进行实时监控，按目前共享汽车的管理技术来说，确难实现。从价值衡量角度讲，若过分增加共享汽车平台的义务，势必会增加企业的负担，对整个行业的发展造成打击。本案中，汽车公司在与用户签订协议时明确告知及提示用户关于严禁违法用车行为的法律责任，也在每辆车的车身明显处提示严禁醉酒驾驶，应认定为已尽必要的警示义务，酒后严禁驾驶也是每个司机的常识，故汽车公司对杨某五醉酒驾驶平台的共享汽车不存在过错，不应承担赔偿责任。

编写人：广东省汕头市金平区人民法院　陈莹琪

059 交通事故中损伤参与度鉴定意见不能减轻侵权人的责任

——刘某林等诉冯某等机动车交通事故责任案

【案件基本信息】

1. 裁判书字号

广东省茂名市中级人民法院（2020）粤09民终818号民事判决书

2. 案由：机动车交通事故责任纠纷

3. 当事人

原告（上诉人）：刘某林、罗某娟、刘某琼、刘某燕、刘某德、刘某明

被告（上诉人）：财险茂名支公司

被告（被上诉人）：冯某、钟某金

【基本案情】

2018年10月4日7时30分，冯某驾驶的机动车与受害人刘某龙驾驶的普通二轮摩托车发生碰撞，造成刘某龙受伤及车辆损坏

的道路交通事故。化州市公安局交警大队认定冯某承担事故的全部责任，刘某龙不承担责任。事故发生后，刘某龙被送往医院进行救治，花费医疗费120275.92元。2018年10月12日，刘某龙因抢救无效死亡。2018年12月14日，化州市公安局交警大队委托法医鉴定中心鉴定刘某龙的死亡原因。经鉴定，鉴定机构出具鉴定意见为刘某龙符合在患有肝硬化的基础病变上，因交通事故致左下肢多发性骨折术后并发失血性休克而死亡，交通事故损伤与自身疾病在死亡后果中起同等作用。罗某娟为受害人刘某龙的配偶，受害人刘某龙与原告罗某娟共生育4个子女，分别是本案原告刘某琼、刘某燕、刘某德、刘某明。刘某龙的父亲是本案原告刘某林。被告冯某驾驶的机动车的所有人为被告钟某金。该车在被告财险茂名支公司投保有交强险和商业三者险。

【案件焦点】

1. 关于原告提交刘某龙死亡原因的司法鉴定意见书是否采纳的问题；2. 关于受害人死亡赔偿金、丧葬费及精神损害抚慰金是否应参照鉴定意见中损伤参与度计算的问题。

【法院裁判要旨】

广东省化州市人民法院经审理认为：侵害他人人身权益，造成残疾的，应赔偿残疾赔偿金；造成死亡的，还应当赔偿丧葬费和死亡赔偿金。造成他人严重精神损害的，被侵权人可以请求精神损害赔偿。关于司法鉴定意见书采纳与否的问题。原告提供的受害人刘某龙的死亡原因的鉴定报告为法医鉴定中心系专业的司法鉴定机构所作，其接受鉴定是基于处理本次交通事故的部门委托，不是原、被告单方委托，具有较强的中立性，在其鉴定程序、鉴定依据、鉴定标准正确的情况下，其出具的鉴定意见专业合法，在无足够证据推翻鉴定意见的情况下，对于原告提交法医鉴定中心出具的司法鉴定意见书，予以采纳。一审法院依据司法鉴定机构出具的鉴定意见，按照受害人在本次交通事故受到的损伤与自身疾病在死亡后果中起同等作用计算死亡赔偿金（含被扶养人生活费）、精神损害抚慰金、丧葬费。

广东省化州市人民法院依照《中华人民共和国侵权责任法》第二条、第三条、第六条、第十六条、第二十二条、第四十八条，《中华人民共和国道路交通安全法》第七十六条，《中华人民共和国保险法》第十七条、第六十五条、第六十六条，《最高人民法院关于审理人身损害赔偿案件适用法律若干问题的解释》第十七条、第十八条、第十九条、第二十条、第二十一条、第二十二条、第二十三条、第二十七条、第二十八条、第二十九条，《最高人民法院关于审理道路交通事故损害赔偿案件适用法律若干问题的解释》第十六条，《最高人民法院关于确定民事侵权精神损害赔偿责任若干问题的解释》第八条、第十条，《中华人民共和国民事诉讼法》第六十四条、第一百四十二条的规定，作出如下判决：

一、被告财险茂名支公司在本判决发生法律效力之日起十日内在机动车交通事故责任强制保险责任限额内赔偿 120000 元，在商业三者险责任限额内赔偿 201514. 94 元，共计赔偿 321514. 94 元给原告刘某林、罗某娟、刘某琼、刘某燕、刘某德、刘某明；

二、驳回原告刘某林、罗某娟、刘某琼、刘某燕、刘某德、刘某明的其他诉讼请求。

原告刘某林等与被告财险茂名支公司均不服一审判决，提起上诉。广东省茂名市中级人民法院经审理认为：一审查明的事实二审法院予以确认。二审双方争议的焦点在于受害人自身疾病是否可以作为扣减死亡赔偿金（含被扶养人生活费）、丧葬费及精神损害抚慰金的依据的问题。《中华人民共和国侵权责任法》第六条第一款规定："行为人因过错侵害他人民事权益，应当承担侵权责任。"第二十六条规定："被侵权人对损害的发生也有过错的，可以减轻侵权人的责任。"《中华人民共和国道路交通安全法》第七十六条第一款第一项规定，机动车发生交通事故造成人身伤亡、财产损失的，由保险公司在机动车第三者责任强制保险责任限额范围内予以赔偿；不足的部分，机动车之间发生交通事故的，由有过错的一方承担赔偿责任。因此，机动车交通事故责任纠纷案件中计算死亡赔偿金等是否应当扣减时应根据受害人对损失的发生或扩大是否存在过错进行分析。本案中，虽然刘某龙自身原有的疾病即肝硬化与损害后果存在客观上的介入因素，对其损害后果的发生具有一定的影响，但此并不属于侵权责任法等法律规定的过错，不能减轻或免除侵权人的相关责任。一审判决以《司法鉴定意见书》鉴定交通事故损伤与自身疾病在死亡后果中起同等作用为由，在计算死亡赔偿金（含被扶养人生活费）、丧葬费及精神损害抚慰金时作50%的扣减属适用法律错误，予以纠正。

广东省茂名市中级人民法院依照《中华人民共和国民事诉讼法》第一百七十条第一款第二项之规定，作出如下判决：

一、撤销广东省化州市人民法院民事判决第二项；

二、变更广东省化州市人民法院民事判决第一项为：限财险茂名支公司在本判决发生法律效力之日起十日内在机动车交通事故责任强制保险责任限额范围内赔偿120000元，在商业三者险赔偿限额范围内赔偿403207.19元，共计赔偿523207.19元给刘某林、罗某娟、刘某琼、刘某燕、刘某德、刘某明；

三、驳回刘某林、罗某娟、刘某琼、刘某燕、刘某德、刘某明的其他诉讼请求。

【法官后语】

交通事故受害人体质状况对损害后果的发生，即使存在一定程度的影响，即使鉴定意见明确交通事故对损害结果的参与度，也不属于可以减轻侵权人责任的法定情形。受害人没有过错的，侵权人应当承担全部损害赔偿责任。目前，在交通事故责任纠纷案件处理中存在一定的模糊认识，有的主张受害人自身疾病的，可以减轻侵权人承担的损害赔偿责任，该结论不符合法律对于侵权责任的有关规定。

一、受害人自身疾病、特殊体质不属于侵权责任法中的"过错"

《中华人民共和国民法典》第一千一百六十五条第一款规定："行为人因过错侵害他人民事权益造成损害的，应当承担侵权责任。"该款是对过错责任的规定。所谓过错责任，是指造成损害是否承担赔偿责任，必须要看行为人是否有过错，有过错有责任，无过错无责任。过错责任原则是侵权责任法的基本归责原则。在过错责任原则中，过错是确定行为人是否承担侵权责任的核心要件，也是法院审理侵权案件的主要考虑因素。过错分为故意和过失。过错是行为人行为时的一种错误主观的心理状态。正是因为这种错误的心理状态，法律要对行为人所实施的行为作否定性评价，让其承担侵权责任。本案中，交警作出的交通事故认定书认定冯某负事故的全部责任，受害人刘某龙无责任。司法鉴定意见为刘某龙符合在患有肝硬化的基础病变上，因交通事故致左下肢多发性骨折术后并发失血性休克而死亡，交通事故损伤与自身疾病在死亡后果中起同等作用。受害人自身的疾病是否属于侵权责任法中的"过错"？答案是否定的。

受害人的体质特殊是其身体的一种客观情况，与其主观心理状态无关。司法鉴定意见是民事诉讼证据的一种，法院在审理案件时，同样应当进行审查认证。交通事故认定书认定受害人无责，即认定其没有过错。受害人自身疾病、特殊体质不能作为扣减残疾赔偿金的依据。

二、不能依据损伤“参与度”计算残疾、死亡赔偿金

受害人自身疾病、特殊体质不能作为扣减残疾、死亡赔偿金的依据。实践中，保险公司多数主张依据鉴定意见中损伤“参与度”计算残疾、死亡赔偿金。机动车第三者责任险是投保人缴纳保险费而由保险公司替代责任者进行赔偿的一种保险合同，基于保险的基本功能和对价公平的考虑，保险公司的理赔责任亦不应因此而减轻。保险公司以司法鉴定机构认定的事故造成损害后果的“参与度”比例为限承担赔付责任的抗辩没有法律依据，不应支持。法院应严格区分受害人身体所受伤害在病理上的因果关系与侵权法、保险法领域的责任因果关系，如受害人损害后果是由交通事故引发和造成的，应据此确定保险公司的保险赔偿责任。

编写人：广东省化州市人民法院　袁婕

060　交通事故责任认定书是否必然成为划分赔偿责任的依据

——陆某曼诉温某波、财险百色支公司机动车交通事故责任案

【案件基本信息】

1. 裁判书字号

广西壮族自治区百色市中级人民法院（2020）桂10民终2148

号民事判决书

2. 案由：机动车交通事故责任纠纷

3. 当事人

原告（被上诉人）：陆某曼

被告（上诉人）：温某波

被告：财险百色支公司

【基本案情】

2019年11月24日8时50分许，温某波驾驶桂L11×××号普通二轮摩托车沿国道243线由北往南方向行驶，当行驶至G243线1560km+800m时与行人陆某曼发生碰撞，造成陆某曼受伤，机动车受损的交通事故。事故经交警部门认定，温某波驾驶机件不符合技术标准的机动车在校区易发生危险的路段未减速慢行，陆某曼横过没有人行横道的机动车道未在确定安全后通过，故温某波、陆某曼承担本次事故的同等责任。陆某曼因事故受伤被120急救车送至县人民医院抢救产生医药费1672.77元，因病情严重当天转到医院住院治疗至2019年12月24日出院，产生医疗费用82750.55元。另外，温某波系桂L11×××号普通二轮摩托车所有人，其为该摩托车在财险百色支公司投保了交强险，事故发生在保险期限内，温某波已赔付陆某曼医疗费6753元，财险百色支公司已赔付陆某曼医疗费10000元。

【案件焦点】

温某波在该起事故中应如何承担赔偿责任。

【法院裁判要旨】

广西壮族自治区百色市田东县人民法院经审理认为：在道路通行中，机动车一方相对于行人而言，处于优势地位，应当充分尽到注意义务，在确保安全和畅通的状况下通行，以避免、减少交通事故的发生。结合本案实际情况，温某波驾驶机件不符合技术标准的机动车在经过滨江学校大门路段时未减速慢行，遇到学生陆某曼横过道路时未能采取有效的制动措施加以避让，故温某波的行为存在明显过错，是导致本次事故发生的主要原因，应承担事故赔偿的主要责任即70%的民事责任。陆某曼在本次事故中，也具有一定过错，应当承担事故赔偿的次要责任即30%的民事责任。温某波为桂L11×××号普通二轮摩托车在财险百色支公司投保了交强险，且事故发生在保险期限内，故陆某曼的损失应当由财险百色支公司在交强险责任限额内先予赔偿，仍不足部分，再由温某波按民事责任比例承担。在本案中，陆某曼因交通事故造成的各项经济损失共计118823.32元，由财险百色支公司在交强险责任限额内先予赔付33400元（医疗费+护理费+交通费+医疗辅助器具费），扣除已支付的医疗费10000元后财险百色支公司仍需赔付陆某曼23400元。不足部分85423.32元，由温某波承担70%的赔偿责任即59796.32元，扣除已支付的6753元后，温某波仍需赔付陆某曼53043.32元。

综上，广西壮族自治区百色市田东县人民法院依照《中华人民共和国侵权责任法》第十六条、第四十八条，《中华人民共和国道路交通安全法》第七十六条，《最高人民法院关于审理道路交通事故损害赔偿案件适用法律若干问题的解释》第一条、第十四条，《最高人民法院关于审理人身损害赔偿案件适用法律若干问题的解释》第十七条、第十九条、第二十一条、第二十二条、第二十三条，《中华人民共和国民事诉讼法》第六十四条、第一百四十四条之规定，判决如下：

一、财险百色支公司于本判决生效之日起五日内赔付陆某曼各项经济损失 23400 元；

二、温某波于本判决生效之日起五日内赔付陆某曼各项经济损失 53043. 32 元；

三、驳回陆某曼的其他诉讼请求。

温某波不服原审判决，提起上诉。广西壮族自治区百色市中级人民法院认为：本案的争议焦点是温某波在该起事故中如何承担赔偿责任的问题。根据《最高人民法院关于审理道路交通事故损害赔偿案件适用法律若干问题的解释》第二十七条的规定："公安机关交通管理部门制作的交通事故认定书，人民法院应依法审查并确认其相应的证明力，但有相反证据推翻的除外。"在发生交通事故后，由交警出具交通事故责任认定书，以确定双方的事故责任，但该事故认定书在民事诉讼中仅作为证据之一使用，并不当然地作为划分民事赔偿责任的依据。民事侵权赔偿责任的分配不应当单纯以交通事故责任认定的交通事故责任划分来确定，而应当从损害行为、损害后果、行为与后果之间的因果关系及主观方面的过错程度等方面综合考虑。结合本案，温某波驾驶机件不符合技术标准的机动车在经过学校大门校区路段时，正值学生上学时间，应当减速慢行，防止意外事故的发生，但温某波未尽到注意义务，当遇到陆某曼横过道路时未能采取有效的制动措施加以避让，导致本次事故的发生，故温某波的行为存在明显过错，一审法院结合案情，判决温某波承担70%的赔偿责任并无不当。温某波的上诉理由不充分，法院不予支持。综上所述，温某波的上诉请求不能成立。一审判决认定事实清楚，适用法律正确，应予维持。依据《中华人民共和国民事诉讼法》第一百七十条第一款第一项之规定，判决如下：

驳回上诉，维持原判。

【法官后语】

本案争议的焦点在于温某波在该起事故中如何承担赔偿责任的问题。根据《最高人民法院关于审理道路交通事故损害赔偿案件适用法律若干问题的解释》第二十七条的规定："公安机关交通管理部门制作的交通事故认定书，人民法院应依法审查并确认其相应的证明力，但有相反证据推翻的除外。"在发生交通事故后，由交警出具交通事故责任认定书，该事故认定书是交管部门对交通事故当事人行政违章责任的划分认定，亦是人民法院审理机动车交通事故责任纠纷案件确定事故各方应负责任比例的重要依据，但该事故认定书在民事诉讼中仅作为证据之一使用，并不当然地作为划分民事赔偿责任的依据。民事侵权赔偿责任的分配不应当单纯以交通事故责任认定的交通事故责任划分来确定，而应当从损害行为、损害后果、行为与后果之间的因果关系及主观方面的过错程度等方面综合考虑。

在侵权民事损害赔偿案件中，是否承担责任以及应当赔偿多少损失，主要取决于当事人的过错，侵权民事责任中的"过错"不能等同于"违章"，"注意义务"的违反才是过错判断的标准，而"违章"只是违反"注意义务"的一种表现。故法院因依据民事诉讼证据认定的规则，对包括交通事故认定在内的多种证据进行综合分析后才能确认当事人的过错和责任。结合本案实际情况，温某波驾驶机件不符合技术标准的机动车在经过滨江学校大门校区路段时，正值学生上学时间，应当减速慢行，防止意外事故的发生，但温某波未尽到注意义务，当遇到陆某曼横过道路时未能采取有效的制动措施加以避让，导致本次事故的发生，故温某波的行为存在明显过错，是导致本案事故发生的主要原因，应当承担事故赔偿的主要责任，对温某波的诉讼请求法院不予支持。

编写人：广西壮族自治区百色市田东县人民法院 朱智

061 投保义务人对机动车无上路行驶预期情形下未投保交强险的侵权责任认定

——毕甲等诉左某等机动车交通事故责任案

【案件基本信息】

1. 裁判书字号

云南省昆明市中级人民法院（2020）云01民终8394号民事判决书

2. 案由：机动车交通事故责任纠纷

3. 当事人

原告（被上诉人）：毕甲、毕乙、毕丙

被告（上诉人）：左某、修理公司

被告（被上诉人）：钱某

被告：温某、何某

【基本案情】

左某从何某处购买涉案机动车后，通过拖车将该车运至修理公司交由其修理，事故发生时该车未投保交强险。钱某与修理公司之间具有劳动合同关系。钱某驾驶该车执行工作任务期间将罗某撞伤，经医院抢救无效死亡。经交警认定，钱某承担事故的全部责任，罗某无责任。毕甲为死者罗某的配偶，毕乙为罗某的儿子，毕丙为罗某的女儿。钱某给毕甲、毕乙、毕丙造成的各项损失合计 640034.7 元，钱某已赔偿 100207.7 元。

【案件焦点】

左某应否与修理公司在交强险责任限额范围内对毕甲、毕乙、毕丙承担连带赔偿责任。

【法院裁判要旨】

云南省昆明市官渡区人民法院经审理认为：钱某系修理公司工作人员，其驾车外出系执行工作任务，车辆发生交通事故造成罗某死亡，故修理公司应对罗某死亡给其近亲属毕甲、毕乙、毕丙造成的各项损失承担赔偿责任。《最高人民法院关于审理道路交通事故损害赔偿案件适用法律若干问题的解释》（以下简称《道损司法解释》）第十九条规定，未依法投保交强险的机动车发生交通事故造成损害，当事人请求投保义务人在交强险责任限额范围内予以赔偿的，人民法院应予支持。投保义务人和侵权人不是同一人，当事人请求投保义务人和侵权人在交强险责任限额范围内承担连带责任的，人民法院应予支持。涉案机动车的实际车主为左某，应有为该车投保交强险的义务，故左某应与修理公司在交强险责任限额范围内对毕甲、毕乙、毕丙承担连带赔偿责任。一审法院认定毕甲、毕乙、毕丙的各项损失合计 640034.7 元，扣除钱某已赔偿金额 100207.7 元，应由修理公司赔偿毕甲、毕乙、毕丙 539827 元，其中交强险责任限额范围内的 110000 元，由左某承担连带赔偿责任。

云南省昆明市官渡区人民法院依照《中华人民共和国侵权责任法》第六条、第十八条、第三十四条、第四十八条、第五十条，《中华人民共和国道路交通安全法》第七十六条，《中华人民共和国公司法》第十四条，《最高人民法院关于审理人身损害赔偿案件适用法律若干问题的解释》第十七条、第十八条、第二十条、第二十二条、第二十七条、第二十九条，《最高人民法院关于审理道路交通事故损害赔偿案件适用法律若干问题的解释》第十九条，《机动车交通事故责任强制保险条例》第二条，《中华人民共和国民事诉讼法》第六十四条、第一百四十四条之规定，作出如下判决：

一、被告修理公司于本判决生效之日起十日内，赔偿原告毕甲、毕乙、毕丙各项经济损失 539827 元，被告左某对前述赔偿款内的 110000 元承担连带赔偿责任；

二、驳回原告毕甲、毕乙、毕丙的其他诉讼请求。

左某、修理公司均不服，提起上诉。云南省昆明市中级人民法院经审理认为：关于左某在交强险限额内是否应当承担连带赔偿责任的问题。《道损司法解释》第十九条规定，未依法投保交强险的机动车发生交通事故造成损害，当事人请求投保义务人在交强险责任限额范围内予以赔偿的，人民法院应予支持。投保义务人和侵权人不是同一人，当事人请求投保义务人和侵权人在交强险责任限额范围内承担连带责任的，人民法院应予支持。就本案而言，左某作为涉案车辆的车主，购买交强险系其法定义务。虽然左某通过托运车将涉案车辆运送到修理公司进行修理，亦未授权该公司可以驾驶涉案车辆上路行驶，但左某未为涉案车辆投保交强险，已经违反了其应尽之法定义务，其上诉请求不能成立，应当予以驳回。一审法院判决由左某在交强险 110000 元范围内承担连带赔偿责任符合本案事实及上述规定，应当予以维持。钱某系修理公司工作人员，事发当时钱某受公司的指派驾驶涉案车辆系执行工作任务，并在此过程中发生了交通事故。因此，钱某的行为属因执行工作任务造成他人损害的行为，应当由用人单位修理公司承担侵权责任。修理公司的上诉请求亦不能成立，应当予以驳回。

云南省昆明市中级人民法院依照《中华人民共和国民事诉讼法》第一百一十八条、第一百七十条第一款第一项之规定，作出如下判决：

驳回上诉，维持原判。

【法官后语】

本案中，涉案机动车所有人左某认为其购买涉案车辆时，该车处于受损严重且无法行驶状态，且其购买目的系将该车修好后用以出售谋利，即该车购买时不具备上路行驶的条件，修好后左某亦无让其上路行驶的预期，故左某认为其并无为该车投保交强险的义务。《机动车交通事故责任强制保险条例》第二条规定，在道路上行驶的机动车应投保交强险。那能否倒推机动车不上路行驶，所有人、管理人即无为其投保交强险的义务？笔者认为，从上述规定来看，如果所有人、管理人能确保机动车脱保期间内无上路行驶的可能，则可以不投保交强险，且并不违法。但事物的发展总是不以人的意志为转移。行为人本欲使事物达到某种结果，但因各种因素的影响，事物并未按其预期发展也是常见现象。机动车作为动产，没有人能确保机动车永远在其控制范围内。例如，车辆被他人偷盗、未经允许被他人擅自使用等情况时有发生。即便处于无法行驶状态的车辆亦会出现因设备老化失灵或地面复杂状况等影响突然滑动致人损伤的情况。机动车投保义务人主观认为其车辆无上路行驶可能而不投保交强险，但实际车辆被他人擅自使用发生了交通事故，造成第三人损失。在此种情形下，投保义务人是否应当承担交强险限额内的赔偿责任，笔者从以下两个方面进行分析：

一、从侵权行为构成要件角度分析，投保义务人的行为构成侵权

行为人的行为是否构成侵权，关键在于是否具备侵权四要件。(1) 行为人是否具有主观过错。投保义务人轻信其能够避免车辆上路行驶，进而避免造成他人损失而不投保交强险，但实际却发生了车辆被他人擅自使用，上路行驶发生交通事故，造成了第三人损失，投保义务人的行为属于过于自信的过失，故主观上具有过错。(2) 行为是否具有违法性。如上所述，机动车若不上路行驶，不投保交强险的行为不构成违法，但车辆实际已上路行驶，故投保义务人未为机动车投保交强险的行为违反了《中华人民共和国道路交通安全法》《机动车交通事故责任强制保险条例》的强制性规定，具有违法性。(3) 损害结果是否发生。车辆发生交通事故实际造成了第三人损失。(4) 行为与损害结果之间是否具有因果关系。根据我国目前的交强险制度，发生交通事故造成第三人损害的，在交强险责任范围内不讨论侵权责任，第三人能够从交强险保险公司获得相应限额范围内的赔偿。在机动车一方无责的情形下，交强险保险公司要在无责的限额内赔付；在机动车一方有责的情况下，不再区分责任的大小，交强险保险公司应在有责的限额内赔付。即只要投保义务人为机动车投保了交强险，第三人就能获得保险公司在交强险限额范围内的赔偿。正是由于投保义务人未投保交强险的行为，导致第三人不能获得该部分赔偿，这部分损失恰恰与未投保交强险的行为具有因果关系。故投保义务人无论基于何种原因未投保交强险，也无论其对

车辆是否具有上路行驶预期，但实际车辆已上路行驶发生事故，造成第三人损失，其行为均构成侵权，应在交强险责任限额范围内对第三人的损失承担赔偿责任。

二、从连带责任内外部关系角度分析，投保义务人对外具有承担责任的义务，对内具有向侵权人追偿的权利

根据《道损司法解释》第十九条的规定，未依法投保交强险的机动车发生交通事故造成第三人损害，投保义务人和侵权人不是同一人的，投保义务人和侵权人应在交强险责任限额范围内对第三人承担连带赔偿责任。连带债务就得分内外部关系，对外各连带债务人对债权人都负有清偿全部债务的义务，内部各债务人之间再根据各自份额进行分担，对于自己多承担的部分有权向其他债务人追偿。对此，笔者认为应将连带外部责任之诉与内部分担之诉分离，更有利于保护被侵权人（第三人）。投保义务人、侵权人与第三人之间为外部关系，投保义务人与侵权人之间为内部关系。从外部法律关系来看，第三人只知给其造成损失的机动车未投保交强险，投保义务人与侵权人不是同一人，其可获赔的交强险责任限额范围内的损失应由投保义务人与侵权人这个整体来向其连带赔偿。投保义务人关于其所购车辆并无上路行驶预期，其不具有投保交强险的义务的免责抗辩，从外部关系来看，与该车实际已上路行驶的事实相悖，该免责事由对第三人不具有对抗效力。至于本不应当上路行驶的机动车为何上路行驶，系投保义务人与侵权人之间内部的法律关系，应由内部分担之诉来解决。对于内部关系来说，承担了连带责任后内部求偿关系中各侵权人责任分担的比例应如何确定，笔者认为有以下几种原则：(1) 根据各自过错分摊。过错原则是侵权责任法的一般原则，将过错程度作为确定连带责任人内部分摊比例更能体现公

平。过错划分为故意、重大过失、一般过失和轻微过失。确定各自责任时，应当比较侵权行为人的过错程度，故意或者重大过失等较大过错的，承担的赔偿数额较大；过错较小的，可以承担较少的赔偿数额。(2) 根据原因力进行分摊。原因力是指在构成损害结果的多个原因中，每一个原因对于损害结果发生或者扩大所起的作用。此种方法主要是依据各个行为对损害结果所起到的作用程度不同而对责任进行分担。原因力比例大小的判断原则是：直接原因的原因力大于间接原因，主要原因的原因力大于次要原因，与损害结果距离较近原因的原因力大于距离较远原因。(3) 平均分摊赔偿数额。如果根据过错和原因力难以确定连带责任大小的，可以视为各连带责任人的过错程度和原因力大小相当，在这种情况下应当由连带责任人平均承担赔偿责任。就本案而言，投保义务人在对外关系中因其未投保交强险的违法行为应对第三人承担赔偿责任，但在其与侵权人的内部关系中，其对于交通事故的发生并无故意或过失，故内部份额应全部由侵权人来承担。若其在外部关系中承担了全部或部分连带赔偿责任，其有权就其承担的部分金额向侵权人追偿。同时，其作为机动车送修人与修理人（侵权人）之间还成立修理合同关系，修理人未经送修人允许擅自使用机动车，由此给送修人造成损失的，应承担赔偿责任。故其还可选择提起修理合同之诉，由修理人赔偿其损失。

交通事故的偶然性特征决定了个人往往不能控制事故的发生与否、发生时间，事物的发展常常不以人的意志为转移，交强险制度设立的宗旨是保障交通事故中受害人能得到及时有效的赔偿，同时也能减轻投保义务人的赔偿负担，投保义务人应予重视，及时投保，莫存一丝侥幸，而招致更大损失。本案例以私法领域的裁判手段制裁了不为机动车投保交强险的投保义务人，虽然投保义务人会觉得对其“不公”，但结果上的“不公”恰恰反映了交强险的功能，也彰显了交强险作为一种法定义务的重要性。

编写人：云南省昆明市中级人民法院　杨章亮　何永伦

062　未达到伤残等级程度的机动车交通事故损害赔偿

——王某凤诉张某雄、财险青田支公司机动车交通事故责任案

【案件基本信息】

1. 裁判书字号

浙江省丽水市青田县人民法院（2020）民初 2075 号民事判决书

2. 案由：机动车交通事故责任纠纷

3. 当事人

原告：王某凤

被告：张某雄、财险青田支公司

【基本案情】

2020 年 2 月 21 日 9 时许，被告张某雄驾驶车牌号为浙 C11×××号的小型客车，途经青田县瓯双线 16km+400m 处与案外人王某溪驾驶的浙 K68×××号小型客车发生碰撞，造成浙 K68×××号小型客车车上乘客之一原告王某凤受伤的交通事故。经青田县公安局交通警察大队认定，该事故中被告张某雄负事故全部责任，原告王某凤无责任。被告张某雄驾驶的车牌号为浙 C11×××号小型客车在被告财险青田支公司处投保了机动车交通事故责任强制险和第三者责任险，本次事故发生在保险期限内。原告王某凤因本次交通

事故致牙齿缺失脱落，具体为 32 牙齿缺失，42、31 牙齿松Ⅱ度，经人民医院行种植牙基台种植牙手术、前磨牙拔除术等，共计花费 25750 元，术后恢复了相应功能，原告王某凤支出的 25750 元均系因本次交通事故造成的合理损失。

【案件焦点】

因机动车交通事故致权利人牙齿脱落，但未达到伤残等级的程度，不构成伤残，如何确定赔偿标准。

【法院裁判要旨】

浙江省丽水市青田县人民法院经审理认为：民事权益受到侵害的，被侵权人有权请求侵权人承担侵权责任。本次事故中青田县公安局交通警察大队作出的被告张某雄承担事故全部责任，原告王某凤无责任的认定并无不当，法院予以采信。原告因案涉事故造成下前牙脱落，经专业医疗机构治疗，进行种植修复缺失牙后，恢复了相应的功能，原告王某凤支出的 25750 元均系因本次交通事故造成的合理损失，被告财险青田支公司抗辩种植牙费用过高的答辩意见，法院不予采纳。被告财险青田支公司抗辩要求扣除原告医疗费中超医保部分费用，未提供相应证据佐证，法院不予采纳。被告张某雄驾驶的车牌号为浙 C11×××号小型客车在被告财险青田支公司处投保了交强险、商业险、不计免赔等险种，故原告王某凤的损失应由被告财险青田支公司承担赔偿责任。原告请求赔偿的合理部分及被告针对原告诉讼请求合理的质证意见，法院予以采纳，其不合理部分和被告针对原告诉讼请求不合理的质辩意见，法院依法不予支持。

据此，浙江省丽水市青田县人民法院依照《中华人民共和国侵权责任法》第三条、第十六条、第四十八条，《中华人民共和国道路交通安全法》第七十六条第一款，《中华人民共和国民事诉讼法》第一百四十四条之规定，判决如下：

一、被告财险青田支公司于本判决生效后立即赔偿原告王某凤因本次交通事故造成的经济损失 25750 元；

二、驳回原告王某凤的其他诉讼请求。

判决后，双方当事人均未上诉，本判决现已生效。

【法官后语】

“损失填平原则”是我国民事损害赔偿的基本原则之一，使用该原则必须遵循两个原则：一是损失的数额在填补之前是确定的；二是通过填补至填平，使权利人在经济上的损失消失。“损失填平原则”所依据的是利益说，即差额论，也就是说“被害人之总财产状况于有损害事故之发生与无损害事故下所之差额。损害=利益，衡量损害即利益时，以被害人之二被告的财产状况为准而求其差额”。

在费用实际发生后提出主张，即在本案中原告系在种植牙治疗结束后，已经明确所支出的治疗费用的情况下，要求二被告赔偿其因本次交通事故造成的经济损失予以填平。当然，由于“损失填平原则”是实体法原则，在民事诉讼中，平与不平是与证据密切相关的。原告应对其主张提供相应的证据予以证明，并且不超出因损伤所需治疗的范围。在本案中，原告系因机动车交通事故致牙齿脱落，在后续的牙齿治疗过程中选择种植修复，在证明其主张时，提供了医疗机构的门诊病历原件和相应的医疗收费票据，并加盖医院公章，该证据具有一定的证明力。此外，当事人自己对于损失是否已填平有一个认识的过程，具有时间性和有限性。原告的诉讼请求是否全部得到保护，仅仅意味着就个案本身的证据及事实，是否已经填平，并不意味着永久地、彻底地填平。原告因治疗牙齿所受到的经济损失，即因本次机动车交通事故致牙齿脱落的治疗费用支出已经得到全部填平，但是如若其在后续牙齿使用过程中导致的折断问题，则不在本次可要求赔偿的填平范围内。

原告系在专业医疗机构进行种植牙治疗。其在专业医疗机构和医疗工作人员的建议下，选择适合自己的治疗方案是其作为患者的基本权利。同时，又考虑到原告的实际伤情及原告在事故发生时年龄为56岁，需使用牙齿的年限较长等因素，选择质量更好的牙齿，合乎情理。因此，在本案中，财险青田支公司提出的“种植牙金额过高，应按照实际发生金额的30%计算”的异议理由不成立。

编写人：浙江省丽水市青田县人民法院　陈若蓉

063 五车连撞交通事故中的责任认定

——覃某那、韦某明诉韦某元等机动车交通事故责任案

【案件基本信息】

1. 裁判书字号

广西壮族自治区柳州市柳江区人民法院（2020）桂0206民初765号民事判决书

2. 案由：机动车交通事故责任纠纷

3. 当事人

原告：覃某那（覃某毛父亲）、韦某明（覃某毛母亲）

被告：韦某元、韦某技、熊某、财险龙岗支公司、韦某圆、韦某宏、财险柳州中心支公司

【基本案情】

2019年2月6日20时26分，被告韦某元驾驶桂BYV×××号两轮摩托车搭乘韦某娜、黄某清沿国道322线由西往东行驶至1872km+0m三都镇某村路口左转弯过程中，与对向驶来的由覃某毛驾驶的桂BYY×××号两轮摩托车发生剐碰事故，造成覃某毛及其车辆翻倒在路中间，韦某元的车辆及乘客翻倒在路边，随后熊某驾驶湘J1A×××号小客车及其韦某圆驾驶的桂BZE×××号小轿车一前一后沿国道322线由东往西行驶至事故路段，行驶在前的湘J1A×××号小客车向右避让过程中先碾轧过躺在路上的覃某毛身体后又将停在右侧路边由张某伟驾驶并搭乘韦某桃（抱着张某轩，1岁）、赖某蒋的电动车（悬挂桂B8×××号电动车号牌）撞下路基，紧随其后的桂BZE×××号轿车车头则与翻倒在路上的桂BYY×××号两轮摩托车相撞，此连环事故造成五车不同程度损坏，覃某毛当场死亡，韦某娜、黄某清、韦某桃、张某轩、赖某蒋、张某伟受伤。

经柳州市公安局交通警察支队交通犯罪侦查大队认定：1. 在覃某毛和韦某元的交通事故当中，覃某毛、韦某元承担事故同等责任。2. 在熊某与覃某毛、韦某元、张某伟、韦某桃、张某轩、赖某蒋的交通事故中，熊某承担事故同等责任，覃某毛、韦某元共同承担事故同等责任，当事人张某伟、韦某桃、张某轩、赖某蒋无责任。3. 在韦某圆与桂BYY×××号摩托车车损交通事故中，韦某圆承担此事故同等责任，覃某毛和韦某元共同承担此事故同等责任。经查，湘J1A×××号小客车车主为熊某，为该车在财险龙岗支公司投保有交强险和商业三者险，事故发生在保险期限内。

桂BZE×××号轿车主为韦某宏，为该车在财险柳州中心支公司投保有交强险，事故发生在保险期限内。综上所述，覃某那、韦某明特向法院提起诉讼，请求法院支持覃某那、韦某明的诉讼请求。

【案件焦点】

本次交通事故责任及各方当事人民事责任的认定问题。

【法院裁判要旨】

广西壮族自治区柳州市柳江区人民法院经审理认为：柳州市公安局交通警察支队柳江大队作出的道路交通事故认定书认定的事实清楚，因果关系明确，法律适用正确，且当事人无相反证据推翻该认定书认定的事实和责任划分的依据，故法院对该事故认定的证明力予以采信并作为本案认定各方当事人责任的依据。各方当事人对事故中造成覃某毛死亡的损害后果依法承担相应的民事责任。

湘J1A×××号小客车所有人为熊某，在财险龙岗支公司投保有交强险和100万元商业三者险含不计免赔，桂BZE×××号轿车所有人为韦某宏，在财险柳州中心支公司投保有交强险，均应在保险责任限额范围内承担相应的赔偿责任。韦某元驾驶的桂BYV×××号两轮摩托车登记的所有人虽为韦某技，但两三年前已由韦某技的父亲转让给韦某元，虽未办理车辆过户手续，但无证据证实韦某技对本次事故造成的损害后果存在过错，故韦某技无须对覃某毛的死亡承担民事责任。韦某元作为桂BYV×××号两轮摩托车的实际车主，未购买交强险，依法应先在交强险责任限额范围内承担赔偿责任，不足部分，再根据双方责任比例承担责任。

根据查明的事实和综合审查确认的证据，对原告覃某那、韦某明因本次交通事故造成的各项合理损失认定为 692242 元，加上精神损害抚慰金，共计 708742 元。

因本案为三起事故区分定责，按道路交通事故认定书的责任认定，先由财险龙岗支公司在交强险死亡伤残赔偿限额 110000 元项下进行赔偿，因本次事故涉及韦某桃等人为上述交强险的理赔对象，根据各被侵权人在本次事故中的损失比例，由财险龙岗支公司在交强险死亡伤残赔偿限额 110000 元项下赔偿原告覃某那、韦某明 50000 元（含精神损害抚慰金 5000 元），在财产损失赔偿限额 2000 元项下按比例赔偿 1600 元车辆维修费。由韦某元在交强险死亡伤残赔偿限额 110000 元项下赔偿原告覃某那、韦某明 55000 元（含精神损害抚慰金 10000 元），在财产损失赔偿限额 2000 元项下按比例赔偿原告覃某那、韦某明 1400 元车辆维修费。韦某圆与桂 BYY×××号摩托车的车损交通事故中承担此事故的同等责任，故桂 BZE×××号轿车所投保的财险柳州中心支公司在本案中在交强险财产损失赔偿项下按比例赔偿原告覃某那、韦某明车辆修理费 920 元（含施救费 100 元）。原告覃某那、韦某明余下损失 604822 元，由财险龙岗支公司按责任比例在商业三者险责任限额范围内承担 151205.5 元，由韦某元按责任比例承担 151205.5 元。因财险龙岗支公司和财险柳州中心支公司已承担赔偿责任，被告韦某圆、熊某不再对原告覃某那、韦某明承担赔偿责任。

广西壮族自治区柳州市柳江区人民法院依照《中华人民共和国侵权责任法》第三条、第六条第一款、第十五条第一款第六项、第十六条、第二十二条、第四十八条，《中华人民共和国道路交通安全法》第七十六条，《中华人民共和国保险法》第六十五条，《最高人民法院关于审理道路交通事故损害赔偿案件适用法律若干问题的解释》第十四条、第十五条、第十六条、第二十二条、第二十七条，《最高人民法院关于审理人身损害赔偿案件适用法律若干问题的解释》第十七条、第二十七条、第二十九条，《最高人民法院关于适用〈中华人民共和国民事诉讼法〉的解释》第九十条之规定，作出如下判决：

一、被告财险龙岗支公司在机动车第三者责任强制保险责任限额范围内赔偿原告覃某那、韦某明各项经济损失51600元；

二、被告财险龙岗支公司在机动车第三者责任商业保险责任限额范围内赔偿原告覃某那、韦某明各项经济损失151220.5元；

三、被告财险柳州中心支公司在机动车第三者责任强制保险责任限额范围内赔偿原告覃某那、韦某明经济损失920元；

四、被告韦某元赔偿原告覃某那、韦某明各项经济损失207620.5元；

五、驳回原告覃某那、韦某明的其他诉讼请求。

判决后，双方当事人均未上诉，本判决现已生效。

【法官后语】

本案中，柳州市公安局交通警察支队柳江大队作出的道路交通事故认定书认定的事实清楚，因果关系明确，法律适用正确，且当事人无相反证据推翻该认定书认定的事实和责任划分的依据，故以此作为本案认定各方当事人责任的依据。对于各方当事人应如何对事故中造成覃某毛死亡的损害后果依法承担相应的民事责任，笔者有以下思考。

一、赔偿顺序

根据《最高人民法院关于审理道路交通事故损害赔偿案件适用

法律若干问题的解释》第十六条的规定，因发生交通事故造成损害，先由承保交强险的保险公司在责任限额范围内予以赔偿；不足部分，由承保商业三者险的保险公司根据保险合同予以赔偿；仍有不足的，依照《中华人民共和国道路交通安全法》和《中华人民共和国侵权责任法》的相关规定由侵权人予以赔偿。湘J1A×××号小客车所有人为熊某，在财险龙岗支公司投保有交强险和100万元商业三者险含不计免赔；桂BZE×××号轿车所有人为韦某宏，为该车在财险柳州中心支公司投保有交强险，均应在保险责任限额范围内承担相应的赔偿责任。

二、车辆登记人和实际车主应如何承担责任

韦某元驾驶的桂BYV×××号两轮摩托车登记的所有人虽为韦某技，但两三年前已由韦某技的父亲转让给韦某元，虽未办理车辆过户手续，但无证据证实韦某技对本次事故造成的损害后果存在过错，故韦某技无须对覃某毛的死亡承担民事责任。

韦某元作为桂BYV×××号两轮摩托车的实际车主，未购买交强险，依法应先在交强险责任限额范围内承担赔偿责任，不足部分，再根据双方责任比例承担责任。

三、赔偿责任的确定

三起事故的连环发生，共同导致了本案的损失，各侵权人按照过错程度和原因力大小承担责任。本案经公安机关认定：1. 在覃某毛和韦某元的交通事故当中，覃某毛、韦某元承担事故同等责任。2. 在熊某与覃某毛、韦某元、张某伟、韦某桃、张某轩、赖某蒋的交通事故中，熊某承担事故同等责任，覃某毛、韦某元共同承担事故同等责任，当事人张某伟、韦某桃、张某轩、赖某蒋无责任。3. 在韦某圆与桂BYY×××号摩托车车损交通事故中，韦某圆承担此事故同等责任，覃某毛和韦某元共同承担此事故同等责任。故各侵权人按照各自在交通事故承担的事故责任比例承担赔偿责任。

这起连环事故造成五车不同程度损坏，一人死亡，多人受伤，涉及多个案件，多人主张权利，法官综观全局，综合分析，区分责任，多方、多次协调，最终达到了服判息诉的良好法律效果和社会效果。

编写人：广西壮族自治区柳州市柳江区人民法院　吴柳卉

064 营运车辆停运产生的扩大损失应由车辆所有人与侵权人共同承担

——徐某新诉廖某忠等机动车交通事故责任案

【案件基本信息】

1. 裁判书字号

湖南省常德市中级人民法院（2021）湘07民终372号民事判决书

2. 案由：机动车交通事故责任纠纷

3. 当事人

原告（被上诉人）：徐某新

被告（上诉人）：廖某忠、汽贸公司

被告（被上诉人）：财险常德分公司

被告：刘某瑞

【基本案情】

刘某瑞将自己的重型自卸货车挂靠在汽贸公司名下从事营运业务，2018 年 10 月 26 日，刘某瑞雇请廖某忠驾驶该重型自卸货车卸货时，货车向右侧翻，倒向由案外人张某闪操作的徐某新所有的挖掘机驾驶室，造成张某闪受伤、挖掘机及重型自卸货车受损的交通事故，经石门县公安局交通警察大队认定，廖某忠负事故全部责任，张某闪、徐某新无责任。后挖掘机被送去维修，2018 年 11 月 6 日维修完毕，因徐某新、刘某瑞、汽贸公司未及时支付维修费，直到 2018 年 12 月 12 日挖掘机才被取回。该挖掘机从事故发生至提车复工共停运 47 日，其中合理维修期间为 11 日。经鉴定：徐某新所有的挖掘机共停运 47 日，停运总损失为 81216 元。徐某新所有的挖掘机因交通事故支付施救费 12000 元、维修费 144353.2 元、鉴定费 9998 元。刘某瑞所有的重型自卸货车在财险常德分公司投有交强险和三责商业险（金额为 100 万元且不计免赔），被保险人是汽贸公司，事故发生在保险期限内。2018 年 12 月 11 日，汽贸公司向财险常德分公司索赔，双方就三者车损及施救费的赔付进行了协商，由财险常德分公司赔付 142571.7 元，汽贸公司并于当日向该保险公司出具了《案件赔付结案书》。之后，财险常德分公司支付了施救费 8800 元、维修费 141170.2 元。因对相关损失赔偿未果，徐某新诉至法院，要求判令四被告连带赔偿原告施救费 3200 元、维修费 3183 元、停运损失 81216 元、鉴定费 9998 元、误工费 2403 元，合计 100000 元。

【案件焦点】

徐某新所有的挖掘机产生的停运损失应由谁来承担。

【法院裁判要旨】

湖南省常德市石门县人民法院经审理认为：徐某新与刘某瑞、汽贸公司一致确认案涉挖掘机的合理停运时间为 11 天，所以徐某新挖掘机的合理停运损失应为 19008 元（81216 元÷47 天×11 天），对其主张的合理停运损失超出该金额的部分，法院不予支持；因案涉挖掘机的合理停运损失为 19008 元，所以其扩大的停运损失应为 62208 元（81216 元-19008 元）。根据现有的保险责任仅限于财产直接损失范畴的规定，停运损失不属于直接损失，财险常德分公司不应当赔付，且财险常德分公司与汽贸公司签订的商业三者险保险条款亦约定停运损失保险人不负责赔付，故对财险常德分公司主张对停运损失不予赔偿的抗辩，法院予以支持。对于徐某新的合理停运损失 19008 元，根据《最高人民法院关于审理道路交通事故损害赔偿案件适用法律若干问题的解释》第十五条第三项的规定，因道路交通事故造成的依法从事货物运输、旅客运输及经营性活动的车辆，因无法从事相应经营活动所产生的合理损失，当事人请求侵权人赔偿的，人民法院应予支持，应当由侵权人刘某瑞承担赔偿责任。对徐某新主张的扩大停运损失 62208 元，应如何承担责任的问题。法院认为，交通事故发生后，案涉挖掘机在修理厂维修并于 2018 年 11 月 6 日维修完毕，但因徐某新、刘某瑞、汽贸公司一直未及时向修理厂支付修理费而无法将挖掘机提出，以致案涉挖掘机于 2018 年 12 月 12 日才从修理厂取出。徐某新作为案涉挖掘机的车主，刘某瑞、汽贸公司作为对案涉交通事故承担全部责任的侵权一方均具有及时支付修理费后取出案涉挖掘机以防止损失扩大的义务，但双方均未及时向修理厂交纳维修费，以致产生扩大停运损失，双方对此均具有一定过错，故法院综合认定由徐某新与刘某瑞、汽贸公司对 62208

元的扩大损失分别承担50%的责任。

二审法院同意一审法院的裁判意见。

【法官后语】

本案是一起因营运车辆发生交通事故引发的纠纷，各方对于案件基本事实没有争议，因车辆所有人和侵权人均未及时支付维修费，导致从事经营性活动的车辆产生扩大的停运损失，各方对该扩大的停运损失的负担问题争议较大。

所谓停运损失，是指在交通事故中发生车辆损坏，如果受害人是以被损车辆用于货物或者旅客运输经营活动，则在被损车辆修复期间，受害人因无法进行正常的货物运输或者旅客运输经营而造成的收入的减少。关于停运损失的责任承担，《最高人民法院关于审理道路交通事故损害赔偿案件适用法律若干问题的解释》第十五条第三项①规定，因道路交通事故造成的依法从事货物运输、旅客运输及经营性活动的车辆，因无法从事相应经营活动所产生的合理损失，当事人请求侵权人赔偿的，人民法院应予支持，故本案的停运损失应由侵权人承担。本案中，因刘某瑞与汽贸公司系挂靠关系，且该事故属于机动车一方责任，应由刘某瑞与汽贸公司连带承担徐某新的停运损失。

对于该停运损失期间应如何确定，是按实际维修时间11天还是实际停运时间47天确定，差距较大。根据侵权责任法可预见性规则、减轻损失的规则，营运车辆因事故受到停运损失的，由侵权责任人承担赔偿责任，但该停运损失范围的确定，应当把握合理性和必要性原则。本案营运车辆发生保险事故后，维修仅花费11天时

① 该司法解释已于2020年12月23日经过修正，现为第十二条第三项。

间，但因车辆所有人和侵权人均未及时向修理厂交纳维修费，以致车辆停运长达47天，导致车辆的停运时间超出了合理修理期间，其超出的时间所产生的停运损失属于扩大损失。对于该扩大的停运损失，车辆所有人和侵权人均具有及时支付修理费后取出营运车辆以防止损失扩大的义务，双方对此均有过错，且程度相当，应当各自承担该扩大的停运损失的一半。

实践中，无论是交强险还是商业第三者险，理赔范围均不包括扩大损失。而事故责任方是否应赔偿扩大损失，赔偿限度是多少，各地法院的裁判规则并不相同。因此，作为交通事故的受害方，为减少自身损失，在事故车辆维修完成后应当及时取出并投入使用。

编写人：湖南省常德市石门县人民法院　向军

065 受害人造成的扩大损失自行承担责任

——丘某阳诉潘某鹏等机动车交通事故责任案

【案件基本信息】

1. 裁判书字号

广西壮族自治区南宁市良庆区人民法院（2020）桂0108民初1183号民事判决书

2. 案由：机动车交通事故责任纠纷

3. 当事人

原告：丘某阳

被告：潘某鹏、滕某宁

被告：财险南宁支公司

【基本案情】

2019 年 2 月 18 日 0 时 34 分，潘某鹏驾驶桂 AB8×××号车沿华西路由西往东方向行驶，行至华西华强路口时恰逢原告驾驶南宁(正式) FE×××号二轮电动车沿华强路由北往南方向违反信号灯指示行驶，致使两车发生碰撞，造成原告受伤、两车不同程度损坏的道路交通事故，事发后潘某鹏驾车逃逸。交警部门认定：潘某鹏未取得机动车驾驶证驾车上道路行驶，且发生事故后驾车逃逸，应承担该事故的全部责任，丘某阳不承担该事故责任。

桂 AB8×××号车登记在滕某宁名下，在财险南宁支公司投保交强险，本案事故发生在保险期限内。2019 年 2 月 17 日，滕某宁(甲方)与潘某鹏（乙方）签订了一份《车辆转让协议书》，约定甲方将自己的松花江面包车（车牌号桂 AB8×××）转让给乙方，转让价格为 3000 元。案外人“莫某显”作为见证人在协议书上签字。

原告于 2019 年 2 月 18 日至医院就诊并住院治疗，入院诊断为：脑震荡、全身多处软组织挫伤，经过治疗，原告于 2019 年 4 月 18 日出院。出院诊断为：脑震荡、全身多处软组织挫伤。此次治疗产生门诊费用 681.2 元（464.3 元+216.9 元）及住院费用 15746.2 元，庭审后，法院就原告的住院治疗情况向医院发函核实情况，该院复函称：经治疗，至 2019 年 3 月 10 日，原告头晕头痛、恶心症状基本恢复良好，脑震荡症状基本痊愈，原告反映左胸壁及右腕部软组织挫伤处仍疼痛（已完成检查排除骨折脱位），该院曾建议原告出院，原告不同意。2019 年 4 月 3 日，原告病情基本痊愈，但原告要求继续住院治疗。原告在住院期间曾多次以需要至交警队调查车祸纠纷为由外出，大约2019年3月20日后外出较为频繁。

【案件焦点】

1. 因原告原因造成的扩大损失应如何界定；2. 在交警部门提供的交通事故认定书中不负责任一方是否不用承担民事赔偿责任。

【法院裁判要旨】

广西壮族自治区南宁市良庆区人民法院经审理认为：潘某鹏未取得机动车驾驶证驾车上道路行驶且发生事故后驾车逃逸，交警部门据此认定潘某鹏承担该事故的全部责任，原告不承担该事故责任，而双方当事人均未提出书面复核申请，故法院予以采信。交通事故责任并不等同于民事赔偿责任，民事赔偿责任应结合损害行为、损害后果、行为与后果之间的因果关系及主观方面的过错程度等方面综合判断。潘某鹏无证驾驶机动车上道路行驶且发生事故后驾车逃逸，属于严重违反交通规则的行为，对发生交通事故、造成损害后果的过错极大，而原告驾驶电动车违反信号灯指示行驶的违反交通规则行为对本案损害后果亦存在过错，故法院根据双方过错程度，确定桂AB8×××号车一方承担90%的民事赔偿责任，原告自行承担10%的民事赔偿责任。关于原告的损失扩大问题，虽然原告于2019年4月18日出院，但根据医院核实的情况（原告于2019年3月10日即可出院；氧气费、诊查费、床位费、护工费、空调费按照天数收费；住院期间，所有检查及治疗均为此次车祸损伤所需），法院认为原告应住院时间为21天，而患者在出院后亦存在继续用药的情况，故确定应自住院费用15746.2元中扣除按天数计费的诊查费、床位费、护工费、氧气费等费用共计1760.6元，则住院费用为

13985.6 元。故医疗费为 14603.8 元（门诊 618.2 元+13985.6 元）。同理，误工费、住院伙食补助费按 21 天计算，原告因脑震荡及软组织挫伤住院，应能自理，医嘱亦未建议陪护人员，故法院对护理费不予支持，综上，原告医疗费用损失 16703.8 元（医疗费 14603.8 元+住院伙食补助费 2100 元），其他经济损失 2299 元（误工费 1999 元+交通费 300 元），原告扩大损失的部分由其自行承担。财险南宁支公司系桂 AB8×××号车的交强险承保公司，其应在医疗费用赔偿限额内赔偿原告医疗费用 10000 元，在死亡伤残赔偿限额内赔偿原告损失 2299 元，合计 12299 元。财险南宁支公司赔偿后，不足的医疗费用部分 6703.8 元，由原告自行承担 670.38 元，机动车当事人承担 6033.42 元。本案中，潘某鹏作为直接侵权人，应对原告进行赔偿。《最高人民法院关于审理道路交通事故损害赔偿案件适用法律若干问题的解释》第二条规定，被多次转让但是未办理登记的机动车发生交通事故造成损害，属于该机动车一方责任，当事人请求由最后一次转让并交付的受让人承担赔偿责任的，人民法院应予支持。根据《车辆转让协议书》及滕某宁、潘某鹏的陈述，桂 AB8×××号车虽登记在滕某宁名下，但已经转让给了潘某鹏，故滕某宁不承担赔偿责任。潘某鹏辩称其系借用桂 AB8×××号车发生事故，应由滕某宁赔偿原告损失，属不诚信行为，与事实不符，与法律规定相违背，法院不予采信。综上，机动车方应赔偿的 6033.42 元，由潘某鹏负担。依照《中华人民共和国侵权责任法》第六条第一款、第四十八条，《最高人民法院关于审理道路交通事故损害赔偿案件适用法律若干问题的解释》第十六条，《最高人民法院关于审理人身损害赔偿案件适用法律若干问题的解释》第十七条、第十九条、第二十条、第二十二条、第二十三条的规定，判决如下：

一、被告财险南宁支公司于本判决生效之日起七日内向原告丘某阳赔偿12299元；

二、被告潘某鹏于本判决生效之日起七日内向原告丘某阳赔偿6033.42元；

三、驳回原告丘某阳的其他诉讼请求。

判决后，双方当事人均未上诉，本判决现已生效。

【法官后语】

在机动车交通事故责任纠纷中，原、被告双方往往会对原告主张的损失是否合理产生激烈的争执，此时需要综合考虑，不能仅靠原告提供的证据就全部予以支持。

事故受害人的住院治疗天数应综合考虑其伤情和出院记录以及医生建议，分析住院时间与伤情程度是否相称，任何损伤一般都会存在一个相对确定的医疗终结时间。比如，受害人在医院已告知痊愈达到出院条件后仍拒绝出院的，受害人应对由此扩大的经济损失自行承担责任。本案中原告的入院伤情为“脑震荡和全身多处软组织挫伤”，属伤情较轻情形，但原告以出院记录显示住院59天来主张损失，被告不认可。面对存在疑点的住院天数，且被告反应比较强烈的情况下，法院向出具入院、出院记录的医院发函询问，医院复函称原告住院21天后该院曾建议原告出院，原告不同意，据此法院认定原告应住院时间为21天，后面扩大的损失由原告自行承担。根据医院核实的情况，即原告于2019年3月10日可出院；氧气费、诊查费、床位费、护工费、空调费按照天数收费；住院期间，所有检查及治疗均为此次车祸损伤所需。原告在出院后亦存在继续用药的情况，故确定应从住院费用15746.2元中扣除按天数计费的诊查费、床位费、护工费、氧气费等费用共计 1760.6 元，则住院费用为 13985.6 元。故医疗费为 14603.8 元。原告的住院伙食补助费、误工费按 21 天计算。

在《交通事故认定书》中不负事故责任一方是否就当然不负民事赔偿责任。交通事故责任并不等同于民事赔偿责任，民事赔偿责任应结合损害行为、损害后果、行为与后果之间的因果关系及主观方面的过错程度等方面综合判断。这就需要法官针对具体事故来判断双方的行为对损害后果的产生造成多大的影响。本案的交通事故认定书中被告潘某鹏虽因逃逸而被交警认定承担全部责任，原告不承担责任，但在民事赔偿中，原告的闯红灯行为对本案损害后果亦存在过错，需承担 10% 的民事赔偿责任。

编写人：广西壮族自治区南宁市良庆区人民法院　姚杰林

066　机动车交通事故责任中基础性疾病的因果关系认定

——黎某飞诉陈某森等机动车交通事故责任案

【案件基本信息】

1. 裁判书字号

广西壮族自治区梧州市龙圩区人民法院（2020）桂 0406 民初 529 号民事判决书

2. 案由：机动车交通事故责任纠纷

3. 当事人

原告：黎某飞

被告：陈某森、易某锦、财险梧州中心支公司

【基本案情】

原告黎某飞（72岁）是农村居民，与覃某兰（1950年7月15日出生）系夫妻关系，生育有五个子女，均已成年。

2019年9月5日14时50分许，陈某森驾驶桂D66×××号重型自卸货车沿G207线由岑溪往龙圩方向行驶，行驶至G207线3746km+600m超越前车时，与前车同向行驶由黎某飞驾驶的桂DQY×××号普通二轮摩托车发生碰撞，造成黎某飞受伤及两车不同程度受损的道路交通事故。2019年11月4日，梧州市公安局交通警察支队事故处理大队作出《道路交通事故认定书》，认定陈某森承担此事故的主要责任，黎某飞承担此事故的次要责任。经法院依法委托司法鉴定中心对原告的伤情进行鉴定，司法鉴定中心于2020年7月30日作出《司法鉴定意见书》，评定“黎某飞颈髓损伤经治疗后遗留四肢瘫（左侧肢体肌力2级以下）为二级伤残；黎某飞目前生活需要完全护理依赖；黎某飞本次事故损伤后误工期为365日，营养期为150日；黎某飞的颈髓损伤并四肢瘫等损害后果与本次交通事故存在因果关系，外伤参与度为50%”。黎某飞支付鉴定费7000元，财险梧州中心支公司支付鉴定费3000元。桂D66×××号重型自卸货车是易某锦所有，雇用陈某森为驾驶司机，在财险梧州中心支公司投保了交强险及第三者责任险（不计免赔保险金额150万元），保险期限自2019年8月9日0时起至2020年8月8日24时，事故发生在保险期限内。黎某飞在事故发生的当天即被送到梧州市人民医院住院治疗至2019年11月19日出院（住院75天）；2019年11月20日转到中医医院继续治疗至2020年1月18日出院（住院59天），共花费医疗费109313.49元。故起诉至法院，请求法院判令三被告赔偿原告损失。

【案件焦点】

1. 如何认定机动车交通事故责任中基础性疾病的因果关系；2. 是否要因基础性疾病而自负相应的责任。

【法院裁判要旨】

广西壮族自治区梧州市龙圩区人民法院经审理认为：道路交通事故的损害赔偿，应按其在事故中的过错责任承担相应的赔偿责任。本次交通事故，经梧州市公安局交通警察支队事故处理大队依职权作出《道路交通事故认定书》，认定被告陈某森承担此事故的主要责任，原告黎某飞承担此事故的次要责任。该认定书事实清楚，程序合法，且双方当事人均无异议，法院予以采信。虽然广西公明司法鉴定中心出具的《司法鉴定意见书》，认为“黎某飞颈髓损伤经治疗后遗留四肢瘫（左侧肢体肌力2级以下）为二级伤残……黎某飞的颈髓损伤并四肢瘫等损害后果与本次交通事故存在因果关系，外伤参与度为50%”。但若非本次交通事故，就不会造成原告黎某飞二级伤残的损害结果发生。虽然原告黎某飞自身的基础疾病对损害后果的发生具有一定的影响，但这不是《中华人民共和国侵权责任法》第二十六条规定的“被侵权人对损害的发生也有过错的，可以减轻侵权人的责任”及《中华人民共和国道路交通安全法》第七十六条规定的可以减轻侵权人赔偿责任的情形，故原告黎某飞不应因个人体质状况对交通事故导致的伤残存在一定影响而自负相应责任。交强险立法亦未规定在确定交强险责任时应依据受害人体质状况对损害后果的影响作相应扣减。故计算原告的残疾赔偿金、精神损害抚慰金不应计算参与度。因此，被告陈某森应承担本次事故70%的民事赔偿责任，原告黎某飞应承担30%的民事赔偿责任。

广西壮族自治区梧州市龙圩区人民法院依照《中华人民共和国道路交通安全法》第七十六条第一款第一项，《中华人民共和国保险法》第六十五条第一款、第六十六条，《中华人民共和国侵权责任法》第三条、第六条、第十六条、第二十二条、第四十八条的规定，判决如下：

一、被告财险梧州中心支公司应在本判决生效之日起十日内赔偿原告黎某飞的损失557756.22元；

二、驳回原告黎某飞的其他诉讼请求。

判决后，双方当事人均未上诉，本判决现已生效。

【法官后语】

本案争议的焦点主要是基础性疾病与交通事故责任的因果关系。财险梧州中心支公司主张广西公明司法鉴定中心出具的《司法鉴定意见书》可以认定黎某飞颈髓损伤经治疗后遗留四肢瘫（左侧肢体肌力2级以下）为二级伤残，原告的颈髓损伤并四肢瘫等损害后果与本次交通事故存在因果关系，外伤参与度为50%，故残疾赔偿金应当乘以外伤参与度系数50%。但是在本案的审理过程中，综合本案的证据及查明的事实，认为不应因个人体质状况对交通事故导致的伤残存在一定影响而自负相应责任。主要理由如下：

侵权行为法上的因果关系是指满足于一般认知的证明要求，客观上存在侵权行为与损害后果之间的事实联系性。无论是过错责任还是无过错责任，在确定侵权人责任时，均须确定侵权行为与损害后果之间是否有因果关系。虽然广西公明司法鉴定中心出具的《司法鉴定意见书》认为黎某飞颈髓损伤经治疗后遗留四肢瘫（左侧肢体肌力2级以下）为二级伤残，黎某飞的颈髓损伤并四肢瘫等损害后果与本次交通事故存在因果关系，外伤参与度为50%，但在本案中很难认定黎某飞基础性疾病与交通事故损害结果存在因果关系，一是若非发生本次交通事故，也不会造成黎某飞二级伤残的损害结果，而本次交通事故的主要责任在于陈某森。二是对基础性疾病因果关系作出认定的司法鉴定意见书是交通事故发生后作出的，而黎某飞在事故发生前可以正常驾驶车辆，且没有证据证明在事故发生前黎某飞基础性疾病的具体情况，因此缺乏足够的证据认定基础性疾病与交通事故损害结果存在因果关系。

根据《中华人民共和国民法典》第一千一百七十三条的规定："被侵权人对同一损害的发生或者扩大有过错的，可以减轻侵权人的责任。"因此虽然黎某飞自身的基础疾病对损害后果的发生具有一定的影响，但其主观上没有过错，不符合《中华人民共和国民法典》侵权责任编的有关规定，不能予以扣减赔偿数额。同时《中华人民共和国道路交通安全法》第七十六条第一款规定："……机动车之间发生交通事故的，由有过错的一方承担赔偿责任；双方都有过错的，按照各自过错的比例分担责任。"该条款虽然规定了可以减轻侵权人赔偿责任的情形，但以黎某飞自身的基础疾病与交通事故损害结果有因果关系要求黎某飞自负相应责任，从而减轻陈某森的赔偿责任，不符合该条款关于过错的规定。交强险立法亦未规定在确定交强险责任时应依据受害人体质状况对损害后果的影响作相应扣减。因此对于基础性疾病是否扣减赔偿比例，结合本案的具体情况，应当认为缺乏法律依据，不能予以认定。

编写人：广西壮族自治区梧州市龙圩区人民法院　叶海志　潘蓉萍

067 因“二次碰撞”交通事故分别产生两次损失情形下侵权赔偿责任的正确认定

——甲物流公司诉财险某支公司等机动车交通事故责任案

【案件基本信息】

1. 裁判书字号

山东省淄博市中级人民法院（2019）鲁03民终4493号民事判决书

2. 案由：机动车交通事故责任纠纷

3. 当事人

原告（被上诉人）：甲物流公司

被告（上诉人）：财险某支公司

被告：贾某、乙物流公司

【基本案情】

2019年4月12日4时2分许，王某驾驶车牌号为鲁S32×××/鲁S9×××挂重型半挂牵引车，沿省道329由东向西行驶至事故地点，未保持安全车距，与前方顺行由高某驾驶的车牌号为鲁Q69×××重型货车追尾相撞，造成两车受损的交通事故。随后，在2019年4月12日4时3分许，贾某驾驶车牌号为鲁UC7×××/鲁UG×××挂重型半挂牵引车，沿省道329由东向西行至事故地点，未保持安全车距，撞至已发生交通事故的王某停驶的鲁S32×××/鲁S9×××挂重型半挂牵引车左后侧，造成该车受损，贾某受伤的交通事故。

事故发生后，交警部门分别对两次事故作出责任认定：2019 年 4 月 12 日 4 时 2 分许发生的事故为王某负全部责任，高某无责任；2019 年 4 月 12 日 4 时 3 分许发生的事故为贾某负全部责任，王某、高某无责任。事故发生后，某救援公司对原告车辆进行了现场救援；2019 年 5 月 20 日，某评估公司出具财产评估鉴定意见：鲁 S32×××重型半挂牵引车维修金额为 310000 元；鲁 S9×××挂重型半挂的损失金额为 14700 元。

王某驾驶车牌号为鲁 S32×××/鲁 S9×××挂重型半挂牵引车登记所有人为甲物流公司，王某系该公司雇用的驾驶员；鲁 UC7×××/鲁 UG×××挂重型半挂牵引车的所有人为贾某，该车辆挂靠在被告乙物流公司，该车辆在财险某支公司投保交强险及 100 万元不计免赔商业三者险，事故发生在保险期限内。2019 年 4 月 12 日 4 时 2 分许发生的鲁 S32×××/鲁 S9×××挂重型半挂牵引车与鲁 Q69×××重型货车追尾的交通事故，甲物流公司已经通过保险公司处理完毕。

【案件焦点】

因“二次碰撞”交通事故分别产生两次损失情形下侵权赔偿责任应如何正确认定。

【法院裁判要旨】

山东省沂源县人民法院经审理认为：交警部门已明确认定为两次事故并分别作出责任认定，三方当事人均无异议，应按两次交通事故处理。第一次事故中原告所有的鲁 S32×××/鲁 S9×××挂重型半挂牵引车的驾驶员王某负全部责任，甲物流公司已通过保险公司自行处理完毕，第二次事故中乙物流公司所有的鲁 UC7×××/鲁 UG×××

挂重型半挂牵引车的驾驶员贾某负全部责任，故应由贾某承担全部赔偿责任。原告的车辆在第一次事故中确实已经受到损失，但同时在第二次事故中不但产生了新的损失，又在第一次事故的基础上加重了损失，原告受到的损失尤其是在第一次事故中受到的损失和在第二次事故中加重的损失，在两次事故中均无法区分，亦无法明确损失的具体数额，因此根据交通事故责任认定书的责任认定，按照第二辆车赔偿第一辆车、第三辆车赔偿第二辆车的原则予以处理更符合本次事故实际和公平原则，故原告车损应由鲁UC7×××/鲁 UG×××挂重型半挂牵引车一方全部承担。因此财险某支公司提出的应由鲁 Q69×××重型货车和鲁 UC7×××/鲁 UG×××挂重型半挂牵引车共同承担赔偿责任的辩解理由不成立，不予采信。贾某驾驶车辆与甲物流公司所有的车辆之间发生交通事故，贾某负事故全部责任，应承担全部赔偿责任。因贾某驾驶的鲁 UC7×××/鲁 UG×××挂重型半挂牵引车在财险某支公司投保交强险，故该保险公司应在交强险限额内先行承担赔偿责任，该车辆同时投保100 万元不计免赔商业三者险，故该保险公司应在贾某承担民事责任的范围内优先在商业三者险限额内根据保险合同予以赔偿。同时，因贾某与乙物流公司系挂靠关系，对保险范围以外给原告造成的损失应由双方承担连带赔偿责任。诉讼费、鉴定费等费用依据保险合同，不属于保险公司理赔范围，应由侵权人承担赔偿责任。据此，一审判决如下：

一、财险某支公司在交强险限额范围内赔偿甲物流公司车损 324700 元、施救费 5300 元共计 330000 元中的 2000 元；在机动车商业三者险限额内赔偿甲物流公司车损 324700 元、施救费 5300 元共计 330000 元中的 328000 元；

二、贾某赔偿甲物流公司鉴定费4640元，乙物流公司对该款项承担连带赔偿责任。

财险某支公司不服一审判决提起上诉。山东省淄博市中级人民法院经审理认为：根据交通事故认定书，甲物流公司所有的鲁S32×××/鲁S9×××挂重型半挂牵引车先后发生两次事故，分别产生两次损失。因甲物流公司的驾驶人员在第一次事故中负全部责任，财险某支公司承保车辆的驾驶人在第二次事故中负全部责任，故甲物流公司应对其第一次事故损失自负责任，财险某支公司应对甲物流公司的第二次事故损失负全部赔偿责任。根据《中华人民共和国侵权责任法》（以下简称《侵权责任法》）第十二条的规定，因本案两次事故对甲物流公司造成的损失无法明确区分责任大小，应由两次事故的责任主体平均承担赔偿责任，故财险某支公司应赔偿甲物流公司车损162350元（324700元÷2）、施救费2650元（5300元÷2），共计165000元。综上，原审判决认定事实清楚，但适用法律错误，依法应予改判。据此，二审判决如下：

一、维持一审判决第二项；

二、撤销一审判决第一项；

三、财险某支公司在交强险限额范围内赔偿甲物流公司车损、施救费共计2000元；在机动车商业三者险限额内赔偿甲物流公司车损、施救费共计163000元；

四、驳回甲物流公司的其他诉讼请求。

【法官后语】

本案主要涉及因“二次碰撞”交通事故分别产生两次损失情形下侵权赔偿责任的正确认定问题。

“二次碰撞”是指在道路交通事故中，先后发生两次碰撞，造成同一损害后果，其具有损害后果累加、原因力竞合、责任比例难以划分等特点。司法实践中对于发生“二次碰撞”交通事故分别产生两次损失情形下应如何承担侵权赔偿责任亦认识不一。本案就是如此。本案中一审认为原告受到的损失在两次事故中均无法区分，亦无法明确确定损失的具体数额，故按第二辆车赔偿第一辆车、第三辆车赔偿第二辆车的原则，认定原告车辆损失的赔偿责任应由鲁UC7×××/鲁UG×××挂重型半挂牵引车一方全部承担。二审则认为因两次事故对原告造成的损失无法明确区分具体责任，故对原告车辆损失的赔偿责任应由两次事故的责任主体平均承担。通过本案不难看出，厘清交通事故“二次碰撞”中的因果关系并正确认定责任，对于正确审理此类案件和统一裁判尺度具有重要意义。

从因果关系的角度出发分析，交通事故数次碰撞属于典型的无意思联络的数人侵权。根据数人行为与损害后果之间的因果关系形式，可以具体区分为共同危险行为、并发侵权行为与竞合侵权行为三种类型，即《侵权责任法》第十条、第十一条和第十二条规定的情形，亦即目前《中华人民共和国民法典》(以下简称《民法典》)第一千一百七十条、第一千一百七十一条和第一千一百七十二条所规定的内容。而像本案这样的数辆机动车先后发生碰撞造成同一损害后果的交通事故侵权，则明显属于《侵权责任法》第十二条即《民法典》第一千一百七十二条所规定的竞合侵权行为的情形。对此，《侵权责任法》第十二条规定：“二人以上分别实施侵权行为造成同一损害，能够确定责任大小的，各自承担相应的责任；难以确定责任大小的，平均承担赔偿责任。”[①] 因此，对于数辆机动车先后发生碰撞造成同一损害后果的交通事故侵权，在能够确定责任大小的情况下，侵权人应当按照各自过错和原因力大小承担相应责任；在难以确定责任大小而无法据此确认责任比例的情形下，则应由各侵权人平均承担赔偿责任。其中，对于所谓的“能够确定责任大小”的情形，是指在侵权人的过错和原因力比例能够确定的前提下，可以据此认定侵权人应当承担的损害赔偿责任比例，其需要考虑的要素包括过错大小及原因力大小；对于所谓的“难以确定责任大小”的情形，则是指虽然事故发生的损害原因及产生的损害结果是确定的，但两次事故中各方侵权人的过错程度及其原因力比例无法查清，为避免因此而导致受害人难以获得赔偿，法律推定两次事故的各方侵权行为人对损害后果的发生负同等的责任并据此平均承担赔偿责任。

本案即属于典型的“难以确定责任大小”的情形。具体来说，就事故损失而言，原告的车辆在第一次事故中确实已经因第一次事故的碰撞而产生损失，但其在第二次事故的碰撞中又产生了新的损失，或者也可以理解为又在第一次事故的基础上加重了损失。也就是说，原告最终的损失即车损324700元和施救费5300元共计330000元实际是前后两次碰撞事故共同造成，即原告最后的全部损害结果实际是前后两次事故的碰撞累加而成的。不过对于原告最终的全部损害结果而言，前后两次事故对该最终损害结果的原因力是无法明确区分的。对此，即使经过司法鉴定，也仅能得出前后两次事故的撞击均会导致车辆受损的结论，而无法准确得出前后两次事

① 该条规定现为《民法典》第一千一百七十二条：“二人以上分别实施侵权行为造成同一损害，能够确定责任大小的，各自承担相应的责任；难以确定责任大小的，平均承担责任。”

故对车辆损失的影响所占比例。这也导致原告在第一次事故中受到的损失和在第二次事故中加重的损失无法明确区分，即原告全部损失330000元在第一次事故中的损失数额和第二次事故中的损失数额是无法明确区分的。也就是说，虽然在正常情况下，对于同一车辆，不同重量、不同行驶速度的车辆对其撞击的伤害程度是不同的，但在“二次碰撞”情形下，对于事实上已经因第一次事故造成车辆受损的原告车辆而言，后续的第二次事故的撞击对其车辆造成的损失及前后两次事故分别对车辆造成损失的影响大小及各自所占的比例实际是无法确定的，这在客观上就出现了“难以确定责任大小”的情况。比如，本案中对于“二次碰撞”分别对于原告车辆损害后果的责任大小，当事人未能也确实难以提供有效证据予以证明。因案件两次事故对原告造成的损失无法明确区分责任大小，故依据《侵权责任法》第十二条即《民法典》第一千一百七十二条的规定，在难以确定责任大小的情况下，应由两次事故的责任主体平均承担责任。

需要注意的是，在像本案这样的“二次碰撞”导致难以确定责任大小的情况下，根据《侵权责任法》第十二条即《民法典》第一千一百七十二条之规定“平均承担责任”实际就是对第一次事故和第二次事故所产生的损失数额即侵权赔偿数额进行了确认。比如，本案中原告车辆最终全部损失330000元实际是前后两次碰撞事故共同造成，根据上述规定平均承担责任意味着第一次事故和第二次事故所产生的损失数额即侵权赔偿数额均是165000元（330000元÷2）。因对于第一次事故甲物流公司已经通过保险公司处理完毕，本案原告起诉只是针对第二次事故的侵权赔偿，故根据上述规定首先所确认的原告第二次事故的损失数额即侵权赔偿数额就是165000

元。而第二次事故中贾某负全部责任，故贾某一方应赔偿原告165000元。根据《中华人民共和国道路交通安全法》第七十六条和《民法典》第一千二百一十三条的规定，先由承保机动车强制保险的保险公司在交强险责任限额范围内予以赔偿；不足部分由承保商业三者险的保险公司按照保险合同的约定予以赔偿；仍然不足的再由侵权人赔偿。因贾某车辆在财险某支公司投保交强险和100万元不计免赔商业三者险且事故发生在保险期限内，故应由财险某支公司首先在交强险责任限额范围内赔偿2000元，然后在商业三者险范围内赔偿剩余的163000元。本案二审据此依法改判无疑是正确的。

编写人：山东省淄博市中级人民法院　荣明潇

山东省淄博市张店区人民法院　刘晓辉

068 侵权人驾驶登记在其配偶名下车辆发生交通事故的，其配偶应否承担事故赔偿责任

——沈某诉杨某等机动车交通事故责任案

【案件基本信息】

1. 裁判书字号

山东省淄博市中级人民法院（2019）鲁03民终4487号民事判决书

2. 案由：机动车交通事故责任纠纷

3. 当事人

原告（被上诉人）：沈某

被告（上诉人）：杨某、张某

被告：财险某支公司

【基本案情】

2018 年 3 月 2 日 18 时 59 分，杨某驾驶登记在张某名下的鲁 C3R×××号小型普通客车将步行的沈某撞倒，造成车辆轻微受损，沈某受伤的道路交通事故。该事故经交警部门认定：杨某承担事故全部责任，沈某不承担事故责任。沈某受伤后，先后在甲医院住院治疗两次共计 109 天、在乙医院住院治疗四次共计 198 天，出院诊断为：特重型颅脑损伤、症状性癫痫、左额颞部颅骨缺损修补术后、多发颅脑骨折、多发脑梗死、肺部感染、气管切开术后、肠道畸形术后、疝气术后、运动障碍等。沈某申请法院委托对其伤残等级、护理依赖程度、护理期限及人数、误工期限、营养期限进行鉴定，2019 年 4 月 16 日，司法鉴定所出具司法鉴定意见书：被鉴定人沈某之伤情已构成一级伤残；完全护理依赖；误工期至伤残评定前一日，营养期为 18 个月；护理期限及人数按护理依赖标准处理。杨某驾驶的鲁 C3R×××号小型普通客车的登记所有人为张某，杨某与张某系夫妻关系，该车在财险某支公司投保交强险及 50 万元不计免赔商业三者险，事故发生在保险期内。沈某起诉要求赔偿各项损失 2505445.7 元。

【案件焦点】

侵权人驾驶登记在其配偶名下车辆发生交通事故的，其配偶应否承担事故赔偿责任。

【法院裁判要旨】

山东省沂源县人民法院经审理认为：杨某违反《中华人民共和国道路交通安全法》的规定，造成交通事故且负全部责任，应承担赔偿责任。杨某所驾车辆在财险某支公司投保交强险，故财险某支公司应在剩余交强险限额内先行承担赔偿责任。因杨某所驾车辆在财险某支公司投保商业三者险，交强险限额内不足部分，财险某支公司应在杨某承担民事责任的范围内优先在剩余商业三者险限额内根据保险合同予以赔偿。张某作为登记车主虽无过错，但确定交通事故责任主体有两个标准，一是运行支配；二是运行利益的归属。对于“运行利益”的认定，除了谋取经济利益之外，还应当包括机动车的运行为家庭带来的生活便利甚至享受，包括正常的社会交往活动，鲁 C3R×××号车属杨某、张某的夫妻共同财产，且是在从事家事活动过程中发生的交通事故，应当视为家庭生活的一部分，机动车的运行利益应当视为夫妻共享，所产生的侵权之债亦应由夫妻共同承担，故该交通事故造成的损失属夫妻共同债务，张某作为夫妻一方与杨某共同承担民事赔偿责任。据此，一审判决如下：

一、财险某支公司在机动车第三者责任强制保险限额内赔偿沈某各项损失共计 1755461 元中的 110000 元；在商业三者险限额内赔偿沈某各项损失共计 2293905. 4 元中的 358048. 59 元，以上两项共计 468048. 59 元；

二、被告杨某、张某共同赔偿沈某各项损失 1550770. 81 元；

三、驳回原告沈某在本案中的其他诉讼请求。

杨某、张某不服一审判决提起上诉，请求改判：1. 张某不承担赔偿责任；2. 杨某承担 70%的责任，沈某承担 30%的责任；3. 驳回沈某不符合法定赔偿条件的部分诉讼请求。山东省淄博市中级人民法院经审理认为：关于张某在本案中应否承担责任的问题，根据《最高人民法院关于审理道路交通事故损害赔偿案件适用法律若干问题的解释》第一条的规定，机动车发生交通事故造成损害，机动车所有人或者管理人有下列情形之一，人民法院应当认定其对损害的发生有过错，并适用《中华人民共和国侵权责任法》第四十九条的规定确定其相应的赔偿责任：（一）知道或者应当知道机动车存在缺陷，且该缺陷是交通事故发生原因之一的；（二）知道或者应当知道驾驶人无驾驶资格或者未取得相应驾驶资格的；（三）知道或者应当知道驾驶人因饮酒、服用国家管制的精神药品或者麻醉药品，或者患有妨碍安全驾驶机动车的疾病等依法不能驾驶机动车的；（四）其他应当认定机动车所有人或者管理人有过错的。本案中，杨某驾驶的事故车辆不属于运营车辆，并无证据证实该车辆在运行过程中产生运营经济利益，车辆虽登记在张某名下，但张某作为车辆登记的所有权人并不存在上述法律规定的应当承担赔偿责任的情形，故无法认定张某对于涉案事故发生存在过错。原审判决以运行利益视为夫妻共享、侵权之债由夫妻共同承担为由认定张某在本案中承担责任不当，应当予以纠正。杨某其他上诉主张均不能成立，不予支持。据此，二审判决如下：

一、维持一审判决第一项；

二、撤销一审判决第三项；

三、变更一审判决第二项为：杨某赔偿沈某各项损失1550770.81元；

四、驳回沈某的其他诉讼请求。

【法官后语】

本案涉及的主要问题在于，侵权人驾驶登记在其配偶名下的车辆发生交通事故的，其配偶应否承担事故赔偿责任。

日常生活中肇事司机驾驶登记在其配偶名下的车辆发生交通事

故的情况并不少见，在此情况下其配偶应否承担事故赔偿责任，司法实践中认识不一。本案就是如此。本案一审认为被告张某作为登记车主虽无过错，但涉案车辆系被告杨某和张某的夫妻共同财产，且是在从事家事活动过程中发生的交通事故，应当视为家庭生活的一部分，机动车的运行利益应当视为夫妻共享，所产生的侵权之债亦应由夫妻共同承担。二审则认为杨某驾驶的事故车辆不属于运营车辆，并无证据证实该车辆在运行过程中产生运营经济利益，车辆虽登记在张某名下，但张某作为车辆登记的所有权人并不存在法律规定的应当承担赔偿责任的情形，故无法认定张某对于涉案事故发生存在过错。

应当说本案二审法院对这一问题的认定是正确的。其主要理由在于：首先，《最高人民法院关于审理道路交通事故损害赔偿案件适用法律若干问题的解释》第一条①明确规定，机动车发生交通事故造成损害，机动车所有人或者管理人有下列情形之一，人民法院应当认定其对损害的发生有过错，并适用《中华人民共和国侵权责任法》第四十九条②的规定确定其相应的赔偿责任：(一）知道或者应当知道机动车存在缺陷，且该缺陷是交通事故发生原因之一的；(二）知道或者应当知道驾驶人无驾驶资格或者未取得相应驾驶资格的；(三）知道或者应当知道驾驶人因饮酒、服用国家管制的精神药

---

① 《最高人民法院关于审理道路交通事故损害赔偿案件适用法律若干问题的解释》于2020年进行过修正，修正后的第一条内容与修正前相比只是将其中的“侵权责任法第四十九条”修改为“民法典第一千二百零九条”。

② 该条规定现为《中华人民共和国民法典》第一千二百零九条：“因租赁、借用等情形机动车所有人、管理人与使用人不是同一人时，发生交通事故造成损害，属于该机动车一方责任的，由机动车使用人承担赔偿责任；机动车所有人、管理人对损害的发生有过错的，承担相应的赔偿责任。”

品或者麻醉药品，或者患有妨碍安全驾驶机动车的疾病等依法不能驾驶机动车的；（四）其他应当认定机动车所有人或者管理人有过错的。据此，车辆登记的所有权人存在上述法律规定的应当承担赔偿责任的情形时，人民法院才可以认定其对损害的发生有过错，并依法确定其相应的赔偿责任。其次，侵权人的配偶并不是共同侵权人，侵权人单独驾驶车辆发生交通事故，其配偶并无共同侵权的故意亦无共同侵权的行为。再次，交通事故侵权之债通常情况下应认定为个人债务。毕竟从一般意义而言，夫妻共同债务的认定应当看双方有无共同举债的合意或者该债务是否用于夫妻共同生活或共同经营，既然如此，则通常情况下的夫妻共同债务都是因合同之债而产生。但交通事故中所产生的赔偿责任明显属于侵权之债，而非合同之债。作为侵权之债而认定为夫妻共同债务需要存在特殊情形。比如，在侵权人驾驶车辆为运营车辆，其运营收入用于家庭共同生活的情况下，发生交通事故所产生的债务是为家庭共同生活所致，才可认定为夫妻共同债务。最后，根据“运营利益归属”的标准，作为家庭自用车辆，并不属于运营车辆，亦未对侵权人的配偶产生运营经济利益，侵权人的配偶并未从车辆运营中获取利益，虽然家用车辆用于家庭成员工作生活需要，给家庭成员带来方便，但这种便利不直观反映为金钱利益，因而不属于运营利益。

由此可见，侵权人驾驶登记在其配偶名下车辆发生交通事故的，其配偶原则上是不应承担事故赔偿责任的，除非存在上述法定情形或某种特殊情形。故在司法实践中对此不应无限扩大，在无上述法定情形或运营等特殊情形时，侵权人的配偶依法不应承担事故赔偿责任。具体到本案中，杨某驾驶的事故车辆明显不属于运营车辆，也无证据证实该车在运行过程中产生运营经济利益，张某作为车辆登记的所有权人亦不存在上述法律规定的应当承担赔偿责任的情形，故不应认定张某对于涉案事故承担赔偿责任。一审判决以运行利益视为夫妻共享、侵权之债由夫妻共同承担为由而认定张某在本案中承担责任明显不当，二审对此依法改判无疑是正确的。

编写人：山东省淄博市中级人民法院　荣明潇

山东省淄博市张店区人民法院　刘晓辉

069　机动车财产损失“无法修复”的认定

——市场发展公司诉财险某支公司等机动车交通事故责任案

【案件基本信息】

1. 裁判书字号

山东省淄博市中级人民法院（2019）鲁 03 民终 2949 号民事判决书

2. 案由：机动车交通事故责任纠纷

3. 当事人

原告（被上诉人）：市场发展公司

被告（上诉人）：财险某支公司

被告（被上诉人）：公交公司、李某

【基本案情】

2019 年 6 月 28 日，李某驾驶公交公司所有的鲁 CJ0×××号车辆，与赵某驾驶的市场发展公司所有的鲁 C03×××号车辆、胡某驾驶的鲁C090×××号车辆、赵某驾驶的鲁C63×××号车辆在张店区昌国路与翰林路路口西200米发生碰撞，致使市场发展公司车辆损坏，造成道路交通事故，该事故经交警部门认定，李某承担事故的全部责任。李某驾驶的鲁CJ0×××号车辆登记在公交公司名下。在财险某支公司投保交强险及不计免赔商业险100万元，事故发生在保险期限内。赵某驾驶的鲁C03×××号车辆所有人为市场发展公司。李某与公交公司均认可李某行为系职务行为。市场发展公司主张应赔偿以下经济损失：1. 车损167967元，提交鉴定报告；2. 清障费2000元，提交发票一份。

【案件焦点】

机动车交通事故责任纠纷案件中财产损失“无法修复”的认定。

【法院裁判要旨】

山东省淄博市张店区人民法院经审理认为：公民的合法权益受法律保护。侵害公民的身体健康权及财产权应当承担赔偿责任。本案系交通事故损害赔偿，应当按照双方在事故中的过错确定赔偿责任。交警部门的交通事故认定书，认定事实清楚，责任划分明确，依法予以采信。根据交通事故认定书李某承担事故全部责任，应承担全部赔偿责任。李某在事故发生时系从事职务行为，故应由公交公司承担赔偿责任。财险某支公司作为事故车辆的投保公司，应当在保险范围内承担赔偿责任。市场发展公司主张的经济损失认定如下：1. 对于双方争议的按照何种标准认定问题，价格评估公司接受财险某支公司的委托对涉案车辆进行鉴定后，出具了两种价格，一是按照车辆重置法价值119330元，二是按照车辆市场法维修价格167967元。经询问市场发展公司，其表示因对车辆有感情，要求修理后继续使用。故依法支持按照第二种计算方式支付车损 167967 元；2. 清障费 2000 元。据此，依照《中华人民共和国侵权责任法》第十六条、第三十四条、第四十八条，《中华人民共和国道路交通安全法》第七十六条，《最高人民法院关于审理道路交通事故损害赔偿案件适用法律若干问题的解释》第十四条、第十六条之规定，判决如下：

财产保险公司某支公司在保险范围内赔偿市场发展公司车损 167967 元、清障费 2000 元。

财险某支公司不服一审判决向山东省淄博市中级人民法院提起上诉，请求依法改判其不应按修理价格 167967 元进行赔偿，而应按重置价 119330 元进行赔偿。山东省淄博市中级人民法院经审理认为：《最高人民法院关于审理道路交通事故损害赔偿案件适用法律若干问题的解释》第十二条规定："因道路交通事故造成下列财产损失，当事人请求侵权人赔偿的，人民法院应予支持：(一) 维修被损坏车辆所支出的费用、车辆所载物品的损失、车辆施救费用；(二) 因车辆灭失或者无法修复，为购买交通事故发生时与被损坏车辆价值相等的车辆重置费用……"通常，物之损害的赔偿，有毁灭后的重置和毁损后的修复两种。而财产修复的适用，应以有修复的可能和必要为前提，故上述条款中的"无法修复"既指可能无法修理，亦指无必要修理。本案中，市场发展公司所有的车辆，因涉案事故发生损坏，经评估公司对涉案车辆进行鉴定后，出具了车辆重置 119330 元和车辆维修 167967 元两种赔偿价格。虽然涉案车辆尚未毁灭，但其维修价格远高于重置价格，即修理费用高于车辆的实际价值，应当认定为无修理的必要。本案市场发展公司亦未对涉案车辆实际进行修理。故一审以市场发展公司表示对车辆有感情要求修理为由支持其主张的车损为车辆维修费用 167967 元不当，予以纠正。

财产保险公司某支公司应按照车辆重置费119330元赔偿市场发展公司的车辆损失。据此，二审改判财产保险公司某支公司在保险范围内赔偿市场发展有限公司车损119330元、清障费2000元。

【法官后语】

本案主要涉及机动车交通事故责任纠纷案件中财产损失“无法修复”的认定问题。

在机动车交通事故责任纠纷案件中，对于财产损失的认定及赔偿问题是当前司法实践中处理此类案件的一个难点问题。关于财产损害，各国民法有的从损害的可赔偿性角度予以规定，有的从损害的类型角度予以规定，其核心目的均在于明确：一个侵权行为造成的财产损害，哪些是可以赔偿的，哪些是不需要赔偿的，即损害的可赔偿性。从侵权法制度的目的来看，侵权行为法只有当它避免了过分苛严的责任时，才能作为有效的、有意义的和公正的赔偿体系运行。① 对于财产损害来讲，因毁损、灭失导致物价值的减少或修理、重置之费用属于侵权行为直接产生的财产损害，毫无疑问具有可赔偿性。《最高人民法院关于审理道路交通事故损害赔偿案件适用法律若干问题的解释》第十二条规定：“因道路交通事故造成下列财产损失，当事人请求侵权人赔偿的，人民法院应予支持：(一) 维修被损坏车辆所支出的费用、车辆所载物品的损失、车辆施救费用；(二) 因车辆灭失或者无法修复，为购买交通事故发生时与被损坏车辆价值相等的车辆重置费用……”通常，物之损害的赔偿，有毁灭后的重置和毁损后的修复两种。而财产修复的适用，应以有修复的

① ［德］克雷斯蒂安·冯·巴尔：《欧洲比较侵权行为法（下册）》，焦美华译、张新宝审校，法律出版社2004年版，第1页。

可能和必要为前提，故上述条款中的“无法修复”既指可能无法修理，亦指无必要修理。财产毁灭是财产损害中最严重的侵权，财产灭失后的重置费用亦应是侵权赔偿的最高限额，财产的修复费用不应超过重置费用。作为交通事故被侵权一方，其车辆因侵权人的过错造成损害，侵权人理应对于车辆维修费用予以赔偿，但维修费用应限制在合理的范围内，如果维修费用高于物的实际价值时，将给侵权人造成不合理的负担。本案中，市场发展公司所有的车辆，因涉案事故发生损坏，经评估公司对涉案车辆进行鉴定后，出具了车辆重置119330元和车辆维修167967元两种赔偿价格。虽然涉案车辆尚未毁灭，但其维修价格远高于重置价格，即修理费用高于车辆的实际价值，应当认定为无修理的必要，且本案市场发展公司亦未对涉案车辆实际进行修理。因此，二审法院对于涉案车辆损失按照车辆重置价格119330元予以认定无疑是正确的。

编写人：山东省淄博市张店区人民法院　刘晓辉

山东省淄博市中级人民法院　荣明潇

070 外伤参与度的鉴定意见是否可以减轻加害人的赔偿责任

——王某琴诉朱某祥、保险公司机动车交通事故责任案

【案件基本信息】

1. 裁判书字号

北京市第一中级人民法院（2019）京01民终1133号民事判决书

2. 案由：机动车交通事故责任纠纷

3. 当事人

原告（被上诉人）：王某琴

被告（上诉人）：朱某祥、保险公司

【基本案情】

2016年12月28日17时20分，朱某祥驾驶小轿车在北京市昌平区将行走的王某琴撞倒，造成王某琴受伤。该事故经北京市公安局公安交通管理局昌平交通支队沙河大队认定，朱某祥负事故全部责任，王某琴无责任。事故发生后，王某琴到医院治疗，经诊断为头颅外伤、软组织损伤、颈部脊髓损伤、颈椎管狭窄、颈椎间盘突出、闭合性颅脑损伤轻型、趾骨骨折等，共住院61天。其间，王某琴花费医疗费136891.75元（其中保险公司垫付10000元）、残疾辅助器具费2300元。2017年7月31日，经王某琴委托，司法鉴定所出具鉴定报告，载明：王某琴外伤后遗留上肢肌力IV级；颈部活动受限，分别符合VII、IX级伤残。建议综合伤残赔偿指数为45%。建议王某琴护理期至伤残评定前一日，营养期为60天。王某琴目前情况与本次交通事故存在一定因果关系，建议外伤参与度为30%以下。王某琴为此支付鉴定费8150元。王某琴于本次交通事故发生前长期居住于城镇，且其主要收入来源非农产业。

另查，朱某祥驾驶的车辆在保险公司处投保机动车交通事故责任强制保险，事故发生在保险期限内。保险公司另为该车辆承保机动车交通事故商业三者险，保险金额为50万元，含不计免赔，事故发生在保险期限内。保险公司已在交强险范围内赔付医疗费 10000 元。

王某琴的经济损失，法院根据当事人提交的证据结合本案的具体情况核实确认各项损失共计 776839.08 元（未扣除保险公司垫付的 10000 元）。

【案件焦点】

外伤参与度的鉴定意见是否可以减轻加害人的赔偿责任。

【法院裁判要旨】

北京市延庆区人民法院经审理认为：根据《中华人民共和国道路交通安全法》第七十六条的规定，本次交通事故中，朱某祥负事故全部责任，因朱某祥驾驶的车辆在保险公司处投保交强险，故王某琴的合理损失，应当由保险公司在交强险限额内先行承担赔偿责任。超出交强险的部分，因朱某祥驾驶的车辆在保险公司处投保了商业三者险，故应由保险公司在商业第三者责任保险限额内承担赔偿责任。仍有不足的，应当由朱某祥承担赔偿责任。保险公司主张应当按照鉴定意见确定的外伤“参与度”对赔偿金作相应扣减。法院认为，在本次交通事故中，朱某祥负事故全部责任，王某琴无责任，朱某祥的侵权行为使得王某琴身体损害加重，与其相应身体症状提前出现具有法律上的因果关系，而王某琴的体质状况对损害后果的影响不属于侵权责任法等法律规定的过错，亦不属于可以减轻侵权人责任的法定情形。受害人不应对特殊体质在伤残中存有参与度而负担相应责任。故对保险公司的上述辩解，法院不予采信。王某琴主张的医疗费、住院伙食补助费及伤残赔偿金、营养费、护理费、误工费、交通费，根据证据情况，合理部分予以支持。依照《中华人民共和国侵权责任法》第十六条、第二十二条、第四十八条，《中华人民共和国道路交通安全法》第七十六条,《最高人民法院关于审理道路交通事故损害赔偿案件适用法律若干问题的解释》第十六条,《中华人民共和国民事诉讼法》第六十四条之规定,作出如下判决:

一、保险公司于判决生效后七日内在机动车交通事故责任强制保险限额内给付王某琴死亡伤残类赔偿金 110000 元(含精神损害抚慰金);

二、保险公司于判决生效后七日内在商业第三者责任保险限额内给付王某琴赔偿金 500000 元;

三、朱某祥于判决生效后七日内支付王某琴赔偿金 156839.08 元;

四、驳回王某琴的其他诉讼请求。

朱某祥与保险公司均不服一审判决,提起上诉。北京市第一中级人民法院经审理认为:关于本案外伤参与度的鉴定意见是否可以减轻赔偿责任的问题,《中华人民共和国道路交通安全法》第七十六条规定,机动车与非机动车驾驶人、行人之间发生交通事故,非机动车驾驶人、行人没有过错的,由机动车一方承担赔偿责任;有证据证明非机动车驾驶人、行人有过错的,根据过错程度适当减轻机动车一方的赔偿责任。《中华人民共和国侵权责任法》第二十六条规定,受害人对损害发生有过错的,可以减轻侵权人的责任。那么,受害人没有过错的,不构成过错相抵,不应承担责任。朱某祥和保险公司均上诉认为根据外伤参与度的鉴定意见,王某琴自身存在疾病,应当自负相应责任。法院认为,虽然王某琴在遭受交通事故前,自身存在颈椎间盘退行性改变、颈椎椎管狭窄症、颈椎间盘突出症等症状,但鉴定意见表述为“事故使王某琴颈部遭受外力作用后,出现此前尚未表现的疼痛、肌力降低等症状体征或加重了其表现”。由此可见,交通事故使王某琴出现或加重症状体征。交通事故中应当根据过错程度来确定赔偿责任，本案中朱某祥负有事故全部责任，王某琴不负事故责任，王某琴对事故的发生及损害后果的造成均无主观过错，其身体状况仅是事故造成后果的客观介入因素，并无法律上的因果关系。即朱某祥的行为是损害后果的直接原因，王某琴的体质因素对损害后果的发生并不具有相当的因果关系。故，王某琴的身体因素对损害后果的影响不属于法律规定的过错，其体质状况对损害后果的发生或扩大均不具有法律上的因果关系，不属于可以减轻侵权人责任的法定情形。

北京市第一中级人民法院依照《中华人民共和国民事诉讼法》第一百七十条第一款第一项之规定，作出如下判决：

驳回上诉，维持原判。

【法官后语】

本案是一起肇事方以及车辆保险公司因为受害人体质因素而主张减轻赔偿责任的案例。本案的关键争议点是外伤参与度的鉴定意见是否可以减轻加害人赔偿责任的问题。虽然最高人民法院对此问题发布了第24号指导性案例，就受害人的特殊体质与侵权行为结合共同造成或扩大了损害时，能否减轻侵权人的赔偿责任的问题确定了裁判规则，但是对于特殊体质与损害后果之间的因果关系、受害人是否因特殊体质而具有侵权法上的过错等问题在司法实践中存在不明之处，如何“参照”适用指导性案例是一个技术问题，需要在司法实践过程中明晰指导性案例的援引规则和适用情形。

一、关于第24号指导性案例中“特殊体质”的理解

就第24号指导性案例来说，该案中原告患有骨质疏松症，该症状为随着年龄的增加而导致的骨组织微结构的破坏，其中骨脆性增加，为代谢性骨病。第24号指导性案例将这一病症直接抽象为“体

质状况”，往往忽视了体质状况的成因，造成概念上的误用。结合具体案情，“特殊体质”应作如下理解：

首先，特殊体质形成是由客观因素造成的，客观因素主要是指遗传、年龄增长、生活工作环境等。但是不包括当事人因酗酒、吸毒等自身原因引发的特殊体质，当事人超越正常的生活方式而由其自我意志干预导致的特殊体质不宜由侵权人承担所有的损害赔偿。

其次，特殊体质应当是侵权行为发生时已经显现。本案中，原告的骨质疏松在侵权行为发生时已经在病理上存在，且根据年龄和其他症状可以判断出来。如果侵权行为发生时，从外观上不能判断特殊体质已经显现，应不予考虑。

最后，特殊体质在侵权行为发生前不至于出现和加重症状体征。特殊体质作为一种客观因素造成的体征病症，虽对个人生活产生一定影响，但是属于相对稳定的病情，如果受害人处于出现新的病症或病症不断加重的过程中，已达罹患严重疾病的程度，不得一律仍作为“特殊体质”对待，以避免侵权人承担过重责任。第 24 号指导性案例中的骨质疏松病情相对稳定，并未发展成严重疾病，仍处于“特殊体质”的范畴。

根据司法鉴定所在对“王某琴目前身体情况与本次交通事故之间是否存在因果关系及参与度进行鉴定”中，认为：被鉴定人王某琴自身存在颈椎间盘退行性改变、颈椎椎管狭窄症、颈椎间盘突出症，本次交通事故当天检查颈椎 CT 平扫示：未见明确骨折及脱位。但事故使王某琴颈部遭受外力作用后，出现此前尚未出现的疼痛、双侧上肢痛觉过敏且肌力降低等症状体征或加重了其表现。本案中，原告自身存在颈椎间盘退行性改变、颈椎椎管狭窄症、颈椎间盘突出症等症状，该些病症均是由于年龄、生活工作环境等造成，侵权行为发生时亦已显现，该事故使王某琴颈部遭受外力作用后，出现此前尚未表现的疼痛、肌力降低等症状体征或加重了其表现。由此可见，交通事故使原告出现或加重症状体征而非其本身就存在或加重症状，符合“特殊体质”的定义范围。

二、关于第24号指导性案例中“过错”的理解

关于指导性案例中“过错”的理解应落实到对于因果关系的理解上。首先，应当进行“若无原告的特殊体质，侵权行为是否仍会发生”的判断，答案当然是否定的，受害人特殊体质对于加害人侵权行为的发生与否不具有原因力，无论受害人是否具有特殊体质，损害依然发生。其次，在责任范围的因果关系上，根据指导性案例，受害人特殊体质是客观因素造成的，属于一般身体要素，在无侵权行为的情况下，损害的发生或扩大均无存在的基础。因此，特殊体质对于损害后果不具有可归责的基础，不应构成法律上的因果关系，进而不具有法律上的过错。

当然，第24号指导性案例适用的前提只应当为受害人没有过错的情况下。有些法院在受害人具有过错的情况下，仍旧适用第24号指导性案例显然失之偏颇。

本案中，朱某祥负有事故全部责任，王某琴不负事故责任，王某琴对事故的发生及损害后果的造成均无主观过错，其身体状况仅是事故造成后果的客观介入因素，并无法律上的因果关系，不属于可以减轻侵权人责任的法定情形。

第24号指导性案例自发布以来成为被直接援引次数最多的案例①，

---

① 孙光宁：《司法实践需要何种指导性案例——以指导性案例24号为分析对象》，载《法律科学》2018年第4期。

得益于该案例在裁判要点上的高度概括和清晰规则，但是高度概括也使得法官对于裁判要点进行了扩展性的适用，在相似性的判断上亦存在自由裁量权滥用的趋势。

参照适用指导性案例应当严格遵守相似性标准，同时将裁判要点与基本案情结合理解，精准适用法律，避免第24号指导性案例的扩大适用。

三、《中华人民共和国民法典》施行后新旧法律及司法解释的衔接和更新问题

原《中华人民共和国侵权责任法》第二十六条规定，被侵权人对损害的发生也有过错的，可以减轻侵权人的责任。《中华人民共和国民法典》施行后，该条被《中华人民共和国民法典》第一千一百七十三条吸收，即被侵权人对同一损害的发生或者扩大有过错的，可以减轻侵权人的责任。

原《中华人民共和国侵权责任法》第十六条、第二十二条、第四十八条规定，均分别体现在《中华人民共和国民法典》第一千一百七十九条 、第一千一百八十三条、第一千二百零八条之中。原《最高人民法院关于审理道路交通事故损害赔偿案件适用法律若干问题的解释》第十六条规定，现已经由《最高人民法院关于审理道路交通事故损害赔偿案件适用法律若干问题的解释》（2020年修正）第十三条和《中华人民共和国民法典》第一千二百一十三条吸收，共同确定侵权人和保险公司的赔偿责任。

编写人：北京市第一中级人民法院　陈伟　陈大林

071 扶养人的年龄及状况不能决定被扶养人生活费损失赔偿

——晏某方等诉财险公司机动车交通事故责任案

【案件基本信息】

1. 裁判书字号

江苏省盐城市中级人民法院（2018）苏09民终5351号民事判决书

2. 案由：机动车交通事故责任纠纷

3. 当事人

原告（被上诉人）：晏某方、耿某生、耿某光、耿艳某、耿迎某

被告（上诉人）：财险公司

【基本案情】

2018年4月15日9时许，刘某洲驾驶的牌号为皖S×××××小型普通客车沿S327线行驶，与耿某环驾驶的电动三轮车发生碰撞，后又与王某忠驾驶的电动自行车发生碰撞，致耿某环死亡、王某忠受伤。江苏省滨海县公安局交警队认定刘某洲、耿某环负事故同等责任，王某忠无责任。刘某洲的机动车在财险公司投保交强险、商业险500000元，事故发生在保险期限内。

另查明，死者耿某环与原告晏某方系夫妻关系，二人育有长子耿某生、次子耿某光，长女耿迎某、次女耿艳某。经盐城市残疾人联合会、滨海县残疾人联合会认定，长子原告耿某生构成精神残疾二级，医院诊断耿某生患有精神分裂症，现在该院精神科住

院治疗。耿某生一直未婚配、亦无子女，常年由其父母照顾。耿某环死亡时，耿某生的年龄为48周岁。

原告晏某方、耿某生、耿某光、耿艳某、耿迎某请求判令被告财险公司赔付丧葬费、5年死亡赔偿金、精神损害抚慰金以及原告耿某生20年被扶养人生活费等合计438698元。

【案件焦点】

受害人耿某环死亡时年龄已达76周岁，其48周岁的残疾儿子耿某生的被扶养人生活费应如何处理。

【法院裁判要旨】

江苏省滨海县人民法院经审理认为：本案的主要争议焦点为原告耿某生被扶养人生活费该如何处理的问题，酌情支持5年至10年或是支持20年。《中华人民共和国侵权责任法》施行后，死亡赔偿金为《最高人民法院关于审理人身损害赔偿案件适用法律若干问题的解释》（以下简称人身损害赔偿解释）规定的死亡赔偿金和被扶养人生活费损失的总和，扶养人年龄达到75周岁以上，被扶养人年龄在60周岁以下的，仍然应当按照20年的标准计算被扶养人生活费损失，该赔偿与扶养人是否超过法定退休年龄、是否丧失劳动能力、是否达到人均寿命年龄等均无关。原告耿某生是死者耿某环的长子，既未成家也无子女，常年随父母生活、由父母照料，发生事故时48周岁，无劳动能力且无其他生活来源，应作为被扶养人获得20年赔偿。本案支持五名原告主张5年死亡赔偿金、丧葬费、精神损害抚慰金以及耿某生20年被扶养人生活费等诉讼请求，并按责任比例确定赔偿金额为416798.4元。江苏省滨海县人民法院根据《中华人民共和国侵权责任法》第十六条、第二十六条、第四十八条，《最高人民法院关于审理人身损害赔偿案件适用法律若干问题的解释》第十七条之规定，判决如下：

一、被告财险公司于本判决生效后十日内赔偿原告晏某方、耿某生、耿某光、耿艳某、耿迎某416798.4元；

二、驳回原告晏某方、耿某生、耿某光、耿艳某、耿迎某的其他诉讼请求。

被告财险公司不服一审判决提起上诉。江苏省盐城市中级人民法院经审理认为：死者耿某环之子耿某生患有精神疾病，无劳动能力亦无其他生活来源，与耿某环、晏某方夫妇存在法定的扶养关系。被扶养人生活费根据扶养人丧失劳动能力的程度，按照受诉法院所在地上一年度城镇居民人均消费性支出和农村居民人均年生活消费支出标准计算。被扶养人既无劳动能力又无其他生活来源的，计算20年。一审判决并无不当。

江苏省盐城市中级人民法院依照《最高人民法院关于审理人身损害赔偿案件适用法律若干问题的解释》第二十八条的规定，作出如下判决：

驳回上诉，维持原判。

【法官后语】

现实生活中有一些老年人，其子女因智力问题、精神疾病等无民事行为能力，仍常年随其生活、由其抚养，一旦这些年迈的父母意外死亡，被扶养人生活费如何赔偿容易引发争议。

一、扶养人是否丧失劳动能力不影响被扶养人生活费损失赔偿

1. 达到法定退休年龄不代表丧失劳动能力及抚养能力。我国劳动法规定，男性年满60周岁达到法定退休年龄后，一般不具备劳动

法适用范围内的劳动者的主体资格，但并不代表劳动能力丧失，超过法定退休年龄继续参加工作的普遍存在。本案中，死者耿某环年龄虽然已达76周岁，但其患有精神分裂症的儿子原告耿某生一直随其生活、由其照料，故被告公司关于死者耿某环明显丧失劳动及抚养能力的辩解，无法律依据。

2. 抚养的内容包含物质和精神两个方面。《中华人民共和国老年人权益保障法》第十八条规定，家庭成员应当关心老年人的精神需求；与老年人分开居住的家庭成员，应当经常看望或者问候老年人。据此，父母子女之间的人格尊重、情感支持及心理慰藉等精神方面的抚养与扶养义务，被上升到法律规范层面。现实生活中，父母对成年无民事行为能力子女的抚养无法被他人所取代，本案中受害人耿某环对其子耿某生的抚养，不仅有经济上的供养，还包括多年来生活上的照料和精神上的慰藉，被告公司以耿某环年龄已达76周岁为由辩称其丧失抚养能力，与事实不符。

3. 对成年无民事行为能力子女的抚养是父母法定义务。本案受害人耿某环死亡时，原告耿某生48周岁，无配偶无子女，因精神残疾无法独立生活，属于无民事行为能力人，符合人身损害赔偿解释规定的"被扶养人无劳动能力又无其他生活来源的"成年人，受害人耿某环作为原告耿某生的父亲，无论其年龄多大，对无民事行为能力的子女均具有法定的抚养义务。

二、扶养人是否达到人均寿命不影响被扶养人生活费赔偿年限

1. 被扶养人生活费计入死亡赔偿金，不影响被扶养人生活费独立取得。人身损害赔偿解释规定，将被扶养人生活费计入残疾赔偿金或死亡赔偿金。据此，在道路交通事故案件中，仍然要按照人身损害赔偿解释的规定分别计算死亡赔偿金和被扶养人生活费的金

额，换言之，如受害人或者他人怠于行使被扶养人生活费赔偿请求权的，被扶养人有权就该项独立主张损害赔偿。本案中，受害人耿某环因交通事故死亡，其子耿某生有权就被扶养人生活费单独获得赔偿。

2. 被扶养人生活费的拟制规定体现出对弱者的保护。对于受害人死亡后的损害赔偿，我国立法及司法解释均采用“继承丧失说”，即受害人因人身损害死亡，家庭可以预期的未来收入因此减少或者丧失，使家庭成员在财产上蒙受消极损失。既然被扶养人生活费属于未来预期财产损失，那么被告辩称如赔偿20年被扶养人生活费就等同于推定死者耿某环的余命将达到96岁，这明显不合理，被告公司该辩解是否成立？笔者认为，人身损害赔偿解释涉及的赔偿5年、20年、年龄每增加1岁减少赔偿1年以及赔偿的标准等，均是拟制的法律真实，而非客观真实，本案中，受害人耿某环的自然死亡年龄因交通事故而无法确定，故20年被扶养人生活费属于法律拟制。那么，针对同一个死亡事实，死亡赔偿金计算5年，而被扶养人生活费却计算20年，两者是否相冲突？笔者认为，人身伤亡赔偿要对受害人提供全面救济，否则将可能导致依靠受害人扶养的人陷入生活困境，并引发负面社会问题，本案如按被告公司辩称的参照江苏省人均寿命（2018年为76.63岁）酌情计算本案被扶养人生活费，那么原告耿某生将无法获得该项赔偿，这个结论显然不会得到社会的认同。因此，在审判实务中，从个案正义角度出发，原告耿某生主张20年的被扶养人生活费，该赔偿无须考虑扶养者耿某环的实际年龄及生前状况。

此外，《中华人民共和国民法典》生效后，被扶养人生活费被死亡赔偿金、残疾赔偿金所吸收，2020年修正的《人身损害赔偿司法解释》第十六条明确规定：“被扶养人生活费计入残疾赔偿金或者死亡赔偿金。”2022年修改的《人身损害赔偿司法解释》进一步明确“计入”是指按照本解释第十七条计算出的被扶养人生活费与按照本解释第十二条计算出的残疾赔偿金或者本解释第十五条计算出的死亡赔偿金相加得出的赔偿总额，即该“计入”是指两个不同的赔偿项目数额的相加关系，因此，被扶养人生活费仍然属于人身损害赔偿的范围。存在实质变化的是，被扶养人生活费不再区分城镇和农村标准，统一按照城镇居民人均消费支出标准计算。

编写人：江苏省滨海县人民法院　蒋晓明

072　履行了主要扶养义务的实际扶养人可获得死亡赔偿金

——郑某诉姜某琼、财险公司机动车交通事故责任案

【案件基本信息】

1. 裁判书字号

四川省成都市中级人民法院（2018）川01民终15010号民事判决书

2. 案由：机动车交通事故责任纠纷

3. 当事人

原告（被上诉人）：郑某

被告（被上诉人）：姜某琼

被告（上诉人）：财险公司

【基本案情】

2017年9月13日晚，姜某琼驾驶川A40×××号小型轿车，由大邑县晋原镇邑新大道方向沿元通南段路往大邑大道方向行驶。当

车行至大邑县晋原镇元通路南段250号外路段时，姜某琼驾车驶入右侧人行道，车辆前部与从相对方向沿人行道推行自行车至此的王某昌相撞。王某昌经人民医院抢救无效后于次日死亡。该事故经大邑县公安局交通警察大队认定，姜某琼承担事故全部责任，王某昌无责任。川A40×××号车在财险公司投保了交强险和第三者责任险，保险限额500000元（含不计免赔），事故发生在保险期限内。

王某昌生前为大邑县东风煤矿退休职工。王某昌的父母、配偶、独生女均已去世。原告郑某与王某昌之女系恋爱关系，王某昌之女因病死亡后，郑某与王某昌夫妻于2003年7月2日签订了《抚子协议书》，王某昌居住地的村委会以及邻居予以见证。此后，郑某将户籍迁入大邑县晋原镇某村3组即王某昌居住地，与王某昌以父子相称，共同生活至本次事故发生之日，长达14年。王某昌去世后，郑某处理了丧葬事宜。

【案件焦点】

郑某是否具有死亡赔偿金和精神损害抚慰金的赔偿请求权。

【法院裁判要旨】

四川省大邑县人民法院经审理认为：侵害他人民事权益，依法应当承担侵权责任。姜某琼驾车造成王某昌死亡，大邑县公安局交通警察大队作出的《道路交通事故认定书》认定姜某琼承担事故的全部责任；郑某于2003年与王某昌签订的《抚子协议书》后，郑某即将其户口迁入大邑县晋原镇某村3组，一直与王某昌一起生活并以父子相称，在生活上对王某昌予以照料，在精神上对王某昌予以慰藉，王某昌因本次事故死亡后，安葬事宜也是由郑某来处理，郑某已经成为王某昌生前最亲近的人，从维护公序良俗的角度出发，应赋予郑某享有赔偿权利人的主体资格。四川省大邑县人民法院作出如下判决：

一、财险公司在判决生效之日起三十日内赔偿郑某 317137.44 元，支付姜某琼垫付费用 10000 元；

二、驳回郑某的其他诉讼请求。

财险公司不服四川省大邑县的民事判决，向四川省成都市中级人民法院提起上诉。

财险公司认为，郑某与死者王某昌未经民政部门登记，不成立法律意义上的收养关系，其不具备诉讼主体资格；郑某申请出庭的证人也不能核实其居住情况，该证人证言不应当被采信。

四川省成都市中级人民法院经审理认为：王某昌的父母、配偶和独生女儿均先于其去世，郑某作为王某昌女儿生前的男朋友，并不在其近亲属之列，且由于郑某与王某昌夫妻签订《抚子协议书》时，郑某已成年，双方不能成立法律规定的收养关系。但本案的特殊之处在于，郑某与王某昌夫妻从 2003 年起即在一起共同生活，距王某昌因交通事故去世，已经长达 14 年。在此期间郑某未外出务工，证人出庭陈述证实双方在“同一屋檐下生活、同一锅里吃饭”，双方对外以父子相称，相互扶助的关系受到同村村民的一致认可和较好评价。

《中华人民共和国侵权责任法》有关近亲属有权主张被侵权人的死亡赔偿金的规定，其立法本意在于近亲属与被侵权人从物质到精神层面均具有紧密联系，被侵权人的死亡对近亲属造成的损害最为显著和直接。但本案中王某昌确无其他近亲属，尽管与郑某没有血缘关系，但双方长期共同生活、共同劳动、共同消费，彼此之间在精神上相互抚慰、生活中相互扶助、家庭财产相互混同，双方具有较强的人身依附关系。郑某作为对王某昌履行了主要扶养义务的实际扶养人，其获得物质的补偿和抚慰符合《中华人民共和国侵权责任法》的立法本意，亦遵从了公序良俗和敬老扶弱的社会传统道德。故一审判决认定郑某具有死亡赔偿金和精神损害抚慰金的赔偿请求权并无不当，二审予以维持，对财险公司的上诉意见不予采纳。

综上所述，财险公司的上诉请求不能成立，应予驳回；一审判决认定事实清楚，适用法律正确，应予维持。依照《中华人民共和国民事诉讼法》第一百七十条第一款第一项之规定，判决如下：

驳回上诉，维持原判。

【法官后语】

一、死亡赔偿金概述

死亡赔偿金，系民法中因侵权行为导致自然人死亡这一法律事实可能产生的物质性赔偿义务中的一项。在学理上，对死亡赔偿金的权利基础主要有三种观点。(1) 生命价值说认为，死亡赔偿金是对于死者生命价值的赔偿，故因不同被侵权人生命价值的不同而不同。(2) 精神抚慰说认为，死亡赔偿金的目的是对死者近亲属由于失去亲人而产生的精神损害的补偿。(3) 期待利益说认为，死亡赔偿金是对于被侵权人本应增加而未增加的可期待消极利益的赔偿，是对死者劳动能力丧失的赔偿。

二、扶养关系人可作为赔偿权利人

(一) 赔偿权利人应采取混合标准

1. 死亡赔偿金是对物质供养关系人的赔偿。原《中华人民共和国侵权责任法》第十八条[①]规定，被侵权人死亡的，其近亲属有权请求侵权人承担侵权责任。《中华人民共和国侵权责任法》有关近亲属有权主张死亡赔偿金的规定，其立法本意在于近亲属与被侵权人从物质到精神层面均具有紧密联系，被侵权人的死亡对近亲属造成的损害最为显著和直接。但承前所述，死亡赔偿金是对生者物质损害的赔偿，其计算方式也以满足当地日常消费所需，即包括了受害人生前实际扶养人的生存权和发展权的需要。由此可见，长期共同生活、共同劳动、共同消费，家庭财产相互混同的物质上的扶养、扶助关系是判断是否具有赔偿请求权的重要依据。

2. 继承法中最相类似规定的适用。尽管死亡赔偿金不是遗产，但《中华人民共和国侵权责任法》和人身损害赔偿司法解释均采“继承丧失说”的法理基础，在继承法及其司法解释中就遗产的分配原则及考量因素，与前文所述死亡赔偿金的求偿主体的确认存在类似之处。原《中华人民共和国继承法》第十四条[②]规定，对继承人以外的依靠被继承人扶养的缺乏的劳动能力又没有生活来源的人，或者继承人以外的对被继承人扶养较多的人，可以分给他们适当的遗产。将“继承人以外的对被继承人扶养较多的人”纳入继承遗产的主体范围，可以适当分得遗产。

（二）符合公序良俗和敬老扶弱的社会传统道德

《中华人民共和国民法典》第一条规定，为保护民事主体的合法权益，调整民事关系，维护社会和经济秩序，适应中国特色社会主义发展需求，弘扬社会主义核心价值观，根据宪法，制定本法。因

① 对应现行《中华人民共和国民法典》第一千一百八十一条。
② 对应现行《中华人民共和国民法典》第一千一百三十一条。

社会的变迁，居民养老成为热点和难点问题，传统基于血缘、姻缘的法定人身权利义务关系已经不能涵盖日益复杂的社会现实情况，将尽到了主要扶养义务的扶养人列为赔偿金主体，利于弘扬社会主义核心价值观，符合公序良俗和敬老扶弱的社会传统道德。

三、死亡赔偿金的裁判实务问题

（一）举证义务的承担

本案扶养关系中的扶养并非法定义务，双方并无法定的权利义务关系。当一方与另一方形成扶养关系后，法律规定双方之间产生一定的权利与义务关系，以及履行义务一方享有一定的权利，接受义务的一方承担一定的义务。原《中华人民共和国继承法》第十四条规定中将继承人以外的人纳入可继承遗产的主体，需要具备的一个条件是“对被继承人扶养较多的”扶养义务。参照该条规定，要成为死亡赔偿金主体，也需要证据其自身承担了主要或较多的扶养义务，具体的举证责任如下。

1. 证明形成了扶养关系。其举证具体应具备如下条件：一是双方有扶养的意思，意思表示包括积极主动的意思表示，如签订书面协议，当然也可用消极的意思表示，如双方对共同生活没有提出过反对意见，接受或者是愿意共同生活。二是扶养的标准应当是尽到了生活扶助的义务，扶养义务人对被扶养人的管理，以及生活上的照料。扶养关系的成立不应该仅仅是经济上的救助，还应包括生活中的照料，感情的交流等。三是扶养事实需持续一定的时间。如果双方扶养事实持续的时间较短，则无从判断双方是否形成了事实上的扶养关系，仅凭短时间的扶养就让扶养义务人享有继承、具备扶养人身份的权利，亦不公平公正。本案中，原告即与死者共同生活14年，在此期间，原告未外出务工，证人陈述双方“同一屋檐下生活，同一锅里吃饭”。

2. 证明承担了主要扶养义务。仅仅形成了扶养关系，还不足以达到可以纳入赔偿权利人的标准，还需进一步证明承担了主要的扶养义务，其证明力要达到让法官足以形成内心确认的程度。尽到主要扶养义务的事实，本身是一个长期存在的事实，无法以单个的书证或者录音录像证据进行证明，因此证据更多的是以邻居、亲友的证人证言，或者是所在地居委会、村委会出具的证明为主。实务中，当事人虽然无法提供直接证据，但举出的间接证据要形成证据链，证明其尽到了主要扶养义务。具体到本案中，原告在一审、二审中申请了三名证人出庭作证，均为当年签订《抚子协议》的见证人，且与原告以及死者身前系邻居，能够客观、真实地证明双方家庭生活的基本情况，当地村委会亦出具书面证明。

（二）赔偿顺序和分配原则

从理论上说，死亡赔偿金以受害人死亡为条件，是侵害人对死者近亲属期待继承利益的赔偿，而不是对死者财产损失和生命的赔偿，因此死亡赔偿金不是死者的遗产。从实务上看，对于死亡赔偿金的分配，原则上应当以继承法的分配原则为基础，再综合考虑权利人与死者亲属关系的远近、生活的紧密程度、对死者的经济依赖程度以及其自身生活状况等因素，在死者近亲属和扶养关系人之间进行分配，不应简单处理。

编写人：四川省成都市中级人民法院　付冬琦

四川省成都市青羊区人民法院　赵珍

073 车辆全损时车辆购置税损失属于车辆重置费用

——常某道诉陈某、财险公司机动车交通事故责任案

【案件基本信息】

1. 裁判书字号

湖北省宜昌市中级人民法院（2019）鄂05民终1800号民事判决书

2. 案由：机动车交通事故责任纠纷

3. 当事人

原告（被上诉人）：常某道

被告（被上诉人）：陈某

被告（上诉人）：财险公司

【基本案情】

2018年11月12日，陈某驾驶鄂E×××××号小型客车沿猇亭大道行驶至猇亭大道与迎宾路交岔路口时，与常某道驾驶的鄂E×××××号小型客车发生碰撞，造成陈某与常某道受伤、两车受损的交通事故。交警部门认定，陈某负事故主要责任，常某道负事故次要责任。事后常某道将其车辆交由4S店维修。常某道与4S店约定：4S店处理其车辆拆检定损后若不在4S店维修，则须向4S店缴纳车辆损失定损估价费3000元。4S店拆检车辆后，提出了维修报价。财险公司认为维修车辆所需费用已超过原告投保的车辆价值297800元的60%，已符合该财险公司推定全损的惯例，没必要维修。于是财险公司向常某道提出，车辆损失可按推定全损予以

赔付，常某道车辆残值由财险公司所有。常某道与陈某同意财险公司前述赔偿方案后，常某道将事故车辆交由财险公司拍卖处理。后财险公司共计赔付常某道车辆损失264560元。其中：在交强险财产损失范围内赔偿原告车辆损失2000元；在商业三者险范围内赔偿常某道车辆损失77560元；向常某道支付事故车辆拍卖所得价款185000元。另承保常某道车辆车损险的财险公司赔付常某道车辆损失33240元。常某道共获得车辆损失赔款297800元。因常某道车辆未在4S店维修，常某道按约定向4S店支付了拆检定损估价费用3000元。

陈某所驾驶的鄂E×××××号小型客车的交强险和商业险投保于财险公司，不计免赔商业三者险保险金额为50万元。案涉事故发生于保险责任期限内。常某道受损车辆为BM××××××型，该车购置于2015年4月，裸车购置价为396800元，另在税务部门按378000元的10%缴纳车辆购置税37800元。

常某道认为，财险公司未赔偿其车辆购置税损失和拆检定损费用损失，损害了其权益，遂提起诉讼，请求判令陈某与财险公司共同赔偿其损失28560元（车辆购置税费37800×70%+车辆损失鉴定费3000元×70%），并承担诉讼费用。

陈某认为，常某道主张的车辆购置税损失没有法律依据，即使法院认定存在车辆购置税损失，该损失也应由财险公司赔偿。

财险公司承认其已付常某道的赔偿不含车辆购置税损失，但认为：车辆购置税损失属于间接损失，不属于商业三者险的赔偿范围，且车辆购置税损失应按事故发生前相应时点的重置费用乘以购置税缴税比例计算，而不是按新车价格计算；常某道交付给

4S 店的 3000 元是劳务费而不是鉴定费，该项费用属于间接损失，亦不属于保险赔付范围。

【案件焦点】

车辆购置税是否属于《最高人民法院关于审理道路交通事故损害赔偿案件适用法律若干问题的解释》第十五条所规定的“车辆重置费用”。

【法院裁判要旨】

湖北省宜昌市猇亭区人民法院经审理认为：（一）车辆受损后被推定全损，再次购买车辆必然向国家交纳车辆购置税。车辆购置税属于车辆重置费用。但该项损失的计算，应考虑已使用车辆的年限情况。故酌定原告车辆购置税损失为 28350 元。在推定全损的情况下，车辆购置税损失并非财险公司所称的间接损失，依法属于保险赔偿范围。陈某承担事故的主要责任，财险公司应在商业三者险范围内承担 70%即 19845 元的赔偿责任。（二）拆检定损费用系确定保险标的的损失程度所支付的必要的、合理的费用。对于该项费用的负担，应按照有约定依约定，无约定由保险人负担的原则处理。财险公司未提交保险合同，不能证明合同双方对此存在约定，则属于保险车辆相应责任的部分，应由财险公司负担。故财险公司应按 70%的比例负担该费用，即 2100 元。

湖北省宜昌市猇亭区人民法院依照《中华人民共和国侵权责任法》第二条、第十九条、第四十八条，《中华人民共和国道路交通安全法》第七十六条第一款第一项，《中华人民共和国保险法》第六十四条，《最高人民法院关于审理道路交通事故损害赔偿案件适用法律若干问题的解释》第十五条第二项、第十六条之规定，判决如下：

一、财险公司在商业三者险范围内赔偿常某道车辆损失 19845 元和拆检定损估价费用 2100 元，限于本判决生效后十日内履行；

二、驳回常某道的其他诉讼请求。

财险公司持原审意见上诉。湖北省宜昌市中级人民法院经审理认为：《最高人民法院关于审理道路交通事故损害赔偿案件适用法律若干问题的解释》第十五条所规定的“车辆重置费用”，是指因机动车交通事故导致被侵权人的车辆灭失或者无法修复的，被侵权人为取得与交通事故发生前被损害车辆价值相当的车辆所开支的费用。而车辆购置税属于车主购车时必须支付的费用，属于车辆的重置成本，应当作为直接损失认定，由财险公司在商业三者险范围内进行赔偿。《中华人民共和国保险法》第六十四条规定“保险人、被保险人为查明和确实保险事故的性质、原因和保险标的的损失程度所支付的必要的、合理的费用，由保险人承担”。车辆拆检评估费是确定车辆损失程度必然发生的费用，依法应由财险公司予以赔偿。财险公司提出车辆购置税、车辆拆检评估损失不应由其赔偿的上诉理由和请求不能成立，依法不予支持。

湖北省宜昌市中级人民法院依照《中华人民共和国民事诉讼法》第一百七十条第一款第一项之规定，判决如下：

驳回上诉，维持原判。

【法官后语】

在机动车交通事故责任纠纷案件中，当事人经常会因某项具体损失是否属于财产损失而发生争议。为解决类似争议，《最高人民法院关于审理道路交通事故损害赔偿案件适用法律若干问题的解释》第十五条以列举的方式对应予支持的财产损失作出了规定。但由于列举的局限性，难以详尽地列明某项损失是否属于应予支持的财产损失范围，导致争议仍大量存在。本案所涉争议，乃为车辆购置税是否属于重置费用、如何认定损失数额、是否属于直接财产损失等问题。笔者通过查看各地类案判决，发现裁判意见并不统一。因此，有必要对此问题予以厘清。本案一审、二审判决均认定，损害发生时相应车辆购置税属于车辆重置费用，且属于直接经济损失，并据此判决财险公司予以赔偿，既符合原《中华人民共和国侵权责任法》第十九条①的规定，也符合《最高人民法院关于审理道路交通事故损害赔偿案件适用法律若干问题的解释》第十五条第二项的规定，无疑是正确的。

一、车辆购置税是车辆市场价值的组成部分

众所周知，购买新车后，均必须先缴纳车辆购置税，然后才能上牌登记。由于车辆购置税是在含税（增值税）价格外实行一次性课征，故每辆车只需缴纳一次车辆购置税。买受二手车不需再缴纳车辆购置税。车辆灭失或报废后，车辆购置税是不能退税的，另行购买新车需另外缴税，不得抵扣。由此可知，新车进入消费市场或营运市场并缴纳车辆购置税后，其市场价值不仅包含车辆的裸车价值，还包括车辆购置税等费用，一起形成车辆的整体市场价格。

二、车辆受损必然导致车辆的市场价值减少，车辆购置税损失的认定应以损失发生的时点为限

车辆的市场价格随着车辆使用时间的延长而逐步贬损，其中车辆购置税所对应的那部分价值亦逐步贬损。车辆使用若干年报废后，

---

① 对应现行《中华人民共和国民法典》第一千一百八十四条。

该部分价值将不复存在。因此，既不能简单地将购车时缴纳的车辆购置税认定为车辆购置税损失，也不能以车辆全损后另购新车所缴纳的车辆购置税认定为车辆购置税损失，而应将损失发生时车辆购置税所对应的那部分价值认定为车辆购置税损失。在车辆受损后能够修复再行使用的情况下，不存在车辆购置税损失的问题。车辆受损后无法修复，才有车辆购置税损失的问题。发生交通事故致车辆全损（包括推定全损）的，受损时车辆购置税所对应的价值应认定为财产损失，而此前因折旧因素已损耗的车辆购置税所对应的车辆价值，则不属于财产损失。

三、车辆重置费用应按损失发生时车辆的市场价格确定，该市场价格已包含损失发生时车辆购置税所对应的那部分价值

原《中华人民共和国侵权责任法》第十九条规定，侵害他人财产的，财产损失按照损失发生时的市场价格或者其他方式计算。该市场价格，即为《最高人民法院关于审理道路交通事故损害赔偿案件适用法律若干问题的解释》第十五条所规定的“车辆重置费用”。就如同二手车交易一样，买方只需支付相当于交易时该二手车相应市场价格的对价，即可取得车辆所有权，无须向出卖方额外支付车辆购置税。故在已按损失发生时车辆的市场价格即重置费用确认侵权人财产损失后，不应再额外重复支持被侵权人车辆购置税损失。损失发生时车辆的市场价格，在司法实践中一般通过司法鉴定确认。需要注意的是，在鉴定中，应提醒鉴定机构将车辆购置税对车辆市场价格的影响因素考虑进去。本案未经鉴定确定车辆受损时的市场价格，财险公司明确承认其已付赔偿款中不包含车辆受损时车辆购置税的剩余价值，则原告的该部分损失应当依法予以支持。

四、应由侵权人分担的包含损失发生时车辆购置税所对应的车辆价值在内的重置费用，是重置同等价值车辆的必要成本，应认定为直接财产损失

商业三者险保险条款中，通常约定有间接损失不赔的免赔条款，类似争议中，财险公司也经常以车辆购置税损失属于间接损失为由要求免责，但由前面的解读可知，车辆购置税损失显然属于直接损失，故财险公司之该抗辩不能成立。

编写人：湖北省宜昌市猇亭区人民法院　邓希桥

074　交通事故一次性赔偿协议的效力认定及审查

——李某杰诉王某赏等机动车交通事故责任案

【案件基本信息】

1. 裁判书字号

北京市第一中级人民法院（2019）京 01 民终 5611 号民事判决书

2. 案由：机动车交通事故责任纠纷

3. 当事人

原告（上诉人）：李某杰

被告（被上诉人）：王某赏、甲保险公司、苑某、乙保险公司

【基本案情】

2014 年 1 月 4 日 19 时 28 分，在北京市海淀区复兴路京西路口，王某赏驾驶××号小客车由东向南行驶，苑某驾驶京××号小客车由西向东行驶，李某杰驾驶北京×号电动自行车由南向北行驶到路口东南角等候信号灯，王某赏驾车违反交通信号、在禁止左转弯

的路口违反禁令标志左转，苑某驾车违反交通信号，王某赏所驾车辆右后侧与苑某所驾车辆前部相撞，后王某赏所驾车辆左后侧与李某杰的电动自行车前部接触，造成三车受损，李某杰受伤。事故经公安机关交通管理部门认定王某赏负主要责任，苑某负次要责任，李某杰无责任。

王某赏所驾车辆在甲保险公司投保了交强险及责任限额为20万元的商业三者险，苑某所驾车辆在乙保险公司投保了交强险及责任限额为20万元的商业三者险，此次事故发生在保险期限内。

事发后，李某杰于2014年1月4日21时至2014年1月21日11时在医院住院治疗，出院诊断：1. 急性轻型闭合性颅脑损伤；2. 多发软组织损伤（面部、胸部、左膝）；3. 皮肤挫擦伤（左踝）。出院医嘱：1. 休息一个月，定期一个月门诊复查；2. 继续加强左踝关节功能锻炼；3. 不适随诊。

李某杰出院后，王某赏、苑某、李某杰三方于2014年1月21日签订事故赔偿协议书，约定：王某赏负事故70%责任，苑某负事故30%责任。王某赏、苑某两方赔偿李某杰各项损失共计人民币2.5万元，该赔偿款包括李某杰的交通费、护理费、误工费、伙食住宿费、被扶养人生活费、后续治疗费、精神损失费等各项损失赔偿。王某赏、苑某两方于赔偿款协议签订之日一次性向李某杰付清赔偿款。本协议所涉及的赔偿是一次性终结赔偿，王某赏、苑某两方支付李某杰费用后，今后李某杰不得以任何理由向王某赏、苑某及任何第四方提出赔偿要求或提起诉讼。本协议三方均是在自愿的情形下签订的，不存在任何重大误解或显失公平的情形，三方不得以任何理由对协议提出反悔。

协议签订后，王某赏、苑某依约向李某杰支付了 2.5 万元赔偿款。但李某杰认为，在签订协议时王某赏对其进行了重大误导，向其隐瞒了真实伤情，而且其伤情一直在恶化，故认为该协议无效，遂提起本案诉讼。

【案件焦点】

在事故三方签订一次性赔偿协议且该协议已经履行完毕的情形下，伤者还能否向事故责任方主张赔偿。

【法院裁判要旨】

北京市海淀区人民法院经审理认为：首先，在发生交通事故后，当事人可以自行协商处理损害赔偿事宜，当事人自愿达成的调解协议受法律保护，对当事人具有法律约束力，当事人应当按照协议约定履行各自的义务，不得擅自变更或解除协议。故，本案中三方签订的交通事故一次性赔偿协议是当事人的真实意思表示，内容未违反法律、行政法规的强制性规定，应属合法有效。

其次，为了保证协议的公平公正，合理确定各方的权利和义务，《中华人民共和国合同法》第五十二条及第五十四条明确规定了合同无效及合同可撤销的法定事由，应当据此对各方签订的交通事故赔偿协议进行审查。本案中，李某杰表示在签订协议时王某赏对其进行了重大误导，向其隐瞒了真实伤情，签订协议时其不知道其锁骨骨折术后改变，而且其伤情一直在恶化，故认为该协议无效。根据李某杰的陈述，本案显然不存在符合《中华人民共和国合同法》第五十二条规定的协议无效的情形。结合李某杰的诉讼请求，应理解为李某杰要求撤销三方签订的协议书，进而对其损失进行重新评价，以获得其所期望的赔偿数额。

法院对三方签订的赔偿协议书是否符合法定撤销事由进行了详细评述。经审查，事故三方于2014年1月21日签订的赔偿协议书不存在重大误解、订立时显失公平，以及欺诈、胁迫或乘人之危的情节，故该赔偿协议书对三方具有法律约束力，各方均应恪守承诺，遵守协议书的约定。现王某赏、苑某已按照赔偿协议书的约定向李某杰支付赔偿款2.5万元，根据协议约定，涉案交通事故已经一次性终结赔偿，李某杰再行要求王某赏、人保财险公司、苑某及乙保险公司承担赔偿责任，没有事实和法律依据，法院不予支持。

综上所述，北京市海淀区人民法院依照《中华人民共和国民法总则》第五条、第六条、第七条，《中华人民共和国合同法》第六条、第八条、第五十二条、第五十四条，《中华人民共和国民事诉讼法》第六十四条之规定，判决如下：

驳回李某杰的全部诉讼请求。

李某杰不服原审判决，提起上诉。二审法院同意一审法院的裁判意见，二审判决如下：

驳回上诉，维持原判。

【法官后语】

本案是交通事故民事赔偿案件中的常见类型之一。在一些未造成重大伤亡的常规交通事故中，当事人往往有意愿通过签订一次性赔偿协议的方式解决交通事故赔偿纠纷。但是，在协议签订或履行后，也时常出现一方反悔的现象。

实践中，针对该类案件的审理难点主要在于：一是审理程序如何确定，是合同纠纷还是侵权纠纷；二是如何审查一次性赔偿协议的效力。

一、审理程序如何确定，是合同纠纷还是侵权纠纷

一种观点认为，在当事人签订赔偿协议后，原本因交通事故产生的侵权纠纷即应转化为因赔偿协议所致的合同纠纷。当事人如果对赔偿协议的效力产生争议，应当先行起诉合同纠纷以解决赔偿协议是否存在无效或可撤销情形，而不能径行起诉机动车交通事故责任纠纷主张侵权赔偿。另一种观点认为，此类案件仍应当作为机动车交通事故责任纠纷处理，在审理时应当首先审查赔偿协议的效力，如果赔偿协议不存在依法可撤销、变更、无效或解除的情形，则应按协议约定确定赔偿责任。如果发现赔偿协议存在可撤销、变更、无效或解除的情形，可在本案中直接加以确认，对原告主张的超出赔偿协议的诉讼请求，可在确认协议效力的基础上重新认定赔偿数额。笔者同意第二种观点。因为双方签订赔偿协议的基础法律关系是因交通事故所致的侵权责任纠纷，将此类纠纷置于机动车交通事故责任纠纷案由下作为一个案件处理，既有利于基础法律关系的审查，又减少了当事人的诉累，便于从整体上化解当事人之间的纠纷。

二、如何审查一次性赔偿协议的效力

与一般民事合同一样，交通事故赔偿协议也可能出现无效、效力待定和可撤销的情况。在法律适用上，应当依据《中华人民共和国民法典》第一百四十三条至第一百五十四条的规定，对交通事故一次性赔偿协议的效力予以审查。一般来说，只要当事人具有完全民事行为能力，经过平等协商自愿达成赔偿协议，并且协议不违反法律、行政法规的强制性规定、不损害公共利益的，这份赔偿协议就应是有效的。

涉及赔偿协议效力的案件，最常见的争议主要集中在重大误解和显失公平上，当事人往往以重大误解或显失公平为由，要求撤销原赔偿协议，从而主张更多的赔偿。本案亦是如此。在本案的审理过程中，法院对涉案赔偿协议书是否符合法定撤销事由进行了详细评述，分别从涉案赔偿协议是否存在重大误解，订立合同时是否显失公平，以及是否存在以欺诈、胁迫的手段或者乘人之危使李某杰在违背真实意思的情况下签订赔偿协议三个方面进行了逐一论证，综合考虑了三方签订赔偿协议的时间点，李某杰历次就诊记录中所反映的治疗情况、伤情变化及身体康复状况，李某杰的损失情况及对赔偿款的花费情况等实际情况，最终认定涉案赔偿协议书合法有效，不存在可撤销、可变更的情形，各方均应恪守承诺，遵守协议书的约定。法庭最终驳回了李某杰的全部诉讼请求。

编写人：北京市海淀区人民法院　游晓飞

075　未成年人因交通事故导致休学损失依法获得赔偿

——陆某玲诉江某锋、财保公司机动车交通事故责任案

【案件基本信息】

1. 裁判书字号

江苏省启东市人民法院（2019）苏0681民初4238号民事判决书

2. 案由：机动车交通事故责任纠纷

3. 当事人

原告：陆某玲

被告：江某锋、财保公司

【基本案情】

2018 年 8 月 29 日，朱某英驾驶电动自行车，后载陆某玲（2004 年出生，在校初中生），由北向南行驶至启东市吕四港镇元巴路与通元路路口时，与由西向东行驶的江某锋驾驶轻型封闭式货车发生碰撞，致朱某英、陆某玲受伤。本起交通事故经交警部门认定江某锋、朱某英负同等责任，陆某玲无责任。江某锋驾驶车辆在财保公司投保了交强险及商业三者险。事发后，陆某玲至医院住院治疗，共住院 17 天并花去医疗费 4 万余元。2019 年 5 月 17 日，司法鉴定所对陆某玲的伤情出具司法鉴定意见为：1. 陆某玲因交通事故致右胫腓骨中段开放性骨折；建议护理期限以 90 日为宜（其中 2 人护理 15 日，1 人护理 75 日），营养期限以 90 日为宜。2. 陆某玲取内固物费用约 10000 元，取内固定物所需护理以 1 人 15 日为宜，营养期限以 15 日为宜。教育主管部门经审核确认陆某玲需要休学一年。2019 年 5 月 27 日，陆某玲诉至法院，要求江某锋和财保公司赔偿其因交通事故造成的损失（含休学一年损失 15000 元）。

【案件焦点】

陆某玲误学是否属于机动车发生交通事故造成的财产损失范畴。

【法院裁判要旨】

江苏省启东市人民法院经审理认为：陆某玲系在校学生，因交通事故导致右胫腓骨中段开放性骨折且陆某玲尚有二次手术需要进行，事故的发生肯定使得陆某玲的学业受到影响，教育主管部门经审核确认原告需要休学一年，并为其办理了休学手续，陆某玲因此增加了中学期间一年的相应支出，该损失与本次事故具有直接的因果关系，所以陆某玲主张误学损失并非自行扩大的损失，依法应当属于财产损失范畴。陆某玲主张误学损失 15000 元，结合本地人均消费支出，其主张合理，法院对该费用予以支持。据此，依照《中华人民共和国道路交通安全法》第七十六条，《中华人民共和国保险法》第六十五条，《最高人民法院关于审理道路交通事故损害赔偿案件适用法律若干问题的解释》第十六条，《最高人民法院关于审理人身损害赔偿案件适用法律若干问题的解释》第十七条、第十九条之规定，判决如下：

一、被告财保公司于本判决生效之日起三十日内在交强险和商业三者险限额内赔偿原告陆某玲因交通事故造成的损失共计 59487.98 元（已扣除应返还被告江某锋的垫付款）；

二、被告财保公司于本判决生效之日起三十日内给付被告江某锋 2365.18 元；

三、驳回原告陆某玲的其他诉讼请求。

判决后，双方当事人均未上诉，本判决现已生效。

【法官后语】

处理机动车交通事故责任纠纷案件时，当事人通常只按照法定赔偿项目主张权利。在交通事故发生后，当事人除了法定赔偿项目的损失之外，往往还有其他合理损失。如果当事人不主张其他合理损失项目，那么根据民事诉讼不告不理原则，该类损失将由当事人自己负担，难以通过司法途径维护其合法权益。

《中华人民共和国民法典》第一千一百七十九条规定“侵害他人造成人身损害的，应当赔偿医疗费、护理费、交通费、营养费、住院伙食补助费等为治疗和康复支出的合理费用，以及因误工减少的收入。造成残疾的，还应当赔偿辅助器具费和残疾赔偿金；造成死亡的，还应当赔偿丧葬费和死亡赔偿金”。《中华人民共和国道路交通安全法》第七十六条规定“机动车发生交通事故造成人身伤亡、财产损失的，由保险公司在机动车第三者责任强制保险责任限额范围内予以赔偿；不足的部分，按照下列规定承担赔偿责任……”交通事故中伤者的财产损失应当获得赔偿，那么伤者为学生的误学是否属于财产损失？对于人身伤亡的赔偿范围，法律和有关司法解释规定得很明确。而对于财产损失的赔偿范围，法律和有关司法解释都没有予以明确，只是原则性规定“财产损失”是指因机动车发生交通事故侵害被侵权人的财产权益所造成的损失。《最高人民法院关于审理道路交通事故损害赔偿案件适用法律若干问题的解释》第十二条规定，赔偿权利人请求因机动车交通事故造成车辆的维修费用或重置费用、车辆所载货物的损失、车辆施救费用、经营性车辆的停运损失或者非经营性车辆使用中断的损失以及其他财产损失的，人民法院应予支持。但该条文未限定于上述种类。

首先，作为在校学生因交通事故受伤，需要休息和治疗，实际治疗加上医嘱休息的时间长达四个多月，必然会影响学业，在学生课业压力较重的当下，一旦需要长期休养必然跟不上教学进度，学校为学生办理休学符合学校规章制度和客观实际，陆某玲休学一年是合情合理的。因此休学期间产生的相应支出属合理损失。

其次，学生休学在家，不仅没有收入，还要消费支出，会给家庭带来额外的开销，客观上也会延误原告参加工作的时间，必然会造成财产损失。这些损失的发生并非原告主观故意，而是因为发生交通事故所导致，与侵权行为之间存在必然的因果关系，属于直接损失。

最后，应当遵照未成年人利益最大化原则，对法律、司法解释规定进行合目的性解释。如果不支持陆某玲的该项诉请，那么就无法弥补陆某玲的合理损失，对陆某玲而言就不公平，也不利于保护未成年人的合法权益。同时，支持未成年人因交通事故的误学损失也符合损失填补原则的题中之义。

编写人：江苏省启东市人民法院　胡丹

076　路边修车致修理人损害的，应按交通事故确定各方责任

——黄某乐诉于某伟等机动车交通事故责任案

【案件基本信息】

1. 裁判书字号

北京市第三中级人民法院（2019）京03民终2503号民事判决书

2. 案由：机动车交通事故责任纠纷

3. 当事人

原告（被上诉人）：黄某乐

被告（被上诉人）：于某伟、于某伍、运输公司

被告（上诉人）：保险公司

【基本案情】

2017年9月15日，于某伟驾驶的重型普通货车在路上行驶时发生故障，车辆挡位停在二挡上无法摘挡。于某伟将车辆停放在通州区台湖镇东石桥南路口西南角，打车到黄某乐所在修理厂，

黄某乐与于某伟一起回到事发地，黄某乐对于某伟的车辆进行修理。黄某乐用千斤顶支起其中一个轮胎用来固定车体。黄某乐发现车辆气罐没气，轮胎抱死，无法解除刹车、晃动轮胎、摘挡修车。于是其让于某伟保持车辆着火状态，给气罐打气以便调刹车。于某伟将车发动后下车站在车辆左侧，黄某乐觉得可以调刹车了，就去了车底下。2017 年 9 月 15 日 11 时 56 分，车辆突然向前行驶，将处于车底的黄某乐轧伤。对于车辆突然向前行驶的原因，各方均称不清楚，无法确定黄某乐、于某伟的事故责任。黄某乐认为在本案中其系机动车交通事故案件中的第三人，对于自己的损失要求各被告依责承担赔偿责任。

【案件焦点】

原、被告各方对事故发生及产生的损失是否应承担责任及责任比例问题。

【法院裁判要旨】

北京市通州区人民法院经审理认为：根据《中华人民共和国道路交通安全法》规定，“道路”，是指公路、城市道路和虽在单位管辖范围但允许社会机动车通行的地方，包括广场、公共停车场等用于公众通行的场所。本案事故发生地点为通州区台湖镇东石桥南路口西南角，属于“道路”的范畴。“交通事故”，是指车辆在道路上因过错或意外造成的人身伤亡或财产损失的事件。本案事故发生在车辆驶往目的地的过程中，因车辆发生故障停止运行，修车过程中车辆突然向前行驶致黄某乐受伤，该后果的产生，既有当事人的过错因素，也有一定的意外因素，符合“交通事故”的定义范围。因此，法院认定本次事故属于交通事故。

对于原、被告各方对事故发生及产生的损失是否应承担责任及责任比例问题。原告黄某乐作为车辆修理人员，应当具有相应的行业技术及风险预知能力，能够对故障车辆在修理过程中存在的安全隐患提前防范，并在修理车辆过程中做好防护措施以确保人身财产安全，避免事故的发生。被告于某伟作为事故车辆的驾驶员及实际车主，对车辆维护不当，在车辆再次发生事故后未及时将车辆送至修理厂进行修理，在修车过程中未对修车工的不安全作业行为进行提醒和制止，对事故的发生负有一定过错；被告于某伍作为实际车主，没有尽到对车辆定期维修保养以排除安全隐患的义务，对事故的发生亦存在过错；被告运输公司作为事故车辆的挂靠单位，应与被告于某伟、于某伍承担连带责任。故对于被告于某伟、于某伍、运输公司提出的事故发生在车辆修理期间，均不同意承担责任的辩解意见，法院不予采纳。综合双方的过错程度等因素，酌定本次事故由黄某乐自担70%的责任，于某伟、于某伍、运输公司连带承担30%的责任。

北京市通州区人民法院依法作出如下判决：

一、被告保险公司在机动车交通事故责任强制保险限额内赔偿原告黄某乐医疗费、精神损害抚慰金、护理费、误工费、残疾辅助器具费、交通费、残疾赔偿金共计120000元，于本判决生效之日起七日内执行清；

二、被告保险公司在机动车第三者责任商业保险限额内赔偿原告黄某乐医疗费、住院伙食补助费、营养费、护理费、误工费、残疾辅助器具费、交通费、残疾赔偿金共计55704.32元，于本判决生效之日起七日内执行清；

三、被告于某伟、于某伍、运输公司连带赔偿原告黄某乐鉴定费 1305 元，于本判决生效之日起七日内执行清；

四、驳回原告黄某乐的其他诉讼请求。

保险公司不服一审判决，提起上诉。北京市第三中级人民法院同意一审法院裁判意见，并作出如下判决：

驳回上诉，维持原判。

【法官后语】

本案中的事故与日常发生的交通事故及故障车辆在修理厂维修期间发生的意外事故均有较大差异，能否将本案定性为交通事故是伤者各项损失能否得到赔偿的重要依据。而是否属于交通事故，应当严格按照交通事故的定义进行综合判断。

根据《中华人民共和国道路交通安全法》第一百一十九条的规定，“交通事故”是指车辆在道路上因过错或意外造成的人身伤亡或财产损失的事件。首先，“道路”，是指公路、城市道路和虽在单位管辖范围但允许社会机动车通行的地方，包括广场、公共停车场等用于公众通行的场所。通过查看现场可知，故障车辆停放地点为通州区台湖镇东石桥南路由北向南行驶的最外侧车道，车道右侧为宽阔的绿化带。虽然车道宽度较正常车道宽很多，但靠路边的停放地仍属“道路”无疑。因为在此修车就将事发地视为修理场所，是一种扩大解释。因为事发地点没有汽车修理暗槽、起吊装置等专门的汽车修理场所所必须具备的基本设施，无论是从修理的硬件设施配备程度还是从对相关修理人员的基本防护来讲，都与专业的车辆修理场所有着实质区别。因此本案中对于保险公司认为应将事发场地视为修理场所的理由，着实不应予以支持。其次，碾轧事故的发生是一个意外，但也存在当事人疏忽大意、过于自信等过错因素。最后，修车工黄某乐因事故造成十级伤残，产生医疗费、护理费等损失数十万元是客观事实。故本案属于交通事故。

对于各方的过错程度，应结合本案的具体事发情形综合判定。首先，修理工黄某乐思虑不周是导致事故发生的最主要原因。黄某乐明知事发地不是汽车修理厂，且故障车辆是重型货车，修车时仅用千斤顶固定车体，安全隐患显而易见。值得一提的是，事发时是这辆车在同一上午第二次发生同样的故障，第一次故障是黄某乐所属汽车修理厂的老板前来帮助排除的，固定车辆方法也是用千斤顶支起了一个前轮。这似乎增强了黄某乐和于某伟能用同样方法修车的自信，这种自信让二人更加疏忽大意，敢于就地展开修理。其次，驾驶员于某伟并未完全转移对车辆的控制，也就不可能摆脱事发的责任。他按照黄某乐的指示上车着火、黄某乐进入车底后在旁站立，应该都是想着能随时搭把手、一起尽快把车修好。这与将车辆放到修理厂、完全交给修车工去修理有着本质区别。

综上，严格对本案进行定性，然后根据本案事实及法律规定判令被告方承担部分责任，使伤者得到了应有的赔偿，彰显了法律的公平正义。相信本案的发生对案件双方及社会大众均会起到一定的安全警示作用，体现了本案的法律效果与社会效果。

编写人：北京市通州区人民法院　刘萍萍

077 同乘人员开车门的行为是否属于“使用被保险机动车”的范畴

——廖某诉赖某等机动车交通事故责任案

【案件基本信息】

1. 裁判书字号

江西省于都县人民法院（2019）赣0731民初4532号民事判决书

2. 案由：机动车交通事故责任纠纷

3. 当事人

原告：廖某

被告：赖某、陈某、财保公司

【基本案情】

2017年9月12日，赖某驾驶小型轿车从于都县梓山镇梓山圩往梓山镇方家口信用社门口路段遇阻，临时停车后，陈某准备下车打开右侧后车门与从后方驶来由廖某驾驶的普通二轮摩托车相剐撞，造成廖某受伤及摩托车受损。于都县公安局交通管理大队作出事故认定书，认定赖某负事故主要责任，陈某负事故次要责任，廖某无责任。廖某受伤后被送人民医院住院治疗，先后住院20天，住院花费14967.53元，门诊花费341.1元。原告伤情经鉴定构成十级伤残，花费鉴定费1400元。肇事车辆在财保公司投保了交强险及不计免赔100万元责任限额商业第三者责任险，事故发生在保险责任期内。

【案件焦点】

机动车同乘人员造成第三人的损失能否在第三者责任商业保险范围内予以赔偿。

【法院裁判要旨】

江西省于都县人民法院经审理认为：赖某为肇事小型轿车在财保公司投保了交强险和第三者责任保险，廖某的损失应先由大地财保险公司于都县支公司在交强险限额内赔偿。根据机动车第三者责任保险条款，被保险人或其允许的驾驶人在使用被保险机动车过程中发生意外事故致使第三者遭受人身伤亡，保险公司应依法对第三者承担损害赔偿责任。因此可以认定，机动车商业第三者责任险是针对该保险车辆对第三者造成损害所要承担的赔偿责任。本案事故系肇事小型轿车司机赖某临时停车及陈某打开车门时与廖某发生交通事故致廖某人身损害，赖某、陈某的共同过失导致廖某损害结果发生，属于共同侵权，且廖某不负事故责任，因此，赖某、陈某应对廖某的损失承担连带赔偿责任。赖某为肇事车辆投保了100万不计免赔第三者责任险。综上，对于廖某超过交强险部分损失应由财保公司在商业第三者责任险限额内予以赔偿。故判决如下：

一、财保公司赔偿廖某120781.63元（交强险112873元+商业险7908.63元），限于本判决生效后十日内付清；

二、廖某获赔后返还赖某垫付款19040.42元；

三、驳回廖某的其他诉讼请求。

判决后，双方当事人均未上诉，本判决现已生效。

【法官后语】

本案在审理过程中，最大的争议就是陈某负次要责任造成廖某的损失能否在第三者责任商业保险范围内予以赔偿。

要解决这个争议，最终需要回归到赖某（以下简称被保险人）和财保公司（以下简称保险人）双方签订的格式保险合同，即对该格式保险合同中第二十二条的解释运用。其第二十二条规定：保险期间内，被保险人或其允许的驾驶人在使用被保险机动车过程中发生意外事故，致使第三者遭受人身伤亡或财产直接损毁，依法应当对第三者承担的损害赔偿责任，且不属于免除保险人责任的范围，保险人依照本保险合同的约定，对于超过机动车交通事故责任强制保险各分项赔偿限额的部分负责赔偿。该条款明确了适用第三者责任商业保险的期间、主体、范围、情形等，在正常情况下能准确地处理好相应的保险赔偿问题。但是在面对本案的情形时，就会产生如前所述的争议。在本案中，应当从以下三个方面来解释该条款：

首先，“被保险人或其允许的驾驶人在使用被保险机动车过程中”的使用应当是对被保险机动车的整体使用。这里的整体应当是被保险人或其允许的驾驶人对被保险机动车享有的全部功能利用，既包括驾驶、搭载人员、允许同乘人员及使用等分项功能，也包括被保险机动车行驶状态和静止状态两种情形下的使用。从这个意义上来说，被保险人或允许的驾驶人驾驶或停靠被保险机动车只是使用的一项功能。同理，被保险人或允许的驾驶人允许其他人员同乘并开车门上下，都是其对被保险机动车的功能使用。那么在此视角下，同乘人员开车门上下车就是一个很自然的动作。虽然相对于被保险人或允许的驾驶人对被保险机动车的全部功能利用，该动作是部分使用被保险机动车，但是被保险人或允许的驾驶人允许的同乘人员及动作，也应当认定是符合第二十二条的规定，属于使用被保险机动车的范畴。

其次，对意外事故的受害人（第三者）而言，不管是肇事车辆

(被保险机动车)，还是被保险人（驾驶人)、同乘人员，都属于同一个整体。特别是，被保险人（驾驶人）的停靠行为，以及同乘人员的开车门行为，都是对肇事车辆（被保险机动车）的功能利用。在这个意义上，不能把这两个主体的行为割裂开来分析，因为两个行为的合力才引起了意外事故的发生。也正因如此，具体到本案中，交通管理部门的事故认定书才会认定赖某负事故主要责任，陈某负事故次要责任。所以，对于受害者来说，只有把被保险人（驾驶人）对被保险机动车的整体功能利用和同乘人员对被保险机动车的部分功能利用结合起来，才能完整、连贯地对意外事故作出判断和还原，从而公平地保障其人身或财产权益。

最后，第三者责任商业保险承担的就是被保险机动车造成车外人员人身或财产损害时被保险人的赔偿责任。在此视角下，只要是负意外事故责任时，被保险机动车任何部件造成的车外人员人身或财产损害，都应当属于第三者责任商业保险的赔偿范围。在本案中，尽管是同乘人员开车门导致被保险机动车的车门造成被害人的损伤，但是该同乘人员得到了被保险人（驾驶人）的允许才乘坐该被保险机动车，该允许行为本身就是被保险人（驾驶人）对被保险机动车的功能利用。此时，同乘人员开车门的行为应当为被保险人（驾驶人）对被保险机动车功能使用的延续，该行为当然属于使用被保险机动车的范畴。

综上，本案中陈某的开车门行为和赖某的驾驶、停靠行为综合起来导致了意外事故的发生，同乘的陈某开车门行为当然属于使用被保险机动车的范畴，其责任范围内造成廖某的损害应当适用第三者责任商业保险的赔偿规则。

编写人：江西省于都县人民法院　汤晓文

078 快递业特许经营中，特许人对被特许人未尽到管理监督风险防控义务的，应对受害人承担相应的补充赔偿责任

——饶某清诉货运公司等机动车交通事故责任案

【案件基本信息】

1. 裁判书字号

江西省高级人民法院（2020）赣民再24号民事判决书

2. 案由：机动车交通事故责任纠纷

3. 当事人

原告（被上诉人、再审被申请人）：饶某清

被告（上诉人、再审申请人）：货运公司

被告（被上诉人、再审被申请人）：黄某磷、郑某建、物流公司

【基本案情】

2016年12月23日，田某无证驾驶D77××号两轮摩托车（后载其妻饶某清）沿316国道从金溪县县城往抚州市方向行驶，在左转弯驶入小学过程中，与对向一辆行驶至容易发生危险的路段未降低行驶速度由黄某磷驾驶赣FR2×××号轻型厢式货车发生相撞，造成田某、饶某清受伤及两车不同程度受损的交通事故。此次事故经金溪县公安局交警大队认定，黄某磷、田某负本次事故的同等责任，饶某清不负本次事故的责任。饶某清受伤后，先后被送至中医院、人民医院、第一附属医院、华山医院等住院治疗。2018年8月23日，经司法鉴定中心鉴定，饶某清伤残等级为一级

伤残，植物性生存状态的后续治疗费为每年 12000 元，右股骨内固定物取出的后续治疗费为 10000 元，交通事故外伤参与度为 100%，存在完全护理依赖，后期护理人数为 2 人。黄某磷驾驶的赣 FR2×××号轻型厢式货车行驶证上登记所有人为郑某建，该车在保险公司投保了交强险及 30 万元不计免赔的商业三者险，事故发生在保险期限内。2017 年 3 月 2 日，饶某清就其截至 2017 年 1 月 8 日的医疗费、误工费等损失向原审法院提起诉讼，原审法院于 2017 年 3 月 20 日作出（2017）赣 1027 民初 273 号民事调解书，由保险公司赔付饶某清 39723 元，郑某建赔偿 4200 元。之后，保险公司已经全部赔付 420000 元。事故发生后，郑某建垫付了 50000 元医疗费。本案饶某清就其自 2017 年 1 月 9 日之后的相关损失向法院提起诉讼。自 2017 年 1 月 9 日至今，饶某清共住院 590 天，花费医疗费 1021555.23 元。另查明，2016 年 8 月 18 日，物流公司与货运公司签订了速递特许（经营）加盟合同。2016 年 5 月 16 日至 2018 年 5 月 10 日，物流公司的法定代表人系郑某建。黄某磷系郑某建雇用的司机，从事快递运输工作。

【案件焦点】

快递业特许经营中，被特许人雇用的司机发生交通事故致他人损害的，特许人是否应对受害人承担赔偿责任。

【法院裁判要旨】

江西省金溪县人民法院经审理认为：《快递市场管理办法》第九条规定："国家对快递业务实行经营许可制度，经营快递业务，应当依照《中华人民共和国邮政法》的规定，向邮政管理部门提出申请，取得快递业务经营许可；未经许可，任何单位和个人不得经营快递业务。”物流公司在未经邮政管理部门许可的情况下不得经营快递业务，货运公司认可其与物流公司之间存在加盟关系，据此认定货运公司与物流公司之间属于企业内部发包、承包性质的法律关系，故对于物流公司的雇员黄某磷在承包经营活动中对饶某清造成的损害后果，应由货运公司对饶某清承担赔偿责任。

江西省金溪县人民法院作出如下判决：

货运公司一次性赔偿给饶某清各项经济损失共计949600.16元。

货运公司提起上诉，江西省抚州市中级人民法院同意一审法院的裁判意见，作出如下判决：

驳回上诉，维持原判。

货运公司提出再审申请，江西省高级人民法院经审理认为：货运公司将快递业务授权给物流公司特许经营，并通过《特许经营（加盟）合同》规避经营风险，货运公司在合同订立、履行、结算等过程中均处于强势地位，且根据合同约定，货运公司对物流公司的日常经营活动有管理监督的义务。实践中，快递车辆须长期在路上行驶，快递行业面临的交通事故风险隐患较大，应特别注意风险控制及建立应对风险的赔偿机制。物流公司仅为涉案车辆投保了30万元的商业三者险，投保金额明显不足，对受害人的保障不力。货运公司作为特许人，系全国性的较大型专门从事快递货运企业，应明知快递经营中的风险点，其未尽到管理监督风险防控义务，应当对饶某清的损害承担补充赔偿责任。故本案饶某清的侵权损害应由物流公司承担赔偿，货运公司在物流公司不能履行部分范围内承担补充赔偿责任。

江西省高级人民法院作出如下判决：

物流公司在本判决生效之日起十五日内向饶清清赔偿949600.16元，货运公司在物流公司不能履行部分范围内承担补充赔偿责任。

【法官后语】

随着我国电子商务的快速发展，知名快递公司以特许经营的形式将快递业务交由被特许的快递公司经营，已成为普遍现象，该经营模式在促进快递业务发展的同时，也带来了一些问题。在一些特许经营活动中，特许人并未严格审查被特许人的资质条件，被特许人并不具有完备的管理制度、规范的业务操作，在一定程度上增加了经营活动中的风险，且该风险关系到不特定第三人利益及社会公共利益。在被特许人对外侵权法律关系中，被特许人具有独立的民事行为能力，首先应对其经营活动中第三人的侵权行为承担责任。至于特许人是否应对第三人承担责任，审判实践中存在争议。特许人与被特许人均是独立的法人，特许人一般通过特许经营合同将各种法律风险转嫁给被特许人，而被特许人是规模较小的公司，如果简单地按特许经营合同处理该问题，对于第三人及社会公共利益均存在不公之处。

快递类特许经营与一般特许经营模式相比，有其特殊之处，从事交通运输是快递行业运行的主要方式，道路交通运输无论高速公路还是国道、省道，均是危险系数相对较高的行业，对从事高度危险行业的企业，应当课以更高的注意和保障义务。

快递行业具有交通运输企业的特征，交通事故风险较大，大型快递公司通过《特许经营（加盟）合同》授权地方小型快递公司使用其品牌经营其专有业务，应当对被特许人日常经营活动和行业普遍交通事故风险控制履行管理监督义务。被特许人雇用的司机发生交通事故致他人损害的，首先应由被特许人承担赔偿责任，特许人作为全国性的较大型专门从事快递货运企业，应明知快递经营中的风险点，其未尽到管理监督风险防控义务的，应当对受害人承担相应的赔偿责任。

在被特许人对第三人侵权关系中，因特许人、被特许人均系独立的法人，由特许人承担补充责任较为适宜。补充责任是指直接责任人无法承担全部或者部分责任时，补充责任人依据法律的规定和自己的过错，对直接责任人无法承担的部分予以弥补的民事责任。至于补充份额，应考量特许人对被特许人日常经营活动进行管理监督的紧密程度、特许经营所在行业发生对第三人侵权的概率等因素综合判定。

本案中，根据货运公司与物流公司签订的《特许经营（加盟）合同》可知，两个公司对外具备相同外观，货运公司对物流公司的日常经营活动有管理监督义务，货运公司亦存在通过自身的强势地位将经营风险转嫁给物流公司的行为，故货运公司应当对受害人承担赔偿责任。货运公司与物流公司系独立的民事主体，本案应先由物流公司承担赔偿责任，货运公司承担补充赔偿责任。因本案所涉的快递行业具有交通运输企业的特征，交通事故风险较大，货运公司对物流公司的日常监督管理较为紧密，故货运公司应在物流公司不能履行部分范围内承担补充赔偿责任。

编写人：江西省高级人民法院　闵遂赓

079 与受害人形成事实扶养关系或家庭成员关系的亲属可主张死亡赔偿金

——欧某焱诉刘某等机动车交通事故责任案

【案件基本信息】

1. 裁判书字号

湖北省黄冈市中级人民法院（2018）鄂11民终10号民事判决书

2. 案由：机动车交通事故责任纠纷

3. 当事人

原告（被上诉人）：欧某焱

被告（上诉人）：刘某、医药营销公司、保险公司

【基本案情】

2017年2月28日14时左右，汪某方（1943年3月7日出生，务农）在沪蓉高速公路的湖北省麻城市木子店路段与刘某驾驶的皖A31×××重型货车发生交通事故，造成汪某方死亡。肇事车辆系医药营销公司所有，刘某系医药营销公司聘请的司机。该肇事车辆在保险公司投保了机动车第三者责任强制保险和不计免赔的保险金额为500000元的机动车第三者责任商业保险，且事故发生在保险期限内。该事故经湖北省高速公路警察总队二支队黄陂大队处理认定，汪某方承担主要责任，刘某承担次要责任。

欧某焱的母亲（1981年去世）系汪某方的姐姐，且系同村村民，因汪某方一直未婚，在其父母去世后独自生活。后汪某方因年

事已高无劳动能力自2006年2月起一直随欧某焱及其家人共同生活，并由欧某焱及其家人扶养。2016年7月，欧某焱及其家人将汪某方送至福利院代养，欧某焱与福利院签订代养协议一份，并支付代养费用3000元。汪某方因交通事故死亡后由欧某焱及其家人对其后事进行处理并安葬。

【案件焦点】

欧某焱系受害人汪某方的外甥，其作为原告主张死亡赔偿金诉讼是否适格。

【法院裁判要旨】

湖北省麻城市人民法院经审理认为：《最高人民法院关于确定民事侵权精神损害赔偿责任若干问题的解释》第七条规定，自然人因侵权行为致死，或者自然人死亡后其人格或遗体遭受侵害，死者的配偶、父母和子女可以向人民法院起诉请求赔偿精神损害的，列其配偶、父母和子女为原告；没有配偶、父母和子女的，可以由其他近亲属提起诉讼，列其他近亲属为原告。本案交通事故的死者汪某方生前一直未婚，欧某焱是其唯一的外甥，且汪某方年老丧失劳动能力后自2006年2月起就与欧某焱一起共同生活直至发生交通事故死亡，尽管汪某方因交通事故死亡是在福利院生活期间发生，但其在福利院生活期间的费用系欧某焱支付的，欧某焱已对汪某方扶养十余年，故欧某焱系与汪某方形成扶养关系的近亲属，且汪某方因交通事故死亡后由欧某焱及其家人进行安葬，所以，欧某焱可以作为原告向侵权人提起民事赔偿诉讼。保险公司认为欧某焱原告主体不适格与事实不符，对其辩解意见不予支持，但其认为应按农村标准计算死亡赔偿金和精神损害抚慰金，应考虑死者汪某方在事故中存在的过错责任以及诉讼费、鉴定费不在保险合同赔偿范围内的辩解理由正当，应予支持。

湖北省麻城市人民法院依照《中华人民共和国侵权责任法》第六条、第十六条、第二十二条、第二十六条、第三十四条第一款、第四十八条和《最高人民法院关于审理人身损害赔偿案件适用法律若干问题的解释》第九条、第十七条、第二十七条、第二十九条、第三十五条，《最高人民法院关于确定民事侵权精神损害赔偿责任若干问题的解释》第七条、第八条第二款、第九条、第十条、第十一条和《中华人民共和国民事诉讼法》第六十四条第一款之规定，作出如下判决：

一、保险公司于判决生效之日起十日内赔偿欧某淼各项损失110611.50元；

二、驳回欧某淼的其他诉讼请求。

保险公司不服一审判决，提起上诉。湖北省黄冈市中级人民法院经审理认为：根据已经查明的事实，汪某方自2006年2月起一直随欧某淼及其家人共同生活，并由欧某淼及其家人扶养；虽然，本案交通事故发生于汪某方在福利院代养期间，但该期间的代养费用系由欧某淼支付，因此汪某方与欧某淼及其家庭成员之间形成了稳固的持续时间长达10余年的家庭生活关系。汪某方主要依靠欧某淼生活多年，欧某淼对汪某方尽到了扶养义务。根据权利义务相对等原则，在汪某方因交通事故死亡后，作为与汪某方共同生活的亲属，欧某淼有权向侵权人刘某、医药营销公司以及事故车辆所投保第三者责任保险的保险公司主张死亡赔偿金。欧某淼在二审中自愿放弃一审判决确定的精神损害抚慰金10000元是其在法律规定的范围内处分自己的实体权利和诉讼权利的行为，应予以准许。

综上，保险公司的上诉理由不能成立，应予驳回；但因欧某焱在二审中自愿放弃部分权利，对一审判决予以变更。依照《中华人民共和国民事诉讼法》第一百七十条第一款第二项之规定，作出如下判决：

一、撤销湖北省麻城市人民法院（2017）鄂1181民初746号民事判决；

二、由保险公司于本判决生效之日起十五日内赔偿欧某焱各项损失103057.50元；

三、驳回欧某焱的其他诉讼请求。

【法官后语】

目前，机动车交通事故频发，由事故引起的机动车交通事故责任纠纷案件在人民法院受理的民事案件中占相当大的比例，其中不乏依法由受害人承担扶养义务的被扶养人和死亡受害人的近亲属之外的人或组织提起的民事诉讼案件。对此类主体提起的案件，其诉讼主体资格时常引发争议。

《最高人民法院关于审理人身损害赔偿案件适用法律若干问题的解释》（以下简称《人损赔偿解释》）（法释〔2003〕20号）第一条第二款规定："本条所称'赔偿权利人'，是指因侵权行为或者其他致害原因直接遭受人身损害的受害人、依法由受害人承担扶养义务的被扶养人以及死亡受害人的近亲属。"上述条款于2022年2月15日进行了修改，修改后的《人损赔偿解释》（法释〔2022〕14号）第一条第二款规定："本条所称'赔偿权利人'，是指因侵权行为或者其他致害原因直接遭受人身损害的受害人以及死亡受害人的近亲属。"无论是修改前还是修改后的《人损赔偿解释》均要求赔偿权利的主体是死亡受害人的近亲属，而本案交通事故受害人汪某方系孤寡老人，并无近亲属，其外甥欧某焱以曾经尽到扶养汪某方义务为由进而以原告身份起诉主张死亡赔偿金，主体资格存在争议。

在确定欧某焱是否具有主体资格之前，首先应明确欧某焱提出的诉请中死亡赔偿金的性质问题。对此，理论界和实务界主要有两种观点：一是以被扶养人丧失生活来源作为依据的“扶养丧失说”，依据该学说，受害人死亡后，其被扶养人因此失去了生活来源，侵权人应对此予以赔偿。死亡赔偿金的范围是被扶养人的生活费，对受害人死亡导致的预期收入减少，不予赔偿。二是以受害人死亡导致的预期收入减少为依据的“继承丧失说”，即侵权人向死者近亲属赔偿死者余命年限内将获得除去生活费等正常开支的剩余收入。《中华人民共和国侵权责任法》和《人损赔偿解释》均采纳了后一种学说。死亡赔偿金为受害人死亡导致的财产损失，以家庭整体减少的收入为标准进行计算。本案发生在《中华人民共和国民法典》颁布实施之前，故应适用《中华人民共和国侵权责任法》第十六条及《人损赔偿解释》（法释〔2003〕20号）第一条、第十七条、第二十九条等法条的规定认定并计算死亡赔偿金数额。当然，《中华人民共和国民法典》第一千一百七十九条、第一千一百八十一条，《人损赔偿解释》（法释〔2022〕14号）第十五条对于死亡赔偿金作出的规定与《中华人民共和国侵权责任法》及《人损赔偿解释》（法释〔2003〕20号）的上述法律规定基本一致。

对于欧某焱是否具有原告主体资格的问题，因汪某方与欧某焱及其家庭成员之间事实上已形成了稳固的家庭生活关系，家庭成员之间相互扶持、相互帮助，应当认定双方形成了事实上的扶养关系和家庭成员共同利益关系，这种甥舅组成的特殊扶养关系和家庭关系符合社会主义道德和维护社会和谐的要求，法律应当保护和承认这种事实上的扶养关系和家庭成员共同利益关系。同时，这种关系持续时间长达10余年，故无论是从物质帮助、生活照料，还是精神慰藉层面，都应当认定欧某焱对汪某方尽到了主要扶养义务；虽然欧某焱不是汪某方的近亲属，但汪某方主要依靠欧某焱生活多年，欧某焱在物质帮助、生活照料等方面投入了大量的财力和人力，他们之间除了血缘关系较近亲属稍远外，在扶养的物质、精神、情感投入方面，与近亲属之间的扶养关系无本质差异，根据权利义务相对等原则，在汪某方因交通事故死亡后，认可欧某焱有权向侵权人主张死亡赔偿金，符合《人身赔偿解释》第一条规定的立法精神。如果仅因为欧某焱不是汪某方的近亲属而否定其诉讼主体资格，则对其已经承担的扶养行为不能起到鼓励的引导作用，另外，承认欧某焱具有诉讼主体资格也未加重侵权人本应当承担的侵权责任。基于弘扬社会正气，鼓励全社会成员关爱、照料孤寡老人的考虑，综合考虑欧某焱对汪某方所尽到的扶养义务和汪某方死亡造成的各项损失，法院判定侵权人向欧某焱承担赔偿责任并由承保肇事车辆的保险公司承担替代赔偿责任符合法律的基本原则，营造了老有所养的良好社会风尚。

编写人：湖北省黄冈市中级人民法院　宋顺国　刘小成

080 胎儿受抚养权的认定与保护

——雷某诉保险公司等机动车交通事故责任案

【案件基本信息】

1. 裁判书字号

广东省揭阳市中级人民法院（2018）粤52民终646号民事判决书

2. 案由：交通事故责任纠纷

3. 当事人

原告（上诉人）：雷某

被告（被上诉人）：保险公司、林某生、林某雄

【基本案情】

2017年6月6日5时40分许，林某生驾驶粤BG6×××小型轿车由东往西沿普宁市北环二路从普宁市占陇镇前往池尾高明，行驶至普宁市某村路段变更车道时，与直行由雷某驾驶的粤VJB×××普通二轮摩托车发生碰撞，造成雷某受伤和双方车辆不同程度损坏的道路交通事故。本次事故经普宁市公安局交通警察大队处理认定，林某生承担主要责任，雷某承担次要责任。雷某之子雷某俊出生于2018年2月3日，出生孕周为39+1。

【案件焦点】

交通事故发生时处于正常孕育阶段的胎儿且在案件诉讼时已经出生并存活的子女，针对受害人提出的该子女的被抚养人生活费主张是否应予支持。

【法院裁判要旨】

广东省普宁市人民法院经审理认为：根据《最高人民法院关于审理道路交通事故损害赔偿案件适用法律若干问题的解释》第十六条“同时投保交强险和商业三者险的机动车发生交通事故造成损害，先由承保交强险的保险公司在责任限额范围内予以赔偿；不足部分，由承保商业三者险的保险公司根据保险合同予以赔偿；仍有不足的，依照道路交通安全法和侵权责任法的相关规定由侵权人予以赔偿”的规定，因雷某1~4项（1. 医疗费，2. 住院伙食补助费，3. 后续治疗费，4. 营养费）的损失超出医疗费用责任限额，5—10项（5. 康复费，6. 误工费，7. 护理费，8. 残疾赔偿金，9. 精神损害抚慰金，10. 交通费）超出死亡伤残责任限额，保险公司应在交强险限额内赔偿雷某10000元+110000元=120000元，雷某超过交强险的损失为167757.55元-120000元=47757.55元，因林某生承担事故的主要责任，保险公司是粤V01×××小型面包车商业三者险的保险人，应在商业三者险限额内赔偿雷某47757.55元×70%=33430.29元。综上，保险公司应在交强险和商业三者险责任限额内赔偿雷某120000元+33430.29元=153430.29元，抵除保险公司垫付的10000元及林某生垫付的14029元，尚欠129401.29元。雷某的损失已经由保险公司足额赔偿，林某生无须承担赔偿责任。作为粤BG6×××小型轿车的所有人，没有证据证明林某雄在本案存在过错，故林某雄无须承担赔偿责任。雷某请求赔偿的数额超出法院审理认定的赔偿数额部分，依据不足，予以驳回。林某生辩称其垫付医疗费应为14354元，而不是14029元，但对其主张未能提供证据予以证明，故不予采纳。

综上所述，广东省普宁市人民法院依照《中华人民共和国侵权责任法》第十六条、第二十二条，《最高人民法院关于审理道路交通事故损害赔偿案件适用法律若干问题的解释》第十六条，《最高人民法院关于审理人身损害赔偿案件适用法律若干问题的解释》第十七条第一款和第二款、第十九条、第二十条、第二十一条、第二十二条、第二十三条、第二十四条、第二十五条、第二十八条，《中华人民共和国民事诉讼法》第一百四十四条，《最高人民法院关于适用〈中华人民共和国民事诉讼法〉的解释》第九十条之规定，判决如下：

一、保险公司应于本判决发生法律效力之日起10日内在交强险和商业三者险限额内赔偿雷某129401.29元；

二、驳回雷某的其他诉讼请求。

雷某不服一审判决，提起上诉。广东省揭阳市中级人民法院经审理认为：关于雷某主张各项赔偿金应按城镇居民标准计算的理由是否成立的问题。雷某提交的户口本载明户别为家庭户，漾头派出所出具的两份《证明》证实雷某户口所在地已经于2014年由村改为社区，户口性质已变更为居民户口，由《统计用区划代码和城乡划分代码》查询可知雷某户口所在地的漾头社区居委会的程序分类代码为121，根据《统计用区划代码和城乡划分代码编制规则》足以认定雷某户口所在地的漾头居委会属于镇中心区，因此雷某主张其户口所在地位于城镇，应按城镇居民标准计算其各项赔偿金的理由成立，予以支持。一审判决按农村居民标准计算雷某各项赔偿金不当，予以纠正。

关于雷某请求被抚养人雷某俊生活费的理由是否成立的问题。雷某俊出生于2018年2月3日，出生孕周为39+1，而本案交通事故发生于2017年6月6日，由此可知，在本案交通事故发生时雷某的妻子已经怀孕，胎儿（雷某俊）已经事实存在于母体，且雷某提起本案诉讼时，雷某俊已经出生并存活，也即雷某提起本案诉讼时已经可以确定雷某俊需要由雷某抚养，雷某俊应属雷某的被扶养人。本案交通事故导致雷某九级伤残，势必会对雷某抚养雷某俊的能力造成一定的影响，故雷某主张被抚养人雷某俊生活费的理由充分，予以支持。一审判决驳回雷某对雷某俊生活费的请求不当，予以纠正。

广东省揭阳市中级人民法院依照《中华人民共和国民事诉讼法》第一百七十条第一款第二项的规定，判决如下：

一、撤销广东省普宁市人民法院（2018）粤5281民初855号民事判决第二项和受理费负担部分；

二、变更广东省普宁市人民法院（2018）粤5281民初855号民事判决第一项为保险公司应于本判决发生法律效力之日起10日内在机动车交通事故责任强制保险责任限额内赔偿雷某120000元，在商业第三者责任保险责任限额内赔偿雷某130372.46元；

三、驳回雷某的其他诉讼请求。

【法官后语】

1. 胎儿受抚养权的正当性基础

抚养权是基于身份关系产生的一种权利，父母对未成年子女具有抚养的义务，对无法独立生活的子女，应给予一定的关怀和资助，并承担照顾看护的义务。胎儿作为特殊的受抚养对象，其虽然尚未在现行立法中得到与普通民事主体的同等地位，但在对于胎儿的期待利益和现实利益的保护方面，我国现行立法还是体现出了明确的保护倾向，如在遗产继承中关于胎儿“预留份”的规定。为了确保胎儿的顺利降生和健康成长，针对胎儿法益的保护应当是全面且周延的，因此，当胎儿在母腹阶段，作为法定抚养人的父亲如因受侵害而死亡或者失去劳动能力，以至于无法承担抚养义务，那么加害人的赔偿责任应当包括向胎儿赔偿必要的抚养生活费，进而保障胎儿受抚养权利的实现。

2. 胎儿受抚养权的实现和转化

事实上，胎儿受抚养权的最终实现应以胎儿孕育阶段的结束并且活体出生为起点，也就是说，胎儿出生时为活体是其行使受抚养权的基础，在此之前，胎儿受抚养权都是存在不确定性的，此项权利实质上对尚处于母体中被孕育的胎儿来说是一种期待权。在胎儿尚未出生时，因第三人的侵权行为致使胎儿的父亲丧失劳动能力或死亡，其所享有的抚养请求权基于未出生的客观限制，可由其法定代理人即时代为行使。若基于抚养请求权而获得抚养费赔偿，则要根据胎儿是否活体出生来确定最终的归属，如果胎儿娩出时非为活体的，所获赔偿可依据不当得利原则进行返还。

3. 全案权利义务的认定和保护

在本案交通事故发生时雷某的妻子已经怀孕，胎儿（雷某俊）已经事实存在于母体，且雷某提起本案诉讼时，雷某俊已经出生并存活，胎儿的受抚养权原本的期待性已经转化为现实性，其作为未成年人的受抚养权已经成就，也即雷某提起本案诉讼时已经可以确定雷某俊是需要由雷某抚养的对象，雷某依法应承担对于雷某俊的抚养义务。而本案中的交通事故已导致雷某九级伤残，雷某抚养雷某俊的能力部分丧失，故雷某主张被抚养人雷某俊生活费的理由充分，应当予以支持。

编写人：广东省揭阳市中级人民法院　陈爱萍　张源宇

081 计算被扶养人生活费时，是否考虑受害人的年龄因素

——姜某氏等诉保险公司、周某增机动车交通事故责任案

【案件基本信息】

1. 裁判书字号

北京市第三中级人民法院（2018）京03民终7458号民事判决书

2. 案由：机动车交通事故责任纠纷

3. 当事人

原告（上诉人）：姜某氏、孟某绪、孟某春、孟某松

被告（被上诉人）：周某增、保险公司

【基本案情】

2017年6月16日14时，在北京市平谷区东南路，周某增驾驶小型轿车由西向东行驶时，与姜某荣驾驶的三轮车碰撞，造成两车损坏，姜某荣受伤，后经医院抢救无效死亡。北京市公安局平谷分局交通支队出具道路交通事故认定书，认定周某增负全部责任，姜某荣无责任。周某增驾驶车辆在保险公司投保交强险和商业险，商业险限额为50万元，含有不计免赔。保险期限为2016年12月24日起至2017年12月23日。2018年1月10日，法院判决周某增犯交通肇事罪，判处有期徒刑一年。姜某氏、孟某绪、孟某春、孟某松作为姜某荣的第一顺位继承人，诉至法院要求赔偿包括被扶养人生活费在内的各项损失。

本案中事故发生时姜某荣年逾70岁，其母亲姜某氏已逾90岁。姜某氏、孟某绪、孟某春、孟某松提交社区出具的证明、村委会证明、股权证书、存折，证明姜某荣生前身体健康，有劳动能力，有经济收入来源。

【案件焦点】

事故发生时，受害人已年逾70岁，但其90岁的母亲仍然健在，其母亲要求侵权人支付被扶养人生活费，能否支持。

【法院裁判要旨】

北京市平谷区人民法院经审理认为：受害者姜某荣本身年逾70周岁，缺乏扶养能力，对姜某氏、孟某绪、孟某春、孟某松主张的被扶养人生活费，不予支持。

周某增已因犯交通肇事罪受到刑事处罚，故姜某氏、孟某绪、孟某春、孟某松主张的精神损害抚慰金无法律依据，不予支持。

北京市平谷区人民法院依照《中华人民共和国道路交通安全法》第七十六条第一款，《中华人民共和国民事诉讼法》第一百四十四条之规定，判决如下：

一、保险公司于判决生效后7日内赔偿姜某氏、孟某绪、孟某春、孟某松医疗费、住院伙食补助费、营养费、护理费、死亡赔偿金、处理丧葬事宜的误工损失、三轮车损失、交通费共计460608.29元；

二、周某增于判决生效后7日内赔偿姜某氏、孟某绪、孟某春、孟某松鉴定支出费用4550元；

三、驳回姜某氏、孟某绪、孟某春、孟某松的其他诉讼请求。

姜某氏、孟某绪、孟某春、孟某松不服一审判决，提起上诉。

北京市第三中级人民法院经审理认为：根据《最高人民法院关于审理人身损害赔偿案件适用法律若干问题的解释》第二十八条第二款的规定，被扶养人是指受害人依法应当承担扶养义务的未成年人或者丧失劳动能力又无其他生活来源的成年近亲属。被扶养人还有其他扶养人的，赔偿义务人只赔偿受害人依法应当负担的部分。被扶养人生活费是受害人伤残或死亡后导致的被扶养人期待利益的损失，其属于受害人死亡或伤残后个人收入中用于家庭共同消费或家庭积累部分的减少范畴。姜某氏年逾 90 岁，作为死者姜某荣的母亲，涉案交通事故发生后，其所需生活费用必然减少，故姜某氏有权要求支付被扶养人生活费。除姜某荣外，案外人姜某明对姜某氏也有法定赡养义务，故应依法核算出姜某荣应当负担的被扶养人生活费数额。

北京市第三中级人民法院依照《最高人民法院关于审理人身损害赔偿案件适用法律若干问题的解释》（以下简称《人损解释》）第二十八条，《中华人民共和国民事诉讼法》第一百七十条第一款第二项的规定，判决如下：

一、维持北京市平谷区人民法院（2018）京 0117 民初 879 号民事判决第二项；

二、撤销北京市平谷区人民法院（2018）京 0117 民初 879 号民事判决第三项；

三、变更北京市平谷区人民法院（2018）京 0117 民初 879 号民事判决第一项为：保险公司于本判决生效后七日内赔偿姜某氏、孟某绪、孟某春、孟某松医疗费、住院伙食补助费、营养费、护理费、死亡赔偿金（包含被扶养人生活费）、处理丧葬事宜的误工损失、三轮车损失、交通费共计 557633.29 元；

四、驳回姜某氏、孟某绪、孟某春、孟某松的其他诉讼请求。

【法官后语】

在司法实践中，被扶养人生活费的具体适用情形较为复杂，相关裁判尺度标准不甚统一，其中就包括本案涉及的问题，即计算被扶养人生活费时是否需要考虑扶养人（受害人）的年龄。本案中，死者姜某荣在事故发生时已经超过70周岁，但其90岁的母亲仍然健在，对于侵权人应否支付被扶养人生活费的问题，存在不同的观点。

第一种观点认为，通常情况下，鉴于达到法定退休年龄通常意味着不再从事劳动生产，故男年满60周岁，女年满55周岁，即可认定丧失劳动能力，此时即使有被扶养人，侵权人也不承担被扶养人生活费。一审审理该案时，采用的即是该观点。

第二种观点则认为，《最高人民法院关于审理人身损害赔偿案件适用法律若干问题的解释》（以下简称《人损解释》）对被扶养人生活费的计算采取了客观计算标准，即不考虑受害人的个体差异，而是依据统一赔偿标准和固定期限计算，故依据被扶养人的年龄来确定被扶养人生活费的多少是符合实际的，通常不必考虑扶养人的年龄因素。

笔者认为，上述观点均有一定合理性，但均不全面。计算被扶养人生活费时应考虑扶养人（受害人）的年龄，且需要根据个案情况进行具体考量。

第一，《人损解释》就被扶养人生活费的赔付依据采用的是"继承丧失说"。该说认为，被扶养人生活费系指因受害人死亡，其被扶养人丧失的期待利益，即受害人死亡，其所在的家庭可以预期的其未来生存年限中的收入因此丧失，致使家庭其他成员在财产上遭受的消极损失。故司法实践中应肯定扶养人（受害人）的年龄对被扶养人生活费的影响。

第二，根据《中华人民共和国民法总则》《中华人民共和国劳动法》《中华人民共和国未成年人保护法》等规定，通常认为，未满16周岁的未成年人没有劳动能力。16周岁至18周岁且以自己的劳动收入为主要生活来源，有需要扶养的被扶养人的，则应承担扶养费；如果自己仍然需要他人扶养，生活来源主要来自父母或其他渠道，则不应支持扶养费。年满18周岁的，因其需要对父母承担法定扶养义务，若父母没有劳动能力，又无其他生活来源，则即使其没有劳动收入，仍应支持被扶养人生活费。《中华人民共和国民法典》的相关规定与《中华人民共和国民法总则》的规定相一致，故《中华人民共和国民法典》实施后，上述情形仍然适用。

第三，受害人为年满60周岁的男性或年满55周岁的女性，仍然有被扶养人的，应分情况区别对待。通常来说，成年人达到一定年龄即拟制为丧失劳动能力，司法实践中一般以男60周岁、女55周岁为标准，主要理由是参照国务院《关于安置老弱病残干部暂行办法》《关于工人退休、退职的暂行办法》中关于退休年龄的规定，认为超过法定年龄不再劳动的，即视为丧失劳动能力。然而这种“一刀切”的标准存在一定局限性，容易产生个案不公——侵权行为发生时，受害人刚达退休年龄与差几天才达退休年龄的，是否支持被扶养人生活费会产生两种不同的结果。

笔者认为，若受害人实际仍在劳动，凭劳动获得固定收入，应当支持被扶养人生活费。我国目前尚未建立统一的社会保障制度。对广大农村居民来说，男满60周岁、女满55周岁继续从事农业生产的情况比较普遍，而达到退休年龄后继续从事劳动的城镇居民亦不在少数。且考虑到扶养义务多为法定义务，并不会因受害人达到一定年龄即可免除履行。故在有证据证明受害人仍实际劳动的情况下，应支持被扶养人生活费。而此种情况下的扶养年限，可以结合《人损解释》的相关条文进行理解。《人损解释》（法释〔2003〕20号）第二十五条、第二十九条，2022年修正的《人损解释》第十二条、第十五条规定了残疾赔偿金、死亡赔偿金的计算方式，故在确定同样源自受害人收入损失的被扶养人生活费时，也可以参照《人损解释》相关规定，考虑人口平均预期寿命和受害人的可能扶养能力确定扶养年限。例如，受害人已超过75周岁，支付被扶养人生活费的年限亦以5年为标准计算。

本案中，死者姜某荣虽然在死亡时已经超过70周岁，但是其母亲仍然健在，需要扶养。且姜某荣生前是农民，生前务农为生，故二审法院支持被扶养人生活费是正确的。至于具体计算年限，由于姜某氏已年逾90岁，法院确定为5年，亦符合《人损解释》的有关规定。

编写人：北京市第三中级人民法院　金妍熙　王世洋

082　完全护理依赖中护理期限的认定

——颜某龙诉公共交通公司等机动车交通事故责任案

【案件基本信息】

1. 裁判书字号

黑龙江省齐齐哈尔市中级人民法院（2018）黑02民终217号民事判决书

2. 案由：机动车交通事故责任纠纷

3. 当事人

原告（被上诉人）：颜某龙

被告（上诉人）：公共交通公司、公共交通公司分公司

被告：财保公司

第三人：任某波

【基本案情】

2016年1月18日18时许，任某波驾驶黑B11×××号大型普通客车沿富拉尔基区新华路由西向东行驶，行驶至红岸大街路口时，与沿新华路由东向西走到路口中间向北右转弯的颜某龙相撞，造成颜某龙受伤之后果。颜某龙受伤后被送往附属第一医院进行抢救，后转入附属第二医院及第五医院继续治疗，后又转入星光医院及某药业进行康复治疗。以上住院治疗共计539天，花费医疗费共计723363.71元。此事故经富拉尔基区交警大队进行责任认定，认定任某波负事故的主要责任，颜某龙负事故的次要责任。经法院委托，司法鉴定中心对颜某龙的伤残等级、医疗终结时间、误工期限、护理期限及人数、营养期限、后期治疗费用、残具费用、护理依赖程度及护理人数进行了鉴定，鉴定意见为"1. 被鉴定人颜某龙评定为一级伤残。2. 本次鉴定日可行治疗终结。3. 支持误工期限自伤后至评残前一日。4. 支持护理期限自伤后至评残前一日二人护理。5. 支持营养期限自伤后至评残前一日。6. 支持二次手术行颅骨修补费用，匡算约需人民币三万元或按实际合理发生额度计算；不支持其他后续治疗及费用。7. 支持普通型轮椅一辆，八百元/辆（用于被鉴定人被动移动）。8. 颜某龙目前属植物状态，四肢肌力0-1级为完全护理依赖，支持二人护理终生。"任某波系受雇于公共交通公司分公司，在该公司担任公交车司机。公共交通公司分公司是公共交通公司设立的分公司。任某波驾驶

的黑B11×××号大型普通客车已在财保公司投保了交强险和商业三者险，交通事故责任强制保险限额为12万元，商业第三者责任保险限额为30万元。财保公司已将保险赔偿金42万元向颜某龙支付完毕。公共交通公司分公司已为颜某龙支付医疗费66985.20元。

【案件焦点】

1. 应如何确定颜某龙的护理费；2. 颜某龙精神损害抚慰金的诉求应否支持。

【法院裁判要旨】

黑龙江省齐齐哈尔市富拉尔基区人民法院经审理认为：任某波在驾驶机动车时，对路面行人观察瞭望不够，而且在发现对面方向有打着远光灯行驶的车辆时，本应更尽谨慎注意义务，及时采取相应措施，但却未及时发现行人颜某龙站在其车的左前方，致使其来不及踩刹车，而直接撞上，其行车未确保安全，违反交通法规，对此次事故的发生负有较大过错，应对该事故承担主要责任。颜某龙横过机动车道时，未行走过街设施，违反交通法规，对此次事故的发生也负有过错，应对该事故承担次要责任。根据交通事故责任认定书的认定及双方的过错程度、损害结果，任某波对于颜某龙主张赔偿的合理费用按80%责任比例予以赔偿。关于颜某龙主张赔偿的护理费，其中评残前护理费，根据法医鉴定，护理期限自伤后至评残前一日需两人护理，参照2017年黑龙江省服务业就业人员平均工资标准，合理的部分应为163651.18元。其中评残后护理费，根据法医鉴定的护理依赖程度及护理人数，即“完全护理依赖，二人护理终生”的鉴定意见，参照2017年黑龙江省服务业就业人员平均工资标准（每年 55411.00 元），并鉴于颜某龙伤残等级高，伤情严重的实际情况，先给付定残后三年护理费符合本案实际，应属合理，合理的部分应为 332466.00 元。颜某龙主张的精神损害抚慰金 50000 元，不予支持。由于财保公司已将保险赔偿金 420000 元向颜某龙支付完毕，不再处理。

黑龙江省齐齐哈尔市富拉尔基区人民法院依据《中华人民共和国民法通则》第一百一十九条，《中华人民共和国道路交通安全法》第二十二条、第四十二条、第四十七条、第七十六条，《中华人民共和国道路交通安全法实施条例》第七十五条，《最高人民法院关于审理人身损害赔偿案件适用法律若干问题的解释》第十七条、第十八条、第十九条、第二十条、第二十一条、第二十二条、第二十三条、第二十四条、第二十五条、第二十六条之规定，判决如下：

一、公共交通公司分公司赔偿颜某龙医疗费、误工费、护理费、住院伙食补助费、营养费、伤残赔偿金、残疾用具费、后续治疗费、120 急救费用、住宿费等合计 1135594.22 元；

二、公共交通公司承担连带赔偿责任；

三、驳回颜某龙的其他诉讼请求。

颜某龙不服一审判决，提起上诉。黑龙江省齐齐哈尔市中级人民法院经审理认为：一审法院判令先给付颜某龙定残后三年护理费符合本案实际。因颜某龙现在是植物人状态，三年后身体状况无法确定，且赔偿义务人公共交通公司也需要一定的经营资金保证企业正常经营，因此一审法院作出上述判决充分考虑各方实际，客观公正，并无不当。三年后颜某龙依据自身实际情况，可另行诉讼主张自己的民事权益。关于精神抚慰金，因为颜某龙现为植物人状态，给颜某龙本人及其家属都造成精神伤害，现颜某龙主张精神损害抚慰金，符合法律规定，应予支持，但颜某龙主张精神损害抚慰金数额过高，结合当地经济发展实际，法院依法予以调整。

黑龙江省齐齐哈尔市中级人民法院依照《中华人民共和国民事诉讼法》第一百七十条第一款第二项的规定，判决如下：

一、维持齐齐哈尔市富拉尔基区人民法（2016）黑0206民初1334号民事判决第二项、第三项；

二、变更齐齐哈尔市富拉尔基区人民法（2016）黑0206民初1334号民事判决第一项为：公共交通公司分公司赔偿颜某龙医疗费、误工费、护理费、住院伙食补助费、营养费、伤残赔偿金、残疾用具费、后续治疗费、120急救费用、住宿费、精神损害抚慰金等合计1165594.22元。

【法官后语】

在受害人为植物人的重大交通事故中，因受害人丧失民事行为能力，不仅产生巨额的医疗费用，护理费用也必将成为一笔巨额的支出，这类案件经过法医学鉴定往往为完全护理依赖，需要护理终身。根据《最高人民法院关于审理人身损害赔偿案件适用法律若干问题的解释》第八条第三款的规定："护理期限应计算至受害人恢复生活自理能力时止。受害人因残疾不能恢复生活自理能力的，可以根据其年龄、健康状况等因素确定合理的护理期限，但最长不超过二十年。"定残后的护理费属于将来发生的财产损失，即随着护理的延续而产生的损失，如果一次性支持二十年的护理费用必然会产生一些负面影响：（1）如果赔偿义务人的经济条件有限，一次性判决巨额赔偿，必然会导致其生产或生活陷入极其困难的境地；（2）因定残后的护理费未实际发生，属于期待利益，一次性判赔二十年，在执行过程中或执行完毕不久，如果出现受害人提前死亡或者受害人家属恶意诉讼发生，因据以执行的裁判文书已具有既判力，赔偿义务人无权要求返还，这就产生实质的不公平；(3) 判决一次性赔偿，也会加大执行的难度，从而影响司法的权威性。

从现有的法律规定及相关司法实践可以看出，我国倾向于判决一次性赔偿，相比国外判决给付定期金的做法，我国这种一次性赔偿的判决更需要综合考虑多方面因素，最后作出客观公正的判决。笔者认为，在处理此类案件护理费时，赋予法官充分的自由裁量权，法官应根据实际情况综合判定，必要时要征询赔偿义务人的意见，若赔偿义务人愿意一次性赔偿的，可以判决一次性赔偿二十年的护理费用，若赔偿义务人不愿意一次性赔偿，则不宜一次性判赔二十年的护理费用，而应从被侵害人的年龄、身体状况以及赔偿义务人的经济状况等方面进行综合考虑，先支持实际发生的或者一段护理期限的护理费用，并保留受害人的后续主张权。若受害人的年龄较小、生命体征稳定、身体状况良好、赔偿义务人资金充裕可以先判定十年至二十年的护理费用；若受害人的年龄较大、生命体征不稳定、身体状况不是很好、赔偿义务人经济困难可以酌定五年到十年的护理费用；若受害人的年龄偏大、生命体征不稳定、身体状况极差、赔偿义务人经济极其困难也可按实际发生的护理费用进行判定或者判定五年以下的赔偿数额，同时赋予受害人后续利益主张的权利。

本案中受害人在事故发生时为55周岁，年龄偏大，同时其被法医学鉴定为一级伤残即“植物人”状态，完全护理依赖，在审理本案的过程中，法官调查得知其一直靠呼吸机维持生命体征，可见其生命体征极不稳定，同时作为赔偿义务人的公共交通公司亦不愿意一次性赔偿受害人二十年的护理费，承办法官考虑作为提供公共服务的赔偿义务人亦需要资金进行经营周转，一次性判赔会使企业陷于困境，故综合考虑受害人的年龄、身体状况、生命体征的稳定性及赔偿义务人的意愿及赔偿能力等方面的因素，酌定先支持定残后三年的护理费用，并保留受害人的后续利益主张权利，公正合理，既维护了受害人的利益，也平衡了赔偿义务人的权益，同时维护了司法的权威性。

编写人：黑龙江省齐齐哈尔市富拉尔基区人民法院　周姗

083　侵权责任中外伤参与度的认定

——包某娣诉保险公司、甘某贵机动车交通事故责任案

【案件基本信息】

1. 裁判书字号

江苏省无锡市中级人民法院（2018）苏02民终938号民事判决书

2. 案由：机动车交通事故责任纠纷

3. 当事人

原告（被上诉人）：包某娣

被告（上诉人）：保险公司

被告（被上诉人）：甘某贵

【基本案情】

2015年1月1日，甘某贵驾驶苏B0K×××号小轿车，在东升路商业街路口由西往北左转弯时，与由北往南直行的包某娣所骑的电瓶三轮车发生相撞，致包某娣受伤，两车损坏。该事故经公安交警部门认定甘某贵负事故全部责任。包某娣因本次事故住院治疗花费医疗费共计105400.71元，事发当天入院诊断为左侧人工全髋关节置换术后关节脱位、右锁骨骨折、头部外伤、面部表皮撕脱伤，于入院当天进行了左侧人工全髋关节置换术后关节脱位手法复位术，后因腹胀不适，于2015年1月4日晚转至第三人民医院治疗，入院诊断为肠梗阻、双侧多发性肋骨骨折、胸腔积液、腹腔积液、右侧锁骨骨折，该部分医疗费金额共计71037.72元，后继续门诊住院治疗，上述治疗期间住院天数共计47天。

案件审理过程中，保险公司对部分用药的关联性及因果关系提出鉴定，2017年9月5日，司法鉴定中心作出鉴定意见，不排除包某娣2015年1月1日交通事故与其肠梗阻之间存在一定的因果关系，外伤系轻微因素（参与度拟为10%~15%）。据此，保险公司要求按照10%进行赔偿。对此，包某娣不予认可，认为其肠梗阻系交通事故造成，应当全额赔偿。

【案件焦点】

包某娣主张的部分医疗费与本次交通事故之间的关联性，是否应按参与度比例进行赔偿。

【法院裁判要旨】

江苏省无锡市锡山区人民法院经审理认为：根据司法鉴定意见，从法医学角度来看，包某娣的年龄及自身病史存在发生肠梗阻的危险因素，外伤只是作用力较小的影响因素，外伤参与度拟为10%~15%，但参与度只是从法医学角度分析肠梗阻的病因，并非法律上的原因分析。从法律角度看，虽然包某娣本次受伤未伤及腹腔器官，其年龄及自身病史存在发生肠梗阻的危险因素，但本次交通事故受伤为此次肠梗阻发生的诱发因素，即使参与度较低，也无法排除肠梗阻与本次交通事故之间存在法律上的因果关系，目前没有其他证据或医学研究表明包某娣在无本次交通事故外伤诱发下自身必然会发生肠梗阻，且没有证据显示本次交通事故发生及治疗过程中包某娣自身存在过错，而上述医疗费系包某娣因本次交通事故受伤住院治疗过程中产生的直接损失，包某娣自身存在的危险因素在没有外力的作用下，并不会必然导致这些费用的产生，因此仅以法医学上的危险因素为依据减轻侵权人责任，按照参与度予以赔偿对受害人有失公允。江苏省无锡市锡山区人民法院作出如下判决：

保险公司于判决生效后十日内在交强险和三者责任险范围内赔偿包某娣全部医疗费。

保险公司不服一审判决，提起上诉。江苏省无锡市中级人民法院经审理认为：包某娣对本案交通事故的发生及损害后果均无过错，不应减轻侵权人的赔偿责任。关于包某娣因本次交通事故诱发肠梗阻产生的医疗费用，虽然司法鉴定意见载明因包某娣自身曾有腹部手术史及慢性结肠炎病史，结合该年龄段人群自身存在的危险因素，建议外伤参与度拟为10%~15%。但该鉴定意见系从医学角度分析包某娣的受伤情况，且包某娣对其原有的慢性结肠炎病史及年龄因素等并不具有侵权法意义上的过错，本案中亦不存在减轻或者免除侵权人赔偿责任的法定情形。故一审认定由机动车一方承担全部赔偿责任并无不当。

江苏省无锡市中级人民法院依照《中华人民共和国民事诉讼法》第一百七十条第一款第一项的规定，作出如下判决：

驳回上诉，维持原判。

【法官后语】

法律分析：侵权案件中，因为被侵权人个体差异、生活环境、突发状况不同，往往在受伤后会出现不同的治疗和恢复情况，外伤参与度在法律中并没有明确的规定和依据，它只是一个法医学概念，是指在有外伤、年龄、体质、疾病等因素共同作用于人体、损害人体健康的过程中，外伤在人身治疗、死亡、伤残、后遗症的发生上所起作用的比例关系。而侵权人通常以此抗辩减轻或免除赔偿责任，《中华人民共和国侵权责任法》中对侵权人不承担责任或减轻责任的法定情形作出过规定，如被侵权人有过错或故意、第三人原因、不可抗力、正当防卫及紧急避险等，《中华人民共和国民法典》对免责事由又新增了自甘风险、自助行为，其中都没有关于被侵权人的体质状况或自身疾病可以减轻或免除侵权人责任的规定。

理论分析：从外伤参与度的概念以及侵权法理论可以看出，外伤参与度通常是对损害后果的因果关系的判断，即判断加害行为与损害的发生以及损害后果之间存在何种因果关系，现实中，因单一事实产生的损害，因果关系比较容易判断，一旦存在多种事实，且彼此关联，因果关系就比较复杂，每个事实对损害的发生以及损害后果的影响程度也不一样，如何判断，需结合案件的具体情况，以行为人的行为所产生的客观存在的事实作为观察的基础，就此客观事实，依知识经验判断，通常均有发生同样损害后果之可能者，即有因果关系。当然因果关系也不能无限放大，必须确定其界限，判断标准一般可通过客观经验进行排除，如无该侵害行为，损害后果是否必然发生。通过上述分析也可以看出，外伤参与度通常是对事实上的因果关系进行判断，这是侵权人承担法律赔偿责任的前提，而最终是否承担以及如何承担法律赔偿责任，则需要进行法律因果关系上的价值判断，人身损害赔偿以填补被侵权人的损失为原则，其中包括直接损失和间接损失，价值判断标准也应有所区别，不能一概而论。

实践分析：本案中，被侵权人系外伤导致骨折住院，虽未伤及腹腔器官，但实际住院治疗中突发肠梗阻，产生了大量医疗费，司法鉴定意见虽然认为骨折外伤为此次肠梗阻发生的诱发因素，外伤参与度较低，但同时也无法排除外伤诱发机体障碍，被侵权人在无外伤诱发的情况下并不必然发生肠梗阻，而因治疗肠梗阻产生的医疗费属于人身损害产生的直接损失，由被侵权人自行承担上述医疗费有失公允。此外，现实中也存在外伤进一步加剧了原有潜在的疾病或其他问题的情况，认定赔偿责任时是否考虑外伤参与度也是存在争议的，因为各种损害后果的性质、形成原因都存在个体差异，外伤参与的程度也不一样，对于侵权人和被侵权人来说，都有一定的理由和依据。因此，在确定法律赔偿责任时，应当具体分析外伤参与度对损害后果产生的必要性和合理性，一旦无法排除，又不存在可以减轻或免除侵权人责任的法定情形，须尽力填补被侵权人的相应损失。

编写人：江苏省无锡市锡山区人民法院　谭学勤

084 交通事故治疗终结赔偿完毕后伤情恶化可再次鉴定并继续请求赔偿

——金某清诉杨某、保险公司机动车交通事故责任案

【案件基本信息】

1. 裁判书字号

江苏省无锡市中级人民法院（2018）苏02民终3387号民事判决书

2. 案由：机动车交通事故责任纠纷

3. 当事人

原告（被上诉人）：金某清

被告（上诉人）：杨某、保险公司

【基本案情】

2011年9月10日，杨某驾驶苏BUB×××车沿104国道行驶时，与同向金某清驾驶的正三轮摩托车尾随相撞，致金某清受伤、两车受损的交通事故，经交警部门调查认定由杨某负事故的全部责任，金某清不负事故的责任。杨某为苏BUB×××车的登记车主，该车在保险公司投保交强险、商业三者险，本次事故发生在保险期限内。

事故发生后，金某清经治疗，确认为右肱骨外科颈粉碎性骨折，金某清于2013年10月11日提起诉讼，要求杨某、保险公司赔偿。经法院委托鉴定，金某清构成九级伤残，误工期300日，护理期90日，营养期60日。经法院调解，金某清、杨某、保险公司达成和解协议，法院作出（2013）宜开民初字第0527号民事

调解书，载明：保险公司在交强险限额内赔偿金某清120200元、在商业险限额内赔偿金某清71441元；保险公司在商业险限额内赔偿杨某车损7800元。双方针对本次事故再无其他纠纷。

至2014年4月，金某清右肱骨因本次事故而病情恶化，遂至人民医院和骨科医院治疗，并在人民医院住院行右人工肱骨头置换术，合计花费医疗费64314.51元。故金某清再次向法院提起诉讼，要求杨某、保险公司赔偿上述医疗费。法院于2017年6月22日作出（2017）苏0282民初3819号民事判决书，判决“保险公司于本判决发生法律效力之日起十日内给付金某清64314元”。

上述判决后，金某清于2017年6月至2017年12月多次至医院检查膝盖，并于2018年1月17日起因左膝疼痛伴活动受限等原因住院治疗8天，共发生医疗费11970元。另有2016年8月30日起因肱骨头置换时在人民医院住院共计21天。

经金某清申请，法院委托司法鉴定所对其伤残等级、误工、护理、营养期限进行了鉴定。该所出具司法鉴定意见书确定金某清右肱骨头坏死与本次交通事故之间存在因果关系难以排除，右侧为人工肱骨头，原有生理肩关节结构已不存在，右肩关节活动明显受限，右上肢丧失功能50%以上（不足75%），评定为八级伤残，建议给予误工期720日、护理期150日、营养期120日。

【案件焦点】

金某清在治疗终结、赔偿完毕后，伤情又发生新的变化，伤残等级提高及护理期、营养期、误工期延长，能否继续主张赔偿；如何确定计算方法。

【法院裁判要旨】

江苏省宜兴市人民法院经审理认为：在第一次鉴定时，金某清无法预见其伤情的后续发展和变化，现金某清的伤情发生变化产生新的损伤，其对该损伤再行鉴定并要求赔偿系合理诉请，予以支持。本案鉴定由法院在双方当事人选择确定鉴定机构的基础上委托具备鉴定资质的鉴定机构进行鉴定，鉴定程序合法，同时鉴定所依据的鉴材合法有效，且该司法鉴定意见书结合体格检查和阅片所见再经具体分析而对金某清的伤残等级作出评定，内容充分翔实，可作为定案证据使用。对于金某清的损失：1. 住院伙食补助费，金某清未能提供证据证明其左膝伤情与交通事故有关，故其治疗膝盖的住院天数不能主张住院伙食补助费，住院伙食补助费认定为 1050 元。2. 营养费、护理费，鉴定意见书确认营养期 120 日，护理期 150 日，扣除上次鉴定已赔付过的营养期 60 日，护理期 90 日，尚能主张营养期 60 日、护理期 60 日，主张营养费 1800 元、护理费 7200 元，营养费、护理费应根据受害人伤情和护理依赖程度确定，根据金某清伤情，酌情确定营养费每日 30 元，护理费每日 100 元，故认定营养费 1800 元，护理费 6000 元。3. 残疾赔偿金，金某清主张按目前的标准计算八级伤残后革除原赔付到的金额，这一计算方式不妥，因其在原（2013）宜开民初字第 0527 号案件中事实上已对原有的九级伤残处理完毕，故目前能主张的金额是以当前的八级伤残应赔付的残疾赔偿金减去目前标准计算的九级伤残赔偿金，即 52346. 4 元。4. 精神损害抚慰金，金某清主张其因交通事故致终身伤残，给其造成精神痛苦，主张精神损害抚慰金 5000 元（系八级伤残的精神损害抚慰金减去原已赔付的九级伤残精神损害抚慰金），该主张符合法律规定，予以认定。5. 交通费，结合金某清伤情，酌情确定交通费为

300元。6. 鉴定费3060元，为确定损失的必要费用且已真实发生，予以确认。以上合计111556.2元，由保险公司在商业险范围内赔付。江苏省宜兴市人民法院依照《中华人民共和国侵权责任法》第二条、第十六条、第二十二条、第四十八条，《中华人民共和国道路交通安全法》第七十六条第一款，《最高人民法院关于审理人身损害赔偿案件若干问题的解释》第十七条第二款、第十九条、第二十条、第二十一条、第二十二条、第二十三条、第二十四条、第三十五条，《中华人民共和国保险法》第十条、第十三条第三款、第二十三条、第六十五条、第六十六条，《江苏省道路交通安全条例》第五十二条之规定，作出如下判决：

一、保险公司于本判决发生法律效力之日起十日内赔偿金某清111556.2元；

二、驳回金某清的其他诉讼请求。

保险公司不服一审判决，提起上诉。江苏省无锡市中级人民法院同意一审法院裁判意见，认为，一审判决认定事实清楚，适用法律正确，法院应予维持。依据《中华人民共和国民事诉讼法》第一百七十条第一款第一项的规定，判决如下：

驳回上诉，维持原判。

【法官后语】

侵权行为，是指行为人因过错侵害了他人的人身、财产和其他合法权益，依法应当承担民事责任的不法行为，以及依照法律的特殊规定，应当承担民事责任的其他侵害行为。一般侵权行为需具备以下构成要件：违法行为，损害后果，违法行为和损害后果之间具有因果关系，主观过错。其中是否存在因果关系往往是确定行为人有无赔偿责任的最重要因素。

交通事故纠纷作为常见的侵权纠纷案件，在确定赔偿金额时，往往以治疗终结作为达到鉴定时机的标准，而治疗终结是一个临床医学中的原则性概念，并没有明确的统一标准。按照一般医学理解，治疗终结是伤者的病症和体征在撤出临床治疗的情况下不再继续恶化，没有继续治疗的必要，从而结束治疗。该案中，金某清在第一次鉴定前已结束治疗，且伤情已达到稳定状态，可视为治疗终结。其与肇事方经法院调解，就赔偿事宜达成调解协议，金某清已获得协议所确定的赔偿。依常理而言，双方在调解书中约定事故纠纷一次性了结，金某清则不得再就本次交通事故向肇事方主张损失赔偿。但相隔数月后，金某清的伤情发生了恶化并进行了治疗，最终导致伤残程度加重，造成了新的损失，从而产生新的争议。该案的关键在于，金某清因治疗终结后伤情恶化所取得的赔偿权，能否对抗双方当事人在2013年签订的调解协议。对此，笔者分析如下：

一、从因果关系角度分析

金某清发生交通事故时，伤情为右肱骨外科颈粉碎性骨折，在第一次治疗后出院，后因伤情恶化重新住院治疗，主要伤情也为右肱骨，并重新采用行右人工肱骨头置换术方式进行治疗，金某清第一次因交通事故产生的基础伤情与恶化时产生的伤情处于同一部位，两者之间存在高度的同一性，在经过鉴定机构鉴定无法排除金某清右肱骨头坏死与本次交通事故之间存在因果关系的前提下，应当认定金某清伤情恶化导致的损失与交通事故存在因果关系。

二、从损害结果角度分析

金某清在第一次治疗终结后与侵权方达成调解协议，是基于对调解协议达成之前已经确定的损害结果而产生的具体损失，双方达成的调解协议仅是对此前发生的损失进行的结算。而金某清无法预见此后是否会产生新的损害结果，在达成调解协议时也无法通过技术手段对今后能否产生新的损害结果及具体损失进行认定，金某清因伤情恶化继续住院进行治疗，属于损害结果的持续发生，应当由侵权方继续承担赔偿责任。

三、从公平原则角度分析

金某清在无法预见自身伤情后续发展与变化的情形下与被告进行调解，其对自身的伤情认识不足、缺乏判断能力，若以该调解限制金某清在伤情发生恶化之后继续主张赔偿的权利，对金某清而言显失公平。在此前调解协议不撤销的情况下，应当赋予金某清在伤情恶化后可再次鉴定并继续主张赔偿的权利。

需要注意的是，在赔偿的计算方法上，并不能机械地采用目前的八级伤残赔偿金额减去已获得的九级伤残赔偿金额，而应考虑到金某清已经得到了相当于目前九级伤残的赔偿，故以目前的八级伤残赔偿金额减去目前的九级伤残赔偿金额，以此补偿其伤情由九级伤残加重到八级伤残的不足部分。

编写人：江苏省宜兴市人民法院　董大友

江苏省宜兴市人民检察院　任脂

085 受害人体质状况对认定侵权人赔偿责任的影响

——刘某金诉曾某洪、保险公司机动车交通事故责任案

【案件基本信息】

1. 裁判书字号

福建省泉州市中级人民法院（2018）闽05民终3237号民事判决书

2. 案由：机动车交通事故责任纠纷

3. 当事人

原告（被上诉人）：刘某金

被告（被上诉人）：曾某洪

被告（上诉人）：保险公司

【基本案情】

2016年9月7日13时许，曾某洪驾驶闽CUS×××号小型轿车从安溪东高速往南安市仑苍镇方向行驶，至省道308线安溪东高速出口路段左转弯时撞到刘某金驾驶的无牌助力车，造成刘某金受伤及车辆损坏的交通事故。安溪县公安局交通警察大队作出道路交通事故认定书，认定曾某洪负本次事故的全部责任，刘某金在本次事故中无责任。

事故发生后，刘某金被送往县医院住院治疗，该院出具的出院小结载明：入院日期2016年9月7日，出院日期2016年9月13日，住院天数6天。诊断刘某金的伤情为：1. 双下肢肌力感觉消失原因待查；2. 左上肢挫擦伤。出院用药及建议：建议转上级医

院进一步诊疗。刘某金转院到解放军医院2次住院治疗：入院日期2016年9月13日，出院日期2016年10月27日，住院天数共计44天。诊断刘某金的伤情为：1. 脊髓损伤伴截瘫；2. 左肩关节卡压综合征伴左肩袖损伤；3. 左肘关节损伤；4. 左肩部、左肘部皮肤擦伤；5. 腰5骶1椎间盘突出（中央偏左）。

闽CUS×××号小型轿车的所有人是曾某洪，该车在保险公司投保交强险和商业险（50万元）及不计免赔。事故发生在保险期限内。

曾某洪已经支付刘某金5000元，保险公司已经支付刘某金10000元。

在诉讼过程中，经曾某洪及保险公司申请，法院委托司法鉴定所作出鉴定意见：刘某金损伤评定为二级伤残，外伤参与度评定为50%；护理依赖程度评定为大部分护理依赖；护理期限评定为20年；劳动能力丧失程度评定为完全丧失劳动能力。

【案件焦点】

受害人的体质状况可否减轻或者免除侵权人的赔偿责任。

【法院裁判要旨】

福建省安溪县人民法院经审理认为：曾某洪负本次事故的全部责任，刘某金在本次事故中无责任。刘某金的体质状况对损害后果的影响不属于可以减轻侵权人责任的法定情形，保险公司辩解参照外伤参与度确定损害赔偿责任的比例于法无据，依法不予采纳。

根据福建省道路交通事故损害赔偿有关费用标准，结合刘某金的诉讼请求，确定刘某金因本案交通事故造成的损失883640.52元。依据《中华人民共和国侵权责任法》第六条、第四十八条，《中华人民共和国道路交通安全法》第七十六条,《最高人民法院关于审理人身损害赔偿案件适用法律若干问题的解释》第十七条、第十九条、第二十条、第二十二条、第三十五条,《中华人民共和国民事诉讼法》第六十四条之规定,判决如下:

一、保险公司应当在交强险责任限额范围内赔偿刘某金因本案交通事故造成的损失 110000 元;

二、曾某洪应当赔偿刘某金因本案事故损失 763640.52 元,扣除曾某洪已支付刘某金的 5000 元,还应当赔偿刘某金 758640.52 元。此款由保险公司在商业三者险限额内支付给刘某金 500000 元,由曾某洪支付给刘某金 258640.52 元;

三、驳回刘某金的其他诉讼请求。

保险公司不服一审判决,提起上诉。福建省泉州市中级人民法院经审理认为:对于侵权责任的承担及其分担原则,《中华人民共和国侵权责任法》第六条、第二十六条作了相关规定,对于机动车交通事故责任承担,《中华人民共和国道路交通安全法》第七十六条第一款第一项进一步作出规定。根据事故责任认定书的认定,曾某洪对交通事故的发生负全责,而刘某金对事故的发生无责任,也就是说,刘某金对本案交通事故的发生不存在过错。故根据上述相关法律规定,不存在因受害人自身的过错减轻侵权人责任承担的情形。对于保险公司所主张的“刘某金自身存在的疾病应减轻曾某洪 50% 的责任承担”问题,虽本案事故发生前刘某金自身存在疾病,客观上对事故发生造成的损害后果具有一定的影响,但并不能据此认定二者之间存在法律上的因果关系,且我国相关立法并未将受害人自身疾病这一客观因素作为减轻侵权人责任承担的判断因素,现有立法仍是将受害人的主观过错作为减轻侵权人责任承担的判断依据。

对此，最高人民法院于2014年1月29日发布的第24号指导案例“荣某英诉王某、财保公司江阴支公司机动车交通事故责任纠纷案”中亦进一步明确了“交通事故的受害人没有过错，其体质状况对损害后果的影响不属于可以减轻侵权人责任的法定情形”的裁判规则。因此，保险公司关于侵权人仅应按50%比例承担侵权责任的上诉主张，于法无据，不予支持。

福建省泉州市中级人民法院依照《中华人民共和国民事诉讼法》第一百七十条第一款第一项之规定，作出如下判决：

驳回上诉，维持原判。

【法官后语】

目前，在涉及机动车交通事故案件的审判实践中，若受害人体质状况对交通事故的损害后果产生一定影响，常通过司法鉴定来确定因交通事故导致的外伤与其损害后果之间的参与度比例，为此，侵害人往往要求受害人自行承担其因自身体质状况导致损害后果加重的部分赔偿金额。笔者认为，这样不仅不合法也不合理。

首先，《中华人民共和国民法典》侵权责任编第一千一百七十三条规定：“被侵权人对同一损害的发生或者扩大有过错的，可以减轻侵权人的责任。”这里的“过错”指的是行为人在主观上的故意或者过失，是一种主观的心理状态。本案中，经交警部门认定，受害人刘某金不承担本次事故的责任，侵害人曾某洪承担本次事故的全部责任，虽然受害人刘某金的个人体质状况对损害后果的发生具有一定的影响，但这不是法律规定的过错，不存在主观上的故意或者过失，刘某金不应因个人体质状况对交通事故造成的损害后果存在一定影响而自负相应责任。

其次，从交通事故受害人发生损伤及造成损害后果的因果关系来看，本起交通事故责任认定刘某金不负本次事故的责任，对事故的发生及损害后果的造成均无过错，体质状况仅是事故造成后果的客观因素，并无法律上的因果关系。因此，受害人刘某金对于损害的发生或者扩大没有过错，不存在减轻或者免除侵害人赔偿责任的法定情形。

最后，根据《中华人民共和国道路交通安全法》的相关规定，机动车发生交通事故造成人身伤亡、财产损失的，由保险公司在机动车第三者责任强制保险责任限额范围内予以赔偿。而我国交强险立法并未规定在确定交强险责任时应依据受害人体质状况对损害后果的影响作相应扣减，保险公司的免责事由也仅限于受害人故意造成交通事故的情形，即便是投保机动车无责，保险公司也应在交强险无责限额内予以赔偿。因此，对于受害人符合法律规定的赔偿项目和标准的损失，均属交强险的赔偿范围，参照“损伤参与度”确定损害赔偿责任和交强险责任均没有法律依据。

综上所述，受害人的体质状况不能减轻或者免除侵害人的赔偿责任。

编写人：福建省安溪县人民法院　王秋玲

086　与产假重叠部分的误工期应否从误工时间中扣除

——林某娥诉傅某松、保险公司机动车交通事故责任案

【案件基本信息】

1. 裁判书字号

福建省泉州市中级人民法院（2018）闽05民终4015号民事判

决书

2. 案由：机动车交通事故责任纠纷

3. 当事人

原告（被上诉人）：林某娥

被告（上诉人）：保险公司

被告：傅某松

【基本案情】

2017年2月19日17时许，傅某松驾驶闽CB8×××号轿车在往国道324线右转弯过程中与林某娥驾驶的二轮电动车逆向行驶发生碰撞，造成林某娥受伤及车损的交通事故。经泉州市公安局交通警察支队洛江大队认定，傅某松、林某娥对本次事故承担同等责任。事故发生后，林某娥被送往医院住院治疗18天，经诊断，其伤情为：左侧股骨粉碎性骨折、多处软组织挫伤、剖宫产术后等。同年9月20日，司法鉴定所接受林某娥的委托，作出如下鉴定意见：林某娥的损伤评定为两处十级伤残、护理期评定为出院后120天、误工期评定为300天、后续治疗费用暂定为12000元。经保险公司申请和法院委托，司法鉴定所在重新鉴定后，对林某娥的损伤评定为十级伤残，将其后续治疗费评定为9000元左右。傅某松所有的闽CB8×××号轿车在保险公司投保了机动车交强险和赔偿限额为50万元的商业三者险，本次交通事故发生在保险期限内。林某娥系城镇工人，在其住院治疗期间，傅某松、保险公司各垫付医疗费10000元。

【案件焦点】

误工期与产假期重叠部分的误工费应如何处理。

【法院裁判要旨】

福建省泉州市洛江区人民法院经审理认为：傅某松驾驶的闽CB8×××号轿车与林某娥驾驶的二轮电动车发生碰撞，造成林某娥受伤，且负事故同等责任，依法应承担相应的赔偿责任。林某娥因本次交通事故造成的经济损失认定如下：医疗费34028.14元、营养费3400元、住院伙食补助费540元、后续治疗费9000元、护理费9168.6元、误工费50936.7元、交通费300元、残疾赔偿金72028.6元、精神损害抚慰金5000元、鉴定费800元、辅助器具费（不锈钢腋拐）140元、车辆维修费958元，合计为186300.04元。其中属于交强险医疗费用赔偿限额项下的医疗费、营养费、住院伙食补助费、后续治疗费合计为46968.14元，属于伤残赔偿限额项下的护理费、误工费、交通费、残疾赔偿金、精神损害抚慰金、辅助器具费合计为137573.9元，属于财产损失的为958元。依照《中华人民共和国道路交通安全法》第七十六条的规定，保险公司应在交强险医疗费用赔偿限额范围和伤残赔偿限额范围内各赔偿林某娥10000元（已支付）、110000元，应在财产损失赔偿限额范围内赔偿958元。林某娥的其他经济损失65342.04元（186300.04元-120958元），由傅某松承担50%即32671.02元，扣除垫付的10000元，傅某松尚应赔偿22671.02元，该款由保险公司在商业三者险责任限额范围内直接支付给林某娥。

福建省泉州市洛江区人民法院依照《中华人民共和国侵权责任法》第十六条，《中华人民共和国道路交通安全法》第七十六条，《中华人民共和国民事诉讼法》第六十四条第一款，《最高人民法院关于审理道路交通事故损害赔偿案件适用法律若干问题的解释》第十六条，《最高人民法院关于审理人身损害赔偿案件适用法律若干问题的解释》（以下简称《人损赔偿司法解释》）第十八条至第二十五条，《最高人民法院关于适用〈中华人民共和国民事诉讼法〉的解释》第九十条的规定，作出如下判决：

一、保险公司应在机动车交强险责任限额范围内支付给林某娥110958元；

二、傅某松应赔偿林某娥22671.02元，该款项由保险公司在商业三者险责任限额范围内直接支付给林某娥；

三、驳回林某娥的其他诉讼请求。

一审判决后，保险公司提起上诉。

福建省泉州市中级人民法院经审理认为，关于误工时间的认定，根据《人损赔偿司法解释》第二十条第二款的规定："……受害人因伤残持续误工的，误工时间可以计算至定残日前一天。"事故发生于2017年2月19日，至福建天行司法鉴定所于2018年4月10日认定林某娥构成十级伤残的前一天，已经超过300日，一审以300日计算，鉴于林某娥对误工期并没有上诉，法院维持一审的认定。保险公司上诉主张林某娥在事故发生时处于分娩后6个月内没有产生误工损失，因分娩后6个月与误工损失不存在必然联系，其上诉请求缺乏事实和法律依据，依法不予支持。

福建省泉州市中级人民法院依照《中华人民共和国民事诉讼法》第一百七十条第一款第一项之规定，作出如下判决：

驳回上诉，维持原判。

【法官后语】

产假是女职工享有的法定权利，就福建省而言，根据《福建省人口与计划生育条例》第四十一条的规定，女职工的产假一般可休

158日至180日。本案中，林某娥于产后两个月发生交通事故，保险公司对林某娥所主张属于分娩6个月内的误工费有异议，该争议的实质在于与产假重叠部分的误工期能否认定为误工时间。

理论上，对误工费性质的认识存在所得丧失说与劳动能力丧失说，前者认为误工费是受害人从受伤开始至身体完全治愈期间因伤无法正常工作而减少的收入，后者认为误工费的实质系对受害人在误工期间因劳动能力受损进行的赔偿。对与产假重叠部分的误工期能否认定为误工时间问题的处理，否定者认为，根据所得丧失说，误工时间仅是受害人因伤不能正常工作的期间，因受害人在产假期内原本就没有上班，故与产假期重叠部分的误工期不能认定为误工时间。肯定者认为，按照劳动能力丧失说，误工时间应视为受害人的劳动能力因伤受损所需要的恢复时间，而产假期并不意味着劳动能力的自然恢复，故而产假与误工期重叠部分不能从误工时间中扣除。上述两种处理意见各有千秋，如何抉择涉及对误工费性质的判断，从这个意义上讲，对所讨论问题的分析已衍化为对误工费性质的探究。笔者赞成误工费的性质为劳动能力说，主要理由如下：

首先，从《人损赔偿司法解释》[①] 对持续误工规定的解释角度分析。根据《人损赔偿司法解释》第七条第二款的规定，对于持续误工的，无论受害人身体有无痊愈，其误工时间一律至多仅能计算至定残日前一天。很明显，定残日不能代表受害人身体完全治愈。为何该条文会有如此规定？其原因在于定残日的含义及其与误工费、

① 以下所称《人损赔偿司法解释》均指《最高人民法院关于审理人身损害赔偿案件适用法律若干问题的解释（2022修正）》。

残疾赔偿金的关联。根据《人损赔偿司法解释》第七条第一款的规定，误工费的计算方式可用数学公式表述为：误工费=误工时间×误工收入。《人损赔偿司法解释》第七条第二款关于“误工时间可以计算至定残日前一天”的规定，其反向之意就是说从定残日起误工时间变为“0”，误工费自然也就不存在。另外，定残日意味着受害人因伤致残的事实得到了确认，其可自定残日起主张残疾赔偿金。误工费与残疾赔偿金衔接于定残日的设计，从某种程度反映了受害人定残之日后的“误工费”被吸收于“残疾赔偿金”中的事实，于是受害人不能再就定残后的误工损失主张权利。以变成植物人的受害者为例，其在定残后又未恢复民事行为能力、劳动能力前，肯定处于长期误工状态，但定残日后的误工费，依据该规定并不存在。可以说，“定残”除表征受害人肢体、器官包括功能的受损外，还彰显了劳动能力的丧失。因此，有理由相信《人损赔偿司法解释》的上述规定蕴含了误工费赔偿依托劳动能力的意旨。否则，按照所得丧失说的观点和方法，理应将持续误工时间确定为自受害人身体受伤开始计算到完全治愈为止，才有利于那些被伤害而致残的受害者诉求误工费。

其次，从《人损赔偿司法解释》对无固定收入规定的解释角度分析。《人损赔偿司法解释》第七条第三款对误工收入的认定标准仅作了有固定收入和无固定收入两种区分。有劳动能力的无业人员被归入无固定收入者范畴，从理论上讲，若依所得丧失说可以得出由于这类人没有工作，不存在劳动收入，其受伤后的收入损失也就无从谈起，所以得出对他们的误工费诉求不应支持的结论。但从实务层面上看，一般认为此类人员受伤前虽没有工作，但不代表着其当时、以后无从事劳动的意向和机会，而受伤剥夺了他们参与劳动获取收入的可能性，因此对这类人员的误工费仍应予以支持，该裁判思路的理论依据就是劳动能力丧失说。

综上，依据劳动能力说，产假只是国家赋予女职工特定的休息权利，其与关乎劳动能力恢复的误工期是两个维度的概念，诚如二审所述“分娩后6个月与误工损失不存在必然联系”，因此与产假重叠部分的误工期不应从误工时间中扣除。尚应补充的是，从性质上讲，产假与春节、国庆节等法定节假日同属“假期”，而对于误工期内包括春节、国庆节等法定节假日的处理，审判实践中并无异议，不会将其从误工时间中扣除，就类案同判而言，对于产假，理应作同样处理。

编写人：福建省泉州市洛江区人民法院　林前枢

087 交通事故中机动车一方车辆维修损失及间接损失能否向非机动车一方索赔

——文某纷诉贺某国机动车交通事故责任案

【案件基本信息】

1. 裁判书字号

重庆市第一中级人民法院（2018）渝01民终3212号民事判决书

2. 案由：机动车交通事故责任纠纷

3. 当事人

原告（上诉人）：文某纷

被告（被上诉人）：贺某国

【基本案情】

2017年6月30日，贺某国骑自行车，与文某纷驾驶的川QBF×××小型轿车发生碰撞，文某纷驾驶的小型轿车在往车辆行驶方向右侧避让时，又与右侧袁某智同向行驶的渝C3U×××号摩托车刮擦，并驶出车行道外右侧人行道、绿化带外，与汽车公司摆放售卖的六辆静止车辆发生碰撞。交警队认定文某纷与贺某国承担本次事故同等责任。此次事故中，上述六辆车产生的维修费15720元由原告垫付，原告自己小型轿车产生维修材料费52768元、维修工时费9200元、拖车费2200元，合计64168元。

【案件焦点】

文某纷机动车维修损失及间接损失能否向贺某国主张赔偿。

【法院裁判要旨】

重庆市大足区人民法院经审理认为：根据《中华人民共和国道路交通安全法》第七十六条第一款第二项的规定，在机动车与行人、非机动车的交通事故责任纠纷中，应通过减轻机动车一方的责任实现对行人、非机动车一方的过错评价，机动车一方存在的免责事由仅为事故的发生系行人、非机动车故意所为，即该法条规定机动车与非机动车发生事故时适用的是无过错责任原则，根据上述法律规定，对于机动车一方请求行人、非机动车一方赔偿的诉讼请求应不予支持。

重庆市大足区人民法院依照《中华人民共和国道路交通安全法》第七十六条第一款第二项之规定，作出如下判决：

驳回原告的诉讼请求。

文某纷不服一审判决，提起上诉。重庆市第一中级人民法院经审理认为：根据《中华人民共和国道路交通安全法》第七十六条第一款第二项的规定可知，机动车与非机动车、行人之间发生交通事故，归责原则为无过错责任。所谓无过错责任原则，是指无论行为人有无过错，法律规定应当承担民事责任的，行为人均应当对其行为所造成的损害后果承担民事责任；相对方有过错的，可以在处理相对方的损害赔偿问题时，适当减轻机动车方的赔偿责任。而适用无过错责任原则的出发点，是为了促使包括但不限于机动车所有人、驾驶人尽到高度谨慎的驾驶注意义务，使机动车这种危险的高速运输工具得到有效的控制，预防和减少事故发生，避免给相对弱势的非机动车、行人一方造成严重的损害后果。故《中华人民共和国道路交通安全法》第七十六条第一款第二项在规定机动车与非机动车、行人发生的交通事故时，只规定了机动车一方的责任，并未规定此种情形下非机动车、行人对机动车一方的损失承担赔偿责任，但如果非机动车方、行人也有过错的，应适当减轻机动车一方的责任。故本案中作为机动车一方的文某纷要求非机动车一方赔偿其损失于法无据，一审法院判决驳回文某纷的诉讼请求并无不当。

重庆市第一中级人民法院依照《中华人民共和国民事诉讼法》第一百七十条第一款第一项之规定，判决如下：

驳回上诉，维持原判。

【法官后语】

机动车与自行车双方承担同等行政事故责任的情况下，机动车一方车辆损失及间接损失能否向非机动车一方主张赔偿。对此，现行法律并无具体明确的规定，但是通过对侵权责任人的认定、特殊侵权中风险控制理论、利益分担原则以及对具体法条的解读可得出如下结论。

1. 在机动车与自行车之间发生的交通事故中，无论是从行驶的稳定性、控制能力还是从车辆的重量以及可能带来的危险程度考察，小轿车均高于非机动车，更远远高于行人，因此在发生事故时可以适用“优者危险负担原则”①，认定加害一方即侵权人为车辆一方；虽然机动车与非机动车或者行人相撞时机动车一方也会受到损害，但仅是两个物体相撞时的作用力与反作用力，从物体重量、速度、冲击力以及危险程度考虑，实施侵权的一方只能是机动车一方。

2. 特殊侵权中风险控制者应为自身损失埋单。机动车作为高速运行的交通工具，由于本身具有极大的危险性，一旦发生事故便会产生较大的人身损失或财产损失，作为车主或管理者应该对该种风险进行提前预防或控制（通过购买车辆保险方式），这既是对自身权益的保护，也是对“特殊风险”的埋单，更是权利义务对等原则的要求。为此，国家提供了机动车交强险和车辆商业险，车主或管理者完全可以通过购买车辆损失险等实现对风险的预防。如果发生机动车与自行车或行人的交通事故，按照交通事故责任认定意见将机动车的车辆损失全部或部分归咎于自行车或行人一方，既是对自行车或行人一方赔偿责任的无端扩大，也会无形中形成对机动车侵权的放纵。

3. 自行车一方不承担机动车一方损失，是法理要义的必然。(1) 受害人不应对事故工具损失理赔，机动车作为运输工具，在交通事故中实际上就处于类似作案工具的地位，交通事故中造成的机

---

① 是指基于公平原则对交通事故中弱势一方的保护，是指在受害人有过失的情况下，考虑到双方对道路交通注意义务的轻重，按机动车危险性的大小及危险回避能力的优劣，分配交通事故的损害后果。

动车损失，就相当于作案工具损失，要求受害人进行赔偿于法无据；(2) 财产损失相对人身损失不具有范围性，如果机械地理解行政事故责任划分比例，判定自行车一方根据事故成因中的责任大小对肇事车辆损失进行赔偿，极有可能出现自行车或行人一方得不到赔偿甚至倒赔机动车一方的极端情况。

4. 通过对《中华人民共和国道路交通安全法》第七十六条的具体解读可知：(1) 机动车之间发生交通事故造成人身伤亡、财产损失的，由于双方均是高度危险风险的控制者和责任人，那么应该根据双方对事故损失的责任大小、过错原因进行客观评析，按照各自的事故责任原因力进行赔偿，体现的是“责任与过错相宜”原则。(2) 机动车与非机动车、行人之间发生交通事故，责任承担方式体现为三个层面：非机动车驾驶人、行人没有过错的，由机动车一方承担赔偿责任；有证据证明非机动车驾驶人、行人有过错的，根据过错程度适当减轻机动车一方的赔偿责任；机动车一方没有过错的，承担不超过百分之十的赔偿责任。交通事故的损失是由非机动车驾驶人、行人故意碰撞机动车造成的，机动车一方不承担赔偿责任。通过该条规定，既明确了此种情况下侵权人为机动车一方，也明确了赔偿责任主体为机动车一方，体现的是“赔偿责任由风险控制者和责任人承担”的原则。(3) 就我国《中华人民共和国道路交通安全法》《中华人民共和国侵权责任法》等法律的立法价值取向和目的而言，更加强调机动车一方的谨慎驾驶和风险控制义务，包括安全驾驶、及时救助、风险预防和排除等。

编写人：重庆市大足区人民法院　赵鑫

088 交通事故中赔偿车辆重置费用的条件

——陈某保诉韩某、保险公司机动车交通事故责任案

【案件基本信息】

1. 裁判书字号

北京市第二中级人民法院（2018）京02民终1730号民事判决书

2. 案由：机动车交通事故责任纠纷

3. 当事人

原告（上诉人）：陈某保

被告（被上诉人）：韩某、保险公司

第三人：汽车销售公司

【基本案情】

2015年9月1日9时许，韩某驾驶临京QQ9×××号牌车辆沿京开高速行驶至狼垡出口处由东向西与向某超驾驶陈某保所有的同向行驶的临京QQ7×××号车辆发生交通事故，造成陈某保车辆受损。此次事故经北京市公安局公安交通管理局丰台交通支队卢沟桥大队认定，韩某负事故全部责任。事故发生后，陈某保所有的临京QQ7×××被送至汽车销售公司进行修理，平安北分公司支付车辆维修费用185000元。陈某保于2016年11月底将维修完毕的事故车辆从汽车销售公司取回。

陈某保表示在2016年1月，车辆修理完毕后曾经与平安北分公司及汽车销售公司的人员联系，得知有修理费达到裸车价50%~

70%时将车辆按报废（全损）处理的做法，故要求事故车辆按照全损处理。

【案件焦点】

陈某保主张受损车辆归韩某、平安北分公司所有，由韩某、平安北分公司赔偿其车辆重置费用应否得到支持。

【法院裁判要旨】

北京市丰台区人民法院经审理认为：向某超与韩某发生交通事故，致使陈某保车辆受损。交管部门认定韩某负事故的全部责任，向某超无责任，韩某驾驶的车辆在平安北分公司投保了交强险及商业三者险，平安北分公司应在保险范围内承担相应责任，超过保险范围的由韩某承担。事故发生后，陈某保车辆经汽车销售公司维修，已经维修完毕，平安北分公司已支付相应费用，原告已将车辆取回使用。根据《最高人民法院关于审理道路交通事故损害赔偿案件适用法律若干问题的解释》第十五条的规定：因道路交通事故造成下列财产损失，当事人请求侵权人赔偿的，人民法院应予支持：（一）维修被损坏车辆所支出的费用、车辆所载物品的损失、车辆施救费用；（二）因车辆灭失或者无法修复，为购买交通事故发生时与被损坏车辆价值相当的车辆重置费用；（三）依法从事货物运输、旅客运输等经营性活动的车辆，因无法从事相应经营活动所产生的合理停运损失；（四）非经营性车辆因无法继续使用，所产生的通常替代性交通工具的合理费用。陈某保主张事故车辆状况应按照全损方式处理，并未提供明确依据，且依据现有情况，陈某保已将维修完毕的车辆取回，车辆并未灭失或者无法修复，其主张依据不足，对于其请求不予支持。

北京市丰台区人民法院依照《中华人民共和国道路交通安全法》

第七十六条、《最高人民法院关于审理道路交通事故损害赔偿案件适用法律若干问题的解释》第十五条之规定，判决如下：

驳回陈某保的全部诉讼请求。

陈某保不服一审判决，提起上诉。北京市第二中级人民法院经审理认为：陈某保受损车辆经保险公司定损并由汽车销售公司维修完毕且能正常使用后，平安北分公司已将车辆维修费用全额予以赔付，此时陈某保应及时将车辆取回或采取积极的方式以避免损失的进一步扩大。诉讼中陈某保主张其受损车辆完全可以按照全损处理，因其并未就此提供国家对此问题的相关强制性规定，且考虑目前受损车辆已修复完毕且已正常使用，而该车辆维修费用已由平安北分公司全额支付的实际情况，一审法院对陈某保的上述主张不予采信亦是适当的，故陈某保主张将其受损车辆退还，并由韩某、平安北分公司赔偿购车时的相关费用不予支持亦是正确的。如果陈某保认为其因本次交通事故仍存在替代性交通工具及车辆贬值等损失，但因其在本次交通事故中并未明确该主张，故在涉案当事人对此仍存在较大争议的情况下，该纠纷可另行解决，本案不予涉及。

北京市第二中级人民法院经审理认为：陈某保上诉请求不能成立。一审法院认定事实清楚，适用法律正确，应予维持。依照《中华人民共和国民事诉讼法》第一百七十条第一款第一项之规定，判决如下：

驳回上诉，维持原判。

【法官后语】

道路交通事故财产损害赔偿是指因道路交通事故的发生给他人造成财产的损失而产生的侵权损害赔偿责任。该事故发生在《中华人民共和国民法典》实施之前，依据当时有效的《中华人民共和国侵权责任法》第十五条规定，在造成财产损害时，其责任承担方式主要有恢复原状和赔偿损失等。第十九条规定，侵害他人财产的，财产损失按照损失发生时的市场价格或者其他方式计算。对应现行《中华人民共和国民法典》第一千一百八十四条。《最高人民法院关于审理道路交通事故损害赔偿案件司法解释》第十五条采用列举的方式，确定纳入赔偿范围的财产损失主要包括车辆修理费、施救费、车载物品费、重置费，以及替代性交通工具费用和停运损失等。

车辆重置费是指受损车辆因交通事故的发生而全损或者无法修复，受害人为了购买与受损车辆发生事故前价值相当的车辆而支付的费用。在道路交通事故中受损的车辆已经达到了实际灭失或无法修复的程度是赔偿车辆重置费的前提，实际灭失非常容易判断，无法修复可以分为两种情况，即物理上的不可能和经济上的不可能。如果车辆只是一般受损或是可以修复的，就不得要求重置费赔偿。同时，从公平的角度进行考量，车辆重置费的数额要与被损车辆在事故发生之前的价值相当。因此，对于重置费的审查分两个方面：(1) 修复在物理上不可能。车辆应达到因全损而报废的程度，于此情形下才能支持重置费用的赔偿。(2) 修复在经济上不可能。这主要是指虽然修复在物理上是可能的，但花费过高以至于超出了受损物本身的价值，从而在经济上认为不可取。于此情形下，为了避免社会成本的浪费，则应否定重置费而支持修理费用的赔偿。本案中，原告的车辆在事故发生后被送往修理，在车辆维修完毕后原告才提出要求按照全损方式进行处理，退还车辆并赔偿购车时的全部费用，其请求的实质为赔偿事故车辆的重置费用。而原告车辆的状况既不属于全损报废的情况，也不属于花费过高超出受损物本身价值的情形。实践中，对于维修花费是否过高的问题，一般需要在车辆维修前，由车辆所有权人、保险公司以及车辆维修单位几方共同确认，或通过专业鉴定机构的鉴定意见确认，仅由受损车辆所有人一方主张是难以得到支持的。

对于新车因交通事故受损严重的救济途径，在二审判决中给予了指引，即主张车辆贬值损失。虽然车辆贬值损失并未被列举在《最高人民法院关于审理道路交通事故损害赔偿案件司法解释》第十五条规定的财产损失项目中，但从该司法解释的立法背景及最高人民法院院长信箱中“关于交通事故车辆贬值损失赔偿问题的建议”的答复内容可知，目前对于车辆贬值损失的赔偿持谨慎态度，原则上倾向于不予支持。但在少数特殊、极端情形下，也可以考虑予以适当赔偿，但必须慎重考量，严格把握。本案中，原告的车辆在办理牌照的路上发生交通事故，受损车辆为购买时间尚短的新车、行程里程较少、受损严重，应属于特殊情况，予以考虑贬值损失，原告可寻此途径主张权利。

编写人：北京市丰台区人民法院　陆宋宁　李冬冬

089　因交通事故自杀，是否支持死亡赔偿金等费用

——徐某生等诉李某祥、保险公司机动车交通事故责任案

【案件基本信息】

1. 裁判书字号

江苏省盐城市中级人民法院（2018）苏09民终4092号民事判决书

2. 案由：机动车交通事故责任纠纷

3. 当事人

原告（被上诉人）：徐某生、徐某祥、徐某平

被告（被上诉人）：李某祥

被告（上诉人）：保险公司

【基本案情】

2017年6月7日9时30分，李某祥驾驶的苏JX6×××重型自卸货车沿东台市富安镇米市北路由北向南行驶至与北环交界路口北桥上时，与同向董某珍驾驶的后载宋某芳的电动三轮车发生交通事故，造成董某珍、宋某芳受伤，宋某芳于2017年6月11日住院治疗，7月2日出院，10月10日在家休养期间自杀身亡。

宋某芳出生于1949年3月1日，生前系农业人口，居住在东台市富安镇某村，徐某生系其丈夫，徐某祥、徐某平系其儿子，其父母均已去世。徐某生患有蛛网膜下腔出血、前交通动脉瘤、高血压等疾病，需要宋某芳日常照料。宋某芳在事故发生前无精神病史且在家务农，其收入系家庭主要生活来源。宋某芳同村邻居徐某新、朱某凤证实，宋某芳出院后常因疼痛难忍，向周围邻居表达过轻生的念头。东台市公安局交通警察大队认定，李某祥负此事故的全部责任，董某珍、宋某芳不负此事故的责任。因李某祥驾驶的重型自卸货车在保险公司投保交强险和商业三者险，事故发生在保险期限内，故徐某生、徐某祥、徐某平诉至法院，请求判令李某祥、保险公司赔偿因交通事故造成宋某芳受伤、死亡所产生的各项损失480000元（不含垫付款40000元）。

【案件焦点】

1. 宋某芳自杀死亡与本次交通事故是否具有关联性及关联程度；2. 如何确定宋某芳因交通事故受伤、死亡所产生的各项损失。

【法院裁判要旨】

江苏省东台市人民法院经审理认为：关于宋某芳自杀死亡与本次交通事故是否具有关联性及关联程度的问题。引起损害后果的原因可分为直接原因和间接原因，直接原因是指必然引起某种损害后果发生的原因，一般直接作用于损害后果，它在损害的发生、发展过程中表现出某种必然的、确定的趋向；而间接原因是指一般不会直接引起某种损害后果的发生，但因为其他原因的介入而造成该种损害后果的发生，间接原因对损害的发生不起直接作用，它往往是侵权行为人的行为偶然介入了其他因素如自然因素或受害人自身因素，并与这些因素相结合，才产生了损害后果，此种情况下，间接原因与损害后果之间也具有因果关系。显然，本次交通事故并不会必然导致宋某芳自杀死亡这一损害后果，故本次交通事故并不构成宋某芳自杀死亡的直接原因。本次交通事故是否构成宋某芳死亡的间接原因，则应根据宋某芳生前的精神状态、本次交通事故对宋某芳生前状态的影响以及医学常识综合进行判断。本起交通事故发生前，宋某芳身体健康，无精神疾病，在家务农，用以支持家庭日常开销及照料丈夫徐某生。因本起交通事故致宋某芳身体受到较重伤害，致使其身心遭受较大痛苦。宋某芳同村邻居的证言亦证实其出院后仍遭受伤痛折磨。交通事故发生后，作为家庭主要劳动力的宋某芳不能劳作，使家庭经济状况进一步恶化。本起交通事故给宋某芳带来了伤痛折磨、生活环境的变化、家庭经济状况的恶化等不良刺激，最终导致其精神压力过大并自杀死亡，故可以确定本次交通事故是宋某芳死亡后果的原因之一，两者之间具有间接因果关系。宋某芳自身的因素是其精神压力过大的主导性因素，是造成其死亡后果的主要原因，而作为间接原因的交通事故与该死亡后果之间的距离较远——交通事故并不必然导致宋某芳自杀，即本案中间接原因的原因力较弱。综合考虑上述因素，本起交通事故对宋某芳死亡结果的原因力比例以30%为宜。

宋某芳因交通事故致右侧髋臼骨折行切开复位内固定术+右侧人工髋关节翻修术等诊断成立，对其受伤后的误工、护理、营养期限，参照《人身损害误工期、护理期、营养期评定规范 GA/T1193—2014》标准等有关规定，综合考虑宋某芳的伤情、年龄、性别等因素，误工期限可考虑至死亡前日，护理期限为60天（1人），营养期限为90天，各项合理损失合计142339.78元。

本次交通事故另一伤者董某珍向江苏省东台市人民法院提起诉讼，案号为（2018）苏0981民初1347号。在案件审理过程中，董某珍向法院作出书面承诺：只要求预留交强险死亡伤残赔偿限额项下5000元、财产损失赔偿限额项下2000元，交强险其余部分以及商业三者险由本案徐某生、徐某祥、徐某平优先受偿。

鉴于苏JX6×××重型自卸货车在保险公司投保交强险和限额为500000元不计免赔商业三者险，李某祥承担此次事故的全部责任，且另一伤者董某珍承诺交强险中死亡伤残赔偿限额项下5000元、财产损失赔偿限额项下2000元以外的其他部分由本案徐某生、徐某祥、徐某平优先受偿，故对徐某生、徐某祥、徐某平因交通事故造成其近亲属宋某芳受伤、死亡所产生的各项合理损失，由保险公司在交强险责任限额内赔偿115000元，在商业三者险范围内赔偿

27339.78元。事故发生后，李某祥垫付费用40000元，扣除其所应承担的案件受理费后，由保险公司直接从理赔款中返还。

江苏省东台市人民法院依照《中华人民共和国侵权责任法》第十六条，《最高人民法院关于审理道路交通事故损害赔偿案件适用法律若干问题的解释》第十六条，《最高人民法院关于审理人身损害赔偿案件适用法律若干问题的解释》第十七条至第二十四条、第二十七条、第二十九条之规定，作出如下判决：

一、人保公司于本判决生效后30日内在交强险责任限额和商业三者险范围内赔偿徐某生、徐某祥、徐某平因交通事故造成其近亲属宋某芳受伤、死亡所产生的各项损失142339.78元，其中支付徐某生、徐某祥、徐某平106339.78元，返还李某祥36000元；

二、驳回徐某生、徐某祥、徐某平的其他诉讼请求。

保险公司不服一审判决，提起上诉。江苏省盐城市中级人民法院经审理认为：宋某芳生前所在东台市富安镇某村村干部反映宋某芳生前性格要强，受伤前整日在农田里忙碌不歇。案涉交通事故致其受伤后，一直未愈卧床，变成一个不能自食其力之人，且需要家人照应，故而想不开选择自杀，以免自己给家人增加麻烦。另外，宋某芳的儿子、儿媳都是“老实人”，很勤劳，且对父母都很孝顺。人保公司南京分公司对此质证称：受调查人员对于宋某芳的精神状况未能客观反映，应结合宋某芳的损伤程度进行考虑。宋某芳自杀时，其损伤已基本痊愈，交通事故也没有导致其精神状况出现问题。因此，宋某芳自杀系其主观原因，不能将其自杀而产生的损失归咎于交通事故。

宋某芳因交通事故致右侧髋臼骨折，经行骨折切开复位内固定+右侧人工髋关节翻修术治疗，术后医嘱限制其负重、行走，给其既往自给自足的田园生活模式造成极度影响。其最终采取极端的方式结束自己的生命，固然与其自身承受生活变故的能力有关，但也与案涉交通事故给其生活带来的困扰密不可分。应当认定宋某芳死亡后果的发生系多因一果，交通事故受伤系导致其死亡的间接因素，人保公司南京分公司依法应当承担赔偿责任。一审法院根据对致使宋某芳死亡的多重因素进行详细分析，综合认定交通事故占据宋某芳死亡结果发生的原因力为30%，该比例并未显著失衡。因交通事故并非导致宋某芳死亡的直接原因，且该事故客观上也致使宋某芳在受伤后一段时间内未能通过自身的劳动取得家庭生活来源，故一审法院将误工费作为宋某芳近亲属的一部分损失予以支持并无不当。综上所述，人保公司南京分公司的上诉请求不能成立，应予驳回；一审判决认定事实清楚，适用法律正确，应予维持。

江苏省盐城市中级人民法院依照《中华人民共和国民事诉讼法》第一百七十条第一款第一项之规定，作出如下判决：

驳回上诉，维持原判。

【法官后语】

本案系一起机动车交通事故受害人在遭遇事故伤害后自杀而引发的机动车交通事故责任纠纷案。在无精神病史的情况下，受害人于交通事故发生四个月后自杀，交通事故是否是导致自杀后果的原因力成为争议的焦点。

从因果关系来看，受害人自杀与本起交通事故存在一定关联性。自杀是个体在复杂心理活动作用下结束自己生命的行为，自杀行为的选择和实施虽是自杀者自主实施，但是自杀动机和意念的形成是因为其遇到难以解决的问题，想逃避现实，为解脱自己而把自杀当作解决问题的手段。判断受害人自杀与交通事故是否存在因果关系，应当查明受害人选择自杀的真实原因，从中查证交通事故致害是否使受害人陷入“遇到难以解决的问题，想逃避现实”的状态。为查明本案受害人自杀的真实原因，一审、二审案件承办法官在未通知受害人近亲属的前提下，多次到事发地走访，经了解得知受害人的以下信息：生前精神状态正常；家庭经济条件较差，受害人是主要劳动力；事故伤害使其承受了巨大的身体痛苦；不能继续为家庭提供经济来源和劳务付出使其承受了巨大的精神压力等。由此可以判断，受害人采取极端方式结束自己的生命，首先与其自身承受生活变故的能力有关，但也与交通事故使其本就不易的生活陷入更加艰难的境地进而给其精神带来困扰和打击密不可分，故可以确定交通事故是导致受害人死亡的原因之一，两者之间具有间接因果关系。

从责任比例来看，应当以双方的过错程度和行为原因力综合认定。本案受害人的损失可以分为两部分，一是交通事故直接导致的损害，如受害人的医疗费、营养费、误工费、护理费、交通费等；二是因受害人死亡所导致的损害，包括丧葬费、处理丧葬事宜人员的误工费、被扶养人员生活来源损失及近亲属精神损失等。对于前者，因肇事方负事故的全部责任，故应全部赔偿；对于后者，因受害人死亡是由其自杀行为和交通事故致害两个原因共同导致，故应区分各自的原因力以确定责任比例。因交通事故系受害人自杀死亡的间接原因，也是次要因素，其原因力较弱，故对受害人近亲属主张的死亡赔偿金、丧葬费、处理丧事人员误工费、精神损害抚慰金可酌情支持，最终裁定由肇事方承担该部分损失30%的赔偿责任。本案判决结果符合民法为自己行为负责的原则，也体现了对生命的尊重，有助于对受害人家庭提供物质上的帮助和精神上的抚慰。

编写人：江苏省东台市人民法院　金磊

090 死者部分近亲属与侵权人达成赔偿协议并领取赔偿款后，其他近亲属能否请求侵权人再次赔偿

——韩某龙、黄某诉出租汽车公司交通事故责任案

【案件基本信息】

1. 裁判书字号

北京市第二中级人民法院（2018）京 02 民终 2929 号民事判决书

2. 案由：机动车交通事故责任纠纷

3. 当事人

原告（被上诉人）：韩某龙、黄某

被告（上诉人）：出租汽车公司

【基本案情】

张某系韩某龙与黄某的非婚生女，2015 年 5 月 9 日 20 时，张某与刘某立驾驶出租汽车公司的小型轿车发生交通事故，造成张某当场死亡，小型轿车损坏。北京市公安局公安交通管理局认定刘某立与张某为同等责任。

2015 年 7 月 14 日，出租汽车公司与张某母亲黄某在北京市公安局公安交通管理局开发区交通大队处理交通事故时达成赔偿协议并签订了《交通事故人身损害赔偿协议书》，协议载明：出租汽车公司赔偿黄某死亡赔偿金、丧葬费及精神抚慰金等共计 54 万元……当日，出租汽车公司的法定代表人张某岭通过银行转账的方式转给黄某 54 万元。北京市公安局公安交通管理局开发区交通大队出具了《道路交通事故经济赔偿执行凭证》，载明：2015 年 7

月14日收到出租汽车公司、刘某立交来经济赔偿费54万元。黄某在凭证中收款人处签字。张某父亲韩某龙认为是出租汽车公司对黄某的赔偿，与韩某龙无关，对韩某龙无约束力，黄某无权对韩某龙的权利进行处分，故向法院起诉要求出租汽车公司赔偿韩某龙丧葬费10629元、死亡赔偿金291795元、精神损害抚慰金50000元，合计352424元。

出租汽车公司在赔偿张某540000元之后，自行到保险公司进行了理赔（交强险死亡伤残项下获赔110000元，商业三者险项下获赔100000元）。

一审诉讼中，经出租汽车公司申请，法院依法追加黄某作为本案共同原告参加诉讼。

【案件焦点】

死者张某的母亲黄某与侵权人就全部赔偿事宜达成协议并取得赔偿款后，张某的其他近亲属是否有权再向侵权人提出赔偿请求。

【法院裁判要旨】

北京市大兴区人民法院经审理认为：韩某龙、黄某作为张某的父母，均为本案适格的赔偿权利人。出租汽车公司提交的协议书上仅有黄某签字，且韩某龙不认可协议内容，出租汽车公司亦无证据证明黄某得到韩某龙的委托授权，该协议对韩某龙不具有效力。

受害人张某的户籍性质为非农业家庭户口，经核算，死亡赔偿金为1057180元，丧葬费为42516元。张某因交通事故死亡，韩某龙、黄某作为张某的父母有权请求精神损害赔偿，结合双方的过错程度酌定精神损害抚慰金为30000元。死亡赔偿金、丧葬费、精神损害抚慰金合计1129696元。

鉴于保险公司在交强险和商业三者险限额内全额对出租汽车公司进行了理赔，故出租汽车公司在交强险项下赔付110000元，超过交强险限额部分1019696元，由出租汽车公司按事故责任赔付50%，即509848元，总计619848元。出租汽车公司已先行支付的540000元，应予以扣减。

北京市大兴区人民法院依照《中华人民共和国侵权责任法》第十六条、第二十二条，《中华人民共和国道路交通安全法》第七十六条，《最高人民法院关于审理人身损害赔偿案件适用法律若干问题的解释》第十八条、第二十七条、第二十九条之规定，判决如下：

一、出租汽车公司赔偿韩某龙、黄某死亡赔偿金、丧葬费、精神损害抚慰金共计619848元，扣除先行给付黄某的540000元，余款79848元，于本判决生效后七日内给付；

二、驳回韩某龙的其他诉讼请求。

出租汽车公司不服一审判决，提起上诉。北京市第二中级人民法院经审理认为：

第一，从死亡赔偿金性质的角度分析。黄某根据协议所取得的款项并非黄某单独所有，而应该是张某近亲属之共同共有财产。

第二，从黄某与张某其他近亲属是否构成表见代理的角度分析。因侵权人没有能力，也没有必要调查死者张某的所有其他近亲属。在此前提下，侵权人有理由相信，黄某作为死者张某之母亲，有权代表张某其他近亲属取得赔偿款项。

第三，从黄某和侵权人是否存在恶意串通之角度分析。侵权人向黄某支付的540000元赔偿款略高于一般司法赔偿标准，故难以认定黄某和侵权人存在恶意串通损害其他近亲属利益。

第四，从司法效果和社会行为指引的角度分析。如果按照黄某之外的其他近亲属提起诉讼的时间确定相应赔偿标准，将对侵权人出租汽车公司显著不公平，产生诸如侵权人消极赔偿、仅以法院判决方式解决等后果，最终损害的将是未来众多受害人的利益。

综上，侵权人与张某的赔偿问题属于外部关系，赔偿款或补偿款的分配问题系张某近亲属的内部关系。死者张某的赔偿事宜已由张某母亲黄某出面处理完毕，其他近亲属应向黄某主张分割相应赔偿款。韩某龙的诉讼请求无事实依据，依法不予支持。出租汽车公司的上诉请求，于法有据，予以支持。一审法院追加黄某为共同原告并重新认定赔偿款项不当，存在一定程序瑕疵，但考虑到将黄某追加为原告对本案实体处理并无影响，且为避免各方当事人之诉累，法院直接改判为宜。

北京市第二中级人民法院依照《中华人民共和国侵权责任法》第十八条、《最高人民法院关于审理人身损害赔偿案件适用法律若干问题的解释》第二十九条、《中华人民共和国民事诉讼法》第一百七十条第一款第二项的规定，判决如下：

一、撤销北京市大兴区人民法院（2016）京 0115 民初 13872 号民事判决；

二、驳回黄某、韩某龙的诉讼请求。

【法官后语】

在司法实践中，侵权人往往会在事故发生后与死者的家属达成赔偿协议并约定赔偿数额，通过积极赔付的方式来获取死者家属的谅解。但并非死者的所有近亲属或第一顺序继承人均签字认可后协议才能生效，侵权人方能履行赔偿义务，也可委托一位到两位与死者生前关系密切的近亲属与侵权人就相关赔偿事项达成协议。若死者的其他近亲属主张就赔偿事项未参与协商或未在赔偿协议上签字，据此要求侵权人按照新的赔偿标准再次赔偿。对此，首先应判断赔偿协议是否合法有效，即是否存在恶意串通、显失公平以及虚假意思表示等损害其他近亲属利益之情形。其次应判断签署赔偿协议的近亲属是否系死者的第一顺序继承人。在确定赔偿协议有效及死者近亲属身份可以确认的前提下，侵权人有理由相信该近亲属已经代表了死者的其他近亲属，即该近亲属与死者的其他近亲属构成了表见代理。此时，若对侵权人过于严苛，即侵权人需调查死者的所有其他近亲属并征得其全部近亲属同意后协议方能生效，一方面，不利于纠纷的顺利解决。另一方面，则无法使得近亲属及时得到赔偿。一般来说，侵权人既没有能力也没有必要去调查死者的所有其他近亲属。从公平角度来看，侵权人及时按照事发当年的计算标准来计算赔偿数额并无不妥，如果因为死者近亲属的内部沟通问题，由其他近亲属事隔数年后再以新的计算标准对赔偿数额进行重新计算，对依法及时履行赔付义务的侵权人极不公平。

此外，从司法效果和社会行为指引的角度来看，侵权人与死者的赔偿问题系外部关系，赔偿款或补偿款的分配问题系死者近亲属的内部关系，其他近亲属应向获得赔偿款的近亲属要求分割。死者第一顺位的继承人包括配偶、子女、父母，如若他们均以未参与协商或未签字为由起诉，并要求按提起诉讼的时间确定赔偿标准，则会对侵权人显著不公平，亦会使侵权人为达成赔偿协议所作出的努力付之东流。从社会效果来讲，则会产生负面的引导作用，产生侵权人不再积极进行赔偿而是仅以诉讼方式解决纠纷等后果，而这最终损害的是未来众多受害者的利益。

综上，死者张某的赔偿事宜已经由其母亲黄某出面处理完毕，其他近亲属应向黄某主张分割。出租汽车公司的上诉请求于法有据，法院予以支持。一审法院重新认定赔偿款项不当，法院予以改判。最终驳回了黄某、韩某龙的诉讼请求。

编写人：北京市第二中级人民法院 石磊 李靖元

091 超过法定退休年龄的人员因交通事故造成人身损害的，其主张的误工费损失应如何认定

——刘某增诉陈某华、保险公司机动车交通事故责任案

【案件基本信息】

1. 裁判书字号

山东省淄博市中级人民法院（2014）淄民三终字第7号民事判决书

2. 案由：机动车交通事故责任纠纷

3. 当事人

原告（被上诉人）：刘某增

被告：陈某华

被告（上诉人）：保险公司

【基本案情】

2012年4月21日，陈某华驾驶车牌号为鲁C×××××的小型轿车沿湖南路由南向北行驶至淄博市淄川区西河镇某村处，将前方骑自行车由东向西过公路的刘某增撞伤，造成道路交通事故。交警队淄川大队作出道路交通事故认定书，认定陈某华、刘某增负事故的同等责任。陈某华系鲁C×××××号小型轿车的所有人，该车

在保险公司投保交强险，事故发生在保险期限内。刘某增受伤后，先后到骨伤医院、中心医院治疗。刘某增的伤情经鉴定构成十级伤残。刘某增自2005年3月退休，系集体户口，事故发生时系销售公司职工，事故发生前6个月平均工资为3142元，事故发生后工资未予发放。刘某增之母张纪芬于1930年10月10日出生。陈某华已支付刘某增赔偿款4126.4元。刘某增诉至法院要求陈某华赔偿医疗费、误工费、护理费等各项损失共计76000元。

【案件焦点】

超过法定退休年龄的人员因交通事故造成人身损害的，其主张的误工费损失应如何认定。

【法院裁判要旨】

山东省淄博市淄川区人民法院经审理认为：刘某增遭受的损失应依照《中华人民共和国侵权责任法》《最高人民法院关于审理道路交通事故损害赔偿案件适用法律若干问题的解释》《最高人民法院关于审理人身损害赔偿案件适用法律若干问题的解释》的规定来确定，具体为医疗费7057.28元、住院伙食补助费120元、护理费500元、误工费13615元、交通费200元、残疾赔偿金51510元、被扶养人生活费1694元。其中，被扶养人生活费1694元应计入残疾赔偿金，故残疾赔偿金总计为53204元。交警队淄川大队认定陈某华、刘某增均负事故同等责任，各方均无异议，予以采纳。依照相关规定，保险公司应在机动车第三者责任强制保险责任限额范围内赔偿刘某增医疗费、住院伙食补助费7177.28元，赔偿护理费、误工费、残疾赔偿金、交通费67519元，合计74696.28元。超出机动车第三者责任强制保险责任限额范围的鉴定费1000元，结合陈某华和刘某增的具体过错和本案实际情况，确定由陈某华对刘某增的损失承担70%的赔偿责任，因此陈某华应承担鉴定费700元。由于陈某华已支付刘某增4126.4元，故陈某华多支付的3426.4元应从保险公司赔偿给刘某增的款项74696.28元中扣除并返还给陈某华。据此一审判决如下：

一、保险公司在机动车第三者责任强制保险责任限额范围内赔偿刘某增医疗费、住院伙食补助费、护理费、误工费、残疾赔偿金、交通费74696.28元，于本判决生效后十日内履行；

二、陈某华在本案中不再承担赔偿责任；

三、驳回刘某增的其他诉讼请求。

保险公司不服一审判决提起上诉，其在上诉中主张刘某增系退休职工，其按月领取退休金，并没有因本次交通事故产生误工损失，其对一审中刘某增在淄博某销售公司务工的真实性有异议，并且认为保险公司对刘某增退休后的另聘工作收入不应承担赔偿责任，故请求法院依法改判。

山东省淄博市中级人民法院经审理认为：本案中刘某增虽然已退休，但其仍从事适当的工作获取一定的劳动收入，其受伤必然产生收入减少的后果。由于该收入减少的损失系交通事故所致，故保险公司应承担赔偿责任。保险公司认为对刘某增退休后另聘工作的收入不应承担赔偿责任的主张无法律依据。原审判决认定事实清楚，适用法律正确，程序合法，应予维持。依照《中华人民共和国民事诉讼法》第一百六十九条、第一百七十条第一款第一项、第一百七十五条之规定，判决如下：

驳回上诉，维持原判。

【法官后语】

本案主要涉及的问题在于，超过法定退休年龄的人员因交通事故造成人身损害的，其主张的误工费损失应如何认定。

在机动车交通事故责任纠纷案件中，经常会出现交通事故受害人系已超过法定退休年龄人员的情况。对此，保险公司或侵权人则经常抗辩因受害人已超过法定退休年龄，不能再从事正常的工作，且有的受害人还按月领取养老金，故其不存在误工费的损失。本案即是如此。然而本案经过一审、二审，法院最终认定刘某增存在误工费并对其主张的误工费予以支持。笔者认为这一认定是正确的。对此可从以下几个方面进行理解和把握：

第一，误工费在法律的认定上并不受年龄的限制。《中华人民共和国民法通则》第一百一十九条规定："侵害公民身体造成伤害的，应当赔偿医疗费、因误工减少的收入、残废者生活补助费等费用……"《最高人民法院关于审理人身损害赔偿案件适用法律若干问题的解释》（以下简称《解释》）第十七条第一款明确规定："受害人遭受人身损害，因就医治疗支出的各项费用以及因误工减少的收入，包括医疗费、误工费、护理费、交通费、住宿费、住院伙食补助费、必要的营养费，赔偿义务人应当予以赔偿。"① 从上述规定来看，均未对受害者获得误工费赔偿的年龄作出限制性规定，也未排除已超过退休年龄的公民主张误工费的权利。也就是说，只要受害人

---

① 《中华人民共和国民法通则》在2021年1月1日《中华人民共和国民法典》正式施行后已经废止。《解释》第十七条在2020年修正时已经删除。《中华人民共和国民法通则》第一百一十九条和《解释》原第十七条的相应内容现均规定于《中华人民共和国民法典》第一千一百七十九条："侵害他人造成人身损害的，应当赔偿医疗费、护理费、交通费、营养费、住院伙食补助费等为治疗和康复支出的合理费用，以及因误工减少的收入。造成残疾的，还应当赔偿辅助器具费和残疾赔偿金；造成死亡的，还应当赔偿丧葬费和死亡赔偿金。"

受害前有劳动能力并从事有偿劳动，其因遭受损害而误工并减少了收入，就有权要求致害人赔偿误工费，而无论受害人是否超过退休年龄。

第二，误工费在赔偿的计算上也与年龄无关。《解释》第二十条规定："误工费根据受害人的误工时间和收入状况确定。误工时间根据受害人接受治疗的医疗机构出具的证明确定。受害人因伤致残持续误工的，误工时间可计算至定残日前一天。受害人有固定收入的，误工费按照实际减少的收入计算。受害人无固定收入的，按照其最近三年的平均收入计算；受害人不能举证证明其最近三年的平均收入状况的，可以参照受诉法院所在地相同或者相近行业上一年度职工的平均工资计算。"① 由此可见，误工费在计算上是从受害人实际遭受误工并由此造成收入损失的角度进行设计的，与年龄并无直接关联。误工费的计算和赔偿应以受害人受害前是否从事有偿劳动、是否实际误工和是否造成损失减少为依据，而非以其年龄来判定。

第三，法定退休年龄不能作为劳动能力丧失的依据。法定退休年龄是国家为维护职工合法权益和劳动权利而作出的规定，是国家对职工的一种待遇。我国在劳动法领域也同时规定，达到退休年龄后继续从事劳动的，按照劳务关系处理。从现实情况来看，现阶段我国的社会保障体系尚未健全，广大农民没有退休待遇，达到法定退休年龄后在耕种土地的同时，外出务工者仍大量存在，在城镇也

---

① 该条规定现为《解释》（2022年修改）第七条："误工费根据受害人的误工时间和收入状况确定。误工时间根据受害人接受治疗的医疗机构出具的证明确定。受害人因伤致残持续误工的，误工时间可以计算至定残日前一天。受害人有固定收入的，误工费按照实际减少的收入计算。受害人无固定收入的，按照其最近三年的平均收入计算；受害人不能举证证明其最近三年的平均收入状况的，可以参照受诉法院所在地相同或者相近行业上一年度职工的平均工资计算。"

有大量退休人员被返聘或者另行从事一定工作。所以说大多数超过法定退休年龄的人仍有一定的劳动能力。因此片面地以法定退休年龄作为劳动能力丧失的依据，既无明确的法律规定，也与现阶段我国的实际用工状况不符。

第四，退休后按月领取退休金并不影响误工费的存在。由于人均寿命的延长和生活水平的不断提高，超过退休年龄的人员在退休后另行从事社会有偿劳动的现象越来越多，而这无疑会带来养老金待遇以外的劳动收入。若其由于交通事故致伤并住院治疗和休息，并因此不能从事受伤前的有偿劳动，其所从事劳动所带来的收入势必会减少。而这种劳动收入本身与因缴纳社会养老保险或购买商业养老保险后所能领取的养老金并无关联，这种劳动收入的减少并不能通过领取养老金所弥补，而是通过侵权方的赔偿才能得以弥补。所以说不能因为受害人退休后能领取养老金就否认其误工费损失的存在。

编写人：山东省淄博市中级人民法院　郭鹏　荣明潇

092 对公安部《人身损害误工期、护理期、营养期评定规范》(GA/T1193-2014)的正确适用

——刘某瑞诉财险公司、刘某机动车交通事故责任案

【案件基本信息】

1. 裁判书字号

山东省淄博市中级人民法院（2017）鲁03民终第639号民事判决书

2. 案由：机动车交通事故责任纠纷

3. 当事人

原告（上诉人）：刘某瑞

被告（被上诉人）：财险公司

被告：刘某

【基本案情】

2016年7月11日8时10分左右，刘某驾驶鲁CAB×××号汽车停于公路西侧，开车门时将刘某瑞驾驶的二轮电动车剐倒，造成刘某瑞受伤，两车受损的道路交通事故。2016年7月25日，交警部门出具道路交通事故认定书，认定刘某负事故的全部责任，刘某瑞不承担事故责任。刘某瑞受伤后在医院就诊，花费医疗费480.1元。刘某瑞在服装城经营洗化用品，主要从事批发零售业。刘某系肇事车辆鲁CAB×××号汽车的车主及驾驶人。该肇事车辆在财险公司投保交强险一份，事故发生在保险期限内。刘某瑞起诉要求被告赔偿医疗费等各项损失18104元。

【案件焦点】

交通事故造成跖骨骨折情形下误工时间应如何正确认定。

【法院裁判要旨】

山东省淄博市淄川区人民法院经审理认为：刘某瑞主张的赔偿费用依照相关规定和标准计算，具体为：1. 医疗费480.1元；2. 住院伙食补助费，刘某瑞在医院住院7天，按30元/天计算，计款210元；3. 误工费，参照《人身损害误工期、护理期、营养期评定规范》的相关规定，结合刘某瑞的伤情，刘某瑞的误工时间为70天，刘某瑞从事批发零售业，参照2015年批发零售业163元计算，计款11410元；4. 护理费，刘某瑞住院期间7天由其配偶曹某丁一人护理，应按照护工标准80元/天，计款560元；5. 交通费，结合刘某瑞住院、就诊及出院情况，酌情认定为100元；6. 清障费30元。以上各项损失共计12790.1元。对交警部门出具的道路交通事故书，各方均无异议，依法予以采纳。结合双方的过错，确定刘某对刘某瑞的损失承担全部赔偿责任。根据《中华人民共和国道路交通安全法》第七十六条和《机动车交通事故责任强制保险条例》第二十一条第一款的规定，财险公司应当在机动车第三者责任强制保险责任限额范围内赔偿刘某瑞医疗费、住院伙食补助费、误工费、护理费、交通费12760.1元。超出机动车第三者责任强制保险责任限额范围的清障费30元，由刘某承担。据此，一审判决如下：

一、财险公司在机动车第三者责任强制保险责任限额范围内赔偿刘某瑞医疗费、住院伙食补助费、误工费、护理费、交通费12760.1元；

二、刘某赔偿刘某瑞超出机动车第三者强制保险责任限额范围的清障费30元；

三、驳回刘某瑞的其他诉讼请求。

刘某瑞不服一审判决，提起上诉。

山东省淄博市中级人民法院经审理认为：受害人刘某瑞在因交通事故受伤后到医院住院治疗，该院诊断刘某瑞为左足第五跖骨骨折，并在刘某瑞出院后根据其伤情连续为其出具了相应的病假证明。根据住院病历和病假证明，刘某瑞的误工时间为99天。另外，中华人民共和国公安部于2014年11月26日发布实施的《人身损害误工期、护理期、营养期评定规范》（GA/T1193-2014）第10.2.18项（跖、趾骨及其他跗骨骨折）规定，跖骨骨折在非手术治疗情形下的误工期为 90~120 日。因此，根据刘某瑞因本案交通事故所造成的伤情，结合医疗机构出具的证明，参照《人身损害误工期、护理期、营养期评定规范》（GA/T1193-2014）的相关规定，本案中对于刘某瑞主张的误工时间为 99 天应当予以确认。一审法院确定刘某瑞的误工时间为 70 天不当。故刘某瑞的误工费参照 2015 年度批发零售业职工平均工资标准 163 元/天计算 99 天应为 16137 元。关于一审判决认定的其他费用及相应承担，各方均未提起上诉，法院依法予以确认。据此，本案中，财险公司应在机动车第三者责任强制保险责任限额范围内赔偿刘某瑞医疗费 480.1 元、住院伙食补助费 210 元、误工费 16137 元、护理费 560 元、交通费 100 元，共计 17487.1 元；刘某应赔偿刘某瑞超出机动车第三者强制保险责任限额范围的清障费 30 元。据此二审判决如下：

一、维持一审判决第二项；

二、撤销一审判决第一项、第三项；

三、财险公司在机动车第三者责任强制保险责任限额范围内赔偿上诉人刘某瑞医疗费、住院伙食补助费、误工费、护理费、交通费共计 17487.1 元；

四、驳回刘某瑞的其他诉讼请求。

【法官后语】

本案主要涉及交通事故造成跖骨骨折情形下误工时间的正确认定问题。因该问题而引申出的一个重要问题则是对于公安部《人身损害误工期、护理期、营养期评定规范》（GA/T1193-2014）的正确适用问题。

在交通事故损害赔偿案件中，误工费是较为常见的一个赔偿项目。根据《最高人民法院关于审理人身损害赔偿案件适用法律若干问题的解释》（以下简称《解释》）第二十条的规定：“误工费根据受害人的误工时间和收入状况确定。误工时间根据受害人接受治疗的医疗机构出具的证明确定。受害人因伤致残持续误工的，误工时间可计算至定残日前一天。受害人有固定收入的，误工费按照实际减少的收入计算。受害人无固定收入的，按照其最近三年的平均收入计算；受害人不能举证证明其最近三年的平均收入状况的，可以参照受诉法院所在地相同或者相近行业上一年度职工的平均工资计算。”① 从上述规定不难看出，误工费的认定主要包括两个方面的问题：一是确定误工时间，二是确定受害人收入状况。受害人收入状况根据《解释》第二十条的规定并不难确定。不过关于误工时间则应区分对待。其中住院期间属于误工时间当无争议，出院后的误工时间一般根据受害人接受治疗的医疗机构出具的证明确定。但实践中确实存在这样的情况，那就是医疗机构不出具证明但根据伤情确实需要休息，或者是根据伤情，医疗机构出具证明的休息时间明显偏长，因此误工时间应当根据受害人的实际损害程度、恢复状况、治疗医院出具的证明或者法医鉴定等予以综合认定。关于这种综合认定，人民法院在实践中通常都会参照中华人民共和国公安部于2014年11月26日发布实施的《人身损害误工期、护理期、营养期评定规范》（GA/T1193－2014）来进行认定，毕竟《人身损害误工

① 该条规定现为《最高人民法院关于审理人身损害赔偿案件适用法律若干问题的解释》（2022年修改）第七条：“误工费根据受害人的误工时间和收入状况确定。误工时间根据受害人接受治疗的医疗机构出具的证明确定。受害人因伤致残持续误工的，误工时间可以计算至定残日前一天。受害人有固定收入的，误工费按照实际减少的收入计算。受害人无固定收入的，按照其最近三年的平均收入计算；受害人不能举证证明其最近三年的平均收入状况的，可以参照受诉法院所在地相同或者相近行业上一年度职工的平均工资计算。”

期、护理期、营养期评定规范》(GA/T1193-2014)是目前最为权威的评定人身损害误工期、护理期、营养期的国家级参考标准。但是实践中应当注意的一点是，在适用该标准时应当根据中华人民共和国公安部发布的正式版本为准，而不能以网络上的一些简化版为准，否则极易出现适用错误。本案即是如此。本案中受害人刘某瑞的伤情为骨折，其主张其受伤后在医院住院治疗 7 天，医疗机构出具证明建议休息时间为 92 天，其误工时间应为 99 天。两审法院对于受害人刘某瑞的误工时间都参考了《人身损害误工期、护理期、营养期评定规范》(GA/T1193-2014)，但一审法院参考的系不完全的网络版本，其 10.2 骨折部分仅到第 10.2.17 项即结束，因此一审法院就参考了 10.3 关节脱位部分中的 10.3.4 项，即其他关节脱位部分的 f) 跖趾/趾间关节脱位中的误工期为 60~90 日，最后确定刘某瑞误工时间为 70 天。而二审法院参考了《人身损害误工期、护理期、营养期评定规范》(GA/T1193-2014) 的正式版本，该版本中 10.2 骨折部分有第 10.2.18 项，该项即为跖、趾骨及其他跗骨骨折，该项中的 a) 非手术治疗情形下的误工期为 90~120 日；医疗机构为刘某瑞出具的住院病历和病假证明显示刘某瑞的误工时间为 99 天，该误工期间也在《人身损害误工期、护理期、营养期评定规范》(GA/T1193-2014) 第 10.2.18 项所确定的非手术治疗情形下的误工期 90~120 日之内，因此，二审对于刘某瑞主张的误工时间 99 天依法予以确认无疑是正确的。

编写人：山东省淄博市中级人民法院　荣明潇
山东省淄博市张店区人民法院　刘晓辉

093 事故成因无法查明下的责任划分

——李某兴诉张某林等机动车交通事故责任案

【案件基本信息】

1. 裁判书字号

江苏省苏州市中级人民法院（2017）苏 05 民终第 6382 号民事判决书

2. 案由：机动车交通事故责任纠纷

3. 当事人

原告（被上诉人）：李某兴

被告：张某林、戴某军

被告（上诉人）：保险公司

【基本案情】

2016 年 2 月 11 日 19 时 57 分许，张某林驾驶苏 JZ2×××中型普通客车在常熟市辛庄镇辛庄大道行驶至超市对面时，该车右侧反光镜与在机动车道内行人李某兴（事发后经司法鉴定所鉴定，李某兴血液中乙醇浓度为 25mg/100ml）发生相撞，致李某兴受伤，车辆损坏。常熟市公安局交通巡逻警察大队经调查后认为，因事发时行人李某兴的动态这一事实我队无法查明，于 2016 年 3 月 14 日作出道路交通事故证明，载明已经查实的事实。

李某兴受伤后即至医院治疗，经诊断头部外伤、双侧额叶挫伤、创伤性硬膜下血肿、蛛网膜下腔出血、额骨骨折、头皮血肿、高血压，于 2016 年 3 月 7 日好转出院，加上复诊共花费医疗费

51177.46元。戴某军通过常熟市公安局交通巡逻警察大队给付了李某兴20000元。

李某兴的精神状态经司法鉴定所鉴定，结论为：轻度精神障碍。李某兴的伤残等级及误工、营养、护理期限及人数经苏州大学司法鉴定中心鉴定后，该所于2017年1月20日出具鉴定意见书，结论为：1. 李某兴因交通事故致颅脑损伤，目前遗留轻度精神障碍，日常活动能力轻度受限评为九级伤残；余下伤情不足评残。2. 建议李某兴误工时限掌握在伤后180日；伤后90日可根据临床治疗需要予以营养支持及一人护理为宜。李某兴为此支付了鉴定费3560.52元。

李某兴户籍地为常熟市某村，苏JZ2×××中型普通客车的登记车主为物流公司，张某林是戴某军雇用的驾驶员，事故发生时正执行戴某军安排的事务。该车在保险公司投保有交强险和商业三者险，商业三者险的保险责任限额为100万元，并投保了不计免赔特约条款，事故发生在保险期限内。

【案件焦点】

1. 事故成因无法完全查明，责任认定如何划分；2. 原告醉酒站立于行车道内是否是导致事故发生的主要成因。

【法院裁判要旨】

江苏省常熟市人民法院经审理认为：公民的健康权受法律保护。原告李某兴因交通事故受伤，依法有权获得赔偿。交警部门对事故现场进行调查，但事发时原告李某兴的动态无法查明，双方当事人的陈述又相互矛盾，无法认定事故责任。本案在审理中，法院仍无法查明事故的全部事实，不能认定事故责任，但事故责任不能认定并不免除民事赔偿责任。本案系机动车与行人之间发生的交通事故，应由机动车方承担赔偿责任，但原告李某兴晚上酒后站立在机动车道内，未能注意避让来往车辆，对事故的发生也有一定的过错。故对原告李某兴因交通事故造成的损失，应由被告保险公司在交强险范围内先予赔偿。被告张某林在为被告戴某军提供劳务过程中发生事故，应由被告戴某军承担赔偿责任。关于超过交强险部分的损失，由被告戴某军按80%的比例赔偿，事故车辆亦在被告保险公司投保了商业三者险，且投保有不计免赔条款，故被告保险公司根据保险合同在商业第三者责任险范围内予以赔偿。

综上所述，对原告李某兴要求赔偿损失193593.52元的诉讼请求，法院予以支持。依照《中华人民共和国侵权责任法》第十六条、第四十八条，《中华人民共和国道路交通安全法》第七十六条第一款，《最高人民法院关于审理交通事故损害赔偿案件适用法律若干问题的解释》第十四条、第十六条第一款，《最高人民法院关于审理人身损害赔偿案件适用法律若干问题的解释》第十七条之规定，判决如下：

一、被告保险公司赔偿原告李某兴各项损失合计人民币196963.82元；

二、驳回原告李某兴的其他诉讼请求。

原审被告保险公司提起上诉，请求撤销认定保险公司赔偿196963.82元的判决。江苏省苏州市中级人民法院经审理后认为保险公司的上诉请求均不能成立，应予驳回；一审判决认定事实清楚，适用法律正确，应予维持。

【法官后语】

对于没有事故认定书的情形，应当就现场勘验笔录等相关证据进行审查，结合生活经验，运用逻辑推理，对事故责任进行划分。但实践如何操作，还需要结合进一步细化论证，笔者认为可以从以下几个方面展开：

第一，适用归责原则。虽因李某兴事故动态无法查明，交通部门只出具了《道路交通事故证明》，证明事故发生的部分事实，而未对事故责任进行划分。但根据过错推定原则，法律上推定机动车方对事故负有过错责任，"举证责任倒置"，除非被告能提交证据证明原告故意"碰瓷儿"导致事故发生，否则应当对事故担责。

第二，明确责任划定。李某兴于事故发生时酒精浓度已经达到酒驾标准，其虽只是行走而非驾车，但从经验常理推断，该行为依旧提升了事故损害发生的可能性，存在因饮酒导致对来往车辆预判不精确、躲避不及时的可能，因此对事故的发生也需要自担小部分责任，结合过错归责原则的立法精神，即同为危险源，机动车无疑大于行人的危险指数，应当加强机动车的风险规避意识和能力，赋予其更加严格的法律责任，最终综合认定原告李某兴负次要责任，被告负主要责任。

第三，细化赔偿比例。李某兴饮酒行为导致部分责任，从利益衡量的视角来看，本案机动车投保有交强险、商业险，且有经济相对驾驶员更优越的雇主作为连带责任人承担补充责任，具有更高的经济赔偿能力，而反观原告方，李某兴作为事故受害方，其虽对事故负有部分责任，但本着保护弱势群体的法益考量，在可裁量空间内，赋予弱势方更大利益不仅有利于法益的实现，更能够兼顾法理与情理，提高裁判的可接受性。据此细化赔偿比例为戴某军在超出交强险范围外承担80%的责任，且该部分最终由保险公司承担，有效实现了自由裁量范围内的利益最大化原则。

第四，补充说明。根据《中华人民共和国民法典》第一千二百零八条的规定，机动车发生交通事故造成损害的，依照道路交通安全法律和本法的有关规定承担赔偿责任。该规定明确了机动车交通事故责任的法律渊源，即《中华人民共和国道路交通安全法》作为特别法，是机动车交通事故损害赔偿的主要法律渊源。在机动车与非机动车、行人发生交通事故时，机动车交通事故损害赔偿责任并非过错责任。过错固然是构成交通事故的重要因素，但实际中仍然大量存在各方当事人均无过错却发生事故的情形，这正是由于车辆尤其是机动车自身具有的危险性所导致的。因此，《中华人民共和国道路交通安全法》第一百一十九条采用“因过错或者意外”的表述，以此与相应的归责原则呼应。

该规定与本案的裁判理念相一致。承办法官综合运用了逻辑推理和日常生活经验，并结合利益衡量的方法论作出的责任划分，最大限度保障了法律适用的公正性。

编写人：江苏省常熟市人民法院辛庄法庭　张飞　周伟

094　如何认定网约车的运营承包金损失及误工损失

——王某维诉周某伟、保险公司机动车交通事故责任案

【案件基本信息】

1. 裁判书字号

北京市第二中级人民法院（2016）京02民终字第10520号民事判决书

2. 案由：机动车交通事故责任纠纷

3. 当事人

原告（上诉人）：王某维

被告（被上诉人）：周某伟、保险公司

【基本案情】

2016年1月9日13时许，在北京市西城区西单路口南向北，周某伟驾驶的京YP××××小客车并线时与王某维驾驶的京BZ××××小客车接触，造成王某维驾驶车辆右前叶子板和保险杠有擦痕。事故发生时，周某伟驾驶车辆在保险公司投保了交强险。

事故发生后，王某维于2016年1月14日到2016年1月15日至汽维公司对车辆进行了修理，修理的项目为前杠修理喷漆，王某维支付修车费400元。

王某维认为周某伟应赔偿修车费400元、客人租车费21元、误工损失700元、车辆承包金2555元（每天365元），共计3676元。针对车辆承包金的赔偿要求，王某维提交了其与商务车公司签订的劳动合同，合同第九条约定，王某维月工资按照《承包运营合同书》中双方约定的内容执行，但不低于北京市最低工资标准。同时，商务车公司出具证明，王某维驾驶的京BZ××××天籁轿车为我单位单班运营车辆，每日运营承包金为365元，每月9500元整，我公司支付的工资为月均2007.53元、由网络约车平台支付的佣金为月均2870.62元。针对误工费，王某维还向法院提交了商务车公司证明及账户明细。

王某维在一审审理期间提交的案涉车辆维修施工结算单中载明：维修项目为前杠维修喷漆。周某伟和保险公司对于前述维修施工结算单的真实性均予以认可。王某维称案涉受损车辆的受损情况为车辆右前叶子板和保险杠有擦痕。

周某伟确认事故经过属实并认可交通责任事故处理的责任分配，但认为王某维主张的损失和赔偿要求缺乏事实依据，不予认可。

【案件焦点】

网约车的运营承包金损失及误工损失的认定。

【法院裁判要旨】

北京市西城区人民法院经审理认为：保险公司应在机动车交强险范围内赔偿。超出交强险的部分，法院认定周某伟应赔偿原告修理费、维修期间损失的运营承包金及误工费。租车费缺乏证据，不予支持。一审判决如下：

一、保险公司赔偿原告车辆损失 400 元；

二、周某伟赔偿原告运营承包金损失 365 元、误工损失 162.61 元；

三、驳回原告其他的诉讼请求。

原告持原审意见上诉。北京市第二中级人民法院经审理认为：本案焦点是原判承包金损失和误工费损失数额是否适当。事发于 2016 年 1 月 9 日，而原告五天后维修车辆，其未及时修车，未合理说明，亦未能证明前述期间该车辆未运营。故其主张前述期间损失的事实不足，不予支持；如确有损失，亦应自担。关于维修时间，原告自述于 1 月 14 日中午送修，于 1 月 15 日晚间取回。依维修结算单内容、修车数额及原告自述的车辆受损状况可知，车辆受损程度轻，修理工序简单，结合提车时间的自由安排及原告工作性质的自由度等因素，原审认定误工期为一天，较合理；原判据此确认原告误工损失亦无不当。此外，原告未提交单位实扣车辆承包金和其他佣金收入的证据，周某伟和保险公司一致同意原审判决，二审法院无异议。

二审法院遂判决如下：

驳回上诉，维持原判。

【法官后语】

网约车作为一种新兴事物，在不涉及人员伤亡的机动车交通事故中，网约车纠纷的运营承包金损失、误工损失、误工期间的认定都是亟待解决的问题。

1. 网约车的运营承包金损失及误工损失应如何认定

网约车无责的事故中，网约车所有权人的常见损失为运营承包金损失及误工损失。比如，本案即使发生交通事故，司机仍要向公司每月交纳运营承包金；司机因网约车交通事故无法使用车辆运营，也直接影响其收入。故司法判决中要仔细区分上述两项损失。

运营承包金损失方面，法院要明确网约车的承包方式是单班还是双班，司机每月应向公司交纳多少车辆承包金，有无燃油补贴和岗位补贴等情形。主要依据原告提供的车辆承包运营合同和劳动合同，以及涉案事故前后时间的车辆承包金交纳情形。确定好车辆承包金后，再确定原告的每月工作时间为标准工时还是综合工时。运营承包金的最终损失以车辆承包金除以每月工作时间再乘以误工天数加以确定。司法实践中，法院应考虑网约车司机的文化程度及举证能力，适当对原告的举证方向加以引导。

误工损失方面，网约车司机工资一般由车辆所属公司和约车软件网络服务商分别支付。法院在确定误工损失时，应要求网约车司机分别提供其所属公司的误工费证明和网络服务商的误工费证明，再结合司机的个人所得税交纳情况和涉案事故发生前后的两项工资实发情况予以计算。

司法实践中，经常存在肇事方抗辩涉案网约车不合法，因此不愿意支付原告的误工费情况，如辩称事发当时网约车并不合法、司机工资也未按国家规定交税、涉案网约车不符合网约车管理规范等。但上述情形即使存在，也非肇事方可以摆脱赔偿责任的借口。法院应当公平保护网约车作为原告的合法民事权益。

2. 法院可否依实际情况调整原告主张的误工期间

本案原告拖延了案涉事故车辆维修，但又未能说明合理理由，亦未能证明涉案车辆处于停运状态，直接影响了法院对其误工期间的认定。另外，关于维修车辆的时间，法院有权依据当事人对车辆损失的陈述、维修施工结算单的内容、维修费发票金额、修理工序、原告提车时对于时间的自由安排及工作性质等认定车辆受损程度及应然的修理时间。

综上，一审、二审法院的判决无疑是正确的。

编写人：北京市西城区人民法院　葛明柱

095　因违章停放车辆致人死亡的侵权责任认定

——马某等诉赵某新、保险公司机动车交通事故责任案

【案件基本信息】

1. 裁判书字号

北京市第二中级人民法院（2016）京02民终字第5222号民事判决书

2. 案由：机动车交通事故责任纠纷

3. 当事人

原告（被上诉人）：张某英、马某、杨甲、杨乙

被告（上诉人）：赵某新、保险公司

【基本案情】

赵某新所驾车辆在保险公司投保了交强险。张某英系杨某玉之母，马某系杨某玉之妻，杨甲系杨某玉之女，杨乙系杨某玉之子。2015年3月19日，杨某玉驾驶无号牌三轮摩托车由北向南行至北京市丰台区某小区门口便道，杨某玉车前部撞到赵某新停放在此的机动车尾部，造成杨某玉受伤，两车损坏。杨某玉经医院抢救无效于次日死亡。事故经交通管理部门查证：赵某新驾驶机动车违反规定停放车辆，杨某玉未取得机动车驾驶证驾驶未依法登记的机动车，因无法查证事故发生的原因，故未确定事故责任。杨某玉经医院诊断为高血压脑出血，脑疝（小脑幕切迹下疝，左侧），继发脑干损伤，脑内血肿（基底节区，左侧），高血压3级（极高危），吸入性肺炎。2015年8月4日，司法鉴定中心作出《司法鉴定意见书》，载明：由于杨某玉死后未做法医病理学尸体解剖，故其具体死因难以准确判定，仅能根据现有鉴定资料分析推断。故鉴定意见为：杨某玉最终临床死亡原因考虑为高血压脑出血继发脑疝及脑干损伤可能性大；目前不能排除本次事故与杨某玉死亡之间存在因果关系，交通事故参与度拟1%~20%（理论系数值10%）为宜。赵某新支付鉴定费5700元。原告主张关于参与度问题，根据《中华人民共和国侵权责任法》和《中华人民共和国道路交通安全法》，交通事故是有诱因的，自身疾病不是过错，

要求被告赔偿医药费 5633 元、死亡赔偿金 878200 元、丧葬费 38778 元、被扶养人生活费 58116 元、精神损害抚慰金 30000 元、财产损失 2000 元、交通费 1039 元。超出交强险部分赵某新承担 50%赔偿责任。二被告认为杨某玉的死亡与交通事故没有因果关系。杨某玉系高血压脑出血继发脑疝死亡。杨某玉违反法律规定，未取得机动车驾驶证驾驶未经依法登记的机动车上路行驶是导致此次交通事故发生的原因之一。停放车辆未对行人甚至其他车辆通行造成任何障碍，不同意原告的诉讼请求。

【案件焦点】

在交通事故中，因违章停放车辆致人死亡的情况下应当如何认定侵权人的侵权责任。

【法院裁判要旨】

北京市丰台区人民法院经审理认为：赵某新停放的机动车与杨某玉驾驶的无号牌三轮摩托车发生交通事故，造成杨某玉受伤，后经抢救无效于次日死亡。赵某新停放的机动车在保险公司投保了交强险，先由承保交强险的保险公司在责任限额范围内予以赔偿；仍有不足的，依照《中华人民共和国道路交通安全法》和《中华人民共和国侵权责任法》的相关规定由侵权人予以赔偿。机动车之间发生交通事故的，由有过错的一方承担赔偿责任；双方都有过错的，按照各自过错的比例分担责任。本次交通事故中，赵某新违反规定停放车辆，杨某玉未取得机动车驾驶证驾驶未依法登记的机动车，且根据鉴定机构的鉴定意见，杨某玉最终临床死亡原因考虑为高血压脑出血继发脑疝及脑干损伤可能性大；目前不能排除本次事故与杨某玉死亡之间存在因果关系。故法院根据交通事故发生情况，认定双方均有过错，从事故发生原因、杨某玉受伤后死亡的结果及双方过错程度综合予以考虑确定赵某新承担10%的赔偿责任。

北京市丰台区人民法院依照《中华人民共和国民法通则》第一百一十七条、第一百一十九条，《中华人民共和国道路交通安全法》第七十六条之规定，作出如下判决：

一、被告保险公司在交强险责任限额内赔偿原告马某、张某英、杨甲、杨乙医疗费5633元、精神损害抚慰金1万元、死亡赔偿金10万元、财产损失1000元（于本判决生效后十日内履行）；

二、被告赵某新赔偿原告马某、张某英、杨甲、杨乙死亡赔偿金83631.6元、丧葬费3877.8元、交通费100元（于本判决生效后十日内履行）。

赵某新及保险公司持原审起诉意见提起上诉。北京市第二中级人民法院经审理认为：《中华人民共和国道路交通安全法》第七十六条规定："机动车发生交通事故造成人身伤亡、财产损失的，由保险公司在机动车第三者责任强制保险责任限额范围内予以赔偿；不足的部分，按照下列规定承担赔偿责任：（一）机动车之间发生交通事故的，由有过错的一方承担赔偿责任；双方都有过错的，按照各自过错的比例分担责任。（二）机动车与非机动车驾驶人、行人之间发生交通事故，非机动车驾驶人、行人没有过错的，由机动车一方承担赔偿责任；有证据证明非机动车驾驶人、行人有过错的，根据过错程度适当减轻机动车一方的赔偿责任；机动车一方没有过错的，承担不超过百分之十的赔偿责任。交通事故的损失是由非机动车驾驶人、行人故意碰撞机动车造成的，机动车一方不承担赔偿责任。"从以上法律规定可以看出，赔偿的顺序是先由保险公司在交强险范围内赔偿后，再根据责任进行相关赔偿。保险公司关于先分责，再由其在赵某新责任范围内根据交强险限额赔偿的上诉主张，显然无任何法律依据，与以上法律规定相违背，故法院不予支持。关于赵某新应否承担赔偿责任的问题。本次交通事故中，赵某新违反规定停放车辆，存在过错。原审法院认定赵某新违反规定停放车辆与事故的发生具有一定的因果关系，有事实依据。由于不能排除本次事故与杨某玉死亡之间存在因果关系，原审法院根据交通事故发生情况，认定双方均有过错，从事故发生原因、杨某玉受伤后死亡的结果及双方过错程度综合予以考虑确定赵某新承担10%的赔偿责任，并无明显不当。故赵某新的上诉请求无法律和事实依据，法院不予支持。

北京市第二中级人民法院依照《中华人民共和国民事诉讼法》第一百七十条第一款第一项之规定，作出如下判决：

驳回上诉，维持原判。

【法官后语】

随着城市建设的快速发展及机动车数量的增长，车辆违章停放已逐步成为一个社会管理的难题。因违章停放车辆致人死亡的情况下应当如何认定停车人的侵权责任，则成了本案中最重要的争议焦点。

第一种观点认为，停车人不应承担侵权责任。违章停车与受害人死亡的结果不存在因果关系。停放车辆在事故发生时系静止状态，并未上路行驶，亦未给交通安全带来隐患。受害人系事故发生的直接引起者，对车辆有控制权，其驾驶的车辆在运动中撞击静止车辆。发生死亡的结果系因为受害人操控不当所致，停车人没有过错。

第二种观点认为，停车人应当承担侵权责任。根据最高院第24

号指导案例的裁判宗旨，受害人驾驶车辆的过程中虽存在过错，但是若无车辆违章停放此地，受害人则不会存在生命的危险。其车辆停放的位置阻断了受害人行驶的路线。即便受害人存在自身疾病的原因，若无外力引起，也不会危及生命。引起受害人外伤的原因系两车相撞而产生的冲击力，进而引起受害人死亡的结果。

第三种观点认为，本案系因果关系中多因一果的情况，受害人驾驶车辆的行为与违章停放车辆均存在过错，但是双方的过错程度都不足以造成受害人死亡的结果，因此双方各应承担一定的责任，具体比例要根据交通事故发生情况而定。而赔偿方式因交通事故存在保险赔偿，故应分别划分赔偿范围。

笔者支持第三种观点，主要理由如下：

1. 对于交强险赔偿规则的理解

《中华人民共和国民法典》第一千二百一十三条、《中华人民共和国道路交通安全法》第七十六条、《最高人民法院关于审理道路交通事故损害赔偿案件适用法律若干问题的解释》第十三条都对交通事故发生后，侵权人，交强险保险公司、商业三者险保险公司赔偿顺序进行了规定。商业三者险的加入可以使受害人的权益得到更加全面有力的保护。交强险制度由最初的分散转移被保险人的风险、增加其责任财产范围的初衷，演变发展为侧重保障受害人利益救济，其公益性、社会性随着承保损失范围的扩大、受害人权利地位得到强化等变化而日益凸显。学界关于承保交强险的保险公司承担责任的性质一直存在争议。但是在审判实践中应当坚持的理念是一旦发生机动车交通事故，承保交强险的保险公司都将是第一顺序的赔偿义务主体，必须在其承保的责任限额内向权利人首先赔付。

2. 关于最高院第24号指导案例的分析

最高人民法院第24号指导案例的情况是受害人自身本无伤残，但因体质特殊，经过本不足以造成残疾的交通事故外力的影响而产生了残疾的结果。这是一个质变的过程。并且重点在于受害人对于交通事故的发生没有过错。而本案中，事情的起因则是受害人违反规定驾驶机动车，且存在操作不当的行为。

3. 本案的具体分析

本案根据交通管理部门的认定及法院查明的事实，可以确定侵权人与受害人对于事故的发生均存在过错。受害人的死亡虽经司法鉴定但仍无法确定死亡原因，可以确定的是受害人的死亡至少与交通事故的外力及受害人自身体质问题有关。但根据原因力进行判断，侵权人违章停车的行为不足以造成受害人死亡。《中华人民共和国民法典》第一千一百七十三条规定："被侵权人对同一损害的发生或者扩大有过错的，可以减轻侵权人的责任。"被侵权人对于损害的发生也有过错的，让侵权人承担全部赔偿责任，有失公允。本案系交通事故责任纠纷，因此根据其特有的赔偿规则，对于受害人的损失首先应当由交强险保险公司予以赔偿，剩余部分再根据《中华人民共和国侵权责任法》的规定划分双方责任比例，进而确定赔偿数额。故法院裁判结果是正确的。

编写人：北京市丰台区人民法院　李志峰

096 受害人体质状况对损害后果的影响是否属于减轻侵权人责任的情形

——赵某利诉王某、财险公司机动车交通事故责任案

【案件基本信息】

1. 裁判书字号

山东省淄博市中级人民法院（2016）鲁03民终字第2699号民事判决书

2. 案由：机动车交通事故责任纠纷

3. 当事人

原告（上诉人）：赵某利

被告（被上诉人）：王某、财险公司

【基本案情】

2014年12月6日，被告王某驾驶鲁C3××××号小型轿车顺临淄区牛山路由东向西行驶至齐国商城南门路段，因驾车观察情况不够，将由北向南步行过公路的原告赵某利撞倒，致使赵某利受伤，车辆受损，造成交通事故。经交警认定王某承担本次事故的全部责任，赵某利不承担事故责任。事故发生后，赵某利在医院住院治疗4次，共计67天，花费医疗费84684.18元。赵某利经鉴定为四级伤残，建议外伤参与程度45%~55%；出院后护理期限至定残前一日；后续治疗费9000元。鲁C3××××号小型轿车在财险公司投保交强险一份、30万元商业三者险一份，并投保不计免赔，交通事故发生在保险期限内。事故发生后，王某向赵某利垫

付医疗费21000元，财险公司向赵某利垫付医疗费10000元。赵某利起诉要求赔偿各项经济损失共计280960.06元。

【案件焦点】

在受害人没有过错的情况下，其体质状况对损害后果的影响是否属于可以减轻侵权人责任的情形。

【法院裁判要旨】

山东省淄博市临淄区人民法院经审理认为：本案事故经交警部门认定，王某承担事故的全部责任，赵某利不承担事故责任，该认定事实清楚、责任划分明确，予以确认。结合本案案情，赵某利外伤参与程度以55%为宜。鲁C3××××号小型轿车在财险公司投保交强险一份、30万元商业三者险一份，并投保不计免赔，故对赵某利的经济损失应由财险公司在机动车交强险责任分项限额范围内先予赔偿，超出交强险的部分，由财险公司根据保险合同在商业三者险范围内按照55%的比例予以赔偿，仍有不足的，由王某按照55%的比例予以赔偿。王某向赵某利垫付医疗费21000元，财险公司向赵某利垫付医疗费10000元，应分别从其赔偿总额中予以扣除。该交通事故给赵某利造成的经济损失经核实为：医疗费84684.18元、住院伙食补助费2010元、护理费33040.38元、交通费670元、清障费200元、鉴定费4000元、后续治疗费9000元、残疾赔偿金132489元、精神损害抚慰金14000元。据此，一审判决如下：

一、财险公司在机动车强制保险分项限额范围内赔偿赵某利医疗费10000元、残疾赔偿金96000元、精神损害抚慰金14000元，以上共计120000元，扣除已垫付的10000元，余款110000元，于本判决生效后十日内付清；

二、财险公司在第三者责任商业保险范围内赔偿赵某利医疗费74684.18元、住院伙食补助费2010元、护理费33040.38元、交通费670元、后续治疗费9000元、残疾赔偿金36489元，以上共计155893.56元的55%，计款85741.45元，于本判决生效后十日内付清；

三、王某赔偿赵某利清障费200元、鉴定费4000元，以上共计4200元的55%，计款2310元，从王某为赵某利垫支的21000元中予以扣除；

四、驳回赵某利的其他诉讼请求。

赵某利不服一审判决提起上诉。

山东省淄博市中级人民法院经审理认为：交通事故在计算赔偿金是否应当扣减时应当根据受害人对损失的发生或扩大是否存在过错进行分析。虽然赵某利的个人身体状况对损害后果的发生具有一定的影响，但这不是《中华人民共和国侵权责任法》等法律规定的过错，赵某利不应因个人体质状况对交通事故导致的伤残存在一定影响而自负相应责任。同时，根据相关规定，机动车发生交通事故造成人身伤亡、财产损失的，由保险公司在交强险和商业三者险限额范围内予以赔偿。而我国交强险立法并未规定在确定交强险责任时应依据受害人体质状况对损害后果的影响作相应扣减，保险公司的免责事由也仅限于受害人故意造成交通事故的情形。在商业三者险合同中亦未有因受害人身体状况而应减轻赔偿责任的约定。故对于受害人的损失，只要符合法律规定的赔偿项目和标准，均应由保险公司和侵权人予以赔偿。一审判决以伤残等级鉴定意见中赵某利外伤参与程度45%～55%为由在计算各项费用时均作相应扣减，属法律适用错误，依法应予纠正。据此，二审判决如下：

一、维持一审判决第一项、第四项；

二、变更一审判决第二项为：财险公司在第三者责任商业保险范围内赔偿赵某利医疗费 74684.18 元、营养费 6000 元、住院伙食补助费 2010 元、护理费 33040.38 元、交通费 670 元、后续治疗费 9000 元、残疾赔偿金 36489 元，以上共计 161893.56 元，于本判决生效后十日内付清；

三、变更一审判决第三项为：王某赔偿赵某利清障费 200 元、鉴定费 4000 元，以上共计 4200 元，从王某为赵某利垫支的 21000 元中予以扣除。

【法官后语】

本案涉及的主要问题在于，交通事故的受害人没有过错，其体质状况对损害后果的影响是否属于可以减轻侵权人责任的情形。

从交通事故受害人发生损伤及造成损害后果的因果关系来看，首先，本次交通事故的引发系王某驾驶机动车穿越人行横道线时，未尽到安全注意义务碰擦行人赵某利所致。因为机动车驾驶员应当遵守文明行车、礼让行人的一般交通规则和社会公德，本案交通事故发生时，正常行走的赵某利对将被机动车碰撞这一事件无法预见，而王某驾驶机动车在路经人行横道线时未依法减速慢行、避让行人，导致事故发生。在事故发生后，就损害后果而言，本次交通事故造成的损害后果系受害人赵某利被机动车碰撞后跌倒所致，事故责任认定赵某利对本起事故不负责任，其对事故的发生及损害后果的造成均无过错。虽然赵某利年事已高，但其年老仅是一客观因素，该因素与发生事故并造成损害后果并无法律上的因果关系。因此，受害人赵某利对于损害的发生或者扩大没有过错，不存在减轻或者免除加害人赔偿责任的法定情形，故依法应当由机动车一方承担事故引发的全部赔偿责任。

而就交通事故中的减轻侵权人责任问题而言，《中华人民共和国侵权责任法》第二十六条①规定，被侵权人对损害的发生也有过错的，可以减轻侵权人的责任。《中华人民共和国道路交通安全法》第七十六条第一款第二项规定，机动车与非机动车驾驶人、行人之间发生交通事故，非机动车驾驶人、行人没有过错的，由机动车一方承担赔偿责任；有证据证明非机动车驾驶人、行人有过错的，根据过错程度适当减轻机动车一方的赔偿责任。因此，交通事故赔偿案件中在认定赔偿是否应当减轻时应当根据受害人对损失的发生或扩大是否存在过错进行分析。像本案中这样的情形，虽然赵某利的个人身体状况对损害后果的发生具有一定的影响，但这显然不是《中华人民共和国侵权责任法》等法律规定的过错，赵某利不应因个人体质状况对交通事故导致的伤残存在一定影响而自负相应责任。同时，根据道路交通安全法和司法解释的相关规定，机动车发生交通事故造成人身伤亡、财产损失的，由保险公司在交强险和商业三者险限额范围内予以赔偿。而我国对于交强险的立法中并没有规定在确定交强险赔偿责任时应依据受害人体质状况对损害后果的影响作相应扣减，保险公司的免责事由也仅限于受害人故意造成交通事故的情形，即便是投保机动车无责，保险公司也应在交强险无责限额内进行赔偿；另外，在商业三者险合同中亦未有因受害人身体状况而应减轻赔偿责任的约定。故对于交通事故中受害人的损失，只要符合法律规定的赔偿项目和标准，均应由保险公司和侵权人依法予

① 该条规定现为《中华人民共和国民法典》第一千一百七十三条：“被侵权人对同一损害的发生或者扩大有过错的，可以减轻侵权人的责任。”

以赔偿。本案中保险公司所主张的参照“损伤参与度”来确定损害赔偿责任没有法律依据，依法不应予以支持。本案二审对此依法改判无疑是正确的。

编写人：山东省淄博市中级人民法院　荣明潇　胡晓梅

山东省淄博市临淄区人民法院　刘海红

097　未接触也能导致交通事故

——孙某超诉卢某、保险公司机动车交通事故责任案

【案件基本信息】

1. 裁判书字号

陕西省西安市铁路运输中级人民法院（2016）陕71民终字第24号民事判决书

2. 案由：机动车交通事故责任纠纷

3. 当事人

原告（被上诉人）：孙某超

被告（上诉人）：保险公司

被告：卢某

【基本案情】

2015年11月21日，卢某驾驶陕A9××××号小型客车沿西安市高新路非机动车道由北向南行驶至某银行门口附近右转时，逢孙某超驾驶陕A7××××号电动自行车沿高新路非机动车道同向行驶至此倒地，孙某超受伤。2016年1月6日西安市公安局交通警察支队高新大队以道路交通事故证明书，认定双方人员、车辆均未接

触，双方当事人均无明显过错，此事故成因无法查清。法院调取的交警部门制作的笔录载明孙某超自述事故发生时其骑电动自行车的车速为40km/h。事发后次日，孙某超在医院门诊治疗，自2015年11月30日至2015年12月6日在医院住院治疗，住院6天，其伤情经诊断为右肱骨大结节骨折，共花费医疗费30609.26元。出院医嘱为继续门诊治疗，循序渐进患肢功能康复训练，禁止患肢持重及剧烈活动。另查明，陕A9××××号车在保险公司投保有交强险及限额为300000元的商业第三者责任保险（含不计免赔），事故发生在保险期限内。

【案件焦点】

在许多交通事故中，因侵权人与受害人未接触，赔偿义务人是否可以此为借口否认系交通事故。

【法院裁判要旨】

陕西省西安市铁路运输法院经审理认为：公民的健康权应受法律保护。被告卢某驾驶轿车在非机动车道右转时观察不周与原告孙某超骑电动自行车车速过快且未保持安全车距共同导致了本起交通事故的发生。卢某违反了《中华人民共和国道路交通安全法》第二十二条第一款“机动车驾驶人应当遵守道路交通安全法律、法规的规定，按照操作规范安全驾驶、文明驾驶”之规定，应负事故的次要责任，孙某超违反了《中华人民共和国道路交通安全法》第五十八条“残疾人机动轮椅车、电动自行车在非机动车道内行驶时，最高时速不超过十五公里”之规定，应负事故的主要责任。因卢某驾驶的车辆在保险公司投保有交强险，故应先在交强险限额内赔偿原告的各项损失，不足部分，由孙某超、卢某分别按照60%、40%的比例承担。因卢某驾驶的车辆在保险公司投保有商业第三者责任保险，卢某承担的部分应由保险公司赔偿孙某超，仍有不足，由卢某赔偿孙某超。法院确定孙某超各项损失如下：1. 医疗费，经核实原告共花费医疗费 30609. 26 元，法院对原告请求 30550. 26 元予以确认；2. 住院伙食补助费，按 30 元/天，住院 6 天计算为 180 元，原告请求 300 元，法院对超出部分不予支持；3. 营养费，参考其伤情，法院酌定营养期限为 90 天，按 20 元/天计算为 1800 元，原告请求 2000 元，法院对超出部分不予支持；4. 护理费，参考原告伤情，其请求护理费 5400 元并无不当，法院予以确认；5. 误工费，参考其伤情，酌定误工期限为 180 天，其提供的证据不能证明实际收入状况，法院酌定按 2014 年陕西省城镇私营单位就业人员年平均工资 30483 元计算为 15032. 7 元，原告请求 22200 元，法院对超出部分不予支持；6. 交通费，参考原告伤情及治疗情况，法院酌定为 300 元，原告请求 500 元，法院对超出部分不予支持。以上费用中医疗费、住院伙食补助费、营养费共计 32530. 26 元，由保险公司在交强险医疗费用限额项下承担 10000 元，超出部分 22530. 26 元，由孙某超承担 60%即 13518. 16 元，由保险公司在商业第三者责任保险限额内承担 40%即 9012. 1 元；护理费、误工费、交通费共计 20732. 7 元，由保险公司在交强险死亡伤残限额项下承担。

陕西省西安市铁路运输法院依照《中华人民共和国侵权责任法》第十六条，《中华人民共和国道路交通安全法》第七十六条第一款第二项，《中华人民共和国民事诉讼法》第六十四条第一款，《最高人民法院关于审理人身损害赔偿案件适用法律若干问题的解释》第十七条第一款、第十九条、第二十条、第二十一条第一款和第二款及第三款、第二十二条、第二十三条第一款、第二十四条之规定，判决如下：

一、被告保险公司于本判决生效之日起十日内在机动车交通事故责任强制保险限额内赔偿原告孙某超医疗费、住院伙食补助费、营养费、误工费、护理费、交通费共计 30732.7 元；

二、被告保险公司于本判决生效之日起十日内在商业第三者责任保险限额内赔偿原告孙某超医疗费、住院伙食补助费、营养费共计 9012.1 元；

三、驳回原告孙某超的其他诉讼请求。

一审判决后，保险公司不服，上诉至陕西省西安市铁路运输中级人民法院，其公司坚持认为孙某超的受伤是其不谨慎驾驶所致，不属于交通事故，其公司不应承担赔偿责任。

陕西省西安市铁路运输中级人民法院经审理认为：根据《中华人民共和国道路交通安全法》第一百一十九条的规定，交通事故是指车辆在道路上因过错或者意外造成的人身伤亡或者财产损失的事件。法律对交通事故的定义并不以交通工具发生接触作为交通事故成立的条件，上诉人称卢某驾驶的轿车与孙某超的电动自行车并未接触，故孙某超倒地原因不明，只能定性为意外事件，因而不是交通事故的理解并不正确。《中华人民共和国道路交通安全法》第三十六条规定，根据道路条件和通行需要，道路划分为机动车道、非机动车道和人行道的，机动车、非机动车、行人实行分道通行。没有划分机动车道、非机动车道和人行道的，机动车在道路中间通行，非机动车和行人在道路两侧通行。又根据《陕西省实施〈中华人民共和国道路交通安全法〉办法》第四十六条第二款的规定："机动车进入非机动车道、人行道，应当减速慢行，注意避让非机动车和行人。"原审被告卢某驾驶机动车在非机动车道行驶时对周围环境危险性较大，但其未尽注意义务，在机动车右转时没有发现驾驶电动自行车正在超速行驶的孙某超欲从其右侧通过，未及时避让，孙某超倒地受伤，孙某超超速行驶负主要责任，卢某在非机动车道上行驶未避让非机动车负次要责任。且卢某的陈述也证明，其通过机动车道右拐欲寻找停车处时并未发现孙某超，可见其观察不周，更未及时避让，所以上诉人认为卢某无责的意见不符合实际，没有证据和法律支持。原审认定主次责任并无不当，且责任比例划分正确。上诉人对原审认定的除营养费、误工费外其他赔偿项目的数额均认可，关于营养费和误工费上诉人提出一审计算天数过长，但未提供其计算依据，故法院对一审认定数额予以认同。综上，原审判决认定事实清楚，适用法律正确，程序合法。

陕西省西安市铁路运输中级人民法院依照《中华人民共和国民事诉讼法》第一百七十条第一款第一项、第一百七十五条之规定，判决如下：

驳回上诉，维持原判。

【法官后语】

本案的焦点是孙某超未与卢某接触而造成的伤害是否属于交通事故。

一种观点认为，交通事故证明书载明“双方人员、车辆均未接触，双方当事人均无明显过错，此事故成因无法查清”，既然确定双方当事人无过错，双方均为无责任，可见孙某超倒地受伤系其自身造成的，与卢某没有直接的关联性，因此本案不属于交通事故。

另一种观点则认为，此起事故发生在道路上，卢某倒地受伤属于交通事故，应按侵权责任的构成要件来分析，而不是仅凭双方是否接触。

笔者同意第二种观点，理由如下：

根据《中华人民共和国道路交通安全法》第一百一十九条第五项的规定，“交通事故”，是指车辆在道路上因过错或者意外造成的人身伤亡或者财产损失的事件。结合侵权责任的构成要件可知是否构成交通事故需满足四个条件：1. 该交通事故发生道路上，根据前述法条第一项的规定，“道路”，是指公路、城市道路和虽在单位管辖范围但允许社会机动车通行的地方，包括广场、公共停车场等用于公众通行的场所；2. 必须是车辆，根据前述法条第二项的规定，“车辆”，是指机动车和非机动车；3. 因过错或者意外造成；4. 需有人身伤亡或者财产损失。

从本案的实际情况来看，道路为高新路非机动车道，卢某驾驶的系机动车，孙某超驾驶的系非机动车，此事故造成了孙某超人身伤害。卢某驾驶机动车在非机动车道行驶时对周围环境危险性较大，其应负有比一般人更大的谨慎注意义务，然而他在驾驶机动车右转时没有发现驾驶电动自行车正在超速行驶的孙某超欲从其右侧通过，未能及时避让，致使孙某超倒地受伤。根据《中华人民共和国道路交通安全法》第五十八条的规定，残疾人机动轮椅车、电动自行车在非机动车道内行驶时，最高时速不得超过15公里。而事发时孙某超驾驶非机动车的行驶速度达40km/h，严重超速行驶，且未与前车保持合理车距。由此可见，卢某、孙某超的行为与孙某超的受伤具有因果关系，并非孙某超自行摔伤的，正是由于两人的过错，共同导致了本起交通事故。综合本案来看，孙某超超速驾驶非机动车及未与前车保持合理车距，是造成本起交通事故的主要原因，而卢某未能做到安全驾驶、文明驾驶是造成本次交通事故的次要因素。故孙某超违反了《中华人民共和国道路交通安全法》第五十八条“残疾人机动轮椅车、电动自行车在非机动车道内行驶时，最高时速不超过十五公里”之规定，应负事故的主要责任，卢某违反了《中华人民共和国道路交通安全法》第二十二条第一款“机动车驾驶人应当遵守道路交通安全法律、法规的规定，按照操作规范安全驾驶、文明驾驶”之规定，应负事故的次要责任。

如何认定一起交通事故，法律从未规定是否以接触作为构成要件。交通事故作为一种特殊侵权，对它的认定亦应按侵权责任的构成要件来分析，即行为、损害后果、因果关系及过错。只要行为人的行为具有过错，且与损害后果具有因果关系，无论双方接触与否，均可认定为交通事故。

编写人：陕西省西安市铁路运输法院　王敬锋

098　终止妊娠与交通事故的因果关系及赔偿金额的认定

——王某诉宋某龙、保险公司机动车交通事故责任案

【案件基本信息】

1. 裁判书字号

北京市第一中级人民法院（2016）京01民终字第6018号民事判决书

2. 案由：机动车交通事故责任纠纷

3. 当事人

原告（上诉人）：王某

被告（被上诉人）：宋某龙

被告（上诉人）：保险公司

【基本案情】

2015年9月28日18时50分许，在北京市海淀区圆明园西路某银行门前，王某乘坐姚某强驾驶的二轮电动车由南向北行驶，宋某龙驾驶的京PK××××号小客车由南向东行驶，宋某龙所驾车辆右前侧与姚某强车辆左侧剐蹭，造成两车受损，王某受伤。事故经公安机关交通管理部门认定宋某龙负全部责任。宋某龙所驾车辆在保险公司投保了交强险及责任限额为50万元的商业三者险（不计免赔），此次事故发生在保险期限内。

当日王某到解放军医院就诊，后王某陆续在解放军医院医院就诊，该院2015年10月4日的诊断证明记载：1. 不全流产，2. 无痛清宫术。该院2015年10月5日的诊断证明记载：停经71天，宫颈处异常回声（不完全流产？异位妊娠待排？），10月5日清宫手术，建议休息2周。

王某向法院提交的门急诊病历手册中记载王某于2015年9月27日到解放军医院医院就诊，就诊记录中记载有：王某要求流产，处理：一周后复查。

【案件焦点】

1. 终止妊娠与交通事故之间的因果关系应如何认定；2. 对交通事故导致终止妊娠的精神损害抚慰金的数额应如何认定。

【法院裁判要旨】

北京市海淀区人民法院经审理认为：本案中的交通事故经公安

机关交通管理部门认定宋某龙负全部责任，宋某龙所驾车辆在保险公司投保了交强险，此次事故发生在保险期限内，故保险公司应在其承保的交强险责任限额范围内先行承担赔偿责任。因王某的诉讼请求未超出交强险责任限额范围，故本案不涉及宋某龙的赔偿问题。

本案的争议焦点在于王某主张的赔偿项目及赔偿金额是否合理。首先，涉案交通事故事实清楚，责任明确，王某提交的证据足以证实其于事发前已经怀孕，系此次交通事故导致其流产。其次，保险公司虽抗辩称事发时王某未婚，而且事发前的病历本记载王某主动要求流产，流产是王某的意向，即使不发生交通事故，也可能流产，但王某的未婚状况并不是免除本案中赔偿责任的正当理由，至于病历手册中记载事发前一天王某要求流产一节，经法庭询问，王某已就此作出解释，法院认为王某的解释符合一名未婚孕妇所可能具有的正常心理状态，应属合理解释，本案中保险公司亦未举证证明王某在事故后的流产系其主观意愿选择所致，故在王某已就事发前一天要求流产一节作出合理解释的情形下，保险公司的该抗辩理由不能阻断本案中的侵权行为与王某所遭受的损害后果之间的因果关系，对保险公司的该抗辩意见，法院不予采纳。对各项损失的具体金额法院根据实际情况酌情认定。经核实，王某的损失为：营养费 1500 元，护理费 5000 元，误工费 10000 元，交通费 200 元，精神损害抚慰金 10000 元。

北京市海淀区人民法院依照《中华人民共和国侵权责任法》第十六条、第二十二条、第四十八条，《中华人民共和国道路交通安全法》第七十六条之规定，判决如下：

一、保险公司于本判决生效后七日内赔偿王某营养费 1500 元，护理费、误工费、交通费、精神损害抚慰金 25200 元，以上共计 26700 元；

二、驳回王某的其他诉讼请求。

宣判后，王某及保险公司均提起上诉。王某上诉认为一审支持的精神损害抚慰金过低；保险公司上诉认为王某的流产与涉案交通事故无关。北京市第一中级人民法院经审理认为：本案争议的焦点在于王某的流产是否与本次交通事故存在因果关系，进而决定王某的误工费、护理费和精神损害抚慰金是否应当由保险公司赔偿，一审法院判决的精神损害抚慰金及营养费是否合理。根据法院查明的事实，9月28日发生交通事故，王某于10月4日发生流产，其间未有证据显示尚存在其他因素导致王某流产，故法院可以认定王某的流产与本次交通事故之间存在因果关系，至于王某本人在事故发生前是否有保留胎儿的意愿，并不能切断交通事故与流产之间的因果关系，王某的相关检查亦不能确认其胎儿必不能保留，故对保险公司上诉认为不应承担王某流产产生的相关损害的上诉请求，法院不予支持。就王某产生的误工费和护理费，考虑到王某及护理人员所从事职业的特点及王某休假的事实，一审法院对其误工费和护理费进行酌定，并无不当，对保险公司上诉不认可一审法院判决的误工费和护理费的请求，法院不予支持。针对王某的上诉请求，法院认为，法院已经充分注意到流产对女性的人身和精神方面的伤害，一审法院在正确认定事实的基础上，对精神损害抚慰金进行酌定，并无不当，法院予以维持。对营养费，亦是法院根据查明的事实，予以酌定，并无不当，对王某要求提高精神损害抚慰金和营养费数额的上诉请求，法院不予支持。

北京市第一中级人民法院依照《中华人民共和国民事诉讼法》第一百七十条第一款第一项之规定，判决如下：

驳回上诉，维持原判。

【法官后语】

该案例主要涉及两个问题：一是终止妊娠与交通事故之间的因果关系应如何认定。二是实践中对交通事故导致终止妊娠的精神损害抚慰金的数额应如何认定。

流产不同于一般的事故外伤，导致流产的因素往往更加多样化，除了交通事故碰撞直接造成的外伤性流产，治疗事故外伤的用药、常规检查的X光照射、因发生交通事故产生的惊吓、精神刺激等都有可能引发流产，故在认定流产与交通事故的因果关系时，应当适度从宽，结合当事人怀孕的阶段、孕期的相关检查情况以及事故发生的具体情况等因素综合认定。本案中，原告王某在事发时怀孕10周左右，尚处于孕期的不稳定期，应当说，从当事人的孕期、医院的相关诊断以及事故撞击后的反应等因素分析，王某的流产与交通事故之间的因果关系较为明确。本案的特殊之处在于王某作为未婚妇女，在事故发生前曾向医院表达过要求流产的意愿，这一情节能否阻断交通事故与流产之间的因果关系。法院认为，王某已向法庭作出了符合常理的解释，保险公司未进一步举证证明王某在事故后的流产系其主观意愿选择所致，故保险公司的该抗辩理由不能阻断涉案交通事故与王某流产之间的因果关系。

实践中，因交通事故造成流产的案例并不罕见，但是对于精神损害抚慰金的数额如何认定尚有不同意见。一种观点认为流产造成了胎儿的消逝，相当于交通事故造成一个新生生命死亡的损害后果，故精神损害抚慰金应当比照死亡事故的金额予以认定，可以确定为5万元或4万元。另一种观点认为应当根据案件实际情况认定精神损害抚慰金的数额，因为不同情况的流产对当事人造成的精神伤害确有不同，不能一概而论。笔者同意第二种观点，因为实践中确遇到过相差较大的不同流产情形，如二十五六岁孕八周的流产与四十岁第一胎孕三十周的流产（有可能导致终身无法生育），无论是从流产对妇女造成的身体伤害，还是从情感层面、精神层面造成的伤害而言，这两种情况显然有着不同量级损害程度，应当在精神损害抚慰金数额的认定上进行适当的区分。笔者认为，在认定精神损害抚慰金的数额时，应当综合考虑当事人的孕期、年龄以及是否对生育权造成重大影响等因素，参照交通事故死亡、伤残案件的精神损害抚慰金实践标准予以认定。需要指出的是，流产毕竟不同于一般的事故外伤，因为怀孕往往蕴含着丰富的情感因素，故不能仅从身体的受伤害程度来考量精神损害抚慰金的数额，而应当在一般事故外伤的基础上适当上浮，体现出一定的人文关怀。本案中，根据原告王某的实际情况，在本市交通事故死亡案件5万元精神损害抚慰金的一般标准下，将王某的精神损害抚慰金酌定为1万元。

编写人：北京市海淀区人民法院　游晓飞

099 机动车违法停车造成交通事故的责任承担

——彭某凤、彭某军诉束某军等机动车交通事故责任案

【案件基本信息】

1. 裁判书字号

江苏省无锡市中级人民法院（2015）锡民终字第1263号民事判决书

2. 案由：机动车交通事故责任纠纷

3. 当事人

原告（被上诉人）：彭某凤、彭某军

被告（上诉人）：甲保险公司、乙保险公司

被告（被上诉人）：束某军、陆某国、徐某均、束某浩、丙保险公司

【基本案情】

彭某凤系彭某祥的妻子，彭某军系彭某祥的儿子。2014年9月14日18时25分许，彭某祥驾驶电动三轮车沿江阴市兴隆路由东向西行驶通过璜土镇石庄西某村道交叉路口时，车辆右前侧撞到站在机动车道内与他人正在聊天的行人束某浩，造成彭某祥、束某浩倒地受伤，彭某祥经送中医院抢救无效于次日死亡。

事故现场位于江阴市兴隆路与璜土镇石庄西某村道交叉路口，兴隆路为分车分向式道路，呈东、西走向，同方向有两条机动车道一条非机动车道，道路两侧有人行道板，宽度分别是3.7米、3.7米、3.5米、3.5米，东往临港新城方向，西往璜土镇区方向，在兴隆路的南侧为南、北走向的西某村道，北侧为农田，农田间有耕道，在路口北侧的非机动车道内自东向西分别停放着苏BH××××小型越野车、苏BH×××P小型轿车、苏BDR×××小型轿车，事发路口为沥青路面，路面干燥，视线良好，路口没有交通信号灯控制车辆通行。

江阴市公安局交警大队对事故的形成原因分析如下：彭某祥骑行安装动力装置的电动三轮车通过没有交通信号灯控制也没有交通警察指挥的交叉路口时，未确保安全，违反了《中华人民共和国道路交通安全法》第五十七条、第七十二条第九项，《江苏省

道路交通安全条例》第十六条第二款之规定；苏BH××××小型越野车、苏BH×××P小型轿车、苏BDR×××小型轿车的驾驶人在禁止停车的地段停放车辆，违反了《江苏省道路交通安全条例》第四十三条第一款第一项之规定。江阴市公安局交警大队因无法查清事发时行人束某浩站在道路上的具体位置，未对事故责任作出认定。

江阴市公安局交警大队调取了本次交通事故事发地东侧约400米的治安探头拍摄的视频，视频显示，在本次交通事故事发前不久，在事发地东面有一辆三轮车在机动车道内由东向西行驶。

2014年10月17日，无锡市公安局交巡警支队江阴大队对涉案电动三轮车进行查验，并出具道路交通事故车辆检验意见书，查验结果：该车属非机动车，系电动三轮车。

苏BH××××车辆的登记所有人为束某军，该车在甲保险公司投保了交强险和商业三者险50万元，并投保了不计免赔率特约险种，本次事故发生在保险期限内。苏BH×××P车辆的登记所有人为陆某国，该车在丙保险公司投保了交强险，本次事故发生在保险期限内。苏BDR×××车辆的登记所有人为徐某均，该车在乙保险公司投保了交强险和商业三者险50万元，并投保了不计免赔率特约险种，本次事故发生在保险期限内。

【案件焦点】

违法停车的三车车主束某军、陆某国、徐某均是否应对彭某祥的死亡承担赔偿责任。

【法院裁判要旨】

江苏省江阴市人民法院经审理认为：根据视频、现场图、照片及笔录等证据综合分析，认定彭某祥事故发生前在机动车道内行驶。

彭某祥驾驶电动三轮车在机动车道内行驶通过没有交通信号灯控制也没有交通警察指挥的交叉路口时，未确保安全，对本次事故发生存在过错；行人束某浩未按交通法规在人行道上行走，而站立在车道内聊天，对本次事故发生亦有一定的过错；苏 BH××××车辆的驾驶人束某军、苏 BH×××P 车辆的驾驶人陆某国、苏 BDR×××车辆的驾驶人徐某均在禁止停车的地段停放车辆，占用了非机动车道，不仅使彭某祥在事发地段只能在机动车道内行驶，亦不利于彭某祥发生事故后的避让，对本次事故发生均有一定的过错。故法院确定彭某凤、彭某军因彭某祥交通事故死亡造成的损失由束某浩承担 10%的赔偿责任，由束某军、陆某国、徐某均分别承担 10%的赔偿责任。

彭某凤、彭某军因彭某祥交通事故死亡造成的损失为：死亡赔偿金 650760 元、丧葬费 25639. 50 元、精神损害抚慰金 21000 元，合计 697399. 50 元。

据此，江苏省江阴市人民法院依照《中华人民共和国侵权责任法》第十六条、第二十二条、第二十六条，《中华人民共和国道路交通安全法》第七十六条第一款第二项，《中华人民共和国保险法》第六十五条第一款、第二款，《最高人民法院关于审理人身损害赔偿案件适用法律若干问题的解释》第十七条第三款、第二十七条、第二十九条，《最高人民法院关于确定民事侵权精神损害赔偿责任若干问题的解释》第十条，《最高人民法院关于审理道路交通事故损害赔偿案件适用法律若干问题的解释》第十六条之规定，判决如下：

一、彭某凤、彭某军因彭某祥交通事故死亡造成的损失 697399. 50 元，由甲保险公司在机动车交强险限额范围内赔偿 110000 元（含精神损害抚慰金 7000 元)、在商业第三者责任险限额范围内赔偿 36739.95 元，合计赔偿 146939.95 元；由丙保险公司在机动车交强险限额范围内赔偿 110000 元（含精神损害抚慰金 7000 元）；由乙保险公司在机动车交强险限额范围内赔偿 110000 元（含精神损害抚慰金 7000 元)、在商业第三者责任险限额范围内赔偿 36739.95 元，合计赔偿 146939.95 元；由陆某国赔偿 36739.95 元；由柬某浩赔偿 36739.95 元；其余损失由彭某凤、彭某军自行负担。上述款项均于本判决发生法律效力之日起十日内付清；

二、驳回彭某凤、彭某军的其他诉讼请求。

甲保险公司、乙保险公司均不服原审判决，提起上诉。江苏省无锡市中级人民法院经审理认为：原审判决认定事实清楚，适用法律正确，审判程序合法，依法应予维持。据此，依照《中华人民共和国民事诉讼法》第一百七十条第一款第一项之规定，判决如下：

驳回上诉，维持原判。

【法官后语】

《中华人民共和国道路交通安全法》第一百一十九条第五项规定，交通事故是指车辆在道路上因过错或者意外造成的人身伤亡或者财产损失的事件。考察法条，可以分析得知，交通事故的发生，并不以事故责任各方存在直接接触为必要条件，也不以车辆是否正在行驶为必要条件，只要车辆对交通事故的发生存在过错，车辆驾驶人就可能对其造成的损害承担相应的赔偿责任。因此，机动车在道路上违法停车不仅违反行政管理法律法规，需要承担相应的行政责任，还可能因违法停车导致发生交通事故，从而需要承担相应的民事赔偿责任。

违法停车的机动车与发生交通事故的非机动车（行人）在未发生直接碰撞的情况下，是否应当承担损害赔偿责任，需要根据事故发生时的具体情形确定。应综合考虑以下因素：一是违法停车的车辆是否占用了发生交通事故的车辆应当通行的道路，是否具有过错。机动车应当停在交警部门划定的停车泊位内，如果违反规定停在没有设置停车泊位的非机动车道内，占用了非机动车通行的道路，显然具有过错；二是非机动车发生交通事故的位置和距离机动车违法停车地点的远近。如果交通事故发生的位置距离违法停车地点很近且在违法停车地点的正左侧（右侧）的机动车道内，可以推定非机动车因机动车违法占用非机动车道而不得不选择在机动车道内行驶，这是一般社会公众在遇到这种情况下作出的通常选择，也是法官根据日常生活经验推定的事实。如果机动车停在非机动车道内，导致非机动车在经过违法停车的路段时选择走机动车道，且在靠近违法停车的地点发生交通事故，则可推定违法停车的机动车与事故的发生具有因果关系，违法停车的车主应当对事故的损害后果承担相应的过错责任。

本案中，束某军、陆某国、徐某均三人将机动车违法停放在非机动车道上，占用了非机动车道，显然存在过错，导致彭某祥在事发地段只能选择在机动车道内行驶，也不利于彭某祥发生事故后的避让。佐以交警部门道路交通事故证明对事故形成的原因分析，法院认定束某军三人的违停行为与彭某祥发生事故客观上存在相当的因果关系，属于侵权行为，故应当对彭某祥的死亡承担相应的损害赔偿责任。因此，判决束某军、陆某国、徐某均三人分别对事故的损害后果承担10%的赔偿责任。

编写人：江苏省江阴市人民法院　钱宇穗　廖宏娟

100 当事人的过错行为在侵权损害赔偿案件中是否应自行承担一定比例的责任

——邵某淑等诉周明某、保险公司机动车交通事故责任案

【案件基本信息】

1. 裁判书字号

云南省文山壮族苗族自治州中级人民法院（2015）文中民三终字第 8 号民事判决书

2. 案由：机动车交通事故责任纠纷

3. 当事人

原告（被上诉人）：邵某淑、周林某、周文某、周某情

被告（上诉人）：周明某

被告：保险公司

【基本案情】

2013 年 6 月 27 日 15 时 30 分许，周明某驾驶云 HB××××普通两轮摩托车行至某村门前路段时，与横过道路的行人周某兵相撞肇事，造成周某兵受伤的交通事故。文山市公安局交通警察大队对事故作出《道路交通事故认定书》，认定：周明某负全部责任，周某兵不负责任。周某兵受伤后，于当天被送到医院住院治疗，因病情未好转，在医院建议下，于 2013 年 7 月 1 日转至人民医院住院治疗至 2013 年 7 月 26 日，因病情危重，医院建议转至 ICU 继续治疗，五原告拒绝并于当日 15 时为周某兵办理出院手续，周某兵在出院回家后，于 2013 年 7 月 26 日 20 时在家中死亡。周某兵

住院治疗期间被诊断为：1. Ⅱ型呼吸衰竭；2. 重症肺炎；3. 高血压3级，极高危组；4. 右髋臼骨折；5. 骨盆骨折；6. 循环衰竭；7. 电解质紊乱；8. 肺挫伤；9. 呼吸性酸中毒并代谢性碱中毒。周某兵住院治疗30天，花费医疗费60596.53元，周明某垫付16816.62元，五原告由新型农村合作医疗报销19134.39元。另查明，云HB××××普通两轮摩托车车辆登记所有人为王某忠，该车于2011年1月12日已出售给周明某。云HB××××普通两轮摩托车在原审被告保险公司投有机动车交通事故第三者责任强制保险，事故发生时保险尚在有效期内。邵某淑系死者周某兵的妻子，邵某淑与周某兵共育有周林某、周明某、周文某、周某情四个子女。另查明，周某兵户口为农村居民。其从2010年7月至2013年7月一直随其子周明某居住生活。

【案件焦点】

周明某对周某兵的死亡是否应当承担赔偿责任，周某兵的死亡赔偿金应当按照城镇居民标准计算还是按照农村居民标准计算。

【法院裁判要旨】

云南省文山壮族苗族自治州文山市人民法院经审理认为：周某兵发生交通事故后被送往医院治疗，在病情危重的情况下，家属放弃治疗，在接回家后死亡，虽原告拒绝对周某兵进行尸检，无法确认死亡原因，但周某兵自身患有高血压3级、极高危组，重症肺炎等陈旧性疾病，本次交通事故造成周某兵右髋臼骨折、骨盆骨折、肺挫伤而诱发Ⅱ型呼吸衰竭、循环衰竭、电解质紊乱、呼吸性酸中毒并代谢性碱中毒致其死亡，有其自身病情原因，也有事故诱发因素，结合原因力大小，法院确认被告周明某承担80%的民事责任，五原告承担20%的民事责任。五原告及被告周明某、保险公司、第三人王某忠对交警部门认定被告周明某负此次交通事故的全部责任，周某兵不负事故责任无异议，法院予以确认。五原告的合理损失为：1. 医疗费41462.14元（已扣减原告由新型农村合作医疗报销的19134.39元），有医院出具的医疗费、住院费等收款凭证，结合病历和诊断证明予以确认；2. 护理费3000元，原告未提交需2人护理的医院证明，按1人护理标准计算，原告要求按每人每天57.73元计算，即1732元，法院予以支持；3. 住院伙食补助费2400元，原告要求赔偿1500元，法院应予支持；4. 死亡赔偿金418248元，周某兵已满62周岁，按18年计算；5. 丧葬费24498.50元；6. 误工费，周某兵死亡时已年满60周岁，不存在误工费，误工费法院不予支持，以上支持的各项费用合计人民币487440.64元。被告保险公司在机动车交通事故第三者责任强制保险限额内赔偿医疗费10000元，死亡赔偿金110000元，余额367440.64元，由被告周明某承担277135.89元，五原告承担73488.13元。云HB××××普通两轮摩托车车辆登记所有人虽为第三人王某忠，该车已于2011年1月12日出售给被告周明某，第三人王某忠对本次交通事故不存在过错，不应承担赔偿责任。

云南省文山壮族苗族自治州文山市人民法院依照《中华人民共和国侵权责任法》（以下简称《侵权责任法》）第十五条第六项、第十六条、第十八条、第四十八条、第五十条，《中华人民共和国道路交通安全法》（以下简称《道路交通安全法》）第七十六条第一款，《最高人民法院关于审理人身损害赔偿案件适用法律若干问题的解释》第十七条第一款和第三款、第十九条第二款、第二十一条、第二十三条、第二十七条、第二十九条，《最高人民法院关于审理道

路交通事故损害赔偿案件适用法律若干问题的解释》第十六条,《中华人民共和国民事诉讼法》第六十四条第一款之规定,判决如下:

一、被告保险公司于本判决生效之日起二十日内在机动车交通事故第三者责任强制保险限额内支付原告邵某淑、周林某、周明某、周文某、周某情损失人民币120000元;

二、被告周明某于本判决生效之日起三十日内赔偿原告邵某淑、周林某、周明某、周文某、周某情各项损失人民币277135.89元(已扣减被告周明某垫付的医疗费16816.62元);

三、第三人王某忠不承担民事赔偿责任;

四、驳回原告邵某淑、周林某、周明某、周文某、周某情的其他诉讼请求。案件受理费8260元,由被告周明某负担6608元,原告邵某淑、周林某、周明某、周文某、周某情负担1652元。

周明某不服一审判决,提起上诉。

云南省文山壮族苗族自治州中级人民法院经审理认为:关于上诉人对周某兵的死亡是否应当承担赔偿责任的问题。经审理查明,上诉人周明某驾驶云HB××××普通两轮摩托车将周某兵撞伤,造成周某兵右髋臼骨折、骨盆骨折、肺挫伤。经《道路交通事故认定书》认定,被上诉人周明某负事故全部责任,周某兵不负责任。虽然周某兵自身患有高血压等慢性疾病,但根据周某兵住院病历资料,本案交通事故对周某兵造成骨骼、肺部的外伤性损害是导致其死亡的直接诱因,即本案交通事故与周某兵的死亡后果之间具有因果关系,上诉人周明某应当对周某兵的死亡承担赔偿责任。此外,被上诉人在周某兵病情危重的情况下决定放弃治疗的行为对周某兵的死亡后果也具有一定过错。一审判决结合原因力大小,确认上诉人周明某对周某兵的死亡承担80%的民事责任,由五被上诉人自行承担20%

的民事责任并无不当，法院对此予以确认。另外，关于周某兵的死亡赔偿金应当按照城镇居民标准计算还是按照农村居民标准计算的问题。经审理查明，周某兵2010年7月至2013年7月一直随其子周明某居住生活。其连续在城镇生活超过一年，生活来源于城镇，一审判决参照城镇居民标准计算周某兵的死亡赔偿金并无不当，法院予以确认。上诉人主张周某兵的死亡赔偿金应当按照农村居民的标准计算，无事实和法律依据，法院不予支持。

云南省文山壮族苗族自治州中级人民法院依照《中华人民共和国民事诉讼法》第一百七十条第一款第一项之规定，判决如下：

驳回上诉，维持原判。

【法官后语】

本案涉及机动车交通事故责任纠纷案件中的责任划分问题。根据《侵权责任法》理论，民事侵权案件的归责原则是确定侵权行为人侵权损害赔偿责任的一般准则。机动车交通事故责任纠纷适用一般归责原则，即过错责任原则。侵权行为构成的四个要件为：1. 有加害行为；2. 有损害事实的存在；3. 加害行为与损害事实之间有因果关系；4. 行为人主观有过错。《侵权责任法》第六条第一款规定："行为人因过错侵害他人民事权益，应当承担侵权责任。"《道路交通安全法》第七十六条规定："机动车发生交通事故造成人身伤亡、财产损失的，由保险公司在机动车第三者责任强制保险责任限额范围内予以赔偿；不足的部分，按照下列规定承担赔偿责任：（一）机动车之间发生交通事故的，由有过错的一方承担赔偿责任；双方都有过错的，按照各自过错的比例分担责任。（二）机动车与非机动车驾驶人、行人之间发生交通事故，非机动车驾驶人、行人没有过错的，由机动车一方承担赔偿责任；有证据证明非机动车驾驶人、行人有过错的，根据过错程度适当减轻机动车一方的赔偿责任；机动车一方没有过错的，承担不超过百分之十的赔偿责任。交通事故的损失是由非机动车驾驶人、行人故意碰撞机动车造成的，机动车一方不承担赔偿责任。”但是交通事故责任不等同于民事赔偿责任，《交通事故责任认定书》不能作为民事侵权损害赔偿责任分配的唯一依据，行为人在侵权行为中的过错程度，应当结合案情，全面分析全部证据，根据民事诉讼的归责原则进行综合认定。《交通事故责任认定书》的性质是证据，是一种具有专门知识的人员根据一定的专业技能按照一定的原则和方法，通过分析与论证来确定当事人是否承担一定责任的公证文书，其责任认定不能等同于民事赔偿中的责任分担。在本案当中，交通事故对周某兵造成骨骼、肺部的外伤性损害是导致其死亡的直接诱因。即本案交通事故与周某兵的死亡后果之间具有因果关系，周明某应当对周某兵的死亡承担赔偿责任。此外，五原告在周某兵病情危重的情况下决定放弃治疗的行为对周某兵的死亡后果也具有一定过错。一审判决结合原因力大小，确认周明某对周某兵的死亡承担80%的民事责任，由五原告自行承担20%的民事责任并无不当。

在法律适用方面，本案案件事实的发生以及案件的审理均发生在《中华人民共和国民法典》实施之前，故本案适用的是当时的法律和司法解释。在本判决当中所适用《侵权责任法》《最高人民法院关于审理道路交通事故损害赔偿案件适用法律若干问题的解释》《最高人民法院关于审理人身损害赔偿案件适用法律若干问题的解释》的相关条文，在《中华人民共和国民法典》以及相应配套司法解释颁布实施后，仅条文顺序和个别表述方式发生变化，其立法精神及内容未作出变更。具体体现在《中华人民共和国民法典》第一千一百七十九条、第一千一百八十一条、第一千二百零八条、第一千二百一十条、第一千二百一十三条,《最高人民法院关于审理人身损害赔偿案件适用法律若干问题的解释》(2022 年 5 月 1 日起施行)第六条、第八条、第十条、第十四条、第十五条、第十六条、第十七条,《最高人民法院关于审理人身损害赔偿案件适用法律若干问题的解释》(2020 年修正) 第十三条。

编写人:云南省文山壮族苗族自治州中级人民法院 张祺

101 试驾服务提供者在试驾人驾驶试驾机动车发生交通事故时侵权责任的认定

——汽车公司诉邢某元等机动车交通事故责任案

【案件基本信息】

1. 裁判书字号

北京市第二中级人民法院(2015)二中民终字第 11877 号民事判决书

2. 案由:机动车交通事故责任纠纷

3. 当事人

原告(被上诉人):汽车公司

被告(上诉人):邢某元

被告(被上诉人):轿车公司

被告:保险公司营业部

【基本案情】

2014年9月26日，邢某元在汽车园试驾场试驾轿车公司的京NGR×××机动车与汽车公司停驶在该停车场的三辆机动车相撞，造成车辆损坏。事故经交通管理部门认定，邢某元负全部责任。事故发生后，汽车公司对三辆机动车进行了修理，支付车辆修理费共计38997.2元。诉讼中，汽车公司称已将三辆受损机动车出售，共计产生贬值损失54300元，三被告均不予认可。

另查，邢某元所驾车辆在保险公司营业部投保了交强险及商业三者险。

【案件焦点】

试驾服务提供者在试驾人驾驶其提供的机动车造成第三方人身伤害或财产损失时，如何判断其是否应当承担侵权责任。

【法院裁判要旨】

北京市丰台区人民法院经审理认为：邢某元驾驶机动车与汽车公司的机动车发生交通事故，造成汽车公司财产受损。事故经认定邢某元负全部责任，汽车公司主张邢某元承担赔偿责任，于法有据，法院予以支持。汽车公司、邢某元均主张车辆所有人轿车公司承担责任，但未能提供充足的证据证明轿车公司对于事故发生存在过错，故法院不予支持。邢某元所驾车辆在保险公司营业部投保了交强险及商业三者险，先由承保交强险的保险公司在责任限额范围内予以赔偿；不足部分，由承保商业三者险的保险公司根据保险合同予以赔偿；仍有不足的，依照《中华人民共和国道路交通安全法》和《中华人民共和国侵权责任法》的相关规定由邢某元予以赔偿。汽车公司主张的车辆修理费，有据佐证，法院予以支持。关于车辆贬值损失，因受损车辆系尚未销售的新车，法院予以支持；关于赔偿金额，汽车公司主张 54300 元，但提供的证据不足以证明其主张，法院根据车辆修理情况、车辆受损情况及车辆销售情况予以确定。

北京市丰台区人民法院依照《中华人民共和国民法通则》第一百一十七条，《中华人民共和国道路交通安全法》第七十六条之规定，作出如下判决：

一、被告保险公司营业部在交强险责任限额内赔偿原告汽车公司车辆修理费 2000 元（于本判决生效后十日内履行）；

二、被告保险公司营业部在第三者责任商业保险限额内赔偿原告汽车公司车辆修理费 36977.2 元（于本判决生效后十日内履行）；

三、被告邢某元赔偿原告汽车公司车辆贬值损失 10000 元（于本判决生效后十日内履行）。

邢某元持原审起诉意见提起上诉。北京市第二中级人民法院经审理认为：本案的争议焦点是原审判决对邢某元、轿车公司及乙保险公司责任的认定是否正确。邢某元驾驶机动车与汽车公司的机动车发生交通事故，造成汽车公司财产受损。事故经认定邢某元负全部责任，汽车公司主张邢某元就车辆修理费、车辆贬值损失承担赔偿责任，于法有据，原审法院予以支持是正确的。邢某元所驾车辆在保险公司营业部投保交强险及商业三者险，原审法院在保险公司营业部就该车承保的交强险及商业三者险的赔偿责任外，确定邢某元仍应对不足部分予以赔偿是正确的，所确定的邢某元承担的赔偿数额也并无不妥。邢某元上诉主张肇事车辆所有人轿车公司与其分担原审判决确定的赔偿责任，但其未能提供充足的证据证明轿车公司对于事故发生存在过错，故对其上诉主张，法院不予支持。基于以上理由，邢某元的上诉理由不能成立，其上诉请求法院不予支持。

原审判决认定事实基本清楚，适用法律正确，处理结果亦无不妥，依法应予维持。

北京市第二中级人民法院依据《中华人民共和国民事诉讼法》第一百七十条第一款第一项之规定，作出如下判决：

驳回上诉，维持原判。

【法官后语】

本案是一起在机动车试驾过程中发生交通事故，造成他人财产损失的案件。双方争议的焦点就是提供试驾服务者是否应当承担赔偿责任。关于机动车试驾，法律法规及司法解释并没有明确规定，最为相似的为机动车试乘。《最高人民法院关于审理道路交通事故损害赔偿案件适用法律若干问题的解释》第六条规定："机动车试乘过程中发生交通事故造成试乘人损害，当事人请求提供试乘服务者承担赔偿责任的，人民法院应予支持。试乘人有过错的，应当减轻提供试乘服务者的赔偿责任。"在本案中，受害人起诉了试驾人和提供试驾服务者（汽车经销商）要求共同承担赔偿责任，对于二者应如何承担赔偿责任，主要有两种观点：

第一种观点认为，应当参照机动车试乘的规定，由提供试驾服务者承担赔偿责任。由提供试驾服务者承担无过错责任或者过错推定责任，若试驾人有过错，应当减轻提供试驾服务者的赔偿责任。理由主要是机动车试驾与机动车试乘同为汽车经销商的促销手段，两者都是为了提升汽车购买者的消费体验，从而激发消费者的购买欲望。故汽车经销商在获得其高额收益的同时应该承担更为严格的责任，保证权利与义务的对等。

第二种观点认为，提供试驾服务者应当因过错承担赔偿责任，无过错则不应承担赔偿责任。机动车试驾中，其驾驶人通常为准备购车的消费者，在试驾过程中，车辆的驾驶人与车辆的所有人不相一致。因为法律对机动车试驾没有明确的规定，故应当依照《中华人民共和国民法典》第一千二百零九条的规定，由驾驶人承担赔偿责任，提供试驾服务者作为机动车所有人对损害的发生有过错的，承担相应的赔偿责任。

笔者支持第二种观点，主要理由如下：

第一，《最高人民法院关于审理道路交通事故损害赔偿案件适用法律若干问题的解释》第六条仅是对于试乘人的损害如何赔偿的规定，其限定的主体就是试乘人和提供试乘服务者两方。因此其与机动车试驾过程中造成第三方损害并不相同。根据法学方法论，在存在上位法有明确规定的前提下，也不存在要类推适用该规定的可能。

第二，机动车试驾与机动车试乘两者存在明显的不同。两者的根本区别就是车辆的驾驶人不同。机动车试驾与租赁、借用机动车的情形相似，机动车的所有人与驾驶人产生了分离，在试驾过程中发生交通事故，首先应由驾驶人承担责任，在提供试驾服务者有过错的情况下，提供试驾服务者承担相应的赔偿责任。而在机动车试乘中，虽然驾驶人是汽车经销商的员工，但根据用工关系，机动车的驾驶人与所有人仍是同一的，若发生交通事故，应由提供试驾服务者承担赔偿责任。

对于如何认定提供试驾服务者的过错，笔者建议可以分两个阶段予以审查：第一，驾驶前。提供试驾服务者要提供合适的试驾车辆，不应当存在安全隐患，具备上路行驶的条件。提供试驾服务者要审查驾驶人的驾驶资格，是否具备明显的不适宜驾驶机动车的情况，如饮酒、身体不适等。要选择安全的试驾路线。要提供合适的试驾场地。第二，驾驶中。提供试驾服务者应选择驾驶经验丰富的司机作为乘车人员予以陪同。根据道路的复杂程度，司机可先行驾驶介绍路线让试驾人熟悉环境。同时应当指出，汽车经销商一般会要求试驾者签订试驾协议，该份协议的双方是试驾人与汽车经销商，并不能对事故受害人产生约束力。

编写人：北京市丰台区人民法院　李志峰

102 被侵权人伤情与交通事故因果关系无法查清的责任认定

——王某棋诉实业公司、保险公司机动车交通事故责任案

【案件基本信息】

1. 裁判书字号

北京市第二中级人民法院（2014）二中民终字第 5713 号民事判决书

2. 案由：机动车交通事故责任纠纷

3. 当事人

原告（被上诉人）：王某棋

被告（上诉人）：实业公司

被告：保险公司

【基本案情】

2009 年 10 月 26 日，实业公司司机史某石驾驶小客车与王某军驾驶的小客车发生交通事故，造成王某军车上乘客王某棋受伤。

事故经交通管理部门认定，史某石为全部责任。2009 年 10 月 29 日至 2009 年 11 月 11 日，王某棋于解放军医院住院治疗 13 天，出院诊断为泌尿系感染、双侧肾盂积液。2012 年 1 月 4 日至 2012 年 3 月 8 日，王某棋于博爱医院住院治疗 64 天，确定诊断为排尿感觉异常、神经源性膀胱。王某棋在治疗过程中支付医疗费 226084.08 元。

诉讼中，王某棋申请进行伤残等级及赔偿指数鉴定，实业公司申请对王某棋伤情与交通事故之间的因果关系进行鉴定。法院委托科学技术鉴定研究所进行鉴定。该鉴定机构回函未予受理，内容为：王某棋伤后医院诊断为多发软组织损伤；肾挫伤；泌尿系感染；双侧肾盂积液等；未愈出院。伤后多次就诊，2 年后（2011 年）诊断为神经源性膀胱，腰部外伤（陈旧性）。目前主要遗留“神经源性膀胱”并手术治疗。鉴定机构认为现有材料无“双侧肾盂积液、神经源性膀胱”等的病因学诊断。针对两项委托目的，因目前资料尚不够充分、不具备得出明确鉴定意见的条件。

王某棋主张其治疗伤情系本次交通事故所致。实业公司对王某棋治疗情况不予认可，认为其伤情与交通事故之间无因果关系。

另查，史某石所驾车辆在保险公司投保了交强险。

【案件焦点】

法院委托鉴定机构亦无法确定原告伤情与交通事故之间的因果关系的情况下，原告的诉讼请求是否应当得到支持。

【法院裁判要旨】

北京市丰台区人民法院经审理认为：实业公司的司机史某石驾驶机动车与王某军驾驶的机动车发生交通事故，致使王某棋人身受伤。事故经交通管理部门认定，实业公司司机史某石负事故全部责任，故实业公司应当承担赔偿责任。史某石所驾车辆在保险公司投保交强险，故保险公司应当在交强险限额内对王某棋承担赔偿责任，超出交强险部分由实业公司承担赔偿责任。当事人对自己提出的诉讼请求所依据的事实有责任提供证据加以证明，没有证据或者证据不足以证明当事人主张的，由负有举证责任的当事人承担不利后果。赔偿义务人对治疗的必要性和合理性有异议的，应当承担相应的举证责任。诉讼中，实业公司对王某棋伤情与交通事故之间的因果关系申请鉴定，鉴定机构回函未能进行鉴定。法院亦综合考虑王某棋受伤治疗情况、交通事故发生情况等因素，故对实业公司此项答辩意见不予采信。医疗费根据医疗机构出具的医药费、住院费等收款凭证，结合病历和诊断证明等相关证据确定。

北京市丰台区人民法院依照《中华人民共和国民法通则》第一百一十九条，《中华人民共和国道路交通安全法》第七十六条之规定，作出如下判决：

一、被告保险公司于本判决生效后七日内支付原告王某棋医疗费 10000 元、精神损害抚慰金 10000 元、护理费 15030 元、交通费 6000 元；

二、被告实业公司于本判决生效后七日内支付原告王某棋医疗费 216084. 08 元、住院伙食补助费 3850 元、营养费 4000 元。

实业公司持原审起诉意见提起上诉。北京市第二中级人民法院经审理认为：行为人因过错侵害他人民事权益，应当承担侵权责任。实业公司的司机史某石驾驶机动车与王某军驾驶的机动车发生交通事故，致使王某棋人身受伤。事故经交通管理部门认定，实业公司司机史某石负事故全部责任，故实业公司应当承担赔偿责任。

现实业公司上诉认为王某棋之伤情与事故之间不存在因果关系，

故其不应承担赔偿责任。虽然王某棋所主张的伤情与交通事故事发时间间隔较长，且鉴定机构亦未能就因果联系进行鉴定。但根据法院对于王某棋病历的审查，王某棋事发时的伤情为“泌尿系感染、双侧肾盂积液”，而后续治疗的诊断为“排尿感觉异常、神经源性膀胱”。此两项病情从部位到病情均具有连续性，且根据王某棋的病历，其一直在就此病症持续治疗中，故法院依据相关病历记载确定王某棋伤情与交通事故之间存在因果联系，法院对于实业公司的上诉主张不予支持。

北京市第二中级人民法院依照《中华人民共和国民事诉讼法》第一百七十条第一款第一项之规定，判决如下：

驳回上诉，维持原判。

【法官后语】

本案系在双方发生交通事故后，原告就其因交通事故受伤而产生高额的医疗费要求被告予以赔偿。被告则对该伤情为交通事故所致不予认可，并且经委托鉴定机构鉴定亦无法确定原告伤情与交通事故之间存在因果关系。关于如何处理本案，主要有三种观点：

第一种观点，应当支持原告的诉讼请求。根据原告提供的就医治疗记录，其在交通事故发生后，一直在积极治疗。虽然前后时间间隔较长并且诊断病情存在差异，但是原告受伤部位与交通事故发生情况具有相关性。原告已完成了举证责任。

第二种观点，应当驳回原告的诉讼请求。本案为侵权案件，原告作为被侵权人应当证明被告的侵权行为与原告的损害后果之间存在因果关系。因被告对原告伤情及治疗情况并不知情，若举证责任分配给被告，其在举证能力上并不比原告更有优势。

第三种观点，双方各承担50%的责任。双方提供的证据均不足以证明各自主张，且都不足以推翻对方主张。

随着科学技术的进步，在民事案件中很多争议的事实可以通过委托专业的鉴定机构进行鉴定，为法官提供专业的鉴定意见。鉴定意见发挥着非常重要的作用，因此应对鉴定意见予以正确认识。鉴定意见是指由公安机关、人民检察院、人民法院以及当事人委托或聘请的具有专门知识的人，对案件中某些专门性问题进行科学鉴定后所给出的意见。[①] 鉴定意见是查明案件事实，分清案件性质的重要依据，它弥补了法官对专门性问题在判断能力上存在的不足。但鉴定意见不能作为法律评价，有关法律评价问题是司法机关的职权。

在本案中，当鉴定意见无法确定因果关系时，需要法官根据双方提供的证据及举证责任的分配来确定案件的法律事实。根据《最高人民法院关于审理人身损害赔偿案件适用法律若干问题的解释》第六条第一款的规定："医疗费根据医疗机构出具的医药费、住院费等收款凭证，结合病历和诊断证明等相关证据确定。赔偿义务人对治疗的必要性和合理性有异议的，应当承担相应的举证责任。"因此被告应当承担举证责任，被告提供的证据不足以证明其主张，应当承担举证不能的不利后果。并且根据原告提供的证据，其提供了连续的就医记录，已经完成初步的举证责任，结合原告的伤情和在医疗机构治疗等相关事实，法官可以确信待证事实的存在具有高度可能性，故应当认定被告的侵权行为与原告的伤情存在因果关系。

编写人：北京市丰台区人民法院　李志峰

---

① 陈一云、王新清主编：《证据学》，中国人民大学出版社2013年版，第285页。

103 道路交通事故中受损车辆的贬值损失是否应予支持

——周某锋诉鲍某珊道路交通事故财产损害赔偿案

【案件基本信息】

1. 裁判书字号

广东省广州市中级人民法院（2011）穗中法民一终字第4181号民事判决书

2. 案由：道路交通事故财产损害赔偿纠纷

3. 当事人

原告（上诉人）：周某锋

被告（被上诉人）：鲍某珊

【基本案情】

2011年1月17日19时10分，鲍某珊驾驶的粤A××××J车在广州市萝岗区广园东与周某锋驾驶的粤A××××F车和阮伟国驾驶的粤A03Y××车发生交通事故，经交警部门处理，认定鲍某珊承担事故全部责任，周某锋、阮伟国无责任。事故发生后，周某锋将受损的车辆送去维修，产生修理费38974.6元，该笔费用已由鲍某珊支付完毕。后周某锋委托旧机动车鉴定评估公司对粤A××××F车进行贬值评估。2011年4月6日，旧机动车鉴定评估公司出具《旧机动车（贬值）鉴定评估意见书》，认定粤A××××F车贬值评估价格为25998元。为此，周某锋支付了1170元的车辆评估费。周某锋遂向广东省广州市萝岗区人民法院提起诉讼，要求鲍某珊向其赔偿车辆贬值费25998元、评估费1170元，合计27168元，并承担本案诉讼费用。

【案件焦点】

在道路交通事故中受损车辆的贬值损失应如何认定，是否应予支持。

【法院裁判要旨】

广东省广州市萝岗区人民法院经审理认为：因道路交通事故造成车辆受损的，赔偿义务人应当赔偿权利人因车辆受损而发生的修理费。在本案中，周某锋的车被鲍某珊的车所撞，造成周某锋的车受损，周某锋因修复受损的车产生修理费 38974.6 元，该费用已由鲍某珊支付完毕。现在周某锋又请求鲍某珊赔偿车辆贬值损失，因法律上的恢复原状，其内涵是恢复应有状况，而非绝对的原有状况，现在周某锋的车经过修复后恢复了应有状况并能正常行驶，使用价值并未改变。旧机动车鉴定评估公司出具的《旧机动车（贬值）鉴定评估意见书》所指的贬值系事故车辆经修复后进入二手车市场进行交易产生的贬值，而到目前为止，周某锋亦一直在使用该车，不存在贬值的情形，因此周某锋的该请求缺乏相应的法律依据，不予支持。广东省广州市萝岗区人民法院依照《中华人民共和国民事诉讼法》第六十四条第一款的规定，判决如下：

驳回周某锋的诉讼请求。

周某锋不服原审判决，向广东省广州市中级人民法院提起上诉。广东省广州市中级人民法院经审理认为：周某锋主张车辆贬值损失的依据是旧机动车鉴定评估公司出具的《旧机动车（贬值）鉴定评估意见书》，该结论书所指的贬值系事故车辆经修复后在二手车市场的交易过程中，与原厂新车相比存在着实体性、功能性等方面的减值因素，即交易价值的减少。而周某锋的粤××××F 号车经修复已基本恢复正常行驶的功能，该车作为普通物品，主要功能在于发挥汽车的使用价值，对该财产的损失判断应以使用价值为基本标准。在车辆使用价值未改变的情况下，其交易价值可能受各种市场因素的影响，故一般情况下交易价值不能作为认定车辆因交通事故造成贬值损失的客观依据。周某锋在一审诉讼前自行对车辆的贬值情况进行委托评估鉴定，所产生的评估费应由其自行承担。因此，周某锋主张车辆贬值损失和评估费的依据不足，原审法院不予支持正确，应予以维持。周某锋的上诉理由不能成立，应予以驳回。依照《中华人民共和国民事诉讼法》第一百五十三条第一款第一项的规定，判决如下：

驳回上诉，维持原判。

【法官后语】

通常认为，车辆贬值损失是指车辆因道路交通事故受损被修复后，其使用性能虽已恢复，但其本身经济价值却可能因受损被修理过而降低所导致的损失，即受损车辆在被修复后的价值与事故发生前相比所减少部分的损失。在交通事故中受损的车辆被修复后，车主主张车辆贬值损失是否应予支持？实践中存在两种截然不同的观点。

一种观点认为，虽然我国相关法律并未明确规定“车辆贬值损失”这一赔偿项目，但并不代表该赔偿项目没有法律依据。之前施行的《中华人民共和国民法通则》第一百零六条第二款规定：“公民、法人由于过错侵害国家、集体的财产，侵害他人财产、人身的，应当承担民事责任”；第一百一十七条规定，“……损坏国家的、集体的财产或者他人财产的，应当恢复原状或者折价赔偿。受害人因此遭受其他重大损失的，侵害人并应当赔偿损失”。法律规定的“恢复原状”仅仅是一种理想状态，现实中不可能实现。民法上的公平原则在侵权法中的运用包括公平责任原则、完全赔偿原则、损益相抵原则等。完全赔偿原则即指加害人的赔偿数额应与受害人的损失相当。在道路交通事故财产损害赔偿纠纷中，受损车辆经修复虽能正常使用，但与事故发生前的车辆状况相比，其使用期限、操控性、安全性、舒适性等都很难恢复到原有水平，在车辆的整体性能下降的情况下，其经济价值也必然有所降低。实践中的事故车辆经过修复后，即使在外观和功能上没有瑕疵，但若作为融资担保工具，其评估价值一般都是偏低的。若进入二手车交易市场，由于多数人的消费心理是对发生过事故的车辆存在消极评价或担心其存在安全隐患，一般情况下其交易价格会低于同类未发生过事故的车辆。而且在现实中有车辆在发生交通事故受损后经修复和更换的配件不能继续享受厂家的质量保证，车主丧失了在保修期内要求厂家对该部分配件进行免费维修或更换的权利。因此，在道路交通事故财产损害赔偿纠纷中，采取“恢复原状”的方式并不能弥补受害人的全部损失。事故车辆的贬值损失是现实存在的，应该纳入民事侵权损害赔偿的范围。车主关于赔偿事故车辆贬值损失的请求合理合法，应该得到法院的支持。尽管车辆贬值损失不是直接表现为货币形态的数额减少，但可通过委托评估鉴定机构进行评估鉴定方式予以确定，故也不存在认定损失数额困难的问题。

另一种观点认为，通常情况下，侵害财产赔偿的范围应是受害人直接和现实的损失。在道路交通事故财产损害赔偿纠纷中，侵权人对受损车辆的车主承担侵权损害赔偿责任的方式是依据之前施行的《中华人民共和国侵权责任法》第十五条有关“恢复原状”及《中华人民共和国民法通则》第一百三十四条和《中华人民共和国物权法》第三十六条有关“修理、重作、更换或者恢复原状”的规定。这里的“恢复原状”应指恢复车辆的使用功能和安全性状，并非绝对恢复车辆的原有状况。因此，车辆在道路交通事故中受损后，侵权人承担责任的方式是修复车辆的受损部位，即恢复车辆应有的使用功能和安全性状，一般表现为由侵权人承担相应的修理费用。而且该修理费用也是根据市场价格计算得出的，符合《中华人民共和国侵权责任法》第十九条关于“侵害他人财产的，财产损失按照损失发生时的市场价格或者其他方式计算”的规定。至于车主主张的车辆贬值损失的问题，一是贬值损失只是一种可能存在的损失，很难在客观上确定具体损失数额。即使经评估鉴定，鉴定机构也只是假设事故车辆经修复后在二手车市场进行交易时，与未发生过事故的车辆相比在实体性、功能性等方面存在的减值因素，即交易价值的减少。但实际上二手车的交易价值除受车辆本身状况影响外，还受供求关系、买主的个人喜好等多种可能因素的影响，故一般情况下不能仅依据交易价值认定车辆因交通事故所造成的贬值损失。而且通过评估鉴定确定的贬值损失受评估人员所掌握的作为评估依据的市场信息是否充分及所采用的评估方法是否合理等因素影响较大，评估结论的合理性和客观性存疑。若简单采信该评估鉴定意见认定车辆贬值损失数额，实际相当于由评估人员代替司法机关对案件关键事实作出了判断，案件处理结果的公正性难以得到保证。二是车辆作为普通物品，主要功能在于发挥其使用价值，故在车辆受损后应以恢复其使用价值作为主要考量因素。事故车辆经修复已具备正常行驶功能，即在车辆的使用价值已恢复的情况下，车主在正常使用车辆的同时又以该车在二手车交易市场中可能存在的交易价值的减少作为主张车辆贬值损失的依据，于法不合，于理无据。三是《最高人民法院关于审理道路交通事故损害赔偿案件适用法律若干问题的解释》(2020年修正) 第十二条关于道路交通事故造成财产损失赔偿范围的规定，并未明确包括车辆贬值损失。2016年3月4日，《最高人民法院关于“关于交通事故车辆贬值损失赔偿问题的建议”的答复》中提到，目前我国尚不具备完全支持车辆贬值损失的客观条件，如贬值损失是否具有可赔偿性存在较多争议；赔偿贬值损失会加重道路交通参与人的负担，不利于社会经济发展；我国目前鉴定市场尚不规范，鉴定机构对贬值损失的确定具有较大的任意性；贬值损失几乎在每辆发生事故的机动车上都会存在，规定贬值损失可能导致本不会成诉的交通事故案件大量涌入法院，不利于减少纠纷等。基于上述理由，除还未进入交易市场的待售新车受损等少数特殊情形可考虑适当赔偿车辆贬值损失外，一般车辆的贬值损失原则上应不予支持。

在之前施行的《中华人民共和国侵权责任法》和现在施行的《中华人民共和国民法典》及相关司法解释均未明文规定“车辆贬值损失”这一赔偿项目的情况下，“恢复原状”即恢复受损车辆的正常使用功能和安全性状即可弥补车主的损失，侵权人承担赔偿责任的方式具体表现为修复受损车辆或承担相应的修理费用。故笔者赞同上述第二种观点，车主主张“车辆贬值损失”的法律依据不足，不应得到支持。

编写人：广东省高级人民法院　徐玉宝

三、交通事故损害赔偿程序

104 机动车交通事故中人身损害赔偿调解协议可撤销

——彭某洪诉聂某才等机动车交通事故责任案

【案件基本信息】

1. 裁判书字号

湖南省湘潭市雨湖区人民法院（2020）湘0302民初2809号民事判决书

2. 案由：机动车交通事故责任纠纷

3. 当事人

原告：彭某洪

被告：聂某才、龚某生、物流公司、运输公司、财险东营中心支公司、财险顺德分公司

【基本案情】

2019年12月6日10时许，被告聂某才驾驶粤Q19×××号重型货车沿320国道由湘潭城区方向往湘乡方向行驶，至湘潭市雨湖区姜畲镇新街路段时，与原告彭某洪相撞，造成彭某洪受伤的道路交通事故。本次事故经湘潭市公安局交通警察支队雨湖大队认定，被告聂某才负全部责任，原告彭某洪无责任。原告彭某洪受伤后花费住院费50201.5元。被告运输公司系粤Q19×××号重型货车的所有人，该车在被告财险东营中心支公司投保了交强险，在被告财险顺德分公司投保100万元商业三者险及不计免赔。

2020年1月11日，聂某才与原告彭某洪签订《道路交通事故赔偿协议书》，原告彭某洪前期医疗费用50201.5元，由财险东营中心支公司核付10000元；财险东营中心支公司核定原告彭某洪后期护理费、误工费、伤残赔偿金等所有费用共计30000元。被告财险东营中心支公司依据《道路交通事故赔偿协议书》总计向原告彭某洪赔付40000元（含医药费10000元）。2020年4月8日，司法鉴定中心鉴定：彭某洪构成一个九级伤残和一个十级伤残。2020年5月26日，被告龚某生、聂某才与原告彭某洪签订《人民调解协议书》，约定："甲方（原告龚某生、聂某才）垫付乙方（原告彭某洪）的医疗费32000元，甲方自愿放弃，由两保险公司直接赔付给乙方。"原告彭某洪的所受实际损失共计177514.7元。

协议签订后，原告花费了巨额的费用用于治疗，所受损失也已远超出赔偿金额，故原告认为在签署该赔偿协议时存在重大误解，且赔偿协议显失公平。原告多次与被告协商未果，为维护自身合法权益，故诉至法院。

【案件焦点】

原、被告签订的《道路交通事故赔偿协议书》是否可被撤销。

【法院裁判要旨】

湖南省湘潭市雨湖区人民法院经审理认为：本次交通事故发生后，原告彭某洪在没有进行司法鉴定，不清楚自己受伤程度如何的情况下，与被告聂某才签订了《道路交通事故赔偿协议书》，被告财险东营中心支公司按照《道路交通事故赔偿协议书》的约定，赔付了40000元。但是，后经司法鉴定中心鉴定，原告彭某洪构成一个九级伤残和一个十级伤残，按照法定标准计算的赔偿金额远超于被告财险东营中心支公司所赔付的40000元，现原告彭某洪请求撤销《道路交通事故赔偿协议书》，法院应予以支持。

湖南省湘潭市雨湖区人民法院依据《中华人民共和国侵权责任法》第六条第一款、第十六条、第四十八条，《中华人民共和国道路交通安全法》第七十六条第一款，《中华人民共和国保险法》第六十五条第一款，《最高人民法院关于审理人身损害赔偿案件适用法律若干问题的解释》第十七条第一款、第十八条、第十九条、第二十条、第二十一条、第二十二条、第二十三条、第二十四条、第二十五条之规定，判决如下：

一、撤销原告彭某洪与被告聂某才于2020年1月11日签订的《道路交通事故赔偿协议书》；

二、被告财险东营中心支公司在交强险限额内赔偿原告彭某洪120000元（含已支付的40000元）；

三、被告财险顺德分公司赔偿原告彭某洪48146.42元；

四、驳回原告彭某洪的其他诉讼请求。

判决后，双方当事人均未上诉，本判决现已生效。

【法官后语】

当事人就交通事故损伤达成赔偿协议并且已履行完毕，但当出现伤情与签订协议时的认识、判断和预见存在重大差异并因此导致重大损失的情况时，受害人可以以签订协议时存在重大误解为由，请求撤销该协议。

原告彭某洪在没有进行伤残鉴定且不充分了解伤情的情况下签订调解协议，后续经鉴定原告彭某洪构成一个九级伤残和一个十级伤残。原告可否以此为基础，提出存在重大误解，要求撤销当时协议，请求重新确定赔偿数额。笔者认为，对此应考虑如下两个因素：

1. 调解协议约定具体内容。如果调解协议仅就当前可确定的损失进行赔偿，若将来发生伤情变化，产生新的赔偿项目，该协议的签订不影响新的赔偿项目。当事人一旦达成协议约定“事故赔偿一次性了结，今后不再产生纠纷”，这种约定方式表明愿意接受今后可能发现新伤情得不到另外赔偿的风险，只有存在法律规定的无效和可撤销的情况下，才能就该道路交通事故纠纷案件重新起诉确定赔偿款项。

2. 伤情的确诊和变化情况，是否与签订协议时存在重大差别。可以从两个方面考虑：一是从主观方面看受害方对伤情及其可能的变化是否有较为清楚的认识、判断和预见。遭受交通事故并造成身体损害后果，可能构成伤残，应当为受害人签订调解协议理赔考虑的内容，除非当时伤情显著轻微。二是从客观方面看签订协议赔偿数额与伤情确诊或变化后依规定计算应赔偿数额之间的差距较大。

本案中，原、被告双方在交警部门主持调解时，原告由于对其伤势程度不能正确认知、判断和预见，致使其在签订赔偿协议时对其伤势程度存在“重大误解”，虽然与被告签订了“事故赔偿一次性了结，今后不再产生纠纷”的协议，对今后医疗费也作了笼统协商，但从本案的客观事实和损害后果角度看，调解协议中的赔偿数额与原告实际发生的损失差距较大，如果调解协议中该项约定成立，对原告来说显失公平。因此，原告在本案中的诉讼请求应当得到支持。

编写人：湖南省湘潭市雨湖区人民法院　李椰聪

105 对于生效民事调解书已确认一次性处理后的损失能否再主张赔偿

——管某云诉陈某彬、财险如东支公司机动车交通事故责任案

【案件基本信息】

1. 裁判书字号

江苏省如东县人民法院（2020）苏0623民初1899号民事判决书

2. 案由：机动车交通事故责任纠纷

3. 当事人

原告：管某云

被告：陈某彬、财险如东支公司

【基本案情】

2016年3月1日12时30分左右，被告陈某彬驾驶苏FK6×××轿车沿如东县掘港镇友谊西路由南向北右转弯向东行驶，遇有原告管某云驾驶苏F1L×××普通二轮摩托车由南向北行驶，发生交通事故，致原告管某云受伤，两车受损。2016年3月8日，如东县公安局交通警察大队作出责任认定，被告陈某彬负事故全部责任，原告管某云无责任。被告陈某彬驾驶的案涉车辆在被告财险如东支公司投保了交强险及商业三者险（100万元，含不计免赔），事故发生在保险期限内。2017年5月15日，原告管某云向法院提起诉讼，要求被告财险如东支公司在交强险限额内赔偿122000元，被告陈某彬在交强险限额外赔偿312403.44元（要求在商业三者

险范围内一并处理），合计434403.44元。

在法院主持调解下，各方当事人达成如下协议：一、被告财险如东支公司在交强险及商业三者险责任限额内一次性赔偿原告管某云因本起交通事故造成的损失193000元。二、被告陈某彬在交强险及商业三者险责任限额外赔偿原告因本起交通事故造成的损失5755.82元，与垫付款21172.82元相抵后，原告管某云返还被告陈某彬15417元。三、本起交通事故原告的损失一次性处理结束，原告与两被告再无争议。

2019年3月11日，原告管某云因左侧髋关节疼痛在上海市医院做手术，花费医疗费76312.42元。

2020年5月13日，原告管某云以此次手术系由上述交通事故引起，虽达成了调解书，但原告后续发生的费用两被告仍应赔偿为由向法院提起诉讼，请求判决被告陈某彬赔偿各项损失合计437747.71元，被告财险如东支公司在交强险及商业三者险限额内予以赔偿。

【案件焦点】

1. 在生效民事调解书已确认原告的损失一次性处理结束后，原告能否再次向两被告主张赔偿；2. 原告的损失应如何确定。

【法院裁判要旨】

江苏省如东县人民法院经审理认为：关于生效民事调解书已确认原告管某云的损失一次性处理结束后，原告管某云能否再次向两被告主张赔偿的问题。原告管某云提起的前次诉讼，经法院主持调解达成协议，且约定了“本起交通事故原告的损失一次性处理结束，原告与两被告再无争议”，但该案调解的事实基础是：原告管某云被诊断为左股骨颈骨折，行左股骨颈骨折闭合复位内固定术，且当时的司法鉴定意见书第三条鉴定意见为：被鉴定人左股骨颈内固定在位，需择期手术取出，二次手术费为9000元，相关的休息期为45日，护理期为15日，护理人数为一人，营养期为15日。原告管某云作为一个普通公民，在调解时对自身伤情的认知、判断，仅限于专业医疗机构及司法鉴定机构给出的意见，其无法也无能力预见后期会发生股骨头坏死，需继续行人工全髋关节置换手术的情形，且该次手术无论是医疗费（还需二次更换人工全髋关节），还是误工费、护理费等都给原告管某云造成了很大损失。原告管某云的后期治疗经司法鉴定也与本起交通事故所致其左股骨颈骨折并发股骨头坏死具有关联性，结合本起交通事故中侵权人陈某彬承担全部责任等原因，法院认为，本案中不能简单地以"本起交通事故原告的损失一次性处理结束，原告与两被告再无争议"为由驳回原告管某云要求赔偿的权利，而是应客观地分析、评判调解时约定该条款的原因、事实基础，本着公平原则，保护、支持受害人的实体权利。需要说明的是，本判决中支持原告管某云有权获得的赔偿，是原告管某云伤情发生无法预见变化以后新发生的费用，与此前已发生法律效力的调解书并不矛盾。为减少当事人诉累，没有必要启动相应的司法程序撤销调解书第三条的约定。

关于原告管某云的损失如何确定的问题，因原告管某云两次司法鉴定伤情均为左股骨颈部位，第一次是因左股骨颈骨折遗有左髋关节活动受限构残，第二次是因左股骨颈骨折并发左股骨头坏死行左侧人工全髋关节置换术后遗有左髋关节功能障碍构残，且均被评定为十级伤残，故该部位的伤情第二次被评定构残并非新的、其他部位的伤残，在第一次诉讼时与伤残有关的赔偿事项已协商解决，本次诉讼中不再重复考虑残疾赔偿金、精神抚慰金等费用，在计算其他损失费用时应扣除第一次司法鉴定意见书中第三条确定的有关费用、期限。对原告管某云主张的损失，经法院审核，合计 246607.02 元。

关于各被告承担赔偿责任的问题，同时投保机动车第三者责任强制保险和第三者责任商业保险的机动车发生交通事故造成损害的，先由承保交强险的保险公司在责任限额范围内予以赔偿；不足部分由承保第三者责任商业保险的保险公司根据保险合同予以赔偿，仍不足的，由侵权人予以赔偿。本案中，到庭的当事人对事故事实、责任认定均无异议，且经法院审核，在本起交通事故中，交警部门认定被告陈某彬承担全部责任，原告管某云不承担责任并无不当，法院予以确认。因被告陈某彬投保交强险和商业三者险，应当先由被告财险如东支公司在交强险限额内赔偿，又因在第一次诉讼中原告管某云主张要求被告财险如东支公司在交强险及商业三者险限额内赔偿 434403.44 元，且最终达成的调解协议确定的赔偿总额 193000 元亦超过交强险 122000 元的赔偿限额，故原告管某云本次诉讼的损失 246607.02 元应首先由被告财险如东支公司在商业三者险限额内赔偿。在庭审中，被告陈某彬自愿负担鉴定费 2830 元，则被告财险如东支公司在商业三者险限额内赔付 243777.02 元。

江苏省如东县人民法院依照《中华人民共和国侵权责任法》第十六条、第四十八条，《中华人民共和国道路交通安全法》第七十六条，《最高人民法院关于审理人身损害赔偿案件适用法律若干问题的解释》第十七条、第十八条、第十九条、第二十条、第二十一条、第二十二条、第二十三条、第二十四条、第二十五条、第二十八条，《最高人民法院关于审理道路交通事故损害赔偿案件适用法律若干问题的解释》第十六条之规定，判决如下：

一、被告财险如东支公司在第三者责任商业保险限额内赔偿原告管某云因交通事故造成的各项损失（含二次更换人工全髋关节的手术费用）243777.02元（不含民事调解书确定的193000元）；

二、被告陈某彬赔偿原告管某云因交通事故造成的损失2830元；

三、驳回原告管某云的其他诉讼请求。

判决后，双方当事人均未上诉，本判决现已生效。

【法官后语】

依据“一事不再理”原则，当事人就某一特定诉讼请求的所有诉讼程序进行完毕后，不得就该诉讼请求及其争议事实再行起诉或要求重新审理，以避免增加当事人诉累，浪费司法资源，损害司法权威。如根据上述原则，原告的损失已经调解确认一次性处理结束，被告已全部履行，原告再次提起诉讼，违背一事不再理原则的，法院本不该再行处理。但本案存在特殊性，被侵权人作为一个普通公民，在当初调解时对自身伤情的认知、判断，仅限于专业医疗机构及司法鉴定机构给出的意见，其无法也无能力预见后期会发生股骨头坏死，需继续行人工全髋关节置换手术的情形，且该次手术无论是医疗费（还需二次更换人工全髋关节），还是误工费、护理费等损失都很大，如果不处理，对于被侵权人来说就失去了救济途径，明显有失公允。在客观地分析、评判调解时约定条款的原因、事实基础后，本着公平原则，应保护、支持受害人的实体权利。依据《最高人民法院关于适用〈中华人民共和国民事诉讼法〉的解释》第二百四十八条之规定，“裁判发生法律效力后，发生新的事实，当事人再次提起诉讼的，人民法院应当依法受理”。原告进行人工全髋关节置换手术，不是原生效裁判未查明或涉及的事实，也不是当事人在原审中未提出的事实，属于新的事实，同时为减少当事人诉累，也没有必要启动相应的司法程序撤销调解书第三条的约定，法院依法亦应当受理本案。

需要说明的是，本判决中支持获得的赔偿，仅限于被侵权人伤情发生无法预见变化以后新发生的费用，与此前已发生法律效力的调解书并不矛盾。因涉及关于前后两次定残等级不一致，具体如何认定的问题，本案中两次司法鉴定伤情均为左股骨颈部位，第一次是因左股骨颈骨折遗有左髋关节活动受限构残，第二次是因左股骨颈骨折并发左股骨头坏死行左侧人工全髋关节置换术后遗有左髋关节功能障碍构残，且均被评定为十级伤残，故该部位的伤情第二次被评定构残并非新的、其他部位的伤残，在第一次诉讼时与伤残有关的赔偿事项已协商解决，本次诉讼中不再重复考虑残疾赔偿金、精神抚慰金等费用，在计算其他损失费用时应扣除第一次司法鉴定意见书中第三条确定的有关费用、期限。

编写人：江苏省如东县人民法院　戴钟玲　於婷婷　石玉

106　电子保险合同的免责条款说明义务

——姜某洁诉倪某兴、财险江阴支公司机动车交通事故责任案

【案件基本信息】

1. 裁判书字号

江苏省江阴市人民法院（2020）苏0281民初6267号民事判决书

2. 案由：机动车交通事故责任纠纷

3. 当事人

原告：姜某洁

被告：倪某兴、财险江阴支公司

【基本案情】

2019 年 5 月 16 日 7 时 40 分许，姜某洁驾驶无号牌电动自行车沿江阴市华士镇东华路由东向西行驶至勤丰路口东侧向左侧变道时，与由东向西行驶的倪某兴驾驶的小型轿车（逾期未年审）相撞，致车辆受损、姜某洁受伤。2019 年 5 月 21 日，江阴市公安局交通警察大队作出事故责任认定：姜某洁负事故主要责任，倪某兴负事故次要责任。事故发生后，姜某洁即被送往医院医治，共花费医疗费 33808.32 元。经鉴定构成人体损伤十级残疾。

事故发生前，倪某兴经保险公司业务员指导通过手机 App 向保险公司投保交强险及金额为 100 万元的商业三者险（含不计免赔），事故发生在保险期限内。

【案件焦点】

1. 保险公司业务员指导投保人通过手机 App 投保时，对免责条款是否有提示说明义务；2. 如何认定保险人对电子投保单中的免责条款尽到提示说明义务。

【法院裁判要旨】

江苏省江阴市人民法院经审理认为：（1）电子投保是缔结保险合同的合法形式之一，只要是投保人和保险人作出真实意思表示，且不违反法律法规强制性规定的，保险合同就合法有效。因此，以涉案车辆为标的物的保险合同成立。（2）业务员指导投保人通过手机App投保的操作流程和方法不附带免责条款的提示说明义务。倪某兴系通过自己的手机下载App并投保，即使业务员未提示其查看条款，但在签署单证前，页面跳出免责提示对话框，倪某兴应知道保险合同存在免赔事项，并可以在签署单证前通过手机操作页面点击查看，业务员仅提供指导操作方法，倪某兴对于是否点击、阅读、支付购买具有决定权，倪某兴自行放弃查看，应承担相关法律后果。(3)保险公司的手机App投保流程对涉诉免责事项未尽提示说明义务，理由如下：①投保流程中有免责提示对话框，根据对话框，投保人需将《免责事项说明书》中的黑体字内容及免责事项进行抄写，但系统设定了通过点击“确定”后由系统自动抄写，剥夺了投保人通过手动抄写从而具有足够时间接收、理解、记忆相关免责条款的机会，且免责事项一栏与其他保险条款共同并列为按钮选项，需另行点击才能查阅，并未将免责事项单独作为必经页面予以提示；②其演示页面的免责事项中并无被保险车辆未按规定检验等内容，虽然保险公司的委托诉讼代理人辩称因系统原因无法复原倪某兴的投保页面及保险条款，且当庭演示的条款内容因版本更新已删除上述条款，但不能证明保险公司在倪某兴投保时已对其尽到“投保车辆未按规定检验系免赔事项”的提示和说明义务。

江苏省江阴市人民法院依照《中华人民共和国道路交通安全法》第七十六条，《中华人民共和国侵权责任法》第十六条，《中华人民共和国保险法》第十七条第二款、第六十四条等规定，作出如下判决：

一、财险江阴支公司于本判决生效之日起十日内向姜某洁赔偿89709.93元；

二、驳回姜某洁的其他诉讼请求。

判决后，双方当事人均未上诉，本判决现已生效。

【法官后语】

随着移动互联网的发展和普及，各保险公司均开发手机 App 应用程序，以替代传统的通过业务员推销销售保险的模式，用电子保险合同取代了书面保险合同。但在手机 App 推广过程中，保险公司在 App 程序设计中应注意以下几点：

1. 在电子保险合同签订过程中，保险公司作为 App 开发者，相当于格式合同提供者，如果合同条款出现争议，应作出对保险公司不利的理解和解释，除了将纸质的合同文本转化为电子文本在手机页面显示之外，还应注意由于手机页面展示的尺寸、亮度、字体缩放、屏幕锁定等与纸质合同不同而带来的新问题，确保投保人通过电子签名签署电子保险合同时的过程符合《中华人民共和国民法典》规定的成立和有效要件。如系统设定了通过点击“确定”后由系统自动抄写，虽然投保人可以选择自行手动抄写，或者仔细阅读后点击“确定”，但这样的程序设计存在诱使投保人跳过免责条款的阅读步骤直接投保的嫌疑，作为程序设计者需对此承担不利后果。

2. 将免责条款的阅读设定为电子投保的必经程序才能认定保险公司对免责条款尽到提示说明义务。保险公司对于减免自身责任的免责条款的提示说明义务应通过怎样的方式加以体现，法律没有明确的规定。区别于传统的纸质合同通过黑体加粗等方式，电子合同的免责条款提示方式应设置为投保人完成投保的必经程序，并通过程序设定保证投保人能有足够充分的时间在手机页面清晰地、完整地查看全部内容，才能认定保险公司对免责条款已尽到提示说明义务。将免责事项一栏与其他保险条款并列为按钮选项，需另行点击才能查阅的方式，不能认定为已尽到提示说明义务。

3. 电子投保流程及文本的证据保全问题。由于法律法规、保险政策调整等因素，保险公司会对保险条款、投保流程等作修改，但对于已发生的投保流程及投保的合同条款，在发生争议时不能以争议发生时的流程及文本作为认定投保人的真实投保过程，故保险公司在设计App时应增加相应的模块或功能，使得争议发生时能够真实还原当初投保时的App流程及合同条款，也可以考虑通过公证方式、区块链、第三方电子数据平台等方式保全证据，使电子保险合同符合民事诉讼法关于电子证据的相关要求。

在移动互联网大背景下，电子投保取代传统的投保方式已然是大势所趋。电子投保更便捷、成本更低廉、价格更透明，但不能因此而降低保险人的保险义务，保险人作为App开发者即格式合同提供者，应对此负担起更多的责任和义务，如此才能推动“互联网+”保险业务的健康有序发展。

编写人：江苏省江阴市人民法院　曹海英

107 机动车交通事故责任纠纷中救助基金管理中心作为第三人对赔偿款优先受偿的处理

——阮某礼诉蔡某贵机动车交通事故责任案

【案件基本信息】

1. 裁判书字号

浙江省台州市椒江区人民法院（2019）浙1002民初3043号民事判决书

2. 案由：机动车交通事故责任纠纷

3. 当事人

原告：阮某礼

被告：蔡某贵

第三人：救助基金管理中心

【基本案情】

2017年6月9日下午，被告蔡某贵（未取得机动车驾驶证）驾驶二轮轻便摩托车沿椒金线自北往南行驶。17时19分，当车辆行驶至椒江区三甲街道椒金线某村人行横道线附近路段时，与前方自北往东左转弯由原告阮某礼骑行的自行车发生剐撞，造成原告倒地受伤、两车损坏的道路交通事故。2017年7月18日，台州市公安局交通警察局直属一大队出具道路交通事故认定书，确认涉案交通事故被告蔡某贵承担主要责任，原告阮某礼承担次要责任。事故发生后，原告阮某礼于2017年6月9日至2017年6月27日在市立医院住院治疗，产生住院费用33395.36元。自2017年6月8日至2017年12月28日，原告阮某礼产生门诊诊查费共计136元，门诊医疗费3007.09元，救护车费40元。原告另在健达公司购买护理垫、泡沫敷料、中单等共计160.6元。原告委托司法鉴定中心对护理、营养时限进行了评定，该鉴定中心于2019年6月10日出具司法鉴定意见书，确认阮某礼左股骨粗隆间累及粗隆下骨折等明确，建议护理时限为150日，营养时限为90日，均包括住院时间在内。本次鉴定产生鉴定费700元。2017年7月11日，原告阮某礼的儿子阮某河向救助基金管理中心出具承诺书，载明对2017年6月9日发生在椒江椒金线某村的交通事故，救助基金管理中心拟为事故责任人垫付事故相关费用。承诺人自愿承诺，无论肇事方、保险人及承诺人是否通过诉讼或非诉讼方式处理本次交通事故民事赔偿事宜，均同意肇事方和保险人将赔款直接优先归还救助基金管理中心。承诺人不得就救助基金管理中心垫付款部分再向肇事方及保险人主张相关权利，同时自愿协助救助基金管理中心追偿垫付款项。2017 年 10 月 23 日，救助基金管理中心根据申请向市立医院垫付了原告的抢救费 24395 元。原告确认，其交通事故事务是由其儿子阮某河出面处理。原告认可收到被告支付的医疗费 2000 元。

【案件焦点】

救助基金管理中心在交通事故责任纠纷案件中的法律地位。

【法院裁判要旨】

浙江省台州市椒江区人民法院经审理认为：涉案交通事故经交警部门认定，确定原告承担次要责任，被告承担主要责任。原告有权要求被告承担赔偿责任。第一，关于赔偿金额问题，具体分析如下：关于医疗费用，其中原告住院产生医疗费 33395. 36 元，扣除伙食费 412 元，尚余 32983. 36 元；门诊医疗费，其中门诊诊查费 136 元，门诊医疗费 3007. 09 元，共计 3143. 09 元；在健达公司购买的物品，被告无异议，相应款项 160. 6 元，法院予以确认。以上医疗费用共计 36287. 05 元。关于护理费，经鉴定护理期为 150 天，原告住院 18 天，住院期间护理费标准为 182 元/日，出院期间护理费标准低于住院期间标准，原告自愿按 50%计算法院予以准许，故护理费金额为 15288 元，原告误写成 27300 元；关于住院伙食补助费，原告住院 18 天，住院伙食补助费为 540 元；关于营养费，被告未构成伤残等级，参考其营养期评定结果，法院酌情确定其营养费为 700

元；关于鉴定费，因鉴定费系为明确损失而支出的费用，鉴定费 700 元应计入原告合理损失，其中护理期鉴定费 350 元，营养期鉴定费 350 元；关于交通费，原告仅提供了救护车费用共 40 元，其他交通费，参照原告住院 18 日，出院后门诊 7 次，按 10 元/日标准，酌情确定交通费为 250 元，加上救护车费 40 元，共 290 元；关于自行车修理费，因原告未举证证明修车事实及费用的产生，法院对此不予认定。以上费用共计 53805. 05 元。第二，关于责任分担问题。原告使用的自行车系非机动车，被告驾驶的二轮轻便摩托车系机动车，结合交警部门的责任认定，法院确认原告承担事故责任的 20%，被告承担事故责任的 80%。第三，被告驾驶的二轮轻便摩托车应投保交强险，现其未投保交强险，被告应在交强险限额范围内全额赔偿，不足部分按责任比例赔偿。交强险责任限额医疗费用赔偿限额 10000 元（含医疗费 36287. 05 元、住院伙食补助费 540 元、营养费 700 元、营养期鉴定费 350 元，共计 37877. 05 元，超出限额按 10000 元计算），死亡伤残赔偿限额 110000 元（含护理费 15288 元、交通费 290 元、护理期鉴定费 350 元，共计 15928 元），故被告先在交强险限额范围内赔偿 25928 元，余款 27877. 05 元赔偿原告 80%，即 22301. 64 元。第四，在原告主张的医疗费中，包括了救助基金管理中心垫付的 24395 元，救助基金管理中心可向事故责任人追偿。本案原告对事故责任承担 20%责任，被告对事故责任承担 80%责任，故原告应向救助基金管理中心支付垫付款 4879 元，被告应向救助基金管理中心支付 19516 元。被告应付的赔偿金额中，应扣除 19516 元，由被告直接支付给救助基金管理中心。另扣除被告已支付的 2000 元，被告尚需赔偿原告 26713. 64 元。第五，关于救助基金管理中心有无权利主张优先偿付的问题。原告出交通事故后，其相关事务均是由原告儿子阮某河处理，阮某河出具给救助基金管理中心承诺书，载明“同意肇事方和保险人将赔款直接优先归还救助基金管理中心”，故对救助基金管理中心要求被告优先支付赔偿款的诉讼请求法院予以准许。

故法院判决如下：

一、被告蔡某贵于本判决发生法律效力之日起十日内优先支付给有独立请求权第三人救助基金管理中心垫付款 19516 元；

二、被告蔡某贵于本判决发生法律效力之日起十日内赔偿给原告阮某礼各项损失 26713.64 元；

三、原告阮某礼于本判决发生法律效力之日起十日内支付给有独立请求权第三人救助基金管理中心垫付款 4879 元；

四、驳回原告阮某礼的其他诉讼请求。

判决后，双方当事人均未上诉，本判决现已生效。

【法官后语】

救助基金管理中心是管理依法筹集用于垫付机动车交通事故中受害人人身伤亡的丧葬费用、部分或者全部抢救费用的社会专项基金的部门。救助基金作为机动车交通事故责任强制保险制度的补充，旨在保证道路交通事故中受害人不能从交强险制度和侵权人得到赔偿或赔偿数额不足以支付抢救费用而受害人无力承担时，可以通过救助基金的救助，获得及时的抢救。在一个案件中一并处理一起交通事故所涉及的各类纠纷，既有效节约了司法资源，又保证了道路交通事故社会救助基金的有序运转，对化解社会矛盾，保障和改善民生具有重要意义。

在本案中，原告请求救助基金管理中心垫付医疗费用，且签订了垫付承诺书，承诺“同意肇事方和保险人将赔款直接优先归还救助基金管理中心”，但在提起诉讼时未通知救助基金管理中心。故此救助基金管理中心究竟基于何种法律关系，以怎样的诉讼地位向哪方主张权利便成了本案的审判难点。本文将从救助基金管理中心追偿的理论基础、追偿对象的确定及救助基金管理中心诉讼地位的确立三个方面进行评析。

一、追偿的理论基础

救助基金管理中心垫付医疗费用后，取得了对肇事方的追偿权利。该追偿权是基于让与请求权抑或基于赔偿代位，法律并没有明确规定。从理论角度分析，笔者倾向于将其认定为一种请求权的让与。一方面，赔偿代位的典型适用是指保险法上的财产保险赔偿代位。赔偿代位的适用范围严格限制在非专属债权之内，也即只能就财产损失进行追偿，因事故产生的医疗费用不在追偿适用范围之限。另一方面，让与请求权是相对更契合三方关系的法律模型。请求权让与是基于其物的所有权或基于其权利而对于第三人的请求权。在交通事故发生后，受害方自然产生对肇事方求偿的权利。而救助基金管理中心基于这种权利，通过垫付医疗费的方式取得了受害方让与的对肇事方的追偿权，其法律关系基本符合请求权让与的要求，故以此作为其理论基础更为妥当。

二、追偿对象的确定

依照交警部门出具的交通事故责任认定书及其他相关证据，法院对肇事方与受害方的责任比例会作出准确划分。在本案中，原告因自身存在过错，故法院酌定其承担20%的责任，被告承担80%的责任。救助基金管理中心的追偿对象也就变成了原、被告双方当事人。其对于原告的债权是基于其垫付医疗费用产生的债权，故可判决原告直接赔偿救助基金管理中心；其对于被告的权利是基于上文分析的请求权让与，且原告与救助基金管理中心签订了优先受偿的协议，故法院判决由被告优先偿还救助基金管理中心剩余的医疗费用。在其他类似案件中，被告的身份可能更加复杂，即出现事故责任人与赔偿义务人不一致的情况，如可能涉及肇事方当事人系车辆使用人而非车辆所有权人，肇事方在行使职务行为过程中发生事故等。因救助基金管理中心的追偿权来源于受害方部分医疗费用赔偿请求权的让与，故法院应当审核基础交通事故案件中的责任承担问题，最终确定的赔偿义务人即作为救助基金管理中心请求权行使的对象相对妥当。此外，保险公司作为被告时，可否由保险公司作为最终的赔偿义务人直接返还救助基金管理中心医疗费用在学理上还存有争议，部分观点认为如直接返还可能会突破保险合同的相对性原则。但根据2020年修正的《最高人民法院关于审理道路交通损害赔偿案件适用法律若干问题的解释》的规定，机动车道路交通事故赔偿义务人不仅包括交通事故责任人，还包括交通事故责任人背后的机动车所有人、管理人，以挂靠形式从事道路运输经营活动的机动车被挂靠人，承包交强险、商业险的保险公司等多个责任承担主体。故在审判该类案件时不宜机械地将救助基金管理中心追偿对象限定在交通事故责任人，可适当扩大至交通事故赔偿义务人，以促进该纠纷的妥善解决。

三、救助基金管理中心诉讼地位的确立

关于救助基金管理中心的追偿诉讼地位，目前司法实践中做法不一，主要为以原告名义直接起诉或者将其追加为第三人。因为原告现已就因交通事故产生的所有费用提起诉讼，故倘若认定救助基金管理中心受让的债权必须通过直接起诉的形式追偿，则在本案中该垫付部分的医疗费用法院不作处理，该部分请求需要先予驳回。

这也就导致了同一交通事故产生了多起诉讼案件，增加各方诉累，且不利于救助基金管理中心及时追偿，阻碍了救助基金的快速良性运转。故此，笔者认为该种处理效率较低有失妥当。对于第二种方案，即救助基金管理中心以第三人身份参加诉讼，笔者认为更有利于纠纷的解决。根据上文分析的救助基金管理中心的权利来源，其受让的权利行使对象为交通事故的赔偿义务人。在审理的案件中，赔偿义务人则为原审案件的原、被告。而有独立请求权的第三人参加诉讼的一般需要满足以下三个条件：1. 他人之间的诉讼正在受诉法院进行；2. 对他人之间的诉讼标的有独立请求权；3. 以起诉的方式参加诉讼，并以本诉双方当事人为被告。救助基金管理中心完全满足以有独三身份参与诉讼的各项条件，故本案中法院将救助基金管理中心追加为第三人，依据第三人与原告的诉讼请求作出判决，亦未突破“不告不理”原则，审理结果也无不当。

《中华人民共和国民法典》对上述情形作了明确规定。第一千二百一十六条规定，道路交通事故社会救助基金垫付后，其管理机构有权向交通事故责任人追偿。

编写人：浙江省台州市椒江区人民法院　周烨阳

108　仅依据交警部门出具的事故证明如何确定赔偿比例

——顾某圣诉人保公司等机动车交通事故责任案

【案件基本信息】

1. 裁判书字号

山东省淄博市中级人民法院（2019）鲁 03 民终 3817 号民事判

决书

2. 案由：机动车交通事故责任纠纷

3. 当事人

原告（被上诉人）：顾某圣

被告（上诉人）：人保公司

被告（被上诉人）：马某国、李某军、曹某成、货运公司、运输公司

【基本案情】

原告顾某圣发生交通事故受伤。交警部门经勘查现场，询问伤者、肇事车辆驾驶员及证人，并委托司法鉴定，均不能作出事故认定书，仅能出具事故证明一份，内容为：事故形成的过程及原因无法查清。肇事车辆在被告人保公司投保了交强险及商业三者险，本案交通事故发生在保险期限内。

【案件焦点】

交警部门仅出具交通事故证明未确定事故责任的情况下，法院应当如何认定赔偿比例。

【法院裁判要旨】

山东省淄博市博山区人民法院经审理认为：公民的合法权益受法律保护，侵害公民的人身权的，应当承担赔偿责任。本案中，原告顾某圣于2018年11月2日发生交通事故，依据交警部门事故证明中记录的调查情况，包括对当事人以及证人的询问，同时依据山理工交通安全司法鉴定所对原告顾某圣和肇事车辆在事故现场出现时间的确定，能够认定肇事车辆与原告发生交通事故具有高度盖然

性，同时被告亦未提供证据证明系原告故意或因原告自身行为造成的人身损害，故法院认定原告所受伤情系由肇事车辆造成，双方之间存在因果关系。

关于赔偿比例。本次交通事故双方特征为：原告系行人，被告驾驶机动车。根据原告陈述，其步行于龙泉管道老厂门口处；根据肇事车辆驾驶员即被告马某国陈述，其驾驶车辆紧靠公路东侧路边行驶，离路边路沿石很近；同时，根据交警部门对事故现场的勘查：事故现场单向为两条机动车道和一条非机动车车道，故综合以上信息可以确认，肇事车辆行驶进非机动车道与原告发生交通事故的盖然性非常大，亦即原告自身对损害结果发生的过错较小。同时，考虑本次事故发生在机动车与行人之间，落实相关司法政策精神，法院酌情由被告按照70%的比例承担赔偿责任。

一审宣判后，被告人保公司仅就一审判决中关于免责事由部分的认定提起上诉，未对赔偿比例提出异议。山东省淄博市中级人民法院经审理同意一审法院的裁判意见。据此，二审判决如下：

驳回上诉，维持原判。

【法官后语】

现实生活中，经常出现事后报警的情况，由于现场已遭破坏，交警部门虽然接警但是无法查清事故原因或者分清事故责任的，交警部门只能出具交通事故证明。《道路交通事故处理程序规定》第六十七条规定，“道路交通事故基本事实无法查清、成因无法判定的，公安机关交通管理部门应当出具道路交通事故证明，载明道路交通事故发生的时间、地点、当事人情况及调查得到的事实，分别送达当事人，并告知申请复核、调解和提起民事诉讼的权利、期限”。公安机关在无法查清事故责任的情况下，可以出具事故证明，但司法机关作为最终的裁判者，不能以没有事故责任认定为由拒绝裁判。因此，对于仅有事故证明的案件，法官也应当依法裁判。对此，笔者认为应当做好以下几个方面的工作：

一要严格审查事故证明的证据效力，提取事故证明中相关案件事实，大致还原事故发生的事实经过。交警部门出具的事故证明虽然没有完全查清道路交通事故发生的情况，但如同出具事故认定书一样，办案民警也对双方当事人进行了询问调查、鉴定勘验等，对事故发生的大致过程也能够作出一个较为全面的描述。只是基于办案规则或者涉及刑事等其他责任的慎重考虑，无法排除其他可能性导致不能出具事故认定书。因此，事故证明并非毫无意义，严格按照民事证据规定确认其证明效力，大致还原事故发生的经过，努力做到内心确认是审理案件的第一步。

二要严格审查侵权行为构成要件，正确把握道交法律法规的司法精神。道路交通事故责任纠纷归根结底是一种特殊的侵权纠纷，道交损害的成立要符合一般侵权行为的构成要件即侵权人、过错、损害后果和因果关系。司法实践中，交通事故证明一般分为两种：

一种是能够清楚地记载以上四要件，但无法查清事故发生的具体原因即分不出责任的案件。对于该类案件的处理其实只有一个难点：确定赔偿比例。如何确定赔偿比例，笔者认为，要在正确适用法律法规和司法解释的基础上，着重领会立法的深意并结合日常经验和逻辑作出能够符合普通大众心理预期的一般判断。具体到该案即属于此种情况。《中华人民共和国道路交通安全法》第七十六条规定，“机动车发生交通事故造成人身伤亡、财产损失的，由保险公司在机动车第三者责任强制保险责任限额范围内予以赔偿；不足的部分，按照下列规定承担赔偿责任……（二）机动车与非机动车驾驶人、行人之间发生交通事故，非机动车驾驶人、行人没有过错的，由机动车一方承担赔偿责任；有证据证明非机动车驾驶人、行人有过错的，根据过错程度适当减轻机动车一方的赔偿责任；机动车一方没有过错的，承担不超过百分之十的赔偿责任……”根据本条的规定，机动车与行人之间发生交通事故适用的是无过错责任。之所以这么规定，是因为立法者认为驾驶机动车上路的危险性要远远高于行人，驾驶人必然要承担更高的安全注意义务。一旦发生交通事故，要根据行人的过错程度抵销机动车一方的赔偿责任，而不是根据机动车的过错程度增加其赔偿责任。简单来讲，如果行人获得赔偿是1，那么，法院应当根据行人一方存在的过错程度降低其获得赔偿数额至0.7，而不是在0.5的基础上根据机动车一方的过错增加赔偿数额至0.7。这在本质上也体现了法律对人的生命与健康的尊重和保护。

另一种就是仅能确定因果关系的案件。此类案件中，由于多方面的原因可能同时存在无法确定侵权人、过错及因果关系或者缺少其中一二，能够确定的仅仅是受害人的损害后果。对于这样的案件，确定赔偿比例是后话，应首先确定侵权人和因果关系。笔者认为，此类案件交通事故证明书一般会记载超过一人的潜在侵权者，法官在审理此类案件的过程中，需要注意的是，正确运用举证规则，坚持内心确认，将待证事实推到高度盖然。交警部门处理交通事故，划分事故责任往往受限于证据，因为其中可能涉及诸如刑事制裁等相关的问题，故相对于民事诉讼，证明标准更高。法官在处理此类案件的过程中遵循的是民事诉讼的证明标准，只要能够达到高度盖然性即可。当然，其中考验的是法官的专业知识和魄力。

三要注意比例原则。民事诉讼活动以公平公正为最终价值追求，交通事故案件亦不例外。在处理仅有事故证明的交通事故案件时，司法真正成为当事人寻求权利救济的最后一扇门。在处理此类案件中，往往容易走两个极端：一是保持形式的公平，不论个案统一按照50%的比例予以裁判。此种情况看似公平，实则容易造成个案的不公平。它不能根据具体的案件具体分析双方当事人存在的过错，客观理性地确定赔偿比例。二是一味地维护受害者的利益，加重机动车一方的赔偿责任。此种情况主要考虑机动车一方保险充足，赔偿能力较强，风险较小，但却不当地扩大了机动车一方的责任范围，也容易造成实质的不公平。因此，在处理此类案件的过程中，应当严格注意比例原则，遵循权利与义务相一致，过错与赔偿相对应，具体案件具体分析，控制好比例，维护双方当事人的合法权益。

编写人：山东省淄博市张店区人民法院　刘刚

109　交通事故中碰撞事实和损害结果之间因果关系的认定及举证责任的分配

——霍某诉颜某等机动车交通事故责任案

【案件基本信息】

1. 裁判书字号

北京市第一中级人民法院（2019）京01民终1679号民事裁定书

2. 案由：机动车交通事故责任纠纷

3. 当事人

原告（上诉人）：霍某

被告（被上诉人）：颜某、卢某、保险公司

【基本案情】

2015年4月23日11时，在北京市海淀区厢黄旗东路，霍某驾驶无号牌电动两轮摩托车由南向北行驶，颜某驾驶卢某名下的××号小客车由南向北行驶，双方发生事故。事故经公安机关交通管理部门处理并出具了交通事故认定书，认定书记载："A（霍某）行驶中向左倒地，B（颜某）车赶到，其车轮胎与A相接触。A倒地、与B接触，造成A损伤。"公安机关交通管理部门认定：霍某未取得机动车驾驶证、未确保安全负事故主要责任，颜某未确保安全负事故次要责任。颜某所驾车辆在保险公司投保了交强险及责任限额为50万元的商业三者险（含不计免赔），此次事故发生在保险期限内。

事发后，霍某于2015年4月23日至2015年5月19日在急诊抢救中心住院治疗，共计26天，出院诊断：1. 左侧第3-8肋骨骨折；2. 骨盆骨折：左侧耻骨上支及坐骨骨折累及左侧耻骨联合关节面；3. 左侧锁骨骨折；4. 双侧胸腔积液；5. 双肺挫伤；6. 胸4椎体压缩骨折；7. 脑外伤后神经反应；8. 全身多处软组织损伤；9. 左外踝骨折；10. 右侧第6肋骨骨折；11. Ⅱ型糖尿病。出院医嘱：全休一个月，一个月后复查，不适随诊，禁止过早负重，左侧锁骨骨折建议手术治疗，住院期间陪护一人。霍某向法院提交了急诊抢救中心司法鉴定中心于2015年8月31日出具的鉴定意见书，鉴定意见为：被鉴定人霍某7根肋骨骨折符合X级伤残，骨盆畸形愈合符合X级伤残，左上肢功能部分障碍符合X级伤残。累计伤残赔偿指数为20%。

审理过程中，双方虽对上述交通事故认定书的真实性及所载内容未持异议，但对双方之间的具体接触部位，以及霍某的伤情与双方接触事故之间的因果关系存在争议。一审根据双方提交的证据，对举证责任进行了分配，并委托司法鉴定所对霍某的全部伤情与此次交通事故之间的因果关系及参与度进行了鉴定。司法鉴定所出具的最终鉴定意见为：霍某的上述伤情不是“颜某车辆轮胎与霍某左下肢（大腿部位）相接触”造成，参与度为0。

【案件焦点】

1. 颜某所驾车辆与霍某之间的具体接触部位；2. 霍某的伤情与双方接触事故之间有无因果关系。

【法院裁判要旨】

北京市海淀区人民法院经审理认为：根据双方提交的证据及本案争议焦点，应将2015年4月23日的交通事故分为两个阶段：一是霍某单方倒地的事故（以下简称单方倒地事故）；二是颜某驾车赶到，其车轮胎与霍某相接触的事故（以下简称双方接触事故）。

一、关于颜某所驾车辆与霍某之间的接触部位

根据本案证据可以认定：颜某所驾车辆未与霍某所驾车辆发生接触，颜某所驾车辆上没有划痕或其他碰撞痕迹，在事故认定过程中仅有霍某裤子上的胎纹与颜某所驾车辆的车轮胎存在关联，而交警对裤子上胎纹的勘查比对位置位于左裤腿的大腿位置。本案中没有证据显示颜某所驾车辆与霍某的其他部位存在接触，故应当认定双方之间的接触部位为霍某的左下肢（大腿部位）。

二、关于霍某的伤情与双方接触事故之间的因果关系

首先，根据双方的接触部位及日常生活经验，霍某的伤情中与双方接触事故关联最紧密的是骨盆骨折伤情，因为如果左下肢大腿部位遭受严重挤压或碾轧，有可能导致骨盆骨折，故法院最初根据该情况对举证责任进行了适当分配：由颜某、卢某、保险公司举证证明霍某的“骨盆骨折”伤情与双方接触事故之间没有因果关系；由霍某举证证明其余伤情与双方接触事故之间的因果关系。

其次，本案中，鉴定机构于2016年3月9日出具的鉴定意见，仅明确了Ⅱ型糖尿病与涉案交通事故之间不存在因果关系，而对其他损伤未能区分是属于霍某的单方倒地事故所致，还是属于双方接触事故所致。后法院向鉴定机构重申了案件争议焦点及鉴定目的，鉴定机构于2018年10月16日向法院出具了补充意见：霍某的伤情不是“颜某车辆轮胎与霍某左下肢（大腿部位）相接触”造成，参与度为0。

最后，结合霍某单方倒地事故的地面划痕、霍某各部位的伤情损害程度以及双方之间的接触痕迹等具体情况，法院认为，霍某单方倒地事故的严重程度相较于双方接触事故而言，明显更重，故而其因单方倒地事故致伤的盖然性明显更高。

综上，法院认为霍某的伤情与双方接触事故之间没有因果关系。故对霍某主张的人身损失，法院均不予支持。但考虑到颜某所驾车辆的轮胎与霍某的裤子有接触，故对霍某主张的财产损失费中的裤子损失，法院酌情予以支持。

综上所述，北京市海淀区人民法院依照《中华人民共和国侵权责任法》第六条、第十九条、第四十八条，《中华人民共和国道路交通安全法》第七十六条，《中华人民共和国民事诉讼法》第一百四

十四条之规定，判决如下：

一、保险公司于本判决生效后七日内赔偿霍某裤子损失费二百元；

二、驳回霍某的其他诉讼请求。

霍某不服原审判决，提起上诉。在二审过程中，霍某申请撤回上诉，二审法院出具民事裁定书准许霍某撤回上诉。

一审判决自二审裁定书送达之日起发生法律效力。

【法官后语】

本案是典型的混合型交通事故案件，即由一次单方倒地事故与一次双方接触事故混合而成，该类型案件的审理难点在于如何认定伤者的争议伤情与两次事故形态之间的因果关系，其中亦涉及如何向鉴定机构明晰鉴定目的，以更好地实现通过鉴定程序厘清案件争议事实的制度价值。

一、认定混合型交通事故案件因果关系的基本思路

1. 首先应当组织双方充分质证并就争议焦点充分发表意见，引导双方就事故发生的具体细节、碰撞形态、双方之间的接触部位、有争议的伤情诊断等一一进行辩论，从而梳理出每个环节的争点，通过对这些争点的细致研判，合理分配举证责任。

具体到本案中，合议庭通过双方的举证及陈述，首先划分了涉案交通事故的两个阶段：一是霍某单方倒地的事故（以下简称单方倒地事故）；二是颜某驾车赶到，其车轮胎与霍某相接触的事故（以下简称双方接触事故）。其次根据本案证据认定了双方之间的接触部位为霍某的左下肢（大腿部位）。然后根据双方的接触部位及日常生活经验认定，霍某的伤情中与双方接触事故关联最紧密的是骨盆骨

折伤情，因为如果左下肢大腿部位遭受严重挤压或碾轧，有可能导致骨盆骨折，故最初根据该情况对举证责任进行了适当分配。

2. 积极引导双方通过鉴定程序厘清争议事实

骨盆骨折伤情多由高能外伤所致，交通事故外伤可形成骨盆骨折伤情，摩托车单方事故亦可形成骨盆骨折伤情。霍某的其他符合交通损伤特点的伤情亦属此类情形。故仅凭霍某的受伤部位及伤情特征仍然难以判定诉争伤情与双方接触事故之间的因果关系。因此，合议庭释明双方进行了因果关系鉴定。

二、对鉴定意见应当主动审查，发现鉴定意见有瑕疵或者未能实现鉴定目的的，应当要求鉴定机构出具补充鉴定意见

在常规的单次碰撞致伤的交通事故案件中，进行伤情因果关系鉴定的主要目的一般是区分诉争伤情是外伤型交通损伤还是自身疾病所致，但在混合型交通事故案件中则有所不同，进行伤情因果关系鉴定的主要目的是区分诉争伤情与某一次碰撞之间的因果关系，如果法官没有充分向鉴定机构说明鉴定事项的争点及目的，很有可能得到一份无法厘清争议焦点的鉴定意见。这就需要法官在委托鉴定时向鉴定机构明确鉴定事项的争点及目的，在鉴定意见出具后，亦应对鉴定意见进行审查，发现鉴定意见有瑕疵或者未能实现鉴定目的的，应当要求鉴定机构出具补充鉴定意见。

本案中，合议庭经审查认为，原鉴定意见着重分析了霍某的伤情符合交通事故所致外伤型交通损伤的特点，但未进一步区分诉争伤情究竟是属于霍某的单方倒地事故所致，还是属于双方接触事故所致。故向鉴定机构出具了要求补充鉴定的函，向鉴定机构重申了案件争议焦点及鉴定目的，后鉴定机构出具了补充鉴定意见，明确了诉争伤情与双方接触事故之间的因果关系。法院结合霍某单方倒

地事故的地面划痕、霍某各部位的伤情损害程度以及双方之间的接触痕迹等具体情况，认定霍某单方倒地事故的严重程度相较于双方接触事故而言，明显更重，故而其因单方倒地事故致伤的盖然性明显更高。最终，法院认定霍某主张的伤情与双方接触事故之间没有因果关系，从而驳回了霍某的相应诉讼请求。

编写人：北京市海淀区人民法院　游晓飞

110　物业施划车位内发生的交通事故的责任认定

——张某庚、张某霞诉物业公司等机动车交通事故责任案

【案件基本信息】

1. 裁判书字号

江苏省常州市中级人民法院（2019）苏04民终1788号民事判决书

2. 案由：机动车交通事故责任纠纷

3. 当事人

原告（被上诉人）：张某庚、张某霞

被告（被上诉人）：吴某军、物业公司

被告（上诉人）：财险公司

【基本案情】

2018年6月16日12时30分，王某英驾驶电动自行车沿金坛区五星家园小区内道路由南向北行驶，遇停放在物业公司施划的停车位里吴某军的苏D×××××号小型轿车，发生碰撞，造成事故，王某英经医院抢救后于次日在家中死亡。公安部门出具的交通事

故尸体检验报告载明，死者王某英死亡原因为颅脑损伤。

吴某军车辆在保险公司投保了交强险及150万元不计免赔率的商业三者险。

另查明，为满足小区业主停放机动车的需要，物业公司增加施划停车位，案涉停车位由吴某军使用，每年向物业公司缴纳600元管理服务费，用于停放苏D×××××号小型轿车。经法院现场勘验，该停车位与道路垂直，少量占用道路，苏D×××××号小型轿车无法完全停入该停车位，小部分车身在停车位外。

王某英因该次交通事故死亡造成的死亡赔偿金、医疗费、丧葬费等损失合计805680元。

【案件焦点】

物业公司施划的车位存在瑕疵，引发交通事故，责任应当如何分配。

【法院裁判要旨】

江苏省常州市金坛区人民法院经一审认为：公民享有生命健康权，侵害公民身体造成伤亡的，应当赔偿医疗费、死亡赔偿金等相关损失。本案属因道路交通事故引发的损害赔偿纠纷，依法应先由承保交强险的保险公司在责任限额范围内予以赔偿，仍有不足的，由事故各方按保险合同约定和各自过错比例承担。

物业公司提出死者患有二级高血压，不排除是死者突发高血压病撞到吴某军的车辆，死者的身体原因是造成本次事故的根本原因的辩解意见。根据入、出院记录记载及公安部门所作的死者死亡检验报告，王某英死亡原因为颅脑损伤，而该颅脑损伤系在该交通事故中造成，故该交通事故与王某英死亡之间具有直接因果关系，故法院对物业公司该辩解意见不予采纳。

三被告还提出自己对该交通事故的发生均无过错，不应承担赔偿责任的辩解意见。法院认为，死者王某英驾驶电动自行车在居民小区内行驶，其应当知道居民小区内道路通行条件不比一般的公共道路，但其未尽到谨慎的注意义务，在事发时通行条件尚可的情况下，撞到停放在停车位内的吴某军车辆，其对该交通事故的发生自身具有重大过错，应承担主要责任；物业公司为满足业主停车需要施划停车位，并向业主收取相应的管理服务费本无可厚非，但其应当按照规范施划停车位，提供不影响通行安全的停车位给业主使用，然而其提供的案涉停车位垂直小区道路施划，占用小部分道路，吴某军的小轿车无法完全停放进该停车位，对安全通行存在一定的安全隐患，故物业公司对该交通事故的发生具有一定过错，应承担相应的赔偿责任；吴某军明知物业提供的停车位存在一定的安全隐患，但在该交通事故发生时仍然将机动车停放在案涉停车位内，对该交通事故的发生也具有一定过错。综合考虑交通事故各方在事故中的过错大小、事故车辆情况、事故发生地点居民小区与一般公共道路区别等因素，吴某军以承担10%的赔偿责任为宜，物业公司以承担15%的赔偿责任为宜。王某英因该次交通事故死亡造成的损失合计805680元，保险公司应赔偿186417元（在交强险范围内赔偿117610元，三者险范围内按10%责任比例赔偿68807元），由物业公司按15%责任比例赔偿103210.5元。

一审法院依照《中华人民共和国侵权责任法》第十六条、第二十六条、第四十八条，《中华人民共和国道路交通安全法》第七十六条，《最高人民法院关于审理道路交通事故损害赔偿案件适用法律若干问题的解释》第十六条，《中华人民共和国民事诉讼法》第一百四十二条之规定，作出如下判决：

一、被告财险公司于本判决生效之日起 30 日内赔偿原告张某庚、张某霞交通事故损失人民币 186417 元，该款应当直接向原告方履行；

二、被告物业公司于本判决生效之日起 30 日内赔偿原告张某庚、张某霞交通事故损失人民币 103210.5 元，该款应当直接向原告方履行；

三、驳回原告方的其他诉讼请求。

江苏省常州市中级人民法院同意一审法院判案理由，依照《中华人民共和国民事诉讼法》第一百七十条第一款第一项之规定，判决如下：

驳回上诉，维持原判。

【法官后语】

一、居民小区发生交通事故后责任认定的程序规范

《中华人民共和国道路交通安全法》第一百一十九条对道路进行了明确定义，道路是指公路、城市道路和虽在单位管辖范围但允许社会机动车通行的地方，包括广场、公共停车场等用于公众通行的场所。关于居民小区内道路是否属于道路，在居民小区发生交通事故，实务中，交警部门处理时没有按照道路进行认定，而是认为居民小区属于道路以外的地方，但交警部门又未严格按照《中华人民共和国道路交通安全法》第七十七条“车辆在道路以外通行时发生的事故，公安机关交通管理部门接到报案的，参照本法有关规定办理”的规定，未参照作出交通事故责任认定，往往只是出具情况说明，简要载明事故情况，没有事故成因分析和责任认定，而该情况

说明不能像道路交通事故认定书一样可以向上级交警部门复核，又因该类案件当事人对事故责任争议非常大，大大增加了法院查明案件事实、认定各方当事人事故责任的难度。

本案中，小区是个老小区，根据业主和车辆信息花名册，该小区有1418户业主，然而停车位只有327个，因业主私家车增长过快，无法满足停车需求。物业公司遂在小区内道路两旁、部分绿化带等地方增划停车位。吴某军每年向物业公司缴纳600元管理服务费后，将车辆停放在增划的停车位内。王某英驾驶电动自行车撞到停在路边停车位里吴某军的车辆，受伤后经抢救无效死亡。交警部门出警后，根据现场照片、事故现场图等，仅出具1份情况说明，简要载明电动车和轿车碰撞事实，未进行事故成因分析和责任认定。为查明该交通事故事实，尤其是停车位的详细情况，法院到事故现场进行勘验，最终为确定各方当事人事故责任进行了充分的证据准备。

二、居民小区停车位交通事故各方责任认定

《中华人民共和国道路交通安全法》第七十六条第一款第二项规定，机动车与非机动车驾驶人、行人之间发生交通事故，非机动车、行人没有过错的，由机动车一方承担赔偿责任；有证据证明非机动车驾驶人、行人有过错的，根据过错程度适当减轻机动车一方的赔偿责任；机动车一方没有过错的，承担不超过10%的赔偿责任。在居民小区发生交通事故，应当依据《中华人民共和国侵权责任法》和《中华人民共和国道路交通安全法》的相关规定，根据各当事人行为对交通事故所起作用大小及过错严重程度，确定各当事人的事故责任大小。

本案中，死者王某英驾驶电动自行车在居民小区内行驶，其应当知道居民小区内道路通行条件比不上一般的公共道路，但其未尽到谨慎的注意义务，在事发时通行条件尚可的情况下，撞到停放在停车位内的吴某军车辆，其对该交通事故的发生自身具有重大过错，应承担主要责任；① 物业公司为满足业主停车需要施划停车位，并向业主收取相应的管理服务费本无可厚非，但其应当按照规范施划停车位，提供不影响通行安全的停车位给业主使用，然而其提供的案涉停车位垂直小区道路施划，占用小部分道路，吴某军的轿车无法完全停放进该停车位，对安全通行具有一定的安全隐患，故物业公司对该交通事故的发生具有一定过错，应承担相应的赔偿责任；吴某军明知物业提供的停车位存在一定的安全隐患，在该交通事故发生时仍然将机动车停放在案涉停车位内，对该交通事故的发生也具有一定过错。综合考虑交通事故各方在事故中的过错大小、事故车辆情况、事故发生地点居民小区与一般公共道路区别等因素，吴某军以承担10%的赔偿责任为宜，物业公司以承担15%的赔偿责任为宜。关于在该交通事故中各方当事人过错大小和具体赔偿责任比例，二审法院予以认可和支持。

编写人：江苏省常州市金坛区人民法院　汤震球　姚佳璐

---

① 《中华人民共和国侵权责任法》第二十六条规定，被侵权人对损害的发生也有过错的，可以减轻侵权人的责任。《中华人民共和国民法典》侵权责任编对该条文作出修改，“被侵权人对同一损害的发生或者扩大有过错的，可以减轻侵权人的责任。”一是将“损害”修改为“同一损害”，即对损害后果作一限定，以更加严谨；二是增加了“被侵权人对同一损害的扩大有过错”的情形，从而使得本条规定覆盖范围更广，也更加科学合理；三是将“也有过错”的“也”字删除，这不仅是简单的文字修改，而是更加科学严谨且适用更加准确的表述，因为从行为主体上讲，“也有过错”就意味着侵权人首先有过错，这样的话在侵权责任类型上似乎就仅限于适用过错责任原则的情形，而不能包括无过错责任原则的情形，删除“也”字，尤其是从法条位置看，本条又处在“一般规定”当中，从其文义和逻辑上讲，就意味着本条规定对于无过错责任原则的侵权行为类型也可以适用。

111 “非医保不赔”的举证程度认定

——黄某美诉葛某峰等机动车交通事故责任案

【案件基本信息】

1. 裁判书字号

江苏省无锡市中级人民法院（2018）苏02民终4112号民事判决书

2. 案由：机动车交通事故责任纠纷

3. 当事人

原告（被上诉人）：黄某美

被告（上诉人）：甲保险公司

被告（被上诉人）：葛某峰、客运公司、乙保险公司

第三人（被上诉人）：丙保险公司

【基本案情】

2016年6月3日12时5分许，黄某美驾驶电动自行车行驶时，与葛某峰驾驶的皖EGS×××小型普通客车相撞，造成两车损坏、黄某美受伤的交通事故。事发时，谢某胜驾驶的苏BA9×××大型普通客车占用路口北侧公交专用车道逆向停放。交警部门认定黄某美负事故同等责任，葛某峰、谢某胜共负事故同等责任。葛某峰驾驶的皖EGS×××小型普通客车在乙保险公司投保了交强险、100万商业三者险及不计免赔险；谢某胜系客运公司员工，其所驾驶的苏BA9×××大型普通客车的车主为客运公司，该车在甲保险公司投保了交强险、100万商业三者险及不计免赔险，事故发生在保险期限内。

精神卫生中心司法鉴定所于2017年4月28日出具鉴定意见：黄某美2016年6月3日道路交通事故引发了“脑外伤所致精神障碍（器质性人格改变）”，该精神损伤的残情，目前符合《道标》（GB/18667-2002）八级伤残的评定条件。司法鉴定所于2017年6月12日出具鉴定意见：黄某美骨盆损伤伤残等级评定为九级；其误工期评定为自受伤之日起至评残前一日、营养期评定为150日、护理期评定为150日。

【案件焦点】

保险公司以“非医保鉴定”主张“非医保不赔”是否支持。

【法院裁判要旨】

江苏省无锡市惠山区人民法院经审理认为：保险合同约定按照基本医疗保险的标准核定医疗费用，保险人以被保险人的医疗支出超出基本医疗保险范围为由拒绝给付保险金的，不予支持；保险人有证据证明被保险人支出的费用超过基本医疗保险同类医疗费用标准，要求对超出部分拒绝给付保险金的，应予支持。保险公司应当就超出国家基本医疗保险同类医疗费用标准的费用部分进行举证，甲保险公司及乙保险公司提供保险公估公司的鉴定意见，认为超出医保范围用药中有15097.04元医疗费用属于非必要医疗费用，无须替代；超出医保范围的用药中有部分可代替，产生替代差价4864.1元；医保范围内用药，按照医保自费比例应扣减19095.26元，综上合计39056.4元医疗费保险公司不予赔偿。法院经向黄某美的主治医生询问，鉴定机构认为1. 无须替代的医疗项目中，一次性手术衣是为避免重症病人感染而给医护人员或探视家属使用；行气通便贴是因病人长期卧床产生便秘而使用；人工鼻伏尔特是病人使用鼻饲时的胶布；75%乙醇是消毒酒精；氨基酸注射液，虽然有医保范围内的氨基酸，但是医院药品存在库存不够的情形，实际用药中并非像鉴定机构所想，所有药品均是充足可选的，医院是基于当时的实际情况进行用药，且不存在同时使用2种氨基酸的情形；复方曲肽注射液，鉴定机构认为丹参川穹嗪注射液、丹红注射液、法舒地尔注射液与复方曲肽注射液属重复功效的药品，但医院使用复方曲肽注射液时考虑的是其精神营养的功效，而丹参川穹嗪注射液等并不具备该功效。综上，上述医院的治疗项目系根据实际情况而使用，保险公司应当进行替代药品举证。保险公司认为上述14363.99元医疗项目属非必要医疗费用，无须替代的意见，不予采信。2. 可替代的医疗项目，鉴定机构认为"注射用盐酸丙帕他莫""注射用骨肽（I）（古欣太）"，可分别由医保用药"盐酸曲马多片""伤科接骨片"替代，产生替代差价4864.1元。黄某美的主治医生向法院说明，黄某美入院时因重型颅脑损伤处于昏迷状态，医院使用的2种药品为静脉给药，起效快。替代方案为口服药，口服类药品起效缓慢，不适宜黄某美当时的病情使用。另盐酸曲马多片属于处方类药物，具有成瘾性，管控严格。主治医生的该说明合理可信，鉴定机构的替代方案不合理，保险公司未能有效举证证明"国家基本医疗保险同类医疗费用标准"，故对保险公司该辩解意见不予采纳。3. 关于医保范围内的用药，鉴定机构认定应当按照医保自费比例扣减，其中19095.26元属于自费比例。根据本案保险合同约定，表明在国家基本医疗保险范围内的医疗费用保险公司应当予以赔偿，双方并无约定国家基本医疗保险范围内的医保自费部分的承担情况，不应扩大解释为保险公司的赔偿范围等同于医保的理赔范围。对保险公司的该辩解意见不予采纳。

葛某峰主张其驾驶的皖 EGS×××小型普通客车在本次事故中受损，产生损失 7250 元，在本案中一并处理，其余当事人均无异议。故甲保险公司在交强险范围内承担 2000 元，超出部分 5250 元，由黄某美承担 40%的赔偿责任，即 2100 元，由甲保险公司在商业三者险范围内承担 25%的赔偿责任，即 1312. 5 元。

根据道路交通事故人身损害赔偿标准，黄某美损失共计 669284. 63 元，应由甲保险公司、乙保险公司在交强险限额内分别承担 120000 元、120300 元，超出部分 428984. 63 元由甲保险公司在商业三者险范围内承担 25%的赔偿责任，即 107246 元，由乙保险公司在商业三者险范围内承担 35%的赔偿责任，即 150145 元。甲保险公司、乙保险公司已各垫付 10000 元，葛某峰已垫付 84526. 11 元。丙保险公司已垫付的医疗费 36019. 81 元，应由黄某美予以返还，该款可从甲保险公司赔偿给黄某美的赔偿款中直接返还丙保险公司。

法院认为，涉案保险合同是商业性保险合同，保险收取的保费金额也高于国家基本医疗保险，投保人对于投保利益也高于国家基本医疗保险，因此按甲保险公司非医保费用不予理赔的主张，对争议条款进行解释，明显降低保险公司的风险及义务，限制投保人的权利。因此，保险公司按商业性保险收取保费却按照国家基本医疗保险理赔，有违诚信。况且，用药是医院的行为，受害人与肇事者均不是专业人员，均不可能判断医保用药的标准和范围。因此，因医院诊疗行为而导致肇事方承担非医保用药部分费用，显失公平。保险公估公司并没有鉴定非医保用药及替代用药的资质，因此，其所作出的《道路交通事故医疗费用保险公估审核意见书》不具有证据效力。

经综合评判，江苏省无锡市惠山区人民法院依法判决如下：

一、甲保险公司于本判决发生法律效力之日起十日内赔偿黄某美各项损失合计94600.08元、支付葛某峰89938.61元、支付丙保险公司36019.81元；

二、乙保险公司于本判决发生法律效力之日起十日内赔偿黄某美各项损失合计260445元；

三、驳回黄某美的其他诉讼请求。

甲保险公司不服一审判决，提起上诉。江苏省无锡市中级人民法院依照《中华人民共和国民事诉讼法》第一百七十条第一款第一项之规定，判决如下：

驳回上诉，维持原判。

【法官后语】

法律允许保险人举证证明“被保险人支出的费用超过基本医疗保险同类医疗费用标准”，受限于医疗行为的专业性，由鉴定机构对“非医保”鉴定终会成为保险公司“非医保不赔”的举证手段。通过对本案“非医保”鉴定意见的评析，可以发现“非医保”鉴定意见中存在的问题，加强对“非医保”鉴定意见的理解与适用，慎重非医保鉴定机构的准入。

1.“非医保”举证范围的界定

保险公司主张“非医保”不赔，需要进行“非医保”举证，即对超出医保范围的药品列明种类、数量、价格，并列明替代药品的种类、数量、价格。故“非医保”举证范围应针对“超出”医保范围的药品。

2.“非医保”替代方案合理性审查

对于鉴定机构提供的替代方案，需要审查替代方案的合理性、可行性，否则不属于有效“非医保”举证。本案鉴定意见中，将部分医疗费用认定为非必要医疗费用，无须替代，如一次性手术衣；部分药品出具了替代方案，如“注射用盐酸丙帕他莫”“注射用骨肽（I）（古欣太）”，可分别由医保用药“盐酸曲马多片”“伤科接骨片”进行替代。但根据调查，黄某美入院时因重型颅脑损伤处于昏迷状态，一次性手术衣是为避免重症病人感染而给医护人员或探视家属使用；“注射用盐酸丙帕他莫”“注射用骨肽（I）（古欣太）”2种药品为静脉给药，起效快，鉴定机构的替代方案为口服药，口服类药品起效缓慢，不适宜因重型颅脑损伤处于昏迷状态的黄某美使用。由此可见，该部分鉴定意见出具的基础与实际病情不符，不具备合理性、可行性。因医院需根据实际治疗时病情严重程度、药效的起效速度、药品实际可使用情况等多种因素因地、因时制宜，采取用药方案，最终的治疗结果也可表明医院的用药方案可行、有效。而鉴定机构的鉴定意见，是在事后根据病历资料等书面材料出具，且仅是可行性意见，缺乏实际操作效果直观展示，与实际治疗存在差别。因此鉴定机构作出“非必要医疗费用”意见、替代方案时需要慎重，具备明确的依据，还需结合伤情的严重程度、药品的供应等实际情况，而非仅仅纸上谈兵。法院在适用鉴定意见时，需听取医生实际用药时的考量与情状，谨慎判断鉴定意见的合理性。

3.“非医保”鉴定机构的准入应当更加严格

因为医疗行为具有专业性，每个病案、每个治疗阶段都需根据病人、病情的实际情况进行治疗、用药。替代方案，并非仅提供类似功效的药品即可，还需考虑替代方案的可操作性，即将替代方案置于病人、病情的实际治疗中是否可行。从本案例的鉴定意见可知，“非医保”鉴定对鉴定人员的要求较高，“非医保”鉴定结果对被保险人、医疗机构、病人均有不同程度的影响，有关行政部门在批准鉴定机构具有“非医保”鉴定经营范围时需慎重，法院在将其列入鉴定机构名录时也应严格审查。

4. 保险合同中“非医保不赔”条款是否合理

国家基本医疗保险是一项具有福利性的社会保险制度。而商业三者险是商业性保险合同，收取的保费金额高于国家基本医疗保险，投保人对于投保的利益期待也高于国家基本医疗保险。保险公司按照商业保险收费，却按照国家基本医疗保险标准理赔，明显降低保险公司的风险及义务，限制投保人的权利，违背合同权利义务对等原则。故对商业保险合同“非医保不赔”的适用，应予限制。

编写人：江苏省无锡市惠山区人民法院　王艳华

112 交通事故致本车人员损害，事故车辆驾乘关系的举证责任和认定

——刘某礼等诉刘某生等机动车交通事故责任案

【案件基本信息】

1. 裁判书字号

山东省青岛市中级人民法院（2018）鲁02民终2999号民事判决书

2. 案由：机动车交通事故责任纠纷

3. 当事人

原告（反诉被告、上诉人）：刘某礼、万某俊、沙某华、刘某宇

被告（反诉原告、上诉人）：汽车销售公司

被告（被上诉人）：刘某生、商贸公司、保险公司

【基本案情】

刘某礼和万某俊系夫妻关系，二人育有二子，死者刘某高系其长子。沙某华系刘某高之妻，二人于1997年12月6日生育一子刘某宇。刘某生和程某艳系夫妻关系，刘某生系汽车销售公司法定代表人，该公司性质系有限责任公司（自然人独资）。2016年6月30日13时许，刘某生以试车为由，驾驶案涉陕A60×××号轻型厢式货车载刘某高沿平度市云山镇某村往北行驶至一十字路口处，刘某生将车掉头，停靠路右边（未拔下车钥匙，车头朝南），刘某生下车，刘某高因操作不当致使车辆翻入路东沟中，刘某高被车辆左侧车身压在沟坡，后经120抢救无效死亡。经尸检，刘某高系因胸腹部受压致窒息死亡。交警部门出具事故证明，载明"……该道路交通事故形成原因无法查清"。汽车销售公司垫付刘某高丧葬费用9000元。案涉车辆登记车主为商贸公司，该车租赁给新能源公司，2016年6月27日，新能源公司与汽车销售公司签订以租代售合同，合同标的包括案涉车辆，该车于2016年6月27日交付给汽车销售公司。经鉴定案涉车辆损失为37418元。案涉车辆在保险公司投保交强险。刘某高未取得机动车驾驶证。经对案涉车辆事故发生时的驾乘关系进行鉴定，交通司法鉴定中心作出如下鉴定意见：根据现有证据材料，无法确定事故时刘某生是否位于新能源纯电动车内，无法确定新能源纯电动车事故时的驾乘关系。

【案件焦点】

1. 案涉交通事故发生时驾乘关系应如何确定；2. 本案赔偿责任主体如何确定，应如何承担责任。

【法院裁判要旨】

山东省平度市人民法院经审理认为：在交通事故侵权类纠纷中，确定侵权行为是否存在及过错大小的重要事实就是事故发生时的驾乘关系，刘某礼、万某俊、沙某华、刘某宇应证明前述构成要件事实，但本案鉴定意见无法确定前述待证事实，刘某礼、万某俊、沙某华、刘某宇对此举证不能，对该事实认定应作出对其不利的推定，事故发生前刘某生将车辆停靠路右侧（车钥匙未拔），事故发生时案涉车辆上仅有刘某高一人，从常理来看，若无不当操作行为之附加，案涉车辆不可能翻至路东侧沟内，因此“事故发生时刘某高在案涉车辆驾驶舱内，刘某生不在案涉车辆上”的事实具有高度盖然性，足以认定。刘某高未取得机动车驾驶证，也无丰富电动汽车驾驶经验，刘某生作为案涉电动汽车销售商，应预见到刘某高操作案涉车辆可能发生的现实危险，在刘某高一人在车上时，刘某生未将车钥匙拔下，未提醒刘某高不要私自驾车，其未尽到审慎的安全注意义务，对刘某高之死存在一定过错，该不作为与刘某高之死存在一定因果关系，其应承担一定的侵权责任。但本案属于混合过错情形，刘某高未取得机动车驾驶证，其作为完全民事行为能力人，应知晓自己的驾驶能力，在无丰富电动汽车驾驶经验情况下，私自操作案涉车辆，系交通事故发生的直接原因，其本身具有较大过错。综合双方过错情况，刘某生应承担40%事故责任，刘某高承担60%责任。刘某生系汽车销售公司法定代表人，本案系其与潜在购车者试车过程中发生事故，试车系刘某生为销售汽车所为，应认定为职务行为，所致损害后果赔偿责任应由汽车销售公司承担。因刘某高系案涉交通事故发生时的“本车人员”，不属于交强险保险范围内的“第三者”，交强险不予赔偿。案涉车辆登记所有人虽系商贸公司，但该车已通过以租代售形式移转至汽车销售公司占有控制，对商贸公司的诉讼请求不予支持。对汽车销售公司反诉损失合理部分，应按刘某高责任比例60%，作为其侵权债务予以兑除。经审核，汽车销售公司还应赔偿刘某礼、万某俊、沙某华、刘某宇损失共计164927.78元。一审法院判决如下：

一、汽车销售公司赔偿刘某礼、万某俊、沙某华、刘某宇各项经济损失共计164927.78元，于判决生效后十日内支付；

二、驳回刘某礼、万某俊、沙某华、刘某宇的其他诉讼请求；

三、驳回汽车销售公司的其他反诉请求。

刘某礼、万某俊、沙某华、刘某宇、汽车销售公司不服一审判决，提起上诉。山东省青岛市中级人民法院经审理认为：刘某高死亡系被失控的车辆挤压其胸腹部受伤致窒息死亡，故何人因何原因导致车辆失控是本案确定赔偿主体和赔偿比例的基础。事故现场只有刘某生和刘某高，通过鉴定报告，结合刘某生身体受伤情况、原因的调查和分析，可以排除刘某生在涉案车上，一审法院以高度盖然性对此认定正确。因刘某生不在驾驶室内，刘某高无论是在驾驶室还是副驾驶室，无论车辆系熄火还是发动状态，车辆的失控只能推定系其存在不当操作而产生，故发生事故的主要因素在于刘某高。刘某生将钥匙留在车上，或者让车辆处于发动状态，但常理情况下，停车只要保持制动状态，车辆是不能失控的，因此刘某生的该大意行为是导致事故的次要原因，故一审法院按六比四划分责任比例适当，予以维持。故判决如下：

驳回上诉，维持原判。

【法官后语】

近年来，随着汽车普及进程的加快，机动车交通事故发生率逐年上升，由于机动车驾驶场景的多样性（如发生在驾校的驾驶行为、试车行为等）、机动车所有权与使用权分离的普遍性等原因，交通事故损害赔偿纠纷案件所涉及的法律关系越来越复杂，大量案件都是侵权关系与保险合同、运输合同、劳务合同，乃至服务合同等法律关系交织在一起，加大了案件审理难度，本案就是在汽车销售商给潜在的购车者提供试车服务过程中所发生的交通事故。

在道路交通事故损害赔偿案件中，应通过审查运行支配与运行利益归属来确定责任主体，机动车的运行属于高度危险作业，只有危险物的支配者和危险活动的经营者才能在一定程度上预防和控制危险的发生，因此由对危险源具有控制支配力的人承担赔偿责任，可以最大限度地预防和减少危险的发生。审判实践中普遍存在的是驾驶人驾驶机动车致害他人的情形，即使是因交通事故致使同乘人受害，二者之间的驾乘关系往往也很明确，本案中，根据现有证据无法确认事故发生时的驾乘关系，此种情形较为少见，按照民事诉讼证明理论，举证不能的结果责任应由举证义务方即受害方承担。

本案中"驾乘关系"的确定，直接决定侵权主体的确定，换言之，谁是事发时的驾驶人，则谁就是机动车的支配者，谁就应承担风险和责任。本案典型性还在于对"驾乘关系"的认定不同会导致本案侵权事故所适用的归责原则不同，若认定"刘某生系事发时驾驶人，受害人事发时处于车外"，则该案事故属于机动车与自然人之间发生交通事故，适用无过错责任的归责原则；若认定"刘某生事发时不在车内，受害人属于自己驾车导致单方交通事故而受害"，则该案属于一般侵权纠纷，适用过错责任的归责原则，换言之，"驾乘关系”的认定直接决定本案侵权事故各方主体责任及责任比例，甚至会导致大相径庭的裁判结果。

《最高人民法院关于适用〈中华人民共和国民事诉讼法〉的解释》第一百零八条第二款规定“对一方当事人反驳负有举证证明责任的当事人所主张事实而提供的证据，人民法院经审查并结合相关事实，认为待证事实真伪不明的，应当认定该事实不存在”。如前所述，刘某礼、万某俊、沙某华、刘某宇如主张“刘某生事发时处于车内”，应举证证明事发时的此种“驾乘关系”，但鉴定意见无法确定该事实，刘某礼、万某俊、沙某华、刘某宇对此亦举证不能，此时，该待证事实真伪不明，且刘某生提供了相应证据予以反驳，刘某礼、万某俊、沙某华、刘某宇作为举证责任方，未提交相关补强证据，应承担举证不能的不利后果，根据前述法律规定，应当认定其主张的待证事实不存在，据此应认定“刘某生事发时不在事故车辆内，受害人系自己驾车导致事故发生”。但本案属于混合过错情形，因刘某生作为试车服务提供者，其未尽到审慎的安全注意义务，对本案损害后果的发生亦存在一定过错，应承担次要赔偿责任，又因事发时刘某生系履行职务行为，所致损害后果应由其供职的汽车销售公司承担赔偿责任。

本案属于在试车服务过程中发生的侵权事故，实际属于服务合同关系与侵权关系的竞合，而对于合同纠纷而言，违约责任的承担适用严格责任原则，换言之，只要出现违约事实，违约方便要承担违约责任，不问其有无过错，因此类似于本案的受害方，可以综合自身掌握的证据情况，对竞合的两种法律关系的举证后果及预期可获得的赔偿利益进行权衡，选择对己方最有利的一种法律关系主张权利。

编写人：山东省平度市人民法院　耿学辉

113 改变车辆使用性质的认定

——杨某华诉何某华等机动车交通事故责任案

【案件基本信息】

1. 裁判书字号

江苏省南通市中级人民法院（2018）苏06民终592号民事判决书

2. 案由：机动车交通事故责任纠纷

3. 当事人

原告（被上诉人）：杨某华

被告（上诉人）：人保公司

被告（被上诉人）：快递公司、何某华

第三人（被上诉人）：陈某飞

第三人：保险公司

【基本案情】

2016年9月6日18时45分左右，曹某锐驾驶苏FW9×××号小型普通客车沿如皋市城南街道人民路由西向东行驶，碰撞同向步行的杨某华，致杨某华受伤，车辆损坏。该事故经如皋市公安局交巡警大队认定为曹某锐负事故的主要责任，杨某华负事故的次要责任。事故发生后，杨某华先后在人民医院等医疗机构住院治疗，共住院303天，花费医疗费623988.54元，其中保险公司垫付31754.81元，何某华垫付30000元，人保公司垫付10000元。

2017年7月16日，经法院委托，司法鉴定所作出司法鉴定意见书，鉴定意见为："被鉴定人杨某华因交通事故致重型颅脑外伤，胸部外伤，目前处于植物生存状态，其伤残程度为一级和十级。根据伤情，误工期限计算至鉴定之日；护理期限为二人护理至鉴定之日并加强营养。被鉴定人为完全护理依赖，护理人数为二人。”为此，杨某华花费鉴定费4050元。

苏FW9×××号小型普通客车系由何某华向陈某飞购买所得，江苏省南通市公安局交通警察支队于2016年1月14日向陈某飞发放行驶证并附有发动机号的汽车照片一张，该汽车外观喷有“快递公司”字样，2016年2月16日，陈某飞向人保公司投保交强险以及商业险，保险期间为2016年2月19日至2017年2月18日，事故发生时，肇事车辆从事快递运输，事故发生在保险期限内。

陈某飞在投保保险前驾驶该车辆从事快递运输，转让后，何某华继续使用该车辆从事快递运输，并向江苏省南通市公安交通警察支队申请变更登记取得现车牌号，交巡警支队于2016年10月20日向何某华发放行驶证同时仍附有发动机号的汽车照片一张，该汽车外观喷有“快递公司”字样。陈某飞购买的保险到期后，何某华就该车辆向人保公司投保交强险和商业险，人保公司为该车辆办理家庭自用性质的保险。在庭前，杨某华与何某华和快递公司就保险公司赔偿范围之外的损失达成一致意见，现杨某华要求人保公司赔偿损失，若判令人保公司不承担赔偿责任，则由何某华和快递公司赔偿杨某华全部损失。

审理中，杨某林申请撤回对曹某锐的起诉，法院审查后口头裁定予以准许。

【案件焦点】

案涉车辆是否属于改变使用性质的情形。

【法院裁判要旨】

江苏省如皋市人民法院经审理认为：人保公司抗辩称在投保单上特别约定投保车辆为非营运或家庭自用，如在营运过程中发生事故，保险公司可不承担责任。对此，一方面，涉及对投保人是否改变车辆使用性质的认定；另一方面，变更车辆使用性质不赔的约定为免责条款，需考察其是否生效。

案涉车辆的行驶证照片显示车辆外观喷涂有“快递公司”字样，直至事发时并未改变，人保公司的业务员亦知晓陈某飞驾驶案涉车辆收发快递，投保当天陈某飞驾驶该车辆至该业务员处购买保险，可以推定陈某飞在投保时已履行如实告知义务，并未故意隐瞒车辆使用性质，从常理而言，投保车辆停放在保险营业厅外，可供保险业务员查验，其也没有隐瞒的必要。在此情况下，如何在保险合同上选择车辆使用性质并进而确定保险费率的决定权在于保险人，而不应苛求作为普通消费者的投保人。人保公司在明知投保车辆用于快递营运的情况下，并未要求投保人按照实际用途交纳与其使用性质相匹配的保险费，反而仍按照家庭自用性质为案涉车辆办理保险，放任赔偿风险的扩大，相应后果应由人保公司自行承担。据上分析可知，案涉车辆并不存在改变使用性质的情形，自投保至事故发生时其使用性质一直为快递营运所用，人保公司因自身原因为其办理家庭自用性质的保险，不能将责任归咎于投保人。人保公司对合同免责条款的提示义务的举证责任明显不足，如对未经投保人签字确认的免责条款效力予以支持，也会造成保险公司对保险合同真实性及对免责条款提示义务的放任，管理失范，最终也会影响到保险法律所调整的相应秩序。因此，人保公司以变更使用性质为由主张免赔无适用的事实依据，不予采信。

综上所述，江苏省如皋市人民法院判决如下：

一、人保公司在机动车第三者责任强制保险范围内赔偿杨某华120000元，扣除已给付的10000元，尚需赔偿110000元；

二、人保公司在商业第三者责任险范围内赔偿杨某华300000元；

三、杨某华返还保险公司31754.81元，于人保公司给付杨某华的赔偿款中直接予以扣减；

四、驳回杨某华的其他诉讼请求。

宣判后，人保公司提起上诉，江苏省南通市中级人民法院经审理同意一审裁判意见，判决如下：

驳回上诉，维持原判。

【法官后语】

本案涉及投保家庭自用保险的快递车辆发生交通事故时，保险公司能否以改变车辆使用性质为由在商业险范围内免责？上述问题必须厘清改变车辆使用性质的认定规则以及举证责任的分担，在此基础上才可以对家用车辆改装成快递车辆的保险责任作出认定。

根据《中华人民共和国保险法》第五十二条的规定，在认定是否构成改变车辆使用性质时，应审查以下几个方面：（1）保险公司对免责条款是否履行提示说明义务。在外观形式上，要求保险人在订立合同时应当在投保单、保险单或者是保险告知书上作出足以引起投保人注意的提示，如通过黑体加粗等醒目标志形式，或者是在专门的免责条款告知书中签字确认，来引起投保人注意。在内容上，保险人应当对涉及改变车辆使用性质予以免责的相关条款对投保人进行解释和说明，让投保人了解哪些情形属于改变车辆使用性质，并告知投保人在出现上述改变车辆使用性质情形时应及时通知保险人，以便保险人对保险费率重新作出调整。(2) 被保险人主观上有无营利的目的。(3) 改变车辆使用性质与危险显著增加以及与发生交通事故之间是否存在因果关系。法院在认定保险标的危险程度变化达到显著增加的程度时主要从重要性、持续性、不可预见性三个方面着手。重要性是指属于足以影响保险人决定是否同意承保或者提高保险费率的重要事项。持续性是指增加的危险在一定时间内持续不断地客观存在。如果增加的危险只是瞬间增加、对价平衡原则，那么被保险人无须履行通知义务。不可预见性是指保险期间的危险增加应当是保险人缔约时未曾预料的状况。改变车辆使用性质导致危险显著增加到重要的、持续的以及不可预见的程度时，则需要及时通知保险人，否则保险人可以以此为由拒赔。另外，危险程度显著增加应与交通事故的发生之间存在一定的因果关系，如若交通事故的发生并非因增加的危险导致，则保险人仍应当承担赔偿责任。(4) 被保险人是否履行通知义务。在存在危险显著增加的客观事实下，被保险人是否履行通知义务，从主、客观两个方面加以认定。在主观上，对危险显著增加的事实是明知或者应知，这里应当以普通人的标准来判断投保人主观上是否已知或者应知，如若其本身对改变车辆使用性质导致危险程度显著增加这一情形不知，则保险人仍应承担赔偿责任。在客观上，关于履行通知义务的时间，在实践中一直存在较大争议，一般认为应做到“及时”通知，这一期限不宜超过10日。若通知后，保险人已经知晓，在保险费未及时增加的空档期间发生交通事故，则保险人应承担赔偿责任。关于通知的方式，可以是口头的也可以是外观明示，如外观上以明显方式改变了车辆用途，保险人能够在外观上查验。当然，对被保险人的通知义务要求不能过分苛刻，否则会为保险人推卸保险责任提供理由，如若保险人已经在知晓被保险人改变了车辆使用性质的情况下，不通知被保险人增加保费，放任赔偿风险扩大，则保险公司应在商业险范围内承担赔偿责任。

在举证责任方面，结合改变车辆使用性质的构成要件，保险人需要对被保险人出现改变车辆使用性质进而导致危险程度显著增加进行举证，同时还要对危险程度显著增加与交通事故之间存在因果关系进行举证。被保险人需要对自己未改变车辆使用性质、若改变车辆使用性质已经及时通知保险人进行举证。如若车辆使用者对自己合理使用车辆、改变车辆使用性质未导致危险程度显著增加充分举证，则保险人应承担赔偿责任。

实践中，保险公司业务员为了包揽更多的业务，经常在知晓车辆用于快递运输时，仍为该部分车辆投保家庭自用保险，一旦遇到交通事故，保险公司又会以改变车辆使用性质为由拒绝理赔，本案就属于这种情形，投保人主动将改装后的快递车辆行驶至保险办理点供保险业务员查验，应认定投保人履行了告知义务。保险公司因自身原因放任赔偿风险扩大，怠于履行职责，应承担法律上的不利后果，在商业险范围内承担赔偿责任。如若快递承包人为节省保费，在为快递车辆投保时隐瞒车辆实际使用性质，则保险公司以改变车辆使用性质致危险程度显著增加为由拒赔应受法律支持。

编写人：江苏省如皋市人民法院　陆兰兰

114 倒车致追尾交通事故的责任认定

——杨某蓉诉周某才、人保公司机动车交通事故责任案

【案件基本信息】

1. 裁判书字号

云南省昆明市中级人民法院（2018）云01民终4690号民事判决书

2. 案由：机动车交通事故责任纠纷

3. 当事人

原告（被上诉人）：杨某蓉

被告（上诉人）：周某才

被告（被上诉人）：人保公司

【基本案情】

2017年12月7日20时45分，张某斌驾驶云AEJ×××号轻型仓栏式货车沿安宁市安易公路由易门向安丰营方向行驶至安易公路K1+200米路段时，与周某才驾驶的云E19×××号重型仓栏式货车相撞，致云AEJ×××号车乘坐人杨某蓉受伤住院。事故发生后杨某蓉被送往人民医院治疗，因病情严重，次日转院到延安医院治疗，确诊为：原发性脑干损伤；急性弥漫性轴损伤；创伤性蛛网膜下腔出血，颅内积气；原发性右侧动眼神经损伤；颅骨、颅底、乳突骨折；创伤性湿肺，肺部感染；左侧桡骨远端骨折；全身多处软组织挫伤等，杨某蓉入院一个多月，延安医院要求办理出院手续，然后再办理住院，截至起诉之日，杨某蓉仍处于昏迷状态，

产生医疗费用138529.33元，并造成其他损失28339元。2018年1月15日，安宁市公安局交通警察大队出具道路交通事故认定书，确定周某才承担此次事故的主要责任。云E19×××号重型仓栏式货车在人保公司妥甸镇营销服务部投有交强险和商业险。

【案件焦点】

倒车致发生追尾的责任认定。

【法院裁判要旨】

云南省安宁市人民法院经审理认为：本案事发路段为由南向北为下坡，潮湿沥青路面，路中设有双实线，现场以南5200米道路东侧路外设有“小型车限制速度80”，货车“限制速度60”的道路交通标志，该路段夜间无路灯照明，事发时云E19×××号车车头朝北，车尾朝南，由从东侧包装厂倒车驶入安易公路东侧机动车道，其车车尾已到达该道路的中心双实线位置，车身占据整个右侧道路，致使直行的有道路优先通行权的云AEJ×××号车避让不及而与制动系统不合格并超载的云E19×××号车后防撞栏右侧货厢右侧及货厢后端右侧相撞致杨某蓉受伤。该事故发生的主要原因是周某才在倒车驶入道路时违反了机动车上路行驶的安全通行原则及道路优先通行权原则，故安宁市公安局交通警察大队对本案作出的由周某才承担此次事故的主要责任，张某斌承担此次事故的次要责任，杨某蓉不承担此次事故的责任的认定并无不当，予以采纳。对周某才认为该事故系云AEJ×××号机动车驾驶员追尾，周某才无责的辩解主张不予支持。

根据《最高人民法院关于审理道路交通事故损害赔偿案件适用

法律若干问题的解释》（此解释于 2012 年 9 月 17 日由最高人民法院审判委员会第 1556 次会议通过，自 2012 年 12 月 21 日起施行。本解释于 2020 年 12 月 23 日进行过修正，将该条修正为第十三条，并由该条指引适用《中华人民共和国民法典》第一千二百一十三条的规定，确定赔偿责任）第十六条的规定："同时投保机动车第三者责任强制保险（以下简称"交强险"）和第三者责任商业保险（以下简称"商业三者险"）的机动车发生交通事故造成损害，当事人同时起诉侵权人和保险公司的，人民法院应当按照下列规则确定赔偿责任：（一）先由承保交强险的保险公司在责任限额范围内予以赔偿；（二）不足部分，由承保商业三者险的保险公司根据保险合同予以赔偿；（三）仍有不足的，依照道路交通安全法和侵权责任法的相关规定由侵权人予以赔偿。"

首先，关于本案的赔偿主体。本案应由人保公司首先在交强险赔偿限额项下赔偿杨某蓉的损失，不足部分再由人保公司在商业第三者责任保险范围内按责任比例承担赔偿责任，若还有不足，根据本案的责任认定，认定周某才承担 70%的责任，张某斌承担 30%的责任。杨某蓉放弃对张某斌的请求赔偿，是其对诉讼权利的自由处分，予以尊重。

其次，对于杨某蓉的赔偿范围。确认杨某蓉在此次事故中自 2017 年 12 月 7 日至 2018 年 1 月 11 日所产生的损失为：医疗费 138529. 33 元、误工费 5419 元、护理费 4335 元、住院伙食补助费 3500 元、交通费 920 元，合计 152858. 33 元。

据此，云南省安宁市人民法院依照《中华人民共和国侵权责任法》第六条第一款、第十五条第一款第六项、第十六条，《最高人民法院关于审理人身损害赔偿案件适用法律若干问题的解释》第十七

条、第十九条至第二十三条,《中华人民共和国民事诉讼法》第六十四条第一款之规定,判决如下:

一、由人保公司于本判决生效后五日内在机动车交通事故责任强制保险赔偿限额医疗费项下赔偿杨某蓉医疗费 10000 元;在死亡伤残项下赔偿杨某蓉误工费 5419 元、护理费 4335 元、交通费 920 元,合计 20674 元;

二、由人保公司于本判决生效后五日内在商业第三者保险限额范围内赔偿杨某蓉医疗费 128529. 33 元及住院伙食补助费 3500 元的 70%即 92420. 53 元;

三、驳回杨某蓉的其他诉讼请求。

周某某不服一审判决,提起上诉。云南省昆明市中级人民法院经审理同意一审裁判意见。依据《中华人民共和国道路交通安全法》第七十六条及《中华人民共和国民事诉讼法》第一百六十九条、第一百七十条第一款第一项规定,判决如下:

驳回上诉,维持原判。

【法官后语】

《道路交通事故处理程序规定》第五十一条规定,当事人对道路交通事故认定有异议的,可以自道路交通事故认定书送达之日起三日内,向上一级公安机关交通管理部门提出书面复核申请。复核申请应当载明复核请求及其理由和主要证据。第五十二条规定,上一级公安机关交通管理部门收到当事人书面复核申请后五日内,应当作出是否受理决定。有下列情形之一的,复核申请不予受理,并书面通知当事人。(1)任何一方当事人向人民法院提起诉讼并经法院受理的;(2)人民检察院对交通肇事犯罪嫌疑人批准逮捕的;(3)适用简易程序处理的道路交通事故；（4）车辆在道路以外通行时发生的事故。公安机关交通管理部门受理复核申请的，应当书面通知各方当事人。

本案道路交通事故发生后，云南省安宁市公安局交通警察大队于2018年1月15日作出道路交通事故责任认定书，周某才向上一级公安机关管理部门提出书面复核申请，同月23日，杨某蓉向安宁市人民法院提起诉讼，安宁市人民法院当日立案受理了该案，次日，云南省昆明市公安局交通警察支队出具道路交通事故认定复核不予受理通知书，对周某才的复核申请决定不予受理。在此情形之下，对于引发道路交通事故的责任就由人民法院在案件的审理中根据查明的事实予以确定。本案周某才认为系追尾事故，故应由原告方所乘车的驾驶员张某斌负全部责任。但经查明，引发本次事故发生的原因，系被告在倒车行驶进入通行车道时，没有察明车后情况，确认是否有优先通行的车辆正在通行就倒车，致享有优先通行权的车辆避让不及而引发交通事故。被告的行为是引起本案交通事故发生的主要原因，同时因本案原告方所乘车的驾驶员张某斌也存在超载及制动不灵的情况，故本案可确定由被告周某才承担主要责任，即云南省安宁市公安局交通警察大队原出具的《道路交通事故认定书》对本案的事故责任认定系合理的，并无不当。

编写人：云南省安宁市人民法院　刘跃武

115 交通事故致伤后死亡是否存在中断因果关系因素的认定标准

——杨某婧等诉侯某伟、人保公司北京市分公司机动车交通事故责任案

【案件基本信息】

1. 裁判书字号

北京市第三中级人民法院（2018）京03民终9447号民事判决书

2. 案由：机动车交通事故责任纠纷

3. 当事人

原告（被上诉人）：王某生、张某秀、杨某婧

被告（上诉人）：侯某伟、人保公司北京市分公司（以下简称人保公司）

【基本案情】

2017年1月20日，侯某伟驾驶小型普通客车与正在行走的张某威身体相撞，造成张某威受伤。经交管部门认定，张某威为主要责任，侯某伟为次要责任。事故发生后，张某威被多次送至顺义区医院、长庚医院等多家医院救治，先后住院106日，后因创伤严重于2017年12月18日死亡。治疗过程中，张某威的就诊材料曾载明："病情危重，虽经治疗但随时有生命危险""病情可能进一步加重，甚至猝死"。最后，长庚医院出具的就诊材料载明：感染性休克，腹腔感染，消化道穿孔，肠梗阻，感染性多脏器功能障碍综合征。2018年1月10日，经鉴定中心鉴定，鉴定意见为：综合尸表检验所见……分析认为张某威符合车祸外伤后继发感

染性休克死亡。侯某伟驾驶的涉诉车辆在人保公司投保了机动车交通事故责任强制保险（以下简称交强险）和商业第三者责任保险（以下简称三者险）。张某威于1989年3月出生，生前与杨某婧为夫妻关系，二人于2017年11月25日登记结婚，未生育子女。王某生、张某秀分别为张某威之父、母。

【案件焦点】

交通事故致伤后一段时间，受害人死亡是否与交通侵权行为存在因果关系或因果关系是否被中断。

【法院裁判要旨】

一审法院经审理认为：侯某伟急踩刹车的制动印长和人体挫痕长度，说明其已提前注意到张某威在机动车道行走，且其有采取有效措施的反应时间及空间，但其未尽到安全驾驶义务，未能有效、妥善处理，故相关事故责任认定适当，予以确认。

鉴定中心鉴定意见书中载明“张某威符合车祸外伤后继发感染性休克死亡”，该鉴定意见是由专业鉴定机构运用专门知识和技能作出的判断性意见，可靠性较强；张某威在交通事故发生后至死亡前，曾多次住院治疗，就诊材料中亦有“病情危重，虽经治疗但随时有生命危险”等相关记录，可以佐证鉴定意见；人保公司、侯某伟均未提交证据证明张某威死亡是由其自身原因造成，其死亡与本案交通事故无因果关系。综上，应认定张某威死亡与本案交通事故具有因果关系。

基于张某威与侯某伟分别负此事故主要责任、次要责任，故对于王某生、张某秀、杨某婧因此事故造成的合理损失，首先应由人保公司在交强险限额范围内先行赔偿；不足部分，由人保公司根据保险合同予以赔偿；仍有不足的，酌定由侯某伟按照 35%的责任比例予以赔偿。

综上，北京市顺义区人民法院依照相关法律规定，作出如下判决：

一、人保公司在机动车交通事故责任强制保险限额内赔偿原告 122000 元；

二、人保公司在商业第三者责任保险限额内赔偿原告 500000 元；

三、侯某伟赔偿原告各项损失 156399. 26 元；

四、驳回原告的其他诉讼请求。

侯某伟、人保公司不服原审判决，提起上诉。二审法院同意一审法院裁判意见，认为结合现有鉴定意见及医疗诊断可以认定张某威的死亡与交通事故存在因果关系，不能仅因对鉴定中使用方式有异议而否定鉴定意见的证明力。侯某伟、人保公司未能举证证明张某威的死亡与其他原因相关。北京市第三中级人民法院判决如下：

驳回上诉，维持原判。

【法官后语】

本案的特殊性在于交通事故的受害人在受伤后至死亡经历了一段时间，其间受害人有多次住院出院经历，双方对交通事故与死亡之间是否存在因果关系产生较大争议。是否存在因果关系及中断因果关系的介入因素、相关举证责任、鉴定意见的证明力问题是处理本案的关键。

1. 交通肇事侵权行为与死亡是否存在因果关系的证明责任与逻辑

根据举证责任一般原则，侵权行为与损害后果是否存在因果关系的举证责任在原告方，本案侵权行为系交通肇事行为，损害后果为直接损害后果（受伤）和最终损害后果（死亡）。举证交通肇事与受伤的因果关系，根据责任认定书及就医诊断证明往往可直接判断。但举证交通肇事与死亡之间的因果关系则需完整的证明逻辑：首先，需要判断死亡原因；其次，判断交通肇事侵权致伤是否与死亡具有因果关系；最后，若存在，仍需判断参与度。本案中原告为证明此问题，提交鉴定意见书与诊断证明、住院病案等证据，鉴定意见载明受害人死亡原因符合车祸外伤后继发感染性休克死亡，则需进一步判断车祸致伤的程度是否足以导致受害人死亡，结合医院的诊断证明，受害人虽然有住院后出院行为，但其并未痊愈，且多器官出现感染，随时有生命危险，两者结合可证明车祸致伤的程度足以导致受害人发展成感染性休克死亡，因果关系参与度为全部。

2. 鉴定意见在判断交通事故致伤与死亡因果关系中的证明力判断

司法鉴定意见作为法定证据形式，判断其证明力主要有两点：首先，需要判断其科学性，即是否符合特定领域的知识规则，与其他证据是否存在矛盾。本案中鉴定意见综合尸表检验，分析受害者符合车祸外伤后继发感染性休克死亡，符合医疗领域知识规则，与医疗诊断证明也无矛盾之处；其次，需要判断其合法性，即是否符合法定程序与要求，本案中未存在违法的情况，虽然本案重新鉴定时科学技术鉴定研究所以未进行尸体解剖检验而超出其机构技术条件及鉴定能力为由不予受理，但鉴定方式的选择并不能否定该鉴定意见的证明力。鉴定意见作为优势证据，除非有更优的证据形式推翻其证明力，否则法院应予采纳。

3. 交通事故致伤与死亡结果存在中断因果关系介入因素的证明责任与标准

在因果关系理论中，若受害人存在特殊体质或者侵权行为与侵权结果之间存在能够中断因果关系的介入因素，则侵权人可主张减轻或免除其侵权责任，举证责任根据权益相关原则应分配给侵权人方。根据介入因素对结果的作用，介入因素在符合以下三种情形时可中断因果关系：一是介入因素占据优势条件；二是介入因素对结果构成重大影响；三是介入因素构成独立的条件。若介入因素具有必然性或者仅起到次要作用时则不能中断因果关系。本案中被告提出受害人主动要求出院或者登记结婚是导致其死亡的原因，介入交通事故致伤与死亡的因果关系中，但结合本案的鉴定意见及诊断证明，这种介入因素不符合前述中断因果关系的情形，因此不能中断或排除交通事故致伤与死亡的因果关系。

另应注意的是，判断因果关系后，仍需考虑交通事故责任比例，因本案中受害人负交通事故的主要责任，因而裁判由肇事司机在保险赔偿范围之外按次要责任比例承担赔偿责任合法、合理。

编写人：北京市顺义区人民法院　韩啸

116 交通事故责任案件中电动车为机动车或非机动车的判断

——孙某良、孙某诉崔某生等机动车交通事故责任案

【案件基本信息】

1. 裁判书字号

江苏省无锡市中级人民法院（2018）苏02民终2441号民事判决书

2. 案由：机动车交通事故责任纠纷

3. 当事人

原告（被上诉人）：孙某良、孙某

被告（被上诉人）：崔某生、巫某

被告（上诉人）：保险公司

【基本案情】

2018 年 1 月 11 日 16 时 16 分许，崔某生驾驶苏 BR1×××的小型普通客车沿江阴市长山大道西侧主车道由北向南行驶至徐霞客镇峭岐岐峰路岔口时，在调试车内显示屏过程中，车辆前部撞到沿岐峰路由西向东通过岔口的薛某娣驾驶的电动自行车左侧，致薛某娣跌地受伤，送江阴市人民医院抢救时已死亡、车辆受损的道路交通事故。交警部门认定，崔某生负此事故的主要责任，薛某娣负此事故的次要责任。事发时，苏 B×××××的小型普通客车的登记所有权人是巫某，该车辆变更登记前的车牌号为苏 B0××××，该车辆在保险公司投保了交强险和商业三者险 100 万元，并投保了不计免赔险，事故发生在保险期间内。

2018 年 1 月 12 日，江阴市交警大队事故中队向江阴市公安局交通警察大队车辆管理所（以下简称江阴车管所）提交查验薛某娣驾驶的电动车的车辆属性和制动状况。同月 30 日，江阴车管所出具《道路交通事故车辆检验意见书》载明：根据《中华人民共和国道路交通安全法》第一百一十九条第四项之规定，该车属非机动车，系电动自行车。

2018 年 1 月 15 日，保险公司委托司法鉴定中心对薛某娣驾驶的两轮电动车的车辆属性进行鉴定。该鉴定中心于同月 26 日作出《司法鉴定意见书》，鉴定意见为：委托方送检的两轮电动车属于机动车范畴——两轮轻便摩托车。

事发后，崔某生赔偿给孙某良、孙某 50000 元，另补偿给孙某良、孙某 50000 元。

孙某良（薛某娣之夫）、孙某（薛某娣之女）的损失确认为：医疗费 1414.50 元、死亡赔偿金 872440 元、丧葬费 36342 元、亲属处理丧葬事宜支出的误工费 1323 元、交通费 1500 元、车辆损失 1500 元。

【案件焦点】

薛某娣驾驶的电动自行车属于机动车还是非机动车。

【法院裁判要旨】

江苏省江阴市人民法院经审理认为：涉案电动车应当属于非机动车。理由如下：第一，《中华人民共和国道路交通安全法》第五条规定，县级以上地方各级人民政府公安机关交通管理部门负责本行政区域内的道路交通安全管理工作。公安机关交通管理部门的车辆管理所是车辆的行政主管部门，机动车与非机动车的认定、区分及管理，应当由车辆管理所根据车辆本身并依照相关法律法规及相关规定实施。江阴车管所出具了车辆检验意见书，明确载明案涉电动车属非机动车，系电动自行车，该意见是江阴车管所在其职责范围内根据《中华人民共和国道路交通安全法》等法律法规及相关规定对车辆属性作出的认定，应当作为判断案涉电动车属于机动车或是非机动车的依据；第二，认定车辆是机动车还是非机动车属于车辆属性的认定范畴。司法鉴定中心的鉴定业务范围包括的“机动车性能司法鉴定”与车辆属性认定是两个完全不同的概念，前者主要是对机动车的动力性、燃油经济性、制动性、操控稳定性等指标进行检验和鉴定，后者的任务才是判断车辆属于机动车或是非机动车，因此，司法鉴定中心对涉案电动车的属性进行鉴定不具备相应的资质，对该鉴定中心出具的鉴定意见书，不予采信；第三，《中华人民共和国道路交通安全法》第八条规定，国家对机动车实行登记制度。机动车登记、核发号牌等属于车管所的行政职责。根据江阴车管所的检验意见，涉案车辆系电动自行车，属于非机动车，即表明案涉电动车客观上无法进行登记并取得机动车号牌，将其认定为非机动车符合一个普通车辆购买人及使用人的认知标准。综上，涉案电动车应当属于非机动车，保险公司主张案涉电动车属于机动车的抗辩意见，于法无据，不予采纳。

关于本案的赔偿责任如何确定的问题。机动车与非机动车驾驶人、行人之间发生交通事故，有证据证明非机动车驾驶人、行人有过错的，根据过错程度适当减轻机动车一方的赔偿责任。本案中，双方对交警部门的事故责任认定没有异议，予以确认。综合具体案情，酌定崔某生对孙某良、孙某因薛某娣交通事故死亡造成的损失承担80%的赔偿责任。保险公司为苏BR1×××的小型普通客车承保了交强险和商业三者险100万元（不计免赔），保险公司应当在交强险及商业三责险责任限额范围内承担相应的赔偿责任。

孙某良、孙某因薛某娣交通事故死亡造成的损失合计914519.50元，该款由保险公司在交强险责任限额范围内赔偿112914.50元，在商业三者险责任限额范围内赔偿641284元，合计754198.50元。崔某生赔偿给孙某良、孙某的50000元，视为代保险公司赔偿的款项，崔某生要求在本案中一并处理，故保险公司应当在赔偿款中将该款直接支付给崔某生。

江苏省江阴市人民法院依照《中华人民共和国侵权责任法》第

十六条，《最高人民法院关于审理人身损害赔偿案件适用法律若干问题的解释》第十七条第一款、第三款，《中华人民共和国道路交通安全法》第七十六条第一款第二项，《最高人民法院关于审理道路交通事故损害赔偿案件适用法律若干问题的解释》第十六条第一款，《中华人民共和国民事诉讼法》第一百四十四条规定，判决如下：

一、保险公司在交强险和商业三者险责任限额范围内赔偿754198.50元，其中向孙某良、孙某支付704198.50元，向崔某生支付50000元。上述款项均应于本判决发生法律效力之日起十日内付清；

二、驳回孙某良、孙某的其他诉讼请求。

保险公司不服一审判决，提起上诉。

江苏省无锡市中级人民法院经审理认为：司法鉴定中心出具的《司法鉴定意见书》，是保险公司单方面委托鉴定的，孙某良、孙某不认可，不能直接作为证据采用；司法鉴定中心鉴定业务范围包括机动车性能司法鉴定，该项业务范围是否包括车辆属性的认定并不明确。故保险公司提供的证据，不足以证明薛某娣驾驶的电动自行车是机动车。综上所述，保险公司的上诉请求不能成立，应予驳回；一审判决认定事实清楚，适用法律正确，应予维持。

江苏省无锡市中级人民法院依照《中华人民共和国民事诉讼法》第一百七十条第一款第一项规定，判决如下：

驳回上诉，维持原判。

【法官后语】

在交通事故案件中，有相当一部分交通事故的肇事车辆或受损车辆是电动车，在赔偿责任承担上，机动车和非机动车存在较大的差异，如在机动车与机动车碰撞的案件中，如双方是同等责任，则各承担50%的责任，但如果是机动车与非机动车碰撞，在双方也是同等责任的情况下，机动车一方承担的赔偿责任在50%的基础上可以上浮10%~20%，因此，在交通事故有一方是电动车的情况下，认定电动车是机动车或非机动车往往成为双方的争议焦点。

本案的争议焦点即死者薛某娣驾驶的电动自行车是机动车还是非机动车。关于车辆属性，《中华人民共和国道路交通安全法》第一百一十九条第二项规定，“车辆”，是指机动车和非机动车。第三项规定，“机动车”是指以动力装置驱动或者牵引，上道路行驶的供人员乘用或者用于运送物品以及进行工程专项作业的轮式车辆。第四项规定，“非机动车”是指以人力或者畜力驱动，上道路行驶的交通工具，以及虽有动力装置驱动但设计最高时速、空车质量、外形尺寸符合有关国家标准的残疾人机动轮椅车、电动自行车等交通工具。根据该规定，在同样有动力装置驱动的情况下，机动车和非机动车的区分标准则考虑时速、质量及外形等。

近年来，随着车辆制造业的发展和人民生活的需要，越来越多的“超标电动车”被生产、销售并上路行驶，因电动车发生的交通事故占了很大比例，在认定此类电动车属于非机动车还是机动车的问题上，不能一概而论，应当根据车辆本身状况、相关法律法规的规定、消费者的认知及车辆管理部门的意见进行综合判断。

本案中，首先，车辆管理所对案涉电动车进行了检验并出具了车辆检验意见书，明确载明薛某娣驾驶的电动自行车属于非机动车，由于车辆管理所是车辆的主管机关，其出具的车辆检验意见书具有较强的证明力，如保险公司要推翻该意见，应当提供相反的证据证明，而保险公司提供的鉴定报告因属于单方鉴定证据，原告不认可，且鉴定范围不明确未被法院采纳。其次，作为购买两轮电动车的薛某娣来说，其在购买该车辆时，虽然在车速、质量上超出法律法规规定的非机动车标准，但普通消费者均会认为自己购买的电动车是非机动车，这符合一般社会公众的认知标准；从客观上来说，此类车辆无法也无须在车辆管理部门进行机动车登记，也无法购买机动车交强险和商业三者险，因此，对消费者来说，在发生交通事故时将其认定为机动车未免过于苛责；最后，交警部门在对此类车辆进行管理时，均是将其作为非机动车进行管理，如不予登记为机动车，不准在机动车道上行驶，应当遵守非机动车的管理规范，且此类电动车与具有高度危险性的机动车也存在较大的差别。因此，交警部门在对车辆属性作出认定时，已经考虑了各方面的因素并作出综合判断，应当成为认定电动车系机动车还是非机动车的重要依据。本案中，车辆管理所出具的车辆检验意见书明确载明薛某娣驾驶的电动自行车属于非机动车，故本案最终认定薛某娣驾驶的电动车属于非机动车，双方应当按照驾驶非机动车发生事故的情形承担相应的赔偿责任。

编写人：江苏省江阴市人民法院　浦峥　廖宏娟

117 待证事实真伪不明时的证明责任分配

——宋某高、曾某兰诉刘某飞等机动车交通事故责任案

【案件基本信息】

1. 裁判书字号

云南省昆明市中级人民法院（2018）云 01 民终 1415 号民事判决书

2. 案由：机动车交通事故责任纠纷

3. 当事人

原告（被上诉人）：宋某高、曾某兰

被告（上诉人）：刘某飞

被告：王某英、保险公司

【基本案情】

宋某高与曾某兰系夫妻关系，居住在某村156号，宋某郦系宋某高、曾某兰之女。

2016年12月19日10时40分许，刘某飞驾驶王某英所有的云AXX×××号小型普通客车由某村156号院内前往大板桥镇，刘某飞驾车离开后，曾某兰发现宋某郦面部朝下趴在院内，前额部见新鲜创口并有血液流出，宋某高、曾某兰急忙将宋某郦送往延安医院进行救治，刘某飞到延安医院后，给宋某高20000元。当日，宋某郦因救治无效死亡，延安医院出具的死亡医学证明书记载宋某郦死亡原因为重型颅脑损伤。司法鉴定中心接受昆明市公安局交通警察支队五大队委托，于2016年12月23日对刘某飞所驾驶的云AXX×××号小型普通客车进行车体痕迹鉴定，鉴定意见为云AXX×××号车辆前部、右前车轮及车底未检见软质物体发生碰擦、擦压的新鲜明显痕迹。2017年1月19日，昆明市公安局交通警察支队五大队委托司法鉴定中心对宋某郦的死亡原因进行鉴定，经尸表检验及尸体解剖，鉴定意见为被鉴定人宋某郦死亡原因为车辆挤压致重型颅脑损伤死亡。昆明市公安局交通警察五大队侦查民警对某村156号院内及周边进行走访查实，事发时院内除刘某飞所驾驶车辆外，无其他车辆通过。2017年3月13日，昆明市公安局交通警察五大队出具道路交通事故证明，对上述事实进行证明。云 AXX×××号车辆在保险公司投保了机动车交通事故责任强制保险和保险责任限额为 20 万元的机动车综合商业险，事故发生在保险合同期间。

【案件焦点】

宋某郦的死亡与刘某飞的驾车行为之间是否具有因果关系。

【法院裁判要旨】

云南省昆明市盘龙区人民法院经审理认为：根据涉案《昆明市公安局交通警察支队五大队交通事故证明书》《尸检检验报告》《法医病理鉴定意见书》可以确认，刘某飞驾车在某村 156 号院内与宋某郦发生了交通事故，并导致宋某郦死亡的损害后果，因此，刘某飞对宋某郦的死亡后果应承担赔偿责任。而两原告作为宋某郦的法定监护人，疏忽对宋某郦的有效看护，未尽到应尽的监护义务，也应对宋某郦的死亡后果承担一定的民事责任。综合考虑此次事故的发生，酌情确认两原告对宋某郦的死亡后果承担 30%的责任，刘某飞承担 70%的责任。交警部门出具的《道路交通事故证明》证明刘某飞驾车驶入、驶离某村 156 号院内期间，宋某郦受伤的事实，《车辆痕迹鉴定意见》仅说明刘某飞驾驶车辆的前部、右前车轮及车底未检见软质物体发生碰擦、擦压的新鲜明显痕迹，并未对车辆后轮进行痕迹鉴定，该《车辆痕迹鉴定意见》并不能证明刘某飞驾驶的车辆未与宋某郦发生碰擦、擦压，而且交通事故适用无过错责任，在双方之间发生交通事故的情况下，刘某飞作为机动车一方应承担责任。关于王某英是否需要承担责任，出借机动车发生交通事故，机动车所有人对损害有过错的，才应承担相应的赔偿责任，王某英无偿借车给刘某飞，无利益上的关系，也无注意义务，王某英无过错，不应承担相应的赔偿义务。交通肇事逃逸是指明知（即主观上故意）发生交通事故，交通事故当事人驾车或弃车逃离事故现场。刘某飞接到宋某郦受伤的电话后即返回事故现场并报警，之后又赶到医院，其主观上没有故意，不属于交通肇事逃逸，保险公司应在保险责任限额内承担赔偿责任。

两原告的损失先由保险公司在机动车交通事故责任强制保险限额范围内赔偿 113175 元，剩余 511672 元按责任比例承担。两原告承担 30% 的责任，即 153501.6 元；刘某飞承担 70% 的责任，即 358170.4 元。其中，保险公司在机动车综合商业保险限额内赔偿 200000 元，刘某飞赔偿 158170.4 元，扣除刘某飞给付宋某高的 20000 元，刘某飞赔偿 138170.4 元。

云南省昆明市盘龙区人民法院依据《中华人民共和国道路交通安全法》第七十六条规定，判决如下：

一、保险公司于本判决生效之日起十日内在机动车交通事故责任强制保险限额内，赔偿宋某高、曾某兰 113175 元；

二、保险公司于本判决生效之日起十日内在机动车综合商业保险限额内赔偿宋某高、曾某兰 200000 元；

三、刘某飞于本判决生效之日起十日内赔偿宋某高、曾某兰 138170.4 元；

四、驳回宋某高、曾某兰的其他诉讼请求。

刘某飞不服原审判决，提起上诉。云南省昆明市中级人民法院认为：刘某飞虽对导致宋某郦死亡的因果关系提出异议，但未能提交证据证实是否存在其他介入因素，亦未对有关证据举证反驳，故一审法院认定其驾车行为与宋某郦死亡后果之间存在因果关系具有高度盖然性。对刘某飞提出宋某郦死亡赔偿金应按照农村标准计算的观点，宋某高、曾某兰提交了居住证证明其在城镇生活居住情况，宋某郦系未成年人，其此前生活来源于其抚养人，一审判决按照城镇标准计算其死亡赔偿金的处理并无不当，其余各项损失费用的计算及责任比例的认定，一审判决处理无误，予以维持。至于保险公司提出其不应承担赔偿责任的观点，因其未在法定上诉期限内提出上诉，不予采纳。综上，一审法院所作判决并无不当，予以维持。据此，云南省昆明市中级人民法院依照《中华人民共和国民事诉讼法》第一百七十条第一款第一项规定，判决如下：

驳回上诉，维持原判。

【法官后语】

在侵权纠纷领域中需要满足的法律要件是：(1) 损害事实；(2) 侵权人或受害人存在过错；(3) 损害事实与行为人的行为有因果关系；(4) 侵权人实施了侵权行为。根据《中华人民共和国道路交通安全法》第七十六条第二项规定，交通事故发生后受害人的举证往往非常困难，为更好地维护受害人合法权益，体现民法的公平原则，并促使驾驶员在驾驶机动车过程中应保持高度注意，谨慎小心行驶，在机动车与非机动车驾驶人、行人之间发生交通事故时，对机动车适用无过错责任原则。即损害发生后，受害人欲证明权利的形成，需要承担损害事实与机动车之间存在因果关系的证明责任，在受害人完成证明责任后，不问机动车驾驶员主观上有无过错，都应承担民事责任，除非机动车驾驶员能举证证明存在权利妨碍、权利排除等介入因素时，才能减轻或免除赔偿责任，故因果关系是构成无过错责任的必备要件。

本案因原、被告均未能说清交通事故发生的事实，也无直接证据证明交通事故发生的全过程，此时，案件事实处于真伪不明的状态。结合原、被告所提交的间接证据，从损害事实发生的时间轴上分析：刘某飞于事发当日10时40分许驾驶机动车驶入某村156号院内，约10分钟后驶离；刘某飞驾车刚离开，宋某郦即被发现受伤，后因救治无效死亡。对此，有证人证言和交通大队《道路交通事故证明》为证。且事发前，无其他车辆通过；司法鉴定意见也支持宋某郦死亡原因为车辆挤压致重型颅脑损伤死亡。通过上述分析，刘某飞驾车对宋某郦侵权事实的发生概率远大于不发生的可能性，故采用高度盖然性判断，推定刘某飞在某村156号院内的驾驶行为是导致宋某郦死亡的唯一原因，宋某郦的死亡后果与刘某飞的驾驶行为具有因果关系。

当原、被告双方对同一事实举出的证据对各自有利，且各有一定证明价值，但又都不能充分证明自己的事实主张，待证事实处于真伪不明的状态时，如何根据《最高人民法院关于适用〈中华人民共和国民事诉讼法〉的解释》第一百零八条第一款的规定分配证明责任，获得法官对法律事实的确信？本案合议过程中，有观点认为案件中的待证事实所发生的危险领域属于哪一方当事人控制，则由其来承担证明责任，即本案中应由刘某飞在自己控制的危险领域里对所发生的事情加以举证，不能证明时就要承担不利的后果，因为损害原因是出自刘某飞所能控制的危险领域，而不是受害人能左右的，并且根据案件事发地的特殊性，在没有监控、没有目击证人以及鉴定意见都不能反映客观事实的情况下，如果继续由受害人承担因果关系的举证，显然加重了受害人的举证责任。若采纳此观点，最大的问题在于，案涉场地究竟是否属于刘某飞所控制的领域？刘某飞于2016年12月19日10时40分许驾驶机动车驶入某村156号院内接人，停留约10分钟后驶离，可见刘某飞驾车驶入案涉车场，仅是为了接人的临时停靠，并非在此居住或生产经营，由此断定案涉场所是其所控制的领域实为不妥。而采用盖然性说，即原告为支持自己的主张所提供的证据，在不能反映案件发生的客观事实，也不能直接证明被告行为和受害人的损害之间具有因果关系的情况下，只要法院能够结合案情，从已有的间接证据深入分析，推断出刘某飞对受害人造成损害的概率比超过80%，那么就可以据此作出两者之间具有因果关系的推定。诚然，根据本案的案情，运用盖然性说作为案件审判中分配举证责任的辅助性依据，更具有科学性。

编写人：云南省昆明市盘龙区人民法院　赵鑫　杨天铭

118　“二次碰撞”交通事故次数与责任的认定

——陶某凤诉包某峰等机动车交通事故责任案

【案件基本信息】

1. 裁判书字号

江苏省无锡市中级人民法院（2018）苏02民终472号民事判决书

2. 案由：机动车交通事故责任纠纷

3. 当事人

原告（被上诉人）：陶某凤

被告（被上诉人）：包某峰、刘某、甲保险公司

被告（上诉人）：乙保险公司

【基本案情】

2017年3月2日0时22分许，包某峰驾驶未经检验的A轿车（事发时在乙保险公司投保有交强险、商业三者险100万元及不计免赔险）沿江阴市祝塘镇环东路由北向南行驶至祝陆路交叉路口时，车辆前部与沿祝陆路由西向东陶某凤驾驶的电动自行车左侧相撞，造成车辆损坏、陶某凤受伤的交通事故。事发后，包某峰下车察看陶某凤。0时25分许，刘某驾驶B轿车（事发时在甲保险公司投保有交强险、商业三者险100万元及不计免赔险）沿江阴市祝塘镇环东路由南向北行驶至祝陆路交叉路口，车辆前部撞到停留在车道内的包某峰和陶某凤，造成包某峰、陶某凤不同程度受伤的交通事故。江阴市公安局交通警察大队出具道路交通事故认定书，分析事故形成原因为：(1)由于无法查清事发时包某峰、陶某凤通过路口的交通信号灯情况，出具道路交通事故证明载明上述事实；(2)刘某夜间驾驶轿车行驶至事故路口，未及时察明路面情况，未降低行驶速度，未确保安全，其违法行为是造成包某峰受伤及陶某凤第二次被撞受伤的主要原因；包某峰夜间发生事故后，未按照规定开启危险报警闪光灯，未及时将受伤的陶某凤移至安全地点，未确保安全，其违法行为是造成陶某凤第二次被撞受伤的一定原因。认定当事人导致交通事故的过错及责任为：(1)包某峰与陶某凤发生交通事故所涉及的人身损害赔偿由当事人直接向人民法院提起民事诉讼；(2)刘某负包某峰受伤及陶某凤第二次被撞受伤的主要责任，包某峰负自己受伤及陶某凤第二次被撞受伤的次要责任，陶某凤被送往医院治疗，产生医疗费损失168661.29元。事发后，包某峰垫付了7000元，乙保险公司垫付了10000元，刘某垫付了10000元，甲保险公司垫付了10000元。

【案件焦点】

1. 本案中导致陶某凤产生损失的交通事故的次数如何确定；2. 本案中各责任主体所应承担的赔偿责任的次序和比例如何确定。

【法院裁判要旨】

江苏省江阴市人民法院经审理认为：

关于争议焦点1。本案中，陶某凤所产生的损失应系包某峰驾驶A轿车与陶某凤驾驶电动自行车相撞及刘某驾驶B轿车与包某峰、陶某凤相撞的两次交通事故所造成，具体理由如下：第一，从两次碰撞发生的时间和空间来看，两次虽系发生于同一路口，但前后间隔3分钟左右，包某峰在第一次碰撞以后能够下车察看陶某凤，包某峰应有时间初步处理事故现场，表明第一次碰撞与第二次碰撞之间在时空上是相互区分的；第二，从两次碰撞中的侵权行为来看，第一次碰撞系包某峰夜间驾驶车辆与陶某凤驾驶的电动自行车相撞，第二次碰撞系刘某夜间驾驶车辆与未按照规定及时处理现场的包某峰和第一次碰撞后受伤的陶某凤相撞，表明两次碰撞中的侵权行为是分别独立的；第三，从损害结果来看，第一次碰撞已经造成了陶某凤受伤，第二次碰撞事故又造成了包某峰的受伤及陶某凤的二次受伤，表明两次碰撞造成的损害结果是相互分离的；第四，从因果关系来看，第一次碰撞中陶某凤的受伤系包某峰夜间驾驶车辆与陶某凤驾驶的电动自行车相撞导致的，第二次碰撞中陶某凤的受伤系刘某夜间行驶车辆至路口时未按规定确保安全等行为及包某峰在第一次碰撞后未按照规定及时处理现场等行为导致的，表明陶某凤在两次碰撞中的分别受伤的因果关系是相互区分的；第五，从交警部门道路交通事故认定来看，交警部门分别对两次碰撞的事实经过、事故形成原因、当事人过错及责任分为两次不同的交通事故作出了分析，并对第二次碰撞的责任作出了认定，表明两次碰撞应分属两次相互独立的交通事故。

关于争议焦点2。首先，对于两次交通事故对陶某凤所产生损失的原因参与度。二人以上分别实施侵权行为造成同一损害，能够确定责任大小的，各自承担相应的责任；难以确定责任大小的，平均承担赔偿责任。本案中，两次交通事故均系导致陶某凤受伤产生损失的原因，由于两次交通事故间隔时间较短，第一次交通事故发生后未能及时处理现场，导致难以确定两次交通事故对陶某凤所产生损失的原因参与度。陶某凤、包某峰、乙保险公司、刘某、甲保险公司均认可两次事故对陶某凤所产生损失的原因参与度各占50%，对此予以确认。

其次，对于陶某凤因包某峰驾驶A轿车与其驾驶电动自行车相撞的第一次交通事故所产生损失的赔偿责任。机动车与非机动车驾驶人、行人之间发生交通事故，非机动车驾驶人、行人没有过错的，由机动车一方承担赔偿责任；有证据证明非机动车驾驶人、行人有过错的，根据过错程度适当减轻机动车一方的赔偿责任；机动车一方没有过错的，承担不超过10%的赔偿责任。陶某凤因第一次交通事故造成的损失首先应由乙保险公司在交强险限额范围内承担赔偿责任；对于超出交强险赔偿限额的损失，综合事故各方当事人在本次事故中的过错大小等因素，因无证据证明非机动车驾驶人陶某凤存在过错，故认定应由包某峰承担全部赔偿责任，因包某峰所驾驶车辆在乙保险公司处投保有商业三者险，故乙保险公司应对超出交强险赔偿限额的应由包某峰一方赔偿的陶某凤在第一次交通事故中的损失根据保险合同予以赔付。

最后，对于陶某凤因刘某驾驶B轿车与包某峰、陶某凤相撞的第二次交通事故所产生损失的赔偿责任。首先应由乙保险公司、甲保险公司在交强险限额范围内承担赔偿责任；对于超出交强险赔偿限额的损失，综合事故各方当事人在本次事故中的过错大小等因素，认定应由包某峰承担30%的赔偿责任，由刘某承担70%的赔偿责任，因包某峰所驾驶车辆在乙保险公司投保有商业三者险，刘某所驾驶车辆在甲保险公司投保有商业三者险，故乙保险公司应对超出交强险赔偿限额的应由包某峰一方赔偿的陶某凤在第二次交通事故中的损失根据保险合同予以赔付，甲保险公司应对超出交强险赔偿限额的应由刘某一方赔偿的陶某凤在第二次交通事故中的损失根据保险合同予以赔付。乙保险公司辩称，包某峰在第二次事故中是作为行人，应承担20%的赔偿责任。陶某凤第二次被撞受伤中包某峰应承担相应的责任系因为其作为车辆驾驶员在夜间发生事故后未遵守有关交通法律法规而构成侵权行为，非因其作为行人承担相应的责任。乙保险公司的上述辩称无事实依据，不予采信。

乙保险公司辩称，包某峰车辆未年检，其公司在商业险范围内拒绝赔偿，并提供了其公司的机动车综合商业保险条款1份。因乙保险公司提供的机动车综合商业保险条款系格式条款，而包某峰陈述其在投保时乙保险公司并未提示相关免赔事项，乙保险公司亦陈述其没有包某峰签字确认投保的有关单证，乙保险公司无法证明其向包某峰提供了附有格式条款的投保单，亦无法证明其就免责条款向包某峰履行了足以引起投保人注意的提示义务，该免责条款对包某峰不具有法律拘束力，故对乙保险公司在商业险范围内不承担赔偿责任的辩称不予采信。

江苏省江阴市人民法院依照《中华人民共和国侵权责任法》第

六条、第十二条、第十六条，《中华人民共和国道路交通安全法》第七十六条，《中华人民共和国保险法》第十七条，《最高人民法院关于审理道路交通事故损害赔偿案件适用法律若干问题的解释》第十六条，《最高人民法院关于审理人身损害赔偿案件适用法律若干问题的解释》第十七条、第十九条，《机动车交通事故责任强制保险条例》第二十一条规定，作出如下判决：

一、陶某凤因本案两次交通事故产生医疗费损失 168661.29 元，由乙保险公司在交强险范围内赔偿 20000 元，在商业三者险范围内赔偿 93629.84 元，共计赔偿 113629.84 元，乙保险公司已垫付 10000 元，还须赔偿 103629.84 元；

二、由甲保险公司在交强险范围内赔偿 10000 元，在商业三者险范围内赔偿 45031.45 元，共计赔偿 55031.45 元，甲保险公司已垫付 10000 元，还须赔偿 45031.45 元；

三、包某峰已垫付 7000 元，刘某已垫付 10000 元，该款陶某凤应返还包某峰、刘某，从本案所得赔偿款中直接扣除返还给包某峰、刘某。

宣判后，乙保险公司不服判决，提起上诉。江苏省无锡市中级人民法院经审理认为：本案二审争议焦点为，乙保险公司对本案事故应当承担多少赔偿责任，以及是否应承担商业三者险的赔偿责任。

关于乙保险公司承担的赔偿责任，交警部门在其出具的事故认定书中认定，第一次事故因无法查明交通信号灯的情况，故未确定包某峰与陶某凤对该起事故分别承担的责任，因该起事故系包某峰驾驶机动车与骑行电动自行车的陶某凤相撞，乙保险公司未能提供证据证明陶某凤在该起事故中存在过错，依据法律规定，应由包某峰一方承担该起事故的全部责任，故乙保险公司认为其公司仅承担该起事故 50%

赔偿责任的意见，缺乏依据。对于第二次事故的发生，交警部门认定包某峰存在的过错，是其在夜间发生事故后，未按规定开启危险报警闪光灯，以及未及时将陶某凤移至安全地点，未能确保安全，应当认定是由于包某峰所驾车辆及其作为机动车驾驶人导致第二次事故的发生，即包某峰作为机动车一方应承担该起事故的责任，而非乙保险公司所主张的行人，因此根据交警部门对包某峰与刘某在该起事故中责任的认定，原审法院确定由包某峰承担第二次事故 30% 的赔偿责任，较为恰当，故乙保险公司对此提出的异议，依据不足。

关于乙保险公司认为包某峰车辆未年检，其公司不应承担商业三者险赔偿责任的意见，因乙保险公司未能举证证明，其公司对于保险合同中以未年检为由免除其公司赔偿责任的格式条款，在投保时已尽到了向包某峰作出明确说明、提示义务，依据《中华人民共和国保险法》及司法解释的规定，乙保险公司据此要求免责的理由，于法无据，不予支持。

综上所述，乙保险公司的上诉请求不能成立，应予驳回；一审判决认定事实清楚，适用法律正确，应予维持。

江苏省无锡市中级人民法院依照《中华人民共和国民事诉讼法》第一百七十条第一款第一项规定，作出如下判决：

驳回上诉，维持原判。

【法官后语】

本案的主要争议焦点为：在交警部门对发生“二次碰撞”的交通事故仅出具一份道路交通事故认定书且仅对一次碰撞认定责任时，法院如何认定交通事故的次数与责任的问题。该争议焦点实际上涉及交通事故认定书的证据效力以及交通事故次数及责任司法认定标准的问题。

1. 交通事故认定书的证据效力

在交通事故责任纠纷中，交警部门出具的交通事故认定书是法院认定交通事故发生事实以及赔偿责任的主要依据之一。交通事故认定书是交警部门在对交通事故现场进行调查后依据交通法规对交通事故发生的经过、原因以及当事人责任所做的及时性、专业性的认定意见。然而，交警部门出具交通事故认定书的行为是其依照法律规定履行职责的行政行为，其认定事故责任的目的和依据与法院在民事审判中认定案件事实和民事责任的目的和依据并不相同，不宜将行政行为的拘束力当然地扩大到民事司法中。在司法实践中，关于交通事故认定书在交通事故纠纷中的证据效力的问题颇具争议，存在两种不同的评价模式：一种模式认为交通事故认定书不是具有证明力优势的证据，其证明力应由法官依据法律法规和经验法则自由裁量；另一种模式认为交通事故认定书属于公文书证，除当事人能够提出反证以外，应当推定交通事故认定书所记载的事项为真实，并以此认定事故发生的事实和责任。

在分析交通事故认定书的证据效力之前，首先必须厘清交通事故认定书的法律属性。交通事故认定书是处理交通事故责任纠纷的证据，但归于何种民事诉讼证据类型尚有争议，有公文书证说、鉴定意见说、勘验笔录说、书面证言说等观点。从目前我国的法律和司法解释的规定来看，交通事故认定书是交警部门作为国家机关在其职权范围内制作的文书，应当属于《最高人民法院关于适用〈中华人民共和国民事诉讼法〉的解释》（以下简称《民诉法司法解释》）第一百一十四条规定的公文书证。但交通事故认定书又不同于一般的公文书证，其内容不仅包括对事故发生经过的查明，还包括对事故发生原因的分析以及对交通法规上当事人事故责任的认定。其中，事故发生经过是交警部门在事故调查基础上所查明的事实，类似于勘验笔录；事故发生原因是交警部门依据专业技术所形成的判断，类似于鉴定意见；事故责任认定则是交警部门依据交通法规和日常经验所作出的认定，是一种行政法上的认定。

对交通事故认定书证据效力的认定应当根据其内容的特殊性而区分判断。在证据资格方面，交通事故认定书是交警部门出具的关于交通事故发生经过、原因、责任的文书，除有相反证据推翻以外，应当认定其具有形式上的真实性、合法性和关联性。在证明力方面，则应根据证明对象的不同区分判断。在对事故发生经过及原因的证明上，因事故经过及原因是交警部门依据现场调查和专业技术所做的客观判断，交通事故认定书中该部分内容的证明力应当优于其他一般证据，适用《民诉法司法解释》第一百一十四条的规定，除有反证推翻外推定为真实。在对事故发生次数及责任等与侵权责任认定相关要素的证明上，因交通事故认定书中的责任认定是交警部门基于行政职能依据交通法规和其执法经验所做的行政法上的考量，与民事司法中侵权责任的认定标准和所依据的法律法规并不完全相同，不能当然地推定交通事故认定书中关于上述内容的记载为真实，而应根据法律的规定，运用逻辑推理和日常生活经验对其证明力进行独立判断。

2. “二次碰撞”交通事故次数的认定

交通事故的次数认定是损害赔偿责任划分的前提和条件。在肇事车辆投保了交强险的情况下，交通事故的次数直接关系到交强险的出险次数，直接影响到被侵权人能够获得赔偿的合计赔偿限额。在发生“二次碰撞”的交通事故责任纠纷中，两次碰撞之间往往发生地点相近、时间间隔较短、损害结果难以直接区分。法院在认定交通事故次数时，应当综合考虑“二次碰撞”发生的时间和空间、碰撞中的侵权行为、损害结果、因果关系以及交警部门的交通事故认定等因素予以判断，不能一概地以难以确定责任大小为由将“二次碰撞”纳入一次事故进行处理，也不能简单地根据交警部门出具的交通事故认定书或交通事故证明的份数认定交通事故的次数。

其一，看两次碰撞发生的时间和空间。前后两次碰撞在时空上能否相互独立是区分一次事故还是二次事故的重要标准。如果客观上两次碰撞发生的时间和地点能够直观区分，那么两次碰撞可以直接认定为相互独立。如果两次碰撞发生地点相近或同一，且时间间隔较短，那么两次碰撞能否相互独立，其区分关键在于两次碰撞的时间间隔内当事人能否对事故现场进行相当程度的处理。若两次碰撞的时间间隔内当事人因被困车内无法移动等客观原因无法认知事故发生的情况或进行相应的处理，则两次碰撞间的时间间隔仅能视为同一次交通事故的延续。若两次碰撞的时间间隔内当事人在通常情况下能够初步处理事故现场，则两次碰撞应视为在时空上能够相互独立。本案中，两次碰撞虽系发生于同一路口，但前后间隔3分钟左右，包某峰在第一次碰撞以后能够下车察看，其应有时间初步处理事故现场，这就表明第一次碰撞与第二次碰撞之间在时空上是可以相互区分、相互独立的。

其二，看两次碰撞中发生的侵权行为。侵权行为的独立性是判断侵权责任独立性的重要依据。侵权行为的独立性可以从实施主体、行为特征等方面进行判断。本案中，第一次碰撞中包某峰夜间驾驶车辆与陶某凤驾驶电动自行车相撞，第二次碰撞中刘某夜间驾驶车辆与未按照规定及时处理现场的包某峰和第一次碰撞后受伤的陶某凤相撞，两次碰撞中包某峰驾驶车辆撞击的行为与刘某驾驶车辆撞击的行为是有明显区别的，在第二次碰撞中，包某峰未及时处理现场的行为与刘某驾驶车辆撞击的行为也是相互区别的。在确定侵权责任时，上述三个行为均应分别进行评价。

其三，看两次碰撞产生的损害结果。损害结果是决定侵权责任承担的必要因素。即使两次碰撞发生与侵权行为相互独立，但是如果损害结果客观上无法区分，那么也无法将两次碰撞分为两次事故处理。判断损害结果能否区分的时间点，应以碰撞发生后造成客观损害时为准，而非以损失金额产生时为准。本案中，尽管陶某凤的医疗费损失是两次碰撞事故发生后统一送医治疗过程中产生的，但是两次碰撞后产生人身损害的结果客观上却是可区分的。从事故发生的经过来看，第一次碰撞已经造成了陶某凤受伤倒地，第二次碰撞又造成了包某峰的受伤及陶某凤的二次受伤，表明两次碰撞造成的损害结果是相互分离的。

其四，看两次碰撞与损害结果的因果关系。只有当两次碰撞中的侵权行为与损害结果存在因果关系且可区分时，两次碰撞导致的事故才能分别处理。本案中，第一次碰撞中陶某凤的受伤系包某峰夜间驾驶车辆与陶某凤驾驶电动自行车相撞导致的，第二次碰撞中陶某凤的受伤系刘某夜间行驶车辆至路口时未按规定确保安全等行为及包某峰在第一次碰撞后未按规定及时处理现场等行为共同导致的，表明陶某凤在两次碰撞中的两次受伤是由两次碰撞分别导致且因果关系是相互区分的。

其五，看交警部门交通事故认定的意见。交通事故认定书是交警部门结合交通事故发生常态以及自身执法经验分析的结果，其对数次碰撞关联性和区分度的认定对法院判断交通事故的次数具有一定的参考价值。本案中，交警部门分别对两次碰撞的事实经过、事故形成原因、当事人过错及责任分为两次不同的交通事故作出了分析，并对第二次碰撞的责任作出了认定，表明交警部门认为本案两次碰撞分属不同的交通事故。

综合上述五个方面，可以认定本案两次碰撞应分属两次相互独立的交通事故。

3. 二次事故侵权责任的划分

侵权责任的认定应以因果关系与过错程度为依据。数次碰撞的交通事故属于无意思联络的数人侵权。例如，被侵权人起诉时的损害结果系由两次事故共同造成，且前后两次事故的任何一次均不足以造成被侵权人的全部损害结果，则并非属于《中华人民共和国侵权责任法》第十条（现《中华人民共和国民法典》第一千一百七十条）规定的共同危险行为或第十一条（现《中华人民共和国民法典》第一千一百七十一条）规定的聚合因果关系侵权行为，而应适用《中华人民共和国侵权责任法》第十二条（现《中华人民共和国民法典》第一千一百七十二条）关于共同因果关系侵权行为的规定。在两次事故与损害结果之间的因果关系明确但原因参与度无法查证的情况下，应平衡被侵权人获取赔偿与侵权人承受负担之间的利益，推定前后两次事故对被侵权人的损害结果承担同等的原因参与度。侵权行为人之间的侵权责任划分应在确定两次事故对损害结果的原因参与度的前提下，依据各自在两次事故中的过错程度分别进行认定，而保险公司的赔偿责任则应依据保险合同以及相应的被保险人在事故中的赔偿责任进行认定。在侵权责任的具体认定标准上，应结合交通事故认定书对事故发生经过、形成原因及当事人过错的认定意见以及当事人的举证情况依法确定当事人的过错程度及责任承担。

编写人：江苏省江阴市人民法院　高勇　高雅静

119 伤者与保险公司就伤情的认知信息不对称产生重大误解而签订的赔偿协议可予以撤销

——李某金诉耿某刚等机动车交通事故责任案

【案件基本信息】

1. 裁判书字号

广东省广州市中级人民法院（2017）粤01民终第1898号民事判决书

2. 案由：机动车交通事故责任纠纷

3. 当事人

原告（被上诉人）：李某金

被告：耿某刚、小汽车出租公司

被告（上诉人）：保险公司

【基本案情】

2015年12月8日8时许，耿某刚驾驶小汽车出租公司所有的小型客车在广州市荔湾区某路口与李某金驾驶的无号牌电动自行车发生碰撞致其受伤。经交警部门认定，李某金与耿某刚承担事故同等责任。事故发生后李某金被送往医院住院治疗14天。肇事车辆均向保险公司投保了交强险和商业第三者责任险。

2015年12月30日，李某金、耿某刚在保险公司的理赔部签订《交通事故赔偿协议及支付凭证》，保险公司在见证人处签章。该协议主要内容如下：双方确认医疗费共6834.21元；双方同意一次性支付17020元给李某金作为后续治疗费、住院伙食补助费、误工费、护理费、交通费等本次交通事故的一切损失；以上款项支付后，耿某刚及保险公司对李某金的一切赔偿责任终了，双方不再就本次交通事故进行相关医疗鉴定，并不得以任何理由及方式再向耿某刚及保险公司提出任何索赔及要求。双方对以上处理结果均表示满意，均同意本案已案结事了。原告确认已收到赔偿款 17629.4 元（含代垫医药费）。

保险公司在庭审中提供了医临床司法鉴定所于 2015 年 12 月 30 日出具的咨询意见，载明该所认为李某金的伤情可达十级伤残。还提供该公司制作的《协商案件审批申请表》《机动车保险赔款计算书》，反映当时对赔偿项目与金额审核如下：其中伤者诉求残补费 60385.8 元，经核定为 7660 元，诉求精神损害抚慰金为 5000 元，经核定均为 0 元，合计伤者诉求 86253.01 元，经核定合计 23377.87 元，调解赔偿 17629.4 元划伤者账号，余额 5508.47 元划被保险人账号。

2016 年 4 月 1 日，法医鉴定中心作出司法鉴定意见书，鉴定李某金左桡骨远端粉碎性骨折致左腕关节活动部分受限，评定为道路交通事故十级伤残。

【案件焦点】

1. 如何判定伤者与保险公司签订的赔偿协议是否存在重大误解或显失公平；2. 伤者与保险公司就伤情的认知信息不对称而签订的赔偿协议是否可予以撤销。

【法院裁判要旨】

广东省广州市荔湾区人民法院经审理认为：案件争议焦点在于《交通事故赔偿协议及支付凭证》的效力问题。从协议文字内容看，可推定李某金当时对自己构成伤残并不知晓。虽然保险公司提供司法鉴定所的咨询意见和协商案件审批申请表，拟证明签订协议当天李某金已知其构成十级伤残并已提出了相关赔偿项目要求，但两份材料出具日期均是签订协议当天，且属保险公司内部文件，并没有证据显示李某金知晓并确认该两份材料的内容。此外，综合李某金提供的证据，可以相互印证其事故前在广州工作并居住多年的事实，故残疾赔偿金可按广州市居民标准计算。李某金因伤致残，残疾赔偿金、精神损害抚慰金与协议确定的赔偿金额相比，差距太大显然有失公平。李某金在签订协议时对交通事故造成的损害后果以及赔偿数额存在错误的认识，造成了与其真实意思相违背的重大后果，并且造成了重大损失，可以认定其在签订协议时具有重大误解，导致结果显失公平。双方协议中约定的 17020 元一次性赔偿包括了伙食补助费、误工费、护理费、交通费等内容，但并没有完全体现残疾赔偿金和精神损害抚慰金的内容，李某金据此请求予以撤销协议并要求赔付残疾赔偿金和精神损害抚慰金的相应差额部分，予以采纳。结合案件实际情况，核定被告保险公司仍应赔付差额 66854 元。再加上李某金之后支付的鉴定费，被告保险公司还应赔偿共 69434 元。至于李某金主张的住院伙食补助费、误工费、护理费、交通费，因一次性赔款 17020 元中已经包含上述项目，且营养费依据不足，故均不予支持。

广东省广州市荔湾区人民法院依照《中华人民共和国侵权责任法》第四十八条，《中华人民共和国合同法》第五十四条第一款、第五十六条、第五十八条，《中华人民共和国道路交通安全法》第七十六条，《最高人民法院关于审理道路交通事故损害赔偿案件适用法律若干问题的解释》第十六条，《最高人民法院关于审理人身损害赔偿案件适用法律若干问题的解释》第十八条、第二十五条之规定，作出一审判决：

一、保险公司自判决发生法律效力之日起十日内，向李某金赔偿 69434 元；

二、驳回李某金的其他诉讼请求。

保险公司不服一审判决，提起上诉。广东省广州市中级人民法院经审理认为：就涉案《交通事故赔偿协议及支付凭证》的效力问题，作如下分析：

由小汽车出租公司作为甲方、李某金为乙方、保险公司作见证的于 2015 年 12 月 30 日签订的《交通事故赔偿协议及支付凭证》约定："以上款项支付后，乙方不再就本次交通事故进行相关医疗鉴定，并不得以任何理由及方式再向甲方及保险公司提出任何索赔及要求。"可见，在签订上述协议时，李某金并未做伤残鉴定，作为非医疗专业人士、不具备医疗专业知识的李某金，不可能相对准确地对自己的伤情作出判断。

根据保险公司提供的法医临床司法鉴定所于 2015 年 12 月 30 日出具的咨询意见，载明该所的咨询意见为李某金的伤情可达十级伤残；保险公司提供的签署日期同为 2015 年 12 月 30 日的《协商案件审批申请表》，其中"核定金额"部分载有就李某金伤情认定的上述咨询意见以及据此核定赔偿数额的内容，由此可以确定保险公司在 2015 年 12 月 30 日见证上述《交通事故赔偿协议及支付凭证》的签订时已经知悉李某金伤情可达十级。李某金主张当时签订上述《交通事故赔偿协议及支付凭证》时，保险公司并未出示《法医临床司法鉴定所咨询意见》，也未对其可能构成伤残予以提示，而保险公司也未就签订《交通事故赔偿协议及支付凭证》时，李某金已经知晓自己已致残、保险公司已经出示《法医临床司法鉴定所咨询意见》以及就提示李某金有可能构成伤残予以举证。就李某金的受伤程度，李某金与保险公司存在信息不对称的问题。

由于签订上述赔偿协议时，李某金并未做伤残鉴定，保险公司也未能就李某金在签订协议时已经知晓自己已致残予以举证证明，李某金在签订协议时对交通事故造成的损害后果存在重大误解，致使李某金于《交通事故赔偿协议及支付凭证》获得的赔偿远低于因本案交通事故依法可获得的赔偿数额，一审法院据此认定上述赔偿协议显失公平并依法撤销并无不当。

鉴于法医鉴定中心出具的《司法鉴定意见书》对李某金作出了十级伤残的鉴定意见，而《交通事故赔偿协议及支付凭证》是在李某金存在重大误解的情况下签订的，并未就残疾赔偿金、精神损害抚慰金作出约定，一审法院剔除已在上述赔偿协议中约定的住院伙食补助费、误工费、护理费、交通费，核定保险公司仍应向李某金赔付残疾赔偿金和精神损害抚慰金相应的差额为 66854 元，再加上李某金之后支付的鉴定费 2580 元，共计 69434 元正确，予以维持。

广东省广州市中级人民法院依照《中华人民共和国民事诉讼法》第一百七十条第一款第一项的规定，作出如下判决：

驳回上诉，维持原判。

【法官后语】

本案为涉人身损害赔偿的机动车交通事故责任纠纷，是人民法院受理侵权案件的一种主要类型。从司法救济的角度看，人身损害赔偿体现为一种债的法律关系，需要明确客体范围、主体范围和司法救济，而实务中最常见的争议是赔偿范围和赔偿标准或计算方法。为了尽快解决赔偿争议，不少机动车交通事故责任纠纷的肇事方、伤者和保险公司在事故后通过协议就理赔范围和金额达成协议，从而实现纠纷快速化解，过滤了大量到法院诉讼的纠纷。但是，近年也有一些当事人在达成协议甚至协议履行后，对协议的效力提出疑问，由此引发新的争议。人民法院需要依据法律规定对协议效力进行审查，并合法、合情、合理地界定当事人的权利义务，从而定分止争。

本案即为一起典型的对赔偿协议效力存有争议的诉讼。法院经审理后采纳了原告李某金的主张，撤销了赔偿协议的约定，并重新审查认定了赔偿范围和金额。

一、从签订赔偿协议时的信息掌握情况看，属重大误解

从协议约定“双方同意一次性支付17020元给李某金作为后续治疗费、住院伙食补助费、误工费、护理费、交通费等本次交通事故的一切损失；以上款项支付后，耿某刚及保险公司对李某金的一切赔偿责任终了，双方不再就本次交通事故进行相关医疗鉴定，并不得以任何理由及方式再向耿某刚及保险公司提出任何索赔及要求”等内容可知，李某金在签订协议时未做伤残鉴定。作为非医疗专业人士，不具备医疗专业知识，李某金没有相对准确地对自己的伤情作出判断，直到2016年4月取得鉴定机构作出的伤残鉴定报告，才对自己的伤情可达残疾的情况有了准确的认知。

而保险公司于2015年12月30日即取得鉴定机构出具的咨询意见，咨询意见载明李某金的伤情可达十级伤残。保险公司提供同日签署的《协商案件审批申请表》，其中“核定金额”部分载有就李某金伤情认定的上述咨询意见以及据此核定赔偿数额的内容，由此可以确定保险公司在同日见证《交通事故赔偿协议及支付凭证》签订时已经知悉李某金伤情可达十级伤残。

综合双方情况，保险公司作为专业的保险机构，对赔偿关键信息

和法律知识的掌握以及理赔、协商等经验上明显优于李某金。双方签订赔偿协议时，保险公司未向李某金出示咨询意见，也未对其可能构成伤残予以提示。签订上述赔偿协议时，就李某金的受伤程度，李某金与保险公司存在明显信息不对称，李某金在签订协议时并不认知自身伤情已达伤残，对交通事故造成的损害后果存在重大误解。

二、从赔偿协议签订的结果对比看，属显失公平

关于人身损害赔偿可以获得的赔偿范围，《最高人民法院关于审理人身损害赔偿案件适用法律若干问题的解释》有较具体而明确的规定，规定了误工费、医疗费、护理费、交通费、住宿费、住院伙食补助费、营养费、残疾赔偿金、残疾辅助器具费、被扶养人生活费、后续治疗费、丧葬费、死亡补偿费等项目，是人身损害赔偿范围的总纲，是人民法院审理此类案件适用的法律依据。对于因伤致残的，则规定了精神损害抚慰金和残疾赔偿金。这些规定为人民法院审理人身损害赔偿案件提供了明确的法律依据，起到了统一裁判尺度的作为，具有较强的可操作性。

本案中根据李某金的实际伤情，按照上述司法解释的相关规定计算，除误工费、住院伙食补助费、护理费、交通费等项目外，李某金应该还可以获赔残疾赔偿金和精神损害抚慰金，但双方签订的赔偿协议没有约定残疾赔偿金和精神损害抚慰金此两项，致使李某金依赔偿协议获得的赔偿远低于因本案交通事故依法可获得的赔偿数额，因此从结果看该赔偿协议依法可认定为显失公平。

三、因重大误解签订的显失公平的协议，依法应可撤销

涉案赔偿协议虽由三方共同签订，但从李某金的真实意思看，存在重大误解；从协议签订情况看，属于显失公平。根据《中华人民共和国民法典》第一百五十二条的规定，当事人一方有权请求人

民法院变更或者撤销。因此，法院剔除已在上述赔偿协议中约定的住院伙食补助费、误工费、护理费、交通费后，对保险公司仍应向李某金赔付残疾赔偿金和精神损害抚慰金的差额进行核定，继而对保险公司共应支付的赔偿金额作出裁判。

编写人：广东省广州市荔湾区人民法院　梁伟芳

120　优势证据规则的应用

——朱某荣等诉建筑工程公司、保险公司机动车交通事故责任案

【案件基本信息】

1. 裁判书字号

北京市第二中级人民法院（2017）京02民终第829号民事判决书

2. 案由：机动车交通事故责任纠纷

3. 当事人

原告（反诉被告、被上诉人）：朱某荣、白甲、白乙、白某田

被告（反诉原告、被上诉人）：建筑工程公司

被告（上诉人）：保险公司

【基本案情】

2016年1月11日，陈某新驾驶车号为京AS8×××号重型特殊结构货车行驶至北京市丰台区小屯路公交站人行横道处，将白某敏连人带车撞倒碾轧，造成白某敏死亡。事故经交管部门认定陈某新为主要责任，白某敏为次要责任。陈某新驾驶的车辆系二建公司所有，并在保险公司投保了机动车交强险和100万元商业三

者险。原告诉至法院请求判令被告赔偿原告丧葬费 38778 元，被抚养人生活费 183210 元，死亡赔偿金 1057180 元，精神损害抚慰金 100000 元。

【案件焦点】

白某田与死者白某敏是否具有抚养关系，即保险公司是否应赔偿白某田被扶养人生活费。

【法院裁判要旨】

北京市丰台区人民法院依照《中华人民共和国侵权责任法》第十六条、第十八条、第二十二条、第二十六条、第三十四条，《中华人民共和国道路交通安全法》第七十六条之规定，作出如下判决如下：

一、被告保险公司于本判决生效后七日内在交强险限额下给付原告朱某荣、白甲、白乙、白某田丧葬费 38778 元，死亡赔偿金 71222 元；

二、被告保险公司于本判决生效后七日内在商业三者险项下给付原告朱某荣、白甲、白乙、白某田死亡赔偿金 818417.6 元；

三、反诉被告朱某荣、白甲、白乙、白某田于本判决生效后七日内给付反诉原告二建公司 30000 元；

四、驳回原告朱某荣、白甲、白乙、白某田其他诉讼请求；

五、驳回反诉原告二建公司其他反诉请求。

北京市第二中级人民法院经审理认为：二审中，双方当事人的争议焦点为：白某田与死者白某敏是否具有抚养关系，保险公司是否应赔偿白某田被扶养人生活费。本案中，白某田出生于 2007 年 3 月 28 日。其户口登记于案外人白某坡户口本上，登记关系为白某坡次子。一审法院审理中，北京玉泉物业管理中心出具证明，证明张某梅（白某田之母）、白某敏、白某田三人自 2007 年至 2016 年 1 月一直共同居住于北京市丰台区张某梅名下房屋内。法院审理中，白甲等四人提交案外人白某坡书写的说明，其中白某坡对同意白某田将户口登记在其户口本上的解释与白某田所述一致。白某坡亦认可白某田与其无血缘关系、收养关系或抚养关系，白某田一直与其父白某敏生活在北京。其所述情况与前述北京玉泉物业管理中心出具的证明中所载白某敏、张某梅、白某田实际居住情况内容可相互印证，证明白某敏去世前一直与白某田共同生活，并形成实际抚养关系。河南省唐河县上屯镇某村村委会出具的证明可佐证案外人白某坡书写上述说明的真实情况。亲子鉴定意见亦证明，支持标记为“白某敏”字样血样留有者是白某田的生物学父亲。白某敏之妻子儿女朱某荣、白甲、白乙对白某田所述及相关证据均认可。因此，虽白某田户口登记于案外人白某坡户口本上，但户籍登记并非判断法定抚养关系的唯一证据，综合审查上述证据的真实性、合法性、关联性，从优势证据角度考虑，一审法院认定白某田系死者白某敏的被扶养人并无不当，法院予以确认。保险公司坚持上诉意见，事实及法律依据不足，法院不予支持。据此，保险公司应依法赔偿白某田被扶养人生活费。另外，一审法院综合案件证据及实际情况，依法对白甲等四人主张的各项损失及数额、二建公司主张的医疗费及30000元垫付数额所作认定及处理均属适当。各方当事人均未提出异议，法院亦不持异议。综上所述，保险公司的上诉请求不能成立，应予驳回；一审判决认定事实清楚，适用法律正确，应予维持。北京市第二中级人民法院依照《中华人民共和国民事诉讼法》第一百七十条第一款第一项之规定，作出如下判决：

驳回上诉，维持原判。

【法官后语】

本案争议焦点主要是白某田与死者白某敏是否具有抚养关系，即保险公司是否应赔偿白某田被扶养人生活费。

在一审法院的审理过程中，北京玉泉物业管理中心出具证明，证明张某梅、白某敏、白某田三人自2007年至2016年1月一直共同居住于北京市丰台区张某梅名下房屋内。亲子鉴定意见亦证明，支持标记为“白某敏”字样血样留有者是白某田的生物学父亲。在二审法院审理过程中，白甲等四人提交案外人白某坡书写的说明，其中白某坡对同意白某田将户口登记在其户口本上的解释与白某田所述一致。白某坡亦认可白某田与其无血缘关系、收养关系或抚养关系，白某田一直与其父白某敏生活在北京。案件审理过程中，未将户籍登记作为判断法定扶养关系作为确认本案白某敏与白某田存在抚养关系的唯一标准，而是结合上述证据进行全面审查，从优势证据角度对案件事实进行判断，进而认定白某田与白某敏具有抚养关系。

在审理涉及被扶养人生活费的交通事故案件中，一般将户籍登记作为判断法定扶养关系的证据，但是针对本案的特殊情况，采用的是证据优势规则。具体到诉讼中，若双方当事人所列举的证据都不足以证明案件事实，其中一方当事人提供的证据能达到“合理相信的程度”，即其举出的证据使法官确信其成立的可能性大于不成立的可能性的情况下，法官就可以认定其主张成立。在判决书中，判决理由集中体现了法官的自由心证，可以说判决主文完全取决于判决理由的演绎推理，它的公开内容和程度直接体现出判决结果的正当性及法官释法的合理性，被视为是架设在判决事实与结论间的桥梁。因此，为有效地认定案件事实查明当事人之间权利义务关系而使用证据优势规则时，法官要将其内心确信形成过程详细写明于判决理由中，让当事人明白看到判决的过程符合法定程序的要求，推理过程也符合经验与逻辑规则，才能够心服口服地接受判决。

编写人：北京市丰台区人民法院　吕艳丽 沈双双

121 调解协议的效力认定问题

——徐某等诉蔡某等机动车交通事故责任案

【案件基本信息】

1. 裁判书字号

广东省广州市中级人民法院（2016）粤01民终字第15890号民事判决书

2. 案由：机动车交通事故责任纠纷

3. 当事人

原告（被上诉人）：徐某等三人

被告（被上诉人）：蔡某、张某、甲保险公司、乙保险公司

被告（上诉人）：汽车站

【基本案情】

2016年2月5日17时31分许，张某驾驶大客车沿广州市增城区增江街增江大道由北往南行驶，大客车正面前端碰撞由东往西过公路的行人林某致其倒地后进入大客车车底通过，因张某不停车、不施救、不报警，导致林某再次被同向行驶跟随大客车后面的由蔡某驾驶的轿车碾轧，造成林某当场死亡的交通事故。张某、蔡某在发生交通事故后驾车逃逸。广州市公安局交通警察支队增城大队（以下简称增城大队）于2016年3月23日作出《道路交

通事故认定书》，认定蔡某承担此事故的主要责任；张某承担此事故的次要责任；林某承担此事故的次要责任。但未认定张某、蔡某在发生交通事故后驾车逃逸。

蔡某、林某孙子徐某华对《道路交通事故认定书》有异议，向广州市公安局交通警察支队提出复核。2016年4月28日，广州市公安局交通警察支队作出《道路交通事故认定复核结论书》，建议责令增城大队重新调查、认定。2016年5月16日，增城大队重新作出《道路交通事故认定书》，该认定书与原《道路交通事故认定书》完全一致。

大客车所有人汽车站为大客车在乙保险公司投保了交强险和150万元商业三者险。轿车所有人蔡某为轿车在甲保险公司投保了交强险和30万元商业三者险。事故发生时均在保险期内。

2016年7月15日，原告徐某等三人（死者林某的子女）向法院提起诉讼。本案在审理期间，法院调取了增城大队的交通事故卷宗资料，主要有以下证据：1. 大客车的《道路交通事故车辆技术检验报告》，报告结论：制动系的制动性能不合格；方向系性能合格；灯光系性能合格。2. 轿车的《道路交通事故车辆技术检验报告》，报告结论：制动系、方向系、雨刮系合格；灯光系性能不合格。3. 司法鉴定中心《法医病理鉴定意见书》，鉴定意见：林某系因钝性暴力致心脏破裂、主动脉破裂而死亡。4. 法鉴定中心《道路交通事故司法鉴定意见书》，鉴定意见：林某符合被轿车碾轧致心脏破裂、主动脉破裂而死亡。该鉴定意见书中的分析说明第1项记载：视频一显示林某被甲车（即大客车）正面前端部撞倒后进入甲车车底，然后被尾随甲车的乙车（即轿车）碾过，死者被乙车碾轧前后均处于头朝西、脚朝东的倒地状态。该鉴定意见书中的分析说明第2项第2点记载：根据现场勘查、车辆勘验及视频分析，轿车整备质量为1111kg、总质量为1510kg，而大客车整备质量为13350kg、总质量为18000kg，从车辆的质量来看，林某的上述碾轧伤符合被轿车碾轧所致。林某的致命伤心脏破裂和主动脉破裂亦符合被轿车碾轧所致。5. 办案民警对蔡某进行的询问笔录。6. 办案民警对张某进行的询问笔录。上述证据经庭审质证，各方当事人均无异议。

在法庭审理中，被告汽车站明确大客车是由汽车站自行经营，张某是汽车站的员工，张某事故当日的行为是职务行为。原告自认被告蔡某支付林某殡葬费14008元。

另查明，被告乙保险公司机动车第三者责任保险条款第六条规定：下列情况下，不论任何原因造成的对第三者的损害赔偿责任，保险人均不负赔偿。其中第六项规定：事故发生后，被保险人或其允许的驾驶人在未依法采取措施的情况下驾驶被保险机动车或者遗弃被保险机动车逃离事故现场，或故意破坏、伪造现场、毁灭证据。被告甲保险公司机动车第三者责任保险条款第七条规定：下列情况下，不论任何原因造成的人身伤亡、财产损失和费用，保险人均不负责赔偿。其中第一项规定：交通肇事后逃逸，驾驶人、被保险人、投保人故意破坏现场、伪造现场、毁灭证据；第三者、被保险人或其允许的驾驶人的故意行为、犯罪行为，第三者与被保险人或其他致害人恶意串通的行为。

【案件焦点】

1. 张某、蔡某是否属于发生交通事故后逃逸；2. 增城大队制作的交通事故认定书认定的责任是否正确。

【法院裁判要旨】

广东省广州市增城区人民法院一审认为：根据法院调取了增城大队的交通事故卷宗资料认定的事实，法院确认张某、蔡某发生交通事故后逃逸，并认定被告张某、蔡某应共同承担事故的主要责任，林某承担事故的次要责任。故被告张某、蔡某应共同承担事故责任的80%，林某承担事故责任的20%。被告张某、蔡某各承担事故责任的80%中的50%，即各承担事故责任的40%。由于被告汽车站确认被告张某是其员工，事故当日行为是职务行为，故被告张某应当承担责任部分，由被告汽车站承担。鉴于被告张某驾驶的肇事大客车和被告蔡某驾驶的肇事轿车分别在被告乙保险公司和被告甲保险公司投保了交强险和商业三者险，故应依照《最高人民法院关于审理道路交通事故损害赔偿案件适用法律若干问题的解释》第十六条第一款的规定处理。

经审定，原告的损失如下：1. 死亡赔偿金150964.5元（30192.9元/年×5年，死者林某于1920年10月28日出生）；2. 丧葬费32395元；3. 办理丧葬事宜误工费、交通费、住宿费共3894.56元。4. 精神损害抚慰金8万元。上述损失合计267254.06元，该款由被告乙保险公司、甲保险公司在交强险死亡伤残赔偿限额11万元范围内各赔偿11万元，合计22万元。交强险不足赔偿部分，本应由被告乙保险公司、甲保险公司在各自的商业三者险赔偿限额范围内根据保险合同及其责任人责任比例赔偿，但因被告张某、蔡某均属于交通肇事后逃逸，而机动车第三者责任保险条款约定交通肇事后逃逸的，保险人不承担赔偿责任，该约定合法有效。因此，被告乙保险公司、甲保险公司不承担商业三者险赔偿限额范围内的赔偿责任。那么，原告在交强险赔偿限额范围内不足赔偿部分 47254.06 元，由被告张某、蔡某各赔偿 40%，即各赔偿 18901.62 元，林某自负损失 20%，即 9450.81 元。被告张某应当承担赔偿的 18901.62 元，由被告汽车站赔偿。被告蔡某应当赔偿的 18901.62 元，扣减已付殡葬费 14008 元，被告蔡某实际尚应赔偿原告 4893.62 元。

一审判决：一、被告乙保险公司应于本判决发生法律效力之日起三日内，在交强险死亡伤残赔偿限额 11 万元范围内赔偿原告 11 万元；

二、被告甲保险公司应于本判决发生法律效力之日起三日内，在交强险死亡伤残赔偿限额 11 万元范围内赔偿原告 11 万元；

三、被告汽车站应于本判决发生法律效力之日起三日内，赔偿原告 18901.62 元；

四、被告蔡某应于本判决发生法律效力之日起三日内，赔偿原告 4893.62 元；

五、驳回原告的其他诉讼请求。

判后，被告汽车站不服一审判决，提出上诉。广州市中级人民法院二审认为：原审法院综合分析本案交通事故的情况及相关证据，对增城大队《道路事故责任认定书》不予采信，并认定张某、蔡某共同承担事故的主要责任，林某承担事故的次要责任，即张某、蔡某共同承担事故责任的 80%（两人分别承担事故责任 80%的 50%，即各承担事故责任的 40%），林某承担事故责任的 20%并无不当，法院予以维持。综上所述，原审法院认定事实清楚，适用法律正确，法院依法予以维持。上诉人汽车站上诉请求缺乏事实及法律依据，法院依法予以驳回。

二审判决：驳回上诉，维持原判。

【法官后语】

本案案情虽然较为复杂，但当事人之间的争议焦点主要有两点：一是张某、蔡某是否属于发生交通事故后逃逸；二是增城大队制作的交通事故认定书认定的事故责任是否正确。

1. 张某、蔡某是否属于发生交通事故后逃逸

根据增城大队事故卷宗资料，张某在事故当日的询问笔录显示：张某首先承认“我当时驾驶大客车正在等灯，当显示绿灯放行信号，我车启动时，行人就从我车的右分车道线横穿公路，我车就与行人发生了碰撞”。之后，张某又陈述：“我看了事故现场监控视频，行人是从我车的右侧横穿过我车左侧的，我当时的注意力在前方，没有注意从慢车道横穿快车道的行人。当时我没有发觉发生交通事故，所以没有报警。”就张某是否构成交通肇事逃逸的问题，分析如下：(1) 张某在事故当天接受增城大队的调查询问时，作出了前后矛盾的陈述。张某最先承认是其驾车撞倒行人林某，并对撞倒林某的情况作了具体的描述；(2) 司法鉴定中心《道路交通事故司法鉴定意见书》中的分析说明第1项记载：视频一显示林某被甲车（即大客车，下同）正面前端部撞倒后进入甲车车底。作为一名有机动车驾驶资格且从业多年的专业驾驶员，对其在驾驶过程中，将正前端的行人撞倒后卷入车底而毫无觉察，不合常理；(3) 张某驾驶的大客车正面前端撞倒行人林某后将其卷入车底，不可能不知道发生交通事故，虽然后来其在接受调查的笔录中称“没有发觉发生交通事故”，但显然在说谎，极不诚实，目的就是逃避法律追究。因此，根

据以上事实、证据，并依照《道路交通事故处理程序规定》第八十五条的规定，“本规定中下列用语的含义：（一）‘交通肇事逃逸’，是指发生道路交通事故后，道路交通事故当事人为逃避法律追究，驾驶车辆或者遗弃车辆逃离道路交通事故现场的行为”。足以认定张某构成交通肇事逃逸。根据增城大队事故卷宗资料，蔡某在事故的询问笔录中显示：蔡某知道自己的轿车碾轧行人，只向警察说是一辆大客车碰撞所致，而隐瞒自己车辆二次碾轧的事实，且警察要求其留下电话而未告知，也明显属于逃避法律追究的行为，亦构成交通肇事逃逸。基于上述事实和理由，张某、蔡某均属于发生交通事故后逃逸。

2. 增城大队制作的交通事故认定书认定的事故责任是否正确

第一，根据增城大队的交通事故卷宗资料，本案的事实是：2016 年 2 月 5 日 17 时 31 分许，张某驾驶大客车沿广州市增城区增江街增江大道由北往南行驶，大客车正面前端碰撞由东往西过公路的行人林某致其倒地后进入大客车车底通过，因张某不停车、不施救、不报警，导致林某再被同向行驶跟随大客车后面的由蔡某驾驶的轿车碾轧，造成林某当场死亡的交通事故。张某、蔡某在发生交通事故后驾车逃逸。

第二，张某、蔡某、行人林某的违法情况：（1）张某、蔡某二人违反《中华人民共和国道路交通安全法》（以下简称《道路交通安全法》）第七十一条关于车辆发生交通事故后逃逸的规定，而张某驾驶车辆碰撞行人林某不停车、不施救、不报警，又违反《道路交通安全法》第七十条第一款“在道路上发生交通事故，车辆驾驶人应当立即停车，保护现场；造成人身伤亡的，车辆驾驶人应当立即抢救受伤人员，并迅速报告执勤的交通警察或者公安机关交通管理部门”的规定。(2) 张某驾驶制动性能不合格的机动车上道路行驶，同时违反了《道路交通安全法》第二十一条“驾驶人驾驶机动车上道路行驶前，应当对机动车的安全技术性能进行认真检查；不得驾驶安全设施不全或者机件不符合技术标准等具有安全隐患的机动车”的规定。(3) 蔡某驾驶轿车未能与前车保持足以采取紧急制动措施的安全距离，导致碾轧行人林某，其行为违反了《道路交通安全法》第四十三条“同车道行驶的机动车，后车应当与前车保持足以采取紧急制动措施的安全距离”的规定。(4) 行人林某横过道路时没有按规定走行人横道，其行为违反了《道路交通安全法》第六十二条“行人通过路口或者横过道路，应当走人行横道或者过街设施；通过有交通信号灯的人行横道，应当按照交通信号灯指示通行；通过没有交通信号灯、人行横道的路口，或者在没有过街设施的路段横过道路，应当在确认安全后通过”的规定。

第三，张某、蔡某、行人林某的过错程度及其责任。

基于上述事实，依照《中华人民共和国民法典》第一百七十七条的规定：“二人以上依法承担按份责任，能够确定责任大小的，各自承担相应的责任；难以确定责任大小的，平均承担赔偿责任。”以及《中华人民共和国道路交通安全法实施条例》第九十二条第一款规定：“发生交通事故后当事人逃逸的，逃逸的当事人承担全部责任。但是，有证据证明对方当事人也有过错的，可以减轻责任。”由于张某驾驶大客车碰撞行人林某后不停车、不施救、不报警，而蔡某驾驶轿车未能保持安全距离，导致二次碾轧行人林某。根据司法鉴定中心《道路交通事故司法鉴定意见书》的鉴定意见，林某的致命伤心脏破裂和主动脉破裂亦符合被轿车碾轧所致，张某驾驶的大客车正面碰撞行人林某时虽然未有证据证明林某碰撞时的受伤情况，或者是否已经死亡，但如果张某在其驾驶的大客车碰撞行人林某后停车、施救、报警，二次碾轧就不会发生，故张某对本次在极短时间内导致林某被随后蔡某驾驶的轿车二次碾轧的发生存在不可推卸的责任与重大过失。又因为蔡某驾驶轿车跟车太近，且明知自己碾轧行人后，虽然停车，但只向警察说是一辆大客车碰撞所致，也无施救行为，并隐瞒自己车辆二次碾轧的事实，也存在重大过错。张某、蔡某二人分别实施侵权行为造成同一损害，难以确定责任大小，须平均承担赔偿责任。因此，张某、蔡某的过错程度同等，故张某、蔡某应共同承担事故的主要责任，行人林某横过道路时没有按规定走人行横道，亦存在一定的过错，因此，行人林某应承担事故的次要责任。

综上所述，公安机关交通管理部门制作的交通事故认定书，认定蔡某承担事故主要责任，张某承担事故次要责任，行人林某承担事故次要责任，明显属于认定事实不清，适用法律错误。依照《道路交通安全法》第七十三条规定："公安机关交通管理部门应当根据交通事故现场勘验、检查、调查情况和有关的检验、鉴定结论，及时制作交通事故认定书，作为处理交通事故的证据。交通事故认定书应当载明交通事故的基本事实、成因和当事人的责任，并送达当事人。"以及《最高人民法院关于审理道路交通事故损害赔偿案件适用法律若干问题的解释》第二十四条规定："公安机关交通管理部门制作的交通事故认定书，人民法院应依法审查并确认其相应的证明力，但有相反证据推翻的除外。"人民法院在审理机动车交通事故责任纠纷案件中，有充分证据证明公安机关交通管理部门制作的交通事故认定书认定的责任错误，人民法院可以依法重新作出责任认定。

编写人：广东省广州市增城区人民法院　徐国杰

122 刑事案件中止审理的民事部分是否可以不受先刑后民的限制单独进行审理

——黄某书等诉黄某等机动车交通事故责任案

【案件基本信息】

1. 裁判书字号

云南省昭通市中级人民法院（2016）云06民终字第198号民事判决书

2. 案由：机动车交通事故责任纠纷

3. 当事人

原告（被上诉人）：黄某书、李甲、李乙、李丙、李某勇、徐某英

被告（上诉人）：黄某

被告（被上诉人）：骆某建、周某芹、保险公司

【基本案情】

2013年11月13日9时2分，骆某建驾驶的云A6××××号小型普通客车沿凤大线由威信县林凤镇方向往镇雄县罗坎镇方向行驶至凤大线20km+600m处时，遇李某坪驾驶的云CZ××××号普通二轮摩托车对向行驶至此，行人王某仙对向步行至此，骆某建所驾车与李某坪所驾车相撞后，又碰撞王某仙，造成两车不同程度受损，李某坪、王某仙（另案处理）当场死亡的道路交通事故。2013年12月27日，云南省威信县公安交通警察大队认定骆某建承担此事故的全部责任，李某坪和王某仙无责任。事故发生后，骆某建、黄某以骆某建的名义支付了李某坪亲属5万元。另查明，

李某坪系农村居民，生前长期在威信县庙沟镇街上经商、居住生活，与其妻黄某书共同生育了三个子女即李甲、李乙、李丙，李某勇、徐某英系夫妻，共同生育了四个子女即李某忠、李某坪、李某斗、李某。肇事车辆云A6××××号车系周某芹所有，该车系骆某建向周某芹借用，无偿帮助黄某接新娘才发生此次交通事故。该车已在保险公司投了交强险和限额为50万元的商业第三者责任险（不计免赔），事故发生时均在有效保险期限内。被告人黄某交通肇事致多人死亡，经取保候审，因畏于刑事处罚，在法院开庭审理其交通肇事案件后脱逃，经公安机关追逃，迟迟未能将被告人抓获归案，法院对刑事案件作出中止审理的裁定，被害人家属提起的刑事附带民事诉讼案件一并中止审理。故被害人家属申请撤回刑事附带民事诉讼，转而提起本案民事诉讼。

【案件焦点】

刑事附带民事诉讼过程中，被告人在刑事案件审理过程中脱逃致刑事案件中止审理的，民事部分是否可以不受“先刑后民”的限制，单独进行审理。

【法院裁判要旨】

云南省昭通市威信县人民法院经审理认为：骆某建无偿帮助黄某接新娘，而黄某并未提供证据证明骆某建系其雇请，故认定骆某建、黄某之间属于无偿帮工与被帮工的关系。法院查明，云南省威信县公安交通警察大队认定骆某建承担此事故的全部责任，李某坪和王某仙无责任符合事实，予以采信。《最高人民法院关于审理人身损害赔偿案件适用法律若干问题的解释》第十三条规定，为他人无偿提供劳务的帮工人，在从事帮工活动中致人损害的，被帮工人应当承担赔偿责任。被帮工人明确拒绝帮工的，不承担赔偿责任。帮工人存在故意或者重大过失，赔偿权利人请求帮工人和被帮工人承担连带责任的，人民法院应予支持。《中华人民共和国侵权责任法》第四十九条规定，因租借、借用等情形机动车所有人与使用人不是同一人时，发生交通事故后属于该机动车一方责任的，由保险公司在机动车强制保险责任限额范围内予以赔偿；不足部分，由机动车使用人承担赔偿责任；机动车所有人对损害的发生有过错的，承担相应的赔偿责任。本案中，黄某书等六人及骆某建、黄某、保险公司均未提供证据证明周某芹存在过错；骆某建驾驶云 A6××××号车发生事故，致使李某坪、王某仙当场死亡，对此次事故承担全部责任，骆某建在此事故中存在重大过失；同时，骆某建系无偿帮工的帮工人；且黄某书等六人要求周某芹、骆某建、黄某承担连带赔偿责任。故此次事故给黄某书等六人造成的损失应由骆某建、黄某承担全部的连带赔偿责任，周某芹不承担任何赔偿责任。因云 A6××××号车已在保险公司投了交强险和商业险，根据《中华人民共和国侵权责任法》《中华人民共和国道路交通安全法》及《中华人民共和国保险法》之规定，因本次事故给李乙等六人造成的损失，应先由保险公司在云 A6××××号车第三者责任强制保险和商业保险限额范围内予以赔偿，不足部分才由骆某建、黄某连带赔偿。对黄某书等六人主张事故发生后以骆某建的名义支付的 5 万元不应抵作本案赔偿款的主张，黄某书与骆某建虽签订了协议，但黄某不认可，故对黄某书等六人的该主张，法院不予采纳。对保险公司主张死亡赔偿金、被扶养人生活费应按农村居民标准计算的主张，李某坪生前虽属于农村居民，但长期在城镇居住生活，本案中的死亡赔偿金、被扶养人生活费依法应按城镇居民的标准计算，故对保险公司的该主张，不予采纳。法院经审理，确定黄某书等六人因此次事故造成的各项损失共计607827元，均属交强险死亡、伤残赔偿项下的损失。但此次事故致使李某坪死亡的各项损失为607827元，王某仙死亡的各项损失为561443元，根据《最高人民法院关于审理道路交通事故损害赔偿案件适用法律若干问题的解释》第二十二条的规定，同一交通事故的多个被侵权人同时起诉的，人民法院应当按照各被侵权人的损失比例确定交强险的赔偿数额。故此次事故给黄某书等六人造成的损失607827元，由保险公司在云A6××××号车交强险死亡伤残赔偿限额内赔付黄某书等六人57200元，云A6××××号车商业险限额内赔付黄某书等六人260000元。余下的损失290627元由骆某建、黄某连带赔付黄某书等六人。骆某建、黄某垫付的50000元折抵其赔偿款。

云南省昭通市威信县人民法院判决：

一、黄某书等六人因李某坪死亡的死亡赔偿金、丧葬费、被扶养人生活费等各项损失共计607827元，由保险公司赔偿黄某书等六人317200元，骆某建、黄某连带赔偿黄某书等六人290627元，扣除垫付的50000元，实际还应赔偿黄某书等六人240627元（上述费用在本判决生效后十五日内支付）；

二、驳回黄某书等六人的其余诉讼请求。案件受理费3900元，由骆某建、黄某共同负担。

上诉人黄某上诉请求依法撤销原判，将本案中止审理或驳回黄某书等六人对其的诉讼请求。理由是：1. 骆某建驾驶机动车肇事致两人死亡且承担全部责任，其行为已经构成了交通肇事罪，根据“先刑后民”原则及《中华人民共和国民事诉讼法》第一百五十三条第五项“有下列情形之一的，中止诉讼：（五）本案必须以另一案的审理结果为依据，而另一案尚未审结的”之规定，因骆某建涉嫌交通肇事罪一案尚未审结，本案应中止审理，待刑事案件审理结束后再行恢复诉讼；2. 受害人李某坪的死亡赔偿金依法应当按照农村居民收入标准计算。

云南省昭通市中级人民法院经审理认为：一审认定事实恰当，适用法律正确，依法予以维持。

【法官后语】

1. 关于黄某认为本案应待骆某建涉嫌交通肇事罪一案审结后再行审理的主张是否成立的问题

黄某上诉认为骆某建涉嫌交通肇事罪一案尚未审结，鉴于本案必须以刑事案件的审结结果为依据进行审理，本案应中止审理待骆某建交通肇事一案审结后再行恢复审理。法院经审理认为，交通肇事造成他人死亡的属于一个行为同时侵犯了公权利和私权利，肇事人的行为违反了两种法律，应当承担两种责任。关于如何主张民事权利的问题，受害人家属在检察机关提起公诉的同时提起刑事附带民事诉讼或径行提起民事诉讼均系受害人家属的诉讼程序选择权，结合本案实际，黄某书等六人在刑事案件中止审理的情况下撤回刑事附带民事诉讼，转而通过民事诉讼主张自身权利系其六人对自身诉讼程序权利的处置，其行为并未违反法律规定。根据《中华人民共和国民事诉讼法》第一百五十三条第五项“有下列情形之一的，中止诉讼：（五）本案必须以另一案的审理结果为依据，而另一案尚未审结的”的规定可知，民事案件因另一案未审结而须中止审理的必须是要以另一案的审理结果为依据，即事实认定或法律适用方面须以另一案的审理结果为依据，结合本案实际，骆某建驾驶机动车肇事造成李某坪、王某仙死亡，昭通市威信县公安局交通警察大队道路交通事故认定书认定骆某建承担该起道路交通事故的全部责任，李某坪和王某仙无责任，所以，本案作为民事案件在事实认定、责任划分、法律适用方面并非必须以骆某建涉嫌交通肇事罪一案的审理结果为依据，一审根据黄某书等六人的诉讼请求，结合相关证据和事实径行作出判决并无不当，黄某上诉认为本案应待骆某建涉嫌交通肇事一案审结后再行审理的主张不能成立，不予支持。

2. 关于一审按城镇居民收入标准计算李某坪的死亡赔偿金是否恰当的问题

李某坪虽系农村户口，但黄某书等六人在一审提交的《个体工商户登记基本信息》、威信县庙沟镇某村委会和威信县公安局庙沟派出所共同出具的《证明》等证据均证实李某坪生前长期生活在城镇、收入来源于城镇的事实，一审按照城镇居民收入标准计算其死亡赔偿金恰当，黄某上诉认为李某坪系农村居民而应按农村居民收入标准计算死亡赔偿金的主张不能成立，不予支持。

编写人：云南省昭通市中级人民法院　徐玉龙

123　同一受伤部位两次造成残疾，如何计算残疾赔偿金

——王某敏诉王小敏、高某革机动车交通事故责任案

【案件基本信息】

1. 裁判书字号

北京市第二中级人民法院（2015）二中民终字第09692号民事裁定书

2. 案由：机动车交通事故责任纠纷

3. 当事人

原告（上诉人）：王某敏

被告（上诉人）：王小敏

被告（被上诉人）：高某革

【基本案情】

2014年3月1日，出租公司司机高某革驾驶机动车（乘车人王某敏）行驶至北京市丰台区南三环内环主路万柳桥东侧时，有朱某驾驶机动车至此，双方相撞，造成王某敏受伤。事故经交通管理部门认定，高某革负全部责任。2014年3月1日至2014年3月19日，王某敏于北京天坛医院住院治疗18天，确定诊断：急性闭合性颅脑损伤（重）、创伤性硬膜下血肿（右颞）、颅骨骨折（右颞）、头皮裂伤（右额）、脑外伤所致精神障碍、创伤后遗忘、神经性耳聋（右侧重度、左侧极重度）、第一肋骨骨折。出院建议：建议前往同仁医院耳鼻喉科就诊，继续诊断和治疗听力障碍；建议整形医院给予右额伤口美容治疗；胸外科定期复查肋骨骨折；全休3个月，密切护理，我科随诊，1个月后门诊复查，如有不适，门、急诊随诊。王某敏在治疗过程中支付医疗费2325.45元。

诉讼中，王某敏申请进行伤残等级及误工期、营养期、护理期评定。2014年10月28日，科学技术鉴定研究所作出《司法鉴定意见书》，鉴定意见：依照《道路交通事故受伤人员伤残评定》（GB18667-2002）标准，王某敏创伤后双耳听觉障碍（右耳重度，左耳极度），伤残等级为Ⅵ级；其轻度智力缺损（偏轻），伤残等级为Ⅸ。综合评定，王某敏的伤残等级为Ⅵ级，累计伤残赔偿指数55%；王某敏伤后误工期考虑90～180日，营养期考虑60～90日，护理期考虑60～90日，具体请结合本案实际发生期限使用。王某敏支付鉴定费5000元。出租公司收到《司法鉴定意见书》后主张王某敏于交通事故发生前已办理残疾人证，为听力三级残疾，王某敏隐瞒了自身耳聋的事实进行鉴定，故对该鉴定意见不予认可。王某敏称其于交通事故发生前并未患有耳聋，对办理残疾证事宜并不清楚，耳聋为交通事故所致。法院向中国残疾人联合会信息中心查询信息，载明：王某敏残疾类别为听力残疾，残疾等级为三级，致残主要原因为药物中毒，平均听力损失为75dBHL，伴随言语能力情况为听觉语言交流障碍，评定方式为目测评定，证件申请类型为新证申请，评定日期为2009年5月4日，发证日期为2009年9月8日。2015年5月29日，科学技术鉴定研究所回函，载明：1. 根据目前医疗技术水平不能确定王某敏此次外伤前是否存在听力障碍。2. 本次鉴定评定的伤残等级的依据是鉴定时对王某敏听力进行的客观检查结果。听力损失75 dBHL属中等重度听力障碍，双耳中等重度听力障碍的伤残等级为Ⅷ级（伤残赔偿指数30%）。

【案件焦点】

受害人在交通事故发生前，已经患有听力残疾，现因交通事故造成更为严重的损害，是否应当参照最高人民法院指导案例第24号予以计算残疾赔偿金。

【法院裁判要旨】

北京市丰台区人民法院经审理认为：公民合法的民事权益受法律保护。出租公司司机高某革驾驶机动车与朱某发生交通事故，造成王某敏人身受伤。事故经交通管理部门认定，高某革负全部责任。出租公司主张高某革为疲劳驾驶，故公司不应承担赔偿责任，缺乏事实及法律依据，法院不予采信。王某敏主张出租公司承担赔偿责任，于法有据，法院予以支持。关于残疾赔偿金赔偿金额一节，当事人对自己提出的诉讼请求所依据的事实有责任提供证据加以证明，没有证据或者证据不足以证明当事人主张的，由负有举证责任的当事人承担不利后果。王某敏主张其于交通事故发生前未患有听力残疾，鉴定机构亦明确根据目前医疗技术水平不能确定王某敏此次外伤前是否存在听力障碍。王某敏的听力残疾有中国残疾人联合会相关信息予以证明，王某敏对此不予认可，其应就相关主张承担举证责任。但王某敏未能提供充足的证据予以证明，故其应当承担不利后果。关于残疾赔偿金中的赔偿系数，法院根据鉴定机构的相关鉴定意见予以确定。故王某敏主张的部分残疾赔偿金，法院予以支持。被抚养人生活费依法计入残疾赔偿金。

北京市丰台区人民法院依照《中华人民共和国侵权责任法》第十五条、第十六条、第二十二条，《中华人民共和国民事诉讼法》第一百四十四条之规定，作出如下判决：

被告出租公司于本判决生效后十日内赔偿原告王某敏医疗费2325.45元、住院伙食补助费900元、营养费2700元、残疾赔偿金254155元、精神损害抚慰金30000元、误工费21000元、护理费7730元、交通费1000元、残疾辅助器具费69800元、财产损失500元、鉴定费5000元。

北京市第二中级人民法院在审理过程中，上诉人出租公司、王某敏申请撤回上诉，双方均同意按原判决执行。

【法官后语】

最高人民法院指导案例24号明确了交通事故的受害人没有过错，其体质状况对损害后果的影响不属于可以减轻侵权人责任的法定情形。但是由于人体结构的复杂性，交通事故发生原因的多样性，会常常发生一些较为特殊的情况，如受害人原来已经构成残疾的部位再次遭受伤害，变得严重的情况下，应当如何赔偿受害人的残疾赔偿金。是否应当适用最高人民法院指导案例24号即产生了多种观点。

本案受害人王某敏的残疾赔偿金应如何计算是双方争议的焦点。本案另一个争论焦点就是王某敏是否在交通事故发生前就患有听力残疾。根据民事诉讼证据规则，法院对该事实进行了认定，对此不再赘述。因此，本文所讨论的焦点就是受害人存在听力残疾的情况下，交通事故加重了听力的损害程度，侵权人应当如何赔偿。对此主要有两种观点：

第一种观点认为，本案仍应以指导案例作为判案标准。受害人王某敏虽然于交通事故发生前患有听力残疾，但受害人对此没有过错，因此，体质状况对损害后果的影响不属于可以减轻侵权人责任的法定情形。本案与指导案例是一致的。

第二种观点认为，本案与指导案例存在不同点，有其特殊性，故不应再适用指导案例。受害人患有的听力残疾第一次与第二次均经鉴定机构评定已构成交通事故的残疾等级。受害人于交通事故发生前已经丧失了部分劳动能力，若要求侵权人全部赔偿，按照受害人没有丧失劳动能力的情况认定，对于侵权人是不公平的。侵权人应当按照其过错程度，即其加重受害人的残疾部分予以赔偿是公平合理的。

笔者支持第二种观点，主要理由如下：

第一，指导案例与本案的区别。最高人民法院24号指导案例的情况是受害人自身本无伤残，但因体质特殊，经过本不足以造成残疾的交通事故外力的影响而产生了残疾的结果，这是一种质变的过程。而本案的情况，受害人已经构成了残疾，交通事故的外力影响使原本较低的残疾等级变为了更高等级，这是一种量变的过程。

第二，残疾赔偿金含义的理解。《最高人民法院关于审理人身损害赔偿案件适用法律若干问题的解释》中明确规定了残疾赔偿金根据受害人丧失劳动能力程度或者伤残等级，按照受诉法院所在地上一年度城镇居民人均可支配收入标准，自定残之日起按二十年计算。因此，计算残疾赔偿金主要的两个因素就是伤残等级和赔偿期限。我国的残疾赔偿金在理论上采取了"劳动能力丧失"说。根据因伤致残的受害人全部或者部分丧失劳动能力的情况，客观计算其未来的收入损失，实行定性化赔偿。该司法解释以《中华人民共和国国家赔偿法》的规定为依据，确定残疾赔偿金的性质是对受害人收入损失的赔偿。① 在本案中，受害人于交通事故发生前已经丧失了部分劳动能力，其收入亦会有相应的影响。侵权人造成了受害人劳动能力丧失的幅度就是应当赔偿的范围。

第三，与侵权责任法的精神相符。侵权责任法是通过救济来保护私权，目的在于强化对受害人的保护。因此对受害人王某敏主张的赔偿，法律应当予以支持。但同时侵权责任法还要兼顾社会中人们行为的自由，要保证每一个人对其行为有一种合理的预期。对于

---

① 最高人民法院民事审判第一庭编：《最高人民法院人身损害赔偿司法解释的理解与适用》，人民法院出版社2004年版，第314页。

侵权人来说，其造成损害应当承担赔偿责任，但也不应加大其责任，给受害人造成的事故前后损失的差额作为其赔偿范围更加符合公平正义原则。

编写人：北京市丰台区人民法院　李志峰

124　死因无法查明情况下的多角度因果关系分析

——潘某琴、钱某伟诉薛某亮机动车交通事故责任案

【案件基本信息】

1. 裁判书字号

安徽省滁州市中级人民法院（2015）滁民一终字第01646号民事判决书

2. 案由：机动车交通事故责任纠纷

3. 当事人

原告（被上诉人）：潘某琴、钱某伟

被告（上诉人）：薛某亮

【基本案情】

2014年2月1日14时50分许，薛某亮驾驶无牌三轮摩托车沿乌衣工业大道由北向南行驶至双郢路口时与由西向东行驶至该路口的钱某喜驾驶的无牌两轮摩托车相撞，致使钱某喜受伤。本次事故经滁州市公安局交警支队三大队认定，薛某亮负事故的主要责任，钱某喜负事故的次要责任。事故发生后，钱某喜被送往中西医结合医院紧急救治。同日，钱某喜转入鼓楼医院治疗。经过

20天的治疗，鼓楼医院建议转院进行康复治疗。随后，钱某喜先后辗转紫金医院、长征医院康复治疗。2014年5月7日，在医院进行的康复治疗没有效果，加之医药费负担较重，钱某喜出院回家进行康复治疗。2014年5月30日，钱某喜因脑出血死亡。原告潘某琴系死者钱某喜的妻子，原告钱某伟系死者钱某喜的儿子。

薛某亮对事故的真实性和责任划分无异议，但是对受害人钱某喜的治疗经过，死亡原因及本次交通事故与死亡结果之间是否具有因果关系存在异议。

【案件焦点】

钱某喜死亡与本起交通事故是否构成因果关系。

【法院裁判要旨】

安徽省滁州市南谯区人民法院认为：公民的身体健康权受法律保护。本案中，原、被告对钱某喜的死亡事实均没有异议，但就钱某喜具体的死亡原因，双方均未提供充足的证据予以证明，公安机关亦未就钱某喜的死亡原因作出结论性判断，即钱某喜的死亡原因并不明确。法院在审理该案过程中委托司法鉴定所对“钱某喜的死亡与其交通事故之间的因果关系和参与度”进行司法鉴定，但因现有材料不足，司法鉴定所无法对钱某喜的死亡原因进行鉴定。尸体检验是确定死者死亡原因的有效且必要方式，但死者家属即原告方未经相关部门同意，即自行将钱某喜尸体火化。就原告方未对钱某喜进行尸检的行为，应当予以尊重，但其已将钱某喜的尸体火化，导致查清钱某喜死亡原因的途径消失，致使钱某喜死亡原因无法查明，由此产生的举证不能的后果，应由原告方承担。但原告方已经举证证明了死者钱某喜因本起交通事故受到重大创伤，且原、被告双方对钱某喜在最后出院时，仍然处于昏迷不醒、不能自理的这一事实并无异议。钱某喜受到重大创伤与本起交通事故的因果关系，法院予以确认。钱某喜受到重大创伤后长时间住院治疗，其间并未受到新的伤害，在没有证据证明有其他事由给钱某喜造成新伤害的情况下，综合本案实际情况和钱某喜的伤情，法院审判委员会酌定，薛某亮对钱某喜死亡负 70%的责任，钱某喜事发前自身患有高血压等疾病，其家属将钱某喜接回家后没有进行稳妥照料护理，酌情原告方自行承担 30%的责任，故原告方主张的死亡赔偿金，法院予以支持。误工费部分，原告方主张钱某喜工资为 170 元/天，但并未提供用工单位的营业执照、组织机构代码证、用工合同、工资收入凭据、纳税证明和缴纳社保凭证等证据予以佐证，被告方认可误工期限为 120 天，综合考虑钱某喜拆迁安置和实际居住情况，法院参照江苏省城镇居民人均可支配收入标准予以计算。护理费部分，原告方未能提供证据证明钱某喜住院治疗期间需要两人护理，但被告方自愿认可原告方主张的钱某喜护理期限 120 天，97.5 元/天的标准，故法院对原告主张的护理期限和标准予以支持。被告方自愿认可原告方的第 4 项、第 5 项、第 6 项、第 7 项诉请，交通费认可 1000 元，家属处理丧葬事宜的误工费和交通费认可 1000 元，原告方医疗费仅主张 82870 元，法院予以支持。精神损害抚慰金，综合考虑钱某喜受伤住院治疗和负本起交通事故次要责任的情况，酌定为 40000 元。本案中，滁州市公安局交通警察支队直属三大队出具的《道路交通事故认定书》认定的责任划分，各方当事人均无异议，法院予以确认，鉴于事故双方所驾车辆均为摩托车，法院酌定薛某亮承担事故责任的 70%，钱某喜承担事故责任的 30%。机动车未参加交通事故责任强制保险发生交通事故造成人身伤亡、财产损失的，由机动车所有人或管理人在相当于强制保险责任限额范围内按照伤情和实际损失先行赔偿。被告方未为肇事无牌三轮摩托车投保交强险，则该车发生交通事故造成两原告亲属钱某喜的损失，应由被告方在相当于强制保险责任限额内先行赔偿。超出部分由双方当事人按照事故责任比例按责承担。对于原告方所遭受的损失，法院逐一核定如下：1. 死亡赔偿金 650760 元；2. 误工费 10697.42 元；3. 护理费 11700 元；4. 住院伙食补助费 2910 元；5. 营养费 3600 元；6. 丧葬费 25639.5 元；7. 医疗费 82870 元；8. 交通费 1000 元；9. 家属处理丧葬事宜的误工费和交通费 1000 元；10. 精神损害抚慰金 40000 元，上述合计 830176.92 元。被告薛某亮在（2014）南民一初字第 00522 号案件中已支付钱某喜医疗费 58000 元，本案中薛某亮应先在相当于强制保险责任限额内支付原告方 110000 元，其中精神损害抚慰金在该部分款项中优先支付，超出部分按照事故责任比例被告薛某亮承担 367484.24 元，合计 477464.24 元。

安徽省滁州市南谯区人民法院经法院审判委员会讨论决定，依据《中华人民共和国民法通则》第一百一十九条，《中华人民共和国侵权责任法》第六条、第十六条，《中华人民共和国保险法》第六十五条，《最高人民法院关于审理人身损害赔偿案件适用法律若干问题的解释》第十七条、第十八条、第十九条、第二十条、第二十一条、第二十二条、第二十三条、第二十四条、第二十七条、第二十九条，《最高人民法院关于审理道路交通事故损害赔偿案件适用法律若干问题的解释》第十四条，《中华人民共和国民事诉讼法》第六十四条，《最高人民法院关于民事诉讼证据的若干规定》第二条的规定，判决如下：

一、被告薛某亮于本判决发生法律效力之日起十日内在保险责任限额范围内赔偿原告潘某琴、钱某伟人民币合计477464.24元；

二、驳回原告潘某琴、钱某伟的其他诉讼请求。案件受理费10392元，由原告潘某琴、钱某伟负担2866元，由被告薛某亮负担7526元。

被告薛某亮不服一审判决，提出上诉。滁州市中级人民法院经审理认为：本案二审争议焦点为：1. 钱某喜死亡是否与案涉交通事故存在因果关系，若存在因果关系，则薛某亮对钱某喜死亡所应承担的死亡赔偿金比例如何确定；2. 精神损害抚慰金的数额如何确定。

对于争议焦点一：2014年2月1日，钱某喜在发生案涉交通事故后，被送入医院进行治疗，入院诊断为闭合性颅脑损伤（重型）。在随后的治疗过程中，钱某喜近亲属为使钱某喜得到更进一步治疗而进行的多次转院亦得到前一治疗医院的许可，且治疗过程并未间断，亦未见因钱某喜的转院导致病情加重的情形。但根据医院病历显示，钱某喜最后出院时仍处于神志昏迷状态，且钱某喜因案涉交通事故导致的颅脑损伤（重型）应属于极易引起死亡后果发生的身体创伤，该创伤随时可能导致钱某喜死亡后果的发生，钱某喜近亲属应遵守医嘱，将钱某喜留院进行康复治疗，但钱某喜近亲属并未遵守医嘱，而是回家进行康复治疗，存在一定过错。但上述钱某喜近亲属的过错程度尚不足以中断案涉交通事故与钱某喜死亡之间的因果联系，综合以上因素，案涉交通事故在钱某喜死亡上仍起着主导作用，是钱某喜死亡的主要原因。且在钱某喜上述治疗过程中，薛某亮也并未积极给付治疗费用，该情形亦加重了钱某喜近亲属的治疗费用负担。本案中，虽经医院诊断，钱某喜生前患有糖尿病、高血压的既往病史，但钱某喜在对脑部受伤部位治疗过程中并未对上述疾病进行治疗，薛某亮亦未举证上述疾病因素导致本案钱某喜脑部损伤加重的相应证据，薛某亮亦无其他证据证明钱某喜死亡系其他非疾病因素介入所致，根据《最高人民法院关于民事诉讼证据的若干规定》第二条的规定，薛某亮应承担举证不能的法律后果。基于本案侵权行为的发生原因、损害后果、钱某喜死亡时间与案涉交通事故发生时间的时间跨度、薛某亮对钱某喜死亡的过错程度、钱某喜近亲属在钱某喜死亡上的过错，原判决酌定钱某喜家属对钱某喜死亡承担30%的责任比例，薛某亮对钱某喜死亡承担70%的责任比例适当，法院依法予以确认。薛某亮认为案涉交通事故与钱某喜死亡不具有因果联系的上诉理由不能成立，法院不予采纳。

对于争议焦点二。精神损害抚慰金一般是根据受害人的精神损害程度、加害人的过错程度以及受诉法院所在地的经济发展状况等因素确定。因侵权致人死亡的，受害人近亲属有权获得精神损害抚慰金赔偿。精神损害抚慰金的赔偿数额应根据侵权人的过错程度、侵权行为造成的后果及受诉法院所在地的平均生活水平等因素予以确定。案涉交通事故致钱某喜脑部受重伤，并最终致其死亡，必然给其近亲属精神上带来伤害，结合侵权人薛某亮承担事故的主要责任，原判决根据钱某喜的死亡结果、钱某喜本身治疗及过错情况，酌定薛某亮赔偿精神损害抚慰金数额为40000元在法律规定的范围内，法院予以维持。薛某亮主张其应承担35000元精神损害抚慰金的上诉请求不能成立，法院不予支持。

综上，原判决认定事实清楚，适用法律正确，法院依法予以维持。上诉人薛某亮的上诉请求不能成立，法院依法予以驳回。

安徽省滁州市中级人民法院依照《中华人民共和国民事诉讼法》第一百七十条第一款第一项之规定，判决如下：

驳回上诉，维持原判。

【法官后语】

近年来，随着我国社会经济迅猛发展，私家车日益增多，随之而来的是交通事故的频繁发生。机动车交通事故责任纠纷也成为民事审判工作的重点和难点，该类案件一方面涉及当事人的财产权或生命健康权，对当事人本人及其家庭影响重大，另一方面交通事故责任划分需要交通部门进行事故责任认定，对死亡伤残等级、“三期”期限、死亡因果关系等需要借助相关鉴定机构进行专业鉴定，同时综合证据材料和当事人陈述进行分析判断，结合案情、涉案死者或伤者的病情以及诊疗活动进行法律价值衡量，以判定事实上因果关系的有无及原、被告双方应承担的具体责任比例。

本案中，涉及的法律问题主要有两点：一是钱某喜死亡是否与案涉交通事故存在因果关系，若存在因果关系，则薛某亮对钱某喜死亡所应承担的死亡赔偿金比例如何确定；二是钱某喜死亡赔偿金应适用何种赔偿标准。

第一个法律问题：案涉交通事故与钱某喜死亡因果关系的认定。民事侵权案件中因果关系是非常复杂的法律问题，可表现为一因一果、一因多果、多因一果、多因多果、内因外因、条件原因、直接原因、间接原因、主要和次要原因等。法院在审理该案过程中因死者家属擅自将钱某喜尸体火化，导致无法对钱某喜的死亡原因进行鉴定，不利于本起交通事故与钱某喜死亡的因果关系的确定，由此产生的举证不能的后果，应由原告方承担。但交通事故中因果关系的确定，存在复杂性、多因性、疑难性等问题，确定事故因果关系应从事故责任划分、伤者（死者）病情、伤者（死者）诊疗过程、伤者后期是否因其他因素导致病情恶化及因果关系鉴定等各方面，综合分析判断，科学确定。本案中原告已经举证证明了死者钱某喜入院诊断为闭合性颅脑损伤（重型），治疗过程虽经多次转院治疗，但治疗过程并未间断，亦未见因钱某喜的转院导致病情加重的情形，死者钱某喜最后出院时仍处于神志昏迷状态。虽然死者钱某喜近亲属并未遵守医嘱治疗，存在一定过错。但上述死者钱某喜近亲属的过错程度尚不足以中断案涉交通事故与钱某喜死亡之间的因果联系。同时原、被告双方对本起交通事故责任划分和死者钱某喜伤情并无异议，且薛某亮并未提供死者钱某喜的糖尿病、高血压等既往病史导致死者钱某喜脑部损伤加重的相应证据，薛某亮亦无其他证据证明钱某喜死亡系其他非疾病因素介入所致。根据《最高人民法院关于民事诉讼证据的若干规定》第七十三条第一款规定，双方当事人对同一事实分别举出相应的证据，但都没有足够的依据否定对方证据的，人民法院应当结合案件情况，判断一方提供证据的证明力是否明显大于另一方提供证据的证明力，并对证明力较大的证据予以确认。依据高度盖然性证据规则，原告方已经充分举证证明了本起交通事故与死者钱某喜死亡的因果关系，而薛某亮并未提出充分的证据材料证明自己所主张的观点。同时根据《最高人民法院关于民事诉讼证据的若干规定》第二条规定："当事人对自己提出的诉讼请求所依据的事实或者反驳对方诉讼请求所依据的事实有责任提供证据加以证明。没有证据或者证据不足以证明当事人的事实主张的，由负有举证责任的当事人承担不利后果。"综合双方当事人证据材料和钱某喜的伤情，法院认定案涉交通事故与钱某喜死亡构成因果关系。

第二个法律问题：钱某喜的死亡赔偿金依据什么标准计算。生命本是无价的，但在生命权受到侵害后，需要以金钱的方式进行赔偿，就必然涉及赔偿标准问题。近年来，随着市场经济的发展，人员的流动性也日益增强，大批农村居民进入城镇务工，特别是随着中国城镇化进程的加快，因政府拆迁、城市扩展用地、工程建设用地等因素使得更多的农村居民失去赖以生计的土地，并进入城镇工作、生活和居住。这一部分农村居民常年在城镇工作、生活，其收入相对稳定，消费水平也和一般城镇居民基本相同，虽然户籍登记仍为农村居民，但是事实上已经融入城镇生活。如果这类人员发生伤亡事故，在计算残疾赔偿金或死亡赔偿金时，仍以其户籍登记作为判断依据，按照农村居民标准给予赔偿，显然不能合理地补偿经济损失，从而有失公平。因而在确认赔偿金计算标准时，不能简单地依据受害人的户籍登记作出判断，而应当综合考虑受害人的经常居住地、工作地、获取报酬地、生活消费地等因素进行确定。对于赔偿权利人虽为农村居民，但如有证据证实发生交通事故时已在城镇居住生活满一年以上，且有相对稳定的工作，在计算赔偿数额时按照城镇居民标准对待，同时结合《最高人民法院关于审理人身损害赔偿案件适用法律若干问题的解释》对死亡赔偿金的规定，这样才能体现法律面前人人平等的精神。

随着我国户籍制度改革不断推进和城乡经济发展差距逐渐缩小，人身损害赔偿城乡标准也面临新的问题。为贯彻党中央关于“改革人身损害赔偿制度，统一城乡居民赔偿标准的要求”，最高人民法院结合前期试点经验，对《最高人民法院关于审理人身损害赔偿案件适用法律若干问题的解释》相关规定进行修改，统一人身损害案件死亡赔偿金、残疾赔偿金、被扶养人生活费城乡赔偿标准，充分保障受害人利益。

编写人：安徽省滁州市南谯区人民法院　孙春孺

125 个体工商户的营业房房租损失是否可以直接认定为经营损失或误工费

——刘某诉保险公司等机动车交通事故责任案

【案件基本信息】

1. 裁判书字号

北京市第三中级人民法院（2014）三中民终字第06557号民事判决书

2. 案由：机动车交通事故责任纠纷

3. 当事人

原告（被上诉人）：刘某

被告（上诉人）：保险公司

被告（被上诉人）：谢某雅、张某元

【基本案情】

2013年10月2日8时20分，刘某由南向北直行至怀柔区南大街牌楼路口时与谢某雅驾驶由西向北左转的车牌号为豫K9××××小客车（车主为张某元）发生碰撞，导致刘某脚部受伤。经北京市公安局怀柔分局交通支队认定，谢某雅承担事故全部责任。张某元在保险公司投保了期限自2013年2月25日起至2014年2月24日止的交强险。事发后，刘某于2013年10月2日到第一医院治疗，经诊断为多发软组织损伤及骨折，刘某为此花费1510.87元。该医院为刘某出具了2013年10月2日至12月6日的病休诊断证明书。刘某称其独立经营服装店，因事故致其产生经营损失

16917.81 元，并为此出具租房协议、配偶王某工作证明和租金收据等证据，以证明王某虽系服装店经营者，但实际经营人系其本人。

刘某诉至法院要求谢某雅、张某元、保险公司赔偿：医疗费 1510.87 元、误工费 11161.66 元、交通费 37 元、其他经济损失 16917.81 元，共计 29627.34 元。误工费中包含其个体经营的租金。

【案件焦点】

个体工商户的营业房房租损失能否直接认定为经营损失或误工费。

【法院裁判要旨】

北京市怀柔区人民法院经审理认为：侵权行为人因其侵权行为导致其他人遭受损害的，应对导致的损害结果承担赔偿责任。服装店工商登记的业主为刘某的配偶王某，刘某主张其本人独自经营该服装店，保险公司对此亦无反证。根据第一医院的诊断证明，刘某作为具备劳动能力的个体经营劳动者，在 2013 年 10 月 2 日至 12 月 6 日共计 65 天期间处于因伤全休状态。刘某提供的其与娱乐公司签订的租房协议无法直接证明其经营损失，且无法认定原告主张的经营损失与此次交通事故存在法律上的因果关系，对原告要求被告赔偿其他经济损失的诉讼请求，一审法院不予支持。关于个体经营者误工费的认定，在本案现有证据情况下，结合租金对误工的直接损失进行酌定，并以此作为误工费的综合认定因素，并无不当。综上，北京市怀柔区人民法院判决：

一、被告保险公司于本判决生效后七日内给付原告刘某医疗费、误工费和交通费共计 21047.87 元；

二、驳回原告刘某的其他诉讼请求。

二审法院驳回上诉、维持原判。

【法官后语】

1. 误工费的赔偿范围

误工费的赔偿范围实际上就是误工损失的范围，即受害人因暂时失去或减少劳动能力而无法从事正常工作或劳动所导致的收入损失，具体可表现为：第一，无法从事原有的工作或劳动导致的实际收入的损失；第二，丧失特定的工作机会导致的预期收入损失；第三，为避免收入损失而支出的相关费用。

本案中，个体工商户的房租损失是否属于无法从事原有工作或劳动而遭受的实际收入的损失？该问题有两种意见。

意见一，个体工商户的房租损失属于实际收入损失。对于一人独自经营的个体工商户，该经营人因暂时劳动能力受损，无法经营，如确有证据证明其为经营而租用房屋，则该支出属于必然发生的固定费用，现该房租支出无法通过正常经营而抵顶，该支出应当视为因无法从事原有工作或劳动而实际遭受的收入损失。

意见二，个体工商户的房租损失不属于实际收入损失。个体经营户的经营存在风险，即使存在固定支出的房租亦不足以证明其收入必然大于房租，个体经营户的固定房租损失与其劳动能力受损不直接相关。

本案采用第二种意见。本案中，虽刘某举证证明相关房租为个体经营所用且为固定必然支出，但现有证据不足以证明刘某正常劳动必然可以弥补个体房租支出。故现刘某受伤与房租支出之间无必然联系，不宜将此认定为误工费。

2. 误工费的计算标准

根据《最高人民法院关于审理人身损害赔偿案件适用法律若干问题的解释》第二十条的规定，误工费的认定应根据受害人的收入状况和误工时间确定。受害人有固定收入的，误工费按照实际减少的收入计算。受害人无固定收入的，按照其最近三年的平均收入计算，不能证明其最近三年的平均收入状况的，可以参照受诉法院所在地相同或者相近行业上一年度职工的平均工资计算。据此，误工费计算的依据有：是否有固定收入、收入额以及误工时间。

对于个体工商户。经营能力虽然亦为劳动能力之一种，但营业收入系基于资产的运作，受资本规模、市场机会等多种因素的影响，不能全部视为劳动能力之所得。因此，在计算此类受害人的误工费时，就不能完全以其营业收入作为计算的标准，而应当仅以其收入中的劳动力价值部分作为赔偿的依据。劳动力价值应为营业收入扣除其经营成本、资本性收入等因素的部分。

具体到本案，刘某提交的房租支出损失应当属于刘某的经营成本，而非其收入损失。但当刘某无直接证据证明其实际收入损失时，是否可以以房租支出损失作为一项衡量因素。房租支出损失在此类案件中应当作为何种损失的证据，有何证明力？本案对此的意见为：1. 房租支出损失与受伤收入损失并不直接相关，不能作为直接认定误工费或者营业损失的依据；2. 房租支出可以间接佐证个体经营户的日常经营规模和经营情况，可以作为衡量个体经营户误工损失的综合酌定因素。

编写人：北京市第三中级人民法院　蒙瑞

126 交通事故赔偿案件中怎样认定逃逸行为

——崔某玲、李某晶诉张某东、保险公司机动车交通事故责任案

【案件基本信息】

1. 裁判书字号

北京市第三中级人民法院（2015）三中民终字第11816号民事判决书

2. 案由：机动车交通事故责任纠纷

3. 当事人

原告（被上诉人）：崔某玲、李某晶

被告（上诉人）：张某东

被告：保险公司

【基本案情】

2014年6月22日0时40分许，在北京市顺义区龙塘路李遂路路口东侧，张某东驾驶车牌号为冀H0××××农用运输车由东向西行驶时，适有李某海驾驶车牌号为冀F8××××小轿车由东向西行驶，小轿车与农用运输车右后部相撞，造成李某海死亡，两车损坏。发生交通事故后，张某东驾驶农用运输车离开事故现场，改变了其正常行驶路线并在其水泥制品销售部自行将车辆损坏部位修复并改变车辆颜色，后被查获。

2014年8月29日，顺义交通支队作出事故认定：张某东发生交通事故后逃逸，负事故主要责任；李某海饮酒后驾车且未按规定速度行驶，负事故次要责任。

死者李某海之妻崔某玲及其女李某晶认可交通支队的责任认定并据此起诉二被告要求赔偿死亡赔偿金 806420 元、丧葬费 34758 元、精神损害抚慰金 100000 元，共计 941178 元。另查明，张某东驾驶的车辆在被告保险公司投保了交强险，事发在保险期内，其中死亡伤残赔偿限额为 11 万元，医疗费用赔偿限额为 1 万元，财产损失赔偿限额为 2 千元。

被告张某东不同意承担赔偿责任，理由为：一是本次事故系死者李某海醉酒、超速、右侧违章超车造成的，李某海应当承担事故全部责任，张某东不存在任何违章行为，其驾车离开事故现场的行为不构成逃逸；二是驾车驶离现场与本次事故的发生不存在因果关系，不能因此加重张某东的事故责任。

【案件焦点】

张某东驾车驶离事故现场的行为是否构成逃逸以及原告诉请的赔偿责任应由谁来承担。

【法院裁判要旨】

北京市顺义区人民法院经审理认为：张某东在凌晨 0 时 40 分明知与其他车辆发生了碰撞的情况下，没有停车查看对方司机伤情，在未报警的情况下驾车离开事故现场，并且改变其正常行驶路线，而后自行修理其受损车辆并更换车辆颜色。后经相关部门查获后张某东才被迫承认其发生交通事故一事。张某东对其为何在明知发生交通事故的情况下仍驾车离开现场的解释不具有合理性，其也不具有离开现场的正当理由。故法院认为张某东的上述行为构成逃逸。张某东在发生交通事故后未通知相关机构处理的情况下，自行修复其车辆受损部位并改变车辆颜色，后相关部门将其查获。法院综合上述案情及相关法律规定，酌定由张某东与李某海各自负担50%的赔偿责任。

北京市顺义区人民法院依照《中华人民共和国侵权责任法》第六条、第十六条、第十八条、第二十二条、第四十八条，《中华人民共和国道路交通安全法》第七十六条，《中华人民共和国道路交通安全法实施条例》第九十二条，《最高人民法院关于审理人身损害赔偿案件适用法律若干问题的解释》第二十七条、第二十九条之规定，判决如下：

一、保险公司在交强险范围内赔偿崔某玲、李某晶死亡伤残赔偿金110000元（含精神损害抚慰金），于判决生效之日起七日内执行；

二、张某东赔偿崔某玲、李某晶380589元，于判决生效之日起七日内执行；

三、驳回崔某玲、李某晶的其他诉讼请求。

张某东持原审起诉意见提起上诉。北京市第三中级人民法院经审理认为：刑事案件对于“逃逸”的构成要件及证明标准与民事案件并不一致，刑事案件中的“逃逸”要求当事人主观上是故意的，而民事案件中“逃逸”在主观上仅要求当事人知道发生了交通事故即可，当事人逃离事故现场的目的不论，故检察机关虽作出了不予起诉的决定，但并不能据此得出在民事案件中张某东的行为不构成逃逸的结论。本案中，张某东在凌晨0时40分明知与其他车辆发生碰撞的情况下，没有停车查看对方司机伤情，在未报警的情况下驾车离开事故现场，张某东对其为何在明知发生交通事故的情况下仍驾车离开现场的解释不具有合理性，其也不具有离开现场的正当理由，故法院认定张某东驾车离开事故现场的行为构成逃逸。根据《中华人民共和国道路交通安全法》的相关规定，发生交通事故，当事人具有保护事故现场并报警以明确责任和损失、抢救受伤人员等义务，张某东在事故发生后驾车逃逸，并未履行上述法定义务。《中华人民共和国道路交通安全法实施条例》第九十二条规定，发生交通事故后当事人逃逸的，逃逸的当事人承担全部责任。但是，有证据证明对方当事人也有过错的，可以减轻责任。当事人故意破坏、伪造现场、毁灭证据的，承担全部责任。张某东在发生交通事故后驾车逃逸，而李某海饮酒后驾驶机动车，未按规定速度行驶，且其车辆与张某东所驾驶车辆右后部接触，其对本次事故的发生已具有相当大的过错，一审法院综合上述案情及相关法律规定酌定由张某东与李某海各自负担50%的赔偿责任并无不当，法院予以维持。张某东上诉要求不予承担赔偿责任，缺乏事实和法律依据，法院不予支持。

北京市第三中级人民法院依照《中华人民共和国民事诉讼法》第一百七十条第一款第一项之规定，作出如下判决：

驳回上诉，维持原判。

【法官后语】

本案处理重点主要在于对“逃逸”的理解。道路交通事故损害赔偿案件中“逃逸”与刑法上的逃逸存在性质和证明标准的差异，交强险和第三者责任商业保险（以下简称商业三者险）中的逃逸并不以被保险人主观上知晓发生人伤事故（仅需要知道发生交通事故）为前提，即使刑事判决未认定构成逃逸，但结合全案证据可以认为逃离现场存在高度可能性的，民事案件中可以认定构成逃离，但同时需考虑驾驶人逃离或离开现场的正当性和合理性。

刑法上的逃逸仅是指为逃避法律追究而逃跑的行为，即肇事者在肇事行为发生后，害怕被司法机关发现，被追究法律责任而逃离事故现场的行为。在刑事案件的审理过程中，通常需要结合主客观因素来认定是否构成逃逸行为：客观上机动车驾驶人有违反交通运输管理法规的先前行为，违背了先前行为引起的后义务；主观上有明知自己的行为造成了交通事故并对逃逸行为有直接的故意。刑事责任作为最严苛的责任形式，主要表现在对主观恶意的惩治，其要求的证明标准也更加严苛。

道路交通事故损害赔偿案件中的“逃逸”，更准确地讲应当是“逃离”或“离开”事故现场。民事案件中逃离事故现场就已经可以作为认定其具有过错的一个因素，这里偏重考虑的是行为的客观表现，而不论主观故意。只要驾驶人知晓发生了交通事故，即使仅是轻微物损，其亦应立即报警、通知保险人并实施减损和救助。根据《中华人民共和国道路交通安全法》第七十条第一款规定，在道路上发生交通事故，车辆驾驶人应当立即停车，保护现场；造成人身伤亡的，车辆驾驶人应当立即抢救受伤人员，并迅速报告执勤的交通警察或者公安机关交通管理部门。商业三者险保险条款中基本上都规定了逃逸免赔。设置这些条款的目的是督促当事人报警以便确定事故性质、责任、驾驶资格及是否存在禁驾事由等情形。具体到本案中，张某东在没有正当理由的情况下离开现场，直到被抓获，其行为有违常情，陈述前后矛盾，难以排除具有规避违驾之嫌。虽然交通事故责任认定书中未记载张某东有其他违反交通法律法规的行为，但其驾车驶离事故现场的行为足以认定其在民事侵权案件中具有过错。此外，检察机关的不起诉决定书，可以证明张某东的行为不构成交通肇事罪，但不能证明其在本次交通事故中逃离事故现场的行为不具有民法意义上的过错。

虽然实践中大多数“逃离”或“离开”事故现场的行为背后都有不可告人的目的，但不能排除少数驾驶人离开现场的正当性和合理性，诸如：暴雨、光线黑暗、视角盲点、间接碰撞等情形下，驾驶人并不知道交通事故的发生；危及生命的情形下，驾驶人救治自己的需要。所以在道路交通事故损害赔偿案件中，应该综合全案证据认定逃离现场并最终确定双方过错。

随着交通运输业的迅速发展，交通事故中驾驶人逃逸案件也呈上升趋势，严重扰乱了正常的交通秩序。在交通事故损害赔偿案件中正确认定逃逸对过错原则的适用及保险责任的确定有着十分重要的意义，同时也能促使事故当事人积极参与解决事故，维护交通秩序的畅通有序，保护受害人的人身财产安全。在发生交通事故后，无论后果有多严重，内心有多恐惧，或者无论自己是否应当负事故责任，都不能一走了之，均应守候现场并积极采取救治措施，否则将会付出更大的代价。

编写人：北京市顺义区人民法院　李永芝

127 超过法定退休年龄的人员因交通事故造成人身损害的，其主张误工费应如何认定

——刘某臣诉刘某、人保财险机动车交通事故责任案

【案件基本信息】

1. 裁判书字号

山东省淄博市中级人民法院（2016）鲁03民终第3255号民事判决书

2. 案由：机动车交通事故责任纠纷

3. 当事人

原告（被上诉人）：刘某臣

被告：刘某

被告（上诉人）：人保财险

【基本案情】

2015年7月2日19时20分，刘某驾驶鲁C68×××号小型轿车顺淄博市张店区北京路由北向南行驶，行至华福大道路口向东左转弯时，与顺北京路由南向北行驶的刘某臣无证驾驶的鲁C6P×××号二轮摩托车相撞，车辆受损，刘某臣、刘某受伤，造成交通事故。2015年7月21日，交警队作出《道路交通事故认定书》，认定刘某承担事故的全部责任。刘某臣起诉要求被告赔偿损失22482.62元。人保财险主张误工费同意按照月工资3500元计算。

【案件焦点】

超过法定退休年龄的人员因交通事故造成人身损害的，其主张的误工费损失应如何认定。

【法院裁判要旨】

山东省淄博市张店区人民法院经审理认为：刘某臣主张医疗费8341.62元、住院伙食补助费570元（按照每天30元计算19天）、护理费1520元（按照护工标准每天80元计算19天）、误工费10980元（按照日工资每天122元计算90天）、车辆损失508元、鉴定费300元、清障费30元、复印费33元、交通费200元，以上共计22482.62元。刘某对刘某臣主张的上述费用无异议；人保财险则认为医疗费应当扣除10%的非医保用药，误工费同意按照月工资3500元计算，交通费认可190元。据此，一审判决如下：

一、人保财险在交强险限额内赔偿刘某臣医疗费5000元、护理费 1520 元、误工费 10500 元、交通费 200 元、车辆损失 508 元；

二、人保财险在商业险限额内赔偿刘某臣医疗费 3341.62 元、住院伙食补助费 570 元；

三、刘某赔偿鉴定费 300 元、清障费 30 元、复印费 33 元；

四、驳回刘某臣的其他诉讼请求。

人保财险不服一审判决，提起上诉。山东省淄博市中级人民法院经审理认为：关于应否支持刘某臣误工费的问题，涉案机动车交通事故发生时，刘某臣虽已年满六十五周岁，但其在一审中提交的淄博市淄川锋泰琉璃瓦厂出具的证明及工资发放表等证据，足以证实刘某臣存在误工损失的事实，且人保财险在一审中亦同意按 3500 元/月的标准向刘某臣支付误工费，故人保财险关于其不应支付刘某臣误工费的上诉理由不能成立，依法不予支持。据此，二审判决如下：

驳回上诉，维持原判。

【法官后语】

本案主要涉及的问题在于，超过法定退休年龄的人员因交通事故造成人身损害的，其主张误工费应如何认定。

误工费属于受害人如未遭受人身侵害而本应获得却因侵权人的侵害行为无法得到或者无法完满得到的利益。在学理上亦可归为消极损失或者期待利益。① 在机动车交通事故责任纠纷案件中，经常会出现交通事故受害人系已超过法定退休年龄人员而主张误工费的情况。对此，保险公司或侵权人则经常抗辩因受害人已超过法定退休年龄，属于无劳动能力人员，不能再从事正常的工作，且有的受害

① 最高人民法院民事审判第一庭编：《最高人民法院人身损害赔偿司法解释的理解与适用》，人民法院出版社 2004 年版，第 288 页。

人还按月领取养老金或主要依靠子女赡养，故其不存在误工费的损失。当然本案中保险公司一方即人保财险在一审中已经同意按照月工资3500元计算误工费，其在此情况下又上诉主张不应承担误工费显然有违民事诉讼中的“禁反言”规则，依法不应支持。但不应忽视的是，本案中交通事故的受害人刘某臣在事故发生时已经六十五周岁，明显已经超过法定退休年龄，对其这种超过法定退休年龄的人员因交通事故造成人身损害的，其主张的误工费损失应当如何认定的问题，确实需要在司法实践中予以明确。而本案中一审、二审法院对于这一问题也作出了较为明确的认定，即认定受害人刘某臣虽已年满六十五周岁，但其提供的淄博市淄川锋泰琉璃瓦厂出具的证明及工资发放表等证据，足以证实其存在误工损失的事实，并据此对其主张的误工费予以支持。笔者认为这一认定是正确的。对此，可从以下几个方面进行理解和把握：

第一，误工费在法律的认定上并不受年龄的限制。《中华人民共和国民法通则》第一百一十九条规定：“侵害公民身体造成伤害的，应当赔偿医疗费、因误工减少的收入、残废者生活补助费等费用……”①《最高人民法院关于审理人身损害赔偿案件适用法律若干问题的解释》（以下简称《解释》）第十七条第一款明确规定：“受害人遭受人身损害，因就医治疗支出的各项费用以及因误工减少的收入，包括医疗费、误工费、护理费、交通费、住宿费、住院伙食

① 该条规定现为《中华人民共和国民法典》第一千一百七十九条：“侵害他人造成人身损害的，应当赔偿医疗费、护理费、交通费、营养费、住院伙食补助费等为治疗和康复支出的合理费用，以及因误工减少的收入。造成残疾的，还应当赔偿辅助器具费和残疾赔偿金；造成死亡的，还应当赔偿丧葬费和死亡赔偿金。”

补助费、必要的营养费，赔偿义务人应当予以赔偿。”① 从上述规定来看，均未对受害者获得误工费赔偿的年龄作出限制性规定，也未排除已超过退休年龄的公民主张误工费的权利。也就是说，只要受害人受害前有劳动能力并从事有偿劳动，其因遭受损害而误工并减少了收入，就有权要求致害人赔偿误工费，而不论受害人是否超过退休年龄。

第二，误工费在赔偿的计算上也与年龄无关。《解释》第二十条规定：“误工费根据受害人的误工时间和收入状况确定。误工时间根据受害人接受治疗的医疗机构出具的证明确定。受害人因伤致残持续误工的，误工时间可计算至定残日前一天。受害人有固定收入的，误工费按照实际减少的收入计算。受害人无固定收入的，按照其最近三年的平均收入计算；受害人不能举证证明其最近三年的平均收入状况的，可以参照受诉法院所在地相同或者相近行业上一年度职工的平均工资计算。”② 由此可见，误工费在计算上是从受害人实际遭受误工并由此造成收入损失的角度进行设计的，与年龄并无直接关联。误工费的计算和赔偿应以受害人受害前是否从事有偿劳动、是否实际误工和是否造成损失减少为依据，而非以其年龄来判定。

---

① 该条规定现为《中华人民共和国民法典》第一千一百七十九条：“侵害他人造成人身损害的，应当赔偿医疗费、护理费、交通费、营养费、住院伙食补助费等为治疗和康复支出的合理费用，以及因误工减少的收入。造成残疾的，还应当赔偿辅助器具费和残疾赔偿金；造成死亡的，还应当赔偿丧葬费和死亡赔偿金。”

② 该条规定现为《解释》（2022 年修改）第七条：“误工费根据受害人的误工时间和收入状况确定。误工时间根据受害人接受治疗的医疗机构出具的证明确定。受害人因伤致残持续误工的，误工时间可以计算至定残日前一天。受害人有固定收入的，误工费按照实际减少的收入计算。受害人无固定收入的，按照其最近三年的平均收入计算；受害人不能举证证明其最近三年的平均收入状况的，可以参照受诉法院所在地相同或者相近行业上一年度职工的平均工资计算。”

第三，法定退休年龄不能作为劳动能力丧失的依据。法定退休年龄是国家为维护职工合法权益和劳动权利而作出的规定，是国家对职工的一种待遇。我国在劳动法领域也同时规定，达到退休年龄后继续从事劳动的，按照劳务关系处理。从现实情况来看，现阶段我国的社会保障体系尚未健全，广大农民没有退休待遇，达到法定退休年龄后在务农的同时进行务工的现象仍大量存在，在城镇也有大量退休人员被返聘或者另行从事一定工作。所以说大多数超过法定退休年龄的人仍有一定的劳动能力。因此片面地以法定退休年龄作为劳动能力丧失的依据，既无明确的法律规定，也与现阶段我国的实际用工状况不符。

第四，退休后按月领取退休金及接受子女赡养费并不影响误工费的存在。由于人均寿命的延长和生活水平的不断提高，超过退休年龄的人员在退休后另行从事社会有偿劳动的现象越来越多，而这无疑会带来养老金待遇和子女给付的赡养费以外的劳动收入。若其由于交通事故致伤并住院治疗和休息，并因此不能从事受伤前的有偿劳动，其所从事劳动所带来的收入势必会减少。而这种劳动收入本身与因缴纳社会养老保险或购买商业养老保险后所能领取的养老金及子女给付的赡养费并无关联，这种劳动收入的减少并不能通过得到养老金和赡养费所弥补，而是通过侵权方的赔偿才能得以弥补。所以说不能因为受害人退休后能领取养老金和接受子女赡养费就否认其误工费损失的存在。

编写人：山东省淄博市中级人民法院　荣明潇

山东省淄博市张店区人民法院　刘晓辉

128 因侵权致残后死亡，残疾赔偿金能否支持

——李某等诉刘某、保险公司机动车交通事故责任案

【案件基本信息】

1. 裁判书字号

四川省成都市中级人民法院（2014）成民终字第4909号民事判决书

2. 案由：机动车交通事故责任纠纷

3. 当事人

原告（被上诉人）：李某、任某炳、高某良

被告（被上诉人）：刘某

被告（上诉人）：保险公司

【基本案情】

2011年11月30日早晨，被告刘某驾驶川AW××××小型轿车沿G108线由邛崃市往新津方向行驶。7时10分许与高某驾驶的川AQ0××××号电动自行车相撞，造成两车损坏，高某受伤。受伤后高某被送往华西医院进行救治，后又先后到医疗中心医院、同济医院、卫生医院先后治疗。此次事故高某与被告刘某承担此事故同等责任。2012年3月21日高某经鉴定其伤情为“高某胸2-6椎骨折脱位伴截瘫属二级伤残，面部后遗瘢痕及色素改变属十级伤残”。2012年5月14日高某经鉴定护理依赖程度为完全护理依赖。2012年12月8日高某死亡。肇事车在被告保险公司投保了交强险和商业三者险，并购买了不计免赔。事故发生在保险期限

内。另查，原告李某系死者高某之子，原告任某炳系死者高某之母，原告高某良系死者高某之父。

【案件焦点】

伤者高某定残后死亡的，死者近亲属主张残疾赔偿金的能否支持。

【法院裁判要旨】

四川省邛崃市人民法院经审理认为：本次交通事故造成了高某受伤的损害结果，虽然在本案起诉时高某已经死亡，但侵权结果一旦发生，侵权人应当承担的民事责任就已经确定，不因被侵权人的死亡而消灭。邛崃市人民法院确定其残疾赔偿金为 20307 元/年×20 年×91%＝369587.4 元。

保险公司提起上诉。四川省成都市中级人民法院经审理认为：因李某、任某炳、高某良在本案中主张的是依据高某因本案交通事故导致的伤残情况所产生的残疾赔偿金等费用，高某的死亡后果与本案交通事故之间是否具有因果关系不属于本案审理范围。依据《最高人民法院关于审理人身损害赔偿案件适用法律若干问题的解释》第二十五条第一款的规定，原审法院确认高某的残疾赔偿金为 369587.4 元，于法有据。保险公司关于高某的残疾赔偿金不应计算 20 年的上诉请求，因与前述司法解释规定不符，法院不予支持。

四川省成都市中级人民法院依照《中华人民共和国民事诉讼法》第一百七十条第一款第一项的规定，判决如下：

驳回上诉，维持原判。

【法官后语】

残疾赔偿金是对受害人因人身遭受损害致残而丧失全部或者部分劳动能力的财产赔偿，属于一种物质性的损害赔偿。从侵权行为发生，侵权事实出现，赔偿义务人应当承担的民事责任就已经客观确定，侵权人的侵权责任并不因受害人的死亡而消灭。

就本案而言，三原告以死者近亲属的身份提起诉讼，主张包括死亡赔偿金等各项损失。诉讼过程中，二被告对死者的死亡与交通事故之间是否存在关联性提出了异议，故三原告提出了鉴定申请。在送鉴的过程中，鉴定机构要求必须提供尸检报告，而三原告因为客观原因已经遗失尸检报告，且公安机关也无法提供尸检报告原件。故三原告变更诉讼请求，主张包括残疾赔偿金在内的各项损失共计615457.6元。二被告认为残疾赔偿金是属于死者的专属人身权利，且高某在起诉时已经死亡，主张残疾赔偿金应由其本人提出，高某的死亡已经导致了其丧失了享有主张残疾赔偿金的权利。三原告不是适格主体，不能以近亲属的身份主张。本案如果单纯地认定死者在起诉时已死亡，依附于死者的残疾赔偿金请求权因死者生命的结束而消灭，进而免除了二被告的赔偿责任，那将使得受害人处于极不利的境地，对受害人的家属也是不公平的，也是违反了法律保护受害人的立法原则。残疾赔偿金是受害人的物质损害赔偿，在侵权行为发生后就已经客观存在。即便是受害人在起诉时已经死亡，但其本应获得的残疾赔偿金也属于自然人死亡时遗留的个人合法财产，故其近亲属也有权主张残疾赔偿金，属于适格的原告。

关于残疾赔偿金的计算期限。部分观点认为残疾赔偿金应以受害人实际存活的年限计算。本案被告也持该观点，认为死者在起诉前已经死亡，即便要赔偿残疾赔偿金，也应只计算死者从定残前一日到死亡时的存活年限。因为残疾赔偿金是对受害人本人因为遭受损害而导致收入丧失或减少的一种经济上的补偿。受害人死亡后，就已经不存在劳动能力，也无法通过劳动来获得任何收入。如果再按照其实际年龄来计算，赔偿义务人承担的赔偿义务责任则加重了，而本因赔偿给本人的残疾赔偿金则没有实际用在受害人身上，没有发挥其应有的作用。笔者认为，此种观点较为偏颇。法律强调的是社会公平正义。民法强调的是保护身体权、生命权、健康权不受侵害。一旦受到侵害，侵权人就要承担赔偿责任。残疾赔偿金是对受害人因人身遭受损害致残而丧失全部或者部分劳动能力而导致的收入损失的赔偿。受害人因伤致残，必然会减少自己的收入，该收入损失是人身损害导致的直接后果。我国现实国情是以家庭为单位、家庭成员的收入作为整个家庭的共同生活开支的生活模式。受害人因收入的减少或丧失，势必导致家人生活来源的减少或丧失。因此，残疾赔偿金的使用范围不仅仅限于受害人本人，而是受害人整个家庭，是对整个家庭未来可得利益的一种赔偿。我国对残疾赔偿金采取的是定额化的赔偿机制，残疾赔偿金金额在定残之日就已经固定，故受害人定残后非因其他原因死亡，并不影响残疾赔偿金的计算方式。三原告在无法证明死亡事实和侵权行为存在因果关系的条件下，且本案已经进行伤残等级鉴定，在此情况下，原告主张残疾赔偿金的应予支持。

编写人：四川省邛崃市人民法院　何莹

129 自驾游中发生交通事故损害赔偿的处理
——张某斌等诉李某等机动车交通事故责任案

【案件基本信息】

1. 裁判书字号

湖南省益阳市中级人民法院（2014）益法民三终字第 147 号民事判决书

2. 案由：机动车交通事故责任纠纷

3. 当事人

原告（被上诉人）：张某斌、胡某兰、陈某、张某怡

被告（上诉人）：黄某

被告：李某、财险公司

【基本案情】

2012 年 7 月 17 日，被告黄某驾驶湘 H-0××××号小型普通客车沿 S229 线由南向北行驶，车辆在制动过程中发生侧滑，越过中心线，驶入对向车道，与相向而来的在人保公司投保了交强险的湘 GY××××号大型普通客车侧面相撞，造成两车不同程度受损、湘 H-0××××号小型普通客车上乘车人张某死亡、黄某受伤的重大交通事故。经交警部门认定，被告黄某负此次事故全部责任，湘 GY××××号客车及张某无责任。原告张某斌、胡某兰、陈某、张某怡分别系死者张某的父亲、母亲、妻子和女儿。

湘 H-0××××号小型普通客车所有人为被告李某，该车在被告财险公司投保了车上人员责任险等险种。

被告黄某与李某系同学关系，张某生前曾与李某一起做过二

手车生意。张某此行随李某到湖南吉首看二手车，两人从西洞庭接了黄某一起去吉首。在吉首办完事后，三人一同去张家界玩。三人均有驾驶证，在此途中，三人轮流驾车，在黄某驾车时发生本案交通事故。本案事故共造成原告张某斌等人损失 658468 元。事故发生后，黄某赔偿了四原告 210000 元，李某赔偿了四原告 52000 元，人保公司赔偿了四原告 10000 元（无责赔偿）。2012 年 12 月 5 日，湖南省古丈县人民法院以黄某犯交通肇事罪，判处有期徒刑七个月，缓刑一年。

四原告于 2013 年 1 月 6 日以机动车交通事故责任纠纷向湖南省益阳市赫山区人民法院起诉三被告，同年 8 月 6 日，四原告与被告李某及被告财险公司签订和解协议：被告李某自愿补偿四原告 52000 元，自愿将其应得的车上人员（乘客）责任保险理赔款 42200 元补偿给四原告，四原告申请撤回对被告李某和被告财险公司的起诉并就张某因交通事故死亡不再以任何理由向被告李某提出索赔。湖南省益阳市赫山区人民法院于同年 8 月 8 日裁定准许四原告撤回对被告李某和被告财险公司的起诉。

【案件焦点】

1. 张某斌等四人经济损失是否应由三名车上人员即黄某、李某、张某分担；2. 各自应承担的比例是多少。

【法院裁判要旨】

益阳市赫山区人民法院经审理认为，黄某主动要求驾驶李某所有的配挂临时行驶车号牌的湘 H-0××××号小型普通客车，在容易发生危险的路段未及时降低行驶速度，导致制动过程中车辆侧滑越过中心线与王章某驾驶的大型普通客车发生侧面相撞，造成两车不同程度受损，黄某受伤、湘 H-0××××号小型普通客车上乘车人张某某死亡的重大交通事故，张共某等四人依法享有向侵权人要求赔偿损失的权利。古丈县公安局交通警察大队作出的道路交通事故认定书，认定黄某负事故全部责任，黄某对此认定书未提出异议，故该事故认定书合法有效，可作本案担责的依据。黄某和李某及死者张某某同去张家界玩，在途中，黄某主动提出驾车，自愿接受因驾车所带来的风险。在驾驶中，作为司机的黄某负有安全注意义务及回避损害后果的义务。因此，对张共某等四人因张某某在此次交通事故中死亡所造成的经济损失，根据《中华人民共和国侵权责任法》第四十九条规定，黄某应承担赔偿责任。因受害人张某某与黄某属好意同乘关系，故可减轻黄某应负的民事赔偿责任，其减轻部分以 15%为宜，即由黄某承担张共某等四人 85%的赔偿责任。湘 H-0××××号小型普通客车所有权人李某在本次事故中没有过错，且已自愿补偿张共某等四人经济损失 52000 元，自愿将其应得的车上人员座位险理赔款补偿给张共某等四人。张共某等四人与李某和某某保险签订的和解协议，是签订协议各方的真实意思表示，合法有效，应予采信。故对黄某关于其无偿帮李某开车，李某应承担连带责任的辩称意见，不予采纳。因为李某购买的是车上人员责任险，故某某保险在本案中与张共某等四人无法律关系，某某保险不是本案适格被告，在本案中不应承担民事责任。

益阳市赫山区人民法院判决：被告黄某赔偿原告张某斌、胡某兰、陈某、张某怡损失 581438. 25 元，扣除黄某已支付的 210000 元和人保公司赔付的 10000 元，被告黄某仍应支付四原告 361438. 25 元。判决生效后，黄某向益阳市中级人民法院提出上诉，请求二审依法改判。

益阳市中级人民法院经审理认为，三人出行虽松散但有一定组织和计划的自驾游。三人在出行前没有进行民事权利义务的约定，黄某在事故发生时为所驾车辆即湘H-0××××号小型客车的实际运行支配和运行受益人，并非无偿帮工，其上诉主张系帮工的理由与实际情况不符。李某与张某亦均为自驾游过程中黄某所驾车辆的实际运行支配和运行受益人，黄某驾驶车辆时李某与张某均未提出反对，故三人应当承担因该车辆发生交通事故而引起的民事赔偿责任。黄某驾车时，在容易发生危险的路段未及时降低行驶速度，导致交通事故发生。因张某与李某系自驾游成员，在自驾游活动中受益且未对黄某违规驾驶行为作警示和提醒，故应对此次事故造成的损害后果承担相应的责任，即由黄某承担张某斌等四人损失70%的赔偿责任，李某、张某各分担张某斌等四人损失15%的责任。因各当事人对原审查明的张某斌等四人的损失658468元无异议，故对张某斌等四人的损失658468元，二审予以确认。李某作为自驾游成员的赔偿责任不因作为车辆管理人无过错而免责。对于李某在本案中应承担的赔偿责任，因李某与四原告已签订和解协议，四原告不再以任何理由向李某提出索赔，故二审不予处理。据此，二审法院作出改判由被告黄某承担70%的赔偿责任，即赔偿四原告经济损失453927.6元的民事判决。

湖南省益阳市中级人民法院判决：撤销一审判决，改判上诉人黄某赔偿被上诉人张某斌、胡某兰、陈某、张某怡经济损失453927.6元［（658468-10000元）×70%］，扣减已付210000元，上诉人黄某还应支付243927.6元。

【法官后语】

一、何为自驾游及自驾游中交通事故损害赔偿的特点

2006年首届中国自驾游高峰论坛给出的定义为：“自驾游是有

组织、有计划，以自驾车为主要交通手段的旅游形式。”

自驾游是群体间相约进行的一种情谊活动，在自驾游过程中发生的交通事故损害赔偿案件有如下特点：1. 时间特点，自驾游交通事故多发生于周末及小长假期间；2. 地域特点，自驾游路线不受地域限制，因路况不熟而带来的交通事故较多；3. 人员组成特点，自驾游成员间多以亲情、友情为纽带，也有的通过新兴媒介而组合，驾驶人员的驾驶技术及对道路安全的谨慎注意程度不尽相同；4. 车辆特点，自驾游所用车辆多为组成人员所有并自愿提供，驾驶人员对车况熟悉程度不一；5. 事发后赔偿处理特点，自驾游中发生交通事故后，成员间多以协商处理为前提，协商不成时，对簿公堂。

二、自驾游活动中发生交通事故损害赔偿应如何处理

民法规范多为任意性规范，不可能依私法自治原则作出详尽无遗的约定。《中华人民共和国民法典》规定，民事活动应当遵循自愿、公平、诚信、守法与公序良俗、绿色的原则。

自驾游成员间虽无明确权利义务关系的约定，但自驾游的成行系所有自驾成员形成合意的结果，所有自驾游成员亦应认可此次自驾游活动对外所为民事法律行为。自驾游成员驾驶自驾游车辆，系自愿为整个自驾游团体提供驾驶服务，自驾游全体成员为所驾车辆的实际运行支配和运行受益人。自驾游车辆驾驶人执行的是自驾游团体共同事务，若出行前无人对此提出异议，在此过程中因发生交通事故而引起的民事法律责任，应由自驾游团体成员中具有民事行为能力的人共同承担。自驾游所驾车辆多为活动组成人员所有，车辆所有人自愿免费提供车辆或按份收取相关费用。在车辆所有人无过错，不应按照《最高人民法院关于审理道路交通事故损害赔偿案件适用法律若干问题的解释》第一条的规定进行责任承担的情况下，损害赔偿责任应由过错人

承担主要责任，并由自驾游全体成员承担次要责任更能体现公平原则。

三、驾驶人员的责任承担减轻问题

《最高人民法院关于贯彻执行〈中华人民共和国民法通则〉若干问题的意见（试行）》第一百四十二条规定，为维护国家、集体或他人合法权益而使自己受到损害，在侵害人无力赔偿或者没有侵害人的情况下，如果受害人提出请求的，人民法院可以根据受益人受益的多少及其经济状况，责令受益人给予适当补偿。《最高人民法院关于审理人身损害赔偿案件适用法律若干问题的解释》第十五条规定，为维护国家、集体或者他人的合法权益而使自己受到人身损害，因没有侵权人、不能确定侵权人或侵权人没有赔偿能力，赔偿权利人请求受益人在受益范围内予以适当补偿的，人民法院应予支持。上述条文虽已失效或修改，但法条精神已写入《中华人民共和国民法典》。第一百八十三条规定，因保护他人民事权益使自己受到损害的，由侵权人承担民事责任，受益人可以给予适当补偿。没有侵权人、侵权人逃逸或者无力承担民事责任，受害人请求补偿的，受益人应当给予适当补偿。从以上条文来看，受益人给利益提供者进行适当补偿是贯穿始终的立法精神。

在自驾游活动中，驾驶人员消耗体力驾车，为其他人员创造了休息、舒适、欣赏美景而心情愉悦的机会，从整个活动来看，自驾游成员均为整个过程的受益者。虽然我国没有明文规定在交通事故中自驾游成员因驾驶人员驾驶过程致人受损而适当补偿的规定，但全体成员作为一个整体，在案件中适用受益给予补偿的原则，更有利于公序良俗的维持。因此，适当减轻驾驶人员的赔偿责任，更有利于社会的稳定，也更符合中华法系偏重伦理性的法律精神。

编写人：湖南省益阳市中级人民法院　蒋远军

130　停放路边的货车爆胎致人损害案件之性质及赔偿问题

——薛某永诉保险公司等机动车交通事故责任案

【案件基本信息】

1. 裁判书字号

江苏省淮安市中级人民法院（2013）淮中民终字第1265号民事判决书

2. 案由：机动车交通事故责任纠纷

3. 当事人

原告（被上诉人）：薛某永

被告（被上诉人）：魏某林

被告（上诉人）：保险公司

被告：食肉品公司

【基本案情】

2012年3月24日，原告薛某永步行至淮安市清浦区新民东路某段，因被被告魏某林违法停放于路边的厢式货车挡住去路，便从该车尾部通过，此时车的左后轮胎突然爆炸，致薛某永左桡骨远端骨折、左腕三角骨撕脱性骨折。肇事车一年前更换过轮胎，未定期进行轮胎检验。肇事车在被告保险公司投保了交强险和商业三者险，事故发生于保险责任期间。因未向交警部门报案，故没有交警部门的交通事故认定书。原告诉至法院，要求诸被告连带赔偿损失。

某公司曾于2009年7月11日与魏某林建立过运输合同关系，

故魏某林所有的肇事货车上标有某公司的名称，但运输合同已于2010年7月终止；魏某林并非某公司职工，亦非从事职务行为。

【案件焦点】

停放在公共道路边的车辆因轮胎突然爆炸致人损伤是否以道路交通事故论，保险公司应否在交强险和商业三者险范围内对受害人承担赔偿责任？

【法院裁判要旨】

江苏省淮安市清浦区人民法院认为：交通事故是车辆在道路上因为过错或者意外造成人身损害或者财产损失的事件。涉案事故发生在应接受交通管理的道路上；车辆使用人疏于对车辆的维修保养，未定期进行轮胎检查，致车辆存在安全隐患，对事故的发生存在主观过错。该事件符合《中华人民共和国道路交通安全法》（以下简称《道路交通安全法》）第一百一十九条第五项关于“道路交通事故”定义的范围，应当认定为道路交通事故。是否有交警部门对事故作出交通事故认定书，不影响法院对案件的定性。保险公司应在交强险及商业三者险范围内承担责任。

淮安市清浦区人民法院依照《中华人民共和国侵权责任法》第六条第一款、第十五条、第十六条、第二十五条、第四十八条，《道路交通安全法》第七十六条第一款第二项，《最高人民法院关于审理道路交通事故损害赔偿案件适用法律若干问题的解释》第十六条，《中华人民共和国民事诉讼法》第一百四十二条的规定，判决如下：

一、被告保险公司一次性赔偿原告薛某永各项损失合计20447.48元，一次性支付被告魏某林超额垫付款5665.94元；

二、驳回原告薛某永的其他诉讼请求。

保险公司不服，上诉至江苏省淮安市中级人民法院。淮安市中级人民法院以同样的事实和理由，依照《中华人民共和国民事诉讼法》第一百七十条第一款第一项之规定，判决如下：

驳回上诉，维持原判。

【法官后语】

在交通行政执法和司法实践中，对加害车辆在道路上停放期间发生的人员伤亡或财产损失事件能否认定为道路交通事故，存在诸多模糊的认识，而本案较好地澄清了这一问题。下面笔者对此作进一步的说明。

1. 道路交通事故定义的变迁

我国关于道路交通事故早期的定义见于 1992 年 1 月 1 日施行的《道路交通事故处理办法》第二条，该条规定车辆驾驶人员、行人、乘车人以及其他在道路上进行与交通有关活动的人员，因违反《道路交通管理条例》和其他道路交通管理法规、规章的行为，过失造成人身伤亡或者财产损失的事故。而根据《道路交通安全法》第一百一十九条第五项的解释，交通事故是指车辆在道路上因过错或者意外造成人身伤亡或者财产损失的事件。这一道路交通事故新定义较《道路交通事故处理办法》的定义去掉了违法行为这个要素，并将过失改为过错，增加了意外因素，扩大了事故的外延。

道路交通事故概念和外延的变迁，体现了道路交通安全法以人为本、突出保障交通安全、追求提高通行效率的立法精神，也是适应中国社会发展需要，吸取现代思维模式的立法成果。故无论是行政执法还是司法裁判，在判断道路交通事故时要从既有的惯性思维模式中脱离出来，不能再囿于过去的定义，而应以《道路交通安全法》关于道路交通事故的定义和立法精神为准。

2.《道路交通安全法》关于道路交通事故的构成要件

根据道路交通事故的定义，其构成要件即车辆、道路、当事人主观上有过错或者发生了意外、车辆造成了人身伤亡或者财产损失的后果、过错或意外与后果之间存在因果关系，分述如下：

第一，道路交通事故的主体，一方必须有车辆。即发生道路交通事故的双方，或说两车之间，或说人车之间发生剐擦、碰撞等形成事故的双方，一方必须有车辆，或为车辆自我事故，而将人与人之间的事故绝对地排除在道路交通事故主体之外，这里的车辆包括各种机动车和非机动车。

需要指出的是，车辆的运行状态影响到人们对交通事故的判断。笔者认为，车辆在道路上运动与停止两种状态是道路交通的有机组成部分，道路交通事故也与这两种状态密不可分。而且，道路交通事故的定义并未对车辆在道路上的运行状态加以限制，因而从法律上讲其应包含运动与静止这两种状态。本案处于停止状态的车辆亦符合道路交通事故的构成要件。

第二，道路交通事故的地域范围是道路。《道路交通安全法》关于“道路”的含义比较宽泛，其包括公路、城市道路和虽在单位管辖范围但允许社会机动车通行的地方，还包括广场、公共停车场等用于公众通行的场所。

第三，道路交通事故因主观过错或者意外。交通事故不仅是由特定的人员违反《道路交通安全法》之过错造成，也可以是由于意外情况造成。其“过错”包括故意和过失，但《道路交通安全法》并没有区别其是违反《道路交通安全法》行为上的故意或过失，还是对造成的危害结果存在主观上的故意或过失，而是笼统进行规定。

据此，如果违法行为和危害结果都是过失，不难理解是交通事故；如果行为人对危害结果存在故意，也仍是道路交通事故，只是按照《道路交通安全法》第七十六条的规定，其承担的责任不同于过失而已。因此，区分当事人主观的故意或过失及客观因素，对于明确道路交通事故双方当事人的责任有重要意义，但不影响是否为道路交通事故的判定。

关于“意外”，是仅指不可抗力或意外事件还是二者兼之，存在不同认识。不可抗力，是指不能预见、不能避免并不能克服的客观情况。而意外事件，一般认为是指非出于行为人的故意或者过失而偶然发生的事件。显然，不可抗力应同时包含不能预见、不能避免和不能克服三要素，而意外事件强调的是不可预见性。对此，笔者认为，此处的“意外”，一方面，强调的是客观因素；另一方面，从法律逻辑学的角度来看，意外事件与不可抗力具有包含关系，不能将二者完全区分开来；再者，无论是意外事件还是不可抗力都可以导致道路交通事故。因此，“意外”应作广义的理解，即主要是指发生了当事人意想不到的情况，如地震、台风，泥石流、雷击等不可抗力，以及由于客观原因使道路状况变化、刹车失灵等意外事件。

第四，必须有危害结果且必须是车辆造成。危害结果包括人身伤亡或者财产损失，如果发生碰撞但未造成任何伤害或损失，或没有车辆的因素，就无所谓道路交通事故。

第五，过错或意外与损害后果之间存在因果关系。道路交通事故的成立不以违法行为为必要，其中的因果关系不是法律责任构成要件中的行为与结果之间的因果关系，而是过错或意外与损害后果之间的因果关系。

综上，本案满足车辆、在道路上、人身伤害及因过错而发生等道路交通事故的要件，尽管事发时车辆处于停止状态，但仍应认定为是道路交通事故，应按照机动车交通事故责任纠纷裁判。

编写人：江苏省淮安市中级人民法院　马作彪

131　达成赔偿协议后当事人主张撤销能否支持

——王某元诉刘某华机动车交通事故责任案

【案件基本信息】

1. 裁判书字号

湖北省随州市中级人民法院（2012）鄂随州中民一终字第201号民事判决书

2. 案由：机动车交通事故责任纠纷

3. 当事人

原告（被上诉人）：王某元

被告（上诉人）：刘某华

【基本案情】

2011年3月16日下午，刘某华驾驶其农用三轮车拖了一车栎树往草店行驶，途中遇见王某元，王某元要求并经刘某华同意后搭乘其车回家。途中，刘某华的车翻倒将王某元右腿摔伤。伤后，王某元花去医疗费12760元，双方于2011年4月21日达成协议，由刘某华一次性支付王某元医疗费6300元，并约定其伤以后如有后遗症与刘某华无关。王某元的右腿伤经鉴定构成九级伤残，误工98天，一人护理120天，后期治疗费拟定8500元。王某元于

2011 年 6 月 28 号诉至法院，要求刘某华赔偿其经济损失 68041.56 元。原审判决刘某华赔偿王某元经济损失 10874.50 元、精神抚慰金 500 元，并驳回王某元的其他诉讼请求。双方均不服，被告上诉至湖北省随州市中级人民法院。湖北省随州市中级人民法院以原判认定事实不清，证据不足，程序违法为由撤销该判决，发回重审。重审过程中，王某元增加诉讼请求，以原双方达成的赔偿协议显失公平为由，要求撤销该赔偿协议。刘某华的三轮车于 2000 年购买，使用期间未办理保险，核定载客为 0 人。

【案件焦点】

王某元与刘某华达成的赔偿协议是否显失公平，其请求撤销的理由能否支持。

【法院裁判要旨】

湖北省随州市随县人民法院重审后认为：公民享有生命健康权。刘某华答应王某元搭乘其三轮车回家，就应当负有保障王某元生命安全的义务。刘某华持有的三轮车的行驶证上明确规定核定载客人数为 0 人，但刘某华仍让王某元乘坐自己的三轮车，在主观行为上具有一定的过错，且在行驶过程中未尽安全注意义务，导致其车翻，使王某元跳车后摔伤，对王某元的伤后损失应当按责承担赔偿责任。按照当地习惯，刘某华好意让王某元搭乘自己的便车回家，王某元在车未翻时提前跳车，致自己摔伤，其本身也有一定过错。双方于 2011 年 4 月 21 日签订的赔偿协议，由刘某华赔偿王某元经济损失 6300 元的数额与王某元伤后实际造成的经济损失相比，差额巨大，未能保障王某元所主张的正当民事权利，该协议显失公平，王某元请求撤销该协议的理由正当，应予支持。

湖北省随州市随县人民法院依照《中华人民共和国民法通则》第五十九条第一款第二项、第二款，第一百一十九条、第一百三十一条之规定，作出如下判决：

一、撤销王某元与刘某华于2011年4月21日签订的赔偿协议；

二、刘某华赔偿王某元各项经济损失23000元；

三、驳回王某元的其他诉讼请求。

刘某华提出上诉。湖北省随州市中级人民法院经审理认为：原审法院已经判决王某元自行承担主要责任，刘某华按责承担次要责任，处理恰当，刘某华认为应由王某元自行承担全部责任的理由不能成立。事故发生后，双方签订赔偿协议，刘某华赔偿王某元的经济损失6300元，与王某元伤后实际造成的经济损失相比，显失公平，王某元请求撤销该协议的理由正当，原审法院予以支持并无不当。原判认定事实清楚，审理程序合法，实体处理恰当，刘某华的上诉理由不能成立。

湖北省随州市中级人民法院依照《中华人民共和国民事诉讼法》第一百五十三条第一款第一项之规定，作出如下判决：

驳回上诉，维持原判。

【法官后语】

本案处理的重点，在于法官和当事人在审判活动中正确行使了两项权利。

1. 法官正确行使了释明权。释明既是法官的一项诉讼权利，又是法官的一项诉讼义务，释明发生在法官行使审判权力的过程之中，是审判权的内容之一。法官释明权的正确行使，有利于平等保护当事人的诉讼权利，特别是在当前我国法律意识整体水平不高，法律服务不够完善的背景下，进一步强化法官的释明权很有必要。法官在行使释明权时，应当遵循依法保护当事人诉讼地位平等和尊重当事人处分权利的原则，从而保障当事人正确行使诉讼权利，并且明确法官在诉讼各个阶段正确行使释明权的范围、行使方式、效力和后果。本案初审时，法官未予正确行使该项权利，在当事人未主张撤销已达成赔偿协议的情况下，径行判决被告人刘某华另行承担赔偿责任，导致本案被发回重审。重审中，承办法官及时、正确行使了释明权，积极告知当事人可主张和行使撤销权。当事人在重审时增加诉讼请求，主张撤销显失公平的赔偿协议，并且得到了法院认可和支持，致其正当的民事权利得到保护。法官正确行使了释明权，充分体现了司法实践中人民至上、生命至上的法治理念。

2. 当事人正确行使了撤销权。可撤销的民事法律行为将撤销民事法律行为的权利赋予当事人，只有当事人请求法院和仲裁机关作出撤销决定，才可能发生撤销的结果。根据民事立法的规定，享有撤销权人为重大误解的民事法律行为中的误解人和显失公平的民事法律行为中的受损害人。其中，显失公平则是从民法公平的原则出发，来衡量双方的利益得失，作出该民事行为将造成一方获得过多利益而另一方遭受过多不利，结果上极端不公平的情况而赋予当事人可主张撤销的权利。本案在重审过程中，正是当事人积极正确有效地主张并行使了该项权利，才得到了一审和二审法院的支持，使本案得以公平、公正的判决。

3. 本案发生在《中华人民共和国民法总则》和《中华人民共和国民法典》施行之前，承办人在实体处理上亦适用了当时的法律即《中华人民共和国民法通则》的相关规定。无论是2017年颁布的《中华人民共和国民法总则》，还是2020年颁布的《中华人民共和国民法典》，都将公平原则从《中华人民共和国民法通则》第四条中单列出来，用单独的法条对公平原则进行了释明，充分体现了社会主义核心价值观中平等与公正的理念在依法治国领域中的积极运用，而承办人在本案中积极运用公平原则，使得本案的办理充分达到了社会效果和法律效果的统一。

编写人：湖北省随州市随县人民法院　晏贵先　熊清

四、交通事故保险理赔

132 法院不需为未诉被侵权人预留交强险份额

——陈某诉江某等机动车交通事故责任案

【案件基本信息】

1. 裁判书字号

广西壮族自治区梧州市中级人民法院（2019）桂04民终644号民事判决书

2. 案由：机动车交通事故责任纠纷

3. 当事人

原告（被上诉人）：陈某

被告（被上诉人）：江某、梁某

被告（上诉人）：财险梧州分公司

【基本案情】

2018年2月6日约22时20分，江某驾驶桂DLK×××小型轿车由陈塘往荔浦方向行驶至国道321线479km+70m时，遇醉酒后的行人陈某、黄某互相搀扶从道路西侧往东侧横过公路，临近时发生碰撞，造成陈某、黄某受伤的交通事故。陈某受伤后在县人民医院等医院住院治疗，共花费医疗费293062.51元。2018年11月2日，受陈某委托的司法鉴定所作出司法鉴定意见书，对陈某因本次事故受伤致残程度、后续诊疗费及误工费、护理费、营养期进行了评定。2018年3月8日，蒙山县公安局交通管理大队作出《道路交通事故认定书》，认定江某与陈某、黄某负事故同等责任。江某在借用梁某所有的桂 DLK×××小型轿车期间发生交通事故，该车在财险梧州分公司投保了交强险及保险责任限额为 1000000 元的商业三者险（附不计免赔率条款），保险期限为 2018 年 1 月 15 日至 2019 年 1 月 15 日。事发后，江某向陈某垫付了 25000 元，财险梧州分公司在交强险医疗赔偿责任限额内向陈某赔付医药费 10000 元。

【案件焦点】

本案应否在财险梧州分公司承保的交强险限额范围内为另一未起诉的伤者预留相应份额。

【法院裁判要旨】

广西壮族自治区蒙山县人民法院经审理认为：认定江某、陈某各负本次事故 50%的民事责任。根据《最高人民法院关于审理道路交通事故损害赔偿案件适用法律若干问题的解释》第十六条的规定，陈某的损失先由财险梧州分公司在交强险限额范围内赔偿，超过部分由财险梧州分公司依约在商业三者险责任限额内承担江某应负的赔偿义务。仍有不足的，由江某负责赔偿，陈某其余损失自负。根据《中华人民共和国侵权责任法》第四十九条的规定，梁某虽是肇事车辆车主，但对损害发生无过错，故不承担赔偿责任。该院认定陈某诉请的医疗费、住院伙食补助费、营养费、护理费、误工费、残疾赔偿金、精神损害抚慰金共 554985.11 元。由财险梧州分公司在交强险责任限额内赔偿 120000 元，扣除其已付的医疗费 10000 元，财险梧州分公司尚应在交强险责任限额内赔偿陈某的损失 110000 元。该院还对陈某的其余损失作出相应处理。

广西壮族自治区蒙山县人民法院据此作出如下判决：

一、财险梧州分公司应于本判决生效后十日内在交强险责任限额内赔偿陈某因交通事故受伤造成的损失 110000 元；

二、财险梧州分公司应于本判决生效后十日内在商业三者险责任限额内赔偿陈某因交通事故受伤造成的损失 192492.56 元；

三、财险梧州分公司应于本判决生效后十日内在商业三者险的赔偿款中支付江某垫付款 25000 元。

财险梧州分公司不服一审判决，提出上诉。广西壮族自治区梧州市中级人民法院经审理认为：关于上述焦点问题，本案事故同时造成陈某、黄某受伤，该两人均有权就其受伤所致损失向人民法院提起诉讼以维护自身合法权益，一审法院在审理本案诉讼过程中，并未收到另一伤者黄某的相关权利主张，故一审判决未在财险梧州分公司承保的交强险赔偿限额范围内为黄某预留相应份额并无不妥，应予以维持。

广西壮族自治区梧州市中级人民法院依照《中华人民共和国民事诉讼法》第一百七十条第一款第一项、第二项等规定，作出如下判决：

一、维持广西壮族自治区蒙山县人民法院民事判决第一项；

二、变更广西壮族自治区蒙山县人民法院民事判决第二项为财险梧州分公司应于本判决生效后十日内在商业三者险责任限额范围内赔偿陈某因交通事故受伤造成的损失 180217.06 元；

三、变更广西壮族自治区蒙山县人民法院民事判决第三项为财险梧州分公司应于本判决生效后十日内在商业三者险的赔偿款中支付江某垫付款 12724.50 元。

【法官后语】

同一道路交通事故致多人受伤，交强险责任限额不足以赔偿全部损失，法院是否需为未诉被侵权人预留交强险份额是当前审判实务中争议较大的问题。本案不需为未诉伤者黄某预留交强险份额。主要理由有：

一、不预留交强险份额与机动车强制责任保险制度（以下简称强制险制度）的设置初衷相符

当今世界，为应对科学技术带来的风险和损害事故，进行风险社会的治理必不可少。为贯彻这种社会治理精神，现行法律制度为交通事故构建了损害转移和损害分散两个规范机制。前者由《中华人民共和国民法典》侵权责任编调整，使被侵权人可向侵权人请求损害赔偿。后者则通过创设强制险制度来解决损害转移制度的弊端，它突破传统一对一的损害赔偿途径，可将损害风险分散给保险机构，以填补被侵权人损害，减轻侵权人负担，减少处理事故的交易成本，保障社会安全。

本案中，为黄某预留交强险份额并非必然选择。其一，如不预留份额，对已诉被侵权人而言，其损失可通过强制险制度得到最大限度弥补，损害风险并不因预留而进一步分散；对未诉被侵权人而言，其损害风险看似无法通过强制险制度分散，但是否预留份额仅涉及内部赔偿顺序问题，实质并不违反完全赔偿原则。交强险不足部分，还有商业险和侵权人兜底，并不影响其权利救济。在制度设计上，还可通过道路交通事故社会救助基金提供救济途径，实现风险分散。其二，即使预留份额，对侵权人而言，在我国采取事故分项赔偿保险模式的语境下，交强险责任限额总额已定，赔偿不足部分仍由商业三者险承担，其并不因预留而使自身经济负担进一步减

轻。其三，假设侵权人未购买商业三者险，交强险不足时，如预留份额，侵权人将要在已诉案件中及时担责，债务清偿压力骤增，反之，则得以缓解。且侵权人对日后未诉被侵权人的可能诉讼具有预见性，可督促其提高自身驾车注意义务，避免再生事故，从长远看具有指引和教育意义。因此，各方当事人的利益并不因未预留交强险份额而明显失衡，通过不预留交强险份额的裁判规则的安排，可减少社会中此类损害事故风险，实现《中华人民共和国侵权责任法》预防风险的法律功能。

二、在我国当前保险模式下并不必须预留交强险份额

根据《机动车交通事故责任强制保险条款》第二十三条的规定，我国采用事故分项限额模式。该模式更有利于保险人控制自身经营风险，与立法上的被侵权人概括限额、被侵权人分项限额及事故概括限额模式相比，被侵权人损失的受偿程度最低。进而，预留交强险份额对未诉被侵权人的保障程度更低。即使交强险责任限额可调高，预留也无法真正解决问题。

三、预留交强险份额不利于保护被侵权人的民事诉权

其一，预留可能侵犯未诉被侵权人诉权。当事人享有诉讼程序参与权和选择权。尤其是在风险社会，人对自我利益的保护力度变强。在讲求损害风险转移的同时，也需考量损害风险在侵权人与各被侵权人间的分配和平衡。本案中，黄某受伤后未积极起诉，应视为对自我利益救济途径的选择，是对自身损害风险的分配，体现了其在民事诉讼中的意思自治。在此情况下，法院应依不告不理原则，无须为其预留份额。反之则是变相限制其诉讼自由，侵犯当事人诉权。例如，该未诉被侵权人已通过非诉方式获赔，预留份额反而可能引发新的问题。其二，预留不利于保护已诉被侵权人诉权。从实

体上看，预留实难操作，未诉被侵权人的损失无法确定，应预留的份额也无从精确计算，且预留行为可视为已诉被侵权人就交强险只能在未预留份额内请求赔偿，对其有失公允。从程序上看，如若该未诉被侵权人最终未使用或全部使用预留份额，而侵权人无法履行已诉案件的判决义务，那么已诉被侵权人无法直接在执行阶段申请保险人在原预留份额内向其赔偿，而其再次起诉保险人又会构成重复起诉。已诉被侵权人的诉权难以得到保护。

编写人：广西壮族自治区梧州市中级人民法院　叶丹　莫金华

133　保险人在电子投保中应明确告知投保人免责条款

——赵某诉冯某、财险北京分公司机动车交通事故责任案

【案件基本信息】

1. 裁判书字号

北京市顺义区人民法院（2019）京 0113 民初 9774 号民事判决书

2. 案由：机动车交通事故责任纠纷

3. 当事人

原告：赵某

被告：冯某、财险北京分公司

【基本案情】

2018 年 11 月 2 日 19 时许，冯某驾驶小型轿车由西向东行驶时，适有武某、赵某由西向东行走，小轿车与武某、赵某身体相撞，造成武某死亡，赵某受伤。发生事故后，冯某驾车逃逸。公安机关认定冯某负事故全部责任，武某、赵某无责任。冯某驾驶的

车辆在财险北京分公司处投保了交强险和商业三者险。关于冯某保险购买事宜，财险北京分公司称冯某通过财险北京分公司合作的中介代理机构，以电子投保的方式购买保险。

【案件焦点】

财险北京分公司在商业三者险限额内是否应承担保险责任的问题。

【法院裁判要旨】

北京市顺义区人民法院经审理认为：对保险合同中免除保险人责任的条款，保险人在订立合同时应当在投保单、保险单或者其他保险凭证上作出足以引起投保人注意的提示，并对该条款的内容以书面或者口头形式向投保人作出明确说明，否则该条款不产生效力。本案中，冯某发生交通事故后逃逸，逃逸系法律明确禁止性事项。不论冯某是在线上还是在线下投保，财险北京分公司欲免除赔偿责任，均需证明以下几点：第一，向冯某提供附有格式条款的投保单；第二，已对格式条款免责事项进行特别提示和说明，具体到本案需将逃逸作为商业三者险免责事由的条款对冯某作出特别提示。现冯某认可财险北京分公司向其提供投保单，但不认可该投保单附有保险条款。财险北京分公司的举证不能证明冯某系在线上购买保险，其已通过网络（短信）的形式对免除保险人责任条款向冯某进行特别提示。即便如财险北京分公司所述，其向冯某发送过短信，但其所述手机号与公安机关记录的冯某的手机号并不同。综上，财险北京分公司既未证明其向冯某提供投保单时一并附有格式条款，更未证明其将逃逸作为三者险免责事由的格式条款对冯某作出特别提示，其主张商业三者险责任免除的辩解意见法院不予支持，财险北京分公司应在商业三者险限额内承担保险责任。

北京市顺义区人民法院依照《中华人民共和国侵权责任法》第十六条、第十九条、第四十八条，《中华人民共和国保险法》第十七条之规定，作出如下判决：

一、被告财险北京分公司在机动车交通事故责任强制保险限额内赔偿原告赵某医疗费用 8825 元，财产损失赔偿金 1000 元，共计 9825 元，于本判决生效之日起七日内付清；

二、被告财险北京分公司在商业第三者责任保险限额内赔偿原告赵某 100000 元，于本判决生效之日起七日内付清；

三、被告冯某赔偿原告赵某各项损失费共计 11821.21 元，于本判决生效之日起七日内付清；

四、驳回原告赵某的其他诉讼请求。

判决后，双方当事人均未上诉，本判决现已生效。

【法官后语】

根据附合同条款订立的一般原理，应当由条款的拟定方保险公司将条款明确提示给对方，并对其内容作详细解释以使对方真正知晓，未通过合理途径让对方知悉的条款不能够成为合同内容而发生效力。本案冯某通过财险北京分公司的中介代理机构购买保险，中介代理机构完全可以以口头或书面的方式将保险免责条款对其进行提示和说明，这种面对面沟通的方式最直接也最容易让投保人清楚保险合同的内容，以及双方之间权利义务的约定，且并未增加成本。如果保险人仅通过短信这一种方式提供保险条款及免责事项说明书，单从保险公司提交的投保流程来看，首先不能看出“保险条款及免责事项说明书”系强制阅读事项，即使设置了强制阅读，仅此一种以点开短信网址链接的方式告知免责事项，亦难以认定保险公司采取了充分合理的方式提请投保人注意免责条款并履行了说明义务。事故后驾车逃逸属于严重违法行为，如果保险公司投保的漏洞导致屡次对这种违法行为进行赔付，无异于是由保险公司为违法行为埋单，短期看可能给受害人以保护，但从长远看却可能引导错误的价值取向，也有违保险制度设立的初衷。希望保险公司在订立保险合同时，就保险条款尤其是免责事项说明书采取更多的合理途径进行提示与说明，力争让投保人对类似“逃逸”的后果内化于心，外化于行，以期减少他人无辜伤亡的悲剧。

编写人：北京市顺义区人民法院　涂琳　邵冲

134 非主观故意的“肇事逃逸”不引发商业险免赔的法律后果

——孙某保诉王某平等机动车交通事故责任案

【案件基本信息】

1. 裁判书字号

北京市房山区人民法院（2019）京 0111 民初 18437 号民事判决书

2. 案由：机动车交通事故责任纠纷

3. 当事人

原告：孙某保

被告：王某平、货物运输站、李某荣、侯某全、财险北京分公司

【基本案情】

2019 年 5 月 9 日 7 时 32 分，孙某保驾驶电动自行车由东向西行驶至北京市房山区某路某饭店门前时，适有王某平驾驶重型自卸货车由东向西从后方驶来，驶入北侧非机动车道，重型自卸货车右侧前部将孙某保和电动自行车撞出，造成孙某保受伤，电动自行车损坏。事故发生后，王某平未停车并驶离现场。此事故发生后现场的其他行人向公安机关报警。北京市公安局公安交通管理局房山交通支队某大队（以下简称某大队）接警后勘查了现场，询问了报警人、在场人，调取了监控录像，于 2019 年 5 月 11 日找到王某平，对其进行了询问。同日某大队对重型自卸货车采取了行政强制措施，扣留了该车，并对该车进行了勘查。经勘查，该车右前挡泥板划痕，距地高 0.90 米、面积 0.1×0.05 平方米，空气滤清器擦痕，距地高 1.17 米，右侧护网前部擦痕，距地高 1.05 米。2019 年 5 月 13 日，某大队向王某平播放了监控录像并再次对其进行了询问，王某平认可事发前有一辆银灰色微型货车在其前方行驶，其从右侧超越该车的时候驶入了非机动车道。2019 年 6 月 5 日，某大队在某医院对孙某保进行了询问，孙某保陈述在事发时其骑电动自行车在非机动车道正常行驶，听到后面有车在按喇叭，超越其时，大货车槽邦（车厢）下边不知什么东西挂住其衣服将其剐倒了，事故车辆系绿色的。2019 年 6 月 17 日，某大队出具了事故认定书，认定王某平驾驶经检测制动力不合格的机动车驶入非机动车道的违法行为与本起交通事故的发生有因果关系，是事故发生的全部原因，且发生事故后驾车逃逸，确定王某平负全部责任，孙某保无责任。被告王某平接到事故认定书后未提出书面复核申请。

此次事故发生时，王某平驾驶的重型自卸货车在财险北京分公司投保了交强险和保额为 1000000 元的第三者责任保险，此次事故发生在保险责任期间。

【案件焦点】

事故认定书明确载明王某平肇事逃逸的情况下，王某平驾驶车辆的保险公司是否在商业险内免予赔偿。

【法院裁判要旨】

北京市房山区人民法院经审理认为：本次交通事故经公安交通管理部门认定，王某平负事故全部责任，孙某保无责任，该责任认定系由交管部门依法作出，符合法律规定，法院依法予以确认。关于被告王某平是否构成肇事逃逸，根据王某平 2019 年 5 月 11 日在某大队的陈述，其在事发后并不知道此次交通事故的发生，以及其在某大队 2019 年 5 月 13 日的陈述中表明在事发当日其还再次经过了事发地点，仍不知此次事故的发生，且事发当日一共驾车跑了五六趟，结合原告在某大队的陈述，事发时被告驾驶的大货车车厢下边挂住了原告的衣服，将原告的车辆剐倒，故法院认为被告王某平在此次事故发生后到 2019 年 5 月 13 日前确实不知此次事故的发生。因此，王某平虽在事发后驾车离开了事故现场，但因其主观上无逃逸的故意，故王某平在事发当日驾车离开事故现场的行为不属于肇事逃逸。故根据《中华人民共和国道路交通安全法》第七十六条、《最高人民法院关于审理道路交通事故损害赔偿案件适用法律若干问题的解释》第十六条的规定，原告的损失，由财险北京分公司在交强险责任限额内承担赔偿责任，超出的损失，由财险北京分公司在第三者责任险的限额内予以赔偿。扣除被告垫付的 30000 元，被告财险北京分公司应赔偿原告医疗费、住院伙食补助费、营养费、护理费、误工费、残疾赔偿金、精神损害抚慰金、交通费各项共计 593698.74 元。原告过高的诉讼请求法院不予支持。

综上，北京市房山区人民法院依照《中华人民共和国道路交通安全法》第七十六条，《最高人民法院关于审理道路交通事故损害赔偿案件适用法律若干问题的解释》第十六条，《中华人民共和国民事诉讼法》第一百四十四条之规定，判决如下：

一、财险北京分公司于本判决生效后十日内赔偿孙某保医疗费、住院伙食补助费、营养费、误工费、护理费、残疾赔偿金、精神损害抚慰金、交通费各项共计 593698.74 元；

二、驳回孙某保的其他诉讼请求。

判决后，双方当事人均未上诉，本判决现已生效。

【法官后语】

肇事逃逸是指在事故发生后，被保险人或驾驶人在未依法采取措施的情况下驾驶保险车辆或者遗弃保险车辆逃离事故现场的行为。

在司法实务中，一旦事故认定书载明承保车辆的肇事司机存在逃逸情形，商业险保险公司便会提出免赔抗辩。免赔抗辩是否成立，首先要探讨的便是逃逸情形是否真实存在。

根据《最高人民法院关于审理道路交通事故损害赔偿案件适用法律若干问题的解释》（2020 年 12 月 23 日修正版）和《中华人民共和国民法典》的规定，公安机关交通管理部门制作的交通事故认定书，人民法院应依法审查并确认其相应的证明力，但有相反证据推翻的除外。交通队出具的事故认定书，应当作为认定案件事实的证据，但并非铁证。因事故认定书的出具系事后所为，仅凭现场和各自为了减轻责任的双方司机陈述，难以全面还原事实真相。

肇事逃逸情形的成立是主客观统一的结果，即主观上明知事故发生，客观上为躲避处罚或赔偿实施了逃逸行为。本案肇事司机是否主观故意逃逸，应当多方面综合认定。

首先，从肇事司机的前后陈述来看，王某平在交通队的多次询问和法院的多次陈述中，均坚称自己对事故的发生根本不知情。事故发生时，王某平系李某荣和侯某全雇用的司机，专职在事发路段运送砂石。事发当日其多次驾车途经事故地点，事发第二日其仍正常驾驶肇事车辆从事指派工作，第三日被交警传唤时方知自己曾于三日前发生交通事故。

其次，从肇事车辆的保险来看，事故发生时，肇事车辆投保有交强险和限额为1000000元的商业险。王某平的雇主（肇事车辆的所有人）在庭审中表示，其对每名司机均告知有车辆投保全险的情况，并多次重申不酒驾、不逃逸的驾驶原则。王某平亦认可其知道车辆的保险情况。

最后，从事故发生的过程来看，本次事故的发生，系王某平驾驶的大货车在行驶中货车车厢右下方钩挂到孙某保的衣服导致孙某保倒地受伤，二者相接触的碰撞面较小，碰撞力度较轻微，不易被发觉。在路面颠簸车辆自身响声较大，王某平驾驶车辆着急运送货物时，王某平辩称其不知晓事故发生的陈述有较高的可信度。

综上，法院最终认定，肇事司机王某平虽客观上实施了驾驶事故车辆驶离现场的行为，但主观上并无逃逸的故意，肇事逃逸不成立。

但需要说明的是，本案的情况极其特殊，不可类比使用。推翻交通队出具的事故认定书，一定要有确凿而有力的证据。本案亦是在反复询问孙某保事故发生经过、王某平事发当天的行踪，调阅交通队的事故卷宗，勘查事故现场，模拟事发经过，综合考虑全案证据，最终作出王某平在事发当日驾车离开事故现场的行为不属于肇事逃逸的事实认定。

编写人：北京市房山区人民法院　刘丽霞

135 驾驶人离开事故现场保险公司是否免赔

——孔某珍诉成某燕、财险汕头支公司机动车交通事故责任案

【案件基本信息】

1. 裁判书字号

广东省汕头市中级人民法院（2019）粤05民终191号民事判决书

2. 案由：机动车交通事故责任纠纷

3. 当事人

原告（被上诉人）：孔某珍

被告（被上诉人）：成某燕

被告（上诉人）：财险汕头支公司

【基本案情】

2018年6月30日7时50分许，被告成某燕驾驶粤D72×××号小客车在汕汾路外砂文祠路口与原告张某珍驾驶的无号牌二轮电动摩托车发生碰撞，造成原告受伤。2018年7月11日，汕头市公

安局交通警察支队龙湖大队出具《道路交通事故认定书》，查明：事发后，被告成某燕因未觉察到发生事故而驾车继续行驶，直到过后发现车辆受损才返回事故现场并拨打电话报警；认定被告成某燕应负本事故的全部责任，原告免负本事故的责任。

被告财险汕头支公司为粤D72×××号小客车交强险及商业三者险的保险人，商业三者险保险限额为1000000元不计免赔。上述事故发生在保险期限内。

被告财险汕头支公司提交的机动车第三者责任保险条款第二十四条载明："在上述保险责任范围内，下列情况下，不论任何原因造成的人身伤亡、财产损失和费用，保险人均不负责赔偿……（二）驾驶人有下列情形之一者：事故发生后，在未依法采取措施的情况下驾驶被保险车辆或者遗弃被保险车辆离开事故现场……"

【案件焦点】

驾驶人离开事故现场，保险公司是否应赔偿。

【法院裁判要旨】

广东省汕头市龙湖区人民法院经审理认为：汕头市公安局交警支队龙湖大队出具的《道路交通事故认定书》叙述事实清楚，认定责任准确，予以采信。被告成某燕应负本事故全部责任。被告财险汕头支公司虽提交机动车第三者责任保险条款第二十四条证明事故发生后驾驶被保险车辆离开事故现场属于保险免责事由，但该条保险条款设置的目的是要求驾驶人在事故发生后及时采取措施、救治伤者、保护事故现场，以防止损失的扩大。可见，驾驶人采取措施、救治伤者、保护事故现场，防止损失扩大的前提是驾驶人主观上明知发生了交通事故，并在事故发生后在其主观意志支配下的主动行为。若驾驶人主观上不知晓发生了交通事故，则客观上不可能“采取措施”，其在未察觉事故发生的情况下“离开”，也并非在主观意志支配下的主动行为。本案被告成某燕因未觉察到发生事故而驾车继续行驶，但其发现车辆受损返回事故现场并拨打电话报警，其行为在主观上不具有在发生事故后驾车逃离事故现场的故意，客观上也未造成损失的扩大，故被告财险汕头支公司作为粤 D72×××号小客车交强险及商业三者险的保险人，应在交强险及商业三者险保险责任范围内承担相应的责任。原告请求被告财险汕头支公司赔偿其因交通事故造成的合理损失，予以支持。

原告的损失合计 83936. 59 元，由被告财险汕头支公司在交强险和商业三者险限额内赔偿原告。由于被告财险汕头支公司已垫付医疗费 10000 元，故被告财险汕头支公司还应赔偿原告 73936. 59 元。

广东省汕头市龙湖区人民法院依照《中华人民共和国道路交通安全法》第七十六条第一款第一项，《中华人民共和国侵权责任法》第六条第一款、第十五条第一款第六项、第十六条，《最高人民法院关于审理道路交通事故损害赔偿案件适用法律若干问题的解释》第十六条第一款第一项和第二项，《最高人民法院关于审理人身损害赔偿案件适用法律若干问题的解释》第十七条第一款、第十九条、第二十条、第二十一条第一款和第二款、第二十二条、第二十三条第一款、第二十四条，《中华人民共和国民事诉讼法》第六十四条第一款之规定，作出如下判决：

一、被告财险汕头支公司应于本判决发生法律效力之日起十日内赔偿原告孔某珍 73936. 59 元；

二、驳回原告孔某珍的其他诉讼请求。

财险汕头支公司不服一审判决，提出上诉。广东省汕头市中级人民法院经审理认为：二审法院同意一审法院裁判意见，予以维持。依照《中华人民共和国民事诉讼法》第一百七十条第一款第一项的规定，作出如下判决：

驳回上诉，维持原判。

【法官后语】

发生交通事故后，车辆驾驶人负有保护现场的义务，不得擅自离开事故现场。驾驶人离开事故现场会使其驾驶状态无法确认，增大交警部门现场勘查难度，使被害人无法得到及时救助。对驾驶人擅自离开事故现场，各财险公司包括本案被告财险汕头支公司的保险条款中都会载明以下免除责任条款：事故发生后，被保险人或驾驶人在未依法采取措施的情况下驾驶保险车辆离开现场或者遗弃保险车辆逃离事故现场的，保险人不负赔偿责任。那是否所有的驾驶人离开事故现场的情况，都能构成财险汕头支公司免除赔偿责任的理由？答案是否定的。财险汕头支公司能否免除赔偿责任应结合驾驶人的主观认识及客观原因进行综合分析。从财险汕头支公司设置上述免除责任条款的目的来看，是要求驾驶人在事故发生后及时采取措施，保护事故现场、救治伤者，以防止损失的扩大，进而缩小财险汕头支公司的赔付范围；若驾驶人知道或应当知道发生了交通事故但为了逃避法律追究故意离开或逃离现场，放任事故发生后果的继续发展，则财险汕头支公司免除赔偿责任。若驾驶人主观上不知晓发生了交通事故，则客观上不可能“采取措施”，其在不知事故发生情况下的“离开”，也并非在主观意志支配下的主动行为。被告成某燕主观上不具有在发生事故后为逃避事故责任，驾车逃离事故现场的故意，客观上也未造成事故责任无法认定，损失扩大，加重保险人的赔偿责任的情形，因此，不属于上述保险条款约定的免除责任情形，被告财险汕头支公司应当在商业三者险范围内承担保险赔偿责任。

本案明确了驾驶人未知发生事故而离开现场，不属于财险汕头支公司免责情形，对于驾驶员的行为具有指导意义：在已经离开事故现场的情况下，意识到可能有事故的发生，应及时返回事故现场采取措施，及时救助伤者，避免损失的扩大。

编写人：广东省汕头市龙湖区人民法院　陈海凌

136 保险公司未经受害人同意将交强险保费支付给投保人的应当继续对受害人承担赔偿责任

——张某鹏诉王某鹏、财险陕西分公司机动车交通事故责任案

【案件基本信息】

1. 裁判书字号

陕西省渭南市中级人民法院（2021）陕05民终360号民事判决书

2. 案由：机动车交通事故责任纠纷

3. 当事人

原告（被上诉人）：张某鹏

被告（被上诉人）：王某鹏

被告（上诉人）：财险陕西分公司

【基本案情】

2020年6月9日9时许，王某鹏驾驶陕AP3×××小轿车与张某鹏所有的车牌号为陕E18×××的小型轿车相碰撞，致乘坐人高某隆、谭某受伤，车辆受损。事故发生后，张某鹏支付了车辆施救费800元，白水县公安局交通警察大队作出道路交通事故认定书，认定王某鹏承担事故全部责任。张某鹏将陕E18×××小型轿车进行维修，产生维修费用13510元，王某鹏支付了3000元维修费，剩余维修费未支付。王某鹏驾驶的陕AP3×××小轿车在被告财险陕西分公司投保交强险，财产险赔偿限额为2000元，财险陕西分公司向王某鹏支付人身及车损保险金共计3533元，其中包括车上人员高某隆、谭某的人身损害赔偿1533元和张某鹏的车损赔偿2000元。张某鹏诉至法院，要求二被告立即支付车辆维修费、施救费、代步费共计12810元。

【案件焦点】

1. 交通事故的赔偿数额如何计算；2. 本次事故产生的损失，由谁承担赔偿责任。

【法院裁判要旨】

陕西省渭南市白水县人民法院经审理认为：道路交通事故认定书认定，王某鹏负事故全部责任，应承担张某鹏因本次交通事故产生的损失。对于张某鹏主张的车辆维修费13510元，扣除张某鹏自认的王某鹏已经支付的3000元后为10510元，王某鹏应当承担赔偿责任；对于张某鹏主张的施救费，法院予以支持；对于张某鹏主张的代步费，因缺乏相关证据及法律依据，法院不予支持。对于张某鹏要求财险陕西分公司在保险范围内承担赔偿责任的诉讼请求，财险陕西分公司辩称其已向王某鹏进行赔付，无须再承担赔偿责任。法院认为，被保险机动车发生道路交通事故造成本车人员、被保险人外的受害人人身伤亡、财产损失的，由保险公司在机动车交通事故责任强制保险责任限额范围内予以赔偿。从该条规定可以看出，交强险的首要功能在于对受害人的保护，在投保人未将赔偿款支付给受害人，三方亦未对交强险赔付达成协议的情况下，保险公司不应将赔偿款直接支付给投保人，故被告财险陕西分公司陈述的其已将 2000 元保险金支付给被告王某鹏，无须再承担本案赔偿责任的辩称意见，因违反相关法律规定，不能成立，应继续向原告张某鹏承担赔偿责任。被告财险陕西分公司支付给被告王某鹏的款项，可另案起诉要求返还。依照《中华人民共和国道路交通安全法》第七十六条、《中华人民共和国保险法》第六十五条第三款之规定，判决如下：

一、被告王某鹏于本判决书生效后十日内赔付原告张某鹏车辆维修费、施救费共计 9310 元；

二、被告财险陕西分公司于本判决书生效后十日内在交强险范围内赔付原告张某鹏 2000 元；

三、驳回原告张某鹏的其他诉讼请求。

财险陕西分公司不服，提起上诉。陕西省渭南市中级人民法院经审理认为，《机动车交通事故责任强制保险条例》第三条规定，本条例所称机动车交通事故责任强制保险，是指由保险公司对被保险机动车发生道路交通事故造成本车人员、被保险人以外的受害人的人身伤亡、财产损失，在责任限额内予以赔偿的强制性责任保险。交强险保障的是在交通事故中遭受损害的第三者利益，而非投保人和被保险人利益。财险陕西分公司在王某鹏与张某鹏就车损赔偿未达成协议且未全额支付赔偿金的情况下，直接将交强险财产损失限额2000元支付给被保险人王某鹏无事实和法律依据，财险陕西分公司认为其已向被保险人支付保险金而不应向第三者支付的上诉理由不能成立。一审判决财险陕西分公司在交强险限额内赔付张某鹏2000元并无不当。判决如下：

驳回上诉，维持原判。

【法官后语】

在机动车交通事故责任纠纷中，保险公司有时因赔偿数额已达交强险保险限额就提前将保险赔偿金支付给投保人，忽略了交强险的设立初衷及理赔规则，此问题值得讨论。

一、交强险的功能定位

交强险是在机动车事故领域设置的强制责任保险制度，既可以避免责任人支付不能的风险，又可以使受害人及时、便捷地获得救济。交强险采取“认车不认人”的方式，贯彻一车一保险的原则，且依据我国法律规定，在交强险范围之内，机动车一方负担无过错责任，即使机动车驾驶人发生交通事故后逃逸，该机动车参加强制保险的，保险公司仍应在机动车强制保险责任限额范围内予以赔偿。即使是在驾驶人未取得驾驶资格或者醉酒、被保险机动车被盗抢期间肇事，甚至是被保险人故意制造道路交通事故的情况下，保险公司仍应当在交强险人身损害的责任限额内承担垫付责任。综合以上规定，可见交强险设立的首要功能在于保障在交通事故中受到损害的第三人的利益。

二、交强险的理赔规则

在机动车交通事故责任纠纷中，受害者的人身和财产损失应由承保交强险的保险公司在交强险责任限额范围内予以赔偿。法院判决承担责任顺序也是先由交强险承保公司赔偿，不足部分再由商业险承保公司赔偿，仍不足的部分再由侵权人赔偿，侵权人承担的是补充责任。也就是说对于保险公司的保险赔偿，受害人享有直接请求权，即机动车交通事故中的受害人可以请求承保交强险的保险公司向其作出保险给付。发生机动车交通事故造成受害人人身伤亡的，原则上应当由被保险人申请保险理赔，但符合下列条件之一的，保险人可以受理受害人的索赔：(1) 被保险人出具书面授权书；(2) 人民法院签发的判决书或执行书；(3) 被保险人死亡、失踪、逃逸、丧失索赔能力或书面放弃索赔权利。被保险人先行向受害者进行赔付后，有权要求保险公司在交强险限额内予以支付保险赔偿。依据上述规定，在被保险人未将赔偿款支付给受害人，三方亦未对交强险赔付达成协议的情况下，保险公司将赔偿款直接支付给投保人缺乏事实及法律依据。

本案中，财险陕西分公司在受害人的权益未得到保障的情况下，直接将保险赔偿款支付给被保险人王某鹏的行为，既不符合相关法律规定，又违背了交强险的设置初衷及理赔规则，不利于保护受害人张某鹏的合法权益，应当继续对受害人张某鹏承担保险赔偿责任。

编写人：陕西省渭南市白水县人民法院　赵召

137 法律禁止性规定作为免责条款需尽到提示义务

——石某启等诉刘某等机动车交通事故责任案

【案件基本信息】

1. 裁判书字号

安徽省淮南市中级人民法院（2020）皖04民终1207号民事判决书

2. 案由：机动车交通事故责任纠纷

3. 当事人

原告（被上诉人）：石某启、毕某昌、石某静、石某会、石某娇

被告（被上诉人）：刘某、石某亮、运输公司、财险淮南支公司

被告（上诉人）：财险阜阳分公司

【基本案情】

2019年11月9日8时16分，刘某驾驶皖KJ7×××号重型自卸货车沿安丰东街由东向西行驶，因未仔细观察，其车辆货箱前部加装处将道路上方线缆剐落。事故发生后刘某既未立即报警，也未采取有效安全防护措施，驾车驶离现场。同日8时44分，石某亮驾驶皖DA2×××号轻型厢式货车沿安丰东街由东向西行驶至该路段处因未仔细观察，剐到悬挂于空中的线缆，被剐动的线缆带动掉落的线缆将路上行人石某元绊倒，造成石某元受伤及线缆受损的道路交通事故。石某元经医院抢救无效后于2019年11月21日死亡。该事故经寿县公安局交通管理大队认定，刘某承担事故的主要责任，石某亮承担事故的次要责任，石某元无责任。事故发生当日，石某元先被送往寿县安康医院，后转入省立医院住院治疗

至2019年11月21日出院，共住院治疗12天，花去医疗费117372.96元。事故发生后，刘某为石某元垫付了1万元，石某亮为石某元垫付了2万元。另查明刘某擅自改变车辆结构致使车辆超高。

【案件焦点】

财险阜阳分公司应否在商业三者险范围内对涉案损失承担赔偿责任。

【法院裁判要旨】

安徽省淮南市寿县人民法院经审理认为：《中华人民共和国道路交通安全法》第十六条规定，任何单位或者个人不得有下列行为：（一）拼装机动车或者擅自改变机动车已登记的结构、构造或者特征……《最高人民法院关于适用〈中华人民共和国保险法〉若干问题的解释（二）》第十条规定："保险人将法律、行政法规中的禁止性规定情形作为保险合同免责条款的免责事由，保险人对该条款作出提示后，投保人、被保险人或者受益人以保险人未履行明确说明义务为由主张该条款不生效的，人民法院不予支持。"本案中，导致涉案事故发生的主要原因是刘某擅自改变车辆结构致使车辆超高，驾驶该车行至事故路段刮落线缆，刮落线缆后又未立即报警、未采取有效安全防护措施，驾车驶离现场。依据上述规定，其擅自改变车辆结构属于法律规定的禁止性情形，其未采取有效安全防护措施、驾车驶离现场的行为属于商业三者险保险合同中保险公司免除责任的条款，故财险阜阳分公司将法律规定的禁止性情形作为保险合同免责条款的免责事由，仅需要尽到提示义务即可。经查，财险阜阳分公司所提供的投保单投保人盖章处加盖的虽是投保人汽车公司印章，但在签章处无经办人员签名，且投保人声明中投保人签章处的印章不是投保人汽车公司，而是被保险人运输公司。本案中财险阜阳分公司未提供充分证据证明其就涉案免责条款向运输公司履行了提示义务，其主张在刘某驾驶的皖KJ7×××号重型自卸货车投保的商业三者险范围内免赔的意见，依据不足，法院不予采纳。

一审法院作出如下判决：

一、财险阜阳市分公司在其承保的交强险和商业三者险限额范围内赔偿石某启、毕某昌、石某静、石某会、石某娇因石某元死亡所产生的医疗费、死亡赔偿金、误工费、护理费、营养费、交通费、丧葬费、精神损害抚慰金，合计413047.8元；

二、财险淮南支公司在其承保的交强险和商业三者险限额范围内赔偿石某启、毕某昌、石某静、石某会、石某娇因石某元死亡所产生的医疗费、死亡赔偿金、误工费、护理费、营养费、交通费、丧葬费、精神损害抚慰金，合计245591.92元；

三、驳回石某启、毕某昌、石某静、石某会、石某娇的其他诉讼请求。

财险阜阳分公司以不承担商业险赔偿责任为由提起上诉，二审安徽省淮南市中级人民法院同意一审法院裁判意见。

【法官后语】

本案争议焦点是：保险人将法律、行政法规中的禁止性规定情形作为保险合同的免责事由，需要做到怎样的提示说明义务。一般而言，保险公司对一般性的免责条款必须尽到提示和说明义务，两者缺一不可。保险公司作为强势的合同一方主体，保险合同一般都是制式合同，由保险公司单方制作而成，作为投保人没有协商的权利，因此，对于格式合同中的免责条款的提示说明义务要求比较严格。现实中存在大量违反交通法规的情形，甚至严重违反法律的禁止性规定，类似这样的情形，如果不加以规制，将极大地危害道路交通安全。所以，对于法律已经明确禁止性规定作为免责条款的，保险公司仅需要尽到一般提示义务即可，但这个提示必须是显著的，并且投保人是知情的，不需要对禁止性的规定再详细地说明。

本案当事人所违反的是《中华人民共和国道路交通安全法》第十六条的禁止性规定，保险公司仅需尽到提示义务即可。但本案保险公司所做提示并不符合提示义务要求。首先，保险公司的免责条款字体较小，且看不清楚，难以辨认，提示并不明显，投保人很难知道这个免责条款；其次，投保人声明一栏虽然加盖公章，但是并没有经办人员签字，无法证明保险公司已经将免责条款告知了投保人。现实生活中也存在大量乱盖章的现象，保险公司无法证明自己已经尽到提示义务，因此本案法院判决保险公司承担赔偿责任。

现实中一些道路运输从业人员对于保险合同约定的内容不清楚，法律意识淡薄，常常认为只要投保了保险就万事大吉了，不用承担任何赔偿责任，在从事道路运输的过程中，肆意违反法律规定，导致交通事故频发，危害社会安全。一个案件判决的影响有限，普法工作仍然任重道远。保险公司在办理保险业务时手续不规范，投保人手中常常只有投保单，保险公司常常不给投保人提供保险条款，有的免责条款的字体较小，没有加黑加粗，投保人根本注意不到，还存在大量肆意增加免责条款的情形，因此必须严格加以规范。否则，交通事故案件保险公司均以重复理由抗辩，既增加法院不必要的工作量，也给保险公司自身造成损失。

编写人：安徽省淮南市寿县人民法院　杨雪

138 机动车驾驶人在增驾实习期内发生交通事故商业险是否赔付

——徐某诉陈某等机动车交通事故责任案

【案件基本信息】

1. 裁判书字号

安徽省宣城市中级人民法院（2020）皖18民终1216号民事判决书

2. 案由：机动车交通事故责任纠纷

3. 当事人

原告（被上诉人）：徐某

被告（被上诉人）：陈某

被告（上诉人）：财险池州分公司

被告：运输公司

【基本案情】

2019年4月10日15时30分许，徐某仁驾驶无号牌正三轮摩托车载夏某花（徐某仁妻子）由泾县桃花潭镇甲村道路往桃花潭乙村方面行驶，行驶至事发路段（322省道131km+600m）处，左转弯驶入322省道时，与陈某驾驶的皖R/44×××号重型半挂牵引车（皖R/4×××挂牌重型平板自卸半挂车）相撞。相撞后皖R/44×××号重型半挂牵引车（皖R/4×××挂牌重型平板自卸半挂车）先后碾轧徐某仁和夏某花，致徐某仁和夏某花当场死亡，两车不同程度损坏。

经查，陈某驾驶的涉案车辆所有人为运输公司。在财险池州分公司投保了交强险及限额为100万元的商业三者险且不计免赔。案涉事故发生时，陈某处于由B1驾驶证增驾A2驾驶证实习期。本次交通事故，经泾县公安局交通管理大队勘查取证，于2019年5月17日出具《道路交通事故认定书》，认定徐某仁与陈某负此次事故同等责任，夏某花无责任。徐某为维护自身权益，依法提起诉讼。

【案件焦点】

陈某在增驾A2证照实习期内驾驶牵引挂车发生交通事故，财险池州分公司是否可在商业险范围内免责。

【法院裁判要旨】

安徽省泾县人民法院经审理认为：公安交管部门责任认定合法、有效，法院予以采信。财险池州分公司提供了投保单和商业险保险条款，投保人运输公司签章确认收到投保单及商业险保险条款，但本案陈某系在增驾车型实习期内驾驶上述车辆发生交通事故，财险池州分公司在免责条款中未明确载明该实习期是否包含增驾车辆实习期。且在泾县公安局交通管理大队出具的交通事故认定书中并未将陈某在增驾A2实习期内驾驶牵引挂车认定为事故原因。即陈某是否在实习期内驾驶牵引挂车，与案涉事故发生没有法律上的因果关系，财险池州分公司以此主张在商业三者险范围内免责，不符合法律规定，不能成立。故财险池州分公司关于在商业险范围内予以免赔的意见法院不予采纳。因陈某所驾车辆由运输公司在财险池州分公司投保了交强险和限额100万元的商业三者险且不计免赔，故徐某因本次交通事故产生的经济损失，均应由财险池州分公司在交强险和商业险限额范围内予以赔偿。依照《中华人民共和国侵权责任法》第十六条、第二十二条、第四十八条，《中华人民共和国道路交通安全法》第七十六条第一款第一项，《最高人民法院关于审理道路交通事故损害赔偿案件适用法律若干问题的解释》第十六条第一款第一项、第二项，《中华人民共和国民事诉讼法》第一百四十四条之规定，判决如下：

一、被告财险池州分公司于本判决生效后十日内赔偿原告徐某经济损失 876419 元；

二、驳回原告徐某的其他诉讼请求。

二审法院同意一审法院裁判意见。判决如下：

驳回上诉，维持原判。

【法官后语】

所谓增驾，是指在原来驾驶资格的基础上取得更高准驾车型的驾驶资格，新取得驾驶资格后，也有实习期，成为增驾实习期。本案保险公司抗辩免责主要是依据商业险条款第八条第二款第五项中约定：实习期内驾驶牵引挂车的机动车，保险人不负责赔偿。故本案争议焦点在于“增驾实习期”是否属于该条款中所约定的“实习期”。

关于增驾实习期是否属于实习期，目前我国法律并无明确规定。对于实习期的规定主要体现在《中华人民共和国道路交通安全法实施条例》和《机动车驾驶证申领和使用规定》中。其中，《中华人民共和国道路交通安全法实施条例》第二十二条第二款规定，机动车驾驶人初次申领机动车驾驶证后的 12 个月为实习期……《机动车驾驶证申领和使用规定》第七十四条第一款规定，机动车驾驶人初次申请机动车驾驶证和增加准驾车型后的 12 个月为实习期。从以上规定可知，初次申领驾驶证12个月属于实习期毋庸置疑，但是对于增驾后的12个月是否属于实习期并无定论。本案经一审、二审判决，依法支持了原告方要求在商业险内赔付的诉讼请求，保险公司在商业险内承担了保险责任。

1. 从立法原则上看：《中华人民共和国道路交通安全法实施条例》由国务院颁布，属于行政法规，为上位法；《机动车驾驶证申领和使用规定》由国务院所属公安部颁布，属于部门规章，为下位法。二者相较，上位法高于下位法，故《中华人民共和国道路交通安全法实施条例》效力高于《机动车驾驶证申领和使用规定》。同时《中华人民共和国道路交通安全法实施条例》于2004年4月30日颁布，于2017年10月7日修改，而《机动车驾驶证申领和使用规定》于2016年4月1日发布，可以看出《中华人民共和国道路交通安全法实施条例》修改时间晚于《机动车驾驶证申领和使用规定》，根据新法优于旧法原则，也应当适用《中华人民共和国道路交通安全法实施条例》的规定，即实习期为初次申领驾驶证后的12个月。

2. 从保险条款上看：案涉保险条款中关于实习期免责的约定，保险公司未在该条款中明确载明增驾实习期是否属于该实习期，保险公司也未举证证明其公司约定的实习期包含增驾实习期。保险公司对其免责条款应当采取合理的方式提示对方注意，根据《最高人民法院关于适用〈中华人民共和国保险法〉若干问题的解释（二）》第十条的规定，保险人将法律、行政法规中的禁止性规定情形作为保险合同免责条款的免责事由，保险人对该条款作出提示后，投保人、被保险人或者受益人以保险人未履行明确说明义务为由主张该条款不成为合同内容的，人民法院不予支持。本案中保险公司未举证其已尽到提示说明义务，故原告方要求保险公司在商业险中承担赔付责任，符合法律规定。同时，根据《中华人民共和国民法典》规定，对格式条款的理解发生争议的，应当按照通常理解予以解释，对格式条款有两种以上解释的，应当作出不利于提供格式条款一方的解释。所以，对于该项约定应当作出对格式条款提供方不利的理解，即该约定的实习期不包含增驾实习期，也就是增驾实习期内保险公司仍应当承担赔付责任。

3. 从立法目的上看：实习期的设置目的在于让新驾驶员有个过渡期，在实习期内逐渐适应掌握准驾车辆的性能、操作及交通规则等，从而熟练驾驶所准驾车型。针对增驾驾驶员在实习期内同样必须实际驾驶该车辆才能逐渐适应，如果在此期间发生交通事故，商业险免赔则会导致驾驶员不能也不敢驾驶增驾车辆，那么就达不到设置实习期的目的，与立法目的相背离。所以，在增驾实习期内发生交通事故保险公司仍应当承担商业险责任。

综上，机动车增驾实习期内发生交通事故保险公司应当在商业险范围内进行赔付。并且明确条款内涵，不能存在有歧义的条款。

编写人：安徽省泾县人民法院　赵群

139　驾驶人从业资格证过期不能必然引起商业险拒赔

——袁某满等诉罗某等机动车交通事故责任案

【案件基本信息】

1. 裁判书字号

湖北省仙桃市人民法院（2020）鄂 9004 民初 4480 号民事判决书

2. 案由：机动车交通事故责任纠纷

3. 当事人

原告：袁某满、刘某兰、陈甲

被告：罗某、陈乙、财险武汉分公司、朱某、财险仙桃支公司

【基本案情】

2020年8月3日晚上，陈某银驾驶仙桃119×××号两轮电动车跟在朱某驾驶的鄂M1V×××号轻型自卸货车后，沿318国道由南往北行驶。22时10分许，当车行至318国道黄荆大桥南端施工路段处，朱某驾车向右转弯，陈某银驾车向左避让；此时，罗某驾驶鄂A2F×××号小型轿车，沿318国道由北往南行至施工路段借道通行至此处，鄂A2F×××号小型轿车左侧与仙桃119×××号两轮电动车发生剐撞引发电动车翻倒，造成陈某银倒地受伤、车辆损坏的道路交通事故。陈某银经送仙桃市医院抢救无效于2020年8月4日死亡。仙桃市公安局交通警察支队作出《道路交通事故认定书》，认定：罗某、朱某、陈某银负此事故同等责任。经查，罗某系鄂A2F×××号小型轿车的驾驶员，陈乙系车辆的登记车主，事故发生时系罗某借用。该车辆在财险武汉分公司投保了交强险和不计免赔100万元商业三者险，事故发生在保险期内，保险公司对赔付无异议。朱某系鄂M1V×××号轻型自卸货车的驾驶员及登记车主，该车辆在财险仙桃支公司投保了交强险和不计免赔50万元商业三者险。

【案件焦点】

驾驶人从业资格证过期，保险公司第三者商业险能否免赔。

【法院裁判要旨】

湖北省仙桃市人民法院经审理认为：根据《交通运输部办公厅关于取消总质量4.5吨及以下普通货运车辆道路运输证和驾驶员从业资格证的通知》的规定，“一、自2019年1月1日起，各地交通运输管理部门不再为总质量4.5吨及以下普通货运车辆配发道路运输证。二、自2019年1月1日起，对于总质量4.5吨及以下普通货运车辆从事普通货物运输活动的，各地交通运输管理部门不得对该类车辆、驾驶员以‘无证经营’和‘未取得相应从业资格证件，驾驶道路客货运输车辆’为由实施行政处罚”。肇事车辆鄂M1V×××号轻型自卸货车的总质量为4290kg，该车辆和驾驶员朱某符合通知中的管理情形。故对财险仙桃支公司的该辩称意见，法院不予采纳。

湖北省仙桃市人民法院依照《中华人民共和国侵权责任法》第六条第一款、第十五条第一款第六项、第十六条、第二十二条、第二十六条、第四十八条、第四十九条，《中华人民共和国道路交通安全法》第七十六条第一款第一项，《中华人民共和国保险法》第六十四条、第六十五条第二款、第六十六条，《最高人民法院关于审理道路交通事故损害赔偿案件适用法律若干问题的解释》第十六条第一款，《最高人民法院关于审理人身损害赔偿案件适用法律若干问题的解释》第十七条第一款和第三款、第十九条、第二十七条、第二十八条、第二十九条，《中华人民共和国民事诉讼法》第六十四条第一款之规定，判决如下：

一、被告财险武汉分公司于本判决生效之日起十日内支付原告袁某满、刘某兰、陈甲机动车交通事故赔偿款362501.11元；

二、被告财险仙桃支公司于本判决生效之日起十日内支付原告袁某满、刘某兰、陈甲机动车交通事故赔偿款362501.11元；

三、驳回原告袁某满、刘某兰、陈甲的其他诉讼请求。

判决后，双方当事人均未上诉，本判决现已生效。

【法官后语】

随着我国经济社会的发展，驾驶汽车出行已经成为大部分居民的基本出行方式，大部分人也会在第一时间为车辆投保。然而等到发生交通事故理赔时，保险公司就会对免责条款一一审核，如果出现免责事由，保险公司就会提出商业险拒赔，投保人面临巨额赔偿，伤者也可能无法及时收到赔付款。

本案中，财险仙桃支公司就提出驾驶员朱某驾驶的为营业货车，根据道路运输法规的规定，其应有相应从业资格，车辆应有道路运输许可证。经查询，朱某的从业资格证已过期，根据双方保险合同约定，其公司在商业三者险范围内不承担保险责任。《道路运输从业人员管理规定》第六条第三款虽规定“经营性道路客货运输驾驶员和道路危险货物运输从业人员必须取得相应从业资格，方可从事相应的道路运输活动”，但该规定属于交通运输部发布的部门规章，不属于规定禁止性情形的法律、行政法规。且朱某此前已取得了从业资格证，已达到货运岗位基本要求。

根据《交通运输部办公厅关于取消总质量4.5吨及以下普通货运车辆道路运输证和驾驶员从业资格证的通知》的规定，“一、自2019年1月1日起，各地交通运输管理部门不再为总质量4.5吨及以下普通货运车辆配发道路运输证。二、自2019年1月1日起，对于总质量4.5吨及以下普通货运车辆从事普通货物运输活动的，各地交通运输管理部门不得对该类车辆、驾驶员以‘无证经营’和

'未取得相应从业资格证件，驾驶道路客货运输车辆'为由实施行政处罚"。本案中朱某驾驶的鄂 M1V×××号轻型自卸货车的总质量为 4290kg，未超过 4.5 吨，该车辆和驾驶员朱某符合通知中的管理情形。

同时，根据《中华人民共和国保险法》第十七条的规定，对于非法定的免责事由，保险公司在承保时需尽到明确提示告知义务。虽然保险公司提交了投保人签字的投保单，但并不能证明其以何种方式向投保人交付条款，也不能证明其就该免责条款尽到了明确说明义务，故保险公司主张的商业险拒赔不能得到支持。

编写人：湖北省仙桃市人民法院　尹玲玲

140　交警部门未对驾车驶离现场的肇事司机作逃逸认定，商业险"逃逸免责"条款并非当然不适用

——何某梁诉余某国等机动车交通事故责任案

【案件基本信息】

1. 裁判书字号

江苏省无锡市中级人民法院（2020）苏 02 民终 584 号民事判决书

2. 案由：机动车交通事故责任纠纷

3. 当事人

原告（被上诉人）：何某梁

被告（被上诉人）：余某国、保险公司

被告（上诉人）：汽车科技公司

【基本案情】

2017年7月21日，余某国驾驶车牌号为苏BA0×××的小型普通客车沿惠钱路由东向西逆向行驶至惠峰路口时，遇何某梁骑电动自行车沿惠峰路由北往南行驶，导致何某梁倒地受伤、两车损坏的交通事故。事故发生后，余某国驾车驶离现场。交警部门认定余某国负事故的全部责任，何某梁不负事故的责任。事故发生时，苏BA0×××车辆在保险公司投保了交强险、商业三者险100万元含不计免赔。2019年1月31日，司法鉴定所作出鉴定意见：何某梁左踝关节功能丧失50%以上（未达75%），评定为十级残疾；其误工期（治疗休息期）180日，护理期90日，营养期以90日为宜。何某梁预付了鉴定费3060元。双方均认可医疗费53357.13元、营养费2700元。事故发生后，余某国垫付了30000元。

【案件焦点】

交通事故发生后，苏BA0×××车辆的驾驶员余某国驾车驶离现场，交警部门未作逃逸认定，保险公司是否能根据商业险免责条款免除其赔偿责任。

【法院裁判要旨】

江苏省无锡市梁溪区人民法院经审理认为：保险公司主张根据机动车第三者责任保险条款约定，余某国在事故发生后驾驶被保险车辆离开事故现场，其在商业三者险责任范围内免责，并提供了相应的投保单、机动车综合商业保险条款等证据以证明其已就上述条款向投保人尽到提示说明义务，法院对其主张予以支持。汽车科技公司主张余某国系在不知道发生事故的情况下驶离现场，法院调取了交警部门的事故现场视频。视频中显示，余某国在通过斑马线前视线良好，能够注意到斑马线一侧的何某梁，其通过斑马线时有明显的减速动作，且其车辆在进入斑马线时车辆左前轮在斑马线第二条线上，离开斑马线时车辆左前轮在斑马线第三条线上，由此可判断其有明显左转动作。综合上述情形，法院认定余某国应当知道事故的发生，结合法院至交警部门向承办交警询问后制作的工作追记可以看出事故认定书并未真实反映事故发生的事实，应认定余某国知道事故的发生，并在事故发生后离开现场，符合商业险条款约定的免责事由。汽车科技公司确认余某国为其公司驾驶员，事故发生时为职务行为。江苏省无锡市梁溪区人民法院依法判决汽车科技公司应于本判决发生法律效力之日起十日内向何某梁支付超出交强险范围的赔偿款60802.63元。江苏省无锡市中级人民法院二审驳回汽车科技公司的上诉，维持原判。

【法官后语】

保险公司在商业三者险保险合同中约定：事故发生后，驾驶人在未依法采取措施的情况下驾驶被保险机动车或者遗弃被保险机动车离开事故现场，不论任何原因造成的人身伤亡、财产损失和费用，保险公司均不负责赔偿。根据该条款的约定，驾驶人驾车驶离现场免赔的前提是“未依法采取措施”，即当驾驶人明知发生交通事故，却未采取措施驶离现场的，保险人免除保险责任。

在司法实践中，在交通事故发生后，部分驾驶人以不知道事故发生故而驾车驶离事故现场作为针对保险公司主张商业险免赔的抗辩事由。

对于交警部门已经认定逃逸的驾驶人，其在主观上必然知晓事故发生，且未依法采取措施。在此情况下，保险公司免赔事由能否成立只需审查其是否就相应免责条款对投保人尽到提示说明义务。

对于交警部门未认定逃逸，仅载明事故发生后，驾驶人驾车驶离现场的情况，不能仅根据交警部门未作逃逸认定就推断驾驶人不知晓事故的发生。应通过对事故发生时驾驶人的主观状态进行考察，结合案件的实际情况作出综合认定。

对于确因不清楚交通事故的发生而驶离现场的驾驶人，显然不具备依法采取措施的客观基础，如判决其承担超出交强险限额的赔偿责任，不仅有违投保人的投保目的，也不利于被侵权人及时获得全面的救济，在此情况下，保险人不能免除其商业险赔偿责任。

对于结合事故现场情况可以认定驾驶人确知事故发生仍未依法采取措施而驶离事故现场的，即使交警部门未认定其逃逸行为，保险公司仍然可依据商业险免责条款主张免赔。

本案余某国在事故发生后驾驶被保险车辆离开事故现场，虽然交警部门未在道路交通事故认定书中认定其存在逃逸行为，但法院根据事故现场视频中显示的车辆行驶轨迹等情况认定余某国知道事故的发生，且在事故发生后未依法采取措施即驾车离开现场。在保险公司提交保险单、投保人声明等证据证明其已就相应保险条款尽到了提示和说明义务的情况下，可免除保险公司在商业三者险范围内的赔偿责任。

综上所述，交通事故发生后，对于驾车驶离事故现场的驾驶人，即使交警部门未认定其逃逸，法院仍然需要对驾驶人在事故发生时的驾驶行为、事故发生后的处理方式等情况进行审查，如符合商业险免责条款约定的情形且保险公司已就相应保险免责条款对投保人尽到必要的提示说明义务的，保险公司可根据相应商业险保险免责条款免除其赔偿责任。

编写人：江苏省无锡市梁溪区人民法院　程义

141 交通事故造成待售新车的贬值损失依法属于保险赔偿范围

——汽车服务公司诉王某等机动车交通事故责任案

【案件基本信息】

1. 裁判书字号

湖北省武汉市中级人民法院（2020）鄂01民终4909号民事判决书

2. 案由：机动车交通事故责任纠纷

3. 当事人

原告（被上诉人）：汽车服务公司

被告（被上诉人）：王某、魏某亮、汽车运输队、汽车租赁公司

被告（上诉人）：财险辛集支公司

【基本案情】

2018年3月20日，王某驾驶重型半挂牵引车在汉口北大道二手车市场路段与4S店停放在路边的一辆全新未上牌车辆（该车系汽车服务公司所有）发生碰撞，造成两车受损。同日，该事故经武汉市公安局黄陂区分局交通巡逻民警大队出具《道路交通事故认定书》，认定：王某负此事故的全部责任。经查，王某驾驶的重型半挂牵引车的实际车主为魏某亮，该车挂靠在汽车运输队名下，由汽车租赁公司在财险辛集支公司名下投保了机动车交通事故责任强制保险和100万元的第三者责任商业保险（含不计免赔），王某在事故发生时不具备相应的从业资质。

财产保险辛集支公司对案涉第三者车辆进行定损，确认鄂××××××号（因受损车辆为全新未上牌车辆，保险公司将定损车辆简称鄂××××××号车辆）车辆定损金额为7315元，残值作价172.95元，扣残值后定损金额为7142.05元，财险辛集支公司已在交强险范围内向汽车租赁公司赔偿了财产损失2000元。汽车服务公司委托湖北通达旺机动车辆鉴定评估有限公司对鄂××××××号车辆贬值进行鉴定评估，结论为：车辆贬值价格21135元，车辆评估价格为119765元。汽车服务公司为此支出评估费用2113元。因与上述各方协商赔偿事宜未果，汽车服务公司诉至法院，请求依法保护。

【案件焦点】

1. 财险辛集支公司是否应当向汽车服务公司赔偿车辆贬值损失；2. 王某在事故发生时不具备相应的从业资质是否构成财险辛集支公司拒绝在商业险范围承担赔偿责任的正当理由；3. 上述各方的赔偿责任如何确定。

【法院裁判要旨】

湖北省武汉市黄陂区人民法院经审理认为：王某驾驶重型货车与汽车服务公司停靠在路边的鄂××××××号车辆发生碰撞事故，王某承担事故的全部责任。该事故造成了鄂××××××号车辆损失7142.05元以及车辆贬值损失21135元。鄂××××××号车辆因事故导致的贬值损失虽属于间接损失，但该事故导致鄂××××××号车辆丧失了作为全新商品车出售的可能性，该车只能作为二手车或者事故车出售，且出售的价格势必受事故影响而低于同一车型正常商品车的价款，经鉴定该车存在贬值损失，故该车的贬值损失是可以确定的，该车的贬值损失应该获得赔偿。

相关行业从业资质的证件办理和发放系相关行政管理部门对道路运输进行行政管理的行政行为，合格的驾驶证（合格驾驶员）、合格的行驶证（合格的车辆）才是事关车辆行驶过程中的安全必要证件，经营性道路货物运输从业资格证或道路运输经营许可证的可能缺失仅事关行政管理，对道路运输的安全风险和保险公司的经营风险并无实质影响；在本案所涉的民事侵权赔偿中，保险公司以经营性道路货物运输从业资格证的可能缺失为由，提出拒赔的辩称，法院不予采纳。

案涉车辆由汽车租赁公司在财险辛集支公司名下投保了机动车交通事故责任强制保险和100万元的第三者责任商业保险（含不计免赔），故汽车租赁公司不承担本案的赔偿责任。财险辛集支公司在交强险范围内已赔偿汽车租赁公司2000元，财险辛集支公司可向汽车租赁公司另行主张要求其予以返还。

湖北省武汉市黄陂区人民法院依照《中华人民共和国侵权责任法》第十九条、第四十八条、第四十九条，《中华人民共和国道路交通安全法》第七十六条，《最高人民法院关于审理道路交通事故损害赔偿案件适用法律若干问题的解释》第三条、第十六条，《中华人民共和国保险法》第六十五条之规定，作出如下判决：

一、财险辛集支公司在交强险保险范围内赔偿汽车服务公司经济损失2000元；

二、财险辛集支公司在商业险保险范围内赔偿汽车服务公司经济损失26277.05元。

财险辛集支公司不服一审判决，提出上诉，湖北省武汉市中级人民法院经审理认为：关于经营性道路货物运输从业资格是否影响保险理赔的问题。财险辛集支公司的保险合同条款中约定，驾驶出租机动车或营业性机动车无交通运输管理部门核发的许可证书或其他必备证书的，保险人不负责赔偿。该条款中关于“交通运输管理部门核发的许可证书或其他必备证书”的表述过于笼统，没有对具体哪些部门、何种许可证书和必备证书作出明确说明，在没有明确约定的情况下，交管部门核发的许可证书或其他必备证书不等于运输从业资格证，也不必然指向运输从业资格证。且从业资格证的规定旨在提高道路从业人员综合素质，该事项由行政关系进行调整，不由保险合同关系调整。从业资格证也不反映驾驶能力，有没有从业资格证与事故的发生没有因果关系，没有证据证明无从业资格证显著增加了承保车辆运行的危险程度。故对财险辛集支公司主张适用该免责条款的上诉理由不予支持。

关于本案车辆损失是否为间接损失，应否由侵权人赔偿的问题。本案事故系因王某驾驶重型半挂牵引车撞上汽车服务公司停放在门店附近的全新未上牌车辆，导致财产损失。汽车服务公司的受损车辆系作为商品出售的全新车辆，并不同于通常因交通事故导致价值贬损的受损车辆。作为待出售商品，在遭受外力损伤的情况下必然会发生价值贬损，直接影响商品的出售价格。此时受损车辆作为汽车服务公司的动产，财产损失是该动产因侵权行为造成的直接损失，该财产损失应当由向侵权人承保交强险和商业三者险的财险辛集支公司予以赔偿。

关于财险辛集支公司已向投保人汽车租赁公司赔偿交强险财产损失 2000 元的问题。《最高人民法院关于适用〈中华人民共和国保险法〉若干问题的解释（四）》第二十条规定：“责任保险的保险人在被保险人向第三者赔偿之前向被保险人赔偿保险金，第三者依照保险法第六十五条第二款的规定行使保险金请求权时，保险人以其已向被保险人赔偿为由拒绝赔偿保险金的，人民法院不予支持。保险人向第三者赔偿后，请求被保险人返还相应保险金的，人民法院应予支持。”依照上述规定，财险辛集支公司应当首先向汽车服务公司赔偿保险金，在汽车租赁公司未向汽车服务公司赔偿前，不得向汽车租赁公司赔偿保险金。如已向汽车租赁公司赔偿保险金，财险辛集支公司仍应向汽车服务公司进行赔偿，继而再向汽车租赁公司进行追偿。

综上，一审判决认定事实清楚，实体处理正确，法院依法予以维持。对财险辛集支公司的上诉请求依法不予支持。依照《中华人民共和国民事诉讼法》第一百七十条第一款第一项之规定，判决如下：

驳回上诉，维持原判。

【法官后语】

保险的主要价值和功能在于填补损害，保险的基础价值是损失补偿原则，是为了使被保险人在保险事故发生后所遭受的损失得到补偿，因此，保险公司对于交通事故引发的间接损失一般不予赔偿，比如鉴定费、案件受理费等。但在本案中，全新商品车因遭受交通事故发生的贬值损失应不属于间接损失。车辆价值受到诸多因素的影响，如销售折扣、行驶里程、使用年限、磨损程度等均会影响车辆的价值，本案中的全新商品车系直接面向消费者出售的商品，且属于特殊的商品，在未经使用的前提下，遭受交通事故导致损坏而产生维修成本，其已不能作为全新商品交付消费者，其价值势必低于同一型号的全新商品车。该车辆产生的贬值损失是直接由交通事故所造成，而并非其他因素造成，且该贬值损失经专业机构鉴定能够确定。依据《最高人民法院关于审理道路交通事故损害赔偿案件适用法律若干问题的解释》第十二条“因道路交通事故造成下列财产损失，当事人请求侵权人赔偿的，人民法院应予支持：（一）维修被损坏车辆所支出的费用、车辆所载物品的损失、车辆施救费用；（二）因车辆灭失或者无法修复，为购买交通事故发生时与被损坏车辆价值相当的车辆重置费用……”的规定，该全新商品车的外部损坏可经过修理而与损坏之前无异，虽然事故车辆的贬值损失“看不见、摸不着”，但不可否认，这种贬值损失是实际存在且能够准确衡量的。

同时，《最高人民法院关于适用〈中华人民共和国民法典〉时间效力的若干规定》第二条规定“民法典施行前的法律事实引起的民事纠纷案件，当时的法律、司法解释有规定，适用当时的法律、司法解释的规定，但是适用民法典的规定更有利于保护民事主体的合法权益，更有利于维护社会和经济秩序，更有利于弘扬社会主义核心价值观的除外”，本案发生在《中华人民共和国民法典》施行以前，原则上应当适用《中华人民共和国侵权责任法》，该法第十九条规定“侵害他人财产的，财产损失按照损失发生时的市场价格或者其他方式计算”，而《中华人民共和国民法典》第一千一百八十四条规定“侵害他人财产的，财产损失按照损失发生时的市场价格或者其他合理方式计算”，相比之下，《中华人民共和国民法典》第一千一百八十四条确定了财产损失能够以“其他合理方式”计算，则适用这一条规定更能保护民事主体合法权益，本案中，因发生事故而维修后的商品车的价值，明显低于全新商品车的价值，而这一结果系侵权行为直接造成，侵权行为属于客观事实，全新商品车的贬值损失也属于客观事实，因此，该车的损失应当从维修损失和贬值损失两方面确定，这符合《中华人民共和国民法典》第一千一百八十四条规定的以“其他合理方式”确定财产损失的立法精神，也更能保护民事主体合法权益。

目前，在我国交通事故责任纠纷的处理中，对于车辆损失一般只赔偿能够确定的部分，即修理车辆的合理支出。但对于全新未使用的商品车而言，这种类型的车辆是直接对外出售的，与因交通事故造成损害的一般车辆的区别在于，一般车辆即使遭受交通事故而导致车辆贬损，由于发生事故时，该车辆能够达到的目的在于使用，而并非出售，且事故发生时的各方当事人并不能预见该车辆是否将于未来不确定的时间被出售（作为二手车出售），故一般车辆发生交通事故受损后，能够被修理至事故发生前的正常使用状态即可，不涉及车辆的贬值损失。但全新商品车遭受交通事故致损，在交通事故发生之际即可预见，该全新车辆必然发生贬值损失才能达到该全新车辆出售的目的。因此，全新商品车遭受交通事故致损的贬值损失属于可预见可确定的损失，在符合常理性判断的前提下，依法应当获得保险公司的赔偿。

编写人：湖北省武汉市黄陂区人民法院　付文强

142　交强险追偿范围确定

——财险永州支公司诉申某雄追偿权案

【案件基本信息】

1. 裁判书字号

广西壮族自治区贺州市中级人民法院（2019）桂 11 民终 1357

号民事判决书

2. 案由：追偿权纠纷

3. 当事人

原告（上诉人）：财险永州支公司

被告（被上诉人）：申某雄

【基本案情】

2017 年 4 月 4 日，毛某瑞驾驶无号牌三轮摩托车搭着何某淑、申某娥、毛某安由富川瑶族自治县麦岭镇街道方向往富川县石家乡方向行驶，行驶至长春水库前路段时遇申某雄醉酒驾驶湘 M44×××号小型轿车由对向驶来，两车会车时发生碰撞，造成毛某瑞、何某淑、申某娥、毛某安受伤，两车局部损坏的交通事故。经富川瑶族自治县公安局交通管理大队《交通事故认定书》认定，申某雄承担本事故的主要责任，毛某瑞承担本事故的次要责任。该院（2017）桂 1123 民初 1111 号民事判决书认定被告申某雄承担事故 70%的责任，毛某瑞承担事故 30%的责任。被告申某雄驾驶的湘 M44×××号小型轿车在原告财险永州支公司处购买了交强险，该事故发生在保险期内。2017 年 11 月 29 日，伤者毛某瑞起诉要求财险永州支公司在交强险限额内赔偿损失，2018 年 7 月 10 日，经广西富川瑶族自治县人民法院（2017）桂 1123 民初 1111 号民事判决书判决原告财险永州支公司在交强险限额范围内赔付 102908.24 元。原告财险永州支公司于 2018 年 11 月 9 日将赔偿金额 102908.24 元履行完毕。

【案件焦点】

保险公司能否在交强险实际赔付范围内向侵权人全额追偿。

【法院裁判要旨】

广西壮族自治区富川瑶族自治县人民法院经审理认为：《中华人民共和国道路交通安全法》第七十六条规定，机动车发生交通事故造成人身伤亡、财产损失的，由保险公司在机动车第三者责任强制保险责任限额范围内予以赔偿；《最高人民法院关于审理道路交通事故损害赔偿案件适用法律若干问题的解释》第十八条规定：有下列情形之一导致第三人人身损害，当事人请求保险公司在交强险责任限额范围内予以赔偿，人民法院应予支持……（二）醉酒、服用国家管制的精神药品或者麻醉药品后驾驶机动车发生交通事故的……保险公司在赔偿范围内向侵权人主张追偿权的，人民法院应予支持，保险公司对其在交通事故中先行赔付的强制保险费用享有追偿权。本案中，财险永州支公司已在交强险责任范围内赔付 102908.24 元。因被告申某雄在醉酒状态下驾驶小型轿车发生事故，由此造成的交通事故后果应当由被告申某雄承担，故财险永州支公司有权在交强险责任范围内就已支付的费用对申某雄进行追偿。根据权利义务相一致的原则，原告财险永州支公司追偿的范围应在侵权人的责任限额内，该院（2017）桂 1123 民初 1111 号民事判决书认定被告申某雄承担事故 70%的责任，因此，被告申某雄应承担 72035.77 元。遂依照《中华人民共和国道路交通安全法》第七十六条、《最高人民法院关于审理道路交通事故损害赔偿案件适用法律若干问题的解释》第十八条的规定，判决如下：

被告申某雄应支付给原告财险永州支公司赔偿款 72035.77 元。

广西壮族自治区贺州市中级人民法院经审理认为：《最高人民法院关于审理道路交通事故损害赔偿案件适用法律若干问题的解释》第十八条规定："有下列情形之一导致第三人人身损害，当事人请求保险公司在交强险责任限额范围内予以赔偿，人民法院应予支持：（一）驾驶人未取得驾驶资格或者未取得相应驾驶资格的；（二）醉酒、服用国家管制的精神药品或者麻醉药品后驾驶机动车发生交通事故的；（三）驾驶人故意制造交通事故的。保险公司在赔偿范围内向侵权人主张追偿权的，人民法院应予支持。追偿权的诉讼时效期间自保险公司实际赔偿之日起计算。”本条从文义上理解，保险公司在交强险责任限额内承担赔偿责任后，即对醉酒驾驶的侵权人享有追偿权，而追偿的范围为保险公司“赔偿范围内”，即追偿范围不应超过保险公司实际向受害人赔付的范围。这是法律赋予保险公司的法定权利，该条并未规定保险公司应按事故责任比例进行追偿。保险公司在交强险责任限额内承担保险责任，并不以事故责任大小为前提，即保险公司承担的赔偿责任，并不因侵权人在事故中责任大小而不同，只要侵权人对事故负有责任，保险公司即应在交强险限额内予以赔偿。既然保险人在交强险范围内向受害人赔付时并非基于被保险人一方对受害人承担的侵权责任，那么赔付之后基于法律规定向被保险机动车侵权人一方追偿时，被追偿方当然也就不能以自身的侵权责任大小来限制保险人追偿权的行使，保险人有权在交强险的赔付范围内全额向侵权人追偿。另根据上述司法解释第十九条第一款的规定：“未依法投保交强险的机动车发生交通事故造成损害，当事人请求投保义务人在交强险责任限额范围内予以赔偿的，人民法院应予支持。”即在发生交通事故时，无论机动车一方有无投保交强险，均要在交强险责任限额内承担全部赔偿责任。保险公司在追偿时，如果对其追偿范围以“事故责任划分”给予限制，保险公司仅能部分追偿，由此会降低醉酒驾驶者的违法成本，其中未能得到追偿的损失部分必然转嫁给保险公司，无疑纵容了醉酒驾驶等严重违法行为。赋予保险公司在向受害人赔付后享有向醉酒驾驶人全额追偿的权利，体现了对醉酒驾驶人违法行为的否定评价。本案中，申某雄醉酒驾驶机动车发生交通事故，上诉人财险永州支公司在交强险责任限额内已向受害人赔付 102908.24 元，根据上述司法解释第十八条的规定，上诉人财险永州支公司依法享有在赔偿范围内向被上诉人申某雄追偿的权利，财险永州支公司追偿范围应为其已赔付的 102908.24 元范围内，其可在该范围内向申某雄行使全额追偿权。原审以申某雄在事故中责任大小来确定财险永州支公司追偿范围，明显不当，对此予以纠正。遂依照《中华人民共和国民事诉讼法》第一百七十条第一款第二项之规定，判决如下：

一、撤销富川瑶族自治县人民法院民事判决；

二、被上诉人申某雄于本判决生效之日起十日内支付上诉人财险永州支公司 102908.24 元。

【法官后语】

侵权人在交通事故中承担全部事故责任时，保险公司在垫付交强险赔偿款后向侵权人全额追偿并无争议。但侵权人和受害人对事故发生均有过错时，保险公司追偿的范围如何确定，我国法律并没有明确规定，审判实践中，主要有两种做法：一是根据事故责任比例判定追偿的比例；二是在交强险责任限额范围内对实际赔付金额全额追偿。

笔者认为，出现法定情形，保险公司有权在交强险实际赔偿范围内向侵权人全额追偿。理由如下：

1. 交强险保险公司的追偿权，与传统保险法理论上的保险公司代位求偿权有所不同。一般情况下，保险公司的代位追偿权，是在第三人侵害保险标的，造成被保险人财产损失的情况下，保险公司对被保险人实际赔偿后，代被保险人之位，取得向第三人的损害赔偿请求权。而《最高人民法院关于审理道路交通事故损害赔偿案件适用法律若干问题的解释》第十八条规定保险公司的追偿权，是代受害第三人之位，向侵权人求偿的权利。根据前述司法解释第十九条规定，未依法投保交强险的机动车发生交通事故造成损害，当事侵权人未投保交强险时，受害人所能获得的赔偿范围，与保险公司应在交强险限额范围内承担的赔偿责任是一致的，则其代受侵害的第三人之位向侵权人追偿时，其追偿范围应当与第三人直接向侵权人求偿范围一致。

2. 交强险赔付不同于一般侵权责任和合同责任，其突破一般保险赔偿责任理论，对违法情形下的损害仍然予以赔付，主要是基于其制度功能和救济目的的实现。交强险突出的功能是公益性和强制性，不以营利为目的，它将具有严重损害性的机动车交通事故风险社会化，从而实现更便捷救济受害人的目的。立法设置交强险先行赔付的本意，是避免将驾驶人违法情形下交通事故损害风险特别是侵权人无力赔偿的风险转嫁给交通事故的受害人。同理而言，保险公司在追偿时，如果对其追偿范围以“事故责任划分”给予限制，由此降低醉酒驾驶者的违法成本，将醉酒驾驶者扩大事故风险的责任转嫁给保险公司，无疑纵容醉酒驾驶等严重违法行为，对遏制这种风险扩张同样无益。

3. 追偿权的性质决定了其应当是保险公司实际支付保险赔偿后取得的一种权利。交强险为政策性保险，旨在使机动车交通事故的受害人迅速获得有效保障，促进道路交通安全，从而尽可能地对保险人赔付的条件予以松绑。因此，保险人在行使交强险追偿权之前必须已经向受害人履行了赔付责任。这就意味着，保险公司在交强险实际赔付范围内向侵权人全额追偿，不会对受侵害的第三人产生利益损失。这与立法设置交强险的目的一致。

4. 从文义上理解，保险公司在交强险责任限额内承担赔偿责任后，即享有对醉酒驾驶的侵权人的追偿权，而追偿的范围为保险公司"赔偿范围内"。该条并未规定，保险公司应按事故责任比例进行追偿，且保险公司在交强险责任限额内承担保险责任，也不以事故责任大小为前提。既然保险人在交强险范围内向受害人赔付时并非基于侵权人对受害人承担的侵权责任，那么赔付之后基于法律规定向侵权人追偿时，侵权人当然也就不能以自身的侵权责任大小来限制保险人追偿权的行使，保险人有权在交强险的赔付范围内全额向侵权人追偿。

编写人：广西壮族自治区贺州市中级人民法院　黄灵峰

143 机动车商业保险合同的免责条款未尽到提示和明确说明义务不产生效力

——叶某凭、潘某红诉财险贺州分公司等机动车交通事故责任案

【案件基本信息】

1. 裁判书字号

广西壮族自治区贺州市中级人民法院（2020）桂1121民终900号民事判决书

2. 案由：机动车交通事故责任纠纷

3. 当事人

原告（被上诉人）：叶某凭、潘某红

被告（上诉人）：财险贺州分公司

被告（被上诉人）：罗某、古某海

【基本案情】

2019年3月5日21时05分，罗某驾驶桂J×××××号重型厢式货车在道路东侧路外由东往西倒车进入S201省道98km+20m路段时，遇叶某军驾驶无号牌普通二轮摩托车搭载钟某爽、叶某盛沿S201省道由樟木林镇甲村方向往乙村方向驶来，两车发生碰撞，造成叶某军当场死亡，钟某爽、叶某盛不同程度受伤及两车不同程度损坏的道路交通事故。昭平县公安局交通管理大队就该事故出具了《道路交通事故认定书》，确定罗某承担事故的主要责任，叶某军承担事故的次要责任，叶某盛、钟某爽无事故责任。桂J×××××号重型厢式货车由古某海所有，罗某系古某海聘请的司机，事故发生时罗某正在驾车运输货物且存在载物超过核定载质量的情形。桂J×××××号重型厢式货车在财险贺州分公司处投保了机动车交通事故责任强制保险（以下简称交强险）和第三者责任商业保险（以下简称商业三者险）（保险限额500000元），发生事故时处在保险期间内。罗某已先行赔付原告损失20000元。

另查明，受害人叶某军系农村居民，叶某凭系其父亲，潘某红系其母亲，叶某凭与潘某红共同生育有一子一女，分别为儿子叶某军、女儿叶某妹。事故发生时，叶某凭61周岁，潘某红45周岁，叶某妹21周岁，叶某军16周岁。潘某红系二级精神残疾。叶某军于2018年暑假期间从某中学辍学到广东省务工。叶某凭、潘某红主张各被告应赔偿死亡赔偿金、丧葬费、被扶养人生活费等各项损失 812291.4 元。

【案件焦点】

1. 叶某凭、潘某红诉请的各项损失是否有事实和法律依据；2. 罗某是否应与古某海承担连带赔偿责任；3. 财险贺州分公司是否应对商业三者险部分承担赔偿责任。

【法院裁判要旨】

广西昭平县人民法院经审理认为：关于叶某凭、潘某红诉请的各项损失是否有事实和法律依据，结合案涉证据，叶某凭、潘某红诉请的死亡赔偿金、丧葬费、交通费、误工费、被扶养人生活费、精神损害抚慰金各项损失经依法核定为 1089282.15 元。关于罗某是否应与古某海承担连带赔偿责任，因古某海与罗某系雇佣关系，古某海作为雇主，对其雇员罗某所致损害应承担赔偿责任。罗某在本案事故中负主要责任，存在重大过失，需与古某海承担连带赔偿责任。关于财险贺州分公司是否应对商业三者险部分承担赔偿责任，根据《中华人民共和国保险法》第十七条第二款“对保险合同中免除保险人责任的条款，保险人在订立合同时应当在投保单、保险单或者其他保险凭证上作出足以引起投保人注意的提示，并对该条款的内容以书面或者口头形式向投保人作出明确说明；未作提示或者明确说明的，该条款不产生效力”；《最高人民法院关于适用〈中华人民共和国保险法〉若干问题的解释（二）》第九条第一款“保险人提供的格式合同文本中的责任免除条款、免赔额、免赔率、比例赔付或者给付等免除或者减轻保险人责任的条款，可以认定为保险法第十七条第二款规定的‘免除保险人责任的条款’”的规定，财险贺州分公司与古某海签订的商业三者险合同在提示或明确说明免责事项时有重大瑕疵，在投保人声明部分文本中应当由古某海手书确认“保险人已明确说明免除保险人责任的条款及法律后果，本人已了解并自愿投保”的格式为空白，也没有其他证据证明其对免责条款尽到了明确的提示说明义务，故财险贺州分公司关于罗某不具备道路货物运输驾驶员资质属于商业三者险合同中约定的免责情形，驾驶机动车时有载物超过核定质量的行为属于商业三者险合同中约定绝对免赔的10%的部分的辩解不成立，财险贺州分公司仍需在商业三者险责任限额内承担赔偿责任。关于罗某、古某海、财险贺州分公司的责任承担，财险贺州分公司应在交强险死亡伤残赔偿限额内赔付110000元，超出交强险限额部分损失为979282.15元，参照道路交通事故责任书责任划分及本案查明事实，酌定罗某承担65%的赔偿责任，即636533.4元。因此，财险贺州分公司应按商业三者险责任限额500000元赔偿损失。不足部分136533.4元，扣除罗某先行赔付的20000元，尚应赔偿的116533.4元由古某海予以赔偿，罗某承担连带赔偿责任。

综上所述，根据《中华人民共和国侵权责任法》第十六条、第二十二条，《中华人民共和国保险法》第十七条第二款，《最高人民法院关于确定民事侵权精神损害赔偿责任若干问题的解释》第十一条，《最高人民法院关于审理人身损害赔偿案件适用法律若干问题的解释》第九条、第十七条第三款、第二十七条、第二十八条、第二十九条，《最高人民法院关于适用〈中华人民共和国保险法〉若干问题的解释（二）》第九条第一款，《最高人民法院关于审理道路交通事故损害赔偿案件适用法律若干问题的解释》第十六条第一款，《中华人民共和国民事诉讼法》第六十四条第一款、第一百四十四条的规定，判决如下：

一、财险贺州分公司于本判决生效之日起十日内，向叶某凭、潘某红赔偿死亡赔偿金、丧葬费、亲属办理丧葬事宜交通费、被扶养人生活费、精神损害抚慰金合计损失610000元；

二、古某海于本判决生效之日起十日内，向叶某凭、潘某红赔偿死亡赔偿金、丧葬费、亲属办理丧葬事宜交通费、被扶养人生活费、精神损害抚慰金合计损失116553.4元，罗某对上述债务承担连带赔偿责任；

三、驳回叶某凭、潘某红的其他诉讼请求。

财险贺州分公司不服一审判决提起上诉，二审法院同意一审法院裁判意见，判决如下：

驳回上诉，维持原判。

【法官后语】

随着社会的变迁，时代的进步，互联网已经深深融入社会生活的方方面面，给人民的生活提供了巨大的便利。在保险业中电子保单也在这个信息时代应运而生并广泛应用，同时因电子保单引发的纠纷也日渐增多。电子保单实质就是以电子信息数据为载体的保险合同，本案最核心的争议焦点即电子保单中免责条款的效力。保险合同中免责条款发生法律效力的前提是尽到提示和明确说明义务，财险贺州分公司在本案中亦是明确认识到其提示和明确说明义务，故而在其电子保单的格式化条款中设置了相关的内容。但是，在案涉机动车商业保险合同中，财险贺州分公司仅仅是“认识到”而没有达到“尽到”对免责条款提示和明确说明义务的标准。财险贺州分公司提供的电子保单中格式条款明确约定对免责事项的声明书应由投保人手书，其未能就本应由投保人手书部分空白作出合理说明，也没有其他证据证实其对保险合同中有关免除保险人责任条款的概念、内容及其法律后果以书面或者口头形式向投保人进行过解释说明。故而本案认定财险贺州分公司未尽到对免责条款的提示和明确说明义务，免责条款不产生效力，应当依法承担保险责任。

保险作为一种社会服务商品，是投保人向保险人购买的服务，投保人有权选择、了解、知悉所购买的保险服务能否提供其所期待的保障。电子保单通常为保险人设计的格式合同，使保险人在订立合同时处于优势地位，为保障投保人的合法权益，法律必然要制约保险人不适当免除或限制自身责任。诚实信用原则是现代民法最重要的原则，《中华人民共和国民法典》第七条规定："民事主体从事民事活动，应当遵循诚信原则，秉持诚实，恪守承诺。"保险人就保险合同中的免责条款应当以常人能够理解和接受的方式履行完整、客观、真实的提示和明确说明义务，即诚实信用原则在保险活动中的体现，这种提示与明确说明既包括提醒注意免责条款本身的存在，也包括解释说明免责条款的术语、内涵、目的和适用。电子保单实实在在给人们提供了便捷、高效、环保的保险服务，但电子保单简化投保流程，不意味着可以简化法律对免责条款的特别规定，正如2020年9月3日中国银行保险监督管理委员会发布的《关于实施车险综合改革的指导意见》第二十条所倡导，积极推广电子保单制度，仍要建立在保障消费者知情权和选择权的基础上。本案判决从个案而言，不仅保护了投保人的合法权益，也揭示保险人电子保单管理的缺陷，有助于保险人及时填补漏洞，促进保险行业电子保单制度的健康发展。

编写人：广西壮族自治区贺州市昭平县人民法院　叶琦

144 家庭自用名义投保的车辆从事营运行为发生事故后商业三者险赔偿责任认定

——许某甲诉财险某支公司、宋某机动车交通事故责任案

【案件基本信息】

1. 裁判书字号

山东省淄博市中级人民法院（2020）鲁03民终1395号民事判决书

2. 案由：机动车交通事故责任纠纷

3. 当事人

原告（被上诉人）：许某甲

被告（上诉人）：财险某支公司

被告（被上诉人）：宋某

【基本案情】

2017年12月22日22时05分许，宋某驾驶鲁CD8×××号小型轿车与许某乙驾驶的鲁C87×××号小型轿车相撞，造成车辆受损的交通事故。事故发生后，经交警部门认定，宋某驾车变更车道，未确保安全，应负事故的全部责任；许某乙无责任。宋某驾驶的鲁CD8×××号小型轿车的实际车主系其本人；该车从财险某支公司购买了机动车交通事故责任强制保险及20万元商业保险（不计免赔）。该起事故发生在上述保险期间（2017年6月25日至2018年6月24日）。事故发生时，宋某驾驶该车从事网约车出行营运。许某乙驾驶的鲁C87×××号小型轿车的实际车主系许某甲。许某甲起诉要求赔偿经济损失29600元。

【案件焦点】

以家庭自用名义投保的车辆从事滴滴出行营运发生事故，商业三者险赔付应如何认定。

【法院裁判要旨】

山东省淄博高新技术产业开发区人民法院经审理认为：宋某驾驶机动车在道路上与许某乙驾驶的许某甲所有的机动车发生碰撞，造成许某甲车辆受损的道路交通事故。经交警部门认定，宋某负事故的全部责任，许某乙无责任。宋某的过错行为造成许某甲车辆受到损害，应当承担民事侵权责任。依照《中华人民共和国侵权责任法》的规定和相关的标准，许某甲的损失可以认定如下：原告关于车辆损失 29600 元的诉求提交了车辆维修发票，被告均无异议，认为属于原告的实际损失，予以支持。机动车交通事故责任强制保险财产损害赔偿限额 2000 元项下，许某甲损失 29600 元。财险某支公司应在上述理赔限额内，赔偿许某甲经济损失 2000 元。超出交强险理赔限额的部分计 27600 元，根据宋某、许某甲在事故中的责任及保险合同约定，确定赔偿责任。本案中，宋某驾驶的鲁 CD8×××号小型轿车向财险某支公司投保商业三者保险时，保险车辆类型为家庭自用轿车，但其在发生交通事故时，从事滴滴出行运营，系网约车，属于保险标的用途的改变，应当认定为构成《中华人民共和国保险法》（以下简称《保险法》）第四十九条、第五十二条规定的“危险程度显著增加”，即被保险车辆改变使用性质，被保险人未通知保险人，导致被保险机动车危险程度显著增加，保险人不负责赔偿。本案中，财险某支公司提交了交强险保单即保险条款，拟证明向投保人宋某履行了免责条款的明确说明、提示义务，但并未提交其已向投保人送达保险条款的相应证据，亦无具体承办人员对免责条款进行确认的证据，因此，不足以证明财险某支公司已经就免责条款内容尽到提示、说明义务。财险某支公司工作人员在事故发生后要求投保人声明放弃索赔申请的行为，不属于对该免责条款的补救说明，且易导致投保人对保险合同条款对本人不利的错误理解，不符合证据采集原则，该证据不予采纳。宋某在为家庭自用轿车投保商业保险后，改变车辆用途，从事滴滴出行运营，使保险事故发生的概率超过了订立合同时的合理预估，违反了商业保险合同约定。考虑到其已经缴纳保险金，滴滴出行运营并非其投保车辆的全部用途，根据民法公平原则，应当承担部分责任。根据保险期限等因素，综合确定减轻财险某支公司 30% 的赔偿责任。即超出交强险理赔限额的 27600 元，由财险某支公司按照 70% 的比例赔偿，即 19320 元；宋某承担 30% 的赔偿责任，即 8280 元。据此，一审判决如下：

一、财险某支公司在交强险理赔范围内赔偿许某甲经济损失 2000 元；

二、财险某支公司在商业三者险范围内赔偿许某甲经济损失 19320 元；

三、宋某赔偿许某甲经济损失 8280 元。

财险某支公司不服一审判决，提起上诉。山东省淄博市中级人民法院经审理认为：《保险法》第五十二条规定："在合同有效期内，保险标的的危险程度显著增加的，被保险人应当按照合同约定及时通知保险人……被保险人未履行前款规定的通知义务的，因保险标的的危险程度显著增加而发生的保险事故，保险人不承担赔偿保险金的责任。"本案中，宋某将家庭自用名义投保的车辆从事网约车营运活动，显著增加了车辆的危险程度，其未将上述情况通知财险某支公司，且在从事车辆营运时发生本案交通事故，符合上述法律规定的保险人不承担赔偿金的情形。且在涉案车辆的保险单、商业保险条款中，均对非营运车辆从事营运、车辆改变使用性质不通知保险人，因此保险人不负赔偿责任的情形作出了明确约定，宋某庭审中陈述知道改变营运性质财险某支公司免赔，其在事故发生后亦出具了放弃索赔申明，故依照法律规定和商业保险合同的约定，财险某支公司不应承担商业三者险的赔偿责任。据此，二审判决如下：

一、维持一审判决第一项；

二、撤销一审判决第二项、第三项；

三、宋某赔偿许某甲经济损失 27600 元。

【法官后语】

本案涉及的主要问题在于，以家庭自用名义投保的车辆从事滴滴出行等营运行为发生事故后，商业三者险赔偿应如何认定。

随着网约车行业的发展及打车软件的风靡，以家庭自用名义投保的车辆进行载客收费的现象增多，更多的私家车车主加入网约车平台，网约车给大家的出行带来了方便，但同时也存在很多安全隐患。其安全保障问题也成为司机、乘客及社会更为关心的问题，这一问题的核心反映在审判实践中就是网约车载客过程中发生交通事故的，涉案车辆承保的财险某支公司的赔偿应如何认定。而其中交强险作为法定强制保险的赔偿自不必说，其核心争议则在于商业三者险应否赔偿。

在当前的车险市场领域，财险某支公司根据车辆用途不同，将汽车分为家庭自用车辆和营运车辆两种，营运车辆相对于家庭自用车辆，运行里程多、使用频率高、发生事故的概率也相对较高。保险合同是双务合同，车辆的驾驶危险程度及事故概率与保费是成正比的，保险费与保险赔偿金呈对价关系，保险人依据投保人告知单情况，根据危险程度评估决定是否承保以及收取保费的多少，所以财险某支公司在计算保险费率时亦将两种不同性质的车辆相区分，营运车辆的保费高于家庭自用车辆的保费，通常能高一倍左右。再者，经营载客业务的司机应当具有从事此运输行业的从业资格，特别是载客情形，直接关系司机及乘客的交通安全，安全行驶无小事，从业资格证虽系行政管理要求的资质问题，但在财险某支公司提供的商业三者险合同中亦对从业资格问题进行了单独的免责提示，直接影响商业三者险的理赔问题。

审判实务中，有一定数量的非营运车辆以家用车性质投保，却有偿提供“专车”“拼车”等营运服务，而车主往往主张自己系非营运车辆，平时均系自己驾驶使用，业余时间偶尔进行接单载客。人民法院在认定营运车辆与家庭自用车辆时往往依据以下两点：第一，营运以收取费用为目的，家庭自用一般不收取费用；第二，营运服务的对象是不特定的人，与车主没有特定关系。而家庭自用的服务对象一般都是家人、朋友等与车主有特定关系的人。即使偶尔接单运送客人，亦具有了营运性质，不能因载运的时间长短来衡量家用与营运的明显划分。《保险法》第五十二条规定，在合同有效期内，保险标的的危险程度增加的，被保险人应当按照合同约定及时通知保险人，保险人可以按照合同约定增加保险费或者解除合同。被保险人未履行前款规定的通知义务的，因保险标的的危险程度显著增加而发生的保险事故，保险人不承担赔偿保险金的责任。一般家庭自用车辆的行驶证上的使用性质为“非营运”，并且保单中的使用性质为“家庭自用汽车”。网约车改变了车辆的使用性质，驾驶人的营运行为致使保险车辆风险承担显著增加，从公平角度看，收较低的保费却让财险某支公司承担较高的风险，亦显失公平。此时，车主应当及时通知财险某支公司，财险某支公司可以增加保费或者解除合同。本案中，宋某驾驶的案涉车辆向财险某支公司投保交强险与商业三者保险，保险车辆类型为家庭自用轿车，其在发生交通事故时，从事滴滴出行运营，系网约车，属于保险标的用途的改变，应当认定为构成《保险法》第五十二条规定的“危险程度显著增加”情形，即被保险车辆改变使用性质，被保险人未通知保险人，导致被保险机动车危险程度显著增加。被保险人改变承保车辆的性质时，未及时通知保险人，变更商业三者险的保险事项，故保险人在商业三者险范围内不予赔偿，人民法院不应当再以免责条款的明确说明、提示义务来规制保险人的责任。

编写人：山东省淄博市中级人民法院　荣明潇　胡晓梅　朱倩茹

145　肇事司机无营运车辆上岗证驾驶车辆发生交通事故的，保险公司应否在商业三者险范围内免责

——孙某星诉人保公司等机动车交通事故责任案

【案件基本信息】

1. 裁判书字号

山东省淄博市中级人民法院（2019）鲁03民终2038号民事判决书

2. 案由：机动车交通事故责任纠纷

3. 当事人

原告（被上诉人）：孙某星

被告（上诉人）：人保公司

被告（被上诉人）：徐某祥、高某

【基本案情】

2016 年 10 月 7 日 2 时 30 分，徐某祥驾驶高某所有的鲁 C××××号车与孙某星驾驶的鲁 C8××××号车相撞，车辆受损，造成道路交通事故。经交警部门认定，徐某祥负事故的全部责任。孙某星起诉要求赔偿车损 21000 元，并提供维修结算单予以证实。

【案件焦点】

肇事司机未取得营运货运车辆上岗证驾驶车辆发生交通事故的，保险公司应否在商业三者险范围内承担赔偿责任。

【法院裁判要旨】

山东省淄博市张店区人民法院经审理认为：徐某祥驾驶的车辆在人保公司投保交强险、商业三者险（100 万元）及不计免赔，徐某祥负事故的全部责任，故人保公司应在交强险及商业三者险范围内承担赔偿责任。人保公司辩称商业三者险拒赔，证据不足，不予采纳。人保公司已为孙某星垫付 2000 元，应予扣减。据此，一审判决人保公司赔偿孙某星车损 19000 元。

人保公司不服一审判决，提起上诉，并在二审中提供投保单、交费发票、车辆挂靠合同、上岗证复印件各一份，拟证实根据《机动车商业保险条款》第二十四条，驾驶出租机动车或营业性机动车，无交通运输管理部门核发的许可证或其他必备证书，属于责任免除，保险公司不予赔偿。山东省淄博市中级人民法院经审理认为：本案中，在人保公司向投保人出示的《机动车综合商业保险条款》第二十四条规定："在上述保险责任范围内，下列情况下，不论任何原因造成的人身伤亡、财产损失和费用，保险人均不负责赔偿……6. 驾驶出租机动车或营业性机动车无交通运输管理部门核发的许可证书或其他必备证书……"该条款已加黑加粗，且在投保单投保人声明栏中投保人淄博志晟运输公司已盖章确认，故根据《最高人民法院关于适用〈中华人民共和国保险法〉若干问题的解释（二）》第十一条第二款和第十三条的规定，人保公司对该条款已尽到了提示、说明义务。高某、徐某祥未提供证据证明其驾驶涉案营运性机动车有交通运输管理部门核发的道路货物运输从业资格证，人保公司提供的徐某祥的道路旅客运输从业资格证（上岗证）系对旅客运输的许可证书，非货物运输许可证，且于 2014 年 5 月 26 日到期，因此依据相关法律规定，上述有关财产损失的责任免除条款具有法律效力，涉案事故造成的车辆损失应由侵权责任人承担。高某认可其系涉案的鲁 C×××××车辆的所有人，徐某祥系其雇用的司机，故应认定高某为涉案事故的侵权责任人，依法承担对孙某星的赔偿责任。徐某祥作为高某雇用的司机，在本次事故中承担全部责任，构成重大过失，故徐某祥在本案中应当与雇主高某承担连带赔偿责任。原审认定人保公司在商业三者险限额内承担孙某星车损款 19000 元赔偿责任不当，予以纠正。人保公司的上诉主张，于法有据，予以支持。据此，山东省淄博市中级人民法院二审判决如下：

一、撤销山东省淄博市张店区人民法院（2018）鲁 0303 民初 7642 号民事判决；

二、高某赔偿孙某星车辆损失费 19000 元；

三、徐某祥对上述第二项承担连带赔偿责任；

四、驳回孙某星的其他诉讼请求。

【法官后语】

本案涉及的主要问题在于，肇事司机未取得营运货运车辆上岗证（即道路货物运输从业资格证）驾驶相关车辆发生交通事故的，保险公司应否在商业三者险范围内承担赔偿责任。

司法实践中，肇事司机未取得营运货运车辆上岗证驾驶车辆发生交通事故的情况并不少见，在此情况下保险公司应否在商业三者险范围内承担赔偿责任，司法实践中认识不一。有观点认为肇事司机有无上岗证并不影响其驾驶车辆的资格，亦不能显著增加机动车发生交通事故的概率而增大保险公司理赔的风险，保险公司仅依据肇事司机未取得上岗证而要求免责，明显有违公平，故肇事司机无相关从业资格证，不能成为保险公司免除其承担商业三者险赔偿责任的免责事由。也有观点认为肇事司机未取得营运货运车辆上岗证，违反了机动车第三者责任保险合同的约定，故保险公司应当在商业三者险限额范围内免责。本案二审法院则认定保险公司依约应当在商业三者险限额范围内免责，故而改判保险公司在商业三者险限额范围内免责。对此，笔者认为二审法院的认定是正确的，主要理由如下：

一、商业三者险合同关于免责条款的约定不存在无效情形，系有效条款。

依据《道路运输从业人员管理规定》第六条第二款的规定："从业资格是对道路运输从业人员所从事的特定岗位职业素质的基本评价。"即取得从业资格证书是驾驶员从事营业性道路运输的基本职业资质，是道路运输安全的基本保障，未取得从业资格证不得驾驶营业机动车。第二十四条规定："经营性道路客货运输驾驶员、道路危险货物运输从业人员经考试合格后，取得《中华人民共和国道路运输从业人员从业资格证》（纸质证件和电子证件式样见附件3）。"

本案中人保公司与投保人淄博志晟运输公司签订的机动车第三者责任保险合同中，人保公司对该免责条款用突出的加黑字体向投保人予以明示，且投保人已经盖章确认知晓该免责条款，且该免责条款不存在法律规定的恶意串通损害他人合法权益、违背公序良俗或违反法律、行政法规的强制性规定等无效情形，属于有效条款。

二、机动车第三者责任保险合同约定的免责条款属于情形除外条款，并非完全免除保险公司应负的保险责任与合同义务

一般而言，保险合同约定的免责条款有三种类型，分别为情形除外、原因除外、损失和费用除外。本案中“驾驶出租机动车或营业性机动车无交通运输管理部门核发的许可证书或其他必备证书”免责条款的约定属于情形除外类型，即只要符合所列举的情形，不论任何原因造成的损失和费用，保险公司均不负责赔偿，不强调免责事由与事故结果是否具有因果关系。由于保险事故发生的不确定性和偶然性，保险合同属于射幸合同，即保险人承保的危险或者保险合同约定的给付保险金的条件发生与否，均为不确定的。驾驶员在“无交通运输管理部门核发的许可证书或其他必备证书”情形下驾驶机动车发生交通事故的，保险公司不负责赔偿的免责条款，作为射幸合同的一项合同规则，并非完全免除保险公司应负的保险责任与合同义务，只要保险公司履行了免责条款的提示和说明义务后，在免责条款约定的情形发生时，保险公司就可依约不负赔偿责任。

三、驾驶员未取得营运货运车辆上岗证，在驾驶涉案车辆时发生交通事故，符合机动车第三者责任保险合同关于免责情形的约定，保险公司应当免责

《中华人民共和国道路运输条例》第二十二条规定：“从事货运经营的驾驶人员，应当符合下列条件：(一) 取得相应的机动车驾驶

证；（二）年龄不超过60周岁；（三）经设区的市级道路运输管理机构对有关货运法律法规、机动车维修和货物装载保管基本知识考试合格。”《道路运输从业人员管理规定》第六条第三款规定：“经营性道路客货运输驾驶员和道路危险货物运输从业人员必须取得相应从业资格，方可从事相应的道路运输活动。”依据合同自愿原则，合同内容由当事人在不违反法律规定的情况下自愿约定，机动车第三者责任保险合同系当事人自愿订立，其数额、范围、免责事项均由当事人约定。本案中人保公司与投保人淄博志晟运输公司在机动车第三者责任保险合同中约定“驾驶出租机动车或营业性机动车无交通运输管理部门核发的许可证书或其他必备证书”情形的，保险人不负赔偿责任。本案的肇事司机徐某祥未取得营运货运车辆上岗证，在驾驶涉案车辆时发生交通事故，违反了机动车第三者责任保险合同的约定，故人保公司主张在商业三者险限额内免责，于法有据，依法应当予以支持。二审法院对这一问题的认定无疑是正确的。

编写人：山东省淄博市张店区人民法院　刘晓辉

山东省淄博市中级人民法院　荣明潇

146 保险人能否因驾驶人未取得道路运输从业资格证而免赔

——郑某珍、林某友诉财险公司等机动车交通事故责任案

【案件基本信息】

1. 裁判书字号

重庆市第一中级人民法院（2019）渝01民终3522号民事判决书

2. 案由：机动车交通事故责任纠纷

3. 当事人

原告（被上诉人）：郑某珍、林某友

被告（上诉人）：邓某康、物流公司

被告（被上诉人）：刘某、财险公司

【基本案情】

2017年10月21日，刘某驾驶渝D×××××车由三溪口往北环方向行驶过程中，车辆碰撞位于右侧行车道与应急车道之间的白色车道分隔线上的车外人员林某孟（林某孟系林某友驾驶的渝A×××××/鲁×××××挂重型半挂牵引车的乘车人，因车辆发生故障后下车），后再碰撞道路右侧护栏，造成林某孟受伤、经医院抢救无效死亡，车辆、路产受损的交通事故。交警部门认定刘某承担本次事故的主要责任，林某友承担本次事故的次要责任，林某孟不承担责任。

财险公司提供的保险条款第二十四条约定："在上述保险责任范围内，下列情况下，不论任何原因造成的人身伤亡、财产损失和费用，保险人均不负责赔偿……（二）驾驶人有下列情形之一者：6. 驾驶出租机动车或营业性机动车无交通运输管理部门核发的许可证书或其他必备证书……"以上条款均加粗加黑，投保人声明的投保人签章处加盖有物流公司的印章。

渝D×××××车登记在物流公司名下，系邓某康挂靠在物流公司经营，该车在财险公司投保有交强险和不计免赔的商业三者险100万元。刘某系邓某康聘请的驾驶员，刘某的驾驶证登记准驾车型为C1，但刘某未取得道路运输人员从业资格证。

【案件焦点】

保险公司能否根据保险合同中“驾驶出租机动车或营业性机动车无交通运输管理部门核发的许可证书或其他必备证书的，保险公司不负赔偿责任”的免责条款，就驾驶人未取得道路运输人员从业资格证的情形免赔。

【法院裁判要旨】

重庆市渝北区人民法院经审理认为：首先，《道路运输从业人员管理规定》第六条规定：“国家对经营性道路客货运输驾驶员、道路危险货物运输从业人员实行从业资格考试制度。其他实施国家职业资格制度的道路运输从业人员，按照国家职业资格的有关规定执行……经营性道路客货运输驾驶员和道路危险货物运输从业人员必须取得相应从业资格，方可从事相应的道路运输活动……”财险公司将行政机关的强制性规定作为保险合同的免责条款不违反法律法规的规定，故该条款不属于提供格式条款一方免除其责任、加重对方责任、排除对方主要权利的情形。其次，《道路运输从业人员管理规定》是为了加强道路运输从业人员管理，提高道路运输从业人员综合素质，根据相关法律规定而制定，第六条中关于“从业人员必须取得相应从业资格”的规定属于强制性规定，且《道路运输从业人员管理规定》第四十五条规定：“违反本规定，有下列行为之一的人员，由县级以上道路运输管理机构责令改正，处200元以上2000元以下的罚款；构成犯罪的，依法追究刑事责任：（一）未取得相应从业资格证件，驾驶道路客货运输车辆的；（二）使用失效、伪造、变造的从业资格证件，驾驶道路客货运输车辆的；（三）超越从业资格证件核定范围，驾驶道路客货运输车辆的。”刘某从业资格与事故的发生之间是否存在因果关系均不能对抗在驾驶经营性客货运输车辆时应当取得相应从业资格证件的规定。本案中，财险公司已就保险条款尽到提示和说明义务。刘某为经营性货运驾驶员，但其未取得道路运输人员从业资格证，根据保险合同约定，财险公司可就商业三者险免赔。

邓某康、物流公司不服一审判决以免责条款未具体指向何种许可证书为由提起上诉。重庆市第一中级人民法院经审理认为，因物流公司对其在投保人声明上签字和盖章的事实予以认可，而投保人声明上明确记载“保险人已明确说明免除保险人责任条款的内容及法律后果”，据此应视为财险公司已就该免责条款所指向的驾驶营业性机动车应取得的许可证书或其他必备证书种类对物流公司履行了说明义务。故财险公司可就刘某未取得道路运输人员从业资格证的行为免责。遂判决：

驳回上诉，维持原判。

【法官后语】

一种观点认为保险公司不能免赔。一方面，驾驶人已经取得了与准驾车型相符的驾驶证，无论其是否取得道路运输人员从业资格证，都不能改变其已经取得合法驾驶该车辆资格的事实，且交通运输部门要求经营性车辆办理道路运输人员从业资格证系一项行政管理措施，驾驶员是否取得道路运输人员从业资格证与发生交通事故之间并不存在因果关系；另一方面，保险合同约定的“交通运输管理部门核发的许可证书或其他必备证书”并不明确，并不必然指向道路运输人员从业资格证，该条款属于约定不明，而保险合同属于格式合同，合同内容约定不明的，应作出对提供格式合同一方不利的解释。

另一种观点认为保险公司可以免赔。商业保险合同遵循双方当事人意思自治，只要合同约定的免责条款不违反法律法规强制性规定且保险公司尽到了提示说明义务，免责条款即为合法有效，各方当事人均应遵守。刘某未取得道路运输人员从业资格证，保险公司根据合同约定应该免责。

笔者认为，应从以下三个方面考虑保险公司能否免赔：

首先，要明确道路运输人员从业资格证书是否属于免责条款约定的“交通运输管理部门核发的许可证书或其他必备证书”。《中华人民共和国道路运输条例》第二十三条第三项规定，从事货运经营的驾驶人员应当经设区的市级道路运输管理机构对有关货运法律法规、机动车维修和货物装载保管基本知识考试合格。《道路运输从业人员管理规定》第六条第三款规定，“经营性道路客货运输驾驶员和道路危险货物运输从业人员必须取得相应从业资格，方可从事相应的道路运输活动”。现实中，道路运输管理部门会根据上述规定负责组织经营性货运驾驶员的培训并进行考核，考核合格后核发道路运输人员从业资格证书。为经营性道路客货运输车辆投保商业三者险的投保人一般为运输公司，其作为专门从事道路运输经营业务的市场主体，应当知道上述法律法规，也应当知道驾驶人员必须取得从业资格证书方能从事经营性客货运输的实际情况。因此，对运输公司而言，保险合同免责条款的约定并不存在约定不明或引起理解上的歧义的情形，“交通运输管理部门核发的许可证书或其他必备证书”当然包括道路运输人员从业资格证书。

其次，要判断免责条款的约定是否合法有效。保险人对被保险人承担的保险责任一方面源自法律明确规定，另一方面源自保险合同的约定。《中华人民共和国道路运输条例》《道路运输从业人员管理规定》均规定，经营性客货运输驾驶员应取得交通运输管理部门核发的从业资格证书。保险人将该内容纳入免责条款，既未免除法律法规为保险人明确设定的义务，也未排除法律法规赋予投保人、被保险人依法享有的权利，故该条款虽系保险人制作的格式合同条款，但不属于《中华人民共和国民法典》第四百九十七条、《中华人民共和国保险法》第十九条规定的无效情形。本案双方签订的商业三者险合同系双方当事人真实意思表示，未违反法律禁止性规定，也不属于《中华人民共和国民法典》第一编第六章第三节和第五百零六条规定的无效情形。因此，该免责条款应认定为合法有效。

最后，要审查保险人就免责条款是否尽到提示、说明义务。本案涉及的商业三者险保险条款对免责条款使用了足以引起投保人注意的加黑、加粗字体作出提示，其已履行提示义务。投保人声明书载明，“本人确认收到条款及《机动车综合商业保险免责事项说明书》。保险人已明确说明免除保险人责任条款的内容及法律后果”。运输公司在该声明书上签章确认。据此，可以认定保险人已就免责条款向投保人尽到说明义务。

综上，双方当事人签订的商业三者险合同合法有效，保险人已就免责条款尽到提示和说明义务，现经营性货运驾驶员刘某无道路运输人员从业资格证书，即属于保险合同约定的免责事项，保险人可以免赔。

编写人：重庆市第一中级人民法院　江满意

147 关于商业三者险实习期免责条款效力的司法审查

——赵某军诉保险公司等机动车交通事故责任案

【案件基本信息】

1. 裁判书字号

福建省厦门市中级人民法院（2019）闽02民终610号民事判决书

2. 案由：机动车交通事故责任纠纷

3. 当事人

原告（被上诉人）：赵某军

被告（上诉人）：保险公司

被告（被上诉人）：王某、物流公司、高某宇、汽车公司

【基本案情】

2018年1月16日13时40分，赵某军驾驶无牌两轮电动车沿天马路从北往南方向行驶，行驶至天马路与杏林湾路交叉路口横过机动车道时，与王某驾驶的沿天马路从北往南方向行驶由赣L×××××号重型半挂牵引车（牵引：闽×××××挂号重型平板半挂车）发生碰撞，造成双方车损及赵某军受伤的损害后果。2018年3月6日厦门市公安局交通警察支队集美大队作出《道路交通事故认定书》，认定：赵某军因违反交通信号指示通行，且横过机动车道时，未下车推行，其行为违反了《中华人民共和国道路交通安全法》第三十八条及《中华人民共和国道路交通安全法实施条例》第七十条第一款的规定，其过错行为在本事故发生中所起的作用大，是造成本次事故的主要原因，负事故的主要责任。当事人王某

依法取得与其所驾车辆车型相符的机动车驾驶证，事发时驾车在容易发生危险的路段行驶时，未降低行驶速度，其行为违反了《中华人民共和国道路交通安全法》第四十二条第二款的有关规定，其过错行为在本次事故发生中所起的作用小，是造成本次事故的次要原因，负事故次要责任。

车牌号为赣L×××××的车辆在保险公司投保了交强险122000元和商业三者险1500000元及不计免赔。投保均为2017年10月10日至2018年10月9日。该保险所附《机动车综合商业保险免责事项说明书》第二十四条第二款第五项约定："实习期内驾驶公共汽车、营运客车或者执行任务的警车、载有危险物品的机动车或牵引车的机动车，保险人不负责赔偿。"投保人声明中载明："本人确认收到条款及《机动车综合商业保险免责事项说明书》。保险人已明确说明免除保险人责任条款的内容及法律后果。"物流公司在投保人签章处盖章。王某初次领取驾驶证时间为2010年12月31日。王某的准驾车型系A2D。其驾驶证副页载明：增驾A2，实习期至2018年2月21日。

王某驾驶的车牌号为赣L×××××的车辆所有人登记为物流公司，该车辆实际所有人为高某宇，挂靠在物流公司运输经营。事发时该车辆所牵引的闽×××××挂号重型平板半挂车登记所有人系汽车公司。高某宇在法院询问笔录中确认，王某系其雇用的员工，王某系在为其提供劳务的过程中发生交通事故。

事故发生后保险公司支付给赵某军50000元。高某宇支付赵某军10000元。

【案件焦点】

保险公司是否应承担商业三者险赔偿责任。

【法院裁判要旨】

福建省厦门市集美区人民法院一审裁判认为：厦门市公安局交通警察支队集美大队认定赵某军负事故主要责任，王某负事故次要责任，事实清楚，程序合法，予以确认。根据《福建省实施〈中华人民共和国道路交通安全法〉办法》第五十三条的规定，赵某军为行人，负事故主要责任，机动车一方承担40%的赔偿责任。赵某军自己承担损害后果60%的民事责任，王某承担40%的民事赔偿责任。王某所驾驶的肇事车辆在保险公司处投保了交强险、商业三者险及不计免赔险，讼争的交通事故发生在保险期间内。根据《中华人民共和国道路交通安全法》第七十六条及《最高人民法院关于审理道路交通事故损害赔偿案件适用法律若干问题的解释》第十六条的规定，保险公司应在交强险限额范围内赔偿赵某军损失120000元（包括精神损害抚慰金50000元）。

保险公司与物流公司签订的机动车综合商业保险条款第二十四条第二款第五项中约定，实习期内驾驶公共汽车、营运客车或者执行任务的警车、载有危险物品的机动车或牵引挂车的机动车，保险人不负责赔偿。保险公司主张根据《机动车驾驶证申领和使用规定》第七十四条第一款的规定，机动车驾驶人初次申请机动车驾驶证和增加准驾车型后的12个月为实习期；第七十五条规定，机动车驾驶人在实习期内不得驾驶公共汽车、营运客车或者执行任务的警车、消防车、救护车、工程救险车以及载有爆炸物品、易燃易爆化学物品、剧毒或者放射性等危险物品的机动车；驾驶的机动车不得牵引挂车。且根据保险公司与物流公司签订的综合商业保险条款第二十四条第二款第五项的规定，保险人不负赔偿责任。根据《中华人民共和国道路交通安全法实施条例》第二十二条规定，机动车驾驶人初次申领机动车驾驶证后的 12 个月为实习期，在实习期内驾驶的机动车不得牵引挂车。有关“实习期”的现行规定《机动车驾驶证申领和使用规定》和《中华人民共和国道路交通安全法实施条例》存在不一致，对保险条款中实习期的理解易产生争议。根据原《中华人民共和国合同法》第四十一条“对格式条款的理解发生争议的，应当按照通常理解予以解释。对格式条款有两种以上解释的，应当作出不利于提供格式条款一方的解释。格式条款和非格式条款不一致的，应当采用非格式条款”的规定，保险公司没有证据证明已将条款中“实习期”为“机动车驾驶人初次申请机动车驾驶证和增加准驾车型后的 12 个月为实习期”的含义解释告知投保人，对该条款的理解应当作出不利于保险公司的解释，即对“实习期”的理解应当按“机动车驾驶人初次申领机动车驾驶证后的 12 个月”。王某初次申领驾驶证时间为 2010 年 12 月 31 日，其实习期至 2011 年 12 月 31 日。保险公司主张免责的条款不成立，对保险公司的免责抗辩主张不予支持。

因王某承担 40%的民事赔偿责任，故保险公司在商业三者险范围内赔偿赵某军的损失数额应为 950772. 76 元［（赵某军合理损失 2496931. 89 元-交强险赔偿数额 120000 元）×40%］。综上，保险公司应在交强险和商业三者险赔偿限额范围内赔偿赵某军损失 1070772. 76 元，扣除保险公司已向赵某军支付的款项 50000 元，保险公司应在交强险和商业三者险赔偿限额范围内再赔偿赵某军损失 1020772. 76 元。

根据《最高人民法院关于审理道路交通事故损害赔偿案件适用法律若干问题的解释》第三条的规定，赵某军请求由高某宇和物流公司承担连带责任，予以支持。汽车公司作为车牌号为闽×××××挂号重型平板半挂车的所有人对事故的发生没有过错，赵某军主张汽车公司承担责任，没有法律依据，不予支持。高某宇支付给赵某军的款项可向赵某军另行主张。

综上，本案赵某军的合理损失为2496931.89元，保险公司应在交强险、商业三者险赔偿限额范围内再赔偿赵某军经济损失共计1020772.76元。赵某军的其他诉讼请求，没有事实与法律依据，不予支持。依据《中华人民共和国侵权责任法》第六条、第十六条、第二十六条、第四十一条、第四十八条，《中华人民共和国道路交通安全法》第七十六条，《最高人民法院关于审理道路交通事故损害赔偿案件适用法律若干问题的解释》第十四条、第十六条，《最高人民法院关于审理人身损害赔偿案件适用法律若干问题的解释》第十七条、第十八条、第十九条、第二十一条、第二十二条、第二十三条、第二十四条、第二十五条、第三十五条，《最高人民法院关于确定民事侵权精神损害赔偿责任若干问题的解释》第十条，《中华人民共和国民事诉讼法》第六十四条第一款、第一百四十四条，《最高人民法院关于民事诉讼证据的若干规定》第二条之规定，判决如下：

一、保险公司于判决生效之日起十日内再赔偿赵某军损失1020772.76元；

二、驳回赵某军的其他诉讼请求。

一审宣判后，保险公司不服，向福建省厦门市中级人民法院提起上诉，请求：撤销一审判决第一项，改判驳回赵某军对保险公司提出的在商业三者险赔偿限额内赔偿经济损失的诉讼请求。

二审法院认为，本案系机动车交通事故责任纠纷。一审依据厦门市公安局交通警察支队集美大队的事故认定，酌定赵某军自行承担60%的责任，王某承担40%的责任，各方均无异议，予以确认。

关于保险公司是否应承担商业三者险赔偿责任问题，在本案中，肇事车辆的驾驶员王某已经根据《中华人民共和国道路交通安全法实施条例》第二十二条的规定完成初次领证的12个月实习期，且已取得与本案肇事车辆车型相符的机动车驾驶证。王某在本案事故发生时所处的“实习期”是根据公安部《机动车驾驶证申领和使用规定》第七十四条规定设立的，驾驶员增加准驾车型后还需经历的12个月实习期。该增驾实习期为公安部在行政法规规定基础上另行设定的实习期。根据《最高人民法院关于适用〈中华人民共和国保险法〉若干问题的解释（二）》第十条的规定，保险人将法律、行政法规中的禁止性规定情形作为保险合同免责条款的免责事由，保险人对该条款作出提示后，投保人、被保险人或者受益人以保险人未履行明确说明义务为由主张该条款不生效的，人民法院不予支持。因此，对于行政法规所规定的实习期，保险公司只要进行了提示就视为履行了说明义务。虽然保险公司对保险合同中的免责条款进行了概括性的提示，但是本案中王某所处的实习期为公安部《机动车驾驶证申领和使用规定》所设定的增驾实习期，而保险公司并未举证证明其有就免责条款中的实习期还包括前述《机动车驾驶证申领和使用规定》补充设定的实习期进行必要的说明，造成本案当事人对实习期免责条款的适用范围发生争议。在此情况下，一审法院根据格式条款的解释规则对保险公司主张的免责条款不予采纳并无不当，可予维持。

保险公司主张不承担鉴定费有合同依据，应予采纳，鉴定费应由各方按责任比例分担。王某在向高某宇提供劳务的过程中发生交通事故，相关赔偿责任应由雇主高某宇承担；王某驾驶车辆挂靠物流公司经营，故物流公司应承担连带赔偿责任，故高某宇、物流公司应共同承担鉴定费4040元（10100元×40%）。

综上，赵某军因本案事故引发的合理损失为2486831.89元，保险公司应在交强险限额内赔偿120000元（包含精神损害抚慰金50000元），在商业三者险限额内赔偿946732.76元［（2486831.89-120000）×40%］，扣除其已支付赵某军的50000元，其合计尚应支付共1016732.76元。

综上所述，一审判决除鉴定费处理不当外，其余认定事实清楚，适用法律正确，应予维持。依照《中华人民共和国民事诉讼法》第一百七十条第一款第二项规定，判决如下：

一、撤销厦门市集美区人民法院（2018）闽0211民初2494号民事判决第二项；

二、变更厦门市集美区人民法院（2018）闽0211民初2494号民事判决第一项为：保险公司应于判决生效之日起十日内赔偿赵某军1016732.76元；

三、高某宇、物流公司共同向赵某军支付鉴定费4040元；

四、驳回赵某军一审的其他诉讼请求；

五、驳回保险公司二审的其他上诉请求。

【法官后语】

在道路交通事故中，商业三者险对分散事故风险、保障受害人及时获得救济起着重要的作用。但是，如果事故发生后保险公司主张的商业三者险免责事由能够成立，投保人和受害人关于分散风险和获得足额赔偿的期望就会落空，故实务中围绕商业三者险免责条款的适用常常产生重大争议。本案王某初次领取驾驶证时间为2010年12月31日，后准驾车型增至A2，实习期至2018年2月21日。保险公司基于实习期免责条款主张，因王某在增驾实习期内驾驶牵引车的机动车，故不负赔偿责任。受害人和投保人认为，保险公司把实习期的外延扩展到增驾实习期不符合立法本意，且未作充分告知，不具有免责效力。本案的审理过程说明，实务中对保险免责条款的审查，应从合同解释、司法解释的理解和适用以及利益权衡等多维度予以谨慎审查，最大限度地实现公平公正。

1. 合同解释的维度。关于实习期的现行法规定不一致，《中华人民共和国道路交通安全法实施条例》第二十二条规定，机动车驾驶人初次申领机动车驾驶证后的12个月为实习期；而《机动车驾驶证申领和使用规定》第七十四条第一款规定，机动车驾驶人初次申请机动车驾驶证和增加准驾车型后的12个月为实习期。保险公司的格式合同并未明确实习期的含义，根据合同法关于格式条款解释的原理，对格式条款有两种以上解释的，应当作出不利于提供格式条款一方的解释，即应按照前者规定解释实习期为初次申领驾照后的12个月，王某实习期已过，故不属于免责情形。

2. 司法解释的理解和适用维度。根据《最高人民法院关于适用〈中华人民共和国保险法〉若干问题的解释（二）》第十条、第十一条规定的精神，保险公司将法律、行政法规中的禁止性规定情形作为免责事由，只需尽到提示义务即可，对于保险合同中其他免除保险人责任的条款，保险公司不仅要依法履行提示义务，还要履行《中华人民共和国保险法》第十七条第二款规定的明确说明义务，即保险人还要对免责条款中的概念、内容及法律后果以书面或口头形式向投保人作出常人能够理解的解释说明，否则免责条款不产生效力。该解释的意旨在于，法律、行政法规的禁止性规定含义清晰、要求明确、公众知悉度高，一旦违反将科以较重的行政处罚乃至追究刑事责任，故对该部分免责事由的明确说明义务予以免除。而保险公司主张免责所依据的公安部规定尚未达到法律、行政法规的位阶，故依法仍应履行明确说明义务。保险公司虽对免责条款进行了概括性说明，但未对实习期还包括增驾实习期进行明确说明，故其并未履行法定的明确说明义务，该免责条款不产生效力。

3. 利益权衡维度。首先，对于初次申领驾照，实习期内允许驾驶准驾车辆，一方面可提醒其他驾驶人或行人合理注意以确保安全；另一方面可让驾驶员逐步熟悉驾驶操作，故有合理性和必要性。而根据《机动车驾驶证申领和使用规定》第七十四条、第七十五条，增驾实习期不得牵引挂车，这意味着实习期届满后直接驾驶增驾车型，达不到实习期的设立目的，与交通秩序公共利益相悖。其次，增驾实习期是部门规章设立，而非法律明确规定，故增驾实习期内牵引挂车只是违反了部门规章，驾驶员仅应受到行政处罚，保险公司以此免责则保险合同各方利益显著不均衡。最后，驾驶车辆具有高度危险性，但城市生活已与交通运输密不可分，故引入保险机制以分摊、补偿损失，确保受害人得以充分救济。故保险公司的免责主张应进行谨慎审查，若对实习期采扩张解释予以免责，则受害人的损失难以得到及时、全额填补，这对伤情严重的受害人明显不公，也有违保险的社会保障功能。

编写人：福建省厦门市中级人民法院　张南日　陈文琳

148 高速公路因交通事故发生二次伤害时的赔偿责任

——姚某诉陈某正等机动车交通事故责任案

【案件基本信息】

1. 裁判书字号

北京市第三中级人民法院（2019）京 03 民终 16390 号民事判决书

2. 案由：机动车交通事故责任纠纷

3. 当事人

原告（被上诉人）：姚某

被告（被上诉人）：张某圆

被告（上诉人）：甲保险公司、陈某正

被告：乙保险公司、省高速公路京衡管理处

【基本案情】

2017 年 12 月 20 日 22 时许，在大广高速公路广州方向 1514km+300m 处，张某圆驾驶 A 车在从中间车道向最内侧车道并线过程中和最内侧车道陈某正驾驶的 B 车追尾，两车损坏，事故发生后 B 车乘车人姚某在下车转移过程中从高架桥上坠桥受伤，河北省公安厅高速公路交通警察总队衡水支队深州大队认定张某圆负此次交通事故全部责任。事发高速公路是单向三车道，双向六车道，车道最外侧是应急车道，双向车道是独立桥墩支撑的独立高架桥，双向车道之间有间隙。陈某正车上一共四人，陈某正称追尾事故发生后，因其车辆不能正常启动，其让车上乘客下车，站到其车辆前部，之后其和张某圆一起去车辆后面放置警示标志，回来就没看见姚某，其车上的其他乘客在最内侧车道旁的防护墩上站着，其也站到了防护墩上。姚某称其未在此次追尾事故中受伤，事故发生后陈某正让其往双向车道间的隔离带转移，故其和车上其他乘客都站到最内侧车道旁的防护墩上，其从防护墩上坠桥受伤。姚某提交事发当晚交警在医院调查时的视频，证明车上另一乘客向交警证明是陈某正指挥其车上人员上防护墩的。

【案件焦点】

1. 原告并未在第一次交通事故中受伤，此次交通事故的有责方是否应予赔偿，是否同时处理保险理赔；2. 高速公路上发生交通事故后，司机对乘客是否具有后续义务；3. 车上人员离开车辆后发生的二次伤害相对于本车能否转化为第三者；4. 交通事故司法解释中的道路设计和管理瑕疵应如何认定；5. 多因一果的侵权纠纷如何确定赔偿责任。

【法院裁判要旨】

北京市朝阳区人民法院一审认为，两人以上分别实施侵权行为造成同一损害，能够确定责任大小的，各自承担相应的责任，难以确定责任大小的，平均承担赔偿责任。本案原告是在高速公路上发生交通事故后转移过程中从高架桥上坠落受伤。张某圆和陈某正发生的交通事故，虽未造成原告受伤，但却是原告作为行人出现在高度危险的高速公路上的直接原因，张某圆作为事故全责方，其侵权行为是原告损害的原因之一，应承担赔偿责任。因道路管理维护缺陷导致机动车发生交通事故造成损害，当事人请求道路管理者承担相应赔偿责任的，人民法院应予支持，但道路管理者能够证明已按法律、法规、规章、国家标准、行业标准或者地方标准尽到安全防护、警示等管理维护义务的除外。原告以京衡管理处未将双向车道间的缝隙封闭、未设置警示标志存在过错为由，要求京衡管理处赔偿。但机动车在高速公路上发生故障时，车上人员应当迅速转移到右侧路肩上或者应急车道内，行人不得跨越、倚坐道路隔离设施。原告坠桥是其未按交通法规，避险不当导致的，并非京衡管理处在道路管理维护上存在缺陷，其要求京衡管理处赔偿，法院不予支持。原告以事发后陈某正指挥不当要求陈某正赔偿，陈某正虽不认可原告向最内侧车道旁的防护墩转移是受其指挥，但首先，陈某正称其让原告向其车辆前部转移，可见陈某正确对原告如何避险进行指挥；其次，从事发后陈某正和其车上其他乘客向交警的陈述，和事发后陈某正和其车上其他乘客所处的避险位置看，法院采信陈某正指挥原告向最内侧车道旁的防护墩转移。陈某正作为司机，在事故发生后，对其车上人员指挥撤离不当，该侵权行为亦是原告损害的原因之一，陈某正应承担赔偿责任。但是，陈某正虽指挥原告转移到防护墩上，但数人中仅原告坠落，原告应就其自身不慎自担一部分赔偿责任，且原告是无偿搭乘陈某正驾驶的车辆，亦应减轻陈某正的一部分赔偿责任。甲保险公司作为有责车辆的交强险保险公司，应在交强险范围内赔偿，交强险外在三者险范围内按张某圆的过错比例赔偿，保险责任外由张某圆赔偿。陈某正是基于原告的乘车人身份对原告指挥撤离，其指挥失当并不构成原告相对其所乘坐车辆的三者转化，乙保险公司作为陈某正车辆的交强险、三者险保险公司不负赔偿责任，交通事故案件不处理车辆的其他保险，综上，法院确定交强险外的赔偿责任为张某圆 40%，姚某和陈某正各 30%。

北京市第三中级人民法院二审同意一审法院裁判意见。

【法官后语】

本案是一起发生交通事故后紧急避险行为失当而发生的二次事故，原告受伤原因复杂，起诉主体众多，谁应赔偿，应如何赔偿争议较大。案件审理过程中，承办人围绕争议焦点组织双方举证质证，并针对5个争议焦点进行了审查判断。

对于争议焦点1，承办人认为《中华人民共和国道路交通安全法》第六十七条规定，行人不得进入高速公路，原告是以行人身份从高速公路的高架桥上坠落受伤，原告虽违反《中华人民共和国道路交通安全法》的该条规定，但违反该条规定的责任不应由原告承担，张某圆和陈某正发生的交通事故虽不必然导致原告坠桥受伤，却直接导致原告以行人身份出现在高速公路上，故原告违反该条规定的责任应由张某圆承担，张某圆应承担赔偿责任。保险公司在没有免赔事项的前提下，应在张某圆所驾车辆的交强险和三者险责任范围内直接向原告赔偿。

对于争议焦点2，张某圆和陈某正的交通事故发生在高速公路上，《中华人民共和国道路交通安全法》规定“机动车在高速公路上发生故障时，车上人员应当迅速转移到右侧路肩上或者应急车道内”“中华人民共和国境内的车辆驾驶人、行人、乘车人及道路交通活动有关的单位和个人都应当遵守本法”，虽然非驾驶员也受该法调整，但驾驶员在考取驾照时要对交通安全法规进行全面系统的学习，而《中华人民共和国道路交通安全法》的立法目的是预防和减少交通事故，保护人身安全，故驾驶员作为经考试合格，了解交通法规的人员，不仅自己应遵守交通法规，还应在乘车人乘车和离车时指挥乘车人遵守交通法规。

对于争议焦点3，承办人认为虽然在某些情况下，如车上人员在发生交通事故时被甩出车外后又被其原乘坐车辆碾轧，车上人员相较于原车可能转化为三者。但本案中原告受伤时虽所处位置在陈某正驾驶的车辆外，但陈某正是基于其对车上人员指挥撤离不当而承担赔偿责任，原告的身份还是车上人员，相较于陈某正驾驶的车辆不能转化为三者，不属于交强险和三者险赔付范围，故原告要求陈某正车辆的乙保险公司赔偿不应得到支持。

对于争议焦点4，《中华人民共和国道路交通安全法》第三十条第一款规定“道路出现坍塌、坑槽、水毁、隆起等损毁或者交通信号灯、交通标志、交通标线等交通设施损毁、灭失的，道路、交通设施的养护部门或者管理部门应当设置警示标志并及时修复”。本案中事发路段不存在道路的特殊情况，故不应过分加重道路管理方设置警示标志的义务。

对于争议焦点5，根据原《中华人民共和国侵权责任法》和《最高人民法院关于审理人身损害赔偿案件适用法律若干问题的解释》的相关规定，二人以上没有共同故意或者共同过失，但其分别实施的数个行为间接结合发生同一损害后果的，应当根据过失大小或者原因力比例各自承担相应的赔偿责任。《中华人民共和国民法典》亦沿用该赔偿原则。

本案中，原告坠桥受伤是三个方面原因共同造成的，一是高速公路上发生交通事故致原告需要从高速公路上紧急撤离；二是原告所搭乘车辆的司机陈某正未能正确指挥原告撤离；三是原告避险时从隔离墩上失足落桥。张某圆、陈某正和原告三方分别实施的数个行为共同导致原告坠桥受伤的同一后果，应当根据各方过错大小或者原因力比例承担相应的赔偿责任。承办人结合各方过错程度及赔偿能力最终确定张某圆方承担40%的赔偿责任，原告和陈某正各承担30%的赔偿责任。

通过本案也提醒广大乘客和驾驶人，发生事故后切勿因慌乱避险而跨越道路隔离设施，而应迅速转移到右侧路肩或应急车道内。

编写人：北京市朝阳区人民法院　吴薇　杨洁

149　交强险无责赔付是否应以被保险人行为与损害后果存在因果关系为前提

——高某秀等诉乙保险公司等机动车交通事故责任案

【案件基本信息】

1. 裁判书字号

安徽省芜湖市中级人民法院（2018）皖02民终2437号民事判决书

2. 案由：机动车交通事故责任纠纷

3. 当事人

原告（被上诉人）：高某秀、刘某发、刘某兰、刘某怀、刘某坤

被告（被上诉人）：佘某东、李某桂、建材公司、甲保险公司

被告（上诉人）：乙保险公司

【基本案情】

高某秀等分别系受害人刘某财的妻子、儿子和女儿。2018年4月17日，李某桂驾驶皖B×××××小型越野客车（临牌），沿S216线由新港往繁昌方向行驶，途经S216线繁昌县繁阳镇某村庄屋路段时，遇受害人刘某财驾驶的人力三轮车自西向东横过机动车道时发生碰撞，后李某桂驾驶皖B×××××小型越野客车（临牌）又与前方佘某东驾驶的皖B×××××轻型普通货车发生剐擦。事故造

成受害人刘某财受伤后经抢救无效死亡、车辆损坏的道路交通事故。事故经繁昌县交警大队认定：李某桂负本起事故主要责任，刘某财负次要责任、佘某东无责任。皖B×××××小型越野客车（临牌）在甲保险公司投保了交强险和商业险100万元（不计免赔），皖B×××××轻型普通货车在乙保险公司投保了交强险和商业险，事故发生均在保险期限内。

【案件焦点】

交强险无责赔付是否应以被保险人行为与损害后果存在因果关系为前提。

【法院裁判要旨】

安徽省繁昌县人民法院经审理认为，依据交强险条例的规定，无责车辆应承担交强险无责赔付责任，遂判决乙保险公司赔偿12047.62元。

乙保险公司以其被保车辆与损害后果无因果关系不应承担交强险无责赔付责任为由提起上诉。芜湖市中级人民法院经审理认为：交强险无责赔付应以被保险人行为与损害后果存在因果关系为前提，与损害后果无因果关系的无责被保险人无须承担侵权责任，保险人亦无须承担交强险无责赔付责任。

道路交通事故认定书是公安交管部门处理交通事故以及人民法院认定交通事故侵权责任的重要证据，但交通事故认定书的事故责任与侵权责任不能等同，请求无事故责任当事人承担侵权责任必须满足该当事人行为与损害后果存在因果关系的侵权责任构成要件。道路交通事故认定书明确载明本起事故系李某桂驾车遇受害人刘某财驾驶人力三轮车发生碰撞后才与佘某东驾驶的轻型普通货车发生剐擦。李某桂碰撞刘某财的事故与李某桂后续剐擦佘某东的事故虽然时间上具有先后连续性，但是两起事故不存在法律上的关联性，与单独的两起事故本质上并无差别，且佘某东及其驾驶的车辆在事故中未与受害人刘某财发生过碰撞，也未对受害人的损害后果产生任何影响。根据《中华人民共和国保险法》第六十五条、《中华人民共和国道路交通安全法》第七十六条、《机动车交通事故责任强制保险条例》第三条以及《机动车交通事故责任强制保险条款》第八条等规定可知，保险人交强险无责赔付应以被保险人行为与损害后果之间存在因果关系为前提条件。本案被保险人佘某东的行为在本起事故中与受害人刘某财的损害后果之间不存在因果关系，无须承担其损害后果的侵权赔偿责任，承保无责事故车辆的乙保险公司亦无须承担交强险无责赔付责任，一审判决适用法律错误，该院予以纠正，应由甲保险公司在保险限额内承担全部的赔偿责任。

安徽省芜湖市中级人民法院依照《中华人民共和国民事诉讼法》第一百六十九条、第一百七十条第一款第一项和第二项之规定，作出如下判决：

一、维持安徽省繁昌县人民法院（2018）皖 0222 民初 1916 号民事判决第三项；

二、撤销安徽省繁昌县人民法院（2018）皖 0222 民初 1916 号民事判决第二项；

三、变更安徽省繁昌县人民法院（2018）皖 0222 民初 1916 号民事判决第一项为：上诉人甲保险公司在交强险限额内赔偿被上诉人高某秀、刘某发、刘某兰、刘某怀、刘某坤 121000 元，在商业三者险中赔偿被上诉人高某秀、刘某发、刘某兰、刘某怀、刘某坤 123541.54 元，共计赔偿 244541.54 元。

【法官后语】

依据我国现行法律规定，结合学理比较研究，交通事故认定书认定的事故责任与侵权责任性质存在区别，交强险无责赔付责任应当具备被保险人行为与受害人损害后果之间存在因果关系的前提条件。

一、交通事故认定书认定的事故责任与侵权责任的区别

道路交通事故认定书是公安交管部门处理交通事故以及人民法院认定交通事故侵权责任的重要证据，但是交通事故认定书认定的事故责任与侵权责任不能等同。道路交通事故认定书是公安机关交通管理部门依据《中华人民共和国道路交通安全法》《中华人民共和国道路交通安全法实施条例》《道路交通事故处理程序规定》等事故认定规定规则，根据交通事故现场勘验、检查、调查情况和有关的检验、鉴定意见，制作而成的公文。作为民事证据书证的一种，《中华人民共和国道路交通安全法》第七十三条以及《最高人民法院关于审理道路交通事故损害赔偿案件适用法律若干问题的解释》第二十四条明确道路交通事故认定书的证据属性。交通事故认定书认定的责任属于事故责任，而认定事故责任与侵权责任的依据不同，两种责任的性质及法律后果均不相同。在道路交通事故责任纠纷案件审理中，认定侵权责任虽应将道路交通事故认定书作为重要而有力的证据使用，但必须依据《中华人民共和国民法典》《最高人民法院关于审理人身损害赔偿案件适用法律若干问题的解释》《最高人民法院关于审理道路交通事故损害赔偿案件适用法律若干问题的解释》《最高人民法院关于确定民事侵权精神损害赔偿若干问题的解释》等民事法律法规及司法解释的理解与适用，从而确定侵权人及其应当依法承担的侵权责任。

二、我国交强险基本保障模式的功能定位与司法实践

综观世界各国有关交强险赔偿责任的立法及司法实践，交强险的功能定位及其与侵权责任的关系模式大体上可以区分为责任保险模式和基本保障模式两种。第一种模式的主要特点是以侵权责任为基础，强调交强险的本质是责任保险，是一种对被保险人依法应当向第三人承担的侵权责任为保险标的的保险，更为强调交强险分担被保险人损失的功能。第二种模式更突出交强险的基本保障功能，在交强险限额内使侵权责任原则上与交强险相互“脱钩”，只要发生损害，保险人即需根据规定向交通事故的受害人承担赔偿责任。根据我国现行法律的相关规定以及司法实践，我国现阶段更强调交强险的基本保障功能，更为重视交强险对受害人损失的填补功能，主要采纳的是基本保障模式。

三、因果关系系承担交强险无责赔付责任的前提条件

学理上，当某一个或一些事实引起或造成了另外一个或一些事实时，人们就说，前者是原因，后者是结果，这种引起与被引起之间的关系就是所谓的因果关系。在所有国家的法律中，因果关系都是法律责任的最基本的构成要件。没有因果关系，而让人承担法律责任，是不可想象的。因果关系不仅归属于侵权行为法基本规定内容，且构成了其他几乎所有赔偿责任构成要件的基础。交强险赔偿责任属于法律责任范畴，因此，无论交强险赔偿责任采取的是责任保险模式还是基本保障模式，因果关系亦是包括交强险无责赔付责任在内所有交强险赔偿法律责任的基本构成要件。

虽然《中华人民共和国道路交通安全法》规定的强制责任保险制度具有迅速填补损害的立法目的，保险人对第三人的责任是一种法定的赔偿责任，且该赔偿责任与机动车驾驶人侵权责任的大小并

无直接关联。但根据《中华人民共和国保险法》第六十五条、《中华人民共和国道路交通安全法》第七十六条、《机动车交通事故责任强制保险条例》第三条以及《机动车交通事故责任强制保险条款》第八条等规定内容可知，保险人承担法定赔偿责任也必须具备机动车“造成”或者“致使”损害后果这种引起与被引起的因果关系。因此，保险人对第三人的强制保险责任虽是一种法定赔偿责任，但这并不意味着保险人在所有交通事故中都要承担无责赔付责任，保险人承担交强险无责赔付责任仍应以被保险人行为与损害后果之间存在因果关系为前提条件，这不仅是对我国现行法律规定正确的理解与适用，也是避免过分扩大交强险赔偿范围，明确交强险基本保障的功能定位，理顺交通事故中各方当事人赔偿责任的必然选择。

编写人：安徽省芜湖市中级人民法院　张平

150　格式合同中被保险人加盖公章行为的效力认定

——陈某英等诉保险公司等机动车交通事故责任案

【案件基本信息】

1. 裁判书字号

四川省成都市中级人民法院（2018）川01民终13872号民事判决书

2. 案由：交通事故责任纠纷

3. 当事人

原告（被上诉人）：陈某英、肖某静、杨某

被告（被上诉人）：唐某军、物流公司、曹某明、杨某君
被告（上诉人）：保险公司

【基本案情】

2017 年 10 月 12 日，被告杨某君驾驶川 A×××××号轻型普通货车搭载杨某林、肖某静由温江区沿成温邛高速公路往大邑县方向行驶，5 时 37 分许，行驶至 G318 线 2529 公里路段处时，所驾车右前部与同方向唐某军驾驶的渝 A9××××号重型仓栅式货车后部左侧发生相撞，造成两车受损，杨某君、肖某静受伤，杨某林当场死亡的交通事故。本次事故经崇州市公安局交通警察大队调查认定：川 A×××××号轻型普通货车于 05：37：56 时间段内行驶速度介于 87km/h-89km/h；渝 A9××××号重型仓栅式货车后部车身反光标识粘贴不规范，后下部安全防护装置安装尺寸不规范。杨某君所驾车与唐某军所驾车相撞前唐某军所驾车状态未能查明，不能根据交通事故当事人的行为对发生交通事故所起的作用以及过错的严重程度，确定当事人的责任，于 2017 年 11 月 2 日作出《道路交通事故证明》。

【案件焦点】

1. 本次交通事故中杨某君和唐某军的责任划分；2. 事故造成杨某林死亡的具体损失计算标准；3. 保险公司是否在商业险责任限额中免予赔偿。

【法院裁判要旨】

四川省崇州市人民法院经审理认为：根据崇州市公安局交警大队对此次事故调查作出的现场勘验图、调取事故路段后方监控视频，

本次事故发生地段后方 500 米为高速公路服务区，事故发生时唐某军所驾渝 A9××××号车行驶路线为从服务区匝道驶入高速公路行车道，杨某君行驶路线为高速公路最右边行车道经过服务区向前行驶，事故撞击点距导流线终点 450 米，因无法查明唐某军所驾车辆车速，根据现有证据无法核实唐某军所驾车辆在事故发生时是否已正常行驶至行车道。根据交警部门已查明的唐某军所驾驶车辆具有后部车身反光标识粘贴不规范的违法行为，本次交通事故发生在夜间，这一违法行为与后方来车是否能准确判断前方道路车辆情况有一定影响，唐某军对此次事故的发生应承担一定的责任。被告杨某君驾驶车辆在经过服务区时应当注意道路右边匝道来车情况，而其在通过匝道时未减缓车速，未尽到合理安全注意义务，对本次事故的发生也应承担一定的责任。根据双方当事人的过错，法院认定本次事故应由唐某军和杨某君分别承担事故的同等责任，对杨某林因本次事故死亡产生的损失各承担 50%的赔偿责任。对此次事故造成杨某林死亡产生的损失，根据原告提供的证据，最终确定杨某林死亡产生的损失共计 654285. 83 元。

对被告人寿财险渝北区支公司主张因唐某军未取得货运人员从业资格证，保险公司在商业险限额中不承担保险赔付义务的主张，法院认为，被告人寿财险渝北区支公司提供《投保人声明》虽有元仁物流公司盖章，但未确定时间，无法认定该份声明书针对的被保险人和被保险车辆系本案所涉事故车辆及本次保险期间所作声明，对被告元仁物流公司质证认为人寿财险渝北区支公司作为格式合同提供方未尽到合理提示义务的意见法院予以采纳，对被告人寿财险渝北支公司免除保险支付义务的主张法院不予支持。

依照《中华人民共和国侵权责任法》第六条、第十二条、第三十四条,《中华人民共和国道路交通安全法》第七十六条,《中华人民共和国保险法》第六十五条,《中华人民共和国合同法》第三十九条之规定,判决如下:

一、被告保险公司在本判决生效之日起三十日内向原告陈某英、肖某静、杨某支付保险金382142.92元;

二、驳回原告陈某英、肖某静、杨某的其他诉讼请求。

宣判后,保险公司不服判决,提起上诉。四川省成都市中级人民法院同意一审裁判意见,判决如下:

驳回上诉,维持原判。

【法官后语】

由于目前保险公司在保险销售中存在许多不规范的行为,如许多被保险人在订立保险合同时没有到场在相关文件上签名或者不具有销售资质的人员代为签名等乱象,导致保险事故发生后,审查保险公司是否履行免责条款生效义务成为审判实务的一个难点。

机动车商业第三者责任保险中保险人免责条款的审查原则,一致观点认为应重视保险法、合同法等法律规范的适用,遵循意思自治原则,严格依照合同约定处理。《最高人民法院关于适用〈中华人民共和国保险法〉若干问题的解释(二)》第十条规定,保险人将法律、行政法规中禁止性规定作为保险合同免责条款的免责事由,保险人对该条款作出提示后,投保人、被保险人或者受益人以保险人未履行明确说明义务为由主张该条款不生效的,人民法院不予支持。在审理实务中,对保险合同格式条款中的免责条款,保险人是否尽到提示和明确说明义务的判断标准则存在一定分歧。成都中院的指导意见认为应当对区分免责条款约定的具体事项进行审查,对法律、行政法规所禁止的情形约定免责的，保险人举证证明其充分履行提示义务；对法律、行政法规未作禁止性规定的情形约定免责的，保险人举证证明对此充分履行提示和明确说明义务。由于保险人对其履行了提示和明确说明义务负举证责任，而证据采信及证明力标准的认定尚未形成统一的认识，如保险公司是否在订立合同时即提供了格式条款中的免责条款、免责条款提示的方法和程度、明确说明的形式和程度等。

具体到本案中，存在两个争议的问题。第一，保险公司在订立合同时是否同时将保险条款一同交付给被保险人。实践中，投保单和保险条款并不是一个整体，而是独立存在的两个部分。当免责事项出现时很多被保险人抗辩称并没有收到保险条款。因此在产生纠纷时保险公司首先要证明其将保险条款在订立保险合同时就已经给付了被保险人。根据《最高人民法院关于适用〈中华人民共和国保险法〉若干问题的解释（二）》第十一条的规定，“保险合同订立时，保险人在投保单或者保险单等其他保险凭证上，对保险合同中免除保险人责任的条款，以足以引起投保人注意的文字、字体、符号或者其他明显标志作出提示的，人民法院应当认定其履行了保险法第十七条第二款规定的提示义务。保险人对保险合同中有关免除保险人责任条款的概念、内容及其法律后果以书面或者口头形式向投保人作出常人能够理解的解释说明的，人民法院应当认定保险人履行了保险法第十七条第二款规定的明确说明义务”。本案中，保险公司提交的《投保人声明》，文末投保人签名处被保险人元仁物流公司虽加盖印章，由于投保单与保险合同二者并非一个完整的整体，无法确认元仁物流公司在投保时知悉免责条款的具体内容。而保险公司未提供证据证明其已对前述免责条款内容告知元仁物流公司，并以书面或口头形式向元仁物流公司就上述免责条款的内容、概念、所产生的法律后果向元仁物流公司作出明确的解释说明。保险公司应承担举证不利的法律后果。

第二，对免责条款概括性表述的理解问题。根据保险公司提供的保险条款对“无交通运输管理部门核发的许可证或者其他必备证书”中“许可证”与“其他必备证书”并未作具体明确的约定。因行政法规和规章的内容广、覆盖范围宽，因此，在免责条款中的概括性表述是否包含本案特指的无从业资格证情形，各方存在较大争议。保险公司作为格式条款的提供方，当对条款出现两种不同的理解时，应作出不利于保险人的解释，即该概括性条款并不包含无从业资格证情形。保险公司应当就是否具备道路从业资格证进行明确解释并告知法律后果。

与本案类似的情形在实践中大量存在。那么保险公司如何通过保险合同来避免此类风险呢？建议保险公司从三个方面入手。第一，规范相关业务流程，加大对保险业务人员的业务培训，在订立合同时要求被保险人到场，对代办保险业务的人员要求出具书面的授权委托书。第二，对现有保险条款作出优化，减少概括性表述，多采用列举式表述，减少文义理解方面的争议。第三，注意相关证据保存，在订立保险合同时对相关环节如签订保险合同环节和给付保险文件时进行同步录音录像。通过上述行为达到切实维护自身和被保险人的利益，减少诉讼争议的目的。

编写人：四川省崇州市人民法院　李永红

151 机动车交通事故案件中鉴定费应由保险人负担

——加油站诉张某贵等机动车交通事故责任案

【案件基本信息】

1. 裁判书字号

重庆市第三中级人民法院（2018）渝03民终854号民事判决书

2. 案由：机动车交通事故责任纠纷

3. 当事人

原告（被上诉人）：加油站

被告（上诉人）：张某贵

被告（被上诉人）：财险公司

被告：金轮公司

【基本案情】

张某贵系渝B×××××重型货车的实际车主，将该车挂靠在金轮公司名下经营，且在财险公司投保了交强险和商业三者险。2016年3月18日，应某驾驶肇事车辆时因倒车撞坏了加油站的彩钢棚柱，造成彩钢棚受损。经交警部门对事故责任认定，应某负全部责任。对于费用损失数额，因财险公司、张某贵、加油站等无法达成一致意见。2016年5月16日，财险公司委托保险公估公司对事故损失进行了评估并作出了《评估报告》，评估结论为：因交通事故将立柱撞坏导致无法继续使用而损失的价值为0.05万元。加油站对该评估结论有异议，向一审法院起诉并提出鉴定申请，要求鉴定加油站钢架棚、钢架柱受损与之连接的砖混结构房屋受损是否有因果关系，如果有关系，再对损失进行评估。一审法院委托重大建设工程质量检测公司对是否存在因果关系进行了鉴定，鉴定意见为：加油站钢架棚、钢架柱以及与之连接的砖混结构房屋受损与本次交通事故碰撞存在因果关系。加油站支付了鉴定费3.5万元。此后，一审法院又委托财产保险公估公司对损失进行鉴定，鉴定意见为：钢架棚、钢架柱以及房屋损失合计为0.95万元。加油站支付了鉴定费0.5万元。即两次鉴定产生鉴定费合计4万元。被侵权人加油站诉讼中要求被保险人及保险人赔偿其财产损失及由此产生的鉴定费损失。

【案件焦点】

1. 鉴定费是否是交强险以及商业三者险合同中责任免除范围；2. 鉴定费该由谁负担。

【法院裁判要旨】

重庆市涪陵区人民法院经审理认为：因鉴定费符合保险合同约定的免责事由，保险人有权主张免赔，该费用由被保险人承担。

重庆市涪陵区人民法院依照《中华人民共和国侵权责任法》第二十一条、第四十八条，《中华人民共和国道路交通安全法》第七十六条，《中华人民共和国民事诉讼法》第六十四条第一款规定，作出如下判决：

一、加油站因交通事故所致的财产损失9500元，由财险公司于判决生效之日起十日内在交强险范围内赔偿2000元；在商业三者险范围内赔偿7500元；

二、张某贵于判决生效之日起十日内赔偿加油站因交通事故所致的鉴定费用4万元，金轮公司承担连带赔偿责任；

三、驳回加油站的其他诉讼请求。

张某贵不服一审判决，提起上诉。重庆市第三中级人民法院经审理认为：财险公司虽与投保人在本案事故车辆保险合同的免责条款中有“其他相关费用”的约定，并在《投保提示事项确认书》中责任免除项下载明了“详见《机动车交通事故责任强制保险条款》第十条规定”，但对该“其他相关费用”的概念和内容未予明确表述。现当事人对该“其他相关费用”具体是指哪些费用、是否包括鉴定费用发生争议，财险公司不能提供相应的证据证明已就该“其他相关费用”的概念和内容，向投保人进行了明确的释明，尽到了说明义务，因此，不能认定本案鉴定费4万元属于涉案保险合同免责条款中约定的“其他相关费用”。该部分费用应由张某贵、财险公司和加油站分担。因事故发生后，张某贵未在当日及时报案，影响了财险公司对事故现场的及时查勘、定损等，应承担部分责任，二审法院将该责任酌定为10%即0.4万元；加油站在交警队查勘事故现场、划分事故责任时，未提出房屋有损，且在诉求中扩大损失数额，故也应承担一定责任，二审法院将其责任酌定为5%即0.2万元；财险公司否认加油站房屋受损与本次交通事故存在因果关系，以致该笔鉴定费用产生，故其应承担主要责任，二审法院将其责任酌定为85%即3.4万元。

重庆市第三中级人民法院依照《中华人民共和国民事诉讼法》第一百七十条第一款第二项之规定，作出如下判决：

一、维持一审判决第一项、第三项；

二、撤销一审判决第二项；

三、鉴定费40000元，由财险公司承担34000元，加油站承担2000元，张某贵承担4000元。

【法官后语】

本案的争议焦点在于，保险人财险公司是否能够在交强险及商业三者险项下免除因交通事故产生的鉴定费赔偿责任。分析如下：

其一，保险合同未明确鉴定费是否属于免责范围。《机动车交通事故责任强制保险条款》是各商业保险公司承保机动车交通事故强制责任保险的通用条款，该条款是机动车保险合同的组成部分。该条款未明确鉴定费是否属于免责范围。商业三者险方面，商业车险费改之后施行的《中国保险行业协会机动车辆综合商业保险示范条款》是各商业保险公司承保机动车车辆损失保险、第三者责任保险、车上人员责任险等商业保险险种的通用示范条款，也是保险人与投保人保险合同的组成部分，该条款也未明确鉴定费是否为免除赔偿责任的费用。

其二，鉴定费不属于诉讼费用。根据《诉讼费用交纳办法》规定，诉讼费用包括案件受理费、申请费以及证人、鉴定人、翻译人员、理算人员在人民法院指定日期出庭发生的交通费、住宿费、生活费和误工补贴。而该办法同时规定，诉讼过程中因鉴定等发生的依法应当由当事人负担的费用，人民法院根据"谁主张，谁负担"的原则，决定由当事人直接支付给有关机构或者单位，人民法院不得代收代付。由此可见，鉴定费不属于诉讼费用。交强险合同和原《机动车第三者责任保险条款》免责条款中约定的"仲裁或者诉讼费用"以及新《中国保险行业协会机动车辆综合商业保险示范条款》约定的"诉讼费、仲裁费"均不包括鉴定费。不仅如此，保险合同中"其他相关费用"不应包括鉴定费。虽然本案中保险人举示的交强险合同条款和原《机动车第三者责任保险条款》中的免责条款里有"其他相关费用"的约定，但合同对"其他相关费用"的概念和内容未予进一步明确表述。现当事人对“其他相关费用”是否包括鉴定费用发生争议，财险公司又不能提供相应的证据证明已就该“其他相关费用”的概念和内容，向投保人进行了明确释明包括鉴定费。因此，根据格式合同的不利解释规则，当事人对格式合同的相关条款发生理解上的分歧，按照通常理解不能解决的，人民法院应当作出有利于被保险人的解释，即不能认定鉴定费包含于涉案保险合同免责条款中约定的“其他相关费用”之内，该部分费用应根据产生的原因由被保险人、保险人和被侵权人分担。

其三，未列明为除外责任的必要、合理费用应由保险人承担。交通事故发生后，当事人为证明财产损失的数额、人身残疾的等级、护理期限的长度等，常常通过司法鉴定来确定。所以，鉴定费在交通事故纠纷处理中属于合理费用，甚至在某种程度上是必须产生的费用。《中华人民共和国保险法》第六十六条明确规定：“责任保险的被保险人因给第三者造成损害的保险事故而被提起仲裁或者诉讼的，被保险人支付的仲裁或者诉讼费用以及其他必要的、合理的费用，除合同另有约定外，由保险人承担。”所以，在保险人未明确将鉴定费用列为交强险的除外责任时，保险人主张交强险对鉴定费用免责的，人民法院不予支持。

编写人：重庆市第三中级人民法院　张景卫

152 交强险不赔偿因交通事故中的伤者自身过失导致的扩大损失

——左某军等诉卢某刚、人保公司机动车交通事故责任案

【案件基本信息】

1. 裁判书字号

江苏省无锡市中级人民法院（2019）苏02民终4039号民事判决书

2. 案由：机动车交通事故责任纠纷

3. 当事人

原告（被上诉人）：左某军、左某仙、左某红、左某芬

被告（被上诉人）：卢某刚

被告（上诉人）：人保公司

【基本案情】

2017年5月22日，卢某刚驾驶的苏B×××××小型普通客车撞到走在人行横道的行人吴某芳，造成吴某芳受伤的交通事故。该车由人保公司承保了交强险和商业三者险。该事故经宜兴市公安局交通警察大队认定，卢某刚承担事故的全部责任，吴某芳无责任。事故发生当日，吴某芳即被送往张渚人民医院治疗至2017年6月19日，经医院建议转院至市人民医院治疗至2017年6月21日，经治疗好转后经医院建议又转回至张渚人民医院治疗。其间，吴某芳于2017年7月6日下床时不慎摔倒致骨折，于2017年8月25日再次不慎摔倒伤及头部及左肩部。2018年3月16日，吴某芳

家属放弃治疗，经劝说无效后，自动出院。次日，吴某芳因下腔静脉滤网植入术后十月，入院张渚人民医院治疗，2018 年 4 月 18 日，吴某芳家属要求出院，因随时有生命危险，经劝说无效，放弃治疗。出院后，吴某芳于当日死亡。2018 年 4 月 18 日，宜兴市公安局物证鉴定室出具鉴定书一份，载明："吴某芳符合交通事故所致损伤以及摔跌所致损伤后长期卧床，终因感染、多器官功能衰竭死亡。"2019 年 3 月 26 日，经卢某刚申请，法院依法委托司法鉴定所出具司法鉴定意见书一份，载明："吴某芳死亡与交通事故死亡存在主要因果关系。"后吴某芳法定继承人左某军、左某仙、左某红、左某芬申请参加诉讼并请求法院判决人保公司、卢某刚赔偿 564481 元。

【案件焦点】

发生交通事故后，伤者在治疗期间因自身过失导致损失扩大，扩大部分的损失能否与其他损失一并在交强险限额内先行赔偿。

【法院裁判要旨】

江苏省宜兴市人民法院经审理认为：行为人因过错侵害他人民事权益，应当承担侵权责任。同时，受害人对同一损害的扩大有过失的，可以减轻义务人的赔偿责任。吴某芳住院期间因疏忽大意，不慎两次摔跌，根据鉴定意见，摔跌导致的损伤使得吴某芳卧床时限进一步延长，长期卧床使患者身体各项机能下降以及形成压疮并感染，足以认定吴某芳因摔跌扩大了损失，应当承担与其过错相应的责任。综上，依据原告提供的医药费发票、病程记录，明确吴某芳住院期间与其摔跌无关的损失应全部由被告承担。其他损失与吴某芳摔跌导致的损失有关联性，再根据鉴定意见，法院酌定，由原告自负20%的责任，被告负担80%的责任，在交强险及商业三者险限额内，均应按照前述比例区分赔偿责任。

江苏省宜兴市人民法院依照《中华人民共和国侵权责任法》第六条、第十六条、第二十二条、第二十六条、第四十八条，《中华人民共和国道路交通安全法》第七十六条，《中华人民共和国保险法》第六十五条，《最高人民法院关于审理人身损害赔偿案件适用法律若干问题的解释》第二条、第十七条、第十八条、第十九条、第二十一条、第二十二条、第二十三条、第二十四条、第二十七条、第二十九条、第三十五条，《最高人民法院关于确定民事侵权精神损害赔偿责任若干问题的解释》第八条第二款、第十条，《最高人民法院关于审理道路交通事故损害赔偿案件适用法律若干问题的解释》第十六条，《中华人民共和国道路交通安全法实施条例》第五十六条规定，判决如下：

一、人保公司应于本判决发生法律效力之日起10日内支付交通事故理赔款498042元，其中支付左某军、左某仙、左某红、左某芬418042元，返还卢某刚80000元；

二、驳回左某军、左某仙、左某红、左某芬的其他诉讼请求。

人保公司不服一审判决，提出上诉。二审法院同意一审法院裁判意见。认为原审判决认定事实清楚，适用法律正确，予以维持。

江苏省无锡市中级人民法院依照《中华人民共和国民事诉讼法》第一百七十条第一款第一项规定，作出如下判决：

驳回上诉，维持原判。

【法官后语】

一、对于机动车交通事故责任纠纷中涉及的“人身伤亡”“财产损失”“责任限额”等含义应准确界定

《中华人民共和国道路交通安全法》第七十六条第一款是关于机动车发生交通事故造成人身伤亡、财产损失的，如何进行赔偿和如何确定民事责任的规定。根据本款的规定，机动车发生交通事故造成人身伤亡、财产损失的，首先由人保公司在机动车第三者责任强制保险责任限额的范围内予以赔偿。这里的“人身伤亡”，是指机动车发生交通事故所造成的事故现场他人的身体受到伤害或人的生命终止。“财产损失”，是指由于交通事故所造成的第三人的物质损失，包括车辆修理费用、抢救费用、人身伤亡善后处理费用等。“责任限额”，又称保险合同的保险金额，是指保险合同当事人确定并在保险单上载明的保险人于保险事故发生时应当赔偿或者给付保险金的最高限额。根据本条的规定，对于机动车发生交通事故，造成人员伤亡、财产损失的，首先由人保公司在肇事机动车投保的第三者责任强制保险的责任限额范围内进行理赔。这样理赔有利于交通事故的赔偿工作迅捷、明确；有利于保证交通事故受害人及时得到救助；有利于保护机动车驾驶人的合法权益。同时，这也符合国际通用的理赔原则。《机动车交通事故责任强制保险条例》第三条规定，本条例所称机动车交通事故责任强制保险，是指由保险公司对被保险机动车发生道路交通事故造成本车人员、被保险人以外的受害人的人身伤亡、财产损失，在责任限额内予以赔偿的强制性责任保险。

二、过失相抵系侵权责任的一般性原则

《中华人民共和国民法典》第一千一百七十三条规定，被侵权人对同一损害的发生或者扩大有过错的，可以减轻侵权人的责任。该

条是关于过失相抵的规定，《中华人民共和国侵权责任法》第二十六条对该原则已经加以规定，《中华人民共和国民法典》在沿用的基础上作出了更加严谨的表述。过失相抵的立法本意在于公平分担责任，不得将因自己的过失所产生之损害转嫁于他人。在侵权损害赔偿案件中，如果受害人对于损害的发生或者扩大也具有故意或者过失，此时仍令侵权人承担全部损害赔偿责任，有悖法理和公平原则。过失相抵的条文处于侵权责任的一般规定之中，应作为侵权责任普通法的规定加以适用。

三、受害人非因交通事故中的过错导致损失扩大的部分，交强险及商业险限额均不予以赔偿

一般而言，交通事故发生后的理赔，在交强险限额内不区分责任比例，先在交强险限额内赔偿，但根据前述法律、法规的规定，交强险赔偿的范围应该是因被保险机动车发生道路交通事故所造成的人身伤亡、财产损失。虽然《中华人民共和国道路交通安全法》第七十六条中没有规定过失相抵规则，但该法为侵权法的特别法，特别法没有规定的事项，应当使用侵权普通法的规定，本案中，吴某芳在医院治疗期间，疏忽大意，不慎摔跌两次，存在重大过失，再根据两份鉴定意见书，造成吴某芳死亡的原因包括交通事故及摔跌，交通事故为主要原因，摔跌为致其死亡的次要原因，因摔跌扩大的损失部分应由受害人自己承担，同时，减轻赔偿主体的赔偿责任，再根据前述法律、法规的规定，吴某芳因摔跌造成的损失部分，不是因为交通事故所产生，不应在交强险及商业三者险限额中赔偿。

编写人：江苏省宜兴市人民法院　杜鹏伟

153 赔偿义务人应据实赔付交通事故受害人的合理支出

——孔某君诉丁某华、人保公司机动车交通事故责任案

【案件基本信息】

1. 裁判书字号

江苏省无锡市中级人民法院（2019）苏02民终1025号民事判决书

2. 案由：机动车交通事故责任纠纷

3. 当事人

原告（上诉人）：孔某君

被告（被上诉人）：丁某华、人保公司

【基本案情】

2018年6月2日12时25分许，丁某华驾驶苏E×××××小型客车在菜场门口停车后开车门未注意观察，与正常行驶的孔某君的电动车发生事故，致两车损坏，孔某君、秦某豪（11岁）受伤的交通事故。崇安交警队认定丁某华负事故全部责任。

事发时，苏E×××××小型客车由丁某华驾驶，该车登记在丁某华名下，其在保险公司投保了交强险、商业三者险（限额100万元，含不计免赔），事发时在保险期限内。

【案件焦点】

孔某君因交通事故造成牙齿缺失而产生的种植牙费用是否应据实赔付。

【法院裁判要旨】

江苏省无锡市梁溪区人民法院经审理认为：因交通事故造成他人人身遭受损失的，应予以相应的赔偿。双方对事故经过、责任认定、保险情况均无异议，一审法院予以确认。孔某君安装种植牙非必需且费用过高，应按照1000元/颗的烤瓷牙金额计算。苏E×××××小型客车已经购买保险，丁某华的赔偿责任由保险公司承担。保险公司要求扣除10%的非医保，无相关证据提供，一审法院不予支持。

江苏省无锡市梁溪区人民法院依照《中华人民共和国侵权责任法》《中华人民共和国道路交通安全法》及相关行政法规和司法解释的规定，作出如下判决：

一、人保公司应于判决发生法律效力后10日内赔偿孔某君7128.27元；

二、人保公司应于判决发生法律效力后10日内支付丁某华1148.1元；

三、驳回孔某君的其他诉讼请求。

孔某君不服一审判决，提出上诉。江苏省无锡市中级人民法院经审理认为：侵害他人造成人身损害的，应当赔偿医疗费、护理费、交通费等为治疗和康复支出的合理费用，以及因误工减少的收入。其中，医疗费根据医疗机构出具的医药费、住院费等收款凭证，结合病历和诊断证明等相关证据确定。赔偿义务人对治疗的必要性和合理性有异议的，应当承担相应的举证责任。医疗费的赔偿数额，按照一审法庭辩论终结前实际发生的数额确定。本案中，孔某君因遭遇车祸进行补牙，产生的补牙费用为治疗和康复支出的合理费用。其选择专业的口腔医院进行治疗并无不当，所发生的种植牙费用15334.51元有医疗机构出具的医药费凭据为证明，且属于一审法庭辩论终结前实际发生的医疗费数额，丁某华、保险公司理应予以实际赔付。一审法院以烤瓷牙标准计算孔某君此项医疗费属判决不当，应予纠正。

江苏省无锡市中级人民法院根据依照《中华人民共和国民事诉讼法》第一百七十七条第一款第二项之规定，作出如下判决：

一、维持江苏省无锡市梁溪区人民法院（2018）苏0213民初11350号民事判决第二项；

二、撤销江苏省无锡市梁溪区人民法院（2018）苏0213民初11350号民事判决第一项、第三项；

三、人保公司应于本判决发生法律效力后10日内赔偿孔某君19512.78元；

四、驳回孔某君的其他诉讼请求。

【法官后语】

本案裁判主要依据侵权责任法规范作出，但《中华人民共和国民法典》施行后《中华人民共和国侵权责任法》为《中华人民共和国民法典》所吸收，故有关评析主要结合《中华人民共和国民法典》有关规定展开。本案改判的争议点在于：受害人选择种植牙方式修复因事故造成的牙齿损伤，由此产生的医疗费用是否属于合理费用，应由侵权人承担。依据《中华人民共和国民法典》第一千一百七十九条的规定，侵害他人造成人身损害的，应当赔偿医疗费、护理费、交通费、营养费、住院伙食补助费等为治疗和康复支出的合理费用，以及因误工减少的收入。根据该条规定，侵权人承担赔偿责任的条件为：1. 因侵权造成他人人身损害；2. 受害人损失主要系治疗人身损害和康复而发生；3. 该费用必须为合理支出。司法实务中，因侵权造成他人人身损害以及为治疗和康复而支出的费用等事实性问题易于查明和确认，但费用是否为合理支出，因牵涉价值判断往往产生争议。

侵权法意义上的损害赔偿，为典型的民事损害赔偿，而民事损害赔偿是以弥补权利人的损害为目的的，一般遵循全部赔偿原则，即填平原则，该原则是我国民事损害赔偿的基本原则之一。受害人为治疗和康复而支出的费用是否为合理费用，可通过是否符合填平原则来判断。填平原则的基本理念是“权利人损失多少，侵权人就赔偿多少”。适用该原则必须具备两个条件：1. 损失数额在填平之前是确定的；2. 通过填平原则使权利人在经济上的损失消失。只要当事人举证到位，赔偿义务人没有证据或合理事由予以辩驳的，人民法院可以结合受诉法院所在地的经济社会发展现状、医疗机构的诊疗意见、常情常理等就医疗费用的“合理性”进行判断。

本案为道路交通事故引发的人身损害，属于侵权赔偿责任范畴。交通事故造成当事人的损害之一为牙齿缺失。受害人选择专业医疗机构进行补牙的行为系治疗和康复行为，相应费用即为治疗和康复支出的费用。成年人的牙齿具有不可再生性，一旦缺失，补牙是唯一的治疗和康复途径，而尽可能恢复原状则是救济的最佳方式。相较于原生牙齿，后期补牙不可能完全恢复到原生牙的功能状态，鉴于此，受害人选择更有利于牙齿功能修复的治疗方式是其不二选择，也是其正当权利。烤瓷牙和种植牙不仅在外观上有较大区别，在使用功效上也是种植牙更优。合理治疗并非意味着“最低标准治疗”。受害人选择正规医疗机构进行补牙，在医生的合理建议下选择有效的治疗康复方案，并不存在过度医疗问题，由此支出的医疗费用既有必要性也有合理性，符合填平原则的基本原理。本案权利人起诉时即已完成补牙治疗，具体金额亦由医疗机构出具的收款凭证予以确定，赔偿义务人虽对受害人治疗费用的必要性和合理性提出异议，但并未提供相应证据予以反驳，故人民法院依法采纳受害人的主张，判令赔偿义务人保险公司据实赔付，唯有如此才能填平权利人经济上的损失，真正实现弥补权利人损害的立法目的。综上，本案裁判符合《中华人民共和国民法典》立法的基本要义和基本精神。

编写人：江苏省无锡市中级人民法院　张朴田　诸佳英

154 交通事故造成农民身份公民人身损害的误工费应如何认定

——沈某森诉任某成、财险公司机动车交通事故责任案

【案件基本信息】

1. 裁判书字号

山东省淄博市中级人民法院（2019）鲁03民终2430号民事判决书

2. 案由：机动车交通事故责任纠纷

3. 当事人

原告（上诉人）：沈某森

被告（被上诉人）：任某成、财险公司

【基本案情】

2018年11月27日，原告沈某森乘坐孟某涛驾驶的鲁C××××号小型汽车顺人民路由西向东行驶至宝山路路口时，与顺宝山路

由南向北行驶的被告任某成驾驶的鲁C×××××号小型普通客车相撞，导致车辆受损、沈某森受伤的道路交通事故。后沈某森入医院住院治疗，经诊断其伤为肺挫伤、软组织挫伤、肋骨多处骨折。经交警部门认定，任某成对该事故承担次要责任，沈某森无责任。任某成驾驶的事故车辆在财险公司投保。沈某森起诉要求判令财险公司在交强险、商业险范围内向其支付医药费5779.14元、误工费22087.2元、护理费6501元、住院伙食补助费90元、营养费1800元、交通费90元，共计36347.34元，不足部分由任某成赔偿。

【案件焦点】

具有农民身份的公民因交通事故造成人身损害的，其主张误工费应如何认定。

【法院裁判要旨】

山东省淄博市张店区人民法院经审理认为：本案系机动车交通事故责任纠纷，沈某森乘坐孟某涛驾驶的汽车发生交通事故，孟某涛负事故的主要责任，任某成负事故的次要责任，任某成驾驶的鲁C×××××号小型普通客车在财险公司投保了交强险、商业三者险（责任限额30万元）、不计免赔险，且事故发生在保险期内，故本次事故给沈某森造成的经济损失，应先由财险公司在交强险责任限额范围内赔偿，不足部分，由财险公司根据商业三者险的保险合同予以赔偿，仍有不足的，由任某成赔偿。沈某森提交村委证明、苹果入库证明及证明人身份证复印件、苹果买卖证明及证明人身份证复印件、果园地块分布及所在位置卫星地图、果园照片等证据，欲证明其果农身份和收入情况。任某成和财险公司辩称，事故发生时沈某森年龄已超法定退休年龄，不同意赔偿误工费；沈某森提供的村委证明真实性不认可，其没提供土地承包产权证书，无法证明其从事果园种植；另外提供的收入和买卖证明，系沈某森单方提供，不予认可；任某成也没有提供收入减少的相关证据。故误工费不应承担。因此，沈某森主张误工费，证据不足，任某成和财险公司相关辩论观点成立，故对误工费不予支持。据此，一审判决：

一、财险公司在交强险范围内赔偿沈某森医疗费、住院伙食补助费、护理费、交通费共计 6169.14 元；

二、驳回沈某森的其他诉讼请求。

沈某森不服一审判决，持原审起诉意见提起上诉，请求撤销原判，依法改判增加误工费 22087.2 元，并在二审中提交沈某森苹果买卖收据复印件一份，以及其代理人张某丽的近三年微信朋友圈及 QQ 发布的相关内容，拟证明沈某森的果农身份。山东省淄博市中级人民法院二审经审理查明：根据沈某森一、二审提交的证据可以证实其从事农业生产，以种植果木为业。二审查明的其他事实与一审查明事实一致，予以确认。

山东省淄博市中级人民法院经审理认为：本案双方当事人争议的焦点问题是财险公司应否支付沈某森误工费。误工费是具有补偿性质的拟制赔偿项目，结合我国特色的农业生产方式，部分家庭成员受伤必然会导致其他家庭成员对家庭农业生产增加劳动付出，以确保家庭生产的整体收益，故具有农民身份的公民受到损害时也应当获得相应的误工费。财险公司应当赔付沈某森误工费。根据沈某森提交的证据可以证实沈某森系从事果木种植。沈某森住院三天，出院后世博高新医院出具的诊断证明证实沈某森需要休息 7 周即 49 天，故财险公司应当赔付沈某森误工费 9571.12 元［184.06 元（2017 年山东省农林牧渔业年平均工资 67182 元÷365 天）×（49 天+

3天）]。据此，二审判决：

一、撤销山东省淄博市张店区人民法院（2019）鲁0303民初2646号民事判决；

二、财险公司在交强险范围内赔偿沈某森医疗费、住院伙食补助费、护理费、交通费、误工费共计15740.26元；

三、驳回沈某森的其他诉讼请求。

【法官后语】

本案主要涉及的问题在于，具有农民身份的公民因交通事故造成人身损害的，其主张误工费应如何认定。

误工费系法定的人身损害赔偿项目之一。不过与医疗费等因伤害而直接支出的赔偿费用项目相比，误工费系具有补偿性质的拟制赔偿项目，属于受害人如未遭受人身侵害而本应获得却因侵权人的侵害行为无法得到或者无法完全得到的利益，在学理上可以归为消极损失或者期待利益。从另一个角度讲，误工费也可以根据受害人的客观情况和特点等予以具体量化计算的损失，因此它亦属于具体损失。在具体计算上，根据《最高人民法院关于审理人身损害赔偿案件适用法律若干问题的解释》（2003年）（以下简称《人身损害赔偿解释》）第二十条[①]的相关规定，误工费依据受害人是否具有固定收入的不同而采取了区分式的赔偿标准和计算方法。首先，对于受害人有固定收入的，应当以受害人发生损害后财产减少的差额作

① 该条规定现为《最高人民法院关于审理人身损害赔偿案件适用法律若干问题的解释》（2022年修正）第七条："误工费根据受害人的误工时间和收入状况确定。误工时间根据受害人接受治疗的医疗机构出具的证明确定。受害人因伤致残持续误工的，误工时间可以计算至定残日前一天。受害人有固定收入的，误工费按照实际减少的收入计算。受害人无固定收入的，按照其最近三年的平均收入计算；受害人不能举证证明其最近三年的平均收入状况的，可以参照受诉法院所在地相同或者相近行业上一年度职工的平均工资计算。"

为赔偿标准，这就是差额赔偿原则。具体就是《人身损害赔偿解释》第二十条第三款规定中的“受害人有固定收入的，误工费按照实际减少的收入计算”。此时在具体的认定上应当把握两点：一是该固定收入须有合法证明，二是该固定收入必须是受害人实际减少的收入，如有的受害人受到损害后其供职单位并不会扣发或者全部扣发其（工资）收入，对这类受害人而言就不存在或者不存在全部的误工损失。其次，受害人无固定收入的，则无法确切计算其误工损失的算术差额，只能从损害赔偿的社会妥当性和社会公正性出发，为受害人的损害确定一个相对固定的标准。具体则就是《人身损害赔偿解释》第二十条第三款中的“受害人无固定收入的，按照其最近三年的平均收入计算；受害人不能举证证明其最近三年的平均收入状况的，可以参照受诉法院所在地相同或者相近行业上一年度职工的平均工资计算”。2020 年新修正的《人身损害赔偿解释》也是如此规定的。

当然无论是受害人有固定收入还是无固定收入，就误工费的认定而言，人民法院首先应当确定的是受害人是否存在误工损失的问题，然后才是如何计算的问题。从审判实务来看，实践中受害人有固定收入的情形常多见于城镇中有固定工作单位的职工等情形，此类情形中受害人一旦受到如本案交通事故一样的人身损害，其因伤住院和休息期间不能向所在单位提供劳动，单位对此期间的工资等收入予以扣发，则形成明显的误工损失。而实践中受害人无固定收入的情形则正好与之相反，通常都是城镇中无固定工作单位的个体经营人员，其收入都是由自我经营而获得，这类人员因为没有固定工作单位发放工资，故而也就不像有固定工作单位的职工那样具有收入固定化的特点，故对其误工费可以认定但一般都需要按《人身损害赔偿解释》第二十条[①]第三款中的受害人无固定收入的情形加以计算。不过在审判实践中，对具有农民身份的公民的受害人误工费的认定则需要予以特别注意。如果具有农民身份的公民进城务工或进城从事某类个体经营的，对其误工费可以按照上述有固定工作单位的职工的个体经营人员误工费的认定思路加以认定；若不存在这两类情形的，其从事农业生产而有一定收入的，在有相关有效证据证实的基础上也是可以对误工费加以认定的，而不能简单地认为农民没有固定工作而在家种地自给自足就不存在误工费的问题。毕竟从误工费的立法本意来看，误工费赔偿是为了保证受害者在因伤治疗和休息期间不会造成原本收入的减少，其立法初衷在于填补损害，在当事人提供了充分证据证明其因误工存在减少相应收入的情况下，人民法院对其主张的误工费应当予以支持，而不论其身份与否。对于农民而言，其只要从事一定的农业生产就会产生一定的收入，只要其在受伤害前确实存在劳动收入，其在受到伤害后也显然会使其劳动收入减少，其应当是存在误工费这一消极损失或者期待利益的。而结合我国特色的农业生产方式，部分家庭成员受伤必然会导致其他家庭成员对家庭农业生产增加劳动付出，以确保家庭生产的整体收益。故具有农民身份的公民在受到人身损害后，其依法是可以获得相应的误工费赔偿的。本案即如此。本案中沈某森提交的证据足以证实其从事农业生产且以种植果木为业，其显然依法应

① 该条规定现为《最高人民法院关于审理人身损害赔偿案件适用法律若干问题的解释》(2022修正)第七条："误工费根据受害人的误工时间和收入状况确定。误工时间根据受害人接受治疗的医疗机构出具的证明确定。受害人因伤致残持续误工的，误工时间可以计算至定残日前一天。受害人有固定收入的，误工费按照实际减少的收入计算。受害人无固定收入的，按照其最近三年的平均收入计算；受害人不能举证证明其最近三年的平均收入状况的，可以参照受诉法院所在地相同或者相近行业上一年度职工的平均工资计算。"

当获得误工费赔偿，一审法院对此未予认定不当。二审法院对误工费依法予以认定无疑是正确的。

编写人：山东省淄博市中级人民法院　荣明潇

山东省淄博市张店区人民法院　刘晓辉

155 连续碰撞的交通事故中同一车辆的交强险可以多次使用

——曹某梅诉陈某等机动车交通事故责任案

【案件基本信息】

1. 裁判书字号

江苏省无锡市中级人民法院（2019）苏02民终3515号民事判决书

2. 案由：机动车交通事故责任纠纷

3. 当事人

原告（被上诉人）：曹某梅

被告（被上诉人）：陈某、毛某、甲保险公司

被告（上诉人）：乙保险公司

第三人：仁德医院

【基本案情】

2016年11月16日18时05分许，曹某梅驾驶无锡L×××××号电动自行车沿无锡市新吴区华友中路东侧机动车道内由北向南逆向行驶至LD×××路灯杆处左侧掉头，遇陈某驾驶苏B×××××号小型

轿车沿华友中路由南向北行驶，结果电动车尾与小型轿车右前侧发生碰撞，致电动车倒地，曹某梅跌倒在地受伤。事发后，陈某未在车后设置警告标志。

2016年11月16日18时18分许，毛某驾驶苏B×××××号小型轿车由南向北行驶至该路段时，小轿车车头右前侧碰撞倒地的无锡L×××××号电动自行车后，再次碰撞跌地的曹某梅身体，造成车辆损坏，曹某梅受伤的交通事故。

经交警部门分析事故成因，第一起事故中，曹某梅驾驶非机动车在划分机动车道、非机动车道和人行道的道路上驶入机动车道内逆向行驶，掉头时未确保行车安全，其违法行为是造成事故的直接原因；陈某夜间驾驶机动车上道路行驶，行驶过程中对路面情况疏于观察，未确保行车安全，其违法行为也是造成事故的一定原因，故认定曹某梅负该事故主要责任，陈某负次要责任。第二起事故中，毛某夜间驾驶机动车上道路行驶中对路面情况疏于观察，遇情况未采取有效措施，其违法行为是造成事故的直接原因；陈某驾驶机动车发生交通事故后未在车后设置警告标志，未确保安全，其违法行为也是造成事故的一定原因，故认定毛某负该事故的主要责任，陈某负次要责任，曹某梅无责任。

曹某梅向法院起诉，主张其因本次交通事故造成各项损失共计400394.79元，要求各被告在各自责任范围内承担赔偿责任。

各被告对本次事故发生经过及责任认定均无异议，甲保险公司认为本案系由两起事故造成，第一次事故中，乙保险公司应当在交强险和商业三者险范围内按责承担赔偿责任，第二次事故中应由甲保险公司与乙保险公司在交强险和商业三者险范围内按责承担赔偿责任，即乙保险公司在本案中应当承担两次交强险的赔偿责任。乙保险公司认为两次碰撞应当视为一起事故，其仅需承担一次交强险的赔偿责任。

【案件焦点】

1. 本案应视为一起事故还是两起事故，乙保险公司据此是否应当在两个交强险范围内承担赔偿责任；2. 两次车辆碰撞对曹某梅的受伤的原因力如何确定。

【法院裁判要旨】

江苏省无锡市新吴区人民法院经审理认为：关于第一项争议焦点，本案中的两次碰撞应作为两起事故处理。理由如下：一、本案中的两次碰撞虽然共同造成了曹某梅受伤这一损害结果，但两次碰撞直接间隔时间较长，陈某有充足的时间设置警告标志，保护伤者免受二次伤害，其未采取上述措施是导致第二次碰撞发生的原因之一，该原因与其第一次和曹某梅发生碰撞的原因应当分别独立评价；二、交警部门虽仅出具了一张事故认定书，但其对两次碰撞亦作为两起事故分别进行了成因分析及责任认定。综上，本案中的两次碰撞应当作为两起事故进行处理，乙保险公司据此应当分别在两个交强险范围内承担赔偿责任。

关于第二项争议焦点，二人以上分别实施侵权行为造成同一损害，能够确定责任大小的，各自承担相应的责任；难以确定责任大小的，平均承担赔偿责任。经乙保险公司申请，法院委托中西医鉴定所针对两次碰撞对曹某梅伤情的参与度进行鉴定，该鉴定所于2019 年 5 月 28 日向法院出具终止鉴定告知书，称该委托项目超出其鉴定范围，故终止此次鉴定工作。根据本案事故认定书所载，两次碰撞均导致了曹某梅受伤。诉讼中，双方当事人均未举证证明曹某梅在两次碰撞中所受伤害的具体情况，故法院酌定曹某梅因交通事故所受的损失由两次事故平均分担，即两次事故各造成50%的损失。

经法院认定，曹某梅因本次事故造成的各项损失合计390832.29元。根据两次事故的事故责任认定，酌定在第一起事故中，曹某梅的损失应当由乙保险公司在交强险范围内赔偿，超出交强险部分由陈某赔偿40%，由乙保险公司在其承保的商业三者险范围内替代赔偿；在第二起事故中，曹某梅的损失应当由乙保险公司及甲保险公司在交强险范围内平均赔偿，超出交强险的部分由陈某赔偿30%，由毛某赔偿70%，乙保险公司及甲保险公司在各自承保的商业三者险范围内替代赔偿。

江苏省无锡市新吴区人民法院判决：

一、乙保险公司赔偿曹某梅各项损失231298.28元；

二、甲保险公司赔偿曹某梅各项损失94284.33元；

三、驳回曹某梅的其他诉讼请求。

乙保险公司持原审起诉意见提起上诉。江苏省无锡市中级人民法院经审理认为：刚肇事后没有依法保护现场、设置警示标志，导致毛某再次对曹某梅造成伤害，两次伤害行为前后间隔，对此交警部门在事故责任认定书中已经明确曹某梅遭受两次事故伤害，并分别对事故发生的原因力作出了认定，原审法院结合事故发生的事实和交警部门对于责任的认定，依法认定本案存在两次事故并无不当，乙保险公司应在两次事故中分别承担交强险责任。

江苏省无锡市中级人民法院依照《中华人民共和国民事诉讼法》第一百七十条第一款第一项的规定，作出如下判决：

驳回上诉，维持原判。

【法官后语】

交强险设立的目的是保障机动车道路交通事故受害人依法得到赔偿，促进道路交通安全，而交强险责任限额内不区分责任的赔偿特点也使得伤者的权益能够得到最大限度的保障，在伤者自身也存在一定过错的交通事故中更是如此，故在多车连续碰撞的事故中，同一车辆的交强险能否多次使用成为受害方非常关心的问题。而厘清这一问题的关键在于，多车连续碰撞的事故是作为一个整体性的事故来处理还是数个独立的事故而分别定责。

对于多车连续碰撞的交通事故应当作为一起事故还是多起事故来处理，主要有以下几个判断因素：1. 交警部门的事故认定。交警部门作为处理交通事故的执法机关，其对于事发的成因、过程及损害结果较司法机关而言均有更加直观的认知，其作出的事故成因分析及事故认定书是认定事故经过的重要依据，交警部门可能会根据不同事故的情况，对于多车连续碰撞的事故作出多份事故认定书，也可能在同一事故认定书中分段认定事故责任，亦有可能仅认定一次事故责任，无论交警部门作出何种形式的认定，均是法官审理案件的重要参考；2. 碰撞发生的时间间隔。多车连续碰撞的事故中，可能数次碰撞发生在转瞬之间，也可能如本案一样两次碰撞间隔十余分钟，而间隔时间短的多车碰撞事故显然更加难以明确各车辆的行驶动态、过错程度并区分各次碰撞之间各车辆的责任，也更适合作为一个整体事故来看待；而间隔时间长的碰撞，因为事故各方均有充分的反应时间，各次碰撞之间的可区分性也就更强；3. 侵权行为的次数及类型。在多车连续碰撞事故中，侵权人可能不只存在一个侵权行为，而多次不同形态的侵权行为也可以作为认定存在多次事故的重要因素。例如，本案中，陈某在第一次碰撞中的过错为疏于观察路面动态，而在事故发生后，其又未及时在车后设置警告标志、保护事故现场及伤者的安全，这又是另一个侵权行为，两次不同的侵权行为分别是两次碰撞发生的成因，故本案最终认定应作为两次独立的事故分别进行评价。

除上述几个因素外，每个交通事故案件也都存在着各自不同的情况，这就需要裁判者根据事故发生的具体情形，厘清事故成因，从而对于事故责任的认定作出综合性的判断，在切实保障受害者合法权益的同时，也不应为了伤者多获赔偿而强行切割事故责任，加重保险人责任，应当在查明事实的基础上，严格依照法律规定，作出合情合理合法的判决。

编写人：江苏省无锡市新吴区人民法院　陆凯

156　明知机动车未年检而承保，保险公司仍应在商业三者险中理赔

——许某强诉粟某等机动车交通事故责任案

【案件基本信息】

1. 裁判书字号

四川省广安市中级人民法院（2019）川16民终1886号民事判决书

2. 案由：机动车交通事故责任纠纷

3. 当事人

原告（被上诉人）：许某强

被告（被上诉人）：粟某、丁某

被告（上诉人）：人保公司

【基本案情】

丁某于2018年9月11日为其所有的货车在人保公司投保了交强险和商业三者险，投保时车辆年检有效期至2018年8月。2018年11月15日，粟某借用丁某的车辆，与许某强驾驶的电动车相撞，发生交通事故并导致许某强受伤，该事故经交警部门认定由粟某承担全部责任。嗣后，事故车辆通过了年检。因未获赔偿，许某强便将粟某、丁某以及人保公司起诉至法院，要求三被告赔偿损失26万余元。人保公司提出，事故发生时该车辆未正常年审，属于商业三者险保险条款约定的免赔情形，保险公司履行了格式条款的说明义务，故在商业三者险内不予赔偿。

【案件焦点】

保险公司承保时，被保险机动车行驶证已过检验期，事故发生后保险公司能否在商业三者险中予以免赔。

【法院裁判要旨】

四川省华蓥市人民法院经审理认为：丁某为事故车辆在人保公司投保了机动车交强险和商业三者险，虽然事故车辆逾期年检，但不能证明事故的发生与未进行安全检验之间存在必然的因果关系，而事后该车又通过了年检。同时，人保公司接受投保时，明知事故车辆行驶证有效年审期限至2018年8月，仍然接受投保并收取了保费，对于事故车辆未及时年审的情形，人保公司是明知且持一种放任的态度，故即使在保险期限内因被保险车辆未及时年审导致保险公司的责任风险加大，保险公司自身亦有责任。因此，许某强因交通事故产生的损失仍应由人保公司在交强险和商业第三者责任险责任限额内承担赔偿责任，不足部分由粟某、丁某承担。

四川省华蓥市人民法院依照《中华人民共和国道路交通安全法》第七十六条第一款第一项，《中华人民共和国侵权责任法》第六条、第十六条、第二十二条、第四十八条、第四十九条，《最高人民法院关于审理道路交通事故损害赔偿案件适用法律若干问题的解释》第十六条、第十七条，《最高人民法院关于审理人身损害赔偿案件适用法律若干问题的解释》第十七条、第十八条、第十九条、第二十条、第二十一条、第二十二条、第二十三条、第二十四条、第二十五条、第二十八条以及《中华人民共和国民事诉讼法》第六十四条第一款之规定，作出如下判决：

一、被告人保公司于本判决生效后十日内向原告许某强支付205498.34元，向被告丁某支付14100.73元；

二、驳回原告许某强对被告粟某、丁某的诉讼请求；

三、驳回原告许某强的其他诉讼请求。

被告人保公司不服一审判决，提出上诉。四川省广安市中级人民法院经审理认为：确定保险公司能否免责应以保险免责条款的约定为基础，结合机动车未按规定年检是否明显增加了风险发生的概率为标准加以衡量。首先，保险公司未对事故车辆年检情况进行审核，甚至可能系明知事故车辆未进行年检的情形下，仍然接受承保，在保险事故发生后主张按照合同约定不承担保险责任显失公正。其次，在案证据不能证明事故车辆未年检与保险事故的发生存在必然的因果关系，故一审法院判定人保公司承担保险责任正确。

四川省广安市中级人民法院依照《中华人民共和国民事诉讼法》第一百七十条第一款第一项规定，作出如下判决：

驳回上诉，维持原判。

【法官后语】

交强险与商业三者险是我国机动车投保的两个主要险种。《机动车交通事故责任强制保险条例》第三条规定，交强险是指由保险公司对被保险机动车发生道路交通事故造成本车人员、被保险人以外的受害人的人身伤亡、财产损失，在责任限额内予以赔偿的强制性责任保险。商业三者险通常表述在保险合同条款中，即保险期间内，被保险人或其允许的合法驾驶人在使用被保险机动车过程中发生意外事故，致使第三者遭受人身伤亡或财产直接损失，依法应当由被保险人承担的损害赔偿责任，保险人依照合同约定，对于超过机动车交强险各分项赔偿限额上的部分负责赔偿。以上可以看出，商业三者险是交强险的补充，二者在投保意愿、归责原则、赔偿范围、免赔率等方面存在显著的区别。

基于商业三者险的法律性质，围绕本案的争议焦点，产生了两种不同的观点：

第一种观点认为，根据《最高人民法院关于审理道路交通事故损害赔偿案件适用法律若干问题的解释》（2012 年）第十六条的规定，商业三者险应当严格根据保险合同约定进行赔偿，商业三者险的性质不同于交强险，不具有强制性。因此，保险公司是否在商业三者险中赔偿，应当严格按照保险合同的约定，充分尊重保险合同自治的原则。商业保险合同中明确约定了机动车未按规定检验或检验不合格的，保险公司有权主张免赔，且保险公司对该免责条款履行了提示和明确说明义务，故本案保险公司不应在商业三者险中赔偿。

第二种观点认为，被保险车辆的年检事项，属于交管部门行政管理的范畴，未按期年审并不等于车辆必然存在安全技术隐患。而确定保险公司能否在商业三者险中免赔应以商业保险合同免责条款的约定为基础，同时结合未按规定年检是否明显增加了风险发生概率的标准进行判断。本案车辆虽逾期年检，但不能证明事故的发生与未进行安全检验之间存在必然的因果联系，而事后该车又通过了年检。因此，本案保险公司的抗辩理由不成立，其仍应在商业三者险中予以赔偿。

笔者赞同第二种观点，即保险公司在明知机动车未正常年检的情况下承保，事后又以未年审为由要求在商业三者险中不承担赔偿责任的，人民法院不予支持。理由如下：

首先，机动车是否年检与交通事故的发生不具有必然的因果关系。机动车年检属于行政管理措施，通常由环保部门、技术质量监督部门、公安机关交通管理部门分别对其主管的项目进行检测，并出具检测结果。2017 年 10 月 7 日修订的《中华人民共和国道路交通安全法实施条例》第十六条规定："机动车应当从注册登记之日起，按照下列期限进行安全技术检验……（二）载货汽车和大型、中型非营运载客汽车 10 年以内每年检验 1 次；超过 10 年的，每 6 个月检验一次……"该规定属于行政管理规定范畴，不按规定年审的违法行为依法应由公安机关交通管理部门予以行政处罚。机动车年检的目的在于及时消除机动车的安全隐患，较少交通事故的发生，保障人民生命财产安全。但是机动车未及时年审并不能认定事故车辆必然存在安全技术隐患，而事后案涉机动车又通过了年审，因此说明本次交通事故的发生不是由于车辆的技术缺陷导致。

其次，商业三者险赔偿应以意思自治为基础，同时又不能违背公平之原则。如前所述，商业三者险具有自愿性，一般情况下，确定保险公司能否在商业三者险中免赔应遵循商业保险合同免责条款的约定。但对于个案的处理，仍需考虑两个因素，一是机动车未按规定检验或检验不合格是否明显增加了风险发生的概率；二是保险公司是否尽到合理审查的义务。按照保险行业规定，保险公司在办理保险业务时应对投保车辆行驶证件进行审查，本案事故车辆在投保时已经逾期年检，可以推定保险公司对此是明知的，其依然选择承保并收取保费，视为保险公司对责任风险加大持一种放任的态度。事故发生后，保险公司主张按照商业保险合同约定，且自身已经履行了格式条款的提示和说明义务为由主张免赔，显然不符合权利义务相对等的原则。

最后，应综合考虑商业三者险独特的社会价值。车辆投保商业三者险的初衷是为了在发生交通事故后，由保险公司在保险合同范围内予以赔偿，减轻责任方的经济压力，使受害方得到更好的赔偿。若简单地认为肇事车辆未年检属于免赔情形，不符合投保以分散社会风险之缔约目的，同时有违《中华人民共和国民法典》及保险立法尊重社会公德与诚实信用的原则，不能达到预期的社会效果和法律效果。

《中华人民共和国民法典》对机动车交通事故责任的规定，是在《中华人民共和国侵权责任法》的基础上，吸收了2012年11月29日起施行的《最高人民法院关于审理道路交通事故损害赔偿案件适用法律若干问题的解释》的部分条款，最终形成了十个法律条文。但是，对于在明知机动车未正常年检的情况下承保后，保险公司又以未年审为由要求在商业三者险中不承担赔偿责任的问题，无法直接在《中华人民共和国民法典》侵权责任编中找到适用的条文，这就需要结合《中华人民共和国民法典》总则确立的诚信原则以及社会主义核心价值观弘扬的社会公德，综合认定保险公司的理赔责任。

编写人：四川省华蓥市人民法院　罗丹

157 商业保险免责条款是否有效应根据订立合同时该条款是否合理判断，而非从免责事由在具体保险事故中的“参与度”判断

——黄某枝诉吴某记等机动车交通事故责任案

【案件基本信息】

1. 裁判书字号

福建省厦门市中级人民法院（2019）闽 02 民终 97 号民事判决书

2. 案由：机动车交通事故责任纠纷

3. 当事人

原告（被上诉人）：黄某枝

被告（被上诉人）：吴某记、保险公司

被告（上诉人）：陈某山

被告：货运公司

【基本案情】

2017 年 3 月 31 日，吴某记驾驶赣 B×××××号重型自卸货车倒车时与黄某枝驾驶的闽 E×××××的中型普通货车相碰撞，致黄某枝受伤，车辆不同程度受损，事故认定吴某记负全部责任，黄某枝无责任。经鉴定黄某枝的伤残等级为七级伤残附加一处九级伤残、一处十级伤残。黄某枝因伤造成的各项损失共计 716645.10 元。陈某山有垫付 3 万元。交强险部分的赔偿金额 122000 元已获理赔。

赣B×××××号重型自卸货车登记所有人为货运公司，使用性质为货运，该车辆实际所有人为陈某山，陈某山将车辆挂靠甲物流公司从事货运。吴某记事故发生时系陈某山雇用的司机，并系履行货物运输任务的职务行为。吴某记已取得准驾车型A2驾驶证，本案审理过程中吴某记、陈某山在法院指定的期限内未提交吴某记的道路货物运输资格的从业资格证。

赣B×××××号货车商业险投保于保险公司，由乙物流公司代为投保，被保险人陈某山，商业第三者责任险保险金额为150万元，并投保有不计免赔，事故发生在保险期间。在商业险投保单尾部“投保人声明”处记载“本人已经仔细阅读保险条款和特别约定，尤其是字体加粗部分的条款内容，并对保险公司就保险条款内容的说明和提示完全理解，没有异议，申请投保”。乙物流公司在投保人处盖章确认。《中国保险行业协会机动车辆综合商业保险示范条款》第二章机动车第三者责任保险“责任免除”部分的第二十四条中约定驾驶出租汽车或营运性机动车无交通运输管理部门核发的许可证书或者其他必备证书，保险人不负赔偿责任。

黄某枝起诉要求保险公司在保险范围内赔偿各项损失715453.91元（已扣除交强险部分），其他被告承担连带赔偿责任。保险公司以本案存在商业险免赔事由为由主张商业险免赔。

【案件焦点】

吴某记未取得道路货物运输资格的从业资格证驾驶货运车辆从事货物运输时发生交通事故能否成立商业第三者险免赔。

【法院裁判要旨】

福建省厦门市思明区人民法院经审理认为：从事道路货物运输依法应先取得道路从业资格证是《中华人民共和国道路运输条例》第二十二条及《道路运输从业人员管理规定》第十条的规定。从业资格是对道路运输从业人员所从事的特定岗位职业素质的基本评价。经营性道路客货运输驾驶员和道路危险货物运输从业人员必须取得相应从业资格，方可从事相应的道路运输活动。根据上述行政法规、部门规章的规定，驾驶员从事货物运输，除持有符合规定的机动车驾驶证外，还必须经过考试合格取得道路运输从业资格证书，道路从业资格证书为从事货物运输的必备证件。本案保险公司明确在保险合同免责条款中约定“驾驶出租汽车或营运性机动车无交通运输管理部门核发的许可证书或者其他必备证书”，保险公司不负责赔偿，该条款将行政法规、部门规章的禁止性规定列入保险合同的免责范围，并未免除保险人依法应当承担的义务或者加重投保人、被保险的责任，也未排除投保人、被保险人或者受益人依法享有的权利的。根据《中华人民共和国保险法》规定，保险公司对保险免责条款的明确说明和提示义务的对象限于投保人，中华联合财产保险公司厦门分公司就本案保险免责条款在投保单等保险凭证上对投保人进行了提示和说明，投保人亦在投保单上盖章确认，应认定为中华联合财产保险公司厦门分公司已履行了提示和明确说明义务，上述保险免责条款对保险合同当事人均具有法律效力。对于中华联合财产保险公司厦门分公司主张因肇事车辆赣B×××××号驾驶员未取得道路货物运输从业资格证违反保险合同约定，其因此不予承担保险责任的意见予以采纳。

吴某记系陈某山雇用的司机，其系在履行货物运输任务过程中致人损害，其雇主陈某山应当承担赔偿责任。根据交警事故认定书，吴某记在事故中承担事故全部责任，对事故的发生具有重大过错，应与雇主陈某山承担连带赔偿责任。陈某山将肇事的赣B×××××号车辆挂靠在货运公司名下经营，挂靠单位货运公司应与陈某山承担连带赔偿责任。

福建省厦门市思明区人民法院依照《中华人民共和国道路交通安全法》第七十六条，《中华人民共和国侵权责任法》第六条、第十六条、第二十二条，《最高人民法院关于审理人身损害赔偿案件适用法律若干问题的解释》第九条、第十七条、第十九条、第二十条、第二十一条、第二十二条、第二十三条、第二十四条、第二十五条、第二十八条，《最高人民法院关于审理道路交通事故损害赔偿案件适用法律若干问题的解释》第三条、第十五条、第十六条，《最高人民法院关于适用〈中华人民共和国保险法〉若干问题的解释（二）》第十一条、第十三条，《中华人民共和国民事诉讼法》第六十四条、第一百四十四条的规定，作出如下判决：

一、陈某山、吴某记、货运公司应于本判决生效之日起十五日内赔偿黄某枝各项经济损失564645.10元；

二、驳回黄某枝的其他诉讼请求。

陈某山不服一审判决，提出上诉。福建省厦门市中级人民法院经审理同意一审法院的裁判意见，依照《中华人民共和国民事诉讼法》第一百七十条第一款第一项之规定，作出如下判决：

驳回上诉，维持原判。

【法官后语】

本案的争议焦点是吴某记未取得道路货物运输资格的从业资格

证驾驶货运车辆从事货物运输时发生交通事故能否成立商业第三者险免赔。就广泛存在于各保险公司机动车商业第三者险条款中的“驾驶出租汽车或营运性机动车无交通运输管理部门核发的许可证书或者其他必备证书”这一免赔事由，一旦在具体的案件中出现该情节，立刻会成为各方争议的焦点，毕竟免赔一旦成立，对各被告的赔偿责任分配的影响是巨大的。实践中，对该条款的适用，有以下做法：1. 无论是否支持适用该条款，一般都要先审查保险人是否履行免责条款的告知义务，一旦保险人无法证明已经向投保人履行了告知义务，则直接认定保险人未尽到告知义务，不予适用该条款。2. 如果驾驶员虽然不具备道路货物运输资格的从业资格证，但已经取得准驾肇事车辆的车辆驾驶证的，认为驾驶员实际上已经具备了驾驶肇事车辆的技术水平，道路货物运输资格的从业资格证属于对货运行业驾驶员的行政管理手段，不具备该证书不会增加事故发生的概率，因此认为该条款不具备合理性，属于排除保险人义务，加重被保险人义务的情形，认定为无效，商业险免赔不成立。3. 就是本案中的观点，认为经营性道路货物运输驾驶员应当按照行政法规和部门规章的要求取得道路货物运输资格的从业资格证，保险人将行政法规、部分规章的明确要求作为免赔事由不会加重被保险人负担，在保险人已经尽到对免责条款告知义务的前提下，可以适用该免赔条款。

扩展开来讲，除了本案中涉及的免责条款之外，在司法实践中，无论是在机动车交通事故案件还是其他的保险纠纷案件中，一旦案件存在保险条款免责事由规定的情形，对于免赔条款是否有效就会成为案件审理的焦点。部分裁判者会以免责事由在具体保险事故中的“参与度”作为判断是否免赔的标准，一旦认为案件中的具体免赔事由并不会明显增加保险事故发生的概率，便认为不应适用该条款。本文作者认为保险合同作为一种商业合同，应当尊重意思自治原则。判断商业保险免责条款是否有效应根据订立合同时该条款是否合理来判断。综观各类保险合同条款中的免责条款，绝大多数的免责条款之所以会成为免责条款，是因为从宏观上看，这些免责情形往往同时都是具有违法性的或者高度危险性的。只要是能够尽到审慎义务的完全民事行为能力人，就应该明白应当避免存在免责条款中规定的情形，只要这一点能够成立，那么即使在实际的保险事故中免责条款规定的情况对事故的发生并没有起到实际的“促进”作用，也应当承认免责条款的效力。因为双方在订立保险合同时，无法预见到免责情形在实际发生保险事故时对造成事故后果的“参与度”如何，如果在保险事故发生后，以免责事由是否增加事故发生的概率作为判断免责事由能够成立的切入点，一方面会造成由于受法官主观性的影响导致判断标准不一；另一方面也会损害到合同的意思自治原则。因此，本文认为判断保险免责条款是否有效，应当从保险合同签订时约定该条款是否合理的角度来判断。

本案例编写于2020年年初，彼时各商业保险公司参照使用的机动车第三者责任保险条款是《中国保险行业协会机动车综合商业保险示范条款》（2014版），该版本条款第二十四条中规定了机动车商业第三者险保险人的免责事由，其中该条第二项第六点即本案涉及的免责情形。2020年9月，中国保险行业协会推出2020版机动车综合商业保险示范条款。在新版的保险条款中，商业第三者险的免责条款中删去了“驾驶出租汽车或营运性机动车无交通运输管理部门核发的许可证书或者其他必备证书”这一项。随着时间的推移，使用旧版保险条款的保险合同终将慢慢到期，本案涉及的争议焦点会逐渐在司法实践中消失，但是本案中反映出的裁判思想仍然具有可借鉴之处，因为在众多保险事故中，引发保险事故的直接原因并非免责事由涉及的情形。分析此类争议焦点时，应当充分尊重意思自治原则，肯定合同条款对当事人的约束力。

编写人：福建省厦门市思明区人民法院　吕宁

158　社会治安保险中第三者责任保险理赔问题

——熊某芬诉人保公司、郑某君机动车交通事故责任案

【案件基本信息】

1. 裁判书字号

湖北省宜昌市中级人民法院（2020）鄂05民终22号民事判决书

2. 案由：机动车交通事故责任纠纷

3. 当事人

原告（被上诉人）：熊某芬

被告（上诉人）：人保公司

被告（被上诉人）：郑某君

【基本案情】

2018年10月30日，郑某君驾驶无号牌普通二轮摩托车（车架号AAA，系郑某君所有，其持有的机动车销售统一发票上购买方名称为郑某君）与横过街道的行人熊某芬相撞，造成熊某芬、郑某君受伤的道路交通事故。经交警大队认定，郑某君负事故主要责任，熊某芬负事故次要责任。当天熊某芬被送往医院住院治疗，出院诊断为：腰1椎体骨折、I级脑外伤（脑震荡）、全身多

处软组织损伤、腰椎骨质增生；出院医嘱为：1. 出院带药继续巩固治疗，2. 卧床静养1个月后复查腰椎CT。经鉴定，熊某芬伤残等级为十级。熊某芬因此次交通事故所受损失共计65091.6元，郑某君在熊某芬住院期间，已垫付医疗费8093.89元。

郑某君在人保公司投保了湖北社会治安保险，保险费为240元，保险期间为2018年10月9日至2019年10月8日，保障项目包括家庭财产保险和人身意外伤害保险。家庭财产保险保障内容共12项，其中第9项为“电动自行车盗抢保险（扩展存放室内院内有牌和暂未上牌摩托车、二轮及三轮电动车）”；第12项为“附加自行车/助动车第三者责任保险（含二轮的暂未上牌摩托车、二轮及三轮电动车）”。

案涉保险告知单中“附加自行车/助动车第三者责任保险”项后填写的车架号为BBB（系郑某君从他处购买的二手车，非本案肇事车辆），保障内容载明：“导致第三者伤残，责任限额为80000元，导致第三者受伤的医疗费用责任限额为10000元（每次事故绝对免赔额100元，给付比例80%）。”保险告知单“特别说明”部分载明：“本方案适用条款和特别约定详见背面‘保险须知’。”保险告知单背面所附“保险须知”第七条约定：“《湖北省分公司家庭财产综合保险附加自行车/助动车第三者责任保险条款》保险责任为：凡被保险人自有的、并持有正规发票的自行车/助动车，在被保险人使用过程中发生道路交通事故，致使第三者遭受人身伤亡。”“保险须知”同时载明：“本保单仅承担被保险人室内或院内的电动车盗抢（扩展有牌和暂未上牌照的摩托车、二轮及三轮电动车），且每户仅赔付一台，以投保清单载明的车架号为准……”

【案件焦点】

在肇事车辆与保险告知单明确载明车辆不一致的情况下，人保公司是否应承担社会治安保险所附加第三者责任保险的赔付责任。

【法院裁判要旨】

法院生效裁判认为：关于人保财产宜昌分公司是否承担保险责任的问题，人保公司主张按照保险告知单上关于附加自行车/助动车第三者责任保险的约定，肇事车辆不属于保险标的。经查，该告知单中“特别说明”部分第1条为“本方案适用条款和特别约定详见背面‘保险须知’”，而保险须知第七条“《湖北省分公司家庭财产综合保险附加自行车/助动车第三者责任保险条款》关于保险责任的内容为：凡被保险人自有的，并持有正规发票的自行车/助动车，在被保险人使用过程中发生道路交通事故，致使第三者遭受人身伤亡”。根据上述约定，结合保险告知单中“含二轮的暂未上牌摩托车”的内容，人保公司不得依据保险告知单排斥“保险须知”的适用。也就是说，郑某君只要符合“保险须知”约定的“自有的，并持有正规发票”的条件，人保公司就应当承担赔偿责任。

湖北省远安县人民法院一审作出判决：

一、人保公司在社会治安保险中的“家庭财产综合保险附加助动车第三者责任保险”范围内按照合同约定赔偿熊某芬护理费5760元、残疾赔偿金44791.5元、交通费400元、精神损害抚慰金2000元及医疗费（含住院伙食补助费）7808.08元，以上合计60759.58元；

二、郑某君赔偿熊某芬3876.02元，已支付8093.89元，多支付4217.87元，由熊某芬返还郑某君；

三、驳回熊某芬的其他诉讼请求。

人保公司不服一审判决，提起上诉。湖北省宜昌市中级人民法院判决：

驳回上诉，维持原判。

【法官后语】

本案中，郑某君投保了社会治安保险，该险种附加有自行车/助动车第三者责任保险，但其驾驶自有摩托车发生交通事故后，保险公司拒绝赔付，其理由在于保险告知单上填写的车架号与肇事车辆的车架号不一致，意指肇事车辆并不包含在保险范围之内。本案一审、二审承办人均注意到保险告知单与其后面所附保险须知内容不一致（保险告知单将摩托车所致交通事故赔偿责任纳入承保范围，保险须知则排除适用），而将二者结合起来考察，综合认定凡投保人自有且有正规发票的摩托车（非仅限于自行车或助动车，亦非仅限于保险单上明确载明车架号的摩托车）肇事所致赔偿责任当属本案保险标的，判令保险公司承担赔偿责任，维护了受害人的利益。

本案中首先解决的问题是，保险告知单将保险须知中规定的承保范围作了一定程度的扩充，即对摩托车所致交通事故第三人损失承诺承保，那么应该以哪一个约定为准，答案是显而易见的，保险告知单系投保人手动填写，保险须知系格式条款，两者内容不相一致时，以手写的保险告知单为准当无疑议。

接下来需要解决的第二个问题，就是在保险告知单上载明的车架号所指向的摩托车，并非本案肇事摩托车，还能否认定保险公司的赔偿责任。二审法院在判决书中就保险标的所作释义，保险标的指的是保险保障的对象；在责任保险中，保险标的则是被保险人的民事损害责任而非车辆，但并非投保人驾驶所有车辆所产生的民事损害赔偿责任都应该由承保的保险公司承担，而应仅限于投保车辆，故本案中第三者责任保险投保车辆的确定是解决保险公司责任不可逾越的问题。需要注意的是，社会治安保险是一种综合性或复合型的保险，既包括家庭财产保险，也包括人身意外伤害保险，并且附加有第三者责任保险，故其保险的标的亦为复合型，因此，在考察保险公司责任的时候，必须根据不同的保险明确不同的保险标的。就本案第三者责任保险来看，虽然在保险告知单上载明有车架号，但作用相当于保险条款的“保险须知”仅在特别约定第1条（电动自行车盗抢保险每户仅赔付一台，以投保清单载明的车架号为准）中提及车架号的作用，据以明确盗抢险的保险标的。而对于第三者责任保险，并未要求填写车架号以确定承保范围，仅要求“被保险人自有”且“有正规发票”，故无法得出保险告知单上所载车架号系为了约束或限制第三者责任保险的承保范围的结论。换言之，保险告知单上所载明的车架号应理解为回应盗抢险仅赔付一台的约定，而非第三者责任保险。

诚然，前后条文的不一致必然产生理解上的分歧，但保险公司作为合同及合同条款的制定者，其完全有能力且有条件将其承保意愿通过更准确、更清晰的约定表达出来，其未尽此义务导致歧义产生，只有让其承担不利的后果，方能敦促合同条款的完善。本案中保险公司在推出案涉社会治安保险之前，有能力对附加的第三者责任保险承保范围进行明确而未明确，应视为保险公司对承保范围除文字载明的限制外，再无其他限制。因此，在肇事车辆属郑某君所有，且有正规发票的情况下，人保公司应对熊某芬予以赔偿。

最后需要说明的是，投保人购买的社会治安保险仅需支付240元，除财产损失、人身损害赔偿额度外，在发生交通事故时，还可获得最高 100000 元的理赔金额，其购买门槛低、理赔标准高的优势，在社会上特别是在广大农村有很大市场，能够在最大限度上维护交通事故受害人的利益，同时也减轻了肇事司机的赔偿责任和经济损失。

但是从另一方面来看，案涉社会治安保险将第三者责任险作为其附加险种，尤其是将无证摩托车、三轮车所致第三者损害作为保险标的，在一定程度上放任甚至纵容了无牌无证摩托车上路行驶，增加了道路交通安全隐患的风险，对机动车强制责任保险的推行产生了一定的反作用，故建议保险公司对于此类保险标的的确定以及合同条文的拟定，应持更加审慎和严谨的态度。

编写人：湖北省宜昌市中级人民法院　张晓燕　王俊

159　损伤参与度的考量

——王某某诉卞某某、财险公司机动车交通事故责任案

【案件基本信息】

1. 裁判书字号

江苏省无锡市中级人民法院（2019）苏 02 民终 4367 号民事判决书

2. 案由：机动车交通事故责任纠纷

3. 当事人

原告（被上诉人）：王某某

被告：卞某某

被告（上诉人）：财险公司

【基本案情】

2018年4月19日19时03分许，卞某某驾驶苏B×××××小型轿车沿230省道由北向南行驶至179公里700米处时，与由东向西横过道路王某某驾驶的人力三轮车发生碰撞，造成王某某受伤、车辆损坏的交通事故。宜兴市公安局交通警察大队认定：卞某某承担事故的主要责任，王某某承担事故的次要责任。卞某某是涉案机动车车主，财险公司承保了交强险和限额1000000元的商业三者险（含不计免赔险）。经司法鉴定，王某某因颅脑损伤致精神障碍被评定为七级伤残，又因颅脑损伤致脑软化被评定为十级伤残，其定残时76周岁。卞某某在事故发生后已付王某某38597.98元，财险公司已付交强险10000元。要求被告赔偿各项损失142230.56元及承担本案诉讼费和鉴定费。

【案件焦点】

受害人王某某因自身疾病，其中包含自身机体老化，与交通事故的外伤共同导致的损伤是否需要计算损伤参与度的问题。

【法院裁判要旨】

江苏省宜兴市人民法院经审理认为：王某某因颅脑损伤致精神障碍被评定为七级伤残，又因颅脑损伤致脑软化灶被评定为十级伤残，前者为智能损害，后者系机体损伤，两者并非同一部位重复评残。司法鉴定意见书分析认为王某某自身大脑病理改变是其“器质性智能损害”的基础，但该司法鉴定意见书同时载明“被鉴定人在此次车祸前虽已存在自身脑部病理改变，但没有明显精神异常的表现”，虽然王某某个人体质对于损害后果的发生具有一定影响，但这种影响仅仅是客观上的介入因素，无法律上的因果关系，亦非侵权责任法上规定的过错。王某某不应因个人情况对交通事故导致的伤残存在一定影响而自负相应责任，否则有违公平原则，故法院对财险公司要求精神伤残按照 70%赔付的抗辩意见不予采信。判决如下：

一、财险公司赔偿王某某 130746.64 元，返还卞某某 38597.98 元，上述款项于本判决发生法律效力之日起十日内付清；

二、驳回王某某的其他诉讼请求。

财险公司不服原审判决要求考虑相适应的损害参与度比例，提起上诉。无锡市中级人民法院经审理认为：就财险公司二审主张根据王某某具体情况以及相关“老年脑改变”带来的疾病具有不可逆的持续性特征，应当按照相应参与度确定其应当赔偿的金额。但是，“老年脑改变”不可逆的持续性病变能否量化、能否准确确定该病变对于在无外力因素介入下的被上诉人王某某仍将在较短时期内致其精神障碍且在相当概率下能够达到七级伤残的病变程度，对该事实上诉人财险公司未提供任何相应证据或者医学理论予以证明。在无其他证据表明被上诉人王某某对其脑部遭受外力损害存在明显过错或者其行为对遭受损失存在扩大的情况下，鉴于其所获残疾赔偿金的计算仅以五年为标准，一审法院据此未将其自身疾病的参与度考虑到残疾赔偿金及精神损害抚慰金的计算之中，并无不当。

综上，一审法院认定事实清楚，适用法律正确，所作判决应予维持。

【法官后语】

损伤参与度本身是一个法医学概念，是为了明晰交通事故中原有疾病与交通事故损伤分别对受害者死亡或伤残影响的比例关系。

其本质是损伤占疾病发生的比例，是以损伤为前提。审判实践中主要的损伤参与度类型，对交通事故伤残等级构成影响的当事人的自身因素主要包括：1. 自身体质；2. 自身疾病；3. 自身外伤（含医疗事故）。

本案的争议焦点就是受害人王某某因自身疾病，即其中包含的自身机体老化，与交通事故的外伤共同导致的损伤是否需要计算损伤参与度的问题。

两级法院均认为王某某的大脑退行性改变不应考虑损伤参与度的比例，从两个不同的方面进行了论证。笔者也赞同该观点，具体的理由如下：

1. 受害人对疾病的退行性改变主观无过错。本案中王某某的"老年脑改变"（脑白质缺血性改变、脑萎缩），也系自然规律，随着年龄增长，身体老年化导致的，因此加重受害人的责任承担不甚合理。即使因为生活、饮食等不规律的原因导致的受害人自身疾病或自身体质脆弱，而与交通事故共同导致某种伤残，此种生活习惯上的不健康不规律也系个人自由及选择，不能构成法律上的过错。

2. 退行性改变是客观因素，对损害结果并无法律上的因果关系。本案中王某某个人体质对于损害后果的发生具有一定影响，但这种影响仅仅是客观上的介入因素，无法律上的因果关系，亦非侵权责任中规定的过错。一审法院以该理由否认了财险公司的抗辩。

3. 考虑退行性改变的损伤参与度对受害人而言有违公平。该类人群，如没有交通事故外力影响，均可以正常生活、工作和学习，该体质并未成为生活上的障碍，交通事故外伤的介入导致其无法正常生活、工作，交通事故与损害后果具有完全因果关系。此时如考虑损伤参与度，对该类人群明显不公平。

4. 考虑退行性改变的损伤参与度要有足够的证据及评判依据。根据“谁主张，谁举证”的原则，若要计算退行性改变的参与度，就必须明晰退行性改变的此种疾病占损伤中的比例。正如二审法院所论述的，“老年脑改变”不可逆的持续性病变能否量化、能否准确确定该病变对于在无外力因素介入下受害人是否在较短时期也有相当概率下能够达到交通事故精神障碍七级伤残的病变程度，对该事实财险公司需提供相应证据或者医学理论加以证明。而在无其他证据表明王某某对其脑部遭受外力损害存在明显过错或者其行为对遭受损失存在扩大的情况下，不再计算损伤参与度，才更加符合实际。

编写人：江苏省宜兴市人民法院　钱晨

160　网约车停运损失赔偿权利人的认定标准

——王某忠、郭某彬诉出租公司、保险公司机动车交通事故责任案

【案件基本信息】

1. 裁判书字号

北京市第一中级人民法院（2019）京 01 民终 10721 号民事判决书

2. 案由：机动车交通事故责任纠纷

3. 当事人

原告（被上诉人）：王某忠、郭某彬

被告（上诉人）：出租公司

被告：保险公司

【基本案情】

郭某彬是出租公司的出租司机，出租公司是车牌号京B××××××号机动车所有人，该车辆在保险公司投保交强险。2018年8月31日凌晨50分许，王某忠驾驶京BZ××××小轿车途经北京市海淀区上清桥由东向北正常行驶时，适有郭某彬驾驶出租公司所有的京B×××××号车辆由东向北追尾王某忠车辆。事故造成两车不同程度损坏、王某忠受伤。该事故经北京市公安局公安交通管理局海淀交通支队清河大队认定郭某彬负全责。王某忠就其伤情赴中国人民解放军第一附属医院治疗，诊断为：1. 颈椎病；2. 颈髓损伤。

出租公司（甲方）与王某忠（乙方）签订有《劳动合同书》《承包营运合同书》《〈承包营运合同书〉补充协议》。《承包营运合同书》中未约定"乙方承包金定额"的具体数额。《〈承包营运合同书〉补充协议》约定，甲方车辆为预约出租车，不安装计价器，乙方承包甲方车辆后需接受政府认可的预约出租车平台的调派，不能将车辆用于巡游揽客，乙方承包金由预约出租车平台代付。

【案件焦点】

王某忠是否有权主张其驾驶的京BZ××××小轿车的营运损失。

【法院裁判要旨】

北京市海淀区人民法院认为，机动车发生交通事故造成人身伤害的，由保险公司在机动车第三者责任强制保险责任限额范围内予以赔偿；不足的部分，由当事人依法赔偿。本案中，郭某彬驾驶出租车与王某忠驾驶车辆发生交通事故，经公安机关交通管理部门认定，郭某彬负事故的全部责任，庭审中，双方当事人对此均无异议，法院予以确认。因郭某彬系出租公司司机，其从事的是职务行为，相应法律责任应由出租公司承担。

关于各赔偿项目：医疗费、交通费以法院核实为准。营养费一项法院根据王某忠伤情酌定7日，以每日30元计算；护理费一项不予支持；误工期法院确定为90日；误工费的计算，其中固定工资部分以王某忠提供的民生银行明细为准，即2019年9月至11月公司因此次事故而减少发放的工资差额；奖金部分参照王某忠前五个月的平均水平计算。至于营运损失，虽然承包运营合同写明承包金为0，但根据行业惯例，王某忠在受伤期间停运应产生相应损失，由法院酌情判定。关于精神损害抚慰金，因王某忠的伤情未构成伤残等级，故法院对王某忠该项主张不予支持。

综上，王某忠的损失包括：医疗费386031元、营养费210元、交通费400元、误工损失为12586元、营运损失为28500元，合计45556.31元。

综上所述，依照《中华人民共和国侵权责任法》第六条、第十六条、第二十二条、第四十八条，《中华人民共和国道路交通安全法》第七十六条，《最高人民法院关于审理道路交通事故损害赔偿案件适用法律若干问题的解释》第十四条、第十六条、第二十二条规定，判决如下：

一、人保公司于本判决生效后七日内在机动车第三者责任强制保险限额内赔偿王某忠医疗费、营养费为4070.31元；误工费、交通费共 12986 元；

二、出租公司于本判决生效后七日内赔偿王某忠营运损失共 28500 元；

三、驳回王某忠的其他诉讼请求。

出租公司不服一审判决，向北京市第一中级人民法院提起上诉。

北京市第一中级人民法院经审理认为：根据各方当事人的诉辩主张，本案的争议焦点在于王某忠是否有权主张其驾驶的京 BZ××××小轿车的营运损失。《最高人民法院关于审理道路交通事故损害赔偿案件适用法律若干问题的解释》（法释〔2012〕19 号）第十五条规定，因道路交通事故造成下列财产损失，当事人请求侵权人赔偿的，人民法院应予支持：（一）维修被损坏车辆所支出的费用、车辆所载物品的损失、车辆施救费用；（二）因车辆灭失或者无法修复，为购买交通事故发生时与被损坏车辆价值相当的车辆重置费用；（三）依法从事货物运输、旅客运输等经营性活动的车辆，因无法从事相应经营活动所产生的合理停运损失；（四）非经营性车辆因无法继续使用，所产生的通常替代性交通工具的合理费用。该条司法解释规定的"当事人"是指依法享有损害赔偿请求权的机动车或非机动车一方。

本案中，王某忠驾驶的京 BZ××××小轿车营运性质为网络预约出租车（以下简称网约出租车），系合法营运车辆，该车辆因本次交通事故停驶，确实会造成相应的营运损失。但需要说明的是，在营运模式上，王某忠驾驶的网约出租车不同于传统意义上的巡游出租车。网约出租车的营运需要通过互联网上的预约出租车平台（以下简称网约车平台）进行，乘客通过网约车平台进行约车，并通过移动支付方式向网约车平台支付运费，网约车平台再按照约定的分成比例将营运收入在网约车平台、网约出租车所有人、网约出租车驾驶员之间进行分配。当网约出租车因交通事故停运时，网约出租车驾驶员的损失为其误工收入损失，网约出租车所有人的损失为营运损失。而传统巡游出租车营运过程中，乘客将运费直接支付给出租车驾驶员，出租车驾驶员每月再按照承包营运合同中约定的“承包金定额”向出租车公司交纳承包金，即所谓“份儿钱”。当巡游出租车因交通事故停运时，巡游出租车驾驶员的收入会减少，但由于承包营运合同中约定的“承包金定额”为明确固定的金额，使得巡游出租车驾驶员向出租车公司交纳的承包金不因交通事故停驶而改变，车辆停驶产生的营运损失并未由出租车公司承担而是转嫁至巡游出租车驾驶员一方。因此，巡游出租车驾驶员的损失中应包括其误工收入损失和车辆营运损失。根据上述分析，网约出租车营运过程中发生交通事故停驶时，网约出租车驾驶员不是车辆营运损失的赔偿请求权主体。

就本案而言，根据王某忠提交的证据以及个人陈述，京 BZ×××× 小轿车的所有人为出租公司，王某忠与出租公司签订的《承包营运合同书》中并未约定“乙方承包金定额”的具体金额，《〈承包营运合同书〉补充协议》约定王某忠的承包金由预约出租车平台代付，王某忠自认 2018 年 9 月 1 日到 2019 年 1 月 23 日的所谓承包金其并未向出租公司交纳，综合以上事实可以认定，王某忠主张的所谓“承包金”损失对其而言并未发生。换言之，王某忠并非京 BZ×××× 小轿车营运损失的赔偿请求权主体。据此，王某忠在本案中主张营运损失，不应得到支持。

综上所述，出租公司的上诉请求成立，应予支持。保险公司经法院传票传唤，无正当理由拒不到庭，法院依法缺席判决。依照

《中华人民共和国侵权责任法》第三条，《最高人民法院关于审理道路交通事故损害赔偿案件适用法律若干问题的解释》第十五条，《中华人民共和国民事诉讼法》第一百四十四条、第一百七十条第一款第二项、第一百七十四条规定，判决如下：

一、维持北京市海淀区人民法院（2019）京 0108 民初 19733 号民事判决第一项；

二、撤销北京市海淀区人民法院（2019）京 0108 民初 19733 号民事判决第二项、第三项；

三、驳回王某忠的其他诉讼请求。

【法官后语】

道路交通事故责任纠纷案件中的营运损失，即经营性车辆的停运损失，是指被侵权人用于货物运输、旅客运输或者汽车租赁等经营活动的车辆，无法从事相应经营活动而产生的损失。按照直接损失和间接损失的标准来划分，营运损失应属于间接损失（即可得利益的减少）。《最高人民法院关于审理道路交通事故损害赔偿案件适用法律若干问题的解释》（法释〔2012〕19 号）（以下简称《2012 年解释》）第十五条[①]，将“营运损失”作为道路交通事故财产损害赔偿项目之一予以规定，明确了“营运损失”的可赔偿性。经营性车辆营运损失的赔偿权利人，通常为车辆的所有人或对车辆享有

---

① 《最高人民法院关于审理道路交通事故损害赔偿案件适用法律若干问题的解释》第十五条规定：因道路交通事故造成下列财产损失，当事人请求侵权人赔偿的，人民法院应予支持：（一）维修被损坏车辆所支出的费用、车辆所载物品的损失、车辆施救费用；（二）因车辆灭失或者无法修复，为购买交通事故发生时与被损坏车辆价值相当的车辆重置费用；（三）依法从事货物运输、旅客运输等经营性活动的车辆，因无法从事相应经营活动所产生的合理停运损失；（四）非经营性车辆因无法继续使用，所产生的通常替代性交通工具的合理费用。

使用、收益的权利人。出租车作为经营性车辆，因交通事故造成“营运损失”时，其赔偿权利人应根据出租车的服务和营运模式予以认定。

出租车作为城市综合交通运输体系的重要组成部分，是城市公共交通的补充，为社会公众提供个性化运输服务。出租车服务方式主要包括“巡游”和“网约”两种。“巡游出租车经营服务”（以下简称巡游出租车）是指可在道路上巡游揽客、站点候客，喷涂、安装出租汽车标识，以七座及以下乘用车和驾驶劳务为乘客提供出行服务，并按照乘客意愿行驶，根据行驶里程和时间计费的经营活动。“网络预约出租车经营服务”（以下简称网约出租车）是指以互联网技术为依托构建服务平台，整合供需信息，使用符合条件的车辆和驾驶员，提供非巡游的预约出租汽车服务的经营活动。[①] 在传统出租车行业被“互联网”改变前，出租车的经营服务基本上都是巡游模式。

目前在我国，出租车营运属于特许经营，只有具有相应经营权的出租车公司才有权进行营运，而个人无权进行营运。“巡游”模式中，出租车驾驶员必须与出租车公司签订劳动合同及承包运营协议后，才能驾驶出租车公司的车辆从事营运。出租车驾驶员与出租车公司之间存在一种特殊的劳动关系，出租车驾驶员每月按照承包营运协议中约定的“承包金定额”向出租车公司交纳承包金，即所谓“份儿钱”。出租车公司则对驾驶员进行管理，包括交纳各种社会保险以及个人所得税。双方既非简单的劳动关系，亦非单纯的承包关系。巡游出租车在营运过程中，乘客将运费直接支付给出租车驾驶

---

① 《网络预约出租汽车经营服务管理暂行办法》第二条第二款。

员。这就使得经营性车辆的“营运收益损失风险”因承包金的收取，已由出租车公司（出租车所有人）转移给了出租车驾驶员（基于合同关系而对车辆享有使用、收益的权利人）。当巡游出租车因交通事故停运时，出租车驾驶员的收入会减少，但由于承包营运协议中约定的“承包金定额”为明确固定的金额，使得出租车驾驶员向出租车公司交纳的承包金不因交通事故停驶而改变。出租车驾驶员已交纳的承包金即成为该出租车的营运损失，出租车驾驶员成为营运损失的赔偿权利人。因此，巡游出租车停驶损失中包括驾驶员的误工收入损失和车辆营运损失。

网约出租车则不同于巡游出租车，其营运需要通过互联网上的预约出租车平台（即网约车平台）进行，乘客通过网约车平台进行约车，并通过移动支付方式向网约车平台支付运费，网约车平台再按照约定的分成比例将营运收益在网约车平台、网约出租车所有人、网约出租车驾驶员之间进行分配。从运费支付和收入分配方式来看，网约出租车驾驶员已经没有了巡游出租车驾驶员需要承担的“份儿钱”。网约出租车作为经营性工具，其营运收益在乘客“即时交易”时已经由网约车平台直接支付给了网约出租车所有人。当网约出租车因交通事故停运时，营运收益的损失并未发生在网约出租车驾驶员身上，而是由网约出租车所有人承担。因此，在网约出租车运营模式下，营运损失的赔偿权利人应是网约出租车所有人，并非网约车驾驶员，除非两者权利义务发生重合。就本案而言，王某忠与出租公司签订的《承包营运合同书》中未约定“乙方承包金定额”的具体数额，且王某忠自认未向出租公司支付相应的“承包金”，上述事实可进一步佐证王某忠并不是该网约出租车营运损失的赔偿权利主体。

网约出租车作为“互联网+出行”的新型业态，主要存在三种营运模式，不同的营运模式决定了网约车所有人、网约车平台与驾驶员之间的不同权利义务关系。第一种模式是自营模式，即网约车平台自己买车、自己雇驾驶员，也就是说，车是网约车平台的车，驾驶员是网约车平台的人。第二种模式是两级平台模式，即第三方平台给从事网约出租车业务的平台提供一个接口，乘客可以通过第三方平台选择不同的网约车平台提供服务。第三种模式是中介模式，即平台提供中介服务，驾驶员带车入驻平台，也就是说，车不是平台的车，驾驶员也不是平台的人。本案中，王某忠驾驶的网约出租车就是第一种营运模式，出租公司作为网约车所有人是出租车营运损失的赔偿权利人，王某忠作为驾驶员并非赔偿权利人。而第二种和第三种营运模式中，网约车所有人与网约出租车驾驶员通常为同一人，网约出租车驾驶员往往使用自己所有的车辆通过网约车平台进行营运，此种情况下营运损失的赔偿权利人也“合二为一”。由此可见，网约出租车不同的营运模式，决定着营运损失赔偿权利人的不同认定。

综上，在交通事故案件中，出租车营运损失的赔偿权利人的认定，因出租车营运模式的“互联网化”“大数据化”发生了改变。网约出租车与巡游出租车的营运模式不同，其营运利益和营运风险，由网约车所有人直接承受。因此，网约出租车营运损失的赔偿权利人是网约车所有人，而不再是网约车驾驶员。

2021年1月1日施行的《中华人民共和国民法典》未吸收《2012年解释》第十五条规定的内容。但是，2020年12月27日修正后的《最高人民法院关于审理道路交通事故损害赔偿案件适用法律若干问题的解释》第十二条保留了《2012年解释》第十五条的内容。可见，《中华人民共和国民法典》的施行和司法解释的修正，并未改变此类案件的裁判依据和审理思路。本案的裁判理由仍具有现实指导意义。

编写人：北京市第一中级人民法院　张琦

161　未年审车辆是否应在机动车商业第三者责任保险范围内承担责任

——郜某桐诉李某、保险公司机动车交通事故责任案

【案件基本信息】

1. 裁判书字号

湖北省武汉市中级人民法院（2019）鄂01民终10500号民事判决书

2. 案由：机动车交通事故责任纠纷

3. 当事人

原告（被上诉人）：郜某桐

被告（被上诉人）：李某

被告（上诉人）：保险公司

【基本案情】

2017年9月25日16时许被告李某驾驶鄂A×××××号小型面包车，沿武汉市江汉区长港路由西向东行驶至长港路超市门前停车后开启驾驶室车门时，遇刘某安驾驶武汉S×××××号电动自行车沿长港路由西向东行驶至此。由于被告李某开车门时妨碍了其他

车辆通行，导致所开启的驾驶室车门与刘某安驾驶的电动自行车右侧相撞，造成刘某安向左侧摔倒在地，此时张某胜驾驶的鄂 A9×××××号小型普通客车沿长港路由东向西逆向行驶至此将摔倒在地的刘某安碾轧拖行，致刘某安当场死亡。同年 10 月 23 日武汉福田爱民司法鉴定中心对鄂 A×××××号小型面包车的车辆性能进行检验鉴定，认定该转向系、制动系、照明信号装置均符合安全技术条件，车身及车身附件在事故前完好。11 月 6 日武汉市公安局江汉区交通大队出具《道路交通事故通知书》，认定被告李某及张某胜负该事故同等责任，刘某安无责任。肇事车辆鄂 A×××××号小型面包车在被告保险公司购买了机动车交通事故责任强制保险和人民币 50 万元商业第三者责任保险并约定不计免赔，并在事故发生前未按照规定期限进行安全技术检验。原告郜某桐系刘某安唯一直系近亲属。

【案件焦点】

车辆在事故发生前未年审，是否应当在机动车商业第三者责任保险范围内承担赔偿责任。

【法院裁判要旨】

湖北省武汉市江汉区人民法院经审理认为：本案中肇事车辆在事故发生前未按照规定期限进行安全技术检验的情况属实，但该车辆经鉴定部门检验在事故发生时性能符合安全技术条件，因此未年审行为并未增加发生交通事故风险，也未导致被告保险公司承保风险的提高，因此一审法院判决：

一、被告保险公司于本判决生效之日起十日内赔偿原告郜某桐损失人民币 198964 元；

二、驳回原告部某桐的其他诉讼请求。

保险公司不服一审判决，向湖北省武汉市中级人民法院提起上诉，二审法院维持原判。

【法官后语】

投保车辆逾期年审发生交通事故免责事由是以被保险人违反法定或约定义务为前提条件的免责条款，虽其存在具有正当性但也需受到规制。

1. 车辆未年审与交通事故发生是否存在因果关系。车辆年审，是指根据《中华人民共和国道路交通安全法实施条例》及《机动车运行安全技术条件》规定，取得正式号牌和行驶证的车辆必须每年一次到具有相应资质的检验机构给车辆做检验，及时消除车辆安全隐患，敦促车辆及时检修，以降低交通事故发生率。《中华人民共和国道路交通安全法》（2021 年修正）第十三条规定，对登记后上道路行驶的机动车，应当依照法律、行政法规的规定，根据车辆用途、载客载货数量、使用年限等不同情况，定期进行安全技术检验。年检仅仅是对车辆检验的一种督促，未年检的车辆上路时，对其更多的是行政处罚。发生交通事故，在责任承担上应根据道路交通安全法规定，根据交通事故当事人的行为对发生交通事故所起的作用以及过错的严重程度来确定。在事故认定中，除规定的肇事逃逸负全责外，其余的无证、无牌、未年审等情形并不必然导致事故发生，因此没有增加交通事故发生的风险，与交通事故的发生并不必然具有因果关系。另外，交通事故发生后，对车辆性能进行相关技术鉴定，如果鉴定结果显示车辆在刹车、制动等方面不符合安全技术标准，肇事车辆事故风险程度增加存在安全隐患，且该因素与交通事故的发生存在因果关系，保险公司据此主张免责的，人民法院应予以支持；但是鉴定肇事车辆在事故发生时性能符合安全技术标准，并未增加发生交通事故风险而导致保险公司承保风险的提高，故仅仅因为车辆未年检而减轻保险公司的责任是不恰当的。

2. 保险人是否履行提示及说明义务。对于被告保险公司辩称其在保险合同中已经就车辆未年检造成事故进行了免责约定，故其不应该承担赔偿责任。免责条款作为格式条款，在订立合同的过程中，提供格式条款一方即本案中的保险公司并不与相对方就格式条款的内容进行协商，格式条款具有不变性，提供的一方具有说明的义务。在本案被告保险公司未举证证明其在订立合同时进行了相关说明，其应当在机动车商业第三者责任限额范围内承担赔偿责任。

编写人：湖北省武汉市江汉区人民法院　李琍　王思远

162 无证擅自驾驶他人车辆造成交通事故责任承担及保险赔偿的认定

——何某芳诉邱某强等机动车交通事故责任案

【案件基本信息】

1. 裁判书字号

北京市第三中级人民法院（2019）京03民终8595号民事判决书

2. 案由：机动车交通事故责任纠纷

3. 当事人

原告（被上诉人）：何某芳

被告（被上诉人）：邱某强、李某文

被告（上诉人）：任某阳、保险公司

【基本案情】

2018年11月22日上午，邱某强驾驶李某文所有的轻型普通货车由西向东行驶至北京市密云区密兴路某村口路段时，与任某阳所骑同向行驶的电动两轮车左侧接触，后普通货车左前部又与何某芳所骑由东向西行驶的电动两轮车前部接触，造成任某阳、何某芳受伤、三车损坏。经查，邱某强系无证、超速驾驶，任某阳未按规定让行。公安交通管理部门认定邱某强负事故主要责任，任某阳负次要责任。何某芳之伤被诊断为：腹部闭合性损伤、前颅窝底骨折、左侧多发肋骨骨折、肺挫伤、肾损伤、肝损伤、骨盆骨折、右侧眼眶骨折、L4椎体骨折等20余处损伤。何某芳自行支付医疗费152574.69元、医疗器械费450元。

李某文为何某芳垫付医疗费90000元。李某文经营数辆大货车从事交通运输职业。邱某强所驾事故车辆在保险公司投保交强险及责任限额为1000000元不计免赔的商业三者险，事故发生在保险期内。

【案件焦点】

1. 将法律、行政法规禁止性规定情形作为保险合同免责条款的免责事由，保险人对免责条款提示说明义务如何认定；2. 车辆管理人对车辆管理存在过失时，应否对交通事故受害人承担损失赔偿责任；3. 当事人对交通事故认定有异议时的救济途径及法院对交通事故认定书如何认定。

【法院裁判要旨】

北京市密云区人民法院经审理认为：公安交通管理部门认定邱某强负事故主要责任，任某阳负次要责任，法院予以确认。邱某强、李某文应对何某芳合理损失承担70%的赔偿责任，任某阳承担30%的赔偿责任。邱某强提供的证据不能证实事故当天系受李某文指派驾车救援，即不能证明其系履行职务行为。邱某强作为完全民事行为能力人，在应当知道未取得机动车驾驶资格不得驾驶机动车上道路行驶的情况下，仍驾驶机动车上道路行驶，发生交通事故造成他人损害，应承担相应责任。李某文作为车辆所有人，对车辆负有管理责任，其长期将车钥匙放置于车内，严重疏于对车辆的管理，亦应承担相应责任。综合考虑双方责任，在保险理赔限额外法院酌定邱某强、李某文各承担己方应承担责任的50%的赔偿责任。邱某强虽系无证驾驶，但不影响保险公司在交强险限额内承担何某芳因人身损害所造成经济损失的赔偿责任。保险人将法律、行政法规中的禁止性规定情形作为商业保险合同免责条款的免责事由，应对该条款作出提示，即保险人在对免责条款采取特别标识后，还应主动向投保人出示该条款，提醒投保人注意该条款的存在。保险公司提交的李某文电子投保链接材料，不能证实保险公司已向李某文告知保险免赔事项的条款，故对保险公司之答辩意见不予采纳。

北京市密云区人民法院依照《中华人民共和国侵权责任法》第十六条、第四十九条，《中华人民共和国保险法》第十七条第二款、第六十五条，《中华人民共和国道路交通安全法》第七十六条第一款第二项，《最高人民法院关于审理道路交通事故损害赔偿案件适用法律若干问题的解释》第十八条第一款之规定，判决如下：

一、被告保险公司于本判决生效之日起十日内，在交强险限额内赔偿原告何某芳医疗费 10000 元、医疗器械费 450 元；

二、被告保险公司于本判决生效之日起十日内，在商业三者险限额内赔偿原告医疗费 998002.28 元；

三、被告任某阳于本判决生效之日起十日内赔偿原告何某芳医疗费 42772.41 元；

四、驳回原告何某芳的其他诉讼请求。

任某阳、保险公司不服一审判决，提起上诉。北京市第三中级人民法院经审理认为：任某阳并未对交通事故认定书提出过复核申请，其所提交证据不能证明交通事故认定书对责任划分存在不当，故对其不应承担责任的主张不予采信。关于保险公司的其他上诉请求，二审法院同意一审法院裁判意见。

北京市第三中级人民法院依照《中华人民共和国民事诉讼法》第一百七十条第一款第一项之规定，作出如下判决：

驳回上诉，维持原判。

【法官后语】

第一，关于保险公司将法律、行政法规禁止性规定情形作为商业保险合同免责条款的免责事由，保险人提示说明义务的认定。《中华人民共和国保险法》第十七条第二款规定，保险人对免除保险人责任的条款，应当在订立合同时在保险单等保险凭证上作出提示并对该条款进行明确说明，否则该条款不产生效力。《最高人民法院关于适用〈中华人民共和国保险法〉若干问题的解释（二）》第十条规定，保险人将法律、行政法规中的禁止性规定情形作为保险合同免责条款的免责事由，保险人对该条款作出提示后，投保人、被保险人或者受益人以保险人未履行明确说明义务为由主张该条款不生效的，人民法院不予支持。通过对比上述两个法条可以看出，对于将法律、行政法规中的禁止性规定情形作为保险合同免责条款的免责事由，保险人仅需要对该条款做出提示即可。此处的提示应理解为不仅要在保险凭证上对免责条款做出足以引起投保人注意的标识，还应当主动向投保人出示该条款，使投保人注意到保险条款中存在着行为人违反禁止性规定将导致保险人责任免除的条款。将法律、行政法规中的禁止性规定情形作为保险合同免责条款的免责事由，一般包括无证驾驶、酒后驾驶等情形。之所以对此类免责条款履行提示说明义务相对宽松，是因为这些法律、行政法规的禁止性条款，投保人理应理解其概念、内容，只是不知道违反禁止性规定将导致保险人免责的后果。本案中，保险人没有主动向投保人出示该条款，以致投保人未注意到该条款的存在及导致免除保险人保险责任的后果，故该免责条款不生效，保险人应承担保险责任。

第二，关于机动车所有人或者管理人的过错责任问题。本案事故发生时适用的《最高人民法院关于审理道路交通事故损害赔偿案件适用法律若干问题的解释》（2012 年施行，以下简称道路交通事故司法解释）第二条规定，未经允许驾驶他人机动车发生交通事故造成损害，当事人依照《中华人民共和国侵权责任法》第四十九条的规定请求由机动车驾驶人承担赔偿责任的，人民法院应予支持。机动车所有人或者管理人有过错的，承担相应的赔偿责任，但具有《中华人民共和国侵权责任法》第五十二条规定情形的除外。上述道路交通事故司法解释于 2020 年进行修正，修正后的司法解释第一条规定与上述规定一致。本案中，车辆管理人长期将车钥匙放于车内，对车辆疏于保管或管理，并间接促成了交通事故的发生，应承担相应的责任。因此，法院根据驾驶人和车辆管理人的过错程度，判定车辆管理人李某文承担驾驶人邱某强一方应承担责任的50%的赔偿责任。《中华人民共和国民法典》第一千二百一十二条规定，未经允许驾驶他人机动车，发生交通事故造成损害，属于该机动车一方责任的，由机动车使用人承担赔偿责任；机动车所有人、管理人对损害的发生有过错的，承担相应的赔偿责任，但是本章另有规定的除外。本案的处理也符合《中华人民共和国民法典》的最新规定。

第三，关于当事人对交通事故认定有异议时的救济途径及法院对交通事故认定书认定相关问题。《道路交通事故处理程序规定》规定，当事人对道路交通事故认定有异议的，可以自道路交通事故认定书送达之日起三日内提出书面复核申请。当事人逾期提交复核申请的，不予受理。上一级公安机关交通管理部门对道路交通事故认定的事实、证据、适用法律、责任划分、认定程序等进行审查，并作出复核结论。事故发生时适用的道路交通事故司法解释第二十七条规定，公安机关交通管理部门制作的交通事故认定书，人民法院应依法审查并确认其相应的证明力，但有相反证据推翻的除外。2020年修正的道路交通事故司法解释第二十四条对此作了相同规定。交通管理部门作为专业的交通事故认定部门，具有专业的知识、丰富的事故处理经验以及调取卷宗录像便利等优势，当事人如对事故事实及责任认定有异议应首先选择向交通管理部门提出复核申请。如果当事人未在收到事故认定书时提出复核，到法院审理阶段，除非当事人能提出相反证据推翻事故认定，否则法院原则上确认事故认定书的效力。

编写人：北京市密云区人民法院　张维霞　任显荣

163 续保合同中保险公司对商业三者险免责条款仍应承担提示说明义务

——杨某花等诉保险公司等机动车交通事故责任案

【案件基本信息】

1. 裁判书字号

浙江省丽水市中级人民法院（2019）浙11民终1392号民事判决书

2. 案由：机动车交通事故责任纠纷

3. 当事人

原告：杨某花、廖某达、廖某云、廖某

被告（上诉人）：保险公司

被告（被上诉人）：李某涛、魏某明、运输公司

【基本案情】

原告杨某花系赵某兰的母亲，原告廖某达系赵某兰的丈夫，原告廖某云、廖某系赵某兰的女儿。被告李某涛系豫B×××××号重型半挂牵引车/豫B7×××号重型平板半挂车的驾驶员，被告魏某明系案涉车辆实际车主，被告运输公司系案涉车辆登记所有人，被告保险公司系案涉车辆交强险、商业三者险的承保单位。2019年5月22日晚，被告李某涛驾驶豫B×××××号重型半挂牵引车/豫B7×××号重型平板半挂车，从丽水往青田方向行驶，当日20时8分许，途经温寿线（G330）87千米+975米路段，与从某村驶入该路段由原告廖某达驾驶的无号牌三轮电动车（搭载赵某兰）发生碰撞，造成赵某兰当场死亡、三轮车损坏以及原告廖某达受伤的

道路交通事故。经青田县公安局交通警察大队认定，李某涛、廖某达负同等责任，受害人赵某兰无责任。事故发生后，案涉车辆交强险、商业三者险承保单位保险公司提供了案涉车辆的保险单并认为被告李某涛没有按照驾驶证载明的准驾车型驾驶机动车，符合人保财险公司商业三者险免责条款，保险公司应免除商业三者险限额内的相应赔偿责任。被告运输公司、李某涛、魏某明叙述称案涉车辆商业险系运输公司代实际车主投保，投保时并未向经办人提供保险条款，也没有对驾驶与准驾车型不符的机动车的免责条款进行解释和说明。经查明，案涉车辆保险单中的保险条款系保险公司单方出具的格式合同条款，对于其真实性予以认定，但并无投保人签字盖章，不能证明被告保险公司对该商业三者险合同中的相关免责条款已尽提示说明义务。被告保险公司依法应当对原告超出交强险责任限额部分损失在商业三者险限额内承担赔偿责任。

【案件焦点】

1. 被告李某涛驾驶不符合驾驶证准驾车型的车辆发生交通事故，被告保险公司是否需要在商业三者险责任限额内承担赔偿责任；2. 签订续保合同时，沿用之前的保险条款的，保险公司是否对其中的免责条款仍负提示说明义务。

【法院裁判要旨】

浙江省青田县人民法院经审理认为：驾驶人驾驶与准驾车型不符的车辆发生交通事故时，保险公司主张其与被保险人签订的第三者责任险合同中已用免责条款形式约定免除赔偿责任的，保险公司应负举证责任，证明已对责任免除的相关条款进行充分解释说明，否则保险公司不应免除商业三者险限额内的赔偿责任。本案中，案涉车辆的交强险和商业三者险保险合同系续保合同，该合同均由运输公司代实际车主投保。在签订续保合同时，是由保险公司收取费用后直接将保单邮寄给投保人。本案被告保险公司不能举证证明在签订续保合同时已将保单及保险条款交给投保人签字并已告知责任免除的相关条款，应认定对免责条款未尽提示说明义务。因此，被告保险公司不应免除商业三者险限额内的赔偿责任。

浙江省青田县人民法院依照《中华人民共和国保险法》第十七条，《最高人民法院关于适用〈中华人民共和国保险法〉若干问题的解释（二）》第十一条的规定，作出如下判决：

被告保险公司于判决生效后十日内在交强险范围内赔偿原告杨某花、廖某达、廖某云、廖某经济损失110000元；在商业三者险范围内赔偿原告杨某花、廖某达、廖某云、廖某经济损失258481.5元。

被告保险公司不服一审判决，提起上诉。浙江省丽水市中级人民法院经审理认为：上诉人保险公司主张续保合同可以沿用之前的约定，但是续保合同是一份独立的合同，保险公司依然应当履行对免责事由进行特别提示及说明义务，本案中，保险公司并未提供证据证明对该续保合同中的免责条款已尽提示义务，因此上诉人保险公司应当在商业三者险范围内承担赔偿责任。

浙江省丽水市中级人民法院依照《中华人民共和国民事诉讼法》第一百七十条第一款第一项之规定，作出如下判决：

驳回上诉，维持原判。

【法官后语】

驾驶不符合驾驶证准驾车型的车辆发生交通事故，保险公司是否需要在商业三者险限额内承担赔偿责任。从审判实践看，有两种不同观点：

第一种观点认为，驾驶员驾驶与准驾车型不符的车辆应视为无证驾驶，保险公司仅在交强险限额内承担责任并有权向侵权人追偿，免除商业三者险限额内的赔偿责任。该观点依据是《中华人民共和国道路交通安全法》第十九条规定：驾驶人应当按照驾驶证载明的准驾车型驾驶机动车；驾驶机动车时，应当随身携带机动车驾驶证。《最高人民法院关于审理道路交通事故损害赔偿案件适用法律若干问题的解释》第十五条规定，驾驶人未取得驾驶资格和未取得相应驾驶资格的，保险公司在交强险责任限额范围内即使赔偿的，亦有权向侵权人追偿。一般而言，保险合同的免责条款需由保险人履行合理提示和明确说明义务方能生效。但根据《最高人民法院关于适用〈中华人民共和国保险法〉若干问题的解释（二）》第十条规定，对于法律法规的禁止性规定作为免责条款的，保险人仅需对该条款履行提示义务即可。保险公司将准驾车型不符作为商业三者险的免责事由，无须作明确说明。投保人应当明确知晓驾驶与准驾车型不符的机动车系违法行为，已构成商业三者险的免责情形。

第二种观点则认为，驾驶人驾驶与准驾车型不符的车辆发生交通事故时，保险公司主张其与被保险人签订的商业三者险合同中已用免责条款形式约定免除赔偿责任的，保险公司应负举证责任证明已对责任免除的相关条款进行充分解释说明，否则保险公司不应免除第三者责任险限额内的赔偿责任。笔者更倾向于后一种观点，保险合同说明义务规则的立法目的在于，绝大多数的保险合同属于格式合同，保险条款都是由保险人事先拟定的，合同条款拟定之初，保险人一般都会站在己方立场上反复研究推敲，慎重拟定。而投保人一般不具保险专业知识，对保险合同中的一些专业术语和免责内容，需要保险人予以充分地解释说明，明确双方的权利义务关系，使得投保人在签订保险合同之初就有充分的知情权和选择权。保险人对保险条款中的免责条款具有明确说明的义务体现了保险法上的最大诚信原则，同时实现民法上实质意义上的意思表示真实和意思表示自由。同时，保险合同中约定的免责条款通常是在保险人不遵守相关规定而产生违法行为的情况下，保险公司是可以免责的，对免责条款的明确说明义务同时也有对保险人的警示说明作用，以免责为后果，警戒保险人在驾驶机动车时注意遵守相关规范，避免发生违法行为而致使保险公司免责，产生的不利后果由其自身负责。在本案中，案涉车辆的商业三者险系续保，在投保时由保险公司收取费用后直接将保单邮寄至投保人处，而投保人否认收到过保险合同条款及保险单。在实务中，有不少保险公司在与保险人签订续保合同时认为，在第一次与投保人签订保险合同时，已就相应免责条款的内容向投保人进行提示和说明，免责条款在第一次签订保险合同时已经发生效力。而续保合同为前一保险合同的延续，在保险条款与免责条款内容不变的前提下，续保合同以投保人默认合同条款为前提而签订，因此保险人无须再对续保合同的条款进行说明。即使投保人实际未阅读该保险条款，也应由投保人自行承担产生的不利后果。笔者认为，续保合同是一份独立的合同，保险公司依然应当履行对免责条款进行特别提示以及说明义务。在实际操作中，不乏与本案类似的情形，续保合同由挂靠公司代车主投保，批量化续保造成很多保险合同并未经真正的车主签收，也未向实际车主交付保单，因此保险合同中的免责条款车主是不知情的，也未予以重视。在与案涉车辆类似的情形下，交通事故造成的损失通常是巨大的，而实际车主对保险条款中的免责条款不知情，却要承担巨额的赔偿义务，于双方的合同义务而言是显失公平的。批量化续保的现象应得到重视，续保合同中的责任免除条款以及法定责任免除条款，保险公司仍需履行醒目设计和印刷、回答询问、要求投保人签收责任免除条款、获取投保人声明这四项义务。在本案中，被告保险公司不能举证证明与被告运输公司在签订续保合同时对合同中责任免除的相关条款已尽说明提示义务，因此该免责条款不产生效力，被告保险公司应当在商业三者险限额内承担赔偿义务。

编写人：浙江省青田县人民法院　吴京晶

164　交强险"空白期"发生交通事故保险公司仍需赔偿

——王某荣诉财险公司等机动车交通事故责任案

【案件基本信息】

1. 裁判书字号

安徽省阜阳市中级人民法院（2019）皖 12 民终 5480 号民事判决书

2. 案由：机动车交通事故责任纠纷

3. 当事人

原告（被上诉人）：王某荣

被告（上诉人）：财险公司

被告（被上诉人）：马某友、李某辉

【基本案情】

2019 年 1 月 21 日 19 时许，马某友驾驶皖 A×××××号小型轿车，沿阜南县王堰镇 Y062 乡道某村至苦庄南北路由南向北行驶至单某虎家北50来米处，因接打电话，遇情况操作不当，撞到路边行人王某荣，造成王某荣受伤的道路事故。阜南县公安局交警大队作出道路事故认定书，认定：马某友负事故全部责任；王某荣无责任。

李某辉系肇事的皖A×××××号小型轿车所有人，马某友借用车辆发生事故，无证据证明李某辉在将该车出借给马某友时存有过错。该车在财险公司投有商业三者险500000元，不计免赔；交强险在财险公司收投保款时间为2019年1月21日12时12分，生成保单时间为2019年1月21日12时14分，保单打印时间为2019年1月22日17时，保单上的保险期间自2019年1月22日0时起至2020年1月21日24时止。该保单特别约定内容为：尊敬的客户：投保次日起，您可通过本公司网页、客服电话、营业网点核实保单及理赔等信息。若对查询结果有异议，请联系本公司……重要提示内容为：1. 请详细阅读保险条款，特别是责任免除和投保人、被保险人义务；2. 收到本保险单后，请立即核对，如有不符或疏漏，请及时通知保险人并办理变更或补充手续；3. 保险费应一次性交清，请您及时核对保险单和发票（手续），如有不符，请及时与保险人联系……

经安徽省阜南县人民法院核算，王某荣合理损失合计88925.70元。马某友已付王某荣3500元。

【案件焦点】

1. 在保险“空白期”发生的交通事故，交强险合同是否生效；2. 保险人是否承担赔偿责任。

【法院裁判要旨】

安徽省阜南县人民法院经审理认为：交强险具有社会公益性和法定性，其目的是救济因交通事故遭受损害的第三者权益，最终维护社会公共利益。李某辉于2019年1月21日12时12分缴纳保费，按照普通人理解，李某辉认为此时起保险合同已经生效，车辆即获得保障。投保后，财险公司未及时将投保单交付李某辉，即未告知李某辉合同生效时间，故保险单中关于合同生效时间的约定无效，财险公司应在交强险限额内赔偿。故判决如下：

一、财险公司于本判决生效之日起十日内在机动车责任强制保险限额内赔偿王某荣各项损失50621.20元；

二、财险公司于本判决生效之日起十日内在机动车责任商业保险限额内赔偿王某荣各项损失36404.50元；

三、马某友于本判决生效之日起十日内赔偿王某荣鉴定费1900元（马某友已付王某荣3500元，在执行时扣除后多余部分，由王某荣予以返还）；

四、驳回王某荣对李某辉的其他诉讼请求。

宣判后，财险公司不服，提起上诉，安徽省阜阳市中级人民法院同意一审法院裁判意见，判决如下：

驳回上诉，维持原判。

【法官后语】

保险合同是最大诚信合同，最大诚信原则是保险法基本原则。《中华人民共和国保险法》第五条规定："保险活动当事人行使权利、履行义务应当遵循诚实信用原则。"最大诚信原则的内容主要通过保险合同双方的诚信义务来体现，于保险人而言主要体现在告知说明义务。

交强险是强制保险，具有明显社会公益和法定性，不允许存在脱保，否则无法实现交强险及时、有效保障受害人利益及维护交通安全的功能和作用。针对保险期间条款，中国保险监督管理委员会下发《关于加强机动车交强险承保工作管理的通知》（保监厅函〔2009〕91号），该通知及复函亦规定投保人在投保机动车交强险时可提出交强险保单出单时“即时生效”。根据保监会通知及复函精神，保险公司作为专业的保险人，有义务就保险期间何时开始对作为普通消费者的投保人作出明确告知。

对于初次投保交强险，或是交强险到期后续保的车辆，保险人接受投保时应该知晓车辆将处于保险“空白期”，该状态对投保人利益有重大影响。实务中普遍存在投保人缴费、保险人出单，双方基本不对保单载明的保险期间做交流现象，尤其是在投保人通过网络、转账给保险公司工作人员等方式远程投保时，可能一段时间后才能见到保单，知晓保单记载内容。此时仅能认定投保人知晓保监会制定的统一的交强险保险条款，该条款对保险期间的规定仅为“交强险合同的保险期间为一年，以保险单载明的起止时间为准”。投保人无从知晓在其投保后才出具的保单上印制的保险期间自何时开始。《中华人民共和国保险法》第十三条规定：“投保人提出保险要求，经保险人同意承保，保险合同成立。保险人应当及时向投保人签发保险单或者其他保险凭证。保险单或者其他保险凭证应当载明当事人双方约定的合同内容。当事人也可以约定采用其他书面形式载明合同内容。依法成立的保险合同，自成立时生效。投保人和保险人可以对合同的效力约定附条件或者附期限。”若保险人未履行该义务，投保人不知保险单有此记载，产生争议时，无法认定该内容为当事人双方约定的合同内容，故而应适用“依法成立的保险合同，自成立时生效”。

具体到本案，保险合同成立后，保险公司未及时将投保单交付投保人，即未告知投保人合同生效时间，故双方并未就合同生效时间达成合意，保险单中对合同效力所附期限的约定无效，应认定合同自成立时生效，保险人应在交强险限额内赔偿。

交强险零时生效条款争议焦点在于该条款属于格式条款中的免责条款还是保险合同特别约定条款，我国法律法规并没有明确的规定，若认定为关于保险期限的特别约定条款则对该条款是否应尽告知说明义务存在分歧。本案发生于《中华人民共和国民法典》实施之前，《中华人民共和国民法典》与《中华人民共和国保险法》属于一般法和特别法的关系。诚信原则作为民法最重要的基本原则，被称为民法的“帝王条款”，是社会主义核心价值观的重要内容，《中华人民共和国民法典》也对此作出了专门规定，故本案例未纠结于该条款的性质，而是直接基于诚信原则对保险人有义务明确告知保险责任开始时间进行论证，该论证在《中华人民共和国民法典》施行后同样成立。《中华人民共和国民法典》实施后在我国民商事法律体系中居于统领地位，可以预见，《中华人民共和国保险法》等特别法将遵循《中华人民共和国民法典》立法精神和基本原则进行修改。建议在对保险相关法律法规进行修改时明确规定，保险责任自保险合同生效之时开始，但经当事人双方协商同意的，从其约定，保险公司应对与投保人协商并征得其同意承担举证责任。

编写人：安徽省阜阳市中级人民法院　姚斌　王楠楠

165 网络投保中保险人主动履行免责条款提示义务的认定
——冯某萍诉林某锋等机动车交通事故责任案

【案件基本信息】

1. 裁判书字号

广东省佛山市中级人民法院（2020）粤06民终1675号民事判决书

2. 案由：机动车交通事故责任纠纷

3. 当事人

原告（上诉人）：冯某萍

被告（上诉人）：林某锋

被告（被上诉人）：林某城、保险公司

【基本案情】

2019年1月25日15时40分许，林某锋驾驶粤E61×××号小型普通客车时遇冯某萍驾驶无号牌电动自行车搭乘吴甲、吴乙二人，双方发生碰撞，造成冯某萍及吴甲、吴乙受伤，两车不同程度损坏的交通事故。2019年3月15日，交警部门作出《道路交通事故认定书》，认定林某锋承担事故的同等责任，冯某萍承担事故的同等责任，吴甲、吴乙不承担事故责任。

林某锋的驾驶证自2017年7月17日起至同年12月15日止，扣分已满12分。关于事故发生时林某锋的驾驶证状态，交警部门出具《情况说明》确认：2019年1月15日，民警对林某锋开具公安交通管理行政强制凭证，依法扣留林某锋的驾驶证；在事故认定作出时，由于疏忽，将超分、停止使用、扣留误写为吊销，但该违法行为对此事故的责任划分没有影响。

事故发生时，林某锋驾驶的粤E61×××号小型普通客车登记车主为林某城，该车由林某城通过网络投保的方式向保险公司投保了交强险和金额为100万元的商业三者险（含不计免赔），事故发生在保险期限内。林某锋在庭审述称，其与林某城是堂兄弟关系，其父亲从林某城处买来涉案车辆，但没有过户，其是车辆实际控制人；涉案车辆由其父亲找保险公司业务员投保，投保时仅提供了林某城的身份证照片，投保单上的签名并非林某城本人所签。诉讼中，保险公司提供的投保人投保时验证身份信息的照片，与林某锋、林某城提供的微信聊天记录中发送给昵称为“田（专业汽车年审，保险，违章）”的微信账户的林某城的身份证照片是同一张照片。

庭审中，保险公司的委托诉讼代理人展示了通过手机界面，使用投保人身份证进行网络投保的流程。诉讼中，保险公司确认上述程序中的保险条款、免责事项说明等电子单证，需要由投保人主动点击后方可展开阅读，若投保人未点击阅读保险条款，而是直接勾选“已查阅并同意以上信息”承认已阅读保险条款，可继续完成后面的投保流程。

【案件焦点】

1. 关于交警部门作出事故责任的认定是否正确；2. 保险公司在商业三者险项下可否予以免赔。

【法院裁判要旨】

广东省佛山市禅城区人民法院经审理认为：关于交警部门作出的事故责任认定效力问题。根据在案证据，事发现场的视频监控完整地记录了交通事故发生的全过程，交警在进行事故责任的分析和认定时，已将冯某萍驾驶电动自行车在机动车道上逆向行驶作为查明的事实及违反交通法规应承担事故责任的因素；至于其搭乘吴甲、吴乙的行为可能构成超载，其属于违反交通法规的行为，但并不是导致本次事故发生的原因。因此，交警部门对本案事故责任的认定事实清楚、程序合法、适用法律正确，一审法院予以支持。关于保险公司主张免除保险责任的意见是否成立的问题。首先，根据《最高人民法院关于审理道路交通事故损害赔偿案件适用法律若干问题的解释》第十八条规定，即使肇事车辆驾驶人林某锋可能存在无驾驶资格的情况下驾车发生本案交通事故的事实，保险公司依然应在交强险赔偿限额内对冯某萍承担保险赔偿责任，再依法向林某锋主张追偿权。其次，保险公司根据商业第三者责任险条款约定主张免赔的意见成立，一审法院予以支持，理由如下：其一，涉案车辆为标的物的保险合同成立。其二，根据《最高人民法院关于适用〈中华人民共和国保险法〉若干问题的解释（二）》第三条第一款的规定，林某锋、林某城在向保险公司交纳了保险费之后，既然其对保险合同成立及效力均无异议，则应视为其对保险业务员代林某城签字或者盖章行为所对应的全部行为予以追认。其三，保险公司提交的《机动车商业保险免责事项说明书》（电子版）尾页投保人签章处有“林某城”签名字样，应视为保险公司对投保人已履行了免责条款的提示和明确说明义务。其四，根据《中华人民共和国道路交通安全法》第九十九条规定，林某锋在发生本案交通事故时，其驾驶证处于被交警部门暂扣期间，保险公司有权在商业三者险范围内不负责赔偿。本案中，林某锋应对冯某萍在交强险赔偿限额外的损失承担60%的赔偿责任。根据在案证据，林某锋与林某城存在亲戚关系，林某锋的父亲委托保险业务员为肇事车辆投保，林某锋驾驶证违法扣分记录显示林某锋在 2017 年 12 月 15 日至 2019 年 1 月 25 日的扣分情况所对应的驾驶车辆均为涉案车辆。据此，林某锋、林某城两人称林某锋从 2017 年年末开始为涉案车辆实际控制人（未办理过户）的意见成立，无证据证明林某城对该车有实际经营利益，故林某城无须对冯某萍承担损害赔偿责任。

经过核算，冯某萍请求的各赔偿项目共计 144870.21 元。粤 E61×××号牌小型普通客车在保险公司处投保了交强险，保险公司应在交强险责任限额范围内赔偿冯某萍交通事故损失 3430 元。对超出交强险限额部分的损失，林某锋应承担 60%的责任，即 59971.56 元，因林某锋已向吴甲支付医疗费 4130.60 元，因吴甲是冯某萍的女儿，伤情较轻微，此部分医疗费，冯某萍实际应承担 60%的责任，即 2478.36 元，其多支出的 1652.24 元应予扣减，即其实际应赔偿冯某萍 58319.32 元。

广东省佛山市禅城区人民法院依照《中华人民共和国侵权责任法》第六条第一款、第十六条、第四十八条，《中华人民共和国道路交通安全法》第七十六条，《最高人民法院关于审理人身损害赔偿案件适用法律若干问题的解释》第十七条第一款、第二款，第十九条，第二十条，第二十一条，第二十二条，第二十三条以及《中华人民共和国民事诉讼法》第六十四条第一款之规定，作出判决：

一、保险公司于判决发生法律效力之日起十日内在交强险责任限额范围内赔偿冯某萍交通事故损失 3430 元；

二、林某锋于判决发生法律效力之日起十日内赔偿冯某萍交通事故损失 58319.32 元；

三、驳回原告冯某萍的其他诉讼请求。

冯某萍、林某锋不服一审判决，提起上诉。广东省佛山市中级人民法院经审理认为：

一、关于事故责任的认定。事故发生后，交警部门出具《道路交通事故认定书》认定林某锋、冯某萍均承担事故同等责任，虽然《道路交通事故认定书》关于林某锋驾驶证"被吊销期间"的内容有误，经交警部门纠正为"超分、停止使用、扣留期间"，但上述两种情况均属于驾驶人无驾驶资格的情况，交警部门亦明确该违法行为对事故的责任划分没有影响，因此，交警部门结合双方行为的过错程度以及对事故发生、损害后果的原因力比例，认定双方各负事故同等责任，一审法院对此予以确认并无不当。

关于保险公司在商业三者险项下可否予以免赔。1. 关于本案的免责事由。根据《中华人民共和国道路交通安全法实施条例》第二十八条规定，林某锋在驾驶证"超分、停止使用、扣留期间"的情形下仍驾驶车辆上路，违反了上述行政法规的禁止性规定。而涉案车辆投保的商业三者险保险条款明确约定"无证驾驶，驾驶证被依法扣留、暂扣、吊销、注销期间"驾驶机动车发生交通事故是保险公司的免责事由。2. 关于禁止性规定免责条款的提示义务。根据《最高人民法院关于适用〈中华人民共和国保险法〉若干问题的解释（二）》第十条的规定，保险公司据以主张免赔的免责条款内容，符合以法律、行政法规禁止性规定作为免责事由之情形，在林某锋的行为违反禁止性规定的情况下，能否直接导致保险公司免赔的法律后果，关键在于保险公司是否已履行提示义务。3. 关于提示义务的一般要求。根据《最高人民法院关于适用〈中华人民共和国保险法〉若干问题的解释（二）》第十一条第一款的规定，保险人履行提示义务应是主动履行，包括主动向投保人提供保险条款，并以合理的方式充分提示其注意。4. 关于网络投保中的提示义务。

《最高人民法院关于适用〈中华人民共和国保险法〉若干问题的解释（二）》第十二条对网络投保进行了规范，网络投保应结合其特点，由保险人主动、规范地提供提示说明义务。5. 本案保险人履行提示义务的情况。第一，保险公司确认网络投保流程中的《免责事项说明书》《机动车商业险条款》等电子单证，需要由投保人主动点击后方可展开阅读，若投保人未点击阅读保险条款，而是直接勾选“已查阅并同意以上信息”承认已阅读保险条款，可继续完成后面的投保流程。上述投保程序反映，投保人在未点击阅读保险条款的情况下，仅在形式上确认已阅读保险条款即可进入下一流程，实际上将保险人应主动履行的提示义务转为应投保人要求才履行的义务，显然不利于保护投保人。由此可见，保险公司未能在网络投保流程中主动、规范履行提示义务。即使投保人按照投保流程完成投保，并不足以证明保险公司已以合理的方式提醒投保人注意免责条款。第二，保险公司应进一步提供证据如同步录音录像等，证明投保人不仅在形式上确认已阅读保险条款，而是实质上已阅读保险条款，但保险公司未能进一步提供有效证据对此予以证明。第三，本案中，完成实名验证进入投保流程的是林某城本人还是仅持有其身份证照片的案外人、林某城的电子签名是否为其本人所签尚存在争议，即使该电子签名由林某城本人所签，因保险公司的网络投保程序设置不规范，且未能进一步提供证据证明本案投保人已实质阅读保险条款，在此情况下，由投保人签名确认仅是流于形式的确认，同样不足以证明保险公司已主动、规范履行提示义务。第四，保险公司还主张林某城交纳相应保险费的行为也应视为对保险合同以及保险人已履行提示、说明义务的追认。根据《最高人民法院关于适用〈中华人民共和国保险法〉若干问题的解释（二）》第三条第一款的规定，该条款目的在于解决由保险人或其代理人代投保人或其代理人签字或盖章的情况下保险合同的效力问题，而不应及于对保险人已履行免责条款提示、说明义务的追认。综上，因保险公司就商业三者险的免责条款未尽到提示义务，其据以主张免责的免责条款不产生法律效力。经法院核定冯某萍请求的各赔偿损失共计144870.21元。超出交强险的损失58319.32元，应由保险公司在商业三者险范围内予以赔偿。

广东省佛山市中级人民法院依照《中华人民共和国民事诉讼法》第一百七十条第一款第一项之规定，作出判决：

一、维持广东省佛山市禅城区人民法院（2019）粤0604民初13511号民事判决第一项；

二、撤销广东省佛山市禅城区人民法院（2019）粤0604民初13511号民事判决第三项；

三、变更广东省佛山市禅城区人民法院（2019）粤0604民初13511号民事判决第二项为：保险公司于本判决发生法律效力之日起十日内在商业第三者责任保险限额范围内向冯某萍赔偿损失58319.32元；

四、驳回冯某萍的其他诉讼请求。

【法官后语】

近年来，网络销售以其不受时间、地点的控制，快捷便利、信息量大、成本低等特点，逐渐成为主要的保险营销方式。在这种新形式的保险缔约过程中，免责条款提示说明义务的履行方式发生了根本性改变，保险人往往在投保流程中设置免责条款提示、说明的程序，通过予以接受或拒绝进入下一步程序的方式来保证提示说明义务的履行。在此过程中，保险人往往会基于“便利性”的考虑而忽略了对投保人合法权益的保护，因此，认定保险人是否尽到提示说明义务，应结合网络销售的特点予以考虑。本案中，法院最终认定保险公司未履行免责条款的提示义务，主要基于以下几个方面考虑：

一、禁止性规定免责条款的提示义务

本案中的免责事由属于法律、行政法规的禁止性规定，根据《最高人民法院关于适用〈中华人民共和国保险法〉若干问题的解释（二）》第十条的规定，保险人应该履行对禁止性规定免责条款的提示义务。主要考虑到以法律、行政法规中的禁止性规定情形作为免责条款的免责事由，投保人对禁止性规定的概念、内容应当理解，明显有别于其他因专业性、技术性、复杂性极强而需要保险人帮助投保人理解的免责条款，应当减轻保险人对此类免责条款的明确说明义务，但投保人即使知道并能理解法律、行政法规的禁止性规定，若保险人不向投保人说明违反禁止性规定将直接导致免除保险责任的法律后果，投保人无法得知，因此保险人必须对禁止性规定作为免责事由的格式条款进行提示。

本案中，无证驾驶或驾驶证被依法扣留、暂扣、吊销、注销期间驾驶车辆发生事故，既是保险公司的免责事由，也属于行政法规的禁止性规定，但仍应在保险公司履行免责条款的提示义务后，该免责条款才产生法律效力。

二、提示义务的一般要求

提示义务是指保险人对免除保险人责任的条款，有提醒投保人注意的义务，具体应包括两个层次，一是提供保险合同条款，二是以足以引起投保人注意的方式提醒投保人阅读、提醒投保人注意。一般认为，保险人向投保人提供了保险条款，保险条款中以较大字号、加黑加粗等可使投保人轻松识别的方式，达到足以引起投保人注意的程度，即可认为保险人已经履行提示义务。

应特别注意的是，鉴于提示义务具有先合同义务的性质、保险合同双方的信息不对称性，以及保险条款尤其是免责条款在合同履行过程中的重要性，保险人履行提示义务应是主动履行，包括主动向投保人提供保险条款，并以合理的方式充分提示其注意，而不是被动地接受投保人的要求而履行。

三、网络销售中的提示义务

《最高人民法院关于适用〈中华人民共和国保险法〉若干问题的解释（二）》第十二条结合网络销售的特点，对网络销售中提示、说明义务的履行进行了规范。而无论以任何形式订立的保险合同，均要求保险人主动履行提示义务，通过网络订立的保险合同也不例外。相较于传统的面对面的投保模式，网络投保具有即时传送及反馈、环节清晰可控、信息量大而成本低等特点，其实更有利于保险人体现提示义务的主动性并对投保过程进行留痕。保险人可运用各种网络技术加强与投保人的互动，运用网络系统预先设置好的自动程序控制投保流程，如投保过程中将保险条款的阅读程序设置于投保流程的主线中，通过主动弹出保险条款网页，设置强制停留阅读时间，完成全部保险条款阅读进度后方可进入下一环节等方式，将保险条款尤其是免责条款的阅读程序设定为投保流程中的强制必经程序，体现保险人履行提示义务的主动性，保证达到引起投保人注意的效果。

四、本案能否以投保人放弃阅读或形式上确认已阅读免责条款、已缴纳保险费认定保险人已履行提示义务

本案投保程序设置了投保人在未点击阅读保险条款的情况下，

可通过直接勾选“已查阅并同意以上信息”的方式，仅在形式上确认已阅读保险条款而进入下一环节的流程，实际上将保险人应主动履行的提示义务转为应投保人要求才履行的义务，显然不利于保护因信息不对称而处于劣势、对保险条款的重要性缺乏注意能力的投保人。提示义务作为保险人的法定义务，经明确约定尚且不能免除，更毋论由保险人通过表面上看为投保人提供了“便利”的程序设计，引导投保人以放弃自己的权利的方式予以免除。同理，基于上述投保流程的设置缺陷，由投保人签名确认“已收到保险条款，且保险人已向投保人详细介绍了条款的内容”同样仅是流于形式的确认，不足以证明保险公司已主动、规范履行提示义务。在保险公司未能进一步提供证据，如同步录音录像等，证明投保人实质上已在投保过程中阅读了免责条款的情况下，不足以认定保险公司已履行提示义务。

《最高人民法院关于适用〈中华人民共和国保险法〉若干问题的解释（二）》第三条第一款规定目的在于解决由保险人或其代理人代投保人或其代理人签字或盖章的情况下，保险合同的效力问题，投保人交纳保险费，仅表明投保人愿意订立保险合同，保险人的提示说明义务并不会因此免除，投保人通过交纳保险费对订立合同作出的追认，显然不应及于对保险人已履行提示、说明义务的追认，因此，投保人交纳保险费的行为不足以认定保险公司已履行提示义务。

综上，根据保险公司的网络投保流程设置，投保人在未点击阅读保险条款的情况下，可通过直接勾选“已查阅并同意以上信息”的方式，仅在形式上确认已阅读保险条款而进入下一环节的流程，不足以认定保险公司已依法履行提示说明义务，在保险公司未能进一步举证证明投保人已经实质上阅读了保险条款的情况下，法院认定保险公司未能在网络投保流程中主动、规范履行提示义务，该免责条款不产生法律效力①，保险公司应在商业三者险范围内承担赔偿责任。

保险人在充分利用网络销售的快捷便利性的同时，不能因过分强调“快捷便利”而弱化甚至免除其本应积极履行的法定义务，反而应充分利用网络技术的优势，主动、规范履行提示说明义务，对于保险人而言，此举并不会导致其经营成本大大增加，反而可通过投保流程的优化、完善，避免因投保人不诚信而产生纠纷。法院应结合网络投保的特点，纠正保险人与投保人之间因保险知识、经验、谈判能力等不对称而导致的不平衡，最大限度地保障投保人在订立保险合同之前对保险条款尤其是免责条款的内容应有所了解的权利、保障投保人的选择权，引导保险人发挥网络投保的优势，规范网络投保程序，促进保险行业健康有序发展。

需要补充说明的是，随着《中华人民共和国民法典》的施行，本案涉及的法律、法规、司法解释也相应进行了修正，但除《最高人民法院关于适用〈中华人民共和国保险法〉若干问题的解释（二）》第十条的内容中，未履行提示义务的法律后果从原来的免责条款“不生效”修改为“不成为合同内容”以外，本案所涉其他法律、法规的主要内容均未发生变化。

编写人：广东省佛山市中级人民法院　何美健

---

① 《最高人民法院关于适用〈中华人民共和国保险法〉若干问题的解释（二）》于2020年进行了修正，其中，第十条的内容变更为“保险人将法律、行政法规中的禁止性规定情形作为保险合同免责条款的免责事由，保险人对该条款作出提示后，投保人、被保险人或者受益人以保险人未履行明确说明义务为由主张该条款不成为合同内容的，人民法院不予支持”。根据上述司法解释内容的修正，法院认定保险公司未能在网络投保流程中主动、规范履行提示义务的，该条款内容不成为保险合同内容。

166 外卖骑手发生交通事故，外送平台购买的第三者险能否参照机动车商业三者险的原则对受害人直接予以赔偿

——邓某高诉陈某科等机动车交通事故责任案

【案件基本信息】

1. 裁判书字号

广东省广州市越秀区人民法院（2019）粤0104民初13708号民事判决书

2. 案由：机动车交通事故责任纠纷

3. 当事人

原告：邓某高

被告：陈某科、外卖公司、保险公司

【基本案情】

2018年7月2日18时21分，在广州市越秀区中山三路较场东路口西侧60米，被告陈某科驾驶电动自行车由东往西行驶，原告驾驶电动自行车由西往东行驶，因被告陈某科逆向行驶导致其车身右侧部位与原告车头中部相撞，造成原告受伤。原告住院治疗82天，于2019年2月15日经法医鉴定中心鉴定为十级伤残。另经交警部门认定被告陈某科对本次事故承担全部责任，原告没有责任。被告陈某科是外卖公司送餐骑手，事故期间正在为被告外卖公司送餐，被告陈某科在被告保险公司购买了外卖公司骑手意外保险，其中附加个人责任保险金额为20万元，被告保险公司应当在保险限额范围内承责。由于多方协商不成，故起诉至法院。

原告邓某高提出如下诉讼请求：1. 判令三被告连带赔偿原告医疗费、交通费、营养费、伤残赔偿金、伤残鉴定费、精神损害抚慰金等，共计196212.15元；2. 本案诉讼费用由三被告承担。

已查明，2019年1月7日原告委托法医鉴定中心对其伤残程度进行鉴定，该中心出具鉴定意见评定原告的伤残等级为十级伤残。

另查明，被告外卖公司作为投保人与被告保险公司作为保险人于2018年3月30日签订《网络平台配送人员意外险保险协议》，约定被保险人为网络平台的配送人员，保障期限为每日00:00时起至当日24:00时止，保障项目包括“个人第三者责任（合法驾驶）”，该项目对应的赔偿限额为“第三者直接财产损失RMB2000；第三者人身伤亡和第三者直接财产损失二者累计RMB200000”、保障范围为“被保险人在保险期间（配送服务过程中），因过失导致第三者人身伤亡或财产的直接实际损失。（驾驶机动车需持有效驾驶证和行驶证）”。

【案件焦点】

外卖骑手发生交通事故，外送平台购买的第三者险能否参照机动车商业三者险的原则对受害人直接予以赔偿。

【法院裁判要旨】

广州市越秀区人民法院经审理认为：首先，关于被告保险公司认为原告要求其承担保险责任应当另行主张的抗辩意见，依据《最高人民法院关于审理道路交通事故损害赔偿案件适用法律若干问题的解释》第二十五条第二款规定：“人民法院审理道路交通事故损害赔偿案件，当事人请求将承保商业三者险的保险公司列为共同被告的，人民法院应予准许。”本案被告保险公司承包的险种并非商业三者险，而是个人责任险，故被告保险公司该意见符合法律规定，法院予以采纳，被告保险公司无须在保险承责范围内向原告承担赔偿责任。

其次，关于被告陈某科的行为是否属于职务行为的问题。依据《最高人民法院关于适用〈中华人民共和国民事诉讼法〉的解释》第九十二条第一款规定：“一方当事人在法庭审理中，或者在起诉状、答辩状、代理词等书面材料中，对于己不利的事实明确表示承认的，另一方当事人无需举证证明。”由于被告陈某科自认没有和被告外卖公司或其他任何一家公司建立劳动关系，属于对于己不利的事实明确表示承认，故法院对被告外卖公司和被告保险公司认为被告陈某科的行为属于职务行为的意见不予采纳。

再次，原、被告各方对交通部门作出的事故认定书均无异议，法院予以采信。根据事故认定书，被告陈某科承担事故的全部责任，原告无责任，被告陈某科向原告赔偿损失后可另行向被告保险公司主张要求承担保险责任。

最后，对于原告主张的损失，三被告对鉴定费1956元无异议，法院予以确认。对于原告的其余各项损失法院认定包括医疗费22997.39元、后续治疗费10000元、住院伙食补助费8200元、护理费15900元、营养费500元、交通费2520元、误工费19272.59元、鉴定费1956元、残疾赔偿金81950元、被扶养人生活费22648.5元、精神损害抚慰金10000元，合计195944.48元，应由被告陈某科承担赔偿责任。

综上所述，依照《最高人民法院关于适用〈中华人民共和国民事诉讼法〉的解释》第九十二条第一款，《最高人民法院关于审理道路交通事故损害赔偿案件适用法律若干问题的解释》第二十五条第二款,《最高人民法院关于审理人身损害赔偿案件适用法律若干问题的解释》第十七条、第十八条、第十九条、第二十条、第二十一条、第二十二条、第二十三条、第二十四条、第二十五条、第二十八条、第三十条、第三十一条,《最高人民法院关于确定民事侵权精神损害赔偿责任若干问题的解释》第八条第一款的规定,判决如下:

一、被告陈某科应在本判决发生法律效力之日起七日内向原告邓某高一次性赔偿 195944.48 元;

二、驳回原告邓某高的其他诉讼请求。

判决后,双方当事人均未上诉,本判决现已生效。

【法官后语】

本案的典型意义在于解决了现行网络点餐成为主流生活模式而衍生的一个特殊群体——网络送餐骑手,在送餐时发生交通事故是否可让保险公司直接承担责任的问题,具体而言就是:被告陈某科作为“外卖公司”网络点餐外送平台的骑手,其在送餐过程中发生了交通事故,其注册的外送平台为其自动购买的第三者责任保险公司能否参照机动车第三者责任商业保险(以下简称商业三者险)的原则对交通事故的受害人直接予以赔偿。

从法律效果上看,本案例解决了现行法律没有明确规定,但随着网络外卖送餐又成为当下主流生活方式而衍生的机动车交通事故责任纠纷的法律问题。网络点餐外送平台在骑手开始当天的送餐任务时就自动成立了以骑手作为被保险人、网络平台运营公司作为投保人的保险合同,保险责任约定了与商业三者险几乎一致的责任形式——个人第三者责任(以下简称个人三者险):被保险人在保险期间(配送服务过程中),因过失导致第三者人身伤亡或财产的直接实际损失。本案的争议焦点在于在机动车交通事故责任纠纷中，个人三者险能否视为机动车交通事故责任纠纷中的商业三者险，如可参照适用，则突破了商业三者险在机动车责任纠纷案件的特殊性，如不能参照适用，则受害者的权益应如何保障。本案例在综合考虑现行法律规定、机动车交通事故责任纠纷的特点、商业三者险的特殊性、受害者权益如何救济等方面，判决个人三者险的保险公司不予承担责任，骑手应承担相应的责任，但其有权向保险公司予以追偿。理由如下：1. 机动车交通事故责任案件主体均已明确法定。机动车责任纠纷案件的主体有其特殊性，法定可列为共同被告的主体仅为侵权人、交强险及商业三者险的保险公司，相关司法解释适用已久，目前法律并未突破相关原则。2. 商业三者险在机动车交通事故责任案件中起的补充作用无可替代。法律规定，同时投保交强险和商业三者险的机动车发生交通事故造成损害，当事人同时起诉侵权人和保险公司的，应当按照先由交强险公司赔偿、不足部分由商业三者险公司按合同赔偿、仍有不足由侵权人赔偿的顺序确定赔偿责任。因此，商业三者险是对交强险的重要补充，在赔偿顺位方面需要严格遵守法定顺序，因此商业三者险具备自身的特点，其他第三者险不能任意替代或者视为等同于商业三者险。3. 受害人可以通过侵权人赔偿的途径获得完全救济，侵权人亦可向保险公司追偿。判决保险公司不予承担直接赔偿责任不等于无法获得赔偿，骑手作为直接侵权人应当承担赔偿责任，受害人权利得以完全救济。

从社会效果上看，判决骑手承担赔偿责任后再向保险公司追偿，有助于加强骑手道路交通安全意识，维护社会公共交通安全。随着网络点餐外卖骑手的群体日益壮大，其在为人民生活带来方便的同时也会产生一定的隐患，其中交通事故多发就是其中之一。从本案例可以看出，骑手在网络送餐平台上注册门槛较低，购买的保险也是按天计算，只要开始送第一单就自动与保险公司形成保险合同关系，费用在五元以内并在送餐费中予以扣除，如此便捷就能购买保险会让骑手疏于道路交通的谨慎注意义务，如发生交通事故后骑手完全不用承担赔偿责任，而是由保险公司直接向受害人赔偿，会造成骑手日后更加缺乏道路交通安全意识，尤其大多数骑手使用电动自行车进行送餐，更加对道路交通秩序造成一定程度的冲击。因此，本案的判决结果能够很好地让广大网络送餐骑手们树立正确的道路交通安全观，对送餐时有更加充分的谨慎注意义务，既保障自身安全也保障他人安全。

编写人：广东省广州市越秀区人民法院　许伟雄　邹海媚

167 驾驶证超过有效期限驾驶机动车发生交通事故，保险公司应在机动车第三者责任保险限额内承担赔偿责任

——龚某国诉周某芳等机动车交通事故责任案

【案件基本信息】

1. 裁判书字号

新疆维吾尔自治区昌吉回族自治州中级人民法院（2018）新23民终52号民事判决书

2. 案由：机动车交通事故责任纠纷

3. 当事人

原告（被上诉人）：龚某国

被告（上诉人）保险公司

被告（被上诉人）：周某芳、纪某祝、孟某兰、纪某珉

【基本案情】

周某芳系纪某珅（曾用名纪某）的妻子，纪某祝系纪某珅父亲，孟某兰系纪某珅的母亲，纪某珉系纪某珅的儿子。

新B66×××号车小型客车登记在周某芳名下。纪某珅于2015年10月17日以其为投保人，就新B66×××号车在保险公司投保机动车交通事故责任强制保险（以下简称交强险）及保险金额50万元的机动车第三者责任保险并投保不计免赔险。保险公司就责任免除条款向纪某珅做了明确说明，并向纪某珅送达了责任免除条款告知书。机动车第三者责任保险条款第五条约定：被保险机动车造成下列人身伤亡或财产损失，不论在法律上是否应当由被保险人承担赔偿责任，保险人均不负责赔偿……（七）驾驶人有下列情形之一者：1. 无驾驶证或驾驶证有效期已届满。上述条款为加黑字体。

2016年4月18日18时0分许，纪某珅驾驶载有马某的新B66×××号车，沿昌吉市滨河路由南向北行驶至滨河路与乌伊路口南侧约200米处路段逆向行驶超车时，与龚某琪驾驶载有宋某霏，沿昌吉市滨河路由北向南行驶至上述路段的新A61×××号车相撞，致纪某珅、龚某琪、马某、宋某霏受伤，两车受损的道路交通事故。纪某珅经抢救无效于当日死亡。该事故经昌吉市公安局交警大队认定，纪某珅承担此事故的全部责任。龚某琪不承担此事故的责任，马某不承担此事故的责任，宋某霏不承担此事故的责任。

纪某珅的驾驶证有效期限六年，从2009年10月31日至2015年10月31日，逾期未换证。

龚某国的新A61×××号越野车在庭审中经鉴定，发生事故前的价格为690793元、发生事故后的修理费为1105293元、在没有修复价值情况下的残值价格为60000元。原告支付鉴定费27840元。

【案件焦点】

驾驶证超过有效期限的情形下驾驶机动车发生交通事故，保险公司是否应在机动车第三者责任保险限额内承担赔偿责任。

【法院裁判要旨】

新疆维吾尔自治区昌吉市人民法院经审理认为：驾驶证超过有效期限的情形下驾驶机动车发生交通事故，保险公司应在机动车第三者责任保险限额内承担赔偿责任。保险公司通过格式条款约定："驾驶证超过有效期限的情形下驾驶机动车发生交通事故时免除保险责任"，该免责条款应认定为无效。保险公司不得以该约定为理由不承担保险责任。否则，将减损保险具有分散社会风险的功能和价值，损害社会整体利益，与法律的公平原则不相符。综上，新疆维吾尔自治区昌吉市人民法院根据《中华人民共和国侵权责任法》第二条、第六条、第十九条、第四十八条，《中华人民共和国道路交通安全法》第七十六条第一款第一项，《中华人民共和国保险法》第十九条，《中华人民共和国继承法》第三十三条，《最高人民法院关于审理道路交通事故损害赔偿案件适用法律若干问题的解释》第十六条规定，判决如下：

一、保险公司在交强险分项限额内赔偿龚某国车辆损失2000元，此款于本判决生效后十五日内支付；

二、保险公司在商业三者险限额内，赔偿龚某国车辆损失296846.5元；此款于本判决生效后十五日内支付；

三、周某芳、纪某祝、孟某兰、纪某珉在继承纪某珅遗产的范围内赔偿龚某国车辆损失 331946.5 元、保险费及代收车船税 2655 元、购置税 50804.11 元、施救费 200 元、停车费 720 元，合计 386325.61 元，于本判决生效后十五日内支付；

四、周某芳、纪某祝、孟某兰、纪某珉在继承纪某珅遗产的范围内赔偿龚某国鉴定费 27840 元。

保险公司不服一审判决，提起上诉。新疆维吾尔自治区昌吉回族自治州中级人民法院经审理认为：本案事故发生在超过被保险人持有的驾驶证上注明的有效期间，但尚在换取新证的宽展期内。合同双方对免责条款的理解发生争议时，采用保险人提供的格式条款订立的保险合同，保险人与投保人、被保险人或者受益人对合同条款有两种以上解释的，应当作出有利于被保险人和受益人的解释。据此，对于“驾驶证有效期限已届满”免责条款含义解释，都应从有利于被保险人的角度出发，即驾驶证有效期已届满是指驾驶证本身效力期限届满（驾驶证上载明的有效期限届满加宽展期）。故本案交通事故发生时，纪某珅所持驾驶证超过驾驶证所注明的有效期限，不能作为保险公司拒绝赔付周某芳、纪某祝、孟某兰、纪某珉损失的依据。故判决：

驳回上诉，维持原判。

【法官后语】

无证驾驶，是指机动车驾驶人在未获取或持有与所驾车型相对应的合法准驾证明的情况下驾驶该机动车。无证驾驶是一种严重危及社会安全的行为，亦是一种严重的违法行为。保险公司将其列为第三者责任保险的免责事由合理合法，只要保险公司在投保时对投保人进行了明确的提示和告知义务，第三者责任保险对无证驾驶行为免于保险责任理应受到法律的支持。但是驾驶证有效期届满未换证的情形却不能直接等同于无证驾驶，根据《机动车驾驶证申领和使用规定》第六十七条第一款第七项规定：“机动车驾驶人超过机动车驾驶证有效期一年以上未换证的，车辆管理所应当注销其机动车驾驶证。”第六十七条第二款规定：“有第一款第七项、第八项情形之一被注销机动车驾驶证未超过二年的，机动车驾驶人参加道路交通安全法律、法规和相关知识考试合格后，可以恢复驾驶资格。”可见，驾驶证有效期届满后，只要在法律规定的期限内，是可以恢复驾驶资格的。法律规定的这个期限就是对驾驶证持有人的一个缓冲期，这个缓冲期是给一些粗心的持证人留有余地，因为其驾驶技术和驾驶经验并不因驾驶证到期而有所减损，所以法律上给这些驾驶证超过有效期的持证人恢复驾驶资格的期限，而不是直接将其驾驶证注销。因此，驾驶证超过有效期驾驶车辆，但仍在法律规定的恢复驾驶资格期限内，均不能直接等同于无证驾驶。

保险公司与投保人所签的保险合同都是格式合同，即便是保险公司将驾驶证已经超过有效期列为免责事由，也是格式条款。根据《中华人民共和国民法典》第四百九十六条第二款规定：“采用格式条款订立合同的，提供格式条款的一方应当遵循公平原则确定当事人之间的权利和义务，并采取合理的方式提示对方注意免除或者减轻其责任等与对方有重大利害关系的条款，按照对方的要求，对该条款予以说明。”该条款对格式条款的生效明确了两个条件，一是提供格式条款的一方应当遵循公平原则确定当事人之间的权利义务。公平原则要求合同双方当事人的权利义务要公平合理，要大体上平衡，强调一方给付与对方给付之间的等值性，要合理确定风险的分配。二是提供格式条款的一方应采用合理的方式提请对方注意免除或者限制其责任的条款。根据《中华人民共和国保险法》第十七条规定:"订立保险合同,采用保险人提供的格式条款的,保险人向投保人提供的投保单应当附格式条款,保险人应当向投保人说明合同的内容。对保险合同中免除保险人责任的条款,保险人在订立合同时应当在投保单、保险单或者其他保险凭证上作出足以引起投保人注意的提示,并对该条款的内容以书面或者口头形式向投保人作出明确说明;未作提示或者明确说明的,该条款不产生效力。"

本案中,可以认定保险公司已经采用了合理的方式提请对方注意免责条款。但是保险合同中关于驾驶证超过有效期第三者责任保险免于赔偿的约定却违反了格式条款生效的第一个条件,即格式条款要符合公平原则。驾驶证超过有效期,但是驾驶员的驾驶技术和驾驶经验并不因此而有所减损,将驾驶证超过有效期与无证驾驶并列为保险公司的免责事由,明显违背了公平原则,作为合同双方当事人,地位是平等的,其付出与给予应该是等值的。作为保险公司,收取了相应的保费,却对理赔作出如此苛刻的限制,会减损投保人投保商业险本应取得的利益,影响其投保积极性,最终损害的还是保险人的利益。故此,本案中,对于保险公司提出的投保人驾驶证超过有效期,应免于赔偿责任的辩解意见,并未采信,这也是从公平角度出发,以期更好地维护格式条款的弱势一方的利益。

编写人:新疆维吾尔自治区昌吉市人民法院　邵立忠　张睿

168 肇事车辆未予年检不宜一概认定保险公司在商业三者险范围内免责

——刘某贞等诉李某朋等机动车交通事故责任案

【案件基本信息】

1. 裁判书字号

北京市第三中级人民法院（2018）京03民终5975号民事判决书

2. 案由：机动车交通事故责任纠纷

3. 当事人

原告（被上诉人）：刘某贞、刘某安、刘某旺

被告（上诉人）：保险公司

被告（被上诉人）：李某朋、物流公司

【基本案情】

2017年6月27日，物流公司员工李某朋在履行职务时驾驶涉案货车由东向西行驶时，将在道路右侧作业的王某荣撞倒，造成王某荣死亡。经交管局认定，事故发生的全部原因系李某朋未安全驾驶机动车造成，李某朋负事故的全部责任，王某荣无责任。事故车辆在保险公司投保了交强险、商业三者险50万元，含不计免赔，事故发生在保险期间内。涉案车辆在事故发生时逾期未办理年检。王某荣之夫刘某贞、之子刘某安与刘某旺提起诉讼，请求判令李某朋、物流公司、保险公司赔偿死亡赔偿金、丧葬费、鉴定辅助费、交通费等各项损失共计1070372元。

【案件焦点】

肇事车辆在事故发生时未予年检，保险公司是否可以在商业三者险范围内免责。

【法院裁判要旨】

北京市朝阳区人民法院经审理认为：肇事车辆的责任主体应负有相应的赔偿责任，虽保险公司辩称事故车辆未年检，不同意在商业三者险限额内进行赔偿，但保险公司就此未在举证期限届满前举证证明，故对保险公司该辩称意见，不予采信。物流公司经一审法院合法传唤未到庭应诉，视为放弃答辩和举证的权利，故超出保险限额外的部分，应由用人单位即物流公司进行赔偿。

北京市朝阳区人民法院判决如下：

一、保险公司于判决生效之日起十日内在交强险限额内赔偿刘某贞、刘某安、刘某旺死亡赔偿金 52764 元、丧葬费 46236 元、交通费 2000 元、住宿费 3000 元、误工费 6000 元；

二、保险公司于判决生效之日起十日内在商业三者险限额内赔偿刘某贞、刘某安、刘某旺死亡赔偿金 500000 元；

三、物流公司于判决生效之日起十日内赔偿刘某贞、刘某安、刘某旺死亡赔偿金 363636 元。

保险公司不服一审判决，提起上诉。北京市第三中级人民法院经审理认为：

第一，《最高人民法院关于适用〈中华人民共和国保险法〉若干问题的解释（二）》第十一条规定：“保险合同订立时，保险人在投保单或者保险单等其他保险凭证上，对保险合同中免除保险人责任的条款，以足以引起投保人注意的文字、字体、符号或者其他明显标志作出提示的，人民法院应当认定其履行了保险法第十七条第二款规定的提示义务。保险人对保险合同中有关免除保险人责任条款的概念、内容及其法律后果以书面或者口头形式向投保人作出常人能够理解的解释说明的，人民法院应当认定保险人履行了保险法第十七条第二款规定的明确说明义务。”保险公司虽提交保险条款及投保人声明证明其已向投保人送达并告知了免责条款，但投保人物流公司予以否认，且保险公司提交的投保人声明字体较小亦未加重，并未以足以引起投保人注意的字体或者其他明显标志予以提示，而且亦不足以证明其已尽到了上述规定中的解释说明义务。

第二，根据交通事故责任认定书，事故发生的全部原因系李某朋未安全驾驶机动车造成，并非车辆发生事故前存在安全隐患所造成，涉案交通事故与车辆未年检并不具有因果关系。故，保险公司依据车辆未年检保险公司不负责赔偿的保险条款主张免除保险责任，依据不足，不予支持。

北京市第三中级人民法院依照《中华人民共和国民事诉讼法》第一百七十条第一款第一项规定，作出如下判决：

驳回上诉，维持原判。

【法官后语】

本案的主要争议焦点为：肇事车辆在事故发生时未予年检，保险公司是否可以在商业三者险范围内免于赔付。

一种意见认为，涉案保险公司在商业三者险范围内不承担赔偿责任。由于肇事车辆未在规定时间内年检，根据保险合同约定，保险公司在商业三者险范围内免责。

保险公司提交的投保人声明上加盖有涉案物流公司印章，可以证明投保人已收到保险条款，故保险公司在商业三者险范围内可不予赔偿。

另一种意见认为，车辆未予年检不宜一概认定为保险公司在商业三者险范围内免责。若保险公司未能证明其对于免责条款尽到了提示说明义务，且涉案事故的发生与车辆未予年检并无因果关系，那么保险公司仍应当在商业三者险范围内赔偿损失。

笔者同意第二种意见，理由如下：

其一，保险公司应当证明其已就未予年检则免于赔偿的相关条款进行了提示说明。在商业三者险保险合同中，约定保险人对于发生意外事故时未按规定进行年检的车辆不负赔偿责任，一方面有助于保证机动车质量符合安全技术要求，以更好地维护交通安全，另一方面也可以减少因车辆存在安全故障而发生的保险事故，减少保险人的赔款支出。但是，该免除保险人责任的条款实质上属于对投保人权利的限制。由于机动车应当按照一定期限进行安全技术检验的规定并不属于法律、行政法规中的禁止性规定，故根据《中华人民共和国保险法》第十七条、《最高人民法院关于适用〈中华人民共和国保险法〉若干问题的解释（二）》第十一条的规定，保险人有义务对于前述免责条款作出足以引起投保人注意的提示以及明确的说明。未作提示或者明确说明的，该条款不产生效力。

其二，保险公司应当证明涉案交通事故的发生与车辆未予年检具有因果关系。近因原则是保险法的基本原则之一，其含义是指保险人只有在造成损失的最直接原因、最有效原因为承保范围内的保险事故时才承担保险责任，对承保范围外的原因引起的损失，不负赔偿责任。《中华人民共和国保险法》虽未直接规定近因原则，但近因原则实际上已成为判断保险人是否应承担保险责任的一个重要标准。肇事车辆未按规定及时年检可能增加风险发生的概率，但并不必然导致保险事故的发生。在交通事故认定书已载明发生事故的全部原因属于承保范围内的保险事故的情况下，保险人若主张免责，就应当提供更加充实的证据证明免责条款中的内容与事故发生具有近因关系。

综上，在车辆未予年检的情况下，不宜一概认定保险公司在商业三者险范围内免责。故审理此类案件时，应当注意审查相关免责条款的具体内容，并审查保险公司是否对于免责条款按照法律规定尽到了提示说明义务。若保险公司未能证明其对于免责条款尽到了提示说明义务，且涉案事故的发生与车辆未予年检并无因果关系，那么保险公司仍应当在商业三者险范围内赔偿损失。

编写人：北京市第三中级人民法院　高贵　郭琳

169 保险人就驾驶员驶离事故现场属于免责情形未尽提示义务，免责条款不生效

——钱某月等诉吕某等机动车交通事故责任案

【案件基本信息】

1. 裁判书字号

江苏省连云港市中级人民法院（2018）苏07民终3938号民事判决书

2. 案由：机动车交通事故责任纠纷

3. 当事人

原告（被上诉人）：钱某洋、钱某月、钱某竹、淤某霞

被告（被上诉人）：吕某、王某园、张某、甲保险公司

被告（上诉人）：乙保险公司

【基本案情】

2017年8月19日上午7时49分，受害人毕某春驾驶电动自行车沿灌云县城伊山路东侧非机动车道由北向南逆行后右转弯至伊山路与健康路交叉路口遇吕某驾驶的苏G56×××（临时牌照为苏G00×××）小型轿车沿伊山路机动车道由北向南行驶，两车发生碰剐后，毕某春连人带车又与吕某右侧同向张某驾驶的蒙KZM×××小型轿车发生碰撞，至车辆损坏，毕某春受伤后经抢救无效后死亡。事故发生后吕某驾车驶离现场。灌云县公安局交通警察大队对该道路交通事故认定，受害人毕某春与吕某、张某各应承担该起事故的同等责任。

吕某具有C1驾驶资质，其驾驶的苏G56×××（临时牌照苏G00×××）车辆登记车主为王某园，吕某与王某园系夫妻关系。该车辆在乙保险公司投保了机动车交通事故责任强制保险和商业第三者责任保险（限额100万元，附加不计免赔），该事故发生在保险期内。张某驾驶的蒙KZM×××车辆在甲保险公司购买了机动车交通事故责任强制保险和商业第三者责任保险（限额50万元，附加不计免赔），该事故发生在保险期内。事故发生后，王某园、吕某向钱某洋、钱某月、钱某竹、淤某霞垫付款项30000元，张某向钱某洋、钱某月、钱某竹、淤某霞垫付款项13900元。

王某园就投保单上的签名是否是本人书写，向法院申请笔迹鉴定，法院于2018年2月1日依法委托司法鉴定中心对笔迹真伪进行鉴定，该鉴定中心于同月26日出具鉴定意见，鉴定意见为：倾向认定送检标称日期为“2017年7月31日”的《投保人声明》上“投保人签章处”签名字迹“王某园”不是王某园所写。王某园为此支付鉴定费2000元。

毕某春于1977年5月25日出生，与钱某竹系夫妻关系，二人育有一子一女，即钱某洋（2003年7月18日出生，系灌云县初级中学学生）、钱某月。淤某霞于1953年8月25日出生，系毕某春母亲，其另有一子一女，现均已成家。

【案件焦点】

1. 吕某驾车驶离现场的行为是否系逃逸；2. 吕某驶离现场，乙保险公司就免责条款是否履行了告知义务。

【法院裁判要旨】

江苏省灌云县人民法院经审理认为：本起交通事故经灌云县公安局交通巡逻警察大队认定，受害人毕某春与吕某、张某负事故同等责任，经审查对该责任认定予以确认。根据当事人双方交通安全违法行为和过错大小，以毕某春承担30%的事故责任，吕某、张某各承担35%的事故责任为宜。王某园对事故发生不存在过错，依法不承担赔偿责任。

乙保险公司抗辩称，吕某事故发生后驶离现场违反了法律禁止性规定，即使保险合同不是王某园本人签字，根据《最高人民法院关于适用〈中华人民共和国保险法〉若干问题的解释（二）》第十条规定，保险人将法律、行政法规中的禁止性规定情形作为保险合同免责条款的免责事由，保险人对该条款作出提示后，投保人、被保险人或受益人以保险人未履行明确说明义务为由主张该条款不生效的，人民法院不予支持。而我司已经就免责条款采用了黑体加粗的方式提醒投保人及被保险人注意，应当认定我司已经履行了提示义务。根据《最高人民法院关于适用〈中华人民共和国合同法〉若干问题的解释（二）》第五条规定，当事人采用合同书形式订立合同的，应当签字或者盖章。因乙保险公司提供的是格式合同，根据《中华人民共和国合同法》第三十九条、第四十条及《最高人民法院关于适用〈中华人民共和国合同法〉若干问题的解释（二）》第六条、第十条规定，免责条款要发生效力，需要保险人证明保险单上是投保人本人签名，并且就免责条款已经尽到合理的说明和提示义务。而乙保险公司未举证投保单系王某园本人签名，经鉴定亦非王某园本人所签名，亦未举证其已经就免责条款向王某园作出提示，因此该保险合同免责条款不成为合同内容。故对乙保险公司此抗辩意见，不予采信。

甲保险公司关于对事故责任认定有异议，吕某在事故发生后驶离现场，存在逃逸行为，应承担事故全部责任的抗辩意见，因本案交通事故责任认定书就当事人的行为对发生交通事故所起的作用以及过错的严重程度，作了详细的分析及认定，甲保险公司并未提交相反证据予以推翻，故对此抗辩不予采信。判决如下：

一、乙保险公司于本判决生效后十日内一次性赔偿钱某洋、钱某竹、钱某月、淤某霞各项损失合计421203.55元；

二、甲保险公司于本判决生效后十日内一次性赔偿钱某洋、钱某竹、钱某月、淤某霞各项损失合计437303.55元；

三、乙保险公司于本判决生效后十日内一次性支付吕某、王某园垫付款及鉴定费合计32000元；

四、甲保险公司于本判决生效后十日内一次性支付张某垫付款13900元。

乙保险公司不服一审判决，提出上述。江苏省连云港市中级人民法院经审理同意一审法院裁判意见。故判决：

驳回上诉，维持原判。

【法官后语】

本案中，车辆驾驶人吕某在交通事故发生后驶离现场，保险公司抗辩其行为违反法律禁止性规定，根据保险合同约定，适用免责条款，在商业险内免于赔偿。该意见未得到法院支持，主要考量以下因素，第一，驶离现场不能等同于逃逸。[1]《道路交通事故处理程序规定》第八十五条第一项规定："交通肇事逃逸是指发生道路交通事故后，道路交通事故当事人为逃避法律追究，驾驶车辆或者遗弃车辆逃离道路交通事故现场的行为。"本案中，吕某在事故发生后，并不知晓自己的行为与交通事故有关联，其驶离现场行为未破坏事故现场，亦未加深受害人进一步伤亡的结果，且其知晓后及时到事故处理中心接受处理，向受害者家属积极垫付费用，其主观上不存在逃避责任的故意，因此不属逃逸。第二，保险人将法律、行政法规中的禁止性规定作为免责条款，保险人仍需履行对免责条款的一般提示义务。根据《最高人民法院关于适用〈中华人民共和国保险法〉若干问题的解释（二）》第十条[2]规定，保险人将法律、行政

---

① 现《道路交通事故处理程序规定》第八十五条第一项规定："交通肇事逃逸是指发生道路交通事故后，道路交通事故当事人为逃避法律追究，驾驶车辆或者遗弃车辆逃离道路交通事故现场的行为。"已修正为《道路交通事故处理程序规定》第一百一十二条第一项规定："交通肇事逃逸是指发生道路交通事故后，当事人为逃避法律责任，驾驶或者遗弃车辆逃离道路交通事故现场以及潜逃藏匿的行为。"

② 现《最高人民法院关于适用〈中华人民共和国保险法〉若干问题的解释（二）》第十条规定，保险人将法律、行政法规中的禁止性规定情形作为保险合同免责条款的免责事由，保险人对该条款作出提示后，投保人、被保险人或受益人以保险人未履行明确说明义务为由主张该条款不生效，人民法院不予支持。已修正为《最高人民法院关于适用〈中华人民共和国保险法〉若干问题的解释（二）》第十条规定，保险人将法律、行政法规中的禁止性规定情形作为保险合同免责条款的免责事由，保险人对该条款作出提示后，投保人、被保险人或受益人以保险人未履行明确说明义务为由主张该条款不成为合同内容的，人民法院不予支持。

法规中的禁止性规定情形作为保险合同免责条款的免责事由，保险人对该条款作出提示后，投保人、被保险人或受益人以保险人未履行明确说明义务为由主张该条款不生效的，人民法院不予支持。根据该条规定，即使是投保人违反法律及行政法规的禁止性规定，保险人仍应对该条款作出一般的提示义务。第三，本案中的保险合同并非投保人本人签名，亦未经投保人特别授权，因此免责条款对投保人不发生效力。[①] 在车辆保险中，购车者常常委托售车者代订保险合同，售车者在签订保险合同时也会在投保人声明一栏代投保人签名。《中华人民共和国民法通则》第六十三条规定，公民、法人可以通过代理人实施民事法律行为；但同时又规定，依照法律规定或者按照双方当事人约定，应当由本人实施的民事法律行为不得代理。因免责条款与投保人权益密切相关，因此在对免责条款的说明义务履行方面，如无投保人的特别授权，应认定代理人不能代理该项权利。故保险公司对免责条款未尽提示义务。[②] 第四，吕某驶离现场的行为，并未增加其在事故中应承担的责任比例，责任认定书系依据事故发生时各方的违法行为及过错作出的，合法有效，故对保险公司抗辩在商业险内不承担责任的意见，不予支持。

编写人：江苏省灌云县人民法院　王士平　苏志娟

---

① 将“因此免责条款对投保人不发生效力”修正为“因此该免责条款不成为保险合同内容”。

② 现《中华人民共和国民法通则》第六十三条规定，公民、法人可以通过代理人实施民事法律行为；但同时又规定，依照法律规定或者按照双方当事人约定，应当由本人实施的民事法律行为不得代理已修正为《中华人民共和国民法典》第一百六十一条规定，民事主体可以通过代理人实施民事法律行为；但同时又规定，依照法律规定、当事人约定或者民事行为的性质，应当由本人亲自实施的民事法律行为，不得代理。

170 顺风车是否因具有营运性而导致保险标的危险程度显著增加

——王某欢诉甲保险公司等机动车交通事故责任案

【案件基本信息】

1. 裁判书字号

河南省许昌市中级人民法院（2018）豫10民终4154号民事判决书

2. 案由：机动车交通事故责任纠纷

3. 当事人

原告：王某欢

被告（上诉人）：朱某举

被告（被上诉人）：甲保险公司

被告：甲科技公司、乙科技公司、孙某

第三人：乙保险公司

【基本案情】

2017年11月8日20时20分许，朱某举驾驶豫KOH×××号家庭自用小型轿车，通过甲科技公司提供的乘客信息接顺风车订单客运，王某欢、何某涛乘坐。该车行驶至长葛市黄某路某小区处，与孙某（无证驾驶）驾驶的三轮机动车追尾相撞，造成朱某举、王某欢、何某涛、孙某四人受伤、两车不同程度受损的交通事故。经交警部门认定，朱某举负事故主要责任，孙某负事故次要责任，王某欢、何某涛不负事故责任。事故发生后，王某欢住院治疗42

天，花费 76169 元，其中朱某举垫付 26771.78 元，乙保险公司垫付 40109.46 元。2018 年 7 月 12 日，王某欢的伤情经鉴定构成十级伤残，评估出院后的护理期限为 30~60 日。

豫 KOH×××号车辆在甲保险公司投保有交强险和 50 万元第三者责任险、车上人员责任险且不计免赔。乙科技公司为甲科技公司的运营商。孙某系其所驾驶三轮机动车实际车主，该机动车经过改装。

王某欢诉至法院，请求判令赔偿医疗费、误工费、残疾赔偿金、精神损害抚慰金等各项损失共计 197173.6 元。

【案件焦点】

顺风车使用性质是营运车辆还是家庭自用车辆，是否导致保险标的危险程度显著增加，保险公司能否据此主张免除赔偿责任。

【法院裁判要旨】

河南省长葛市人民法院经审理认为：交通事故认定书认定朱某举负事故主要责任，孙某负事故次要责任，王某欢、何某涛不负事故责任。故孙某、朱某举均应依其事故中的过错程度承担相应的赔偿责任。孙某所驾驶车辆为机动车，虽没有购买交强险，仍应依法在交强险限额内承担赔偿责任。其他损失由孙某及朱某举依所负事故责任分担。关于王某欢主张甲科技公司及乙科技公司承担赔偿责任的诉讼请求，因甲科技公司及乙科技公司在本次事故中只是提供信息服务，收取信息费，而并非承运人，在本案中没有过错，主张其承担承运人的责任无事实依据，故其不承担赔偿责任。关于王某欢主张甲保险公司在保险限额内承担责任的诉讼请求，因朱某举车辆系营运车辆，应按营运车辆的性质购买保险，现其未按营运车辆性质为其车辆购买保险，违反了合同权利义务相一致的原则，故甲保险公司不承担赔偿责任。

河南省长葛市人民法院依据《中华人民共和国民事诉讼法》第六十四条，《中华人民共和国道路交通安全法》第七十六条，《最高人民法院关于审理道路交通事故损害赔偿案件适用法律若干问题的解释》第十九条第一款，《最高人民法院关于审理人身损害赔偿案件适用法律若干问题的解释》第十七条、第十八条规定，判决：

一、孙某于本判决生效后十日内赔偿王某欢医疗费、护理费、住院伙食补助费、营养费、残疾赔偿金、精神损害抚慰金、被扶养人生活费、交通费共计 75750.79 元（王某欢同时返还乙保险公司已垫付医疗费 40109.46 元）；

二、朱某举于本判决生效后十日内赔偿王某欢医疗费、护理费、住院伙食补助费、营养费、残疾赔偿金、精神损害抚慰金、被扶养人生活费、交通费、鉴定费 87403.85 元（朱某举垫付 26771.78 元可折抵）；

三、驳回王某欢其他诉讼请求。

朱某举不服一审判决，提起上诉。河南省许昌市中级人民法院经审理认为，根据《中华人民共和国保险法》第五十二条规定，在合同有效期内，保险标的的危险程度显著增加的，被保险人应当按照合同约定及时通知保险人，保险人可以按照合同约定增加保险费或者解除合同。被保险人未履行规定的通知义务的，因保险标的的危险程度显著增加而发生的保险事故，保险人不承担赔偿保险金的责任。朱某举驾驶被保险车辆从事网约顺风车活动并未导致被保险车辆危险程度显著增加，甲保险公司应当在商业三者险范围内承担赔偿责任。具体理由如下：首先，顺风车与网络预约出租汽车具有明显区别。根据交通运输部、工业和信息化部、公安部、商务部、工商总局、质检总局、国家网信办颁布的《网络预约出租汽车经营服务管理暂行办法》第三十八条规定，“私人小客车合乘，也称为拼车、顺风车，按城市人民政府有关规定执行”。《许昌市人民政府办公室关于规范私人小客车合乘出行的指导意见》（许政办〔2016〕77号）将拼车、顺风车出行作为驾驶员、合乘者及合乘信息服务平台各方自愿的、不以营利为目的的民事行为。由此可见，顺风车不属于该规章所规范的网络预约出租汽车经营服务。

滴滴平台上的快车与顺风车在使用性质上有所不同。快车属于网约车的一种，网约车属于营运车辆。乘客通过滴滴平台提出预约需求，滴滴平台按照预约信息匹配符合乘客需求的适合车辆进行营运，区别于非营运车辆。顺风车属于合乘，即以合乘他人车辆方式按一定路线出行为目的、以车主在顺风车平台发布自己的出行路线或乘客接受车主的顺路路线等方式，发起合乘行为，并通过顺风车平台与顺风车车主达成合乘的意思表示。顺风车平台提供获得合乘机会或发布合乘需求，而不是出租、用车、驾驶或运输服务，故顺风车订单不属于营运订单。

本案事故发生时，朱某举的车辆用于顺风车接单，顺风车以车主既定目的地为终点，顺路搭乘，目的在于分摊行驶成本。正是因为顺风车以车主既定目的地为终点，故客观上是否有合乘乘客不会导致投保车辆使用频率增加；同时因顺路搭乘，故行驶范围、行驶路线亦在合理可控范围内。因此，本案中朱某举并未因顺路搭乘，而导致被保险车辆危险程度显著增加。而且，甲保险公司亦未举证证明朱某举将涉案车辆用于顺风车行程造成车辆危险程度显著增加而引起事故，故本案事故非因保险标的危险程度显著增加而发生，甲保险公司不能免责。一审对此认定有误，予以改判。因本案一审已经判决朱某举赔偿王某欢各项损失费用，故甲保险公司应当赔付给王某欢的乘坐险 10000 元，直接判决支付给朱某举。

河南省许昌市中级人民法院依照《中华人民共和国民事诉讼法》第一百七十条第一款第二项规定，判决：

一、维持长葛市人民法院民事判决第一、二项；

二、改判长葛市人民法院民事判决第三项，甲保险公司本本判决生效后十日内支付朱某举款项 10000 元。

【法官后语】

1. 非营利性的民事行为：顺风车与网络预约出租汽车的区别

网约车是基于信息技术蓬勃发展产生的新型出行方式，其根本性质是营运，以盈利为目的，以行政审核为条件。提供合规的网约车服务，不仅网约车平台公司需要获得《网络预约出租汽车经营许可证》，在网约车平台上提供服务的车辆和驾驶员也应取得相应的行政许可，具备《网络预约出租汽车运输证》和《网络预约出租汽车驾驶员证》，“三证齐全”才可上路营运。根据《网络预约出租汽车经营服务管理暂行办法》第三十八条规定，“私人小客车合乘，也称为拼车、顺风车，按城市人民政府有关规定执行”。同一行政规章对顺风车与网约车采用了不同的概念予以区分表述，可见两者并非同一概念，顺风车的管理办法授权市人民政府制定执行。根据《许昌市人民政府办公室关于规范私人小客车合乘出行的指导意见》第一条规定，私人小客车合乘，也称为拼车、顺风车，是由合乘服务提供者事先发布出行消息，出行线路相同的人选择乘坐驾驶员的小客车、分摊合乘部分的出行成本（燃料费或通行费），或免费互助的共享出行方式。因此，顺风车是自愿的民事行为，不需要履行行政审核程序，也不需要办理车辆使用性质的变更登记，具有共享共用、互助互惠、非营利性的显著特点，与网约车的营运性质截然不同，显然不属于行政规章中的网约车服务。

2. 分摊费用不改变家庭自用性质：顺风车与滴滴平台快车的区别

快车属于网约车的一种，乘客通过滴滴平台提出预约需求，滴滴平台按照预约信息匹配符合乘客需求的适合车辆进行营运。而顺风车属于合乘行为，车主或乘客在滴滴平台发布行程，预约出发时间、出发地点和目的地相一致的合乘车辆，具有相同出行需求的用户达成合乘意向，形成一致意思表示，按照既定的出行路线行驶。顺风车平台以信息技术为载体，提供合乘机会或发布合乘需求，并非出租、用车、驾驶或运输服务，故顺风车订单不属于营运订单。虽然车主在使用中会与不特定的合乘人产生使用关系并发生费用结算，但此费用系分摊合理行驶成本的需要，并不能改变车辆家庭自用的属性。

3. 保险标的危险程度并未增加：顺风车与风险水平的关系

甲保险公司将营运车辆与非营运车辆实行投保区分原则，两者保费、费率均不相同，主要是基于风险与收益的合理测算，出险概率大小与保险费率呈正相关关系，即出险概率低，保险费率低，反之则费率高。营运车辆的使用频率和在使用过程中发生交通事故的概率风险高于家庭自用车辆，甲保险公司通过收取较高的保费以抵偿营运车辆保险事故高发带来的高成本。根据《中华人民共和国保险法》第五十二条规定，若保险期间内保险标的机动车由约定的家庭自用类用途变为营运用途，则应认定为属于“保险标的的风险程度显著增加”的情形，被保险人应当及时通知甲保险公司，履行告知义务，甲保险公司可以增加保费或者解除合同并返还剩余保费。

综上所述，顺风车的根本特征是非营利性，家庭自用性质不因使用信息技术平台而改变，无须履行告知义务，也未违反保险合同约定。顺风车按照车主既定目的地为终点，合乘行为并未改变车辆的行驶范围和行驶路线，无论是否载有合乘人，车辆运行中周围环境所固有的危险没有发生变化，保险标的危险程度不会因合乘行为而增加，故甲保险公司不能据此免责。

编写人：河南省许昌市中级人民法院　李锐　陈改娜

171 保险公司能否以肇事驾驶员驾驶证记分满 12 分属无证驾驶为由拒赔商业险

——梁某好诉陈某华等机动车交通事故责任案

【案件基本信息】

1. 裁判书字号

广东省广州市中级人民法院（2018）粤 01 民终 2830 号民事判决书

2. 案由：机动车交通事故责任纠纷

3. 当事人

原告（被上诉人）：梁某好

被告（被上诉人）：陈某华、赵某浪

被告（上诉人）：保险公司

【基本案情】

2016 年 12 月 24 日，陈某华驾驶粤 BS6×××号牌小型轿车沿广州市荔湾区双桥路由东往西方向行驶至双桥路地铁坦尾站出口对出路段，与由南往北方向横过马路的梁某好发生碰撞，造成梁某好受伤的交通事故。广州市公安局交通警察支队荔湾大队出具道路交通事故认定书，认定陈某华承担事故的全部责任，梁某好无责任。

事故发生后，梁某好被送往医院急诊后住院治疗。2017 年 9 月 20 日，法医临床司法鉴定所出具鉴定意见书，鉴定意见为梁某好的伤残等级为九级，后续治疗费需约 12000 元，护理期限以 180 天为宜。梁某好支付了 3000 元鉴定费。

粤 BS6×××号牌小轿车的车主系赵某浪。2016 年 8 月 12 日，赵某浪为该车辆向保险公司购买了机动车交通事故责任强制保险（以下简称交强险）及第三者责任商业保险（以下简称商业三者险）。其中，交强险死亡伤残赔偿限额 110000 元，医疗费用赔偿限额 10000 元。商业三者险赔偿限额为 1000000 元，含不计免赔条款。据保单所附《机动车交通事故责任强制保险条款》第九条第一项记载，驾驶人未取得驾驶资格等情形下发生交通事故，造成受害人受伤需要抢救的，保险人在接到公安机关交通管理部门的书面通知和医疗机构出具的抢救费用清单后，按照国务院卫生主管部门组织制定的交通事故人员创伤临床诊疗指南和国家基本医疗保险标准进行核实；对于符合规定的抢救费用，保险人在医疗费用赔偿限额内垫付。保单所附《机动车综合商业保险条款》第二章第二十四条记载，驾驶人无证驾驶，驾驶证被依法扣留、暂扣、吊销、注销期间，不论任何原因造成保险机动车的任何损失和费用，保险人均不负责赔偿。本次事故发生在保险期间内，事故发生时陈某华的驾驶证累计记分 12 分，状态为超分。梁某好的户籍属居民家庭户。

保险公司及赵某浪确认，赵某浪是通过电话销售车险途径投保。保险公司提供一份保险销售电话录音光盘及通话内容文字记录，据该记录，该公司电话客服提及“只要出现无证驾驶、酒后驾驶、行驶证、驾驶证过期、交通事故后逃逸的保险公司不予赔付”。

【案件焦点】

保险公司以驾驶人驾驶证记分满 12 分为由拒赔能否成立。

【法院裁判要旨】

广东省广州市荔湾区人民法院认为：第一，陈某华在事故发生时持有驾驶证，不符合《机动车交通事故责任强制保险条款》第九条规定的“驾驶人未取得驾驶资格”的情形。第二，虽然陈某华的驾驶证在事故发生前被累计记分 12 分，但未被公安交通管理部门扣留、暂扣、吊销或注销，且公安交通管理部门作出的道路交通事故认定书也并无认定陈某华的行为属无证驾驶，故此情形不符合《机动车综合商业保险条款》第八条“驾驶人无证驾驶（驾驶证被依法扣留、暂扣、吊销、注销期间）”的情形。第三，保险公司主张其已经履行了免责条款提示义务。但从其提供的电话车险销售电话录音记录及保险合同条款的内容看，均无明确说明驾驶员驾驶证记分累计 12 分属免除保险赔偿责任的范围。由此，保险合同对于驾驶人驾驶证计分满 12 分属免予承担保险责任范围并无明确约定，保险公司提出免责抗辩缺乏法律及合同依据，不予采纳。

综上所述，广东省广州市荔湾区人民法院依照《中华人民共和国侵权责任法》第十六条，《中华人民共和国道路交通安全法》第七十六条第一款，《最高人民法院关于审理道路交通事故损害赔偿案件适用法律若干问题的解释》第十六条，《最高人民法院关于审理人身损害赔偿案件适用法律若干问题的解释》第十七条至第十九条、第二十一条至第二十五条、第三十五条规定，判决如下：

一、自本判决发生法律效力之日起 5 日内，保险公司一次性赔付梁某好 182444.04 元；

二、驳回梁某好的其他诉讼请求。

自本判决发生法律效力之日起 5 日内，保险公司不服一审判决，提起上诉。广东省广州市中级人民法院认为，保险公司既未有新的事实与理由，也未提交新的证据予以佐证自己的主张。故认可原审法院对事实的分析认定，对保险公司的上诉请求，不予支持。原审认定事实清楚，判决并无不当，判决：

驳回上诉，维持原判。

【法官后语】

本案争议的焦点主要为保险公司以驾驶人驾驶证记分满 12 分为由拒赔能否成立。此争议焦点包括两个问题，一是驾驶证记分满 12 分是否属于无证驾驶；二是记分累计 12 分是否属于保险公司免予承担保险责任的事由。

1. 驾驶人驾驶证记分满 12 分是否属于无证驾驶

在司法实践中，对于此种情形存在两种观点：一是属于无证驾驶。根据《中华人民共和国道路交通安全法》《中华人民共和国道路交通安全法实施条例》，机动车驾驶人在记分周期内达到12分的情况下，不得驾驶机动车。据该规定，若发生事故属无证驾驶。二是此情况下并不意味着丧失驾驶资格，驾驶员可以通过学习、参加考试等注销记分，只有受到公安机关交通管理部门扣留、暂扣、吊销或注销等情形时，驾驶证才停止使用。

笔者同意第二种观点：一方面，根据《中华人民共和国道路交通安全法实施条例》第二十三条、第二十五条规定，公安机关交通管理部门实行道路交通安全违法行为累积记分制度，记分周期为12个月。对于在周期内记分达到12分的，管理部门将扣留其机动车驾驶证，该机动车驾驶人应当按照规定参加考试，考试合格的，发还机动车驾驶证；考试不合格的，继续参加考试。而拒不参加公安机关交通管理部门通知的学习，也不接受考试的，由公安机关交通管理部门公告机动车驾驶人机动车驾驶证停止使用。由此可知，当机动车驾驶人驾驶证记分满12分时仅表明机动车驾驶人有交通安全违法行为，并不当然失去机动车驾驶资格，若该机动车驾驶人经考试合格，驾驶证将发还，只有其拒不参加学习也不参加考试时，其驾驶证才停用。换言之，驾驶人在记分满12分时，如管理部门未扣留其证照，则驾驶人仍持有准驾证明，不符合“驾驶人未取得驾驶资格”的情形。本案中，事故发生后公安交通管理部门到场处理，其后作出道路交通事故认定书，也并未认定驾驶人陈某华的行为属无证驾驶，且在事故后陈某华通过学习、考试消除了扣分，恰表明了陈某华在事故发生时是有驾驶资格的，不符合《机动车综合商业保险条款》“驾驶人无证驾驶”的情形。

2. 驾驶人驾驶证记分累计12分是否属商业险免责事由

保险合同是当事人意思自治的射幸合同，保险合同的理赔范围应在当事人双方签订合同时确定，保险合同免于承担保险的责任范围应以合同条款的表述为依据，且保险人应当向投保人明确释明。本案中，商业险合同规定的免责事由包括“驾驶人无证驾驶，驾驶证被依法扣留、暂扣、吊销、注销期间”，而并未明确规定驾驶证记分满 12 分属免责事由。即便是保险公司主张的投保前电话客服提示，也并未就驾驶证记分满 12 分可以拒赔进行具体说明。由此可知，保险合同双方当事人并未约定驾驶证累计记分达 12 分属免责情形。

综上，双方保险合同既没有明确规定驾驶证记分满 12 分可以免责，现行的道路交通管理法律法规和相关法律也并无保险公司可以据此拒赔的明确依据。从尊重保险合同当事人意思自治角度，以及保障交通事故受害人利益出发，法院不采纳保险公司提出的免责抗辩更为公平合理。

编写人：广东省广州市荔湾区人民法院　梁伟芳　梁斯睿

172　保险公司不得以 4.5 吨及以下普通货运车辆无交通运输从业资格而拒赔商业三者险

——蔡某元诉关某扬、保险公司机动车交通事故责任案

【案件基本信息】

1. 裁判书字号

江苏省无锡市中级人民法院（2018）苏 02 民终 4620 号民事判决书

2. 案由：机动车交通事故责任纠纷

3. 当事人

原告（被上诉人）：蔡某元

被告（被上诉人）：关某扬

被告（上诉人）：保险公司

【基本案情】

2017年7月18日，关某扬驾驶皖D7K×××号轻型自卸货车于无锡市新吴区金城路至尤家弄路口与蔡某元驾驶的老年三轮车发生碰撞，造成车辆受损及蔡某元受伤的交通事故。交警部门认定关某扬负事故主要责任、蔡某元负事故次要责任。保险公司承保了肇事车辆的交强险、商业三者险100000元及不计免赔险，事故发生在保险期间内。牌号为皖D7K×××的肇事车辆机动车车辆类型为“轻型自卸货车”，所有人“王某耀”，总质量为“4110kg”，核定载质量为“1425kg”。

诉讼中，保险公司认为关某扬驾驶的肇事车辆系营运性车辆但无营运车辆从业资格证，因此拒绝在商业三者险范围内承担责任。关某扬称车辆仅为其自用并未从事营运活动，其无相关从业资格证。蔡某元认为关某扬是否有从业资格证与事故发生无因果关系，且保险公司未就此提供证据，故保险公司应当在商业三者险内承担赔偿责任。

【案件焦点】

1. 保险公司主张的“运营车辆未取得交通运输管理部门核发的许可证书或者其他必备证书的，免除其商业三者险赔付责任”的约定是否有效；2. 如有效，涉案机动车是否符合约定的免赔事由情形。

【法院裁判要旨】

江苏省无锡市新吴区人民法院经审理认为：双方当事人均确认蔡某元的损失由保险公司在交强险范围内予以赔偿，超出交强险部分损失由关某扬承担80%的赔偿责任，不违反法律规定，予以确认。

关于保险公司是否免赔商业三者险，因保险公司未就其免赔商业三者险提供相应证据，因此对其辩称意见不予采纳。蔡某元超出交强险损失中应当赔偿关某扬的部分由保险公司在商业三者险范围内替代赔偿。

关于蔡某元主张的损失，法院核定为152484.56元，由保险公司在交强险范围内赔偿85584.20元，超出交强险部分损失66900.36元由关某扬赔偿80%即53520.29元。

江苏省无锡市新吴区人民法院依照《中华人民共和国民法通则》第一百零六条，《中华人民共和国侵权责任法》第六条、第十六条、第二十六条、第四十八条，《中华人民共和国道路交通安全法》第七十六条，《最高人民法院关于审理人身损害赔偿案件适用法律若干问题的解释》第十七条至第十九条、第二十一条至第二十五条，《最高人民法院关于审理道路交通事故损害赔偿案件适用法律若干问题的解释》第十六条规定，作出如下判决：

一、保险公司于判决发生法律效力之日起十日内在交强险和商业三者险范围内赔偿蔡某元各项损失139104.49元，其中支付蔡某元73104.49元，支付关某扬66000元；

二、驳回蔡某元的其他诉讼请求。

保险公司不服一审判决，提起上诉。

江苏省无锡市中级人民法院经审理认为：保险公司设定的“运营车辆未取得交通运输管理部门核发的许可证书或者其他必备证书

的，免除其商业三者险赔付责任”的免责条款内容指向明确，亦不属免除保险人主要义务、排除投保人主要权利的无效情形，且有证据表明尽到了提示和明确说明义务，故应当认定为有效，当事人应予遵守。本案肇事车辆驾驶人关某扬虽未取得道路运输从业资格证，但保险公司仍不能以此为由主张适用免除保险责任的相关条款。理由如下：

从肇事车辆是否为“出租机动车或营业性机动车”的角度考察：保险条款仅对“出租机动车或营业性机动车”专门作出领取“交通运输管理部门核发的许可证书或其他必备证书”的要求。而本案肇事车辆系个人所有、使用性质为“货运”轻型自卸货车，并无证据表明系出租机动车或营业性机动车，保险公司提出该主张，应当承担相应的举证责任。由于保险公司未提供证据证明肇事车辆系营业性机动车，故一审法院认为其主张无事实依据并无不当。

从肇事车辆驾驶员是否必须领取运输从业资格证的角度考察：《道路运输从业人员管理规定》颁布及修订之后，交通运输部于2018年12月明确：对于总质量4.5吨及以下普通货运车辆从事普通货物运输活动的，各地交通运输管理部门不再配发道路运输证，亦不得对该类车辆、驾驶员以“无证经营”和“未取得相应从业资格证件，驾驶道路客货运输车辆”为由实施行政处罚。虽然法不溯及既往，但为了更好地保护公民、法人和其他组织的权利和利益而作的特别规定应当除外。因新政策系落实交通运输“放管服”改革、促进物流业降本增效、降低行业准入门槛、减轻从事物流运输民事主体负担，属赋权性的特别规定，应当认定具有溯及既往的效力。本案肇事机动车系4.5吨及以下普通货运车辆，属于交通运输“放管服”改革中明确不再设定从业资格的范畴。据此，应认定涉案车辆驾驶人不需领取道路运输从业资格证，不属未取得交通运输管理部门核发的许可证书或其他必备证书的免除保险责任的情形。

江苏省无锡市中级人民法院依照《中华人民共和国民事诉讼法》第一百七十条第一款第一项之规定，判决如下：

驳回上诉，维持原判。

【法官后语】

《中华人民共和国道路运输条例》（以下简称《道路运输条例》）第九条第四项规定，从事客运的驾驶人员应经设区的市级道路运输管理机构对有关客运法律法规、机动车维修和旅客急救基本知识考试合格；第二十二条第三项规定，从事货运经营的驾驶人员，应当经设区的市级道路运输管理机构对有关货运法律法规、机动车维修和货物装载保管基本知识考试合格。《道路运输从业人员管理规定》第六条也作了配套规定。上述行政法规、规章对经营性道路客货运输驾驶员设定了行业准入要求，保险人将相关要求作为保险合同免责条款约定，符合国家对道路运输行业的管理规范要求。据此，保险公司将国家行政管理设定的道路交通运营人资质要求作为免责事由，不属于加重投保人责任的情形，根据《最高人民法院关于〈中华人民共和国保险法〉司法解释（二）》第十一条的规定，保险公司已就免责条款尽到提示和明确说明义务的，该免责条款对当事人有约束力。具体理由如下：

1. 从条款设置的合理性角度看：《道路运输条例》在《中华人民共和国道路交通安全法》基础上，对从事客、货运经营的人员提出了不同于一般驾驶人的要求，从业者应该具备特定的专业知识，取得相应资质。且在2016年《道路运输条例》及《道路运输从业人员管理规定》的修订中，均明确保留了对从事货运及客运的道路运输驾驶人员进行专项管理的条款。

2. 从条款内容的确定性角度看：涉案保险合同的约定明确，交通运输管理部门核发的许可证书或者其他必备证书是其依据《道路运输条例》为加强道路运输从业人员管理而设置，具有明确、唯一的指向，即从事道路运输行业的货运、客运驾驶员应当取得道路运输从业资格证。保险公司将相应法规、规章设定的资质要求作为免责事由，没有加重投保人责任，无须进一步证明免责条款约定的事项必须与保险事故发生具有因果关系，亦不属于《中华人民共和国保险法》第十九条规定的无效条款。

3. 从提示、说明义务及与免责条款设置的合理性角度看：所涉免责条款已经加粗、加黑，且投保人在“投保人声明”处签字确认，表明投保人在订立合同时已经确认保险人对相关免责条款进行了明确说明。由于保险公司将国家行政管理设定的道路交通运营人资质要求作为免责事由，如前所述，不属于加重投保人责任的情形，因此，保险公司以上述提示、说明的形式与该免责的内容相契合，应当认定保险公司已就免责条款尽到了提示和明确说明义务。

国家相关政策的重大变化，是法院对“法不溯及既往”的例外情形作出合理解读并在具体案件中适用新法新规的重要指针。“法不溯及既往”是适用法律的一项基本原则，但《中华人民共和国立法法》第九十三条也规定了“为了更好地保护公民、法人和其他组织的权利和利益而作的特别规定除外”的例外情形。2017 年 9 月，交通运输部联合国家发改委等多部门下发了《促进道路货运行业健康稳定发展行动规划（2017—2020 年）》，2018 年 12 月 24 日交通运输部办公厅下发的《关于取消总质量 4.5 吨及以下普通货运车辆道路运输证和驾驶员从业资格证的通知》(交办运函〔2018〕2052号)中取消了4.5吨及以下普通货运从业资格证和车辆营运证的相关规定，属于交通运输“放管服”改革中明确不再设定从业资格的范畴，即便所涉交通事故发生在新政策实施之前，但由于该新政的指导思想是促进物流业降本增效、降低行业准入门槛、减轻从事物流运输民事主体负担，有利于更好地保护从事物流运输的公民、法人和其他组织的权利和利益，属具有溯及既往效力的赋权性规定，故在本案裁判中应当适用。据此，涉案肇事机动车系4.5吨及以下普通货运车辆，根据上述交通运输“放管服”改革新政，驾驶人不需领取道路运输从业资格证，车辆从事运输经营也不需取得交通运输管理部门核发的许可证，故不属于涉案保险合同约定的保险人免责情形。

编写人：江苏省无锡市中级人民法院　潘华明　杨志

173　区分顺风车与营运车的标准与意义

——覃某容、胡某潮诉熊某根等机动车交通事故责任案

【案件基本信息】

1. 裁判书字号

广东省广州市中级人民法院(2018)粤01民终18070号民事判决书

2. 案由：机动车交通事故责任纠纷

3. 当事人

原告(反诉被告、被上诉人)：覃某容、胡某潮

被告(反诉原告、上诉人)：熊某根

被告（被上诉人）：保险公司

被告：科技公司

【基本案情】

覃某容、胡某潮系死者胡某美父母。熊某根为粤A7B×××车所有人及驾驶人，就该车辆于2017年3月29日以非营运个人性质向保险公司投保交强险和商业险，此后使用该车辆注册了顺风车和快车软件接单。庭审中熊某根称已不做快车，已经删除了该软件。熊某根仅向法庭提交了顺风车的相关订单信息。其中内容显示从2018年3月2日2：00至2018年3月3日0：25本案所涉顺风车订单开始之前，已经完成9笔顺风车订单，此外，其他日期也均有频繁接单记录。

2018年3月3日00时许，熊某根通过其注册的顺风车软件接单后，驾驶粤A7B×××车在路边临时停车，并在未确保安全的情况下打开驾驶室车门，遇胡某美饮酒后驾驶性能不合格、悬挂粤AR6×××号牌的普通二轮摩托车搭载两案外人与粤A7B×××车尾部左侧及车辆左前门内侧发生碰撞，造成熊某根受伤，胡某美死亡。经交警部门认定熊某根、胡某美承担此次交通事故的同等责任。覃某容、胡某潮向法院提起诉讼，请求：1. 判令熊某根赔偿因交通事故造成的经济损失771919元；2. 判令保险公司在保险限额内（包括交强险、商业险）直接赔偿以上经济损失。熊某根以顺风车平台为其提供保险承诺为由，向法院申请追加科技公司为被告，并以本案交通事故的主要责任在于胡某美为由，于2018年7月3日提出反诉，请求判令覃某容、胡某潮赔偿款项共计78325.14元。

【案件焦点】

1. 超过顺风车合理的接单次数是否认定具有营运目的；2. 案涉事故是否符合商业险免赔情况。

【法院裁判要旨】

广州市南沙区人民法院经审理认为：目前我国几乎所有保险公司对于车辆投保都会按照使用性质不同设定不同的保险费标准。同等条件下，家用非营运车辆的保险费要低于营运车辆的保险费。同时，在商业保险条款中也都会载明相应的责任免除条款。根据《中华人民共和国保险法》第五十二条规定，熊某根在将其已经向保险公司投保的车辆注册用于经营使用的快车时，应当及时履行告知义务。此外，熊某根以其在本案接单为顺风车订单为由进行抗辩，显然知道保险公司对于注册快车免赔条款的相关规定。熊某根从 2018 年 3 月 2 日 2：00 至 2018 年 3 月 3 日 0：25 本案所涉顺风车订单开始之前，已经完成 9 笔顺风车订单。根据目前的法律法规，合理的合乘不属于经营行为，但是对于“合理”的限度，广州市已经在《关于查处道路客运非法营运行为涉及私人小客车合乘认定问题的意见》第三点（三）明确规定，分摊部分出行成本的，合乘出行提供者可在全天提供不超过两次合乘出行；免费互助合乘的，合乘出行提供者每日提供合乘出行次数不受限制。熊某根在本案庭审中刻意隐瞒本案事故发生前多次承接顺风车订单的情况，也没有主张存在免费互助合乘的情况。因此，在明显超过顺风车合理的接单次数，亦不存在免费互助的情况下，案涉顺风车接单的行为不应认定为以非营利性为目的的分摊出行成本的行为，而是具有明显的营利性。因此，保险公司主张案涉车辆改变车辆使用性质具有营运性质，属于商业险免赔的理由成立。

广州市南沙区人民法院依照《中华人民共和国侵权责任法》第十六条、第二十二条，《最高人民法院关于审理道路交通事故损害赔偿案件适用法律若干问题的解释》第十六条，《最高人民法院关于审理人身损害赔偿案件适用法律若干问题的解释》第十九条至第二十五条、第二十八条，《最高人民法院关于确定民事侵权精神损害赔偿责任若干问题的解释》第十条规定，作出如下判决：

一、保险公司应于本判决发生法律效力之日起七日内支付40300元给覃某容、胡某潮；

二、熊某根应于本判决发生法律效力之日起七日内支付555034.55元给覃某容、胡某潮；

三、覃某容、胡某潮应于本判决发生法律效力之日起七日内支付4152.63元给熊某根；

四、驳回覃某容、胡某潮的其他诉讼请求；

五、驳回熊某根的其他反诉请求。

熊某根不服一审判决，提起上诉。广东省广州市中级人民法院经审理后，同意一审法院的裁判意见。

广东省广州市中级人民法院依照《中华人民共和国民事诉讼法》第一百七十条第一款第一项之规定，作出如下判决：

驳回上诉，维持原判。

【法官后语】

本案作为机动车交通事故责任纠纷，其审理的着眼点在于对顺风车与营运车如何进行区分，进而明确所适用的保险条款。

首先，应当明确对顺风车与营运车进行区分的标准。明确标准有助于在案件中对顺风车与营运车的性质形成客观统一的法律认识。审判实践中一般是结合当地的规定与实际情况对顺风车是否具有营运性质进行合理的评价。顺风车的实质为私人小客车合乘，是否具有营运性质一般应把握以下三个标准：

1. 每天是否超过合理的次数和路线。“顺风车”顾名思义应当以“顺风”为内在要求，按照我国普遍的工作制度，每天上下班的在途次数一般不超过四次，而需要开车上下班的路途基本较远，每天在途两次的情况较多。不应教条地将超出当地交通管理部门规定次数的合乘行为一律定性为营运行为，例如中午外出就餐来回途中也可能产生合乘，此类合乘即便超出当地规定的次数，但只要乘车人与驾驶人的路线具有基本“顺路”的特征，也可以认定为合乘。

2. 是否进行合理的成本分摊。车辆行驶必然产生成本支出，“顺风车”的目的是降低出行成本而非营利。如果驾驶人不是基于分摊成本而是直接向乘车人收费则构成营运。在次数和路线合理的情况下，车辆行驶成本分摊的情况会直接影响顺风车的性质。对于普通燃油车，比较容易计算，分摊成本=（单位油耗×行驶里程+路桥费）÷含驾驶员乘车人数。由于单位油耗的计算可能存在误差，因此可以根据车辆自身电脑系统显示或者工信部登记的百公里油耗进行估算，允许存在合理的轻微上浮。然而，对于新能源车能耗值的认定存在困难，目前可以采用以普通打车或者导航软件中一般车型（经济型）相同路程的报价作为参考，并适度下浮确定成本费用。

3. 是否存在好意同乘和免费互助合乘的意图。提供乘车但未获取任何利益的好意同乘行为，属于真正的“顺风”车，由于缺乏现实的获利性而应获取积极的社会评价；免费互助合乘相当于将两部以上的车辆资源整合，用先集中调配再合理分摊成本的模式进行统一的社会价值交换。虽然现实中可能出现用车数量不均衡的情况，但它是以互助为前提，以节省该集中资源的总出行成本而非以直接从对方身上获取营利为目的的行为。由于驾驶人未获取乘车人的经济利益，好意同乘和免费互助合乘缺乏直接的经济价值判断基础，因此不属于营运行为。但需要注意的是，实施以上行为的车辆本身应当不具有营运属性（未注册打车软件），否则在很多情况下可能会出现难以进行准确判断的情况。

其次，正确区分顺风车和营运车直接影响保险关系的认定。根据《中华人民共和国保险法》的规定和我国保险实践，被保险车辆改变使用性质未及时通知保险人且导致危险程度增加的，保险人不负责赔偿。但不能简单地以同一车辆同时注册了顺风车和快车或其他打车软件而不分情况一律认定其因改变使用性质而符合商业险免赔条件。即使被保险车辆因注册了打车软件而具有营运性质，但由于很多打车软件并不要求驾驶人必须为全职，且不要求每日最低接单数量，无法排除驾驶人在从事其他职业时合理使用顺风车的情况。合理时间与路线限度内的顺风车行为仍然属于驾驶人正常的使用行为，其通过其他人员搭乘合理分摊出行成本并不直接导致车辆危险程度增加。在司法实践中，应当结合驾驶人的日常工作情况和路线以及乘车人的情况进行严格审查，对于超出合理限度而实际具有营利性的所谓“顺风车”行为应坚决予以否定；对通过严格审查后，确定车辆本身具有营运性质，但在日常生活合理限度内产生的顺风车行为应予以肯定，根据客观实际情况正确适用商业险免赔条款。

最后，准确区分顺风车与营运车，对于事故车辆的投保人、保险人以及事故受害人的利益平衡具有重要意义。在交通事故责任案件的审理中，不可能兼顾投保人、保险人以及事故受害人三方的利益。任何错误的判断，都会造成至少一方当事人的利益严重受损。投保人与保险人之间的保险合同条款是否生效直接影响投保人的赔偿能力和事故受害人的权利救济结果。但对顺风车与营运车进行区分应当尊重客观事实，以公平为尺度进行衡量，保障各方的合法权益。超过合理限度的顺风车属于营运行为，构成商业险免赔的法定事由，不能够以保险人作为保险业务的承保者收取了保险费，相对投保人或者事故受害人而言具有经济上的优势，就逾越法律规定以及合同约定，要求保险人承担法律规定之外的义务。此外，为了保障当事人的利益平衡，驾驶人应当积极提供证据材料，证明与运营平台存在有关顺风车接单次数的约定。如果顺风车运营平台并非免费提供平台服务的，应负有管理义务。顺风车运营平台没有按照当地的规定限制每日的顺风车接单数量，或者在超过每日的限定次数且并非免费互助的情况下仍持续通过平台派单的，则存在平台管理责任甚至是法律责任。

编写人：广东省广州市南沙区人民法院　袁微　李羿盟

174 投保人在同一保险人处对同一车辆依不同营运性质投保时赔偿范围的认定

——陈某军诉运输公司、保险公司机动车交通事故责任案

【案件基本信息】

1. 裁判书字号

北京市第二中级人民法院（2018）京02民终2108号民事判决书

2. 案由：机动车交通事故责任纠纷

3. 当事人

原告（被上诉人）：陈某军

被告（上诉人）：保险公司

被告（被上诉人）：运输公司

【基本案情】

2017年4月4日，魏某冬驾驶京ABZ×××号重型自卸货车由北向南行驶至房山区107国道某村时，恰有陈某军驾驶宁BN7×××号三轮摩托车同向行驶。货车前部与摩托车后部相接触，造成两车损坏，陈某军受伤。事发后，北京市公安局公安交通管理局房山交通支队良乡大队出具交通事故认定书，认定魏某冬负全部责任。2017年4月4日至20日，陈某军于医院住院治疗16天，被诊断为左胫骨粉碎性骨折、左腓骨上段骨折。2017年8月18日，司法鉴定所出具司法鉴定意见书，鉴定意见为：1. 陈某军的伤残等级为人体损伤致残程度十级残疾；2. 陈某军的误工期180日，护理期90日，营养期90日。

2016年，建筑公司为事故车辆于保险公司投保了机动车交通事故责任强制保险（以下简称交强险）及第三者责任商业保险（保险金额100万元，以下简称商业三者险），有效期为2016年4月8日0时起至2017年4月7日24时止，车辆使用性质为非营业货车。2017年1月3日，运输公司购买后为该车辆办理了过户登记。同年2月16日，交强险的投保人变更为运输公司，使用性质由非营业货车变更为营业货车。同年4月6日，商业三者险项下投保人变更为运输公司，使用性质变更为营业货车。运输公司认可事发时事故车辆的驾驶人魏某冬系正在履行职务。

陈某军主张以城镇标准计算残疾赔偿金并提交证据，一审法院结合证据及庭审质证情况认定陈某军未能证明其长期居住在城镇且主要收入来源于城镇。

【案件焦点】

投保人在同一保险公司处对同一车辆依营运性质投保交强险，依非营运性质投保商业三者险时，商业三者险是否应予以理赔。

【法院裁判要旨】

北京市房山区人民法院经审理认为：

事故责任承担主体。该案系交通事故引发的人身、财产损害，此事故公安交通管理部门作出魏某冬负全部责任，陈某军无责任的事故认定，符合法律规定，双方亦不持异议，予以确认。用人单位的工作人员因执行工作任务造成他人损害的，由用人单位承担侵权责任。魏某冬所驾驶车辆登记的所有人为运输公司，魏某冬的驾驶行为是履行工作职务，其产生的责任后果由运输公司承担。依照《中华人民共和国道路交通安全法》和《中华人民共和国侵权责任法》等相关法律规定，陈某军因该交通事故造成的各项损失，应首先由保险公司在交强险责任限额范围内予以赔偿；不足部分，由保险公司在商业三者险责任限额范围内依照法律及合同约定进行赔偿。仍有不足的，由运输公司按责予以承担。

保险公司商业三者险的赔偿范围。保险合同为射幸合同，保险人是否承保及其如何确定保险费，取决于保险人对承保危险的正确估计和判断，投保人与保险人均应当遵循诚信原则，恪守承诺。运输公司购车并已进行所有权转移登记，后于 2017 年 2 月 16 日在交强险项下变更车辆使用性质为营运；且运输公司的营业执照记载的经营范围前两项业务为普通货运、货运代理；由此可推定保险公司于运输公司在交强险项下变更使用性质时即应当已知晓该案涉车辆用于营运。同时也应明知此时如依非营运车辆费率交纳商业三者险的保险费用，将有嗣后不予理赔之虞，而依然继续承保；表明其有实现合同之目的，其事后以车辆使用性质发生变化为由拒赔则与合同目的自相矛盾。另外，交强险与商业三者险保险合同下所涉为同一事故车辆，保险公司已知车辆所有人变更，即已知对保险标的具有保险利益的主体已实际变更。此时，保险公司未进一步要求运输公司对车辆使用用途履行如实告知的义务；亦未对保险合同中免除保险人责任的条款作出足以引起投保人注意的提示，并对该条款的内容以书面或者口头形式向投保人作出明确说明。因此保险公司主张的免责条款不产生效力。再则，当投保人故意或者因重大过失未履行如实告知义务并足以影响保险人决定是否同意承保或者提高保险费率时，我国相关法律规定赋予保险公司合同解除权之救济途径；然亦限制自保险人知道有解除事由之日起超过三十日未行使，则该解除权消灭。保险公司应于2017年2月16日知晓车辆为营运用途，案涉交通事故发生于同年4月4日，事故发生时间已超过保险公司知道解除事由之日起三十日，保险公司的解除权已消灭，则保险公司应依照合同约定对机动车交通事故所造成的第三者损害承担赔偿责任。

陈某军于本次交通事故中所受损失。陈某军因交通事故造成的各项损失为：医疗费38113.01元、误工费15640元、护理费10120元、交通费500元、住院伙食补助费1600元、营养费2700元、残疾赔偿金（含被扶养人生活费）47219元、鉴定费4350元、精神损害抚慰金 5000 元。

运输公司经法院传票传唤，无正当理由未到庭参加诉讼，视为其放弃答辩和质证的权利，不影响法院依据查明的事实和认定的证据作出裁判。

北京市房山区人民法院依据《中华人民共和国侵权责任法》第十六条、第二十二条、第三十四条、第四十八条，《中华人民共和国道路交通安全法》第七十六条，《中华人民共和国保险法》第十六条，《中华人民共和国民事诉讼法》第一百四十四条规定，判决如下：

一、保险公司于本判决生效之日起七日内在机动车交通事故责任强制保险限额内赔偿陈某军医疗费、住院伙食补助费及营养费共计 10000 元，误工费、护理费、交通费、残疾赔偿金（含被扶养人生活费）、精神损害抚慰金共计 78479 元；

二、保险公司于本判决生效之日起七日内在机动车交通事故商业第三者责任保险限额内赔偿陈某军医疗费 32413.01 元；

三、驳回陈某军的其他诉讼请求。

保险公司不服一审判决，提起上诉。北京市第二中级人民法院经审理，同意一审法院裁判意见。

北京市第二中级人民法院依照《中华人民共和国民事诉讼法》第一百七十条第一款第一项规定，判决如下：

驳回上诉，维持原判。

【法官后语】

保险合同为射幸合同，其射幸性质是由保险事故发生的偶然性所决定的，投保人与保险人在此之中的收益均处于不确定状态，合同当事人一方支付的代价所获得的只是一个机会；故而保险合同要求当事人最大诚信地恪守承诺。最大诚信原则的约束下，保险人与投保人互负告知、保证义务并需遵守禁止反言原则。

本案中，投保人在同一保险公司对同一车辆依营运性质投保交强险，依非营运性质投保商业三者险，此时如何确定商业三者险是否予以理赔。《中华人民共和国保险法》（2015 年修正）第五十二条规定，在合同有效期内，保险标的的危险程度显著增加的，被保险人应当按照合同约定及时通知保险人，保险人可以按照合同约定增加保险费或者解除合同。保险人解除合同的，应当将已收取的保险费，按照合同约定扣除自保险责任开始之日起至合同解除之日止应收的部分后，退还投保人。被保险人未履行前款规定的通知义务的，因保险标的的危险程度显著增加而发生的保险事故，保险人不承担赔偿保险金的责任。本案的特殊之处在于同一保险人为投保人的同一车辆分别承保了交强险及商业三者险，此时保险人对于车辆真实状态是否知晓的界定及可能产生的保险赔偿责任范围应当予以特殊考虑。

从本案裁判可以得出以下结论：

1. 自投保人投保交强险时，即应视为保险公司明知车辆运营与否的真实状态；此时，如保险公司未及时行使解除权利，则不得以投保人未如实告知车辆营运性质为由拒绝在商业三者险范围内承担赔偿责任。原因在于，其一，保险合同中的保险人能够对承保危险作出正确估计和判断时，保险人可更为清晰地决定是否承保以及如何确定保险费用；其二，投保人针对同一车辆在同一保险公司依不同的使用性质投保不同险种时，信息化背景下，保险公司基于数据掌握及对投保人资料的审核，足可知晓车辆真实状态及危险程度是否发生显著变化，并有权利要求投保人履行如实告知义务；其三，当投保人故意或者因重大过失未履行如实告知义务并足以影响保险人决定是否同意承保或者提高保险费率时，保险公司可依照法律规定行使合同解除权，如保险公司继续缔约，则意味着其选择了因车辆危险程度增加而发生保险事故的赔付义务。

2. 车辆使用性质系属车辆状态要素之一，类推之下，该案也同样适用于以下情形：投保人针对同一车辆在同一保险公司投保交强险及商业三者险，在交强险项下投保人履行了如实告知义务，在商业三者险项下以明显低于车辆真实危险程度的车辆状态投保的，应当以交强险投保时间认定为该保险公司知晓车辆真实状态的时间；保险公司未及时行使解除权的，应自知晓车辆真实状态时承担商业险责任。

3. 如保险公司在商业三者险范围内已经进行理赔，关于保险费用问题，可以参照《最高人民法院关于审理道路交通事故损害赔偿案件适用法律若干问题的解释》（2020 年修正）第二十条第二款及第三款规定，“机动车在交强险合同有效期内发生改装、使用性质改变等导致危险程度增加的情形，发生交通事故后，当事人请求保险公司在责任限额范围内予以赔偿的，人民法院应予支持。前款情形下，保险公司另行起诉请求投保义务人按照重新核定后的保险费标准补足当期保险费的，人民法院应予支持”。即保险公司有权要求投保义务人按照重新核定后的保险费标准补足商业保险的当期保险费用。

4. 本案终审裁判作出于 2018 年 3 月 21 日，之后，《最高人民法院关于适用〈中华人民共和国保险法〉若干问题的解释（四）》（以下简称《解释》）于 2018 年 9 月 1 日起施行，并于 2020 年进行修正。其中第二条规定，保险人已向投保人履行了《中华人民共和国保险法》规定的提示和明确说明义务，保险标的受让人以保险标的转让后保险人未向其提示或者明确说明为由，主张免除保险人责任的条款不生效的，人民法院不予支持。该条款基于合同转让理论及保险交易的便利性，明确规定保险标的的转让不能引起“免除保险人责任条款”的变化。本案中，同样存在保险标的的受让，但《解释》中的该条款仅是对保险人提示说明义务的减轻，而并不针对保险人明知车辆存在可予免赔情形而继续承保时的责任承担问题。故而，当保险人明知保险标的真实危险状态的情形下，保险标的的转让时，保险人对保险标的受让人基于合同转让理论而产生的免责条款提示说明义务的免除，并不能当然产生保险人免责的法律后果。

编写人：北京市房山区人民法院　吴奕晗

175　投保人虚构车辆号牌投保并被刑事立案侦查，交通事故的赔偿案件是否应中止诉讼

——周某芬等诉赵某军等机动车交通事故责任案

【案件基本信息】

1. 裁判书字号

天津市第二中级人民法院（2018）津02民终7418号民事判决书

2. 案由：机动车交通事故责任纠纷

3. 当事人

原告（被上诉人）：周某芬、么某花、张某、张某臣

被告（上诉人）：甲保险公司

被告（被上诉人）：货运公司、赵某军、乙保险公司

【基本案情】

2018年5月13日5时35分，赵某军驾驶重型自卸货车驶入非机动车道时，遇张某华驾驶电动自行车在该非机动车道行驶，重型自卸货车右侧后轮碾压张某华身体，造成张某华受伤后经抢救无效于当日死亡、两车不同程度受损的交通事故。此次事故经交警部门认定：赵某军承担事故全部责任，张某华无事故责任。张某华为河北省唐山市非农业户口，死亡时年满53周岁。周某芬、么某花、张某、张某臣分别系张某华的母亲、妻子、长女、长子。

赵某军驾驶的机动车登记所有人为货运公司，其从货运公司承租该车辆，并由其享有租赁期间收益。该车行驶证登记信息如下：号码号牌：津AZ9×××；发动机号码：1016G005×××；车辆识别代号：LVBV7PEC9GW064×××；品牌型号：某牌BJ3315DN×××-30。该车在乙保险公司处投保交强险一份，本次事故发生在保险期间。该车商业险保单，记载主要内容如下……号码号牌：甘BM5×××；厂牌型号：某牌BJ3315DN×××-30自卸货车；VIN码/车架号：LVBV7PEC9GW064×××；发动机号：1016G005×××；商业三者险限额1000000元，并附带不计免赔……甲保险公司提交的投保人身份信息为刘某友，投保时被保险车辆行驶证记载的主要信息为号牌：甘BM5×××；品牌型号、车辆识别代码、发动机号码中部分字迹模糊不清。

甲保险公司认为其受到保险诈骗，向公安机关报案，天水市公安局秦州分局于2017年11月23日作出《立案决定书》，决定对甲保险公司系被保险诈骗案立案侦查。次日，甲保险公司在《某日报》第3版发布《关于解除机动车辆保险合同的公告》，记载主要内容为投保人没有履行如实告知义务，通知解除本案保险合同，甲保险公司主张其向刘某友邮寄了《机动车保险合同解除通知书》。

【案件焦点】

1. 投保人虚构车辆号牌投保，公安机关已经立案，保险车辆引发的交通事故赔偿案件是否应当中止审理；2. 承保保险公司是否应当承担赔偿责任。

【法院裁判要旨】

天津市滨海新区人民法院经审理认为：交通管理部门出具的交通事故认定书认定事实清楚，责任划分准确，予以认定。甲保险公司主张公安机关已对虚假投保进行刑事立案侦查不属于法定中止审理的理由，不影响本案审理。合同一方主张解除合同，应当将解除通知送到合同相对方。甲保险公司主张其已经解除了商业保险合同关系，依据不足，不予支持。虽然甲保险公司商业三者险保单上记载的承保车辆的车牌号、发动机号码与事故车辆不一致，但保单上所载明的被保险车辆的厂牌型号、车架号等车辆信息均与赵某军所驾驶车辆的信息相一致。此外，甲保险公司提交的投保车辆的行驶证部分字迹模糊，甲保险公司作为专业从事保险活动的机构，理应对投保人提交的材料尽到认真审核义务，但甲保险公司并未举证证明其履行了该义务。因此应认定事发时赵某军驾驶的车辆即为被保险车辆，甲保险公司应当在商业三者险限额内承担相应的赔偿责任。经核算此次事故致张某华死亡造成的经济损失共计 849251. 69 元，根据赵某军车辆上述投保交强险、商业三者险情况，依此确定赔偿义务人所应承担的赔偿责任。

天津市滨海新区人民法院依照《中华人民共和国侵权责任法》第六条第一款、第十六条、第十九条、第四十八条等规定，判决如下：

一、乙保险公司于本判决生效后十日内在交强险限额内赔偿周某芬、么某花、张某、张某臣各项经济损失共计 114859. 44 元；

二、甲保险公司于本判决生效后十日内在商业三者险限额内赔偿周某芬、么某花、张某、张某臣超出交强险限额的各项经济损失共计 734392. 25 元；

三、驳回周某芬、么某花、张某、张某臣的其他诉讼请求。

甲保险公司不服原审判决，提起上诉。天津市第二中级人民法院同意一审法院裁判意见。

天津市第二中级人民法院依照《中华人民共和国民事诉讼法》第一百七十条第一款第一项规定，作出如下判决：

驳回上诉，维持原判。

【法官后语】

本案的审理涉及以下三个问题：

一是如何确定中止诉讼的范围。该问题涉及刑民交叉，在司法实务中，往往民事案件审理过程中遇到有关联的刑事处理程序，就裁定中止诉讼，这容易造成案件久拖不决，影响当事人的合法权益。对此，民事案件是否应当中止诉讼应当严格把握《中华人民共和国民事诉讼法》第一百五十条的有关规定，只有当民事审理结果需要以刑事处理结果为依据时，才能够中止诉讼。本案因相关人员虚构事故车辆号牌投保被刑事立案侦查，但该刑事事由不影响本案被侵权人主张赔偿权利及最终赔偿责任的承担，因此，法院并未对该案裁定中止诉讼。

二是如何认定被保险车辆与实际事故车辆的一致性。识别机动车的一般方式是查看号牌，以机动车号牌确定被保险车辆与实际事故车辆是否一致，但因号牌不具有唯一性，存在被更改、调换的可能。在通过机动车号牌无法认定被保险车辆与实际事故车辆是否一致时，就需要进一步对机动车的车架号（VIN 码）、发动机号进行识别。根据我国有关机动车行政管理规定，车架号（VIN 码）由十七位英文字母和数字组成，每一辆机动车均有独一无二的车架号，因此，车架号又被称为机动车“身份证号码”，发动机号与车架号同理，都具有唯一性，能够代表机动车的身份。因此，在被保险车辆与实际事故车辆的一致性有争议时，应当以车辆车架号、发动机号为依据进行识别，如果事故车辆车架号、发动机号与保险单所记载的行驶证登记信息一致，则应当认定被保险车辆与实际事故车辆一致，不能仅凭事故车辆悬挂号牌与保险单记载行驶证登记的号牌不一致，就认定事故车辆非被保险车辆，并免除保险公司的赔偿责任。当然，保险公司如据此免赔，那么保险公司应当就该免赔事由向投保人尽到了相应的提示说明义务承担举证责任。

三是如何把握保险公司对投保材料的审核义务。保险合同被称为最大诚信合同，保险公司评估风险依赖于投保人对保险标的相关情况的如实告知，但是在投保过程中，保险公司不能仅仅对投保材料进行形式审查，而且《中华人民共和国保险法》规定，设立保险公司应当具备相关专业人员、营业场所及专门设备，因此，保险公司更应当充分利用自身专业技术、水平、能力对投保材料进行实质审查，甚至是实地、实物、现场考察，来充分评估保险标的现状及风险程度，并决定是否承保。如果保险公司未履行上述义务，则应当对其自身疏忽行为承担相应的法律责任。

本案中，虽然赵某军驾驶车辆悬挂的号牌与保单记载号牌不一致，但保单上所载明的被保险车辆的厂牌型号、车架号等信息与赵某军所驾事故车辆一致，能够确定该车辆即为被保险车辆，该案的审理也不依赖于刑事案件的审理结果，不符合中止诉讼的法定情形，故甲保险公司应在商业三者险限额内承担赔偿责任。

编写人：天津市滨海新区人民法院　张艳辉

天津市北辰区人民法院　周杨

176　驾驶人未采取措施驾车离开现场，商业三者险是否免赔应结合驾驶人主观认知予以判定

——虞某平诉王某等机动车交通事故责任案

【案件基本信息】

1. 裁判书字号

江苏省无锡市中级人民法院（2018）苏02民终5045号民事判决书

2. 案由：机动车交通事故责任纠纷

3. 当事人

原告（被上诉人）：虞某平

被告（上诉人）：保险公司

被告（被上诉人）：王某、运输公司

【基本案情】

王某驾驶的重型半挂牵引车牵引挂重型罐式半挂车在行驶过程中碰撞同向右侧虞某平所驾电动自行车，造成虞某平受伤。道路交通事故认定书认定王某负事故全部责任，虞某平不负事故责任。公安机关未认定王某为肇事逃逸。案涉重型半挂牵引车及挂重型罐式半挂车车主为运输公司，上述车辆均在保险公司投保了交强险和商业第三者责任险。其中，重型半挂牵引车的投保金额为 1500000 元，重型罐式半挂车的投保金额为 50000 元。事故发生在保险期限内。商业第三者责任险投保单的第八条约定“事故发生后，在未依法采取措施的情况下驾驶被保险机动车或者遗弃被保险机动车离开事故现场”的，不论任何原因造成被保险机动车的任何损失和费用，保险人不负责赔偿。事故发生后，保险公司已向虞某平垫付 10000 元，王某、运输公司共同向虞某平垫付 30000 元。现虞某平诉至法院，请求判令王某、运输公司赔偿各项损失共计 291783.35 元，保险公司在承保的交强险和商业第三者责任险保险范围内承担赔偿责任。

【案件焦点】

1. 所涉保险免责条款是否有效，其适用前提应如何界定；2. 在公安机关未认定肇事逃逸情形下，应综合哪些因素审查驾驶人员驾车驶离现场的认知状态。

【法院裁判要旨】

江苏省无锡市惠山区人民法院经审理认为：保险合同中约定的免责情形适用前提为驾驶员主观上认识到事故的发生，仍驾驶车辆驶离现场。本案中，并无证据证明王某驾车驶离现场时明知发生了交通事故，保险公司不得据此免赔。

江苏省无锡市惠山区人民法院依照《中华人民共和国侵权责任法》第三条、第六条第一款、第十六条、第二十二条、第四十八条，《中华人民共和国道路交通安全法》第七十六条第一款，《中华人民共和国保险法》第六十五条，《最高人民法院关于审理人身损害赔偿案件适用法律若干问题的解释》（法释〔2003〕20号）等相关规定，作出如下判决：

一、保险公司于判决发生法律效力之日起十日内赔付款项241215.96元，其中支付给虞某平211215.96元，支付给王某、运输公司30000元；

二、驳回虞某平的其他诉讼请求。

保险公司不服一审判决，提起上诉。江苏省无锡市中级人民法院经审理认为：涉案免责条款的约定，符合《中华人民共和国保险法》规定的投保人、被保险人应当维护保险标的安全的法定要求，应认定为合法有效。涉案肇事牵引车拖挂挂车时的照片显示，其较受害人驾驶电瓶车，不论是坐高、体长、自重等各个方面，均存在极大差异，客观上导致涉案肇事车辆驾驶人员可能无法及时知晓行车中所造成的一般或轻微交通事故。结合涉案牵引车及挂车均投保有高额商业第三者责任险，驾驶人在交通事故处理过程中予以配合，公安机关对交通肇事后逃逸一节不作认定等多重因素，根据一般生活经验法则可知，本案肇事车辆驾驶员未意识到已经发生交通事故仍继续正常行驶的概率明显高出明知交通肇事后逃逸的概率。因无证据或合理理由表明王某驾车驶离现场的行为系在对已发生交通事故存有主观认知情况下做出，应认定该行为不属于涉案免责条款约定的免责情形，保险公司不得据此主张免赔。

江苏省无锡市中级人民法院依照《中华人民共和国民事诉讼法》第一百七十条第一款第一项规定，作出如下判决：

驳回上诉，维持原判。

【法官后语】

机动车辆商业保险合同一般会就事故发生后，驾驶人未依法采取措施的情况下驾驶被保险机动车或者遗弃被保险机动车离开事故现场，保险人不负责赔偿进行约定。实践中，当事人容易就该免责条款的效力、适用前提以及是否构成肇事逃逸等产生争议，有必要依据相关法律分析方法和事实认定规则对此予以明确。

1. 该免责条款经保险公司履行提示义务后应认定为有效。实践中，围绕该免责条款是否有效，存在有效说、绝对无效说和相对无效说等不同主张。通过对该条款义务设定的来源、合理性及必要性进行综合分析，应认为该免责条款经履行提示义务后合法有效。

首先，该条款设定的义务来源为法定义务。《中华人民共和国道路交通安全法》第七十条第二款规定，在道路上发生交通事故，车辆驾驶人应当立即停车，保护现场；造成人身伤亡的，车辆驾驶人应当立即抢救受伤人员，并迅速报告执勤的交通警察或者公安机关交通管理部门。由此可见，交通事故发生后，保护现场、抢救受伤人员、及时报警是车辆驾驶人的法定义务，该条款义务的设定具有法律依据。

其次，该条款设定的义务具有合理性和必要性。交通事故发生后，肇事车辆驾驶人未依法采取必要措施，无正当理由驾驶车辆驶离现场，容易导致事故责任无法查清，极易诱发道德风险。该条款设定的目的在于督促被保险人遵守交通法律法规，保护受伤人员生命财产安全，维护社会公共秩序，确定事故责任，契合社会主义核心价值观的要求。

最后，该条款设定的义务符合《中华人民共和国保险法》规定的最大诚信原则及维护保险标的安全的法定要求。《中华人民共和国保险法》第五十一条规定，被保险人应当遵守国家有关消防、安全、生产操作、劳动保护等方面的规定，维护保险标的的安全。责任保险是以被保险人对第三者依法应负的赔偿责任为保险标的的保险。因此，该条款中要求驾驶人履行依法采取处置措施义务符合《中华人民共和国保险法》规定的最大诚信原则及被保险人应当维护保险标的安全的法定要求。

2. 该条款适用的前提为驾驶人知道或应当知道交通事故发生。虽然涉案免责条款并未明确肇事车辆驾驶人驶离时的主观认知状态，但结合条款的上下文含义及设置目的，该条款适用的隐含前提应当为驾驶人知道或应当知道交通事故发生。保险公司不得简单依据驾驶人驾驶车辆驶离的客观状态主张免责。

3. 法院应当根据一般生活经验法则综合判断肇事车辆驾驶人驾驶车辆离开的行为是否具有合理性。实践中，如刑事判决或公安机关未就驾驶人是否构成肇事逃逸作出认定，个案审理中容易就行为人离开事故现场的行为是否属于肇事逃逸引发争议。此种情形下，法院应当通过机动车驾驶人对事故发生的可预见性，事故发生即应知晓的可能性，并结合涉案机动车是否投保、机动车继续驾驶的路线是否正常、驾驶人员在交通事故处理过程中是否配合等多重因素，根据一般生活经验法则综合判断肇事车辆驾驶人驾驶车辆离开的行为是否具有合理性，不得简单作出该机动车驾驶人肇事逃逸的不利推定。

具体到本案，肇事车辆为重型半挂牵引车牵引挂车，在与受害人驾驶的电动自行车发生事故时，肇事车辆驾驶人确有无法及时知晓事故的可能，结合涉案牵引车及挂车均投保有高额商业第三者责任险，驾驶人在交通事故处理过程中予以配合，公安机关对交通肇事后逃逸一节不作认定等多重因素，本案肇事车辆驾驶人在未意识到已经发生交通事故的情况下继续正常行驶符合事发时的综合状况，保险公司援引的免责条款不适用于本案情形。

编写人：江苏省无锡市中级人民法院　潘华明　宁尚成

177　非医保免责主张不成立

——张某汉诉刘某亮等机动车交通事故责任案

【案件基本信息】

1. 裁判书字号

福建省厦门市中级人民法院（2018）闽02民终5305号民事判决书

2. 案由：机动车交通事故责任纠纷

3. 当事人

原告（被上诉人）：张某汉

被告（上诉人）：保险公司

被告：刘某亮、樊某鹏

【基本案情】

2017年10月19日11时15分，刘某亮驾驶樊某鹏所有的闽DD9×××号小型客车沿国道319线由西往东方向行驶，行驶至厦成线15公里950米靠路右停车后穿越道路时，与沿国道319线由西往东方向行驶由张某汉驾驶的闽DXM×××号两轮普通摩托车发生碰撞，造成车损及张某汉受伤的损害后果。2017年11月30日，厦门市公安局交通警察支队集美大队作出《道路交通事故认定书》，认定刘某亮负事故主要责任，张某汉负事故次要责任。

张某汉受伤后先由厦门市医疗急救中心救治，后被送往第二医院住院治疗，共住院治疗10天（2017年10月19日至29日）。2017年10月29日，张某汉转入第一医院住院治疗，共住院治疗61天（2017年10月29日至12月29日）。

樊某鹏所有的车牌号为闽DD9×××号小型客车在保险公司投保了交强险、商业三者险和不计免赔险，保险期间为2017年4月26日零时至2018年4月25日24时。交强险赔偿限额为122000元（死亡伤残赔偿限额110000元、医疗费用赔偿限额10000元、财产损失赔偿限额2000元）。商业三者险赔偿限额为2000000元。讼争事故发生时均在上述保险合同保险期间内。

根据保险公司申请，法院依法委托司法鉴定所对张某汉因2017年10月19日发生的交通事故的医疗费中非医保费用进行鉴定。2018年5月10日，福建历思司法鉴定所作出司法鉴定意见书，鉴定意见为：审核本次送检的被鉴定人张某汉的医疗费用清单中（519485.26元），非医保费用合计120046.25元。

讼争交通事故发生后，刘某亮向张某汉支付医疗费22048元，保险公司向张某汉支付医疗费 10000 元。樊某鹏陈述，其向保险公司购买保险时，保险公司有告知其免责条款的内容。

【案件焦点】

1. 张某汉的合理损失如何确定；2. 保险公司主张非医保费用免赔是否可以得到支持。

【法院裁判要旨】

福建省厦门市集美区人民法院经审理认为：

1. 张某汉及刘某亮所驾驶的车辆均为机动车辆。法院确认张某汉自己承担损害后果 30%的民事赔偿责任，刘某亮承担 70%的民事赔偿责任。2. 根据《中华人民共和国道路交通安全法》第七十六条规定，机动车发生交通事故造成人身伤亡、财产损失的，由保险公司在机动车责任强制保险限额范围内予以赔偿。不足的部分，根据过错程度由侵权人予以赔偿。根据《最高人民法院关于审理道路交通事故损害赔偿案件适用法律若干问题的解释》第十六条规定，同时投保机动车责任强制保险和第三者责任商业保险的机动车发生交通事故造成损害，当事人同时起诉侵权人和保险公司的，应先由承保交强险的保险公司在责任限额范围内予以赔偿，不足部分，由承保商业三者险的保险公司根据保险合同予以赔偿，仍有不足的，依照《中华人民共和国道路交通安全法》和《中华人民共和国侵权责任法》的相关规定由侵权人予以赔偿。讼争交通事故发生于 2017 年 10 月 19 日，刘某亮驾驶的肇事车辆在保险公司投保了交强险、商业三者险和不计免赔险。讼争交通事故发生在上述保险合同的保险期间内。保险条款中约定保险公司不承担诉讼费，保险公司无须承担诉讼费。张某汉在交强险医疗费用赔偿限额项下的损失为医疗费

520033.26 元，超过交强险医疗费项下赔偿限额 10000 元。故，保险公司应在交强险医疗费项下 10000 元限额内赔偿张某汉 10000 元。刘某亮承担 70%的民事赔偿责任。保险公司在商业三者险范围内赔偿张某汉的医疗费数额应为张某汉的医疗费 520033.26 元先扣除交强险应赔偿的 10000 元，再乘以刘某亮应承担的赔偿责任比例 70%，即 357023.28 元，未超过商业三者险赔偿限额 2000000 元，故保险公司应在商业三者险赔偿限额范围内赔偿张某汉医疗费 357023.28 元。3. 根据《最高人民法院关于适用〈中华人民共和国保险法〉若干问题的解释（三）》（以下简称《保险法司法解释三》）第十九条规定，保险合同约定按照基本医疗保险的标准核定医疗费用，保险人以被保险人的医疗支出超出基本医疗保险范围为由拒绝给付保险金的，人民法院不予支持；保险人有证据证明被保险人支出的费用超过基本医疗保险同类医疗费用标准，要求对超出部分拒绝给付保险金的，人民法院应予支持，福建历思司法鉴定所作出的司法鉴定意见，仅能证明张某汉医疗费中的非医保费用即超出基本医疗保险范围金额为 120046.25 元，不能证明张某汉的医疗费超过基本医疗保险同类医疗费用标准。故，对保险公司不承担张某汉医疗费中的非医保费用 120046.25 元的主张，不予支持。一审判决：

一、保险公司应于本判决生效之日起十日内在交强险、商业三者险赔偿限额范围内再赔偿张某汉医疗费共计 357023.28 元；

二、驳回张某汉的其他诉讼请求。

一审宣判后，保险公司持原审意见提起上诉。福建省厦门市中级人民法院经审理后，同意一审裁判意见，认为：保险公司的上诉理由不能成立，其上诉请求应予驳回。原审判决认定事实清楚，判决正确，应当维持。据此，根据《中华人民共和国民事诉讼法》第一百五十三条第一款第一项之规定，判决如下：

驳回上诉，维持原判。

【法官后语】

本案的争议焦点在于，《保险法司法解释三》颁布后，保险人是否可以拒绝赔偿医疗费中超出国家基本医疗保险范围的费用？

1.《保险法司法解释三》能否适用于财产保险合同

《保险法司法解释三》首段提到，“为正确审理保险合同纠纷案件……结合审判实践，就保险法中关于保险合同章人身保险部分有关法律适用问题解释如下……”有学者认为，据此可得出结论，该司法解释应只适用于人身保险合同，而不适用于财产保险合同。

人身保险与财产保险的主要区别有四，一是保险标的不同，人身保险的保险标的是人的寿命和身体，财产保险的保险标的是财产及其相关利益；二是保额确定方式不同，人身保险是以投保人根据自己的经济状况、工作性质来确定保险金额的，财产保险是根据保险标的的实际价值来确定的；三是保险期限不同，一般来说，人身保险的保险期限较长，计算保费时会考虑利率等因素，财产保险多为短期，且计算保费时一般不考虑利率因素；四是保险性质不同，人身保险多数具有一定的储蓄性，而财产保险不具有。总的来说，人身保险主要承保的是“人”，一般不涉及“物”，而财产保险承保的不仅有“物”，还会涉及“人”的问题。

笔者认为，为机动车所投保的商业责任保险确实属于财产保险合同，与人身保险合同具有本质上的区别。但机动车责任保险合同中关于受害人医疗费用标准的核定，也是参考《中华人民共和国保险法》中人身保险部分的条款来确定的。而且在《保险法司法解释三》颁布后，保险公司的机动车交通事故责任强制保险条款及机动车第三者责任保险条款中，关于受害人医疗费用标准核定的内容也据此进行了更改，可见，保险行业协会及保险公司对财产保险合同也可以适用《保险法司法解释三》的规定是许可的。因此，《保险法司法解释三》可以适用于财产保险合同，这也是符合《中华人民共和国保险法》的立法目的的。

2. 超出基本医疗保险范围与超过基本医疗保险同类医疗费用标准概念不同

对《保险法司法解释三》第十九条可以分为两部分来理解：一方面对于被保险人或第三者而言，超出基本医疗保险范围用药或治疗，可能是基于病情需要或者医生的判断，如果超出部分一律不赔会加重被保险人的责任，因此保险人不能以此为由拒赔；另一方面为了平衡保险人的利益，防止过度医疗等问题，同时允许保险人在能够举证证明超出基本医疗保险同类医疗费用标准的情况下对超出部分予以拒赔。但此处应注意的是，保险公司应举证的内容为“超过基本医疗保险同类医疗费用标准”，不再是“超出基本医疗保险范围的费用”，二者之间具有根本区别。

“超过基本医疗保险同类医疗费用标准”是指超类别的用药费用，但是具体类别标准划分应根据当地卫生部门颁发的相关指导分类意见来确定。而医疗费中超出基本医疗保险范围的费用通常简称为“非医保费用”，是指扣除医疗保险范围内的费用以外的医疗费用。司法实践中，鉴定部门是根据当地的《基本医疗保险药品目录》中的甲、乙、丙三类目录中的药品费用支付比例来进行核算。本案中，保险公司举证证明了“非医保费用”，但未举证证明超过基本医疗保险同类医疗费用标准的费用，故应当承担举证不利的法律后果，据此主张的商业三者险免赔事由不成立。

编写人：福建省厦门市集美区人民法院　刘冰莹

178　“超标”电动车被认定为机动车后的交强险处理规则
——赵某群等诉王某机动车交通事故责任案

【案件基本信息】

1. 裁判书字号

重庆市第三中级人民法院（2018）渝03民终1523号民事判决书

2. 案由：机动车交通事故责任纠纷

3. 当事人

原告（被上诉人）：赵某群、陈某容、陈某

被告（上诉人）：王某

【基本案情】

2018年2月18日，陈某平未取得驾驶证驾驶无号牌二轮电动车行驶至重庆市垫江县高安镇某路口转弯时，被同样未取得驾驶证的王某驾驶的无号牌两轮电动车擦刮，陈某平摔倒在道路上当场死亡。交通事故认定书认定陈某平、王某承担事故的同等责任。同时，交警部门认定涉案两台电动车均属于机动车范畴的摩托车，王某未为其电动车投保交强险和商业三者险。事故发生后，王某支付5万元赔偿款。陈某平死亡时年满73周岁，按月领取养老待遇。其第一顺序继承人有其母亲赵某群（年满90周岁）、其子陈某、其女陈某容3人。赵某群共生育8名子女，其中2名子女已去世。

【案件焦点】

“超标”电动车的驾驶人王某是否在交强险赔偿限额内先行承担赔偿责任。

【法院裁判要旨】

重庆市垫江县人民法院经审理认为：陈某平、王某承担本次事故的同等责任，故确定由王某、陈某平各自承担50%的责任。王某未投保交强险，应当在交强险赔偿限额内先行赔偿，交强险赔偿限额内未能赔偿部分，应当按交通事故责任比例赔偿即由王某赔偿50%。因本次交通事故造成陈某平死亡产生的各项损失共计319137元，损失项目均属于交强险死亡伤残赔偿限额项下，王某未为其车辆投保交强险，故王某应在交强险死亡伤残赔偿限额内赔偿赵某群、陈某容、陈某110000元，超出交强险限额的损失209137元，王某负担50%，为104568.5元。

重庆市垫江县人民法院判决：

一、王某于本判决生效后15日内在机动车交通事故责任强制保险死亡伤残赔偿限额内赔偿赵某群、陈某容、陈某110000元；

二、王某于本判决生效后15日内赔偿赵某群、陈某容、陈某因陈某平在交通事故中死亡的损失54568.5元；

三、驳回赵某群、陈某容、陈某的其他诉讼请求。

王某不服一审判决，提起上诉。重庆市第三中级人民法院经审理认为，由于两轮电动车并未列入国家发改委公布的机动车目录，电动车在办理登记和保险手续时无法按照普通意义上的机动车对待。这种情形并非电动车所有权人自身原因导致，而是社会管理体制和机制构建的问题。购买人购买的车辆存在超标情形，也无法通过简单的肉眼作出判断。王某没有为该车购买机动车交通事故强制责任险，在主观上不具有过错，故不应当在交强险的限额内先行赔偿。一审以王某未投保交强险为由，判决其在交强险内先行赔付 110000 元不当，予以纠正。

重庆市第三中级人民法院依照《中华人民共和国民事诉讼法》第一百七十条第一款第二项之规定，作出如下判决：

一、撤销重庆市垫江县人民法院（2018）渝 0231 民初 1397 号民事判决；

二、王某于本判决生效后 15 日内赔偿赵某群、陈某容、陈某因陈某平在交通事故中死亡的损失 109568.5 元；

三、驳回赵某群、陈某容、陈某在一审中的其余诉讼请求；

四、驳回王某的其余上诉请求。

【法官后语】

在目前的司法实践中，法院不应判决超标电动车的所有人在交强险赔偿限额内先行承担赔偿责任，主要理由是：

1. 未投保交强险不可归责于车辆所有人。目前，我国对电动车的相关管理制度尚不完善，电动车所有人投保交强险不具有现实可能性，要求其购买交强险，存有多重障碍：其一，作为购买人来说，其基于自身常识很难判断所购电动车为机动车；其二，囿于国家对电动车立法不完善，即使购买人认识到车辆属于轻便机动车，机动车管理部门也未强制要求该类车辆上牌、发放行驶证；其三，无牌照电动车无法购买交强险，或者机动车管理部门对电动车登记后发放号牌，但由于电动车无一般机动车的车辆识别代码和发动机号码，作为交强险保险人的保险公司无法确认电动车的唯一性，也不向电动车所有人销售交强险。所以，不管电动车是否“超标”为机动车，不购买交强险都不能归责于车辆所有人。

2. 判决电动车所有人在交强险限额内先行赔付不符合国家设立交强险的目的。国家设立交强险的目的是保障交通事故的受害人能够得到及时、有效的救治，适用的是无过错责任。在电动车所有人尚不能投保交强险的情况下，要求所有人先行在交强险限额内赔付，并不能发挥交强险保障交通事故的受害人及时、有效救治的功能。原因是：从经济实力上看，电动车所有人通常并无相当于机动车辆所有人的经济实力。即使案件如此判决后进入执行阶段，受限于电动车所有人的赔偿能力，更容易造成执行难这一尴尬局面。

3. 判决电动车所有人在交强险限额内先行赔付不能发挥《最高人民法院关于审理道路交通事故损害赔偿案件若干问题的解释》第十九条督促当事人投保交强险的功能。前述第十九条规定，未依法投保交强险的机动车发生交通事故造成损害，当事人请求投保义务人在交强险责任限额范围内予以赔偿的，人民法院应予支持。投保义务人和侵权人不是同一人，当事人请求投保义务人和侵权人在交强险责任限额范围内承担连带责任的，人民法院应予支持。机动车投保义务人未投保交强险具有违法性。从立法目的上看，该规定是从私法的角度，既实现对道路交通事故中受害人的保护，也以私法手段制裁未为机动车投保交强险的投保义务人，为交强险制度提供私法上的保障。但由于电动车所有人对未投保交强险有不可归责自己的理由，即使对其进行私法制裁仍不能达到该条督促当事人积极投保交强险的功能。

4. 从法政策上考量，判决电动车所有人不在交强险赔偿限额下先行赔付更能平衡当事人利益。本案所涉交通事故是两台电动车擦剐导致，且涉事两台车辆均为“超标”电动车。从事故责任认定情况来看，双方当事人承担事故的同等责任。在此情况下，若判决一方当事人在交强险限额内先行赔付，会导致当事人之间的利益显著失衡。相反，若按照侵权责任的一般归责原则即过失责任原则，根据参与交通事故双方在事故中的过错程度，直接分配赔偿责任比例，更能平衡当事人之间的利益。

编写人：重庆市第三中级人民法院　张景卫

179 电瓶车被认定为机动车是否应在交强险范围内承担责任

——龙某林等诉刘某等机动车交通事故责任案

【案件基本信息】

1. 裁判书字号

四川省内江市中级人民法院（2018）川10民终990号民事判决书

2. 案由：机动车交通事故责任纠纷

3. 当事人

原告（上诉人）：龙某林、王某芳、龙某、罗某琴

被告：保险公司

被告（被上诉人）：刘某、刘某彬、李某成

【基本案情】

2018年3月12日20时21分许，刘某驾驶无牌二轮电动车从资中县方向驶往威远县方向，行至国道G247线1357KM+100M处，将行人龙某态撞倒后离开现场，20时40分许，刘某彬驾驶李

某成所有的川 K03×××号小型轿车从资中县往威远县行驶至事发现场，因操作不当，又将龙某态碾压，造成电瓶车受损、刘某彬受伤、龙某态当场死亡。事故发生后，交警部门作出事故认定书，认定刘某承担此次事故主责，刘某彬承担此次事故次责，龙某态不承担此次事故责任。同时，交警队对刘某驾驶的无号牌二轮电动车进行了鉴定，鉴定意见为“无号牌二轮电动车为机动车”。

刘某彬驾驶的川 K03×××号小型轿车在保险公司投保了交强险、商业第三者责任险 100 万元（含不计免赔）。

【案件焦点】

1. 电动自行车的属性；2. 超标电动自行车是否应该投保交强险。

【法院裁判要旨】

四川省资中县人民法院经审理认为：四川华大科技司法鉴定所出具的《关于无号牌二轮电动车的鉴定意见书》在分析说明中指出，根据《中华人民共和国道路交通安全法》中关于“机动车”和“非机动车”的相关定义，对无号牌二轮电动车的属性鉴定为机动车；而刘某登记取得的《四川省非机动车行驶证》只是从车辆类型上标注为非机动车，不能准确地反映出该车辆的性能特征。因此刘某驾驶的无号牌二轮电动车应当认定为机动车。作为超标电动自行车是否应该投保交强险，虽然刘某驾驶的无号牌二轮电动车的属性被鉴定为机动车，但交通执法部门未对超标电动车的驾驶员是否取得机动车驾驶证进行强制性规范和严格的管理，相关法律法规目前尚未明确超标电动自行车必须投保交强险，且保险公司也没有开展此项业务。因此刘某虽作为超标电动自行车的所有人，但超标电动自行车并不完全等同于法律意义上的机动车，不能混同两者的概念，两者在发生交通事故后的法律后果明显不同，故刘某不具有投保交强险的法定义务。

四川省资中县人民法院依照《中华人民共和国道路交通安全法》第七十六条第一款，《中华人民共和国侵权责任法》第六条、第十六条、第四十八条、第四十九条，《中华人民共和国保险法》第六十五条，《最高人民法院关于审理人身损害赔偿案件适用法律若干问题的解释》第十七条至第十九条、第二十七条至第二十九条、第三十五条，《最高人民法院关于确定民事侵权精神损害赔偿责任若干问题的解释》第十条，《最高人民法院关于审理道路交通事故损害赔偿案件适用法律若干问题的解释》第十四条、第十六条，《最高人民法院关于民事诉讼证据的若干规定》第二条规定，判决如下：

一、刘某于本判决生效后十日内，支付龙某林、王某芳、龙某、罗某琴赔偿款 305718.98 元；

二、保险公司于本判决生效后十日内，支付龙某林、王某芳、龙某、罗某琴赔偿款 238165.28 元；

三、保险公司于本判决生效后十日内，支付刘某彬垫付款 30000 元；

四、驳回龙某林、王某芳、龙某、罗某琴的其他诉讼请求。

龙某林、王某芳、龙某、罗某琴持原审意见提起上诉。四川省内江市中级人民法院经审理认为：依据《中华人民共和国道路交通安全法》第一百一十九条第三项规定："机动车"，是指以动力装置驱动或者牵引，上道路行驶的供人员乘用或者用于运送物品以及进行工程专项作业的轮式车辆。该条第四项规定："非机动车"，是指以人力或者畜力驱动，上道路行驶的交通工具，以及虽有动力装置驱动，但设计最高时速、空车质量、外形尺寸符合有关国家标准的残疾人机动轮椅车、电动自行车等交通工具。国家工信部在回复政协委员的提案中明确表示，对于不符合《电动自行车安全技术规范》的电动车，按照《中华人民共和国道路交通安全法》的规定，将超标电动自行车纳入机动车进行管理。刘某驾驶的车经鉴定符合机动车的属性，刘某在道路上行驶的风险和应尽到的注意义务应等同于机动车。原判依据交警部门作出的结论，认定本案事实和确定事故当事人责任的划分正确，予以确认。

一审判决认定事实清楚，适用法律正确，应予维持。

四川省内江市中级人民法院依照《中华人民共和国民事诉讼法》第一百七十条第一款第一项之规定，判决如下：

驳回上诉，维持原判。

【法官后语】

本案的审理涉及两个问题：一是如何认定涉案超标电动自行车的属性；二是电动车方是否应当承担交强险限额内的责任。

第一，关于超标电动自行车的属性如何认定的问题。

机动车与非机动车的区分，决定着车辆交通事故所致民事赔偿责任归责原则的适用和赔偿责任的承担。根据《中华人民共和国道路交通安全法》第一百一十九条对于机动车和非机动车的相关定义，“机动车”是指以动力装置驱动或者牵引，上道路行驶的供人员乘用或者用于运送物品以及进行工程专项作业的轮式车辆。“非机动车”是指以人力或者畜力驱动，上道路行驶的交通工具，以及虽有动力装置驱动但设计最高时速、空车质量、外形尺寸符合相关国家标准的残疾人机动轮椅车、电动自行车等交通工具。实践中，事故发生后，交警部门一般会出具事故认定书，部分还会对车辆属性进行鉴定，法院在审理交通事故责任纠纷案件时，一般以此为依据。但如果交警部门未出具事故认定书也未对车辆的属性进行鉴定，就需要法院根据当事人的举证进行认定，其中主要的依据是购车合同、行驶证对车辆属性的说明；如果没有购车合同、行驶证，或者购车合同和行驶证记载的车辆属性不一致，或者当事人因其他原因对电动自行车属性有争议，则需要依托专业的机构进行鉴定，即启动司法鉴定程序对争议电动自行车的属性进行司法鉴定，并依据司法鉴定的结果进行认定。其理由如下：

一是即使购车合同载明电动自行车为非机动车，并不能据此认定该电动自行车属于法律意义上的非机动车。因为购车合同属于卖方与买方之间的约定，当事人之间的约定不能违反法律的强制性规定。因此，购车合同对电动自行车属性的认定不能违反《中华人民共和国道路交通安全法》第一百一十九条关于“非机动车”的界定标准，故，当事人对争议电动车是否符合国家关于非机动车的标准仍然应当以专业鉴定为准。二是交警部门核发的行驶证认定为非机动车，亦不能当然作为该电动自行车属于非机动车的依据。一方面，从法理依据看，各地交警部门核发电动自行车行驶证的依据是地方规范性文件，其效力当然不能抵触其上位法《中华人民共和国道路交通安全法》。另一方面，从实践来看，超标电动自行车仍允许领取临时号牌和非机动车行驶证。此外，许多电动自行车驾驶员在领取非机动车行驶证后又对车辆的参数进行改造，使得车辆的最高时速、空车质量、外形尺寸超出国家标准。三是根据国家工信部在回复政协委员的提案中明确表示，对于不符合《电动自行车安全技术规范》中国家强制标准的电动车，按照《中华人民共和国道路交通安全法》

的规定，依法将超标电动自行车纳入机动车进行管理。因此，认定电动车属性的关键在于电动车是否超标。《电动自行车安全技术规范》明确对电动自行车最高时速、整车质量、电机功率、电池标称电压进行了规定。不符合该国家强制标准的电动车，皆应被认定为机动车，归属于电动摩托车的范畴。

概言之，即使购车合同载明该电动自行车为非机动车，且该电动自行车主取得非机动车行驶证，如果各方当事人对车辆属性有争议，仍应当以司法鉴定的结果为认定依据。

第二，电动自行车认定为机动车后，车主是否应当承担交强险的责任。

《机动车交通事故责任强制保险条例》（以下简称《条例》）第三条规定，机动车交通事故责任强制保险，是指由保险公司对被保险机动车发生道路交通事故造成本车人员、被保险人以外的受害人的人身伤亡、财产损失，在责任限额内予以赔偿的强制性责任保险。

根据《条例》第二条规定，承担交强险是机动车所有人或管理人的法定义务。但即使超标电动自行车被认定为机动车，由于超标电动自行车车主客观上无法履行投保交强险的义务，即保险市场上没有为超标电动自行车设定相应交强险的保险险种。在无法由保险人承担交强险风险的情形下，如果认定电动自行车车主承担交强险责任，有违民法的公平原则。

随着代步工具的多样化，电动自行车成为大众化的代步工具，但是随之也反映出一些问题——首先是“相关法律法规的空白”，电动自行车统一标准的制定有所缺失；其次是“严格执法的缺席”，行政机关对电动自行车管理不到位；最后是“全民守法的缺失”，电动自行车厂商、销售商为牟取利益，违法生产、销售超标电动自行车。

在近几年的交通事故责任纠纷案件审判中，涉及此类型的案件数量处于上升趋势。在此建议相关部门规范电动自行车出厂的标准，严格按照《机动车运行安全技术条件》的相关要求进行检验。

编写人：四川省资中县人民法院　陈丹丹

180 保险人在网络投保中履行提示说明义务的审查标准
——张某均等诉王某兵等机动车交通事故责任案

【案件基本信息】

1. 裁判书字号

江苏省南通市中级人民法院（2018）苏06民终3363号民事判决书

2. 案由：机动车交通事故责任纠纷

3. 当事人

原告（上诉人）：张某均、张甲、张乙、张丙

被告（上诉人）：王某兵、钱某红

被告（被上诉人）：甲保险公司

被告：乙保险公司

【基本案情】

2017年12月16日22时5分左右，案外人王某林驾驶苏FW2×××小型轿车由东向西行驶至平海公路32KM+400M处南通市通州区骑岸镇某村二十七组十字路口时，与由南向北张乙驾驶的苏F13×××小型普通客车（乘坐人：张某均、陶某芝夫妻）发生碰撞，导致张某均受伤，王某林、陶某芝受伤后于当日死亡。经公安交警

部门认定，王某林系醉酒驾车，夜间超速行驶，未按操作规范确保安全驾驶，承担事故主要责任；张乙夜间驾车通过没有交通标志控制的路口未让右方道路的来车先行，未能确保安全驾驶，承担事故次要责任；陶某芝、张某均不承担事故责任。王某林所驾驶肇事车辆分别在乙保险公司投保了交强险、在甲保险公司投保了商业三者险，事故发生在保险期内。死者陶某芝的父母均已故，陶某芝与张某均共生育两女一子，即张甲、张乙、张丙。死者王某林未婚，其父母为王某兵、钱某红，无其他法定继承人。

【案件焦点】

1. 甲保险公司在电子保单订立过程中是否尽到对相关免责条款的提示和说明义务；2. 甲保险公司自保险系统中打印出的投保单、告知单、声明等文件的证据效力如何。

【法院裁判要旨】

江苏省南通市通州区人民法院经审理认为：饮酒驾车属于法律禁止性行为。甲保险公司提供的涉案《机动车综合商业免责事由说明书》第八条载明驾驶人饮酒驾驶，保险人不负责赔偿。王某林进入甲保险公司通过短信方式发送至手机上的网页链接进行在线投保操作，后甲保险公司将相关文件（投保单、保险费率浮动告知单、免责事项说明书所附投保人声明等）以数据电文的形式存入保险系统，现甲保险公司自保险系统中将上述文件打印并作为证据提交，其中投保单、告知单上均有“王某林”签字，投保人声明中有人为书写的“保险人已明确说明免除保险人责任条款的内容及法律后果，王某林”字样，根据《中华人民共和国电子签名法》第五条的规定，应视为证据原件，具有证明效力，可以证明甲保险公司已将保险合同中有关法律、行政法规中的禁止性规定情形作为免责条款向投保人王某林作了提示，相关免责条款已生效，甲保险公司在商业三者险限额内免除赔偿责任。

根据事故责任认定及车辆投保情况，张某均、张甲、张乙、张丙涉案损失，应由乙保险公司先在交强险限额内承担赔偿责任，超过部分由王某林的合法继承人，即王某兵、钱某红在继承遗产范围内承担赔偿责任。江苏省南通市通州区人民法院依照《中华人民共和国道路交通安全法》第七十六条等规定，判决：

一、乙保险公司赔偿张某均损失 4533.1 元；

二、乙保险公司赔偿张某均、张甲、张乙、张丙因陶某芝交通事故死亡造成损失 110000 元；

三、王某兵、钱某红在继承王某林的遗产范围内赔偿张某均、张甲、张乙、张丙因陶某芝交通事故死亡造成损失 278853.4 元；

四、驳回张某均、张甲、张乙、张丙的其他诉讼请求。

张某均、张甲、张乙、张丙及王某兵、钱某红均不服一审判决，提起上诉。江苏省南通市中级人民法院认为，本案保险关系系通过网络投保方式确立。甲保险公司提供的《机动车综合商业免责事由说明书》已列明驾驶人饮酒驾驶为保险人免责事项，而王某林确存在醉酒后驾驶行为，甲保险公司能否依据免责条款不承担赔偿责任，取决于其是否尽到了对免责事项的提示、说明义务。综合自保险系统中打印出的事故车辆商业三者险投保单、机动车商业保险费率浮动告知单上的投保人“王某林”签字、《机动车综合商业免责事由说明书》所附投保人声明上人为书写的“保险人已明确说明免除保险人责任条款的内容及法律后果，王某林”字样，以及王某林手持身份证照片一张，相互印证，证明投保人王某林在网络投保过程中，能够阅读到相关责任免除条款的概念、内容及其法律后果，并通过电子签名的方式确认接受条款，明确保险人已予以明确说明，可以认定甲保险公司已就免责条款通过网页的形式向投保人履行了提示义务。

王某林在甲保险公司的投保，系通过点击甲保险公司以短信方式发送至手机上的网页链接完成，投保单、保险费率浮动告知单、免责事项说明书、投保人签字确认信息等内容均以数据电文的形式存入甲保险公司的保险系统。《中华人民共和国电子签名法》第五条规定："符合下列条件的数据电文，视为满足法律、法规规定的原件形式要求：（一）能够有效地表现所载内容并可供随时调取查用；（二）能够可靠地保证自最终形成时起，内容保持完整、未被更改。但是，在数据电文上增加背书以及数据交换、储存和显示过程中发生的形式变化不影响数据电文的完整性。"即只有内容完整未被更改的并可随时调取内容的数据电文，才被视为电子数据的证据原件，并且具体形式变化不影响其完整性。电子数据可精准复制，故在诉讼过程中的举证、质证和认证环节，电子证据的原始载体本身对案件事实的证明并无意义，能够发挥事实证明作用的是其转换形成的可识别形式。甲保险公司所提供的投保单、免责事项说明书等证据，系从内部保险系统中打印，由此形成的打印证据系由电子数据形式通过打印方式转化形成，应当视为证据原件。可作为认定本案事实的证据。

综上，甲保险公司将饮酒驾驶作为免责事项已对投保人王某林尽到了提示义务，相关免责条款已生效，一审法院认定甲保险公司在商业三者险限额内不再承担赔偿责任并无不当。

王某兵、钱某红作为王某林的法定继承人，一审中并未明示放弃遗产继承，应当对因王某林过错导致的损害在遗产继承范围内承担赔偿责任。故王某兵、钱某红的上诉请求不能成立，不予支持。

依照《中华人民共和国民事诉讼法》第一百七十条第一款第一项规定，判决：

驳回上诉，维持原判。

【法官后语】

1. 机动车保险进入“电子保单”时代

当今“互联网+”时代，保险业与互联网深度融合，创造发展出互联网保险全新业态。在车险领域，近年各保险公司纷纷推出电子保单业务。所谓电子保单是指保险公司借助遵循PKI体系的数字签名软件和企业数字证书为客户签发的具有保险公司电子签名的电子化保单，具有安全、便捷、环保优势。不同于传统当面订立纸质保单，电子保单是在网络环境下完成投保，保险公司通常采取短信、微信、手机App、网页等形式向投保人推送保险合同内容（含免责条款）链接，由投保人在手机、电脑等客户终端上点击阅读，并进行电子签名留痕。投保完成后，保险公司在其数据库中生成电子保单数据，以保存和记录保险信息。客户可通过保险公司网站查询、下载、打印保单及验证保单有效性。电子保单与纸质保单具备同等法律效力。

2. 网络环境下保险人履行提示说明义务的司法认定

电子保单虽方便快捷，但因缺乏面对面签约的交流过程，保险人在网络环境下履行提示、说明义务的方式和程度必定有所不同。在网络投保过程中，保险人通常以“链接”形式展现其保险条款与免责说明，法院审查和判定保险人是否尽到提示说明义务，应考虑以下因素：第一，保险人设置主动弹出界面展示保险条款全文，并将浏览保险条款全文尤其是免责条款作为投保必经流程，以及界面停留必要阅读时间；第二，保险人在免责条款页面上显示“本人已详细阅读投保须知和保险条款，对各项保险责任和除外责任均已了解并同意”的内容供投保人阅读，投保人点击（勾选）“同意”后才能进入下一步；第三，保险人在网页上对免责条款格式进行设置，调整字体大小、进行加粗等方式引起投保人的注意；第四，保险人使用视频、音频等网络技术，以通俗易懂的语言、生动活泼的形式讲解专业保险条款尤其是免责条款；第五，保险人提供智能语音在线实时辅导或人工热线电话。投保人除阅读网页外，还可选择与客服实时交流，在充分理解保单内容后进行投保决策。

3. 保险人履行提示说明义务电子证据的审查标准

根据《中华人民共和国电子签名法》的相关规定，能够有效地表现所载内容并可供随时调取查用并且内容自始完整的数据电文，可视为电子证据的原件，而在数据交换、储存和显示过程中发生的形式变化不影响数据电文的完整性。保险公司系统中保存的电子保单可随时调看，且通过数字证书、时间戳等技术可确保内容自始完整，保存电子保单的原始载体本身对证明案件事实并无意义，能够发挥证明作用的是其转换后可识别的具体形式，比如从保险系统中打印出来的投保文件资料。本案中，王某林通过点击甲保险公司以短信方式发送至手机上的网页链接进行投保，其在线操作完成的投保单、免责声明、告知单等内容均以数据电文的形式存入甲保险公司的保险系统，甲保险公司从内部保险系统将上述数据打印出来，由此形成的打印证据系由电子数据形式通过打印方式转化形成，应当视为证据原件，无须提供存储电子保单的原始载体或见证数据转化过程的第三方公证书。

编写人：江苏省南通市通州区人民法院　吴新峰　张乙

181 保险人将法律、行政法规中的禁止性规定情形作为保险合同的免责事由应履行提示义务

——黄某金诉占某来等机动车交通事故责任案

【案件基本信息】

1. 裁判书字号

福建省泉州市中级人民法院（2018）闽05民终4451号民事判决书

2. 案由：机动车交通事故责任纠纷

3. 当事人

原告（上诉人）：黄某金

被告（被上诉人）：占某来、詹某明、保险公司

【基本案情】

2017年6月14日2时许，占某来驾驶闽C55×××号小型轿车从安溪县某中学沿永安路往海峡茗城方向行驶，未注意察看前方路况，导致碰撞到行人黄某金，造成黄某金受伤及车辆损坏的交通事故，事故发生后，肇事者占某来弃车逃逸。该事故经安溪县公安局交警大队认定，占某来负本事故全部责任，黄某金无责任。2018年4月8日，司法鉴定所作出司法鉴定意见书，鉴定意见为：送检的落款日期为“2017年3月10日”的《机动车综合商业保险/机动车交通事故责任强制保险投保单》、落款日期为“2017年3月10日”的《投保人声明》中落款处“詹某明”（涉案肇事车辆所有人）的签名笔迹不是詹某明本人所写。

【案件焦点】

1. 逃逸是否属于法律、行政法规中的禁止性规定；2. 逃逸如果属于禁止性规定，保险公司是否需要履行明确说明义务；3. 不用履行明确说明义务是否意味着也无须作普通提示。

【法院裁判要旨】

福建省安溪县人民法院经审理认为：根据《最高人民法院关于适用〈中华人民共和国保险法〉若干问题的解释（二）》第十条规定："保险人将法律、行政法规中的禁止性规定情形作为保险合同免责条款的免责事由，保险人对该条款作出提示后，投保人、被保险人或者受益人以保险人未履行明确说明义务为由主张该条款不生效的，人民法院不予支持。"该条规定明确了保险合同将法律禁止性规定列入免责事由时，只需履行"提示义务"即可，投保人不得以"明确说明义务"抗辩。占某来驾车逃逸属于禁止性规定，保险公司只需履行"提示义务"即可免责，但经鉴定落款日期为"2017 年 3 月 10 日"的《机动车综合商业保险/机动车交通事故责任强制保险投保单》及落款日期为"2017 年 3 月 10 日"的《投保人声明》中落款处"詹某明"的签名笔迹不是詹某明本人所写，没有证据证明保险人尽到提示义务，故商业险保险合同中有关免除保险人责任的条款不产生效力。

福建省安溪县人民法院依照《中华人民共和国侵权责任法》第六条第一款、第十六条、第四十八条，《中华人民共和国道路交通安全法》第七十六条第一款，《最高人民法院关于审理人身损害赔偿案件适用法律若干问题的解释》第十七条至第二十五条、第三十五条，《最高人民法院关于审理道路交通事故损害赔偿案件适用法律若干问题的解释》第十四条、第十六条及《最高人民法院关于适用〈中华人民共和国民事诉讼法〉的解释》第九十条规定，作出如下判决：

一、保险公司应于本判决生效之日起十日内在交强险责任限额内赔偿黄某金 120000 元，扣除已支付的 10000 元，应再赔偿 110000 元；

二、保险公司应于本判决生效之日起十日内在商业三者险的责任限额内赔偿黄某金 107111.89 元，扣除占某来已支付的 45500 元，应再赔偿黄某金 61611.89 元；

三、驳回黄某金的其他诉讼请求。

黄某金不服一审判决，提起上诉。二审法院同意一审法院裁判意见。判决：

驳回上诉，维持原判。

【法官后语】

1. 逃逸属于禁止性规定但并不是当然的法定免责

禁止性规定是指命令当事人不得为一定行为的法律规定，其具体内涵应依据有权部门解释确定。《中华人民共和国道路交通安全法》《中华人民共和国刑法》等法律、法规均将逃逸作为禁止性规定，这是国家法律的明文规定，投保人有知道该禁止性规定的义务。禁止性规定不同于法定免责条款。禁止性规定是命令当事人不得为一定行为的法律规定，属于禁止当事人采用特定模式的强行性规范。法定免责条款是法律、行政法规明确规定的不承担责任的情形。法定免责条款中，行为人违反法律规定的法律后果是保险人不承担保险责任，而在禁止性规定中，行为人违反法律规定，应根据该规定的立法目的受到相应的处罚，并不当然对民事合同产生影响，如保险人并未将禁止性规定情形作为免责事由，则禁止性规定的违反不会直接导致免除保险责任的法律效果。

2. 不必履行明确说明义务不等于免除提示义务

《最高人民法院关于适用〈中华人民共和国保险法〉若干问题的解释（二）》（以下简称《保险法解释（二）》）第十条规定："保险人将法律、行政法规中的禁止性规定情形作为保险合同免责条款的免责事由，保险人对该条款作出提示后，投保人、被保险人或者受益人以保险人未履行明确说明义务为由主张该条款不生效的，人民法院不予支持。"从该解释看，若允许被保险人以保险人对该条款未履行明确说明义务为由主张该条款不产生效力，并要求保险人承担保险责任，不利于遏制被保险人的违法行为。但是减轻保险人对该类条款的说明义务，并不意味着免除提示义务。保险人未将禁止性规定情形作为免责事由向投保人进行提示，投保人即使知道禁止性规定的内容，也无从知悉违反禁止性规定将导致保险人免责的后果，故保险人应对禁止性规定情形作为免责事由的格式条款履行提示义务。

3. 没有证据证实尽到提示义务免责条款不产生效力

提示义务的载体包括投保单或者保险单等其他保险凭证。提示的方法应以书面或口头的形式，包括文字、字体、符号或其他明显标志，例如采取较大字号、特殊字体、黑体加粗等，使得投保人能够轻易识别应当注意的条款。提示的程度须达到"足以引起投保人注意"之标准，基于保险合同的最大诚信原则，提示的目的是确保缔结格式合同的双方地位平等、信息对称，故免责条款应清晰明白。在通常情况下，凭理性人的视觉、听觉等即能够注意到免责条款的存在。《保险法解释（二）》第十一条第一款亦规定，保险合同订立时，保险人在投保单或者保险单等其他保险凭证上，对保险合同中免除保险人责任的条款，以足以引起投保人注意的文字、字体、符号或者其他明显标志作出提示的，人民法院应当认定其履行了保险法第十七条第二款规定的提示义务。本案中的保险单条款上已加粗标注该免责条款以及相应的法律后果，但《投保人声明》中落款处“詹某明”的签名笔迹不是詹某明本人所写，没有证据证明保险人尽到提示义务，故商业险保险合同中有关免除保险人责任的条款不产生效力。

综上，占某来虽然存在法律禁止的逃逸行为，保险人不必履行明确说明义务，但是保险人应尽到提示义务而未提示。因此，该保险合同中关于逃逸的免责条款不产生法律效力，保险公司应当承担赔偿责任。

编写人：福建省安溪县人民法院　高清良　曾秋华

182　保险公司通过概括式格式条款的设定排除对投保人停运损失的赔偿责任的裁判规则

——出租公司诉谢某萍等机动车交通事故责任案

【案件基本信息】

1. 裁判书字号

江苏省无锡市中级人民法院（2018）苏02民终4622号民事判决书

2. 案由：机动车交通事故责任纠纷

3. 当事人

原告（被上诉人）：出租公司

被告（上诉人）：保险公司

被告（被上诉人）：谢某萍、贸易公司

【基本案情】

2017年12月14日，谢某萍驾驶苏B30×××小型轿车沿江阴市新桥镇康宁路由南向北行驶至新桥镇文化路路口地段时，与由东向西行驶的出租公司的驾驶员孙某英驾驶的苏EA1×××小型轿车相撞，相撞后苏EA1×××小型轿车撞上路边石球，致车辆、石球受损、孙某英与同乘人李某受伤的交通事故。道路交通事故认定谢某萍负此事故全部责任，孙某英、李某不负此事故责任。事故发生后，苏EA1×××的小型轿车被送修，花去维修费24900元，该轿车系出租公司出租车，在事故发生前三个月的日均营运金额分别为540元、618元、580元。因事故造成苏EA1×××小型轿车ABS传感器损坏，致使车内计价器无法读取事故发生后的相应数据。出租公司诉至法院，请求判令：其车辆修理费24900元、车辆营运损失18000元，合计42900元，由保险公司在交强险及商业险范围内赔偿，赔偿不足部分由谢某萍、贸易公司赔偿。

苏EA1×××小型轿车所有权人为贸易公司，该车投保了机动车交通事故责任强制保险、保额为100万元的第三者责任保险及不计免赔险，事故发生在保险期间内。事故发生时，谢某萍的驾车行为属职务行为。

《保险公司机动车综合商业保险条款》第二章"机动车第三者责任保险"第二十六条第一款规定：被保险机动车发生意外事故，致使任何单位或个人停业、停驶、停电、停水、停气、停产、通信或者网络中断、电压变化、数据丢失造成的损失以及其他各种间接损失，保险人不负责赔偿。

【案件焦点】

出租公司汽车的运营损失，保险公司应否在商业三者险中予以赔偿。

【法院裁判要旨】

江苏省江阴市人民法院经审理认为：苏 EA1×××小型轿车系从事旅客运输的经营性活动的出租车辆，按事故发生前三个月的日均营运额 579.33 元为标准计算，扣除营运成本酌定为日均营运额 500 元。因交通事故后维修停运 29 天，造成营运损失 14500 元、维修费 24900 元，合计 39400 元。上述损失首先应当由保险公司在机动车第三者责任强制保险责任限额范围内及商业三者险投保范围内予以赔偿。保险公司虽然提出营运损失属于间接损失不属于保险人赔偿范围的抗辩，但未提供保险合同，亦未证明保险公司已就免责格式条款向投保人贸易公司尽到了告知义务，应承担不利的法律后果，故其所称免责条款对贸易公司不具有约束力，其主张不赔偿营运损失不能成立。

江苏省江阴市人民法院依照《中华人民共和国道路交通安全法》第七十六条，《最高人民法院关于审理道路交通事故损害赔偿案件适用法律若干问题的解释》第十五条、第十六条，《最高人民法院关于审理人身损害赔偿案件适用法律若干问题的解释》第八条第一款规定，作出如下判决：

一、保险公司于判决发生法律效力之日起十日内赔偿出租公司损失 39400 元；

二、驳回出租公司的其余诉讼请求。

保险公司不服一审判决，提起上诉。江苏省无锡市中级人民法院经审理认为：民事赔偿金额的确定不以损失直接与否来判定，而是以该损失是否客观存在、是否系责任人之行为导致、是否可为善意一般人预见来限定，以间接损失和直接损失来作为是否赔付的标准不具科学性，亦无法律之根据。特需指出，诸如营运车辆的营运损失或是其他停业、停驶损失，与受害人因交通事故受伤而发生误工费用一样，均系交通事故发生后可为一般大众理解与认同的损失，同理也是投保人投保时所预期的合理正当的投保利益范畴，在投保限额之内获取足额赔偿保障系投保人的合同目的，也是其或其他受益人的主要合同权利。因此，对于保险人通过概括式格式条款的设定排除投保人主要权利、免除自身主要义务的行为，法院对其效力应当予以审查，并给予否定性评价。综上，保险公司提出的上诉理由无事实与法律依据，不予采纳。

江苏省无锡市中级人民法院依照《中华人民共和国民事诉讼法》第一百七十条第一款第一项的规定，作出如下判决：

驳回上诉，维持原判。

【法官后语】

概括式条款与列明式条款相比具有抽象性、统一性、全面性特点，立法上多以此来归纳符合的适用条件。也基于此，在要件解析上常有不确定性，所涉内容需再次解释才能补充和明确。因概括式条款涵指范围丰富，便于以简练语言确定权利义务，故在合同内容拟定上，特别是金融或者保险机构在金融贷款合同、保险合同中得以运用，从而减少成本、提升效率。格式条款，特别是有免责内容的约定，极易发生保险人逃避履行法定提示和明确说明的义务，致投保人投保时信息不对称。因此，应当对概括的内容是否明确、是否存在歧义作重点审查，分析其中是否潜藏着免除格式合同提供者主要合同义务、排除相对方主要合同权利，或者是否存在限制相对方合同权利的情形，并根据分析结论确定相关条款的效力及格式合同提供方保险人与之对应的提示和明确说明义务。

案涉《保险公司机动车综合商业保险条款》第二章“机动车第三者责任保险”第二十六条第一款约定的“被保险机动车发生意外事故，致使任何单位或个人停业、停驶、停电、停水、停气、停产、通信或者网络中断、电压变化、数据丢失造成的损失以及其他各种间接损失，保险人不负责赔偿”，即为概括式格式条款，涉及概括式的关键词为“间接损失”，需作重点分析。所谓间接损失，并非法律上的概念，主要是指民事主体因不法行为遭受的可得财产利益的损失。而“可得财产利益”属于法律概念，需符合受害人应当合理预见、未来必然会得到却因违法行为而丧失等特征。本案中，由于案涉投保标的物本系运营车辆，其因交通事故造成车辆停运损失是投保人的重要保险利益，与造成受害人误工费性质类似，均为法律所认可的可以请求赔偿的经济损失，亦为合同双方及普通大众所可以预见。保险人利用该概括式格式条款排除投保人获取保险赔偿的权利、免除其重要赔付义务，故人民法院应当根据当事人的主张对该条款的效力进行审查。如保险人举证证明其就该免责条款的内涵、外延及所致拒赔的具体情况已经向投保人尽到提示或明确说明义务，投保人明确表示接受，则保险人可以免责。否则，该免责条款对投保人不具拘束力，应判决保险人承担赔偿责任。

编写人：江苏省无锡市中级人民法院　潘华明　杨志

183 未缴纳交强险未年检车辆的转让人对交通事故是否承担连带赔偿责任

——杨某慧等诉李某、彭某民机动车交通事故责任案

【案件基本信息】

1. 裁判书字号

重庆市第一中级人民法院（2018）渝 01 民终 5491 号民事判决书

2. 案由：机动车交通事故责任纠纷

3. 当事人

原告（上诉人）：杨某慧、杨某、林某兰

被告（被上诉人）：李某、彭某民

【基本案情】

2016 年 11 月 15 日，李某驾驶渝 AC8×××普通二轮摩托车与横穿道路的行人杨某书相撞，造成杨某书受伤。李某随即将杨某书送往医院进行抢救，但因伤势过重，杨某书于同年 12 月 11 日抢救无效死亡。事故发生后，重庆交通巡逻支队作出道路交通事故认定书，认定李某与杨某书承担此次事故的同等责任。同时，公安机关委托鉴定机构对涉案车辆进行了鉴定，鉴定意见为涉案机动车符合安全技术标准。该车系彭某民于 2013 年 11 月 1 日转卖给李某的，该车检验有效期终止于 2012 年 10 月 31 日，保险终止日期为 2010 年 12 月 28 日，终止日期过后该车再未购买交强险，也未进行年检。现杨某书的近亲属杨某慧、杨某、林某兰向法院提起诉讼，请求判令李某和彭某民承担交通事故赔偿责任。

【案件焦点】

转让未缴纳交强险、未年检车辆的转让人是否对交通事故赔偿责任承担连带责任。

【法院裁判要旨】

重庆市沙坪坝区人民法院经审理认为：渝AC8×××普通二轮摩托车已由彭某民转卖给李某，且转让后该车产生的费用由李某承担。车辆转让后该车实际所有人及使用人均为李某，因此该车的交通事故责任强制保险的投保义务人应为李某。李某未履行购买机动车强制责任保险的法定义务，应由其在机动车交通事故责任保险限额内承担赔偿责任。彭某民将案涉车辆转卖给李某时，虽该车的检验有效期及机动车交通事故责任保险有效期均已过，但案涉事故发生的时间已距车辆被转卖交付有三年多之久，且根据现有证据不足以证明彭某民交付该车于李某时该车存在导致案涉事故的缺陷，因此彭某民不应对案涉交通事故产生的损失承担赔偿责任。

根据交警部门的责任认定，死者杨某书与李某承担同等责任。案涉交通事故是直接产生杨某书受伤的直接原因，李某提交的证据不足以证明杨某书的死亡系转院造成，也无法证明杨某书的死亡与案涉交通事故无直接因果关系，因此李某应对杨某书因交通事故导致的死亡承担相应的责任。

综上所述，对杨某书因案涉交通事故产生的经济损失，首先应由李某在机动车交通事故责任保险限额范围内承担赔偿责任。不足部分，由李某承担赔偿60%的责任，其余责任由杨某慧、杨某、杨某兰自行承担。

重庆市沙坪坝区人民法院依照《中华人民共和国侵权责任法》

第六条第一款、第十五条第六项、第十六条、第十八条、第四十八条、第五十条，《中华人民共和国道路交通安全法》第七十六条第一项规定，作出如下判决：

一、由李某在机动车交通事故责任强制保险责任限额内赔偿杨某慧、杨某、林某兰因交通事故产生的杨某书的医疗费 10000 元、死亡赔偿金 110000 元，共计 120000 元。此款抵扣李某垫付的 10000 元，李某实际赔偿杨某慧、杨某、林某兰 110000 元。此款限于本判决发生法律效力后三十日内付清；

二、超出机动车交通事故责任强制保险责任限额部分的医疗费 111985.99 元、死亡赔偿金 526469.33 元（含被扶养人生活费 121381.33 元）、丧葬费 33693 元、其他财产损失费 134 元、亲属参加丧葬事宜产生的费用 900 元，共计 673182.32 元。由李某赔偿杨某慧、杨某、林某兰 403909.39 元，此款抵扣李某垫付的 34402.99 元，由李某实际赔偿杨某慧、杨某、林某兰 369506.40 元。此款限于本判决发生法律效力后三十日内付清；

三、驳回杨某慧、杨某、林某兰的其他诉讼请求。

杨某慧、杨某、林某兰不服一审判决，提起上诉。重庆市第一中级人民法院经审理认为，《最高人民法院关于审理道路交通事故损害赔偿案件适用法律若干问题的解释》（以下简称《交通事故损害赔偿解释》）第六条规定，拼装车、已达到报废标准的机动车或者依法禁止行驶的其他机动车被多次转让，并发生交通事故造成损害，当事人请求由所有的转让人和受让人承担连带责任的，人民法院应予支持。对此具体评述如下。第一，从司法解释的上下文理解，转让人承担连带责任，应当具有转让行为的严重违法性和涉案车辆的更大危险性两个特征。《交通事故损害赔偿解释》第六条明确规定了转让人和受让人承担连带责任的两种情形，即转让拼装车、报废车。之所以限定为这两种情形，是因为拼装车、报废车具有严重安全隐患，这样的车辆上路行驶不仅违反法律规定，而且增加了发生危险的可能性，故为使受害人得到更好的救济，规定转让人和受让人应当承担连带责任。车辆未年检和未投保交强险，其违法程度显然弱于转让拼装车、报废车，且未购买交强险并不会增加交通事故发生的概率，故车辆未年检和未投保交强险，并不必然具有转让行为的严重违法性和涉案车辆的更大危险性两个特征。第二，从法律法规的对比看，“依法禁止行驶的其他机动车”应该做限缩解释。《中华人民共和国侵权责任法》（以下简称《侵权责任法》）第五十一条规定，以买卖等方式转让拼装或者已达到报废标准的机动车，发生交通事故造成损害的，由转让人和受让人承担连带责任。《交通事故损害赔偿解释》第六条是依据《侵权责任法》这一条而起草的，而《侵权责任法》并没有规定除拼装车、报废车之外的其他情形，《交通事故损害赔偿解释》对该条进行扩张后，不应当将所有禁止行驶的车辆均包含进去，比如未张贴环保标志的车辆、未张贴检验合格标志的车辆，它们的违法性显然要弱得多，而应当比照拼装车、报废车的前述两个特征进行限缩解释，即“依法禁止行驶的其他机动车”特指不符合国家机动车运行安全技术条件被依法禁止行使的机动车。第三，支配性与利益性是判断连环购车中原车主是否承担连带责任的重要依据。交通事故侵权责任认定的重要原则就是“谁支配、谁获利、谁担责”。转让人未投保交强险，但车辆已经交付买受人使用，买受人对车辆进行控制、支配并获得相关利益，应当由买受人承担赔偿责任，才符合公平原则。加之，未投保交强险的车辆，与车辆本身是否符合运行安全技术条件没有关联性，由此，这种情况下，转让人不承担连带赔偿责任。第四，出让未年检机动车，但能证明该机动车在转让时不存在不符合国家机动车安全技术标准的情形，转让人不承担连带赔偿责任。由于机动车未进行年检的原因有多种情况，既有可能是明知机动车不可能达到国家机动车安全技术标准，而有意逃避年检；又有可能是因遗忘、不知或嫌麻烦等原因没有及时年检。对于不同情况的原因，应当分析现象后的本质，即该机动车是否符合国家机动车安全技术标准。至于举证责任的分配，民事诉讼证明标准强调的是高度盖然性和证据优势，故如果交通事故发生后，转让人能证明机动车仍然符合国家机动车安全技术标准，且在对方没有相反证据的情况下，可以推定为该机动车在转让时亦符合国家机动车安全技术标准。本案交通事故发生后，公安机关委托鉴定机构进行了鉴定，鉴定意见为涉案机动车符合国家机动车安全技术标准，故彭某民不应当承担连带赔偿责任。

重庆市第一中级人民法院依照《中华人民共和国民事诉讼法》第一百七十条第一款第一项规定，判决：

驳回上诉，维持原判。

【法官后语】

近年来，交通事故频发，其中机动车交通事故更是屡见不鲜。机动车作为动产，其流转极为平常。机动车经流转后发生交通事故，转让人的主体责任认定问题经常成为案件的争议焦点。

1. “依法禁止行驶的其他机动车”的合理解析

《中华人民共和国民法典》第一千二百一十四条规定，转让报废机动车、拼装机动车的转让人和受让人对交通事故承担连带责任，《最高人民法院关于审理道路交通事故损害赔偿案件适用法律若干问题的解释》（以下简称《交通事故损害赔偿解释》）第四条进一步规定，转让依法禁止行驶的其他机动车也需承担连带责任。那么，转让未购买交强险、未年检的机动车是否属于转让“依法禁止行驶的其他机动车”呢？基于《中华人民共和国民法典》第一千二百一十四条的法律内涵及立法原意，不应作扩张解释，从而扩大转让人的连带责任，造成滥科连带责任而有失公平的结果。根据现行相关法律法规，报废、拼装、不符合标准改装、未年检、未购买交强险、未通过环保检测的机动车等均禁止上路行驶，但只有拼装、报废机动车以及与其具有相当危险性的车辆属于上述司法解释第六条规定的“依法禁止行驶的其他机动车”，如，不符合标准的改装车，因为此类机动车本身即具有违法性，上路行驶具有更大危险性。因此，“依法禁止行驶的其他机动车”应仅指不符合国家机动车运行安全技术条件被依法禁止行驶的机动车。

2. 未年检机动车转让人交通事故主体责任认定

未年检机动车交通事故转让人责任认定在我国《中华人民共和国民法典》《中华人民共和国道路交通安全法》等相关较高位阶的法律中均未有可直接适用的相关法律规定。车辆年检的意义在于及时消除车辆安全隐患，减少交通事故的发生，并直接降低对公民生命健康安全造成的威胁。根据《中华人民共和国道路交通安全法实施条例》第十六条的相关规定，无故不参加年检或年检不合格的车辆，不准在道路上行驶，属于广义上的禁止行驶的机动车。现实生活中，未年检机动车所有人或者管理人未进行机动车年检的原因纷繁复杂，可能是由于遗忘、不知或者嫌麻烦等原因没有及时年检，也有可能是明知机动车不可能达到国家机动车安全技术标准而有意规避年检，此时应根据《交通事故损害赔偿解释》第四条“依法禁止行驶的其他机动车”的合理解析分类认定。出让未年检机动车，但有证据证明该机动车在转让时符合国家机动车安全技术标准的情形，转让人不承担连带赔偿责任；对于无证据证明该机动车在转让时符合国家机动车安全技术标准的情形的，转让人承担连带赔偿责任，即采取“不符合推定”规则，转让人应举证进行证明。在实践中，往往是在交通事故发生后才对机动车进行鉴定，如鉴定意见是符合标准，在对方没有相反证据的情况下，应推定为该机动车在转让时亦符合国家机动车安全技术标准。

3. 未缴交强险机动车转让人交通事故主体责任认定

机动车交通事故责任强制保险，又称交强险，是由保险公司对被保险机动车发生道路交通事故造成受害人（不包括本车人员和被保险人）的人身伤亡、财产损失，在责任限额范围内予以赔偿的强制性责任保险，属于责任保险的一种。交通事故的发生带有复杂的偶然因素，设置机动车交通事故责任强制保险制度，可以保障受害人在交通事故发生后生命、健康、财产权利得到最低限度的救济。根据我国交强险条例相关规定，机动车所有人、管理人未按照规定投保机动车交通事故责任强制保险的，由公安机关交通管理部门扣留机动车，通知机动车所有人、管理人依照规定投保，处依照规定投保最低责任限额应缴纳的保险费的2倍罚款。因此，交强险设立的目的主要是在于救济、扶助交通事故中的受害人，交强险的投保与否和机动车是否符合国家机动车运行安全技术标准并无因果关系，不投交强险并不会放大机动车发生道路交通事故的风险。故，未缴交强险机动车并不属于上述司法解释所称的“依法禁止行驶的其他机动车”，转让人不承担连带责任。

4. 机动车交通事故中转让人主体责任认定

机动车交通事故中损害赔偿的责任主体是指赔偿义务人，根据

《中华人民共和国民法典》的相关规定，我国显然采用的是“运行支配+运行利益”标准。机动车一旦转让，其运行的支配权以及运行的受益权均归受让人所有，根据机动车交通事故中损害赔偿责任主体采用的“运行支配+运行利益”标准，转让人并非适格的责任主体。但是，涉及拼装车、已达到报废标准的机动车的转让行为本身具有违法性，以及此类机动车上路行驶的更大危险性，因此由法律规定转让人承担连带责任，以期达到完善机动车管理，救济交通事故受害人之目的。结合现行法律法规，机动车交通事故中转让人的主体责任认定主要考虑因素为：转让行为的违法性，转让机动车的危险性，以及转让人的注意义务。在司法实践中，需要根据具体案件情况把握上述三项因素，准确适用法律，从而有效协调责任公平与受害人保护之间的平衡。

编写人：重庆市第一中级人民法院　陈义熙　李遵礼

184　全损车辆交强险保险费是否为交通事故造成损失的认定

——孟某然诉甲保险公司等机动车交通事故责任案

【案件基本信息】

1. 裁判书字号

北京市第三中级人民法院（2018）京03民终11648号民事判决书

2. 案由：机动车交通事故责任纠纷

3. 当事人

原告（被上诉人）：孟某然

被告（上诉人）：贾某智

被告（被上诉人）：甲保险公司、乙保险公司

【基本案情】

孟某然于2017年11月14日购买了号牌为京Q73×××的小货车，购买金额为67800元，该车辆为新车，孟某然同时支付了车辆购置税为5794.87元，交强险保费为1200元。2017年12月9日1时15分，在北京市顺义区顺平南辅线海关大楼路口，孟某然驾驶该小货车由东向西行驶，杨某太受雇于贾某智驾驶冀HD2×××重型自卸货车由南向北行驶，重型自卸货车右侧与小货车前部相撞。事故造成两车损坏、孟某然受伤。北京市公安局顺义分局交通支队作出责任认定，杨某太负本次事故全部责任，孟某然无责任。孟某然伤后先后到区医院、博爱医院进行救治，产生医疗费1332.43元。冀HD2×××大货车在甲保险公司投保了交强险，在乙保险公司投保了不计免赔100万元商业第三者保险。事故发生后经孟某然认可，贾某智将孟某然受损车辆拖至车辆原销售单位，乙保险公司对车辆进行了定损，认定为全损车辆，并建议对车辆进行拍卖。孟某然认可该定损结果，并同意拍卖。孟某然与机动车拍卖公司于2018年2月7日签订委托拍卖合同书，其中第十二条约定，鉴于标的车辆为保险全损车辆，须车辆修复后办理过户转籍手续，时间最少自成交之日起60天完成过户。之后，车辆进行了拍卖，根据车辆转移登记手续显示，案外人陈某城以购买的方式取得该机动车，转移登记日期为2018年6月4日。乙保险公司提供了车辆定损单，显示车辆定损金额为64900元，残值作价4500元。现孟某然要求贾某智、甲保险公司、乙保险公司赔偿车

辆损失费 72400 元，购置税损失费 5794.87 元，车辆保险损失费 1220.62 元，拖车费 635 元，车辆拆解费 3000 元，车辆装饰费 3580 元，手机损失费 2299 元，医药费 1332.43 元，交通费 2614.72 元，误工费 3500 元。

【案件焦点】

事故发生后，车辆所投交强险的保险费是否可认定为交通事故造成的财产损失。

【法院裁判要旨】

北京市顺义区人民法院经审理认为：交通管理部门作出的事故责任认定适当，予以确认。医疗费、误工费、交通费、车辆损失费、拖车费属孟某然合理损失的范围。对于孟某然上述各项合理损失的具体数额，法院根据双方一致确认的事实、孟某然提交的证据以及有关法律规定予以确认。孟某然没有提交有效证据支持自己手机损失、车辆装饰损失、车辆拆解费损失。对此，不予支持。车辆购置税、交强险请求具有事实依据，法院根据孟某然车辆购买时间等因素，酌定车辆购置税损失费 5000 元、交强险损失费 1000 元。经审核确认孟某然因此次交通事故造成合理损失的项目及具体数额如下：医疗费 1332.43 元，交通费 800 元，误工费 3500 元，车辆损失费 64900 元（含孟某然已取得拍卖款 4500 元），拖车费 635 元，购置税损失费 5000 元，交强险损失费 1000 元，以上各项损失共计 77167.43 元。

北京市顺义区人民法院依照《中华人民共和国侵权责任法》第十六条、第十九条、第四十八条，《中华人民共和国道路交通安全法》第七十六条，《最高人民法院关于审理人身损害赔偿案件适用法律若干问题的解释》第九条、第十七条，《最高人民法院关于审理道路交通事故损害赔偿案件适用法律若干问题的解释》第十五条规定，作出如下判决：

一、甲保险公司于判决生效之日起7日内，在机动车交通事故责任强制保险限额内赔偿孟某然医疗费、误工费、交通费、车辆损失费等各项损失共计7632.43元；

二、乙保险公司于判决生效之日起7日内，在机动车交通事故责任商业第三者保险限额内赔偿孟某然车辆损失费、拖车费等各项损失共计59035元；

三、贾某智赔偿孟某然车辆购置税、交强险保险费损失共计6000元，于判决生效之日起7日内执行；

四、驳回孟某然的其他诉讼请求。

贾某智不服一审判决，提起上诉，要求改判驳回孟某然关于交强险保险费和车辆购置税的诉讼请求。北京市第三中级人民法院经审理认为：其一，关于交强险保险费问题。孟某然的车辆虽被认定为全损车，但未办理注销登记，而是在修复后经过拍卖由案外人陈某城所购买，并办理了车辆所有权变更登记。在保险合同标的物车辆本身仍然存在，仅是发生所有权变动的情况下，保险合同虽未进行变更，但仍合法有效，权利人仍可以请求保险公司承担赔偿责任。至于在办理车辆所有权变更时，是否实际变更交强险合同以及交强险保险费如何负担，属于车辆买卖法律关系中双方的意思自治事项。孟某然为涉案车辆所缴纳的保险费并非其因交通事故遭受的财产损失，故无权向侵权人主张。一审法院对此认定有误，予以纠正，贾某智关于交强险保险费的上诉请求应予支持。

其二，关于车辆购置税问题。车辆购置税作为车主直接向国家缴纳的税费，并不因缴纳内化为车辆价值的组成部分，因此车辆购置税不属于受害人的直接损失。涉案车辆购买不足一月即发生交通事故，并被认定为全损车，一审法院认定孟某然支付的车辆购置税为间接损失并无不当。该间接损失，保险公司是否应予以赔偿，应根据保险合同的约定。《中华人民共和国保险法》第十七条第二款规定，对保险合同中免除保险人责任的条款，保险人在订立合同时应当在投保单、保险单或者其他保险凭证上作出足以引起投保人注意的提示，并对该条款的内容以书面或者口头形式向投保人作出明确说明；未作提示或者明确说明的，该条款不产生效力。就乙保险公司是否尽到提示、说明义务，乙保险公司提交了有投保人签字的投保单及保险条款，可以证明乙保险公司对间接损失不承担保险责任的条款进行了提示和说明，因此，贾某智应赔偿孟某然车辆购置税损失，其相应上诉请求不应予以支持。

综上，北京市第三中级人民法院依照《中华人民共和国民事诉讼法》第一百七十条第一款第二项规定，作出如下判决：

一、维持北京市顺义区人民法院（2018）京0113民初14659号民事判决第一项、第二项；

二、撤销北京市顺义区人民法院（2018）京0113民初14659号民事判决第三项、第四项；

三、贾某智于判决生效之日起7日内赔偿孟某然车辆购置税5000元；

四、驳回孟某然的其他诉讼请求。

【法官后语】

本案的主要争议问题为涉案车辆所投交强险的保险费是否也可认定为交通事故造成的财产损失。车辆被认定为全损的情况下即本案所涉情形，保险费损失不能一概视为交通事故造成的财产损失。车辆全损仅是一个车辆价值角度的概念，是保险公司经过对车辆修理费等与受损前车辆实际价值的简单比较，得出的车辆损失情况的结论。全损车辆，只不过维修费用高于或大致相当于车辆实际价值，如经过维修符合上路标准的，可以继续上路行驶，被侵权人就车辆享有的保险合同请求权也依然存在，故在涉及全损车辆的案件中，不能一概认定车辆剩余期间的保险费为被侵权人的财产损失。应区分以下情形：

第一，保险合同应予解除的。交强险合同是以机动车为保险标的的合同。根据《机动车交通事故责任强制保险条例》规定，道路上行驶的机动车，应当办理交通事故强制责任保险。但机动车如已经办理报废手续，当然无须投保交强险。除注销外，如机动车办理了停驶手续的，投保人亦可因车辆不再上路行驶，不再具有保险利益为由，要求解除交强险保险合同，退还剩余期间的保险费。因此，在涉及全损车辆的案件中，如该全损车辆已经达到了报废条件，车辆权利人可以办理报废手续，并要求保险公司退还剩余期间的保险费。如虽未达到报废标准，但被侵权人基于安全或其他考虑办理了停驶手续的，此情形亦可要求解除合同、返还相应保险费，车辆权利人亦不能作为损失向侵权人主张。由此可见，在保险合同应予解除时，保险费均不能作为损失向侵权人主张。

第二，保险合同继续有效的。由于我国实施机动车强制责任保险制度，除车辆办理了注销、停驶手续或已经证实丢失外，均不得解除交强险保险合同，故即使车辆因侵权行为而被认定为全损，其可能仍不符合解除交强险合同的条件。此时，如被侵权人因车辆修复费用过高而未选择修复后上路行驶的，交强险保险费是否应认定为财产损失存在比较大的争议。此类案件中，车辆作为交强险保险合同的标的物并未灭失，保险合同如不存在其他应当予以解除、终止的情形，应继续有效。全损车辆经修复可继续上路行驶，行驶中如出现保险事故，被侵权人仍可基于保险合同享有各种请求权，被侵权人为此车辆支付的保险费是其享受保险金请求权的对价，故在此类案件中，保险费不能认定为侵权行为造成的损失。

在车辆受损后，如其已修复且发生了所有权变更，此时车辆保险合同及保险费应如何处理，转让人就其交纳的保险费是否有权向侵权人主张，笔者持否定意见，理由如下：

第一，车辆所有权变更后，未办理注销、停驶手续的，车辆保险合同继续有效。根据《中华人民共和国保险法》第四十九条之规定，保险标的转让的，保险标的的受让人承继被保险人的权利和义务。保险标的转让的，被保险人或者受让人应当及时通知保险人，被保险人、受让人未履行通知义务的，因转让导致保险标的危险程度显著增加而发生的保险事故，保险人不承担赔偿保险金的责任。本案中，车辆交强险期限未届满，案外人受让该机动车并办理了变更手续，故其可依据原合同享受权利。

第二，保险费的负担应属车辆买卖双方的自治范畴，不能向侵权人主张。既然保险合同继续有效，受让人得以继受原保险合同的权利，故交强险费用该如何负担的问题应属于买卖双方就车辆交易进行意思自治的事项。该车辆被认定为全损车辆后，如其已经修复且进行了转让，转让时双方未就该笔保险费协商，转让人可以在买卖合同法律关系下主张权利，其向侵权人主张赔偿损失的，人民法院不应予以支持。

编写人：北京市第三中级人民法院　杜丽霞　唐大利

185 机动车交通事故责任第三者的身份应以事故发生时的特定时空状态确定

——汪某刚等诉支某海等机动车交通事故责任案

【案件基本信息】

1. 裁判书字号

安徽省六安市中级人民法院（2017）皖15民终171号民事判决书

2. 案由：机动车交通事故责任纠纷

3. 当事人

原告（上诉人）：汪某刚、孙某珍、潘某菲、汪某某

被告（上诉人）：运输公司、甲保险公司

被告（被上诉人）：支某海、乙保险公司

【基本案情】

2016年1月28日20时50分，支某海驾驶皖K57×××号重型货车沿六安市叶集区境内S310省道由北向南行驶至226KM+920M处时，与驾驶皖NWJ×××号小型客车由南向北行驶至此处并将车辆停放在东侧行车道、打开车灯后在道路上逗留的汪某，以及在道路上逗留的行人黄某廷、周某贵、陈某芳、周某俊发生碰撞，导致汪某、黄某廷二人当场死亡，周某贵、陈某芳、周某俊三人受伤的交通事故，该事故经交警部门认定，支某海承担主要责任，汪某承担次要责任，周某贵、黄某廷、陈某芳、周某俊共同承担次要责任。同日21时，刘某驾驶皖NG5×××号小型客车沿S310省道由北向南行驶至226KM+920M处时，碰撞前期道路上因发生交

通事故抢救伤员的杨某星、王某福，碰撞施救车辆皖 NT4×××号轻型货车尾部及该车车厢内的伤员周某贵，导致前一次事故伤者周某贵经抢救无效死亡、杨某星、王某福受伤的交通事故，该事故经交警部门认定，对造成周某贵死亡，支某海承担主要责任，刘某承担次要责任，汪某承担次要责任，周某贵承担次要责任；对施救人员杨某星、王某福受伤，刘某承担全部责任，杨某星、王某福无责任。

皖 K57×××号重型货车登记所有人为运输公司，2014 年 9 月 26 日该公司与支某海签订买卖协议，以 55000 元价格将该车售于支某海，但没有办理车辆过户手续。该车在乙保险公司投保机动车交强险及商业第三者责任险。皖 NWJ×××号小型客车所有人为汪某，该车在甲保险公司投保机动车交强险及商业第三者责任险，汪某为被保险人。

【案件焦点】

1. 汪某在本案中是责任保险合同中的被保险人，还是责任保险合同指向的第三者；2. 甲保险公司应否对汪某死亡所产生的损失承担第三者赔偿责任。

【法院裁判要旨】

安徽省六安市叶集区人民法院经审理认为：一、在本案特定唯一的时空条件下，支某海的违法驾驶行为只有一次，刘某的违法驾驶行为也只有一次，两人违法驾驶行为的前后连接性导致本案连环事故的发生，且当刘某违法驾驶行为导致本案的第二次事故发生时，支某海的违法驾驶行为已经结束，因此在特定唯一的时空条件下，支某海的一次违法驾驶行为只发生了一次事故，所以支某海及运输公司认为本案事故系两次事故，从而要求乙保险公司在两个保险责任限额内进行赔偿的辩解意见，不予支持。二、作为交通行为的参与者，汪某在本次交通事故中具有两个违法行为，一是将其所驾驶车辆违法停留在机动车行车道上，二是当其离开所驾驶车辆后作为行人在机动车行车道上违法逗留。基于汪某的第一个违法行为，汪某及其所驾驶车辆的承保公司应对在行车道上逗留的行人周某贵承担赔偿责任。而基于汪某的第二个违法行为，汪某作为在行车道上逗留的行人，当时已离开其所驾驶的车辆，应属于保险合同之外的第三者，故其车辆所投保的甲保险公司应依法承担赔偿责任。另外，本案承担事故次要责任的周某贵、黄某廷、陈某芳、周某俊，都只是在行车道上违法逗留的行人，他们的违法行为并未导致汪某的死亡，故其只应分别对其自身受到的伤害承担责任，而不应对其他受害人承担赔偿责任，且黄某廷、周某贵已在事故中死亡，不具有诉讼主体资格。因此本案不存在漏列其他受害人作为被告参与诉讼的问题。三、肇事车辆皖 K57×××号货车虽然已于 2014 年 9 月 26 日售于支某海，但该车一直挂户于运输公司进行营运，且运输公司在 2015 年 4 月 5 日继续为该车在乙保险公司投保机动车交强险和商业第三者责任险，因此运输公司辩称其已丧失对该车的营运支配权，对事故的发生无法防范和控制，不应承担赔偿责任的辩解意见与事实不符，运输公司依法应对汪某刚、孙某珍、潘某菲、汪某某的损失承担连带赔偿责任。叶集公安分局交警大队认定支某海承担事故的主要责任，汪某承担事故的次要责任，周某贵、黄某廷、陈某芳、周某俊共同承担事故的次要责任，应予确认，但汪某基于在本案中的两个违法行为，其应承担加重的事故次要责任。汪某在本次事故中受到伤害死亡，汪某刚、孙某珍、潘某菲、汪某某作为汪某的近亲属依法享有获得赔偿的权利。支某海作为肇事车辆实际所有人，依法应对汪某刚、孙某珍、潘某菲、汪某某的各项损失承担赔偿责任。运输公司依法应对汪某刚、孙某珍、潘某菲、汪某某的损失承担连带赔偿责任。由于运输公司为肇事车辆皖 K57×××号货车在乙保险公司投保了交强险和商业第三者责任险，汪某为皖 NWJ×××号客车在甲保险公司投保了交强险和商业第三者责任险，因此乙保险公司及甲保险公司应分别在交强险责任限额内依法先行直接赔付 24000 元，计 48000 元（其余 192000 元系为黄某廷、陈某芳、周某俊、周某贵案预留），超出交强险责任限额的部分应按照支某海所负事故责任的比例，扣除 15%的不计免赔率和 10%的超载免赔率后，由乙保险公司在商业第三者责任险责任限额内进行赔付，但扣除的免赔部分仍应由支某海负责赔偿，并由运输公司承担连带赔偿责任。支某海要求扣除预付医疗费 10000 元、乙保险公司要求扣除预付医疗费 100000 元，与本案没有关联性，不予支持。受害人汪某因本案事故造成的损失合计 746171 元，由乙保险公司和甲保险公司分别在交强险责任限额内各赔偿 24000 元，计 48000 元（其余 192000 元系为黄某廷、陈某芳、周某俊、周某贵案预留），余额 698171 元按事故责任比例，由支某海赔偿 50%即 349086 元，其中 75%即 261814 元由乙保险公司赔偿，乙保险公司免赔的 25%份额即 87272 元，仍应由支某海负责赔偿，并由运输公司承担连带赔偿责任；由甲保险公司赔偿 30%即 209451 元；其余 20%应由汪某自行负担。

安徽省六安市叶集区人民法院依照《中华人民共和国民事诉讼法》第六十四条第一款，《中华人民共和国民法通则》第一百一十九条、第一百三十一条，《中华人民共和国侵权责任法》第四十八条，《中华人民共和国道路交通安全法》第七十六条第一款第一项、第二项，《中华人民共和国保险法》第六十五条、第六十六条，《最高人民法院关于审理人身损害赔偿案件适用法律若干问题的解释》第十七条第一款和第三款、第十八条第一款、第二十条、第二十二条、第二十七条至第二十九条，《最高人民法院关于确定民事侵权精神损害赔偿责任若干问题的解释》第十条、第十一条等规定，判决如下：

一、乙保险公司在机动车交强险责任限额内赔偿汪某刚、孙某珍、潘某菲、汪某某各项损失 24000 元，在机动车商业第三者责任险责任限额内赔偿各项损失 261814 元，合计 285814 元，于判决书生效后十日内付清；

二、甲保险公司在机动车交强险责任限额内赔偿汪某刚、孙某珍、潘某菲、汪某某各项损失 24000 元，在机动车商业第三者责任险责任限额内赔偿各项损失 209451 元，合计 233451 元，于判决书生效后十日内付清；

三、支某海赔偿汪某刚、孙某珍、潘某菲、汪某某各项损失 87272 元，运输公司承担连带赔偿责任；

四、驳回汪某刚、孙某珍、潘某菲、汪某某的其他诉讼请求。

汪某刚、孙某珍、潘某菲、汪某某、运输公司及甲保险公司不服一审判决，提起上诉。安徽省六安市中级人民法院经审理同意一审裁判意见，依照《中华人民共和国民事诉讼法》第一百七十条第一款第一项规定，判决如下：

驳回上诉，维持原判。

【法官后语】

国务院《机动车交通事故责任强制保险条例》第二十一条第一款规定，保险公司对交通事故造成本车人员、被保险人以外的受害人人身伤亡、财产损失，给予强制第三者责任险的赔偿。该条款与《机动车交通事故责任强制保险条款》［中保协（2006）1号］的规定是一致的，即只是将本车人员及被保险人排除在第三者范围之外。但中保协（2006）2号《机动车商业第三者责任保险条款》第三条又将投保人、保险人排除在第三者范围之外，第五条第二项又将本车驾驶人的家庭成员排除在第三者范围之外，缩小了第三者范围。

从立法目的上看，责任保险中的交通事故强制第三者责任险是一种社会保障险，其目的在于分散社会风险，为道路交通事故受害人提供基本救助，维护社会的稳定，商业第三者责任险基于上述目的主要也是用来弥补强制第三者责任险保险金额的不足，因此不应该缩小第三者的范围。据此，司法审判中对第三者的界定应有一个明晰的标准。机动车是移动的交通工具，与责任保险合同相关联的投保人、被保险人、本车人员以及第三者的身份均系特定时空条件下的临时身份，在车辆运行过程中可能会发生变化，因此判断受害人属于第三者还是本车人员，应以发生交通事故时的特定时空状态下受害人所处的物理位置为判断依据，而不应机械地以保险合同条款的约定来界定第三者的范围。如果受害人处于车外，即便是投保人、被保险人，由于不能控制机动车辆，被其允许的本车合法驾驶人员致害，也应属于第三者予以保护，这一点从《最高人民法院关于审理道路交通事故损害赔偿案件适用法律若干问题的解释》第十七条将投保人纳入第三者范围，也可以看出司法对第三者的救助倾向。在保险理论及保险实务上，投保人与被保险人往往是一致的，因此责任保险合同的被保险人也有可能成为第三者，如本案受害人汪某。换言之，本属于车外的第三者临时上车驾驶或搭车，在发生交通事故时的特定时空状态下其身份就会转换为本车人员，就不能获得本车第三者责任险的赔偿，只能通过本车车上人员座位险及对方车辆的第三者责任险等救济赔偿。

就本案而言，汪某作为责任保险合同中的被保险人，由于其违法驾驶行为使他人受到损害，依据责任保险合同的约定，其所驾驶车辆的承保公司依法应对该车之外的受害人给予第三者责任赔偿。但当汪某离开其所驾驶的车辆后，虽然其驾驶行为的违法状态仍在继续（打开车灯，车辆占据机动车道东侧，影响相对方向的驾驶人安全行车），但在发生事故时的特定时空下，其实际已不再控制车辆，身份也从本车的驾驶人员转换为在机动车道上逗留的车外行人，其所驾驶车辆的承保公司当然应对汪某给予第三者责任赔偿。本案的特殊之处在于，汪某作为责任保险合同中的被保险人，因其侵权行为，其车辆承保公司对相关受害人承担第三者赔偿责任的同时，其本人又作为第三者获得承保公司给予的第三者责任赔偿，充分体现了责任保险的立法目的。

编写人：安徽省六安市叶集区人民法院　许涛

186　保险公司履行了告知义务后驾驶员肇事逃逸商业三者险是否赔偿

——吴某芝诉甲保险公司、乙保险公司机动车交通事故责任案

【案件基本信息】

1. 裁判书字号

黑龙江省绥化市中级人民法院（2016）黑 12 民终第 972 号民事

判决书

2. 案由：机动车交通事故责任纠纷

3. 当事人

原告（上诉人）：吴某芝

被告（被上诉人）：甲保险公司

被告：乙保险公司

【基本案情】

2016年1月5日5时许，刘某忠驾驶徐某志名下的黑MX8×××号小型汽车由东向西行驶至绥化市北林区南四西路某小区门前时，与正在道路上作业的环卫工人吴某芝相撞，造成吴某芝受伤、车辆受损的道路交通事故。事故发生后，刘某忠驾驶肇事车辆脱离事故现场，后又驾驶肇事车辆返回事故现场，肇事现场被破坏。此起交通事故经公安局交通警察支队道路交通事故认定书认定黑MX8×××号机动车驾驶人刘某忠承担此起道路交通事故的全部责任；环卫工人吴某芝在此起事故中不承担责任。吴某芝起诉要求二保险公司承担赔偿责任，但甲保险公司抗辩肇事车辆在发生交通事故后，肇事司机脱离事故现场，属于《机动车第三者责任保险合同》第二十四条约定的责任免除范围，不同意在商业第三者责任险限额内赔偿。该公司向二审法院提交机动车综合商业保险免责事项说明书。证明投保人对免责条款已经签字确认。

【案件焦点】

1. 商业第三者保险（以下简称商业三者险）合同中对免除责任条款履行告知义务的签字是否为投保人本人签字；2. 投保人在保险合同中签署“保险人已明确说明免除保险人责任条款的内容及法律

后果”，肇事后保险公司是否应当赔偿；3. 保险公司已对投保的商业三者险的肇事车辆财产损失予以赔偿，是否构成保险法中的弃权。

【法院裁判要旨】

黑龙江省绥化市北林区人民法院经审理认为：刘某忠驾驶徐某志名下的MX8×××号机动车发生交通事故，导致吴某芝受伤，刘某忠承担此起交通事故的全部责任，作为承保交强险的乙保险公司应在交强险限额范围内承担赔偿责任。吴某芝住院医疗费、残疾赔偿金、误工费、护理费合计63931元，应由乙保险公司在交强险限额范围内予以赔偿。不足部分医疗费46000元、营养费3000元及鉴定费3320元，合计52320元应按甲保险公司与肇事车辆签订的保险合同在商业三者险限额内予以赔偿。但由于肇事司机刘某忠肇事后，驾驶肇事车辆脱离事故现场，后又驾驶肇事车辆返回事故现场，使肇事现场被破坏。根据《乙保险公司机动车综合商业保险条款》第二十四条，事故发生后，驾驶人在未依法采取措施的情况下驾驶被保险机动车或者遗弃被保险机动车离开事故现场保险人均不负责赔偿的规定，甲保险公司拒绝赔偿的抗辩理由有理，应予支持。判决：

一、被告乙保险公司在交强险限额范围内赔偿原告吴某芝医疗费10000元，残疾赔偿金34818元，误工费7500元，护理费11613元，合计63931元；

二、驳回原告吴某芝的其他诉讼请求。

吴某芝不服一审判决，提起上诉。黑龙江省绥化市中级人民法院经审理认为：甲保险公司在二审中举证投保人在签订商业三者险合同时已就免责条款签字确认，其已经尽到明确告知义务，发生保险事故免责条款生效。吴某芝举证免责条款非投保人签字。在双方均不主张对签名鉴定的情况下，法院依据已经查明的事实进行认定。保险中的诚信原则被称为最大的诚信原则。我国保险合同中的最大诚信原则有四项基本内容，即告知、保证、弃权和禁止反言。其中弃权是指合同一方当事人清楚地知道对方存在违反合同的情形，却做出某种行为，表示其不加反对甚至同意时，该方的行为就构成法律上的弃权，导致其原有的某项合同权利暂时甚至最终丧失。禁止反言也称禁止反悔、禁止抗辩或者失权，是指放弃在保险合同中可以主张的某种权利，尔后便不得再向他方主张该种权利。本案交通事故发生后，甲保险公司在理赔环节已经按照商业三者险合同赔付了投保人财产损失。按照上述原则，应视为其对合同中第八条即“驾驶人员事故发生后在未依法采取措施的情况下驾驶被保险机动车或者遗弃被保险机动车离开事故现场保险公司不负责赔偿”这一免责条款的放弃。其在一审主张涉案车辆的驾驶员刘某忠的行为属于保险合同第二十四条第二款第一项规定的免责条款，该免责条款与合同中第八条规定的免责条款相同。其主张免责的权利因其在财产理赔环节的放弃行为而导致最终失权。一审法院支持保险公司的这一主张有悖法律规定和保险原则。吴某芝请求甲保险公司在商业三者责任保险范围内赔偿其医疗费、营养费的上诉请求有理，应予支持。被上诉人甲保险公司赔偿上诉人吴某芝医疗费 46000 元及营养费 3000 元。

关于吴某芝主张鉴定费问题属于《中华人民共和国保险法》规定的费用，应当依法由保险人承担。

综上所述，吴某芝的上诉请求成立，应予支持；依照《中华人民共和国民事诉讼法》第一百七十条第一款第二项规定，判决如下：

一、维持黑龙江省北林区人民法院（2016）黑 1202 民初字 1140

号民事判决书第一项；

二、撤销黑龙江省北林区人民法院（2016）黑1202民初字1140号民事判决第二项；

三、被上诉人甲保险公司于判决生效后十日内赔偿上诉人吴某芝医疗费46000元、营养费3000元，合计49000元。

【法官后语】

法律原则是法律规范的基础或在法律中较为稳定的原理和准则，它不预先设定任何确定而具体的事实状态，也没有规定具体的权利义务和责任。法律规则又称法律规范，是立法者将具有共同规定性的社会或自然事实通过文字赋予其法律意义。法律规则与法律原则相比具有优先适用性。法律原则只有在穷尽法律规则时，为实现个案争议方得适用。本案是在法律规则难以支持原告诉讼主张的情况下，适用法律原则处理的一起机动车交通事故案件。

最大诚信原则是民商法诚实信用原则在保险法中的具体运用和发展，其功能有三点：一是确实诚实守信；二是平衡当事人之间各种利益冲突和矛盾；三是解释法律和合同的作用。保险合同中的最大诚信原则有四项基本内容，即告知、保证、弃权和禁止反言。弃权是指保险人享有基于法律规定或保险合同而产生的抗辩权利，保险人知悉投保人或被保险人违反法定或约定义务的事实，保险人作出弃权的意思表示，构成法律上的弃权，导致其原有的某项合同权利暂时甚至最终丧失。本案中驾驶员刘某忠肇事后驾驶肇事车辆脱离事故现场，虽然后来又驾驶肇事车辆返回事故现场，但仍构成保险合同第二十四条第二款第一项规定的“驾驶人员事故发生后在未依法采取措施的情况下驾驶被保险机动车或者遗弃被保险机动车离开事故现场保险公司不负责赔偿”的免除保险人责任情形。但是由于事故发生后，甲保险公司在明知刘某忠驾车脱离事故现场的情况下在理赔环节仍然对车辆的财产损失作出赔偿，其行为明确表示放弃这一抗辩权利，构成保险法中的弃权。

禁止反言也称禁止反悔、禁止抗辩或者失权，是指放弃在保险合同中可以主张的某种权利，尔后便不得再向他方主张该种权利。本案中甲保险公司在理赔环节已经按照商业三者险合同赔付了投保人财产损失。按照上述原则，应视为其对合同中免责条款的放弃。不得再主张该项权利。

由于保险活动的复杂性以及保险人在订立合同时的预见能力的局限性，交易中往往不能详尽、周全地约定各自的权利义务，纠纷发生后也赋予法官根据公平正义的原则、结合《中华人民共和国保险法》立法原则、原告人经济状况等各种因素作出判决。众所周知，保险是人类抗御自然灾害和意外事故的共同行为，体现的是“人人为我，我为人人”的互助协作精神。保险人在事故发生后会查找各种理由拒绝或减少赔偿，法院如果按照其抗辩不加辨析地支持其主张势必与《中华人民共和国保险法》立法原则相悖。本案原告吴某芝是一名清洁工人，收入微薄，家庭生活十分困难。交强险赔偿后仍有49000余元的医药费、营养费没有得到支持，这对收入微薄的困难家庭来说是一笔巨额债务。本起事故造成吴某芝骨盆等两处骨折，构成两个十级伤残，短期内不能工作。二审法院综合考量以上因素作出判决。判决后各方当事人均服判且已经履行完毕，收到较好的社会效果。

编写人：黑龙江省绥化市中级人民法院　张敏

187 保险公司先行垫付的医疗费在赔偿时应如何正确扣除
——王某红诉财险公司等机动车交通事故责任案

【案件基本信息】

1. 裁判书字号

山东省淄博市中级人民法院（2017）鲁03民终第1161号民事判决书

2. 案由：机动车交通事故责任纠纷

3. 当事人

原告（被上诉人）：王某红

被告（上诉人）：财险公司

被告：宿某平、运输公司

【基本案情】

宿某平驾驶冀DM2×××-冀DQ×××挂号重型半挂车与其前方等候信号灯的王某森驾驶的鲁BL8×××-鲁BJ×××挂号重型半挂车相撞后，又与前方等候信号灯的张某亮驾驶的鲁G65×××号中型货车和侯某种驾驶的冀DL0×××-冀DX×××挂号重型半挂车相撞，造成连续四车追尾事故，致乘坐鲁G65×××号中型货车的王某红受伤。交警认定宿某平负此事故的全部责任，王某森、张某亮、王某红、侯某种无责任。冀DM2×××-冀DQ×××挂号重型半挂车挂靠在运输公司，实际所有人为宿某平。该车在财险公司投保交强险和商业三者险。交强险具体限额为：死亡伤残赔偿限额110000元、医疗费用赔偿限额10000元和财产损失赔偿限额2000元。商业三者险限额主车为500000元、挂车为200000元，投保不计免赔。

涉案事故发生在保险期间内。事故发生后，财险公司垫付王某红医疗费 10000 元。经核实确认王某红共支出医疗费 141570. 1 元。王某红起诉要求赔偿医疗费 131570. 1 元。

【案件焦点】

财险公司垫付的医疗费 10000 元应在交强险中扣除还是应在商业三者险中扣除。

【法院裁判要旨】

山东省桓台县人民法院经审理认为：财险公司应在冀 DM2×××-冀 DQ×××挂号重型半挂车第三者强制保险责任限额范围内赔偿王某红的医疗费 10000 元；超出交强险责任限额的医疗费 131570. 1 元，由财险公司在商业三者险责任限额内赔偿。因财险公司先行垫付王某红医疗费 10000 元，扣减后赔偿数额为 121570. 1 元。王某红在本次诉讼中仅主张了医疗费，对其他赔偿费用保留诉求，不违背法律规定，依法予以确认。因王某红主张的赔偿数额未超出保险范围，故宿某平、运输公司在本案中不须承担赔偿责任。据此，一审判决如下：

一、财险公司在交强险责任限额内赔偿王某红医疗费 10000 元；

二、财险公司在商业三者险责任限额内赔偿王某红医疗费 121570. 1 元。

财险公司不服一审判决，提起上诉。山东省淄博市中级人民法院认为：根据相关规定，多车事故造成第三人损害的，应首先由承保各机动车交强险的各保险公司在其承保的交强险责任限额范围内承担赔偿责任，其中有责机动车的交强险在有责赔偿限额范围内承担赔偿责任，无责机动车的交强险则在无责任赔偿限额范围内承担赔偿责任。王某红对于其所在的鲁 G65×××号中型货车的交强险而言并非第三者，故鲁 G65×××号中型货车的交强险无须承担赔偿责任。本案中王某红只主张了医疗费 131570.1 元，且在本案一审起诉时未将无责任的鲁 BL8×××-鲁 BJ×××挂号重型半挂车和冀 DL0×××-冀 DX×××挂号重型半挂车的保险公司列为被告参加诉讼，故在确定医疗费赔偿时应扣除上述二车辆的保险公司在交强险无责任医疗费用赔偿限额内应承担的赔偿数额各 1000 元，共计 2000 元，该 2000 元王某红可另行主张，但不应由冀 DM2×××-冀 DQ×××挂号重型半挂车的保险公司即财险公司承担。故认定财险公司的医疗费赔偿责任时应首先将上述 2000 元予以扣除，剩余的 129570.1 元则由财险公司承担。关于财险公司已垫付的医疗费 10000 元在机动车保险赔偿中应如何处理的问题。根据相关规定，保险公司垫付医疗费用建立在其承保交强险基础之上，其在交强险的医疗费用赔偿限额范围内垫付的医疗费用实际应为其交强险的医疗费用赔偿。故财险公司已垫付的医疗费 10000 元在保险赔偿时已转化为其在交强险的医疗费用赔偿限额内的赔偿。因交强险的医疗费用赔偿限额即为 10000 元，故交强险的医疗费用赔偿限额已经用尽，因此本案中交强险不应再行赔偿。一审法院在此情况下仍然判决财险公司在交强险责任限额内赔偿王某红医疗费 10000 元不当。故对于上述剩余的 129570.1 元，应由财险公司在商业三者险范围内依法承担赔偿责任。据此，二审判决如下：

一、撤销一审判决；

二、财险公司在商业三者险责任限额内赔偿王某红医疗费 129570.1 元；

三、驳回王某红的其他诉讼请求。

【法官后语】

本案涉及的一个主要问题在于，保险公司先行垫付的医疗费在赔偿时应如何正确扣除。具体而言就是该费用是应在交强险中扣除还是应在商业三者险中扣除。

本案中，驾驶冀 DM2×××-冀 DQ×××挂号重型半挂车的宿某平承担事故的全部责任，另外三方无责任。事故发生后，承保冀 DM2×××-冀 DQ×××挂号重型半挂车交强险和商业三者险的保险公司即财险公司向受害人王某红先行垫付了医疗费 10000 元。对于该垫付的医疗费 10000 元，王某红在本案向财险公司主张医疗费赔偿时予以扣除当无异议，其在起诉时也确实已经扣除了该 10000 元（本案中王某红共支出医疗费 141570.1 元，王某红起诉要求赔偿医疗费 131570.1 元）。但问题却在于，对于财险公司垫付的这 10000 元医疗费，人民法院在判决时应如何正确扣除。一审认定财险公司应在交强险责任限额范围内赔偿王某红医疗费 10000 元，超出交强险责任限额的医疗费 131570.1 元在商业三者险责任限额内赔偿，因财险公司先行垫付王某红医疗费 10000 元，扣减后赔偿数额为 121570.1 元。一审的这一认定实际上等于是最终从商业三者险中扣除了医疗费 10000 元。而二审则认定该垫付的医疗费 10000 元应首先从交强险中扣除，具体是从交强险的医疗费用赔偿限额扣除，扣除后交强险的医疗费用赔偿限额已经用尽，故交强险对于医疗费无须再行赔偿。而要对这一问题正确认定，就必须对财险公司垫付费用的法律属性和法律适用予以正确理解和把握。

对于承保交强险的保险公司的垫付费用问题，《机动车交通事故责任强制保险条例》第三十一条第一款规定："保险公司可以向被保险人赔偿保险金，也可以直接向受害人赔偿保险金。但是，因抢救受伤人员需要保险公司支付或者垫付抢救费用的，保险公司在接到公安机关交通管理部门通知后，经核对应当及时向医疗机构支付或者垫付抢救费用。”目前《机动车交通事故责任强制保险条款》第二十一条则规定：“被保险机动车发生涉及受害人受伤的交通事故，因抢救受害人需要保险人支付抢救费用的，保险人在接到公安机关交通管理部门的书面通知和医疗机构出具的抢救费用清单后，按照国务院卫生主管部门组织制定的交通事故人员创伤临床诊疗指南和国家基本医疗保险标准进行核实。对于符合规定的抢救费用，保险人在医疗费用赔偿限额内支付。被保险人在交通事故中无责任的，保险人在无责任医疗费用赔偿限额内支付。”因此，保险公司垫付医疗费用建立在其承保交强险的基础之上，其垫付的医疗费用不能超出交强险的医疗费用赔偿限额。而根据目前的《机动车交通事故责任强制保险条款》第八条的规定，在被保险人有责任时，交强险各赔偿分项的责任限额中医疗费用赔偿限额为10000元。因此，通常情况下保险公司在垫付医疗费时数额最高即为10000元。这也是实践中保险公司在事故发生后最多只垫付10000元医疗费的原因所在。既然保险公司垫付的10000元医疗费是在交强险的医疗费用赔偿限额内支付的，那么换言之，该10000元医疗费实际就是其交强险的医疗费用赔偿，只不过是在事故发生后先行垫付而已。因此，在受害人要求保险公司赔偿的机动车交通事故责任案件中，保险公司已垫付的医疗费10000元在保险赔偿时已转化为其在交强险的医疗费用赔偿限额内的赔偿，因此应首先从交强险的医疗费用赔偿限额内扣除，且扣除后交强险的医疗费用赔偿限额已经用尽。因此，交强险对于医疗费不应再进行赔偿，其余的医疗费则依法再由商业三者险赔偿。本案二审对于财险公司已垫付的医疗费10000元的处理即遵循了这一正确思路。虽然对于受害人而言其无所谓从交强险还是商业三者险中获得赔偿，但本案一审的处理方法则等于是让交强险实际赔偿两次医疗费 10000 元，即交强险赔偿了医疗费 20000 元，明显超出了交强险 10000 元的医疗费用赔偿限额，等于让交强险多赔偿了 10000 元和商业三者险少赔偿了 10000 元，显然违反了法律规定的交强险赔偿所应遵循的分项赔偿原则和保险理赔规则，属于适用法律错误。二审对此依法予以纠正无疑是正确的。

编写人：山东省淄博市中级人民法院　荣明潇

188 保险公司以驾驶员无从业资格证拒赔商业三者险的免责条款不当然无效

——蔡某武诉杨某等机动车交通事故责任案

【案件基本信息】

1. 裁判书字号

广东省揭阳市中级人民法院（2017）粤 52 民终第 434 号民事判决书

2. 案由：机动车交通事故责任纠纷

3. 当事人

原告（被上诉人）：蔡某武

被告（上诉人）：保险公司

被告：杨某、出租公司

【基本案情】

2016 年 12 月 23 日 8 时 12 分左右，杨某驾驶粤 VJM×××小型出租轿车从普宁高铁站沿普宁大道往普宁市流沙万泰城方向行驶，与蔡某武驾驶的超标二轮电动车发生碰撞，造成蔡某武受伤及双方车辆受损的交通事故。2017 年 1 月 7 日，普宁市公安局交通警察大队作出《道路交通事故认定书》，认定杨某承担主要责任，蔡某武承担次要责任。

出租公司系粤 VJM×××小型轿车的登记车主，其就该车在保险公司投保了交强险和责任限额为 500000 元且不计免赔的商业三者险，被保险人均为出租公司，交强险的保险期间自 2016 年 6 月 8 日起至 2017 年 6 月 7 日止，商业三者险的保险期间自 2016 年 5 月 1 日起至 2017 年 4 月 30 日止。

二审期间，保险公司提交投保单一份，证明出租公司在投保时，保险公司提交完整打印的投保单，经出租公司盖章确认，并且投保人作出相关声明："声明保险公司已向投保人详细介绍交付保险合同条款，并对保险合同和特别约定中有关免除保险人责任条款的概念、内容及法律后果向本人作了说明。本人对保险人的说明完全理解、同意，特此确认"。

【案件焦点】

出租车驾驶员杨某没有从业资格证，保险公司应否承担商业三者险的赔偿责任。

【法院裁判要旨】

广东省普宁市人民法院经审理认为：事故发生时，被保险车辆粤 VJM×××小型轿车在年审检验合格有效期内，杨某的准驾车型适格，符合普通人对“驾驶人已有国家有关部门核发的有效资格证书”的一般理解，本案无证据证明保险公司在承保时就“驾驶被保险车辆的驾驶人需持有揭阳市道路运输部门颁发的从业资格证，否则保险人的商业三者险责任免除”向投保人尽明确说明义务，因此，保险公司以杨某未持有揭阳市道路运输部门颁发的从业资格证为由，提出对超过交强险部分的损失不承担赔偿责任的答辩意见，理由不成立，不予采纳。

广东省普宁市人民法院依照《中华人民共和国侵权责任法》第十六条、第二十二条，《最高人民法院关于审理道路交通事故损害赔偿案件适用法律若干问题的解释》第十六条，《最高人民法院关于审理人身损害赔偿案件适用法律若干问题的解释》第十七条第一款和第二款、第十九条、第二十条、第二十一条、第二十二条、第二十三条、第二十四条、第二十五条第一款，《最高人民法院关于适用〈中华人民共和国民事诉讼法〉的解释》第九十条之规定，判决如下：

保险公司在交强险和商业三者险责任限额内赔偿蔡某武91660.55元。

保险公司不服，提出上诉。广东省揭阳市中级人民法院经审理认为：依据保险公司提供的机动车综合商业保险条款及投保单，其中《机动车第三者责任保险条款》有关于“下列情况下，不论任何原因造成的人身伤亡、财产损失和费用，保险人均不负责赔偿……驾驶出租机动车或营业性机动车无交通运输管理部门核发的许可证书或其他必备证书”的约定，出租公司作为投保人已经在投保单声明中盖章确认“保险人已向本人详细介绍并交付了所投保险合同的条款，并对保险合同和特别约定中有关免除保险人责任条款的概念、内容及其法律后果向本人作了明确说明，本人对保险人的说明完全理解、同意，特此确认”，应认定保险公司已履行明确说明义务，该免责条款对双方当事人具有约束力。而涉案车辆的保险单载明车辆的使用性质为出租、租赁营业车，在杨某未能提供交通运输管理部门核发的许可证书或其他必备证书的情况下驾驶该出租、租赁营业车，根据保险合同约定属于免责情形，保险公司不应承担商业三者险赔偿责任。出租公司对本事故的发生不存在过错，无须承担责任。

广东省揭阳市中级人民法院依照《中华人民共和国民事诉讼法》第一百七十条第一款第一项、第二项之规定，作出如下判决：

撤销原判，改判保险公司在交强险责任限额内赔偿蔡某武67286.18元；杨某赔偿蔡某武24374.37元。

【法官后语】

近年来，保险公司就从业资格证的问题提出上诉的案件非常多，审判实践中大多数意见认为，从事运输行业的驾驶员无相关从业资格证，并不因此显著增加机动车发生交通事故的概率进而增大保险公司理赔的风险，故不能成为保险公司免除其承担商业三者险赔偿责任的免责事由，并适用《中华人民共和国保险法》第十九条规定，保险公司提供的格式条款中免除保险人依法应承担的义务，加重投保人、被保险人责任，或者排除投保人、被保险人或者受益人依法享有的权利的，该条款无效。二审法院认为，保险公司以驾驶员无从业资格证为由拒赔的免责条款并不当然无效。

本案争议的焦点是保险公司可否以出租车驾驶人无从业资格证为由拒绝承担商业三者险赔偿责任。法官认为，从业资格证应当认定为交通运输管理部门对经营性道路客货运输驾驶人员要求的必备证书。根据道路运输条例和道路运输从业人员管理规定的要求，从事经营性道路客货运输的驾驶员应当经考试合格，取得从业人员从业资格证方可从业。开展客货运输的驾驶人对此应知悉并且执行。其次，商业三者险有别于交强险的强制属性，由投保人和保险人自愿订立，应尊重当事人意思自治，根据契约精神，各方权利义务应当遵守保险合同的约定。案涉格式条款内容未违反法律及行政法规的强制性规定，也未损害国家、集体或他人利益，且保险公司以现行行政法规的禁止性规定情形作为保险理赔的免责事由，并未加重投保人、被保险人责任，故约定驾驶人无运输从业资格证免责条款合法有效本案的涉事车辆是营运出租车，《机动车第三者责任保险条款》的免责条款约定具体、明确，不产生歧义，投保单中的投保声明也已由投保人在投保单声明中盖章确认，不仅证明保险公司在保险合同订立时已采用足以引起投保人注意的提示，并对免责条款尽到了明确说明义务，投保人也已充分理解免责条款，故该免责条款对双方均产生法律效力。

该案的判决对处理同类交通事故纠纷案件提供了较高的参考价值，从构建和谐社会出发，加强社会综合治理的角度考虑，本案的判决也有利于增强对营运性车辆的规范管理，提升驾驶人自律，促进道路运输行业的自我完善，从而保障道路运输安全。

编写人：广东省揭阳市中级人民法院　李翠梅

189 因保险人提供格式条款中的免责内容约定不明确产生理解争议应当如何处理

——卜某丽诉向某江等机动车交通事故责任案

【案件基本信息】

1. 裁判书字号

天津市第二中级人民法院（2017）津02民终第7061号民事判决书

2. 案由：机动车交通事故责任纠纷

3. 当事人

原告（被上诉人）：卜某丽

被告（上诉人）：保险公司

被告：向某江、运输公司

【基本案情】

2017年1月16日9时55分，向某江驾驶牌号川S59×××号货车行驶至事故地点，因精力不集中，其车前部与前方停车等候信号灯的津G02×××号轿车后部、冀B9F×××小客车后部发生相撞，造成李某受伤、三车受损的交通事故。经交警部门认定：向某江承担事故全部责任，李某、郑某栢无责任。向某江驾驶机动车登记为运输公司所有，实际所有人为向某江，双方系挂靠关系。该车在保险公司投保交强险一份、商业三者险1000000元，附带不计免赔，事故发生在保险期间。津G02×××号轿车登记为卜某丽所有，事故发生后，该车已经维修完毕并支付维修费126000元。保险公司认为维修费用数额过高，向法院申请重新评估，法院经审查予以准许，并依法指定评估鉴定机构为津 G02×××号轿车车辆损失重新鉴定，评估意见为津 G02×××号轿车车辆损失为 98238 元。

保险公司认为向某江事发时未取得从业资格证，不应予以赔偿，并向二审法院提交了加盖投保人运输公司印章的投保提示、投保单、保险条款，其中责任免除部分约定，驾驶出租机动车或营业性机动车无交通运输部门核发的许可证书或其他必备证书，无论任何原因造成的人身伤亡、财产损失和费用，保险人均不负责赔偿。但卜某丽、向某江对上述投保提示、投保单、保险条款均提出异议。

【案件焦点】

保险人提供格式条款中的免责内容约定不明确，导致双方产生理解争议，法院对此应当如何处理。

【法院裁判要旨】

天津市滨海新区人民法院经审理认为：向某江驾驶机动车因精力不集中，导致该车与李某驾驶的机动车、郑某栢驾驶的机动车发生碰撞，交警部门根据查明的事实，据此认定向某江承担事故全部责任，李某、郑某栢无责任。经审查，交通管理部门出具的交通事故认定书认定事实清楚，责任划分准确，予以认定。关于卜某丽主张车辆损失费由法院依法委托评估机构的评估鉴定意见予以证实，应予支持。卜某丽主张的拆解费、施救费属于为处理受损车辆所支出的必要费用，亦予以支持，并确定卜某丽上述经济损失共计 111238 元。因本次交通事故中向某江驾驶的车辆还造成另外一辆机动车受损，交强险应当为其预留相应份额。另外，卜某丽当庭放弃冀 B9F×××号车交强险无责限额 100 元，予以照准。

天津市滨海新区人民法院依照《中华人民共和国侵权责任法》第六条第一款、第十九条、第四十八条，《中华人民共和国道路交通安全法》第七十六条第一款等规定，判决如下：

一、保险公司于本判决生效后十日内在交强险限额内赔偿卜某丽经济损失 1000 元、在商业三者险限额内赔偿卜某丽经济损失 110138 元。

二、驳回卜某丽的其他诉讼请求。

保险公司不服原审判决，提起上诉。天津市第二中级人民法院经审理认为：一方面，保险公司提交的投保人声明、投保单虽有投保单位运输公司印章，但投保单日期有两处明显改动，投保人声明为一个独立单页，与该投保单不能形成一个整体，不能认定上诉人履行了提示说明义务。另一方面，根据《中华人民共和国合同法》第四十一条的规定，保险公司提交的保险格式条款未具体明确交通运输部门核发的许可证书或其他必备证书的名称，在向某江提出异议的情况下，应当作出不利于保险格式条款制定者保险公司的解释，不能免除其赔偿责任。

天津市第二中级人民法院依照《中华人民共和国民事诉讼法》第一百七十条第一款第一项之规定，作出如下判决：

驳回上诉，维持原判。

【法官后语】

保险合同一般都是依照保险人预先拟定的保险条款订立，投保人只要填上被保险车辆信息、被保险人信息、保险金额、保险期限等信息，经保险人同意并由投保人交纳保费，保险合同成立并生效，双方依此确定权利义务。保险合同中含有大量的免除保险人责任的条款，双方如对此发生争议，就涉及《中华人民共和国民法典》第四百九十八条规定的“格式合同的解释”。

结合本文探讨的问题及《中华人民共和国合同法》第四十一条规定，在排除格式条款无效的前提下，如果对保险合同中免除保险人责任条款理解发生争议的，首先考虑按照通常理解予以解释，如有两种以上解释，应作出不利于保险人的解释。那么当免除保险人责任的格式条款内容约定不明确，对此产生的争议，能否直接作出对保险人不利的解释？对此，答案应当是否定的。根据《中华人民共和国合同法》的规定，格式条款也属于合同条款的一种，如果约定不明确并由此产生争议，应当结合《中华人民共和国合同法》第六十一条“合同约定不明的补充”的规定、《中华人民共和国合同法》第六十二条“合同约定不明时的履行”的规定、《中华人民共和国合同法》第一百二十五条“合同解释”的规定。因此，在保险人提供格式条款中的免责内容约定不明确并产生理解争议时，重点审查所涉及保险合同的词句、条款、一般人通常理解、合同目的、交易习惯、诚实信用原则，并由此确定免除保险人责任条款的真实意思，如果依照上述仍然不能确定的，才能最终作出不利于格式条款制定者即保险人的解释。

本案中，保险人提供免责条款中约定的驾驶营业性机动车无交通运输部门核发的“许可证书或其他必备证书”未作明确约定由此产生理解争议。一方面，根据我国道路运输行政管理部门的规定，存在多种相关类型的道路运输证书，本案保险合同中的上下文中也未对此作出明确约定，如果按照保险合同约定保险人承担赔偿责任，那么将意味着投保人必须知悉全部规定并取得全部的道路运输证书，这样势必会强人所难，且超出一般人理解范围，不适当加大了投保人的成本。另一方面，投保人必须依赖于保险人的说明才能完全了解保险合同的内容。本案保险人提交的投保提示及确认不能形成一个完整整体，投保日期有明显改动，保险人未对投保人尽到明确的提示说明义务，这些因素均明显不符合保险交易习惯及诚信原则，也不利于实现保险合同投保人的合法利益。法院根据上述两个方面的考虑，最终作出了不利于保险人的解释。

编写人：天津市滨海新区人民法院　张艳辉

190 保险条款中争议条款的理解与适用

——杨某芬诉保险公司等机动车交通事故责任案

【案件基本信息】

1. 裁判书字号

江苏省常州市中级人民法院（2018）苏04民终第394号民事判决书

2. 案由：机动车交通事故责任纠纷

3. 当事人

原告（被上诉人）：杨某芬

被告（上诉人）：保险公司

被告（被上诉人）：货运公司、李某

【基本案情】

2016年4月29日22时00分左右，在苏342线与潘南线十字交叉路口，刘某国驾驶皖A5C×××重型半挂牵引车/苏B6×××挂重型平板半挂车沿苏342线由西向东行驶至与潘南线十字交叉路口，遇路口直行红灯继续通行，恰遇赵某玉驾驶苏DZ3×××号小型轿车、高某驾驶苏BY2×××号小型轿车、钮某平驾驶蓄电池观光车（乘坐杨某芬）由南向北行驶至该路口，半挂货车避让时车上货物滚下砸到上述三车及路口监控设施，致高某、钮某平、杨某芬受伤、四车及监控设施不同程度损坏。事故发生后，常州市武进区公安局交通巡逻警察大队作出了道路交通事故认定书，认定刘某国承担事故全部责任，钮某平、赵某玉、高某、杨某芬不承担事故责任。后经查明刘某国系李某的驾驶员，驾车系履行职务行为，肇事车辆挂靠在货运公司名下，伤者杨某芬理赔过程中，肇事车辆承保保险公司以该次事故损失系车载货物掉落导致，根据商业三者险条款责任免除部分第五条第四款规定“车载货物掉落、泄漏、腐蚀造成的任何损失和费用”，保险公司拒绝赔偿，故原告杨某芬起诉至法院，要求赔偿。

【案件焦点】

如何理解商业三者险条款责任免除部分“车载货物掉落、泄漏、腐蚀造成的任何损失和费用”的内容。

【法院裁判要旨】

江苏省常州市武进区人民法院经审理认为：保险人应对保险合同中免除保险责任的条款尽到明确说明义务，虽然投保单上有货运公司的盖章，但仅有盖章，不能充分证明保险公司已经对免责条款的概念、内容及法律后果进行了充分的说明义务，即便上述条款内容生效，该条款本身也存在不同的理解。车载货物掉落是指货物本身的损失还是包含造成的第三方损失，是车辆正常行驶过程中掉落还是在发生交通事故后掉落，根据《中华人民共和国保险法》的相关规定，对于内容有不同理解的应该作出有利于被保险人的来解释。

本次事故发生的主要原因系因为驾驶员闯红灯的违法行为所导致，而肇事车辆本身的用途即运输货物，故车上货物的掉落也是驾驶员的违法行为导致的结果，不能将其分割，闯红灯的违法行为才是导致本次事故发生并造成损失的直接原因，而不属于保险条款中关于“车载货物掉落、泄漏、腐蚀造成的任何损失和费用保险人不负责赔偿”的情况，故保险公司应该承担赔偿责任。

江苏省常州市武进区人民法院依照《中华人民共和国民法通则》第一百一十九条、第一百三十一条，《中华人民共和国道路交通安全法》第七十六条，《中华人民共和国侵权责任法》第六条、第十六条、第二十条、第四十八条，《中华人民共和国保险法》第十四条、第十七条、第三十条、第六十五条、第六十六条，《中华人民共和国民事诉讼法》第六十四条、第一百四十四条，《机动车交通事故责任强制保险条例》第二十一条、第二十三条，《最高人民法院关于审理人身损害赔偿案件适用法律若干问题的解释》第十七条、第十九条、第二十条、第二十一条、第二十二条、第二十三条、第二十四条，《最高人民法院关于审理道路交通事故损害赔偿案件适用法律若干问题的解释》第十四条、第十六条之规定，作出如下判决：

被告保险公司在机动车交通事故责任强制保险和第三者责任商业保险限额内赔偿原告杨某芬各项损失 118012. 8 元等内容。

保险公司不服一审判决，提出上诉。江苏省常州市中级人民法院经审理认为：保险合同订立时，保险人在投保单或者保险单等其他保险凭证上，对保险合同中免除保险人责任的条款，以足以引起投保人注意的文字、字体、符号或者其他明显标志作出提示的，人民法院应当认定其履行了《中华人民共和国保险法》第十七条第二款规定的提示义务。保险人对保险合同中有关免除保险人责任条款的概念、内容及其法律后果以书面或者口头形式向投保人作出常人能够理解的解释说明的，人民法院应当认定保险人履行了《中华人民共和国保险法》第十七条第二款规定的明确说明义务。保险公司虽在其提供的格式保险合同中将相应免责条款采用加粗字体印刷，但因保险合同所采用的字体过小且加粗字体印刷条文过多，免责条款与其他条款之间区别并不明显，不能充分引起投保人的注意，故不能认定保险公司履行了相应的提示义务；同时，保险公司亦未能提供证据证明其就免责条款内容曾以书面或口头形式作出了明确说明，故涉案保险合同中免除保险人责任的条款依法不产生效力。保险公司的上诉请求不能成立。

江苏省常州市中级人民法院依照《中华人民共和国民事诉讼法》第一百七十条第一款第一项之规定，作出如下判决：

驳回上诉，维持原判。

【法官后语】

随着社会经济的发展，机动车的数量也在不断快速增长，而交通安全却相对滞后，为保障事故后的理赔问题，大部分机动车辆都投保了交强险及商业三者险等险种，其中商业三者险条款众多，许多免责条款直接涉及投保人的合法权益，对该部分条款的内容是否生效及如何理解，经常产生争议。

根据《中华人民共和国保险法》的相关规定，保险人有向投保人说明并解释保险条款内容的义务，对免除保险人责任的条款，未履行明确说明义务的，不产生效力。从该条款来看，我国对保险条款中免责条款采用的是“说明生效规则”，保险条款中大量免责条款存在歧义，一般认为保险人不履行说明义务，投保人对该条款无法有正确的认知，故在产生争议时，首先判断该免责保险条款是否生效，但在司法实践中，部分免责的保险条款本身存在不同的理解，保险人履行说明义务时很难对该类型的条款进行明确的解释，尤其是某些保险条款在编排文字时就有歧义，如想让投保人对此类条款有正确的认知，条款本身的内容就需重新梳理，部分难以直接用文字概括表达清楚的条款，应采取列举等方式帮助投保人理解条款的内容。具体到本案中，商业三者险条款约定“车载货物掉落、泄漏、腐蚀造成的任何损失和费用”保险公司免除赔偿责任。该条款就存在歧义，车载货物掉落时车辆的状态存在不同的情形，车辆是在行驶过程中还是在停靠状态下，如车辆在行驶过程中闯红灯与其他车辆相撞导致货物掉落，砸伤他人，显然与事故有直接因果关系的系闯红灯的违法行为，货物掉落只是违法行为的后果，该行为并不符合车载货物掉落造成损失的情况，保险公司应予以理赔；如车辆是停靠状态下，无其他违法行为，其货物突然掉落导致他人受伤，此种情形下，没有任何其他原因导致车载货物掉落，如保险公司已履行说明义务，则符合保险条款的约定，保险公司可以免除赔偿责任。

目前，虽保险人在保险条款免责部分处对字体进行加黑加粗并在保险单上提示投保人注意，但由于保险条款属于格式条款，仅仅以此方式，对很多有歧义的保险条款并无法证明保险人履行了说明义务，一旦发生保险事故，保险公司往往以条款有约定为由拒赔，进而引发诉讼，耗费大量司法资源。但仔细查看保险人的保险条款，保险条款内容的编排有时较为混乱，如将投保人违约行为导致无法理赔的后果列入责任免除部分，直接导致适用《中华人民共和国保险法》时，该部分违约条款属于责任免除部分，因保险人没有履行明确说明义务，而不产生效力，保险人如能根据法律规定，对有争议条款在文义上进行合理的编排、梳理，相关纠纷也会减少。

需要补充说明的是因《中华人民共和国民法典》于 2021 年 1 月 1 日起实施，《中华人民共和国民法通则》《中华人民共和国侵权责任法》已废止，判决中依据的《中华人民共和国民法通则》第一百一十九条、第一百三十一条、《中华人民共和国侵权责任法》第六条、第十六条、第二十条、第四十八条现应适用《中华人民共和国民法典》第一千一百六十五条、第一千一百七十三条、第一千一百七十九条、第一千一百八十二条、第一千二百零八条。

编写人：江苏省常州市武进区人民法院　冯磊

191 多车发生交通事故时无责方车辆交强险赔偿问题的正确处理

——王某红诉财险公司等机动车交通事故责任案

【案件基本信息】

1. 裁判书字号

山东省淄博市中级人民法院（2017）鲁 03 民终第 2180 号民事判决书

2. 案由：机动车交通事故责任纠纷

3. 当事人

原告（被上诉人）：王某红

被告（上诉人）：财险公司

被告：宿某平、运输公司

【基本案情】

宿某平驾驶冀 DM2×××-冀 DQ×××挂号重型半挂车与其前方王某森驾驶的鲁 BL8×××-鲁 BJ×××挂号重型半挂车相撞后，又与前方张某亮驾驶的鲁 G65×××号中型货车和侯某种驾驶的冀 DL0×××-冀 DX×××挂号重型半挂车相撞，造成连续四车追尾事故，致乘坐鲁 G65×××号中型货车的王某红受伤。交警认定宿某平负此事故的全部责任，王某森、张某亮、王某红、侯某种无责任。鲁 G65×××号中型货车的所有人为王某红及其配偶张某亮。冀 DM2×××-冀 DQ×××挂号重型半挂车挂靠在运输公司，实际所有人为宿某平。该车在财险公司投保的交强险具体限额为：死亡伤残赔偿限额 110000 元、医疗费用赔偿限额 10000 元和财产损失赔偿限额 2000 元；商业三者险限额主车为 500000 元、挂车为 200000 元，投保不计免赔。涉案事故发生在保险期间内。终审（2017）鲁 03 民终 1161 号民事判决已经判决财险公司在商业三者险责任限额内赔偿王某红医疗费 129570.1 元。经鉴定，王某红伤残程度为 7 级、10 级伤残；住院期间 2 人护理，出院后 2 个月 1 人护理；后续治疗费 11000 元。王某红的各项费用确认为：1. 医疗费 1415 元；2. 误工费 16400 元；3. 护理费 9600 元；4. 住院伙食补助费 900 元；5. 残疾赔偿金 264978 元；6. 被扶养人生活费 171853.92 元；7. 后续治疗费 11000 元；8. 鉴定费 2400 元；9. 交通费 300 元；10. 复印费 35 元；11. 车辆损失费 60267 元；12. 吊装施救费 7000 元；13. 拆检费 3500 元；14. 清障费 300 元；15. 车辆损失评估费 1581 元；16. 精神损害抚慰金 4000 元。以上共计 555529.92 元。

【案件焦点】

多车事故中认定受害人损失时，对于无责方车辆的保险公司在交强险无责限额内应承担的赔偿如何认定。

【法院裁判要旨】

山东省桓台县人民法院经审理认为：交警认定宿某平负事故的全部责任。运输公司作为涉案车辆挂靠单位，应与宿某平承担连带赔偿责任。故财险公司应在交强险责任限额内赔偿王某红第5项中的106000元、第11项中的2000元及第16项中的4000元，合计112000元；在商业三者险限额内赔偿王某红第5项中的158978元、第11项中的58267元及第1、2、3、4、6、7、9、12、14项中的费用，合计436013.92元。超出保险责任限额的第8、10、13、15项共计7516元，由宿某平赔偿，运输公司负连带清偿责任。据此，一审判决如下：

一、财险公司在交强险责任限额内赔偿王某红残疾赔偿金、车辆损失费、精神损害抚慰金等共计112000元；

二、财险公司在商业三者险责任限额内赔偿王某红医疗费、误工费、护理费、住院伙食补助费、交通费、残疾赔偿金、被扶养人生活费、后续治疗费、车辆损失费、吊装施救费、清障费、精神损害抚慰金等共计436013.92元；

三、宿某平赔偿王某红鉴定费、复印费、拆检费、评估费等共计7516元；

四、运输公司对判决第三项负连带赔偿责任；

五、驳回王某红的其他诉讼请求。

财险公司提起上诉主张按照交强险条款，事故发生后无责任方应承担伤残无责任赔付，故一审应当扣减鲁BL8×××、鲁G65×××、冀 DL0×××三车的交强险伤残赔付各 10000 元。二审另查明，王某红起诉要求赔偿医疗费的终审（2017）鲁 03 民终 1161 号民事判决确认肇事车辆冀 DM2×××-冀 DQ×××挂号重型半挂车的交强险在医疗费用赔偿限额内已实际赔偿王某红医疗费 10000 元，该交强险的医疗费用赔偿限额已经用尽。（2017）鲁 03 民终 1161 号民事判决确定的医疗费赔偿中也已扣除鲁 BL8×××-鲁 BJ×××挂号重型半挂车和冀 DL0×××-冀 DX×××挂号重型半挂车的保险公司在交强险无责任医疗费用赔偿限额内承担的赔偿数额各 1000 元，合计 2000 元。另外王某红以承保鲁 BL8×××-鲁 BJ×××挂号重型半挂车和冀 DL0×××-冀 DX×××挂号重型半挂车交强险的两保险公司为被告提起诉讼，要求两被告在交强险无责任赔偿限额范围内分别赔偿医疗费 1000 元、伤残赔偿金 11000 元和车损 100 元，法院对该案已立案受理。

山东省淄博市中级人民法院经审理认为：根据相关规定，多车事故造成第三人损害的，应首先由承保各机动车交强险的各保险公司在其承保的交强险责任限额范围内承担赔偿责任，其中有责机动车的交强险在有责赔偿限额范围内承担赔偿责任，无责机动车的交强险则在无责任赔偿限额范围内承担赔偿责任。王某红对于其所在的鲁 G65×××号中型货车的交强险而言并非第三者，因此鲁 G65×××号中型货车的交强险在本案中无须承担赔偿责任。因王某红在本案一审起诉时未将鲁 BL8×××-鲁 BJ×××挂号重型半挂车和冀 DL0×××-冀 DX×××挂号重型半挂车的保险公司列为被告参加诉讼，故在确定本案赔偿时应扣除鲁 BL8×××-鲁 BJ×××挂号重型半挂车和冀 DL0×××-冀 DX×××挂号重型半挂车的保险公司在交强险无责任赔偿限额内应承担的赔偿数额，且就上述两车的保险公司承担的交强险无责任赔偿部分，王某红已另案起诉。故本案在认定财险公司的赔偿责任时应首先将鲁 BL8×××-鲁 BJ×××挂号重型半挂车和冀 DL0×××-冀 DX×××挂号重型半挂车的保险公司应承担的交强险无责任赔偿部分予以扣除，即各扣除无责任死亡伤残赔偿限额 11000 元和无责任财产损失赔偿限额 100 元，共计 22200 元。关于交强险的医疗费用赔偿限额部分已在（2017）鲁 03 民终 1161 号案件中处理，本案对此并不涉及。据此，二审判决如下：

一、维持一审判决第一项、第三项、第四项；

二、撤销一审判决第五项；

三、变更一审判决第二项为：财险公司在商业三者险责任限额内赔偿王某红医疗费、误工费、护理费、住院伙食补助费、残疾赔偿金、被扶养人生活费、后续治疗费、交通费、车辆损失费、吊装施救费、清障费共计 413813.92 元；

四、驳回王某红的其他诉讼请求。

【法官后语】

本案主要涉及多车事故中认定受害人损失时无责方车辆的交强险应如何正确处理的问题。

本案造成王某红受伤的事故系一起四车事故，其中驾驶冀 DM2×××-冀 DQ×××挂号重型半挂车的宿某平承担事故的全部责任，另外三方无责任。后王某红起诉冀 DM2×××-冀 DQ×××挂号重型半挂车的保险公司即财险公司要求赔偿，一审法院对于王某红的损失也判决由财险公司承担。不过本案存在的问题在于，王某红在本案中并未起诉另外两方的保险公司，一审法院也是将王某红的损失全部判由财险公司承担，即一审中并未涉及事故另外两方；而财险公司因此上诉主张其赔偿应扣除另外两方车辆的交强险的无责赔偿限额，二审法院认定财险公司的上诉请求成立并予以支持。应当说本案二审法院对这一问题的认定是正确的。其原因在于，《最高人民法院关于审理道路交通事故损害赔偿案件适用法律若干问题的解释》第二十一条第一款规定："多辆机动车发生交通事故造成第三人损害，损失超出各机动车交强险责任限额之和的，由各保险公司在各自责任限额范围内承担赔偿责任；损失未超出各机动车交强险责任限额之和，当事人请求由各保险公司按照其责任限额与责任限额之和的比例承担赔偿责任的，人民法院应予支持。"① 该规定实际是对多车事故中各方车辆的交强险应如何赔偿的规则进行了明确。即在多车发生事故的情形下，对于受害人的损失在进行赔偿时，各车的交强险均应承担责任；即使是其中有车辆无责，其交强险亦应在无责赔偿限额内对受害人进行赔偿，而不应由有责方车辆的交强险全部承担。也就是说，多车发生事故时应当由承保各机动车交强险的各保险公司在其承保的交强险责任限额范围内分别承担赔偿责任，其中有责机动车的交强险在有责赔偿限额范围内承担赔偿责任，无责机动车的交强险则在无责任赔偿限额范围内承担赔偿责任。因此，理论上说受害人在主张赔偿时应将各方车辆的承保交强险的保险公司全部起诉，法院也应判决由各车辆的交强险在其各自责任限额范围内分别承担相应的赔偿责任。然而现实中也确实经常出现像本案这样的情况，那就是多车事故中的受害人只起诉了有责方承保交强险的保险公司而未起诉无责方承

---

① 该规定现为《最高人民法院关于审理道路交通事故损害赔偿案件适用法律若干问题的解释》(2020 年修正) 第十八条第一款："多辆机动车发生交通事故造成第三人损害，损失超出各机动车交强险责任限额之和的，由各保险公司在各自责任限额范围内承担赔偿责任；损失未超出各机动车交强险责任限额之和，当事人请求由各保险公司按照其责任限额与责任限额之和的比例承担赔偿责任的，人民法院应予支持。"

保交强险的保险公司；有的法院对于这种情况也简单地认为属于“不告不理”，因此将赔偿责任全部判由有责方的保险公司承担。本案一审即是如此。而如此判决显然不符合上述规定，故二审对此依法改判。

当然，就多车事故引发的损害赔偿案件而言，若受害人在一审起诉时只起诉了有责方的保险公司而未起诉无责方的保险公司，人民法院正确的做法应当是首先向原告释明相关规定，由原告申请追加无责方承保交强险的保险公司为被告。若原告经释明仍不予申请追加的，法院亦不能依职权追加，毕竟这不属于必要共同诉讼的情形。此时法院在判决时应当将无责方承保交强险的保险公司在交强险无责赔偿限额范围内应承担的赔偿数额予以扣除，而不应判决由有责方承保交强险的保险公司在其交强险范围内全部承担。

编写人：山东省淄博市中级人民法院　荣明潇

192 挂靠车辆造成实际挂靠人损伤是否属于商业三者险的免责情形

——王某平诉李某桃等机动车交通事故责任案

【案件基本信息】

1. 裁判书字号

四川省泸州市中级人民法院（2017）川 05 民终 904 号民事判决书

2. 案由：机动车交通事故责任纠纷

3. 当事人

原告（被上诉人）：王某平

被告：李某桃、运输公司

被告（上诉人）：保险公司

【基本案情】

2013年5月20日，王某平与运输公司签订《挂户协议》，约定：王某平自愿将其自购的川0500×××号车辆挂户在运输公司从事营运业务，挂户期间运输公司拥有车辆的营运权，王某平享有车辆的所有权。川0500×××号车辆系运输型拖拉机，该车于2013年在农林局已年审，年审有效期为2013年6月至2014年6月。

2014年4月8日，川0500×××号车于保险公司处投保交强险、50万元第三者责任险、不计免赔险等险种，并缴纳了保险费5830.5元，被保险人为运输公司，保险期间为2014年4月8日0时起至2015年4月7日24时止。

2016年4月9日，李某桃驾驶川0500×××号运输型拖拉机在某村料场卸载石粉。9时10分许，石粉卸载完毕后，李某桃启动车辆准备驾车离开时，因未观察到车辆前方正在查看车辆情况的王某平，将王某平撞倒并碾轧，造成王某平受伤的交通事故。经交警部门认定，李某桃负事故的全部责任，王某平无责任。后王某平入院检查、治疗共产生医药费用149410.22元。诉讼中，依据王某平的鉴定申请，法院依法委托鉴定所对王某平所受损伤的伤残等级等事项进行鉴定，该鉴定所作出的鉴定意见为：被鉴定人王某平所受损伤构成两个十级伤残、一个九级伤残。王某平请求判令李某桃、运输公司赔偿医疗费、残疾赔偿金、精神抚慰金等共计471797.22元，保险公司在保险责任范围内承担赔偿责任。

【案件焦点】

挂靠车辆致实际挂靠人损伤，实际挂靠人是否属于商业三者险中的“第三者”，保险公司应否承担相应的赔偿责任。

【法院裁判要旨】

四川省泸州市龙马潭区人民法院经审理认为：当事人对于自己的主张，有责任提供证据。本案川0500×××号车辆登记的所有权人及被保险人均为运输公司，此次事故也不是被保险人运输公司的故意行为或重大过失造成的，兴文县公安局交通管理大队作出的交通事故认定书亦将王某平事发时的身份界定为行人。因川0500×××号车辆于保险公司处投保有交强险、50万元商业三者险、不计免赔险等，故保险公司应该在保险责任范围内承担赔偿责任。运输公司作为有资质的公司，应当承担该车的运营风险，故不足部分应该由运输公司承担。王某平作为实际车主，与运输公司的权利义务关系属于《挂户协议》调整，该案中不予一并审查，双方可自行协商或另案解决。

四川省泸州市龙马潭区人民法院依照《中华人民共和国侵权责任法》第六条第一款、第四十八条，《中华人民共和国道路交通安全法》第七十六条等规定，作出如下判决：

一、被告保险公司于判决生效之日起十五日内赔偿原告王某平420540.68元；

二、被告运输公司于判决生效之日起十五日内赔偿原告王某平27882.04元；

三、驳回原告王某平的其他诉讼请求。

保险公司持原审辩论意见提起上诉。四川省泸州市中级人民法院经审理认为：上诉人保险公司与原审被告运输公司订立的保险合同中，约定川0500×××号车的被保险人为运输公司，并非被上诉人王某平；且根据庭审查明，被上诉人王某平在车下查看情况时被原审被告李某桃驾驶车辆撞倒并碾轧致伤，被上诉人王某平对本次交通事故的发生无过错，其受伤时位于车下，属于第三者责任保险的赔付范围。上诉人保险公司认为被上诉人王某平是“实际被保险人”，进而主张其免责，无相应合同依据和法律依据，不予支持。

四川省泸州市中级人民法院依照《中华人民共和国民事诉讼法》第一百七十条第一款第一项之规定，作出如下判决：

驳回上诉，维持原判。

【法官后语】

保险合同是一个利益与风险并存的契约，《中华人民共和国保险法》的立法目的是保障受害人的权利能够获得及时有效的救济。对于投保人而言，其投保目的在于分散风险。对于保险人而言，机动车第三者责任保险是以潜在的民事损害赔偿责任为标的，所承保的是被保险机动车发生意外事故造成除了特定主体之外的第三人损失之时承担损害赔偿责任的风险，同时其有权依约收取相应的保险费用。《机动车交通事故责任强制保险条例》第二十一条规定：“被保险机动车发生道路交通事故造成本车人员、被保险人以外的受害人人身伤亡、财产损失的，由保险公司依法在机动车交通事故责任强制保险责任限额范围内予以赔偿。道路交通事故的损失是由受害人故意造成的，保险公司不予赔偿。”可见，在第三者责任强制保险中，第三者的范围应该是指本车人员、被保险人以外的受害人。而对于商业第三者责任险中的第三者的范围法律并没有相关明确规定，多是由保险人于保险合同中通过格式条款，在第三者责任保险条款中对第三者作出一定的限制和规定若干免责条款。对于格式合同，既要注重格式条款相对方合法权益的维护，也不能加重格式条款提供方的责任，最终实现两者之间的平衡。该案中车上人员下车后在车下被本车致伤的情形应否理赔即存在两种解释。在尽到了合理提示及说明义务的前提下，关于保险人的责任免除条款产生法律效力，但进一步对于其中免责条款的适用情形、主体概念等作出扩大解释则于法无据，故对于格式合同条款理解有争议的，应当按照通常理解予以解释，存在不同解释的，应采用有利于格式条款相对方合法权益保护的解释。

此外，保险人、被保险人、被投保车辆的驾驶员及其他车上人员以外的所有人是否系商业第三者责任险中的“第三者”应做到个案具体分析。车上人员因特定时空条件变化可以转化为“第三者”，法官裁判的标准应以事故发生之时受害人是否身处被保险车辆之上为依据，在车上即为“车上人员”，在车下即为“车下人员”。本案中，被保险人为运输公司，在事故发生的时间节点，受害人王某平于车下查看车辆情况，故王某平不属于被保险机动车驾驶人及车上人员，其身份已经转化为交强险和商业第三者责任险中的第三者，应该获得第三者责任险的理赔，与保险人和保险公司制定、提供的第三者责任保险条款中的责任免除情形并不相适应。对于保险公司庭外提出的肇事车辆投保后次日即发生交通事故的怀疑，法官认为除有相反事实证据外，民事法律关系中应当推定每个公民都是善意诚信的，最大限度地关爱和保护每个公民的合法权益亦是中国特色社会主义法律体系的价值追求。

基于前述法律、法理、情理，结合第三者责任险设立的初衷，该案一审、二审法院作出了挂靠车辆造成实际挂靠人车下损伤时，应当将其纳入第三者的范围，保险人不应免除商业三者险赔偿责任的判决，后各方对于该案判决的赔偿款项均已经自行履行完毕。

编写人：四川省泸州市龙马潭区人民法院　熊兵

193 对增驾实习期内驾驶牵引挂车机动车的保险公司可否免赔

——陈某喜、杨某平诉刘某成等机动车交通事故责任案

【案件基本信息】

1. 裁判书字号

河南省信阳市中级人民法院（2017）豫15民终第1931号民事判决书

2. 案由：机动车交通事故责任纠纷

3. 当事人

原告（被上诉人）：陈某喜、杨某平

被告（被上诉人）：汪某浩、刘某成、运输公司

被告（上诉人）：保险公司

【基本案情】

2016年8月10日21时许，汪某浩驾驶皖NB1×××号重型半挂牵引车（挂车为皖NN×××号）由西向东行驶至S339线商城县丰集镇某村路段时，由于操作不当撞入路边原告所有的房屋，事故致使原告房屋及车辆严重受损，汪某浩及副驾乘坐人杨某生也受伤治疗，杨某生具有三年以上A2驾驶证。该事故经商城县交警大队认定，汪某浩负事故全部责任。经查，皖NB1×××号重型半挂牵

引车是被告刘某成实际所有，挂靠于被告运输公司，该公司为肇事车辆在被告保险公司投保了交强险和第三者责任险1000000元。2016年9月28日原告陈某喜、杨某平诉至一审法院，要求被告方赔偿损失并申请进行相关鉴定。一审法院依法组织原、被告协商选定鉴定机构，被告方未到庭参加协商选定鉴定机构，一审法院依法指定建筑工程质量司法鉴定所进行危险房屋鉴定。11月14日该鉴定所出具鉴定报告，认为原告方的房屋部分承重结构承载力不能满足正常使用要求，局部出现险情，已构成局部危房，房屋危险等级综合评定为C级。根据该房屋受损情况，建议拆除重建。12月8日法院再次组织原、被告协商选定鉴定机构，对受损房屋拆除及重建费用进行价格鉴定，被告方仍未到庭参加协商选定鉴定机构，一审法院依法指定资产评估事务所进行受损房屋拆除、重建费用价格鉴定。2017年1月9日信阳市三维资产评估事务所作出评估报告，认定二原告受损房屋拆除、重建费用评估值为224600元。

【案件焦点】

对增驾实习期内驾驶牵引挂车机动车的，保险公司可否免赔。

【法院裁判要旨】

河南省商城县人民法院经审理认为：公民合法财产应受法律保护。商城县公安交警部门就事故发生及责任划分均作了客观合理的认定，被告汪某浩驾驶机动车上道路行驶操作不当，应承担事故全部责任。被告刘某成作为汪某浩的雇主，应当承担责任。被告运输公司作为肇事车辆挂靠单位，应当承担连带责任。汪某浩驾驶的机动车皖NB1×××号重型半挂牵引车（挂车为皖NN×××号）在被告保险公司投保了交强险和商业三者险，故法院将按下列规则确定被告方的赔偿责任：先由被告保险公司在交强险责任限额范围内予以赔偿；不足部分，再由该公司在商业三者险限额范围内依法予以赔偿；仍有不足的，则由侵权人依法予以赔偿。二原告房屋受损后不能居住，确需租房，但在商城本地年租金 18000 元明显过高，法院酌定为 8000 元。汪某浩虽然处于增驾 A2 车型实习期内，但实习期的主要目的就是使驾驶员熟悉准驾车型车辆的性能、运行等行驶情况，如在实习期内不准驾驶准驾车辆车型，则失去了实习期设立的目的和意义。故对增加 A2 准驾车型后仍不能驾驶牵引挂车的理解，有悖常理。本次交通事故也不是因为牵引挂车造成的，事故的发生与挂车没有因果关系。另外保险合同免责条款“提示说明”虽有运输公司盖章，但无公司经办人员的签名，不符合签名及盖章的形式要件（签名/盖章），也不能证明保险公司已对免责条款进行了说明。且运输公司保险经办人赵某贝也证明保险公司经办人只是盖章，没有进行免责条款说明或提示。法院据此认定被告保险公司未尽到对该免责条款进行明确说明的义务，按照《中华人民共和国保险法》的有关规定，未明确说明的，该条款也不发生效力。综上所述，根据《中华人民共和国民法通则》第一百零六条第二款、第一百一十七条，《中华人民共和国合同法》第六十条，《中华人民共和国侵权责任法》第六条、第十三条、第十九条、第四十八条，《中华人民共和国道路交通安全法》第七十六条，《中华人民共和国保险法》第十七条及《中华人民共和国民事诉讼法》第一百四十四条的规定，并经法院审判委员会讨论决定，判决如下：

一、被告保险公司于本判决生效之日起十日内直接赔偿原告陈某喜、杨某平房屋损失 224600 元［交强险部分 2000 元+商业三者险部分为 222600 元（总损失 224600 元-交强险部分 2000 元）×100%］。

二、被告刘某成于本判决生效之日起十日内赔偿原告陈某喜、杨某平房屋租赁费、鉴定费 19000 元（房屋租赁费 8000 元、鉴定费 11000 元）。被告运输公司承担连带责任。

三、驳回二原告其他诉讼请求。

二审法院同意一审法院裁判意见。经审理后判决：

驳回上诉，维持原判。

【法官后语】

对于驾驶证实习期的释义，《中华人民共和国道路交通安全法实施条例》第二十二条第二款、第三款规定："机动车驾驶人初次申领机动车驾驶证后的 12 个月为实习期……机动车驾驶人在实习期内不得驾驶公共汽车、营运客车或者执行任务的警车、消防车、救护车、工程救险车以及载有爆炸物品、易燃易爆化学物品、剧毒或者放射性等危险物品的机动车；驾驶的机动车不得牵引挂车。"而公安部《机动车驾驶证申领和使用规定》第七十四条、第七十五条却将实习期定义为"机动车驾驶人初次申请机动车驾驶证和增加准驾车型后的 12 个月"，并同样规定实习期内不得驾驶上述类型的机动车。可见，《中华人民共和国道路交通安全法实施条例》将实习期定义为机动车驾驶人初次申领机动车驾驶证后的 12 个月，而《机动车驾驶证申领和使用规定》却规定实习期还包含增加准驾车型后的 12 个月，即增驾实习期。

在司法实践中，据此对增驾实习期内驾驶牵引挂车的机动车，保险公司可否免赔存在两种不同意见：

第一种意见认为，公安部《机动车驾驶证申领和使用规定》第七十四条、第七十五条系对《中华人民共和国道路交通安全法实施条例》关于实习期的补充，增驾实习期与初次申领驾驶证实习期一样，亦属于实习期，驾驶人在增驾实习期内可以驾驶原准驾车型的机动车，但不得驾驶牵引挂车。否则，按照保险合同的约定，属于免赔范围，保险公司不应承担赔偿责任。

第二种意见认为，《机动车驾驶证申领和使用规定》属于部门规章，该规章对实习期的解释并不是禁止性规定。因《中华人民共和国道路交通安全法实施条例》与《机动车驾驶证申领和使用规定》对实习期的不同规定，导致在现实生活中对实习期的理解存在歧义，对此保险公司应履行明确说明的义务。比如，保险公司未能履行该义务，则相应的免责条款无效。理由如下：

一、A2 驾驶证所对应的准驾车型为牵引车，准驾车辆为重型、中型全挂、半挂汽车列车。既然公安交通管理机关向驾驶人颁发了准驾车型为 A2 的机动车驾驶证，说明驾驶人已经取得了驾驶与 A2 准驾车型相符车辆的资格。而实习期的主要目的就是使驾驶人熟悉相应车型的性能、运行等驾驶情况，如在实习期内不能驾驶准驾车型车辆，就失去了实习期设立的目的和意义。同时，驾驶人于增驾实习期内驾驶牵引车仅仅是违反了部门规章，其后果是受到相应的行政处罚，如仅以此作为免责事由则变相减轻了保险人的责任，对被保险人明显不公平。

二、《最高人民法院关于适用〈中华人民共和国保险法〉若干问题的解释（二）》第十条规定："保险人将法律、行政法规中的禁止性规定情形作为保险合同免责条款的免责事由，保险人对该条款作出提示后，投保人、被保险人或者受益人以保险人未履行明确说明义务为由主张该条款不生效的，人民法院不予支持。”即对于禁止性规定情形的免责事由，保险人仅履行提示义务即可，不再需要对此类禁止性规定进行明确说明。因此，对于增驾实习期不得驾驶牵引挂车的机动车，应当首先区分其是否属于法律、行政法规中的禁止性规定情形。从具体规定来看，《中华人民共和国道路交通安全法实施条例》虽然属于行政法规，但该条例第二十二条明确规定实习期仅指初次申领驾驶证后的12个月，并不包括增驾实习期。《机动车驾驶证申领和使用规定》虽规定实习期包含增加准驾车型后的12个月，但该规定是公安部制定的关于指导机动车驾驶证申领和使用的部门规章，并非全国人大及其常委会制定的法律，以及国务院制定的行政法规，因此“增驾实习期内不得驾驶牵引挂车的机动车”的规定并不属于上述司法解释中的“禁止性规定”。

三、保险人对于保险合同中的免责条款具有提示和明确说明的义务。即除在保险单上提示投保人注意外，保险人还应当对有关免责条款的概念、内容及其法律后果等，以书面或者口头形式向投保人或其代理人作出解释，以使投保人明确保险条款的真实含义和法律后果。有关“实习期”的现行规定存在不一致，故对保险条款的理解易产生歧义，因此保险人在订立合同时的说明义务应当较之其他免责条款更为“明确、详尽”，即保险人应将保险条款中的“实习期”到底系何种含义向投保人或被保险人作出明确说明。否则，相应免责条款应当认定为无效。

四、根据《中华人民共和国保险法》的不利解释原则，对于保险合同格式条款有两种以上解释的，人民法院或者仲裁机构应当作出有利于被保险人和受益人的解释。本案中，有关实习期的免责条款系保险公司所预先拟定，未经投保人、被保险人等协商合意的格式条款。对于“实习期”的理解依据现行规定存在争议，即使该条款对合同双方具有法律效力，但在保险公司无证据证明已将条款中“实习期”为“机动车驾驶人初次申请机动车驾驶证和增加准驾车型后的12个月”的含义解释告知投保人的情况下，对该条款的理解应当作出有利于被保险人和受益人的解释。即对“实习期”的理解应当按“机动车驾驶人初次申领机动车驾驶证后的12个月”为宜。

本案判决后被告保险公司提起了上诉，二审维持原判。

编写人：河南省商城县人民法院　柳学生

194　违法驾驶侵权人赔偿后交强险如何承担

——顾某梅诉徐某、保险公司机动车交通事故责任案

【案件基本信息】

1. 裁判书字号

江苏省盐城市中级人民法院（2017）苏09民终第2737号民事判决书

2. 案由：机动车交通事故责任纠纷

3. 当事人

原告（上诉人）：顾某梅

被告（被上诉人）：徐某、保险公司

【基本案情】

2015年10月11日16时20分，徐某未取得机动车驾驶证驾驶苏JXD×××号小型普通客车与案外人王某友驾驶的无号牌电动三轮车（后载顾某梅）尾部发生相撞，致顾某梅受伤、双方车辆不同

程度受损。事发后，徐某弃车离开现场。顾某梅当即被送往人民医院住院治疗，于 2015 年 11 月 11 日出院。其间，用去医疗费 48661.97 元。经阜宁县公安局交通警察大队认定，徐某负本起事故的全部责任，王某友、顾某梅无责任。经鉴定：1. 顾某梅因车祸颅脑损伤出血致轻度智能损伤，日常活动能力部分受限，构成道路交通事故九级伤残；其外伤性脑脊液鼻漏构成道路交通事故十级伤残；其双侧神经性耳聋，右耳中等重度听觉障碍构成道路交通事故十级伤残。2. 误工期限 6 个月，营养期限 2 个月，护理期限 2 个月（住院期间 2 人护理）。3. 顾某梅需后续治疗费用 2000 元左右。

徐某驾驶的车辆客车在保险公司投保了交强险和 100 万元不计免赔的商业三者险；事故发生在保险期间内。事发后，徐某为顾某梅垫付医疗费用 30400 元、现金 30000 元，合计 60400 元。

【案件焦点】

侵权人徐某垫付的 60400 元是否应在交强险赔偿限额中进行扣减。

【法院裁判要旨】

江苏省阜宁县人民法院经审理认为：公民的生命健康权应受法律保护。交警部门的责任认定定责适当，应当作为划分民事赔偿责任的依据。司法鉴定意见书，程序合法，实体正当，依法予以采信。徐某驾驶的客车在保险公司投保了交强险和 100 万元不计免赔的商业三者险，事故发生在保险期间内，原告请求保险公司在保险限额内承担赔偿责任，依法予以支持。对原告主张的误工费、护理费、营养费诉讼请求，依据司法鉴定书确定的时限结合相应标准计算。

对于原告主张的精神抚慰金，符合法律规定，依法予以支持。对于原告主张的误工费，原告已年满 60 周岁，且未有提供证据予以证明，故不予支持。对于财物损失，原告未能提供证据予以证明，不予支持，可待证据充分后另行主张。徐某未取得驾驶资格驾驶机动车上路行驶致事故发生，现原告请求保险公司在交强险范围内予以赔偿，依法在当事人违法驾车的情况下，若受害人已经从侵权人处获得全部赔偿，其无权再向保险公司请求赔偿；若受害人从侵权人处获得部分赔偿，保险公司可以在赔偿时相应扣减。本案徐某已经垫付了相关费用，故保险公司在赔偿时可以相应扣减。依法认定顾某梅的医疗费为 48661.97 元、残疾赔偿金为 155383.14 元、住院伙食补助费为 558 元、营养费为 540 元、护理费为 4550 元、精神抚慰金 9000 元、交通费酌定为 1000 元、后续治疗费用 2000 元，合计 221693.11 元。

江苏省阜宁县人民法院根据《中华人民共和国侵权责任法》第三条、第六条，《中华人民共和国道路交通安全法》第七十六条，《最高人民法院关于审理人身损害赔偿案件适用法律若干问题的解释》第十七条、第十九条、第二十条、第二十一条、第二十二条、第二十三条、第二十四条，《最高人民法院关于审理道路交通事故损害赔偿案件适用法律若干问题的解释》第十六条、第十八条之规定，作出如下判决：

一、保险公司在交强险范围内赔偿顾某梅 59600 元；

二、徐某赔偿原告顾某梅 167089.11 元，冲抵其已经垫付的 60400 元，其需向顾某梅支付 106689.11 元。

顾某梅不服一审判决，提起上诉。

江苏省盐城市中级人民法院生效裁判认为：从交强险设立的目

的来看，其主要是保护交通事故受害人权益，防止在发生交通事故时，因侵权人无力赔偿或难以向侵权人求偿的情况下，受害人无法得到及时救治等情形出现。本案中，侵权人徐某未取得驾驶资格或者未取得相应驾驶资格而驾驶机动车发生交通事故，导致第三人顾某梅人身损害，根据《最高人民法院关于审理道路交通事故损害赔偿案件适用法律若干问题的解释》第十八条的规定，受害人顾某梅请求保险人保险公司在交强险责任范围内予以赔偿，依法应当予以支持。现顾某梅因交通事故产生的各项损失总额为221693.11元，徐某已预支60400元（包含医疗费30400元），两者差额为161293.11元。该161293.11元差额部分超出交强险限额120000元，故应当认定顾某梅未从侵权人徐某处获得全部赔偿，保险公司在交强险赔偿限额内的先行赔付义务不能免除。因在徐某先行预付的60400元中，顾某梅与徐某均认可其中的30400元系医疗费用性质，故保险公司在交强险医疗费项下对徐某应承担的10000元医疗费用限额垫付义务予以免除。经审查，顾某梅因交通事故导致伤残赔偿项下的损失超过110000元，故保险公司应在110000元赔偿限额内承担先行垫付义务；其余损失111693.11元由徐某承担，扣减其已经赔付的60400元，仍应赔偿51293.11元。综上所述，顾某梅的上诉请求均部分成立，依法予以支持。

江苏省盐城市中级人民法院依照《中华人民共和国民事诉讼法》第一百七十条第一款第二项的规定，作出如下判决：

一、撤销江苏省阜宁县人民法院（2016）苏0923民初2624号民事判决；

二、被上诉人保险公司于本判决生效后十五日内在机动车交通事故责任强制保险限额内赔偿上诉人顾某梅110000元；

三、被上诉人徐某于本判决生效后十五日内再赔偿上诉人顾某梅 51293.11 元；

四、驳回上诉人顾某梅的其他诉讼请求。

【法官后语】

本案处理重点主要在于对违法驾驶情形下，侵权人部分赔偿后交强险如何承担的理解。《最高人民法院关于审理道路交通事故损害赔偿案件适用法律若干问题的解释》第十八条（对应 2020 年版第十五条）规定："有下列情形之一导致第三人人身损害，当事人请求保险公司在交强险责任限额范围内予以赔偿，人民法院应予支持：（一）驾驶人未取得驾驶资格或者未取得相应驾驶资格的；（二）醉酒、服用国家管制的精神药品或者麻醉药品后驾驶机动车发生交通事故的；（三）驾驶人故意制造交通事故的。保险公司在赔偿范围内向侵权人主张追偿权的，人民法院应予支持。追偿权的诉讼时效期间自保险公司实际赔偿之日起计算。"该条文的规定符合我国交强险的立法目的和立法宗旨，即强制性和社会保障性，能使交通事故中的伤者得到及时的救治和补偿。但该条文中亦规定了保险公司享有追偿权，这决定了交强险的赔偿责任，实质上是一种垫付赔偿责任，最终的赔偿责任在于侵权人。这便出现了交强险和侵权人之间的责任分配及责任承担顺序等问题。从《中华人民共和国侵权责任法》所确立的损害赔偿原则来看，我国目前主要采取填补原则，即有损害才有赔偿，若受害人已经从侵权人处获得全部赔偿，其无权再向保险公司请求赔偿；若受害人从侵权人处获得部分赔偿，保险公司可以在赔偿时相应扣减。具体到本案中，一审、二审法院审理思路出现分歧，其主要原因即在于对上述规定的不同理解。一审法院认为，徐某已经垫付了 60400 元，交强险限额除去财物损失后为 120000 元，顾某梅的损失已经超出该限额，故保险公司应在该范围内扣减徐某垫付的费用，即只需在交强险范围内承担 59600 元。但二审法院认为顾某梅未从侵权人徐某处获得全部赔偿，保险公司在交强险赔偿限额内的先行赔付义务不能免除。因在徐某先行预付的 60400 元中，顾某梅与徐某均认可其中的 30400 元系医疗费用性质，故保险公司在交强险医疗费项下对徐某应承担的 10000 元医疗费用限额垫付义务予以免除。顾某梅因交通事故导致伤残赔偿项下的损失超过 110000 元，故保险公司应在 110000 元赔偿限额内承担先行垫付义务；其余损失 111693.11 元由徐某承担，扣减其已经赔付的 60400 元，仍应赔偿 51293.11 元。

由此可见，一审、二审法院的法官在处理该案时均注意到了《中华人民共和国侵权责任法》的填补原则，但一审法院更强调的是《最高人民法院关于审理道路交通事故损害赔偿案件适用法律若干问题的解释》第十八条（对应 2020 年版第十五条）中的追偿权，即保险公司承担责任后仍可向侵权人追偿，即实际侵权人仍是最终的责任承担者，而二审法院则更加注重交强险的社会保险性质，即为了更好地保护交通事故受害人权益，防止在发生交通事故时，因侵权人无力赔偿或难以向侵权人求偿的情况下，受害人无法得到及时救治等情形出现，从而将侵权人垫付的费用进一步细化为医疗费项下和残疾赔偿金项下。

综上，法院不仅是审判权力机构，更是社会稳定和谐的屏障，在侵权人、保险公司和受害人之间，法院会对“相对弱势群体”交通事故受害人给予充分的保护，而保险公司在承担垫付赔偿责任后亦可以行使追偿权。

编写人：江苏省阜宁县人民法院　楚士将　顾海洋

195 侵权人驾驶证过期保险公司是否应当赔偿商业险

——吕某珠、孙某红诉王某彬、人保公司机动车交通事故责任案

【案件基本信息】

1. 裁判书字号

江苏省南通市中级人民法院（2016）苏06民终字第139号民事判决书

2. 案由：机动车交通事故责任纠纷

3. 当事人

原告（被上诉人）：吕某珠、孙某红

被告（上诉人）：人保公司

被告（被上诉人）：王某彬

【基本案情】

2015年2月9日17时15分左右，王某彬驾驶苏F3××××号小型普通客车沿如皋市长江镇纬一路由东向西行至永平居十组路段，碰撞对向左转弯由孙某南驾驶的如皋Z08××××号电动自行车，致孙某南受伤，抢救无效于2015年2月12日死亡，两车损坏。孙某南符合交通事故致严重颅脑损伤死亡。本起事故经如皋市交警部门认定，王某彬负此事故的主要责任，孙某南负此事故的次要责任。

另查明：吕某珠与孙某南系夫妻关系，双方育有一女孙某红。孙某南的父母均已故去。苏F3××××号小型普通客车登记所有人为王某彬。王某彬驾驶证有效期至2014年12月12日，其驾驶证状

态为逾期未换证。苏 F3××××号小型普通客车在人保公司投保有机动车第三者责任强制保险和责任限额为 500000 元的不计免赔商业三者险。事故发生后，王某彬垫付 40000 元。人保公司于 2015 年 2 月 12 日向人民医院汇款 10000 元。该 10000 元至今仍在人民医院账户上，人保公司表示将自行取回该 10000 元。吕某珠、孙某红向法院起诉要求王某彬、人保公司共同赔偿交通事故各项损失 562134.75 元。王某彬认为因本起事故造成的各项损失应由人保公司赔偿。人保公司认为王某彬在事故发生时驾驶证超过有效期，人保公司对交强险的赔偿责任保留对王某彬的追偿权，对商业险部分，不承担赔偿责任。

【案件焦点】

驾驶证过期，人保公司是否应当赔偿商业险。

【法院裁判要旨】

江苏省南通市如皋市人民法院经审理认为：对保险合同中免除保险人责任的条款，保险人在订立合同时应当在投保单、保险单或者其他保险凭证上作出足以引起投保人注意的提示，并对该条款的内容以书面或者口头形式向投保人作出明确说明；未作提示或者明确说明的，该条款不产生效力。本案中，人保公司在保险条款中约定“无驾驶证或驾驶证有效期已届满，保险人不负责赔偿”，该条款系免责条款；人保公司在保险条款中虽然对该条款内容进行了加黑印刷，但该条款的字体与其他条款的字体大小无异，且字体较小，难以识别，不足以引起投保人的注意；人保公司亦未能举证其已经对保险合同中有关免责条款的概念、内容及其法律后果以书面或者口头形式向投保人作出常人能够理解的解释说明。综上，该免责条款对王某彬不产生法律效力，人保公司应当在商业险范围内承担赔偿责任。据此，如皋市人民法院判决如下：

一、被告人保公司在交强险责任限额范围内赔偿原告吕某珠、孙某红因孙某南交通事故死亡造成的损失120000元（含精神损害抚慰金）；在商业第三者责任险限额范围内赔偿原告吕某珠、孙某红463595.78元，合计583595.78元；

二、原告吕某珠、孙某红返还被告王某彬40000元；

三、驳回原告吕某珠、孙某红在本案中的其他诉讼请求。

人保公司不服提起上诉。南通市中级人民法院经审理认为：保险人将法律、行政法规中的禁止性规定情形作为保险合同免责条款的免责事由，保险人对该条款作出提示后，投保人、被保险人或者受益人以保险人未履行明确说明义务为由主张该条款不生效的，人民法院不予支持。故保险合同将法律禁止性规定作为免责事由，人保公司仍需履行提示义务，只是明确说明义务的责任可以减轻。否则，投保人即使知道禁止性规定的内容，也无从知悉违反禁止性规定将导致保险人免责。案涉商业三者险条款中关于驾驶人驾驶证有效期已届满则保险人不负责赔偿的条款系免责条款。人保公司虽对该条款进行加黑印刷，但该条款字体与其他条款的字体大小无异，且字体较小，难以识别，不足以引起投保人注意。王某彬虽在投保单的“投保人声明”处签名，但在人保公司未提供已进行提示及明确说明相关细节的其他证据的情况下，难以认定人保公司已尽到提示义务。故上述免责条款对王某彬不具有约束力，人保公司仍应在商业三者险责任限额内承担赔偿责任。综上，人保公司的上诉理由不能成立，法院不予支持。原审认定事实清楚，适用法律正确，应予维持。据此，南通市中级人民法院判决：

维持原判。

【法官后语】

本案的争议焦点在于驾驶证过期的情况下，人保公司是否应当在商业险范围内进行赔偿。

1. 一般免责条款的提示和明确说明义务

《中华人民共和国保险法》第十七条规定，订立保险合同，采用保险人提供的格式条款的，保险人向投保人提供的投保单应当附格式条款，保险人应当向投保人说明合同的内容。对保险合同中免除保险人责任的条款，保险人在订立合同时应当在投保单、保险单或者其他保险凭证上作出足以引起投保人注意的提示，并对该条款的内容以书面或者口头形式向投保人作出明确说明；未作提示或者明确说明的，该条款不产生效力。

也就是说，对于一般免责条款，人保公司必须尽到提示和明确说明两个义务，缺一不可，否则免责条款不生效。

2. 特殊免责条款的提示义务

《最高人民法院关于适用〈中华人民共和国保险法〉若干问题的解释（二）》第十条规定，保险人将法律、行政法规中的禁止性规定情形作为保险合同免责条款的免责事由，保险人对该条款作出提示后，投保人、被保险人或者受益人以保险人未履行明确说明义务为由主张该条款不生效的，人民法院不予支持。也就是说，对于保险合同所约定的投保人或者保险人违反法律禁止性条款将导致人保公司免除或者减轻责任的条款，人保公司仍需负有提示义务，但对明确说明的举证责任可以适当减轻。也即，无证驾驶等行为虽系众所周知的违法行为，但并不当然对私法上基于意思自治的民事合同产生影响，更不会直接导致免除保险责任的法律后果。

3. 本案应认定保险公司未尽提示义务

对照《最高人民法院关于适用〈中华人民共和国保险法〉若干问题的解释（二）》第十一条第一款规定，本案中，保险公司虽对免责条款进行加黑印刷，但该条款字体与其他条款的字体大小无异，且字体较小，难以识别，不足以引起投保人注意；被告王某彬虽在投保单的“投保人声明”处签名，但在人保公司未提供其他证据的情况下，难以认定人保公司已尽到提示义务。正是基于此，二审法院维持了一审法院的裁判。

事实上，对于有无“足以引起投保人注意”，也是仁者见仁，智者见智，存在很大的主观性。实践中，对于“提示义务”的履行标准，各地法院的裁判尺度也仍然存在差别。就笔者所在地区，市中院与市保协联合发布会议纪要，在人保公司提供了投保人签字的《保险合同确认书》等可以证明投保人知晓该违法行为属于免责范围的，视为已尽到提示义务，得以免除保险公司商业险范围内的保险责任。该做法在一定程度上规范了保险公司的操作，也为法院裁判降低了难度，统一了尺度。

编写人：江苏省南通市如皋市人民法院　刘玉蓉

196　交通肇事后逃逸能否成为保险公司绝对免责事由

——林某凤诉保险公司等机动车交通事故责任案

【案件基本信息】

1. 裁判书字号

广东省揭阳市中级人民法院（2016）粤52民终字第20号民事

判决书

2. 案由：机动车交通事故责任纠纷

3. 当事人

原告（被上诉人）：林某凤

被告（上诉人）：保险公司

被告（被上诉人）：林某扬、林某贞

【基本案情】

2015年1月24日13时50分许，林某扬驾驶小型普通客车（新车未入户）途经揭西县钱坑镇钱坑桥头路段时，与对向驶来由林秋琴驾驶的普通二轮摩托车（载林某凤）会车时采取措施不当致使摩托车及车上两人倒地，导致小型普通客车碾轧乘车人林某凤的左大腿，造成林某凤受伤的道路交通事故，事故发生后林某扬驾驶肇事车辆逃逸。揭西县公安局交通警察大队于2015年5月29日重新作出《道路交通事故认定书》，认定林某扬驾驶小型号普通客车（新车未入户）途经复杂路段未确保安全行驶，对路面的交通环境观察不周而肇事，发生事故后驾驶肇事车辆逃逸，违反了《中华人民共和国道路交通安全法》第三十八条、第七十条的有关规定。根据《广东省道路交通安全条例》第四十五条的规定，林某扬发生交通事故后，驾驶车辆逃离交通事故现场应承担本事故的全部责任，林秋琴、林某凤不承担本事故的责任。林某凤受伤后即被送往人民医院救治，医疗费共897.17元。2015年1月24日林某凤转到华侨医院治疗，后于2015年5月18日办理出院，其间共住院114天，医疗费共66881.63元。林某扬父亲在事故发生后垫付给林某凤医疗费20000元。在诉讼阶段，经林某凤申请，林某扬、保险公司、林某贞共同委托原审法院指定法医临床司法鉴定所对林某凤进行伤残鉴定。林某凤先垫付上述伤残鉴定费 3300 元。

【案件焦点】

驾驶人交通肇事后逃逸的，保险公司的免责条款是否可以生效。

【法院裁判要旨】

广东省揭阳市揭西县人民法院经审理认为：经揭西县公安局交通警察大队《道路交通事故认定书》认定，林某扬发生交通事故后，驾驶车辆逃离交通事故现场应承担本事故的全部责任，林秋琴、林某凤不承担本事故的责任。该事故认定事实清楚，程序合法，定性准确，法院予以采信。原告作为本起交通事故的受害人，有权请求赔偿义务人赔偿其因此受到的损失。被告保险公司作为上述肇事车辆的保险人，应按规定在交强险赔偿责任限额内对原告因本次交通事故造成的损害予以赔偿。保险公司认为原告请求赔偿的医疗费应剔除 10%非医保用药的意见，但保险公司未能提供证实非基本医保用药费用的证据予以佐证，故对上述意见，法院不予采纳。事故发生时肇事车辆系新车，无证据证明该机动车存在缺陷，也无证据证明事故发生时，被告林某扬有饮酒、服用国家管制的精神药品或者麻醉药品，或者患有妨碍安全驾驶机动车的疾病等依法不能驾驶机动车的事实，且被告林某扬在事故发生时已具有驾驶资格。被告林某贞虽为上述肇事车辆的所有人，但无证据证明林某贞存在法定过错，故被告林某贞不承担责任，超出商业三者险的责任限额部分的损失，由侵权人林某扬承担。

广东省揭阳市揭西县人民法院依法作出如下判决：

一、保险公司应于本判决生效之日起十日内在交强险责任限额内赔偿林某凤损失 100803.32 元；

二、保险公司应于本判决生效之日起十日内在商业三者险的责任限额内赔偿林某凤损失 68078.8 元；

三、保险公司应于本判决生效之日起十日内返还林某扬垫付的医疗费 20000 元；

四、林某扬应于本判决生效之日起十日内返还林某凤垫付的肇事车辆施救费及停车费 4300 元；

五、驳回林某凤的其他诉讼请求。

宣判后，保险公司提起上诉。揭阳市中级人民法院经审理认为：1. 原审法院采信证明力较大的《道路交通事故认定书》对本案交通事故的事实予以认定正确，法院予以维持。2. 本案事故发生后林某扬逃逸的事实，有涉案《道路交通事故认定书》予以证明，应予认定。交通肇事后逃逸是法律禁止的行为，保险人将肇事后逃逸作为保险合同免责条款的免责事由，保险人对该条款作出提示后该条款即生效。林某扬、林某贞提供的机动车辆保险单（正本）在“重要提示”部分记载了该保险合同系由保险单、保险条款等组成，并提示收到承保险种对应的保险条款后请立即核对，详细阅读承保险种对应的保险条款，特别是责任免除等部分。据此，法院认定保险公司的相关主张成立，即涉案商业三者险合同确系将肇事后逃逸作为免责条款的免责事由。没有证据证明林某贞对本案损害的发生有过错，故林某贞不承担本案赔偿责任。

广东省揭阳市中级人民法院依法作出如下判决：

一、维持揭西县人民法院（2015）揭西法钱民初字第 22 号民事判决第一项、第四项、第五项；

二、撤销揭西县人民法院（2015）揭西法钱民初字第22号民事判决第三项；

三、变更揭西县人民法院（2015）揭西法钱民初字第22号民事判决第二项为：林某扬应于本判决生效之日起十日内赔偿林某凤损失68078.8元；

四、驳回保险公司的其他上诉请求。

【法官后语】

笔者认为，肇事逃逸（逃离）是法律、行政法规的一项禁止性规定，保险公司依法只需举证已对该免责条款作出提示，该免责条款即成为合同的内容，保险公司在商业三者险责任限额内免责。

1. 交通肇事逃逸（逃离）属法律、行政法规禁止性行为。理论上一般将命令性规范分为义务性规范和禁止性规范。禁止性规范，是指命令行为人不得为一定行为之法律规定。禁止性规范根据否定性评价的不同分为效力规范与取缔规范。所谓效力规范，是指法律对私法主体从事的法律行为效力进行评价的规范，违反该种规范为无效。取缔规范，是指行为人如有违反将被取缔其行为的禁止规范，违反该种规范的法律行为并不无效，但会导致法律制裁的发生。《中华人民共和国道路交通安全法》第一百零一条第二款规定："造成交通事故后逃逸的，由公安机关交通管理部门吊销机动车驾驶证，且终生不得重新取得机动车驾驶证。"刑法规定因肇事逃逸致受害人死亡的甚至构成刑事犯罪。从性质上分析，上述规定属取缔规范。交通肇事逃逸（逃离）是一种性质恶劣、情节具有相当严重性的违法行为，为此当事人要承担不利的法律后果。交通肇事后不得逃逸也属于公众应当知悉且遵守的公共秩序。我国法律法规对交通肇事后的逃逸行为作出了禁止性规定。本案中林某扬交通肇事后逃逸属于我国道路交通安全法规定的禁止性规定情形。

2. 保险公司对“肇事逃逸（逃离）”免责条款只需履行提示义务。《中华人民共和国道路交通安全法》规定发生交通事故，当事人具有保护事故现场并报警以明确责任和损失、抢救受伤人员等义务。保险公司将事故发生后依法采取措施的行为约定为保险合同中被保险人的义务，目的在于敦促被保险人遵守交通法规，维护社会公众生命财产安全，并督促当事人报警以便确定事故性质、责任及是否存在禁驾违法事由等情形，保障社会公共秩序，防范道德风险，具有合理性，并未加重被保险人的责任，不应当认定为无效的格式条款。根据《最高人民法院关于适用〈中华人民共和国保险法〉若干问题的解释（二）》第十条“保险人将法律、行政法规中的禁止性规定情形作为保险合同免责条款的免责事由，保险人对该条款作出提示后，投保人、被保险人或者受益人以保险人未履行明确说明义务为由主张该条款不生效的，人民法院不予支持”的规定，“肇事逃逸（逃离）”免责条款属于司法解释所规定的禁止性规定，保险公司对此类条款履行提示义务后，被保险人再以未履行明确说明义务为由抗辩的，不应支持。

3. 关于保险公司是否对该免责条款作出了提示的问题，综合本案实际，从两个方面分析：(1) 本案中，投保人虽否认有收到保险条款，但投保人提供的保险单显示在“重要提示”部分记载了该保险合同系由保险单、保险条款等组成，并提示收到承保险种对应的保险条款后请立即核对，详细阅读承保险种对应的保险条款，特别是责任免除等部分。依据保险单上述记载内容足以认定投保人投保时，保险公司已经将保险合同送达投保人林某贞，林某贞已收到商业三者险的保险条款。(2) 保险公司是否履行了对免责事由的提示义务。根据《最高人民法院关于适用〈中华人民共和国保险法〉若干问题的解释（二）》第十一条“保险合同订立时，保险人在投保单或者保险单等其他保险凭证上，对保险合同中免除保险人责任的条款，以足以引起投保人注意的文字、字体、符号或者其他明显标志作出提示的，人民法院应当认定其履行了保险法第十七条第二款规定的提示义务”之规定，本案中林某扬交通肇事后逃逸属于《中华人民共和国道路交通安全法》规定的禁止性规定情形。保险公司提供的保险条款显示已使用明显区别于合同其他条款的黑体字，并有专门章节在保险单中对免责条款作“重要提示”，足以认定保险公司履行了法定提示义务，投保人无法举证证明投保人所持保险条款的字体、章节等与保险公司主张的保险条款不一致，因此，免责条款成为合同内容，保险公司依照保险合同约定在商业三者险责任限额内免责。

编写人：广东省揭阳市中级人民法院　　郑宋玲

197 交通事故发生在投保人缴费之后和保险合同约定的保险期间之前保险公司应否承担保险赔偿责任

——李某秀诉财保公司、孙某机动车交通事故责任案

【案件基本信息】

1. 裁判书字号

山东省淄博市中级人民法院（2016）鲁 03 民终字第 1744 号民事判决书

2. 案由：机动车交通事故责任纠纷

3. 当事人

原告（被上诉人）：李某秀

被告（上诉人）：财保公司

被告：孙某

【基本案情】

2015年5月5日15时30分左右，被告孙某驾驶鲁C0××××号（临时车牌）轿车转弯时与步行的原告李某秀相撞，造成李某秀受伤的交通事故。淄博市公安局交警支队张店大队认定孙某负事故全部责任。事故发生后，孙某为李某秀垫付医疗费2353.8元（该费用不在李某秀诉求中）、2015年5月5日至5月8日共计四天的护理费500元。鲁C0××××号（临时车牌）轿车在被告财保公司投保机动车交通事故责任强制保险、赔偿限额为500000元的第三者责任商业保险并投保不计免赔险；2015年5月5日12时2分26秒，财保公司为孙某出具机动车交通事故责任强制保险单、机动车辆保险单，孙某向财保公司交纳保险费用。李某秀起诉要求被告赔偿损失35090.58元，要求财保公司在交强险和商业险范围内承担赔偿责任，超出部分由孙某按照100%比例承担赔偿责任。

【案件焦点】

财保公司在本案中是否应承担商业三者险的赔偿责任。

【法院裁判要旨】

山东省淄博市张店区人民法院经审理认为：公民的生命健康权受法律保护。淄博市公安局交警支队张店大队认定孙某负本次交通事故全部责任，事实清楚，程序合法，责任划分符合法律规定，依法予以确认。该肇事车辆在财保公司投保了强制保险、赔偿限额为500000元的第三者责任商业保险并投保不计免赔险，保险公司应在交强险的限额内先行赔偿；财保公司主张商业险部分不予赔偿，因保险合同属诺成合同，依据《中华人民共和国保险法》之规定，依法成立的保险合同，自成立时生效，且本案孙某已实际履行保险合同约定的义务，即按约定交纳了保险费用，故财保公司的该项主张，依法不能成立；不足部分，由财保公司根据保险合同予以赔偿；仍有不足的，由孙某予以赔偿。根据机动车交通事故责任强制保险的责任限额及赔偿范围，依法确认财保公司在本案中应当承担的强制保险赔偿款为20050元。财保公司在第三者责任商业保险范围内应承担余款，故财保公司应承担余款14434.08元；孙某应承担6.50元。据此，一审判决如下：

一、财保公司于本判决生效后十日内，在第三者责任强制保险范围内向李某秀赔偿因此次交通事故造成的经济损失20050元；

二、财保公司于本判决生效后十日内，在第三者责任商业保险范围内向李某秀赔偿因此次交通事故造成的经济损失14434.08元；

三、孙某于本判决生效后十日内向李某秀赔偿因此次交通事故造成的经济损失6.50元；

四、驳回李某秀的其他诉讼请求。

财保公司不服一审判决，提起上诉。

山东省淄博市中级人民法院经审理认为：关于财保公司在本案中应否承担商业三者险赔偿责任的问题。依据《中华人民共和国保险法》的相关规定，保险合同成立后，投保人按照约定交付保险费，保险人按照约定的时间开始承担保险责任。根据孙某提供的商业三

者险保险单以及财保公司提交的商业三者险投保单记载，涉案车辆的商业三者险保险期间为2015年5月6日00：00：00起至2016年5月5日23：59：59，孙某在投保单上签字认可，确认已阅读保险条款，对保险合同和特别约定中有关免除保险人责任的条款已经知悉并同意。故财保公司应当自保险合同约定的时间开始承担保险责任，而涉案事故发生在2015年5月5日15时30分，并不在被上诉人孙某投保的商业三者险保险期间内，故一审认定财保公司在本案中承担商业三者险的赔偿责任不当，依法应予纠正。据此，二审判决如下：

一、维持一审民事判决第一项，即财保公司于本判决生效后十日内，在第三者责任强制保险范围内向李某秀赔偿因此次交通事故造成的经济损失20050元；

二、撤销一审民事判决第二项、第四项；

三、变更一审民事判决第三项为：孙某于本判决生效后十日内向李某秀赔偿因此次交通事故造成的经济损失14440.58元；

四、驳回李某秀的其他诉讼请求。

【法官后语】

本案涉及的主要问题在于，交通事故发生在投保人缴费之后和保险合同约定的保险期间之前时，保险公司是否应承担保险赔偿责任。对于该问题，应区分交强险和商业三者险并分别进行处理。

对交强险而言，交强险的立法目的在于机动车道路交通事故的受害人能够得到有效保障，故对机动车辆实行强制保险制度。这就要求保险人对机动车辆的强制保险不得拒绝和拖延，保险人在接受投保人投保交强险时，有义务了解机动车辆交强险的投保情况。且根据2009年3月25日《中国保险监督管理委员会关于加强机动车

交强险承保工作管理的通知》（保监厅函〔2009〕91号）的规定，交强险可以选择即时生效或者约定具体时点生效，保险公司就此向投保人负有明确告知义务。从交强险建立的目的和形式上来看，已经突破了民事合同的相对性，交强险中的投保人和保险公司之间不是基于双方协议而是基于法律的强制性规定建立法律关系，所以，机动车交通事故责任强制保险合同和商业保险合同是不同性质的两类保险合同。保险公司在交强险保单中规定次日零时生效的规定，有悖于交强险设立之目的，也不能使机动车交通事故的受害人得到有效保障。因此，除法律规定的免责事由外，只要肇事车辆投保了交强险，车辆的所有人或受害人就可以在交强险限额范围内向保险公司主张保险赔偿金。

而就商业第三者责任保险合同而言，其与交强险具有法律强制性不同，其属于完全意义上的民事合同，其应当遵循合同法上的意思自治原则。即商业第三者责任保险合同的订立和履行应当根据合同双方的约定。而保险期间作为商业第三者责任保险合同中的重要内容之一，需要由双方在订立保险合同时明确约定。当然实践中对此通常都是在商业三者险的投保单上明确写明。在此情况下，因投保单上已对保险期间进行约定，如投保人亦在投保单上签字，应视为双方当事人协商确定该保险期限，因此该约定对双方当事人均具有效力即合同约束力。在商业三者险合同约定保险人应自保险合同生效后开始承担保险责任的情况下，交通事故发生在保险合同约定的生效时间之前的，因双方签订的商业第三者责任保险合同并未生效，因此保险公司无须在商业第三者责任保险限额内承担保险责任。

由此可见，就交强险而言，其合同生效应遵循“即时生效”原则；商业三者险则尊重当事人的意思自治，其合同生效时间应当依

照双方合同约定的保险期间确定。二者对此具有明确的区分。而本案中一审法院对二者并未进行区分，而是将商业三者险的生效时间与交强险的生效时间同等对待，显然不当。二审法院对此依法予以纠正无疑是正确的。

编写人：山东省淄博市中级人民法院　荣明潇　胡晓梅

198　保险合同免责条款效力分析

——郑某甜诉张某保、保险公司机动车交通事故责任案

【案件基本信息】

1. 裁判书字号

江苏省无锡市中级人民法院（2015）锡民终字第0584号民事判决书

2. 案由：机动车交通事故责任纠纷

3. 当事人

原告（被上诉人）：郑某甜

被告（被上诉人）：张某保

被告（上诉人）：保险公司

【基本案情】

张某保与郑某甜系夫妻关系，张某棋系张某保与郑某甜的女儿。2014年5月2日，张某保驾驶苏B×××××小型客车在左拐驶入门口场地停车过程中不慎撞到行人张某棋，致张某棋倒地受伤，经送医院抢救无效于当天死亡。交警部门出具《事故成因分析意见书》，认为张某保驾驶机动车在场地上停车未及时察明车前情况

是造成事故的主要原因；张某棋在场地上行走时，未由对其负有保护职责的张某青带领是造成事故的次要原因。后江阴市公安局出具《撤销案件决定书》，对张某保涉嫌过失致人死亡案，因情节显著轻微、危害不大、不认为是犯罪，决定撤销此案。

苏B×××××小型客车车主为张某保，该车在保险公司投保了交强险和商业三者险。事故发生后保险公司已在交强险范围内赔偿11万元，但以涉案车辆在事故发生时未正常年检和造成被保险人家庭成员死亡的免责事由，及家庭财产混同拒绝在商业三者险内赔偿。事故发生后，苏B×××××小型客车经检验，行车制动、灯光系统合格。

保险公司机动车第三者责任保险条款（责任免除项下）第五条第一款规定：被保险人及其家庭成员的人身伤亡、所有或代管的财产；第十款规定：除另有约定外，发生保险事故时被保险机动车无公安机关交通管理部门核发的行驶证或号牌，或未按规定检验或检验不合格。

【案件焦点】

被保险车辆造成被保险人家庭成员人身伤亡的免责条款及被保险车辆未定期进行检验的免责条款是否有效？被保险人与死者存在继承关系的情况下，保险公司对于涉案交通事故损害应否予以保险理赔。

【法院裁判要旨】

江苏省江阴市人民法院经审理认为：关于免责条款效力问题。涉案机动车辆第三者责任险保险合同的相关格式化免责条款将被保险人或被保险车辆驾驶人员的家庭成员排除在外，属人为故意缩小第三者的范围，以最大化免除自己的责任，有违公平原则，该格式化免责条款应认定为无效条款。而年检是行政管理机关对机动车辆进行管理的行政行为，并不影响保险合同的效力。在本案事故发生后，经检验肇事车辆安全技术符合国家标准，故事故的发生与车辆是否年检没有必然联系。另保险公司对上述免责条款均未尽到相应的明确说明义务，保险公司不能免除保险责任。

关于财产混同问题。保险公司的抗辩理由混淆了侵权行为和法定继承行为的请求权基础关系。本案中张某棋有权向保险公司主张给付张某保应当负担的损害赔偿债务，该请求权由其法定代理人代为行使，所获得的给付，首先在逻辑上为张某棋的个人财产，给付实现之后才发生法定继承效力。而本案张某保的过失行为不属于丧失继承权的情形，故其对女儿张某棋的遗产拥有法定继承权。因此，张某保获得财产的法律基础并非由于其侵权行为，而是基于被继承人的法定继承权。其次，被保险人给第三者造成损害之时，被保险人的赔偿义务就已产生，赔偿责任能够确定，受害者就可以依照法律规定请求保险人支付保险金，该赔付行为与夫妻财产共有制度不存在法律上的冲突和联系。

江苏省江阴市人民法院依照《中华人民共和国侵权责任法》第十六条、第十八条、第二十六条，《中华人民共和国道路交通安全法》第七十六条，《中华人民共和国合同法》第三十九条、第四十条，《中华人民共和国保险法》第十七条、第十九条，《最高人民法院关于适用〈中华人民共和国保险法〉若干问题的解释（二）》第十一条，《最高人民法院关于审理人身损害赔偿案件适用法律若干问题的解释》第二十七条、第二十九条之规定，作出如下判决：

保险公司于本判决发生法律效力之日起 10 日内赔偿郑某甜因张某棋交通事故死亡造成的损失 453119.60 元。

保险公司不服一审判决提起上诉，江苏省无锡市中级人民法院经审理认为：原审法院认定事实清楚，适用法律正确，所作判决应予维持，判决如下：

驳回上诉，维持原判。

【法官后语】

本案处理的重点在于对免责条款的审查。笔者认为，应从以下两个方面审查免责条款效力。

1. 实体上：免责条款的内容应遵循公平原则

《中华人民共和国合同法》第三十九条（现为《中华人民共和国民法典》第四百九十六条）规定提供格式条款的一方应当遵循公平原则确定当事人之间的权利和义务。具体到司法实践中，笔者认为审查免责条款内容是否违背公平原则，可以从保险精算的角度来看免责事由与事故的发生是否存在一定的因果关系，即免责事由是否提高了风险，加大了事故发生的概率。本案中，对于被保险车辆造成被保险人家庭成员伤亡的免责条款，笔者认为该免责条款只有在家庭成员之间的事故是故意造成时才具有法律效力，这样才能达到防范道德风险的目的。本案张某保系过失行为导致事故发生，受害人系张某保的女儿这一事实与事故发生不存在任何因果关系，其与一般第三人的不同身份亦不会加大事故发生的概率。相同的生命，相同的事故，却得到不同的救济，显然违背了公平原则。保险公司主张原被告系夫妻关系，也是受害人的继承人，具有双重身份，债权债务归于消灭。笔者认为保险公司的主张忽视了家庭成员之间独立的法律人格。我国现行法律制度下即便是夫妻关系，其财产制还存在可以约定的分别财产制，即使是夫妻共同财产制的情况下，也存在夫妻之间的侵权诉讼，故家庭成员之间当然可以成立基于侵权行为的损害赔偿义务。

同理，对未年检的车辆发生交通事故保险公司是否免责，应当考察车辆在事故发生时是否因未年检而存在安全隐患，并在一定程度上导致事故发生。本案中事故发生时车辆虽未年检，但事故发生后经检验行车制动合格，灯光系统合格，故保险公司不能简单地以机动车未年检而免除自己的赔偿责任。

2. 程序上：保险人应尽提示及明确说明的义务

免责条款根据其内容可以分为法定免责条款和约定免责条款，保险合同如直接引用法律法规禁止性规定作为免责条款的，根据法律的普遍约束力原则，保险人在缔约时是否尽明确说明义务不影响该免责条款的效力，故只有一般的约定免责条款，其效力才受明确说明义务的影响。具体到本案，机动车未年检的免责条款是否为法定免责条款呢？本案纠纷发生时适用的《中华人民共和国合同法》第五十二条第五项将违反法律、行政法规的强制性规定列为合同无效的情形之一，《最高人民法院关于适用〈中华人民共和国合同法〉若干问题的解释（二）》第十四条规定上述“强制性规定”，是指效力性强制性规定。判断强制性规定对合同效力的影响是司法审判工作的难点问题，在司法实践中“效力性强制性规定”和“管理性强制性规定”的识别标准考验着法官的司法智慧。《全国民商事审判工作会议纪要》对于强制性规定的识别提到一方面要纠正“凡是行政管理性质的强制性规定都属于管理性强制性规定而不影响合同效力”这种望文生义的认定方法，另一方面要依据《中华人民共和国民法总则》第一百五十三条第一款和《最高人民法院关于适用〈中华人民共和国合同法〉若干问题的解释（二）》第十四条的规定慎重判断“强制性规定”的性质。《中华人民共和国民法典》第一百五十三条第一款吸收了《中华人民共和国民法总则》的规定，即“违反法律、行政法规的强制性规定的民事法律行为无效。但是，该强制性规定不导致该民事法律行为无效的除外。”《中华人民共和国民法典》虽未采纳“效力性强制性规定”的概念，但从条文内容来看，仍设置了两种不同性质的“强制性规定”。笔者认为，判断影响合同效力的强制性规定，可以结合该规定所保护的法益类型、规范目的及交易安全保护等因素进行综合考量。就本案而言，我国关于机动车定期年检的规定旨在管理和处罚违反规定的行为，属行政管理范畴，并不否认其违法行为在民商法上的效力。故保险公司对机动车未年检免责条款仍应尽到明确说明义务。《最高人民法院关于适用〈中华人民共和国保险法〉若干问题的解释（二）》第十一条对“提示”及“明确说明”作出了具体规定，本案中，保险公司仅履行了提示义务，并未提供证据证实其履行了明确说明义务。

免责条款的存在具有其正当性，特别是无证驾驶、酒驾等免责条款的推行，可以达到排除违法行为的目的，对督促驾驶员遵纪守法、维护交通秩序、保障生命安全发挥着重要作用。但现实生活中不乏保险人为免除自己的责任而滥用免责条款，若免责条款的范围过于扩大，将显著降低投保人缔结保险合同的意义，故司法实践对免责条款效力的审查显得尤为重要，其不仅在内容上需要公平分配双方的权利义务，还要在程序上保障投保人的缔约知情权，两者缺一不可，这样才能发挥免责条款的正当作用。

编写人：江苏省江阴市人民法院　陈教智　黄静宇

199 利用机动车实施故意伤害犯罪是否属于交强险理赔范围
——袁某钦诉杨某等机动车交通事故责任案

【案件基本信息】

1. 裁判书字号

北京市第二中级人民法院（2015）二中民终字第13188号民事判决书

2. 案由：机动车交通事故责任纠纷

3. 当事人

原告（被上诉人）：袁某钦

被告（上诉人）：保险公司

被告（被上诉人）：杨某、杨某广、电气公司

【基本案情】

2014年12月31日22时，杨某驾驶轻型厢式货车由北向南行至上述地点，与在上述地点的袁某钦发生纠纷，杨某驾车将袁某钦撞倒并拖拽，造成袁某钦受伤，事故发生后杨某弃车逃逸。2015年1月4日杨某到公安机关投案自首。事发后，公安机关交通管理部门依法进行了现场勘查、调查取证等工作。此事故经北京市公安局公安交通管理局丰台交通支队认定杨某为全部责任，袁某钦无责任。事故发生后袁某钦被送往急诊抢救中心住院治疗，共计住院22天，出院主要诊断为腹部闭合性损伤，其他诊断为结肠带破裂、肝破裂、左肘关节外侧副韧带断裂、左肱骨小头骨质部分缺损、左侧11/12肋骨骨折、双侧胸腔积液，脑外伤后神经反应、全身多处表皮擦伤等。袁某钦支付医疗费98252.84元。2015

年 4 月 30 日，袁某钦在急诊抢救中心司法鉴定中心进行鉴定，袁某钦肝破裂修补术后符合 X 级伤残，结肠破裂修补术后符合 X 级伤残，左上肢目前状况符合 X 级伤残。累计伤残赔偿指数为 20%。袁某钦支付鉴定费 3947.81 元。

车辆由杨某广出钱购买，挂靠在电气公司，每年缴纳管理费、保险代缴费用共计 7400 元。杨某广与杨某系父子关系。该车辆由杨某广与杨某共同驾驶从事运输经营活动。事故发生时，该车辆在保险公司投保了交强险及额度为 100000 元含有不计免赔条款的商业三者险。

杨某经原审法院（2015）丰刑初字第 768 号判决，犯故意伤害罪，判处有期徒刑五年。杨某广在事故发生后给付袁某钦医疗费 30000 元，杨某在刑事案件审理中给付袁某钦 10000 元。上述费用将在本案诉讼请求中进行折抵。

【案件焦点】

保险公司是否应当在交强险限额内赔偿袁某钦主张的相应损失。

【法院裁判要旨】

北京市丰台区人民法院认为：杨某驾驶机动车与袁某钦发生交通事故，致袁某钦人身受伤。事故经交管部门认定，杨某负全部责任、袁某钦无责任。杨某驾驶的机动车在保险公司投保了交强险及第三者责任商业保险。故应该由保险公司在交强险限额内先行赔偿；不足部分，依照《中华人民共和国道路交通安全法》和《中华人民共和国侵权责任法》的相关规定由杨某予以赔偿，又因电气公司是机动车的挂靠公司，故电气公司与杨某承担连带责任。保险公司辩称杨某构成故意伤害罪是故意行为不属于交通事故，但《中华人民共和国道路交通安全法》第一百一十九条第一款第五项规定，“交通事故”，是指车辆在道路上因过错或者意外造成的人身伤亡或者财产损失的事件。“过错”包括故意和过失，所以保险公司的辩称法院不予采纳，本次事故应认定为交通事故。袁某钦主张保险公司在商业三者险限额内赔偿的请求，证据不足，法院不予支持；保险公司不同意在交强险限额内进行赔偿的主张，证据不足，法院不予支持；杨某广虽为肇事车辆的实际车主，并且是杨某之父，但在民法范畴内两人仍为独立的民事主体，且袁某钦并未提供充分证据证明杨某广与杨某存在雇佣关系，且杨某广对于本次事故的发生不存在过错，故袁某钦要求杨某广承担赔偿责任的请求法院不予支持。

判决后，保险公司不服，上诉至北京市第二中级人民法院。北京市第二中级人民法院经审理认为：首先，关于本案争议的交强险，我国目前的交强险制度更加强调交强险的基本保障功能，即首要功能在于对受害人的保护，也更为重视对受害人损失的填补功能。相对来说，侵权人风险分散的功能则应让渡于此，居于次要地位。交强险在其责任限额范围内与侵权责任在一定程度上相互分离，法律条文的规定上亦非一一映射。在具体规则而言，一旦发生交通事故，保险公司就要在责任限额范围内承担赔付义务。在保险公司而言，其先承担赔偿责任的基础即在于其保障功能的设定。

其次，根据《最高人民法院关于审理道路交通事故损害赔偿案件适用法律若干问题的解释》第十五条明确规定：“有下列情形之一导致第三人人身损害，当事人请求保险公司在交强险责任限额范围内予以赔偿，人民法院应予支持……（三）驾驶人故意制造交通事故的。保险公司在赔偿范围内向侵权人主张追偿权的，人民法院应予支持。追偿权的诉讼时效期间自保险公司实际赔偿之日起计算。”一方面，根据本案已经查明及已为生效刑事判决所确认的事实，杨某驾车行至北京市丰台区金泰城西街一灯杆处，与袁某钦发生纠纷，将袁某钦撞倒并拖拽，造成袁某钦受伤，后弃车逃逸，直至投案自首。其行为已触犯《中华人民共和国刑法》，被认定为故意伤害罪。在该刑事判决中并未否定前述交通事故事实的认定。及至本案审结之时，上述交通事故认定书仍然有效，同时，司法解释之规定并未对制造交通事故的“故意”作特别限制，且关于民事法律中的故意与刑事法律中的故意不应仅限于定性区别而完全割裂来看，而交通事故确已客观发生，至于其主观或后果等是否符合刑事犯罪的构成要件以及是否应当因此而引入另一法律体系予以救济在该条文中并未限定，故法院认为长安保险北京分公司关于上述司法解释该处文义的理解与适用直接予以限缩阐释是为不妥。

北京市第二中级人民法院依照《中华人民共和国民事诉讼法》第一百七十条第一款第一项之规定，法院判决如下：

驳回上诉，维持原判。

【法官后语】

本案处理重点主要在于利用机动车实施故意伤害犯罪是否属于交强险理赔范围。《中华人民共和国道路交通安全法》第七十六条之规定，机动车发生交通事故后，先由交强险的保险公司在交强险责任限额范围内予以赔偿。《最高人民法院关于审理道路交通事故损害赔偿案件适用法律若干问题的解释》第十五条明确规定：“有下列情形之一导致第三人人身损害，当事人请求保险公司在交强险责任限额范围内予以赔偿，人民法院应予支持……（三）驾驶人故意制造交通事故的。保险公司在赔偿范围内向侵权人主张追偿的，人民法院应予支持。追偿权的诉讼时效期间自保险公司实际赔偿之日起计算。”司法解释之规定并未对制造交通事故的“故意”作特别限制，且关于民事法律中的故意与刑事法律中的故意不应仅限于定性区别而完全割裂来看，而交通事故确已客观发生，至于其主观或行为后果等是否符合刑事犯罪的构成要件以及是否应当因此而引入另一法律体系予以救济在该条文中并未限定。司法解释条文规定的实质还包括了基于交强险的保障功能，为了使受害人不因侵权人的无资力而陷入损失难以填补的境地，同时为了降低交强险中的道德风险，惩罚违法驾驶的行为人而赋予保险公司追偿权。对于终局的赔偿责任而言，由保险公司承担求偿权的成本及责任人无力赔偿的风险是符合《中华人民共和国道路交通安全法》《中华人民共和国保险法》及相关司法解释和条例的立法本义与体系规制的。上述责任承担的明确及保障体系的确立，既不以损害保险公司利益为前提，亦不会造成放纵违法行为人的后果，相较于保险公司所主张的不承担责任，更有利于实现立法目的。

我国目前的交强险制度更加强调交强险的基本保障功能，即首要功能在于对受害人的保护，也更为重视对受害人损失的填补功能。相对来说，侵权人风险分散的功能则应让渡于此，居于次要地位。

编写人：北京市丰台区人民法院　李舒慧

200 损伤参与度对交强险赔偿责任的影响

——赵某庆诉孔某军等机动车交通事故责任案

【案件基本信息】

1. 裁判书字号

山东省日照市中级人民法院（2015）日民一终字第561号民事判决书

2. 案由：机动车交通事故责任纠纷

3. 当事人

原告（被上诉人）：赵某庆

被告（被上诉人）：孔某军、商贸公司

被告（上诉人）：保险公司

【基本案情】

2014年9月1日12时许，被告孔某军驾驶重型特殊结构货车沿204国道由东向南左转弯与原告由南向北无证驾驶的三轮摩托车相撞，致原告受伤，双方车辆损坏。2014年9月9日，日照市公安局交通警察支队岚山大队作出道路交通事故认定书，认定被告孔某军负事故主要责任，原告负事故次要责任。

被告孔某军系被告商贸公司雇用的司机，持有机动车驾驶证B2E证，事故发生在其执行工作任务过程中，其驾驶的重型特殊结构货车系被告商贸公司所有，该车在被告保险公司投保交强险。事故发生后，被告商贸公司为原告垫付医疗费5000元。

原告伤后当天被送往人民医院住院治疗27天，经诊断为尺神经损伤、颈椎间盘突出、高血压Ⅱ、头部外伤、面部挫裂伤、软组织损伤等。9 月 28 日，原告转入解放军总医院住院 4 天，经诊断为颈髓过伸伤、颈椎病等。2014 年 12 月 24 日，经法院委托，法医司法鉴定所作出伤残伤情鉴定意见书，原告之损伤构成两处十级伤残。2015 年 1 月 27 日，经法院委托，法医司法鉴定所作出伤残伤情鉴定意见书，原告颈椎方面疾病与交通事故的参与度以 35%为宜。2015 年 3 月 2 日，经法院委托，法医司法鉴定所作出司法鉴定意见书，原告 2014 年 9 月 1 日至 9 月 28 日在人民医院住院治疗期间，治疗高血压、心脑血管疾病的治疗费用为 89.5 元；2014 年 9 月 28 日至 10 月 2 日在解放军总医院住院治疗期间，治疗颈椎间盘突出、椎管狭窄的治疗费用为 90840.65 元。

事故发生后，经原告申请，法院作出（2014）岚民保字第 265-1 号民事裁定书，将被告孔某军驾驶的重型特殊结构货车一辆予以扣押，扣押于停车场，保全价值 80000 元。同日，被告商贸公司向法院提供 80000 元现金担保，法院依法作出（2014）岚民保字第 265-2 号民事裁定书，裁定解除对重型特殊结构货车的扣押。2014 年 12 月 25 日，原告向法院提出先予执行申请，法院作出（2014）岚民一初字第 1830-1 号民事裁定书，裁定被告商贸公司先行支付给原告 40000 元。

【案件焦点】

在确定交强险赔偿责任时，是否应根据伤残伤情鉴定意见书确定的参与度对原告损失作相应扣减。

【法院裁判要旨】

山东省日照市岚山区人民法院经审理认为：被告孔某军主观上具有过失，其肇事行为系构成事故后果的主要原因，应该承担事故的主要责任。被告孔某军系商贸公司的工作人员，其因执行工作任务造成原告损害，应由其用人单位即被告商贸公司承担相应的民事赔偿责任。原告赵某庆主观上有过失，其肇事行为系构成事故后果的次要原因，应该承担事故的次要责任。结合双方肇事行为的性质、事故责任大小和主观过错程度，确定被告商贸公司对原告交强险赔偿限额外的损失承担70%的赔偿责任。

被告商贸公司所有的、被告孔某军驾驶的重型特殊结构货车在被告保险公司投保交强险，保险公司应当在交强险的赔偿限额内首先向原告承担民事赔偿责任。

我国交强险立法并未规定在确定交强险责任时应根据受害人体质状况对损害后果的影响作相应扣减，保险公司的免责事由也仅限于受害人故意造成交通事故的情形，结合《中华人民共和国道路交通安全法》第七十六条“机动车发生交通事故造成人身伤亡、财产损失的，由保险公司在机动车第三者责任强制保险责任限额范围内予以赔偿……”之规定，被告保险公司应在交强险的赔偿限额内首先向原告承担民事赔偿责任，而不应考虑损伤参与度。三被告辩称应根据伤残伤情鉴定意见书确定的参与度对原告损失作相应扣减，法院不予采信。山东省日照市岚山区法院判决如下：

一、在交强险限额内，被告保险公司赔偿原告赵某庆医疗费、伤残赔偿金、误工费、护理费、交通费、车辆损失合计70108.5元；

二、被告商贸公司赔偿原告赵某庆医疗费、住院伙食补助费、评估费、鉴定费合计75281.98元，与其已向原告支付的45000元相抵扣，被告商贸公司还应向原告赵某庆支付 30281.98 元；

三、驳回原告赵某庆的其他诉讼请求。

被告保险公司不服一审判决提起上诉。日照市中级人民法院经审理后认为：孔某军驾驶货车与赵某庆无证驾驶的三轮摩托车相撞，致赵某庆受伤，双方车辆损坏，造成道路交通事故的事实清楚，各方均无异议，法院予以确认。原审中赵某庆提交劳动合同、工资单等证据证明其收入来源于城镇且务工所在地位于城镇。原审据此按照城镇标准计算其伤残赔偿金正确，保险公司上诉主张赵某庆在一审中提供的误工证明系伪造，未提供相应的证据证明，故其上诉关于原审按照城镇居民标准计算残疾赔偿金错误的主张缺乏事实和法律依据，法院不予支持。赵某庆在涉案事故发生时虽已满 67 周岁，但其仍然从事劳动，因涉案交通事故的发生致其收入减少，其误工费理应得到补偿，原审依据赵某庆提供的劳务合同、证明、工资单等证据确定其误工费损失正确，保险公司上诉关于赵某庆误工费损失不应支持的主张，不能成立，法院不予支持。案中赵某庆自身存在颈椎间盘突出、椎管狭窄等疾病，但保险公司未提供证据证明其于交通事故发生后所治疗的颈椎间盘突出、椎管狭窄等疾病存在不合理性、不必要性，故其上诉关于扣除赵某庆治疗颈椎间盘突出、椎管狭窄费用的主张，不能成立，法院不予支持。日照市中级人民法院认为，原审认定事实清楚，适用法律正确，故判决如下：

驳回上诉，维持原判。

【法官后语】

《中华人民共和国道路交通安全法》第七十六条规定，机动车发生交通事故造成人身伤亡、财产损失的，由保险公司在机动车第三者责任强制保险责任限额范围内予以赔偿。从该条款的规定可以看出，交强险的首要功能是保障机动车道路交通事故受害人依法得到赔偿，并不包含对被保险人的风险分散功能，具有以下三种特殊属性：第一，交强险的社会保障性，交强险的首要功能在于对受害人的保护，因而具有基本安定社会保障功能，这是对我国交强险的功能定位；第二，交强险赔偿的法定性，根据我国交强险立法精神，交强险责任是一种法定赔偿责任，最大限度地保护受害人利益而设置的强制性保险，其赔偿的范围、标准、免责事由等均由法律予以强制规定，我国交强险立法并未规定在确定交强险责任时应参照损伤参与度；第三，交强险责任的分离性，交强险在其责任限额范围内与侵权责任在一定程度上相互分离，交强险的赔偿并非以侵权责任的成立为主要依据，即在交强险赔偿金额之内，保险公司直接向受害者承担绝对赔偿责任，没有任何可以抗辩事由，这就意味着交强险不考虑双方事故责任以及过错程度，自然地也不会考虑损伤参与度。基于此，该案承办法官认为，在确定交强险赔偿责任时考虑损伤参与度没有法律依据，有悖于交强险立法目的。因此，在处理涉参与度的交通事故案件时，更倾向于在交强险限额内不考虑损伤参与度。而且，我国交强险立法并未规定在确定交强险责任时应根据受害人体质状况对损害后果的影响作相应扣减，保险公司的免责事由也仅限于受害人故意造成交通事故的情形，结合《中华人民共和国道路交通安全法》第七十六条之规定，被告保险公司应在交强险的赔偿限额内首先向原告承担民事赔偿责任，而不应考虑损伤参与度。虽然三被告辩称应根据伤残伤情鉴定意见书确定的参与度对原告损失作相应扣减，但法院不予采信。

此外，交强险不考虑损伤参与度，但超出交强险部分不仅应当考虑事故责任，而且应当考虑损伤参与度。与交强险相对应，商业三者险是机动车的所有人或管理人为了分散因机动车运行可能导致的侵权责任而购买的保险。在功能上，该保险更加注重对机动车所有人或管理人风险的分散，我国的商业三者险是以交强险赔偿之后确定侵权人（被保险人）依法应当承担的侵权责任，然后根据商业三者险合同的约定和《中华人民共和国保险法》的相关规定确定商业三者险保险公司的赔偿范围，最后，再由侵权人依照《中华人民共和国侵权责任法》或《中华人民共和国民法典》侵权责任编的相关规定承担剩余的侵权责任。

《中华人民共和国民法典》第一千一百七十三条规定，被侵权人对同一损害的发生或者扩大有过错的，可以减轻侵权人的责任。受害人特殊体质对构成伤残的参与度是否应当在计算损失时作相应扣减，应当根据受害人对损失扩大是否存在过错作具体分析，在考虑损伤参与度的情况下，也并非每一赔偿项目的确定均需考虑参与度。首先，对于因年老体弱所致正常的生理性功能退化以及天生某些身体机能有异于常人这两种情况，无论是否超出交强险限额，都不应考虑参与度。其次，对于以下三种情况：①侵权行为诱发原有疾病或侵权行为是产生病理症状的次要因素；②原有旧伤或伤残，侵权行为加重了残疾等级或导致功能受限情况加重；③老年人因侵权行为在治疗时诱发老年病致使损害后果加重。在计算残疾赔偿金、死亡赔偿金、被扶养人生活费、丧葬费等间接性、定型化赔偿项目时，对于超出交强险的部分，可以参照鉴定意见确定的损伤参与度酌情确定侵权人承担的责任比例。

编写人：山东省日照市岚山区人民法院　秦苗苗

201 有足够证据证实交通事故认定书中的认定内容不符合客观事实的，人民法院对于相关事实应怎样认定

——孟某珠诉李某汉、保险公司机动车交通事故责任案

【案件基本信息】

1. 裁判书字号

山东省淄博市中级人民法院（2015）淄民三终字第571号民事判决书

2. 案由：机动车交通事故责任纠纷

3. 当事人

原告（被上诉人）：孟某珠

被告（被上诉人）：李某汉

被告（上诉人）：保险公司

【基本案情】

2014年5月29日，李某汉驾驶轿车由南向北行驶至公路左侧，将未取得机动车驾驶证、未戴安全头盔驾驶未按规定登记的摩托车的孟某珠撞倒，造成孟某珠受伤的道路交通事故。事故发生后，李某汉从中心医院逃逸。经淄博市公安局交警支队淄川大队认定，李某汉驾驶车辆上道路行驶，未靠右侧通行、未确保安全车速，且肇事后逃逸，承担事故全部责任。孟某珠受伤后住院治疗21天，李某汉为孟某珠垫付医疗费106841.97元。经鉴定，孟某珠属四处十级伤残；住院期间2人护理，出院后1人护理90日；后续治疗费需1万元。孟某珠起诉要求被告赔偿各项损失共计240740.58元。

轿车所有人系李某汉之子李某，在李某汉借用期间发生本案交通事故。该车在保险公司投保交强险、商业三者险及不计免赔险，商业三者险保险金额为20万元。本案交通事故发生在保险期限内。保险公司和李某汉均同意按照医疗费超出交强险限额1万元的部分扣除10%的非医保用药比例。

【案件焦点】

本案是否应按交警部门出具的交通事故认定书认定驾驶人李某汉构成肇事逃逸并据此免除保险公司的商业三者险责任。

【法院裁判要旨】

山东省淄博市淄川区人民法院经审理认为：交警部门认定李某汉负事故全部责任并无不当，予以采纳。因本案交通事故系李某汉在借用李某所有的车辆期间发生，李某对损害的发生没有过错，赔偿责任应由李某汉承担。李某汉在事故发生后陪同孟某珠到医院进行救治，并为孟某珠垫付医疗费用，并未逃离事故现场，不属商业三者险条款第五条第六项责任免除的情形，故保险公司主张免除商业三者险的保险责任不能成立。保险公司依法应当首先在交强险责任限额范围内赔偿孟某珠各项损失96703.5元。超出交强险责任限额的费用，因轿车在保险公司投保商业三者险和不计免赔险，保险公司应在商业三者险责任限额范围内赔偿孟某珠医疗费、住院伙食补助费、后续治疗费107973.06元，保险公司不予赔偿的医疗费、鉴定费、材料费、复印费13970.89元，由李某汉予以赔偿。李某汉已为孟某珠垫付的医疗费106841.97元应从其承担的赔偿款项中扣除，超付的92871.08元应从保险公司赔偿给孟某珠的款项中扣除返还给李某汉。据此一审判决如下：

一、保险公司在机动车第三者责任强制保险责任限额范围内赔偿孟某珠各项损失共计 96703.5 元；

二、保险公司在机动车第三者责任商业保险责任限额范围内赔偿孟某珠医疗费、住院伙食补助费、后续治疗费 107973.06 元；

三、李某汉在本案中不再承担赔偿责任；

四、驳回孟某珠在本案中的其他诉讼请求。

保险公司不服一审判决提起上诉，其在上诉中主张交通事故认定书明确认定李某汉为逃逸，故其商业三者险责任应予免除。山东省淄博市中级人民法院经审理认为，《最高人民法院关于审理交通肇事刑事案件具体应用法律若干问题的解释》第三条规定，肇事逃逸是指为逃避法律追究而逃跑的行为。本案中李某汉在交通事故发生后与伤者孟某珠一起去了医院，筹措医疗费 10 余万元为孟某珠及时治疗，配合交警部门的询问，不存在为逃避法律追究而逃跑的行为，因此，保险公司主张李某汉构成逃逸而应免除其商业三者险保险责任，不能成立。一审认定事实清楚，适用法律正确，审判程序合法，应予维持。综上，依照《中华人民共和国民事诉讼法》第一百六十九条、第一百七十条第一款第一项、第一百七十五条之规定，判决如下：

驳回上诉，维持原判。

【法官后语】

本案涉及的主要问题在于，在案件能够证明交警部门出具的交通事故认定书中认定的内容不符合客观事实的情况下，人民法院对于相关事实能否再根据交通事故认定书进行认定。

交通事故认定书是公安交通管理部门通过对交通事故现场进行

勘查分析和相关检验鉴定，分析查明交通事故的基本事实、成因和当事人责任后所作出的结论性技术文书。其目的在于分清事故责任并作为处理交通事故的依据。而《中华人民共和国道路交通安全法》第七十三条也明确规定了公安交通管理部门应出具交通事故认定书作为处理交通事故的证据。实践中公安交警部门在处理交通事故时，也都是在作出交通事故认定书后以其为证据来对事故进行处理。应当说公安交警部门作为职能部门负责在交通事故发生后的第一时间到达事故现场进行事故调查，故其根据调查结果作出的交通事故认定书一般都能较为客观地反映交通事故的基本事实和成因，其据此作出的责任认定也相对较为准确。且对于交通事故认定书本身而言，其在形式上由公安机关作出，本身具有很强的公信力。由此可见，无论是从内容还是从形式上来看，交通事故认定书作为处理交通事故的证据都具有很高的证明效力。尤其是在因交通事故损害赔偿问题进入诉讼程序后，由于交通事故认定书是认定交通事故的事发经过、事故成因和事故责任的主要证据，其作为公文书证又具有较高证明效力，因此实践中法院一般都会以交通事故认定书认定的内容来确认案件事实和责任承担。

尽管如此，但这也并不意味着交通事故认定书中认定的内容就应一律成为交通事故损害赔偿案件中法院确认案件相关事实的依据。这是因为，交通事故认定书从性质上看仍属于证据，且属于证据中的书证。既然作为证据，根据《中华人民共和国民事诉讼法》第六十三条①的规定，其必须在查证属实后才能作为认定案件事实的根

① 该规定现为《中华人民共和国民事诉讼法》（2021 年修正）第六十六条第二款："证据必须查证属实，才能作为认定事实的根据。"

据，具体则应根据证据的“三性”即客观真实性、关联性和合法性对其进行综合的审查判断。经审核，如果交通事故认定书符合上述“三性”要求且当事人没有足够证据能够对其内容加以否定，则法院应当依法根据交通事故认定书中认定的内容对案件相关事实予以确认；但是，如果交通事故认定书本身不符合上述“三性”要求，或是虽符合上述“三性”要求但当事人提供了足以推翻其内容的相反证据，则交通事故认定书中的相关内容依法就不能被法院采信。也就是说，虽然交通事故认定书作为公文书证从法律上讲具有较高证明效力，但其内容并非绝对不可推翻。从审判实践来看，交通事故认定书作为证据在关联性和合法性上一般不存在问题，其出现的问题往往在于客观真实性上。即案件中存在其他证据能够证明交通事故认定书中认定的内容不符合客观实际，亦即有相反证据足以推翻其认定的内容。此时法院对于相关事实就不应再根据交通事故认定书进行认定，而应根据相反证据重新予以认定。本案即是如此。本案中交通事故认定书认定驾驶人李某汉构成肇事逃逸，保险公司也据此主张其商业三者险责任应予免除。然而综合全案证据来看，本案中李某汉提供的证据能够证实事故发生之后，其主动陪同伤者孟某珠到医院检查并支付医疗费以及积极筹措住院费用的事实，其主观上并不存在逃避法律追究的意图，客观上也不存在逃逸的行为。故交警部门仅以李某汉未在事故现场就认定其构成肇事逃逸不符合客观事实，明显不当。因此，本案虽然交通事故认定书中认定李某汉构成肇事逃逸，但一审、二审法院综合全案证据对此未予采信并认定其不构成肇事逃逸，进而认定保险公司不能免除商业三者险责任，无疑是正确的。

编写人：山东省淄博市中级人民法院　荣明潇　胡晓梅

202 交通事故案件中当事人要求重新鉴定的条件审查

——邓某娥诉财保公司、李某莹机动车交通事故责任案

【案件基本信息】

1. 裁判书字号

广东省云浮市中级人民法院（2015）云中法民一终字第123号民事判决书

2. 案由：机动车交通事故责任纠纷

3. 当事人

原告（被上诉人）：邓某娥

被告（上诉人）：财保公司

被告（被上诉人）：李某莹

【基本案情】

粤WER023号普通二轮摩托车已在财保公司处投保了机动车交通事故责任强制保险（以下简称交强险），其中：医疗费赔偿限额为1万元，死亡伤残赔偿限额为11万元，财产损失赔偿限额为2000元。在保险期限内，李某莹在未取得机动车驾驶证的情况下，驾驶上述车辆与邓某娥发生碰撞，造成邓某娥受伤的交通事故。交警部门因无法查证事故全部事实，未作出道路交通事故责任认定，只出具了事故证明。事发后，邓某娥被送院治疗，经医生诊断为：1. 右桡骨远端粉碎性骨折；2. 右尺骨茎突撕脱性骨折；3. 右肩部、右肘部软组织钝挫伤。治疗终结后，邓某娥自行到司法鉴定所进行伤残等级评定。该所鉴定：邓某娥伤残等级为九级。按伤残九级计残疾赔偿金为52187.92元，加上其他项目，邓某娥

因本案交通事故产生 72321.6 元的损失，李某莹已经垫付了 9506.98 元。

一审诉讼中，对于司法鉴定所对邓某娥的伤残等级进行鉴定，财保公司认为未查清被鉴定人的关节活动度，而评定为九级伤残，不符合《道路交通事故受伤人员伤残评定》（国家标准 GB18667—2002）规定，要求重新鉴定。对此，一审法院去函司法鉴定所咨询。该所复函称：邓某娥伤后经医院诊断为：右桡骨远端粉碎性骨折、右尺骨茎突撕脱性骨折，在本次鉴定中，鉴定人查阅了邓某娥的 X 线片，其受伤部位不涉及任何关节活动度的测量问题，按照鉴定采用的条文规定，邓某娥只需出现“关节活动功能障碍”即可，无须计算具体的关节活动度。

财保公司在二审诉讼中提交了法医临床司法鉴定所通过对书面鉴定材料进行审查形成的《文证审查意见书》，拟证明邓某娥不符合九级伤残，要求对邓某娥重新进行伤残等级鉴定。

【案件焦点】

司法鉴定机构根据一方当事人的委托，对其作出伤残等级鉴定，另一方当事人在诉讼中要求重新鉴定的，法院应否采纳。

【法院裁判要旨】

广东省罗定市人民法院一审审理认为：李某莹与邓某娥发生交通事故，因双方均未保护现场及未及时报案，致本案事故无法查清。根据《广东省道路交通安全条例》第四十四条第一款第二项的规定，李某莹作为机动车一方应承担本次事故的主要责任，邓某娥承担次要责任，李某莹在本案中承担事故损失 80%的赔偿责任。广东中天司法鉴定所是一所具有鉴定资质的鉴定机构，其所依据的客观病情与邓某娥的病历资料记载一致，对于财保公司所提及的等级评定过高等问题，广东中天司法鉴定所作了合理解释。财保公司虽对鉴定意见有异议，但未能提供充分的证据予以反驳，对其重新鉴定的申请不予准许。李某莹驾驶的车辆已在财保公司处投保了交强险，且本案事故发生在保险期限内，邓某娥因本案事故造成损失 72321.6 元，未超出交强险限额赔偿范围，扣除李某莹已经垫付的 9506.98 元，财保公司应赔偿 62814.62 元给邓某娥。综上，一审法院依照《中华人民共和国侵权责任法》第十六条、第二十二条，《中华人民共和国道路交通安全法》第七十六条，《中华人民共和国保险法》第六十五条，《最高人民法院关于审理人身损害赔偿案件适用法律若干问题的解释》第十七条、第十八条、第十九条、第二十一条、第二十二条、第二十三条、第二十四条、第二十五条的规定，作出如下判决：

限财保公司于本判决发生法律效力之日起十日内在交强险限额内赔偿事故损失 62814.62 元给邓某娥。

宣判后，财保公司提起上诉，并提交了法医临床司法鉴定所的《文证审查意见书》，认为一审采用的伤残鉴定意见错误，要求对邓某娥伤残等级重新进行鉴定。

广东省云浮市中级人民法院二审审理认为：邓某娥经治疗终结后委托司法鉴定所进行伤残鉴定，该鉴定所通过对邓某娥进行文证审查和活体检查，出具的《司法鉴定意见书》程序合法，适用法律正确，应认定为合法有效。财保公司提供法医临床司法鉴定所出具的《文证审查意见书》，只是通过对书面的鉴定材料进行审查，并没有对伤者进行临床、活体鉴定，在证明力大小上，并不足以推翻司法鉴定所出具的司法鉴定意见书。因此，财保公司要求重新鉴定的上诉主张，缺乏依据，不予支持。依照《中华人民共和国民事诉讼法》第一百七十条第一款第一项之规定，作如下判决：

驳回上诉，维持原判。

【法官后语】

本案处理的重点主要在于司法鉴定所出具的《司法鉴定意见书》应否采纳，应否委托鉴定机构对邓某娥的伤残等级重新鉴定。

当事人要求对方赔偿伤残赔偿金的，必须以存在伤残为前提，以残疾等级为基础，根据“谁主张，谁举证”的民事诉讼原则，受害方应提出证据证明自己存在伤残的事实及等级。由于伤残等级评定属于专门性问题，应通过专门的鉴定机构作出。

对于鉴定机构出具的司法鉴定意见，属于民事诉讼证据的一种，对其采纳与否，应当进行合法性、合理性、关联性的审查，而非对其无条件的采用。人民法院对有缺陷的鉴定意见不予采纳，可作重新委托鉴定机构鉴定的处理。但司法鉴定毕竟是由专业人员对专门性问题作出的评定，审判人员对于该专门性问题又难以凭自身的知识结构及从日常的生活经验作出准确判定，故对于此类证据的否定，有严格的限制。对此，《最高人民法院关于民事诉讼证据的若干规定》第二十七条规定，对人民法院委托有关部门作出的鉴定意见，当事人申请重新鉴定，法院予以采纳的，应具有以下情形之一：（一）鉴定机构或者鉴定人员不具备相关的鉴定资格的；（二）鉴定程序严重违法的；（三）鉴定结论明显依据不足的；（四）经过质证认定不能作为证据使用的其他情形。对于当事人自行委托鉴定的，重新鉴定的条件规定得宽松一点，即“另一方当事人有证据足以反驳并申请重新鉴定的。”当然，对于当事人自行委托的鉴定出现第二十七条规定的情形的，也会引起重新鉴定的后果，因为该四种情形是司法鉴定不得违反的最低要求，第二十八条规定的条件实际上涵盖了第二十七条规定的四种情形，且除四种情形外有足以反驳对方证据的，也可以重新鉴定。但是，亦非只要另一方当事人提出证据，即引起重新鉴定，而是要求该证据达到了足以反驳鉴定意见的程度。此外，司法解释还规定，可以通过补充鉴定、重新质证或者补充质证等方法解决的，不予重新鉴定。那么，在司法实践中，对于当事人自行委托鉴定机构作出的鉴定意见，另一方当事人提出异议要求重新鉴定的，应作如下审查：首先，应审查是否出现了上述司法解释第二十七条规定的四种情形①。其次，没有上列四种情形的，要审查提出异议的一方有没有证据对鉴定意见足以反驳，对其程度的判断需结合对鉴定方法、鉴定依据等因素予以审查。最后，如果存在上述的情况，审查是否可通过补充鉴定、重新质证等方法予以补救。

本案中，邓某娥自行委托司法鉴定所作伤残等级鉴定，而财保公司提出该鉴定意见未对邓某娥关节活动度鉴定，依据不足，并提交了另一鉴定机构提出不同观点的意见书。针对当事人提出的异议，法院发函司法鉴定所，该机构作了合理的解释。而且，司法鉴定所在进行文证审查和活体检查基础上作的鉴定，程序合法，而财保公司提交的意见书，只是通过对书面的鉴定材料进行审查形成，证明力小于前者，并未达到司法解释规定的足以反驳对方的要求。据此，驳回财保公司要求重新鉴定的请求。

编写人：广东省云浮市中级人民法院　李艳徽

---

① 对于此问题，2019 年修正的《最高人民法院关于民事诉讼证据的若干规定》在第四十条有相应的规定，从条文内容反映，与《最高人民法院关于民事诉讼证据的若干规定》第二十七条规定基本一致。

203 多辆机动车发生交通事故时保险责任分配问题

——王某云诉甲保险公司等机动车交通事故责任案

【案件基本信息】

1. 裁判书字号

北京市第一中级人民法院（2014）一中民终字第01787号民事判决书

2. 案由：机动车交通事故责任纠纷

3. 当事人

原告（被上诉人）：王某云

被告（被上诉人）：王某青、乙保险公司

被告（上诉人）：甲保险公司

【基本案情】

2013年5月29日8时40分许，在北京市昌平区南口镇某医院路口处，王某青驾驶的小客车前部与案外人郝某全驾驶的小客车尾部相接触，后案外人郝某全驾驶的小客车前部与王某云驾驶的小客车尾部相接触，造成王某云受伤。经交通部门认定，王某青负该起交通事故的全部责任。事故发生后，王某云被送往医院住院治疗，经诊断为：脊髓震荡、头颈部软组织挫伤，至2013年8月7日出院，共住院70天。2013年10月，王某云诉至法院。

另查，王某青所驾驶的小客车在乙保险公司投保了机动车交通事故责任强制保险及不计免赔的10万元商业第三者责任保险，本次交通事故发生在保险期限内。案外人郝某全驾驶的小客车在甲保险公司投保了机动车交通事故责任强制保险，本次事故发生在保险期限内。

王某云的经济损失，经法院核实确认为：医疗费 19282.38 元（含王某青垫付的医疗费 3368 元）、住院伙食补助费 50 元×70 天＝3500 元、营养费 20 元×84＝1680 元、护理费 2300 元÷30 天×70 天＝5367 元、残疾辅助器具费 40.83 元、误工费 3490 元÷30 天×112 元＝13028 元、交通费 200 元（酌定），共计 43098.21 元。

【案件焦点】

多辆机动车发生交通事故时，有责方保险公司与无责方保险公司在交强险医疗费用及死亡伤残赔偿限额项下各自应承担的责任数额。

【法院裁判要旨】

北京市昌平区人民法院经审理认为：王某青负事故全部责任，故乙保险公司应在交强险及商业第三者责任保险责任限额内承担赔偿责任；案外人郝某全无责任，其驾驶的机动车与王某云驾驶的机动车相关联，故甲保险公司应在交强险无责任赔偿限额内承担赔偿责任。

北京市昌平区人民法院依照《中华人民共和国道路交通安全法》第七十六条，《中华人民共和国侵权责任法》第十六条、第十九条、第四十八条，《中华人民共和国民事诉讼法》（以下简称《民事诉讼法》）第六十四条和第一百四十四条之规定，作出如下判决：

一、甲保险公司在交强险无责任死亡伤残赔偿限额内给付王某云 11000 元，在该保险无责任医疗费用赔偿限额内给付王某云 1000 元，共计 12000 元；

二、乙保险公司在交强险死亡伤残赔偿限额内给付王某云7635.83元，在该保险医疗费用赔偿限额内给付原告王某云10000元；在商业三者险赔偿限额内给付原告王某云10094.38元，共计27730.21元；

三、乙保险公司在商业三者险赔偿限额内给付王某青3368元；

四、驳回王某云的其他诉讼请求。

甲保险公司提起上诉，请求撤销原判第一项，改判甲保险公司在交强险无责任死亡伤残赔偿限额内给付王某云1694.17元。

北京市第一中级人民法院经审理认为：多辆机动车发生交通事故造成第三人损害，损失超出各机动车交强险责任限额之和的，由各保险公司在各自责任限额范围内承担赔偿责任；损失未超出各机动车交强险责任限额之和，当事人请求由各保险公司按照其责任限额与责任限额之和的比例承担赔偿责任的，人民法院应予支持。

王某云在医疗费用赔偿限额项下损失为24462.38元，超出了交强险有责医疗费用赔偿限额和无责医疗费用赔偿限额之和11000元，故乙保险公司、甲保险公司应各自承担王某云的医疗费用赔款10000元及1000元，超出赔偿限额部分应由乙保险公司根据商业三者险的保险合同予以赔偿。

王某云在死亡伤残赔偿限额项下损失为18635.83元，未超出交强险有责死亡伤残赔偿限额和无责死亡伤残赔偿限额之和121000元，故乙保险公司和甲保险公司应按照其责任限额与责任限额之和的比例承担相应的赔偿责任。即乙保险公司应承担的交强险有责死亡伤残赔款为18635.83×［110000÷121000］=16941.66元；甲保险公司应承担的交强险无责死亡伤残赔款为18635.83×［11000÷121000］=1694.17元。

综上所述，一审法院对于乙保险公司和甲保险公司在死亡伤残赔偿限额项下损失的责任分配错误，法院予以纠正。北京市第一中级人民法院依照《民事诉讼法》第一百七十条第一款第二项的规定，作出如下判决：

一、维持北京市昌平区人民法院（2013）昌民初字第13999号民事判决第三项，撤销该判决第一项、第二项、第四项；

二、甲保险公司在交强险无责任死亡伤残赔偿限额内给付王某云1694.17元，在该保险无责任医疗费用赔偿限额内给付王某云1000元，共计2694.17元；

三、乙保险公司在交强险有责任死亡伤残赔偿限额内给付王某云16941.66元，在该保险有责任医疗费用赔偿限额内给付王某云10000元；

四、乙保险公司在商业三者险赔偿限额内给付王某云10994.38元，共计37036.04元；

五、驳回王某云的其他诉讼请求。

【法官后语】

由于道路交通的发展、机动车数量的增加，道路交通状况愈发复杂，由此造成实践中多辆机动车导致一起交通事故、一起交通事故涉及多辆机动车、非机动车或行人的情形越来越多。在这些情形下，承保交强险的保险公司应如何赔偿、多个保险公司之间的责任如何分配、部分机动车未投保时已承保交强险的保险公司与未投保车辆的责任如何分配等，成为审判实践中的难点和突出问题。

2012年12月21日《最高人民法院关于审理道路交通事故损害赔偿案件适用法律若干问题的解释》（法释［2012］19号）（以下简

称《2012 年解释》）施行后，对已投保交强险的多辆机动车发生交通事故时，各自保险公司应当如何承担赔付责任的问题作出了明确的规定，即多辆机动车发生交通事故造成第三人损害，损失超出各机动车交强险责任限额之和的，由各保险公司在各自责任限额范围内承担赔偿责任；损失未超出各机动车交强险责任限额之和，当事人请求由各保险公司按照其责任限额与责任限额之和的比例承担赔偿责任的，人民法院应予支持。

本案即是典型的多辆机动车发生交通事故案件，其中涉及有责方交强险和无责方交强险各自赔偿比例的确定问题。而且，本案同时涉及“交强险责任限额的分项限额问题”，使得法院在确定有责方保险公司和无责方保险公司的赔偿数额时极容易出现错误。本案中受害人在医疗费用赔偿限额项下的各项损失已经超出了交强险有责医疗费用赔偿限额和无责医疗费用赔偿限额之和，故两保险公司应在各自的交强险医疗费用赔偿限额内承担受害人的医疗费用赔款，超出赔偿限额部分的医疗费用损失应由有责方保险公司根据商业三者险的保险合同予以赔偿；而受害人在死亡伤残赔偿限额项下的各项损失未超出交强险有责死亡伤残赔偿限额和无责死亡伤残赔偿限额之和，故两保险公司应按照其责任限额与责任限额之和的比例承担相应的赔偿责任。

本案一审时，法院未能按照《2012 年解释》的有关规定，正确适用法律，导致判决结果错误。二审在正确适用法律的同时，将《2012 年解释》第二十一条的具体适用方法，结合本案的具体情况详细予以论述，既向当事人进行了释法析理，又为一审法院今后处理同类案件作出了相应的指导，从而避免此类错误再次出现。

2021 年 1 月 1 日施行的《中华人民共和国民法典》未吸收

《2012年解释》第二十一条规定的内容。但是，2020年12月27日修正后的《最高人民法院关于审理道路交通事故损害赔偿案件适用法律若干问题的解释》（以下简称《2021年解释》）第十八条保留了《2012年解释》第二十一条的内容。可见，《中华人民共和国民法典》的施行和司法解释的修正，并未改变此类案件的裁判依据和审理思路。本案的裁判理由仍具有现实指导意义。

编写人：北京市第一中级人民法院　张琦

204　驾驶人构成犯罪保险公司不能免赔精神抚慰金及死亡赔偿金

——吴某生等诉李某国等交通事故责任案

【案件基本信息】

1. 裁判书字号

河南省信阳市中级人民法院（2014）信中法民终字第1590号民事判决书

2. 案由：机动车交通事故责任纠纷

3. 当事人

原告（被上诉人）：吴某生、吴某明、吴某洋、吴某龙、吴某华、吴某梅

被告（上诉人）：李某国、谈某旺、保险公司

【基本案情】

2013 年 11 月 29 日 19 时许，被告李某国驾驶谈某旺所有的货车，沿 213 省道由南往北行驶至光山县泼陂河镇街道车站路南 200 米处，撞上由东向西横过马路的行人吴某志。吴某志受伤后于当日被送至中医院抢救治疗，因伤势严重于次日转到同济医院抢救治疗，2013 年 12 月 6 日，转入人民医院治疗，12 月 9 日经抢救无效死亡，共计住院 11 天，花费医疗费 35790. 94 元。2013 年 12 月 10 日，经光山县交通警察大队认定，被告李某国负此事故的主要责任，吴某志负此事故的次要责任。2014 年 7 月 3 日，李某国因该案被法院以交通肇事罪判处有期徒刑九个月，缓刑一年。

另查明，被告李某国系谈某旺雇佣的司机，货车于 2013 年 6 月 26 日在保险公司投保了交强险及保险金额为 300000 元的第三者责任险，事故发生时在保险期限内，被告李某国有驾驶证。

还查明，吴某志生于 1942 年 1 月 23 日，死亡时已满七十一周岁，生前系非农业户口。

以上事实有原告提供的身份证复印件、道路交通事故认定书，医疗费用单据、诊断证明、病历、出院证、住院费用明细、交通费票据、户口注销证明、机动车交通事故强制保险单及商业险保单复印件等证据；被告李某国提供驾驶证复印件、身份证复印件、徐早远的证言等证据、被告谈某旺提供的机动车行驶证复印件在卷证实可以认定。

【案件焦点】

1. 车辆购买交强险和第三者责任险，肇事司机与车主系雇佣关系，司机被追究刑事责任，被害人未提出附带民事诉讼，在单独提起民事诉讼中，其精神抚慰金和死亡赔偿金能否保护；2. 若保护应由谁承担。

【法院裁判要旨】

河南省信阳市光山县人民法院经审理认为：公民的生命健康权受法律保护。吴某志在交通事故中死亡，作为其近亲属的六名原告有权获得相应赔偿。受害人吴某志因交通事故死亡，给近亲属造成严重的精神创伤无法用金钱衡量，但经济上的补偿在某种程度上能够缓解或者消除其精神上受到的伤害，且精神抚慰金的免赔对象只能是受刑事处罚的肇事者，不能扩展至其他赔偿义务人。被告李某国系被告谈某旺雇佣的司机，根据法律规定，依法应由雇主谈某旺承担民事赔偿责任。肇事车辆在保险公司投保了交强险及保险金额为 300000 元的第三者责任险，本案的赔偿责任，应由中国保险公司在交强险各限项下先予赔偿，不足部分再由谈某旺按责任比例承担责任，其应承担的部分由保险公司在第三者责任险范围（300000 元）内代为赔付。

河南省信阳市光山县人民法院依照《中华人民共和国侵权责任法》第十六条、第二十二条、第四十八条，《中华人民共和国保险法》第六十五条，《中华人民共和国道路交通安全法》（以下简称《道路交通安全法》）第七十六条，《最高人民法院关于审理人身损害赔偿案件适用法律若干问题的解释》第九条、第十七条第三款之规定，作出如下判决：

一、被告保险公司在交强险内赔偿六原告各项经济损失 120000 元（包含医疗费 10000 元+精神抚慰金 50000 元+残疾赔偿金 60000 元）；

二、被告谈某旺赔偿原告除交强险之外的剩余损失 154445. 14

元，由保险公司在第三者责任险范围内代为支付。以上第一项、第二项合计 274445.14 元于判决生效之日起的十日内付齐；

三、驳回六原告其他诉讼请求。

保险公司对一审判决不服，提起上诉，河南省信阳市中级人民法院经审理认为：李某国驾驶车辆将吴某志撞伤致死，有医疗诊断证明和交警事故认定书证明，足以确认。本次交通事故，李某国承担主要责任，吴某志承担次要责任，按照责任比例划分，李某国应当承担 80%的赔偿责任。李某国系谈某旺雇佣的司机，其责任亦应由谈某旺承担。谈某旺已将肇事车辆在保险公司投保有交强险和第三者责任险，事发在保险期限内，故保险公司应在保险限额内承担保险责任。原审判决由保险公司在交强险范围内承担医疗费、残疾赔偿金和精神抚慰金并无不当，原审按主次责任在第三者责任险内承担 80%的责任亦无不当。保险公司上诉不应承担精神抚慰金 50000 元和应承担 70%责任的上诉理由，缺乏法律依据和证据支持，其上诉理由，法院不予支持。原审查明事实清楚，适用法律正确，程序合法。依照《中华人民共和国民事诉讼法》第一百七十条第一款第一项之规定，判决如下：

驳回上诉，维持原判。

【法官后语】

被害人因交通事故死亡，肇事司机被追究刑责，近亲属能否要求赔偿精神抚慰金及死亡赔偿金这在司法界一直存在争议。2013 年 1 月《最高人民法院关于适用〈中华人民共和国刑事诉讼法〉的解释》实施后，对刑事附带民事诉讼原告人提出的赔偿死亡赔偿金及伤残赔偿金要求，法院不再支持。在司法实务中，对被害人未提起刑事附带民事诉讼，单独提起民事诉讼的案件，许多法院在处理上对于死亡赔偿金或残疾赔偿金仍不予保护，目的是维护法律适用的统一性。笔者认为，这一规定适用于刑事被告人为赔偿义务人的情况，对于保险公司则不能免除其赔偿义务。

一、保险公司不能免除死亡赔偿金、伤残赔偿金赔偿责任的法律依据

由于我国实行机动车责任事故强制保险制度，一般车主都会对车辆投保交强险，故司法解释对交通肇事案件的赔偿范围作出了单独的规定。《最高人民法院关于适用〈中华人民共和国刑事诉讼法〉的解释》第一百五十五条第三款规定，“驾驶机动车致人伤亡或者造成公私财产重大损失，构成犯罪的，按照《道路交通安全法》第七十六条的规定确定赔偿责任。”本案中，肇事车辆投保了交强险及商业三者险，则按《道路交通安全法》第七十六条应“由保险公司在机动车第三者责任强制保险责任限额范围内予以赔偿”。关于交强险的责任限额范围，《机动车交通事故责任强制保险条例》（以下简称《强制保险条例》）第二十三条第一款明文规定：“机动车交通事故责任强制保险在全国范围内实行统一的责任限额。责任限额分为死亡伤残赔偿限额、医疗费用赔偿限额、财产损失赔偿限额以及被保险人在道路交通事故中无责任的赔偿限额。”由此可看出，机动车驾驶人构成交通肇事犯罪的，被害人或者其法定代理人、近亲属是能够在车辆投保的交强险责任限额范围内获得残疾赔偿金或者死亡赔偿金的。

二、保险公司不能免除精神抚慰金赔偿责任的法律依据

《最高人民法院关于审理道路交通事故损害赔偿案件适用法律若干问题的解释》第十三条更是确定了侵权人及近亲属有请求承保交强险的保险公司优先赔偿精神损害的权利。从司法层面上确立了精

神抚慰金从交强险中的优先赔付。

三、从交强险的功能上分析保险公司不能免除赔偿责任

《强制保险条例》第一条："为了保障机动车道路交通事故受害人依法得到赔偿，促进道路交通安全，根据《中华人民共和国道路交通安全法》、《中华人民共和国保险法》，制定本条例。"体现了交强险设立的目的是使受害人的损失得到及时的赔偿。《道路交通安全法》第七十六条"机动车一方没有过错的，承担不超过百分之十的赔偿责任"，由此可以看出，交强险的赔付并不以刑事被告人的侵权为基础。故而在本案中，保险公司提出因肇事司机已被刑事处罚，不再承担精神抚慰金的赔偿责任是不正确的。

编写人：河南省信阳市光山县人民法院　饶懿

205　被保险人与所有权人均为同一人的两车相撞

——张某利诉于某果、保险公司机动车交通事故责任案

【案件基本信息】

1. 裁判书字号

山东省淄博市中级人民法院（2014）淄民三终字第210号民事判决书

2. 案由：机动车交通事故责任纠纷

3. 当事人

原告（被上诉人）：张某利

被告（被上诉人）：于某果

被告（上诉人）：保险公司

【基本案情】

2013 年 8 月 17 日 10 时，于某果驾驶甲轿车行至联通路与西六路路口东侧，因操作失误，致使车辆由西向东倒车，与由东向西行驶的张某利驾驶的乙轿车相撞，致使车辆损坏，淄博市公安局交警支队张店大队认定于某果负事故全部责任。事故车辆甲轿车在被告保险公司投有交强险、500000 元商业三者险、不计免赔险，事故发生在保险期限内。

原告提交鉴定书、收费单据主张车损 115509 元、鉴定费 3000 元。被告的质证意见为：对鉴定报告真实性无异议，但鉴定价格过高；要求原告提交维修发票，否则不予赔偿；若因第三者、被保险人或其允许的驾驶人的故意行为导致的车损，保险公司不予承担。对鉴定费请求依法判决。被告保险公司提交定损明细一份，主张车损核损金额为 114321.24 元。原告张某利质证意见为：对定损明细不予认可，应当以鉴定报告为准，这属于保险公司内部的定损，与实际情况不符。

甲轿车被保险人与被撞轿车乙的驾驶人均系张某利，且相撞两车的所有权人均为张某利。

【案件焦点】

山东省机动车第三者责任险中“第三者”范围的正确界定。即在肇事车辆的被保险人与被撞车辆的驾驶人及相撞两车的所有权人均为同一人的情况下，是否属于机动车第三者责任险的赔付范围。

【法院裁判要旨】

山东省淄博市张店区人民法院经审理认为：公民的合法权益受

法律保护，侵害公民的身体和财产，应当承担赔偿责任。本案系机动车交通事故责任纠纷，应按双方在事故中的过错确定赔偿责任。淄博市公安局交警支队张店大队的认定书认定事实正确，法院予以采信。被告保险公司与本案存在直接利害关系，法院对其提交的定损明细不予采信。对原告主张的两项损失，法院认为证据充分依法予以支持。被告保险公司未能提交证据证实受害人在此次事故中存在故意，故保险公司对此次事故的损失应当予以赔偿。依照《中华人民共和国侵权责任法》第十六条、第四十八条，《中华人民共和国道路交通安全法》第七十六条，《中华人民共和国保险法》（以下简称《保险法》）第六十五条，《最高人民法院关于审理道路交通事故损害赔偿案件适用法律若干问题的解释》第十四条之规定，作出如下判决：

一、被告保险公司于判决生效后十日内在交强险限额内赔偿给原告张某利车损 2000 元。

二、被告保险公司于判决生效后十日内在商业三者险限额内赔偿给原告张某利车损 113509 元。

三、被告于某果于判决生效后十日内赔偿给原告张某利鉴定费 3000 元。

保险公司不服一审判决，提起上诉。山东省淄博市中级人民法院经审理认为：虽然撞车轿车甲的被保险人与被撞轿车乙的驾驶人均系被上诉人张某利，相撞两车的所有权人均为张某利，但被撞轿车乙的驾驶人张某利相对撞车轿车甲系发生意外事故的受害人，其驾驶的乙轿车系受到财产损害的受损车辆，理应依据机动车第三者责任保险条款的规定获得财产损害赔偿，保险公司仅以张某利均为相撞两车的所有权人为由将张某利排除在第三者保险范畴之外，于法无据，法院不予支持。原审判决认定事实清楚，适用法律正确，审判程序合法，应予维持。依照《中华人民共和国民事诉讼法》第一百四十四条、第一百六十九条、第一百七十条第一款第一项、第一百七十五条之规定，作出如下判决：

驳回上诉，维持原判。

【法官后语】

本案的争议焦点为机动车第三者责任险中“第三者”范围的正确界定。当前，人民法院审理的机动车交通事故责任纠纷案件中，哪些受害人能够成为机动车第三者责任险的赔付对象存在较大争议，根源即在于对机动车第三者责任险中“第三者”范围的界定。具体到本案而言，在撞车轿车甲被保险人与被撞轿车乙的驾驶人均系被上诉人，且相撞两车的所有权人均为张某利的情况下，是否属于机动车第三者责任险的赔付范围，被撞轿车乙的驾驶人张某利是否属于机动车第三者责任险中的“第三者”。

对此，笔者认为，除机动车保有人和被保险人存在骗保故意外，其应属于机动车第三者责任险中的“第三者”。主要理由有：

1. 将机动车保有人和被保险人排除在“第三者”范围外有违机动车第三者责任险的立法初衷及公平原则。机动车第三者商业责任险是指被保险人或其允许的合法驾驶人员在使用被保险车辆过程中发生意外事故，致使第三者遭受人身伤亡或财产损失，由保险公司根据投保人或被保险人在交通事故中的责任比例承担赔偿责任，其立法初衷在于在确保第三人（受害人）因意外事故遭受人身伤害及财产损失时能够及时从保险人处获得医疗救治和经济赔付，从而避免因机动车保有人和驾驶员无赔偿能力而无法获得救济的情形发生。

因此，机动车第三者责任保险属于为不特定第三人利益而订立的合同，其本意并未将机动车保有人和被保险人排除在“第三者”之外，现行的法律法规也没有作出这样的规定。若随意缩小“第三者”的范围，将机动车保有人和被保险人从“第三者”中予以排除，会导致同样的受害人、同样的事故，仅仅因为与加害车辆的权属关系不同，而无法受到法律的同等保护的结局，不仅使机动车第三者责任保险的社会功能无法实现，亦有违公平原则。

2. 将机动车保有人和被保险人排除在“第三者”范围外不符合国际惯例。机动车保有人和被保险人能否可以成为“第三者”，应视其对机动车的控制情况而定。“第三者”是一个有范围限制的群体概念，其主体范围并不特定，只有在事故发生后有了明确的受害人的情况下，才会被具体化和特定化。从当前各国的法律规定和司法实务来看，都旨在维持机动车第三者责任保险的他人性原则，在强化机动车保有人和驾驶人责任的同时，对投保方以及失去对车辆实际控制的驾驶人所发生的财产损失以及伤亡等人身损害，均给予必要救济。

3. 仅为防范道德风险而将机动车保有人和被保险人排除在“第三者”范围外缺乏法律依据及理论支持。毋庸讳言，机动车所有人和被保险人骗保的道德风险是存在的，但是如果仅仅为了防范骗保的风险而将机动车保有人和被保险人排除在“第三者”范围外，是对机动车保有人和被保险人民事权利的一种预先侵害。《保险法》第二十七条第二款规定，投保人、被保险人故意制造保险事故的，保险人有权解除合同，不承担赔偿或者给付保险金的责任；同时《保险法》第一百七十四条、一百七十九条规定，如果投保人、被保险人进行保险诈骗活动，尚不构成犯罪的，依法给予行政处罚；构成犯罪的，依法追究刑事责任。因此，道德风险的防范并非没有相应的途径与措施，也不应当通过预先对机动车保有人和被保险人合法权利的剥夺来实现。

综上所述，本案中虽然撞车轿车甲的被保险人与被撞轿车乙的驾驶人均系被上诉人张某利，相撞两车的所有权人均为张某利，但被撞轿车乙的驾驶人张某利相对撞车轿车甲而言系发生意外事故的受害人，在排除其存在故意骗保的道德风险的前提下，其驾驶的乙轿车系受到财产损害的受损车辆，理应依据机动车第三者责任保险条款的规定获得财产损害赔偿，不应被排除在“第三者”范围之外。

编写人：山东省淄博市张店区人民法院　荆颖琼　刘晓辉

206 主车和挂车连接使用且均投保交强险和商业三者险，受害人损失超出交强险赔偿限额后，商业三者险的赔偿限额应如何确定

——杨某均诉王某连等机动车交通事故责任案

【案件基本信息】

1. 裁判书字号

山东省淄博市中级人民法院（2014）淄民三终字第15号民事判决书

2. 案由：机动车交通事故责任纠纷

3. 当事人

原告（被上诉人）：杨某均

被告：王某连、运输公司

被告（上诉人）：保险公司

【基本案情】

2013年1月20日，王某连驾驶重型半挂牵引车将步行的杨某均刮撞并碾压，造成交通事故。经交警部门认定，王某连负事故全部责任，杨某均不承担事故责任。杨某均受伤后住院治疗78天，其伤情经鉴定分别构成五级、十级伤残，护理等级为部分护理依赖，内固定物取出费用约需9000元。事故车辆实际车主是王某连，挂靠在运输公司从事货运经营。事故发生前，运输公司在保险公司投保主、挂车交强险各一份和主、挂车商业第三者责任险各一份，该事故发生在保险期限内。事故发生后，王某连已支付杨某均现金93000元。杨某均起诉要求被告赔偿各项经济损失共计1195353.1元。

【案件焦点】

主车和挂车连接使用且均投保交强险和商业三者险，受害人损失超出交强险赔偿限额后，商业三者险的赔偿限额应如何确定。

【法院裁判要旨】

山东省沂源县人民法院认为：因王某连负事故全部责任，运输公司作为肇事车辆的被挂靠单位应对王某连的赔偿义务负连带赔偿责任。保险公司应首先在交强险限额内予以赔偿，不足部分按事故责任划分赔偿比例后根据保险合同予以赔偿，仍有不足的，依照《中华人民共和国道路交通安全法》和《中华人民共和国侵权责任法》相关规定由侵权人予以赔偿。保险公司提交的机动车第三者责任保险条款第十二条关于主、挂车连接使用以主车责任限额为限赔付的规定，明显系免除其应承担责任的条款，该条款属无效条款，对其以主车责任限额为限赔付的主张不予支持。据此一审判决如下：

一、保险公司于本判决生效后10日内在交强险限额范围内支付杨某均医疗费 20000 元、精神抚慰金 15000 元、残疾赔偿金 149762 元（含被扶养人生活费 36410 元）、残疾辅助器具费 55238 元，合计 240000 元；

二、保险公司于本判决生效后 10 日内在商业三者险限额范围内支付杨某均医疗费 124595.80 元、住院伙食补助费 3900 元、营养费 2000 元、后续治疗费 9000 元、残疾辅助器具费 92962 元、残疾辅助器具维修费 14400 元、误工费 2510 元、住宿费 4000 元、交通费 4503 元，护理费 12650 元、残后护理费 257022 元，合计 530542.80 元；

三、王某连于本判决生效后 10 日内赔偿杨某均鉴定费 4200 元，该款与被告王某连已支付的 93000 元相折抵后，杨某均还应返还王某连 88800 元；

四、驳回王某连的其他诉讼请求。

保险公司不服一审判决，提起上诉。山东省淄博市中级人民法院经审理认为：原审判决确定假肢更换次数为 9 次，未扣除已实际发生的次数，依法予以纠正。杨某均经鉴定为部分护理依赖，结合其配制残疾辅助器具的情况，原审判决参照《工伤保险条例》关于伤残评定后的生活护理费的支付情况确定杨某均定残后的护理费正确，予以确认。保险公司主张杨某均配制残疾辅助器具后生活能够自理，无须护理，未提交证据证实，亦与杨某均的实际伤情不符，不予采信。据此二审法院维持一审判决第一项、第三项、第四项，并变更一审判决第二项为：保险公司于本判决生效后 10 日内在商业三者险限额范围内支付杨某均医疗费 124595.8 元、住院伙食补助费 3900 元、营养费 2000 元、后续治疗费 9000 元、残疾辅助器具费 81962 元、残疾辅助器具维修费 14400 元、误工费 2510 元、住宿费 4000 元、交通费 4503 元，护理费 12650 元、残后护理费 257022 元，合计 516542.8 元。

【法官后语】

本案二审虽然改判，但改判原因在于残疾辅助器具在计算更换次数时应扣除已实际发生的次数，而不应重复计算。不过本案一审、二审对于主车和挂车连接使用且均已投保交强险和商业三者险的情况下，受害人损失超出交强险赔偿限额后商业三者险如何赔付的认定是一致的，这也是本案反映出的核心问题所在。

实践中经常出现重型运输车辆发生交通事故而引发的责任赔偿问题。而这些重型运输车辆中有不少是属于全挂汽车列车或半挂汽车列车，也就是主车（牵引车）和挂车连接使用。根据《机动车登记规定》，车辆管理部门对全挂汽车列车和半挂汽车列车的牵引车和挂车分别登记并核发机动车登记证书、号牌和行驶证。因此，主车和挂车依法要分别投保交强险，商业三者险是否投保则根据自愿原则进行。在主、挂车连接使用发生交通事故时，根据《最高人民法院关于审理道路交通事故损害赔偿案件适用法律若干问题的解释》（以下简称《解释》）第二十一条第二款的规定，依法分别投保交强险的牵引车和挂车连接使用时发生交通事故造成第三人损害，当事人请求各保险公司在各自的责任限额范围内平均赔偿的，人民法院应予支持。① 这一规定明确了主、挂车连接使用时交强险的赔偿限额，即基于交强险作为法定强制责任保险的功能定位，交强险的赔偿限额为主、挂车两份交强险的限额之和，这样能够使受害人得到最大限度的赔偿。

但是在主、挂车连接使用且均投保交强险和商业三者险的情况

① 该规定现为《解释》（2020 年修正）第十八条第二款："依法分别投保交强险的牵引车和挂车连接使用时发生交通事故造成第三人损害，当事人请求由各保险公司在各自的责任限额范围内平均赔偿的，人民法院应予支持。"

下，对于受害人损失超出两份交强险赔偿限额时商业三者险应如何赔偿的问题，法律和司法解释均未规定。中国保险行业协会于2012年3月发布的《中国保险行业协会机动车车辆商业保险示范条款》（以下简称《示范条款》）规定，主车和挂车连接使用时视为一体，发生保险事故时，在主车和挂车责任限额之和内承担赔偿责任。虽然从属性上来看，《示范条款》只是行业性规范，不具有普遍适用性，仅具参考指导意义，但这一规定在实质内容上符合公平合理和权利义务对等原则，其精神亦与《解释》第二十一条第二款①不谋而合。因此，在主、挂车连接使用发生交通事故且主、挂车均已投保交强险和商业险的情况下，对商业三者险赔偿限额的认定应当与交强险一致，即应以两份商业三者险的限额总和为限。

编写人：山东省淄博市中级人民法院　荣明潇　郭鹏

207　车辆漏油致人损害属于交强险赔付范围

——陶某志诉保险公司、文某平机动车交通事故责任案

【案件基本信息】

1. 裁判书字号

重庆市第三中级人民法院（2014）渝三中法民终字第548号民事判决书

2. 案由：机动车交通事故责任纠纷

---

① 该规定现为《解释》（2020年修正）第十八条第二款："依法分别投保交强险的牵引车和挂车连接使用时发生交通事故造成第三人损害，当事人请求由各保险公司在各自的责任限额范围内平均赔偿的，人民法院应予支持。"

3. 当事人

原告（被上诉人）：陶某志

被告（上诉人）：保险公司

被告（被上诉人）：文某平

【基本案情】

文某平将其所有的轻型货车向保险公司投保了机动车交通事故责任强制保险，保险期间为2013年5月16日16时10分起至2014年5月16日16时10分止。2013年9月11日15时许，文某平驾驶轻型货车行驶至105省道水泥厂路段时，由于估计失误，其车辆油底壳被公路上的石块划破，导致机油漏出流淌在公路上，而文某平未对流淌在公路上的机油作处理，也未设立警示标志。陶某志驾驶其所有的二轮摩托车行经该处时，由于机油洒落在公路上导致路面湿滑，造成该二轮摩托车摔倒，致使陶某志受伤。

陶某志诉请文某平、保险公司赔偿其医疗费等费用。

【案件焦点】

被保险机动车因意外事故漏油致他人损害是否属于交强险赔付范围。

【法院裁判要旨】

重庆市涪陵区人民法院经审理认为：被告文某平在驾驶轻型货车的途中，发生交通事故，其机油流淌在公路上，但被告文某平未对遗洒在公路上的机油作任何处理，也未设立警示标志，是造成二轮摩托车发生本次交通事故的主要原因，应承担二轮摩托车发生的此次交通事故70%的责任。原告陶某志违反《中华人民共和国道路交通安全法》（以下简称《道路交通安全法》）第二十二条第一款“机动车驾驶人应当遵守道路交通安全法律、法规的规定，按照操作规范安全驾驶、文明驾驶”的规定，是造成二轮摩托车发生本次交通事故的次要原因，应承担二轮摩托车发生此次交通事故30%的责任。因轻型货车已向被告大地财保涪陵支公司投保了机动车交通事故责任强制保险，此次事故是在保险期限内发生的，被告大地财保涪陵支公司应当依法在该车的机动车交通事故责任强制保险的保险范围内予以赔付，其不足部分，再由原告陶某志与被告文某平按各自的过错比例分担责任。

重庆市涪陵区人民法院依照《中华人民共和国侵权责任法》第六条第一款、第十二条、第十六条、第二十二条、第四十八条、第八十五条，《道路交通安全法》第七十六条第一款第一项和《最高人民法院关于审理道路交通事故损害赔偿案件适用法律若干问题的解释》第十条之规定，判决如下：

一、原告陶某志受伤后的医疗费、住院伙食补助费、营养费、续医费共计16921.2元，由被告保险公司在交强险医疗损失限额内赔偿10000元；

二、原告陶某志受伤后的护理费、误工费、残疾赔偿金、精神损害抚慰金、交通费合计44895.2元，由被告保险公司在交强险死亡伤残损失限额内赔偿。

保险公司不服一审判决，提起上诉。

重庆市第三中级人民法院经审理认为：《机动车交通事故责任强制保险条例》（以下简称《交强险条例》）第三条规定，机动车交通事故责任强制保险，是指由保险公司对被保险机动车发生道路交通事故造成本车人员、被保险人以外的受害人的人身伤亡、财产损失，在责任限额内予以赔偿的强制性责任保险。《道路交通安全法》第一百一十九条第五项规定，“交通事故”，是指车辆在道路上因过错或者意外造成的人身伤亡或者财产损失的事件。文某平驾驶轻型货车在行驶过程中因油底壳被公路上的石块划破导致机油漏出，造成陶某志驾驶二轮摩托车经过时摔倒受伤，属于被保险机动车在道路上因过错或意外造成本车人员、被保险人以外的受害人的人身伤亡的事件，该情形符合交通事故交强险的法律构成要件，保险公司依法应承担交强险赔付责任。

综上，保险公司的上诉理由不能成立，对其上诉请求法院不予支持。原判决认定事实清楚，适用法律正确，依法应予维持。

重庆市第三中级人民法院依照《中华人民共和国民事诉讼法》第一百七十条第一款第一项之规定，作出如下判决：

驳回上诉，维持原判。

【法官后语】

本案争议焦点为被保险机动车因意外事故漏油致他人摔倒是否属于交强险赔付范围。此问题在司法实践中有不同观点，本案对正确理解适用法律，避免司法偏差具有指导意义。本案判决从交强险制度构成要件的角度揭示了交强险赔付范围的标准：交通事故、损害事实及因果关系。

其一，关于交通事故，交强险制度构成要件中的交通事故的主语特指被保险机动车。本案中文某平驾驶被保险机动车由于估计失误而导致车辆油底壳被公路上的石块划破，机油漏出，对该机动车而言，发生了交通事故应属确凿无疑。

其二，关于损害事实，其主体是“本车人员、被保险人以外的受害人”，即受害第三者，受损害内容是“人身伤亡、财产损失”，至于受害第三者的身份状态并无要求，既可以是机动车驾驶员（如本案的摩托车手陶某志），也可以是行人（假设陶某志推着摩托车路经油渍摔倒或某行人横穿马路），只要是因被保险机动车发生交通事故受害的人员都属于交强险受害第三者。本案中陶某志的身份是摩托车驾驶员，自身因前车的交通事故而发生次生性的交通事故，其遭受人身和财产损失的情形符合交强险损害事实要件的规定。

其三，关于因果关系，本案被保险机动车发生交通事故和陶某志摔倒受伤首先具有事实上的因果关系，即满足“若无则不规则”(But-For test)，而二者之间是否具有法律上的因果关系，则需进一步依据立法目的做出价值判断。对立法目的的探询，根据《交强险条例》第一条的规定，交强险制度旨在保障机动车道路交通事故受害人依法得到赔偿，促进道路交通安全。因此，受害人权益救济是交强险制度的首要价值关怀，换言之，我国交强险制度体现出鲜明的基本保障功能，在理念上更加重视对受害人的损失填补。这使得它与侵权责任区别开来。因此，《道路交通安全法》设置交强险制度的目的之一是缓解城市道路交通拥堵。具体到本案，损害事实即或存在多因一果的可能性，假设还存在道路管理部门未履行安全保障义务，或物件致人损害等原因，但均不是保险公司拒赔的法定事由，这也是交强险制度旨在快速处理交通事故、维护交通秩序立法目的的当然要求，至于保险公司是否会背负过于沉重的负担，正如姜强所说，其本身与交强险的经验模式有关，也更多地由一国经济发展水平、道路交通状况等一系列因素决定，它应当由立法决策而非司法判断的范畴。这是人民法院审理交强险案件的制度背景。

编写人：重庆市第三中级人民法院　陈立洋　王利

208 司机被甩出车外后被本车轧死应否认定为“第三人”

——王某园等诉王某军等机动车交通事故责任案

【案件基本信息】

1. 裁判书字号

河南省焦作市中级人民法院（2013）焦民二终字第431号民事判决书

2. 案由：机动车交通事故责任纠纷

3. 当事人

原告（被上诉人）：王某园、郭某某、郭某占

被告（上诉人）：甲保险公司、乙保险公司

被告：王某军

【基本案情】

2012年3月11日7时20分许，郭某刚驾驶豫H779××（豫HJ67×挂）重型半挂牵引车（内乘王某军一人）由西向东行驶至晋新高速公路28km+600m处，撞上高速公路中央隔离护栏后，车辆在侧翻和翻滚过程中郭某刚和王某军被甩出车外，被豫H779××（豫HJ67×挂）号车碾轧，造成郭某刚死亡、王某军受伤，机动车及高速公路设施损坏的道路交通事故。经山西省公安厅交通警察总队高速三支队一大队作出的道路交通事故认定书认定：郭某刚无证驾驶具有安全隐患的机动车在高速公路上行驶，是发生道路交通事故的原因，郭某刚负事故的全部责任，王某军无责任。豫H779××号重型半挂牵引车和豫HJ67×挂重型厢式半挂车行驶证登

记的所有人为物流公司。2011 年 11 月 18 日，物流公司与被告王某军签订了挂靠经营服务协议，约定：被告王某军（乙方）将自己购买的车辆以物流公司（甲方）的名义登记注册，由乙方独立合法经营；挂靠期限为 2011 年 11 月 8 日至 2013 年 11 月 8 日。豫 H779××号重型半挂牵引车在被告甲保险公司投保了机动车交通事故责任强制保险，保险期间为 2011 年 6 月 10 日起至 2012 年 6 月 9 日止。豫 HJ67×挂重型厢式半挂车在被告乙保险公司投保了机动车交通事故责任强制保险，保险期间为 2011 年 8 月 21 日起至 2012 年 8 月 20 日止。该车发生此次事故时被保险人均为物流公司。

另查明，郭某刚自 2010 年 10 月份至 2012 年 3 月份在农副产品交易市场从事蔬菜批发业务。郭某刚家庭情况如下：女儿郭某某；妻子王某园；父亲郭某占，郭某占生育郭某刚、郭某、郭某 1、郭某 2 兄妹四人。

【案件焦点】

司机因交通事故被甩出车外后又被本车轧死是否属于《机动车交通事故责任强制保险条例》规定的被保险机动车“第三人”。

【法院裁判要旨】

河南省焦作市山阳区人民法院经审理认为：依法成立的合同，对当事人具有法律约束力。当事人应当按照约定履行自己的义务，不得擅自变更或者解除合同。本案中，事故车辆所涉及的交强险合同合法有效，保险公司应当按合同约定承担保险责任。在事故发生之前，郭某刚是司机，属于车上人员；但事故发生时郭某刚被甩出驾驶室后，已经失去了对车辆的操控，即已经失去了驾驶员的身份。

郭某刚是在被甩出车外落地后，又被车碾轧致死的，所以事故时间节点应为车辆轧死郭某刚的时间，即在这一时间节点上，郭某刚已经由“车上人员”转化为“第三者”，郭某刚应属于“因保险车辆发生意外事故遭受人身损害的保险车辆下的受害者”，适用交强险对第三者的理赔。死者郭某刚系居民家庭户口，其户籍虽在河南省获嘉县太山乡某村，但其自2010年10月起至2012年3月止在农副产品交易市场从事蔬菜批发业务，有固定收入，按照相关法律规定，原告主张的死亡赔偿金和丧葬费应按城镇居民标准获得赔偿，仅死亡赔偿金一项已超过交强险死亡伤残赔偿限额。豫H779××号重型半挂牵引车和豫HJ67×挂重型厢式半挂车分别在被告甲保险公司和乙保险公司投保了交强险，现原告要求被告甲保险公司和乙保险公司在交强险范围内进行赔偿220000元，理由正当，应予支持。依照《中华人民共和国侵权责任法》第十六条，《中华人民共和国合同法》第八条、《中华人民共和国保险法》第六十五条的规定，判决如下：

一、被告甲保险公司于本判决生效之日起十日内赔偿原告王某园、郭某某、郭某占110000元；

二、被告乙保险公司于本判决生效之日起十日内赔偿原告王某园、郭某某、郭某占110000元。

甲保险公司、乙保险公司不服，上诉至焦作市中级人民法院。焦作市中级人民法院经审理认为：涉案机动车辆保险合同中所涉及的“第三者”和“车上人员”均为在特定时空条件下的临时性身份，即“第三者”和“车上人员”均不是永久的、固定不变的身份，二者可以因特定时空条件的变化而转化。在郭某刚被车辆轧死的时间节点上，郭某刚所处的空间位置是车外，已经由“车上人员”

转化为“第三者”。故原判认定事实清楚，适用法律正确，依据《中华人民共和国民事诉讼法》第一百五十三条第一款第一项之规定，判决如下：

驳回上诉，维持原判。

【法官后语】

该案中对司机郭某刚因交通事故被甩出车外伤亡是否属于《机动车交通事故责任强制保险条例》规定的被保险机动车“第三人”，存在争议。主要有以下两种不同的观点：

第一种观点认为，“车上人员”与“车外人员”的区别是比较固定的，因交通事故的撞击等原因导致车上人员脱离本车的，不存在“转化”为第三人的问题，上述人员仍属于“车上人员”，不应由交强险赔偿。

第二种观点认为，原处于车内的人员因交通事故被甩出被保险车辆，后又被本车轧死，应当属于“第三人”。

笔者同意第二种观点。在交通事故损害赔偿案件中第三人身份的确定，对于是否可以要求保险公司在交强险范围内承担赔付责任是非常重要的。通常情况下，第三人的身份是比较好确定的，但是，本案情况比较特殊，实践中也有类似案件，处理情况不一。笔者认为，被甩出被保险车辆之外伤亡的受害人是否属于“第三人”，应当综合交通事故发生和受害人受到伤害的过程，从时空两个方面进行分析认定。

1. 交强险和第三者责任险中关于“第三人”的规定

《机动车交通事故责任强制保险条款》第五条规定，交强险合同中的受害人是指因被保险机动车发生交通事故遭受人身伤亡或者财产损失的人，但不包括被保险机动车本车车上人员、被保险人。同时，《机动车第三者责任保险条款》第三条也规定，本保险合同中的第三者是指因被保险机动车发生交通意外事故遭受人身伤亡或者财产损失的人，但不包括投保人、被投保人、保险人和保险事故发生时被保险机动车本车上的人员。上述两条款对“受害人”“第三者”作出了定义，并都特别另外举例不包括“保险事故发生时被保险机动车本车上的人员”，亦即“车上人员”仅指发生意外交通事故时身处被保险车辆之上的人员。

2. 在交通事故损害赔偿案件中第三人身份的确定

机动车是一种交通工具，任何人都不可能永久地置身于机动车辆之上，故涉案机动车辆保险合同中所涉及的“第三者”和“车上人员”均为在特定时空条件下的临时性身份，即“第三者”和“车上人员”均不是永久的、固定不变的身份，二者可以因特定时空条件的变化而转化。一般认为，界定交通事故中受害人是否属于被保险车辆的“第三人”，应当从时空两个方面把握：一是在时间上以发生交通事故的那一瞬间，即“车辆接触身体”为时间节点；二是在空间上以机动车为考量对象，即发生交通事故时，受害人所处的空间位置是在车内还是在车外。

本案为受害人因交通事故被甩出车外后又与本车产生接触（碰撞、碾轧等）致死的情形，可以作如下分析：交通事故发生的时间应为车辆轧死郭某刚的时间，在这个时间节点上，郭某刚所处的空间位置是车外，已经由“车上人员”转化为“第三者”，故郭某刚应属于“因保险车辆发生意外事故遭受人身损害的保险车辆下的受害者”，适用交强险对第三者的理赔。

编写人：河南省焦作市山阳区人民法院　许建军　廉玉光

209 同属一个车主的两辆车发生交通事故，车主是否属于第三者责任险中的第三者

——王某望诉保险公司机动车交通事故责任案

【案件基本信息】

1. 裁判书字号

河南省新乡市中级人民法院（2013）新中民四终字第436号民事判决书

2. 案由：机动车交通事故责任纠纷

3. 当事人

原告（上诉人）：王某望

被告（上诉人）：保险公司

【基本案情】

2013年5月22日8时30分，余某某驾驶王某望所有的豫G415××号货车行驶至济宁市任城大道与长虹路交叉口时，与高某某驾驶王某望所有的豫G218××号货车相撞，造成两车损坏的交通事故。经济宁市公安交通警察支队高新区大队事故认定，余某某、高某某承担事故的同等责任。豫G218××号货车在人寿新乡市中心支公司投有机动车交通事故责任强制保险与机动车第三者责任保险，王某望的豫G415××号货车的损失为29380元。

【案件焦点】

王某望是豫G218××号货车交强险和商业三者险中约定的被保险人，同时又是豫G415××号货车的车主，故是否应当认定豫G415××

号货车的车主王某望是豫 G218××号货车交强险和商业三者险的被保险人王某望之外的第三者。

【法院裁判要旨】

河南省卫辉市人民法院经审理后认为：王某望的二车相撞，造成车辆损坏的机动车交通事故责任纠纷，王某望的豫 G218××号货车在保险公司投有机动车交通事故责任强制保险与机动车第三者责任保险，王某望要求保险公司赔偿符合相关法律规定，原审法院予以支持。保险公司称王某望要求赔偿系免赔范围的意见，于法无据。王某望要求赔偿车损 29380 元，首先在交强险限额内赔偿车损 2000 元，余额按 50% 承担，即（29380 元－2000 元）×50%＝13690 元，以上两项共计 15690 元，符合相关法律规定，原审法院予以支持。王某望要求的车损评估费 1500 元，不属保险公司承担范围，不予支持。

河南省新乡市卫辉市人民法院依照《中华人民共和国民法通则》第一百一十七条，《中华人民共和国侵权责任法》第十九条、第二十条之规定，判决如下：

一、保险公司于判决生效后三十日内赔偿王某望车损 15690 元；

二、驳回王某望的其他诉讼请求。

王某望和保险公司均不服原审判决，向新乡市中级人民法院提起上诉。

河南省新乡市中级人民法院经审理后认为：机动车交通事故责任强制保险与机动车第三者责任保险的目的，在于确保不特定第三者因交通事故受到损害时能够从保险人处获得救济，以保护不特定第三者的利益。相对于豫 G218××号车而言，受损车辆豫 G415××号望，本次事故造成王某望的豫G415××号货车的车损为29380元，虽然本案并不存在致害车豫G218××号车主王某望向豫G415××号车主王某望赔偿的问题（因王某望为同一人），但如果豫G218××号货车上的交强险和商业三者险的保险人不对豫G415××号货车的车损进行理赔，则势必会导致作为豫G415××号的车主王某望的损失得不到及时救济，同时也意味着豫G218××号车交强险和商业三者险的被保险人需要自己支付修车费用，从而增加了自己的财产损失，作为豫G218××号车交强险和商业三者险的被保险人王某望的风险并未被分散，不符合投保交强险和商业三者险的目的。

《保险公司机动车第三者责任保险条款》第三条规定："本保险合同中的第三者是指因被保险机动车发生意外事故遭受人身伤亡或者财产损失的人，但不包括投保人、被保险人、保险人和保险事故发生时被保险机动车本车上的人员。"第五条规定："被保险机动车造成下列人身伤亡或财产损失，不论在法律上是否应当由被保险人承担赔偿责任，保险人均不负责赔偿：（一）被保险人及其家庭成员的人身伤亡、所有或代管的财产的损失……"实际上，就机动车第三者责任险中的第三者，普遍认识是针对机动车上的人而言的第三者，即在行驶车辆外的所有路人为第三者；而除本人和其家属成员外的第三者是针对签订保险合同双方当事人本人而言的第三者，因此保险合同中约定的第三者实际上已经偷换了第三者的概念。根据《中华人民共和国保险法》第三十条规定，采用保险人提供的格式条款订立的保险合同，保险人与投保人、被保险人或者受益人对合同条款有争议的，应当按照通常理解予以解释。对合同条款有两种以上解释的，人民法院或者仲裁机构应当作出有利于被保险人和受益人的解释。本案中应当作出对被保险人有利的解释，即应当将豫G415××号货车车主王某望作为豫G218××号交强险和商业三者险中约定的第三者对待。

在现实生活中，多辆车登记在一人名下的情况大量存在，如一个公司或单位拥有多辆车，多辆车投保时的被保险人均登记为该公司，但该公司或单位同时雇用有多个司机，在此情况下，该公司或单位车辆之间发生交通事故的可能性和现实性都客观存在。在保险合同中，相对于保险人而言，投保人、被保险人、受益人往往处于较弱势的地位，其对于合同格式一般没有修改的权利。根据《中华人民共和国民法典》第四百九十六条第二款规定，采用格式条款订立合同的，提供格式条款的一方应当遵循公平原则确定当事人之间的权利和义务，并采取合理的方式提示对方注意免除或者减轻其责任等与对方有重大利害关系的条款，按照对方的要求，对该条款予以说明。提供格式条款的一方未履行提示或者说明义务，致使对方没有注意或者理解与其有重大利害关系的条款的，对方可以主张该条款不成为合同的内容。第四百九十七条规定："有下列情形之一的，该格式条款无效：(一) 具有本法第一编第六章第三节和本法第五百零六条规定的无效情形；(二) 提供格式条款一方不合理地免除或者减轻其责任、加重对方责任、限制对方主要权利；(三) 提供格式条款一方排除对方主要权利。"因此，在本案的情况下，将王某望作为第三者对待，更加符合实际情况和公平原则及法律规定。

综上，在机动车交通事故中，当肇事车辆上交强险和商业三者险的被保险人与受害车辆的车主为同一人时，应当将受害车辆的车主作为肇事车辆上交强险和商业三者险中约定的第三者，肇事车辆上的保险人对受害车辆的损失应当予以理赔。

编写人：河南省新乡市中级人民法院　宋克洋　温双双

望，本次事故造成王某望的豫G415××号货车的车损为29380元，虽然本案并不存在致害车豫G218××号车主王某望向豫G415××号车主王某望赔偿的问题（因王某望为同一人），但如果豫G218××号货车上的交强险和商业三者险的保险人不对豫G415××号货车的车损进行理赔，则势必会导致作为豫G415××号的车主王某望的损失得不到及时救济，同时也意味着豫G218××号车交强险和商业三者险的被保险人需要自己支付修车费用，从而增加了自己的财产损失，作为豫G218××号车交强险和商业三者险的被保险人王某望的风险并未被分散，不符合投保交强险和商业三者险的目的。

《保险公司机动车第三者责任保险条款》第三条规定："本保险合同中的第三者是指因被保险机动车发生意外事故遭受人身伤亡或者财产损失的人，但不包括投保人、被保险人、保险人和保险事故发生时被保险机动车本车上的人员。"第五条规定："被保险机动车造成下列人身伤亡或财产损失，不论在法律上是否应当由被保险人承担赔偿责任，保险人均不负责赔偿：（一）被保险人及其家庭成员的人身伤亡、所有或代管的财产的损失……"实际上，就机动车第三者责任险中的第三者，普遍认识是针对机动车上的人而言的第三者，即在行驶车辆外的所有路人为第三者；而除本人和其家属成员外的第三者是针对签订保险合同双方当事人本人而言的第三者，因此保险合同中约定的第三者实际上已经偷换了第三者的概念。根据《中华人民共和国保险法》第三十条规定，采用保险人提供的格式条款订立的保险合同，保险人与投保人、被保险人或者受益人对合同条款有争议的，应当按照通常理解予以解释。对合同条款有两种以上解释的，人民法院或者仲裁机构应当作出有利于被保险人和受益人的解释。本案中应当作出对被保险人有利的解释，即应当将豫G415××号货车车主王某望作为豫G218××号交强险和商业三者险中约定的第三者对待。

在现实生活中，多辆车登记在一人名下的情况大量存在，如一个公司或单位拥有多辆车，多辆车投保时的被保险人均登记为该公司，但该公司或单位同时雇用有多个司机，在此情况下，该公司或单位车辆之间发生交通事故的可能性和现实性都客观存在。在保险合同中，相对于保险人而言，投保人、被保险人、受益人往往处于较弱势的地位，其对于合同格式一般没有修改的权利。根据《中华人民共和国民法典》第四百九十六条第二款规定，采用格式条款订立合同的，提供格式条款的一方应当遵循公平原则确定当事人之间的权利和义务，并采取合理的方式提示对方注意免除或者减轻其责任等与对方有重大利害关系的条款，按照对方的要求，对该条款予以说明。提供格式条款的一方未履行提示或者说明义务，致使对方没有注意或者理解与其有重大利害关系的条款的，对方可以主张该条款不成为合同的内容。第四百九十七条规定："有下列情形之一的，该格式条款无效：(一) 具有本法第一编第六章第三节和本法第五百零六条规定的无效情形；(二) 提供格式条款一方不合理地免除或者减轻其责任、加重对方责任、限制对方主要权利；(三) 提供格式条款一方排除对方主要权利。"因此，在本案的情况下，将王某望作为第三者对待，更加符合实际情况和公平原则及法律规定。

综上，在机动车交通事故中，当肇事车辆上交强险和商业三者险的被保险人与受害车辆的车主为同一人时，应当将受害车辆的车主作为肇事车辆上交强险和商业三者险中约定的第三者，肇事车辆上的保险人对受害车辆的损失应当予以理赔。

编写人：河南省新乡市中级人民法院　宋克洋　温双双

210 受害人伤残与交通事故间存在“临界型”因果关系，交强险赔偿限额范围内是否应当考虑外伤参与度

——屈某俭诉保险公司、实业公司机动车交通事故责任案

【案件基本信息】

1. 裁判书字号

湖北省宜昌市中级人民法院（2013）鄂宜昌中民一终字第000852号民事判决书

2. 案由：机动车交通事故责任纠纷

3. 当事人

原告（被上诉人）：屈某俭

被告（上诉人）：保险公司

被告：实业公司

【基本案情】

2012年6月19日12时40分，实业公司的驾驶员杨某某驾驶鄂E198××号中型客车在宜昌市夷陵区太平溪镇加油站路段转弯时，与屈某俭驾驶的鄂EML1××号二轮摩托车相撞，造成屈某俭受伤及两车受损的交通事故。事故发生当天，宜昌市公安局夷陵区分局交通警察大队作出道路交通事故认定书（简易程序），认定杨某某负事故的主要责任，屈某俭负次要责任。屈某俭受伤后，被送往中心卫生院住院治疗7天，出院医嘱：建议到上级医院诊疗，不适随诊。屈某俭于2012年6月25日转至医院住院治疗22天，诊断为外伤性颈椎间盘突出并不全瘫。出院医嘱：全休三月，

营养神经治疗；右上肢功能锻炼，三月内每月复查一次；不适随诊。原告治疗及康复期间，花费住院医疗费30845.54元、门诊治疗费2243.60元。屈某俭受伤后，实业公司垫付医疗费用32288.04元。2012年12月21日，法医司法鉴定所出具法医司法鉴定意见书，鉴定屈某俭的伤残等级为Ⅶ级、误工日为6个月、后期治疗费建议为12000元。此次鉴定，屈某俭支出鉴定费1900元。2013年1月16日，屈某俭向法院提起诉讼，将其损失计算为247286.14元［包含医疗费33089.14元、后期治疗费12000元、残疾赔偿金166837元（含被抚养人生活费）、误工费18000元、护理费1740元、住院伙食补助费870元、鉴定费1900元、交通费850元、精神损害抚慰金12000元］，并要求在依法划分责任后，赔偿损失共计202269.48元。案件审理过程中，保险公司宜昌中心公司申请对屈某俭的伤残情况与交通事故的因果关系进行鉴定，2013年7月12日，法医司法鉴定所出具司法鉴定意见书，在分析说明部分阐述：被鉴定人既有交通事故的头部皮肤裂伤，C5、6、7椎体挫伤；又有颈椎骨质增生、椎间盘膨出这些颈椎退行性、伤前自身潜在性病变。鉴定意见为屈某俭伤残与交通事故间存在“临界型”因果关系，其外伤参与度为50%。庭审中，屈某俭将请求二被告赔偿的金额变更为224778.49元（残疾赔偿金变更为188847元、精神损害抚慰金变更为15000元），并要求残疾赔偿金、精神抚慰金在交强险内赔付。

同时查明，实业公司为其公司所有的鄂E198××号中型客车在保险公司购买了机动车交通事故责任强制保险和商业第三者责任险，此次事故发生在保险期间内。杨某某系实业公司的驾驶员。

【案件焦点】

屈某俭伤残与交通事故间存在“临界型”因果关系，其外伤参与度为 50%，在交强险范围内是否应当考虑外伤参与度。

【法院裁判要旨】

湖北省宜昌市夷陵区人民法院经审理认为：鄂 E198××号中型客车在保险公司购买了机动车交通事故责任强制保险和商业第三者责任险，依照《最高人民法院关于审理道路交通事故损害赔偿案件适用法律若干问题的解释》第十六条之规定，该保险公司应当按照法律规定在交强险责任限额范围内和商业险责任限额范围内予以赔付。保险公司在庭审中提出应当对屈某俭的损失予以 50%的核减，虽然此次交通事故在屈某俭损伤结果中的参与度为 50%，但交强险具有公益性，其立法目的是弥补受害人的损失，法律并未明文规定应考虑事故参与度。因此，保险公司以损伤参与度作为减轻其交强险责任的抗辩理由缺乏法律依据，法院不予采信。宜昌市夷陵区人民法院依照《中华人民共和国侵权责任法》第六条第一款、第十六条、第二十二条、第四十八条，《中华人民共和国道路交通安全法》第七十六条，《机动车交通事故责任强制保险条例》第二十一条、第二十三条第一款，《机动车交通事故责任强制保险条款》第八条，《最高人民法院关于审理人身损害赔偿案件适用法律若干问题的解释》第十七条第一款、第二款、第十九条、第二十条、第二十一条、第二十二条、第二十三条、第二十五条，《最高人民法院关于审理道路交通事故损害赔偿案件适用法律若干问题的解释》第十六条，《中华人民共和国民事诉讼法》第一百四十二条，《最高人民法院关于民事诉讼证据的若干规定》第二条之规定，判决如下：

由保险公司于本判决生效后十日内在机动车交通事故责任强制保险和第三者责任商业保险范围内赔偿屈某俭各项损失共计156912.31元；由保险公司于本判决生效后十日内支付实业公司垫付的医疗费用32288.04元。

驳回屈某俭的其他诉讼请求。

保险公司不服提起上诉，认为交强险不是公益性保险，而是强制性保险，保险公司没有从公益角度对受害人进行赔付的义务，故应当改判承担50%的责任。宜昌市中级人民法院经审理认为：屈某俭的Ⅶ级伤残虽有其自身潜在性病变的原因，但交通事故的发生与屈某俭Ⅶ级伤残的后果有直接因果关系，保险公司要求按外伤参与度核减赔偿相关损失没有法律依据。因此，宜昌市中级人民法院依法驳回上诉，维持原判。

【法官后语】

本案处理的重点是交强险范围内是否应当考虑外伤参与度的问题。《中华人民共和国道路交通安全法》第十七条规定："国家实行机动车第三者责任强制保险制度，设立道路交通事故社会救助基金。具体办法由国务院规定。"第七十六条规定："机动车发生交通事故造成人身伤亡、财产损失的，由保险公司在机动车第三者责任强制保险责任限额范围内予以赔偿……"国务院颁布的《机动车交通事故责任强制保险条例》第三条规定："本条例所称机动车交通事故责任强制保险，是指由保险公司对被保险机动车发生道路交通事故造成本车人员、被保险人以外的受害人的人身伤亡、财产损失，在责任限额内予以赔偿的强制性责任保险。"故交强险责任是一种法定赔偿责任，交强险赔偿的范围、标准、免责事由等均由法律予以强制性规定。从目前《机动车交通事故责任强制保险条例》来看，保险公司的免责事由仅限于第二十一条第二款规定的交通事故的损失是受害人故意造成的情形，因此即使出现无证驾驶、醉酒驾驶、盗抢、故意制造交通事故的情形，保险公司仍应向第三者承担交强险责任，承担责任后，其有向致害人追偿的权利。但我国交强险立法并没有将外伤参与度作为其免责事由之一予以明确规定，由于交强险的性质是法定赔偿责任，其免责事由均由法定，故在法律没有明确规定的情况下，外伤参与度显然不能作为保险公司的免责事由。所以，只要机动车发生交通事故造成了第三者损害，除非该损害是受害人故意造成的，保险公司均应对受害人的全部人身伤亡损失在责任限额内予以赔偿。保险公司以外伤参与度作为减轻或免除其交强险责任的抗辩理由，缺乏法律依据，不应得到支持。同时，根据保险法上的“近因原则”，本案中交通事故是导致屈某俭损害发生的最直接、最有效、起决定性作用的因素，因此，保险公司应当在交强险范围内承担赔偿责任，而不应考虑外伤参与度。

编写人：湖北省宜昌市夷陵区人民法院　冯杨勇

211　多辆机动车发生交通事故造成第三人损害，各机动车投保的保险公司责任应如何分担

——陈某英等诉甲保险公司等机动车交通事故责任案

【案件基本信息】

1. 裁判书字号

广西壮族自治区南宁市中级人民法院（2012）南民一终字第

2158 号民事判决书

2. 案由：机动车交通事故责任纠纷

3. 当事人

原告（被上诉人）：陈某英、梁某莲、莫某治、莫某楠、莫某配

被告（上诉人）：甲保险公司

被告（被上诉人）：蒙某、运输公司、刘某新、乙保险公司

【基本案情】

2011 年 5 月 29 日 7 时 40 分，刘某新驾驶的桂 B19×××中型半挂牵引车牵引桂 B1×××挂重型特殊结构半挂车停在横县长安大道横县苍山茶厂路段上，蒙某驾驶桂 AH1×××中型自卸货车沿长安大道往横县那阳方向行驶，莫某光驾驶无号牌电动车同向在前行驶，至上述路段，莫某光驾车绕过桂 B19×××半挂车，在此过程中蒙某驾车实施超车，致使桂 AH1×××中型自卸货车右侧护栏碰剐到无号牌电动车后造成莫某光及该车跌地，而后被桂 AH1×××中型自卸货车右后轮碾轧，造成莫某光当场死亡，无号牌电动车严重损坏的道路交通事故。2011 年 6 月 13 日，横县公安局交通管理大队作出《道路交通事故认定书》认定在本案交通事故中蒙某负主要责任，刘某新负次要责任，莫某光无责任。

莫某光是陈某莹的儿子，梁某莲的丈夫，莫某治、莫某楠、莫某配的父亲。刘某新是运输公司的雇员，本案交通事故发生时刘某新正在履行运输公司交付的工作任务。2011 年 7 月 26 日，蒙某被横县人民检察院以交通肇事罪向横县人民法院提起诉讼，横县人民法院于 2011 年 9 月 5 日作出（2011）横刑初字第 199 号刑事判决书，判处蒙某有期徒刑 8 个月，缓刑 1 年，该判决已发生法

律效力。

桂B19×××中型半挂牵引车和桂B1×××挂重型特殊结构半挂车在乙保险公司分别投保有交强险；桂AH1×××中型自卸货车在甲保险公司投保有交强险。

【案件焦点】

本案交通事故各保险公司的赔偿责任应如何分担。

【法院裁判要旨】

广西壮族自治区南宁市横县人民法院经审理认为：横县公安局交通管理大队作出的蒙某负事故主要责任、刘某新负事故的次要责任、莫某光无责任的事故认定客观公正、程序合法，予以确认。本案交通事故应先由蒙某驾驶的桂AH1×××车投保的甲保险公司在交强险限额内承担70%的赔偿责任，刘某新驾驶的桂B19×××牵引桂B1×××挂车投保的乙保险公司在交强险限额内承担30%的赔偿责任，超出部分由蒙某承担70%赔偿责任，刘某新承担30%责任。因刘某新系运输公司的雇员，履行的系公司职务，故刘某新应承担的责任由运输公司承担。

广西壮族自治区南宁市横县人民法院依照《中华人民共和国侵权责任法》第十六条、第十八条、第二十二条、第三十四条第一款，《最高人民法院关于民事诉讼证据的若干规定》第二条之规定，作出如下判决：

一、由甲保险公司在交强险110000元死亡伤残限额内赔偿陈某英等五人95961.1元；

二、由乙保险公司在220000元死亡伤残赔偿限额内赔偿陈某英等五人36973.3元。

甲保险公司不服原审判决提起上诉，广西壮族自治区南宁市中级人民法院经审理认为：因本案交通事故涉及多辆肇事机动车，共三份交强险，其中桂 AH1×××中型自卸货车在甲保险公司投保一份交强险，桂 B19×××号中型半挂牵引车、桂 B1×××挂重型特殊结构半挂车在乙保险公司分别投保一份交强险，且陈某英等人的损失数额并未超出各机动车交强险责任限额之和，故对于陈某英等人的损失应由各机动车投保的保险公司在强制保险责任限额范围内平均分担，即甲保险公司在强制保险责任限额范围内分担 1/3，乙保险公司在强制保险责任限额范围内分担 2/3。

广西壮族自治区南宁市中级人民法院依照《中华人民共和国民事诉讼法》第一百五十三条第一款第一项、第二项的规定，作出如下判决：

一、变更横县人民法院（2011）横民一初字第 815 号民事判决第一项为：甲保险公司在强制保险责任死亡伤残赔偿限额内赔偿陈某英等五人 35693. 67 元；

二、变更横县人民法院（2011）横民一初字第 815 号民事判决第二项为：乙保险公司在强制保险责任死亡伤残赔偿限额内赔偿陈某英等五人 81387. 33 元。

【法官后语】

本案处理重点主要在于多辆机动车发生交通事故造成第三人损害，损失未超出各机动车交强险责任限额之和的，各保险公司责任如何分担的问题。一审、二审法院在审理中存在的分歧是：一审法院认为各保险公司应按照肇事车辆的事故责任比例赔偿；二审法院则认为各保险公司应在机动车交通事故责任强制保险赔偿限额内平均分担。

从交强险的性质、立法目的以及道交法的相关原则来看，在司法实践中，由各保险公司在交强险限额内平均分担受害人的实际损失更符合立法精神，也更有利于对受害人合法利益的保护。首先，从交强险的性质看，机动车交通事故责任强制保险责任是与事故责任脱离后的单纯赔偿责任。机动车通过保险将一定限额内的赔偿责任转移给了保险公司，保险公司的赔偿责任并非建立在事故责任的基础上。其次，从交强险的立法目的看，在于为机动车道路交通事故的受害人提供及时的救治和合理的损害补偿，从而维护社会大众的安全与权益。最后，从道交法相关规定看，《中华人民共和国道路交通安全法》第七十六条规定确立了保险公司在交强险范围内对保险事故承担无过失赔偿责任的基本原则，受害人对保险公司在交强险责任限额内享有直接请求权。《最高人民法院关于审理道路交通事故损害赔偿案件适用法律若干问题的解释》第十八条规定，多辆机动车发生交通事故造成第三人损害，损失超出各机动车交强险责任限额之和的，由各保险公司在各自责任限额范围内承担赔偿责任；损失未超出各机动车交强险责任限额之和，当事人请求由各保险公司按照其责任限额与责任限额之和的比例承担赔偿责任的，人民法院应予支持。基于上述理由，各保险公司在交强险限额的赔偿责任并不以被保险人的责任大小为依据，当被保险机动车对事故均负有责任时，各车辆投保的保险公司应当首先在交强险范围内承担足额的赔付义务，当交强险赔付额度超出实际损失时，各保险公司则应平均分担受害人的实际损失。

编写人：广西壮族自治区南宁市中级人民法院　刘萌

212 机动车在被非法占有期间发生交通事故造成他人损害，保险公司是否应在交通事故强制责任险限额内赔偿

——王某钧诉赵某东等交通事故人身损害赔偿责任案

【案件基本信息】

1. 裁判书字号

浙江省绍兴市中级人民法院（2010）浙绍民终字第879号民事判决书

2. 案由：道路交通事故人身损害赔偿纠纷

3. 当事人

原告（被上诉人）：王某钧

被告（被上诉人）：赵某东、裘某强、保险公司

【基本案情】

2008年12月18日，被告赵某东驾驶汽车服务中心所有的浙JG××××号轿车由社古驶往东丁，19时左右与原告王某钧发生碰撞，造成王某钧受伤的交通事故。该起交通事故经新昌县公安局交通警察大队认定被告赵某东负事故的全部责任，原告王某钧无责任。原告王某钧之伤经鉴定构成八级伤残。原告王某钧虽为农村户口，但一直在机械厂上班，且居住在镇内。该起交通事故给原告造成的经济损失为：1. 医疗费26569.98元；2. 护理费8521.20元；3. 误工费25918.65元；4. 住院伙食补助费1710元；5. 交通费600元；6. 伤残赔偿金136362元；7. 精神抚慰金15000元；8. 鉴定费1600元；9. 输血费660元，合计人民币217341.83

元。浙 JG××××号轿车在被告保险公司投保了交强险和第三者责任险。事故发生后，被告赵某东仅向原告赔付了 20000 元。现起诉要求被告赵某东和被告裘某强共同赔偿原告因该起交通事故造成的经济损失 217341.83 元，被告保险公司在交强险和商业第三者责任险的责任限额内先行赔付，本案诉讼费由三被告负担。

【法院裁判要旨】

浙江省新昌县人民法院经审理认为：公民的生命健康权受国家法律保护，侵害公民身体造成伤害的，应当承担民事责任。本案系发生在机动车与行人之间的道路交通事故人身损害赔偿纠纷。国家设立机动车交通事故责任强制保险制度的主要目的是保障交通事故受害人能获得充分、及时的救济，具有法定性和强制性，只有损失是由被害人故意造成的，保险公司才不予赔偿，故被告保险公司应承担交强险责任。肇事车辆浙 JG××××号轿车系陈某文从被告裘某强开办的天台志强汽车服务中心承租，其间被他人诈骗，后转抵给被告赵某东，被告裘某强丧失了对车辆的支配权，故被告裘某强对本案交通事故的发生没有过错，不应承担赔偿责任。被告赵某东无证驾驶机动车肇事且逃逸，是造成事故的直接原因，故应当对原告王某钧因交通事故造成的经济损失超出交强险各分项赔偿限额的部分承担赔偿责任。结合原告提供的证据可以确定，原告王某钧在城镇有稳定住所连续居住一年以上并有长期居住的意愿，且以非农收入为其主要生活来源，故残疾赔偿金按照城镇居民标准赔偿。对原告主张的精神损害抚慰金，结合被告赵某东在本起交通事故中的过错程度、事故所造成的后果及受诉法院所在地平均生活水平等因素综合考虑，法院酌情确定 5000 元。

保险公司提起上诉，二审法院经审理判决：

驳回上诉，维持原判。

【法官后语】

对于机动车在被非法占有期间发生交通事故造成他人损害，保险公司是否在交通事故强制责任险（以下简称交强险）限额内赔偿的问题，在司法实践中有两种截然不同的观点。一种观点是保险公司不予赔偿，其主要依据是《机动车交通事故责任强制保险条例》（以下简称《条例》）第二十二条的规定；另一种观点是保险公司应当在交强险限额内承担赔偿责任，其依据是《中华人民共和国道路交通安全法》（以下简称《道路交通安全法》）第七十六条的规定。本案的审理过程反映了一审、二审法院对于第二种观点的认可。

交强险是一种法定保险，保险公司对第三人所承担的是法定责任。首先，这种法定责任体现在交强险是采取无过错责任，即机动车有无过错、过错大小等情形，均不能作为保险公司免责或减轻责任的理由。其次，这种法定责任体现在交强险是一种社会保险，不以营利为目的，而以弥补受害人的损失为宗旨。只要出现了交强险赔付的法定事由——交通事故，即应当赔偿。最后，这种法定责任体现在当事人不能通过合同约定、政策规定等任何形式放弃或规避。保险公司不能以《条例》第二十二条所规定的“非法占有”“无证驾驶”“醉酒驾驶”等理由免责或减轻责任。

从法律体系来看，《道路交通安全法》是法律，《条例》是行政法规，都应当适用，但在两者间出现矛盾时，法律的效力自然高于行政法规，应以法律为准。为消弭二者之间的冲突，也可以从另一个角度来分析，即《条例》第二十二条的规定旨在调整投保人和保险公司之间的关系，而非调整保险公司与受害人之间的关系；其功能在于区分责任最终承担者，而非对受害人免责。至于保险公司在赔偿之后是否享有追偿权，《中华人民共和国侵权责任法》第五十二条和《条例》第二十二条都规定了保险公司对其垫付的抢救费用享有追偿权，赋予保险公司上述追偿权能够达到惩罚肇事者，保护受害人，促进道路安全目的，体现了公平、公正的原则。综上，《道路交通安全法》第七十六条和《条例》第二十二条主要从立法上解决两个问题：首先是保障道路交通事故受害人依法获得赔偿的权利，其次是对于非法占有、无证驾驶、醉酒驾驶等情形下，保险公司依法享有追偿权。

从司法理念上看，国家设立交强险的目的是保障受害人的合法权益，对受害人进行及时有效的救济。如果在制度设计层面反而设置种种情形免除保险公司的法定义务，这显然与保护受害人权益的司法理念是背道而驰的。当法律和法规没有明确规定，或虽有规定但相互冲突，法官应当将保护受害人权益这一基本的司法理念作为衡量的尺度，作出有利于保护受害人权益的解释和决定。同时，交强险虽然是一种强制性的责任保险，究其本质仍然是一种第三者责任保险，由保险公司依法对被保险机动车造成第三者损害进行赔偿。依照《道路交通安全法》第七十六条的规定，机动车即使无任何过失，保险公司也应当赔偿受害人。而允许机动车方在非法占有、无证驾驶、醉酒驾驶等情形下不承担赔偿责任，明显造成法律评价不一致。事实上受害人也无法预测、防范机动车方是否存在非法占有、无证驾驶、醉酒驾驶等情形，由此产生的风险不应由受害人承担。

编写人：浙江省新昌县人民法院　邹永明

ISBN 978-7-5216-2978-1

9 787521 629781 >

图书在版编目（CIP）数据

道路交通纠纷裁判规则理解与适用／国家法官学院，最高人民法院司法案例研究院编．—北京：中国法制出版社，2023.3

（中国法院年度案例集成丛书）

ISBN 978-7-5216-2978-1

Ⅰ.①道… Ⅱ.①国…②最… Ⅲ.①公路运输-交通运输事故-民事纠纷-审判-案例-中国 Ⅳ.①D922.145

中国版本图书馆 CIP 数据核字（2022）第 193731 号

责任编辑：韩璐玮（hanluwei666@163.com） 封面设计：李 宁

道路交通纠纷裁判规则理解与适用

DAOLU JIAOTONG JIUFEN CAIPAN GUIZE LIJIE YU SHIYONG

编者/国家法官学院，最高人民法院司法案例研究院

经销/新华书店

印刷/三河市紫恒印装有限公司

开本/880 毫米×1230 毫米 32 开 印张/37.5 字数/780 千

版次/2023 年 3 月第 1 版 2023 年 3 月第 1 次印刷

中国法制出版社出版

书号 ISBN 978-7-5216-2978-1 定价：169.00 元

北京市西城区西便门西里甲 16 号西便门办公区

邮政编码：100053 传真：010-63141600

网址：http：//www.zgfzs.com 编辑部电话：010-66071802

市场营销部电话：010-63141612 印务部电话：010-63141606

（如有印装质量问题，请与本社印务部联系。）

ISBN 978-7-5216-2978-1

图书在版编目（CIP）数据

道路交通纠纷裁判规则理解与适用 / 国家法官学院，最高人民法院司法案例研究院编 .—北京：中国法制出版社，2023. 3
（中国法院年度案例集成丛书）
ISBN 978-7-5216-2978-1

Ⅰ. ①道… Ⅱ. ①国…②最… Ⅲ. ①公路运输-交通运输事故-民事纠纷-审判-案例-中国 Ⅳ. ①D922. 145

中国版本图书馆 CIP 数据核字（2022）第 193731 号

责任编辑：韩璐玮（hanluwei666@163. com） 封面设计：李 宁

道路交通纠纷裁判规则理解与适用
DAOLU JIAOTONG JIUFEN CAIPAN GUIZE LIJIE YU SHIYONG

编者/国家法官学院，最高人民法院司法案例研究院
经销/新华书店
印刷/三河市紫恒印装有限公司
开本/880 毫米×1230 毫米 32 开 印张/ 37. 5 字数/ 780 千
版次/2023 年 3 月第 1 版 2023 年 3 月第 1 次印刷

中国法制出版社出版
书号 ISBN 978-7-5216-2978-1 定价：169. 00 元

北京市西城区西便门西里甲 16 号西便门办公区
邮政编码：100053 传真：010-63141600
网址：**http：//www. zgfzs. com** **编辑部电话：010-66071802**
市场营销部电话：010-63141612 **印务部电话：010-63141606**

（如有印装质量问题，请与本社印务部联系。）